Holger Pesch, Rolf-Günther Nolden, Ernst Bizer, Peter Körner

Management im Industriebetrieb

Band 3

Steuerung und Kontrolle

6. Auflage

Bestellnummer 24261

■ Bildungsverlag EINS

Aus Gründen der besseren Lesbarkeit wird in diesem Buch bei geschlechtsspezifischen Bezeichnungen in der Regel nur die männliche Form gewählt.

Informationen zu diesem Buch

Die drei Bände der Reihe „Management im Industriebetrieb" decken alle Lernfelder des Rahmenlehrplans ab. „Steuerung und Kontrolle" behandelt folgende Inhalte des Rahmenlehrplans 2002 für den Ausbildungsberuf Industriekaufmann/-frau:

- **Lernfeld 3** (Wertströme und Werte erfassen und dokumentieren),
- **Lernfeld 4** (Wertschöpfungsprozesse analysieren und beurteilen),
- **Lernfeld 8** (Jahresabschluss analysieren und bewerten),
- die das Rechnungswesen betreffenden **Teilprozesse von Lernfeld 6** (Beschaffungsprozesse), **Lernfeld 7** (Personalwirtschaftliche Aufgaben) und **Lernfeld 10** (Absatzprozesse),
- die Grundlagen des **Wirtschaftsrechnens**. (Diese sind an passenden Stellen eingefügt.)

Das Buch führt umfassend in die Strukturen des industriellen Rechnungswesens ein. Es berücksichtigt die zunehmende Orientierung an Geschäftsprozessen und die Entwicklung des Rechnungswesens zu einem Instrument des Managementinformations- und Controllingsystems.

Mehrere Kapitel wurden vollständig neu bearbeitet, um entsprechend dem Titel „Steuerung und Kontrolle" einen gegenüber den Vorauflagen erheblich verstärkten Bezug zum Controlling herzustellen. Neu aufgenommen wurde die Zielkostenrechnung. Insbesondere bei den verschiedenen Systemen der Kostenrechnung (Voll-, Normal-, Prozess-, Teil-, Plan- und Zielkostenrechnung) stellen wir immer wieder die kritische Frage, inwieweit das jeweilige System seinem Anspruch als Planungs- und Kontrollinstrument genügt.

Bitte beachten Sie auch

- die anschauliche Behandlung des Einsatzes von ERP-Systemen für die Buchführung,
- die beiden umfassenden Beleggeschäftsgänge (mit Kontokorrentbuchführung; auch für die EDV-Buchführung konzipiert).

Die **beigefügte DVD** enthält

- ein Exemplar von „Lexware financial office professional 2010, Schüler- und Studentenversion" für die Bearbeitung der Beleggeschäftsgänge,
- die Daten für die Beleggeschäftsgänge zwecks Bearbeitung mit dem ERP-System Lexware financial office professional,
- Excel-Dateien für zahlreiche Arbeitsaufträge (insbesondere Kosten- und Leistungsrechnung). Die entsprechenden Aufträge sind zur leichteren Auffindbarkeit mit nebenstehendem DVD-Symbol in der Randspalte gekennzeichnet.

Für Lehrer und Ausbilder bieten wir Unterrichtsbegleitmaterial auf DVD (Bestellnummer 24262) an. Es enthält die Lösungen der Arbeitsaufträge sowie Präsentationen, Arbeitsblätter und weitere Materialien.

Nutzer des Buches können über die **Online-Ergänzung BuchPlusWeb** des Verlages auf zusätzliche Inhalte zugreifen.

Wir wünschen Ihnen eine erfolgreiche Arbeit.

Autoren und Verlag

service@bv-1.de
www.bildungsverlag1.de

Bildungsverlag EINS GmbH
Ettore-Bugatti-Straße 6–14, 51149 Köln

ISBN 978-3-427-**24261**-1

Inhaltsverzeichnis

ZWEITER ABSCHNITT

Kosten- und Leistungsrechnung
(KLR)
Rahmenlehrplan: LERNFELD 4
Wertschöpfungsprozesse analysieren
und beurteilen

DRITTER ABSCHNITT

Buchen und Rechnen in den Geschäftsprozessen des Industriebetriebs

Rahmenlehrplan: Lernfeld 6
Beschaffungsprozesse planen, steuern und kontrollieren

Rahmenlehrplan: Lernfeld 7
Personalwirtschaftliche Aufgaben wahrnehmen

Rahmenlehrplan: Lernfeld 10
Absatzprozesse planen, steuern und kontrollieren

VIERTER ABSCHNITT

Jahresabschluss des Unternehmens
Rahmenlehrplan: LERNFELD 8
Jahresabschluss analysieren und bewerten

Anhang

Themen des Wirtschaftsrechnens

Rahmenlehrplan: LERNFELD 3
Werteströme und Werte erfassen
und dokumentieren

Einführung in das System der Industriebuchführung

1 Rechnungswesen als Steuerungs- und Kontrollinstrument

Wichtig:
Lesen Sie parallel zu diesem Kapitel: Band 1, „Geschäftsprozesse", Sachwort „Managementprozess".

1.1 Steuerung, Kontrolle, Controlling

Die Schneidwarenfabrik Fritz Scharf e. K., Solingen, hat für das angelaufene Geschäftsjahr einen Gewinn von 750 000,00 EUR geplant. Durch monatliche Überprüfungen der Buchführungsergebnisse und statistische Auswertungen versucht man, die Planung abzusichern. Doch schon bei der Januarauswertung ergeben sich leicht rückläufige Umsatzzahlen und im Februar brechen sie um 30 % ein.

Der Absatzrückgang beruht auf nachlassenden Exportzahlen und auf der Kündigung einer Handelskette, die einen großen Teil der Messer- und Scherenproduktion abgenommen hatte. Trotz guter Kundenpflege und trotz Bemühungen um neue Kunden lässt sich dieser Ausfall nicht wettmachen. Auch steigen aufgrund eines hohen Tarifabschlusses die Personalkosten stärker an als geplant. Wenn der Trend sich fortsetzt, wird der Jahresgewinn um 25 % hinter den Erwartungen zurückbleiben.

Nun sollen geeignete Maßnahmen ermittelt werden, um den Gewinneinbruch zu verhindern.

Das wichtigste Ziel jedes Unternehmens ist die Gewinnerzielung. Der Gewinn mehrt den „Shareholder Value", den Wert des Eigenkapitals.

Wer Kapital besitzt, kann es zinsbringend verleihen oder in einem Unternehmen anlegen. Deshalb gilt:

Der Gewinn sollte mindestens so hoch sein wie der Zinsertrag, der für die Ausleihung des Kapitals erzielt würde, zuzüglich einer „Prämie" für das höhere Risiko des Unternehmers.

Eine wichtige Voraussetzung für die Gewinnerzielung ist ein gutes **Management** (Unternehmensführung).

Das Management muss Probleme, Chancen und Risiken rechtzeitig erkennen, weitsichtige Ziele setzen, ziel-orientierte Lösungen planen, zielorientierte Entscheidungen treffen und umsetzen sowie die Ergebnisse auf ihren Erfolg (die Zielerreichung) hin überprüfen.

Wie entsteht der Gewinn?

Die Shareholder (Anteilseigner) bringen Eigenkapital (eigene Finanzmittel) und Fremdkapital (fremde Finanzmittel) in das Unternehmen ein. Beim Geschäftsbetrieb fließen Werte ab. Diese nennt man **Aufwendungen**. Sie mindern das Eigenkapital. Am wichtigsten sind die Aufwendungen für die Leistungserstellung (v. a. Material-, Maschinen-, Arbeitseinsatz). Sie heißen Kosten.

Andererseits fließen Werte zu: die **Erträge**. Sie mehren das Eigenkapital. Speziell die Erträge aus der Leistungserstellung heißen **Leistungen**. Davon am wichtigsten sind die **Umsatzerlöse**. Sie entstehen beim Verkauf.

Ein **Betriebsgewinn** entsteht, wenn die Summe der Leistungen die Summe der Kosten übersteigt.

Ein **Unternehmensgewinn** entsteht, wenn die Summe *aller* Erträge die Summe *aller* Aufwendungen übersteigt.

Mit dieser Aufzählung sind schon wesentliche Führungsaufgaben genannt. Sie ergeben in ihrem zeitlichen Ablauf einen **Managementprozess (Führungsprozess)**.

Beispiel: Schneidwarenfabrik Fritz Scharf e. K.

Führungsaufgaben	
● Initiativen ergreifen:	
– Probleme aufdecken	➤ Gewinnrückgang feststellen
– Ziele setzen	➤ Ziele: Umsatz steigern, Kosten senken
– Lösungen planen	➤ Alternativen: Neukunden gewinnen, Sonderrabatte geben, Personal entlassen, günstigere Lieferanten suchen
● Entscheidungen treffen	➤ Entscheidung für: Neukunden gewinnen, günstigere Lieferanten suchen
● Anordnungen geben	➤ Anweisungen an Mitarbeiter im Verkauf und Einkauf
● Ergebnisse kontrollieren	➤ Zahl Neukunden, Umsatz, Einstandspreise, Gewinn

Bei genauerem Hinsehen sind zwei Teilprozesse zu erkennen. Sie heißen **Steuerung** und **Rückkopplung** und bilden zusammen einen sog. **Regelkreis**. Besondere Beachtung verdienen die **Informationsprozesse** in diesem Regelkreis.

Managementprozess als Regelkreis und Informationsprozess

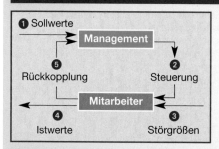

❶ Die Unternehmensleitung (Management) deckt Probleme auf, setzt Ziele, plant Lösungen und trifft Entscheidungen. Das Resultat sind **Sollwerte** (anzustrebende Ergebnisse). Sie enthalten **Zielinformationen**.

❷ Das Management veranlasst die Mitarbeiter, die geplanten Maßnahmen durchzuführen. Dies erfordert eine bestmögliche **Steuerung** der durchzuführenden Handlungen. Sie erfolgt durch **Steuerungsinformationen** (Anweisungen und Unterrichtungen).

❸❹ Die Mitarbeiter setzen die Ziel- und Steuerungsinformationen in zielgerichtete Handlungen um und kommen zu Ergebnissen **(Istwerte)**, die möglichst den Sollwerten entsprechen sollen. Letzteres ist aber keineswegs garantiert, denn durch die Einwirkung von **Störgrößen** (z. B. Marktentwicklungen, Informationsmängel) kommt es oft zu Abweichungen. Deshalb ist eine Kontrolle der Ergebnisse unerlässlich.

❺ Kontrolle bedeutet: Soll- und Istwerte vergleichen sowie Abweichungen feststellen und auswerten. Wer anordnet, muss auch kontrollieren! Deshalb müssen dem Management **Rückinformationen** (Rückmeldungen über die erreichten Ergebnisse) übermittelt werden. Sie lösen neue Entscheidungsprozesse aus: Entweder bestätigen sie das bisherige Vorgehen oder sie lösen Ziel- und/oder Maßnahmenkorrekturen aus. Die Kontrolle bewirkt folglich eine **Rückkopplung** (engl.: feedback) von Istwerten und Sollwerten.

Merke: Steuerung + Rückkopplung = Regelung. Von daher die Bezeichnung Regelkreis.

● **Steuerung = Maßnahmen, die nachgeordnete Stellen zur Durchführung zielgerichteter Handlungen veranlassen. Hierfür sind Steuerungsinformationen nötig.**

● **Kontrolle = Vergleich und Rückkopplung von Ist- und Sollwerten zwecks neuer Zielausrichtung. Hierfür sind Rückinformationen nötig.**

Steuerung, Kontrolle und die damit verbundenen Informationsprozesse müssen reibungslos funktionieren. Deshalb sieht die Organisation größerer Unternehmen Koordinationsstellen für diese Aufgaben vor. Die Stelleninhaber heißen Controller, ihre Tätigkeit heißt **Controlling**.

Das englische Wort „control" bedeutet zwar auch „kontrollieren"; aber in Verbindung mit Systemen steht es für „steuern und überwachen".

Controller tragen die Verantwortung dafür, dass systematisch geplant und kontrolliert wird. Weiterhin treffen und koordinieren sie häufig alle Vorkehrungen, die der wirksamen Durchführung von Planungen und Kontrollen dienen.

Controller müssen dafür Sorge tragen,
- dass alle Ziele ausführlich und messbar festgelegt werden,
- dass für alle Bereiche alternative Planvorschläge entwickelt und ausgewählt werden,
- dass die Einhaltung der Planung im laufenden Betrieb überwacht wird,
- dass bei Abweichungen Maßnahmen zur Gegensteuerung oder zur Plankorrektur getroffen werden.

Strategisches Controlling
bezieht sich auf langfristige, strategische Unternehmenskonzepte; überprüft sie auf ihre Richtung, Plausibilität und innere Logik hin und untersucht ihre Chancen, Risiken, Stärken und Schwächen.

Operatives Controlling
- bezieht sich auf kurzfristige und laufende Planungen und Prozesse;
- umfasst unternehmens-, bereichs- und abteilungsweites sowie produktbezogenes Controlling,
- wertet die Zahlen des betrieblichen Rechnungswesens aus und verdichtet sie zu sog. Kennzahlen (oder Kennziffern);
- beurteilt die Betriebsprozesse anhand der Kennzahlen;
- erstellt Soll-Ist-Vergleiche, untersucht Abweichungen und macht Korrekturvorschläge.

Der Controller muss unbedingt die Suche und Auswahl optimaler Alternativen (Planvorschläge zur Auswahl) sichern. Er muss deshalb Machtmissbrauch, Gruppenegoismus, Informationszurückhaltung, das Unterlaufen und Manipulieren von Plänen verhindern. Deshalb befassen sich die Controller in der Praxis intensiv mit der Auswertung des betrieblichen Rechnungswesens und mit Management-Informationssystemen.

1.2   Rechnungswesen als Informationsbasis

Das Controlling bezieht die Informationen für seine Koordinationstätigkeit aus mehreren Quellen.

Informationsquellen des Controllings	
Externe Informationsquellen	**Interne Informationsquellen**
• Berichte und Statistiken von Behörden, IHKs, Wirtschaftsverbänden, Wirtschaftsinstituten, Gewerkschaften • Jahresabschlüsse anderer Unternehmen (in veröffentlichter Form)	• betriebliches Rechnungswesen • betriebliches Berichtswesen

Insbesondere das betriebliche Rechnungswesen ist geeignet, einen ganz erheblichen Teil der Informationen zu liefern, die für die Steuerung und Kontrolle betrieblicher Vorgänge benötigt werden. Dies leuchtet schon bei einer ersten und noch recht oberflächlichen Betrachtung der Teilgebiete des Rechnungswesens und ihrer Hauptaufgaben ein.

Teilgebiete des betrieblichen Rechnungswesens	
Externes Rechnungswesen	**Internes Rechnungswesen**
liefert Informationen für • **externe Interessenten** (Steuerbehörden, Gläubiger, Arbeitnehmer, Börsen, Öffentlichkeit) • **interne Interessenten** (z. B. Gesellschafter, Geschäftsführung) **Teilgebiet:** • Buchführung und Bilanzierung	liefert Informationen ausschließlich für **interne Interessenten** (Eigentümer, Geschäftsführung) **Teilgebiete:** • Kosten- und Leistungsrechnung • Planungsrechnung • Betriebsstatistik

Hauptaufgaben des Rechnungswesens	
a) Teilgebiet b) Art der Rechnung	**Hauptaufgaben**
a) Buchführung und Bilanzierung b) Zeitrechnung	• Ermittlung des Vermögens, der Schulden und des Erfolgs des Unternehmens für das Geschäftsjahr • zeitlich und sachlich geordnete Aufzeichnung und Buchung **aller** Geschäftsfälle einer Abrechnungsperiode; somit Erfassung aller Veränderungen des Vermögens und der Schulden • Erstellung des Jahresabschlusses und Rechenschaftslegung *Die Buchführung liefert somit umfassendes Zahlenmaterial für die anderen Teilgebiete.*
a) Kosten- und Leistungsrechnung (KLR) b) Zeitrechnung Stückrechnung	Im Gegensatz zur Buchführung Beschränkung auf Wertänderungen, die durch die Leistungserstellung verursacht sind: • Planung der Kosten und Leistungen einer Abrechnungsperiode *Hier Überschneidung mit der Planungsrechnung.* • Aufzeichnung der Kosten einer Abrechnungsperiode für den Betrieb und Zurechnung auf die Produkte (Leistungen) • Ermittlung des Betriebsergebnisses (des Erfolgs der betrieblichen Leistungserstellung) • Kontrolle der Wirtschaftlichkeit der Leistungserstellung • Kalkulation (Ermittlung von Angebotspreisen)
a) Betriebsstatistik b) Vergleichsrechnung	• Aufbereitung des Zahlenmaterials aus Buchführung, Kosten- und Leistungsrechnung und anderen Quellen in Form von Tabellen und grafischen Darstellungen (z. B. Lager-, Produktions-, Umsatz-, Einkaufs-, Kosten-, Lohn-, Erfolgsstatistiken) • Verdichtung des Zahlenmaterials zu Mittelwerten, Kennzahlen, Trends • Erstellung von Vergleichsrechnungen zur Kontrolle des Betriebsgeschehens und zur Gewinnung von Unterlagen für die Unternehmensplanung: Zeitvergleiche, Betriebsvergleiche, Soll-Ist-Vergleiche.
a) Planungsrechnung b) Vorschaurechnung	• Erstellung von Plänen (z. B. Beschaffungsplan, Produktionsplan, Absatzplan, Kostenplan, Investitionsplan, Finanzplan) und Budgets • Analyse der Abweichungen von Plan- und Istwerten

- **Dokumentationsaufgabe:**
  Das Rechnungswesen vollzieht die Dokumentation aller zahlenmäßig erfassbaren Tatbestände und Vorgänge im Unternehmen.
- **Informations- und Rechenschaftslegungsaufgabe:**
  Das Rechnungswesen leistet die notwendige Information von Eigentümern, Geschäftsführung, Steuerbehörden und Gläubigern des Unternehmens.
- **Kontroll- und Planungsaufgabe:**
  Das Rechnungswesen liefert Planungsgrundlagen, wertet Zahlenmaterial aus und führt Soll-Ist-Vergleiche durch. Dadurch wird es zur Basis für Steuerung und Kontrolle.

1.3 Controllinginstrumente

Die oben aufgeführten Hauptaufgaben des Rechnungswesens zeigen, dass ein entwickeltes Rechnungswesen, das sich nicht nur auf die Aufzeichnung stattgefundener Vorgänge beschränkt, mit Statistik und Planungsrechnung wichtige Elemente der Steuerung und Kontrolle umfasst. Bei Unternehmen, die ein Controlling eingerichtet haben, übernimmt dieses zentral die damit verbundenen Tätigkeiten und koordiniert sie. Seine wichtigsten Instrumente sind:

> Beachte: Controlling umfasst bedeutend mehr als die Statistik und Planungsrechnung des Rechnungswesens:. Es ist z. B. auch mit der Koordination von Qualitäts-, Verfahrens- und Verhaltensplanung sowie -kontrolle befasst.

- Budgetierung,
- Ist-Analyse (statistische Aufbereitung und Verdichtung),
- Soll-Ist-Vergleich und Ursachenanalyse.

1.3.1 Budgetierung

Alle betrieblichen Teilaufgaben sind zu planen. Die Basis ist der Absatzplan. Dieser hält die Absatzprodukte sowie ihre geplanten Absatzmengen und Umsätze fest. Von diesen Größen hängt alles andere ab, z. B. was und wie viel zu produzieren und zu beschaffen ist, welche Finanzmittel benötigt werden und wie hoch der Gewinn voraussichtlich sein wird.

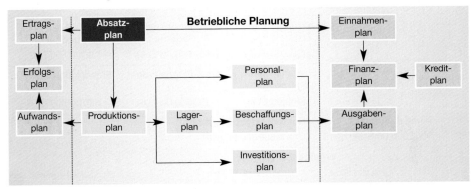

Ein wichtiges Planungsinstrument ist die Budgetierung, die Festlegung von Budgets für alle Abteilungen.

Budgets sind Teilpläne mit Vorgabewerten, die von den Budgetverantwortlichen (z. B. Abteilungsleitern) einzuhalten sind. Meistens handelt es sich um betragsmäßig angegebene Ober- bzw. Untergrenzen.

Budgetierungs-prozesse dauern oft 3 bis 6 Monate. Sie beanspruchen viel Zeit von Managern und Controllern.

Gemäß dem oben dargestellten Planungsschema – zuzüglich Verwaltung sowie Produktentwicklung – sind folgende wichtige Budgets zu unterscheiden:

Bereichsbudgets:

- **Umsatzbudget:**
  Budget der Absatzabteilung. Legt – ausgehend von den zu erwartenden Absatzmengen – die Umsätze (Erlöse) aller Produkte und Handelswaren fest.
- **Kostenbudget:**
  Fasst folgende Kostenbudgets der Abteilungen zusammen:
  - **Marketingbudget (Vertriebsbudget):** Kosten der Absatzabteilung
  - **Fertigungskostenbudgets:** kalkulierte Kosten der Fertigungsstellen
  - **Materialkostenbudgets:** kalkulierte Kosten der Materialien
  - **Einkaufs- und Lagerbudget:** Kosten von Einkauf, Lagerung, Logistik
  - **Verwaltungsbudget:** Kosten der Verwaltungstätigkeiten (einschließlich Personalkosten)
  - **Entwicklungsbudget:** Kosten der Forschungs- und Entwicklungstätigkeiten

Hinweis:
Die genannten Budgets enthalten nur Kosten und Leistungen. Soll nicht der Betriebsgewinn, sondern der Unternehmensgewinn geplant werden, müssen **alle** Aufwendungen und Erträge berücksichtigt werden.

Übergeordnete Budgets:

- **Ergebnisbudget:**
  Legt den geplanten Erfolg (Betriebsgewinn) fest

- **Investitionsbudget:**
  Legt den Ausgabenrahmen für die geplanten Investitionen fest

- **Finanzbudget:**
  Plant die ständige Zahlungsfähigkeit. Stellt zu diesem Zweck alle zu- und abfließenden finanziellen Mittel terminmäßig gegenüber. Legt ggf. Kreditaufnahmen fest.

Betriebsertrag (Leistungen)		
– Betriebsaufwand (Kosten)		
= Betriebsgewinn		

Beispiel: Budgetierung

Marketingbudget	Fertigungskosten-budget	Materialkosten-budget
200 000,00 EUR	800 000,00 EUR	700 000,00 EUR
Einkaufs- und Lagerbudget	**Verwaltungsbudget**	**Entwicklungsbudget**
100 000,00 EUR	400 000,00 EUR	300 000,00 EUR

Umsatzbudget
3 000 000,00 EUR

Kostenbudget (insgesamt)
2 500 000,00 EUR

Die Abteilungen konkurrieren miteinander. Sie müssen gute Gründe vorbringen, um bei der Zuteilung von Mitteln wunschgemäß berücksichtigt zu werden.

Ergebnisbudget

Umsatzerlöse	3 000 000,00 EUR
Kosten	– 2 500 000,00 EUR
Betriebsgewinn	= 500 000,00 EUR

Investitionsbudget
900 000,00 EUR

Finanzbudget

Einnahmen aus Erlösen	3 000 000,00 EUR
Investitionsausgaben	– 900 000,00 EUR
sonstige Ausgaben (Kosten)	– 2 500 000,00 EUR
Gewinnentnahmen	– 200 000,00 EUR
Finanzierungsdefizit	– 600 000,00 EUR
Kreditaufnahme	600 000,00 EUR

Innerhalb der Budgetgrenzen kann der Budgetverantwortliche seine sachlichen Entscheidungen relativ eigenverantwortlich treffen. Im obigen Beispiel kann der Marketingleiter innerhalb des Rahmens von 200 000,00 EUR z. B. entscheiden, ob er mehr Geld für Werbung oder für Verkaufsprovisionen ausgeben will.

Insofern ist **Budgetierung ein Mittel dezentraler Steuerung**. Sie dient
- **der Planung:** Festlegung der Unternehmensentwicklung,
- **der Koordination:** Erkennung von Engpässen und Abstimmung von Teilplänen,
- **der Motivation:** Ansporn der Verantwortlichen zur Übererfüllung des Solls (ggf. Belohnung!),
- **der Kontrolle:** Feststellung von Planabweichungen durch Soll-Ist-Vergleiche.

Budgetierung als Mittel dezentraler Steuerung dient der Planung, Koordination, Motivation und Kontrolle.

1.3.2   Ist-Analyse: Statistische Aufbereitung und Verdichtung

Soll- und Istwerte werden statistisch aufbereitet und in **Listen**, **Tabellen** und **Diagrammen** veranschaulicht (z. B. in Säulen-, Kurven-, Kreisdiagrammen; siehe unten).

Außerdem werden die Daten verdichtet, indem man **Mittelwerte, Trends und Kennzahlen** errechnet.

Mittelwerte machen eine Aussage über das durchschnittliche Niveau einer Zahlenreihe.

Häufig gebrauchte Mittelwerte sind der einfache und der gewogene Durchschnitt. Näheres hierzu finden Sie auf S. 35.

Trends zeigen die Grundrichtung des Verlaufs einer Zeitreihe.

Für die Trendabbildung werden z. B. gleitende Durchschnitte genutzt (siehe Beispiel 2).

Kennzahlen sollen Aufschluss über die Lage des Unternehmens geben. Sie geben quantitativ messbare Sachverhalte in aussagekräftig verdichteter Form an.

Arten von Kennzahlen		
Grundzahlen	**absolute Größen**	z. B. Bilanzsumme, Jahresgewinn, Monatsumsatz
Verhältniszahlen:	**aufeinander bezogene Größen**	
1. Gliederungszahlen	Anteile an Gesamtgrößen	z. B. Lohnkostenanteil $= \dfrac{\text{Lohnkosten}}{\text{Gesamtkosten}}$
2. Beziehungszahlen	Verschiedenartige Größen mit sachlicher Beziehung zueinander	z. B. Wirtschaftlichkeit $= \dfrac{\text{Ertrag}}{\text{Aufwand}}$; auch: $W = \dfrac{\text{Leistungen}}{\text{Kosten}}$
3. Messzahlen	Verhältnis gleichartiger Größen	z. B. $\dfrac{\text{Umsatz Mai}}{\text{Umsatz April}}$
4. Indexzahlen	Messzahlen mit Bezug auf eine gleichartige Basisgröße	z. B. Preisindex $= \dfrac{\text{Preis von Jahr 2 (bzw. 3, 4, 5, ...)}}{\text{Preis von Jahr 1}}$ (Jahr 1 = Basisjahr)

Gliederungszahlen werden oft auch als Prozentzahlen geschrieben.

ERSTER ABSCHNITT

Beispiele: **Statistische Aufbereitung und Verdichtung**

1. Jahresumsätze der Artikel des Produktionsprogramms

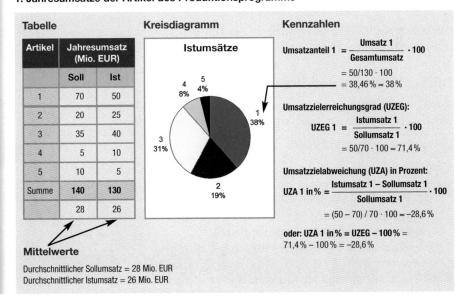

Tabelle

Artikel	Jahresumsatz (Mio. EUR)	
	Soll	**Ist**
1	70	50
2	20	25
3	35	40
4	5	10
5	10	5
Summe	**140**	**130**
	28	26

Mittelwerte
Durchschnittlicher Sollumsatz = 28 Mio. EUR
Durchschnittlicher Istumsatz = 26 Mio. EUR

Kreisdiagramm

Istumsätze

4 8%
5 4%
1 38%
3 31%
2 19%

Kennzahlen

Umsatzanteil 1 $= \dfrac{\text{Umsatz 1}}{\text{Gesamtumsatz}} \cdot 100$

$= 50/130 \cdot 100$
$= 38,46\,\% \approx 38\,\%$

Umsatzzielerreichungsgrad (UZEG):

UZEG 1 $= \dfrac{\text{Istumsatz 1}}{\text{Sollumsatz 1}} \cdot 100$

$= 50/70 \cdot 100 \approx 71,4\,\%$

Umsatzzielabweichung (UZA) in Prozent:

UZA 1 in % $= \dfrac{\text{Istumsatz 1} - \text{Sollumsatz 1}}{\text{Sollumsatz 1}} \cdot 100$

$= (50 - 70) / 70 \cdot 100 \approx -28,6\,\%$

oder: UZA 1 in % = UZEG – 100 % =
71,4 % – 100 % = –28,6 %

2. Monatsumsätze Artikel 1

Tabelle

	J	F	M	A	M	J	J	A	S	O	N	D	Durchschnitt
Monatsumsätze 20.. Artikel 1 (Mio. EUR)													
Soll	5	5	5	5	5	5	6	6	6	7	7	8	5,83
Ist	6	5	5	5	5	4	4	4	3	3	3	3	4,17

Säulendiagramm

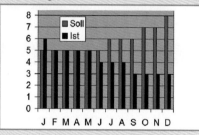

Kurvendiagramm

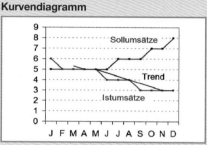

Kennzahlen

$$\text{UZEG Monat x} = \frac{\text{Istumsatz Monat x}}{\text{Sollumsatz Monat x}}$$

$$\text{z. B. UZEG Dez.} = \frac{3}{8} = 0{,}375 = 37{,}5\,\%$$

Trendkurve

Errechnet als gleitender Durchschnitt aus jeweils 3 Werten, z. B.:
März = (6 + 5 + 5) : 3 ≈ 5,33
April = (5 + 5 + 5) : 3 = 5
Mai = (5 + 5 + 5) : 3 = 5

Für die Unternehmenssteuerung ist die Entwicklung von **Kennzahlensystemen** sinnvoll. Solche Systeme schlüsseln die Bestimmungsgrößen übergeordneter Kennzahlen durch untergeordnete Kennzahlen weiter auf. Wenn dies in einer fortlaufenden Kette geschieht, wird deutlich, wie sich die Veränderung untergeordneter Teilgrößen auf die Größen an der Spitze auswirkt.

Das bekannteste Kennzahlensystem ist das **DuPont-System**, das 1919 in der amerikanischen Chemiefirma DuPont de Nemours entwickelt wurde.

Sie finden das DuPont-System auf S. 528.

1.3.3 Kontrolle und Ursachenanalyse

Genau so wichtig wie die Planung und die Budgetierung ist die Kontrolle. Diese untersucht, ob die Soll-Werte zielgerecht umgesetzt wurden.

Die Kontrolle umfasst insgesamt

- die Erfassung der Ist-Werte und ihre statistische Aufbereitung (siehe oben),
- den Vergleich der Kennzahlen:
  - **Zeitvergleich:** Vergleich mit gleichen Kennzahlen vergangener Perioden,
  - **Betriebsvergleich (Branchenvergleich):** Vergleich mit entsprechenden Kennzahlen anderer Unternehmen,

Eine spezielle Art des Betriebsvergleichs ist übrigens das Benchmarking. Siehe hierzu Bd. 1 „Geschäftsprozesse", Sachwort „Benchmarking".

- die Ermittlung von **Soll-Ist-Abweichungen** bei absoluten Werten und Kennzahlen,
- die **Ursachenanalyse** der Abweichungen,
- Vorschläge für **Korrekturmaßnahmen**.

Beispiel: **Soll-Ist-Vergleich und Ursachenanalyse (Jahresumsätze)**

Artikel	Jahresumsatz		UZEG (%)	UZA		Umsatzanteil (UA) (%)		UA-Abweichung (%)
	Soll	Ist		Diff.	Diff. %	Soll	Ist	
1	70	50	71,4	−20	−28,6	50,0	38,5	−23,0 %
2	20	25	125,0	5	25,0	14,3	19,2	34,3 %
3	35	40	114,3	5	14,3	25,0	30,8	23,2 %
4	5	10	200,0	5	100,0	3,6	7,7	113,9 %
5	10	5	50,0	−5	−50,0	7,1	3,8	−46,5 %
Summe	**140**	**130**		**−10**		**100,0**	**100,0**	
Durchschn.	28	26	92,9	−2	−7,1			

Die Tabelle zeigt deutlich:

Die Artikel 2, 3 und 4 übersteigen das im Rahmen der Budgetierung gesetzte Umsatzsoll. Artikel 4 schneidet dabei prozentual weitaus am besten ab. Er scheint ein aussichtsreiches Wachstumsprodukt zu sein. (Im Marketing sagt man: Hoffnungsprodukt.) Sein Umsatzanteil ist mehr als doppelt so hoch wie geplant. Er sollte besonders gefördert werden.

Ähnliches gilt abgeschwächt auch für Artikel 2 und 3. Insbesondere 3 erreicht einen hohen Umsatzanteil. Obwohl er seine Ziele prozentual am wenigsten von allen Produkten übertrifft, ist er der „Star" der Produktpalette.

Artikel 1 und 5 erreichen ihr Umsatzsoll bei Weitem nicht. Prozentual schneidet 5 am schlechtesten ab. Auch sein Umsatzanteil halbiert sich fast. Artikel 1 hingegen weist eine Differenz von „nur" −29 % bei der Umsatzzielerreichung aus und sein Umsatzanteil sinkt „nur" um 23 %. Aufgrund seines vergleichsweise höchsten Umsatzanteils trägt er jedoch absolut viermal so viel zum Verfehlen des Gesamtumsatzziels bei wie Artikel 5.

Bei beiden Artikeln ist unbedingt eine Ursachenanalyse erforderlich. Mögliche Ursachen:

- Planungsfehler, falsche Zielvorgaben
- Änderungen der Marktbedingungen,
- Änderungen der Nachfrage,
- Organisationsmängel
- Produkteigenschaften,
- Kalkulationsfehler,
- Konkurrenzverhalten,
- Personalausfall,
- Umsetzungsfehler,
- Preisänderungen,
- Werbemängel,
- andere Ursachen.

Je nach Ursachen und künftigen Marktaussichten der Artikel muss das Controlling Verbesserungsmaßnahmen vorschlagen. Sie können die Verbesserung der Planumsetzung, die Änderung der Planung oder sogar die Formulierung neuer Ziele betreffen.

ERSTER ABSCHNITT

Arbeitsaufträge

1. **Der Managementprozess zur Führung von Unternehmen vollzieht sich als Regelkreis. Durch diesen Regelkreis werden Prozesse des Unternehmens auf die Unternehmensziele hin ausgerichtet.**

   Stellen Sie am Beispiel Ihres Ausbildungsbetriebs die Funktionsweise des Regelkreises dar. Wählen Sie dafür ein konkretes Ziel Ihres Ausbildungsbetriebs aus.

**ERSTER
ABSCHNITT**

2. **In größeren Unternehmen sind Controller mit Steuerungs-, Kontroll- und Informationsprozessen befasst.**

   a) Beschreiben Sie, was Controlling ist und welche Aufgaben es erfüllt. Gehen Sie auch darauf ein, wo der Controller mit dem betrieblichen Rechnungswesen zusammenarbeiten muss.

   b) Mit welchen Abteilungen des Unternehmens muss ein Controller außerdem zusammenarbeiten? Worin besteht die Kooperation?

   c) Bei kleineren Unternehmen kann es sein, dass keine Controllingstellen eingerichtet werden. Wer könnte dann sinnvollerweise Controllingaufgaben übernehmen? Begründen Sie Ihre Aussage.

3. **Das betriebliche Rechnungswesen wird üblicherweise in vier Teilgebiete gegliedert.**

   a) Nennen Sie die Teilgebiete und erläutern Sie ihre Aufgaben.

   b) Geben Sie Beispiele an
   – für Kooperationsbeziehungen zwischen den Teilgebieten,
   – für die ausgetauschten Informationen.

4. **Die Budgetplanung kann „top-down" (von oben nach unten) oder „bottom-up" (von unten nach oben) erfolgen. Beim Top-down-Verfahren plant die Geschäftsleitung das Ergebnisbudget. Hieraus werden die Bereichsbudgets abgeleitet.**

   Die Containa GmbH hingegen geht bottom-up vor: Die Leitung vereinbart mit den Abteilungsleitern Einzelbudgets. Die Abteilungen konkurrieren um die Zuweisung von Mitteln. Deshalb müssen die Abteilungsleiter ihre Vorstellungen begründet vorbringen. Durch die Zusammenfassung und Verdichtung der Bereichsbudgets gelangt man nach oben zum Ergebnisbudget. Die Geschäftsleitung selbst stellt das Investitions- und das Finanzbudget auf. Bei allen Budgetplanungen wirkt die Controllingabteilung koordinierend mit. Es ergeben sich folgende Planwerte (in TEUR):

   Einkauf 70, Lager 100, Materialkosten 800, Fertigungskosten 950, Forschung und Entwicklung 250, Marketing 300, Verwaltung 350, Umsatz 3700, Investition 400. Die genannten Beträge sollen zu Geldabflüssen in gleicher Höhe führen. Außerdem ist eine Gewinnentnahme in Höhe des halben Gewinns vorgesehen.

   a) Erstellen Sie das Ergebnisbudget und das Finanzbudget.

   b) Welche wichtige Konsequenz ergibt sich, wenn das Investitionsbuget um 300 erhöht wird?

5. **Auf Seite 14 und 15 befinden sich Beispiele zur Auswertung von Umsätzen und zum Soll-Ist-Vergleich.**

   a) Werten Sie die Unterlagen zu den Monatsumsätzen des Artikels 1 aus. Welche zusätzlichen Erkenntnisse lassen sich gewinnen?

   b) Erläutern Sie genauer die im Beispiel auf Seite 15 genannten Ursachen, die bei der Ursachenanalyse zu berücksichtigen sind.

6. **Die APZOK GmbH fertigt die Produkte A, B und C. Das Controlling untersucht die Kosten- und Erlössituation. Sie findet für das Jahr 20.. folgende Daten vor:**

   Produktions- und Absatzzahlen: A 1 400 Stück, B 1 500 Stück, C 1 000 Stück
   Verkaufspreise je Stück (EUR): A 290,00, B 300,00, C 280,00
   Kosten, die mit den produzierten Stückzahlen steigen und sinken (sog. variable Kosten; alle Beträge in TEUR):

   Material: A 80, B 90, C 60
   Arbeit: A 100, B 170, C 60
   Maschinen: A 70, B 75, C 45
   Verwaltung: A 10, B 15, C 8
   Vertrieb: A 20, B 20, C 15

   Außerdem fallen in allen Abteilungen noch fixe (feste) Kosten an, die nicht mit den Stückzahlen steigen und sinken (z. B. alle Gehälter). Sie sollen hier außer Betracht bleiben.

   a) Stellen Sie die Angaben in einer geeigneten Tabelle zusammen.

   b) Ermitteln Sie in zwei Richtungen die Summen und erläutern Sie diese.

c) Ermitteln Sie wichtige Kennzahlen:
(1) den Umsatz jedes Produkts und den Gesamtumsatz,
(2) den Betrag, den jedes Produkt zum Rohgewinn beiträgt, und den Rohgewinn
(Rohgewinn = Umsatz – variable Kosten),
(3) die variablen Kosten je Stück jedes Produkts,
(4) den Rohgewinn je Stück jedes Produkts.

d) Berechnen Sie die Kennzahl „Wirtschaftlichkeit": Wirtschaftlichkeit = $\dfrac{\text{Leistungen}}{\text{Kosten}}$
Die Leistungen sind dabei die erzielten Verkaufserlöse (Umsätze).
Man kann diese Kennzahl auch für jede Kostenart angeben. Tun Sie dies und erläutern Sie, welche Erkenntnisse aus der Kennzahl gewonnen werden können.

e) Anhand der Berechnungen erkennt der Controller, dass ein Produkt „aus dem Rahmen fällt" und welche Wirkungen dies hat. Erläutern Sie diesen Zusammenhang und veranschaulichen Sie ihn durch geeignete Diagramme.

f) Versuchen Sie, mögliche Ursachen dieses Problems anzugeben und machen Sie Verbesserungsvorschläge.

2 Buchführung als Basis des Rechnungswesens

2.1 Aufgaben der Buchführung

In jedem Unternehmen sind erhebliche Vermögenswerte gebunden. Der Eigentümer finanziert sie teils mit eigenen Mitteln (Eigenkapital), teils durch Kreditaufnahme (Schulden). Aufgrund der Geschäftstätigkeit ändern sich die Höhe und die Zusammensetzung von Vermögen und Schulden ständig. Maschinen, Werkzeuge, Rohstoffe und andere Güter werden gekauft, gelagert, verbraucht. Produkte werden gefertigt und verkauft. Das Unternehmen nimmt Dienste in Anspruch, hat Einnahmen und Ausgaben. Es findet also ein ständiger **Kreislauf** statt.

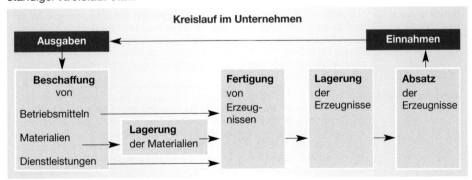

Vorgänge, die Änderungen der Vermögenswerte und Schulden verursachen, heißen Geschäftsfälle.

Die Vielfalt der Geschäftsfälle und ihre Auswirkungen auf den Erfolg des Unternehmens bleiben nur überschaubar, wenn die Geschäftsfälle aufgezeichnet werden.

Aufgabe der Buchführung ist die lückenlose und systematische Aufzeichnung der Geschäftsfälle und die Ermittlung des Erfolgs. Somit liefert die Buchführung die Daten für die anderen Teilgebiete des Rechnungswesens.

Diese Gesamtaufgabe umfasst eine Reihe interner und externer Aufgaben. Interne Aufgaben sind auf die Information der „Innenstehenden" (z. B. Eigentümer von Personengesellschaften und GmbH, Vorstand von Aktiengesellschaften) gerichtet, externe Aufgaben auf die Information „Außenstehender" (Gläubiger, Finanzbehörden, Öffentlichkeit).

Aufgaben der Buchführung	
Interne Aufgaben	**Externe Aufgaben**
<ul><li>Ermittlung des Vermögens, der Schulden, des Eigenkapitals</li><li>Erfassen der Veränderungen des Vermögens und der Schulden</li><li>Ermittlung des Unternehmenserfolgs (Gewinn oder Verlust) aus Aufwand und Ertrag</li><li>Bereitstellung von Zahlen für die Kosten- und Leistungsrechnung, Statistik und Planung</li><li>Bereitstellung von Informationen für unternehmerische Entscheidungen</li></ul>	<ul><li>Rechenschaftslegung gegenüber Aktionären, Kreditgebern und Mitarbeitern durch Veröffentlichung des Jahresabschlusses (z. B. bei Aktiengesellschaften)</li><li>Information von Behörden und Öffentlichkeit</li><li>Ermittlung der Grundlagen für die Besteuerung</li><li>Bereitstellung von Beweismitteln bei Rechtsstreitigkeiten (z. B. mit Finanzbehörden oder mit Geschäftspartnern)</li></ul>

2.2   Rechtsgrundlagen der Buchführung

Die Buchführung hat nicht nur die Aufgabe, den Unternehmer selbst über das Betriebsgeschehen zu informieren. Sie hat auch Außenstehende mit Informationen zu versorgen (z. B. Aktionäre, Behörden, Gerichte, Gläubiger). Die Buchführung ist deshalb handelsrechtlich wie auch steuerrechtlich ausführlich gesetzlich geregelt.

Rechtsgrundlagen	
Handelsgesetzbuch (HGB) §§ 238–339	Ausführliche Regelung der Buchführungspflicht und der Anforderungen an die Buchführung. Alle kaufmännischen Unternehmen sind zur Buchführung nach den HGB-Vorschriften verpflichtet. Ausnahme: Einzelkaufleute mit einem Jahresumsatz bis 500 000,00 EUR und einem Jahresgewinn bis 50 000,00 EUR in zwei aufeinanderfolgenden Geschäftsjahren; Neugründungen: im ersten Geschäftsjahr (§ 241a HGB).
Abgabenordnung (AO) §§ 140–148	Regelung der Buchführungspflicht und der Anforderungen an die Buchführung für steuerliche Zwecke. Wer nach HGB zur Buchführung verpflichtet ist, ist es auch für die Besteuerung (§ 140 AO). Ganz allgemein besteht für gewerbliche Unternehmer mit einem Jahresumsatz über 500 000,00 EUR **oder** einem steuerlichen Jahresgewinn über 50 000,00 EUR Buchführungspflicht (§ 141 AO). Beachte: Steuerlicher und handelsrechtlicher Gewinn sind nicht identisch! Wer steuerlich nicht zur Buchführung verpflichtet ist, muss seine Einnahmen und Ausgaben verzeichnen und den Gewinn durch eine Einnahmenüberschussrechnung ermitteln (§ 4 Abs. 3 EStG).
Umsatzsteuergesetz (UStG)	Regelung der Umsatzsteuerpflicht, der Umsatzsteuerermittlung und der Abführung an das Finanzamt
Einkommensteuergesetz (EStG) und Einkommensteuer-Richtlinien (EStR)	Ergänzende Regelungen, z. B. für die Gewinnermittlung und für Inventurverfahren *Wer Bücher führt, muss Gesetze beachten.*

Wichtige gesetzliche Bestimmungen für die Buchführung

Kaufleute sind gemäß den Vorschriften des HGB zur ordnungsgemäßen **Buchführung verpflichtet.**	§§ 238, 241a HGB
Gewerbetreibende sind laut AO zur ordnungsgemäßen Buchführung verpflichtet.	§§ 140, 141 AO
Die Buchführung muss so beschaffen sein, dass sie einem **sachverständigen Dritten innerhalb einer angemessenen Zeit** einen **Überblick** über die Geschäftsfälle und die Vermögenslage des Unternehmens vermitteln kann.	§ 238 HGB § 146 AO
Die **Buchungen** sind **vollständig, richtig, zeitgerecht** und **geordnet** vorzunehmen.	§ 239 HGB § 146 AO
Die Bücher sind in einer **lebenden Sprache** zu führen. **Abkürzungen** und **Symbole** müssen **eindeutig** festliegen.	§ 239 HGB § 146 AO
Buchungen dürfen **nicht** in einer Weise **verändert werden**, dass der ursprüngliche Inhalt nicht mehr feststellbar ist.	§ 239 HGB § 146 AO
Für jede Buchung muss ein **Beleg** vorliegen **(Buchungsbeleg).**	§§ 238, 257 HGB
Handelsbücher und sonstige Aufzeichnungen können auch auf **Datenträgern** geführt werden, die während der Dauer der Aufbewahrungsfrist **verfügbar** und innerhalb angemessener Frist **lesbar** gemacht werden können.	§ 239 HGB § 147 AO
Kasseneinnahmen und **-ausgaben** sind **täglich** aufzuzeichnen.	§ 146 AO
Der buchführungspflichtige Kaufmann hat für den Schluss eines jeden Geschäftsjahres einen **Jahresabschluss (Bilanz und Gewinn- und Verlustrechnung)** aufzustellen; es besteht also die **Verpflichtung** zur **doppelten Buchführung (vgl. S. 88 unten).**	§ 242 HGB
Posten der Aktivseite dürfen nicht mit Posten der Passivseite, Aufwendungen nicht mit Erträgen verrechnet werden **(Verrechnungsverbot).**	§ 246 HGB
Der **Jahresabschluss** ist vom Kaufmann unter Angabe des Datums zu **unterzeichnen.**	§ 245 HGB
Der **Jahresabschluss** ist in **deutscher Sprache** und in **EUR** aufzustellen.	§ 244 HGB
Bücher, Jahresabschlüsse, Inventare, Handelsbriefe und Buchungsbelege sind **geordnet aufzubewahren.**	§ 257 HGB § 147 AO
Aufbewahrungsfristen: Handelsbücher, Inventare, Jahresabschlüsse, Lageberichte, Belege: **10 Jahre** Handelsbriefe (Geschäftsbriefe): **6 Jahre**	§ 257 HGB § 147 AO

ERSTER ABSCHNITT

2.3   Grundsätze ordnungsmäßiger Buchführung

Kaufleute müssen bei Buchführung und Jahresabschluss die Grundsätze ordnungsmäßiger Buchführung (GoB) beachten (§ 238 Abs. 1 HGB). Dies sind Grundsätze, die aus dem Zusammenwirken von handels- und steuerrechtlichen Vorschriften, Anforderungen der Praxis, Erkenntnissen der Wissenschaft, Gerichtsurteilen sowie Gutachten und Empfehlungen von Finanzbehörden und Fachverbänden entwickelt wurden.

Wichtige Grundsätze sind:

Die GoB sind zwar kein Gesetz, sie sind in der Buchführung aber genau zu beachten.

Klarheit und Übersichtlichkeit

- sachgerechte und übersichtliche Organisation der Buchführung
- sachlich geordnete Erfassung aller Geschäftsfälle
- Buchungen dürfen nicht unleserlich gemacht werden
- keine gegenseitige Verrechnung von Vermögenswerten und Schulden, Aufwendungen und Erträgen
- übersichtliche Gliederung des Jahresabschlusses

Vollständigkeit und Richtigkeit

Die Geschäftsfälle sind lückenlos und sachlich richtig zu erfassen.

Nachprüfbarkeit

- keine Buchung ohne Beleg
- geordnete Aufbewahrung aller Buchungsbelege, Bücher, Konten, Inventare und Jahresabschlüsse
- Beachtung der Aufbewahrungsfristen

Da sich die Organisationsformen der Buchungsführung und ihre technischen Hilfsmittel (z. B. die EDV) ständig ändern, entwickeln sich auch die GoB ständig weiter.

Grundsätze ordnungsmäßiger EDV-Buchführung

Für die EDV-Buchführung wurden von der Arbeitsgemeinschaft für wirtschaftliche Verwaltung e. V. **Grundsätze ordnungsmäßiger DV-gestützter Buchführungssysteme (GoBS)** entwickelt. Diese wurden 1995 veröffentlicht und 2007 weiterentwickelt. Sie ersetzen nicht die GoB, sondern präzisieren diese im Hinblick auf die EDV-Buchführung. Sie beschreiben, wie sicherzustellen ist, dass alle Aufzeichnungen vollständig, richtig, zeitgerecht und geordnet vorgenommen werden.

Sie verlangen insbesondere

- die Nachvollziehbarkeit des einzelnen Geschäftsfalls von seinem Ursprung bis zur endgültigen Darstellung (vom Beleg über das Journal bis zum Konto),
- die Nachvollziehbarkeit des Verarbeitungsverfahrens (Dokumentation über den Inhalt der Verarbeitungsprozesse),
- die Angemessenheit und Wirksamkeit des internen Kontrollsystems (Fehler im gesamten Bereich eines EDV-Buchführungssystems sollen verhindert und selbsttätig aufgedeckt werden).

Nur wenn die GoB beachtet werden, erlangt die Buchführung Beweiskraft. Dies ist besonders wichtig gegenüber den Finanzbehörden, weil durch die Buchführung die Grundlagen für die Besteuerung ermittelt werden. Ist dies wegen Verstößen gegen die GoB nicht möglich, können die Finanzbehörden Schätzungen durchführen. Das Ergebnis solcher Schätzungen ist für den Steuerpflichtigen meist ungünstig. Ist infolge unzureichender Buchführung die Besteuerung gefährdet, werden Steuern verkürzt oder hinterzogen, so können Geldbußen, Geld- und Freiheitsstrafen verhängt werden. Gleiches gilt, wenn im Insolvenzverfahren Verstöße gegen die GoB festgestellt werden.

Arbeitsauftrag

Günther Beckmann, selbstständiger Architekt, erbt von seinem kinderlosen Onkel ein Unternehmen, eine mittelgroße GmbH, die Spezialpapiere für die Industrie herstellt. Leider sind seine kaufmännischen Kenntnisse bisher begrenzt. Aber er eignet sich das fehlende Wissen an.

Stellen Sie sich vor, Sie sind Unternehmensberater bei der IHK und arbeiten zusammen mit Herrn Beckmann eine Liste mit den folgenden Fragen zur Buchführungspflicht ab. Welche Antworten geben Sie ihm?

Fragenliste

(1) Wo finde ich die grundlegenden gesetzlichen Vorschriften zur Buchführungspflicht?

(2) Die Buchführungspflicht ist zum einen steuerrechtlich und zum anderen handelsrechtlich geregelt. Was bedeutet dies und welches sind die grundlegenden Unterschiede?

(3) Ich muss als Architekt meinem Finanzamt als Gewinnnachweis eine Einnahmenüberschussrechnung vorlegen. Gilt dies auch für das geerbte Unternehmen?

(4) Die Leiterin des Rechnungswesens, Frau Güzel, hat mir eine Präsentation der EDV-Buchführung vorgeführt. Ich habe leider nur wenig wirklich verstanden. Muss die Buchführung nicht so organisiert sein, dass jedermann sie leicht verstehen kann?

(5) Frau Güzel sagte mir, es müsse ein Jahresabschluss aufgestellt werden. Sind Buchführung und Jahresabschluss nicht das Gleiche? Worin unterscheiden sie sich ggf.?

(6) Als Architekt muss ich der Finanzbehörde meine Einnahmen und Ausgaben durch Belege nachweisen. Diese muss ich für eventuelle Nachprüfungen noch Jahre aufbewahren.
    – Gilt diese Belegpflicht auch für die Buchführung meines neuen Unternehmens?
    – Was muss ich ggf. alles aufbewahren?
    – Welche Aufbewahrungsfristen muss ich im Einzelnen beachten?

(7) Unsere Buchführung erfolgt mit einem EDV-Programm. Müssen die „Bücher" für die Finanzbehörde ausgedruckt werden?

(8) Heutzutage ist in international tätigen deutschen Unternehmen die Geschäftssprache oft englisch. Kann meine Buchführung in englischer Sprache erfolgen und kann der Jahresabschluss in englischer Sprache aufgestellt werden?

(9) Laut Frau Güzel sind die Grundsätze ordnungsmäßiger Buchführung zu beachten.
    – Sind die GoB gesetzliche Vorschriften? In welchen Gesetzen finde ich sie ggf.?
    – Was ist unter GoB zu verstehen? Welche Bedeutung haben sie?
    – Welche Grundsätze sind so wichtig, dass ich als Unternehmer sie mir unbedingt merken sollte?
    – Gelten die GoB auch für die EDV-Buchführung?

(10) Mit welchen Folgen ist zu rechnen, wenn mein neues Unternehmen die gesetzlichen Buchführungsvorschriften und die GoB nicht beachtet?

3 Das Inventar – Ausgangspunkt der Buchführung

3.1 Pflicht zur Erstellung des Inventars

Ein Inventar ist ein detailliertes, mengen- und wertmäßiges Verzeichnis aller Vermögensgegenstände und Schulden des Unternehmens.

§ 240 HGB und §§ 140f. AO verlangen die Aufstellung eines Inventars[1]

- zu Beginn des Gewerbes,

- zum Schluss eines jeden Geschäftsjahres[2] (sog. Abschluss- oder Bilanzstichtag).

Die im jeweiligen Inventar aufgeführten Bestände sind der Ausgangspunkt für die Buchführung des nachfolgenden Geschäftsjahrs.

Auch bei Veräußerung und Auflösung des Unternehmens ist ein Inventar aufzustellen.

Logisch: Zuerst muss man den Bestand, dann dessen Veränderungen aufzeichnen.

3.2 Inventur

3.2.1 Körperliche Inventur und Buchinventur

Die Erstellung des Inventars macht eine genaue mengenmäßige und wertmäßige Aufnahme der Bestände notwendig. Diese Bestandsaufnahme heißt Inventur.

Arten der Inventur	
Körperliche Inventur	**Buchinventur**

Körperliche Inventur

- **Bei körperlichen Gegenständen** (z. B. Maschinen, Fahrzeugen, Bürogegenständen, Material, Erzeugnissen, Bargeld) erfolgt eine körperliche Bestandsaufnahme:
- Man ermittelt den mengenmäßigen Bestand je nach Art der Gegenstände durch **Zählen, Messen oder Wiegen**; nur in begründeten Ausnahmefällen (z. B. Massengüter) auch durch **Schätzen**.
- Man ermittelt den Wert des Bestand. Dazu bewertet man die festgestellten Mengen in EUR.

Buchinventur

- **Bei nicht körperlichen Gegenständen** (z. B. Forderungen, Bankguthaben, Schulden) ist eine körperliche Bestandsaufnahme nicht möglich.
- Deshalb ermittelt man nur den wertmäßigen Bestand anhand der **Eintragungen in den Buchführungsbüchern**.
- Dem Nachweis der Bestände dienen Belege (z. B. Rechnungen und Kontoauszüge). In besonderen Fällen fordert man auch Saldenbestätigungen bei Kunden und Lieferanten an.

Anmerkung: Die jährliche körperliche Inventur kann für bewegliche Anlagegegenstände (z. B. Fahrzeuge, Maschinen) entfallen (Abschn. 31 EStR). Voraussetzung: Das Unternehmen hat eine Anlagenbuchführung (Anlagenkartei bzw. Anlagendatei). Darin wird für jeden Gegenstand eine Anlagenkarte bzw. ein eigener Datensatz geführt.

Diese(r) muss alle Zu- und Abgänge sowie Wertänderungen termin-, mengen- und wertmäßig erfassen, sodass sich der Bestand am Jahresende problemlos ermitteln lässt.

Auf S. 153 finden Sie einen Anlagendatensatz.

---

[1] Wer nicht zur Buchhaltung verpflichtet ist, muss auch kein Inventar erstellen.

[2] Zeitraum, an dessen Ende die Buchführung abgeschlossen wird, um den Erfolg zu ermitteln. Entspricht in den meisten Unternehmen dem Kalenderjahr. Kann kürzer, darf aber nicht länger sein. Andere Bezeichnungen: Wirtschaftsjahr, Abrechnungszeitraum, Rechnungsperiode.

3.2.2 Kontrollaufgabe der Inventur

- **Kontrolle der Buchführung:** Handelsgesetzbuch (HGB) und Abgabenordnung (AO) verlangen die richtige Darstellung der Vermögenslage. Dies dient dem Schutz der Gläubiger des Unternehmens (HGB) und der richtigen Ermittlung der Besteuerungsgrundlagen (AO). Die Inventur soll die Übereinstimmung von Sollbestand (Buchbestand) und Istbestand (tatsächlicher Bestand) gewährleisten.

- **Aufdeckung von Wertminderungen und Fehlbeständen:** Wertminderungen und Fehlbestände können hohe und unnötige Verluste verursachen. Die Aufdeckung ist Grundlage für die Erforschung der Ursachen (z. B. Verderb, Schwund, Diebstahl) und die Einleitung von Gegenmaßnahmen.

3.2.3 Vorbereitung der Inventur

Die Inventur ist sorgfältig zu planen, um ihre Kosten zu minimieren und ihren Erfolg zu sichern. Man denke an Personal-, Formular-, Organisationskosten, Beeinträchtigungen des Geschäftsbetriebs und Fehler (z. B. Auslassungen, Mehrfachaufnahmen). Der **Inventurplan** enthält Angaben über

- das Inventurverfahren (siehe unten),
- Inventurzeit: Inventurtag, zeitlicher Ablauf,
- Inventurräume: Aufnahmebereiche und -stellen,
- Inventurpersonal: Leitungs-, Aufnahme-, Kontroll-, Bewertungspersonal,
- Inventurhilfsmittel: Inventurlisten, Saldenlisten, Inventuranweisungen, Diktiergeräte.

*Der Inventurplan zeigt den Beteiligten, **wann welche Artikel** auf **welchen Listen** zu erfassen sind.*

3.2.4 Durchführung der Inventur

- Die Gegenstände werden mengenmäßig erfasst (gezählt, gemessen, gewogen) und in Inventurlisten eingetragen.
- Soll- und Istbestand werden verglichen, Korrekturen vorgenommen.
- Die erfassten Mengen werden bewertet.
- Die ermittelten Bestände werden nach Gruppen geordnet, ggf. zusammengefasst und in das **Inventar** übernommen.

Beispiel: Inventurliste

Schneidwarenfabrik Fritz Scharf e.K.		Inventur			Aufnahme durch: *K. Rezzo*		Aufnahmedatum: *16.11.20..*	
Lager: 13		Lagergasse: 4			Lagergestell: 12			
Material-Nr.	Bezeichnung	Ein-heit	Soll-Be-stand	Ist-Be-stand	Beschaffen-heit je Einheit	Einstands-preis EUR	Wertminderung der beanstan-deten Einheiten	
							%	EUR
1.4034	Stab 1 m X46Gr13 200 x 12 mm	Stck.	23 000	*22500*	*keine Bean-standung*	8,60	*0*	*0,00*
1.4122	Flachband X45CrMo15 3,5 mm	Rolle	600	*597*	*keine Bean-standung*	240,00	*0*	*0,00*
1.4110	Flachband X55CrMo14 3,5 mm	Rolle	200	*200*	*2 Rollen verbogen*	200,00	*100*	*400,00*

Um das Verfahren zu beschleunigen und Fehlerquellen (z. B. Übertragungsfehler) zu beseitigen, nimmt man heutzutage zunehmend eine mobile Datenerfassung (MDE) vor. Diese vollzieht sich wie folgt:

MDE-Gerät   Barcode

Inventur mit MDE

- Die Lagerdaten und die Daten der Inventuregenstände (Artikeldaten, Materialdaten; vgl. obige Inventurliste) werden auf das MDE-Gerät geladen.

- Diese Daten befinden sich auch am Inventurort. Sie sind in der Form von Barcodes (Strichcodes) verschlüsselt. Der Inventur-Mitarbeiter scannt dort mit dem MDE-Gerät den Code des Lagerplatzes und anschließend den Code des Inventurgegenstands. Das Gerät zeigt ihm dann sofort die Material- bzw. Artikelbezeichnung an.

- Die Menge gibt er über die Tastatur ein.

- Über einen mobilen Drucker kann ein Inventurbeleg für den Lagerplatz gedruckt werden.

- Die Zähldaten werden entweder in Echtzeit (sofort) per WLAN an das EDV-Buchführungssystem gemeldet oder im MDE-Gerät gespeichert und dann per Docking-Station übertragen.

3.2.5   Inventurverfahren

Nach dem Zeitpunkt der körperlichen Bestandsaufnahme unterscheidet man:

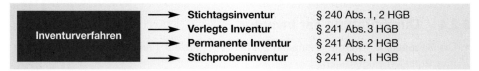

Inventurverfahren	→ Stichtagsinventur	§ 240 Abs. 1, 2 HGB
	→ Verlegte Inventur	§ 241 Abs. 3 HGB
	→ Permanente Inventur	§ 241 Abs. 2 HGB
	→ Stichprobeninventur	§ 241 Abs. 1 HGB

Stichtagsinventur

Bei der Stichtagsinventur werden alle Vermögensgegenstände und Schulden am Abschlussstichtag durch Vollaufnahme erfasst und bewertet.

Dieses Verfahren garantiert in hohem Maße die Richtigkeit der Inventurergebnisse. Diesem Vorteil stehen aber gewichtige Nachteile entgegen: Der Arbeitsanfall ist erheblich. Dementsprechend wird der Geschäftsbetrieb beeinträchtigt; eventuell muss er sogar stillgelegt werden. In der Praxis ist es zudem nicht immer möglich, die Inventur an einem einzigen Tag durchzuführen.

Deshalb darf die Stichtagsinventur auch als **zeitnahe Inventur** innerhalb weniger Tage vor oder nach dem Abschlussstichtag durchgeführt werden (siehe Kasten).

Zeitgrenzen für die zeitnahe Inventur
(Abschnitt 30 Abs. 1
Einkommensteuerrichtlinien)
Die zeitnahe Inventur muss binnen 10 Tagen vor dem Bilanzstichtag bis 10 Tage nach dem Bilanzstichtag erfolgen.

Fortschreibung bzw. Rückrechnung
Die Bestandsveränderungen zwischen Aufnahmetag und Abschlussstichtag werden anhand von Belegen **mengen- und wertmäßig** erfasst und auf den Abschlussstichtag fortgeschrieben bzw. zurückgerechnet.

Um die Nachteile der Stichtagsinventur zu vermeiden, sind weitergehende **Inventurvereinfachungsverfahren** zugelassen: verlegte Inventur, permanente Inventur, Stichprobeninventur.

*Merke: Die Vereinfachungen sind nur für **Gegenstände des Vorratsvermögens** (Materialien, unfertige und fertige Erzeugnisse, Handelswaren) zulässig.*

Verlegte Inventur

Die jährliche körperliche Inventur darf verlegt werden:
- in die letzten drei Monate vor dem Abschlussstichtag (Vorverlegung) oder
- in die ersten zwei Monate nach dem Abschlussstichtag (Nachverlegung).

Die Gegenstände dürfen in dieser Spanne an beliebigen Tagen erfasst werden. Art, Menge und der Wert am Erfassungstag sind in eine Inventurliste einzutragen.

> **Die verlegte Inventur ist unzulässig**
> (Abschn. 30 Abs. 4 EStR)
> - für Bestände, bei denen durch Schwund, Verdunsten oder Verderb unkontrollierbare Abgänge entstehen,
> - für besonders wertvolle Güter.

In das Inventar ist der Wert am Abschlusstag einzutragen. Um ihn zu ermitteln, müssen die erfassten Bestände auf den Abschlussstichtag hin fortgeschrieben bzw. zurückgerechnet werden. Hierfür ist eine **wertmäßige Rechnung ausreichend**.

Beispiel: Wertfortschreibung und -rückrechnung

Wertfortschreibung bei vorverlegter Inventur (<u>vor</u> dem Abschlussstichtag)	
Wert am Erfassungstag (7. Okt. 2010)	700 000,00 EUR
+ Wert der Zugänge vom 7. Okt. 2010 bis 31. Dez. 2010	200 000,00 EUR
– Wert der Abgänge vom 7. Okt. 2010 bis 31. Dez. 2010	300 000,00 EUR
= Wert am Abschlussstichtag (31. Dez. 2010)	600 000,00 EUR

Wertrückrechnung bei nachverlegter Inventur (<u>nach</u> dem Abschlussstichtag)	
Wert am Erfassungstag (24. Feb. 2011)	550 000,00 EUR
– Wert der Zugänge vom 1. Jan. 2011 bis 24. Feb. 2011	100 000,00 EUR
+ Wert der Abgänge vom 1. Jan. 2011 bis 24. Feb. 2011	150 000,00 EUR
= Wert am Abschlussstichtag (31. Dez. 2010)	600 000,00 EUR

Permanente Inventur (fortlaufende Inventur)

Bei der permanenten Inventur werden die Gegenstände des Vorratsvermögens gruppenweise „fortlaufend" während des ganzen Geschäftsjahres an beliebigen Tagen körperlich aufgenommen.

Das Verfahren ist zulässig, wenn der Bestand der Vermögensgegenstände nach Art, Menge und Wert für den Abschlussstichtag auch ohne körperliche Bestandsaufnahme festgestellt werden kann (§ 241 Abs. 2 HGB).

> **Notwendige Voraussetzungen für die permanente Inventur**
> (Abschnitt 30 Abs. 2 EStR)
> - Für die betroffenen Gegenstände sind **Lagerbücher** zu führen. (In der EDV spricht man von Lagerbestandsführung.) Alle Zu- und Abgänge und der jeweilige Bestand nach Tag, Art und Menge sind anhand von Belegen einzutragen.
> - Mindestens einmal jährlich (an einem beliebigen Zeitpunkt) ist der Sollbestand der Buchführung durch **körperliche Inventur** zu überprüfen und bei Abweichung vom Istbestand zu korrigieren.
> - Über Durchführung und Ergebnis der Inventur sind **Aufzeichnungen** anzufertigen. Diese sind zu unterschreiben und 10 Jahre lang aufzubewahren.
>
> Die permanente Inventur ist (wie die verlegte Inventur) nicht zulässig bei Gütern mit unkontrollierbaren Abgängen und bei besonders wertvollen Gütern.

Beispiel: **Lagerbestandsführung**

Bei der Schneidwarenfabrik Fritz Scharf e. K. wählt man über das EDV-System die zu erfassenden Teile aus (hier: Stahlstab, rechteckig), druckt eine Inventurerfassungsliste aus, ermittelt die Istmengen durch körperliche Bestandsaufnahme und trägt sie in die Liste ein. Nach der Eingabe der Daten in die EDV druckt das System eine Abstimmliste mit den festgestellten Differenzen aus (hier: Fehlmenge 50 Stück). Die Differenzen müssen mit der Lagerverwaltung abgeklärt und in die Lagerbestandsführung eingetragen werden.

Vergleichen Sie hierzu auch Bd. 1, „Geschäftsprozesse", Sachwort „Bestandsüberwachung".

Lagerbestandsführung

Artikel/Hersteller   1.4034

01 Bezeichnung 1	Stahlstab, rechteckig	08 Lagerort	13.4.12
02 Bezeichnung 2		09 Abmessungen	200 x 12 x 3,5 mm
03 Matchcode	Stahlstab	10 Gewicht je Einheit	230 g
04 Einheit	01 Stück	11 Material	X 46 Cr 13
05 Meldebestand	14.000 Stück	12 Verrechnungspreis	10,00 EUR/Stück
06 Sicherheitsbestand	4.000 Stück		
07 Höchstbestand	30.000 Stück		

Typ	Datum	Vorgang	Zugang	Abgang	Bestand	Anmerkung	gebucht durch
		Übertrag			22.000		H. Schulte
R	16.11.20..	Auftrag PA 1345		4.800	17.200		H. Schulte
R	22.11.20..	Auftrag PA 1346		6.900	10.300	bestellt: 19.700 Stück	W. Geitz
R	29.11.20..	Lieferschein LS 0018	19.700		30.000		H. Schulte
R	01.12.20..	Auftrag PA 1347		2.100	27.900		W. Geitz
R	03.12.20..	Auftrag PA 1348		3.600	24.300		W. Geitz
R	08.12.20..	Auftrag PA 1349		1.000	23.300		W. Geitz
R	09.12.20..	Auftrag PA 1350		4.500	18.800		H. Schulte
R	13.12.20..	Bestand lt. Inventur		50	18.750	Fehlmenge lt. Inventur: 50 Stück	H. Schulte
R	16.12.20..	Auftrag PA 1351		3.400	15.350		W. Geitz
R	20.12.20..	Auftrag PA 1352		2.800	12.550	bestellt: 17.450 Stück	H. Schulte
R	31.12.20..	Schlussbestand			12.550		W. Geitz

Am Abschlussstichtag entnimmt man der Lagerbestandsführung den Buchbestand, trägt ihn in das Inventar ein und bewertet ihn.

Vorteile der permanenten Inventur:

- Man kann für einzelne Gruppen des Vorratsvermögens zu beliebigen Zeitpunkten im Geschäftsjahr Teilinventuren durchführen (z. B. wenn der Bestand niedrig ist).
- Die Aufnahmearbeit kann auf das ganze Jahr verteilt und in Zeiten mit geringem Arbeitsanfall gelegt werden.
- Bestand, Abgänge, Zugänge und Bedarf an Vorräten lassen sich – insbesondere beim Einsatz einer integrierten kaufmännischen Software – kurzfristig aus den Büchern ermitteln. Die permanente Inventur erleichtert somit die Materialdisposition.

Stichprobeninventur

Der Bestand der Vermögensgegenstände darf auch mithilfe anerkannter mathematisch-statistischer Methoden aufgrund von Stichproben ermittelt werden (§ 241 Abs. 1 HGB).

Repräsentative Lagerpositionen werden als **Stichproben** ausgewählt, körperlich aufgenommen und bewertet. Aufgrund der Stichprobe wird dann der gesamte Lagerbestand errechnet. Der Aussagewert des erstellten Inventars muss dem Aussagewert eines Inventars nach körperlicher Inventur gleichkommen.

Die Stichprobeninventur ist nur eine besondere **Berechnungsmethode**. Sie kann bei allen Inventurverfahren angewendet werden. Sie erspart Zeit und Arbeit, weil die aufwendige körperliche Bestandsaufnahme auf einen Teil der Bestände beschränkt wird.

ERSTER ABSCHNITT

3.3 Aufbau des Inventars

Das Inventar ist ein Verzeichnis, das alle Vermögensgegenstände und Schulden nach Art, Menge und Wert ausweist.

Die Werte der Vermögensgüter und der Schulden sind getrennt zu addieren. Die Differenz ist das **Reinvermögen (Eigenkapital)**.

Gesetzliche Gliederungsvorschriften bestehen nicht. In der Praxis hat sich eine Gliederung in drei Teile durchgesetzt, die untereinander stehen (sog. Staffel- oder Listenform).

Inventar
A) Vermögen
B) Schulden
C) Reinvermögen
(Eigenkapital)

$$C = A - B$$

3.3.1 Vermögen

Das Vermögen besteht aus **Anlage-** und **Umlaufvermögen**.

- **Anlagevermögen:** Gegenstände, die bestimmt sind, dauernd dem Geschäftsbetrieb zu dienen (§ 247 Abs. 2 HGB). Sie sind nicht zum Verkauf bestimmt.
- **Umlaufvermögen:** Gegenstände, die im Betriebsprozess ständig umgewandelt werden

Anlagevermögen	Umlaufvermögen
• **Immaterielle Vermögensgegenstände** z. B. Konzessionen, Lizenzen, käuflich erworbener Firmenwert[1] • **Sachanlagen** Grundstücke, Gebäude, Anlagen, Maschinen, Betriebs- und Geschäftsausstattung, Fahrzeuge • **Finanzanlagen** Beteiligungen an anderen Unternehmen, längerfristig gehaltene Wertpapiere, längerfristige Darlehensforderungen[3]	• **Vorräte** Materialien[2] (Werkstoffe: Rohstoffe, Hilfsstoffe, Einbauteile; Betriebsstoffe, Reparaturmaterial), unfertige und fertige Erzeugnisse, Handelswaren • **Forderungen**[3] aus Lieferungen und Leistungen; andere Forderungen • **Wertpapiere**, die zur Veräußerung bestimmt sind oder als kurzfristige Liquiditätsreserve gehalten werden • **Liquide (flüssige) Mittel** Bankguthaben, Bargeldbestände (Kasse), Schecks, Wechsel

Sie entstehen durch Einräumung eines Zahlungsziels (Zahlungsfrist) an Kunden.

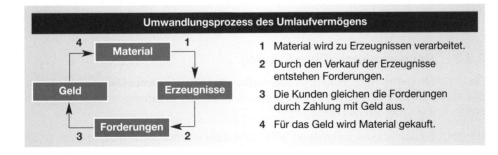

Umwandlungsprozess des Umlaufvermögens

1 Material wird zu Erzeugnissen verarbeitet.
2 Durch den Verkauf der Erzeugnisse entstehen Forderungen.
3 Die Kunden gleichen die Forderungen durch Zahlung mit Geld aus.
4 Für das Geld wird Material gekauft.

---

[1] Wert, der beim Kauf des Unternehmens über den Wert der einzelnen Vermögensgegenstände hinaus nach Abzug der Schulden gezahlt wird
[2] Einzelheiten siehe Band 1 „Geschäftsprozesse", Sachwort „Material".
[3] Forderungen sind Ansprüche auf Geld oder andere Leistungen.

Die **Vermögensgegenstände** werden üblicherweise **nach zunehmender Liquidität geordnet**, also z. B.: Anlagevermögen vor Umlaufvermögen, Gebäude vor Geschäftsausstattung, Rohstoffe vor Erzeugnissen, Erzeugnisse vor Kassenbestand.

> Liquidität bedeutet Zahlungsbereitschaft, Flüssigkeit (lat. liquidus = flüssig). Flüssige Mittel sind Geldwerte. Ein Gegenstand gilt als umso liquider, je schneller er bestimmungsgemäß „zu Geld gemacht" werden kann.

3.3.2   Schulden

Die Schulden sind das Fremdkapital des Unternehmens:

- Mittel von Fremden, die zurückerstattet werden müssen,
- sonstige Verpflichtungen zur Erbringung von Geldleistungen und anderen Leistungen.

Sie umfassen **Verbindlichkeiten** und **Rückstellungen**.

Verbindlichkeiten	Rückstellungen
Verbindlichkeiten sind Verpflichtungen zur Erbringung von Geldleistungen und anderen Leistungen • **aus Kreditverträgen mit Banken** langfristige Darlehen (Restlaufzeit > 5 Jahre), mittelfristige Darlehen (Restlaufzeit > 1 Jahr), kurzfristige Darlehen/Kredite (Restlaufzeit < 1 Jahr) • **aus gesetzlichen Verpflichtungen** z. B. Steuerschulden, Arbeitgeberanteile zur Sozialversicherung • **aus Verträgen mit Geschäftspartnern** in der Regel kurzfristige Verbindlichkeiten aus Lieferungen und Leistungen	Rückstellungen sind Verpflichtungen, die dem Grund nach bereits feststehen (z. B. erwartete Prozesskosten aufgrund bereits eingereichter Klagen), deren Höhe und Fälligkeit aber noch nicht bekannt ist.

Die Rückstellungen werden hier nur der Vollständigkeit halber erwähnt. Das Verständnis dieses Begriffs setzt Vorkenntnisse voraus. Details finden Sie in Abschnitt 4, Jahresabschluss.

Sie entstehen durch Einräumung eines Zahlungsziels (Zahlungsfrist) durch Lieferanten.

Die **Schulden** ordnet man üblicherweise **nach der Fälligkeit (Fristigkeit)**: langfristige Schulden (später fällig) vor kurzfristigen Schulden (früher fällig).

> Die Fälligkeit bezeichnet den Zeitpunkt, an dem ein Gläubiger Zahlung verlangen kann.

3.3.3   Reinvermögen (Eigenkapital)

Die Schulden werden vom Vermögen abgezogen. Die Differenz ist das Reinvermögen oder das Eigenkapital. Im Gegensatz zum Fremdkapital hat der Unternehmer es aus eigenen Mitteln in das Unternehmen eingebracht.

Um die Übersichtlichkeit zu erhöhen, stellt man dem Inventar gern ein Deckblatt voran (siehe S. 29). Darin sind die Einzelbestände zu Gruppen zusammengefasst. Von ihnen wird auf die zugrunde liegenden Inventurlisten verwiesen. Diese zählen zum Inventar und sind mit diesem 10 Jahre lang aufzubewahren (auch auf Bild- oder Datenträgern). Die Daten müssen innerhalb der Aufbewahrungsfrist jederzeit lesbar gemacht werden können (§ 239 Abs. 4 HGB).

▌**Beispiel: Deckblatt eines Inventars**

Inventar
der Schneidwarenfabrik Fritz Scharf e.K., Solingen, zum 31. Dezember 20..

	EUR
A) Vermögen	
I. Anlagevermögen	
1. Grundstück und Fabrikgebäude, Bestand laut Grundbuchauszug	3 300 000,00
2. Maschinen lt. Anlagenverzeichnis Nr. 1	2 250 000,00
3. Fahrzeuge lt. Anlagenverzeichnis Nr. 2	260 000,00
4. Werkzeuge lt. Anlagenverzeichnis Nr. 3	130 000,00
5. Betriebs- und Geschäftsausstattung lt. Anlagenverzeichnis Nr. 4	345 000,00
II. Umlaufvermögen	
1. Roh-, Hilfs- und Betriebsstoffe lt. Inventurliste Nr. 1	380 000,00
2. Unfertige Erzeugnisse lt. Inventurliste Nr. 2	90 000,00
3. Fertige Erzeugnisse lt. Inventurliste Nr. 3	230 000,00
4. Forderungen lt. Saldenliste Nr. 1	175 000,00
5. Kassenbestand lt. Aufnahmeprotokoll vom 31. Dez. 20..	10 000,00
6. Bankguthaben lt. Kontoauszug vom 31. Dez. 20..	120 000,00
Summe des Vermögens	**7 290 000,00**
B) Schulden	
I. Langfristige Schulden	
1. Hypothekendarlehen bei der Wirtschaftsbank Köln	
lt. Kontoauszug vom 31. Dez. 20..	2 200 000,00
2. Darlehen der Stadtsparkasse Solingen lt. Kontoauszug vom	
31. Dez. 20..	1 720 000,00
II. Kurzfristige Schulden	
Verbindlichkeiten aus Lieferungen und Leistungen lt. Saldenliste Nr. 2	260 000,00
Summe der Schulden	**4 180 000,00**
C) Reinvermögen	
Summe des Vermögens	7 290 000,00
– Summe der Schulden	4 180 000,00
= Reinvermögen (Eigenkapital)	**3 110 000,00**

▌**Arbeitsaufträge**

1. **Die Inventur ist die Bestandsaufnahme aller Vermögensgegenstände und Schulden in einem Unternehmen nach Art, Menge und Wert.**
   a) Welche Bestände werden durch die körperliche Inventur, welche durch die Buchinventur aufgenommen? Nennen Sie Beispiele.
   b) Welche Vorteile bzw. Nachteile bringen Stichtags-, verlegte und permanente Inventur für die Praxis?
   c) Welche Vorbereitungen sind für eine ordnungsmäßige Inventur zu treffen?

2. **Eine zentrale Rolle bei der Vorbereitung einer Inventur kommt dem Inventurplan zu. Darin wird der Ablauf der Inventur geplant. Es wird z.B. festgelegt, welche Artikel zu welchem Zeitpunkt aufgenommen werden, wer für die Aufnahme zuständig ist und welche Hilfsmittel verwendet werden sollen.**
   Erkundigen Sie sich in Ihrem Ausbildungsbetrieb, wie der Inventurplan konkret aussieht. Stellen Sie die hierin enthaltenen Informationen zusammen und berichten Sie in Ihrer Klasse über die Inventurvorbereitung.

3. **Das Vermögen wird im Rahmen des Inventars nach der Liquidität in Anlagevermögen und Umlaufvermögen gegliedert.**
   Ordnen Sie die folgenden Vermögensteile dem Anlagevermögen (A) bzw. dem Umlaufvermögen (U) zu. Ordnen Sie sie außerdem nach ansteigender Liquidität.

1. Rohstoffe	6. Maschinen
2. Gebäude	7. Bankguthaben
3. Betriebs- und Geschäftsausstattung	8. Unbebaute Grundstücke
4. Forderungen an Kunden	9. Fertigerzeugnisse
5. Betriebsstoffe	10. Kraftfahrzeuge

4. Die Oberbach GmbH ist ein Hersteller von Büro- und Wohnmöbeln.
Ordnen Sie die angegebenen Inventarpositionen nach folgenden Gliederungsgesichtspunkten:

a) Anlagevermögen
b) Umlaufvermögen
c) langfristige Schulden
d) kurzfristige Schulden

1. Bankguthaben
2. Verbindlichkeiten gegenüber Lieferanten
3. Sägen, Furnierpressen
4. Lieferwagen
5. Hergestellte Möbel
6. Büromöbel der Verwaltung
7. Verwaltungsgebäude
8. Hypothekenschulden, Laufzeit der Hypothek: 10 Jahre
9. Vorräte an Spanplatten und Schnittholz
10. Lagerhalle
11. Lacke, Leim
12. EDV-Anlage
13. Bargeld
14. Fabrikgebäude
15. Darlehensschulden, Laufzeit des Darlehens: 7 Jahre
16. Kopiergeräte
17. Forderungen an Kunden
18. Heizölvorräte
19. Baugrundstück

5./6. Bei Fritz Dreher e. K., Neuss, werden zum 31. Dezember 20.. folgende Inventurwerte ermittelt.

	5. EUR	6. EUR
Fabrikgebäude	400 000,00	380 000,00
Maschinen lt. Anlagenverzeichnis Nr. 1	390 000,00	430 000,00
Fahrzeuge lt. Anlagenverzeichnis Nr. 2	68 000,00	52 000,00
Werkzeuge lt. Anlagenverzeichnis Nr. 3	14 000,00	31 000,00
Betriebs-/Geschäftsausstattung lt. Anlagenverzeichnis Nr. 4	55 000,00	43 000,00
Rohstoffe lt. Inventurliste Nr. 1	90 000,00	35 000,00
Hilfsstoffe lt. Inventurliste Nr. 2	15 000,00	21 000,00
Betriebsstoffe lt. Inventurliste Nr. 3	7 800,00	3 500,00
Unfertige Erzeugnisse lt. Inventurliste Nr. 4	35 000,00	60 000,00
Fertige Erzeugnisse lt. Inventurliste Nr. 5	80 000,00	73 000,00
Forderungen a. L. u. L. lt. Saldenliste Nr. 1	63 100,00	53 400,00
Kassenbestand	13 600,00	9 800,00
Postbankguthaben	22 400,00	18 000,00
Bankguthaben	56 100,00	31 300,00
Darlehensschulden	340 000,00	270 000,00
Verbindlichkeiten a. L. u. L. lt. Saldenliste Nr. 2	260 000,00	137 000,00

Erstellen Sie jeweils das Deckblatt des Inventars.

7. In der Möbelfabrik Emma Heber e. K., Bielefeld, werden jeweils für den 31. Dezember in zwei aufeinanderfolgenden Jahren folgende Inventurwerte ermittelt:

	1. Jahr EUR	2. Jahr EUR
Fabrikgebäude	700 000,00	680 000,00
Bürogebäude	–	350 000,00
Maschinen lt. Anlagenverzeichnis Nr. 1	370 000,00	500 000,00
Fahrzeuge lt. Anlagenverzeichnis Nr. 2	35 000,00	20 000,00
Betriebs-/Geschäftsausstattung lt. Anlagenverzeichnis Nr. 3	30 000,00	32 000,00
Roh-, Hilfs- und Betriebsstoffe lt. Inventurliste Nr. 1	110 000,00	80 000,00
Unfertige Erzeugnisse lt. Inventurliste Nr. 2	28 000,00	42 000,00
Fertige Erzeugnisse lt. Inventurliste Nr. 3	19 000,00	13 000,00
Forderungen a. L. u. L. lt. Saldenliste Nr. 1	53 100,00	59 000,00
Kassenbestand	7 000,00	4 000,00
Postbankguthaben	17 000,00	18 000,00
Bankguthaben	27 000,00	3 000,00
Hypothekenschulden	400 000,00	600 000,00
Darlehensschulden	–	250 000,00
Verbindlichkeiten a. L. u. L. lt. Saldenliste Nr. 2	260 000,00	140 000,00

a) Erstellen Sie die Deckblätter der Inventare.
b) Vergleichen Sie die Inventare und erklären Sie die Veränderungen der Inventarpositionen.

Exkurs 1 Wirtschaftsrechnen

Thema: Dreisatz- und Durchschnittsrechnung

Einfacher Dreisatz

Bei der Dreisatzrechnung stehen zwei benannte Zahlen in einem bestimmten Verhältnis zueinander. Zwei andere benannte Zahlen – von denen eine unbekannt ist – verhalten sich zueinander

- entweder genauso (sog. gerade Verhältnisse)
- oder genau umgekehrt (sog. ungerade oder umgekehrte Verhältnisse).

Deshalb kann auf die unbekannte Zahl geschlossen werden.

Gerade Verhältnisse	Ungerade Verhältnisse
Beispiel:	**Beispiel:**
3 Mitarbeiter bearbeiten bei der Inventur pro Stunde 13 laufende Meter Regale. Wie viele Meter schaffen 5 Mitarbeiter?	Eine Inventur dauert 11 Stunden, wenn 9 Mitarbeiter eingesetzt werden. Wie lange dauert sie, wenn 15 Mitarbeiter zur Verfügung stehen?
Vorüberlegung:	Vorüberlegung:

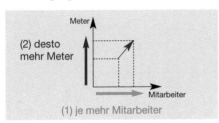

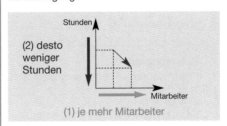

Merke: Gerade Verhältnisse liegen vor, wenn man „je mehr, desto mehr" sagen kann.	**Ungerade Verhältnisse liegen vor, wenn man „je mehr, desto weniger" sagen kann.**
Lösungsansatz:	Lösungsansatz:
3 Mitarbeiter – 13 Regale 5 Mitarbeiter – x Regale	9 Mitarbeiter – 11 Stunden 15 Mitarbeiter – x Stunden

Die Lösung erfolgt in 3 Sätzen:

Mit 3 Mitarbeitern: 13 Regale	**1. Satz:** Angabe der alten Vielheit	Mit 9 Mitarbeitern: 11 Std.
Mit 1 Mitarbeiter: $\dfrac{13}{3}$ Regale	**2. Satz:** Schluss auf die Einheit	Mit 1 Mitarbeiter: $(11 \cdot 9)$ Std.
Mit 5 Mitarbeitern: $\dfrac{13 \cdot 5}{3}$ Regale	**3. Satz:** Schluss auf die neue Vielheit	Mit 15 Mitarbeitern: $\dfrac{11 \cdot 9}{15}$ Std.
Ergebnis: x = 21²/₃ (Meter)		Ergebnis: x = 6,6 (Stunden)

Zusammengesetzter Dreisatz

Zusammengesetzte Dreisätze bestehen aus zwei oder mehreren Dreisätzen mit geraden oder umgekehrten Verhältnissen. Sie werden durch fortgesetzte Anwendung der Dreisatzmethode gelöst.

Beispiel: Zusammengesetzter Dreisatz

30 Mitarbeiter benötigen bei Inventurarbeiten für 960 m Regal bei einer regulären Arbeitszeit von 8 Arbeitsstunden pro Tag insgesamt 32 Tage. Wie viele Tage benötigen 25 Mitarbeiter für 800 m Regal bei einer Überstunde pro Tag?

Ansatz:

30 M. benötigen für	960 m bei 8 Std./Tag	32	Tage
25 M. benötigen für	800 m bei 9 Std./Tag	x	Tage

1. Anwendung:

30 M. benötigen für 960 m bei 1 Std./Tag $32 \cdot 8$ Tage

30 M. benötigen für 960 m bei 9 Std./Tag $\dfrac{32 \cdot 8}{9}$ Tage

2. Anwendung:

30 M. benötigen für 1 m bei 9 Std./Tag $\dfrac{32 \cdot 8}{9 \cdot 960}$ Tage

30 M. benötigen für 800 m bei 9 Std./Tag $\dfrac{32 \cdot 8 \cdot 800}{9 \cdot 960}$ Tage

3. Anwendung:

1 M. benötigt für 800 m bei 9 Std./Tag $\dfrac{32 \cdot 8 \cdot 800 \cdot 30}{9 \cdot 960}$ Tage

25 M. benötigen für 800 m bei 9 Std./Tag $\dfrac{32 \cdot 8 \cdot 800 \cdot 30}{9 \cdot 960 \cdot 25}$ Tage

Ergebnis: x = 28,4444 ≈ 28$^1/_2$ (Tage)

Arbeitsaufträge

1. **Ein Lagerbestand, bestehend aus 65 Kisten, ist zu 32 500,00 EUR versichert. Durch einen Brand werden 34 Kisten vollständig zerstört.**

   Wie viel EUR muss die Versicherung ersetzen?

2. **Die Heizungsanlage des Lagers braucht 4 050 Liter Öl für eine Heizperiode von 150 Tagen.**

   Wie lange reicht der Vorrat, wenn wegen milder Temperaturen täglich 2 Liter weniger verbraucht werden?

3. **Für eine Lagerhalle von 70 m Länge und 20 m Breite werden 3 300,00 EUR Monatsmiete verlangt.**

   Wie viel EUR verlangt der Vermieter für eine Halle mit den Maßen 80 m x 21 m?

4. **Ein Lagertank, der 168 m^3 fasst, kann durch zwei Zuleitungen gefüllt werden. Die erste Zuleitung liefert 180 Liter je Minute, die zweite 240 Liter je Minute.**

   a) Wie viele Minuten dauert das Füllen des Tanks, wenn beide Zuleitungen gleichzeitig in Betrieb sind?

   b) Wie viele Minuten und Sekunden (aufgerundet) beträgt die Füllzeit, wenn die zweite Leitung 15 Minuten nach der ersten geöffnet wird?

5. **Ein 1 000-t-Schiff hat bei voller Ausnutzung der Ladefähigkeit einen Tiefgang von 2,50 m. Wenn die Tauchtiefe auf 2,35 m sinkt, müssen 75 t Ladung geleichtert werden.**

a) Berechnen Sie die Minderung der Ladefähigkeit, wenn nur noch eine Tauchtiefe von 1,80 m zulässig ist.

b) Wenn das Schiff wegen niedrigem Wasserstand nicht voll beladen werden kann, wird ein sog. Klein-wasserzuschlag (KWZ) auf die Grundfracht erhoben. Er soll den Frachtverlust ausgleichen. Bei welcher Tauchtiefe würde ein KWZ genau in Höhe der Grundfracht erhoben?

c) Bei welcher Tauchtiefe kann das Schiff nur noch ohne Ladung operieren?

6. **Für ein neues Lager soll die Dauer der Inventurarbeiten vorausgeschätzt werden. Das alte Lager umfasst 45 Regale. Die Inventur dauert bei Einsatz von 10 Mitarbeitern erfahrungs-gemäß 8 Stunden.**

a) Das neue Lager umfasst 105 Regale. Wie lange dauert die Inventur mit der gleichen Anzahl Mitarbeiter?

b) Wie viele Mitarbeiter müssen zusätzlich eingesetzt werden, wenn die Inventur ebenfalls in 8 Stunden erledigt werden soll? Lösen Sie diese Aufgabe mit und ohne Verwendung des Er-gebnisses von Aufgabe a). Runden Sie das Ergebnis sinnvoll.

c) Die Regale haben jeweils 3 Stockwerke. Nach zwei Jahren werden die Regale des neuen La-gers um 10 Regale ergänzt und auf 4 Stockwerke erhöht. Um die Inventur möglichst abzukür-zen, werden alle Mitarbeiter des Betriebs (40 Mitarbeiter) eingesetzt. Wie lange dauert die In-ventur? (Runden Sie das Ergebnis wegen der unvermeidbaren Ungenauigkeit der Prognose auf volle Stunden.)

7. **Der Restlagerbestand an Fotokopierpapier reicht bei einem Tagesverbrauch von durch-schnittlich 720 Blatt 90 Tage. Dieser Verbrauch liegt um 80 Blatt unter dem prognostizier-ten Verbrauch. Die letzte Lieferung kostete 840,00 EUR. Sie war auf eine Verbrauchszeit von 150 Tagen ausgelegt.**

a) Wie lange reicht der Restlagerbestand, wenn der Tagesverbrauch wegen höheren Arbeitsan-falls auf 1 200 Blatt steigt?

b) Wie viel EUR kostet ein Karton (2 500 Blatt) der letzten Lieferung?

c) Wie teuer ist die nächste Lieferung, wenn
   – auch diese Lieferung 150 Tage reichen soll,
   – der Tagesverbrauch konstant bei 1 200 Blatt bleibt,
   – der Lieferant einen Mengenrabatt von 1,00 EUR pro Karton (2 500 Blatt) gewährt?

8. **Im Juli wurde ein Vorführraum täglich 3 Stunden durch 35 Leuchtröhren beleuchtet. Die Stromkosten betrugen 18,90 EUR (für 31 Tage). Im November und Dezember wurden 8 Röhren zugeschaltet, die tägliche Beleuchtungsdauer betrug 11 Stunden.**

Wie hoch waren die Stromkosten für beide Monate zusammen?

ERSTER ABSCHNITT

Kettensatz

Aufgaben, die zwei oder mehr Dreisätze mit ausschließlich geraden Verhältnissen erfordern, lassen sich eleganter mit dem sog. Kettensatz lösen.

Beispiel: Aufgabe mit zwei Dreisätzen

Eine Inventurhilfe wird für Inventurarbeiten an Paternoster-Regalsystemen mit Kleinteilen eingesetzt. Sie erhält für 2 Regale 13,00 EUR. Nach 5 Stunden hat sie 5 Regale geschafft. Wie viel verdient sie insgesamt an einem 8-Stunden-Tag?

1. Dreisatz:

2 Regale	– 13,00	EUR
5 Regale	– x	EUR
1 Regal	– 13,00 : 2	EUR
5 Regale	– 13,00 : 2 · 5	EUR

Ergebnis: x = 32,50 (EUR)

2. Dreisatz:

5 Stunden	– 32,50	EUR
8 Stunden	– x	EUR
1 Stunde	– 32,50 : 5	EUR
8 Stunden	– 32,50 : 5 · 8	EUR

Ergebnis: x = 52,00 EUR

Beide Dreisätze enthalten gerade Verhältnisse. Deshalb ist auch die Lösung durch einen Kettensatz möglich.

Man bildet den Kettensatz, indem man jeweils 2 einander entsprechende Zahlen mit verschiedener Benennung gegenüberstellt. Man kann diese Gegenüberstellung als Gleichung auffassen.

Beispiel: Lösung durch Kettensatz

Ansatz:

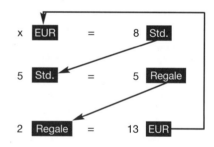

Die Kette beginnt mit der gesuchten Größe.
Das linke Glied jeder folgenden Gleichung muss die gleiche Benennung haben wie das rechte Glied der ihr vorausgehenden Gleichung.
Die Benennung der letzten Kettengröße muss mit der Benennung der ersten Kettengröße übereinstimmen. Dann ist die Kette „geschlossen".

x EUR = 8 Std.

5 Std. = 5 Regale

2 Regale = 13 EUR

Lösung:

Bei einem System von Gleichungen ist das Produkt der linken Seiten gleich dem Produkt der rechten Seiten. Die Gleichung wird nach der enthaltenen Variablen aufgelöst.

$$x \cdot 5 \cdot 2 = 8 \cdot 5 \cdot 13$$

$$x = \frac{8 \cdot 5 \cdot 13}{5 \cdot 2} = 52,00 \text{ (EUR)}$$

Man ersetzt die Gleichheitszeichen gern durch einen senkrechten Strich. Wenn man das Ganze nach links kippt und x herausnimmt, erhält man unmittelbar den Lösungsbruch.

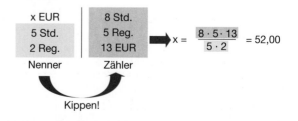

Der Kettensatz kann auch einen einfachen Dreisatz mit geraden Verhältnissen ersetzen.

> **Beispiel:** Kettensatz statt einfacher Dreisatz
>
> 3 Mitarbeiter bearbeiten bei der Inventur pro Stunde 13 laufende Meter Regale. Wie viele Meter schaffen 5 Mitarbeiter?
>
> x m | 5 Mitarb.
> 3 Mitarb. | 13 m $x = \dfrac{5 \cdot 13}{3} = 21\,{}^2/_3$

Arbeitsaufträge

1. **Betrachten Sie noch einmal folgende Arbeitsaufträge: Seite 32, Nr. 1 bis 4, sowie Seite 33, Nr. 5.**
   Lassen diese Arbeitsaufträge sich auch mithilfe des Kettensatzes lösen? Wenn ja, lösen Sie die Aufgaben erneut. Welcher Lösungsweg fällt Ihnen persönlich leichter?

2. **5 Packungen eines Lagerpostens kosten 59 USD (US-Dollar).**
   Wie viel EUR kosten 3 Paletten mit je 45 Packungen, wenn 1,00 USD 0,68 EUR entspricht?

3. **Für 8 Lagerräume mit jeweils 280 m² Grundfläche werden jährlich 23 000 Liter Heizöl verbraucht.**
   Wie viel Liter werden für 14 Lagerräume mit jeweils 250 m² Grundfläche verbraucht?

4. **Eine englische Firma bietet 10 Ballen Stoff mit je 150 m zu insgesamt 2 850,00 GBP (Britische Pfund) an. 1 GBP entspricht 1,15 EUR.**
   Wie viel EUR kostet der Stoff für 120 Anzüge, wenn pro Anzug 3,10 m benötigt werden?

5. **Bei den Inventurarbeiten des letzten Jahres wurde der Inhalt von 96 Regalen inventarisiert. Dazu brauchte man 8 Stunden. 1 Stunde kostete 360,00 EUR.**
   Wie viel EUR kostet dieses Jahr die Inventur bei 117 Regalen?

Einfacher und gewogener Durchschnitt

Der einfache Durchschnitt aus n Zahlen ist ihre Summe, geteilt durch die Anzahl n.

> **Beispiel:** Einfacher Durchschnitt
>
> Zu Jahresbeginn und zu den 12 Monatsenden wurden durch Inventuren folgende Lagerbestände des Lautsprechers XMX festgestellt (13 Werte):
>
> 20, 24, 12, 16, 17, 19, 27, 2, 16, 9, 19, 19, 18.
>
> Wie viel Stück betrug der durchschnittliche Lagerbestand während des Jahres?
>
> (20 + 24 +12 + 16 + 17 + 19 + 27 + 2 +16 + 9 + 19 + 19 + 18) : 13 = 218 : 13 = 16,769 (Stück)

Der einfache Durchschnitt wird berechnet, wenn jede Zahl die gleiche Häufigkeit hat. Ist dies nicht der Fall, muss der gewogene Durchschnitt berechnet werden.

Für die Berechnung des gewogenen Durchschnitts multipliziert (gewichtet) man jede Zahl mit ihrer Häufigkeit und addiert die Ergebnisse. Die Summe teilt man durch die Summe der Häufigkeiten.

Preis = Zahl; Menge = Häufigkeit

> **Beispiel:** Gewogener Durchschnitt
>
> Im Laufe des Geschäftsjahrs wurden folgende Mengen Spanplatten gekauft: 50 Platten zu je 28,00 EUR, 40 Platten zu je 29,00 EUR, 60 Platten zu je 29,50 EUR.
>
> Am Jahresende wird ein Inventurbestand von 23 Platten festgestellt. Jede Platte soll mit den durchschnittlichen Anschaffungskosten bewertet werden.
>
> (50 · 28,00 + 40 · 29,00 + 60 · 29,50) : (50 + 40 + 60) = 4 330,00 : 150 = 28,87 (EUR je Platte)
>
> Wert des Bestands = 23 · 28,87 = 664,01 (EUR)

Der Wert gleichartiger Lagergegenstände kann auch als permanenter gewogener Durchschnittswert ermittelt werden. Dabei wird nach jedem Zugang der Wert des Bestands zu den durchschnittlichen Anschaffungskosten ermittelt. Abgänge werden mit diesen Durchschnittskosten berücksichtigt. (Vgl. auch S. 440 f.)

Beispiel: Permanenter gewogener Durchschnittswert

Tag	Zugang	Abgang	Bestand	Stückpreis
01.10.	900		900	4,50
13.11.		800	100	
15.12.	900		1 000	5,50

Zu berechnen sind: der Endbestand (Menge und Wert) und der Stückwert des Endbestands.

$$5400 : 1000 = \mathbf{5,40}$$

Lösung:

Stück	Preis	Gesamtpreis
900	4,50	4 050,00
− 800	4,50	− 3 600,00
100	4,50	450,00
900	5,50	4 950,00
1 000	?	5 400,00

Arbeitsaufträge

1. Aus den angekreuzten Kaffeesorten werden Mischungen hergestellt.

Sorte	1	2	3	4	5	6
Preis/kg (EUR)	8,10	8,30	8,75	8,95	9,10	9,35
Mischung 1	x	x	x			
Mischung 2		x	x	x		x
Mischung 3		x	x	x	x	x

Berechnen Sie den Kilogrammpreis jeder Mischung.

2. Ein Rohstoff wurde zu folgenden Preisen (EUR) eingekauft:
65 kg zu je 13,75; 80 kg zu je 12,80; 45 kg zu je 14,25; 90 kg zu je 12,85.

Wie hoch war der Durchschnittspreis? (Berechnen Sie den einfachen und den gewogenen Durchschnitt. Welche Rechnung führt zum richtigen Ergebnis?)

3. Inventuren ergaben bei Material XY folgende Monatsendbestände:

Dez	Jan	Feb	März	April	Mai	Juni	Juli	Aug	Sept	Okt	Nov	Dez
945	820	702	580	462	365	254	147	55	1 438	1 229	1 101	903

Berechnen Sie den durchschnittlichen Lagerbestand
a) als Durchschnitt aus Jahresanfangsbestand und Jahresendbestand,
b) als Durchschnitt aus den Monatsendbeständen.
Welcher Wert spiegelt die tatsächlichen Verhältnisse besser wider?

4. Ein Pharmahersteller berechnet den monatlichen Bedarf an Traubenzucker (kg) anhand von Verbrauchswerten der Vergangenheit, und zwar als Durchschnitt der jeweils letzten drei Monatsverbräuche (sog. gleitender Durchschnitt).

Monat	Jan	Feb	März	April	Mai	Juni
Verbrauch	843	867	876	890	895	820

a) Welcher Bedarf wurde jeweils für die Monate April bis Juli ermittelt?
b) Stellen Sie die Abweichungen zwischen ermitteltem Bedarf und wirklichem Verbrauch fest.

5. Anfangsbestand eines Lagerteils am 01.01.: 335 Stück, Stückpreis 7,35 EUR. Folgende Bewegungen finden statt:

Tag	Zugang	Abgang	Preis
20.03.		200	
25.04.	750		7,50
14.06.		600	
19.06.	750		7,70
30.10.		970	
06.11.	750		7,95
20.12.		300	

Berechnen Sie den Wert des Inventurbestands am 31.12.
a) als gewogenen Durchschnitt aus Anfangsbestand und Zugängen,
b) als permanenten gewogenen Durchschnittswert.
Welcher Wert ist genauer?

4 Bilanz

4.1 Inhalt der Bilanz

Neben dem Inventar muss der Unternehmer zum Abschlussstichtag (Eröffnung des Gewerbes, Schluss des Geschäftsjahrs) eine Bilanz aufstellen (§ 242 HGB, § 141 AO).

Die Bilanz ist eine kurz gefasste Übersicht in Kontoform: Links erfasst sie das Vermögen, rechts Eigenkapital und Fremdkapital.
Die Bilanz enthält nur Wertangaben, keine Mengenangaben.
Das Inventar ist Grundlage für die Erstellung der Bilanz.

Inventar	Bilanz
• listenförmiges Verzeichnis von Vermögen, Schulden und Reinvermögen	• kontenförmige Gegenüberstellung von Vermögen, Eigen- und Fremdkapital
• ausführlich, deshalb unübersichtlich	• kurz gefasst, deshalb übersichtlich
• mit Mengen- und Wertangaben	• nur Wertangaben
• Aufbewahrung auf Datenträgern möglich	• Aufbewahrung im Original vorgeschrieben
• keine Gliederungsvorschriften	• Gliederung gemäß HGB

Inventar	Bilanz	
A) Vermögen	Vermögen	Eigenkapital
B) Schulden		Fremdkapital
C) Reinvermögen (Eigenkapital)		(Verbindlichkeiten[1])

Beispiel: Jahresschlussbilanz

Bilanz
der Schneidwarenfabrik Fritz Scharf e.K., Solingen, zum 31. Dezember 20..

Aktiva			Passiva	
I. Anlagevermögen			**I. Eigenkapital**	3 110 000,00
1. Grundstück und Gebäude		3 300 000,00		
2. Maschinen		2 250 000,00	**II. Verbindlichkeiten**	
3. Fahrzeuge		260 000,00	1. Hypothekendarlehen	2 200 000,00
4. Werkzeuge		130 000,00	2. Langfristiges Darlehen	1 720 000,00
5. Betriebs- u. Geschäftsausstattung		345 000,00	3. Verbindlichkeiten aus Lieferungen und Leistungen	260 000,00
II. Umlaufvermögen				
1. Roh-, Hilfs-, Betriebsstoffe		380 000,00		
2. Unfertige Erzeugnisse		90 000,00		
3. Fertige Erzeugnisse		230 000,00		
4. Forderungen aus Lieferungen und Leistungen		175 000,00		
5. Kassenbestand		10 000,00		
6. Bankguthaben		120 000,00		
		7 290 000,00		7 290 000,00

Solingen, 28. Februar 20.. *Fritz Scharf*

Diese Bilanz basiert auf dem Inventar von S. 29.

Die linke Seite heißt **Aktivseite oder Vermögensseite**. Sie enthält die **Aktiva (Vermögenswerte)**.

Die rechte Seite heißt **Passivseite** oder **Kapitalseite**. Sie enthält die **Passiva (Eigen- und Fremdkapital)**.

---

[1] Dem Fremdkapital sind auch die Rückstellungen zuzurechnen. Wir vernachlässigen diese aus methodischen Gründen zunächst und berücksichtigen sie erst im vierten Abschnitt des Buches.

Die Kontoform der Bilanz vermittelt das Bild einer **Waage** im Gleichgewicht. In der Tat ist die Bilanzsumme auf beiden Seiten zwangsläufig gleich groß, denn das Eigenkapital ist stets die **Differenz** aus Vermögen und Fremdkapital (Schulden). Deshalb gelten folgende Bilanzgleichungen:

Bilanz kommt von (ital.) bilancia = Waage.

Bilanzgleichungen		
Summe der Aktiva	=	Summe der Passiva
Vermögen	=	Gesamtkapital
Vermögen	=	Eigenkapital + Fremdkapital
Vermögen – Fremdkapital	=	Eigenkapital

Aktiv- und Passivseite zeigen insofern zwei Aspekte desselben Sachverhalts:

- Wie ist das Kapital angelegt (investiert)? In Maschinen, Material, Produkten, ...
- In welchen Formen tritt das Vermögen auf? Als Anlage- und Umlaufvermögen.

- Aus welchen Quellen stammt das Kapital? Aus eigenen und fremden Quellen.
- Wie wurde das Vermögen finanziert? Durch Eigen- und Fremdkapital.

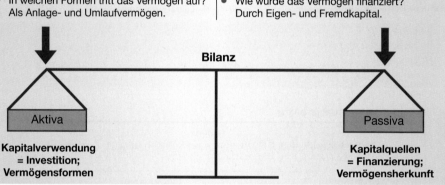

Bilanz

Aktiva

Kapitalverwendung = Investition; Vermögensformen

Passiva

Kapitalquellen = Finanzierung; Vermögensherkunft

Die Bilanz vermittelt in kurzer Form einen Überblick über Vermögen, Eigenkapital und Schulden (Fremdkapital) eines Unternehmens. Sie bildet darum, neben anderen Unterlagen der Buchführung, eine Grundlage für die Beurteilung der Kreditwürdigkeit und für die Besteuerung.

4.2   Gliederung der Bilanz

Für Einzelunternehmen und Personengesellschaften mit natürlichen Personen als Vollhaftern ist keine bestimmte Bilanzgliederung vorgeschrieben. § 247 HGB verlangt nur, Anlage- und Umlaufvermögen, Eigenkapital, Schulden sowie Rechnungsabgrenzungsposten[1] gesondert auszuweisen und hinreichend aufzugliedern.

Wie für das Inventar gilt:
Die Aktiva werden – wie im Inventar – nach ihrer Liquidität geordnet.
Die Passiva werden nach ihrer Fälligkeit geordnet.

Das Eigenkapital steht zeitlich unbegrenzt zur Verfügung. Deshalb steht es an erster Stelle.

Für Kapitalgesellschaften und die ihnen gleichgestellten Personengesellschaften mit juristischen Personen als Vollhaftern (z.B. GmbH & Co. KG) schreibt § 266 HGB eine bestimmte Gliederung verbindlich vor. Sie wird an späterer Stelle erläutert.[2]

---

[1] Werden an späterer Stelle erläutert. Vgl. S. 410 ff.
[2] Siehe S. 475 f.

ERSTER ABSCHNITT

4.3 Eröffnungsbilanz und Schlussbilanz

Die Bilanz zu Beginn des Gewerbes ist die erste Eröffnungsbilanz. Die Bilanz am Ende eines Geschäftsjahrs ist die Schlussbilanz. Sie ist Teil des Jahresabschlusses, zu dem auch die Gewinn- und Verlustrechnung gehört.

Der gesamte Jahresabschluss ist unter Angabe des Datums zu unterschreiben. Er ist 10 Jahre lang im Original aufzubewahren.

Die Buchführung wird im folgenden Jahr mit den Werten der Schlussbilanz wieder eröffnet. Also ist die Schlussbilanz zugleich Eröffnungsbilanz für das folgende Jahr.

Es unterschreiben bei dem/der
- Einzelunternehmen: der Geschäftsinhaber
- OHG: alle Gesellschafter
- KG: alle persönlich haftenden Gesellschafter
- GmbH: alle Geschäftsführer
- AG: alle Vorstandsmitglieder

Bei Veräußerung und Auflösung des Unternehmens sind Sonderbilanzen zu erstellen.

Arbeitsaufträge

1. **§ 247 HGB verlangt eine hinreichende Aufgliederung der Bilanz.**
   Erstellen Sie ein entsprechendes Gliederungsschema.

2./3. **Das Inventar der Metallbau Herbert Köhl e. K., Düsseldorf, zum 31. Dezember 20.. enthält folgende Werte:**

	2.	3.
	EUR	EUR
Grundstücke und Gebäude	350 000,00	410 000,00
Maschinen	200 000,00	320 000,00
Geschäftsausstattung	60 000,00	40 000,00
Roh-, Hilfs-, Betriebsstoffe	57 000,00	64 000,00
Forderungen a. L. u. L.	29 000,00	85 000,00
Bankguthaben	42 000,00	37 000,00
Kasse	13 000,00	10 000,00
Hypothekenschulden	240 000,00	270 000,00
Verbindlichkeiten a. L. u. L.	43 000,00	77 000,00

Stellen Sie jeweils die Schlussbilanz für das Geschäftsjahr auf.

4./5. **Das Inventar der Möbelfabrik Heinrich Schleif e. K., Detmold, zum 31. Dezember 20.. enthält folgende Werte:**

	4.	5.
	EUR	EUR
Unbebaute Grundstücke	160 000,00	210 000,00
Gebäude	420 000,00	308 000,00
Maschinen	360 000,00	291 000,00
Werkzeuge	47 000,00	32 000,00
Fahrzeuge	96 000,00	71 000,00
Geschäftsausstattung	78 000,00	64 000,00
Roh-, Hilfs-, Betriebsstoffe	124 000,00	119 000,00
Unfertige Erzeugnisse	210 000,00	86 000,00
Fertige Erzeugnisse	158 000,00	143 000,00
Forderungen a. L. u. L.	82 000,00	39 000,00
Kasse	15 000,00	21 000,00
Postbankguthaben	39 000,00	26 000,00
Bankguthaben	18 000,00	12 000,00
Hypothekenschulden	260 000,00	290 000,00
Darlehensschulden	240 000,00	380 000,00
Verbindlichkeiten a. L. u. L.	130 000,00	185 000,00

Stellen Sie jeweils die Schlussbilanz auf.

4.4   Bilanzkennzahlen als Controllinginstrumente

Die Bilanz lässt sich für Controllingzwecke heranziehen. Wenn man nämlich ihre Zahlen „waagerecht" und „senkrecht" sinnvoll zueinander in Beziehung setzt, erhält man betriebliche Kennzahlen. Wichtige Kennzahlen sind: Anlagenquote, Eigenkapitalquote und Anlagendeckung.

> **Kennzahlen**
>
> sind Zahlen, die Aufschluss über die Lage des Unternehmens geben sollen.
>
> Sie geben quantitativ messbare Sachverhalte in aussagekräftig verdichteter Form an. (Vgl. Bd. 1 „Geschäftsprozesse", Sachwort „Kennzahlen").

Beispiel: Aufbereitete Bilanz der Schneidwarenfabrik Fritz Scharf e. K. (vgl. S. 37)

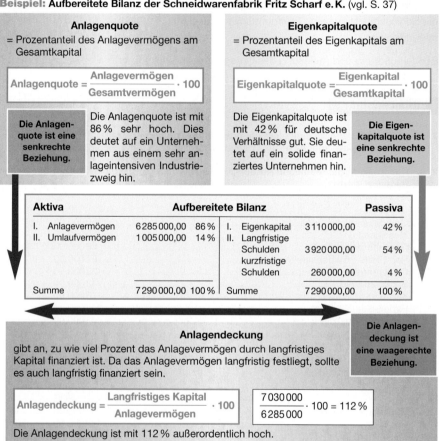

Anlagenquote

= Prozentanteil des Anlagevermögens am Gesamtkapital

$$\text{Anlagenquote} = \frac{\text{Anlagevermögen}}{\text{Gesamtvermögen}} \cdot 100$$

| Die Anlagenquote ist eine senkrechte Beziehung. | Die Anlagenquote ist mit 86 % sehr hoch. Dies deutet auf ein Unternehmen aus einem sehr anlageintensiven Industriezweig hin. |

Eigenkapitalquote

= Prozentanteil des Eigenkapitals am Gesamtkapital

$$\text{Eigenkapitalquote} = \frac{\text{Eigenkapital}}{\text{Gesamtkapital}} \cdot 100$$

| Die Eigenkapitalquote ist mit 42 % für deutsche Verhältnisse gut. Sie deutet auf ein solide finanziertes Unternehmen hin. | Die Eigenkapitalquote ist eine senkrechte Beziehung. |

Aktiva	Aufbereitete Bilanz			Passiva
I. Anlagevermögen	6 285 000,00	86 %	I. Eigenkapital	3 110 000,00	42 %
II. Umlaufvermögen	1 005 000,00	14 %	II. Langfristige Schulden	3 920 000,00	54 %
			kurzfristige Schulden	260 000,00	4 %
Summe	7 290 000,00	100 %	Summe	7 290 000,00	100 %

Anlagendeckung

gibt an, zu wie viel Prozent das Anlagevermögen durch langfristiges Kapital finanziert ist. Da das Anlagevermögen langfristig festliegt, sollte es auch langfristig finanziert sein.

| Die Anlagendeckung ist eine waagerechte Beziehung. |

$$\text{Anlagendeckung} = \frac{\text{Langfristiges Kapital}}{\text{Anlagevermögen}} \cdot 100 \qquad \frac{7\,030\,000}{6\,285\,000} \cdot 100 = 112\,\%$$

Die Anlagendeckung ist mit 112 % außerordentlich hoch.

In der Praxis wertet man Kennzahlen in der Regel aus, indem man sie mit Referenzwerten vergleicht. Typisch sind

- **Zeitvergleiche** (zwischen zwei Geschäftsjahren),
- **Betriebsvergleiche** (zwischen zwei Niederlassungen oder Betrieben),
- **Branchenvergleiche** (z. B. mit Mittelwerten der Branche).

Aufgrund dieser Vergleiche können Entwicklungen erkannt und Maßnahmen zur Verbesserung der Geschäftslage getroffen werden. In diesem Sinne dient die Bilanzauswertung (Bilanzanalyse) auch der Steuerung des Unternehmens.

Können Sie mit Prozentzahlen sicher rechnen? Wenn nicht: Arbeiten Sie jetzt zunächst S. 42 f. durch. Eine ausführliche Bilanzanalyse finden Sie übrigens auf S. 492 ff.

Arbeitsaufträge

1. **Die Uhrenmanufaktur Franzen e. K., Glashütte, weist in ihrer Bilanz folgende Zahlen aus:**

Aktiva	Bilanz		Passiva
A. Anlagevermögen		**A. Eigenkapital**	969 000,00
1. Gebäude	980 000,00	**B. Schulden**	
2. Maschinen	990 000,00	1. Hypothekenschulden	900 000,00
3. Fuhrpark	470 000,00	2. Langfristige Darlehens-	
4. Betriebs- und		schulden	650 000,00
Geschäftsausstattung	334 000,00	3. Verbindlichkeiten a. L. u. L.	1 522 600,00
B. Umlaufvermögen			
1. Roh-, Hilfs- und			
Betriebsstoffe	430 000,00		
2. Unfertige Erzeugnisse	120 000,00		
3. Fertigerzeugnisse	510 000,00		
4. Forderungen a. L. u. L.	107 800,00		
5. Kasse, Bank	99 800,00		
	4 041 600,00		4 041 600,00

   a) Errechnen Sie die Anlagenquote, die Eigenkapitalquote und die Anlagendeckung.
   b) Wie beurteilen Sie die Finanzlage, wenn folgende Werte branchentypisch sind: Anlagenquote 53 %, Eigenkapitalquote 36 %, Anlagendeckung 101 %?
   c) Welche Ursachen kann die untypische Kapitalsituation der Manufaktur Franzen haben?
   d) Entwickeln Sie im Team Ideen, durch welche konkreten Maßnahmen Franzen e. K. auf eine solide Kapitalbasis gestellt werden könnte.

2. **Betrachten Sie die Kapitalsituation der Möbelfabrik Emma Heber e. K.** (Auftrag 7, siehe S. 30).

   a) Ermitteln Sie die Anlagenquote, die Eigenkapitalquote und die Anlagendeckung in beiden Geschäftsjahren.
   b) Wie bewerten Sie die Entwicklung der Kapitalsituation aufgrund der Bilanzkennzahlen?

3. **Auch die Liquidität ist eine Bilanzkennzahl. Sie soll Aufschluss darüber geben, in welchem Maß die liquiden Mittel zur Bezahlung der fälligen Verbindlichkeiten ausreichen.**
   Die Barliquidität gibt an, in welchem Umfang die kurzfristigen Verbindlichkeiten durch liquide Mittel 1. Ordnung (bare Mittel, also Kassenbestand, Bankguthaben) gedeckt werden. Die Einzugsliquidität gibt an, in welchem Umfang die kurzfristigen Verbindlichkeiten durch liquide Mittel 1. und 2. Ordnung gedeckt werden. (Liquide Mittel 2. Ordnung sind Forderungen, die binnen 3 Monaten verfügbar werden.)

$$\text{Barliquidität} = \frac{\text{Liquide Mittel 1. Ordnung}}{\text{Kurzfristige Verbindlichkeiten}} \cdot 100 \qquad \text{(mindestens 20 \%!)}$$

$$\text{Einzugsliquidität} = \frac{\text{Liquide Mittel 1. und 2. Ordnung}}{\text{Kurzfristige Verbindlichkeiten}} \cdot 100 \qquad \text{(mindestens 100 \%!)}$$

   a) Ermitteln Sie Barliquidität und Einzugsliquidität für Auftrag 1 und 2.
   b) Wie bewerten Sie die Liquidität der beiden Unternehmen?

4. **Auch für Ihren Ausbildungsbetrieb ist die Auswertung der Bilanzkennzahlen wichtig.**
   Ermitteln Sie Anlagenquote, Eigenkapitalquote, Anlagendeckung und Liquidität 1. und 2. Ordnung für Ihren Ausbildungsbetrieb. Erkundigen Sie sich, ob es innerbetriebliche Richtwerte gibt, die einzuhalten sind (z. B. Branchenkennzahlen).

ERSTER ABSCHNITT

Exkurs 2   **Wirtschaftsrechnen**

Thema: Grundlagen der Prozentrechnung

Prozentzahlen sind eine andere Schreibweise für Brüche mit dem Nenner 100. So ist z. B. $\frac{20}{100} = 20\,\%$. Prozentzahlen bieten Vorteile, weil sie durch einheitlichen Bezug auf die Zahl 100 Bruchteile und Verhältnisse anschaulich darstellen und leicht vergleichbar machen.

Beispiel: Prozentzahlen

	Unternehmen 1	Unternehmen 2
Eigenkapital	60 Mio. EUR	75 Mio. EUR
Gesamtkapital	300 Mio. EUR	500 Mio. EUR

Welches Unternehmen hat einen höheren Eigenkapitalanteil (Eigenkapitalquote)?

$$\frac{60}{300} = \frac{20}{100} = 20\,\% \quad \bigg| \quad \frac{75}{500} = \frac{15}{100} = 15\,\%$$

Unternehmen 1 hat die höhere Eigenkapitalquote.

Wir benutzen folgende Bezeichnungen:

Prozentwert   (w) ⟶

(reiner) Grundwert   (G) ⟶

$$\boxed{\frac{60}{300} = \frac{20}{100}}$$ ⟵ Prozentsatz (p)

Wir schreiben allgemein als
Grundgleichung der Prozentrechnung:

$$\boxed{\frac{w}{G} = \frac{p}{100}} = p\,\%$$

Der Prozentwert w ist eine Zahl, die sich zu einem Grundwert G so verhält wie der Prozentsatz p zur Zahl 100.

Sind in der Grundgleichung zwei der Größen w, G, p bekannt, so kann man die dritte berechnen.

Beispiele: Berechnung der Größen in der Grundgleichung

Problem	Lösungsansatz	Lösung	Lösungsformel
Gegeben: p = 20; G = 300 Gesucht: Prozentwert w	100 % ≙ 300 EUR 20 % ≙ w EUR oder: w EUR | 20 % 100 % | 300 EUR	$w = 300 \cdot \dfrac{20}{100}$	$w = G \cdot \dfrac{p}{100}$
Gegeben: w = 60; p = 20 Gesucht: Grundwert G	20 % ≙ 60 EUR 100 % ≙ G EUR oder: G EUR | 100 % 20 % | 60 EUR	$G = 60 \cdot \dfrac{100}{20}$	$G = w \cdot \dfrac{100}{p}$
Gegeben: w = 60; G = 300 Gesucht: Prozentsatz p	300 EUR ≙ 100 % 60 EUR ≙ p % oder: p % | 60 EUR 300 EUR | 100 %	$p = 60 \cdot \dfrac{100}{300}$	$p = w \cdot \dfrac{100}{G}$

Arbeitsaufträge

1. **Für drei Unternehmen liegen folgende Zahlen (in Mio. EUR) vor:**

	U1	U2	U3
Fremdkapital	23,5	66,9	59,3
Gesamtkapital	47,8	102,5	99,1

   a) Berechnen Sie die Fremdkapitalanteile in Prozent.
   Welches Unternehmen weist den höchsten, welches den niedrigsten Fremdkapitalanteil auf?
   Welches Unternehmen befindet sich finanziell in der günstigsten Lage?
   b) Um wie viel Prozent sind das Eigenkapital und das Fremdkapital von Unternehmen 2 größer als die entsprechenden Werte der beiden anderen Unternehmen?

2. **Auf Seite 37 finden Sie eine Bilanz der Schneidwarenfabrik Fritz Scharf e. K.**
   In der Bilanz des Folgejahres ergeben sich folgende Änderungen:

Anlagevermögen	+ 4,3 %
Umlaufvermögen	+ 2,7 %
Fremdkapital	– 0,6 %

   a) Wie viel EUR betragen die Differenzbeträge und die Bilanzwerte des Folgejahres?
   b) Um wie viel EUR und um wie viel Prozent hat sich das Eigenkapital verändert?
   c) Wie viel Prozent beträgt die Eigenkapitalquote in beiden Jahren?

3. **Ein Arbeiter erhält eine Lohnerhöhung von 7 %. Vorher verdiente er 1 840,00 EUR. Vom jeweiligen Lohn zahlt er 20,85 % Sozialversicherung.**

   a) Wie viel EUR beträgt der neue Lohn?
   b) Wie viel EUR beträgt jeweils der Sozialversicherungsabzug?

4. **Vom Katalogpreis (922,00 EUR) erhält ein Kunde 15 % Rabatt. Bei Zahlung binnen 10 Tagen darf er vom ermäßigten Preis (sog. Zielpreis) 2 % Skonto (Barzahlungsrabatt) abziehen.**

   a) Berechnen Sie Rabatt, Zielpreis, Skonto und Barpreis.
   b) Wie viel Prozent beträgt die gesamte Preisermäßigung?

5. **Das Eigenkapital eines Unternehmens beträgt am Ende des ersten Jahres 980 000,00 EUR. In Jahr 2 steigt es um 46 500,00 EUR; in Jahr 3 sinkt es um 0,65 %.**

   a) Um wie viel Prozent steigt das Kapital in Jahr 2, um wie viel EUR sinkt es in Jahr 3?
   b) Wie viel EUR und Prozent beträgt die Kapitaländerung insgesamt?

6. **Bei Warenbezug unter 400,00 EUR berechnen wir dem Kunden einen Mindermengenzuschlag von 5 %. Ein Kunde kauft drei Stück einer Ware zu je 98,00 EUR. Bei Zahlung binnen 8 Tagen darf er vom Rechnungsbetrag 2 % Skonto abziehen.**

   a) Über wie viel EUR lautet die Rechnung einschließlich 19 % Mehrwertsteuer?
   b) Wie viel EUR überweist der Kunde binnen 8 Tagen?
   c) Wie viel Prozent zahlt der Kunde über dem Katalogpreis?

7. **Ein Kunde erhält einen Rabatt von 15 % (20 %) und dazu 3 % (2 %) Skonto.**

   Wie viel Prozent beträgt die Preisänderung insgesamt?

8. **Die Bilanzsumme steigt im ersten Jahr um 0,45 % und im zweiten Jahr um 1,15 %. Im dritten Jahr sinkt sie um 1,6 %.**

   Hat sich die Bilanzsumme gegenüber dem Ausgangsjahr verändert? Wenn ja, um wie viel Prozent?

4.5   Erfolgsermittlung durch Eigenkapitalvergleich

Eine wichtige Aufgabe der Buchführung ist die jährliche Ermittlung des Unternehmenserfolgs (Gewinn oder Verlust). Ein Gewinn vergrößert das Eigenkapital des Unternehmens, ein Verlust verkleinert es. Deshalb gilt:

Durch Vergleich des Eigenkapitals am Ende und am Beginn des Geschäftsjahrs lässt sich der Erfolg ermitteln (§ 4 Abs. 1 EStG).

	Untern. A	Untern. B
Eigenkapital am Jahresende	400 000,00	400 000,00
– Eigenkapital am Jahresbeginn	– 370 000,00	– 440 000,00
= Unternehmenserfolg	+ 30 000,00	– 40 000,00
	↑ Gewinn	↑ Verlust

Jedoch sind Privateinlagen und Privatentnahmen zu beachten:

■ **Privateinlagen**

Das Eigenkapital steigt, wenn der Unternehmer Werte aus seinem Privatvermögen in den Betrieb einbringt. Diese Werte wurden aber nicht vom Unternehmen erwirtschaftet und stellen keinen Gewinn dar. Sie sind für die Erfolgsermittlung abzuziehen.

■ **Privatentnahmen**

Das Eigenkapital nimmt ab, wenn der Unternehmer dem Betrieb Werte für private oder betriebsfremde Zwecke entnimmt. Diese Werte sind Teile des erwirtschafteten Gewinns. Sie sind deshalb für die Erfolgsermittlung wieder hinzuzurechnen.

	Untern. A	Untern. B
Eigenkapital am Jahresende	400 000,00	400 000,00
– Eigenkapital am Jahresbeginn	– 370 000,00	– 440 000,00
= Eigenkapitalveränderung	+ 30 000,00	– 40 000,00
+ Privatentnahmen	+ 15 000,00	+ 15 000,00
– Privateinlagen	– 5 000,00	– 5 000,00
= Unternehmenserfolg	+ 40 000,00	– 30 000,00
	↑ Gewinn	↑ Verlust

Für Kaufleute reicht die Erfolgsermittlung durch Eigenkapitalvergleich nicht aus. Sie müssen vielmehr ihren Gewinn/Verlust nach den handelsrechtlichen Grundsätzen ordnungsmäßiger Buchführung ermitteln und ausweisen (§ 5 Abs. 1 EStG).

Arbeitsaufträge

1./2. Bei der Konservenfabrik Ernst Nuger e. K. liegen folgende Verhältnisse vor:

	1. EUR	**2.** EUR
Eigenkapital am Ende des Geschäftsjahrs laut Bilanz	2 000 000,00	800 000,00
Privatentnahme von Geld während des Geschäftsjahrs	60 000,00	30 000,00
Ebenso Privatentnahme von Erzeugnissen im Wert von	15 000,00	20 000,00
Eigenkapital am Ende des Vorjahrs laut Bilanz	1 800 000,00	1 100 000,00

Ermitteln Sie den Erfolg des Geschäftsjahrs.

3./4. Bei dem Autozulieferer Heinz Kolben e. K. liegen folgende Verhältnisse vor:

	3. EUR	**4.** EUR
Eigenkapital zum Beginn des Geschäftsjahrs	1 500 000,00	1 600 000,00
Eigenkapital zum Ende des Geschäftsjahrs	1 700 000,00	1 580 000,00
Private Barentnahmen während des Geschäftsjahrs	80 000,00	140 000,00
Private Entnahmen anderer Werte	35 000,00	1 000,00
Private Bareinlagen	100 000,00	0,00
Eingebrachter Privat-Pkw	0,00	25 000,00

Ermitteln Sie den Gewinn bzw. Verlust.

5 Wertänderungen in der Bilanz

Bei der Spielzeugfabrik Eduard Holzer e. K. geht eine Rechnung ein:

> **Bürotechnik Grosse GmbH**
>
> Grosse GmbH, Oderstr. 12, 40221 Düsseldorf
>
> Eduard Holzer e. K.
> Spielzeugproduktion
> Ernst-Helder-Str. 3
> 41516 Grevenbroich
>
> *Diese Rechnung ist ein Beleg für einen Geschäftsfall; hier: einen Einkauf.*
>
>
>
> **Rechnung**
>
> Kunden-Nr. 0264   Rechnungs-Nr. 8653   18. Januar 20..
>
> 1 Personal-Computer Handson 512 einschließlich Tastatur, Maus,
> Laser-Drucker TL 1, Flachbett-Scanner TL 6, Standard-Software XL   5 000,00 EUR[1]

Die Bilanz zeigt immer nur eine Momentaufnahme der Bestände am Abschlussstichtag. Durch die folgende Geschäftstätigkeit kommt es laufend zu Vorgängen, die zu einer Veränderung der Bestände an Vermögen und Schulden führen. Diese Vorgänge heißen **Geschäftsfälle**. Geschäftsfälle werden durch **Belege** dokumentiert. Man unterscheidet:

- **Fremdbelege:** Sie stammen von Dritten (Geschäftspartnern, Behörden, ...), z. B. Eingangsrechnungen, Kontoauszüge der Bank.
- **Eigenbelege:** Sie werden im Unternehmen selbst erstellt, z. B. Kassenbelege, Kopien der Ausgangsrechnungen.

Jeder Geschäftsfall ändert mindestens zwei Bilanzpositionen um den gleichen Betrag.

Beispiel: Veränderung der Bilanz durch Geschäftsfälle

A	Eröffnungsbilanz von Eduard Holzer e. K.		P
Maschinen	120 000,00	Eigenkapital	130 000,00
Geschäfts-		Darlehens-	
ausstattung	45 000,00	schulden	30 000,00
Bank	20 000,00	Verbindlichkeiten	
		a. L. u. L.	25 000,00
	185 000,00		185 000,00

1. **Kauf eines PC für 5 000,00 EUR (siehe oben). Überweisung des Betrags vom Bankguthaben.**

Geschäftsausstattung   + 5 000,00
Bank   − 5 000,00

Art der Bilanzänderung

A	geänderte Bilanz		P
Maschinen	120 000,00	Eigenkapital	130 000,00
Geschäfts-		Darlehens-	
ausstattung	50 000,00	schulden	30 000,00
Bank	15 000,00	Verbindlichkeiten	
		a. L. u. L.	25 000,00
	185 000,00		185 000,00

Aktivtausch:

Mehrung eines Aktivpostens

Minderung eines anderen Aktivpostens

Die Bilanzsumme bleibt gleich.

---

[1] Die anfallende Umsatzsteuer wird erst später behandelt und berücksichtigt.

2. Vertragliche Umwandlung einer kurzfristigen Lieferantenverbindlichkeit von 10 000,00 EUR in eine Darlehensschuld

Darlehen	+ 10 000,00
Verbindlichkeiten a. L. u. L.	– 10 000,00

A	geänderte Bilanz		P
Maschinen	120 000,00	Eigenkapital	130 000,00
Geschäfts-		Darlehens-	
ausstattung	50 000,00	schulden	40 000,00
Bank	15 000,00	Verbindlichkeiten	
		a. L. u. L.	15 000,00
	185 000,00		185 000,00

Passivtausch:

Mehrung eines Passivpostens

Minderung eines anderen Passivpostens

Die Bilanzsumme bleibt gleich.

3. Kauf einer Schleifmaschine für 40 000,00 EUR auf Ziel (d. h. mit Einräumung einer Zahlungsfrist)

Maschinen	+ 40 000,00
Verbindlichkeiten a. L. u. L.	+ 40 000,00

A	geänderte Bilanz		P
Maschinen	160 000,00	Eigenkapital	130 000,00
Geschäfts-		Darlehens-	
ausstattung	50 000,00	schulden	40 000,00
Bank	15 000,00	Verbindlichkeiten	
		a. L. u. L.	55 000,00
	225 000,00		225 000,00

Aktiv-Passiv-Mehrung:

Mehrung eines Aktivpostens

Mehrung eines Passivpostens

Die Bilanzsumme wird größer.

4. Ausgleich einer Lieferantenverbindlichkeit von 4 000,00 EUR durch Banküberweisung

Bank	– 4 000,00
Verbindlichkeiten a. L. u. L.	– 4 000,00

A	geänderte Bilanz		P
Maschinen	160 000,00	Eigenkapital	130 000,00
Geschäfts-		Darlehens-	
ausstattung	50 000,00	schulden	40 000,00
Bank	11 000,00	Verbindlichkeiten	
		a. L. u. L.	51 000,00
	221 000,00		221 000,00

Aktiv-Passiv-Minderung:

Minderung eines Aktivpostens

Minderung eines Passivpostens

Die Bilanzsumme wird kleiner.

Jeder Geschäftsfall verändert mindestens zwei Bilanzposten. Zu unterscheiden sind:

- **Aktivtausch**   ➝   Umschichtung innerhalb der Aktivseite
- **Passivtausch**   ➝   Umschichtung innerhalb der Passivseite
- **Aktiv-Passiv-Mehrung**   ➝   Mehrung auf beiden Bilanzseiten
- **Aktiv-Passiv-Minderung**   ➝   Minderung auf beiden Bilanzseiten

Das Bilanzgleichgewicht bleibt bei allen Wertänderungen erhalten.

Da habe ich noch eine Frage: Muss man etwa nach jedem Geschäftsfall eine neue Bilanz aufstellen? Das wäre doch eine Wahnsinnsarbeit.

Nein, muss man nicht! Dafür gibt's die Buchführung. Im nächsten Kapitel lesen Sie, wie's geht.

Arbeitsaufträge

1. Geschäftsfälle

(1) Wir heben Geld vom Bankkonto für die Geschäftskasse ab.

(2) Wir kaufen eine Drehmaschine auf Ziel.

(3) Wir verkaufen einen gebrauchten Computer aus unserem Betriebsvermögen gegen Barzahlung.

(4) Fällige Lieferantenschulden werden in eine Hypothekenschuld umgewandelt.

(5) Wir überweisen aus unserem Bankguthaben an unseren Hypothekengläubiger eine Tilgungsrate.

(6) Wir kaufen einen Computer und bezahlen ihn mit einem Barscheck.

(7) Wir nehmen ein Darlehen auf. Der Betrag wird unserem Bankkonto gutgeschrieben.

(8) Ein Kunde überweist einen Rechnungsbetrag auf unser Bankkonto.

(9) Wir bezahlen eine Lieferantenrechnung durch Banküberweisung.

Geben Sie jeweils an, um welche Art von Bilanzänderung es sich handelt.

2. Beantworten Sie folgende Fragen:

(1) a) Welche Vorteile können sich ergeben, wenn ein Unternehmen überwiegend mit Eigenkapital finanziert ist?

b) Welche Nachteile können sich ergeben, wenn ein Unternehmen überwiegend mit Fremdkapital finanziert ist?

(2) Welche Folgen ergeben sich für ein Unternehmen, das mit einem hohen Bestand an Anlagevermögen ausgestattet ist?

(3) Warum sollte das für die Finanzierung von Anlagegütern aufgenommene Fremdkapital langfristig sein?

3. Inventurbestände

	EUR		EUR
Maschinen	150 000,00	Bankguthaben	20 000,00
Fuhrpark	70 000,00	Darlehensschulden	90 000,00
Geschäftsausstattung	30 000,00	Verbindlichkeiten a. L. u. L.	28 000,00
Forderungen a. L. u. L.	42 000,00		

a) Stellen Sie die Bilanz auf.

Geschäftsfälle

	EUR
1. Ein Kunde begleicht unsere Rechnung durch Banküberweisung	3 000,00
2. Wir kaufen einen Pkw auf Ziel	35 000,00
3. Wir begleichen eine Lieferantenrechnung durch Banküberweisung	6 000,00
4. Wir kaufen ein Kopiergerät und bezahlen mit Barscheck	2 000,00

b) Stellen Sie nach jedem neuen Geschäftsfall eine neue Bilanz auf.

4. Inventurbestände

	EUR		EUR
Fabrikgebäude	210 000,00	Kassenbestand	17 000,00
Maschinen	80 000,00	Bankguthaben	26 000,00
Rohstoffe	50 000,00	Hypothekenschulden	90 000,00
Forderungen a. L. u. L.	35 000,00	Verbindlichkeiten a. L. u. L.	65 000,00

a) Stellen Sie die Bilanz auf.

Geschäftsfälle

	EUR
1. Wir nehmen eine zweite Hypothek auf. Der Betrag wird unserem Bankkonto gutgeschrieben	60 000,00
2. Wir verkaufen eine gebrauchte Werkzeugmaschine gegen Barzahlung	4 000,00
3. Wir heben von unserem Bankkonto Geld für die Geschäftskasse ab	9 000,00
4. Wir kaufen Rohstoffe auf Ziel	11 000,00
5. Wir vereinbaren mit einem Lieferanten die Umwandlung einer kurzfristigen Verbindlichkeit a. L. u. L. in eine Darlehensverbindlichkeit	20 000,00

b) Stellen Sie nach jedem Geschäftsfall eine neue Bilanz auf.

ERSTER
ABSCHNITT

6   Buchungen auf Bestandskonten

6.1   Einrichtung von Bestandskonten

Um nicht nach jedem Geschäftsfall eine neue Bilanz aufstellen zu müssen, zerlegt man die Bilanz in Einzelrechnungen: die **Konten**. Für jede Bilanzposition richtet man ein eigenes Konto ein.

Conto (ital.) bedeutet Rechnung. In der Buchführung ist eine Rechnungsaufstellung mit zwei Seiten gemeint.

**Die linke Kontoseite heißt „Soll",
die rechte Kontoseite „Haben".**

Soll	Haben

Die Konten für die Aktiva heißen Aktivkonten, die Konten für die Passiva Passivkonten.

Die Bezeichnungen „Soll" und „Haben" sind historisch begründet. Sie betrafen Zahlungsvorgänge auf den ersten Konten: „**soll** zahlen" und „**hat** gezahlt". Diese Bedeutungen sind völlig verloren gegangen. Heute bedeutet „Soll" nur noch „links" und „Haben" nur noch „rechts".

Diese Konten erfassen die Bestände und deren Änderungen aufgrund von Geschäftsfällen; darum nennt man sie auch **aktive und passive Bestandskonten**.

Bei der Eröffnung der Konten sind zunächst die **Anfangsbestände** aus der Bilanz zu übernehmen:

Die Aktiva stehen in der Bilanz links. Sie werden auf die Sollseite (linke Seite) der Aktivkonten übernommen.

Die Passiva stehen in der Bilanz rechts. Sie werden auf die Habenseite (rechte Seite) der Passivkonten übernommen.

*Ist doch ganz einfach, die
**Buchung der Anfangsbestände:
Bilanz links – Konto links,
Bilanz rechts – Konto rechts.***

Beispiel: Buchung der Anfangsbestände (AB), Zahlen des Beispiels
von S. 45

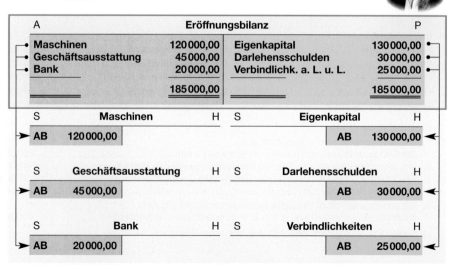

6.2 Buchung von Geschäftsfällen

6.2.1 Vorüberlegungen

Buchung auf Aktivkonten	
Anfangsbestände stehen im **Soll**.	
Zugänge mehren die Anfangsbestände. Sie werden auch im **Soll** gebucht.	**Abgänge** mindern die Anfangsbestände. Sie werden im **Haben** gebucht.

S	Aktivkonto	H
Anfangsbestand	**Abgänge**	
Zugänge		

Buchung auf Passivkonten	
Anfangsbestände stehen im **Haben**.	
Abgänge mindern die Anfangsbestände. Sie werden im **Soll** gebucht.	**Zugänge** mehren die Anfangsbestände. Sie werden auch im **Haben** gebucht.

S	Passivkonto	H
Abgänge	**Anfangsbestand**	
	Zugänge	

Stellen Sie sich vor jeder Buchung unbedingt folgende Fragen:
1. Welche Konten berührt der Geschäftsfall?
2. Sind dies Aktiv- oder Passivkonten?
3. Erfolgt auf dem jeweiligen Konto ein Zugang oder ein Abgang?
4. Ist folglich auf diesem Konto im Soll oder im Haben zu buchen?

KK?
A/P?
+/–?
S/H?

Beispiele: Geschäftsfälle wie im Beispiel von S. 45

❶ **Kauf eines PC für 5 000,00 EUR; Überweisung des Betrags vom Bankguthaben**

Frage	1. Konto	2. Konto
1. KK?	Geschäftsausstattung	Bank
2. A/P?	Aktivkonto	Aktivkonto
3. +/–?	Zugang	Abgang
4. S/H?	**Soll 5 000,00**	**Haben 5 000,00**

❷ **Vertragliche Umwandlung einer kurzfristigen Lieferantenverbindlichkeit von 10 000,00 EUR in eine Darlehensschuld**

Frage	1. Konto	2. Konto
1. KK?	Verbindlichkeiten a. L. u. L.	Darlehensschulden
2. A/P?	Passivkonto	Passivkonto
3. +/–?	Abgang	Zugang
4. S/H?	**Soll 10 000,00**	**Haben 10 000,00**

❸ **Kauf einer Schleifmaschine für 40 000,00 EUR auf Ziel**

Frage	1. Konto	2. Konto
1. KK?	Maschinen	Verbindlichkeiten a. L. u. L.
2. A/P?	Aktivkonto	Passivkonto
3. +/–?	Zugang	Zugang
4. S/H?	**Soll 40 000,00**	**Haben 40 000,00**

❹ **Ausgleich einer Lieferantenverbindlichkeit von 4 000,00 EUR durch Banküberweisung**

Frage	1. Konto	2. Konto
1. KK?	Verbindlichkeiten a. L. u. L.	Bank
2. A/P?	Passivkonto	Aktivkonto
3. +/–?	Abgang	Abgang
4. S/H?	**Soll 4 000,00**	**Haben 4 000,00**

6.2.2 Buchungssätze

Man hält das Ergebnis der vier Fragen in einem **Buchungssatz** fest. Er ist die Buchungsanweisung für die Buchung des Geschäftsfalls auf den Konten. Er nennt zuerst das Konto für die Sollbuchung, dann das Konto für die Habenbuchung, jeweils mit den Buchungsbeträgen. Dazwischen steht „an" (ohne Bedeutung; dient nur zur Trennung).

Beispiele: Buchungssätze für die Geschäftsfälle von S. 49

Buche im Soll auf dem Konto		Buche im Haben auf dem Konto	
❶ Geschäftsausstattung	5 000,00 an	Bank	5 000,00
❷ Verbindlichkeiten a. L. u. L.	10 000,00 an	Darlehensschulden	10 000,00
❸ Maschinen	40 000,00 an	Verbindlichkeiten a. L. u. L.	40 000,00
❹ Verbindlichkeiten a. L. u. L.	4 000,00 an	Bank	4 000,00

Man notiert den Buchungssatz zweckmäßigerweise auf dem Beleg für den Geschäftsfall. Man sagt: Der Beleg wird **kontiert**. Dazu wird gern ein Buchungsstempel verwendet.

> Belege sind die Grundlage der Buchführung. Sie ermöglichen es, Buchungen nachzuvollziehen und auf ihre Vollständigkeit und Richtigkeit zu überprüfen. Merke: **Keine Buchung ohne Beleg!**

Beispiel: Kontierter Beleg

Alle vier oben angeführten Buchungssätze sind sog. einfache Buchungssätze.

Einfache Buchungssätze berühren nur zwei Konten. Sie nennen *eine* Sollbuchung und *eine* Habenbuchung.

Geschäftsfälle können auch mehr als zwei Konten berühren. Dies führt zu zusammengesetzten Buchungssätzen.

Zusammengesetzte Buchungssätze berühren mehr als zwei Konten. Sie nennen mehrere Sollbuchungen und/oder Habenbuchungen.

Beispiele: Zusammengesetzte Buchungssätze

● Geschäftsfall: Wir verkaufen einen gebrauchten Lieferwagen für 4 000,00 EUR. Der Käufer zahlt 1 000,00 EUR bar und überweist den Rest.

Buchungssatz:			oder mehrzeilig:	S	H
Kasse	1 000,00		Kasse	1 000,00	
Bank	3 000,00 an	Fahrzeuge 4 000,00	Bank	3 000,00	
			an Fahrzeuge		4 000,00

---

[1] Die in der Realität anfallende Umsatzsteuer wird erst später behandelt und berücksichtigt.

● Geschäftsfall: Wir bezahlen eine Rechnung über Bürostühle (3 000,00 EUR) teilweise sofort durch Banküberweisung (1 000,00 EUR) und buchen den Rest als Verbindlichkeit.

Merke: Es gilt stets: Summe Soll = Summe Haben.

| Geschäftsausstattung 3 000,00 | an | Bank | 1 000,00 |
| | an | Verbindlichkeiten a. L. u. L. | 2 000,00 |

6.2.3 Buchung im Grundbuch

Als Grundlage für die Buchung auf Konten sind die Geschäftsfälle zunächst chronologisch (d. h.: in ihrer zeitlichen Reihenfolge) zu erfassen.

Die Gesamtheit der chronologisch erfassten Geschäftsfälle bildet das Grundbuch (Tagebuch, Journal, Primanota).

Das Grundbuch kann unterschiedlich geführt werden (§ 239 Abs. 4 HGB, § 146 Abs. 5 AO):

● Es kann eine Buchungsliste als chronologisches Verzeichnis aller Geschäftsfälle sein. Außer dem Buchungssatz enthält die Liste das Buchungsdatum und einen Beleghinweis. Die Buchungsliste kann in der EDV-Buchführung auch auf Datenträgern geführt werden.

● Es kann auch einfach aus der geordneten Ablage der kontierten Belege bestehen.

Beispiel: Grundbuch in Listenform (Geschäftsfälle von Eduard Holzer e. K., S. 49)

Grundbuch				
Buch.-Datum	**Beleg**	**Buchungssatz**	**Soll**	**Haben**
20.01.20..	ER 98	Geschäftsausstattung an Bank	5 000,00	5 000,00
09.04.20..	Vertrag	Verbindlichkeiten a. L. u. L. an Darlehensschulden	10 000,00	10 000,00
07.08.20..	ER 205	Maschinen an Verbindlichkeiten a. L. u. L.	40 000,00	40 000,00
19.11.20..	BA 191	Verbindlichkeiten a. L. u. L. an Bank	4 000,00	4 000,00

6.2.4 Buchung im Hauptbuch

Nach der chronologischen Buchung der Geschäftsfälle im Grundbuch kann die Buchung auf den Konten erfolgen.

Die Aktiv- und Passivkonten sind Untergruppen der sog. Sachkonten. Eine andere Untergruppe sind die Erfolgskonten. Diese werden wir später behandeln.

Die Gesamtheit der Sachkonten bildet das Hauptbuch.

Erst die Buchungen im Hauptbuch ermöglichen einen Überblick über den Bestand und die Änderungen der einzelnen Bilanzpositionen.

Denken Sie beim Buchen immer wieder daran:

● **Zugänge werden gebucht: auf Aktivkonten im Soll, auf Passivkonten im Haben.**

● **Abgänge werden gebucht: auf Aktivkonten im Haben, auf Passivkonten im Soll.**

● **Keine Buchung ohne Gegenbuchung!**

Beispiel: **Buchung der Geschäftsfälle von Eduard Holzer e.K.** (vgl. S. 49) **im Hauptbuch**

A	Eröffnungsbilanz		P
Maschinen	120 000,00	Eigenkapital	130 000,00
Geschäftsausstattung	45 000,00	Darlehensschulden	30 000,00
Bank	20 000,00	Verbindlichkeiten a. L. u. L.	25 000,00
	185 000,00		185 000,00

S	Maschinen	H	S	Eigenkapital	H
AB	120 000,00			AB	130 000,00
❸ Verb.	40 000,00				

S	Geschäftsausstattung	H	S	Darlehensschulden	H
AB	45 000,00			AB	30 000,00
❶ Bank	5 000,00			Verb.	10 000,00 ❷

S	Bank	H	S	Verbindlichkeiten a. L. u. L.	H
AB	20 000,00	Gesch. ❶ 5 000,00	Darl. ❷ 10 000,00	AB	25 000,00
		Verb. ❹ 4 000,00	Bank ❹ 4 000,00	Ma.	40 000,00 ❸

Es gilt:

Gesamtsumme der Sollbuchungen	=	Gesamtsumme der Habenbuchungen

Vor dem Buchungsbetrag notiert man das Gegenkonto (sog. **Kontenanruf**). Dadurch lassen sich die Buchungen leichter nachvollziehen.

Denn: Eine Buchung auf einem Konto bedingt stets eine Gegenbuchung mit dem gleichen Betrag auf einem Gegenkonto.

Unter anderem deshalb spricht man von **doppelter Buchführung**, kurz: **Doppik**[1].

Für die praktische Buchungsarbeit sind die beiden Begriffe **Gutschrift** und **Belastung** wichtig. Sie haben ihre ursprüngliche Bedeutung (bekommen, schulden) völlig verloren und bedeuten heute:

- **Gutschrift = Habenbuchung;**
  einem Konto einen Betrag gutschreiben = im Haben buchen

- **Belastung = Sollbuchung;**
  ein Konto mit einem Betrag belasten oder
  einem Konto einen Betrag belasten = im Soll buchen

S	H
Sollbuchungen = Belastungen	Habenbuchungen = Gutschriften

Merken Sie sich übrigens noch: Alle Belege sind noch 10 Jahre aufzubewahren, gerechnet ab dem Ende des Kalenderjahrs (§ 257 Abs. 5 HGB und § 147 Abs. 4 AO).

---

[1] Doppelte Buchführung (Doppik) im technischen Sinn. Wir werden später sehen, dass der Begriff noch eine zweite Bedeutung hat.

Arbeitsaufträge

1./2. Anfangsbestände

	EUR		EUR
Maschinen	160 000,00	Eigenkapital	?
Fuhrpark	70 000,00	Darlehensschulden	125 000,00
Geschäftsausstattung	40 000,00	Verbindlichkeiten a. L. u. L.	75 000,00
Bankguthaben	20 000,00		

	1.	2.
Geschäftsfälle	**EUR**	**EUR**
1. Zielkauf eines Kopiergerätes	9 000,00	4 000,00
2. Ausgleich einer Lieferantenrechnung durch Banküberweisung	6 000,00	5 000,00
3. Zielkauf einer Schleifmaschine	35 000,00	45 000,00
4. Rückzahlung eines Darlehens durch Banküberweisung	8 000,00	6 000,00
5. Verkauf einer gebrauchten Werkzeugmaschine gegen Bankscheck..	3 000,00	2 000,00

a) Stellen Sie die Eröffnungsbilanz auf.
b) Richten Sie die erforderlichen Konten ein.
c) Buchen Sie die Geschäftsfälle im Grundbuch und auf den Konten.

3. Geschäftsfälle EUR

(1) Ein Kunde begleicht eine Rechnung durch Überweisung auf
unser Bankkonto 4 000,00

(2) Wir kaufen einen Computer auf Ziel 2 500,00

(3) Wir überweisen von unserem Postbankkonto auf unser Bankkonto 10 000,00

(4) Eine kurzfristige Verbindlichkeit a. L. u. L. wird in ein längerfristiges
Darlehen umgewandelt 15 000,00

(5) Banküberweisung an unseren Lieferanten 4 500,00

(6) Wir kaufen einen Geschäfts-Pkw und bezahlen den Kaufpreis durch
Banküberweisung 24 000,00

(7) Ausgleich einer Lieferantenrechnung durch Banküberweisung 6 200,00

(8) Rückzahlung einer Darlehensschuld durch Postbanküberweisung 9 000,00

(9) Wir nehmen eine Hypothek auf. Der Betrag wird unserem Bankkonto
gutgeschrieben 20 000,00

Bilden Sie die Buchungssätze.

4. Geschäftsfälle EUR

(1) Wir zahlen ein Darlehen zurück. Überweisung von
unserem Bankkonto 6 700,00
unserem Postbankkonto 3 300,00

(2) Zielkauf einer Büroeinrichtung 4 800,00
und eines Lagerregals 1 200,00

(3) Wir verkaufen einen gebrauchten Geschäfts-Pkw.
Wir erhalten bar 1 000,00
Der Rest wird auf unser Bankkonto überwiesen 3 900,00

(4) Ein Kunde bezahlt unsere Rechnung. Er überweist
auf unser Bankkonto 6 500,00
auf unser Postbankkonto 2 000,00

(5) Wir kaufen einen Computer. Wir zahlen bar an 1 500,00
und überweisen aus dem Bankguthaben 3 200,00

Bilden Sie die Buchungssätze.

ERSTER ABSCHNITT

5.   **Geschäftsfälle**

(1) Wir kaufen eine Drehmaschine zum Preis von 35 000,00 EUR auf Ziel.
(2) Wir verkaufen einen gebrauchten Computer für 300,00 EUR gegen Barzahlung.
(3) Ein Kunde überweist auf unser Bankkonto 1 700,00 EUR zum Ausgleich einer Rechnung.
(4) Wir zahlen aus der Geschäftskasse 2 000,00 EUR auf unser Bankkonto ein.
(5) Wir nehmen eine Hypothek von 20 000,00 EUR auf. Der Betrag wird unserem Bankkonto gutgeschrieben.
(6) Wir überweisen aus unserem Bankguthaben eine Rate von 600,00 EUR zur Tilgung des Hypothekendarlehens.
(7) Zum Ausgleich einer Verbindlichkeit von 3 500,00 EUR überweisen wir aus unserem Postbankguthaben 1 000,00 EUR und aus unserem Bankguthaben 2 500,00 EUR.
(8) Wir begleichen Lieferantenschulden: durch Barzahlung 700,00 EUR, durch Postbanküberweisung 2 300,00 EUR und durch Banküberweisung 4 700,00 EUR.

Führen Sie das Grundbuch.

6.   **Geschäftsfälle**   EUR

(1) Wir kaufen Werkzeuge auf Ziel 3 000,00
(2) Ein Kunde überweist auf unser Bankkonto 4 300,00
(3) Wir kaufen einen Lkw. Es wird uns ein längeres Zahlungsziel
     eingeräumt 54 000,00
(4) Abhebung vom Bankkonto für die Geschäftskasse 9 000,00
(5) Wir nehmen ein Darlehen auf. Der Betrag wird unserem Bankkonto
     gutgeschrieben 25 000,00
(6) Wir kaufen für die Buchhaltung eine neue Büroeinrichtung. Der
     Lieferant gewährt ein längeres Zahlungsziel 16 000,00
(7) Wir kaufen einen Computer und begleichen die Rechnung durch
     Bankscheck[1] 2 300,00
(8) Wir zahlen ein Darlehen durch Banküberweisung zurück 7 000,00
(9) Wir begleichen Lieferantenrechnungen
     durch Postbanküberweisungen 12 600,00
     durch Banküberweisungen 17 800,00
(10) Zieleinkäufe:
     Rohstoffe 14 000,00
     Betriebsstoffe 4 000,00
     Hilfsstoffe 2 000,00

Führen Sie das Grundbuch.

7.   **Buchungssätze**

(1) Bank	10 000,00	an	Postbank	10 000,00
(2) Maschinen	30 000,00	an	Verb. a. L. u. L.	30 000,00
(3) Bank	300,00	an	Geschäftsausstattung	300,00
(4) Bank	4 000,00	an	Forderungen	4 000,00
(5) Bank	20 000,00	an	Darlehen	20 000,00
(6) Werkzeuge	19 000,00	an	Kasse	2 000,00
		an	Bank	7 000,00
		an	Verb. a. L. u. L.	10 000,00
(7) Betriebs- u.				
Geschäftsausstattung	8 000,00	an	Verb. a. L. u. L.	8 000,00
(8) Hypothekenschulden	3 500,00	an	Bank	3 500,00
(9) Verb. a. L. u. L.	8 000,00	an	Bank	5 000,00
		an	Postbank	3 000,00

Welche Geschäftsfälle liegen den Buchungssätzen zugrunde?

---

[1] Ein Scheck ist eine Anweisung des Kontoinhabers an seine Bank, bei Vorlage des Schecks den angegebenen Betrag auszuzahlen. Die Banken akzeptieren nur die von ihnen ausgegebenen Scheckformulare.

8. **Eröffnungsbilanz**

A	Eröffnungsbilanz		P
Maschinen	270 000,00	Eigenkapital	240 000,00
Geschäftsausstattung	90 000,00	Darlehensschulden	100 000,00
Forderungen a. L. u. L.	50 000,00	Kurzfristige Bankschulden	20 000,00
Kasse	10 000,00	Verbindlichkeiten a. L. u. L.	60 000,00
	420 000,00		420 000,00

Richten Sie zusätzlich das Konto Bank ein.

Geschäftsfälle   EUR

1. Ein Kunde überweist auf unser Bankkonto 14 000,00
2. Zielverkauf einer gebrauchten Drehmaschine 9 000,00
3. Wir entnehmen der Geschäftskasse und zahlen aufs Bankkonto ein 6 000,00
4. Tilgung von Darlehensschulden durch Banküberweisung 4 000,00
5. Zielkauf eines Computers 8 000,00
6. Die Rechnung aus Fall 5 wird wie folgt beglichen:
   Der Lieferant nimmt einen gebrauchten Computer in Zahlung 3 000,00
   Banküberweisung 5 000,00

a) Erstellen Sie ein Grundbuch.
b) Buchen Sie im Hauptbuch.

9./10. **Anfangsbestände**   EUR   EUR

Maschinen	250 000,00	Eigenkapital	?
Werkzeuge	60 000,00	Darlehensschulden	120 000,00
Geschäftsausstattung	35 000,00	Kurzfristige Bankschulden	25 000,00
Forderungen a. L. u. L.	43 000,00	Verbindlichkeiten a. L. u. L.	55 000,00
Bank	9 000,00		
Kasse	15 000,00		

	9.	10.
Geschäftsfälle	EUR	EUR
(1) Abhebung vom Bankkonto	7 000,00	11 000,00
(2) Banküberweisung von Kunden	14 000,00	17 000,00
(3) Zielkauf eines Computers	2 000,00	2 300,00
(4) Barverkauf eines gebrauchten Computers	300,00	200,00
(5) Wir nehmen ein Darlehen auf. Der Darlehensbetrag wird unserem Bankkonto gutgeschrieben	30 000,00	35 000,00
(6) Ausgleich von Lieferantenschulden durch Banküberweisung	15 000,00	12 000,00
(7) Zielkauf von Werkzeugen	13 000,00	19 000,00

a) Stellen Sie die Eröffnungsbilanz auf.
b) Eröffnen Sie die Bestandskonten.
c) Buchen Sie die Geschäftsfälle im Grundbuch.
d) Buchen Sie die Geschäftsfälle im Hauptbuch.

ERSTER
ABSCHNITT

6.3   Eröffnungsbilanzkonto und Schlussbilanzkonto

6.3.1   Eröffnungsbilanzkonto (EBK)

Der Grundsatz der Doppik verlangt für jede Buchung eine Gegenbuchung. Bei der Konteneröffnung haben wir dies nicht beachtet: Die Anfangsbestände wurden einfach aus der Eröffnungsbilanz auf die Aktiv- und Passivkonten übernommen. Auch ein Buchungssatz wurde nicht gebildet. Dieses Vorgehen ist als Ausnahme zulässig und in der Praxis üblich. Man kann aber – wenn gewünscht – dem Grundsatz der Doppik auch bei der Konteneröffnung nachkommen. Hierfür bieten sich zwei Möglichkeiten:

1. Möglichkeit: Man erfasst die Anfangsbestände im Grundbuch durch einen zusammengesetzten Buchungssatz:

> **Beispiel: Eröffnung der Bestandskonten von Eduard Holzer e. K.** (vgl. S. 52)
>
> Alle Aktivkonten:
>
> | | | | |
> |---|---|---|---|
> | Maschinen | 120 000,00 | | |
> | Geschäftsausstattung | 45 000,00 | | |
> | Bank | 20 000,00 | an alle Passivkonten: | |
> | | | Eigenkapital | 130 000,00 |
> | | | Darlehensschulden | 30 000,00 |
> | | | Verbindlichkeiten a. L. u. L. | 25 000,00 |

2. Möglichkeit: Man bildet ein sog. **Eröffnungsbilanzkonto (EBK)**. Dieses nimmt die Gegenbuchungen der Anfangsbestände auf: im Soll die Passivbestände und im Haben die Aktivbestände. Es ist somit ein Spiegelbild der Eröffnungsbilanz. Die Buchungssätze für die Konteneröffnung lauten:

Wir behandeln das EBK hier, weil verschiedene Software-Systeme damit arbeiten.

Alle Aktivkonten	an Eröffnungsbilanzkonto
Eröffnungsbilanzkonto	an alle Passivkonten

> **Beispiel: Eröffnung der Bestandskonten von Eduard Holzer e. K.**
>
> | | | | |
> |---|---|---|---|
> | Maschinen | 120 000,00 | an Eröffnungsbilanzkonto | 120 000,00 |
> | Geschäftsausstattung | 45 000,00 | an Eröffnungsbilanzkonto | 45 000,00 |
> | Bank | 20 000,00 | an Eröffnungsbilanzkonto | 20 000,00 |
> | | | | |
> | Eröffnungsbilanzkonto | 130 000,00 | an Eigenkapital | 130 000,00 |
> | Eröffnungsbilanzkonto | 30 000,00 | an Darlehensschulden | 30 000,00 |
> | Eröffnungsbilanzkonto | 25 000,00 | an Verbindlichkeiten a. L. u. L. | 25 000,00 |

Die Buchungen auf dem Eröffnungsbilanzkonto selbst finden Sie auf der folgenden Seite.

6.3.2   Abschluss der Bestandskonten; Schlussbilanzkonto (SBK)

Am Ende der Rechnungsperiode müssen die Konten abgeschlossen werden:

1. Auf einem jeden Konto ist der Endbestand zu ermitteln. Er ist der Saldo (= Differenz) beider Seiten: **EB = AB + Zugänge – Abgänge**

S		Aktivkonto		H
Anfangsbestand	400	Abgänge	500	
Zugänge	200	Saldo = Endbestand	100	❸
	600 ❶		600	❷

S		Passivkonto		H
Abgänge	500	Abgänge	400	
Saldo = Endbestand	100 ❸	Zugänge	200	
	600 ❷		600	❶

❶ Summe der wertmäßig größeren Seite ermitteln

❷ Summe auf die kleinere Seite übertragen

❸ Saldo auf der kleineren Seite errechnen; Saldo ist Endbestand

saldo (ital.) = Ausgleich

2. Alle Endbestände sind auf einem Abschlusskonto gegenzubuchen. Dieses Konto heißt Schlussbilanzkonto (SBK).

Die Buchungssätze für die Gegenbuchung auf dem Schlussbilanzkonto lauten:

Schlussbilanzkonto   an Aktivkonten
Passivkonten   an Schlussbilanzkonto

> **Merke:**
> Die größere Kontoseite kennzeichnet den Saldo:
> **Sollsaldo:**
> Sollseite > Habenseite
> **Habensaldo:**
> Habenseite > Sollseite

Beispiel: **Eröffnung und Abschluss der Bestandskonten bei Eduard Holzer e. K.**
(Anfangsbestände und Buchungen siehe S. 52)

S	Eröffnungsbilanzkonto			H
Eigenkapital	130 000,00	Maschinen		120 000,00
Darlehensschulden	30 000,00	Geschäftsausstattung		45 000,00
Verbindlichk. a. L. u. L.	25 000,00	Bank		20 000,00
	185 000,00			185 000,00

S	Maschinen		H
EBK	120 000,00	SBK	160 000,00
Verb.	40 000,00		
	160 000,00		160 000,00

S	Eigenkapital		H
SBK	130 000,00	EBK	130 000,00

S	Geschäftsausstattung		H
EBK	45 000,00	SBK	50 000,00
Bank	5 000,00		
	50 000,00		50 000,00

S	Darlehensschulden		H
SBK	40 000,00	EBK	30 000,00
		Verb.	10 000,00
	40 000,00		40 000,00

S	Bank		H
EBK	20 000,00	Gesch.	5 000,00
		Verb.	4 000,00
		SBK	11 000,00
	20 000,00		20 000,00

S	Verbindlichkeiten a. L. u. L.		H
Darl.	10 000,00	EBK	25 000,00
Bank	4 000,00	Masch.	40 000,00
SBK	51 000,00		
	65 000,00		65 000,00

S	Schlussbilanzkonto			H
Maschinen	160 000,00	Eigenkapital		130 000,00
Geschäftsausstattung	50 000,00	Darlehensschulden		40 000,00
Bank	11 000,00	Verbindlichk. a. L. u. L.		51 000,00
	221 000,00			221 000,00

Buchungssätze der Abschlussbuchungen:

Schlussbilanzkonto	160 000,00	an Maschinen	160 000,00
Schlussbilanzkonto	50 000,00	an Geschäftsausstattung	50 000,00
Schlussbilanzkonto	11 000,00	an Bank	11 000,00
Eigenkapital	130 000,00	an Schlussbilanzkonto	130 000,00
Darlehensschulden	40 000,00	an Schlussbilanzkonto	40 000,00
Verbindlichk. a. L. u. L.	51 000,00	an Schlussbilanzkonto	51 000,00

Das SBK ist ausgeglichen. Bedeutet das immer, dass alles richtig gebucht wurde?

Die Salden der Aktivkonten werden auf dem Schlussbilanzkonto im Soll, die der Passivkonten im Haben gegengebucht.

ERSTER ABSCHNITT

Bei der Inventur können sich durch Schwund, Verderb, Bruch, Diebstahl, Buchungsfehler usw. bekanntlich Abweichungen zwischen Sollbestand (Buchbestand) und Istbestand ergeben. Diese Inventurdifferenzen sind durch Korrekturbuchungen vor dem Kontenabschluss zu bereinigen. Damit ist gewährleistet, dass die Endbestände auf den Konten, im Inventar und in der Bilanz die gleichen Werte ausweisen.

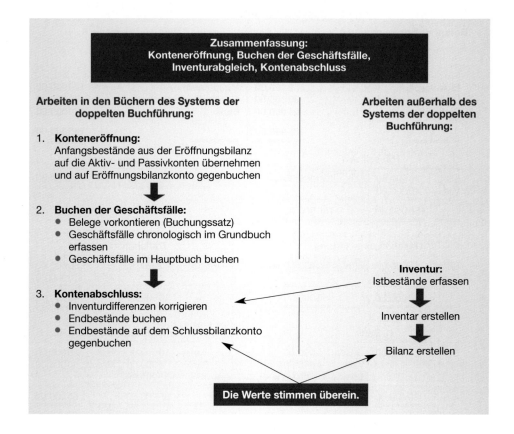

Arbeitsaufträge

1. **Die Konten der Arbeitsaufträge 8 bis 10 (siehe S. 55) sind noch nicht abgeschlossen.**

   Abschlussangabe:
   Die Salden der Bestandskonten stimmen mit den Inventurwerten überein.

   Schließen Sie die Konten ab.

2./3. Anfangsbestände

	EUR		EUR
Fabrikgebäude	270 000,00	Eigenkapital	?
Maschinen	210 000,00	Hypothekenschulden	210 000,00
Fuhrpark	45 000,00	Verbindlichkeiten a. L. u. L.	78 000,00
Forderungen a. L. u. L.	30 000,00		
Bank	19 000,00		
Postbank	23 000,00		

		5.	**6.**
Geschäftsfälle		**EUR**	**EUR**
(1)	Postbanküberweisung von Kunden	7 000,00	5 000,00
(2)	Überweisung vom eigenen Bankkonto auf das Postbankkonto	3 000,00	4 000,00
(3)	Ein Teil unserer Lieferantenschulden wird in eine Hypothekenschuld umgewandelt	40 000,00	50 000,00
(4)	Rückzahlung einer Hypothekenschuld durch Postbanküberweisung	5 000,00	6 000,00
(5)	Postbanküberweisung an Lieferanten	8 000,00	9 000,00

Abschlussangaben:
Die Salden der Bestandskonten stimmen mit den Inventurwerten überein.

a) Stellen Sie die Eröffnungsbilanz auf.
b) Eröffnen Sie die Bestandskonten.
c) Buchen Sie die Geschäftsfälle im Grundbuch.
d) Führen Sie das Hauptbuch.
e) Schließen Sie die Konten ab.
f) Stellen Sie die Schlussbilanz auf.

4. Anfangsbestände des Fahrradherstellers Peter Schnell e. K., Leipzig

	EUR		EUR
Fabrikgebäude	2 000 000,00	Eigenkapital	?
Maschinen	900 000,00	Grundschulddarlehen	1 100 000,00
Fuhrpark	190 000,00	Kurzfristige Bankschulden	230 000,00
Geschäftsausstattung	280 000,00	Verbindlichkeiten a. L. u. L.	195 000,00
Rohstoffe	320 000,00		
Forderungen a. L. u. L.	47 000,00		
Bank	78 000,00		
Postbank	34 000,00		
Kasse	4 000,00		

a) Erstellen Sie die Eröffnungsbilanz des Fahrradherstellers Schnell.
b) Eröffnen Sie die Bestandskonten.
c) Erstellen Sie ein Grundbuch für die folgenden Belege und weiteren Geschäftsfälle.
   (Die Umsatzsteuer wird zu einem späteren Zeitpunkt berücksichtigt.)
d) Buchen Sie auf den Hauptbuchkonten.
e) Schließen Sie die Konten ab.
f) Stellen Sie die Schlussbilanz auf.

Abschlussangaben:
Die Salden der Bestandskonten stimmen mit den Inventurwerten überein.

(1) Eingangsrechnung

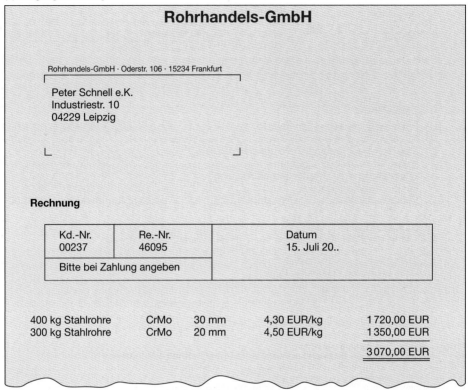

Rohrhandels-GmbH

Rohrhandels-GmbH · Oderstr. 106 · 15234 Frankfurt

Peter Schnell e.K.
Industriestr. 10
04229 Leipzig

Rechnung

Kd.-Nr. 00237	Re.-Nr. 46095	Datum 15. Juli 20..
Bitte bei Zahlung angeben		

400 kg Stahlrohre	CrMo	30 mm	4,30 EUR/kg	1 720,00 EUR
300 kg Stahlrohre	CrMo	20 mm	4,50 EUR/kg	1 350,00 EUR
				3 070,00 EUR

(2 a) Kontoauszug

COMMERZBANK	Bankleitzahl	Datum	Auszug- Nr.	Blatt- Nr.	KONTOAUSZUG für Konto-Nr.
	86 04 00 00	10. März 20..	6	1	400 424 300 0

Buchungstext	Buchungsbeleg	Valuta	Umsatz	Soll = –
Überweisung Fahrradhandel Schmidtke	9. März	9. März		5 300,00
Gutschrift Darlehen Vertrag 7. März 20..	9. März	9. März		30 000,00
Überweisungsauftrag f. Rg. 46021	9. März	9. März		3 700,00 –
Barauszahlung	9. März	9. März		5 000,00 –

	Soll	Alter Saldo	Haben
Herrn / Frau / Firma			2 600,00

Peter Schnell e.K.
Industriestr. 10
04229 Leipzig

Soll	Neuer Saldo	Haben
		29 200,00

Wichtiger Hinweis auf der Rückseite

IBAN: DE 46 8604 0000 4004 2430 00
BIC: COBA DE FF 860

(2 b) Überweisung (Beleg zu Posten 3 des Kontoauszugs)

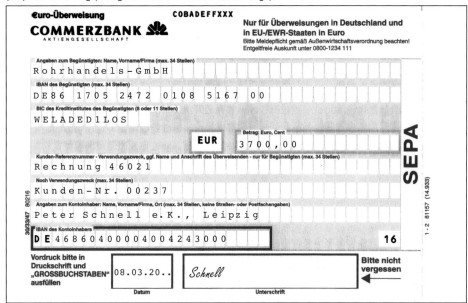

(2 c) Kasseneingangsbeleg zu Posten 4 des Kontoauszugs

Kasseneingangsbeleg N. *46*

EUR   *5.000,00*   in Worten *fünftausend* ....

von: *Bankabhebung, Auszug v. 10. März 20..* ....

Datum: *9. März 20..*   Kassenführer: *Schmidtke*

(3) Eingangsrechnung

Rechnung

Nr. 513		Datum 28. März 20..
Bitte bei Zahlung angeben		

Ich lieferte Ihnen gemäß Vertrag vom 7. März 20..

1 Lagerregal, Stahl, 450 cm lang, 70 cm tief, 250 cm hoch,
verzinkt, einschl. Montage   2 600,00 EUR

Zahlbar innerhalb 14 Tagen ohne Abzug.

(4)	Ausgleich einer Lieferantenrechnung durch Banküberweisung	3 500,00
(5)	Verkauf eines gebrauchten Geschäfts-Pkws. Der Scheck des Käufers wird unserem Bankkonto gutgeschrieben	4 000,00
(6)	Zielkauf einer Metall-Kreissäge	8 500,00
(7)	Zielkauf einer Computeranlage	6 300,00
(8)	Zielkauf von Bremsen und Beleuchtungsanlagen für die produzierten Fahrräder	2 800,00
(9)	Zielkauf einer Werkbank	900,00
(10)	Überweisung eines Kunden auf das Postbankkonto	9 100,00
(11)	Überweisung vom Postbankkonto auf das Konto bei der Hausbank	10 000,00

ERSTER ABSCHNITT

7   Buchungen auf Erfolgskonten

7.1   Aufwendungen und Erträge

Bisher bewirkte kein Geschäftsfall eine Buchung auf dem Eigenkapitalkonto. Das Eigenkapital blieb von der Eröffnungsbilanz bis zur Schlussbilanz unverändert. In der Praxis kommt es aber jeden Tag zu **Erfolgsvorgängen**. Das sind Geschäftsfälle, die zu Wertabflüssen (Werteverzehren) oder Wertzuflüssen (Wertzuwächsen) führen.

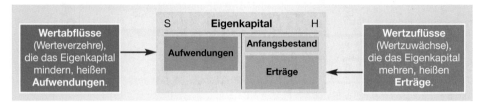

Aufwendungen und Erträge bewirken Eigenkapitalveränderungen und beeinflussen somit den Unternehmenserfolg (Gewinn, Verlust).

Aufwendungen (Wertabflüsse)	**Erträge (Wertzuflüsse)**
• Aufwendungen entstehen vor allem durch die Produktionstätigkeit. Sie erfordert den Einsatz, die Abnutzung und den Verbrauch von Gütern und Diensten: Material wird eingesetzt, Maschinen und Werkzeuge nutzen sich ab, Löhne werden gezahlt, für Kredite fallen Zinsen an.	• Erträge entstehen vor allem durch den Verkauf von gefertigten Produkten und den Weiterverkauf eingekaufter Waren (sog. Handelswaren). Die erzielten Erträge heißen **Umsatzerlöse**.
• Weitere Aufwendungen: siehe Beispiele unten.	• Weitere Erträge sind z.B. Mieterträge, Zinserträge, Dividendenerträge.
• Das Fremdkapital ist in seiner Höhe durch Verträge festgelegt. Deshalb mindern Wertabflüsse stets das Eigenkapital.	• Wenn die Erträge die Aufwendungen übersteigen, entsteht ein Unternehmensgewinn.
• Die Gesamtheit der Aufwendungen der Wirtschaftsperiode stellt den **Aufwand (Unternehmensaufwand)** dar.	• Das Fremdkapital ist in seiner Höhe durch Verträge festgelegt. Deshalb mehren Wertzuflüsse stets das Eigenkapital.
	• Die Gesamtheit der Erträge der Wirtschaftsperiode stellt den **Ertrag (Unternehmensertrag)** dar.

Beispiel: Aufwendungen

1. **Stoffaufwendungen** entstehen durch den Einsatz/Verbrauch von Rohstoffen/Fertigungsmaterial, Hilfsstoffen, Betriebsstoffen, Verpackungsmaterial.
   - **Rohstoffe/Fertigungsmaterial** werden Hauptbestandteil des Produkts (z.B. Holz für Möbel, Blech für Autos).
   - **Hilfsstoffe** werden Nebenbestandteil des Produkts (z.B. Möbelbeschläge, Schrauben, Leim).
   - **Betriebsstoffe** gehen nicht in das Produkt ein (z.B. Brenn- und Schmierstoffe, Energie, Putzmittel).
2. **Aufwendungen für Vorprodukte/Fremdbauteile**, z.B. Reifen, Batterien, Scheinwerfer, Sitze für Autos
3. **Aufwendungen für Handelswaren:** Sachen, die gekauft und unverändert weiterverkauft werden. Sie ergänzen die Produktpalette, z.B. als Zubehörteile zu Produkten.
4. **Aufwendungen für Arbeitskräfteeinsatz:** Löhne, Gehälter, Sozialversicherungsbeiträge
5. **Aufwendungen als Wertminderungen von Betriebsmitteln:** Abschreibungen
6. **Aufwendungen für den Einsatz von Fremdkapital:** Zinsaufwendungen
7. **Aufwendungen für andere Leistungen**, z.B. Mieten, Frachten, Provisionen, Gebühren, Telefonkosten, Büromaterial, Fremdinstandsetzung, Verluste aus Schadensfällen, betriebliche Steuern (Gewerbesteuer, Grundsteuer, Kraftfahrzeugsteuer, Verbrauchsteuern [z.B. Energiesteuer], sonstige betriebliche Steuern)

Achtung! Verwechseln Sie nicht
● *Aufwendungen mit Ausgaben,*
● *Erträge mit Einnahmen.*
*Ausgaben und Einnahmen beein-
flussen das Geldvermögen, aber
nicht unbedingt den Erfolg.*

Zahlungsmittel	130 000,00
+ kurzfristige Forderungen	175 000,00
− kurzfristige Verbindlichkeiten	260 000,00
= **Geldvermögen**	45 000,00

Abgrenzung Aufwendungen – Ausgaben

Ausgaben mindern das Geldvermögen.
Sie entstehen durch Zahlungsausgänge und durch das
Eingehen von Verbindlichkeiten.
Nur wenn sie den Erfolg beeinflussen, sind sie zugleich
Aufwendungen.

● Barkauf Grundstück: Ausgabe, kein Aufwand
● Zielkauf Rohstoffe in Jahr 1 (Verbrauch in Jahr 2): Ausgaben, aber kein Aufwand in Jahr 1

● Lohn- und Mietzahlungen im April für März des Jahres 2: Ausgaben und zugleich Aufwand in Jahr 2

● Verbrauch der in Jahr 1 gekauften Rohstoffe in Jahr 2: Aufwendungen, aber keine Ausgaben in Jahr 2

aufwandsungleiche Ausgaben

aufwandsgleiche Ausgaben

ausgabengleicher Aufwand

ausgabenungleicher Aufwand

Aufwendungen sind Wertabflüsse, die den Unternehmenserfolg beeinflussen und das Eigenkapital mindern.
Sie sind nur zum Teil zugleich Ausgaben.

Abgrenzung Erträge – Einnahmen

Einnahmen mehren das Geldvermögen.
Sie entstehen durch Zahlungseingänge und durch das
Erzielen von Forderungen.
Nur wenn sie den Erfolg beeinflussen, sind sie zugleich
Erträge.

● Barverkauf Grundstück zum Buchwert: Einnahme, kein Ertrag
● Mieteinnahme bar in Jahr 1 für Januar Jahr 2: Einnahme, aber kein Ertrag in Jahr 1

● Verkauf von Erzeugnissen in Jahr 2: Einnahme und zugleich Ertrag in Jahr 2

● Buchung der in Jahr 1 erhaltenen Miete für Januar von Jahr 2: Ertrag, aber keine Einnahme in Jahr 2

ertragsungleiche Einnahmen

ertragsgleiche Einnahmen

einnahmengleicher Ertrag

einnahmenungleicher Ertrag

Erträge sind Wertzuflüsse, die den Unternehmenserfolg
beeinflussen und das Eigenkapital mehren. Sie sind nur
zum Teil zugleich Einnahmen.

ERSTER
ABSCHNITT

7.2   Buchung von Erfolgsvorgängen

7.2.1   Erfolgskonten

Erträge müssten als Bestandsmehrungen im Haben, Aufwendungen als Bestandsminderungen im Soll des Eigenkapitalkontos gebucht werden. Aber: Für die Geschäftsleitung ist es wichtig zu wissen, aus welchen Quellen der Erfolg des Geschäftsjahrs stammt und in welchem Ausmaß er durch die einzelnen Aufwands- und Ertragsarten beeinflusst wurde. Wenn man alle Aufwendungen und Erträge undifferenziert auf dem Eigenkapitalkonto bucht, lassen sich solche Erkenntnisse nicht gewinnen. Deshalb bildet man Erfolgskonten – Aufwands- und Ertragskonten – als **Unterkonten des Eigenkapitalkontos**, und zwar für jede Aufwands- und Ertragsart ein eigenes Konto. Sie werden am Ende der Rechnungsperiode auf das Eigenkapitalkonto abgeschlossen.

Auf den Erfolgskonten bucht man wie auf dem Eigenkapitalkonto selbst. Deshalb gilt:

Aufwendungen werden auf den Aufwandskonten im Soll gebucht.
Erträge werden auf den Ertragskonten im Haben gebucht.

Merke: Auf Unterkonten bucht man stets wie auf dem übergeordneten Konto.

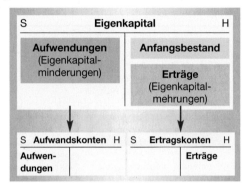

S	Eigenkapital	H
Aufwendungen (Eigenkapital-minderungen)	**Anfangsbestand**	
	Erträge (Eigenkapital-mehrungen)	

S	Aufwandskonten	H
Aufwendungen		

S	Ertragskonten	H
	Erträge	

7.2.2   Buchungen auf Aufwandskonten

Nebenstehend ist eine Eröffnungsbilanz der Gartenmöbelfabrikation Rosa Lustig e. K. abgebildet. Ihre Anfangsbestände werden den folgenden Ausführungen zugrunde gelegt.

A	Bilanz		P
Maschinen	700 000,00	Eigenkapital	920 000,00
Geschäftsausstattung	400 000,00	Bankdarlehen	800 000,00
Rohstoffe	250 000,00	Verbindlichkeiten a. L. u. L.	50 000,00
Vorprodukte/Frdbauteile	100 000,00		
Hilfsstoffe	110 000,00		
Betriebsstoffe	60 000,00		
Forderungen	80 000,00		
Bankguthaben	70 000,00		
	1 770 000,00		1 770 000,00

Wir eröffnen die Bestandskonten und richten zusätzlich folgende Erfolgskonten ein:

Aufwandskonten:
Aufwendungen für Rohstoffe
Aufwendungen für Hilfsstoffe
Aufwendungen für Betriebsstoffe
Aufwendungen für Vorprodukte/Fremdbauteile
Löhne
Gehälter
Mieten, Pachten
Büromaterial

Ertragskonten:
Umsatzerlöse
Zinserträge

*Haben Erfolgskonten Anfangsbestände? Natürlich nicht! Auf ihnen werden ja nur die **Veränderungen** des Eigenkapitalbestands gebucht.*

Gehälter, Löhne, Mieten und Pachten, Büromaterial

Beispiel: Buchung von Gehältern, Löhnen, Mieten und Pachten, Büromaterial

Überweisung aus dem Bankguthaben für

Grundstückspacht	4 000,00
Büromaterial	500,00
Löhne	16 000,00
Gehälter	11 000,00

Buchung im Grundbuch:

Mieten, Pachten	4 000,00	
Büromaterial	500,00	
Löhne	16 000,00	
Gehälter	11 000,00	an Bank 31 500,00

Buchung im Hauptbuch:

S	Bank		H
AB	70 000,00	Verschie-dene Konten	31 500,00

S	Mieten, Pachten	H
Bank	4 000,00	

S	Büromaterial	H
Bank	500,00	

S	Löhne	H
Bank	16 000,00	

S	Gehälter	H
Bank	11 000,00	

Materialeinsatz (Materialverbrauch)

> *Vgl. Bd. 1 „Geschäftsprozesse", Sachwort „Beschaffungsprinzipien".*

Viele Unternehmen mit einem festgelegten Fertigungsprogramm kaufen größere Materialvorräte ein **(Vorratsbeschaffung)**. Aus diesen Vorräten wird das Material für die Fertigung nach und nach bereitgestellt. Es bietet sich deshalb an, zunächst nur den Materialeinkauf zu buchen (sog. **bestandsorientierte Einkaufsbuchung** oder **bestandsrechnerisches Verfahren**), den Einsatz (Verbrauch) hingegen erst nach der Lagerentnahme **(Einzelerfassung)** oder sogar erst gesammelt am Jahresende **(Sammelerfassung)**.

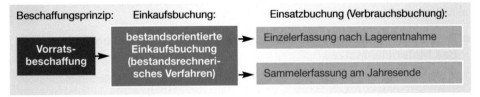

Manche Unternehmen produzieren nur im Kundenauftrag **(Auftragsfertigung)**. Sie kaufen Material immer nur für vorliegende Aufträge ein **(Einzelbeschaffung)**. Andere Unternehmen betreiben Massen- oder Großserienfertigung für den anonymen Markt **(Lagerfertigung)**, können aber den Materialeinsatz so genau planen, dass sie das Material genau zum Bedarfszeitpunkt anliefern lassen **(fertigungssynchrone Beschaffung)**. In beiden Fällen bietet es sich an, Materialeinkauf und -einsatz in einer einzigen Buchung zu verbinden (sog. **verbrauchsorientierte Einkaufsbuchung** oder **aufwandsrechnerisches Verfahren**).

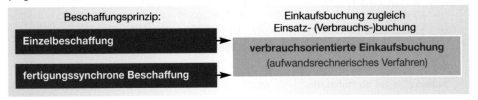

■ Bestandsorientierte Einkaufsbuchung mit Einzelerfassung des Materialeinsatzes

Beim Materialeinkauf erfolgt zunächst eine Bestandsbuchung.

> **Beispiel: Rohstoffeinkauf**
>
> **Buchung im Grundbuch:**
>
> Rohstoffeinkauf   250 000,00   Rohstoffe   250 000,00   an Verbindlichkeiten   250 000,00

Anschließend wird bei jeder Lagerentnahme ein Materialentnahmeschein ausgestellt. Dieser dient als Buchungsbeleg für die anschließende Einsatzbuchung. Der Bestand wird nach jeder Entnahme fortgeschrieben (skontriert).

> **Beispiel: Einsatz (Verbrauch) von Rohstoffen**
>
> Lagerentnahmen mit
> Materialentnahmeschein: **Buchung im Grundbuch:**
> Rohstoffe   40 000,00   Aufwendungen
>   für Rohstoffe   40 000,00   an Rohstoffe   40 000,00
>
> **Buchung im Hauptbuch:**

S	Rohstoffe		H	S	Aufwendungen für Rohstoffe	H
AB	250 000,00	Aufw. für Rohstoffe 40 000,00		Rohstoffe 40 000,00		

Entsprechend wären Hilfs- und Betriebsstoffentnahmen zu buchen:

Aufwendungen für Hilfsstoffe an Hilfsstoffe
Aufwendungen für Betriebsstoffe an Betriebsstoffe

Dieses relativ verwaltungsaufwendige Verfahren ist insbesondere bei hochwertigem Material angezeigt. Es ermöglicht eine genaue Verbrauchskontrolle, die Zurechnung des Verbrauchs auf die Verbrauchsstellen (Kostenstellen) und auf die Produkte (Kostenträger) sowie jederzeit für die Fertigungsplanung die Feststellung des verfügbaren Bestands.

Auf den Bestandskonten ergibt sich am Jahresende der Endbestand als Sollbestand. Stimmt er nicht mit dem durch Inventur ermittelten Istbestand überein, sind Korrekturbuchungen auf den Bestandskonten vorzunehmen.

> *Einzelheiten hierzu finden Sie auf S. 83 ff. (Inventurdifferenzen)*

■ Bestandsorientierte Einkaufsbuchung mit Sammelerfassung des Materialeinsatzes

Die Bestandsbuchung erfolgt beim Einkauf (wie oben): Rohstoffe an Verbindlichkeiten

Jedoch: Man stellt am Ende der Rechnungsperiode den Endbestand an Material durch Inventur fest. Dann erst ermittelt man den Einsatz (Verbrauch).

> Verbrauch = Anfangsbestand + Zugänge – Endbestand

> **Beispiel: Verbrauchsermittlung durch Inventur** (Rohstoffe)
>
> Im Lauf des Geschäftsjahrs werden Rohstoffeinkäufe auf Ziel für 20 000,00 EUR getätigt.
>
> | | | |
> |---|---|---|
> | | Anfangsbestand | 250 000,00 |
> | + | Zugänge | 20 000,00 |
> | – | Endbestand laut Inventur | 230 000,00 |
> | = | **Verbrauch an Rohstoffen (Aufwand)** | **40 000,00** |
>
> Die Buchung lautet auch hier:
>
> Aufwendungen für Rohstoffe   40 000,00   an Rohstoffe   40 000,00

Die nachträgliche Gesamterfassung bietet den Vorteil des geringen Verwaltungsaufwands, schließt aber auch die genannten Vorteile der Einzelerfassung aus.

Da der Materialverbrauch nicht durch Belege erfasst wird, kann der ermittelte Verbrauchswert in Wirklichkeit auch Fehlmengen (z. B. aufgrund von Diebstahl) umfassen. Der Anteil dieses „Nichtverbrauchs" lässt sich nicht feststellen. Aus diesen Gründen ist die nachträgliche Gesamterfassung nur für geringerwertiges Material (u. a. Hilfsstoffe) zu empfehlen.

Vgl. hierzu S. 83 ff. (Inventurdifferenzen).

■ **Verbrauchsorientierte Einkaufsbuchung**

Das Material wird unmittelbar beim Einkauf als Aufwand erfasst und gebucht.

Beispiel: Verbrauchsorientierte Einkaufsbuchung

Lieferung auf Rechnung und Einbau von Fremdbauteilen	8 000,00	**Buchung im Grundbuch:**

Aufwendungen für Vorprodukte/ Fremdbauteile 8 000,00 an Verbindlichkeiten a. L. u. L. 8 000,00

Buchung im Hauptbuch:

S	Verbindlichkeiten a. L. u. L.	H	S	Aufw. für Vorprod./Fremdbauteile	H
	AB 50 000,00		Verbindl. a. L. u. L. 8 000,00		
	Aufw. f. Vorpr./Fbaut. 8 000,00				

Allerdings kommt man auch hier nicht ganz ohne Bestände aus. Dieser Sachverhalt wird auf Seite 74 erläutert.

Wichtiger Hinweis:
In der Praxis buchen nicht nur Betriebe mit Einzelbeschaffung und fertigungssynchroner Beschaffung, sondern auch viele Betriebe mit Vorratsbeschaffung den Materialeinkauf verbrauchsorientiert. Sie tun so, als ob die Lagerbestände sofort in die Produktion gingen. Dadurch wollen sie Kosten der Lagerbestandsführung (Materialentnahme- und -rückgabescheine, Buchungsarbeiten) einsparen. Natürlich hat das auch Nachteile. Eine permanente Inventur z. B. ist nicht mehr möglich. Vor- und Nachteile sind deshalb gegeneinander abzuwägen.

7.2.3 Buchungen auf Ertragskonten

Beispiel: Buchung von Produktverkäufen und Zinsgutschriften

Zielverkauf von Erzeugnissen	115 000,00	**Buchung im Grundbuch:**

Forderungen 115 000,00 an Umsatzerlöse 115 000,00

Bankgutschrift von Zinsen 2 000,00 Bank 2 000,00 an Zinserträge 2 000,00

Buchung im Hauptbuch:

S	Forderungen	H	S	Umsatzerlöse	H
AB 80 000,00				Forderungen 115 000,00	
Umsatzerlöse 115 000,00					

S	Bank	H	S	Zinserträge	H
AB 70 000,00				Bank 2 000,00	
Zinserträge 2 000,00					

7.3   Abschluss der Erfolgskonten

Am Ende der Rechnungsperiode werden die Erfolgskonten abgeschlossen. Der Abschluss erfolgt der Übersichtlichkeit halber nicht unmittelbar über das Eigenkapitalkonto. Vielmehr werden Aufwand und Ertrag zunächst auf dem **Sammelkonto Gewinn und Verlust (GuV)** gegenübergestellt.

> **Die Abschlussbuchungen lauten:** GuV   an alle Aufwandskonten
>   Alle Ertragskonten an GuV

- Das Konto Gewinn und Verlust (GuV) ist Unterkonto des Kontos Eigenkapital.
- Das Konto GuV sammelt alle Aufwendungen auf der Sollseite und alle Erträge auf der Habenseite. So zeigt es auf einen Blick die Quellen des Unternehmenserfolgs.
- Der Unternehmenserfolg ist der Saldo des Kontos GuV. Er ist ein Gewinn oder ein Verlust.
- Das Konto GuV wird mit seinem Saldo auf das Konto Eigenkapital abgeschlossen. Ein Gewinn mehrt das Eigenkapital, ein Verlust mindert es.

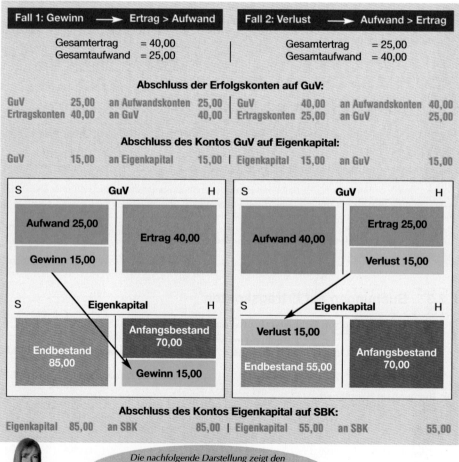

Fall 1: Gewinn ⟶ Ertrag > Aufwand	Fall 2: Verlust ⟶ Aufwand > Ertrag
Gesamtertrag = 40,00 Gesamtaufwand = 25,00	Gesamtertrag = 25,00 Gesamtaufwand = 40,00

Abschluss der Erfolgskonten auf GuV:

GuV	25,00	an Aufwandskonten	25,00	GuV	40,00	an Aufwandskonten	40,00
Ertragskonten	40,00	an GuV	40,00	Ertragskonten	25,00	an GuV	25,00

Abschluss des Kontos GuV auf Eigenkapital:

GuV	15,00	an Eigenkapital	15,00	Eigenkapital	15,00	an GuV	15,00

Abschluss des Kontos Eigenkapital auf SBK:

Eigenkapital	85,00	an SBK	85,00	Eigenkapital	55,00	an SBK	55,00

Die nachfolgende Darstellung zeigt den Abschluss der Erfolgskonten anhand des Beispiels Gartenmöbelfabrikation Rosa Lustig e.K. (siehe S. 64).

Beispiel: Kontenabschluss mit Erfolgskonten

Aufwandskonten

Mieten, Pachten

S		H	
Bank	4 000,00	GuV	4 000,00

Büromaterial

S		H	
Bank	500,00	GuV	500,00

Löhne

S		H	
Bank	16 000,00	GuV	16 000,00

Gehälter

S		H	
Bank	11 000,00	GuV	11 000,00

Aufwendungen für Rohstoffe

S		H	
Rohstoffe	40 000,00	GuV	40 000,00

Aufwendungen für Hilfsstoffe

S		H	
Hilfsstoffe	15 000,00	GuV	15 000,00

Aufwendungen für Betriebsstoffe

S		H	
Betriebsstoffe	10 000,00	GuV	10 000,00

Aufwendungen für Vorprodukte

S		H	
Vorprodukte	8 000,00	GuV	8 000,00

Ertragskonten

Umsatzerlöse

S		H	
GuV	115 000,00	Forderungen	115 000,00

Zinserträge

S		H	
GuV	2 000,00	Bank	2 000,00

Gewinn- und Verlustkonto

S		H	
Mieten, Pachten	4 000,00	Umsatzerlöse	115 000,00
Büromaterial	500,00	Zinserträge	2 000,00
Löhne	16 000,00		
Gehälter	11 000,00		
Aufwendungen für Rohstoffe	40 000,00		
Aufwendungen für Hilfsstoffe	15 000,00		
Aufwendungen für Betriebsstoffe	10 000,00		
Aufwendungen für Vorprodukte	8 000,00		
Eigenkapital	12 500,00		
	117 000,00		**117 000,00**

Gewinn = Eigenkapitalmehrung

Eigenkapital

S		H	
SBK	932 500,00	EBK	920 000,00
		GuV	12 500,00
	932 500,00		**932 500,00**

Schlussbilanzkonto

S		H	
Maschinen	700 000,00	Eigenkapital	932 500,00
Geschäftsausst.	400 000,00	Bankdarlehen	800 000,00
Rohstoffe	230 000,00	Verbindlichkeit.	78 000,00
Vorprod./Frdbt.	100 000,00		
Hilfsstoffe	95 000,00		
Betriebsstoffe	50 000,00		
Forderungen	195 000,00		
Bankguthaben	40 500,00		
	1 810 500,00		**1 810 500,00**

Reihenfolge der Abschlussarbeiten

1. Abschluss der Aufwandskonten

GuV	4 000,00	an Mieten, Pachten	4 000,00
GuV	500,00	an Büromaterial	500,00
GuV	16 000,00	an Löhne	16 000,00
GuV	11 000,00	an Gehälter	11 000,00
GuV	40 000,00	an Aufw. f. Rohstoffe	40 000,00
GuV	15 000,00	an Aufw. f. Hilfsstoffe	15 000,00
GuV	10 000,00	an Aufw. f. Betriebsstoffe	10 000,00
GuV	8 000,00	an Aufw. f. Vorprodukte	8 000,00

2. Abschluss der Ertragskonten

Umsatzerlöse	115 000,00	an GuV	115 000,00
Zinserträge	2 000,00	an GuV	2 000,00

3. Abschluss des GuV-Kontos

GuV	12 500,00	an Eigenkapital	12 500,00

4. Abschluss der Aktivkonten

SBK	700 000,00	an Maschinen	700 000,00
SBK	400 000,00	an Geschäftsausstatt.	400 000,00
SBK	230 000,00	an Rohstoffe	230 000,00
SBK	100 000,00	an Vorprodukte, Frbt.	100 000,00
SBK	95 000,00	an Hilfsstoffe	95 000,00
SBK	50 000,00	an Betriebsstoffe	50 000,00
SBK	195 000,00	an Forderungen	195 000,00
SBK	40 500,00	an Bankguthaben	40 500,00

5. Abschluss der Passivkonten

Eigenkapital	932 500,00	an SBK	932 500,00
Bankdarlehen	800 000,00	an SBK	800 000,00
Verbindlichk.	78 000,00	an SBK	78 000,00

Nach dem Abschluss der Erfolgskonten werden die aktiven und passiven Bestandskonten wie bekannt über SBK abgeschlossen.

ERSTER ABSCHNITT

Arbeitsaufträge

1. Erstellen Sie ein Grundbuch für folgende Geschäftsfälle.

	EUR
1. Banküberweisung der Miete für angemietete Lagerräume	1 600,00
2. Zielverkauf von Erzeugnissen	8 000,00
3. Wir erhalten eine Provisionszahlung bar	450,00
4. Banküberweisung von Löhnen	13 200,00
5. Eine Eingangsrechnung für Wartungsarbeiten an einer Maschine wird durch Banküberweisung beglichen	1 200,00
6. Mieteinnahmen werden unserem Bankkonto gutgeschrieben	2 300,00
7. Banküberweisung von Gehältern	16 400,00
8. Zieleinkauf (verbrauchsorientierte Buchung) von	
Rohstoffen	16 500,00
Hilfsstoffen	8 800,00
Betriebsstoffen	1 100,00
9. a) Zieleinkauf (bestandsorientierte Buchung) von	
Rohstoffen	26 000,00
Hilfsstoffen	14 300,00
Betriebsstoffen	2 850,00
b) Verbrauch von	
Rohstoffen	15 200,00
Hilfsstoffen	9 333,00
10. Zielverkauf von Erzeugnissen	12 000,00

2. Welche Geschäftsfälle liegen folgenden Buchungssätzen zugrunde?

		EUR		EUR
1.	Zinsaufwendungen	1 300,00	an Bank	1 300,00
2.	Bank	12 000,00		
	Postbank	6 000,00		
	Kasse	4 000,00	an Umsatzerlöse	22 000,00
3.	Miete	2 000,00	an Bank	2 000,00
4.	Aufwendungen für			
	Rohstoffe	9 000,00	an Verbindlichkeiten a. L. u. L.	9 000,00
5.	Löhne	11 000,00		
	Gehälter	14 000,00	an Bank	25 000,00
6.	Bank	780,00	an Zinserträge	780,00
7.	Fremdinstandsetzung	920,00	an Postbank	920,00
8.	Aufwendungen für			
	Vorprodukte	1 600,00	an Bank	1 600,00
9.	Postbank	700,00	an Provisionserträge	700,00
10.	Hilfsstoffe	8 400,00	an Verbindlichkeiten	8 400,00
11.	Aufwendungen für			
	Rohstoffe	6 000,00	an Rohstoffe	6 000,00

3. Bei der Erna Luger KG wird der Rohstoffverbrauch am Ende des Geschäftsjahrs durch Inventur ermittelt.

(1) Ermitteln Sie den Rohstoffverbrauch rechnerisch und buchhalterisch.

	EUR
Bestand zum Beginn des Rechnungsabschnitts	160 000,00
Bestand am Ende des Rechnungsabschnitts	125 000,00
Zukauf im Laufe des Rechnungsabschnitts	1 210 000,00

(2) Buchen Sie den Rohstoffverbrauch.

4. **Die Unox AG bucht den Materialverbrauch anhand von Materialentnahmescheinen.**

Buchen Sie folgenden Beleg:

Materialentnahmeschein				Auftrags-Nr. 217.012.91
☒ Rohstoffe ☐ Hilfsstoffe ☐ Betriebsstoffe	Bezeichnung	Abmessung	Menge	Gesamtwert
	33/44/1	20 mm	80	604,00
	12/01/14	10 mm	120	330,00
Name:	Aussteller *Brause*	Lagerkartei *Groß*		Kostenstelle *Frost*
Datum:	23. April 20..	24. April 20..		26. April 20..

5./6. **Die Konten der Werner OHG zeigen folgende Salden:**

	5. EUR	6. EUR
Eigenkapital	400 000,00	280 000,00
Aufwendungen für Rohstoffe	112 000,00	297 200,00
Aufwendungen für Hilfsstoffe	52 000,00	148 750,00
Aufwendungen für Betriebsstoffe	11 700,00	17 300,00
Löhne	184 000,00	113 400,00
Gehälter	76 460,00	68 700,00
Fremdinstandsetzung	4 780,00	5 300,00
Mieten	68 320,00	55 200,00
Umsatzerlöse	710 000,00	623 700,00
Mieterträge	5 500,00	6 400,00
Zinserträge	820,00	750,00

a) Erstellen Sie die Konten GuV und Eigenkapital.
b) Notieren Sie die Buchungssätze für den Abschluss der Aufwands- und Ertragskonten.
c) Ermitteln Sie den Erfolg.
d) Nennen Sie den Buchungssatz für den Abschluss des GuV-Kontos.
e) Erläutern Sie, wie sich der Erfolg auf das Eigenkapital auswirkt.

7./8. **Anfangsbestände**

	EUR		EUR
Rohstoffe	34 000,00	Bankguthaben	26 000,00
Hilfsstoffe	11 000,00	Kasse	13 000,00
Forderungen a. L. u. L.	23 000,00	Eigenkapital	107 000,00

Kontenplan
Rohstoffe, Hilfsstoffe, Forderungen a. L. u. L., Bank, Kasse, Eigenkapital, Umsatzerlöse, Aufwendungen für Rohstoffe, Aufwendungen für Hilfsstoffe, Löhne, Mieten, Telefonkosten, Werbung, Schlussbilanzkonto, GuV-Konto.

Hinweis
Materialeinkäufe werden verbrauchsorientiert gebucht.

Geschäftsfälle	7. EUR	8. EUR
1. Löhne werden durch Banküberweisung gezahlt	9 000,00	6 300,00
2. Rohstoffeinkauf gegen Bankscheck	12 000,00	14 500,00
3. Banküberweisung der Miete für von uns gemietete Geschäftsräume	7 200,00	9 600,00
4. Aus der Geschäftskasse werden entnommen und auf unser Bankkonto eingezahlt	8 200,00	4 100,00
5. Hilfsstoffeinkauf gegen Bankscheck	4 700,00	3 800,00
6. Banküberweisung der Telefonkosten	460,00	230,00
7. Banküberweisung für eine Werbeanzeige in einer Fachzeitschrift	300,00	450,00
8. Verkauf aller hergestellten Erzeugnisse auf Ziel	44 000,00	41 500,00

Abschlussangabe

Die Salden der Bestandskonten stimmen mit den Inventurwerten überein.

Erstellen Sie die komplette Buchführung für die Rechnungsperiode.

9./10. Anfangsbestände

	EUR		EUR
Techn. Anlagen u. Maschinen ..	100 000,00	Bankguthaben	32 000,00
Rohstoffe	24 000,00	Kasse	7 300,00
Vorprodukte/Fremdbauteile	5 300,00	Langfristige	
Hilfsstoffe	9 000,00	Bankverbindlichkeiten	70 000,00
Betriebsstoffe	4 000,00	Eigenkapital	116 600,00
Forderungen a. L. u. L.	46 000,00	Verbindlichkeiten a. L. u. L.	41 000,00

Kontenplan

Technische Anlagen und Maschinen, Rohstoffe, Vorprodukte/Fremdbauteile, Hilfsstoffe, Betriebsstoffe, Forderungen a. L. u. L., Bank, Postbank, Kasse, Eigenkapital, Langfristige Bankverbindlichkeiten, Verbindlichkeiten a. L. u. L., Umsatzerlöse, Provisionserträge, Zinserträge, Aufwendungen für Rohstoffe, Aufwendungen für Vorprodukte/Fremdbauteile, Aufwendungen für Hilfsstoffe, Aufwendungen für Betriebsstoffe, Energie, Fremdinstandsetzung, Löhne, Gehälter, Mieten, Büromaterial, Telefonkosten, Werbung, Schlussbilanzkonto, GuV-Konto.

Hinweis:

Materialeinkäufe werden bestandsorientiert gebucht.

Vebrauchserfassung: Einzelerfassung für Rohstoffe und Vorprodukte/Fremdbauteile; Sammelerfassung durch Inventur für Hilfs- und Betriebsstoffe.

Geschäftsfälle	9. EUR	10. EUR
1. Eröffnung eines Postbankkontos durch Banküberweisung	2 000,00	3 100,00
2. Barkauf von Büromaterial	320,00	275,00
3. Banküberweisung für		
Geschäftsmiete	1 500,00	1 320,00
Strom	900,00	810,00
Telefonkosten	720,00	690,00
Werbeprospekte	490,00	430,00
Maschinenreparatur	610,00	740,00
4. Ausgleich einer Lieferantenrechnung durch Postbanküberweisung	1 200,00	1 630,00
5. Zieleinkauf von		
Rohstoffen	27 300,00	26 900,00
Hilfsstoffen	19 300,00	19 750,00
Betriebsstoffen	10 500,00	10 900,00
Vorprodukten/Fremdbauteilen	3 500,00	3 700,00
6. Verbrauch von		
Rohstoffen	46 800,00	46 000,00
Vorprodukten/Fremdbauteilen	8 500,00	8 700,00
7. Verkauf von Erzeugnissen		
auf Ziel	46 800,00	24 900,00
gegen Bankscheck	14 200,00	15 350,00

	9.	10.
8. Banküberweisung für		
Löhne	12 900,00	10 700,00
Gehälter	5 300,00	5 100,00
9. Banküberweisung von Kunden	23 000,00	21 300,00
10. Rückzahlung eines Darlehens durch Banküberweisung	20 000,00	25 000,00
11. Verkauf aller noch vorhandenen Erzeugnisse		
auf Ziel	26 000,00	52 300,00
gegen Postbanküberweisung	14 800,00	16 800,00
12. Bankgutschrift für Zinsen	1 420,00	970,00
13. Gutschrift von Provisionen auf dem Postbankkonto	7 370,00	4 150,00

Abschlussangaben

1. Die Inventur ergibt folgende Endbestände:

Hilfsstoffe	8 000,00	8 000,00
Betriebsstoffe	5 500,00	5 500,00

2. Die Salden der übrigen Bestandskonten stimmen mit den Inventurwerten überein.

Führen Sie sämtliche Buchführungsarbeiten für die Rechnungsperiode durch.

Erläutern Sie das unterschiedliche Vorgehen bei der Buchung des Verbrauchs von Rohstoffen und Vorprodukten/Fremdbauteilen einerseits sowie Hilfsstoffen und Betriebsstoffen andererseits.

11. Zum Schluss noch ein paar Fragen zum GuV-Konto:

a) Warum steht der Gewinn im Soll des Kontos GuV?
b) Worauf führen Sie den Gewinn in Arbeitsauftrag 7 zurück?
c) Wie wirkt sich ein Gewinn auf das Eigenkapital aus?
d) Was bedeutet ein Saldo im Haben des Kontos GuV?
e) Wie wirkt sich ein Habensaldo des Kontos GuV auf das Eigenkapital aus?

GuV-Konto von Rosa Lustig e. K. (vgl. S. 69)

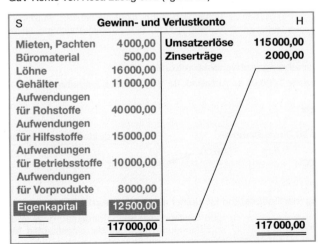

S	Gewinn- und Verlustkonto		H
Mieten, Pachten	4 000,00	Umsatzerlöse	115 000,00
Büromaterial	500,00	Zinserträge	2 000,00
Löhne	16 000,00		
Gehälter	11 000,00		
Aufwendungen für Rohstoffe	40 000,00		
Aufwendungen für Hilfsstoffe	15 000,00		
Aufwendungen für Betriebsstoffe	10 000,00		
Aufwendungen für Vorprodukte	8 000,00		
Eigenkapital	12 500,00		
	117 000,00		117 000,00

7.4 Erfolgswirkung von Bestandsveränderungen im Materialbereich bei verbrauchsorientiertem Materialeinkauf

Sie wissen: Bei **fertigungssynchroner Beschaffung** werden eingekaufte Materialien sofort als Aufwendungen gebucht **(verbrauchsorientierte Materialeinkaufsbuchung)**. Jedoch kommt man auch hier nicht ganz ohne Bestände aus: Aus Sicherheitsgründen hält man Mindestlagerbestände („eiserne Bestände"), die möglichst nicht angegriffen werden sollen. Außerdem ist es möglich, dass Teile von Beständen, die für die Produktion bereitgestellt wurden, am Bilanzstichtag noch nicht verbraucht sind.

Der eiserne Bestand soll schützen: bei Lieferverzögerung, Mehrverbrauch, falscher Bedarfsberechnung.

Am Ende der Geschäftsperiode ist der Bestand durch Inventur zu ermitteln. Er ist mit dem Anfangsbestand zu vergleichen. Dies ist nötig, weil etwaige Bestandsveränderungen (Bestandsmehrungen und -minderungen) sich auf den Erfolg auswirken. Zwei Geschäftsfälle sollen dies verdeutlichen:

Beispiele: Bestandsveränderungen

In der Geschäftsperiode wurden Fremdbau-teile geliefert für 600 000,00	**Buchung als Aufwand:** Aufwend. für Vorpro-dukte/Fremdbauteile 600 000,00 an Verbindlich-keiten a. L. u. L. 600 000,00

1. Bestandsmehrung (der Endbestand ist größer als der Anfangsbestand)

Die Inventur am Jahresende ergibt:	
Endbestand	54 000,00
– Anfangsbestand	– 47 000,00
= Bestandsmehrung	7 000,00

Die Bestandsmehrung von 7 000,00 EUR ist in den Lieferungen von 600 000,00 EUR enthalten, die schon als Aufwand gebucht wurden. Da die Materialien aber tatsächlich noch nicht verbraucht wurden, ist der Aufwand durch eine Korrekturbuchung zu berichtigen.

Buchung der Bestandsmehrung (Aufwandskorrektur):

Vorprodukte/Fremdbauteile 7 000,00 an Aufwend. für Vorprodukte/Fremdbauteile 7 000,00

Buchung im Hauptbuch:

S	Aufwend. f. Vorprod./Fremdbauteile	H		S	Vorprodukte/Fremdbauteile	H
Verb. a. L. u. L. 600 000,00	V./Fbt. 7 000,00			AB 47 000,00	SB 54 000,00	
	Aufw. V./Fbt. 7 000,00					

2. Bestandsminderung (der Endbestand ist kleiner als der Anfangsbestand)

Die Inventur am Jahresende ergibt:	
Endbestand	44 000,00
– Anfangsbestand	– 47 000,00
= Bestandsminderung	– 3 000,00

Eine Bestandsminderung bedeutet, dass in der Geschäftsperiode mehr als die eingekauften Materialmengen verbraucht wurde. Der Mehrverbrauch kann nur aus dem Anfangsbestand stammen. Da er noch nicht als Aufwand gebucht wurde, ist diese Buchung nachträglich aufgrund der festgestellten Inventurwerte vorzunehmen.

Buchung der Bestandsminderung (zusätzlicher Aufwand):

Aufwend. für Vorprodukte/Fremdbauteile 3 000,00 an Vorprodukte/Fremdbauteile 3 000,00

Buchung im Hauptbuch:

S **Aufwend. f. Vorprod./Fremdbauteile** H	S **Vorprodukte/Fremdbauteile** H
Verb. a. L. u. L. 600 000,00	AB 47 000,00 | SB 44 000,00
V./Fbt. 3 000,00	| Aufw. f. V./Fbt. 3 000,00

Bestandsmehrungen an Material sind als Aufwandsminderungen im Haben der Aufwandskonten für Material zu buchen. Sie mindern zu viel gebuchten Aufwand.

Bestandsminderungen an Material sind als zusätzlicher Materialaufwand im Soll der Aufwandskonten für Material zu buchen. Sie erfassen Aufwand, der angefallen ist, aber noch nicht gebucht wurde.

Übrigens: Da der Materialverbrauch nicht einzeln erfasst wurde, enthalten die gebuchten Bestandsveränderungen ggf. auch Fehl- und Mehrmengen. Beispiele: Diebstahl, Verschlampen von Materialrückgabescheinen. Vgl. hierzu S. 83 ff. (Inventurdifferenzen).

Arbeitsaufträge

1. Richten Sie folgende Konten ein:

	EUR
Rohstoffe (Anfangsbestand)	12 000,00
Hilfsstoffe (Anfangsbestand)	9 000,00
Betriebsstoffe (Anfangsbestand)	6 400,00
Aufwendungen für Rohstoffe	217 600,00
Aufwendungen für Hilfsstoffe	31 200,00
Aufwendungen für Betriebsstoffe	17 900,00

Die **Inventurbestände** am Ende des Rechnungsabschnitts betragen:

	EUR
Rohstoffe	9 500,00
Hilfsstoffe	17 000,00
Betriebsstoffe	7 300,00

Ermitteln und buchen Sie die Bestandsveränderungen.

2. Richten Sie folgende Konten ein:

	EUR
Rohstoffe (Anfangsbestand)	16 200,00
Vorprodukte/Fremdbauteile (Anfangsbestand)	8 400,00
Hilfsstoffe (Anfangsbestand)	7 900,00
Betriebsstoffe (Anfangsbestand)	5 300,00
Aufwendungen für Rohstoffe	327 300,00
Aufwendungen für Vorprodukte/Fremdbauteile	42 800,00
Aufwendungen für Hilfsstoffe	38 700,00
Aufwendungen für Betriebsstoffe	15 100,00

Die **Inventurbestände** am Ende des Rechnungsabschnitts betragen:

	EUR
Rohstoffe	18 600,00
Vorprodukte/Fremdbauteile	7 200,00
Hilfsstoffe	6 100,00
Betriebsstoffe	5 700,00

a) Ermitteln und buchen Sie die Bestandsveränderungen.
b) Schließen Sie die Konten über das Gewinn- u. Verlustkonto bzw. das Schlussbilanzkonto ab.

7.5 Erfolgswirkung von Bestandsveränderungen im Erzeugnisbereich

7.5.1 Bestandsveränderungen als Aufwendungen und Erträge

Die Elvira Klante OHG stellt hochwertige Bürostühle her. Verkaufspreis je Stück: 400,00 EUR; Herstellungsaufwendungen je Stück (Material, Löhne, Maschineneinsatz, Sonstiges): 320,00 EUR. Wir betrachten drei aufeinanderfolgende Geschäftsjahre. Zu Beginn des ersten dieser drei Jahre (Jahr 1) liegt ein unverkaufter Bestand von 50 Stühlen auf Lager.

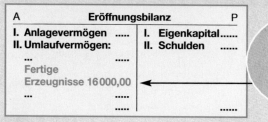

Vermögensgegenstände sind laut § 253 Abs. 1 HGB höchstens mit ihrem Anschaffungs- oder Herstellungsaufwand zu bewerten: 50 Stück à 320,00 EUR = 16 000,00 EUR.

In jedem Jahr werden aufgrund von Absatzprognosen 3 000 Stühle produziert. In Jahr 1 werden alle verkauft; in Jahr 2 hingegen nur 2 800 Stück. Deshalb steigt der Lagerbestand um 200 Stück. In Jahr 3 werden 3 170 Stühle verkauft. Der Lagerbestand sinkt um 170 Stück.

Mengen in Stück:

Jahr	Anfangs-bestand	Produktion	Verkauf	Bestandsmehrung (+) Bestandsminderung (–)	Endbestand
1	50	3 000	3 000	0	50
2	50	3 000	2 800	+ 200	250
3	250	3 000	3 170	– 170	80

Werte in EUR:

Jahr	Anfangs-bestand	Herstellungs-aufwand	Umsatz-erlöse	Bestandsmehrung (+) Bestandsminderung (–)	Endbestand
1	16 000,00	960 000,00	1 200 000,00	0,00	16 000,00
2	16 000,00	960 000,00	1 120 000,00	+ 64 000,00	80 000,00
3	80 000,00	960 000,00	1 268 000,00	– 54 400,00	25 600,00

Nicht nur bei Materialien, sondern auch bei fertigen und unfertigen Erzeugnissen kommt es zu Lagerbeständen. Denn in aller Regel werden nicht alle im Geschäftsjahr produzierten Erzeugnisse auch im selben Geschäftsjahr verkauft. Die Bestände werden bei der Inventur erfasst. Die Differenz aus Jahresendbestand und Jahresanfangsbestand gibt die Bestandsveränderung (Bestandsmehrung oder -minderung) an.

Bestandsmehrungen sind Wertzuflüsse im Geschäftsjahr. Folglich müssen sie bei der Erfolgsermittlung als Erträge berücksichtigt werden. Bestandsminderungen sind Wertabflüsse, die als Aufwendungen zu berücksichtigen sind.

■ **Fall 1: Erfolgsermittlung ohne Bestandsveränderungen**

Dies ist eine seltene Ausnahme, z. B. bei Kraftwerken, die den produzierten Strom nicht lagern können.

Wenn alle im Geschäftsjahr produzierten Erzeugnisse im selben Geschäftsjahr verkauft werden, kommt es nicht zu Bestandsveränderungen.

Der Erfolg ergibt sich durch Gegenüberstellung von Umsatzerlösen und Herstellungsaufwand der produzierten und zugleich verkauften Erzeugnismengen.

Zur richtigen Erfolgsermittlung müssen sich die Aufwendungen und Erträge der Produkte auf die gleichen Mengen beziehen.

Beispiel:
Siehe Elvira Klante OHG, Jahr 1

■ Fall 2: Bestandsmehrungen

Wenn im Geschäftsjahr mehr Erzeugnisse produziert als verkauft werden, kommt es zu Bestandsmehrungen.

Bestandsmehrungen sind Wertzuflüsse und deshalb als Erträge auf der Habenseite des GuV-Kontos zu erfassen.

Bei Bestandsmehrungen werden auf dem GuV-Konto gegenübergestellt:
- die Aufwendungen der produzierten Erzeugnisse einerseits,
- die Erlöse der verkauften Erzeugnisse (Umsatzleistungen) und der Wert der Bestandsmehrungen (Lagerleistungen) andererseits.

Die Erfassung der Bestandsmehrungen gewährleistet, dass die Aufwendungen und Erträge für Fertigerzeugnisse sich weiterhin auf die gleichen Mengen beziehen.

Beispiel: Siehe Elvira Klante OHG, Jahr 2

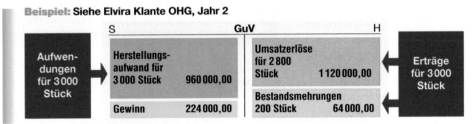

■ Fall 3: Bestandsminderungen

Wenn im Rechnungsjahr mehr Erzeugnisse verkauft als produziert werden, kommt es zu Bestandsminderungen; ein Teil der verkauften Erzeugnisse wurde dann dem Lagerbestand aus Vorperioden entnommen.

Bestandsminderungen sind Wertabflüsse und deshalb als Aufwendungen auf der Sollseite des GuV-Kontos zu erfassen.

Bei Bestandsminderungen werden auf dem GuV-Konto gegenübergestellt:
- die Umsatzerlöse der verkauften Erzeugnisse einerseits,
- der Herstellungsaufwand der produzierten Erzeugnisse und der Herstellungsaufwand der Bestandsminderungen andererseits.

Die Erfassung der Bestandsminderungen gewährleistet ebenfalls, dass sich die Aufwendungen und Erträge für Fertigerzeugnisse auf die gleichen Mengen beziehen.

Beispiel: Siehe Elvira Klante OHG, Jahr 3

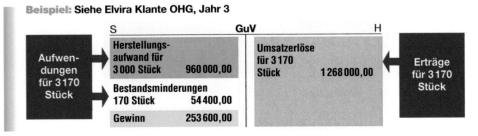

■ Fall 4: Bestandsveränderungen bei unfertigen Erzeugnissen

Bestandsmehrungen an unfertigen Erzeugnissen sind ebenfalls Wertzuflüsse (Erträge), Bestandsminderungen an unfertigen Erzeugnissen Wertabflüsse (Aufwendungen).

> **Beispiel: Bestandsminderung an unfertigen Erzeugnissen**
>
> Bei der Firma Elvira Klante OHG betrage in Geschäftsjahr 2 der Anfangsbestand an unfertigen Erzeugnissen 6 000,00 EUR. Durch Inventur wird ein Endbestand von 2 000,00 EUR ermittelt. Die Differenz ist eine Bestandsminderung an unfertigen Erzeugnissen in Höhe von 4 000,00 EUR. Sie stellt Aufwendungen dar.

7.5.2 Buchungen: Bestandsveränderungen, Kontenabschluss

Am Geschäftsjahresende ermittelt man durch Inventur den Endbestand (EB) auf den Bestandskonten für fertige und unfertige Erzeugnisse. Durch Vergleich mit dem Anfangsbestand (AB) erhält man die Bestandsmehrung (BMehr) bzw. -minderung (BMind).

Man bucht Bestandsmehrungen und -minderungen aus Gründen der Übersichtlichkeit nicht unmittelbar auf dem GuV-Konto, sondern zunächst auf einem Sammelkonto, dem Konto Bestandsveränderungen.

Bestandsmehrungen:
Unfertige Erzeugnisse
    an Bestandsveränderungen
Fertige Erzeugnisse
    an Bestandsveränderungen

Bestandsminderungen:
Bestandsveränderungen
    an Unfertige Erzeugnisse
Bestandsveränderungen
    an Fertige Erzeugnisse

Der Saldo des Kontos Bestandsveränderungen stellt entweder eine Bestandsmehrung oder eine Bestandsminderung dar. Er wird auf das **Gewinn- und Verlustkonto** abgeschlossen.

Bestandsmehrung:
Bestandsveränderungen
    an GuV

Bestandsminderung:
GuV
    an Bestandsveränderungen

Die Buchung der **Bestandsveränderungen** gehört zu den sog. **vorbereitenden Abschlussbuchungen** (oft auch **Umbuchungen** genannt).

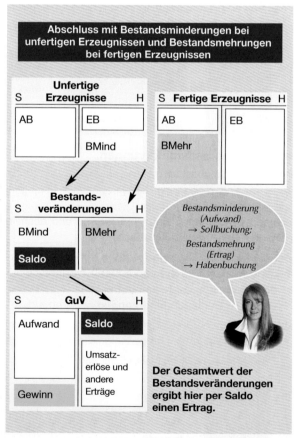

Abschluss mit Bestandsminderungen bei unfertigen Erzeugnissen und Bestandsmehrungen bei fertigen Erzeugnissen

Bestandsminderung (Aufwand) → Sollbuchung; Bestandsmehrung (Ertrag) → Habenbuchung

Der Gesamtwert der Bestandsveränderungen ergibt hier per Saldo einen Ertrag.

Vorbereitende Abschlussbuchungen werden am Ende des Geschäftsjahrs zur Vorbereitung des Jahresabschlusses vorgenommen. Sie machen bestimmte Konten erst „abschlussreif". Anschließend erfolgen die Abschlussbuchungen auf das GuV-Konto und auf das Schlussbilanzkonto.

Beispiel: Buchung von Bestandsveränderungen

Am Ende von Geschäftsjahr 2 wurden bei der Firma Elvira Klante OHG folgende Bestandsveränderungen durch Inventur festgestellt:

Bestandsminderung an Unfertigen Erzeugnissen 4 000,00 EUR	**Vorbereitende Abschlussbuchungen im Grundbuch:** Bestands- Unfertige veränderungen 4000,00 an Erzeugnisse 4 000,00
Bestandsmehrung an Fertigen Erzeugnissen 64 000,00 EUR	Fertige Bestands- Erzeugnisse 64 000,00 an veränderungen 64 000,00

Auf dem Konto Bestandsveränderungen ergibt sich ein Sollsaldo von 60 000,00 EUR.

Abschluss des Kontos Bestandsveränderungen	**Abschlussbuchung im Grundbuch:** Bestands- veränderungen 60 000,00 an GuV 60 000,00

Buchung im Hauptbuch:

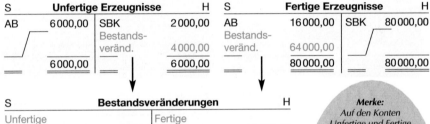

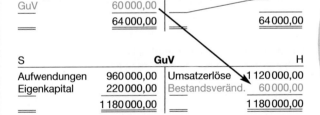

Merke:
Auf den Konten Unfertige und Fertige Erzeugnisse gibt es im Geschäftsjahr nur drei Buchungen: AB, EB, Bestandsveränderungen. Deshalb enthalten die gebuchten Bestandsveränderungen (wie im Materialbereich) ggf. auch Fehl- und Mehrmengen. Vgl. auch hierzu Kap. 6.6 Inventurdifferenzen.

Zusammenfassung: Bestandsveränderungen

im Materialbereich	im Erzeugnisbereich
• **Bestandsmehrung = Aufwandsminderung** Buchung: Stoffekonto an Aufwandskonto für Stoffe	• **Bestandsmehrung = Ertrag** Buchung: Erzeugniskonto an Bestandsveränderungen
• **Bestandsminderung = Aufwandsmehrung** Buchung: Aufwandskonto für Stoffe an Stoffekonto	• **Bestandsminderung = Aufwand** Buchung: Bestandsveränderungen an Erzeugniskonto
Bestandsveränderungen werden unmittelbar als Aufwandskorrekturen gebucht.	**Verrechnung der Bestandsveränderungen über das Konto Bestandsveränderungen**

ERSTER ABSCHNITT

Arbeitsaufträge

1. **Im Eingangsbeispiel auf Seite 76 sind die Produktions- und Absatzzahlen der Fertigerzeugnisse sowie die Bestandsveränderungen an Fertigerzeugnissen für drei Jahre dargestellt. Zu Beginn von Jahr 3 liegt außerdem ein Anfangsbestand an unfertigen Erzeugnissen im Wert von 2 000,00 EUR vor (vgl. Beispiel S. 78). Am Jahresende beläuft sich der Bestand auf 3 200,00 EUR.**

   a) Eröffnen Sie die Konten Unfertige Erzeugnisse und Fertige Erzeugnisse.
   b) Buchen Sie die Bestandsveränderungen.
   c) Schließen Sie das Konto Bestandsveränderungen ab.
   d) Buchen Sie auf dem GuV-Konto die weiteren aus dem Zahlenmaterial ersichtlichen Aufwendungen und Erträge.
   e) Erläutern Sie, wie der Gewinn durch die Bestandsveränderungen an fertigen und unfertigen Erzeugnissen beeinflusst wird.

2. **Die Lagerbestandsführung der Bürotechnik GmbH weist für das Fertigerzeugnis Laserdrucker FS-1000 folgende Daten aus:**

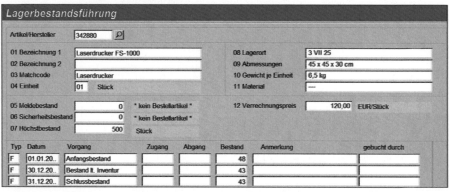

   Nehmen Sie die nötigen Buchungen auf den Konten Fertige Erzeugnisse und Bestandsveränderungen vor. Bilden Sie auch die Buchungssätze.

3. **Richten Sie die Konten Unfertige Erzeugnisse und Fertige Erzeugnisse, Bestandsveränderungen, Gewinn und Verlust und das Schlussbilanzkonto ein.**
   Tragen Sie die folgenden Zahlen in die entsprechenden Konten ein:

	EUR
Unfertige Erzeugnisse (Anfangsbestand)	14 000,00
Fertige Erzeugnisse (Anfangsbestand)	18 600,00
Aufwendungen des Rechnungsabschnitts insgesamt	135 000,00
Umsatzerlöse des Rechnungsabschnitts insgesamt	158 000,00

   Die **Inventurbestände** am Ende des Rechnungsabschnitts betragen:
Unfertige Erzeugnisse	16 500,00
Fertige Erzeugnisse	21 000,00

   a) Ermitteln und buchen Sie die Bestandsveränderungen.
   b) Ermitteln Sie den Erfolg.
   c) Beurteilen Sie die Auswirkung der Bestandsveränderung auf den Erfolg.

4. **Richten Sie die Konten Unfertige Erzeugnisse, Fertige Erzeugnisse, Bestandsveränderungen, Gewinn und Verlust und das Schlussbilanzkonto ein.**
   Tragen Sie die folgenden Zahlen in die entsprechenden Konten ein:

	EUR
Unfertige Erzeugnisse (Anfangsbestand)	9 700,00
Fertige Erzeugnisse (Anfangsbestand)	13 360,00
Aufwendungen des Rechnungsabschnitts insgesamt	116 400,00
Umsatzerlöse des Rechnungsabschnitts insgesamt	129 740,00

Die Inventurbestände am Ende des Rechnungsabschnitts betragen:

Unfertige Erzeugnisse 10 930,00

Fertige Erzeugnisse 10 180,00

Ermitteln Sie den Erfolg und schließen Sie die Bestandskonten ab.

5./6.

Anfangsbestände	EUR		EUR
Technische Anlagen und		Fertige Erzeugnisse 26 500,00	
Maschinen 110 000,00		Forderungen a. L. u. L. 55 000,00	
Geschäftsausstattung 40 000,00		Bank 32 800,00	
Fuhrpark 56 000,00		Kasse 12 100,00	
Rohstoffe 34 700,00		Eigenkapital 284 100,00	
Hilfsstoffe 17 600,00		Verbindlichkeiten a. L. u. L. 112 000,00	
Unfertige Erzeugnisse 11 400,00			

Kontenplan

Technische Anlagen und Maschinen, Betriebs- und Geschäftsausstattung, Fuhrpark, Rohstoffe, Hilfsstoffe, Unfertige Erzeugnisse, Fertige Erzeugnisse, Forderungen a. L. u. L., Bank, Kasse, Eigenkapital, Verbindlichkeiten a. L. u. L., Umsatzerlöse, Bestandsveränderungen, Zinserträge, Aufwendungen für Rohstoffe, Aufwendungen für Hilfsstoffe, Fremdinstandsetzung, Löhne, Gehälter, Mieten, Schlussbilanzkonto, GuV-Konto

Hinweis

Materialeinkäufe werden verbrauchsorientiert gebucht.

Geschäftsfälle	5.	6.
	EUR	EUR
1. Zieleinkauf von		
Rohstoffen	6 200,00	5 400,00
Hilfsstoffen	3 900,00	3 200,00
2. Barabhebung vom Bankkonto	2 500,00	2 150,00
3. Einkauf gegen Bankscheck von		
Rohstoffen	15 000,00	13 500,00
Hilfsstoffen	8 000,00	6 500,00
4. Banküberweisung der Geschäftsmiete	1 200,00	1 360,00
5. Banküberweisung von Fertigungslöhnen	6 300,00	7 140,00
6. Zielverkauf von Erzeugnissen	36 800,00	37 600,00
7. Banküberweisung für eine Maschinenreparatur	870,00	960,00
8. Banküberweisung der Gehälter	4 100,00	3 900,00
9. Banküberweisung von Kunden	9 400,00	8 200,00
10. Zielverkauf von Erzeugnissen	12 100,00	13 600,00
11. Ausgleich einer Lieferantenrechnung durch		
Banküberweisung	10 500,00	9 400,00
12. Gutschrift der Bank für Zinsen	420,00	390,00
Abschlussangaben	**EUR**	**EUR**
Inventurbestände		
Rohstoffe	12 100,00	10 300,00
Hilfsstoffe	6 400,00	19 100,00
Unfertige Erzeugnisse	8 000,00	9 500,00
Fertige Erzeugnisse	32 600,00	24 000,00

Die Salden der übrigen Bestandskonten stimmen mit den Inventurwerten überein.

a) Führen Sie sämtliche Buchführungsarbeiten für die Rechnungsperiode durch.

b) • Buchen Sie die Rohstoffeinkäufe in Geschäftsfall 1 und 3 alternativ bestandsorientiert. Erfassen Sie nun den Materialeinsatz durch Inventur am Ende der Rechnungsperiode und buchen Sie ihn. Vergleichen Sie das Ergebnisse.

 • Bezüglich der Materiallagerung gehen die verbrauchsorientierte Einkaufsbuchung und die bestandsorientierte Einkaufsbuchung mit Verbrauchserfassung durch Inventur von unterschiedlichen Grundannahmen aus. Erläutern Sie diese Grundannahmen anhand Ihrer Buchungen.

7./8. Anfangsbestände

	EUR		EUR
Technische Anlagen und		Forderungen a. L. u. L.	63 000,00
Maschinen	80 000,00	Bank............................	27 400,00
Geschäftsausstattung	35 000,00	Postbank	11 700,00
Rohstoffe	28 500,00	Kasse	10 600,00
Hilfsstoffe	13 000,00	Eigenkapital	194 500,00
Betriebsstoffe	9 700,00	Langfristige Bank-	
Unfertige Erzeugnisse	24 000,00	verbindlichkeiten	68 000,00
Fertige Erzeugnisse	31 500,00	Verbindlichkeiten a. L. u. L.	71 900,00

Kontenplan

Technische Anlagen und Maschinen, Geschäftsausstattung, Rohstoffe, Hilfsstoffe, Betriebsstoffe, Unfertige Erzeugnisse, Fertige Erzeugnisse, Forderungen a. L. u. L., Bank, Postbank, Kasse, Eigenkapital, Langfristige Bankverbindlichkeiten, Verbindlichkeiten a. L. u. L., Umsatzerlöse, Bestandsveränderungen, Provisionserträge, Aufwendungen für Rohstoffe, Aufwendungen für Hilfsstoffe, Aufwendungen für Betriebsstoffe, Energie, Fremdinstandsetzung, Löhne, Gehälter, Mieten, Büromaterial, Telefonkosten, Werbung, Zinsaufwendungen, Schlussbilanzkonto, GuV.

Hinweis

Bestandsorientierte Materialeinkaufsbuchungen; Einzelerfassung des Verbrauchs

Geschäftsfälle

	7. EUR	8. EUR
1. Zielverkauf von Erzeugnissen	17 600,00	16 400,00
2. Banküberweisung für		
Fernsprechgebühren	190,00	170,00
Werbeprospekte	520,00	480,00
Strom und Wasser	1 100,00	900,00
Geschäftsmiete	2 400,00	2 100,00
Maschinenreparatur	1 380,00	1 170,00
3. Ausgleich einer Lieferantenrechnung durch		
Postbanküberweisung..	4 400,00	5 100,00
4. Zieleinkauf von		
Rohstoffen	6 300,00	6 700,00
Hilfsstoffen	2 800,00	1 900,00
Betriebsstoffen	1 400,00	1 150,00
5. Verbrauch von		
Rohstoffen	28 800,00	27 700,00
Hilfsstoffen	14 200,00	11 500,00
Betriebsstoffen	3 000,00	600,00
6. Banküberweisung von Kunden	8 700,00	9 650,00
7. Rückzahlung eines Darlehens durch		
Banküberweisung	12 000,00	10 000,00
8. Lastschrift der Bank für die Zahlung von		
Löhnen	8 600,00	7 800,00
Gehältern	6 800,00	6 400,00
9. Zielverkauf von Erzeugnissen	84 100,00	82 100,00
10. Postbanküberweisung von Kunden	12 000,00	11 200,00
11. Barkauf von Büromaterial	320,00	290,00
12. Provisionsgutschrift auf dem Postbankkonto	11 750,00	9 360,00
13. Banklastschrift für Zinsen	1 120,00	1 210,00

Abschlussangaben

Inventurbestände

	EUR	EUR
Rohstoffe	6 000,00	7 500,00
Hilfsstoffe	1 500,00	3 400,00
Betriebsstoffe	8 100,00	10 300,00
Unfertige Erzeugnisse	27 300,00	22 500,00
Fertige Erzeugnisse	40 500,00	30 400,00

Materialfehlbestände sind als zusätzliche Materialaufwendungen, Materialmehrbestände als Aufwandskorrektur zu buchen.

Die Salden der übrigen Bestandskonten stimmen mit den Inventurdaten überein. Führen Sie sämtliche Buchführungsarbeiten für die Rechnungsperiode durch.

9. Zum Schluss noch einige Fragen:

a) Warum sind Lagerbestandszunahmen im Erzeugnisbereich im Haben des Kontos Gewinn und Verlust auszuweisen?

b) Warum ist der auf den Minderbestand von Erzeugnissen entfallende Herstellungsaufwand im Soll des Kontos Gewinn und Verlust auszuweisen?

c) Woraus setzen sich im Wesentlichen die Erträge eines Rechnungsabschnitts zusammen?

d) Worauf kann die Entstehung von Lagerbestandszunahmen im Erzeugnisbereich zurückzuführen sein?

e) Beurteilen Sie hohe Lagerbestandszunahmen im Erzeugnisbereich aus betriebswirtschaftlicher Sicht.

f) Ergibt sich ein Gewinn oder ein Verlust?

   (1) Herstellungsaufwand des Abrechnungszeitraums   >   Umsatzerlöse + Bestandsmehrung ⇒ ?

   (2) Herstellungsaufwand des Abrechnungszeitraums   +   auf den Minderbestand entfallender Herstellungsaufwand   > Umsatzerlöse ⇒ ?

7.6   Inventurdifferenzen

Die Erstellung des Jahresabschlusses verlangt bekanntlich die Erfassung der Istbestände an Vermögensgegenständen und Schulden durch Inventur. Die Istbestände sind mit den Buchbeständen der Konten abzugleichen; etwaige Differenzen sind in den Büchern zu korrigieren. Nur so ist gewährleistet, dass

- die Endbestände auf den Konten, im Inventar und in der Bilanz die gleichen Werte ausweisen,

- der Unternehmenserfolg richtig berechnet und ausgewiesen wird.

Wir behandeln hier nur:

- Inventurdifferenzen bei beliebigen Beständen aufgrund von Buchungsfehlern,

- nicht begründbare Fehlmengen von „üblichem" Umfang bei Bargeld-, Material- und Produktbeständen,

- nicht begründbare Mehrmengen bei Bargeld-, Material- und Produktionsbeständen,

- Wertminderungen von „üblichem" Umfang bei Material- und Produktbeständen.

Differenzen von unüblichem Umfang sowie Differenzen beim Anlagevermögen, bei Forderungen und Schulden werden im Kapitel „Jahresabschluss" behandelt.

Was bedeutet denn: von üblichem Umfang?

Abweichungen **unter 5 %** *zählen auf jeden Fall dazu.*

Zwischen 5 % und 10 % *liegt es im Ermessen des Betriebs, ob er die Abweichung noch als „üblich" ansieht.*

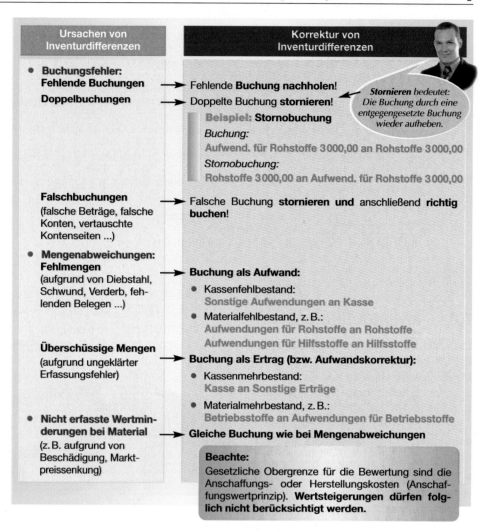

Ursachen von Inventurdifferenzen	Korrektur von Inventurdifferenzen

- **Buchungsfehler:**
  Fehlende Buchungen → Fehlende **Buchung nachholen!**
  Doppelbuchungen → Doppelte Buchung **stornieren!**

Stornieren bedeutet: Die Buchung durch eine entgegengesetzte Buchung wieder aufheben.

Beispiel: Stornobuchung

Buchung:
Aufwend. für Rohstoffe 3 000,00 an Rohstoffe 3 000,00

Stornobuchung:
Rohstoffe 3 000,00 an Aufwend. für Rohstoffe 3 000,00

Falschbuchungen → Falsche Buchung **stornieren und** anschließend **richtig**
(falsche Beträge, falsche **buchen!**
Konten, vertauschte
Kontenseiten ...)

- **Mengenabweichungen:**
  Fehlmengen → **Buchung als Aufwand:**
  (aufgrund von Diebstahl,
  Schwund, Verderb, feh- - Kassenfehlbestand:
  lenden Belegen ...)   Sonstige Aufwendungen an Kasse
  - Materialfehlbestand, z. B.:
    Aufwendungen für Rohstoffe an Rohstoffe
    Aufwendungen für Hilfsstoffe an Hilfsstoffe

Überschüssige Mengen → **Buchung als Ertrag (bzw. Aufwandskorrektur):**
(aufgrund ungeklärter
Erfassungsfehler)   - Kassenmehrbestand:
                            Kasse an Sonstige Erträge
                          - Materialmehrbestand, z. B.:
                            Betriebsstoffe an Aufwendungen für Betriebsstoffe

- **Nicht erfasste Wertmin-**
  derungen bei Material → **Gleiche Buchung wie bei Mengenabweichungen**
  (z. B. aufgrund von
  Beschädigung, Markt-
  preissenkung)

Beachte:
Gesetzliche Obergrenze für die Bewertung sind die Anschaffungs- oder Herstellungskosten (Anschaffungswertprinzip). **Wertsteigerungen dürfen folglich nicht berücksichtigt werden.**

Bei **Materialbeständen** sind drei Fälle zu unterscheiden:

Fall 1: Bestandsorientierter Einkauf mit Einzelerfassung des Materialverbrauchs

Aus den Büchern ergibt sich der Sollbestand. Durch die Inventur werden eventuelle Abweichungen vom Sollbestand festgestellt. Sie werden dann – wie oben dargestellt – als zusätzlicher Aufwand bzw. als Aufwandskorrektur gebucht.

Fall 2: Bestandsorientierter Einkauf mit nachträglicher Verbrauchserfassung durch Inventur

Der Verbrauch wird hier bekanntlich pauschal durch folgende Rechnung ermittelt:

	Anfangsbestand
+	Zugänge
–	Endbestand laut Inventur
=	Verbrauch

Der als „Verbrauch" ermittelte Wert umfasst:

1. den tatsächlichen Materialeinsatz,

2. Abweichungen (Fehlmengen, Mehrmengen, Wertminderungen).

Wenn sich Verbrauchsabweichungen ergeben, werden sie nicht als Inventurdifferenzen erkannt. Folglich werden sie auch nicht mehr gesondert gebucht.

Fall 3: Verbrauchsorientierter Einkauf

Hier werden Materialzugänge beim Einkauf sofort als Aufwand erfasst. Durch Inventur ermittelt man die Bestandsveränderung:

Die Bestandsveränderung kann sein:

- eine Bestandsminderung
    = Wertabflüsse über die schon gebuchten Aufwendungen hinaus (Mehrverbrauch, Fehlmengen und Wertminderungen)

	Endbestand laut Inventur
−	Anfangsbestand
=	Bestandsveränderung

- eine Bestandsmehrung
    = gekaufte, aber noch nicht verbrauchte Materialien

Auch hier werden Verbrauchsabweichungen nicht als Inventurdifferenzen erkannt und gebucht.

Bei **unfertigen und fertigen Erzeugnissen** werden im laufenden Geschäftsjahr auf den Bestandskonten weder Zu- noch Abgänge erfasst. Durch die Inventur erfasst man pauschal die Bestandsveränderungen. Deren Ursachen lassen sich nicht erkennen. Folglich werden Fehlmengen, Mehrmengen und Wertminderungen auch hier nicht als Inventurdifferenzen erkannt und gebucht.

> **Beispiele: Inventurdifferenzen bei Erzeugnissen**
> - Bestandsminderungen können durch Verkäufe, aber auch durch Diebstahl, Schwund, Verderb oder Wertminderungen zustande kommen.
> - Bestandsmehrungen können auf Lagerleistungen, aber auch auf Rücklieferungen an das Lager zurückzuführen sein.

Merke: Inventurdifferenzen beim Vorratsvermögen (Material, Produkte) lassen sich nur bei Einzelerfassung erkennen und gesondert buchen.

Arbeitsaufträge

1. **Die Ernst Hartmann GmbH – Spielzeugproduktion – bucht Einkäufe von Rohstoffen und Fremdbauteilen bestandsorientiert. Alle Materialentnahmen werden einzeln aufgrund von Materialentnahmescheinen erfasst. Hilfsstoff- und Betriebsstoffeinkäufe werden verbrauchsorientiert gebucht. Der Verbrauch wird nachträglich per Inventur ermittelt.**

   Bei der Vorbereitung des Jahresabschlusses werden Inventurdifferenzen festgestellt.

Vermögensposition	Sollbestand lt. Buchführung	Istbestand lt. Inventur
Rohstoffe	36 500,00	31 617,00
Fremdbauteile	63 280,00	61 520,00

   Die folgenden Belege und Angaben geben Aufschluss über die Ursachen der Inventurdifferenzen.

(1) Rechnung Nr. 4865 wurde entsprechend dem Buchungsstempel gebucht.

Elektrika GmbH

Elektrika GmbH   Hauptstr. 5   50996 Köln

Ernst Hartmann GmbH
Spielzeugproduktion
Ernst-Helder-Str. 3
41516 Grevenbroich

Konto *ER 219*	Soll	Haben
Rohstoffe	*4 500,00*	
an Verb. a. L. u. L.		*4 500,00*
Gebucht: *12. 03. 20.. Ger.*		

Rechnung

Kunden-Nr. 0123   Rechnungs-Nr. 4865   8. März 20..

Art.-Nr.	Bezeichnung	Menge	Einzelpreis	Gesamtpreis
124	Akku B 200 für Einbau in Modellautos	300	15,00	4 500,00

(2) Rechnung 3105 wurde doppelt gebucht.

MCC Micro-Chip Center AG
67021 Ludwigshafen

MCC AG Postfach 67021 Ludwigshafen

Ernst Hartmann GmbH
Ernst-Helder-Str. 3
41516 Grevenbroich

Konto *ER 335*	Soll	Haben
Fremdbauteile	*5 760,00*	
an Verb. a. L. u. L.		*5 760,00*
Gebucht: *28. 04. 20.. Ger.*		

Rechnung

Kunden-Nr. H-117   Rechnungs-Nr. 3105   24. April 20..

Bezeichnung	Menge	Einzelpreis	Gesamtpreis
Steuerungsplatine X-23-II	180	32,00	5 760,00

(3) Rechnung Nr. 4866 wurde nicht gebucht.

Sanders – Schrauben nach Maß

Sanders OHG   Filderstr. 31   70599 Stuttgart

Ernst Hartmann GmbH
Ernst-Helder-Str. 3
41516 Grevenbroich

Konto	Soll	Haben
Gebucht:		

Rechnung

Kunden-Nr. 622   Rechnungs-Nr. 4866   18. April 20..

Bezeichnung	Menge	Einzelpreis	Gesamtpreis
Schrauben M 2,5	10 000	0,04	400,00

(4) Die Inventurliste weist zudem folgende Werte aus.

Ernst Hartmann GmbH			**Inventur**		Aufnahme durch: *Werner*	Aufnahme- datum: *30. 12. 20..*	
Lager: B			Lagergasse: 2		Lagergestell: 21		
Material- Nr.	Kategorie	Ein- heit	Soll- bestand	Ist- bestand	Einstandspreis EUR je Einheit	Wertminderung der beanstandeten Einheiten	
						Einheiten	EUR
121.991	Fremd- bauteil	Stück	150	*145*	100,00	*0*	*0,00*
134.087	Rohstoff	kg	200	*210*	16,50	*0*	*0,00*
134.088	Rohstoff	kg	140	*138*	24,00	*0*	*0,00*
135.001	Hilfsstoff	Stück		*20 000*	1,20	*1 000*	*0,60*

(5) Weitere Angaben:
- **Bei allen weiteren Materialien stimmen Sollbestand und Istbestand überein. Weitere Wertminderungen liegen nicht vor.**
- **Das Konto Hilfsstoffe weist einen Anfangsbestand von 8 000,00 EUR und einen Endbe- stand von 39 410,00 EUR aus.**

a) Welche Fehler wurden bei der Bearbeitung und Buchung der Belege gemacht?
b) Korrigieren Sie die Fehler und nehmen Sie die notwendigen Buchungen im Grundbuch und Hauptbuch vor (Belege 1 bis 3).
c) Korrigieren Sie verbleibende Inventurdifferenzen durch entsprechende Buchungen (Beleg 4).
d) Führen Sie das Konto Hilfsstoffe und schließen Sie es ab.

2. **Betrachten Sie Arbeitsauftrag 7 auf Seite 82.**
   a) Führen Sie den Abschluss unter Berücksichtigung der folgenden Abschlussangaben erneut durch.

Abschlussangaben	EUR
Inventurbestände:	
Rohstoffe	5 700,00
Hilfsstoffe	1 500,00
Betriebsstoffe	8 150,00
Unfertige Erzeugnisse	27 300,00
Fertige Erzeugnisse	40 000,00

   Die Salden der übrigen Bestandskonten stimmen mit den Inventurwerten überein.

   b) Welche Ursachen können den Inventurdifferenzen zugrunde liegen?
   c) Bei welchen Inventurbeständen lassen sich keine Fehlbestände oder Mehrbestände ermitteln? Bedeutet dies, dass solche Differenzen ausgeschlossen sind? Begründen Sie Ihre Antwort.

7.7 Der Unternehmenserfolg im Jahresabschluss

Jeder Kaufmann muss zum Schluss des Geschäftsjahrs einen Jahresabschluss erstellen (§ 242 HGB). Das Gleiche gilt für die Gewerbetreibenden, die nach §§ 140, 141 AO buchführungspflichtig sind (vgl. S. 18). Der Jahresabschluss besteht aus Bilanz und Gewinn- und Verlustrechnung.

Die Übersicht von Seite 58 kann wie folgt vervollständigt werden:

§ 242 HGB: (1) Der Kaufmann hat zu Beginn seines Handelsgewerbes und für den Schluss eines jeden Geschäftsjahres einen das Verhältnis seines Vermögens und seiner Schulden darstellenden Abschluss (Eröffnungsbilanz, Bilanz) aufzustellen.
(2)   Er hat für den Schluss eines jeden Geschäftsjahrs eine Gegenüberstellung der Aufwendungen und Erträge des Geschäftsjahrs (Gewinn- und Verlustrechnung) aufzustellen.
(3)   Die Bilanz und die Gewinn- und Verlustrechnung bilden den Jahresabschluss.

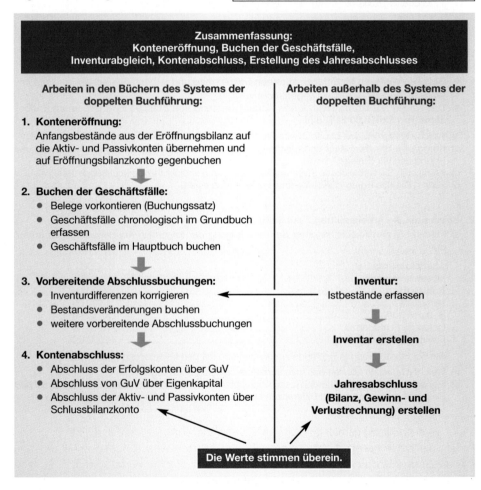

Man spricht von doppelter Buchführung, weil

1. **jeder Geschäftsfall doppelt (in Soll und Haben) gebucht werden muss,**
2. **das Jahresergebnis (Gewinn, Verlust) zweifach ermittelt werden kann:**
   - **durch Vergleich der Bilanzen aufeinanderfolgender Jahre,**
   - **durch Gegenüberstellung von Aufwendungen und Erträgen in der Gewinn- und Verlustrechnung.**

Beispiel: Jahresabschluss der Schneidwarenfabrik Fritz Scharf e.K., Solingen, zum 31. Dez. 20..

Aktiva	Bilanz		Passiva	
I. Anlagevermögen			**I. Eigenkapital**	3 110 000,00
1. Grundstück				
und Gebäude	3 300 000,00		**II. Verbindlichkeiten**	
2. Maschinen	2 250 000,00		1. Hypotheken-	
3. Fahrzeuge	260 000,00		darlehen	2 200 000,00
4. Werkzeuge	130 000,00		2. Darlehen	1 720 000,00
5. Betriebs- u.			3. Verbindlich-	
Geschäfts-			keiten aus	
ausstattung	345 000,00		Lieferungen und	
II. Umlaufvermögen			Leistungen	260 000,00
1. Roh-, Hilfs-,				
Betriebsstoffe	380 000,00			
2. Unfertige				
Erzeugnisse	90 000,00			
3. Fertige				
Erzeugnisse	230 000,00			
4. Forderungen	175 000,00			
5. Kassenbestand	10 000,00			
6. Bankguthaben	120 000,00			
	7 290 000,00			7 290 000,00

Aufwendungen	Gewinn- und Verlustrechnung		Erträge	
1. Aufwendungen für				
Rohstoffe	320 000,00		1. Umsatzerlöse	1 330 000,00
2. Aufwendungen für			2. Bestands-	
Hilfsstoffe	46 000,00		veränderungen	8 000,00
3. Aufwendungen für			3. Provisions-	
Betriebsstoffe	28 000,00		erträge	11 000,00
4. Löhne	317 000,00		4. Zinserträge	26 000,00
5. Gehälter	198 000,00		5. Mieterträge	14 000,00
6. Mietaufwendungen	58 000,00			
7. Büromaterial	12 800,00			
8. Zinsaufwendungen	187 000,00			
Gewinn	222 200,00			
	1 389 000,00			1 389 000,00

Solingen, 28. Februar 20..   *Fritz Scharf*

> Die Bilanz stellt Vermögen und Schulden gegenüber.

> Die Gewinn- und Verlustrechnung stellt Aufwand und Ertrag gegenüber.

> Der Jahresabschluss ist zu unterschreiben (vgl. S. 39).

ERSTER ABSCHNITT

Hinweis:

Die Gewinnermittlung gemäß §§ 242 ff. HGB entspricht nicht der Gewinnermittlung gemäß Einkommensteuergesetz. Letzteres schreibt einen (teilweise) abweichenden Ansatz von Aufwendungen und Erträgen vor. Beispiele: Bewirtungskosten sind nach EStG nur zum Teil abzugsfähig; die Gewerbesteuer ist nicht abzugsfähig.

Nicht abzugsfähige Beträge sind dem HGB-Gewinn zur Ermittlung des EStG-Gewinns hinzuzurechnen.

Arbeitsauftrag

Erstellen Sie anhand des Arbeitsauftrag 2 (siehe S. 87) einen Jahresabschluss gemäß § 242 HGB.

Exkurs 3 Wirtschaftsrechnen

Thema: Verteilungsrechnung

Die Verteilungsrechnung hat die Aufgabe, einen Wert mithilfe eines Verteilungsschlüssels auf verschiedene Bezugsgrößen zu verteilen. Der Wert kann z. B. einen Gewinn oder Verlust, Aufwendungen, Kosten, Spesen, Lohnsummen, Warenmengen darstellen. Da wir soeben die Gewinnermittlung behandelt haben, stellen wir die Verteilungsrechnung am Beispiel einer Gewinnverteilung dar.

Der **Verteilungsschlüssel** gibt das Verhältnis der Teile an. Er ist vorgegeben oder muss noch aus anderen Teilen berechnet werden. Außerdem können noch fest gegebene Vorleistungen die Verteilung beeinflussen.

In der Regel versucht man, den Wert eines einzelnen Anteils – den Verteilungsfaktor – zu bestimmen, den man dann mit den Zahlen des Verteilungsschlüssels multipliziert.

Beispiel: Gewinnverteilung

Ein Gewinn von 182 400,00 EUR ist laut Gesellschaftsvertrag im Verhältnis der Kapitalanteile auf die Gesellschafter A, B und C zu verteilen. A erhält für Koordinationsaufgaben 12 000,00 EUR vorweg. Bei B ist ein Darlehensbetrag von 3 000,00 EUR abzuziehen.
Kapitalanteil: A: 164 000,00 EUR, B: 246 000,00 EUR, C: 410 000,00 EUR.

① Verteilungsfaktor suchen: 1 Gewinnanteil = x

② Kapitalanteile aufschreiben

③ Die Kapitalanteile sind der Verteilungsschlüssel. Ggf. ist es sinnvoll, die Zahlen zu kürzen. Die Multiplikation der Zahlen des Verteilungsschlüssels mit dem Verteilungsfaktor ergibt die unausgerechneten Gewinnanteile.

④ Vorleistungen addieren bzw. subtrahieren

⑤ Gewinnanteile einschließlich Vorleistungen addieren und der zu verteilenden Größe (Gewinn) gleichsetzen

⑥ Gleichung lösen; man erhält einen Gewinnanteil (ausgerechnet)

⑦ 1 Gewinnanteil mit den Zahlen des Verteilungsschlüssels multiplizieren, Vorleistungen addieren bzw. subtrahieren

① Ein Gewinnanteil = x (Verteilungsfaktor)

Kapitalanteile	Verteilungs-schlüssel		Vor-leistungen	Ausgerechnete Gewinnanteile	
A 164 000,00 EUR	2 x	+	12 000,00 EUR	46 080,00 EUR ◄	
B 246 000,00 EUR	3 x			51 120,00 EUR ◄	⑦
C 410 000,00 EUR	5 x			85 200,00 EUR ◄	
820 000,00 EUR	⑤ 10 x	+	12 000 EUR	= 182 400,00 EUR	
	10 x			= 170 400,00 EUR	
	⑥ x			= **17 040,00 EUR**	

Bei B sind 3 000,00 EUR vom Gewinnanteil abzuziehen. Gutschrift: 48 120,00 EUR

Arbeitsaufträge

1. **Bei vier Lagerhäusern liegen in etwa gleiche Bedingungen hinsichtlich der Heizung vor. Die jährlichen Aufwendungen für die Heizung in Höhe von 29 600,00 EUR können deshalb im Verhältnis der Grundflächen verteilt werden.**
   Wie viel EUR entfallen auf jedes Lagerhaus bei Grundflächen von 765 m², 420 m², 300 m² und 730 m²?

2. **Ein Unternehmen hatte im letzten Monat Aufwendungen in Höhe von 4560000,00 EUR. Diese sollen im Verhältnis der Umsätze auf sechs Abteilungen verteilt werden.**

Abteilung	Umsatz (EUR)
A	4670000,00
B	2430000,00
C	6760000,00
D	1980000,00
E	3520000,00
F	5410000,00

Wie viel EUR muss jede Abteilung tragen?

3. **Durch das Insolvenzverfahren eines Kunden entstehen den Lieferanten A (Forderung 30400,00 EUR), B (10260,00 EUR) und C (60600,00 EUR) Forderungsausfälle. Insgesamt erhalten sie noch 15486,00 EUR.**
Wie viel EUR erhält jeder Lieferant?

4. **An einer GmbH sind die Gesellschafter A mit $^1/_3$, B mit $^1/_4$, C mit $^1/_5$ und D mit dem Rest in Höhe von 260000,00 EUR beteiligt. Der Jahresgewinn von 196857,30 EUR ist im Verhältnis der Kapitalanteile zu verteilen.**
   a) Wie hoch ist die Summe der Einlagen (das Stammkapital)?
   b) Wie viel EUR betragen die Gewinnanteile der Gesellschafter?

5. **Bei der Testamentseröffnung ergibt sich, dass der Erblasser sein Vermögen (1584000,00 EUR) zu $^3/_4$ seiner Ehefrau vermacht hat. Der Rest geht zu gleichen Teilen an die beiden Kinder, wobei einem jedoch die Studienkosten von 50000,00 EUR abgerechnet werden. Die alte Haushälterin soll eine Zuwendung von 20000,00 EUR erhalten. Jeder der drei Erben soll 1 % seines Anteils an das Rote Kreuz spenden.**
Wie viel EUR erhalten die Erben und wie viel EUR das Rote Kreuz?

6. **Verteilen Sie 12000,00 EUR so, dass A 2000,00 EUR weniger als B und C zusammen erhält. Die Anteile von B und C sollen sich wie 4:3 verhalten.**
Wie viel EUR erhalten A, B und C?

7. **Laut Vertrag wird ein Gewinn von 1824000,00 EUR an die Gesellschafter A, B und C im Verhältnis 3:2:5 verteilt. A und C erhalten als geschäftsführende Gesellschafter je 200000,00 EUR vorweg. Allerdings wird dieser Betrag bei C mit einem Schadensbetrag von 6000,00 EUR verrechnet, den er der Gesellschaft schuldet.**
Wie viel EUR erhält jeder Gesellschafter?

8. **Drei Unternehmen haben sich kurzfristig zu einer Interessengemeinschaft zusammengeschlossen. Unternehmen A stellt $^2/_5$ des benötigten Kapitals, B $^3/_8$ und C den Rest. Nachdem das gemeinsame Geschäft abgeschlossen ist, ergeben sich Erträge in Höhe von 5680000,00 EUR und Kosten in Höhe von 3850000,00 EUR.**
Wie hoch ist der Reingewinn für jedes beteiligte Unternehmen?

9. **An einer KG sind der Komplementär A und die Kommanditisten B und C mit folgenden Kapitalanteilen beteiligt: A 450000,00 EUR, B 340000,00 EUR, C 620000,00 EUR. Über die Gewinnverteilung ist im Gesellschaftsvertrag festgelegt, dass A vorab 270000,00 EUR für die Geschäftsführung erhält, anschließend die Kapitaleinlagen mit 6 % verzinst werden und der Restgewinn zu gleichen Teilen verteilt wird.**
Wie hoch waren die einzelnen Gewinnanteile im letzten Jahr bei einem Gesamtgewinn von 1567800,00 EUR?

10. **Eine OHG hat ein Gesamtkapital von 1500000,00 EUR. Die Gewinnanteile der drei Gesellschafter beliefen sich im letzten Jahr auf 49000,00 EUR für A, 87000,00 EUR für B und 62000,00 EUR für C. Im Anteil von B waren 18000,00 EUR für die Geschäftsführung enthalten. Ansonsten wurde der Gewinn nach den Kapitalanteilen verteilt.**
Wie viel EUR betrugen die Kapitalanteile?

8   Organisation der Buchführung

8.1   Industrie-Kontenrahmen

8.1.1   Notwendigkeit einheitlicher Kontengliederung und Kontenbezeichnung

Die Buchführung soll die Informationsgrundlage für unternehmerische Steuerung und Kontrolle bilden. Sie dient als Planungsgrundlage und unterstützt Entscheidungen der Unternehmensleitung. Hierfür ist eine betriebswirtschaftliche Auswertung des in der Buchführung erfassten Datenmaterials erforderlich. Um eine solche Auswertung zu ermöglichen, ist ein ausführlich gegliedertes und EDV-gerechtes **Ordnungssystem für die Buchführung** entwickelt worden: der **Kontenrahmen**.

Kontenrahmen werden für die einzelnen Branchen von den jeweiligen Wirtschaftsverbänden herausgegeben, z. B. für Industriebetriebe, für den Groß- und Außenhandel, für den Einzelhandel, für Banken und Versicherungen. Sie sind nicht verbindlich, sondern stellen **Empfehlungen für eine einheitliche Kontengliederung und Kontenbezeichnung** in den jeweiligen Branchen dar. Jedem Unternehmen ist es freigestellt, den Kontenrahmen in der veröffentlichten Originalfassung zu übernehmen oder in einer abgewandelten Form anzuwenden, wenn die besonderen Verhältnisse des Unternehmens dies erfordern.

Kontenrahmen sind nur Empfehlungen der Wirtschaftsverbände. Betriebe können auch davon abweichen.

Vorteile der Verwendung von Kontenrahmen

- Es können **einheitliche Buchführungsprogramme** für die automatische Datenverarbeitung eingesetzt werden. Eine Anpassung dieser Buchführungsprogramme an betriebliche Anforderungen wird erleichtert.
- Es können **zwischenbetriebliche Vergleiche** innerhalb desselben Wirtschaftszweigs durchgeführt werden, die Rückschlüsse auf die eigene wirtschaftliche Situation zulassen und die eine Orientierung für unternehmerische Entscheidungen darstellen.
- Derartige Vergleiche können auch **Zeitvergleiche** sein, d. h., die wirtschaftliche Entwicklung kann durch mehrere Zeiträume hindurch verfolgt werden.
- **Betriebsfremde Personen**, z. B. Betriebsprüfer und Prüfer des Finanzamts, können sich in der Buchführung verschiedener Unternehmen besser zurechtfinden.
- **Die nationale und internationale Verflechtung von Unternehmen** wird durch die Harmonisierung der Organisation des Rechnungswesens erleichtert.

Kontenrahmen enthalten Empfehlungen für eine einheitliche Kontengliederung und Kontenbezeichnung. Sie werden von Wirtschaftsverbänden veröffentlicht.

8.1.2   Gliederung und Inhalt des Industrie-Kontenrahmens

Mit dem **Industrie-Kontenrahmen (IKR)** hat der Bundesverband der Deutschen Industrie bereits im Jahr 1971 eine **Empfehlung** für eine einheitliche Kontengliederung und Bezeichnung **an alle Industriebetriebe** herausgegeben. Diesem Buch wird der Industrie-Kontenrahmen (IKR) in der gekürzten Fassung für Aus- und Fortbildung zugrunde gelegt. Sie finden ihn auf dem Faltblatt am Buchende.

Zehnersystem des IKR

Der IKR enthält insgesamt 10 Kontenklassen. Jede Kontenklasse hat als Nummer eine der Ziffern 0 bis 9.

> Nach einer solchen Zehnergliederung (sog. dekadisches System) sind alle Kontenrahmen aufgebaut.

Konten-klasse	Inhalt der Kontenklasse
0	Immaterielle Vermögensgegenstände und Sachanlagen
1	Finanzanlagen
2	Umlaufvermögen und aktive Rechnungsabgrenzung
3	Eigenkapital und Rückstellungen
4	Verbindlichkeiten und passive Rechnungsabgrenzung
5	Erträge
6	Betriebliche Aufwendungen
7	Weitere Aufwendungen
8	Ergebnisrechnungen (Eröffnungs- und Abschlusskonten)
9	Buchhalterische Abwicklung der Kosten- und Leistungsrechnung auf Konten

Jede Kontenklasse enthält ihrerseits bis zu 10 Kontengruppen. Sie haben zweistellige Nummern (erste Ziffer: Nummer der Kontenklasse, zweite Ziffer: wiederum von 0 bis 9).

Beispiel: Kontenklasse 2

Konten-klasse	Konten-gruppe	Inhalt der Kontengruppe
2	20	Roh-, Hilfs- und Betriebsstoffe
	21	Unfertige Erzeugnisse, Unfertige Leistungen
	22	Fertige Erzeugnisse und Waren
	23	Geleistete Anzahlungen auf Vorräte
	etc.	

Jede Kontengruppe kann nach demselben Prinzip durch Hinzufügen weiterer Ziffern in **Kontenarten** (dreistellig) und **Kontenunterarten** (vierstellig) aufgegliedert werden.

Beispiel: Gliederung in Kontenklasse 0

0	Konten**klasse**	Immaterielle Vermögensgegenstände und Sachanlagen
07	Konten**gruppe**	Technische Anlagen und Maschinen
076	Konten**art**	Verpackungsanlagen
0761	Konten**unterart**	Kartonierer

Für die Buchung werden jeweils vierstellige Kontennummern verwendet.

Rechnungskreise des IKR

Sie wissen bereits, dass zwei wichtige Teilgebiete des Rechnungswesens die Buchführung und die Kosten- und Leistungsrechnung (KLR) sind. Die eigentliche Buchführung (externes Rechnungswesen) wird auch als Geschäfts- oder Finanzbuchführung bezeichnet. Die **Geschäftsbuchführung** erfasst die Buchungsvorgänge stets auf Konten.

Die Kosten- und Leistungsrechnung trug früher auch den Namen **Betriebsbuchführung**. Denn auch sie lässt sich grundsätzlich auf Konten durchführen.

Dem trägt der IKR Rechnung, indem er die Kontenklassen in zwei geschlossene Rechnungskreise unterteilt:

- **Rechnungskreis I** = Kontenklassen 0 bis 8 für die **Geschäftsbuchführung**
- **Rechnungskreis II** = Kontenklasse 9 für die **Kosten- und Leistungsrechnung (Betriebsbuchführung)**

Allerdings ist die Durchführung der KLR auf Konten durch modernere Entwicklungen überholt. Heutzutage bedient man sich verschiedener Abrechnungsbögen in Tabellenform.

Das Gliederungsschema auf Seite 95 zeigt die beiden Rechnungskreise sowie die sachliche Zuordnung der verschiedenen Kontenarten zu den Kontenklassen.

Gliederungsprinzip des IKR

Das HGB schreibt für die Bilanz und die Gewinn- und Verlustrechnung der Kapitalgesellschaften eine bestimmte Gliederung vor (§§ 266, 275 HGB). Der Aufbau des IKR orientiert sich an diesen Gliederungsvorschriften:

Einzelheiten zur Bilanz- und GuV-Gliederung siehe S. 475 f. und 485 f.

- Die Kontenklassen 0 bis 4 enthalten die auf das Schlussbilanzkonto zu übertragenden Bestandskonten.
- Die Kontenklassen 5 bis 7 enthalten die auf das GuV-Konto zu übertragenden Ertrags- und Aufwandskonten.
- Kontenklasse 8 enthält die Abschlusskonten.

So ist anhand der Kontenklasse bereits erkennbar, auf welche Seite des Schlussbilanzkontos bzw. des GuV-Kontos der Abschlusssaldo eines Kontos zu übertragen ist. Deshalb sagt man: Der IKR ist nach dem **Abschlussgliederungsprinzip** aufgebaut.

> **Beispiele: Abschluss der Konten 0530 und 5400**
>
> Konto **0530 Betriebsgebäude**
> gehört zur Kontenklasse 0: immaterielle Vermögensgegenstände und Sachanlagen
> Die Konten dieser Kontenklasse werden auf der Sollseite von SBK abgeschlossen.
>
> Konto **5400 Mieterträge**
> gehört zur Kontenklasse 5: Erträge
> Die Konten dieser Kontenklasse werden auf die Habenseite von GuV abgeschlossen.

Durch seinen Aufbau trägt der IKR damit wesentlich zur Rationalisierung der Abschlussarbeiten bei.

8.2 Kontenplan

Der IKR stellt eine Empfehlung für die Gliederung und die Bezeichnung der Konten dar. Er ist so allgemein gehalten, dass er für Betriebe verschiedener Industriezweige einsetzbar ist. Jedes Unternehmen muss aus dem Kontenrahmen einen betriebsspezifischen Kontenplan ableiten.

Der Kontenplan enthält alle in einem bestimmten Unternehmen benötigten und geführten Konten. Er berücksichtigt die besonderen Verhältnisse dieses Unternehmens (z.B. Branche, Rechtsform, Größe).

Merke: Kontenrahmen und Kontenplan sind nicht dasselbe.

Es gibt Unternehmen, die nur einen Teil der im Kontenrahmen empfohlenen Kontengruppen und Kontenarten für ihre Buchführung benötigen. Andere Unternehmen gliedern ihre Buchführung sehr vielfältig und benötigen deshalb eine größere Anzahl Konten.

Gliederung des Industrie-Kontenrahmens und Kontenabschluss

Finanzbuchführung – Rechnungskreis I

Bestandskonten				Erfolgskonten			Ergebnis-konten	Betriebsbuchführung – Rechnungskreis II
Aktive Bestandskonten		**Passive Bestandskonten**		**Ertragskonten**	**Aufwandskonten**			
Konten des Anlagevermögens	Konten des Umlaufvermögens							
Kontenklasse 0	Kontenklasse 1	Kontenklasse 2	Kontenklasse 3	Kontenklasse 4	Kontenklasse 5	Kontenklasse 6	Kontenklasse 7	Kontenklasse 8	Kontenklasse 9

Kontenklasse 0 — Immaterielle Vermögensgegenstände, Sachanlagen
Kontenklasse 1 — Finanzanlagen
Kontenklasse 2 — Vorräte, Forderungen, Flüssige Mittel, Aktive Rechnungsabgrenzung
Kontenklasse 3 — Eigenkapital, Rücklagen, Wertberichtigungen, Rückstellungen
Kontenklasse 4 — Verbindlichkeiten, Passive Rechnungsabgrenzung
Kontenklasse 5 — Erlöse und andere Erträge
Kontenklasse 6 — Materialaufwand, Personalaufwand, Abschreibungen, Sonstige betriebl. Aufwendungen
Kontenklasse 7 — Steuern, Zinsen
Kontenklasse 8 — SBK, GuV-Konto
Kontenklasse 9 — Abgrenzungsrechnung, Kosten- und Leistungsrechnung

↔ Abstimmung

S	8010 Schlussbilanzkonto	H
aktive Bestände Klassen 0, 1, 2	passive Bestände Klassen 3, 4	

S	8020 GuV-Konto	H
Aufwendungen Klassen 6, 7	Erträge Klasse 5	

ERSTER ABSCHNITT

- Kontenrahmen = Empfehlung für die einheitliche Kontengliederung und Kontenbezeichnung aller Unternehmen eines bestimmten Wirtschaftszweigs
- Kontenplan = Plan der Kontengliederung und Kontenbezeichnung eines bestimmten Unternehmens

8.3   Buchen nach dem IKR

Die Verwendung von Kontennummern erleichtert die Buchungsarbeit. Außerdem ist sie eine wichtige Voraussetzung für den Einsatz von Buchführungsprogrammen. Bei der Aufzeichnung der Buchungssätze im Grundbuch sowie bei der Angabe von Gegenkonten auf den Sachkonten des Hauptbuches können statt der ausführlichen Kontenbezeichnung die entsprechenden Kontennummern angegeben werden.

> **Beispiele: Buchungen mit Kontennummern**
>
> (1) Ein Kunde bezahlt eine Rechnung über 3 680,00 EUR durch Banküberweisung.
> (2) Wir begleichen eine Lieferantenschuld in Höhe von 4 600,00 EUR, indem wir vom Bankkonto 3 000,00 EUR und vom Postbankkonto 1 600,00 EUR überweisen.
>
> Kontenplan: **2400, 2800, 2850, 4400**
>
> **Buchungen im Grundbuch:**
> (1) 2800   3 680,00   an   2400   3 680,00
> (2) 4400   4 600,00   an   2800   3 000,00
>   an   2850   1 600,00
>
> **Buchungen im Hauptbuch:**
>
> | S | 2400 Forderungen a. L. u. L. | | H | S | 2850 Postbank | | H |
> |---|---|---|---|---|---|---|---|
> | AB | 14 000,00 | 2800 | 3 680,00 | AB | 9 500,00 | 4400 | 1 600,00 |
>
> | S | 2800 Bank | | H | S | 4400 Verbindlichkeiten a. L. u. L. | | H |
> |---|---|---|---|---|---|---|---|
> | AB | 11 700,00 | 4400 | 3 000,00 | 2800/2850 | 4 600,00 | AB | 27 000,00 |
> | 2400 | 3 680,00 | | | | | | |

8.4   Belegorganisation

8.4.1   Kennzeichen und Arten von Belegen

Jede Buchung erfolgt im Betrieb aufgrund eines Beleges. Das haben Sie bereits in Kapitel 2.3 erfahren. Belege sind Bestandteile einer ordnungsmäßigen Buchführung. Denn ohne Beleg kann die Richtigkeit einer Buchung nachträglich nicht mehr nachvollzogen werden.

Ein Beleg muss Auskunft geben über

- die Art des Geschäftsfalls,
- Mengen und Betrag,
- Ort und Datum,
- die erfolgte Buchung (Buchungsstempel).

Achtung! Die folgenden Abschnitte wiederholen und vertiefen bekannte Sachverhalte, enthalten aber auch neue Informationen.

Nach der Herkunft der Belege unterscheidet man Fremdbelege und Eigenbelege:

- **Fremdbelege** (externe Belege) stammen von Dritten (z. B. von Geschäftspartnern, Behörden, Versicherungen, Banken).

> **Beispiele: Fremdbelege**
>
> Lieferantenrechnungen, Quittungen über geleistete Zahlungen, Kontoauszüge von Banken, Lastschrift- und Gutschriftanzeigen von Lieferanten, Prämienrechnungen von Versicherungen, Honorarrechnungen von Steuerberatern

- **Eigenbelege** werden im Unternehmen selbst erstellt.

> **Beispiele: Eigenbelege**
>
> Kopien von Ausgangsrechnungen, Quittungsdurchschriften, Lohn- und Gehaltslisten, Durchschriften von Lastschrift- und Gutschriftanzeigen an Kunden, Durchschriften von versandten Geschäftsbriefen, Materialentnahmescheine, Belege zu Privatentnahmen, Belege über Abschlussbuchungen, Ersatzbelege (z. B. wenn kein Fremdbeleg zu erhalten war)

1. Fremdbeleg
Fritz Scharf e. K., Schneidwarenfabrik, erhält die nebenstehende Rechnung.

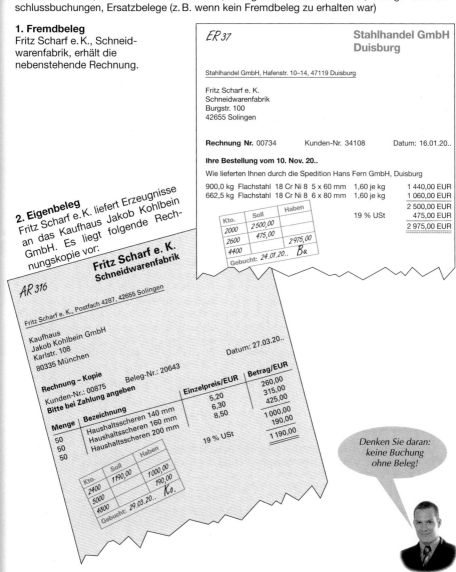

Gehören zu einem Geschäftsfall mehrere Belege, dann muss vor der Buchung festgelegt werden, welcher Beleg Grundlage für die Buchung sein soll. Ohne eine solche Regelung besteht die Gefahr, dass der Geschäftsfall mehrfach gebucht wird. Die genannte Festlegung wird in der Regel einmalig getroffen und gilt anschließend für alle gleichartigen Geschäftsfälle.

8.4.2   Belegbearbeitung

Die Buchung der Belege muss sorgfältig vorbereitet sein. Sie kann in der Buchhaltung folgende Arbeitsschritte umfassen:

Arbeitsschritte bei der Belegbearbeitung	
Vorbereitung der Belege	• Prüfung des Beleges auf **rechnerische und sachliche Richtigkeit** • **Sortierung der Belege nach Belegarten**, um Sammelbuchungen zu ermöglichen (z. B. Sortieren nach Bankbelegen, Eingangsrechnungen, Ausgangsrechnungen) • **Kennzeichnen** der Belege nach Belegarten (z. B. B für Bankbelege, ER für Eingangsrechnungen, AR für Ausgangsrechnungen) • **Vergabe** fortlaufender **Belegnummern** innerhalb jeder Belegart • **Kontierung der Belege**, d. h. Eintragung des Buchungssatzes auf dem Beleg (Die Kontierung gibt an, wie der Beleg zu buchen ist.)
Buchung in Grund- und Hauptbuch	• **Eingabe** von Belegnummer, Belegdatum, Kontennummern und Betrag (ggf. Beträgen) **in die Buchungserfassungsmaske** des Buchführungsprogramms (Die Eingabe bewirkt die Buchung zugleich in Grund- und Hauptbuch. Belegnummer und -datum stellen den **Zusammenhang zwischen Buchung und Beleg** her.) *Vgl. hierzu S. 131 ff.* • **Abzeichnung der Kontierung** durch den buchenden Mitarbeiter als erledigt
Ablage und Aufbewahrung der Belege	• **Geordnete Ablage der Belege** (Sie müssen jederzeit greifbar sein und als Beweismittel herangezogen werden können. In der Regel wird **für jede Belegart ein Ordner** angelegt, in dem die Belege fortlaufend abgeheftet werden. Bei Ausgangsrechnungen erfolgt die Ablage oft weiter nach Kunden gegliedert.) • **Aufbewahrung der Buchungsbelege** (zehn Jahre, gerechnet vom Ende des Kalenderjahres, aus dem der Beleg stammt [§ 257 HGB]) Sind Belege auf Bildträgern aufgenommen oder in elektronischer Form archiviert, dann müssen sie während der Dauer der Aufbewahrungsfrist in einer angemessenen Zeit lesbar gemacht werden können und mit dem Original bildlich übereinstimmen.

Arbeitsaufträge

1. **Erstellen Sie ein Grundbuch für folgende Geschäftsfälle.**
   Verwenden Sie statt der Kontenbezeichnung die Kontennummern.

	EUR
1. Zielkauf einer Drehmaschine	50 000,00
2. Abbuchung der Telefonkosten vom Postbankkonto	450,00
3. Verkauf eines gebrauchten Computers gegen Barzahlung	200,00
4. Überweisung vom eigenen Postbankkonto auf das Bankkonto	12 000,00
5. Postbanküberweisung eines Kunden	5 500,00
6. Abbuchung der Kfz-Steuer vom Bankkonto	580,00
7. Banküberweisung für Verpackungsmaterial	320,00
8. Verkauf von Erzeugnissen auf Ziel	24 000,00
9. Die Bank belastet uns mit Zinsen	80,00

Vgl. hierzu S. 131 ff.

10. Unsere Banküberweisungen
    Löhne 38 000,00
    Gehälter 16 000,00
    Rechtsanwaltsgebühren 2 700,00
    Heizöl 3 800,00
    Beiträge an die Industrie- und Handelskammer 600,00
    Haftpflichtversicherung 400,00
    Werbeanzeigen in einer Fachzeitschrift 7 000,00
11. Einkauf von Büromaterial auf Ziel 650,00
12. Verkauf eines gebrauchten Geschäfts-Pkw
    Wir erhalten bar 1 000,00
    und einen Bankscheck über 2 000,00
13. Aufnahme eines Darlehens. Der Darlehensbetrag wird unserem Bankkonto
    gutgeschrieben 50 000,00

2. Erstellen Sie ein Grundbuch für folgende Geschäftsfälle.
   Verwenden Sie statt der Kontenbezeichnungen die Kontennummern.   EUR
   1. Banküberweisung von Löhnen 23 000,00

   Bestandsorientierte Buchungen:
   2. Zieleinkauf von Rohstoffen 16 000,00
                        Hilfsstoffen 9 000,00
                        Betriebsstoffen 5 000,00
   3. Kunden überweisen auf unser Bankkonto 33 000,00
   4. Verkauf von Erzeugnissen auf Ziel 28 000,00
   5. Abhebung vom Bankkonto für die Geschäftskasse 10 000,00
   6. Unsere Banküberweisungen für
               Geschäftsmiete 3 200,00
               Strom und Wasser 1 500,00
               Gewerbesteuer 2 800,00
               Werbeprospekte 700,00
               Maschinenreparatur 1 300,00
   7. Ein Kunde überweist auf unser Postbankkonto 8 800,00
   8. Verkauf einer gebrauchten Drehmaschine. Käufer zahlt mit Bankscheck 7 000,00
   9. Kauf eines Lieferwagens. Die Rechnung wird mit Bankscheck beglichen 19 000,00
   10. Kauf eines Computers auf Ziel 2 500,00
   11. Rückzahlung von Hypothekenschulden durch Banküberweisung 3 000,00
   12. Die Bank schreibt uns Zinsen gut 40,00
   13. Banküberweisung an Lieferanten 7 000,00

3. Stellen Sie anhand des Kontenrahmens fest, welche Geschäftsfälle folgenden Kontierungen
   (Buchungssätzen) zugrunde liegen.

1. 0860 an 4400	9. 4250 an 2800
2. 2880 an 5000	10. 2800 an 2400
an 5100	11. 2880 an 0700
3. 6700 an 2800	an 0840
4. 6300 an 2800	12. 6800 an 2880
5. 6810 an 2880	13. 2880 an 5410
6. 6870 an 2800	14. 7510 an 2800
7. 2880 an 2800	15. 2400 an 5710
8. 0840 an 4400	16. 4400 an 2850

4./5.

A	Eröffnungsbilanz		P
0700 Technische Anlagen		3000 Eigenkapital	187 000,00
und Maschinen	100 000,00	4250 Langfristige	
2000 Rohstoffe	30 000,00	Bankverbindlichkeiten	40 000,00
2100 Unfertige Erzeugnisse	50 000,00	4400 Verbindlichkeiten	
2200 Fertige Erzeugnisse	35 000,00	a. L. u. L.	60 000,00
2400 Forderungen a. L. u. L.	45 000,00		
2800 Bank	27 000,00		
	287 000,00		287 000,00

Kontenplan

0700, 2000, 2100, 2200, 2400, 2800, 3000, 4250, 4400, 5000, 5200, 6000, 6160, 6200, 6700, 6820, 8010, 8020

Geschäftsfälle

	4. EUR	5. EUR
1. Rohstoffeinkauf auf Ziel (verbrauchsorientierte Buchung)	7 500,00	4 000,00
2. Banküberweisung für		
Telefongebühren	250,00	350,00
Miete	2 200,00	1 900,00
Maschinenreparatur	1 200,00	1 700,00
3. Ein Kunde begleicht unsere Rechnung durch Banküberweisung	2 000,00	3 400,00
4. Verkauf von Erzeugnissen auf Ziel	90 000,00	68 000,00
5. Aufnahme eines Darlehens. Der Betrag wird unserem		
Bankkonto gutgeschrieben	30 000,00	50 000,00
6. Lastschrift der Bank für die Überweisung von Löhnen	13 000,00	23 000,00
7. Verkauf einer gebrauchten Werkzeugmaschine gegen		
Bankscheck	10 000,00	15 000,00

Abschlussangaben

Inventurbestände

Rohstoffe	24 700,00	14 300,00
Unfertige Erzeugnisse	30 000,00	65 000,00
Fertige Erzeugnisse	40 000,00	25 000,00

Die übrigen Endbestände stimmen mit den Inventurbeständen überein.

6. Ein wichtiger Grundsatz ordnungsmäßiger Buchführung lautet: „Keine Buchung ohne Beleg."

a) Erläutern Sie, welche Rolle Belege im Rahmen der Buchführung spielen.

b) Welche Angaben muss ein Beleg mindestens enthalten?

c) Welche Aufbewahrungsfristen gelten für Buchungsbelege, die Bücher der Buchführung, das Inventar und den Jahresabschluss (Bilanz sowie Gewinn- und Verlustrechnung)?

d) Wie können die Belege aufbewahrt werden? Welche Bedingungen müssen bei einer Archivierung auf Bildträgern oder in elektronischer Form erfüllt werden?

7. Es kommt vor, dass ein Beleg verloren geht oder dass gar kein Beleg zu einem Geschäftsfall anfällt. Nach dem Grundsatz „Keine Buchung ohne Beleg" wäre eine Buchung dann nicht möglich.

a) Wie gehen Sie vor, wenn Sie in einem konkreten Fall die Eingangsrechnung eines Lieferers versehentlich vernichtet haben?

b) In einem anderen Fall ist für ein Telefongespräch von einem Münzfernsprecher aus kein Beleg angefallen. Was ist zu tun?

8. Bei der Drunter & Drüber OHG kommt es oft zu Problemen im Zusammenhang mit Belegen. Die Belegbearbeitung verläuft wie folgt:

Die Belege werden zunächst sortiert und erhalten interne Belegnummern. Anschließend werden alle sortierten Belege nach dem Stapelverfahren im EDV-System gebucht. Erst dann werden die Belege durch den buchenden Mitarbeiter einzeln kontiert. Bei einigen Belegen erfolgt anschließend eine rechnerische und sachliche Kontrolle; andere Belege werden nicht geprüft. Werden bei der Belegprüfung Fehler festgestellt, gehen die betreffenden Belege zur Nachbearbeitung. Alle nicht beanstandeten Belege werden nach Abschluss der Bearbeitung geordnet abgelegt.

a) Warum ist dieser Geschäftsprozess ungünstig organisiert?

b) Führen Sie eine Workflow-Analyse durch und machen Sie Vorschläge für eine Optimierung des Geschäftsprozesses.

c) Stellen Sie den optimierten Ablauf mithilfe eines ereignisgesteuerten Prozesskettendiagramms dar.

Informationen zur Darstellung und Optimierung von Geschäftsprozessen finden Sie in Bd. 1, „Geschäftsprozesse", Sachwort „Geschäftsprozess".

8.5 Bücher der Buchführung

Buchführung früher:

Buchführung heute:

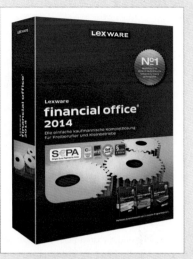

Noch bis ins frühe 20. Jahrhundert benutzte man für die Buchführung tatsächlich gebundene Bücher. Später ging man zu Karteien und losen Blättern und dann zur EDV-Buchführung über. Aus der Frühzeit hat sich aber bis heute die Bezeichnung „Bücher der Buchführung" erhalten.

Man unterscheidet folgende Bücher:

Grund- und Hauptbuch haben Sie schon auf S. 51 kennengelernt.

Bücher der Buchführung

- **Grundbuch:** Es dient der **zeitlichen Ordnung** der Buchungen.
- **Hauptbuch:** Es dient der **sachlichen Ordnung** der Buchungen.
- **Nebenbücher:** Sie **ergänzen** und **erläutern** die Buchungen des Hauptbuches.

Heute wird die Buchführung fast ausschließlich computergestützt durchgeführt. Die Bücher der Buchführung sind deshalb nicht mehr physisch voneinander zu unterscheiden. Sie werden je nach der verwendeten Hardware und Software gemeinsam auf Magnetbändern, Plattenspeichern oder CDs abgelegt. Diese Datenträger übernehmen die Funktion der Bücher. Gemäß § 239 Abs. 4 HGB ist sicherzustellen, dass die gespeicherten Daten während der vorgeschriebenen Aufbewahrungsfrist verfügbar sind und innerhalb angemessener Frist lesbar gemacht werden können.

8.5.1 Grundbuch

Im Grundbuch (Journal, Tagebuch) erfasst man die Geschäftsfälle aufgrund der Belege in ihrer zeitlichen (chronologischen) Reihenfolge.

Die Buchung umfasst das Buchungsdatum, die Belegnummer, den Buchungssatz, die Beträge und (bei Bedarf) einen Buchungstext. Bei computergestützter Buchführung wird das Grundbuch automatisch vom Buchführungsprogramm erstellt.

Nach dem zeitlichen Ablauf der Buchungsarbeiten sind **vier Gruppen von Buchungen** zu unterscheiden.

Gruppen von Buchungen

1. Eröffnungsbuchungen

Übertragung der Anfangsbestände der Eröffnungsbilanz auf die aktiven und passiven Bestandskonten

2. Laufende Buchungen

Buchung der laufenden Geschäftsfälle. Grundlage sind die geordneten und kontierten Belege.

3. Vorbereitende Abschlussbuchungen

Hierzu zählen alle am Ende einer Rechnungsperiode anfallenden Buchungen, die nicht das GuV-Konto oder das Schlussbilanzkonto berühren.

Beispiele: Vorbereitende Abschlussbuchungen

- Abschluss des Privatkontos über das Eigenkapitalkonto
- Abschluss des Vorsteuerkontos über das Umsatzsteuerkonto (bei Vorsteuerüberhang umgekehrt)
- Buchung der Abschreibungen
- Buchung der Bestandsveränderungen

Vgl. Kap. 9 bis 12. Bestandsveränderungen sind Ihnen schon bekannt.

4. Abschlussbuchungen

- Abschluss der Aufwands- und Ertragskonten über das GuV-Konto
- Abschluss des GuV-Kontos über das Konto Eigenkapital
- Abschluss der aktiven und passiven Bestandskonten über das Schlussbilanzkonto

Beispiel: Gruppen von Buchungen

Geschäftsfälle:

Grundbuch			Jahr: 20..		Seite 1	
Buchungs-datum	**Beleg**	**Konto**		**Betrag**		
		Soll	**Haben**	**Soll**	**Haben**	
1. Eröffnungsbuchungen						
Eröffnung der Aktivkonten	02.01.20..	EB			580 000,00	
Eröffnung der Passivkonten	02.01.20..	EB				580 000,00
2. Laufende Buchungen						
Zielverkauf an Spitz	02.01.20..	AR001	2400	5000	8 000,00	8 000,00
Bankabhebung	02.01.20..	B 001	2880	2800	4 000,00	4 000,00
Zielkauf von Wolf	03.01.20..	ER 14	6000	4400	6 000,00	6 000,00
...	...	...	...	...	...	...
3. Vorbereitende Abschlussbuchungen						
Bestandsmehrung UE	31.12.20..	UB 001	2100	5200	4 000,00	4 000,00
Bestandsminderung FE	31.12.20..	UB 002	5200	2200	10 000,00	10 000,00
Bestandsmind. Rohstoffe	31.12.20..	UB 003	6000	2000	9 000,00	9 000,00
...	...	...	...	...	...	...
4. Abschlussbuchungen						
Abschluss der Aufwands-konten						
Rohstoffaufwendungen	31.12.20..	UB 015	8020	6000	13 000,00	13 000,00
...	...	...	...	...	...	...
Abschl. der Ertragskonten						
Umsatzerlöse	31.12.20..	UB 026	5000	8020	165 000,00	165 000,00
...	...	...	...	...	...	...

8.5.2 Hauptbuch

Das Grundbuch ermöglicht mit seiner chronologischen Aufzeichnung der Geschäftsfälle noch keinen Überblick über den Bestand und die Änderungen der Vermögensteile, der Schulden und des Eigenkapitals. Dafür ist vielmehr eine Erfassung nach den Bestandsarten und Erfolgsquellen erforderlich. Genau diese Anforderung wird von den Sachkonten erfüllt, die durch den betrieblichen Kontenplan (auf der Grundlage des Kontenrahmens) geordnet sind.

> **Beispiele: Sachkonten**
>
> ● Jeglicher Rohstoffverbrauch wird auf dem Konto *6000 Aufwendungen für Rohstoffe* gebucht.
> ● Alle auf dem Bankkonto ein- und ausgehenden Zahlungen werden auf dem Konto *2800 Bank* erfasst.

Das Hauptbuch enthält alle nach dem betrieblichen Kontenplan geordneten Sachkonten.

Aus den Eintragungen im Hauptbuch muss sich jederzeit der Geschäftsfall rekonstruieren und zum Beleg zurückverfolgen lassen. Deshalb werden auf den Hauptbuchkonten außer dem Betrag das Buchungsdatum, der Beleghinweis, die Journalseite, das Gegenkonto (Kontenanruf) und der Buchungstext vermerkt.

> **Beispiel: Eintragungen im Hauptbuchkonto 2800 Bank**

	Konto Nr. 2800		Bank			Seite 8
Geschäftsfälle:	**Buchungs-datum**	**Beleg**	**Journal-seite**	**Gegen-konto**	**Soll**	**Haben**
Überweisung an Sturm	15.05.20..	B 082	38	4400		5700,00
Scheck von Kühl	17.05.20..	B 083	39	2400	8600,00	
Überweisung von Schulz	17.05.20..	B 084	39	1400	3450,00	

Aufgrund der Aufzeichnungen im Hauptbuch können jederzeit das Vermögen, die Schulden und der Erfolg des Unternehmens buchmäßig ermittelt werden.

Beachten Sie:
Aus Vereinfachungsgründen benutzen wir in diesem Buch weiterhin T-Konten, die nur die Beträge und den Kontenanruf enthalten.

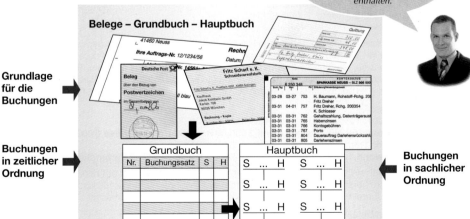

Belege – Grundbuch – Hauptbuch

Grundlage für die Buchungen

Buchungen in zeitlicher Ordnung

Buchungen in sachlicher Ordnung

Grundbuch

Hauptbuch

8.5.3   Nebenbücher

Einige Konten des Hauptbuchs werden durch Nebenbücher genauer aufgeschlüsselt. Nur so wird ersichtlich, wie sich die Vermögens- und Schuldenpositionen im Einzelnen zusammensetzen und entwickelt haben.

Wichtige Nebenbücher		
Nebenbuch	**aufgeschlüsselte Hauptbuchkonten**	**Inhalt des Nebenbuchs**
Kontokorrentbuch	Forderungen, Verbindlichkeiten	Personenkonten für die einzelnen Kreditoren (Gläubiger) und Debitoren (Schuldner)
Anlagenkartei/-datei	Alle Anlagekonten	Anlagenkarte/-datensatz für jeden einzelnen Anlagegegenstand; Verzeichnis z. B. der Anschaffungskosten, Wertänderungen und Abgänge
Lohn- und Gehaltsbuch	Löhne, Gehälter	Lohn- und Gehaltskonten für jeden Arbeitnehmer; Aufzeichnung der Bruttobezüge und Personalnebenkosten
Lagerkartei/-datei	Roh-, Hilfs-, Betriebsstoffe, Vorprodukte/Fremdbauteile, Waren, Erzeugnisse	Lagerkarte/-datensatz für jede Teile-, Stoffe-, Erzeugnis- und Warenart; Verzeichnis der Bestände, Zu- und Abgänge
Kassenbuch	Kasse	Verzeichnis von Bargeldbestand, -einnahmen und -ausgaben

Beispiel: Kontokorrentbuch

Die Buchungen auf dem Sachkonto **2400 Forderungen a. L. u. L.** zeigen nicht die Forderungen an die einzelnen Kunden und lassen auch keine Überwachung der Zahlungseingänge zu. Entsprechendes gilt für das Sachkonto **4400 Verbindlichkeiten a. L. u. L.**, die Verbindlichkeiten gegenüber den einzelnen Lieferanten und die Zahlungsausgänge.

Aus diesem Grund führt man für jeden Geschäftspartner ein eigenes **Personenkonto**:

- Für jeden Kunden führt man ein Debitorenkonto (Schuldner-, Kundenkonto) und bucht darauf die individuellen Forderungen und Zahlungen; z. B. Konto 10001 OPTIMA GmbH, 10002 Prots KG, 10003 Knalkob OHG.
- Entsprechend führt man für jeden Lieferanten ein Kreditorenkonto (Gläubiger-, Lieferantenkonto) für die individuellen Verbindlichkeiten und Zahlungen; z. B. Konto 70006 Schlips GmbH, 70007 Tricks AG.

Erläuterung

Wir benutzen in diesem Buch 5-stellige Debitoren- (Kunden-) und Kreditorenkonten (Lieferantenkonten). Die erste Stelle weist auf die Kontenart hin: Debitorenkonten beginnen mit den Ziffern 1, 2, 3, 4, 5 oder 6. Kreditorenkonten beginnen mit 7, 8 oder 9. Vgl. auch S. 130.

Die Personenkonten können **neben** den Hauptbuchkonten 2400 Forderungen und 4400 Verbindlichkeiten geführt werden. Dann erfolgt sozusagen neben der Buchung auf dem Hauptbuchkonto eine „Kopie" dieser Buchung auf dem entsprechenden Personenkonto. Beim Abschluss müssen die Salden der Debitoren- und Kreditorenkonten jeweils in Saldenlisten addiert und mit den Salden der Konten 2400 und 4400 abgeglichen werden.

Buchungsbeispiele:
1. Zielverkauf von Erzeugnissen an Prots KG für 3 000,00 EUR
   10002 Prots KG/2400 Forderungen 3 000,00 an 5000 Umsatzerlöse 3 000,00
2. Zielkauf von Rohstoffen bei Tricks AG für 5 000,00 EUR
   6000 Aufwend. f. Rohstoffe 5 000,00 an 70007 Tricks AG/4400 Verbindlichk. 5 000,00

In EDV-Buchführungsprogrammen bucht der Benutzer ausschließlich auf den Personenkonten. Das Programm überträgt die Buchungen automatisch auf die Konten 2400 und 4400. Hierdurch ist stets die Übereinstimmung von Sach- und Personenkonten gewährleistet.

Buchungsbeispiele: wie oben
1. **10002 Prots KG 3 000,00 an 5000 Umsatzerlöse 3 000,00**

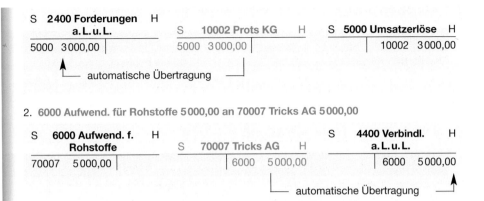

2. 6000 Aufwend. für Rohstoffe 5 000,00 an 70007 Tricks AG 5 000,00

S	6000 Aufwend. f. Rohstoffe	H	S	70007 Tricks AG	H	S	4400 Verbindl. a.L.u.L.	H
70007	5 000,00			6000	5 000,00		6000	5 000,00

automatische Übertragung

Arbeitsaufträge

1. **Alle Industriebetriebe besitzen mittlerweile eine EDV-Buchführung. Die verschiedenen Bücher der Buchführung sind in den eingesetzten EDV-Programmen nicht ohne Weiteres erkennbar.**
   a) Erkundigen Sie sich in Ihrem Ausbildungsbetrieb, ob das Buchungsjournal nur in der EDV abgespeichert wird oder ob es zusätzlich ausgedruckt und abgeheftet wird.
   b) Warum wird in Ihrem Ausbildungsbetrieb in dieser Weise verfahren?
   c) Erfragen Sie in Ihrem Ausbildungsbetrieb, ob und wann die Hauptbuchkonten ausgedruckt und abgeheftet werden.
   d) Erläutern Sie diese Vorgehensweise in Ihrer Klasse und diskutieren Sie Unterschiede zwischen den Vorgehensweisen in den Ausbildungsbetrieben.

2. **In der Buchführung werden Grundbuch, Hauptbuch und Nebenbücher unterschieden.**
   a) Grenzen Sie Grundbuch und Hauptbuch voneinander ab, indem Sie deren Aufgaben und Bedeutung gegenüberstellen.
   b) Aus welchem Nebenbuch stammt folgender Auszug? Welchen Inhalt hat dieses Nebenbuch? Welche Konten der Bilanz schlüsselt es auf?

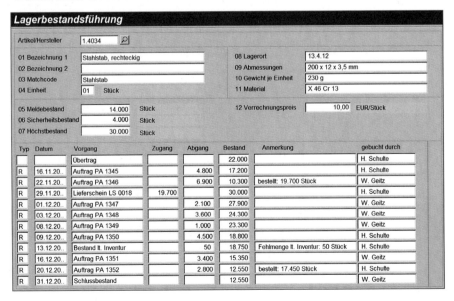

3. Die Gerätebau GmbH führt folgende Debitoren- und Kreditorenkonten:

Debitoren (Kundenkonten)					
Konto-Nr.	Kunde	Offene Posten			
		Datum	OP-Nummer	Betrag	Saldo
10035	Otto Ekel OHG				8 000,00
10036	Hilde Hilfreich GmbH				2 111,00
20103	Hydraulikwerke Jena AG				893,00

Kreditoren (Lieferantenkonten)					
Konto-Nr.	Lieferant	Offene Posten			
		Datum	OP-Nummer	Betrag	Saldo
70009	E. Piaf GmbH				3 800,00
70020	M. Diedrich OHG				12 310,00
70042	Steuerungstechnik Stof KG				4 610,00

Geschäftsfälle

1. Zielverkauf von Erzeugnissen an Hilde Hilfreich GmbH .... 2 100,00 EUR
2. Überweisung an E. Piaf GmbH .... 480,00 EUR
3. Kauf von Rohstoffen auf Ziel bei M. Diedrich OHG
   (bestandsorientierte Buchung)... 4 500,00 EUR
4. Überweisung an M. Diedrich OHG .... 12 310,00 EUR
5. Eingangsrechnung der E. Piaf GmbH für Maschinenreparatur .... 1 200,00 EUR
6. Belastungsanzeige an Otto Ekel OHG für Verzugszinsen .... 200,00 EUR
7. Zielverkauf von Erzeugnissen an Hydraulikwerke Jena AG .... 3 800,00 EUR
8. Bankgutschrift von Otto Ekel OHG .... 200,00 EUR
9. Überweisung an Steuerungstechnik Stof KG .... 4 610,00 EUR
10. Verkauf von Erzeugnissen gegen Vorauskasse an Otto Ekel OHG .... 500,00 EUR
11. Zielverkauf von Erzeugnissen an Hydraulikwerke Jena AG .... 18 000,00 EUR
12. Bankgutschrift von Hydraulikwerke Jena AG .... 4 693,00 EUR

a) Buchen Sie im Grundbuch und auf den Konten.

b) Wie viel EUR betragen nach Erledigung aller Buchungen die Endbestände an Forderungen und Verbindlichkeiten insgesamt?

c) Die E. Piaf GmbH sendet eine Mahnung über 5 000,00 EUR. Prüfen Sie den Betrag und buchen Sie eine Banküberweisung über die offene Verbindlichkeit.

d) Sie sollen der Hydraulikwerke Jena AG eine Saldenmitteilung zusenden. Ermitteln Sie hierfür den offenen Betrag.

9 Umsatzsteuer

9.1 Steuergegenstand, Bemessungsgrundlage

Warum Umsatzsteuer?
Der Staat braucht für die Erfüllung seiner zahlreichen Aufgaben viel Geld. Das meiste holt er sich über die Steuern. Grundsätzlich greift er dort zu, wo er finanzielle Leistungsfähigkeit vermutet. In vorderster Front erfasst er deshalb die Einkommen der Bürger. Und das tut er gleich doppelt, nämlich einmal bei der Entstehung der Einkommen und zum andern bei ihrer Verwendung: Wer Einkommen bezieht, zahlt Einkommensteuer; und wer es anschließend für den Kauf von Gütern verwendet, zahlt Umsatzsteuer. Einkommen- und Umsatzsteuer sind die ertragreichsten Steuern.

Steuern sind Zwangsabgaben, die der Staat von Personen seines Staatsgebiets erhebt. Einen Anspruch auf Gegenleistungen begründen sie nicht. Gegenstand der Besteuerung sind vor allem der Güterbesitz (Einkommen und Erträge), der Güterverbrauch und der Güterverkehr.

Der Gegenstand von Verkehrsteuern – dazu gehört die Umsatzsteuer – sind wirtschaftliche Verkehrsakte. Das sind Vorgänge im Rahmen einer Tauschbeziehung.

Die Umsatzsteuer ist eine Verkehrsteuer. Ihr Gegenstand sind die steuerbaren Umsätze (§ 1 UStG).

Umsätze nach UStG		
Steuerbare Umsätze		**Nicht steuerbare Umsätze**
Steuerpflichtige Umsätze (§ 1)	**Steuerfreie Umsätze (§ 4)**	
• Lieferungen und sonstige Leistungen eines Unternehmers im Inland und im Rahmen des Unternehmens[1] • Einfuhr von Gegenständen aus Drittländern (= Nicht-EU-Ländern) in das Inland • innergemeinschaftlicher Erwerb (= Erwerb aus EU-Ländern) im Inland gegen Entgelt	• Ausfuhrlieferungen • innergemeinschaftliche Lieferungen (= Lieferungen in EU-Länder) • Vermittlung solcher Lieferungen • Geschäfte mit Geldforderungen und Wertpapieren • Grunderwerb, Grundstücksvermietung und -verpachtung • Leistungen der Heilberufe, Krankenhäuser, Pflegeheime, privaten Schulen und Lehrer • zahlreiche weitere Umsätze	Alle nicht in § 1 genannten Umsätze. Das sind vor allem die privaten Umsätze von Verbrauchern.

Die **Bemessungsgrundlage** einer Steuer ist die Größe, auf die der Steuertarif angewendet wird.

Die Bemessungsgrundlage der Umsatzsteuer ist das Entgelt (§ 10 UStG). Dazu zählt alles, was der Leistungsempfänger aufwendet, um die Leistung zu erhalten. Dies ist der Nettowert abzüglich aller Nachlässe und zuzüglich aller Nebenkosten.

Der **Umsatzsteuersatz** beträgt seit dem 1. Januar 2007 19 %. Für bestimmte Umsätze (z.B. Lebensmittel, Bücher, Zeitschriften) gilt ein ermäßigter Steuersatz von 7 %.

Der Unternehmer muss die Umsatzsteuer seinem Kunden in Rechnung stellen und an das Finanzamt weiterleiten. Er ist somit Steuerschuldner, aber nicht Steuerträger.

---

[1] Dazu gehören auch bestimmte unentgeltliche Lieferungen und Leistungen. Vgl. S. 124.

Beispiel: Rechnung mit Umsatzsteuerausweis

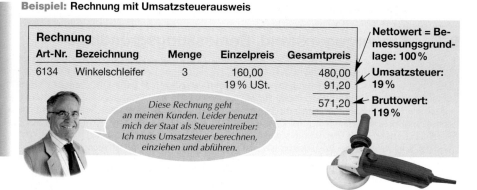

9.2 Ausgestaltung als Mehrwertsteuer

Die Umsatzsteuer ist in Deutschland – wie in der gesamten EU – als Mehrwertsteuer ausgestaltet. Das bedeutet: Bei den Umsatzvorgängen eines Unternehmens wird nicht der Gesamtwert der Leistungen besteuert, sondern nur die Wertschöpfung, die die eingekauften Vorleistungen übersteigt: der vom Unternehmen geschaffene Mehrwert.

Beispiel: Wertschöpfung (Mehrwert)

Materialeinkauf	100,00	← Vorleistungen 100,00

Aufwand für die Leistungserstellung:		
Beschaffungsaufwand	30,00	
Produktionsaufwand	200,00	← Wertschöpfung (Mehrwert) 380,00
Absatzaufwand	60,00	
Verwaltungsaufwand	40,00	
Gewinn	50,00	

Verkaufspreis (Entgelt)	480,00
− Einkaufspreis (Entgelt) der Vorleistungen	− 100,00
= Wertschöpfung (Mehrwert)	380,00

Aber in der oben abgebildeten Rechnung wird die Umsatzsteuer doch vom gesamten Entgelt, also von 480,00 EUR berechnet.

Gesamtpreis	480,00
19 % USt.	91,20
Brutto	571,20

Das stimmt. Trotzdem erhält der Staat nur Steuer von 380,00 EUR, also vom Mehrwert.

Die Besteuerung lediglich des Mehrwerts wird technisch wie folgt bewerkstelligt:

Der Unternehmer erhält Umsatzsteuer von seinen Kunden. Er selbst muss Umsatzsteuer an seine Lieferanten zahlen. Die gezahlte Umsatzsteuer heißt Vorsteuer. Diese kann der Unternehmer gegenrechnen. Er zahlt nur die Differenz (Umsatzsteuerschuld oder Zahllast) an das Finanzamt. Der Staat erhält folglich nur Umsatzsteuer von der Wertschöpfung des Unternehmens, vom Mehrwert[1].

Beispiel: Wertschöpfung und Zahllast

Verkaufspreis (netto)	480,00	→	19 % Umsatzsteuer	91,20
− Einkaufspreis der Vorleistung (netto)	− 100,00	→	− 19 % Vorsteuer	− 19,00
= Wertschöpfung (Mehrwert)	380,00	→	19 % Zahllast	72,20

---

[1] Die Umsatzsteuer heißt deshalb auch Mehrwertsteuer. Das Steuerrecht benutzt den Begriff Mehrwertsteuer nicht. Er ist aber in der Praxis üblich. In Rechnungen findet man oft die Abkürzung MwSt. anstelle von USt.

Jeder Unternehmer muss die Umsatzsteuer in seinen Rechnungen neben dem Entgelt gesondert ausweisen. Ausnahme: Gesamtbeträge bis 150,00 EUR (Kleinbetragsrechnungen). Hier reicht die Angabe des Steuersatzes aus.

> **Vorsteuerabzugsfähige Rechnungen müssen folgende Angaben enthalten (§ 14 Abs. 4 UStG):**
> ❶ Namen, Anschrift des leistenden Unternehmers
> ❷ Namen, Anschrift des Leistungsempfängers
> ❸ Leistungsbeschreibung (Menge, handelsübliche Bezeichnung des Gegenstands oder Art und Umfang der sonstigen Leistung)
> ❹ Zeitpunkt der Leistung; bei Vorauszahlung: Zeitpunkt der Entgeltvereinnahmung
> ❺ Entgelt für die Leistung, aufgeschlüsselt nach Steuersätzen und ggf. einzelnen Steuerbefreiungen
> ❻ Steuersatz und Steuerbetrag
> ❼ Identifikationsnummer bzw. Steuer-Nr. oder Umsatzsteuer-Identifikations-Nr. des leistenden Unternehmers
> ❽ Rechnungsdatum
> ❾ (fortlaufende) Rechnungsnummer

Nur ausgewiesene Umsatzsteuer kann als Vorsteuer geltend gemacht werden. Übrigens: Wie man enthaltene USt. herausrechnet, wird auf S. 117 erläutert.

Die in der Kundenrechnung ausgewiesene Umsatzsteuer ist eine Verbindlichkeit gegenüber dem Finanzamt, die in der Lieferantenrechnung ausgewiesene Vorsteuer eine Forderung an das Finanzamt.

Die Umsatzsteuerschuld (Zahllast) ist mit einer **Umsatzsteuervoranmeldung** für den laufenden Monat bis zum 10. des folgenden Monats an das Finanzamt abzuführen[1]. Sie ist aber nur eine Vorauszahlung auf die Jahressteuer. Deshalb ist außerdem für jedes Kalenderjahr eine **Umsatzsteuererklärung** einzureichen. Stimmt sie nicht mit den Voranmeldungen überein, kommt es zu einer Steuernachzahlung oder zu einer Steuerrückerstattung. In Monaten mit hohen Einkaufs- und niedrigen Verkaufswerten kann sich anstelle der Zahllast ein **Vorsteuerüberhang** ergeben. Er wird erstattet. Ausnahme: Der Steuerpflichtige wünscht die Verrechnung mit Steuerschulden.

> **Wichtiger Hinweis:** In der Regel entsteht die Umsatzsteuerschuld mit Ablauf des Voranmeldungszeitraums, in dem die Lieferung ausgeführt wurde oder die Dienstleistung erfolgte (Besteuerung nach vereinbarten Entgelten, § 16 UStG). Sie entsteht also nicht erst mit der Bezahlung der Rechnung. Nur die Angehörigen freier Berufe und die Unternehmer ohne Buchführungspflicht oder mit Umsätzen unter 500 000,00 EUR können eine Besteuerung nach vereinnahmten Entgelten beantragen.

9.3 Umsatzsteuer als Verbrauchsteuer

Die Gütererstellung vollzieht sich in der Regel in mehreren Unternehmen auf aufeinanderfolgenden Wirtschaftsstufen (z. B. Rohstoffgewinnung, Weiterverarbeitung, Großhandel, Einzelhandel). Jeder betroffene Unternehmer belastet seinem Käufer die Umsatzsteuer auf den Gesamtwert der Leistung, zieht die gezahlte Vorsteuer ab und führt nur die Zahllast ab. Er leitet also nur vom Kunden zu zahlende Beträge weiter. Deshalb gilt:

Die Umsatzsteuer ist für den Unternehmer kein Aufwand, sondern ein sog. durchlaufender Posten. Sie ist erfolgsneutral.

Nur der Endverbraucher als letzter Käufer tätigt keinen Verkaufsumsatz mehr. Er kann als Einziger keine Umsatzsteuer berechnen und keine Vorsteuer abziehen.

Der Endverbraucher ist vom Gesetzgeber zum Träger der Umsatzsteuer bestimmt.

---

[1] Wenn im Vorjahr die Jahressteuerschuld höchstens 7 500,00 EUR betrug, ist die Zahllast für das laufende Kalendervierteljahr abzuführen.

ERSTER ABSCHNITT

Mit dem Bruttoendverkaufspreis trägt der Endverbraucher die aufgelaufenen Mehrwertsteuern sämtlicher Wirtschaftsstufen. Deshalb ist die Umsatzsteuer nicht nur eine Verkehrsteuer, sondern zugleich eine indirekte Steuer und – wirtschaftlich gesehen – eine Verbrauchsteuer.

Die Umsatzsteuer ist ...	• **Verkehrsteuer:** Ihr Gegenstand ist ein Verkehrsakt (ein Kauf); • **indirekte Steuer:** Steuer, bei der Steuerschuldner und Steuerträger nicht identisch sind. Gegensatz: direkte Steuer; • **Verbrauchsteuer:** Sie belastet ausschließlich den Verbraucher.

Beispiel: Umsatzsteuer als Verbrauchsteuer

Stufen	Verkaufs-preis	19 % USt.	abzüglich Vorsteuer	= Zahllast	Wert-schöpfung (Mehrwert)
Urerzeuger	100,00	19,00	0,00	19,00	100,00
Verarbeiter	250,00	47,50	19,00	28,50	150,00
Großhändler	350,00	66,50	47,50	19,00	100,00
Einzelhändler	450,00	85,50	66,50	19,00	100,00
Verbraucher				Summe 85,50	Summe 450,00

Der Verbraucher zahlt   Das Finanzamt erhält

Die vom Verbraucher gezahlte Umsatzsteuer von 85,50 EUR ist gleich der Summe aller Zahllasten, d. h. gleich der Steuer auf die gesamte Wertschöpfung von 450,00 EUR.

Den Letzten beißen die Hunde.

9.4   Buchungen bei Beschaffungsvorgängen

In allen Eingangsrechnungen mit steuerbaren Umsätzen (z. B. Bezug von Material, Maschinen, Werkzeug, Handelswaren, Büromaterial, Reparaturen, Frachten, Beratungshonoraren) ist die Umsatzsteuer neben dem Nettowert gesondert ausgewiesen. Sie stellt Vorsteuer dar und wird auf dem **Aktivkonto 2600 Vorsteuer** als **Forderung gegenüber dem Finanzamt** gebucht. Steuerfreie Umsätze sind z. B. die Zinsen und Provisionen der Banken für Kredite und Wertpapiertransaktionen (§ 4 Nr. 8 UStG). Für sie ist keine Vorsteuer zu buchen. Das Gleiche gilt für Verzugszinsen für Zahlungsverzögerungen, die ggf. ein Lieferant in Rechnung stellt.

Beispiele: Eingangsrechnungen, Kreditzinsen

(1)

Rechnung

Art-Nr.	Bezeichnung	Menge	Einzelpreis	Gesamtpreis
4321	Flachband X55CrMo14 3,5 mm	20 Rollen	200,00 19 % USt.	4 000,00 760,00
				4 760,00

(2)

Rechnung

Für die Erstellung von Rechtsgutachten gemäß Anlage berechnen wir Ihnen

Honorar	3 300,00 EUR
19 % MwSt.	627,00 EUR
Insgesamt	3 927,00 EUR

(3)

IBAN			Kontoauszug		Auszug	Blatt
DE89 3704 0044 0532 0130 00			**Raiffeisenbank Borstenbühl –BIC GENODED1RBC**		128	1
Buch.-Tag	Wert	PN	Erläuterung/Verwendungszweck		Umsätze	
30.06.	30.06.	724	Darlehenszinsen		945,00	

Einzelheiten zur Zinsberechnung siehe S. 118 ff.

Buchung der Geschäftsfälle

(1) Es liegt ein **Rohstoffeinkauf** vor. Der Nettowert (4 000,00 EUR) wird auf dem Aktivkonto 2000 Rohstoffe gebucht, die berechnete Umsatzsteuer auf dem Aktivkonto 2600 Vorsteuer. Die Vorsteuer ist eine Forderung gegenüber dem Finanzamt.

*Hier bestandsorientierte Einkaufsbuchung. Verbrauchsorientierte Buchung erfolgt auf Konto **6000 Aufw. f. Rohstoffe** (vgl. S. 67).*

Buchung im Grundbuch:

2000 Rohstoffe	4 000,00				
2600 Vorsteuer	760,00	an	4400 Verbindlichkeiten a. L. u. L.		4 760,00

Buchung im Hauptbuch:

S	2000 Rohstoffe	H	S	4400 Verbindlichk. a. L. u. L.	H
4400	4 000,00			2000/2600	4 760,00

S	2600 Vorsteuer	H
4400	760,00	

(2) Es liegt eine Rechnung für eine Beratungstätigkeit vor. Sie wird dem Aufwandskonto 6770 Rechts- und Beratungskosten belastet, die berechnete Umsatzsteuer wird wieder dem Konto 2600 Vorsteuer belastet.

Buchung im Grundbuch:

6770 Rechts- und Beratungskosten	3 300,00				
2600 Vorsteuer	627,00	an	4400 Verbindlichkeiten a. L. u. L.		3 927,00

Buchung im Hauptbuch:

S	6770 Rechts- u. Beratungskosten	H	S	4400 Verbindlichk. a. L. u. L.	H
4400	3 300,00			6770/2600	3 927,00

S	2600 Vorsteuer	H
4400	627,00	

(3) Die Zinsen werden dem Konto 7510 Zinsaufwendungen belastet und dem Konto 2800 gutgeschrieben. Vorsteuer fällt nicht an.

Denken Sie daran: „Gutschreiben" bedeutet „im Haben buchen".

Buchung im Grundbuch:

7510 Zinsaufwendungen	945,00	an	2800 Bank	945,00

Buchung im Hauptbuch:

S	7510 Zinsaufwendungen	H	S	2800 Bank	H
2800	945,00			7510	945,00

9.5 Buchungen bei Absatzvorgängen

Beim Verkauf von Erzeugnissen und Handelswaren, gebrauchten Anlagegegenständen und Dienstleistungen (z. B. Wartungsarbeiten, Reparaturen, Schulungen, Beratungen) stellt der Unternehmer seinem Kunden neben dem Entgelt (Nettowert) die Umsatzsteuer gesondert in Rechnung. Sie wird auf dem Passivkonto **4800 Umsatzsteuer** als **Verbindlichkeit gegenüber dem Finanzamt** gebucht.

ERSTER ABSCHNITT

Beispiel: Ausgangsrechnung zu einem Zielverkauf

Rechnung				
Art-Nr.	**Bezeichnung**	**Menge**	**Einzelpreis**	**Gesamtpreis**
431	Essbesteck Elba	50	55,00	2 750,00
435	Essbesteck Miami	50	98,00	4 900,00
510	Scherenset Gamba	100	39,00	3 900,00
				11 550,00
			19 % USt.	2 194,50
				13 744,50

Buchung im Grundbuch:

2400 Forderungen a. L. u. L.	13 744,50	an	5000 Umsatzerlöse	11 550,00
		an	4800 Umsatzsteuer	2 194,50

Buchung im Hauptbuch:

S	2400 Forderungen a. L. u. L.	H	S	5000 Umsatzerlöse	H
5000/4800	13 744,50			2400	11 550,00

S	4800 Umsatzsteuer	H
	2400	2 194,50

Verzugszinsen, die einem Kunden für vertragswidrige Zahlungsverzögerungen in Rechnung gestellt werden, gelten als Schadensersatz und stellen keinen steuerbaren Umsatz dar.

Beispiel: Ausschnitt aus einer Belastungsanzeige

> ... und berechnen Ihnen für die Zeit vom 3. April bis zum 6. September 20.. Verzugszinsen in der gesetzlichen Höhe von 8 % über dem Basiszinssatz von zurzeit 2 %. Die Verzugszinsen betragen 198,00 EUR. Wir bitten um sofortige Überweisung.
> Hochachtungsvoll

Buchung im Grundbuch:

2400 Forderungen a. L. u. L.	198,00	an	5710 Zinserträge	198,00

Buchung im Hauptbuch:

S	2400 Forderungen a. L. u. L.	H	S	5710 Zinserträge	H
5710	198,00			2400	198,00

9.6   Zahllast und Vorsteuerüberhang

9.6.1   Buchung

Für die Erstellung der Umsatzsteuervoranmeldung ist monatlich die Zahllast zu ermitteln und zu buchen. Die Zahllast ist bis zum 10. des folgenden Monats an das Finanzamt zu überweisen.

Beispiel: Ermittlung der Zahllast aufgrund der Buchungen von Seite 111 und 112

❶ Man berechnet und vergleicht die Summen der Konten 2600 Vorsteuer und 4800 Umsatzsteuer. Weist 4800 die größere Summe auf, liegt eine Zahllast vor. Dies ist hier der Fall.

❷ Das Konto 2600 Vorsteuer wird saldiert, der Saldo auf 4800 Umsatzsteuer übertragen. Dadurch wird das Konto Vorsteuer auf das Konto Umsatzsteuer abgeschlossen.

Buchung im Grundbuch:
4800 Umsatzsteuer   1 387,00   an   2600 Vorsteuer   1 387,00

❸ Der Saldo auf 4800 Umsatzsteuer ist die Zahllast. Sie ist bis zum 10. des folgenden Monats an das Finanzamt zu überweisen.

Buchung im Grundbuch:
4800 Umsatzsteuer   807,50   an   2800 Bank   807,50

Buchung im Hauptbuch:

S	2600 Vorsteuer	H
4400	760,00	4800 1 387,00 ❷
4400	627,00	
❶	1 387,00	1 387,00

S	4800 Umsatzsteuer	H
❷ 2600	1 387,00	4400 2 194,50
❸ 2800	807,50	
	2 194,50	2 194,50 ❷

S	2800 Bank	H
AB	6 400,00	4800 807,50 ❸

Merke: Zur Ermittlung der Zahllast wird 2600 Vorsteuer über 4800 Umsatzsteuer abgeschlossen. Der Saldo auf 4800 Umsatzsteuer ist die Zahllast.

Weist beim Vergleich der Summen von 2600 Vorsteuer und 4800 Umsatzsteuer das Vorsteuerkonto die größere Summe auf, liegt ein **Vorsteuerüberhang** vor. Nun ist 4800 Umsatzsteuer über 2600 Vorsteuer abzuschließen.

Beispiel: **Vorsteuerüberhang**

S	2600 Vorsteuer	H
1 187,00	❶	950,00
	❷	237,50

S	4800 Umsatzsteuer	H
❶ 950,00		950,00

S	2800 Bank	H
AB	6 000,00	
	❷	237,50

Buchung im Grundbuch:

4800 Umsatzsteuer an 2600 Vorsteuer

Bei der Vorsteuererstattung wird gebucht:
2800 Bank an 2600 Vorsteuer

Merke:
Zur Ermittlung von Zahllast **und** *Vorsteuerüberhang ist zu buchen:*
Umsatzsteuer an Vorsteuer. *Am Ende des Geschäftsjahres gehört diese Buchung zu den vorbereitenden Abschlussbuchungen.*

9.6.2   Aktivierung und Passivierung

Am Ende des Geschäftsjahres ist eine vorhandene Zahllast als Verbindlichkeit in die Passivseite der Bilanz einzustellen (Passivierung). Denn: Die Überweisung erfolgt erst im Januar. In der Buchführung wird dazu das Umsatzsteuerkonto auf SBK abgeschlossen.

Ein evtl. vorhandener Vorsteuerüberhang ist entsprechend in die Aktivseite der Bilanz einzustellen (Aktivierung).

Beispiele: **Aktivierung und Passivierung**

(1) Passivierung der Zahllast, z. B.:
4800 Umsatzsteuer 700,00 an 8010 SBK 700,00

S	4800 Umsatzsteuer	H
2600	2 300,00	3 000,00
8010	700,00	

S	8010 SBK	H
		4800 700,00

(2) Aktivierung des Vorsteuerüberhangs, z. B.:
8010 SBK 100,00 an 2600 Vorsteuer 100,00

S	8010 SBK	H
2600	100,00	

S	2600 Vorsteuer	H
	600,00	4800 500,00
		8010 100,00

Arbeitsaufträge

1. **Die Ernst Hartmann GmbH hat im April 20.. folgende Einkäufe (bestandsorientierte Buchung) und Verkäufe getätigt:**

   (1) Einkauf:

Rechnung			
Kunden-Nr. 622 Rechnungs-Nr. 4866			18. April 20..
Bezeichnung	**Menge**	**Einzelpreis**	**Gesamtpreis**
Schrauben lt. Spezifikation	10 000	0,04	400,00
		+ 19 % MwSt.	76,00
		Rechnungsbetrag brutto	476,00

   (2) Weitere Einkäufe im April 20..:

Rohstoffe, netto	24 000,00 EUR
+ 19 % USt.	4 560,00 EUR
Hilfsstoffe, netto	8 000,00 EUR
+ 19 % USt.	1 520,00 EUR
Fremdbauteile, netto	41 000,00 EUR
+ 19 % USt.	7 790,00 EUR
Lieferwagen, netto	16 000,00 EUR
+ 19 % USt.	3 040,00 EUR

   (3) Verkauf

Rechnung			
Rechnungs-Nr. 139-20..			26. April 20..
Bezeichnung	**Menge**	**Einzelpreis**	**Gesamtpreis**
Spiele-Set	100	49,00	4 900,00
		+ 19 % MwSt.	931,00
		Rechnungsbetrag brutto	5 831,00

   (4) Weitere Verkäufe im April 20..:

Erlöse, netto	128 000,00 EUR
+ 19 % USt.	24 320,00 EUR

   a) Wie lauten die Buchungssätze?
   b) Richten Sie die Konten 2600 Vorsteuer und 4800 Umsatzsteuer ein. Buchen Sie die Steuerbeträge auf diesen Konten.
   c) Ermitteln Sie die Zahllast rechnerisch und buchhalterisch.
   d) Wie lautet der Buchungssatz, wenn die Zahllast durch Banküberweisung beglichen wird?
   e) Wie würde der Buchungssatz lauten, wenn eine Zahllast von gleicher Höhe am Jahresende anfällt und passiviert werden soll?

2. **Die Rohstoffeinkäufe (verbrauchsorientierte Buchung) eines Industrieunternehmens betragen im Monat Dezember 150 000,00 EUR (100 000,00 EUR) netto. Die Verkäufe an Erzeugnissen belaufen sich auf 175 000,00 EUR netto, davon 60 000,00 EUR Exporterlöse. Umsatzsteuer 19 %.**

   a) Richten Sie die erforderlichen Konten ein und buchen Sie die Ein- und Verkäufe.
   b) Schließen Sie die Konten zum Bilanzstichtag (31. Dezember) ab.

3. **Es liegen folgende Geschäftsfälle vor:**   EUR

(1) Lastschrift der Bank für Zinsen	1 620,00
(2) Belastungsanzeige eines Lieferanten für Verzugszinsen	130,00

(3)	Inländische Kunden überweisen auf unser Bankkonto	24 592,00
(4)	Bankgutschrift für erstattete Vorsteuer	2 600,00
(5)	Belastungsanzeige an einen Kunden für Verzugszinsen	160,00
(6)	Banküberweisung an Lieferanten	14 732,00
(7)	Bankgutschriften von Mieten aus der Vermietung von Werkswohnungen	1 800,00
(8)	Rückzahlung eines Darlehens durch Banküberweisung	2 000,00
(9)	Zielverkauf von Erzeugnissen	
	– an deutsche Großhändler	20 000,00
	– an ein Unternehmen in der Schweiz	16 000,00
(10)	Banküberweisung der Umsatzsteuerzahllast	18 620,00

Erstellen Sie die Buchungssätze für diese Geschäftsfälle.
Berücksichtigen Sie 19 % USt.

4./5. Anfangsbestände

	EUR			EUR
0700 Technische Anlagen und		2400	Forderungen a. L. u. L.	57 000,00
Maschinen 160 000,00		2800	Bank	36 400,00
0860 Geschäftsausstattung 50 000,00		2880	Kasse	9 500,00
2000 Rohstoffe 21 000,00		3000	Eigenkapital	294 500,00
2020 Hilfsstoffe 23 000,00		4400	Verbindlichkeiten	
2030 Betriebsstoffe 18 000,00			a. L. u. L.	125 400,00
2100 Unfertige Erzeugnisse 20 000,00				
2200 Fertige Erzeugnisse 25 000,00				

Kontenplan

0700, 0860, 2000, 2020, 2030, 2100, 2200, 2400, 2600, 2800, 2880, 3000, 4400, 4800, 5000, 5200, 6000, 6020, 6030, 6200, 6300, 8010, 8020

Hinweis

Materialeinkäufe werden verbrauchsorientiert gebucht.

Geschäftsfälle	4.	5.
	EUR	EUR
1. Zieleinkauf von Rohstoffen lt. ER[1] 203		
Nettopreis	11 000,00	13 000,00
+ USt.	2 090,00	2 470,00
Rechnungsbetrag	13 090,00	15 470,00
2. Zieleinkauf von Betriebsstoffen lt. ER 204		
Nettopreis	1 400,00	1 500,00
+ USt.	266,00	285,00
Rechnungsbetrag	1 666,00	1 785,00
3. Zielverkauf von Erzeugnissen lt. AR[2] 405–410		
Nettopreis	35 000,00	44 000,00
+ USt.	6 650,00	8 360,00
Rechnungsbetrag	41 650,00	52 360,00
4. Banküberweisung an Lieferanten	25 520,00	23 200,00
5. Kauf eines Computers auf Ziel		
Nettopreis	3 300,00	3 600,00
+ USt.	627,00	684,00
Rechnungsbetrag	3 927,00	4 284,00
6. Banküberweisung von Kunden	10 672,00	18 560,00
7. Banküberweisung der		
Löhne	12 000,00	11 500,00
Gehälter	9 000,00	8 200,00
8. Zielverkauf von Erzeugnissen lt. AR 411–419		
Nettopreis	60 000,00	62 000,00
+ USt.	11 400,00	11 780,00
Rechnungsbetrag	71 400,00	73 780,00

---

[1] ER = Eingangsrechnung
[2] AR = Ausgangsrechnung

Abschlussangaben	**4.** EUR	**5.** EUR
Inventurbestände		
2000 Rohstoffe	14 000,00	6 000,00
2020 Hilfsstoffe	7 000,00	6 000,00
2030 Betriebsstoffe	10 400,00	11 000,00
2100 Unfertige Erzeugnisse	24 000,00	23 500,00
2200 Fertige Erzeugnisse	30 500,00	28 000,00

Die Salden der übrigen Bestandskonten stimmen mit den Inventurwerten überein.
Führen Sie sämtliche Buchführungsarbeiten für die Rechnungsperiode durch.

6./7. Anfangsbestände

	EUR			EUR
0510 Bebaute Grundstücke	50 000,00	2200	Fertige Erzeugnisse	60 000,00
0520 Gebäude	300 000,00	2400	Forderungen a. L. u. L...	193 800,00
0700 Technische Anlagen und		2600	Vorsteuer	10 500,00
Maschinen	220 000,00	2800	Bank	120 000,00
0800 Betriebs- und Geschäfts-		2880	Kasse	48 000,00
ausstattung	90 000,00	3000	Eigenkapital	644 500,00
0840 Fuhrpark	60 000,00	4250	Langfristige Bank-	
2000 Rohstoffe	140 000,00		verbindlichkeiten	510 000,00
2020 Hilfsstoffe	65 000,00	4400	Verbindlichkeiten	
2100 Unfertige Erzeugnisse.............	48 000,00		a. L. u. L.	250 800,00

Kontenplan

0510, 0520, 0700, 0800, 0840, 2000, 2020, 2100, 2200, 2400, 2600, 2800, 2880, 3000, 4250, 4400, 4800, 5000, 5400, 5710, 6000, 6020, 6160, 6200, 6300, 6700, 6800, 6870, 7510, 8010, 8020

Hinweis

Bestandsorientierte Materialeinkaufsbuchungen; Einzelerfassung des Verbrauchs

Geschäftsfälle

	6.	**7.**
1. Zielverkauf von Erzeugnissen lt. AR 336–345,		
netto	33 000,00	37 000,00
2. Lastschrift der Bank für Zinsen	3 200,00	1 750,00
3. Barzahlung für Maschinenreparatur,		
netto	750,00	850,00
4. Belastungsanzeige eines Lieferanten für Verzugszinsen	130,00	110,00
5. Barzahlung der Garagenmiete (umsatzsteuerfrei)	1 400,00	1 200,00
6. Materialentnahmescheine		
Rohstoffe	21 000,00	19 000,00
Hilfsstoffe	12 500,00	11 000,00
7. Belastungsanzeige an einen Kunden für Verzugszinsen	80,00	70,00
8. Einnahmen aus der Vermietung von Werkswohnungen bar		
(umsatzsteuerfrei)	1 600,00	1 550,00
9. Banküberweisung für eine Werbeanzeige, netto	400,00	350,00
10. ER 284–289 für Rohstoffe, netto	20 000,00	18 000,00
11. Kunden überweisen auf unser Bankkonto	45 600,00	42 180,00
12. Barkauf von Büromaterial, netto	500,00	550,00
13. Banküberweisung an Lieferanten	51 300,00	43 320,00
14. Rückzahlung eines Darlehens durch Banküberweisung	10 000,00	12 000,00
15. Banklastschrift für Zahlungen der		
Löhne	14 000,00	13 000,00
Gehälter	5 000,00	6 000,00
16. Verkauf von Erzeugnissen gegen Banküberweisung, netto	90 000,00	80 000,00

Bei allen Beschaffungs- und Absatzvorgängen fallen 19 % Umsatzsteuer an.

Abschlussangabe

Die Salden der Bestandskonten stimmen mit den Inventurwerten überein.
Führen Sie sämtliche Buchführungsarbeiten für die Rechnungsperiode durch.

Exkurs 4 Wirtschaftsrechnen

Thema: Prozentrechnung im und auf Hundert

Die Prozentrechnungen von Hundert, im Hundert und auf Hundert unterscheiden sich nur in der Richtung der Rechnung, nicht in der Rechentechnik.

Beispiele: Arten der Prozentrechnung

Listenpreis	140,00	100 %	reiner Grundwert G	**Prozentrechnung**	
− Rabatt	w	15 %	Prozentwert w	**von**	
= Zielpreis	G^{min}	85 %	verminderter Grundwert G^{min}	**Hundert**	

Listenpreis	G	100 %	reiner Grundwert G	**Prozentrechnung**	
− Rabatt	w	15 %	Prozentwert w	**im**	
= Zielpreis	114,75	85 %	verminderter Grundwert G^{min}	**Hundert**	

Nettopreis	G	100 %	reiner Grundwert G	**Prozentrechnung**	
+ USt.	w	19 %	Prozentwert w	**auf**	
= Bruttopreis	130,90	119 %	vermehrter Grundwert G^{plus}	**Hundert**	

ERSTER ABSCHNITT

Prozentrechnung im Hundert

Problem	Ansatz Dreisatz	Ansatz Kettensatz	Lösung	Lösungs-formel
Gegeben: p = 15, G^{min} = 114,75 Gesucht: Grundwert G	85 % = 114,75 EUR 100 % = G EUR	G EUR | 100 % 85 % | 114,75 EUR	$G = \dfrac{114,75 \cdot 100}{85}$	$G = \dfrac{G^{min} \cdot 100}{100 - p}$
Gegeben: p = 15, G^{min} = 114,75 Gesucht: Prozentwert w	Der Prozentwert kann berechnet werden, indem man G^{min} von dem oben ermittelten Wert für G subtrahiert. Oder man ermittelt w durch direkte Rechnung:			
	85 % = 114,75 EUR 15 % = w EUR	w EUR | 15 % 85 % |114,75 EUR	$w = \dfrac{114,75 \cdot 15}{85}$	$w = \dfrac{G^{min} \cdot p}{100 - p}$

Prozentrechnung auf Hundert

Problem	Ansatz Dreisatz	Ansatz Kettensatz	Lösung	Lösungs-formel
Gegeben: p = 19, G^{plus} = 130,90 Gesucht: Grundwert G	119 % = 130,90 EUR 100 % = G EUR	G EUR | 100 % 119 % |130,90 EUR	$G = \dfrac{130,90 \cdot 100}{119}$	$G = \dfrac{G^{plus} \cdot 100}{100 + p}$
Gegeben: p = 19, G^{plus} = 132,24 Gesucht: Prozentwert w	Der Prozentwert kann berechnet werden, indem man den oben ermittelten Wert für G von G^{plus} subtrahiert. Oder man ermittelt w durch direkte Rechnung:			
	119 % = 130,90 EUR 19 % = w EUR	w EUR | 19 % 119 % |130,90 EUR	$w = \dfrac{130,90 \cdot 19}{119}$	$w = \dfrac{G^{plus} \cdot p}{100 + p}$

Arbeitsaufträge

1. **Unternehmer Peffer kauft auf dem Weg ins Büro die Zeitschriften *Börse und Kurse* zu 3,50 EUR, *Politik und Wirtschaft* zu 3,75 EUR und *Handelsecho* zu 2,50 EUR. Für die Buchführung ist die Umsatzsteuer herauszurechnen.**
   Berechnen Sie die enthaltene Umsatzsteuer und den Nettopreis.

2. **Aus einer Werbeanzeige: „35 % Rabatt auf alle Preise! Zum Beispiel: Notebook ‚Yakomi 2' nur noch 877,50 EUR"!**
   Wie viel EUR kostete der Artikel vor der Preissenkung?

3. **Bei Ratenkäufen schlagen wir 14 % auf den Barpreis und berechnen 2,00 EUR Kosten.**
   Welcher Preis liegt folgendem Geschäft zugrunde? Anzahlung 80,00 EUR und 12 gleiche Monatsraten zu 60,00 EUR.

4. **Durch Rationalisierung wurden die Kosten um 23 % auf rund 1 Mio. EUR gesenkt.**
   Um welchen Betrag wurden die Kosten gesenkt und wie hoch waren sie vor der Rationalisierung?

5. **Für einen Kredit von 16 800,00 EUR verlangt die Bank als Sicherheit Wertpapiere, die sie zu 80 % beleiht.**
   Für wie viel EUR müssen wir der Bank Wertpapiere übergeben?

6. **Vier Kunden zahlen gemäß Kaufvertrag die folgenden Barpreise.**

	Kunde 1	Kunde 2	Kunde 3	Kunde 4
Katalogpreis (EUR)				
Mindermengenzuschlag				20 %
Rabatt	25 %		15 %	
Umsatzsteuer	19 %	19 %	19 %	19 %
Skonto		3 %	2 %	3 %
Barpreis brutto (EUR)	1 785,00	992,70	832,67	76,18

   Berechnen Sie die Katalogpreise und die Beträge zu den angegebenen Prozentsätzen.

7. **Wir erhöhen den Preis einer Ware um 6 %, räumen unseren Kunden aber – was bisher nicht der Fall war – bei Zahlung binnen 8 Tagen einen Skontoabzug von 2 % ein.**
   Wie viel Prozent beträgt die Preiserhöhung bei Inanspruchnahme von Skonto?

8. **Anstelle eines Geldrabatts erhalten die Kunden eines Elektronikherstellers zu je 10 bestellten Geräten kostenlos ein elftes (Warendraufgabe).**
   a) Welchem Rabattsatz entspricht die Draufgabe?
   Der Hersteller erwägt, stattdessen bei Lieferung von je 10 Stück nur 9 zu berechnen (Warendreingabe).
   b) Welche Lösung ist für den Kunden günstiger?

Exkurs 5 **Wirtschaftsrechnen**

Thema: Zinsrechnung

Zinsrechnung: Prozentrechnung unter Berücksichtigung der Zeit

Zinsen sind der Preis für die Überlassung von *Kapital* für eine bestimmte *Zeit*. Um sie besser vergleichbar zu machen, drückt man sie in einem Prozentsatz, dem sog. *Zinssatz*, aus. Er gibt den Preis für jeweils 100,00 EUR Kapital für ein Jahr an.

Prozentrechnung	Zinsrechnung	
Grundwert G	Kapital	K = der überlassene Betrag in EUR
Prozentsatz p	Zinssatz	p = der Jahrespreis für die Kapitalüberlassung in Prozent
Prozentwert w	Zinsen	z = der Preis für die Kapitalüberlassung in EUR
	Zeit	n = die Zeit in Jahren; t = die Zeit in Tagen

Der Faktor Zeit wird in Deutschland unterschiedlich berechnet:

	Das Jahr zählt	Der Monat zählt	Anwendung
Kaufmännische Zinsrechnung **(Nur diese Methode wird im Folgenden behandelt.)**	360 Tage	durchgehend 30 Tage [Ausnahme: Endet die Verzinsung am 28. (29.) Febr., werden Zinsen nur bis zu diesem Tag berechnet.]	Spareinlagen, Girokonto, Termineinlagen, Kredite
Euro-Zinsmethode	360 Tage	kalendergenau (je nach Monat 28, 29, 30, 31 Tage)	Tagesgeld, Geld-marktgeschäfte, Wechseldiskont, Anleihen
Bürgerliche Zins-rechnung	365 (366) Tage		Bürgerliche Rechts-geschäfte nach BGB

Der erste Tag eines Zinszeitraums gilt nicht als Zinstag, der letzte gilt als solcher.

Zinsformeln der kaufmännischen Zinsrechnung

Prozent-rechnung	Zinsrechnung		
	1 Jahr	**n Jahre**	**t Tage**
Grundgleichung:	Grundgleichung:	Zinsen für 1 Jahr mal Anzahl der Jahre (n)	Zinsen für 1 Jahr mal Bruchteil des Jahres (t/360)
		Jahreszinsformel	*Tageszinsformel*
$\dfrac{w}{G} = \dfrac{p}{100}$	$\dfrac{z}{K} = \dfrac{p}{100}$	$z = \dfrac{K \cdot p \cdot n}{100}$	$z = \dfrac{K \cdot p \cdot t}{100 \cdot 360}$
$w = \dfrac{G \cdot p}{100}$	$z = \dfrac{K \cdot p}{100}$		
$G = \dfrac{w \cdot 100}{p}$	$K = \dfrac{z \cdot 100}{p}$	$K = \dfrac{z \cdot 100}{p \cdot n}$	$K = \dfrac{z \cdot 100 \cdot 360}{p \cdot t}$
$p = \dfrac{w \cdot 100}{G}$	$p = \dfrac{z \cdot 100}{K}$	$p = \dfrac{z \cdot 100}{K \cdot n}$	$p = \dfrac{z \cdot 100 \cdot 360}{K \cdot t}$
		$n = \dfrac{z \cdot 100}{K \cdot p}$	$t = \dfrac{z \cdot 100 \cdot 360}{K \cdot p}$

Anmerkung: Merken Sie sich die grau unterlegten Formeln. Die anderen können Sie leicht durch Umstellung ableiten.

← Leicht zu merken: Im Zähler steht immer:

← $z \cdot 100 \cdot 360$

ERSTER ABSCHNITT

Beispiele: Berechnung von Zinsen und Zinssatz

1. Berechnen Sie die Zinsen.
   a) K = 5 000,00 EUR, p = 6, n = 4 Jahre

   $z = \dfrac{K \cdot p \cdot n}{100}$ $z = \dfrac{5\,000 \cdot 6 \cdot 4}{100} = \textbf{1 200,00 (EUR)}$

   b) K = 5 000,00 EUR, p = 6, Zeit: 03.01.–18.04.
   Tage:
   Januar: 30 – 3 = 27
   Februar, März: 60
   April: 18
               105

   $z = \dfrac{K \cdot p \cdot t}{100 \cdot 360}$ $z = \dfrac{5\,000 \cdot 6 \cdot 105}{100 \cdot 360} = \textbf{87,50 (EUR)}$

   c) K = 5 000,00 EUR, p = 6, Zeit: 03.01.– 28.02. (Februar = 28 Tage!)

   $z = \dfrac{K \cdot p \cdot t}{100 \cdot 360}$ $z = \dfrac{5\,000 \cdot 6 \cdot 55}{100 \cdot 360} = \textbf{45,83 (EUR)}$

2. Zu welchem Zinssatz war ein Kapital von 4 500,00 EUR ausgeliehen, das vom 26.05. bis zum 17.09. 104,06 EUR Zinsen brachte?

Tage:
Mai: $30 - 26 = 4$
Juni, Juli, August: 90
September: $\underline{17}$
                      111

$$p = \frac{z \cdot 100 \cdot 360}{K \cdot t} \qquad \boxed{p = \frac{104{,}06 \cdot 100 \cdot 360}{4500 \cdot 111} = 7{,}5 \; (\%)}$$

Arbeitsaufträge

1. **Folgende Beträge sind zu verzinsen:**
   a) **5 690,00 EUR zu 4 % für 5 Jahre**   b) **4 250,00 EUR zu 3,5 % für 3 Jahre**
   c) **1 450,00 EUR zu 7 % für 4 Jahre**   d) **860,00 EUR zu 6,25 % für 2½ Jahre**
   Berechnen Sie die Zinsen.

2. **Drei Kunden haben das Zahlungsziel erheblich überschritten. Wir berechnen deshalb 7,5 % Verzugszinsen bis zum 2. September.**

Kunde	Rechnungsbetrag	fällig
A	4 687,98 EUR	14.05.
B	1 658,50 EUR	09.03.
C	862,19 EUR	11.06.

   a) Berechnen Sie die Verzugszinsen.
   b) Berechnen Sie die Zahlbeträge.

3. **Folgende Sachverhalte liegen vor:**

	Darlehen	Zinssatz	Zeit	Zinsen
a)	4 800,00	6 ¾ %	15.01.–30.11.	
b)	3 725,00		01.07.–25.04.	58,98
c)	8 000,00	5,5 %	01.07.–	122,22
d)		7,25 %	23.08.–18.12.	289,50

   Berechnen Sie die jeweils fehlende Größe.

4. **Ein Kunde muss für die Zeit vom 3. September bis zum 8. Februar des folgenden Jahres bei einem Zinssatz von 8,5 % 567,37 EUR Verzugszinsen zahlen.**
   Auf welchen Betrag lautet die offene Rechnung?

5. **Ein Kapital bringt vom 4. Juli bis 2. November zu 6 % Zinsen den gleichen Betrag an Zinsen wie 5 600,00 EUR vom 2. Januar bis 9. Juni zu 7,5 %.**
   Wie viel EUR beträgt das Kapital?

6. **Ein Kaufmann muss für einen Betriebskredit von 20 000,00 EUR vom 15. März bis zum 5. Dezember 866,67 EUR Zinsen zahlen.**
   a) Zu welchem Zinssatz ist der Kredit ausgeliehen?

   Am 25. Juni kann er den Kredit zur Hälfte vorzeitig zurückzahlen und über die Restsumme einen Kredit zu 4,5 % mit verlängerter Laufzeit bis zum 28. Februar des Folgejahres aufnehmen.
   b) Wie viel Zinsen fallen für diesen Kredit an?

   Für ein weiteres Darlehen muss er im Jahr zwei Drittel der Zinsen zahlen, die er für den Kredit von 20 000,00 EUR ebenfalls für ein Jahr bezahlen müsste.
   c) Wie viel EUR beträgt dieses Darlehen bei einem Zinssatz von 6 %?

Summarische Zinsberechnung

In der Zinsformel $z = \dfrac{K \cdot p \cdot t}{100 \cdot 360}$ heißt $\dfrac{K \cdot t}{100}$ Zinszahl (#). Also gilt: $z = \# \cdot \dfrac{p}{360}$

Zinszahlen lassen sich vorteilhaft bei der summarischen Zinsberechnung verwenden.

Bei der summarischen Zinsberechnung werden die Gesamtzinsen für mehrere Kapitalbeträge mit verschiedenen Laufzeiten berechnet, die zum gleichen Zinssatz verzinst werden.

> Merke: Es ist üblich, Zinszahlen stets zu einer ganzen Zahl auf- bzw. abzurunden.

Bei n Kapitalbeträgen K_1, K_2, K_3, ..., K_n zum gleichen Zinssatz gilt:

Gesamtzinsen $= z = z_1 + z_2 + z_3 + ... + z_n$

$$z = \#_1 \cdot (p : 360) + \#_2 \cdot (p : 360) + \#_3 \cdot (p : 360) + ... + \#_n \cdot (p : 360)$$

$$z = (\#_1 + \#_2 + \#_3 + ... + \#_n) \cdot (p : 360)$$

Gesamtzinsen = Summe der Zinszahlen · (p : 360)

Beispiel: Summarische Zinsberechnung

Die folgenden Rechnungsbeträge sind seit den angegebenen Terminen in Verzug. Wie viel EUR Verzugszinsen fallen bei einem Zinssatz von 10 % bis zum 31.12. an?

K	Termin	Tage	#	
500,00	25.02.	305	1 525	
450,50	09.06.	201	905	(aufgerundet)
500,00	06.08.	144	720	
650,00	17.09.	103	670	(aufgerundet)
2 100,50			3 820	❸
			❹ 3 820 · (10 : 360)	
			= 106,11 (Zinsen)	

❶ Tage berechnen
❷ Zinszahlen berechnen
❸ Zinszahlen addieren
❹ Zinsen berechnen

Arbeitsaufträge

1. **Ein Kunde hat bei uns noch folgende Rechnungsbeträge offen:**
   4 689,80 EUR, fällig am 17. Oktober; 865,30 EUR, fällig am 27. Oktober; 1 750,00 EUR, fällig am 3. November; 2 549,80 EUR, fällig am 1. Dezember.
   Wie viel EUR muss der Kunde am 15. Dezember einschließlich 9,5 % Verzugszinsen bezahlen?

2. **Zur Finanzierung eines Großauftrags über 6 580 000,00 EUR überweist die EXZONA AG dem ausführenden Betrieb:**
   1 500 000,00 EUR am 15. Mai; 2 600 000,00 EUR am 20. Juni.; 800 000,00 EUR am 10. August.
   Es ist vereinbart, dass diese Vorauszahlungen bis zur Fertigstellung des Projekts mit 3 % verzinst werden.
   a) Wie hoch ist das Guthaben der EXZONA AG bei Fertigstellung am 13. September?
   b) Welchen Restbetrag muss die EXZONA AG noch überweisen?

3. **Ein Sparer tätigt folgende Einzahlungen und Abhebungen:**

Einzahlungen	Abhebungen
500,00 EUR am 31.12.	600,00 EUR am 12.05.
1 000,00 EUR am 01.03.	500,00 EUR am 10.07.
2 000,00 EUR am 30.06.	500,00 EUR am 01.09.
2 000,00 EUR am 15.09.	

Am 31. Dezember werden die Zinsen gutgeschrieben. Der Zinssatz beträgt 2,75 %.
Auf wie viel EUR lautet das neue Guthaben?

ERSTER ABSCHNITT

Zinsrechnung auf Hundert

Bei der Zinsrechnung auf Hundert ist das um die Zinsen vermehrte Kapital bekannt. Gesucht ist das reine (ursprüngliche) Kapital.

> **Beispiel: Zinsrechnung auf Hundert**
>
> Ein Kapital wird am 06.08. ausgeliehen und am 24.02. des Folgejahres einschließlich 7 % Zinsen mit 1 557,75 EUR zurückgezahlt. Wie hoch war das Kapital, wie hoch sind die Zinsen?
>
> Berechnung der Zeit: 06.08. bis 24.02.: 198 Tage
> Mögliche Lösungsansätze:
>
> *Die rechnerische Lösung dieser Ansätze werden Sie sicher selbst bewältigen.*
>
> 1. Gleichung: $1\,557{,}75 = K + \dfrac{K \cdot 7 \cdot 198}{100 \cdot 360}$; $K = 1\,500$
>
> 2. Kettensatz:
>
> | K EUR | 100 % |
> |---|---|
> | 7 % | 360 Tage |
> | 198 Tage | (1 557,75 − K) EUR |
>
> $K = 1\,500$
>
> 3. Dreisatz: $(100 + 7 \cdot 198 : 360)\,\% = 1\,557{,}75$ EUR
> $100\,\% =$ K   EUR $K = 1\,500$

Die Zinsrechnung auf Hundert ist auch bei der Berechnung des **Barwerts** einer Forderung/Verbindlichkeit anzuwenden. Dies ist der Wert zu einem Zeitpunkt vor der Fälligkeit. Die Forderung/Verbindlichkeit wird auf diesen Zeitpunkt „abgezinst".

> **Beispiel: Barwert**
>
> Eine Forderung von 1 557,75 EUR ist am 24.02. fällig. Der Schuldner will sie schon am 06.08. des Vorjahrs begleichen. Wie viel muss er zahlen, wenn der marktübliche Zins 7 % beträgt?

Die Zahlen entsprechen dem obigen Beispiel. Die Lösung ist ebenfalls exakt die gleiche. Denn: 1 500,00 EUR sind der Betrag, der bei 7 % Zins vom 06.08. bis zum 24.02. auf den Endwert von 1 557,75 EUR anwächst. Sie sind deshalb auch der Betrag, der die Forderung vorzeitig ausgleicht: der Barwert zum 06.08.

> **Hinweis:** Statt der mathematisch exakten Zinsrechnung auf Hundert wendet man bei kurzen Laufzeiten in der Praxis oft die falsche, aber einfachere Zinsrechnung von Hundert an (Endwert = 100 %) und nimmt den relativ kleinen Fehler in Kauf.

Arbeitsaufträge

1. **Ein säumiger Schuldner überweist auf einen gerichtlichen Mahnbescheid hin eine Summe von 2 434,56 EUR. Die Zahlung enthält 9,875 % Zins für 240 Tage sowie 98,00 EUR Kosten.**
   Über welchen Betrag lautete die Rechnung?

2. **Ein Sparer hebt nach 5 Monaten ein Termingeldguthaben von 1 620,00 EUR einschließlich Zinsen ab. Die Bank zahlt 3 % Zinsen.**
   Wie hoch waren Anfangsguthaben und Zinsen?

3. **Die Bank verlangt für einen Kredit vom 1. Juli bis 21. September 9 % Zinsen und 1 % Bearbeitungsgebühr. Der Rückzahlungsbetrag einschließlich aller Kosten beträgt 2 523,50 EUR.**
   Wie hoch waren Kredit, Zinsen und Bearbeitungsgebühr?

4. **Ein Guthaben wird vom 1. Februar (erster Zinstag) an verzinst. Am 30. Juni werden weitere 5 000,00 EUR eingezahlt. Am 19. November wird ein Gesamtguthaben von 17 008,20 EUR einschließlich 4,5 % Zinsen ausgezahlt. Die Zinsen wurden dem Kapital jeweils am Ende eines Kalendervierteljahrs zugeschlagen und anschließend mitverzinst.**
   Wie viel EUR wurden zu Beginn eingezahlt?

5. **Ein Kredit über 20 000,00 EUR, fällig am 30. Dezember, soll vorzeitig am 16. März getilgt werden.**
   Wie viel EUR muss der Kreditnehmer bei 6,25 % Zins zahlen?

10 Privatkonto

„Ich bin Egon Teigkneter, Eigentümer der Brotfabrik Backfrisch e.K. Vom Gewinn meines Unternehmens investiere ich das meiste wieder, vom Rest kann ich ganz gut leben. Ich hebe monatlich 5 000,00 EUR vom Firmenkonto ab, denn ich habe laufende Ausgaben und kann nicht auf die Gewinnermittlung am Ende des Geschäftsjahrs warten. Na ja, und meinen täglichen Bedarf an Brot und Backwaren decke ich natürlich nicht bei anderen Bäckern, sondern bei mir selbst. Das ist für mich preiswerter.

Letztes Jahr hatte ich Glück: Aufgrund einer Erbschaft war ich in der Lage, 300 000,00 EUR Einlagen zu tätigen und für dringende Rationalisierungsinvestitionen zu nutzen."

10.1 Entnahmen und Einlagen

Einzelunternehmer und voll haftende Gesellschafter von Personengesellschaften tätigen in aller Regel im Laufe des Geschäftsjahrs für sich, ihren Haushalt oder andere unternehmensfremde Zwecke Entnahmen aus dem Unternehmen (sog. Privatentnahmen). Bisweilen leisten sie auch Einlagen. Solche privaten Entnahmen und Einlagen sind erfolgsneutral (§ 4 Abs. 1 EStG):

Privatentnahmen mindern das Eigenkapital, sind aber kein Aufwand. Sie sind vorweg entnommene Teile des erwarteten Gewinns.

Privateinlagen mehren das Eigenkapital, sind aber kein Ertrag; denn diese Werte wurden nicht vom Unternehmen erwirtschaftet.

Deshalb werden Privatentnahmen und -einlagen buchhalterisch von den Aufwendungen und Erträgen abgegrenzt und gesondert auf dem **Konto 3001 Privatkonto** gebucht. Dieses ist – wie das GuV-Konto – ein Unterkonto des Kontos 3000 Eigenkapital.

Entnahmen = Kapitalminderungen ⟶ **Sollbuchung auf dem Privatkonto**
Einlagen = Kapitalmehrungen ⟶ **Habenbuchung auf dem Privatkonto**

Beispiele: Privatkonto

			Buchung im Grundbuch:				
1. Kassenentnahme	300,00		3001 Privat	300,00	an	2880 Kasse	300,00
2. Bankeinlage	1 000,00		2800 Bank	1 000,00	an	3001 Privat	1 000,00

Buchung im Hauptbuch:

S	**3001 Privat**		H		S	**2880 Kasse**		H
2880	300,00	2800	1 000,00				3001	300,00

S	**2800 Bank**	H
3001	1 000,00	

Bei einer Privatentnahme ist stets zu prüfen, ob sie umsatzsteuerpflichtig ist. Dies ist dann der Fall, wenn der entnommene Wert zum Abzug von Vorsteuer berechtigte.

10.2 Entnahme von Geldwerten

Die Entnahme von Geldwerten umfasst

- private Bargeldentnahmen aus der Kasse,
- private Verfügungen über die Bankkonten des Unternehmens.

Merke: Zu den Privatentnahmen zählen auch Zahlungen vom Betriebskonto für private Steuern (Einkommen-, Kirchensteuer), Versicherungen, Mieten, Rechnungen, Spenden und andere private Zwecke.

Die Entnahme von Geldwerten ist nicht umsatzsteuerpflichtig.

Beispiele: Entnahme von Geldwerten

Eigenbeleg	IBAN			Kontoauszug	Auszug	Blatt
Kassen-entnahme:	DE89 3704 0044 0532 0130 00			**Raiffeisenbank Borstenbühl –**	276	1
5000,00 EUR				**BIC GENODED1RBC0**		
Borstenbühl,	Buch.-Tag	Wert	PN	Erläuterung/Verwendungszweck		Umsätze
30.06.20..	30.06.	30.06.	724	Darlehenszinsen		945,00
E. Teighneter	10.07.	10.07.	724	Einkommensteuervorauszahlung		7995,00
	10.07.	10.07.	724	Miete Ferienhaus Sunclass 7a		1200,00

Buchung im Grundbuch:

3001 Privat	5000,00	an	2880 Kasse	5000,00
3001 Privat	945,00	an	2800 Bank	945,00
3001 Privat	7995,00	an	2800 Bank	7995,00
3001 Privat	1200,00	an	2800 Bank	1200,00

Buchung im Hauptbuch:

S	3001 Privat	H		S	2880 Kasse	H
2880	5000,00				3001	5000,00
2800	945,00					
2800	7995,00			S	2800 Bank	H
2800	1200,00				3001	945,00
					3001	7995,00
					3001	1200,00

10.3   Unentgeltliche Wertabgaben

Unentgeltliche Wertabgaben des Unternehmens für private Zwecke des Unternehmers oder seines Personals sind grundsätzlich umsatzsteuerpflichtig.

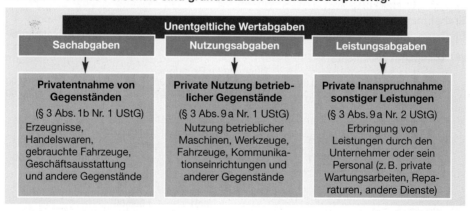

Unentgeltliche Wertabgaben		
Sachabgaben	**Nutzungsabgaben**	**Leistungsabgaben**
Privatentnahme von Gegenständen	**Private Nutzung betrieblicher Gegenstände**	**Private Inanspruchnahme sonstiger Leistungen**
(§ 3 Abs. 1b Nr. 1 UStG)	(§ 3 Abs. 9a Nr. 1 UStG)	(§ 3 Abs. 9a Nr. 2 UStG)
Erzeugnisse, Handelswaren, gebrauchte Fahrzeuge, Geschäftsausstattung und andere Gegenstände	Nutzung betrieblicher Maschinen, Werkzeuge, Fahrzeuge, Kommunikationseinrichtungen und anderer Gegenstände	Erbringung von Leistungen durch den Unternehmer oder sein Personal (z.B. private Wartungsarbeiten, Reparaturen, andere Dienste)

Bei Sachabgaben und Nutzungsabgaben ist zu prüfen, ob für den entnommenen oder genutzten Gegenstand Vorsteuer abgezogen wurde. Nur wenn dies der Fall ist, unterliegen sie der Umsatzsteuer.

Wär's anders, hätte der Unternehmer einen ungerechtfertigten Steuervorteil gegenüber anderen Verbrauchern.

Umsatzsteuerrechtlich sind die vorsteuerabzugsberechtigten unentgeltlichen Wertabgaben den Lieferungen und Leistungen des Unternehmens gleichgesetzt: Das Unternehmen gibt die Leistung sozusagen an den Unternehmer statt an einen Kunden ab. Da dies unentgeltlich geschieht, darf nicht auf Konto 5000 Umsatzerlöse gegengebucht werden! Dies würde nämlich dazu führen, dass die Höhe der echten betrieblichen Umsatzerlöse nicht mehr ermittelt werden könnte.

Buchung der unentgeltlichen Wertabgaben:

Sollkonto: 3001 Privat ──────▶ Abschluss über Eigenkapital
Habenkonto: 5420 Entnahme von Gegenstän- ──▶ Ertragskonto, deshalb Ab-
den und sonstigen Leistungen schluss über GuV

Beispiele: Private Sach-, Nutzungs- und Leistungsabgaben

	Buchung:
• **Sachabgabe** Jahresentnahme an Erzeugnissen (Backwaren) 2 000,00 7 % USt. 140,00	3001 Privat 2 140,00 an 5420 Entnahme v. G. u. s. L. 2 000,00 an 4800 Umsatzsteuer 140,00

> Bemessungsgrundlage für die Besteuerung sind
> • bei beschafften Gütern die Wiederbeschaffungskosten (Nettoeinkaufspreis zuzüglich Nebenkosten),
> • bei selbst erstellten Gütern die Selbstkosten (= gesamte entstandene Aufwendungen) zum Zeitpunkt der Entnahme.

• **Nutzungsabgabe** Nutzung eines betrieblichen Krans für privaten Hausbau. Wert der Nutzung: 2 500,00 19 % USt. 475,00	3001 Privat 2 975,00 an 5420 Entnahme v. G. u. s. L. 2 500,00 an 4800 Umsatzsteuer 475,00
• **Leistungsabgabe** Einsatz des Kranführers: 500,00 19 % USt. 95,00	3001 Privat 595,00 an 5420 Entnahme v. G. u. s. L. 500,00 an 4800 Umsatzsteuer 95,00

Die in der Praxis bedeutendsten Fälle unentgeltlicher Nutzungsentnahmen sind die private Nutzung von Geschäfts-Pkws und des Geschäftstelefons.

■ Private Nutzung von Geschäfts-Pkws

Für Fahrzeuge, die zumindest zu 50 % unternehmerisch genutzt werden, gilt:

- Anschaffungskosten, Miete und Betriebskosten sind voll vorsteuerabzugsfähig.
- Der private Nutzungsanteil unterliegt als unentgeltliche Wertabgabe der Umsatzsteuer.
- Bei der Berechnung des privaten Nutzungsanteils werden vorsteuerfreie Kostenbestandteile (Versicherungskosten, Kfz-Steuer, Rundfunkgebühren für Autoradio) nicht berücksichtigt.

> **Ermittlung des privaten Nutzungsanteils**
> - Entweder **Einzelnachweis** durch Fahrtenbuch (getrennte Kilometeraufzeichnung für Dienst- und Privatfahrten). Der Einzelnachweis ist auch bei weniger als 50 % unternehmerischer Nutzung gestattet.
> - Oder pauschal durch „1 %-Regelung": Für jeden Kalendermonat sind 1 % des auf volle 100,00 EUR abgerundeten Listenpreises bei Erstzulassung einschließlich Umsatzsteuer anzusetzen. Für vorsteuerfreie Kostenbestandteile pauschaler Abzug von 20 %.

Beispiel: 1 %-Regelung
Listenpreis einschließlich Umsatzsteuer 38 280,00 EUR.
38 200,00 EUR · 1 % · 12 = 4 584,00
– 20 % von 4 584,00 ___916,80___
3 667,20; davon 19 % = 696,77

Buchung: 3001 Privat 916,80 an 5420 Entnahme v. G. u. s. L. 916,80 (USt.-freie Entnahme)
3001 Privat 4 363,97 an 5420 Entnahme v. G. u. s. L. 3 667,20 (umsatzbesteuerte
an 4800 Umsatzsteuer 696,77 Entnahme)

■ Private Nutzung des gemieteten Geschäftstelefons

Die private Nutzung gemieteter Telefonanlagen ist **keine** umsatzsteuerbare Wertabgabe (Abschn. 24c Abs. 4 Satz 4 UStR 2000). Deshalb ist die auf die anteiligen privaten Telefonkosten entfallende Vorsteuer nicht abzugsfähig. Die Vorsteuer in der Telefonrechnung ist bei Rechnungserhalt sofort um ihren privaten Nutzungsanteil zu kürzen.

ERSTER ABSCHNITT

Beispiel: Private Nutzung des Geschäftstelefons

	netto	19 % Vorsteuer	brutto
Beträge der Telefonrechnung	5 000,00	950,00	5 950,00
– private Nutzung (Gebührenzähler) 20 %	1 000,00	190,00	1190,00
= unternehmerische Nutzung	4 000,00	760,00	4 760,00

Buchung:

6820 Porto, Telefon, Telefax	4 000,00		
2600 Vorsteuer	760,00		
3001 Privat	1190,00	an 2800 Bank	5 950,00

Ist die Telefonanlage gekauft, so sind die auf den privaten Nutzungsanteil entfallenden Abschreibungen (= verrechneter Aufwand für Wertminderungen; vgl. S. 139) umsatzsteuerpflichtig: **3001 Privat an 5420 Entnahme v. G. u. s. L. und an 4800 USt.**

10.4 Abschluss des Privatkontos

Das Privatkonto wird (wie 8020 GuV) über das Eigenkapitalkonto abgeschlossen.

Abschlussbuchungen:

- bei Entnahmenüberschuss:

    3000 Eigenkapital an 3001 Privat

- bei Einlagenüberschuss:

    3001 Privat an 3000 Eigenkapital

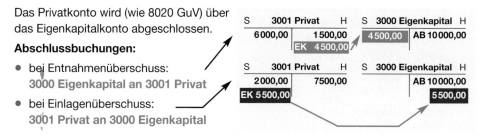

Diese Buchungen gehören zu den vorbereitenden Abschlussbuchungen.

Arbeitsaufträge

1. **Für die Buchhaltung eines Betriebs stellen sich folgende Fragen:**
    a) **Warum sind Privatentnahmen und Privateinlagen buchhalterisch besonders zu erfassen?**
    b) **Wie lautet die Bemessungsgrundlage für die Umsatzbesteuerung von Sachabgaben?**
    c) **Mit welchem Buchungssatz wird das Konto 3001 Privat in folgenden Fällen abgeschlossen?**
        (1) Entnahmen > Einlagen
        (2) Entnahmen < Einlagen
    Beantworten Sie diese Fragen schriftlich.

2. **Die folgenden Geschäftsfälle sind zu buchen.**
    Erstellen Sie die Buchungssätze. Beachten Sie dabei: Die Geschäftsfälle enthalten keine Angaben zur Umsatzsteuer. Sie müssen folglich selbst beurteilen, ob und in welcher Höhe Umsatzsteuer anfällt.
    (1) Banküberweisung der Prämie für die Lebensversicherung des
    Unternehmers 720,00
    (2) Der Unternehmer entnimmt der Geschäftskasse für eine Kegeltour 400,00
    (3) Lastschrift der Bank für die Überweisung der Miete
    für das Geschäft 4 200,00
    für die Privatwohnung 900,00
    (4) Die Telefongebühren betragen insgesamt netto 1 400,00
    und werden durch Banküberweisung beglichen.
    Der private Nutzungsanteil beträgt 300,00
    (5) Postbanküberweisungen der
    Umsatzsteuer 22 400,00
    Einkommen- und Kirchensteuer des Inhabers 6 300,00
    (6) Einlage des Geschäftsinhabers auf das Bankkonto 15 000,00
    (7) Der Unternehmer entnimmt Erzeugnisse für den Haushalt, Nettowert 600,00
    (8) Banküberweisung einer Spende für das SOS-Kinderdorf 100,00

(9) Der Unternehmer schenkt seiner Tochter einen gebrauchten Pkw, den er dem Betriebsvermögen entnimmt. Der Buchwert des Fahrzeugs beträgt zum Zeitpunkt der Entnahme 4 200,00 EUR. Die Wiederbeschaffungskosten betragen 5 800,00

(10) Wartung des Pkws der Tochter des Unternehmers in der Betriebswerkstatt: Arbeitslohn 30,00 EUR, Werkstattkosten 20,00 EUR, Sachkosten (Ölfilter, Öl, Bremsflüssigkeit) 40,00 EUR; insgesamt 90,00

(11) Privater Nutzungsanteil eines Geschäfts-Pkws im Monat Dezember nach der 1 %-Regelung. Listenpreis des Wagens ohne Umsatzsteuer 32 000,00

3. **Anschaffungspreis eines Geschäfts-Pkws 25 000,00 EUR (ohne Umsatzsteuer). Es betragen jährlich die für die Nutzung anfallenden**
  – **vorsteuerabzugsfähigen Kostenbestandteile (zum Teil geschätzt)** ....**11 000,00 EUR**
  – **vorsteuerfreien Kostenbestandteile** .... **1 500,00 EUR**
Die jährliche Kilometerleistung wird auf 40 000 km geschätzt, davon 40 % private Kilometer.

Berechnen Sie die voraussichtlich anfallende Umsatzsteuer für die private Nutzung
a) nach den voraussichtlich anfallenden tatsächlichen Kosten,
b) nach der pauschalen 1 %-Regelung.
Welche Berechnungsart ist im vorliegenden Fall vorzuziehen?

	4.	5.
4./5. **Folgende Sachverhalte liegen vor:**	EUR	EUR
Anfangsbestand des Eigenkapitals	200 000,00	300 000,00
Summe der Privatentnahmen	62 800,00	57 100,00
Summe der Privateinlagen	40 000,00	70 000,00
Summe aller Aufwendungen (Kontenklassen 6 u. 7)	610 000,00	750 000,00
Summe aller Erträge (Kontenklasse 5)	705 000,00	778 000,00

Buchen Sie auf den Konten 3000, 3001 und 8020 und schließen Sie die Konten ab.

6./7. **Die Konten eines Industriebetriebs weisen zum 30. Dezember folgende Salden auf:**

Konten	Soll/EUR	Haben/EUR
0700 Technische Anlagen und Maschinen	150 000,00	
0840 Fuhrpark	50 000,00	
0860 Geschäftsausstattung	70 000,00	
2000 Rohstoffe	180 600,00	
2020 Hilfsstoffe	48 200,00	
2100 Unfertige Erzeugnisse	19 000,00	
2200 Fertige Erzeugnisse	32 600,00	
2400 Forderungen a. L. u. L.	96 900,00	
2600 Vorsteuer	11 200,00	
2800 Bank	112 320,00	
2880 Kasse	31 150,00	
3000 Eigenkapital		400 870,00
3001 Privat	27 400,00	
4250 Langfristige Bankverbindlichkeiten		270 000,00
4400 Verbindlichkeiten a. L. u. L.		49 020,00
4800 Umsatzsteuer		18 430,00
5000 Umsatzerlöse		491 200,00
5200 Bestandsveränderungen		
5400 Mieterträge		16 300,00
5420 Entnahme von Gegenständen und sonstigen Leistungen		6 800,00
5710 Zinserträge		1 100,00
6000 Aufwendungen für Rohstoffe	150 400,00	
6020 Aufwendungen für Hilfsstoffe	37 900,00	
6160 Fremdinstandsetzung	8 200,00	
6200 Löhne	110 200,00	

Konten	Soll/EUR	Haben/EUR
6300 Gehälter	80 800,00	
6700 Mieten	18 000,00	
6800 Büromaterial	1 230,00	
6820 Porto, Telefon, Telefax	5 320,00	
7510 Zinsaufwendungen	12 300,00	
	1 253 720,00	1 253 720,00

Richten Sie noch die Konten 8010 und 8020 ein.

Vor dem Jahresabschluss sind noch folgende Geschäftsfälle zu berücksichtigen:

	6.	7.
	EUR	EUR
(1) Privatentnahme bar	1 500,00	1 700,00
(2) Privatentnahme von Erzeugnissen, netto	1 600,00	1 700,00
(3) Spende an das Rote Kreuz durch Banküberweisung	300,00	250,00
(4) Barkauf von Schreibmaterial, netto	250,00	350,00
(5) Bankgutschrift der Mieteinnahmen aus der Vermietung von Werkswohnungen (umsatzsteuerfrei)	1 800,00	1 600,00
(6) Belastungsanzeige an einen Kunden für Verzugszinsen	120,00	90,00
(7) Unsere Banküberweisungen		
Miete für Geschäftsräume	2 400,00	1 900,00
Miete für die Privatwohnung	1 000,00	800,00
(8) Banküberweisung von Kunden	12 540,00	10 260,00
(9) Privatentnahme bar für Kegeltour	600,00	480,00
(10) Zinslastschrift der Bank	400,00	360,00
(11) Banküberweisung an Lieferant	14 820,00	13 110,00

Abschlussangaben

Inventurbestände

2000 Rohstoffe	150 000,00	145 000,00
2020 Hilfsstoffe	40 100,00	39 000,00
2100 Unfertige Erzeugnisse	24 500,00	26 300,00
2200 Fertige Erzeugnisse	40 200,00	38 100,00

Die Salden der übrigen Bestandskonten stimmen mit den Inventurwerten überein.

Führen Sie alle notwendigen Buchführungsarbeiten durch.

Beachten Sie: Die Geschäftsfälle enthalten keine Angaben zur Umsatzsteuer. Sie müssen selbst beurteilen, ob und in welcher Höhe Umsatzsteuer anfällt.

11 Einsatz von Buchführungssoftware

11.1 Funktionen von Buchführungsprogrammen

Anfangs wurden die Buchungen in Grund- und Hauptbuch von Hand, später mit Buchungsmaschinen vorgenommen. Heute hingegen ist es selbstverständlich, dass der Industriebetrieb seine Buchführung **EDV-gestützt mithilfe eines Buchführungsprogramms** abwickelt. Dadurch ist es möglich geworden,

An verschiedenen Stellen dieses Buches arbeiten wir mit der ERP-Software Lexware Financial Office.

- eine enorme Vielzahl an Geschäftsfällen taggenau zu erfassen,
- die Buchungen automatisiert zu verarbeiten,
- die geschäftliche Situation des Unternehmens nach verschiedenen Gesichtspunkten zeitnah auszuwerten und
- den Erfolg und die Vermögenslage in kürzester Zeit zu ermitteln.

Die Buchführung ist in der Regel nur eine von vielen Funktionen der eingesetzten Softwarepakete. Letztere umfassen vielmehr meist zusätzliche Module zur Steuerung, Abwicklung und Kontrolle betrieblicher Prozesse (Auftragsbearbeitung, Produktionsplanung und -steuerung, Bestellwesen, Lohn- und Gehaltsabrechnung). Weil die Programmmodule eine gemeinsame Datenbasis nutzen, spricht man von einer **integrierten kaufmännischen Software** oder auch von **ERP-Systemen** (ERP = Enterprise Resource Planning)[1]. Hinsichtlich der Finanzbuchführung weisen sie folgende Eigenschaften auf:

Eigenschaften von ERP-Systemen

Einheitliche Benutzeroberfläche

Alle Module der integrierten kaufmännischen Software nutzen eine einheitliche Benutzeroberfläche. Dies erleichtert die Einarbeitung in die Handhabung der Software, vor allem wenn ein Mitarbeiter mit mehreren Modulen arbeitet. Die Vergabe von Benutzerrechten und Passwörtern definiert, welcher Mitarbeiter Zugriff auf welche Module hat.

Beispiel: Lexware Financial Office
In verschiedenen Modulen ist die Reihenfolge im Hauptmenü immer dieselbe.

Gemeinsame Datenbasis

Das Modul *Buchführung* und andere Module nutzen eine gemeinsame Datenbasis. Die Daten werden in einer zentralen Datenbank gespeichert.

Beispiel: Lexware Financial Office
Durch das Modul *Anlagenverwaltung* kann ein Anlagegut erfasst und zugleich gebucht werden. So wird eine erneute Erfassung in der Buchhaltung vermieden.

Die gemeinsame Datenbasis sichert auch die Integrität der Daten. Benutzerrechte und die Sperrung von Datensätzen, die ein anderer Benutzer bereits bearbeitet, verhindern Datenverluste.

Einrichtung und Pflege von Stammdaten

Buchführungsprogramme bieten vorbereitete Standardlösungen für die Buchführung. Sie stellen z. B. einen Kontenrahmen bereit. Sie räumen dem Unternehmen aber auch die Möglichkeit ein, diese **Stammdaten** auf seine spezifische Situation **anzupassen.**

Beispiel: Lexware Financial Office
Basis für die Einrichtung des Buchführungsmoduls ist der branchenbezogene Kontenrahmen. Vor der Inbetriebnahme der Software wird er um nicht vorgegebene, aber benötigte Konten erweitert und um nicht benötigte Konten gekürzt.

---

[1] Vergleichen Sie hierzu Bd. 1 „Geschäftsprozesse", Sachwort „Enterprise Ressource Planning".

Buchung im Dialogverfahren oder im Stapelverfahren

Dialog- und Stapelverfahren sind Verfahren, Geschäftsfälle zu erfassen und zu buchen.

Beim **Dialogverfahren** wird jeder Geschäftsfall einzeln erfasst und sofort gebucht. Buchungsfehler sind nur noch durch Storno- und Korrekturbuchungen zu berichtigen.

Beim **Stapelverfahren** werden **alle** vorliegenden Geschäftsfälle erfasst und erst dann gesammelt gebucht. Bis dahin kann jede Buchung noch ohne Stornierung korrigiert werden. Der Ablauf einer EDV-gestützten Stapelbuchung wird in Kapitel 10.3 detailliert beschrieben.

Offene-Posten-Buchführung

Für Industriebetriebe sind Zielein- und -verkäufe typisch. Rechnungen sind somit bis zur Bezahlung offen; sie bilden **offene Posten**. Wesentlicher Bestandteil von Buchführungsprogrammen ist deshalb die Offene-Posten-Buchführung. Sie übernimmt die Aufgabe der Kontokorrentbuchführung (Debitoren- und Kreditorenbuchführung). Im Rahmen der Offene-Posten-Buchführung werden für Debitoren und Kreditoren eigene Konten eingerichtet. Es wird dann nicht mehr auf den Konten *Forderungen* und *Verbindlichkeiten* gebucht, sondern auf den einzelnen Debitoren- und Kreditorenkonten. (Mehrfach- und Stammkunden erhalten ein eigenes Debitorenkonto. Einmalkunden werden unter *Diverse* – z. B. Diverse A, B usw. – zusammengefasst.) Die Konten 2400 Forderungen und 4400 Verbindlichkeiten stellen nur noch Sammelkonten dar. Die Summe ihrer Bestände entspricht der Saldensumme der Debitoren- und Kreditorenkonten.

Verprobung von Konten

Einige **Konten** werden **miteinander verknüpft**. So löst z. B. die Buchung von Umsatzerlösen automatisch eine entsprechende Buchung auf dem Konto Umsatzsteuer aus. Man sagt: Die Konten sind miteinander „verprobt". Die **Verprobung** von Konten wird durch eine Einstellung in den Stammdaten des Buchführungsprogramms vorgenommen.

Auswertungen

Buchführungsprogramme bieten die Möglichkeit, verschiedene **Auswertungen** vorzunehmen.

> **Beispiel: Lexware Financial Office**
>
> Im Rahmen der Offene-Posten-Buchführung können Gesamtlisten der offenen Posten, Fälligkeitslisten oder Mahnlisten erstellt werden.

11.2   Einrichtung und Pflege von Stammdaten

Sie wissen bereits, dass jedes Unternehmen seinen individuellen Kontenplan erstellen kann. Entsprechend bieten Buchführungsprogramme die Möglichkeit, den Kontenplan frei zu gestalten. Sachkonten, Debitoren- und Kreditorenkonten können völlig frei angelegt und geändert werden. Dafür werden Stammdaten der Software geändert.

Ein Teil dieser Arbeiten wird einmalig vor Inbetriebnahme der Software durchgeführt. Ein Kontenrahmen wird ausgewählt. Auf seiner Basis wird ein Kontenplan erstellt. Das heißt: Man löscht nicht benötigte Konten und richtet zusätzliche Konten an Stellen ein, die eine detailliertere Auswertung erfordern.

Die Einrichtung von Sachkonten des Kontenplans erfordert diverse Programmeinstellungen (z. B. Angabe, über welche Konten die Sachkonten abzuschließen sind; Angaben betreffend die Verprobung von Konten; Angaben über die Umsatzsteuersätze). Sie sollte deshalb Fachleuten des Softwareanbieters überlassen werden.

> **Kontonummern in Lexware Financial Office**
>
> In Lexware Financial Office haben die Kontonummern keine feste Anzahl Stellen.
>
> Sachkonten werden grundsätzlich vierstellig angegeben. Ausnahme: Bei den Konten der Kontenklasse 0 entfällt die führende Null. Konten der Kontenklasse 0 sind also dreistellig (z. B. 840 statt 0840).
>
> Debitorenkonten und Kreditorenkonten sind fünfstellig. Die erste Stelle weist auf die Kontenart hin: Debitorenkonten beginnen mit den Ziffern 1, 2, 3, 4, 5 oder 6. Kreditorenkonten beginnen mit 7, 8 oder 9.
>
> > **Beispiel: Sachkonto, Debitorenkonto**
> >
> > 2800   Bank
> > 10002   Produkta GmbH
>
> Für die Buchung in Lexware Financial Office kann man entweder die volle Kontonummer eingeben oder das Konto aus einer Liste auswählen.

Beispiel: **Stammdaten bei Lexware Professional Office**

Die Abbildung zeigt einen Teil der Lexware-Stammdaten des Kontos 770 Sonstige Anlagen und Maschinen (im IKR: 0770). Auf anderen Seiten des Kontoassistenten sind weitere Einstellungen vorzunehmen.

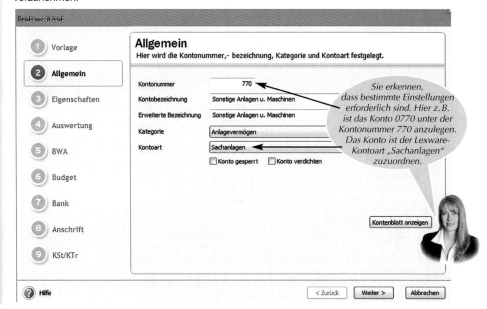

Ein anderer Teil der Arbeiten ist die **Stammdatenpflege**. Sie erfolgt im laufenden Betrieb. Wenn beispielsweise im Rahmen der Offene-Posten-Buchführung ein neuer Kreditor angelegt werden soll, muss dies der Buchhalter selbst erledigen können. Im Programm kann für jeden Benutzer festgelegt werden, ob er die Berechtigung zur Stammdatenpflege hat.

11.3 Ablauf einer EDV-gestützten Stapelbuchung

Laufende Buchungen können bekanntlich im Dialog oder als Stapelbuchung erfasst werden. Die Stapelbuchung hat den Vorteil, dass bis zum Abschluss der Erfassung jede Buchung noch ohne Stornierung korrigiert werden kann.

Die einzelnen Arbeitsschritte bei der Stapelbuchung sind auf S. 132 detailliert dargestellt.

11.4 Offene-Posten-Buchführung

In der Offene-Posten-Buchführung werden für **Eingangs- und Ausgangsrechnungen** offene Posten angelegt. Das heißt: Die Rechnungen werden auf den **Kreditorenkonten als Verbindlichkeiten**, auf den **Debitorenkonten als Forderungen** gebucht.

Die Sachkonten **2400 Forderungen** und **4400 Verbindlichkeiten** dienen nur noch als Sammelkonten; auf ihnen erfolgen keine laufenden Buchungen mehr. Sie sind aber im Buchführungsprogramm automatisch mit den Debitoren- bzw. Kreditorenkonten „verprobt". Dadurch ergibt sich der Gesamtbestand an Forderungen aus der Summe der Einzelforderungen auf den Debitorenkonten. Entsprechend gilt: Der Gesamtbestand an Verbindlichkeiten ergibt sich aus der Summe der Einzelverbindlichkeiten auf den Kreditorenkonten.

Arbeitsschritte bei der Stapelbuchung

Belege vorbereiten

- Belege auf **rechnerische und sachliche Richtigkeit** prüfen.
- **Stapel bilden**, d.h. Belege nach Belegarten sortieren.
- Belege kennzeichnen und **Belegnummern vergeben.**
- Belege **kontieren** (Buchungssatz eintragen).

Vgl. S. 98.

Kontrollsumme ermitteln

Die **zu buchenden Beträge addieren**. Ergebnis: Kontrollsumme.
Durch die Kontrollsumme kann der Mitarbeiter später prüfen, ob er alle Belege erfasst hat.

Buchungen erfassen

Alle kontierten Belege nacheinander erfassen. Hierfür wird z.B. in Lexware Financial Office das Menü **Buchen – Stapelbuchen** aufgerufen. Die erfassten Buchungsdaten werden zunächst als Text unter einer Stapelnummer zwischengespeichert.

Kontrollsumme abstimmen

In einem Bericht zum Buchungsstapel wird die aufgelaufene Summe der erfassten Buchungen angezeigt. **Diese Summe und die Kontrollsumme werden verglichen**. Stimmen die Summen am Ende der Erfassung nicht überein, muss der Buchungsfehler gesucht werden. Hierfür wird jede erfasste Buchung mit den Beträgen des Beleges verglichen.

Buchungen abschließen

- Erst wenn die Kontrollsummen übereinstimmen, wird die **Stapelerfassung beendet**. Hierdurch werden die erfassten Buchungen in den Datenbestand übernommen, d.h., erst jetzt wird tatsächlich gebucht.
- Die Belege werden als „gebucht" abgezeichnet.
- Bei Bedarf kann das Grundbuch auch ausgedruckt werden.

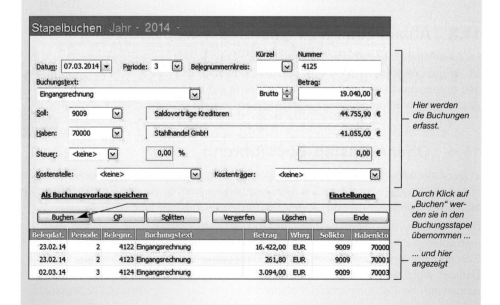

Hier werden die Buchungen erfasst.

Durch Klick auf „Buchen" werden sie in den Buchungsstapel übernommen ...

... und hier angezeigt

Wenn ein **Zahlungseingang oder -ausgang** gebucht wird, gleicht dieser den offenen Posten aus. Die Zuordnung des Zahlungsvorganges zu einem bestimmten offenen Posten erfolgt über die Nummer des offenen Postens.

> **Beispiel: Buchung von Eingangsrechnung und Zahlungsausgleich**
>
> (1) Die Schneidwarenfabrik Fritz Scharf e. K. erhält am 13.04.20.. von ihrem Lieferanten Bertram Werkzeugstahl GmbH eine Lieferung über 10 Schneidmesser für eine Produktionsmaschine. Die Rechnung erhält die Belegnummer 414.
>
> **Eingangsrechnung** (Ausschnitt):
>
> | Art.-Nr. | Artikel | Menge | Einzelpreis (EUR) | Gesamtpreis (EUR) |
> |---|---|---|---|---|
> | 232 | Schneidmesser für PA5600 | 10 Stück | 400,00 | 4 000,00 |
> | | | | + 19 % MwSt. | 760,00 |
> | | | | Rechnungsbetrag, brutto | 4 760,00 |
> | Bitte zahlen Sie binnen 10 Tagen ohne Abzug. | | | | |
>
> (2) Die Eingangsrechnung wird am 20.04.20.. durch Banküberweisung beglichen. Der Kontoauszug hat die Belegnummer 476.
>
> *Das Konto 70000 ist das Kreditorenkonto der Bertram GmbH.*
>
> **Buchungen im Grundbuch:**
> (1)   820 Werkzeuge   4 000,00
>   2600 Vorsteuer   760,00   an   70000 Bertram GmbH   4 760,00
> (2) 70000 Bertram GmbH   4 760,00   an   2800 Bank   4 760,00

Bei der Erfassung der Buchungen im Buchführungsprogramm sind außer der Eingabe der Konten und Beträge weitere Angaben erforderlich. Es ist deshalb sinnvoll, die vollständigen Eingabedaten vorab in einem **Kontierungsbogen** zu erfassen. Der Aufbau des Kontierungsbogens richtet sich nach der Abfolge der Eingaben.

In der Praxis wird i. d. R. auf den Einsatz von Kontierungsbögen verzichtet. Für den ungeübten Benutzer von Buchführungssoftware ist er jedoch sinnvoll.

> **Beispiel: Kontierungsbogen**
>
> Die Buchung der o. g. Geschäftsfälle wird für die Erfassung in Lexware Financial Office durch folgende Angaben im Kontierungsbogen sinnvoll vorbereitet:
>
> | Beleg-datum | Periode | Nummern-kreis | Beleg-Nr. | Buchungs-text | Betrag in EUR | Soll-Konto | Haben-Konto | Steuer |
> |---|---|---|---|---|---|---|---|---|
> | 13.04.20.. | 4 | | 414 | Eingangs-rechnung | 4 760,00 | 820 | 70000 | VSt. 19 % |
> | 20.04.20.. | 4 | | 476 | Zahlungs-ausgang | 4 760,00 | 70000 | 2800 | <keine> |

Wenn man verschiedenartige Buchungen, z. B. eine Eingangsrechnung und einen Bankbeleg, unmittelbar nacheinander erfassen will, bietet sich die Methode **„Dialogbuchung"** an. Sie wird in Lexware Financial Office aufgerufen durch

<Buchen/Dialogbuchen>.

Für eine Buchung sind dann Eingaben in mehreren Datenfeldern erforderlich. Jede Eingabe wird mit der Eingabetaste bestätigt. Die folgende Abbildung zeigt die erfassten Daten der Eingangsrechnung Nr. 414 in der Buchungserfassungsmaske von Lexware Financial Office.

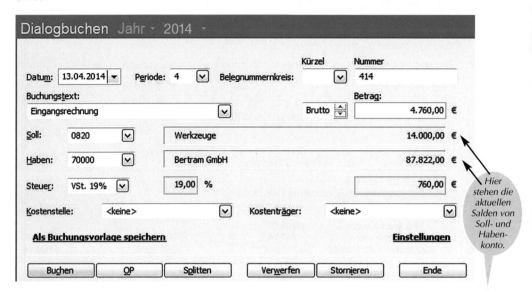

Folgende Informationen sind bei der Eingabe zu beachten:

Datenfeld	Beschreibung
Belegdatum	Aus dem Belegdatum ergibt sich die Zuordnung zu einer Periode.
Periode	Die Periode ergibt sich in der Regel aus dem Monat des Belegdatums. Sie kann bei Bedarf auch verändert werden.
Belegnummernkreis	Wenn verschiedene Belegnummernkreise eingerichtet wurden (z.B. für Ausgangsrechnungen, Bankbelege und Eingangsrechnungen), kann hier der Nummernkreis ausgewählt werden.
Belegnummer	Die Angabe ist erforderlich, damit aufgrund der Buchung der Geschäftsfall rekonstruiert werden kann.
Buchungstext	Der Buchungstext kann frei formuliert werden. Er dient dem Bearbeiter später als Erleichterung, einen Geschäftsfall nachzuvollziehen.
Betrag	Es wird lediglich der Bruttobetrag eingegeben. Die Aufteilung des Betrages auf den Nettobetrag und den Mehrwertsteueranteil nimmt das Programm automatisch vor. Es verwendet hierfür die Einstellungen in den Stammdaten bezüglich der Verprobung mit den Konten Vorsteuer bzw. Umsatzsteuer.
Sollkonto	Nachdem die Kontonummer eingegeben ist, werden auch die Kontobezeichnung und der Saldo des Kontos angezeigt.
Habenkonto	siehe „Sollkonto"
Steuer	siehe „Sollkonto"

Bei der Buchung einer Eingangsrechnung auf einem Debitorenkonto bzw. einer Ausgangsrechnung auf einem Kreditorenkonto wird der offene Posten von Lexware automatisch angelegt.

Beim Rechnungsausgleich muss der Buchhalter entscheiden, welcher offene Posten ausgebucht werden soll:

- Zunächst wird die Ausgleichsbuchung erfasst.

- Über die Schaltfläche „OP" öffnet Lexware die Liste aller offenen Posten des betreffenden Personenkontos. Die folgende Abbildung zeigt die Offene-Posten-Liste der Bertram GmbH. Der Buchhalter muss hier den offenen Posten auswählen, auf den sich die Zahlung bezieht.

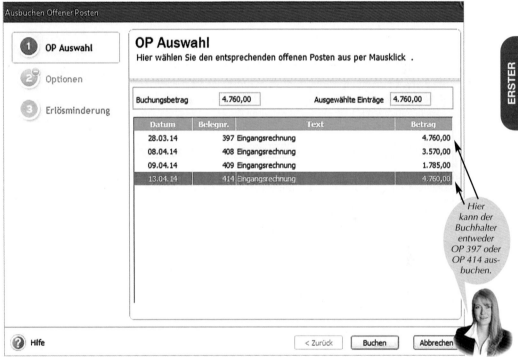

Hier wird der offene Posten markiert, auf den sich die Zahlung bezieht; anschließend wird die Auswahl bestätigt.

In der Praxis können folgende Situationen auftreten:
- Der überwiesene Betrag stimmt mit dem Betrag des offenen Postens überein.
  In diesem Fall ist der offene Posten ausgeglichen. Er wird später in der OP-Liste nicht mehr angezeigt.

- Der überwiesene Betrag ist geringer als der OP-Betrag.

  Hier kann die Zahlung als Teilzahlung aufgefasst werden. Die Differenz bleibt als Restforderung bzw. Restverbindlichkeit bestehen. Ggf. kann sie auch als Skontobetrag ausgebucht werden. Dann verzichtet der Zahlungsempfänger auf seine Restforderung aus dem OP.

- Der Schuldner zahlt einen größeren Betrag, als der offene Posten ausweist.

  In diesem Fall bezieht sich die Zahlung meist auf mehrere OPs. Dann muss die Zahlung auf diese OPs aufgeteilt werden. In der Regel wird jeweils der älteste fällige OP ausgebucht. Ein zu viel gezahlter Betrag wird auf den nächstjüngeren fälligen OP angerechnet.

Arbeitsaufträge

1. **In den meisten Unternehmen wird die Buchführung EDV-gestützt mithilfe von Buchführungsprogrammen oder ERP-Systemen abgewickelt.**

   a) Worin unterscheiden sich reine Buchführungsprogramme und ERP-Systeme? Erläutern Sie Funktionen eines ERP-Systems, die über die reine Buchführung hinausgehen.

   b) Nennen Sie Beispiele für Softwareprodukte im Bereich ERP-Systeme. Welches System setzt Ihr Ausbildungsbetrieb ein?

2. **Die Schneidwarenfabrik Fritz Scharf e. K., Solingen, plant die Einführung des ERP-Systems Lexware Financial Office. Vor Inbetriebnahme des Buchführungsmoduls müssen diverse Einstellungen in den Stammdaten vorgenommen werden. Hierzu gehört – bezogen auf die Buchführung – die Einrichtung eines Kontenplans.**

   a) Welche Funktion erfüllt die Auswahl eines Kontenrahmens durch Fritz Scharf e. K.?

   b) Welche der folgenden Anpassungen des Kontenrahmens können bei der Erstellung des Kontenplans durch Buchhalter der Fritz Scharf e. K. vorgenommen werden? Mit welchen Arbeiten sollten Fachleute des Softwareanbieters beauftragt werden? Begründen Sie Ihre Empfehlung.

   (1) Festlegen, über welches Konto das Konto 3001 Privat abgeschlossen wird

   (2) Zahlungsbedingungen eines Kreditors einpflegen

   (3) Ein Debitorenkonto für einen neuen Kunden anlegen

   (4) Verprobung des Kontos 2000 Rohstoffe mit dem Konto 4800 Umsatzsteuer (19 %)

   (5) Konten zuordnen, die in die Auswertung der Bilanzkennziffern Barliquidität und Einzugsliquidität einbezogen werden

   (6) Adressdaten eines Debitors in den Stammdaten des Debitorenkontos erfassen

   (7) Festlegen der Umsatzsteuersätze für Umsatzkonten

3. **Laufende Buchungen können EDV-gestützt im Dialogverfahren oder im Stapelverfahren erfolgen.**

   a) Worin unterscheiden sich die beiden Verfahren?

   Ziehen Sie noch einmal die Arbeitsaufträge 1 (siehe S. 114) und 6 (siehe S. 127) heran.

   b) In welchem dieser Fälle ist die Buchung im Dialogverfahren, in welchem die Buchung im Stapelverfahren zu empfehlen? Begründen Sie Ihre Empfehlung.

   c) Sie haben sich in einem Fall für die Stapelbuchung entschieden. Erläutern Sie, in welchen Schritten Sie die entsprechenden Buchführungsarbeiten durchführen.

4. **Innerhalb der Offene-Posten-Buchführung werden Forderungen auf Debitorenkonten und Verbindlichkeiten auf Kreditorenkonten gebucht. Auf den Konten Forderungen und Verbindlichkeiten werden dann keine laufenden Buchungen vorgenommen.**

   a) Welche Vorteile bietet eine Offene-Posten-Buchführung im Vergleich zur Buchung auf den Konten Forderungen und Verbindlichkeiten?

   b) Warum ist bei der Buchung die Eingabe von Vorsteuer- bzw. Umsatzsteuer-Beträgen in der Regel nicht erforderlich?

5. **Auf S. 135 sehen Sie die Offene-Posten-Liste für den Kreditor Bertram Werkzeugstahl GmbH.**

   a) Erläutern Sie die Geschäftsfälle, die den Positionen der Offene-Posten-Liste zugrunde liegen.

   b) Nach welchen Kriterien kann ein Zahlungsausgang einem oder mehreren offenen Posten zugeordnet werden?

6. **Elvira Klante e. K. liegt die folgende Offene-Posten-Liste des Debitors Heinemann GmbH vor. Heinemann zahlt am 30.06.20.. einen Betrag von 4 000,00 EUR per Banküberweisung.**

   Aktualisieren Sie die Offene-Posten-Liste von Klante für den Debitor Heinemann GmbH. Nach welchen Gesichtspunkten ordnen Sie den Zahlungseingang den OP-Nummern zu?

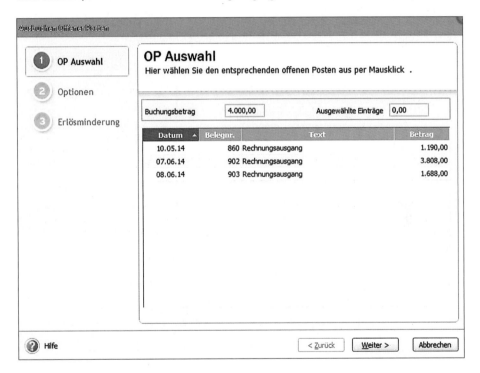

12 Abnutzbare Sachanlagen: Anschaffung, Abschreibung, Verkauf

„Herr Schreiber, als mein Steuerberater werden Sie mir sagen können: Kann ich den Kaufpreis von 4 000,00 EUR für den neuen Computer sofort als Aufwand verrechnen? Die Dinger verlieren so schnell an Wert. Nach einem Jahr sind sie schon wieder alt."

„Nein, können Sie trotzdem nicht. Sie müssen ihn zu den Anschaffungskosten aktivieren. Das ist der Anschaffungspreis plus alle Anschaffungsnebenkosten minus Preisminderungen. Anschließend können Sie ihn über drei Jahre abschreiben. Das heißt: Sie können jedes Jahr ein Drittel der Anschaffungskosten als Aufwand verrechnen."

12.1 Anschaffung von Sachanlagen

Vermögensgegenstände (also auch Sachanlagen) sind bei der Beschaffung mit den Anschaffungs- oder Herstellungskosten auf ihrem Bestandskonto zu aktivieren (§ 255 Abs. 1 HGB).

Anschaffungskosten sind die Aufwendungen für den Erwerb des Gegenstands und sein Versetzen in einen betriebsbereiten Zustand (§ 255 Abs. 1 HGB).

	Anschaffungspreis (Listenpreis)
+	Anschaffungsnebenkosten
+	nachträgliche Anschaffungskosten
–	Anschaffungspreisminderungen
=	**Anschaffungskosten**

> **Sachanlagen nach § 266 HGB**
>
> - Grundstücke, grundstücksgleiche Rechte und Bauten einschließlich der Bauten auf fremden Grundstücken
> - Technische Anlagen und Maschinen
> - Andere Anlagen, Betriebs- und Geschäftsausstattung
> - Geleistete Anzahlungen und Anlagen im Bau

Anschaffungsnebenkosten: z. B. Kosten der Begutachtung, Notar- und Gerichtskosten, Grunderwerbsteuer (beim Grundstückskauf), Zulassungsgebühren (beim Kfz-Kauf), Einfuhrabgaben (z. B. Zoll), Provisionen, Transport-, Verpackungs-, Montagekosten

Nachträgliche Anschaffungskosten: z. B. Um- und Ausbaukosten oder Erschließungskosten (bei Grundstücken)

Anschaffungspreisminderungen: alle Nachlässe (Rabatte), auch Boni und Skonti

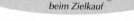
> ***Bonus*** = nachträglicher Rabatt (meist umsatzabhängig am Jahresende gewährt)
> ***Skonto*** = Rabatt für vorzeitige Zahlung beim Zielkauf

Beispiel: Anschaffung des oben angeführten Computers gegen Bankscheck:

Anschaffungspreis (Listenpreis)	4 400,00
– Rabatt	– 400,00
= Zieleinkaufspreis	4 000,00
– Skonto (2 %)	– 80,00
+ Verpackungs- und Transportkosten	40,00
+ Installationskosten	300,00
= aktivierungspflichtige Anschaffungskosten	4 260,00

Buchung im Grundbuch:

0860 Büromaschinen 4 260,00
2600 Vorsteuer 809,40 an 2800 Bank 5 069,40

Die Vorsteuer bei der Anschaffung sowie Finanzierungskosten sind keine Anschaffungskosten.

Die Ermittlung der **Herstellungskosten** kann erst an späterer Stelle gezeigt werden (siehe S. 427).

> **Wichtiger Hinweis!**
>
> „Anschaffungs**kosten** sind die **Aufwendungen** ..." sagt § 255 HGB. Nach der Begriffsbildung des Rechnungswesens ist dies Unsinn! Denn es handelt sich weder um Kosten (vgl. S. 165) noch um Aufwendungen, sondern um **Ausgaben**! Richtig müsste es heißen:
>
> „Anschaffungsausgaben sind die Ausgaben, die geleistet werden, um den Gegenstand zu erwerben und in einen betriebsbereiten Zustand zu versetzen."

Arbeitsaufträge

1. **Beim Kauf eines Kleintransporters entstehen folgende Ausgaben: Nettopreis 40 000,00 EUR + USt., Autoradio 600,00 EUR + USt., Sonderlackierung mit Werbeaufschrift 2 500,00 EUR + USt., Überführungskosten 450,00 EUR + USt., Nummernschilder 40,00 EUR + USt. und Zulassungsgebühren 50,00 EUR. Der Gesamtkaufpreis wird durch Banküberweisung beglichen.**
   a) Ermitteln Sie die Anschaffungskosten.
   b) Buchen Sie den Geschäftsfall.

2. **Der Kaufpreis eines unbebauten Grundstücks beträgt 100 000,00 EUR. Außerdem fallen an: Maklergebühr 3 000,00 EUR + USt., Notarkosten 450,00 EUR + USt., Grunderwerbsteuer 2 000,00 EUR und Gerichtsgebühren 80,00 EUR. Die Rechnungsbeträge werden durch Banküberweisung ausgeglichen.**
   a) Ermitteln Sie die Anschaffungskosten.
   b) Buchen Sie den Geschäftsfall.

3. **Kauf einer EDV-Anlage zum Listenpreis von 18 000,00 EUR + USt. Der Lieferant gewährt einen Sonderrabatt von 5 % und berechnet für Transport und Montage 1 200,00 EUR + USt. Der Rechnungsausgleich erfolgt sofort nach Lieferung unter Abzug von 2 % Skonto vom Gesamtrechnungsbetrag durch Banküberweisung.**
   a) Ermitteln Sie die Anschaffungskosten.
   b) Buchen Sie den Einkauf.
   c) Buchen Sie den Rechnungsausgleich.

4. **Beim Kauf einer Maschine für den Fertigungsbereich entstanden folgende Ausgaben:**
   – **Listenpreis** .... **120 000,00 EUR + USt.**
   – **Transportkosten** .... **4 200,00 EUR + USt.**
   – **Transportversicherung** .... **270,00 EUR**
   – **Montagekosten** .... **2 800,00 EUR + USt.**
   Der Lieferant gewährte 3 % Rabatt vom Listenpreis und 3 % Skonto vom Zieleinkaufspreis der Maschine. Außerdem fielen 11 700,00 EUR Zinsen für die Finanzierung dieser Anschaffung an.
   a) Ermitteln Sie die Anschaffungskosten.
   b) Buchen Sie den Rechnungsausgleich, wenn der Bruttorechnungsbetrag auf 147 116,00 EUR lautet und ein Bruttoskontobetrag von 4 155,48 EUR abgezogen wird.
   c) Überprüfen Sie die rechnerische Richtigkeit des Rechnungsausgleichs.

12.2 Abschreibung von Sachanlagen

12.2.1 Begriff der Abschreibung

Die Endiva GmbH hat für einen ihrer Reisenden einen Pkw für 22 000,00 EUR gekauft. Nach einem Jahr wird der Mann wegen einer Reorganisation des Vertriebs entlassen. Auch der Wagen ist überflüssig und wird verkauft. Allerdings steht er nur noch mit einem Restwert von 15 000,00 EUR in der Schwacke-Liste (Liste aktueller Wiederverkaufswerte für Gebrauchtfahrzeuge). In der Tat ist der Wertverlust von Fahrzeugen besonders in den beiden ersten Nutzungsjahren sehr hoch.

Die meisten betrieblichen Sachanlagen (z.B. Gebäude, Fahrzeuge, Maschinen, Betriebs- und Geschäftsausstattung – nicht aber unbebaute Grundstücke) nutzen sich während des Einsatzes ab. Ihre Nutzung ist deshalb zeitlich begrenzt. Ihr Wert mindert sich im Zeitablauf.

Die buchhalterische Erfassung der Wertminderung von Sachanlagen heißt Abschreibung. Abschreibungen sind Aufwendungen und mindern den Gewinn.

Abnutzung entsteht durch
- Gebrauch ⟶ Folge: Verschleiß
- Witterungseinflüsse ⟶
- technischen Fortschritt ⟶ Folge: wirtschaftliche Entwertung
- Mode- und Geschmackswandel ⟶

Beachten Sie: Die Anschaffung mindert das Geldvermögen in Höhe der Ausgaben (Anschaffungskosten). Zugleich nimmt aber das Sachvermögen zu. Es kommt also nicht zu einem Wertabfluss. Ein Wertabfluss entsteht erst durch Abnutzung und Abschreibung.

Exkurs 6   Wirtschaftsrechnen

Thema: Abschreibungsmethoden

Wir behandeln hier die **sog. planmäßigen Abschreibungen**. Diese verteilen den Anfangswert von Anlagegegenständen auf die Nutzungsjahre (Ausnahme: Leistungsabschreibung). Die Geschäftsbuchführung setzt als Anfangswert die Anschaffungs- oder Herstellungskosten an, die Kosten- und Leistungsrechnung die Wiederbeschaffungskosten.

Die Nutzungsdauer kann nur geschätzt werden. Sie beginnt mit der Lieferung/Fertigstellung des Gegenstands und endet mit seinem Ausscheiden.

Lineare Abschreibung

Die lineare Abschreibung verteilt den Anfangswert gleichmäßig auf die Nutzungsdauer. Der jährlich gleiche Abschreibungsbetrag entspricht einem gleichbleibenden Prozentsatz (Abschreibungssatz) vom Anfangswert.

Am Ende der Nutzungsdauer ist der Restwert (Buchwert) gleich null.

$$\text{Abschreibungsbetrag} = \frac{\text{Anfangswert}}{\text{Nutzungsjahre}}; \qquad \text{Abschreibungssatz} = \frac{100\,\%}{\text{Nutzungsjahre}}$$

Beispiel: **Lineare Abschreibung**

Anfangswert (A)   **= 100 000,00 EUR;**   **Nutzungsdauer (m) = 5 Jahre**

Abschreibungsbetrag = 100 000,00 : 5 = 20 000,00

Abschreibungssatz   = 100 % : 5   = 20 %

Abschreibungstabelle	
Anfangswert	100 000,00
Abschreibung	20 000,00
Restwert nach 1 J.	80 000,00
Abschreibung	20 000,00
Restwert nach 2 J.	60 000,00
Abschreibung	20 000,00
Restwert nach 3 J.	40 000,00
Abschreibung	20 000,00
Restwert nach 4 J.	20 000,00
Abschreibung	20 000,00
Restwert nach 5 J.	0,00

Berechnung der Restwerte:

$A = 100\,000$

$R_1 = 100\,000\,(1 - 1/5)$

$R_2 = 100\,000\,(1 - 2/5)$

$R_3 = 100\,000\,(1 - 3/5)$

$R_4 = 100\,000\,(1 - 4/5)$

$R_5 = 100\,000\,(1 - 5/5)$

Grafische Darstellung der Restwerte

Restwerte (EUR)

100 000

80 000

60 000

40 000

20 000

0

lineare Abschreibung
$R_n = 100\,000\,(1 - {}^n/_5)$

Jahre: 1   2   3   4   5

Restwert nach n Jahren: $R_n = A\,(1 - n/m)$

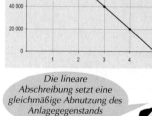

Die lineare Abschreibung setzt eine gleichmäßige Abnutzung des Anlagegegenstands voraus.

Geometrisch degressive Abschreibung

Auch bei der geometrisch degressiven Abschreibung entsprechen die Abschreibungsbeträge einem festen Abschreibungssatz. Dieser bezieht sich aber nur im ersten Jahr auf den Anfangswert, in den Folgejahren hingegen auf den jeweiligen Restwert (Buchwert).

Von jedem Restwert wird nur der Teil abgeschrieben, der dem festen Abschreibungssatz entspricht. Deshalb wird nie der Restwert null erreicht.

Beispiel: Geometrisch degressive Abschreibung; Abschreibungssatz (p) = 30%

Abschreibungstabelle	
Anfangswert	100 000,00
Abschreibung	30 000,00
Restwert nach 1 J.	70 000,00
Abschreibung	21 000,00
Restwert nach 2 J.	49 000,00
Abschreibung	14 700,00
Restwert nach 3 J.	34 300,00
Abschreibung	12 290,00
Restwert nach 4 J.	24 010,00
Abschreibung	7 203,00
Restwert nach 5 J.	16 807,00

Berechnung der Restwerte:

$A = 100\,000$

$R_1 = 100\,000\,(1 - 5/100)$

$R_2 = 70\,000\,(1 - 5/100) = 100\,000\,(1 - 5/100)^2$

$R_3 = 49\,000\,(1 - 5/100) = 100000\,(1 - 5/100)^3$

$R_4 = 34\,300\,(1 - 5/100) = 100\,000\,(1 - 5/100)^4$

$R_5 = 24\,010\,(1 - 5/100) = 100\,000\,(1 - 5/100)^5$

Restwert nach n Jahren: $\boxed{R_n = A\,(1 - n/m)}$

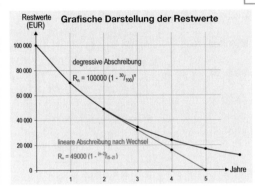

Die geometrisch degressive Abschreibung setzt eine anfangs hohe und dann abnehmende Abnutzung des Anlagegegenstands voraus.

Die Grafik zeigt auch die Restwerte nach dem Wechsel zur linearen Abschreibung.

Wechsel von geometrisch degressiver zu linearer Abschreibung

Da die geometrisch degressive Abschreibung nie den Restwert null erreicht, ist es zweckmäßig, zu einem günstigen Zeitpunkt zur linearen Abschreibung zu wechseln und den erreichten Restwert gleichmäßig auf die restlichen Nutzungsjahre zu verteilen.

Der günstigste Zeitpunkt für den Wechsel ist das Jahr, in dem der jährliche Abschreibungsbetrag für die Restnutzungsjahre bei linearer Abschreibung zum ersten Mal größer wird als der Abschreibungsbetrag bei degressiver Abschreibung.

Beispiel: Wechsel zur linearen Abschreibung

	degressiv 30%	Wechsel
Anfangswert	100 000,00	
Abschreibung	30 000,00	20 000,00
Restwert nach 1 J.	70 000,00	
Abschreibung	21 000,00	17 500,00
Restwert nach 2 J.	49 000,00	
Abschreibung	14 700,00	16 333,33
Restwert nach 3 J.	34 300,00	32 666,67
Abschreibung	10 290,00	16 333,34
Restwert nach 4 J.	24 010,00	16 333,33
Abschreibung	7 203,00	16 333,33
Restwert nach 5 J.	16 807,00	0,00

Linearer Abschreibungsbetrag bei **Wechsel im**

$= 100\,000 / 5$

$= 70\,000 / 4$ ⟵ 2. Jahr

$= 49\,000 / 3$ ⟵ 3. Jahr

Im 3. Jahr ist der lineare Betrag zum ersten Mal größer als der degressive. Er errechnet sich als **Restwert beim Wechsel/Restnutzungsjahre**.

Digitale Abschreibung (arithmetisch degressive Abschreibung)

Bei der digitalen Abschreibung wird der Anfangswert ebenfalls in fallenden Jahresbeträgen auf die Nutzungsjahre verteilt. Dabei vermindern sich die Abschreibungsbeträge aber jährlich um einen festen Betrag, den sog. Degressionsbetrag.

$$\text{Degressionsbetrag} = \frac{\text{Anfangswert}}{(1 + 2 + 3 + \ldots + n)} \qquad (n = \text{letztes Nutzungsjahr})$$

Beispiel: Digitale Abschreibung

Anfangswert　　　= 90 000,00 EUR; Nutzungsjahre (m) = 5

Degressionsbetrag = 90 000,00 : (1 + 2 + 3 + 4 + 5) = 90 000,00 : 15 = 6 000,00

Abschreibungstabelle		Berechnung der Abschreibungsbeträge	Berechnung der Restwerte:
Anfangswert	90 000,00		
Abschreibung	30 000,00	$a_1 = 6\,000 \cdot 5$	
Restwert nach 1 J.	60 000,00		$R_1 = 90\,000 - 1/2\,(30\,000 + 30\,000)$
Abschreibung	24 000,00	$a_2 = 6\,000 \cdot 4$	
Restwert nach 2 J.	36 000,00		$R_2 = 90\,000 - 2/2\,(30\,000 + 24\,000)$
Abschreibung	18 000,00	$a_3 = 6\,000 \cdot 3$	
Restwert nach 3 J.	18 000,00		$R_3 = 90\,000 - 3/2\,(30\,000 + 18\,000)$
Abschreibung	12 000,00	$a_4 = 6\,000 \cdot 2$	
Restwert nach 4 J.	6 000,00		$R_4 = 90\,000 - 4/2\,(30\,000 + 12\,000)$
Abschreibung	6 000,00	$a_5 = 6\,000 \cdot 1$	
Restwert nach 5 J.	0,00		$R_5 = 90\,000 - 5/2\,(30\,000 + 6\,000)$

Restwert nach n Jahren:　　$\boxed{R_n = A - n/2\,(a_1 + a_n)}$

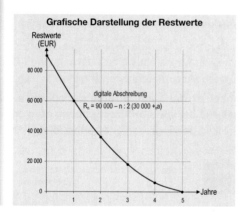

Grafische Darstellung der Restwerte

Restwerte (EUR)

digitale Abschreibung
$R_n = 90\,000 - n : 2\,(30\,000 +_n a)$

Jahre

Auch die arithmetisch degressive Abschreibung setzt eine anfangs hohe und dann abnehmende Abnutzung des Anlagegegenstands voraus. Sie erreicht jedoch den Restwert null.

Progressive Abschreibung

Bei der (arithmetisch) progressiven Abschreibung wird der Anfangswert in steigenden Jahresbeträgen auf die Nutzungsjahre verteilt. Dabei erhöhen sich die Abschreibungsbeträge jährlich um einen festen Betrag, den sog. Progressionsbetrag.

Der Progressionsbetrag berechnet sich exakt wie der Degressionsbetrag bei digitaler Abschreibung. Die Abschreibungsbeträge berechnen sich entsprechend; sie sind jedoch in umgekehrter Reihenfolge abzuziehen.

Beispiel: **Progressive Abschreibung**

Anfangswert = 90 000,00 EUR; Nutzungsjahre (m) = 5

Progressionsbetrag = 90 000,00 : (1 + 2 + 3 + 4 + 5) = 90 000,00 : 15 = 6 000,00

Abschreibungstabelle		Berechnung der Abschreibungsbeträge	Berechnung der Restwerte:
Anfangswert	90 000,00		
Abschreibung	6 000,00	$a_1 = 6 000 \cdot 1$	
Restwert nach 1 J.	84 000,00		$R_1 = 90 000 - 1/2 (6 000 + 6 000)$
Abschreibung	12 000,00	$a_2 = 6 000 \cdot 2$	
Restwert nach 2 J.	72 000,00		$R_2 = 90 000 - 2/2 (6 000 + 12 000)$
Abschreibung	18 000,00	$a_3 = 6 000 \cdot 3$	
Restwert nach 3 J.	54 000,00		$R_3 = 90 000 - 3/2 (6 000 + 18 000)$
Abschreibung	24 000,00	$a_4 = 6 000 \cdot 4$	
Restwert nach 4 J.	30 000,00		$R_4 = 90 000 - 4/2 (6 000 + 24 000)$
Abschreibung	30 000,00	$a_5 = 6 000 \cdot 5$	
Restwert nach 5 J.	0,00		$R_5 = 90 000 - 5/2 (6 000 + 30 000)$

Restwert nach n Jahren: $\boxed{R_n = A - n/2 (a_1 + a_n)}$

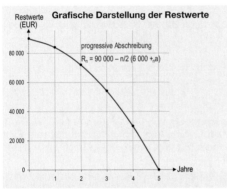

Grafische Darstellung der Restwerte

Restwerte (EUR)

progressive Abschreibung
$R_n = 90 000 - n/2 (6 000 +_n a)$

Die progressive Abschreibung setzt eine anfangs niedrige und dann zunehmende Abnutzung des Anlagegegenstands voraus.

Leistungsabschreibung

Die Leistungsabschreibung (gebrauchsbedingte Abschreibung) geht nicht von der Nutzungsdauer, sondern von der erwarteten Gesamtleistung des Anlagegegenstands aus.

Man teilt den Anfangswert durch die erwartete Gesamtleistung. Ergebnis: der Abschreibungssatz pro Einheit.

Das Produkt aus Abschreibungssatz pro Einheit und Jahresleistung ergibt den Abschreibungsbetrag des Jahres.

$$\text{Abschr.satz/Einheit} = \frac{\text{Anfangswert}}{\text{erwartete Gesamtleistung}} \quad ; \quad \text{Abschr.betrag} = \frac{\text{Anfangswert} \cdot \text{Jahresleist.}}{\text{erwartete Gesamtleistung}}$$

Beispiel: **Leistungsabschreibung**

Anschaffungskosten eines Lkws = 200 000,00 EUR. Erwartete Gesamtleistung = 500 000 km
km-Leistung in Jahr 1 = 65 000, in Jahr 2 = 55 000

Abschreibungssatz/Einheit = 200 000,00 EUR/500 000 km = 0,40 EUR/km

Abschreibungsbetrag in Jahr 1 = 0,40 EUR · 65 000 = 26 000,00 EUR

Abschreibungsbetrag in Jahr 2 = 0,40 EUR · 55 000 = 22 000,00 EUR

Die Leistungsabschreibung setzt voraus, dass der Gebrauchsverschleiß dominiert.

Will man auch die zeitabhängige Abnutzung berücksichtigen, kann
man einen Teil des Anfangswertes z. B. linear abschreiben, den Rest nach der Leistung.

Arbeitsaufträge

1. Die Anschaffungskosten eines Hochleistungsdruckers betragen 80 000,00 EUR. Die Nutzungsdauer wird auf 10 Jahre geschätzt. Die maximale Druckkapazität ist mit 10 Mio. Druckseiten
   angegeben.
   Erstellen Sie Abschreibungstabellen für
   a) die lineare Abschreibung,
   b) die geometrisch-degressive Abschreibung (Abschreibungssatz: 3-Faches des linearen Ab-
      schreibungssatzes),
   c) die geometrisch-degressive Abschreibung (wie b) mit Wechsel zur linearen Abschreibung,
   d) die digitale Abschreibung,
   e) die progressive Abschreibung.
   f) Berechnen Sie die Abschreibungsbeträge für die Leistungsabschreibung bei folgenden Jahres-
      leistungen (Seitenangaben in Mio. Seiten):

Jahr	1	2	3	4	5	6	7	8	9	10
Seiten	0,7	0,8	1,0	1,4	1,1	1,3	1,0	0,6	1,2	0,9

   g) Geben Sie an, unter welchen Voraussetzungen die Anwendung der genannten Abschreibungs-
      methoden jeweils sinnvoll ist.

2. Die Anschaffungskosten einer Maschine betragen 200 000,00 EUR. Die Nutzungsdauer wird
   auf 12 Jahre geschätzt.
   Berechnen Sie den Restwert nach 7 Jahren
   a) bei linearer Abschreibung,
   b) bei geometrisch degressiver Abschreibung,
   c) bei digitaler Abschreibung,
   e) bei progressiver Abschreibung.

3. Mehrere Gegenstände werden linear abgeschrieben. Von den Größen Anfangswert (A), Abschreibungsbetrag (B), Abschreibungssatz (p), voraussichtliche Nutzungsjahre (m), bisherige Nutzungsjahre (n), Restwert nach n Jahren (R_n) und Summe der Abschreibungsbeträge
   in n Jahren sind folgende Größen bekannt:

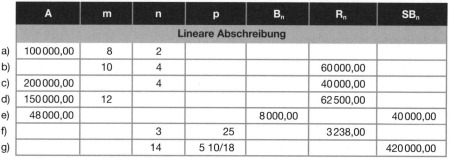

	A	m	n	p	B_n	R_n	SB_n
				Lineare Abschreibung			
a)	100 000,00	8	2				
b)		10	4			60 000,00	
c)	200 000,00		4			40 000,00	
d)	150 000,00	12				62 500,00	
e)	48 000,00				8 000,00		40 000,00
f)			3	25		3 238,00	
g)			14	5 10/18			420 000,00

   Berechnen Sie die fehlenden Größen.

4. Eine Maschine wird geometrisch degressiv mit 25 % (30 %) abgeschrieben. Der Restwert
   nach 5 (6) Jahren beträgt 35 595,70 EUR (27 059,27 EUR).
   Berechnen Sie den Anfangswert.

5. Eine Maschine mit einem Anfangswert von 910 000,00 EUR (675 000,00 EUR) wird digital (progressiv) abgeschrieben. Der letzte Abschreibungsbetrag beträgt 10 000,00 EUR
   (135 000,00 EUR).
   Berechnen Sie die Nutzungsdauer.

6. Eine Maschine ist nach 10 Jahren (7 Jahren) voll digital (progressiv) abgeschrieben. Der Degressionsbetrag (Progressionsbetrag) beträgt 8 000,00 EUR (7 000,00 EUR).
   Wie viel EUR betrug der Anfangswert?

12.2.2 Abschreibungen nach Steuerrecht

Abschreibungsmethoden

Das Steuerrecht bezeichnet die Abschreibung von Gegenständen des Anlagevermögens als Absetzung für Abnutzung (AfA). Es regelt sie in § 7 EStG wie folgt:

- **Als Anfangswert sind die Anschaffungs- oder Herstellungskosten anzusetzen.**
- **Diese sind auf die sog. betriebsgewöhnliche Nutzungsdauer zu verteilen.**

Die Finanzverwaltung veröffentlicht **AfA-Tabellen mit Richtwerten für die betriebsgewöhnliche Nutzungsdauer** (Erfahrungswerte). Sie sollen überhöhte Abschreibungen verhindern.

Warum?
Nun, Abschreibungen sind
Aufwand. Je höher sie sind, desto
niedriger fällt der zu versteuernde
Gewinn aus.

AfA-Sätze (Beispiele)		
	Nutzungs-jahre	Abschr.-satz
Kühlhallen	20	5,00 %
Druckkessel	15	6,67 %
Drehbänke	16	6,25 %
Hochregallager	15	6,67 %
Pkws	6	16,67 %
Lkws	9	11,11 %
Büromöbel	13	7,69 %
PCs	3	33,33 %

Die Gegenstände des Anlagevermögens sind grundsätzlich linear abzuschreiben. Stattdessen dürfen bewegliche Gegenstände des Anlagevermögens

- **nach der Leistung abgeschrieben werden,**
  - **wenn dies wirtschaftlich begründet ist und**
  - **wenn der auf das einzelne Jahr entfallende Leistungsumfang nachgewiesen wird.**
- **wie folgt geometrisch degressiv abgeschrieben werden, wenn sie vor 2011 angeschafft oder hergestellt wurden:**

Anschaffungs-/Herstellungsjahr	Obergrenzen des Abschreibungssatzes	
vor 2006	das 2-Fache des linearen Satzes	maximal jedoch 20 %
2006 und 2007	das 3-Fache des linearen Satzes	maximal jedoch 30 %
2008	(keine degressive Abschreibung gestattet!)	
2009 und 2010	das 2,5-Fache des linearen Satzes	maximal jedoch 25 %

Ein Wechsel zur linearen Abschreibung ist zulässig (nicht umgekehrt).

Zeitanteilige Abschreibung; Erinnerungswert

Im Anschaffungs-/Herstellungsjahr dürfen Anlagegegenstände nur zeitanteilig für die Monate ab der Beschaffung/Herstellung abgeschrieben werden.
Entsprechend dürfen Gegenstände, die im Laufe eines Jahres veräußert werden, nur zeitanteilig für die Monate der Nutzung abgeschrieben werden. Auch im letzten Teiljahr des Abschreibungszeitraums ist zeitanteilig abzuschreiben.

> **Beispiel: Zeitanteilige Abschreibung**
>
> Anschaffung einer Verpackungsmaschine für 300 000,00 EUR am 12.03. Voraussichtliche Nutzungsdauer: 10 Jahre. Die Maschine wird linear abgeschrieben.
>
> Jährlicher Abschreibungsbetrag = 300 000,00 EUR : 10 = 30 000,00 EUR
>
> Abschreibungsbetrag im 1. Teiljahr = 30 000,00 EUR · 10/12   =   25 000,00 EUR
> Abschreibungsbeträge in den folgenden 9 Jahren insgesamt = 270 000,00 EUR
> Abschreibungsbetrag im letzten Teiljahr = 30 000,00 EUR · 2/12   =   5 000,00 EUR
>
> Summe der Abschreibungsbeträge   = 300 000,00 EUR

ERSTER ABSCHNITT

Oft werden Anlagegenstände nach der vollständigen Abschreibung noch weitergenutzt. Dann müssen sie während der Weiternutzung mit einem **Buchwert von 1,00 EUR** in den Büchern angesetzt werden (sog. **Erinnerungswert**).

Buchung der Abschreibungen

Als Aufwendungen werden Abschreibungen auf dem Aufwandskonto **6520 Abschreibungen auf Sachanlagen** gebucht. Die Gegenbuchung erfolgt auf dem Anlagekonto.

> **Beispiel:** Fortsetzung des Beispiels von S. 145
>
> | Abschreibung des ersten Teilbetrags: | Buchung im Grundbuch: |
> |---|---|
> | 25 000,00 | 6520 Abschreibungen auf Sachanlagen   25 000,00 an 0760 Verpackungsanlagen   25 000,00 |

Das Abschreibungskonto ist über 8020 Gewinn und Verlust abzuschließen.
Das Anlagekonto ist mit dem Restbuchwert auf 8010 Schlussbilanzkonto abzuschließen.

> **Beispiel:** Fortsetzung
>
> **Buchungen im Grundbuch:**
>
> | 8020 GuV | 25 000,00 | an | 6520 Abschreibungen auf Sachanlagen | 25 000,00 |
> |---|---|---|---|---|
> | 8010 SBK | 275 000,00 | an | 0760 Verpackungsanlagen | 275 000,00 |

Geringwertige Wirtschaftsgüter (GWG)

Das Steuerrecht betrachtet als geringwertige Wirtschaftsgüter (GWG):
- **bewegliche Wirtschaftsgüter des abnutzbaren Anlagevermögens,**
- die **selbstständig bewertbar und nutzbar** sind und
- deren **Anschaffungs- oder Herstellungskosten 1 000,00 EUR** (ohne Umsatzsteuer) nicht übersteigen.

(1) GWG mit Anschaffungs-/Herstellungskosten bis 150,00 EUR (ohne Umsatzsteuer) **können sofort als Aufwand gebucht werden. Sie müssen nicht aktiviert werden (§ 6 Abs. 2 EStG). Werden sie jedoch aktiviert, gilt (2).**

> **Beispiel:** GWG bis 150,00 EUR
>
> | Zielkauf eines Bürostuhls im März für | 140,00 | **Buchung im Grundbuch:** | | |
> |---|---|---|---|---|
> | 19 % USt. | 26,60 | 6800 Büromaterial 140,00 | | |
> | | | 2600 Vorsteuer | 26,60 an 4400 Verbindl. a. L. u. L. | 166,60 |

(2) **Für GWG mit Anschaffungs-/Herstellungskosten bis 410,00 EUR (ohne Umsatzsteuer) räumt § 6 Abs. 2 EStG ein Wahlrecht ein:**
- **entweder „normale" Abschreibung entsprechend der betriebsgewöhnlichen Nutzungsdauer oder**
- **Vollabschreibung im Anschaffungs-/Herstellungsjahr.**

Bei Wahl der Vollabschreibung werden sie zunächst auf den Konten

0790 Geringwertige Maschinen und Anlagen bzw.
0890 Geringwertige Vermögensgegenstände der Betriebs- und Geschäftsausstattung

Beachten Sie: Auch für GWG ist natürlich der Erinnerungswert von 1 EUR beizubehalten.

aktiviert. Die Abschreibung erfolgt am Ende des Geschäftsjahres über das Konto

6540 Abschreibungen auf geringwertige Wirtschaftsgüter.

Beispiel: Abschreibung von GWG bis 410,00 EUR

Kauf eines	**Buchungen im Grundbuch:**		
Bohrhammers	0790 Geringwertige		
im Oktober für 330,00	Maschinen 330,00		
19 % USt. 62,70	2600 Vorsteuer 62,70 an 2800 Bank		392,70
Abschreibung	6540 Abschreibungen		
am Jahresende	auf GWG 229,00 an 0790 Geringwertige		
	Maschinen		229,00

(3) Abweichend von (2) lässt § 6 Abs. 2 a EStG auch folgende Möglichkeit zu: GWG mit Anschaffungs-/Herstellungskosten über 150,00 EUR bis 1 000,00 EUR (ohne Umsatzsteuer) können auf den Konten *0791x Geringwertige Wirtschaftsgüter Maschinen des Jahres* und *0891x Geringwertige Wirtschaftsgüter BGA des Jahres* gesammelt und unabhängig von der Nutzungsdauer einheitlich mit 20 % über 5 Jahre abschrieben werden.

Durch Veräußerungen, Entnahmen, Untergang einzelner GWGs wird der Wert des Sammelpostens nicht beeinflusst!

x steht für die Endziffer des Anschaffungsjahres; z. B. Anschaffung in 2008: 08918 = GWG 08 BGA

Die Abschreibung erfolgt auf entsprechenden Abschreibungskonten; z. B. 65418 = Abschreibungen auf GWG 08.

Beispiel: Abschreibung von GWG-Sammelposten

Zielkäufe:	**Buchungen im Grundbuch:**		
Kopierer			
im Feb. 08 für 330,00	08918 GWG 08 BGA 330,00		
19 % USt. 62,70	2600 Vorsteuer 62,70 an 4400 Verbindl. a. L. u. L.		392,70
PC im Nov. 08 für 990,00	08918 GWG 08 BGA 990,00		
19 % USt. 188,10	2600 Vorsteuer 188,10 an 4400 Verbindl. a. L. u. L.		1 178,10
20 % Abschreibung	65418 Abschreibungen		
am Jahresende 08	auf GWG 08 264,00 an 08918 GWG 08 BGA		264,00
entsprechend auch	65418 Abschreibungen		
am Jahresende 09	auf GWG 08 264,00 an 08918 GWG 08 BGA		264,00

Wird Vorgehensweise (3) gewählt, ist sie für alle in einem Wirtschaftsjahr angeschafften oder hergestellten GWG einheitlich anzuwenden. Die GWG dürfen dann auch nicht einzeln entsprechend den AfA-Tabellen abgeschrieben werden.

Dadurch geht bei einer Nutzungsdauer unter 5 Jahren ein Finanzierungsvorteil verloren. Andererseits entsteht weniger bürokratischer Aufwand, weil die Einzelerfassung für jedes Gut entfällt.

12.2.3 Abschreibungen nach Handelsrecht

Abschreibungsmethoden

Das Handelrecht regelt die Abschreibung von Gegenständen des Anlagevermögens in § 253 Abs. 3 HGB wie folgt:

- **Als Anfangswert sind die Anschaffungs- oder Herstellungskosten anzusetzen.**
- **Diese sind planmäßig auf die voraussichtliche (nicht die betriebsgewöhnliche!) Nutzungsdauer zu verteilen.**

Das HGB schreibt keine Abschreibungsmethode vor. Die angewendete Methode muss vielmehr den Grundsätzen ordnungsmäßiger Buchführung (GoB) entsprechen. Sie muss folglich begründbar sein. Unter dieser Voraussetzung sind alle auf Seite 140 ff. behandelten Abschreibungsmethoden zulässig. Nicht begründbar ist z. B. eine Methode, die dem tatsächlichen Verlauf der Abnutzung widerspricht – selbst wenn sie steuerrechtlich vorgeschrieben oder zugelassen ist.

> **Beispiel: Gegensatz steuerrechtliche und handelsrechtliche Abschreibung**
> Eine 2010 angeschaffte Maschine, die voraussichtlich gleichmäßig abgenutzt wird, darf steuerrechtlich degressiv abgeschrieben werden. Handelsrechtlich ist sie jedoch linear abzuschreiben.

Zeitanteilige Abschreibung; Erinnerungswert

Das HGB macht hierzu keine Angaben. Zeitanteilige Abschreibung und Erinnerungswert entsprechen jedoch den GoB und sind handelsrechtlich anwendbar.

Geringwertige Wirtschaftsgüter

Auch hierzu enthält das HGB keine Vorschriften. GWG können deshalb wie andere Anlagegegenstände aktiviert und abgeschrieben werden. Stattdessen

- können GWG bis 150,00 EUR nach allgemeiner Auffassung auch als Aufwand gebucht werden. Man findet sogar die Auffassung, dass dies bis zu 800,00 EUR möglich ist;
- können GWG bis 410,00 EUR folglich auch im Jahr der Anschaffung/Herstellung voll abgeschrieben werden.
- können Sammelposten für GWG bis 1 000,00 EUR in der handelsrechtlichen Buchführung akzeptiert werden, wenn sie – bezogen auf das gesamte abnutzbare Anlagevermögen – von untergeordneter Bedeutung sind[1].
  Aus Vereinfachungsgründen unterstellen wir für Aufgabenstellungen in diesem Buch, dass diese Bedingung erfüllt ist.

Die genannten Wahlmöglichkeiten werden als von den GoB gedeckt angesehen.

Zusammenfassend zeigen Steuer- und Handelsrecht folgende Unterschiede:

Abschreibung nach Steuerrecht	Abschreibung nach Handelsrecht
Zugrunde zu legen ist die **betriebsgewöhnliche** Nutzungsdauer.	Zugrunde zu legen ist die **voraussichtliche** Nutzungsdauer.

Erlaubte Abschreibungsmethoden:
• lineare Abschreibung
• bei beweglichen Anlagegegenständen auch:
  – Leistungsabschreibung (bei Nachweis und wirtschaftlicher Begründung)
  – geometrisch degressive Abschreibung (bei Anschaffung vor 2011)
	Erlaubte Abschreibungsmethoden:
	alle Methoden, wenn begründbar

GWG: • Aktivierung und reguläre Abschreibung • bis 150,00 EUR: Aufwand • bis 410,00 EUR: Vollabschreibung • über 150,00 EUR bis 1 000,00 EUR: Sammelposten; Abschreibung 5 Jahre (Nur einheitlich anwendbar!)	**GWG:** • Aktivierung und reguläre Abschreibung • bis 150,00 (ggf. 800,00) EUR: Aufwand • bis 410,00 EUR: Vollabschreibung • über 150,00 EUR bis 1 000,00 EUR: Sammelposten; Abschreibung 5 Jahre (Voraussetzung: Sammelposten von untergeordneter Bedeutung)

Die unterschiedliche Bewertung bewirkt, dass in der Regel zwei getrennte Jahresabschlüsse mit einer Steuerbilanz und einer Handelsbilanz erstellt werden müssen.

---

[1]   Auffassung des Instituts der Wirtschaftsprüfer (IWD). IWD Fachnachrichten Nr. 10/2007, S. 506

12.2.4 Wirtschaftliche Bedeutung der Abschreibung

Abschreibung als Finanzierungsinstrument

Das Unternehmen kalkuliert die Abschreibungen in die Ver-kaufspreise ein. Folglich fließen sie als Umsatzerlöse in das Unternehmen zurück. Mit diesen Beträgen kann man Ersatzbeschaffungen verbrauchter Anlagen **(Re- oder Ersatzinvestitionen)** vornehmen (sog. **Rückflussfinanzierung**).

Vgl. hierzu im Band „Geschäftsprozesse", Sachwort „Abschreibung, kalkulatorische".

Das Recht lässt dem Unternehmen einen Ermessensspielraum bei der Bemessung der Abschreibungsbeträge. Dementsprechend kann es die Höhe der Abschreibungen beeinflussen. Durch hohe Abschreibungen mindert es den Jahresgewinn. Bei hohen Gewinnen ist dies von Vorteil, weil damit auch die gewinnabhängigen Steuern (Einkommen-, Körperschaft-, Gewerbesteuer) und die Gewinnausschüttungen sinken. So verbleiben mehr liquide Mittel im Unternehmen. Damit können zusätzliche, modernere Anlagen beschafft werden (sog. **Erweiterungsinvestitionen**). Bei Verlusten hingegen sollten die Abschreibungen niedrig angesetzt werden. Sie bringen weder bei Steuern noch bei Ausschüttungen Einsparungen. Hohe Abschreibungen würden den Verlust erhöhen und damit das Bild des Unternehmens verschlechtern.

Bedeutung der Abschreibung für die Finanzierung

Abschreibung als Mittel der Wirtschaftspolitik

Der Staat kann die steuerlichen Abschreibungssätze erhöhen oder senken. So kann eine Erhöhung der AfA-Sätze den Unternehmen z. B. mehr Liquidität verschaffen (siehe oben) und in der Folge die Investitionstätigkeit und die Konjunktur beleben. Eine Senkung der Sätze hat die umgekehrte Wirkung. Entsprechendes gilt für Zulassung und Abschaffung der degressiven Abschreibung.

Merke: Abschreibungen werden in die Absatzpreise einkalkuliert. Dies bewirkt eine Rückflussfinanzierung für Ersatzinvestitionen. Überhöhte Abschreibungen mindern den ausgewiesenen Gewinn und damit Steuerlast und Gewinnausschüttung. Dies fördert Erweiterungsinvestitionen. Durch die Festlegung der Abschreibungssätze und der Abschreibungsmethode kann der Staat diese Effekte beeinflussen.

Arbeitsaufträge

1. **Der Jahresanfangsbestand auf dem Konto 0860 Geschäftsausstattung beträgt 36 000,00 EUR. Von den Anschaffungskosten (48 000,00 EUR) sind im laufenden Jahr steuerlich 10 % abzuschreiben. Im Januar kauften wir einen Personalcomputer einschließlich nicht selbstständig nutzbarer Nebengeräte im Wert von 5 000,00 EUR + Umsatzsteuer gegen Banküberweisung. Der Computer ist entsprechend den Vorgaben der AfA-Tabelle abzuschreiben.**
   a) Richten Sie die Konten 0860 Geschäftsausstattung, 6520 Abschreibungen, 8020 GuV und 8010 SBK ein.
   b) Buchen Sie die Anschaffung des PCs.
   c) Berechnen und buchen Sie die Abschreibung auf die Geschäftsausstattung.
   d) Schließen Sie die Konten Abschreibungen und Geschäftsausstattung ab.

2. Ein Lkw wurde am 1. August von Jahr 1 für 140000,00 EUR + Umsatzsteuer gekauft. Die Nutzungsdauer wird steuerlich entsprechend den Angaben der AfA-Tabellen festgesetzt. Am
   31. März von Jahr 4 soll der Lkw zum Buchwert verkauft werden.
   a) Ermitteln Sie den Buchwert am Verkaufstag.

   Die voraussichtlich tatsächliche Nutzungsdauer wird auf 10 Jahre geschätzt. Außerdem ist erfahrungsgemäß davon auszugehen, dass der Wertverlust im ersten Jahr 25 % und im 2. Jahr 20 % vom Anschaffungswert beträgt und in den Folgejahren abnimmt.
   b) Welche Abschreibungsmethode ist unter diesen Umständen handelsrechtlich anzuwenden?
   c) Wie viel Euro sind in Jahr 1 abzuschreiben?
   d) Ermitteln Sie den Buchwert am Verkaufstag.

3. **Folgende Fragen sind zu beantworten:**
   a) Wie wirkt sich ein hoher Abschreibungssatz auf den Gewinn aus?
   b) Warum hat die Finanzverwaltung Abschreibungsrichtsätze festgelegt?
   c) Auf welche Höhe begrenzt das Steuerrecht den degressiven Abschreibungssatz für Güter, die in den Jahren 2005 bis 2008 angeschafft wurden?
   d) Welche Auswirkungen hat ein hoher Abschreibungssatz auf die Investitionsbereitschaft?

4. **Ein Industrieunternehmen konnte bei der steuerlichen Abschreibung einer Maschine zwischen der linearen und der geometrisch degressiven Absetzung für Abnutzung (AfA) wählen.**
   Kennzeichnen Sie auf einem besonderen Blatt die folgenden Aussagen durch ein
   a), wenn sie für die Anwendung der linearen AfA sprechen,
   b), wenn sie für die Anwendung der degressiven AfA sprechen oder
   c), wenn sie keinen Einfluss auf die Wahl der entsprechenden AfA-Methode haben.

   (1) Steuerliche Vorteile sollen möglichst schnell in Anspruch genommen werden.
   (2) Steuerliche Vorteile sollen möglichst gleichmäßig auf die gesamte Nutzungsdauer verteilt werden.
   (3) Die Abnutzung des Anlagegutes ist in den ersten Nutzungsjahren relativ hoch.
   (4) Die jährlichen Abschreibungsbeträge sollen in gleichbleibender Höhe in die Kalkulation einfließen.

5. **Es werden folgende Aussagen gemacht:**
   (1) Der Übergang von der linearen Abschreibung zur degressiven Abschreibung ist steuerrechtlich erlaubt.
   (2) Der Übergang von der degressiven Abschreibung zur linearen Abschreibung ist steuerrechtlich verboten.
   (3) Gemäß Handelsrecht kann beliebig zwischen allen Abschreibungsmethoden gewählt werden.
   (4) Bei Nutzung einer Maschine im Mehrschichtenbetrieb kann der Abschreibungsprozentsatz für die HGB-Abschreibung erhöht werden.
   (5) Bei der geometrisch degressiven Abschreibung nach Handelsrecht werden die Abschreibungsbeträge von Jahr zu Jahr höher.
   (6) Bei der arithmetisch degressiven Abschreibung nach Steuerrecht wird am Ende der Nutzungsdauer der Nullwert erreicht.
   (7) Bei der linearen Abschreibung nach Handelsrecht werden die Anschaffungs- bzw. Herstellungskosten in fallenden Jahresbeträgen auf die voraussichtlichen Jahre der Nutzung verteilt.
   Welche Aussagen sind richtig, welche falsch?

6. **Barkauf eines gebrauchten PC am 26. Juni für 400,00 EUR + Umsatzsteuer (Anmerkung: Handelsrechtliche und steuerrechtliche Buchungen sollen übereinstimmen.)**
   a) Buchen Sie am 26. Juni.
   b) Buchen Sie am 31. Dezember (Bilanzstichtag) die Sammelabschreibung, wenn auf dem betreffenden Bestandskonto weitere Anschaffungen von insgesamt 6000,00 EUR gebucht wurden.

7. Im Geschäftsjahr wurden geringwertige Wirtschaftsgüter (45 Maschinen) im Gesamtwert von 16 418,00 EUR angeschafft und aktiviert. Alle Anschaffungswerte überstiegen 150,00 EUR und nicht 410,00 EUR.
   a) Welche Voraussetzungen müssen für die steuerrechtliche Anerkennung als geringwertige Wirtschaftsgüter erfüllt sein?
   b) Buchen Sie die Abschreibung am 31. Dezember (Bilanzstichtag) nach unterschiedlichen Methoden.

8. Barkauf eines elektronischen Taschenrechners am 2. September für 30,00 EUR + USt. und Zielkauf von 10 Tintenpatronen für einen Drucker für 30,00 EUR je Stück + USt.
   Buchen Sie beide Geschäftsfälle.

9. Ein Unternehmen kauft am 15. Mai eine Büromaschine für 950,00 EUR + Umsatzsteuer sowie ein Zusatzgerät, ohne das die Maschine nicht genutzt werden kann, für 60,00 EUR + Umsatzsteuer. Betriebsgewöhnliche Nutzungsdauer 8 Jahre, voraussichtliche Nutzungsdauer ebenso. Für beide Einkäufe erhält das Unternehmen eine eigene Rechnung.
   a) Buchen Sie die Vorgänge.
   b) Ist am 31. Dezember eine Vollabschreibung, eine Abschreibung als GWG oder eine reguläre planmäßige Abschreibung (linear) vorzunehmen? Buchen Sie richtig.

10. Arbeitsauftrag 6 (siehe S. 116) ist um folgende Abschlussangaben zu ergänzen:
    Abschreibungen:
    Gebäude: 2 % der Anschaffungskosten. Diese betrugen 375 000,00 EUR.
    Technische Anlagen und Maschinen: 30 000,00 EUR
    Betriebs- und Geschäftsausstattung: 12 000,00 EUR
    Fuhrpark: 20 000,00 EUR
    Buchen Sie die Abschreibungen und korrigieren Sie den Buchführungsabschluss.

11. Die Arbeitsaufträge 6./7. (siehe S. 127) sind wie folgt zu ergänzen:
    Richten Sie noch die Konten 0520 (Bestand: 500 000,00 EUR), 0790, 6520 und 6540 ein.

Geschäftsfälle:	6.	7.
(12) Zielkauf einer Bürolampe (Aufwandsbuchung)	90,00	100,00
(13) Zielkauf einer Tischkreissäge	390,00	350,00
Zusätzliche Abschlussangaben:		
Abschreibungen:		
Gebäude	12 000,00	17 500,00
Technische Anlagen und Maschinen	20 000,00	25 000,00
Geschäftsausstattung	6 000,00	7 000,00
Fuhrpark	5 000,00	6 000,00

Geringwertige Wirtschaftsgüter: Vollabschreibung
Buchen Sie und korrigieren Sie den Abschluss.

12.3   Verkauf von Anlagegegenständen

Bei Verkauf während des Geschäftsjahres sind Anlagegegenstände noch bis zum Ende des Monats vor dem Verkauf abzuschreiben.

Beispiel: Zeitanteilige Abschreibung

Verkauf einer Produktionsmaschine am 12.05.:
Buchwert am 31.12. des Vorjahrs:
72 000,00 EUR
Jährlicher Abschreibungsbetrag:
24 000,00 EUR

Buchung im Grundbuch:
6520 Abschreibungen
      auf Sachanlagen 8 000,00 an 0720 Maschinen
                              8 000,00

Buchwert 31.12.:	72 000,00
Abschreibung bis 30.04.:	
4/12 von 24 000,00	– 8 000,00
Buchwert 12.05.:	64 000,00

S	6520 Abschreibungen	H
0720	8 000,00	

S	0720 Maschinen	H
AB	72 000,00	6520 8 000,00

Der Wertabgang wird zum Buchwert auf dem Aufwandskonto **6979 Anlagenabgänge** erfasst, der Nettoverkaufspreis auf dem Ertragskonto **5410 Sonstige Erlöse**. Liegt der Nettoverkaufspreis über dem Buchwert, entsteht ein Gewinn; liegt er darunter, entsteht ein Verlust.

Die Konten 6979 und 5410 werden über GuV abgeschlossen. Dort wird durch Gegenüberstellung der unverrechneten Beträge (**Brutto**beträge) der Gewinn/Verlust sichtbar.

Beispiel 1: Verkauf über Buchwert zum Nettoverkaufspreis von 67 000,00 EUR

❶ Wertabgang:	6979 Anlagenabgänge	64 000,00	an 0720 Maschinen	64 000,00
❷ Verkaufserlös:	2800 Bank	79 730,00	an 5410 Sonstige Erlöse	67 000,00
			an 4800 Umsatzsteuer	12 730,00
Konten	❸ 5410 Sonstige Erlöse	67 000,00	an 8020 GuV	67 000,00
abschluss:	❹ 8020 GuV	64 000,00	an 6979 Anlagenabgänge	64 000,00

S	0720 Maschinen	H	S	6979 Anlagenabgänge	H	S	5410 Sonstige Erlöse	H
AB	72 000,00	6520 8 000,00	❶ 0720 64 000,00	❹ 8020 64 000,00	❸ 8020 67 000,00	❷ 2800 67 000,00
		❶ 6979 64 000,00				

S	8020 GuV	H
❹ 6979 64 000,00	❸ 5410 67 000,00

Das GuV-Konto weist 3 000,00 EUR Gewinn aus:

Beispiel 2: Verkauf unter Buchwert zum Nettoverkaufspreis von 60 000,00 EUR

❶ Wertabgang:	6979 Anlagenabgänge	64 000,00	an 0720 Maschinen	64 000,00
❷ Verkaufserlös:	2800 Bank	71 400,00	an 5410 Sonstige Erlöse	60 000,00
			an 4800 Umsatzsteuer	11 400,00
Konten	❸ 5410 Sonstige Erlöse	60 000,00	an 8020 GuV	60 000,00
abschluss:	❹ 8020 GuV	64 000,00	an 6979 Anlagenabgänge	64 000,00

S	0720 Maschinen	H	S	6979 Anlagenabgänge	H	S	5410 Sonstige Erlöse	H
AB	72 000,00	6520 8 000,00	❶ 0720 64 000,00	❹ 8020 64 000,00	❸ 8020 60 000,00	❷ 2800 60 000,00
		❶ 6979 64 000,00				

S	8020 GuV	H
❹ 6979 64 000,00	❸ 5410 60 000,00

Das GuV-Konto weist 4 000,00 EUR Verlust aus:

Arbeitsauftrag

	Buchwert 31.12.	jährliche Abschreibung	Verkaufstag	Nettoverkaufspreis
a)	54 000,00 EUR	18 000,00 EUR	26.04.	50 000,00 EUR
b)	70 000,00 EUR	35 000,00 EUR	02.12.	30 000,00 EUR
c)	56 000,00 EUR	14 000,00 EUR	16.02.	50 000,00 EUR
d)	1,00 EUR		05.08.	9 500,00 EUR

Buchen Sie die Anlagenverkäufe. Ermitteln Sie jeweils den Gewinn bzw. Verlust aus dem Abgang von Gegenständen des Anlagevermögens.

12.4 Anlagenbuchführung

Die Anlagekonten des Hauptbuchs erfassen jede Art Anlagegüter gesammelt.

> **Beispiele: Sammelkonten für Anlagegüter**
>
> Sammelkonto für alle Kraftfahrzeuge   ➞ **0840 Fuhrpark**
> Sammelkonto für alle Werkzeugmaschinen ➞ **7720 Anlagen und Maschinen der me-**
> **chanischen Materialbearbeitung**

Jedoch müssen für **jeden einzelnen** Anlagegegenstand alle wichtigen Daten (z. B. Anschaffung, Verwendung, Wertentwicklung, Abgang) jederzeit feststellbar sein. Deshalb führt man neben den Hauptbuchkonten ein Anlagenbuch in Form einer Anlagenkartei/ -datei als Nebenbuch. Für jeden Anlagegegenstand richtet man eine(n) Anlagenkarte/ Anlagendatensatz ein. Sie/Er enthält alle wichtigen Daten. Man ergänzt diese fortlaufend. Werden für die handelsrechtliche und die steuerrechtliche Abschreibung unterschiedliche Methoden angewandt, müssen zwei Karten/Datensätze geführt werden.

> **Beispiel: Anlagendatensatz für die handelsrechtliche Abschreibung**

Gegenstand:	CNC-Fräsmaschine FSD 200	Kostenstelle: Fertigung Anschaffungskosten: 180 000,00 EUR			
Lieferant:	Maschinenbau AG, Ulm	Anschaffungsdatum: 10.03.20..			
Einkaufsbeleg:	ER 365/20..	Voraussichtliche Nutzungsdauer: 15 Jahre			
Anlagenkonto:	0720	Tag des Abgangs:			
		Nettoverkaufspreis:			
Abschreibungen					
Datum	Buchungs- anweisung	Abschreibungs- methode	Abschrei- bungssatz	Betrag EUR	Buchwert EUR
31.12.20..	18	geometr. degressiv	13,333 %	23 999,40	156 000,60
31.12.20..	23	geometr. degressiv	13,333 %	20 799,56	135 201,04

Nur wenn ein ordnungsgemäß geführtes Anlagenbuch vorliegt, kann eine körperliche Inventur der Anlagegegenstände entfallen (vgl. S. 22).

Aufgaben des Anlagenbuchs:
- **Kontrolle von Verwendung und Wertentwicklung jedes Anlagegegenstands,**
- **Ermittlung der jährlichen Abschreibung jedes Anlagegegenstands und des gesamten Anlagenbestands,**
- **Grundlage für die Erstellung eines Anlagenspiegels (vgl. S. 478).**

CNC-Fräsmaschine

Beleggeschäftsgang 1

- Dieser Arbeitsauftrag dient der **Zusammenfassung und Vertiefung** der bisher behandelten Themen.
- Er ist auch für die **Buchung in Lexware Financial Office** vorgesehen.

Fritz Dreher e. K. betreibt in Neuss, Industriestraße 200, eine Schraubenfabrik. Die Firma führt interne vierteljährliche Buchführungsabschlüsse durch. Die Finanzbuchhaltung weist zum 27. März 20.. folgende Salden auf den Konten aus:

	Vorläufige Salden	Soll/EUR	Haben/EUR
0520	Gebäude	298 600,00	
0700	Technische Anlagen und Maschinen	490 000,00	
0840	Fuhrpark	22 320,00	
0860	Geschäftsausstattung	70 000,00	
2000	Rohstoffe	50 000,00	
2030	Betriebsstoffe	17 000,00	
2100	Unfertige Erzeugnisse	36 000,00	
2200	Fertige Erzeugnisse	17 000,00	
2400	Forderungen a. L. u. L.	39 151,00	
2600	Vorsteuer	6 570,62	
2800	Bank	30 050,00	
3000	Eigenkapital		665 036,60
3001	Privatkonto	250,00	
4250	Langfristige Bankverbindlichkeiten		194 000,00
4400	Verbindlichkeiten a. L. u. L.		123 593,40
4800	Umsatzsteuer		11 260,00
5000	Umsatzerlöse		275 360,00
5710	Zinserträge		700,00
6000	Aufwendungen für Rohstoffe	33 860,00	
6030	Aufwendungen für Betriebsstoffe	35 320,00	
6160	Fremdinstandhaltungen	7 500,00	
6200	Löhne	62 000,00	
6300	Gehälter	48 000,00	
6750	Kosten des Geldverkehrs	250,00	
6800	Büromaterial	400,00	
6820	Porto, Telefon, Telefax	3 878,38	
7510	Zinsaufwendungen	1 800,00	
		1 269 950,00	**1 269 950,00**

Der Kontenplan umfasst außerdem die Konten 5200, 5420, 6520, 6979, 8010, 8020.
Im Kontokorrentbuch werden folgende Personenkonten geführt. Sie weisen zum 27. März 20.. folgende offene Posten aus:

Konto-Nr.	Kunde	Offene Posten			Saldo
		Datum	OP-Nummer	Betrag	
Debitoren (Kundenkonten)					
10000	Peter Wagner OHG Niederrheinstraße 87 47829 Krefeld	03.03.20.. 24.03.20..	10390 10393	4 760,00 3 570,00	 8 330,00
10001	Josef Schlosser e. K. Suitbertusstraße 278 40223 Düsseldorf	02.03.20.. 23.03.20..	10389 10392	11 900,00 8 925,00	 20 825,00
10002	Produkta GmbH Herthastraße 51 50696 Köln	27.02.20.. 13.03.20.. 24.03.20..	10388 10391 10394	3 213,00 4 046,00 2 737,00	 9 996,00
Saldo von 2400 Forderungen					39 151,00

Kreditoren (Lieferantenkonten)					
Konto Nr.	Lieferant	Offene Posten			Saldo
		Datum	OP-Nummer	Betrag	
70000	Stahlhandel GmbH Hafenstraße 10–14 47119 Duisburg	13.02.20.. 23.02.20.. 07.03.20.. 17.03.20..	4120 4122 4125 4130	24 633,00 16 422,00 19 040,00 27 727,00	87 822,00
70001	Spedition Rollmann GmbH Hafenstraße 210 47198 Duisburg	13.02.20.. 23.02.20.. 07.03.20.. 17.03.20..	4121 4123 4126 4131	345,10 261,80 285,60 368,90	1 261,40
70002	Klaus Volkmann e. K. Postweg 59 41472 Neuss	16.03.20..	4129	1 309,00	1 309,00
70003	Konrad Feldmann OHG Weingartstraße 59 41464 Neuss	02.03.20..	4124	3 094,00	3 094,00
70004	Mineralölhandel GmbH Hafenstraße 56 40213 Düsseldorf	08.03.20.. 08.03.20..	4127 4128	28 084,00 714,00	28 798,00
70005	Ventelo GmbH Am Seestern 3 40547 Düsseldorf	17.03.20..	4132	1 309,00	1 309,00
Saldo von 4400 Verbindlichkeiten					123 593,40

Buchungsangaben zur EDV-Buchführung:

1. Richten Sie die Sachkonten, die Debitorenkonten und die Kreditorenkonten ein.
   (Hinweis: Führen Sie in Lexware Financial Office eine Rücksicherung des Mandanten „Fritz Dreher e. K." von der Begleit-DVD zu diesem Buch durch.)
2. Vor dem Abschluss zum 31. März sind noch die nachfolgenden Belege zu buchen (siehe S. 156 bis 162). Orientieren Sie sich bei der Belegbearbeitung an den auf Seite 98 beschriebenen Arbeitsschritten. Vorratseinkäufe werden verbrauchsorientiert gebucht.
3. Führen Sie in Ihrem Finanzbuchführungsprogramm einen Periodenabschluss durch.

Buchungsangaben zur herkömmlichen Buchführung:

1. Richten Sie die Sachkonten mit den Salden sowie die Debitorenkonten und die Kreditorenkonten mit den offenen Posten ein.
2. Vor dem Abschluss zum 31. März sind noch die nachfolgenden Belege zu buchen (siehe S. 156 bis 162). Orientieren Sie sich bei der Belegbearbeitung an den auf Seite 98 beschriebenen Arbeitsschritten. Vorratseinkäufe werden verbrauchsorientiert gebucht.
3. Schließen Sie die Sachkonten ab.
4. Ermitteln Sie die Salden der Debitoren- und Kreditorenkonten und gleichen Sie diese mit den Salden von 2400 Forderungen und 4400 Verbindlichkeiten ab.

Abschlussangaben:

1. Abschreibungen, 1. Vierteljahr:
   Betriebsgebäude .... 2 100,00 EUR
   Technische Anlagen und Maschinen .... 17 500,00 EUR
   Betriebs- und Geschäftsausstattung.. 2 500,00 EUR
   Fuhrpark .... 1 116,00 EUR

2. Inventurbestände:
   Rohstoffe .... 28 000,00 EUR
   Betriebsstoffe .... 21 000,00 EUR
   Unfertige Erzeugnisse... 30 000,00 EUR
   Fertige Erzeugnisse .... 20 000,00 EUR
   Die Salden der übrigen Bestandskonten stimmen mit den Inventurbeständen überein.

3. Die Umsatzsteuer-Zahllast ist zu passivieren.

Belege:

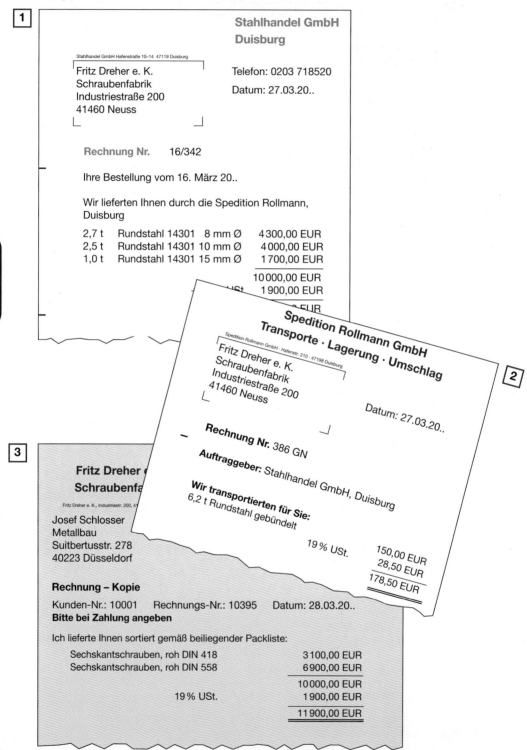

1

**Stahlhandel GmbH
Duisburg**

Stahlhandel GmbH Hafenstraße 10–14 47119 Duisburg

Fritz Dreher e. K.
Schraubenfabrik
Industriestraße 200
41460 Neuss

Telefon: 0203 718520

Datum: 27.03.20..

Rechnung Nr.　　16/342

Ihre Bestellung vom 16. März 20..

Wir lieferten Ihnen durch die Spedition Rollmann,
Duisburg

2,7 t	Rundstahl 14301	8 mm Ø	4 300,00 EUR
2,5 t	Rundstahl 14301	10 mm Ø	4 000,00 EUR
1,0 t	Rundstahl 14301	15 mm Ø	1 700,00 EUR
			10 000,00 EUR
		USt.	1 900,00 EUR
			EUR

2

**Spedition Rollmann GmbH
Transporte · Lagerung · Umschlag**

Spedition Rollmann GmbH · Hafenstr. 210 · 47198 Duisburg

Fritz Dreher e. K.
Schraubenfabrik
Industriestraße 200
41460 Neuss

Datum: 27.03.20..

Rechnung Nr. 386 GN

Auftraggeber: Stahlhandel GmbH, Duisburg

Wir transportierten für Sie:
6,2 t Rundstahl gebündelt

	19 % USt.	150,00 EUR
		28,50 EUR
		178,50 EUR

3

**Fritz Dreher e. K.
Schraubenfabrik**

Fritz Dreher e. K., Industriestr. 200, 41...

Josef Schlosser
Metallbau
Suitbertusstr. 278
40223 Düsseldorf

Rechnung – Kopie

Kunden-Nr.: 10001　　Rechnungs-Nr.: 10395　　Datum: 28.03.20..
Bitte bei Zahlung angeben

Ich lieferte Ihnen sortiert gemäß beiliegender Packliste:

Sechskantschrauben, roh DIN 418	3 100,00 EUR
Sechskantschrauben, roh DIN 558	6 900,00 EUR
	10 000,00 EUR
19 % USt.	1 900,00 EUR
	11 900,00 EUR

ERSTER
ABSCHNITT

4

Klaus Volkmann e. K.
Bau- und Möbelschreinerei

Klaus Volkmann, Postweg 59, 41472 Neuss

Fritz Dreher e. K.
Schraubenfabrik
Industriestraße 200
41460 Neuss

Datum: 29.03.20..

Rechnung Nr. 274/12

Schreinerarbeiten in Ihren Verwaltungsräumen gemäß beiliegendem Arbeitsbericht	250,00 EUR
19 % USt.	47,50 EUR
	297,50 EUR

5

Konrad Feldmann OHG
Bürobedarf – Büroeinrichtungen
Weingartstr. 59 · 41464 Neuss

K. Feldmann OHG · Weingartstr. 59 · 41464 Neuss

Fritz Dreher e. K.
Schraubenfabrik
Industriestraße 200
41460 Neuss

Rechnung Nr. 1233

Ihre Auftrags-Nr. 12/1234/56   Datum: 27.03.20..

	Lieferschein Nr. 1456/v. 25.03.20..	EUR	EUR
12	Holzlineale	2,20	26,40
40	Ordner	2,10	84,00
10	Register 1265	1,80	18,00
20	Klebestifte WA 11	1,60	32,00
10	Stempelkissen Nr. II blau	3,10	31,00
10	Heftzangen	8,50	85,00
10	Stabilo gelb	1,10	11,00
20	Stenoblocks	0,40	8,00
10	Rollen Klebeband 5013	0,55	5,50
2	Tuben GUM 45015	1,30	2,60
1	Telefonregister		16,50
20	Radiergummi BR 40	1,00	20,00
			340,00
	+ 19 % USt.		64,60
			404,60

ERSTER ABSCHNITT

6

Konrad Feldmann OHG

Bürobedarf – Büroeinrichtungen

Weingartstr. 59 · 41464 Neuss

K. Feldmann OHG · Weingartstr. 59 · 41464 Neuss

Fritz Dreher e. K.
Schraubenfabrik
Industriestraße 200
41460 Neuss

Rechnung Nr. 1234

Ihre Auftrags-Nr. 13/456/789   Datum: 27.03.20..

	Lieferschein Nr. 1412/v. 24.03.20..	EUR
1	Schreibtisch, B 2 800 x T 1 115 x H 720 mm integrierte Schreibfläche mit Lederauflage, Gestell und Tischplatte anthrazit, RAL 7021, Technikbox für Steckdosen, Netzteile usw.	
	+ 19 % USt.	2 000,00
		380,00
		2 380,00

7

Fritz Dreher e. K.
Schraubenfabrik

Fritz Dreher e. K., Industriestr. 200, 41460 Neuss

Peter Wagner OHG
Schraubengroßhandel
Niederrheinstraße 87
47829 Krefeld

Rechnung – Kopie

Kunden-Nr.: 10000   Rechnungs-Nr.: 10396   Datum: 28.03.20..
Bitte bei Zahlung angeben

Ich lieferte Ihnen sortiert gemäß beiliegender Packliste:

Sechskantschrauben, roh DIN 418	2 300,00 EUR
Sechskantschrauben, roh DIN 558	1 800,00 EUR
Vierkantschrauben, roh DIN 556	3 000,00 EUR
	7 100,00 EUR
19 % USt.	1 349,00 EUR
	8 449,00 EUR

8

Mineralölhandel GmbH
Hafenstr. 56 · 40213 Düsseldorf

Mineralölhandel GmbH · Hafenstr. 56 · 40213 Düsseldorf

Fritz Dreher e. K.
Schraubenfabrik
Industriestraße 200
41460 Neuss

Rechnung	Kunden-Nr. 40072	Rechnungs-Nr. 96.872	Datum: 30.03.20..

Menge l	Bezeichnung	EUR/l	Gesamtpreis
200	Getriebeöl HLP 46	3,50 19 % USt.	700,00 EUR 133,00 EUR
			833,00 EUR

Zahlbar innerhalb von 30 Tagen ohne Abzug.

9

Konrad Feldmann OHG
Bürobedarf – Büroeinrichtungen
Weingartstr. 59 · 41464 Neuss

K. Feldmann OHG · Weingartstr. 59 · 41464 Neuss

Fritz Dreher e. K.
Schraubenfabrik
Industriestraße 200
41460 Neuss

Rechnung Nr. 1420

Ihre Auftrags-Nr. 12/1234/56   Datum: 28.03.20..

	Lieferschein Nr. 1249/v. 26.03...	EUR	EUR
40	Kartons Druckerpapier	30,00	1 200,00
20	Packen Kopierpapier, je 500 Stück, Lux spezial, 80 g	7,50	150,00
			1 350,00
	+ 19 % USt.		256,50
			1 606,50

[10]

IBAN			KONTOAUSZUG	Auszug	Blatt
DE89 3055000006250348000			**SPARKASSE NEUSS – BIC: WELA DE DN –**	28	1

Buch.-Tag	Wert	PN	Erläuterung/Verwendungszweck	Umsätze	
03-31	03-31	753	Kd-Nr. 10002, Re-Nr. 10388		
			Produkta GmbH	3 213,00	H
03-31	03-31	757	Stahlhandel GmbH, Re-Nr. 204354		
			vom 13.02.	24 633,00	S
03-31	03-31	739	Spedition Rollmann, 70001,		
			Kd-Nr. 500103, diverse Rechnungen	892,50	S
03-31	03-31	742	Kunden-Nr. 10001		
			Rechnungen 10395, 10389 J. Schlosser	23 800,00	H
03-31	03-31	804	Dauerauftrag Darlehensrückzahlung	2 000,00	S
03-31	03-31	805	Darlehenszinsen	800,00	S
03-31	03-31	765	Habenzinsen	23,00	H
03-31	03-31	766	Kontogebühren	35,00	S

BITTE RÜCKSEITE BEACHTEN!

BS	20..-03-25 Letzter Auszug	20..-03-31 Auszugdatum	EUR 30 050,00 H Alter Kontostand	Neuer Kontostand

---

IBAN			KONTOAUSZUG	Auszug	Blatt
DE89 3055000006250348000			**SPARKASSE NEUSS – BIC: WELA DE DN –**	28	2

Buch.-Tag	Wert	PN	Erläuterung/Verwendungszweck	Umsätze	
03-31	03-31	767	Porto	9,00	S
03-31	03-31	743	Feldmann OHG, 70003		
			Kd-Nr. 2106, Re-Nr. D5230	3 094,00	S
03-31	03-31	812	Telefonrechnung März 20..		
			Ventelo GmbH, Kd-Nr. 120466	1 309,00	S
03-31	03-31	820	Barauszahlung	2 500,00	S

BITTE RÜCKSEITE BEACHTEN!

Fritz Dreher e. K.
Industriestraße 200
41460 Neuss

BS	20..-03-25 Letzter Auszug	20..-03-31 Auszugdatum	EUR 30 050,00 H Alter Kontostand	EUR 21 813,50 H Neuer Kontostand

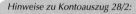

Hinweise zu Kontoauszug 28/2:

- *Telefonrechnung: Das Telefon wird zum Teil privat genutzt (siehe Beleg Privatentnahme 3).*
- *Barauszahlung = Privatentnahme*

11

Fritz Dreher e. K.
Schraubenfabrik

Privatentnahme 1

Notebook Xenia 300
Buchwert	600,00 EUR
19 % USt.	114,00 EUR
Bruttoentnahme	714,00 EUR

Neuss, 29. März 20..

Fritz Dreher

12

Fritz Dreher e. K.
Schraubenfabrik

Privatentnahme 2

Kfz NE-FD 555

Listenpreis brutto 32 364,00 EUR

Berechnung des privaten Nutzungsanteils:
32 300,00 EUR · 1 % · 3 Monate =	969,00 EUR	969,00 EUR
− 20 % von 969,00	193,80 EUR	
	775,20 EUR	
19 % Umsatzsteuer	147,29 EUR	147,29 EUR
Privatentnahme brutto		1 116,29 EUR

Neuss, 29. März 20..
Fritz Dreher

13

Fritz Dreher e. K.
Schraubenfabrik

Privatentnahme 3

Telefonnutzung
Die Buchung der letzten Telefonrechnung erfolgte ohne Berücksichtigung des privaten Nutzungsanteils auf die gemietete Telefonanlage.

	netto	19 %	brutto
Beträge der Telefonrechnung	1 100,00	209,00	1 309,00
− private Nutzung 5 %	55,00	10,45	65,45
= unternehmerische Nutzung	1 045,00	198,55	1 243,55

Die Buchung der Telefonrechnung ist um den privaten Nutzungsanteil zu korrigieren.

Neuss, 29. März 20..
Fritz Dreher

14	**Buchungsanweisung**		Datum: 31. März 20..	
	Buchungstext	Soll		Haben
	Abschreibungen			
	– Betriebsgebäude			
	– Technische Anlagen und Maschinen			
	– Betriebs- und Geschäftsausstattung			
	– Fuhrpark			
	Bestandsveränderungen			
	– Unfertige Erzeugnisse			
	– Fertige Erzeugnisse			
	Umbuchungen			
	– Vorsteuer			
	– Rohstoffverbrauch			
	– Betriebsstoffverbrauch			
	– Privatentnahmen			
	Datum:			
	Name:			

In diesen Beleg müssen Sie noch die fehlenden Buchungssätze eintragen.

Rahmenlehrplan: LERNFELD 4
Wertschöpfungsprozesse analysieren
und beurteilen

Kosten- und Leistungsrechnung (KLR)

1 Aufgaben von Buchführung und KLR

Beim Sanitärartikelhersteller Gebr. Schorn GmbH herrscht helle Aufregung. Neu entwickelte Elemente
für Glasduschen finden kaum Abnehmer. Die Verkäufer hören immer wieder das Argument: „Die
Preise sind im Vergleich zur Konkurrenz einfach zu hoch." Die Controller werden auf das Problem
angesetzt. Und sie werden auch schnell fündig: Bei der Kalkulation der Artikel hat man eine ganze
Reihe von Aufwendungen in den Verkaufspreis eingerechnet, die offensichtlich gar
keinen Bezug zu diesen Artikeln haben: Verluste aus der Anlage freier
Geldmittel in Wertpapieren; Aufwendungen für einen Brand, der nicht
von der Versicherung gedeckt war; Buchverluste beim Verkauf von
Anlagegegenständen; überhöhte Abschreibungen, die aus steuerlichen Gründen vorgenommen wurden ...
Man kommt zu dem Ergebnis, dass man bei richtiger Rechnung die
Artikel um gut ein Drittel billiger anbieten kann. Und damit ist man
durchaus konkurrenzfähig.

> *Dieser Fall ist
> natürlich frei erfunden. So
> dumm rechnet niemand.
> Aber der Fall zeigt, worauf es an-
> kommt: Den betrieblichen Leistungen
> dürfen nur Kosten zugerechnet
> werden, die von ihnen
> verursacht werden.*

1.1 Hauptaufgaben der Buchführung

Sie erinnern sich:

Die Hauptaufgaben der Buchführung sind:

- **Ermittlung von Vermögen und Schulden zum Beginn
  des Unternehmens und zum Ende jedes Geschäftsjahrs,**
- **zeitlich und sachlich geordnete Erfassung aller Geschäftsfälle,**
- **Ermittlung des handelsrechtlichen und des steuerrechtlichen Unternehmenserfolgs (Unternehmensgewinn oder
  -verlust) für jedes Geschäftsjahr.**

Die **Buchführung** (= Ge-
schäfts- oder Finanzbuch-
führung) liefert die Zahlen
für den handelsrechtlichen
und den steuerrechtlichen
Jahresabschluss der Un-
ternehmung. Sie dient in
erster Linie der **externen
Rechnungslegung**.

Für die Ermittlung des **Unternehmenserfolgs** (Gesamterfolgs, Gesamtergebnisses) erfasst die Buchführung auf dem Gewinn- und Verlustkonto **sämtliche Aufwendungen und
Erträge** des Geschäftsjahrs. Auch solche, die durch industriebetriebsfremde Ziele verursacht wurden (z. B. Gewinne und Verluste aus Wertpapiergeschäften).

> Erträge > Aufwendungen → Unternehmensgewinn (Gesamtgewinn)
> Erträge < Aufwendungen → Unternehmensverlust (Gesamtverlust)

1.2 Hauptaufgaben der KLR

Die **Kosten- und Leistungsrechnung (KLR)** hingegen orientiert sich an der eigentlichen
Aufgabe des Industriebetriebs. Diese besteht darin, bestimmte **Leistungen** zu erstellen
und zu verkaufen (v. a. Erzeugnisse, aber auch Handelswaren und Dienstleistungen). Leistungen sind Wertzuflüsse. Für ihre Erstellung werden Sachgüter, Dienstleistungen und
andere Werte eingesetzt und verbraucht. Dieser Einsatz stellt Wertabflüsse (Werteverzehr)

dar, die man als **Kosten** bezeichnet und erfasst. Voraussetzung: Der Werteverzehr fällt nicht ungewöhnlich hoch und nicht unregelmäßig an. Dann ist er nämlich untypisch für den normalen Verlauf der Leistungserstellung und -verwertung und z.B. für die Preiskalkulation ungeeignet. Insofern gelten für die Kosten- und Leistungsrechnung folgende Definitionen:

Kosten sind regelmäßige Wertabflüsse (Werteverzehre) in einer Rechnungsperiode für die Erstellung und Verwertung der betrieblichen Leistungen.

Leistungen sind entsprechende Wertzuflüsse, die durch den Einsatz von Kosten entstehen.

Aufgaben der Kosten- und Leistungsrechnung:

Beispiele:

Kosten eines Industriebetriebs:
- Materialaufwendungen
- Personalaufwendungen
- Aufwendungen für Büromaterial
- Aufwendungen für Werbung

Leistungen eines Industriebetriebs:
- Umsatzerlöse
- Bestandsmehrungen an Erzeugnissen

- **Erfassung der Kosten und deren richtige Zuordnung zu den Leistungen,**
- **Ermittlung der Gesamtkosten des Betriebs und der Erzeugniseinheiten,**
- **Kalkulation der Absatzpreise,**
- **Ermittlung des Erfolgs der betrieblichen Leistungserstellung,**
- **Ermittlung des Produktbeitrags zu Kostendeckung und Erfolg,**
- **Planung und Kontrolle der Kosten und Leistungen,**
- **Kontrolle der Wirtschaftlichkeit der Leistungserstellung,**
- **Bewertung von fertigen und unfertigen Erzeugnissen und Eigenleistungen,**
- **Grundlegung für betriebswirtschaftliche Entscheidungen.**

Der Erfolg der betrieblichen Leistungserstellung heißt **Betriebserfolg** oder **Betriebsergebnis**. Er ist ein Betriebsgewinn oder ein Betriebsverlust.

> Leistungen > Kosten → Betriebsgewinn
> Leistungen < Kosten → Betriebsverlust

Das Gesamtergebnis zeigt der Geschäftsleitung und externen Interessenten (z.B. Finanzbehörden, Banken) den Gesamterfolg der unternehmerischen Tätigkeit eines Geschäftsjahrs. Will die Geschäftsleitung aber die Wirtschaftlichkeit und Rentabilität der betrieblichen (leistungsbezogenen) Tätigkeit beurteilen und steuern, muss sie vom **Betriebsergebnis** ausgehen.

Im Gegensatz zur Buchführung dient die **KLR** der **internen Rechnungslegung**. Sie liefert der Geschäftsleitung Informationen für Entscheidungen und Kontrollen hinsichtlich des Prozesses der Leistungserstellung und -verwertung.

Die Finanzbuchführung ermittelt den Gesamterfolg (unternehmensbezogene Rechnung).

Die Kosten- und Leistungsrechnung ermittelt das Betriebsergebnis (betriebsbezogene Rechnung).

Sie wissen bereits: Kosten und Leistungen können grundsätzlich buchführungsmäßig auf Konten erfasst werden. Der Industriekontenrahmen sieht dafür zwei getrennte Rechnungskreise vor (Zweikreissystem):

Übrigens: Die Leistungsrechnung ist – im Gegensatz zur Kostenrechnung – schwach entwickelt. Leistungen werden nämlich nur insofern berücksichtigt, als sie die Objekte sind, denen die Kosten zugerechnet werden.

- **Rechnungskreis I** (Kontenklassen 0–8) für die Geschäftsbuchführung,
- **Rechnungskreis II** (Kontenklasse 9) für die Kosten- und Leistungsrechnung.

Früher hieß die KLR deshalb auch Betriebsbuchführung (heute veraltet).

In der Praxis führt man die KLR nicht mehr auf Konten, sondern mithilfe von Tabellen durch (z.B. Betriebsabrechnungsbogen, Kostenträgerzeitblatt; vgl. S. 212 und 221). Das ist einfacher und übersichtlicher.

2 Begriffsabgrenzungen

2.1 Aufwendungen – Kosten

Aufwendungen und Kosten haben Gemeinsamkeiten.

- Aufwendungen **und** Kosten sind Wertabflüsse (Werteverzehre).
- Aufwendungen **und** Kosten sind mit ihrem Geldwert anzusetzen. Nur so lassen sich die Werte unterschiedlicher Güter addieren und vergleichen.
- Aufwendungen **und** Kosten beziehen sich auf eine bestimmte Rechnungsperiode.

Aufwendungen und Kosten weisen wesentliche Unterschiede auf:

- **Aufwendungen** sind (mit Ausnahme von Privatentnahmen) **alle** Wertabflüsse (Werteverzehre), die das Eigenkapital mindern. Sie können durch die Erstellung und Verwertung der betrieblichen Leistungen oder durch die Verfolgung anderer Zwecke verursacht sein.
- **Kosten** sind **betriebsbezogene** Wertabflüsse (Werteverzehre); sie sind durch die Erstellung und Verwertung der betrieblichen Leistungen verursacht (aber: nicht unregelmäßig, nicht außergewöhnlich hoch!). Sie umfassen auch Werteverzehr, der das Eigenkapital nicht mindert.

Werteverzehr, der das EK nicht mindert? Wie soll das möglich sein?

Nun, der Geschäftsinhaber setzt z. B. seine Arbeitskraft ein, kriegt aber kein Gehalt.

Aufgrund dieser Festlegungen sind folgende begriffliche Unterscheidungen entstanden:

❶ **Zweckaufwand (kostengleicher Aufwand)**
ist durch Erstellung und Verwertung betrieblicher Leistungen verursacht. Er stellt Kosten dar.

▪ **Beispiele:** Zahlung von Fertigungslöhnen; Verbrauch von Rohstoffen für die Fertigung

❷ **Neutraler Aufwand**

- **Betriebsfremder Aufwand**
  ist nicht durch die betriebliche Leistungserstellung und -verwertung verursacht.

  ▪ **Beispiele:** Spenden, Verluste aus Wertpapierverkäufen

- **Betriebsbezogener, aber periodenfremder Aufwand**
  ist ganz oder teilweise anderen Rechnungsabschnitten oder keinem bestimmten Rechnungsabschnitt zuzuordnen.

  Beispiele: Nachzahlung von Löhnen, Betriebssteuern, Abfindungen (alle aus dem letzten Geschäftsjahr)

  > Steuernachzahlungen werden ganz normal auf dem betreffenden Steuerkonto gebucht. Für die KLR müssen sie dann abgegrenzt werden.

- **Betriebsbezogener, aber außerordentlicher Aufwand**

ist durch Leistungserstellung und
-verwertung verursacht, aber wegen
seiner besonderen Art oder Höhe
bzw. wegen unregelmäßigen Anfallens untypisch für den normalen Verlauf der Leistungserstellung und -ver-
wertung. Deshalb beeinträchtigt er die
Vergleichbarkeit der Kosten- und Leistungsrechnungen in verschiedenen
Rechnungsperioden (Zeitvergleich)
und zwischen branchengleichen Un-
ternehmungen (Betriebsvergleich).

> **Hinweis zum a. o. Aufwand**
>
> Der IKR enthält das Konto 7600 Außerordentli-
> che Aufwendungen. Dieses weist Beträge aus,
> die als a. o. Aufwendungen in die GuV-Rechnung
> übernommen werden (§ 277 HGB). Sie müssen
> außerhalb der gewöhnlichen Geschäftstätig-
> keit anfallen (ungewöhnlich sein, selten vor-
> kommen, sich in absehbarer Zukunft nicht
> wiederholen). Beispiele: Verluste aus Beteili-
> gungsverkauf; aus Stilllegung/Verkauf eines Teil-
> betriebs; aus nicht versichertem Brandschaden.
>
> Der links erläuterte a. o. Aufwand hingegen ist
> zugleich enger und weiter gefasst: Er ist nie-
> mals betriebsfremd (z. B. Brandschaden an
> Werkswohnungen), muss aber nicht einmalig
> sein, sondern nur untypisch für den normalen
> Verlauf der Leistungserstellung.
>
> Entsprechendes gilt für den a. o. Ertrag (siehe
> S. 167).

Beispiele: a. o. Aufwendungen

- Verluste aus Anlagenverkäufen
  (außerordentlich wegen der Art)
- Verluste aus unversicherten Schadensfällen (außerordentlich wegen
  der Art)
- a. o. Aufwendungen aus Garantieverpflichtungen (außerordentlich wegen der Höhe)

**Betriebsfremde, periodenfremde und außerordentliche Aufwendungen werden
nicht den Kosten zugerechnet. Sie sind von den Kosten abzugrenzen (zu neutralisieren). Deswegen heißen sie neutrale Aufwendungen.**

❸ Grundkosten

sind Kosten, die in der Finanzbuchführung in gleicher Höhe als Aufwand gebucht werden.

Beispiele:

Fertigungslöhne; Verbrauch von Rohstoffen für die Fertigung (sofern die Bewertung zu An-
schaffungs- bzw. Herstellungskosten erfolgt)

❹ Anderskosten

liegt ein in der Finanzbuchführung erfasster Aufwand zugrunde, aber

- entweder spiegeln die angesetzten Aufwendungen nicht den tatsächlichen Werteverzehr wider oder
- die Aufwendungen fallen so unregelmäßig an, dass sie
  für kalkulatorische Zwecke ungeeignet sind.

*Dies gilt z. B.
für die Abschreibung.
Vgl. hierzu S. 175.*

Deshalb werden sie mit anderen Werten als in der Finanzbuchführung in die KLR übernommen. Von daher die Bezeichnung Anderskosten.

*Denken Sie an den
Geschäftsinhaber,
der ohne Gehalt
arbeitet.*

❺ Zusatzkosten

stellen einen bewertbaren Güter- oder Diensteverbrauch dar
und müssen deshalb in der KLR erfasst werden. Ihnen liegt aber
kein in der Finanzbuchführung erfasster Aufwand zugrunde (aufwandlose
Kosten).

**Zusatzkosten und Anderskosten heißen *kalkulatorische
Kostenarten*. Durch ihren Ansatz wird erreicht, dass**

- **in die KLR der gesamte betriebszweckbedingte Werteverzehr in angemessener Höhe eingeht,**
- **die KLR nicht durch untypische Aufwandsschwankungen in ihrer Vergleichbarkeit beeinträchtigt wird.**

> Hinweis:
>
> Die kalkulatorischen
> Kosten werden in Ka-
> pitel 3 *Abgrenzungs-
> rechnung* detailliert
> behandelt.

2.2 Erträge – Leistungen

Erträge und Leistungen haben Gemeinsamkeiten:

Absatz ⟶ „Absatz"leistung
Wert 200,00 EUR

- Erträge **und** Leistungen sind Wertzuflüsse.
- Erträge **und** Leistungen sind mit ihrem Geldwert anzusetzen.
- Erträge **und** Leistungen beziehen sich auf eine bestimmte Rechnungsperiode.

Erträge und Leistungen weisen wesentliche Unterschiede auf:

- **Erträge** sind (mit Ausnahme von Privateinlagen) alle Wertzuflüsse, die das Eigenkapital mehren. Sie können durch die Erstellung und Verwertung der betrieblichen Leistungen oder durch die Verfolgung anderer Zwecke verursacht sein.

  Wertzufluss, der das EK nicht mehrt? Wie passt das zusammen?

- **Leistungen** sind Wertzuflüsse, die sich aus dem Betriebszweck ergeben und deshalb durch den Einsatz von Kosten zustande kommen. Sie umfassen auch Wertzuflüsse, die das Eigenkapital nicht mehren.

  Nun, z. B. werden für den Absatz bestimmte Erzeugnisse verschenkt.

Aufgrund dieser Festlegungen sind folgende begriffliche Unterscheidungen entstanden:

❶ Zweckertrag (leistungsgleicher Ertrag)

wird durch Erstellung und Verwertung betrieblicher Leistungen erzielt. Er stellt Leistungen dar.

> **Beispiel:** Umsatzerlöse aus dem Verkauf von Erzeugnissen

❷ Neutraler Ertrag

- **Betriebsfremder Ertrag**

  ist nicht durch Leistungserstellung und -verwertung verursacht.

  > **Beispiele:** Gewinne aus Wertpapierverkäufen oder Devisenspekulationen; Mieterträge

- **Betriebsbezogener, aber periodenfremder Ertrag**

  ist ganz oder teilweise anderen Rechnungsabschnitten oder keinem bestimmten Rechnungsabschnitt zuzuordnen.

  > **Beispiele:**
  > - Erstattung von Betriebssteuern vergangener Jahre
  > - Zahlungseingänge für verjährte und abgeschriebene Forderungen

  Steuererstattungen werden aufwandsmindernd dem betreffenden Steuerkonto gutgeschrieben. Für die KLR müssen sie dann abgegrenzt werden.

- **Betriebsbezogener, aber außerordentlicher Ertrag**

  ist zwar betrieblich verursacht, aber er ist wegen seiner besonderen Art oder Höhe bzw. wegen seines unregelmäßigen Anfallens untypisch für den normalen Verlauf

ZWEITER ABSCHNITT

der Leistungserstellung und -verwertung. Deshalb würde er die Vergleichbarkeit der Kosten- und Leistungsrechnungen in verschiedenen Rechnungsperioden und zwischen verschiedenen Unternehmen beeinträchtigen.

> **Beispiele:**
> Gewinne aus Anlagenverkäufen; den Schaden übersteigende Versicherungsleistungen

Betriebsfremde, periodenfremde und außerordentliche Erträge werden nicht den Leistungen zugerechnet. Sie sind von den Leistungen abzugrenzen (zu neutralisieren). Deswegen heißen sie neutrale Erträge.

③ Grundleistungen

sind die typischen Leistungen des Industriebetriebs. Sie umfassen:

- **absatzbestimmte Leistungen:**
  - Umsatzerlöse aus dem Verkauf und der Entnahme von Erzeugnissen und Handelswaren (Kontengruppe 50/51);
  - Lagerleistungen = Bestandsmehrungen an fertigen und unfertigen Erzeugnissen (Kontengruppe 52);
- **betriebliche Eigenleistungen** = selbst erstellte, aktivierte und für die Verwendung im eigenen Betrieb bestimmte Anlagegegenstände (Kontengruppe 53).

④ Andersleistungen

liegt zwar ein in der Finanzbuchhaltung erfasster Ertrag zugrunde. Dieser entspricht aber nicht dem tatsächlichen Wertzufluss. Deshalb werden sie mit anderen Werten in die KLR übernommen. Sie sind folglich kalkulatorische Leistungen.

> **Beispiel:**
> Bestandsmehrungen, die in der KLR zu Herstellkosten und in der Finanzbuchführung ggf. zum niedrigeren Marktpreis bewertet werden (vgl. S. 439).

⑤ Zusatzleistungen

stellen einen bewertbaren Güterzufluss dar, für den Kosten entstanden sind. Sie müssen deshalb in der KLR erfasst werden. Ihnen liegt aber kein in der Finanzbuchführung erfasster Ertrag zugrunde (ertraglose Leistungen). Sie sind deshalb ebenfalls kalkulatorische Leistungen.

> **Beispiel:**
> Für den Absatz bestimmte Erzeugnisse, die unberechnet (gratis) abgegeben werden (z. B. aus Gründen der Werbung oder des Kundendienstes)

Arbeitsaufträge

1. **Folgende Aussagen betreffen teils die Finanzbuchführung, teils die KLR.**

   (1) Sie erfasst alle Wertzuflüsse und Wertabflüsse im Unternehmen.
   (2) Sie betrifft den Rechnungskreis II des Industriekontenrahmens.
   (3) Sie dient in erster Linie der externen Rechnungslegung.
   (4) Sie erfasst alle Geschäftsfälle, zeitlich und sachlich geordnet.
   (5) Sie grenzt alle Wertabflüsse ab, die unregelmäßig oder ungewöhnlich hoch anfallen.
   (6) Sie hat die Kalkulation der Angebotspreise zum Gegenstand.
   (7) Sie ermittelt den Betriebsgewinn.
   (8) Sie zeichnet Vermögen und Schulden des Unternehmens auf.
   (9) Sie untersucht die Wirtschaftlichkeit der Leistungserstellung.
   (10) Sie ermittelt den Unternehmenserfolg.

   Ordnen Sie die Aussagen richtig der Finanzbuchführung oder der KLR zu.
   (Vorsicht: **Eine** Aussage lässt sich nicht eindeutig zuordnen!)

ZWEITER ABSCHNITT

2. **Bei der Schneidwarenfabrik Fritz Scharf e. K. liegen folgende Vorgänge vor (Beträge in EUR):**

(1) Zahlung von Gehältern	15 000,00
(2) Mieteingang für vermietete Garage	100,00
(3) Verbrauch von Rohstoffen	5 000,00
(4) Zinsgutschrift der Bank für Wertpapiere	600,00
(5) Einkauf von Hilfsstoffen auf Ziel (verbrauchsorientierte Buchung) + USt.	10 000,00
(6) Verkauf von Erzeugnissen + USt.	25 000,00
(7) Überweisung der Miete für angemietete Lagerräume	1 300,00
(8) Verkauf von Wertpapieren	12 000,00
(9) Verkauf eines Lieferwagens:	
a) Verkaufserlös	4 650,00
b) Ausbuchung des Buchwerts	5 000,00
Ergebnis: Verlust aus Verkauf	350,00
(10) Lohnnachzahlung für das letzte Geschäftsjahr	7 000,00
(11) Spende von Essbestecken für Benefizveranstaltung	800,00
(12) Abschreibung auf Sachanlagen (Finanzbuchführung)	18 000,00
Stattdessen Abschreibung auf Sachanlagen in der KLR	13 000,00
(13) Rechnung für Reparatur des Tores der vermieteten Garage + USt.	250,00
(14) Kostenansatz für fiktive Entlohnung des Geschäftsinhabers	4 000,00
(15) Eingangsrechnung für Maschinenwartung + USt.	300,00
(16) Versicherungszahlung für Maschinenschaden (Schaden = 3 800,00)	4 000,00
(17) Buchung des privaten Nutzungsanteils des Geschäfts-Pkws + USt.	298,00
(18) Bestandsmehrung bei Fertigerzeugnissen	4 500,00
(19) Unfallschaden eines Betriebsfahrzeugs (Buchwert 14 000,00)	14 000,00
(20) Verkauf von Handelswaren + USt.	8 000,00

Welche dieser Vorgänge betreffen

a) Zweckaufwand/Grundkosten
b) Zweckertrag/Grundleistungen
c) betriebsfremden Aufwand
d) betriebsfremden Ertrag
e) Zusatzkosten
f) Zusatzleistungen
g) periodenfremden Aufwand
h) periodenfremden Ertrag
i) außerordentlichen Aufwand
j) außerordentlichen Ertrag
k) Anderskosten
l) Andersleistungen

Ermitteln Sie außerdem die Summen der Kosten, Leistungen, neutralen Aufwendungen, neutralen Erträge, gesamten Aufwendungen, gesamten Erträge.

3. **Als Aufwendungen und Erträge der Hamacher GmbH sind unter anderem folgende Beträge gebucht:**

a) Erlös aus einem Lkw-Verkauf: 50 000,00 EUR; Ausbuchung des Buchwerts: 60 000,00 EUR
   Ergebnis: Verlust aus dem Verkauf: 10 000,00 EUR
b) ein Forderungsausfall wegen Insolvenz eines Großkunden: 220 000,00 EUR,
c) ein Gewinn aus Aktienverkäufen: 32 000,00 EUR,
d) Abschreibungen auf Anlagen, insgesamt 170 000,00 EUR. (In der KLR sind Abschreibungen in Höhe von 120 000,00 EUR anzusetzen.)

Erläutern Sie die Auswirkungen, die sich durch eine Übernahme dieser Aufwendungen und Erträge in die KLR ergeben können.

ZWEITER ABSCHNITT

3 Abgrenzungsrechnung

3.1 Aufgabe der Abgrenzungsrechnung

Die KLR geht bei der Erfassung von Kosten und Leistungen von den Aufwendungen und Erträgen im GuV-Konto der Finanzbuchführung aus. Jedoch sind im Rahmen einer Abgrenzungsrechnung

- alle neutralen Aufwendungen und Erträge herauszufiltern,
- die kalkulatorischen Kosten und Leistungen aufzunehmen.

Der Industriekontenrahmen sieht für die Abgrenzungsrechnung Konten im Rechnungskreis II (Kontenklasse 9) vor:

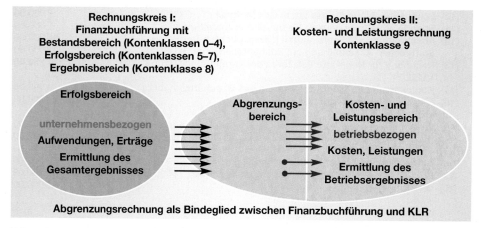

Abgrenzungsrechnung als Bindeglied zwischen Finanzbuchführung und KLR

Wie schon erwähnt, führt man die Kosten- und Leistungsrechnung in der Praxis jedoch nicht auf Konten, sondern mit Tabellen durch. Dies gilt bereits für die Abgrenzungsrechnung. Sie erfolgt mithilfe einer sog. **Ergebnistabelle**.

3.2 Aufbau der Ergebnistabelle

Die Ergebnistabelle umfasst von links nach rechts zwei Bereiche:

- **Bereich 1 (Rechnungskreis I = Erfolgsbereich)**
  Er nimmt die Aufwendungen und Erträge aus der Finanzbuchhaltung auf.
  Der Erfolgsbereich zeigt das Gesamtergebnis.

- **Bereich 2 (Rechnungskreis II = Abgrenzungsbereich sowie Kosten- und Leistungs- bereich)**

  Der **Abgrenzungsbereich** schaltet zwei Filter hintereinander:

Filter 1	Filter 2
Die unternehmensbezogene Abgrenzungsrechnung filtert alle betriebsfremden Aufwendungen und Erträge heraus.	**Die betriebsbezogene Abgrenzungsrechnung** filtert einerseits alle außerordentlichen und perioden- fremden betrieblichen Aufwendungen und Erträge heraus. Sie bezieht andererseits die kalkulatori- schen Kosten und Leistungen ein.

  Der Abgrenzungsbereich zeigt das neutrale Ergebnis.

  Der **Kosten- und Leistungsbereich**
  Er enthält – nach erfolgten Abgrenzungen – die Kosten und Leistungen.
  Der Kosten- und Leistungsbereich zeigt das Betriebsergebnis.

Aufbau der Ergebnistabelle:

Rechnungskreis I: Finanzbuchführung		Rechnungskreis II: Kosten- und Leistungsrechnung				
Erfolgsbereich		**Abgrenzungsbereich**			**Kosten- und Leistungs- bereich**	
		Unternehmensbe- zogene Abgrenzung		**Betriebsbezogene Abgrenzung**		
Aufwen- dungen	Erträge	betriebs- fremde Aufwen- dungen	betriebs- fremde Erträge	a. o. und perioden- fremde Auf- wendungen; verrechnete kalkulato- rische Leistungen	a. o. und perioden- fremde Erträge; verrechnete kalkulato- rische Kosten	Kosten / Leis- tungen
Gesamtergebnis	=	**Neutrales Ergebnis**			+	**Betriebs- ergebnis**

3.3 Abgrenzungsrechnung ohne kosten- und leistungs- rechnerische Korrekturen

Über die kalkulatorischen Kosten und Leistungen fehlen uns noch wichtige Informationen. Deshalb führen wir die Abgrenzungsrechnung zunächst ohne kosten- und leistungsrechnerische Korrekturen (d. h. ohne Einbeziehung kalkulatorischer Beträge) durch.

Das GuV-Konto der Hamacher GmbH (Bauprofile) weist am Bilanzstichtag folgende Zahlen aus.

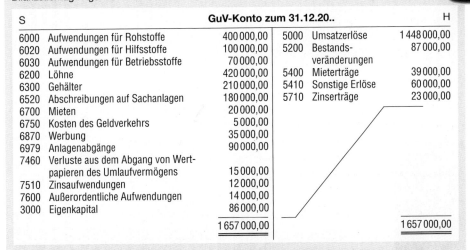

S	GuV-Konto zum 31.12.20..				H
6000	Aufwendungen für Rohstoffe	400 000,00	5000	Umsatzerlöse	1 448 000,00
6020	Aufwendungen für Hilfsstoffe	100 000,00	5200	Bestands- veränderungen	87 000,00
6030	Aufwendungen für Betriebsstoffe	70 000,00			
6200	Löhne	420 000,00	5400	Mieterträge	39 000,00
6300	Gehälter	210 000,00	5410	Sonstige Erlöse	60 000,00
6520	Abschreibungen auf Sachanlagen	180 000,00	5710	Zinserträge	23 000,00
6700	Mieten	20 000,00			
6750	Kosten des Geldverkehrs	5 000,00			
6870	Werbung	35 000,00			
6979	Anlagenabgänge	90 000,00			
7460	Verluste aus dem Abgang von Wert- papieren des Umlaufvermögens	15 000,00			
7510	Zinsaufwendungen	12 000,00			
7600	Außerordentliche Aufwendungen	14 000,00			
3000	Eigenkapital	86 000,00			
		1 657 000,00			1 657 000,00

Von den Abschreibungen auf Sachanlagen entfallen 16 000,00 EUR auf eine vermietete Halle. Von den Zinserträgen entfallen 5 000,00 EUR auf erhaltene Verzugszinsen. Von den Zinsaufwendungen entfallen 4 000,00 EUR auf die vermietete Halle. Die Sonstigen Erlöse entstanden aus Anlagenabgängen.

Von den außerordentlichen Aufwendungen sind 40 % betriebsfremd; der Rest wird für die Finanzie- rung der Produktion aufgewandt.

Ausgehend von den Zahlen des GuV-Kontos ist eine vorläufige unternehmens- und betriebsbezo- gene Abgrenzungsrechnung (ohne kostenrechnerische Korrekturen) in Form einer Ergebnistabelle zu erstellen.

ZWEITER ABSCHNITT

Vorläufige Ergebnistabelle

Spalte	1	Rechnungskreis I: Finanzbuchführung / Erfolgsbereich		Rechnungskreis II: Kosten- und Leistungsrechnung / Abgrenzungsbereich				Kosten- und Leistungsbereich	
				Unternehmensbezogene Abgrenzung		Betriebsbezogene Abgrenzung			
		2	3	4	5	6	7	8	9
Zeile	Konto	Aufwendungen	Erträge	Betriebsfrd. Aufwend.	Betriebsfrd. Erträge	a.o. Aufw., period.frd. Aufwend.	a.o. Erträge, period.frd. Erträge	Kosten	Leistungen
1	5000 Umsatzerlöse		1448000,00						1448000,00
2	5200 Bestandsveränderungen		87000,00						87000,00
3	5400 Mieterträge		39000,00		39000,00				
4	5410 Sonstige Erlöse (Anlagenabg.)		60000,00				60000,00		
5	5710 Zinserträge		23000,00		18000,00		5000,00		
6	6000 Aufwendungen für Rohstoffe	400000,00						400000,00	
7	6020 Aufwendungen f. Hilfsstoffe	100000,00						100000,00	
8	6030 Aufwendungen f. Betriebsstoffe	70000,00						70000,00	
9	6200 Löhne	420000,00						420000,00	
10	6300 Gehälter	210000,00						210000,00	
11	6520 Abschreib. auf Sachanlagen	180000,00		16000,00				164000,00	
12	6700 Mieten	20000,00						20000,00	
13	6750 Kosten des Geldverkehrs	5000,00						5000,00	
14	6870 Werbung	35000,00						35000,00	
15	6979 Anlagenabgänge	90000,00				90000,00			
16	7460 Verluste aus d. Abg. v. Wertpapieren des Umlaufvermögens	15000,00		15000,00					
17	7510 Zinsaufwand	12000,00		4000,00				8000,00	
18	7600 Außerordentl. Aufwendungen	14000,00		5600,00		8400,00			

Aus der Finanzbuchführung übernommene Werte

Nicht durch den typischen Betriebszweck (industrielle Produktion und Absatz) veranlasst: Mieterträge, Zinserträge (ohne Verzugszinsen), Abschreibungen auf vermietete Halle, Verluste aus Wertpapierverkäufen, Zinsaufwendungen für vermietete Halle, betriebsfremde außerordentliche Aufwendungen

Durch den Betriebszweck veranlasst, aber nicht im Rahmen der normalen Leistungserstellung anfallend: erhaltene Verzugszinsen, Verluste aus Anlageverkäufen unter Buchwert (Saldo von 5410 und 6979), betriebl. a.o. Aufwendungen

Vorläufige Kosten und Leistungen (vor Vornahme kosten- und leistungsrechnerischer Korrekturen)

Arbeitsaufträge

1. Folgende Aufwands- und Ertragsarten liegen vor:

(1) Umsatzerlöse
(2) Bestandsveränderungen
(3) Verluste aus Wertpapierverkäufen
(4) Gewinne aus Wertpapierverkäufen
(5) betriebsfremde außerordentliche Aufwendungen

(6) Löhne
(7) Kosten des Geld-
 verkehrs
(8) Verzugszinsen (Erträge)
(9) Büromaterialkosten
(10) Erträge aus dem Abgang
 von Anlagevermögen
(11) Kfz-Steuer

(12) Aufwendungen für
 Rohstoffe
(13) Abschreibungen auf
 Sachanlagen
(14) Pachterträge
(15) Mietzahlungen
(16) Gewerbesteuerrück-
 zahlung für das
 Vorjahr

Welche Aufwendungen und Erträge gehen in der vorläufigen Ergebnistabelle a) in die unternehmensbezogene Abgrenzungsrechnung, b) in die betriebsbezogene Abgrenzungsrechnung, c) in den Kosten- und Leistungsbereich ein?

2./3. Aufwendungen und Erträge am Ende des Geschäftsjahres bei Andrea Diepholz e. K. (in TEUR):

		2.	3.
5000	Umsatzerlöse	1 800	3 900
5200	Bestandsmehrungen	170	210
5410	Sonstige Erlöse (aus Anlageabgängen)	40	47
5600	Erträge aus anderen Finanzanlagen	15	32
5710	Zinserträge aus Wertpapieranlagen		15
	aus Verzugszinsen	6	
6000	Aufwendungen für Rohstoffe	450	910
6160	Fremdinstandhaltung	5	12
6200	Löhne	760	1 500
6300	Gehälter	185	380
6520	Abschreibungen auf Sachanlagen	90	190
6750	Kosten des Geldverkehrs	3	5
6800	Büromaterial	17	32
6979	Anlageabgänge	30	32
7460	Verluste aus dem Abgang von Wertpapieren des Umlaufvermögens	9	36
7600	Betriebliche außerordentliche Aufwendungen	2	4

Erstellen Sie eine vorläufige Ergebnistabelle.

4./5. Der Geschäftsbuchführung der Karl Winterberg OHG entnehmen wir zum Ende des Geschäftsjahrs folgende Aufwendungen und Erträge (in TEUR):

		4.	5.
5000	Umsatzerlöse	5 300	1 330
5200	Bestandsminderungen	160	45
5401	Erlöse aus Vermietung und Verpachtung	89	3
5410	Sonstige Erlöse (aus Anlageabgängen)	8	9
5710	Zinserträge (davon 0,5 für Personaldarlehen; Rest: Verzugszinsen)	2	1
5780	Erträge aus Wertpapieren des Umlaufvermögens	7	2
6000	Aufwendungen für Rohstoffe		
	(davon 10 für Reparaturarbeiten in Werkswohnungen)	1 230	308
6200	Löhne (davon 28 für Reparaturarbeiten in Werkswohnungen)	1 205	300
6300	Gehälter	240	61
6520	Abschreibungen auf Sachanlagen		
	(davon 15 für vermietetes Gebäude)	590	140
6800	Büromaterial	122	39
6850	Reisekosten (Geschäftsreisen)	213	60
6920	IHK-Beiträge	6	3
6979	Anlageabgänge	6	10
7030	Kfz-Steuer	3	2
7460	Verluste aus dem Abgang von Wertpapieren des Umlaufvermögens	9	23
7510	Zinsaufwendungen für Kredite (davon für vermietetes Gebäude: 4)	12	9
7600	Außerordentliche Aufwendungen (davon betriebsfremd: 5)	27	7

Erstellen Sie eine vorläufige Ergebnistabelle.

3.4 Abgrenzungsrechnung mit kosten- und leistungsrechnerischen Korrekturen

Die Hamacher GmbH setzt Beschichtungsmaschinen ein. Betriebsgewöhnliche Nutzungsdauer gemäß AfA-Tabelle: 13 Jahre. Steuerrechtliche Abschreibung: linear 7,6923 % vom Anschaffungswert (bei Anschaffung vor 2011 stattdessen auch geometrisch degressiv 19,23 %).

Handelsrechtliche Abschreibung: voraussichtliche Nutzungsdauer: 11 Jahre. Im konkreten Fall wurde die digitale Abschreibung gewählt. Sie erfolgt ebenfalls vom Anschaffungswert.

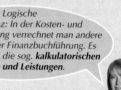

Für Kostenrechnung und Kalkulation sind beide Methoden allerdings wenig geeignet:

- Bei den degressiven Methoden ändern sich die Abschreibungsbeträge jährlich. Trotz gleicher Bedingungen würden folglich unterschiedliche – evtl. auch überhöhte – Kosten verrechnet.
- Dies ist bei linearer Abschreibung zwar nicht der Fall. Aber die Abschreibung vom Anschaffungswert ist nicht sinnvoll: Die Wiederbeschaffungspreise für Maschinen steigen in der Regel im Zeitablauf. Deshalb führt sie nicht zur Ansammlung der Mittel, die für einen Ersatzkauf am Ende der Nutzungsdauer erforderlich sind.

Beides behindert u. a. eine kostengerechte Kalkulation. Weiterhin lässt sich kaum noch feststellen, wie wirtschaftlich die Leistungserstellung im Jahres- und Betriebsvergleich erfolgt.

Bei der Körfer OHG, einem Konkurrenten der Hamacher GmbH, hat man ein anderes Problem: Die beiden Gesellschafter setzen ihre Arbeitskraft als Geschäftsführer ein. Ihre OHG ist eine Personengesellschaft, deshalb dürfen sie sich kein Gehalt zahlen. Anders bei der Hamacher GmbH als Kapitalgesellschaft. Hier sind die Geschäftsführer Angestellte (selbst wenn sie zugleich Gesellschafter sind) und beziehen als solche Gehalt. Das Gehalt wird als Kosten erfasst. Unterschiedliche Kostenansätze also trotz vergleichbarer wirtschaftlicher Sachverhalte?

Ähnliche Probleme ergeben sich beim Versuch, folgende Aufwendungen als Kosten zu verrechnen:

- Zinsaufwendungen,
- Aufwendungen für Schadensfälle,
- Mietaufwendungen,
- Aufwendungen für Material.

*Logische Konsequenz: In der Kosten- und Leistungsrechnung verrechnet man andere Werte als in der Finanzbuchführung. Es handelt sich um die sog. **kalkulatorischen Kosten und Leistungen**.*

Auch die Ertragsseite ist nicht frei von Problemen. Denken Sie z. B. an die unberechnete Abgabe von Produkten, die in der Finanzbuchführung nicht erfasst wird, obwohl eindeutig Leistungen entstanden sind.

3.4.1 Kalkulatorische Kosten und Leistungen

Kalkulatorischer Unternehmerlohn

Die Vorstandsmitglieder einer Aktiengesellschaft und die Geschäftsführer einer GmbH erhalten für ihre Tätigkeit Bezüge. Diese werden kostenrechnerisch als Personalkosten erfasst. Einzelunternehmer und mitarbeitende Teilhaber von Personengesellschaften hingegen beziehen die Vergütung für ihre Managementaufgaben über den Gewinn.

Die Arbeitsleistung der Inhaber von Einzelunternehmen und Personengesellschaften ist ein Diensteverbrauch für die betriebliche Leistungserstellung und -verwertung. Ihr Wert muss deshalb in der KLR als Kosten angesetzt werden (kalkulatorischer Unternehmerlohn). Andernfalls würden die Kosten der Erzeugnisse und damit die Verkaufspreise im Vergleich mit Kapitalgesellschaften zu niedrig kalkuliert.

Die Höhe des kalkulatorischen Unternehmerlohns sollte sich an den Bezügen eines angestellten Geschäftsführers in gleichwertiger Position ausrichten.

Beispiel: **Ansatz eines kalkulatorischen Unternehmerlohns**

Für die Tätigkeit des Alleininhabers der Schneidwarenfabrik Fritz Scharf e.K., Solingen, wird ein kalkulatorischer Unternehmerlohn von jährlich 120 000,00 EUR in Ansatz gebracht.

Finanzbuchführung	KLR	*Der kalkulatorische Unternehmerlohn ist ein* ***Kostenfaktor!***
Keine Buchung	Ansatz von 120 000,00 EUR als Zusatzkosten	

Arbeitsauftrag

Die beiden folgenden Unternehmen sind in der gleichen Branche tätig und auch sonst in jeder Hinsicht vergleichbar:

	Schmal GmbH (mit angestelltem Geschäftsführer)	Sanders KG (mit geschäftsführendem Gesellschafter)
Absatzmenge	10 000 Stück	10 000 Stück
Umsatzerlöse	1 700 000,00 EUR	1 700 000,00 EUR
Aufwendungen	1 520 000,00 EUR	1 470 000,00 EUR
davon Bezüge des Geschäftsführers	100 000,00 EUR	0,00 EUR
Kosten	1 400 000,00 EUR	1 340 000,00 EUR
davon kalkulatorischer Unternehmerlohn	0,00 EUR	30 000,00 EUR

a) Berechnen Sie den Gesamtgewinn und den Betriebsgewinn.

b) Bei einem der beiden Unternehmen fallen ein höherer Gesamtgewinn und ein höherer Betriebsgewinn an. Beurteilen Sie, ob seine Gewinnsituation bei fachmännischer ökonomischer Betrachtung tatsächlich günstiger ist.

c) Beurteilen Sie, ob der kalkulatorische Unternehmerlohn bei Sanders in der richtigen Höhe angesetzt ist.

d) Gesetzt den Fall, Sanders will den Unternehmerlohn nach objektiv gültigen ökonomischen Gesichtspunkten festlegen und trotzdem einen Betriebsgewinn in der bisherigen Höhe erzielen. Welche Maßnahmen könnte Sanders zu diesem Zweck ergreifen und auf welche Schwierigkeiten könnte man mit diesen Maßnahmen treffen?

Kalkulatorische Abschreibung

Die Abschreibung in der KLR (kalkulatorische Abschreibung) unterscheidet sich von der steuer- und handelsrechtlichen Abschreibung.

- **Steuerrechtliche Abschreibung:** Die Anschaffungs-/Herstellungskosten **aller** Anlagegüter sind auf die betriebsgewöhnliche Nutzungsdauer zu verteilen (nominelle Kapitalerhaltung). Zulässig: lineare AfA; bei wirtschaftlicher Begründung: Leistungsabschreibung; bei Anschaffung/Herstellung vor 2011 die geometrische AfA. Ausnahme: GWG
  Ziel: Die AfA soll eine Besteuerung gemäß den Zielen der staatlichen Steuer- und Finanzpolitik gewährleisten.

- **Handelsrechtliche Abschreibung:** Die Anschaffungs- bzw. Herstellungskosten **aller** Anlagegüter sind auf die voraussichtliche Nutzungsdauer zu verteilen (nominelle Kapitalerhaltung). Zulässig: alle begründbaren Abschreibungsmethoden, die dem tatsächlichen Verlauf der Abnutzung nicht widersprechen. Ausnahme: GWG
  Ziel: Realistische Vermögensbewertung (insbesondere keine Überbewertung)

- **Kalkulatorische Abschreibung:**
  Ziel: Die kalkulatorische Abschreibung soll die Ansammlung von Mitteln für die Wiederbeschaffung abgenutzter Betriebsmittel sichern (betriebswirtschaftliches Ziel).
  – Deshalb erfolgt sie vom geschätzten **Wiederbeschaffungswert** der Anlagen (substanzielle Kapitalerhaltung).

– Sie wird so lange fortgesetzt, wie die Anlagen tatsächlich genutzt werden.
– Nur das **betriebsnotwendige Anlagevermögen** wird berücksichtigt.
– Die Abschreibungsbeträge sollen **als Kosten in die Verkaufspreise einkalkuliert** und vom Markt rückvergütet werden (sog. Rückflussfinanzierung). Als Abschreibungsmethode bietet sich die **lineare Abschreibung** an. Sie belastet die Rechnungsperioden gleichmäßig und gewährleistet eine gleichmäßige Kalkulation. Bei schwankender Beschäftigung wird sie **ggf. auch mit der Leistungsabschreibung kombiniert:** Der Gebrauchsverschleiß wird dann nach der Leistung abgeschrieben, der restliche Verschleiß (Zeitverschleiß) linear.

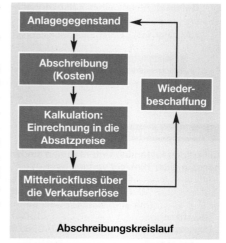

Abschreibungskreislauf

Kalkulatorische Abschreibung	
Merkmale	**Ziele**
• **Abschreibungsgegenstand:** betriebsnotwendiges Anlagevermögen	• **Erfassung des tatsächlichen Werteverzehrs der Anlagegüter**
• **Bezugsgröße für die Berechnung:** Wiederbeschaffungswert	• **möglichst gleichmäßige Belastung der Rechnungsperioden mit Abschreibungen**
• **Abschreibungsdauer:** tatsächliche Nutzungsdauer	*Kann über oder unter dem Anschaffungswert liegen.*
• **Abschreibungsmethode:** meist linear, ggf. kombiniert mit Leistungsabschreibung	

Beispiel: Ansatz kalkulatorischer Abschreibungen
Anschaffungskosten: 100 000,00 EUR; geschätzte Wiederbeschaffungskosten: 120 000,00 EUR
voraussichtliche Nutzungsdauer: 10 Jahre
Handelsrechtliche Abschreibung: degressiv mit 20 % und Wechsel zur linearen Abschreibung
kalkulatorische Abschreibung: linear

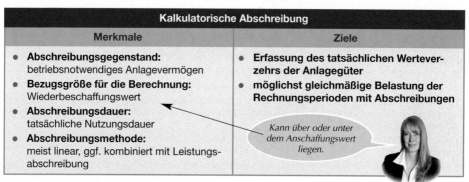

Jahr	Abschreibungswerte	
	handelsrechtlich	kalkulatorisch
1	20 000,00	12 000,00
2	16 000,00	12 000,00
3	12 800,00	12 000,00
4	10 240,00	12 000,00
5	8 192,00	12 000,00
6	6 553,60	12 000,00
7	6 553,60	12 000,00
8	6 553,60	12 000,00
9	6 553,60	12 000,00
10	6 553,60	12 000,00
Summe	**100 000,00**	**120 000,00**

Abschreibung degressiv 20 % vom Restwert

ungleichmäßige Belastung

Abschreibung linear 10 % vom Wiederbeschaffungswert

tatsächlicher Werteverzehr; gleichmäßige Belastung

Rückfluss: 100 000,00 nominelle Kapitalerhaltung

Rückfluss: 120 000,00 substanzielle Kapitalerhaltung

ZWEITER ABSCHNITT

Finanzbuchführung	**KLR**
Buchung (z. B. im ersten Jahr): 6520 Abschreibungen auf S Sachanlagen H 20 000,00	Anstelle der bilanzmäßigen Abschreibung sind jährlich kalkulatorische Abschreibungen in Höhe von 12 000,00 EUR zu erfassen.

Arbeitsauftrag

Eine Maschine mit einem Anschaffungswert von 70 000,00 EUR hat eine betriebsgewöhnliche Nutzungsdauer von 13 Jahren. Anschaffungsjahr: 2010. Die voraussichtliche Nutzungsdauer wird auf 12 Jahre veranschlagt. Der Wiederbeschaffungswert ist unter Zugrundelegung des branchenstatistischen Preisindexes mit 90 000,00 EUR anzusetzen.

a) Berechnen Sie die steuerrechtlichen Abschreibungswerte (degressive Abschreibung mit dem höchstzulässigen Satz bis zum Jahr des Übergangs zur linearen Abschreibung) und die handelsrechtlichen Abschreibungswerte (lineare Abschreibung).
b) Berechnen Sie die kalkulatorischen Abschreibungswerte (lineare Abschreibung).
c) Erläutern Sie anhand dieses Beispiels den Abschreibungskreislauf sowie die Notwendigkeit der kalkulatorischen Abschreibung, ihre Merkmale und Ziele.

Kalkulatorische Zinsen

In meiner Firma stecken 1 Mio. EUR Kredit. Dafür zahle ich im Jahr knapp 60 000 EUR Zinsen. Ist es richtig, wenn ich die als Kosten verrechne?

- Für den Einsatz von **Fremdkapital** sind in der Regel Zinsen zu zahlen. Soweit mit dem Fremdkapital kein betriebsnotwendiges Vermögen finanziert wurde, sind sie nicht betriebsbezogen und stellen betriebsfremden Aufwand dar. Dies gilt z. B. für Zinszahlungen für vermietete Gebäude, nicht genutzte Grundstücke, stillgelegte Anlagen.

Zinszahlungen für die Finanzierung betriebsnotwendigen Vermögens könnten grundsätzlich als Kosten verrechnet werden. Da die Zinssätze und sonstigen Kreditkosten aber laufend Schwankungen unterliegen, ist ihr Ansatz für eine vernünftige Kalkulation nicht sonderlich geeignet.

- Für den Einsatz von **Eigenkapital** werden keine Zinsen **gezahlt**. Aber: Trotzdem **kostet** er den Unternehmer Zinsen, und zwar die Zinsen, die er für die Anlage des Kapitals bei der Bank erzielen würde. Deshalb sollen in der KLR Zinskosten auch für das Eigenkapital verrechnet werden, soweit damit betriebsnotwendiges Vermögen finanziert wurde.

Aus diesen Überlegungen folgt: In der KLR sollen statt der tatsächlichen Zinszahlungen kalkulatorische Zinsen verrechnet werden.

> Die Unternehmer Stein und Bein besitzen jeweils 1 Mio. EUR privates Geldvermögen. Stein legt es bei der Bank an und erhält 40 000,00 EUR Zins. Das Firmenvermögen finanziert er durch Kredite und zahlt 60 000,00 EUR Zins. Bein steckt sein Geld in den Betrieb. Er zahlt keine Zinsen. Ihm entgehen aber die 40 000,00 EUR Zinseinnahmen, die Stein erzielt.

Kalkulatorische Zinsen werden für das betriebsnotwendige – für den Leistungsprozess erforderliche – Kapital (Eigen- und Fremdkapital) angesetzt.

Der kalkulatorische Zinssatz sollte sich am marktüblichen Zinssatz für langfristige Kredite orientieren. Dies führt zu einer gleichmäßigen Belastung der Rechnungsperioden mit Zinskosten.

Bei der Berechnung des betriebsnotwendigen Kapitals bleibt sog. **Abzugskapital** unberücksichtigt. Dies ist Fremdkapital, das zinslos zur Verfügung steht (z. B. Kundenanzahlungen; zinslose Verbindlichkeiten aus Lieferungen und Leistungen).

Beispiel: Ansatz kalkulatorischer Zinsen
Die Schluder GmbH zahlte im Jahr 20.. 157 423,00 EUR Zinsen. Für die KLR berechnet sie 6 % kalkulatorische Zinsen.

1. Berechnung des betriebsnotwendigen Kapitals

Anlagevermögen		6 650 000,00
davon nicht betriebsnotwendig (vermietet, stillgelegt)	–	320 000,00
betriebsnotwendiges Anlagevermögen	=	6 330 000,00
Umlaufvermögen	+	4 860 000,00
davon nicht betriebsnotwendig (Wertpapiere)	–	60 000,00
betriebsnotwendiges Vermögen	=	11 130 000,00
Abzugskapital (zinsloses Fremdkapital)	–	700 000,00
betriebsnotwendiges Kapital	**=**	**10 430 000,00**

2. Berechnung der kalkulatorischen Zinsen:

6 % von 10 430 000,00 = 625 800,00

Wertansätze

Anlagevermögen:
- kalkulatorische Restwerte (= Anschaffungswerte minus kalkulatorische Abschreibungen) oder
- (Anschaffungswert + voraussichtlicher Endrestwert) : 2 (Vorteil: Die kalkulatorischen Zinsbeträge bleiben während der gesamten Nutzungszeit unverändert.)

Umlaufvermögen:
kalkulatorische Mittelwerte (= durchschnittlich während der Rechnungsperiode gebundene Werte)

Finanzbuchführung	**KLR**
Buchung: S 7510 Zinsaufwendungen H ———————————————— 157 423,00	Anstelle der tatsächlich gezahlten Zinsen sind kalkulatorische Zinsen in Höhe von 625 800,00 EUR zu erfassen.

Arbeitsaufträge

1. **Die Ansätze der Finanzbuchführung sind für die Verrechnung kalkulatorischer Zinsen ungeeignet.**
   a) Warum werden auch Eigenkapitalzinsen in die KLR übernommen?
   b) Begründen Sie anhand von zwei Beispielen, dass die Buchwerte der Finanzbuchführung als Bezugsgrößen für die Berechnung kalkulatorischer Zinsen ungeeignet sind.

2. **Die Beckmesser KG verfügt unter anderem über folgende Vermögenswerte:**
   (1) Lagerhallen für Roh-, Hilfs- und Betriebsstoffe
   (2) fremdvermietete Wohnhäuser
   (3) zur Geldanlage erworbene Grundstücke
   (4) Verwaltungsgebäude
   (5) stillgelegte Maschinen
   (6) Maschinenersatzteile
   (7) Fremdbezugsteile
   a) Bei welchen Vermögenswerten liegt betriebsnotwendiges Vermögen vor?
   b) Mit welchen Werten können die betriebsnotwendigen Vermögensgegenstände für die Erfassung der kalkulatorischen Zinsen angesetzt werden?

3. **Folgende Angaben liegen vor:**
   Anlagevermögen 880 000,00 EUR, davon nicht betriebsnotwendig 100 000,00 EUR
   Umlaufvermögen 570 000,00 EUR, davon nicht betriebsnotwendig 30 000,00 EUR
   Kundenvorauszahlungen 40 000,00 EUR
   zinslose Verbindlichkeiten a. L. u. L. 260 000,00 EUR
   Berechnen Sie kalkulatorische Zinsen in Höhe von 7,5 %.

Kalkulatorische Wagnisse

Jedes Unternehmen ist Risiken ausgesetzt, die zu Verlusten führen können. Verlustgefahren (Wagnisse) können entstehen aufgrund

- der Unberechenbarkeit der gesamtwirtschaftlichen Entwicklung (z.B. Inflation, Beschäftigungsrückgang, Wirtschaftskrisen),
- der Unvorhersehbarkeit des technischen Fortschritts (z.B. Gefahr der vorzeitigen Veralterung der Produktionsanlagen),
- der betrieblichen Teilprozesse (Beschaffung, Lagerung, Produktion, Vertrieb).

Man unterscheidet das **allgemeine Unternehmerwagnis** sowie **Einzelwagnisse**.

Allgemeines Unternehmerwagnis	Einzelwagnisse
• ergibt sich aus der Unberechenbarkeit der unternehmerischen Tätigkeit, • ist nicht kalkulierbar, • wird in Form einer Risikoprämie aus dem Gewinn abgegolten (vgl. S. 515).	• ergeben sich aus der Verfolgung des Betriebszwecks (Herstellung und Verwertung der betrieblichen Leistungen), • sind aufgrund von Erfahrungswerten kalkulierbar, • gehen als **Wagniskosten** in die Kosten- und Leistungsrechnung ein.

Beispiele für Einzelwagnisse	
Sachverhalt	**Wagnisart**
• An den Anlagegütern können Schäden entstehen (z.B. durch Maschinenbruch).	Anlagewagnis
• Im Bereich der Lagerung können durch Diebstahl, Qualitätsverlust, Verderb und Preisverfall Verluste eintreten.	Beständewagnis
• Bei der Entwicklung neuer Produktions- und Fertigungsverfahren kann es zu kostspieligen Fehlschlägen kommen.	Entwicklungswagnis
• In der Herstellung können durch Konstruktions-, Material- und Bearbeitungsfehler hohe Mehrkosten entstehen.	Fertigungswagnis
• Forderungen können uneinbringlich werden.	Vertriebswagnis
• Aufgrund des Verkaufs nicht einwandfreier Erzeugnisse können gegenüber dem Kunden Verpflichtungen entstehen (z.B. kostenlose Reparatur, Lieferung eines einwandfreien Produktes).	Gewährleistungswagnis

*Nur für **nicht versicherte Einzelwagnisse** dürfen Wagniskosten in die Kosten- und Leistungsrechnung eingehen!*

■ Versicherte Einzelwagnisse

Die meisten Wagnisse können durch Versicherungen gedeckt werden. Soweit das Unternehmen davon Gebrauch macht, sind die Versicherungsprämien als Aufwand zu buchen. Sie sind Zweckaufwand, der in der KLR zugleich Kosten darstellt.

Für versicherte Einzelwagnisse dürfen keine kalkulatorischen Wagniskosten verrechnet werden.

■ Nicht versicherte Einzelwagnisse

Eingetretene Verluste aus nicht versicherten Einzelwagnissen werden in der Finanzbuchführung z.B. auf dem Konto **6930 Verluste aus Schadensfällen** erfasst. Sie fallen unregelmäßig und in unterschiedlicher Höhe an. Deshalb eignen sie sich nicht für den Ansatz als Kosten. Stattdessen werden kalkulatorische Wagniskosten verrechnet.

Für die nicht versicherten kalkulierbaren Einzelwagnisse
- errechnet man den Durchschnittswert der Schadensverluste vergangener Jahre (üblicherweise 5 Jahre),
- bildet man prozentuale kalkulatorische Wagniszuschläge für jede Wagnisart.

Zuschlagsgrundlage sind ...	für die Wagnisart ...
... die Anschaffungskosten	... Anlagewagnis.
... die Einstandspreise der Lagergegenstände	... Beständewagnis.
... die Entwicklungskosten	... Entwicklungswagnis.
... die Herstellkosten der Erzeugnisse	... Fertigungswagnis.
... die Selbstkosten der umgesetzten Erzeugnisse	... Vertriebswagnis.
... die Selbstkosten der umgesetzten Erzeugnisse	... Gewährleistungswagnis.

Beispiel: Ansatz eines kalkulatorischen Gewährleistungswagnisses

Jahr	Umsatz zu Selbstkosten	Garantieschäden	
		in EUR	in %
1	610 000,00	12 000,00	2,0
2	590 000,00	18 290,00	3,1
3	570 000,00	14 250,00	2,5
4	780 000,00	12 480,00	1,6
5	990 000,00	14 850,00	1,5
5-Jahres-Durchschnitt			2,14

Für Geschäftsjahr 6 wird mit einem Nettoumsatz von 1 600 000,00 EUR gerechnet. Die Selbstkosten der umgesetzten Erzeugnisse werden sich auf 1 100 000,00 EUR belaufen. Für die KLR wird angesetzt:

Kalkulatorisches Gewährleistungswagnis
= 2,14 % von 1 100 000,00 EUR
= 23 540,00 EUR

In Geschäftsjahr 6 treten Garantieschäden von 25 200,00 EUR ein. Sie werden auf Konto 6930 Verluste aus Schadensfällen gebucht.

Finanzbuchführung
Buchung:
S   6930 Verluste aus Schadensfällen   H
25 200,00 │

KLR
Anstelle der tatsächlichen Wagnisverluste sind kalkulatorische Wagniskosten in Höhe von 23 540,00 EUR zu erfassen.

Durch die Verrechnung gleichbleibender kalkulatorischer Wagniskosten wird erreicht, dass die KLR von häufigen Aufwandsschwankungen in diesem Bereich unberührt bleibt.

Durch die Verrechnung von Durchschnittswerten wird angestrebt, dass sich kalkulatorische Wagniskosten und eingetretene Wagnisverluste auf längere Sicht ausgleichen.

Arbeitsauftrag

Bei den Rohstoffbeständen wurden folgende Verluste festgestellt:

Jahr	Einstandspreise	Inventurdifferenzen in EUR
1	3 510 000,00	21 060,00
2	3 720 000,00	27 760,00
3	3 940 000,00	15 760,00
4	3 480 000,00	13 920,00
5	4 240 000,00	21 200,00

a) Wie viel Prozent kalkulatorischer Beständewagniszuschlag sind zu verrechnen?
b) Wie viel EUR beträgt das kalkulatorische Beständewagnis für geplante Rohstoffeinkäufe von 4 300 000,00 EUR?
c) Erstellen Sie selbst entsprechende Aufgabenstellungen für Anlage-, Entwicklungs-, Fertigungs- und Vertriebswagnis.

Kalkulatorische Miete

Für betriebseigene Grundstücke und Gebäude kann in der KLR anstelle der tatsächlichen Aufwendungen eine kalkulatorische Miete angesetzt werden. Dies geschieht jedoch in den wenigsten Fällen, weil die wesentlichen Bestandteile der Gebäude- und Grundstückskosten schon mit den kalkulatorischen Zinsen und Abschreibungen erfasst werden.

Benutzt der Betrieb aber – ohne Mieter zu sein – Räume in einem Gebäude, das zum Privatvermögen des Einzelunternehmers oder eines Gesellschafters einer Personengesellschaft gehört, sollte dafür eine kalkulatorische Miete in Höhe des ortsüblichen Mietniveaus in Ansatz gebracht werden.

Verrechnungspreise

Zahlen aus der Lagerbestandsführung der Schneidwarenfabrik Fritz Scharf e. K.:
Bezeichnung: Stab X46Gr13

Tag	Einstandspreis/Stück (EUR)	Zugang (Stück)	Abgang (Stück)	Bestand (Stück)
02.04.	8,60	1 000		1 000
06.05.			700	300
23.08.	9,40	1 000		1 300
17.09.			800	500

In der Finanzbuchführung dürfen Materialbestände nach den Vorschriften des Handels- und Steuerrechts höchstens mit den Anschaffungs- bzw. Herstellungskosten bewertet werden. Für die Bewertung des Einsatzes (Verbrauchs) gleichartiger Gegenstände entstehen Bewertungsprobleme:

> **Beispiel: Mögliche Bewertungen von Materialverbrauch in der Finanzbuchführung**
> (siehe obige Lagerbestandsführung von Fritz Scharf e. K.)
>
> Verbrauch am 06.05.: eindeutige Bewertung: 700 Stück · 8,60 EUR = 6 020,00 EUR
>
> Verbrauch am 17.09.: mögliche Bewertungen: (1)   300 Stück · 8,60 EUR = 2 580,00 EUR
> + 500 Stück · 9,40 EUR = 4 700,00 EUR
> = insgesamt: 7 280,00 EUR
> (2)   800 Stück · 9,40 EUR = 7 520,00 EUR

In der Praxis werden gleichartige Bestände und Verbräuche oft auch mit permanenten Durchschnittswerten bewertet:

Vergleichen Sie S. 36 und S. 440 f.

Permanente Durchschnittswerte		
Stück	**Preis (EUR)**	**Gesamtpreis (EUR)**
1 000	8,60	8 600,00
− 700	8,60	6 020,00
= 300	8,60	2 580,00
+ 1 000	9,40	9 400,00
= 1 300	9,22[1]	11 980,00
− 800	9,22	7 376,00
= 500	9,22	4 610,00

Für die KLR sind alle im Beispiel gezeigten Bewertungen wenig geeignet. Da die Anschaffungspreise häufig schwanken, würde sich auch die Kostenstruktur dementsprechend ändern. Kostenvergleiche und Kalkulationen würden erschwert.

---

[1]   auf volle Cent gerundet

Deshalb setzt man in der KLR **Verrechnungspreise** an. Man ermittelt sie als längerfristigen Preisdurchschnitt unter Berücksichtigung der erwarteten Preisentwicklung und passt sie in bestimmten Zeitabständen der Marktlage an.

> **Beispiel: Ansatz eines Verrechnungspreises in der KLR** (Fortsetzung von S. 181)
>
> Für die KLR ist ein Verrechnungspreis von 9,50 EUR festgelegt. Er berücksichtigt einen erwarteten Preisanstieg. Dementsprechend errechnen sich die Verbrauchswerte:
>
> 700 Stück · 9,50 EUR = 6 650,00 EUR
> 800 Stück · 9,50 EUR = 7 600,00 EUR

Kalkulatorische Leistungen

Die kalkulatorischen Leistungen haben bisher in der Kosten- und Leistungsrechnung längst nicht die gleiche Beachtung gefunden wie die kalkulatorischen Kosten. Wir beschränken uns deshalb hier auf Grundsätzliches.

Die Wirtschaftlichkeit betrieblichen Handelns kann nur richtig ermittelt werden, wenn **alle** Kosten und **alle** Leistungen erfasst werden. Die Finanzbuchführung erfasst die Erzeugnisse nur als Umsatzerlöse und als Bestandsveränderungen. Leistungen im Sinne der KLR sind jedoch auch erstellte und unentgeltlich abgegebene Erzeugnisse, z. B. Werbeexemplare, Sponsoringexemplare, Prüfstücke, Spenden. Sie sollten zweckmäßigerweise – wie Bestandsveränderungen – mit ihren Herstellkosten bewertet werden.

3.4.2   Ergebnistabelle mit kosten- und leistungsrechnerischen Korrekturen

> *Vollziehen Sie den Text dieses Abschnitts unbedingt anhand der entsprechenden Spalten der folgenden Ergebnistabelle nach!!!*

Unter Berücksichtigung von kalkulatorischen Kosten und Leistungen sowie Verrechnungspreisen unterscheidet sich die endgültige Ergebnistabelle in zwei Punkten von der vorläufigen Ergebnistabelle (vgl. Seite 172):

- Alle Aufwendungen und Erträge der Finanzbuchhaltung, für die in der KLR andere Wertansätze einzubringen sind, werden **nicht** in den Kosten- und Leistungsbereich übernommen, sondern in die betriebsbezogene Abgrenzung (Spalten 6 und 7).

- Die kalkulatorischen Kosten werden – zweckmäßigerweise in zusätzlichen Zeilen – im Kosten- und Leistungsbereich eingetragen (Spalte 8). Außerdem erfolgt ein „Gegeneintrag" auf der Ertragsseite der betriebsbezogenen Abgrenzung (sog. „verrechnete kalkulatorische Kosten"; Spalte 7). Entsprechendes gilt für die kalkulatorischen Leistungen: Eintragung im Kosten- und Leistungsbereich (Spalte 9); Gegeneintragung auf der Aufwandsseite der betriebsbezogenen Abgrenzung („verrechnete kalkulatorische Leistungen"; Spalte 6).

> **Beispiel: Ergebnistabelle**
>
> In die Ergebnistabelle der Hamacher GmbH sind folgende Korrekturen einzubringen:
>
> - unentgeltlich abgegebene Erzeugnisse — 35 000,00
> - Verrechnungspreise für Rohstoffe — 415 000,00
> - kalkulatorische Zinsen — 13 000,00
> - kalkulatorische Abschreibungen — 158 000,00
> - kalkulatorisches Beständewagnis — 20 000,00

> **Warum Eintragung und Gegeneintragung?**
>
> Vor Eintragung der kalkulatorischen Beträge gilt die Gleichung:
>
> Gesamtergebnis = Neutrales Ergebnis + Betriebsergebnis
>
> Diese Gleichheit bleibt nur erhalten, wenn der Ansatz der kalkulatorischen Beträge im Kosten- und Leistungsbereich durch Gegeneinträge im Abgrenzungsbereich „neutralisiert" wird. Die Eintragung der kalkulatorischen Zinsen mindert z. B. das Betriebsergebnis um 13 000,00 EUR; der Gegeneintrag erhöht das neutrale Ergebnis um 13 000,00 EUR. Veränderung des Gesamtergebnisses = 0,00 EUR

Ergebnistabelle

Spalte	1	2	3	4	5	6	7	8	9
		Rechnungskreis I: Finanzbuchführung		Rechnungskreis II: Kosten- und Leistungsrechnung					
		Erfolgsbereich		Abgrenzungsbereich				Kosten- und Leistungsbereich	
				Unternehmensbezogene Abgrenzung		Betriebsbezogene Abgrenzung			
Zeile	Konto	Aufwendungen	Erträge	Betriebsfrd. Aufwend.	Betriebsfrd. Erträge	a.o. Aufwend., per. frd. Aufw., verrechnete kalkulat. Leistungen	a.o. Erträge, per. frd. Ertr., verrechnete kalkulat. Kosten	Kosten	Leistungen
1	5000 Umsatzerlöse		1 448 000,00						1 448 000,00
2	5200 Bestandsveränderungen		87 000,00						87 000,00
3	5400 Mieterträge		39 000,00		39 000,00				
4	5410 Sonstige Erlöse (aus Anlagenabg.)		60 000,00				60 000,00		
5	5710 Zinserträge		23 000,00		18 000,00		5 000,00		
6	6000 Aufwendungen für Rohstoffe	400 000,00				400 000,00			
7	6020 Aufwendungenf. Hilfsstoffe	100 000,00						100 000,00	
8	6030 Aufwendungenf. Betriebsstoffe	70 000,00						70 000,00	
9	6200 Löhne	420 000,00						420 000,00	
10	6300 Gehälter	210 000,00						210 000,00	
11	6520 Abschreib. auf Sachanlagen	180 000,00		16 000,00		164 000,00			
12	6700 Mieten	20 000,00						20 000,00	
13	6750 Kosten des Geldverkehrs	5 000,00						5 000,00	
14	6870 Werbung	35 000,00						35 000,00	
15	6979 Anlagenabgänge	90 000,00				90 000,00			
16	7460 Verluste aus d. Abg. v. Wertpapieren des Umlaufvermögens	15 000,00		15 000,00					
17	7510 Zinsaufwand	12 000,00		4 000,00		8 000,00			
18	7600 Außerordentl. Aufwendungen	14 000,00		5 600,00		8 400,00			
	Kalkulatorische Kosten und Leistungen:								
	Unentgeltlich abgegeb. Erzeugnisse					35 000,00			35 000,00
	Verrechnungspreise Rohstoffe						415 000,00	415 000,00	
	Kalkulatorische Zinsen						13 000,00	13 000,00	
	Kalkulatorische Abschreibungen						158 000,00	158 000,00	
	Kalkulatorisches Beständewagnis						20 000,00	20 000,00	
	Summen:	1 571 000,00	1 657 000,00	40 600,00	57 000,00	705 400,00	671 000,00	1 466 000,00	1 570 000,00
	Salden:	86 000,00		16 400,00		34 400,00		104 000,00	
		Gesamtergebnis		Ergebnis unternehmensbezogener Abgrenzungen		Ergebnis betriebsbezogener Abgrenzungen		Betriebsergebnis	
				Neutrales Ergebnis				Betriebsergebnis	

ZWEITER ABSCHNITT

Nach der Eintragung sämtlicher Beträge werden alle Spalten addiert. In jedem (Teil-)
Bereich werden die Aufwands- und Ertragsspalten saldiert. Der jeweilige Saldo stellt das
Ergebnis des (Teil-)Bereichs dar (vgl. S. 183). Die Ergebnisse sind abzustimmen:

Abstimmung der Ergebnisse		
Betriebsergebnis		104 000,00
Ergebnis aus unternehmensbezogenen Abgrenzungen	16 400,00	
Ergebnis aus betriebsbezogenen Abgrenzungen	– 34 400,00	
+ **Neutrales Ergebnis**	– 18 000,00	– 18 000,00
= **Gesamtergebnis Rechnungskreis II**		86 000,00
= **Gesamtergebnis Rechnungskreis I**		86 000,00

3.4.3 Analyse der Ergebnistabelle – Aufgabe des Controllings

Die Ergebnistabelle zeigt das Gesamtergebnis und das Betriebsergebnis nach dem sog.
Gesamtkostenverfahren:

Das **Gesamtergebnis** ergibt sich durch Gegenüberstellung der **gesamten** Erträge (Kontenklasse 5) und Aufwendungen (Kontenklasse 6 und 7). Es entspricht dem Ergebnis des GuV-Kontos.
Es zeigt den Erfolg aus betrieblichen und betriebsfremden Geschäftsvorfällen.

Das **Betriebsergebnis** ergibt sich durch Gegenüberstellung der **gesamten** Leistungen und Kosten (abgeleitet unter Berücksichtigung von Abgrenzungen und kostenrechnerischen Korrekturen).
Es zeigt den Erfolg aus dem eigentlichen Betriebszweck nach KLR-Grundsätzen.

Aufwendungen Gesamtergebnisrechnung Erträge	
Materialaufwendungen	Umsatzerlöse
Personalaufwendungen	Bestandsmehrungen
Abschreibungen	Eigenleistungen
Sonstige betriebliche Aufwendungen	Sonstige betriebliche Erträge
Zinsaufwendungen	Außerordentliche Erträge
Außerordentl. Aufwendungen	Jahresfehlbetrag (Verlust)
Jahresüberschuss (Gewinn)	

Kosten Betriebsergebnisrechnung Leistungen	
Materialkosten	Umsatzerlöse
Personalkosten	Bestandsmehrungen
Betriebsmittelkosten	Betriebl. Eigenleistungen
Sonstige Kosten	Andersleistungen
Bestandsminderungen	Zusatzleistungen
Betriebsgewinn	Betriebsverlust

Die Anwendung des Begriffes „Gesamtkostenverfahren" auf das Gesamtergebnis ist gängig,
aber natürlich irritierend.

Klar!
Das GuV-Konto enthält ja
schließlich keine Kosten, sondern
Aufwendungen.

Anhand der Ergebnistabelle lassen sich die prozentualen Beiträge der Teilergebnisse zum
Unternehmenserfolg berechnen.

Beispiel: Erfolgsbeiträge
(Hamacher GmbH)

Betriebsergebnis (BE) 120,93 %
Ergebnis aus unternehmensbezogenen Abgrenzungen (EuA) 19,07 %
Ergebnis aus betriebsbezogenen Abgrenzungen (EbA) – 40,00 %

Gesamtergebnis (GE) 100,00 %

Das Betriebsergebnis weist den größten Anteil am Gesamtergebnis auf.

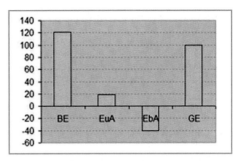

Kennzahlen

Die Ergebnistabelle lässt sich durch Kennzahlen auswerten. Von Bedeutung sind Kennzahlen zur Intensität, Wirtschaftlichkeit, Rentabilität und Liquidität.

■ Intensitätskennzahlen

Umsatzintensität

**Die Umsatzintensität gibt den Prozentanteil der Verkäuferlöse an den Gesamtleis-
tungen (KL-Bereich) bzw. an den betrieblichen Erträgen (Erfolgsbereich) an.**

Erfolgsbereich:

$$\text{Umsatzintensität} = \frac{\text{Verkaufserlöse}}{\text{betriebliche Erträge}} \cdot 100$$

KLR-Bereich:

$$\text{Umsatzintensität} = \frac{\text{Verkaufserlöse}}{\text{Leistungen}} \cdot 100$$

Je größer die Umsatzintensität ist, desto größer ist der Teil der Leistungen, der über die Verkäufe Geld – liquide Mittel – in die Kasse spült. Diese Mittel können neu eingesetzt werden.

Beispiel: Umsatzintensitäten (Hamacher GmbH)

Betriebliche Erträge = Gesamterträge – betriebsfremde Erträge
= 1 657 000,00 EUR – 57 000,00 EUR = 1 600 000,00 EUR

Erfolgsbereich: Umsatzintensität = (1 448 000,00 EUR : 1 600 000,00 EUR) · 100 = 90,5 %
KLR-Bereich: Umsatzintensität = (1 448 000,00 EUR : 1 570 000,00 EUR) · 100 = 92,2 %

Von den gesamten betrieblichen Erträgen (Leistungen) waren 90,5 % (92,2 %) Verkaufserlöse,
also liquide Mittel.

Aufwandsartenintensität und Kostenartenintensität

**Eine Aufwandsartenintensität (Kostenartenintensität) gibt den Prozentanteil einer
Aufwandsart (Kostenart) an den Gesamtaufwendungen (Gesamtkosten) an.**

Erfolgsbereich:

$$\frac{\text{Intensität des}}{\text{Materialaufwands}} = \frac{\text{Materialaufwand}}{\text{Gesamtaufwand}} \cdot 100$$

KLR-Bereich:

$$\frac{\text{Intensität der}}{\text{Materialkosten}} = \frac{\text{Materialkosten}}{\text{Gesamtkosten}} \cdot 100$$

Entsprechend bildet man insbesondere die Intensitäten für Arbeitsaufwand (Arbeitskosten)
und Kapitalaufwand (Kapitalkosten). Mit „Kapital" sind die Betriebsmittel gemeint.

Beispiel: Aufwands- und Kostenartenintensitäten (Hamacher GmbH)

Aufwendungen für Rohstoffe	400 000,00	Rohstoffkosten	415 000,00
Aufwendungen für Hilfsstoffe	100 000,00	Hilfsstoffkosten	100 000,00
Aufwend. für Betriebsstoffe	70 000,00	Betriebsstoffkosten	70 000,00
Materialaufwand	**570 000,00**	**Materialkosten**	**585 000,00**
Löhne	420 000,00	Löhne	420 000,00
Gehälter	210 000,00	Gehälter	210 000,00
Arbeitsaufwand	**630 000,00**	**Arbeitskosten**	**630 000,00**
Abschreibungen	180 000,00	kalk. Abschreibungen	158 000,00
Zinsaufwand	8 000,00	kalk. Zinsen	13 000,00
Kapitalaufwand	**188 000,00**	**Kapitalkosten**	**171 000,00**
restlicher Aufwand	**183 000,00**	**restliche Kosten**	**80 000,00**
Gesamtaufwand	**1 571 000,00**	**Gesamtkosten**	**1 466 000,00**

In den meisten Betrieben entfällt – wie in diesem Beispiel – der größte Teil der Kosten auf die Leistungsfaktoren Arbeitskräfte, Material und Betriebsmittel. Je nachdem, welcher Leistungsfaktor den höchsten Anteil an den Gesamtkosten hat, unterscheidet man **anlagenintensive (kapitalintensive), arbeitsintensive (lohnintensive) und materialintensive Betriebe.**

Aufwandsart	Betrag	Aufwands-intensität	Kostenart	Betrag	Kosten-intensität
Materialaufw.	570 000,00	36,28 %	Materialkosten	585 000,00	39,90 %
Arbeitsaufw.	630 000,00	40,10 %	Arbeitskosten	630 000,00	42,98 %
Kapitalaufw.	188 000,00	11,97 %	Kapitalkosten	171 000,00	11,66 %
Restaufwand	183 000,00	11,65 %	Restkosten	80 000,00	5,46 %
Gesamtaufw.	**1 571 000,00**	**100,00 %**	**Gesamtkosten**	**1 466 000,00**	**100,00 %**

Hier handelt es sich um einen arbeitsintensiven Betrieb. Für ihn ist es besonders wichtig, die Personalkosten zu senken und den Personalkostenanteil an den Gesamtkosten zu reduzieren. In annähernd gleichem Maß gilt dies auch für den Materialaufwand.

■ **Wirtschaftlichkeit**

Wirtschaftlichkeit drückt sich in einem möglichst günstigen Verhältnis von wertmäßigem Einsatz und Ergebnis aus. Sie ist entweder größtmögliche Ergiebigkeit oder größtmögliche Sparsamkeit.

Wirtschaftliches Handeln ist Ausdruck des ökonomischen Prinzips. Vgl. Bd.1, „Geschäftsprozesse", Sachwort „Prinzip, ökonomisches", sowie Bd. 2 „Wirtschafts- und Sozialprozesse", Sachwort „Prinzip, wirtschaftliches".

- Wertmäßige Ergiebigkeit bedeutet: Mit gegebenen Aufwendungen/Kosten maximale Erträge/Leistung erzielen. Kennzahl: **Ergiebigkeitsgrad**
- Wertmäßige Sparsamkeit bedeutet: Eine(n) gegebene(n) Ertrag/Leistung mit minimalen Aufwendungen/Kosten erzielen. Kennzahl: **Sparsamkeitsgrad**

Beispiel: Wirtschaftlichkeit (Hamacher GmbH)

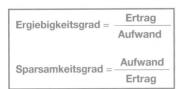

$$\text{Ergiebigkeitsgrad} = \frac{\text{Ertrag}}{\text{Aufwand}}$$

$$\text{Sparsamkeitsgrad} = \frac{\text{Aufwand}}{\text{Ertrag}}$$

$$\frac{1\,657\,000,00}{1\,571\,000,00} = 1,055$$
Jeder EUR Aufwand erbrachte 1,055 EUR Ertrag.

$$\frac{1\,571\,000,00}{1\,657\,000,00} = 0,948$$
Pro EUR Ertrag entstanden Aufwendungen in Höhe von 0,948 EUR.

$$\text{Ergiebigkeitsgrad} = \frac{\text{Leistungen}}{\text{Kosten}}$$

$$\text{Sparsamkeitsgrad} = \frac{\text{Kosten}}{\text{Leistungen}}$$

$$\frac{1\,570\,000,00}{1\,466\,000,00} = 1,07$$
Jeder EUR Kosten erbrachte Leistungen in Höhe von 1,07 EUR.

$$\frac{1\,466\,000,00}{1\,570\,000,00} = 0,93$$
Pro EUR Leistung entstanden Kosten in Höhe von 0,93 EUR.

■ Rentabilität

Rentabilität ist die prozentuale Verzinsung des eingesetzten Kapitals durch den Gewinn.

Für den Erfolgsbereich ist von Bedeutung, wie sich das **durchschnittliche Eigenkapital** durch den sog. **bereinigten Gesamtgewinn** (vgl. S. 515) verzinst hat.

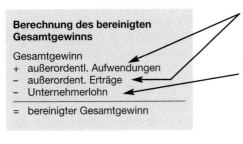

Berechnung des bereinigten Gesamtgewinns

Gesamtgewinn
+ außerordentl. Aufwendungen
– außerordent. Erträge
– Unternehmerlohn

= bereinigter Gesamtgewinn

Beträge mit einmaligem Charakter herausrechnen! Sie stören die Vergleichbarkeit.

Nur bei Einzelunternehmen und Personengesellschaften! Fiktiver Betrag in Höhe eines Geschäftsführergehalts. Grund: Die geschäftsführenden Gesellschafter werden mit Gewinnanteilen entlohnt. Bei Kapitalgesellschaften hingegen beziehen die Geschäftsführer ein Gehalt (Kosten!). Der Abzug soll Vergleichbarkeit herstellen.

$$\text{Eigenkapitalrentabilität} = \frac{\text{bereinigter Gesamtgewinn}}{\text{durchschnittliches Eigenkapital}}$$

Beispiel: Eigenkapitalrentabilität (Hamacher GmbH)

Das durchschnittliche Eigenkapital betrage im laufenden Jahr 1 200 000,00 EUR.

Bereinigter Gesamtgewinn = 86 000,00 EUR – 14 000,00 EUR = 72 000,00 EUR

Eigenkapitalrentabilität = (72 000,00 EUR : 1 200 000,00 EUR) · 100 = 6 %

Das Eigenkapital verzinst sich mit 6 %. Beträgt der langfristige Marktzins z. B. 5 %, erbringt der Einsatz im Unternehmen eine zusätzliche Risikoprämie von 1 %.

Für den **KLR-Bereich** ist von Bedeutung, wie sich das durchschnittliche **betriebsnotwendige Eigenkapital** durch den **Betriebsgewinn** verzinst hat. Man spricht deshalb von der **Eigenkapitalrentabilität aus betrieblicher Tätigkeit.**

*Hier ist natürlich ggf. der **kalkulatorische** Unternehmerlohn abzuziehen.*

$$\text{Eigenkapitalrentabilität aus betrieblicher Tätigkeit} = \frac{\text{Betriebsgewinn}}{\text{durchschnittliches betriebsnotwendiges Eigenkapital}} \cdot 100$$

Dabei ist zu beachten: Die Kosten enthalten bereits den Ansatz von kalkulatorischen Zinsen zum marktüblichen Zinssatz für das **gesamte** betriebsnotwendige Kapital. Deshalb gibt die EK-Rentabilität aus betrieblicher Tätigkeit an, wie viel Prozentpunkte zusätzlich zur erzielten Marktverzinsung noch hinzukommen.

> **Beispiel: Eigenkapitalrentabilität aus betrieblicher Tätigkeit** (Hamacher GmbH)
>
> Annahme: durchschnittliches betriebsnotwendiges Eigenkapital: 1 155 000,00 EUR
> Marktüblicher Zins: 5 %. Betriebsergebnis = 104 000,00 EUR
>
> betriebliche Eigenkapitalrentabilität = (104 000,00 : 1 155 000,00) · 100 = 9 (%)
>
> Das betriebsnotwendige Eigenkapital erwirtschaftet einen Gewinn von 9 Prozentpunkten zusätzlich zum Marktzinssatz von 5 %. Die betriebliche Eigenkapitalrentabilität ist folglich eine Risikoprämie für den Kapitaleinsatz im Betrieb und ggf. zusätzlich ein sog. Unternehmergewinn als Restgröße (vgl. S. 515).

■ Cashflow (Liquiditätszufluss)

Der Gewinn enthält Erträge/Leistungen, die nicht zu Zahlungseingängen geführt haben (z. B. Bestandsmehrungen = unverkaufte Produkte), und Aufwendungen, die nicht zu Zahlungsausgängen geführt haben (z. B. Abschreibungen). Addiert man diese Beträge zum Gesamtgewinn bzw. subtrahiert sie davon, so erhält man den Zufluss an liquiden Mitteln (Cashflow).

> **Beispiel: Cashflow** (Hamacher GmbH)
>
> Der Controller hat Zugang zu allen internen Daten. Er kann deshalb den Cashflow aus den Zahlen der Buchführung ermitteln.

Cashflow Erfolgsbereich	
Erträge	1 657 000,00
davon nicht zahlungswirksam:	
Bestandsmehrungen	− 87 000,00
	1 570 000,00
Aufwendungen	− 1 571 000,00
davon nicht zahlungswirksam:	
Abschreibungen	+ 180 000,00
Anlagenabgänge	+ 90 000,00
Cashflow	= 269 000,00

Man sollte den Cashflow nur aus den Zahlen des Erfolgsbereichs ermitteln, denn nur hier befinden sich die echten zahlungswirksamen Beträge.

Dem Unternehmen stehen 269 000,00 EUR an Liquiditätszuwachs zur Verfügung, die im Laufe der Geschäftsperiode erwirtschaftet wurden. Sie können z. B. für Investitionen, Kredittilgungen oder Kapitalentnahmen verwendet werden.

Vergleich der Kennzahlen

Ob die ermittelten Kennzahlen vorteilhafte Werte ausweisen, kann das Controlling nur durch Vergleiche feststellen. Alle Kennzahlen sind von Interesse vor allem

- im **Zeitvergleich:**   Hat sich der Wert gegenüber den Vorjahren verbessert?

- im **Betriebs- (Branchen-) Vergleich:** Ist der Wert besser als beim Vergleichsbetrieb (Branchendurchschnitt)?

- im **Soll-Ist-Vergleich:**   Wie nahe kommt der Istwert dem geplanten Sollwert?

Beispiel: Wirtschaftlichkeit (Ergiebigkeitsgrad)

Ist	Vorjahr	Abweichung	Ø der Branche	Abweichung	Soll	Abweichung
1,07	1,05	+0,02	1,08	–0,01	2,0	–0,3

Der Ergiebigkeitsgrad hat sich gegenüber dem Vorjahr gebessert, erreicht jedoch längst nicht das gesetzte Ziel und liegt auch knapp unter dem Branchendurchschnitt. Eine Ursachenanalyse ist nötig.

Arbeitsaufträge

1. **Folgende Sachverhalte sind in der Ergebnistabelle zu erfassen:**
   a) sonstige Erlöse (aus Anlageabgängen)
   b) kalkulatorischer Unternehmerlohn
   c) Zinserträge aus festverzinslichen Wertpapieren
   d) Verkaufserlöse für Handelswaren
   e) Fertigungslöhne
   f) Verluste aus Wertpapierveräußerungen
   g) kalkulatorische Wagniszuschläge
   h) Aufwendungen für Fremdbezugsteile zu Verrechnungspreisen
   i) Aufwendungen für Fremdbezugsteile zu Einstandspreisen
   j) Bestandserhöhung an fertigen Erzeugnissen

   In welche Spalten der Ergebnistabelle sind die Sachverhalte einzutragen? (Spaltenziffern siehe Ergebnistabelle S. 183)

2./3. **Folgende Ergebniszahlen (in EUR) liegen vor:**

		2.	3.
a)	Gesamtergebnis	74 120,00	22 110,00
	Ergebnis aus unternehmensbezogenen Abgrenzungen	– 3 910,00	1 020,00
	Ergebnis aus betriebsbezogenen Abgrenzungen	29 410,00	3 080,00
	Ermitteln Sie das Betriebsergebnis.		
b)	Betriebsergebnis	31 460,00	65 210,00
	Ergebnis aus unternehmensbezogenen Abgrenzungen	– 2 530,00	– 8 820,00
	Ergebnis aus betriebsbezogenen Abgrenzungen	19 030,00	4 610,00
	Ermitteln Sie das Gesamtergebnis.		

ZWEITER ABSCHNITT

4. **In einem Einzelunternehmen wird ein kalkulatorischer Unternehmerlohn von monatlich 15 000,00 EUR in die KLR eingebracht und in die Verkaufspreise einkalkuliert.**

   Wie wirkt sich die Erfassung auf das Gesamtergebnis, auf das Betriebsergebnis und auf das Ergebnis aus betriebsbezogenen Abgrenzungen aus?

5./6. **Für die Aufträge 2./3. auf Seite 173 haben Sie die vorläufige Ergebnistabelle erstellt.**
   Folgende Sachverhalte sind zusätzlich zu erfassen (in TEUR):

	5. (für Auftrag 2)	**6.** (für Auftrag 3)
kalkulatorischer Unternehmerlohn	10	–
kalkulatorische Abschreibung	100	180
kalkulatorische Zinsen	–	300
kalkulatorische Wagniszuschläge	12	–
Aufwendungen für Rohstoffe zu Verrechnungspreisen	470	900
Wertansatz für unentgeltlich abgegebene Erzeugnisse	–	45

   a) Erstellen Sie die endgültige Ergebnistabelle.
   b) Ermitteln Sie das Gesamtergebnis, das neutrale Ergebnis und seine Teilergebnisse sowie das Betriebsergebnis.
   c) Führen Sie die Abstimmung der Ergebnisse durch.
   d) Werten Sie die Ergebnistabelle aus.

   Zusatzangabe: durchschnittliches Eigenkapital = 5 800;
   durchschnittliches betriebsnotwendiges Eigenkapital = 4 900.

7./8. **Für die Aufträge 4./5. auf Seite 173 haben Sie die vorläufige Ergebnistabelle erstellt.**
   Folgende Sachverhalte sind zusätzlich zu erfassen (in TEUR):

	7. (für Auftrag 4)	**8.** (für Auftrag 5)
kalkulatorischer Unternehmerlohn	90	100
kalkulatorische Abschreibung	620	125
kalkulatorische Zinsen	40	20
kalkulatorische Wagniszuschläge	9	–
Aufwendungen für Rohstoffe zu Verrechnungspreisen	1 300	295
Wertansatz für unentgeltlich abgegebene Erzeugnisse	140	26

   a) Erstellen Sie die endgültige Ergebnistabelle.
   b) Ermitteln Sie das Gesamtergebnis, das neutrale Ergebnis und seine Teilergebnisse sowie das Betriebsergebnis.
   c) Führen Sie die Abstimmung der Ergebnisse durch.
   d) Werten Sie die Ergebnistabelle aus.

   Zusatzangabe: durchschnittliches Eigenkapital = 6 200,
   durchschnittliches betriebsnotwendiges Eigenkapital = 5 700.

9./10. **Die Geschäftsbuchführung eines Industriebetriebs schließt mit folgenden Aufwendungen und Erträgen (in TEUR) ab:**

	9.	**10.**
5000 Umsatzerlöse für eigene Erzeugnisse	91 221	630 200
5100 Umsatzerlöse für Waren	745	110 000
5201 Bestandsmehrung an unfertigen Erzeugnissen	790	90 000
5202 Bestandsminderung an fertigen Erzeugnissen	30	10 000
5410 Sonstige Erlöse (aus Anlageabgängen)	1 500	40 000
5600 Erträge aus Finanzanlagen	1 278	123 425
5710 Zinserträge (keine Verzugszinsen)	233	20 605
5800 Außerordentliche Erträge	24	2 005
davon betriebsfremd	10	800
6000 Aufwendungen für Roh-, Hilfs- und Betriebsstoffe	36 211	191 400
6080 Aufwendungen für Waren	312	30 700
6200 Löhne	22 877	130 700
6300 Gehälter	15 633	80 200
6520 Abschreibungen auf Sachanlagen	9 245	60 300
6700 Miet- und Pachtaufwendungen	289	19 607
6750 Kosten des Geldverkehrs	156	9 102
6800 Büromaterial	345	20 401
6979 Anlagenabgänge	1 822	56 200
7510 Zinsen und ähnliche Aufwendungen	960	40 100
davon für Finanzanlagen	200	3 100
7600 Außerordentliche Aufwendungen	200	9 307
davon betriebsfremd	60	2 900
7700 Gewerbesteuer	1 867	12 803

Die kalkulatorischen Abschreibungen betragen	9 445	56 100
Der kalkulatorische Unternehmerlohn beträgt	70	130
An kalkulatorischen Zinsen sind zu verrechnen	610	36 000
Die kalkulatorischen Wagnisse betragen	520	2 900

a) Erstellen Sie die Ergebnistabelle.

b) Ermitteln Sie das Gesamtergebnis, die Ergebnisse aus unternehmens- und betriebsbezogenen Abgrenzungen und das Betriebsergebnis.

c) Nehmen Sie die Ergebnisabstimmung vor.

d) Fertigen Sie eine Auswertung der Ergebnistabelle an.

Zusatzangabe: durchschnittliches Eigenkapital: **9.**: 45 000; **10.**: 3,3 Mio.; durchschnittliches betriebsnotwendiges Eigenkapital: **9.**: 40 100; **10**: 2,95 Mio.

11. Aussagen über die bilanzmäßige Abschreibung:

a) Sie vermindert das Betriebsergebnis.

b) Sie beeinflusst das Ergebnis aus unternehmensbezogenen Abgrenzungen.

c) Sie vermehrt das Ergebnis aus betriebsbezogenen Abgrenzungen.

d) Sie vermindert das Gesamtergebnis.

e) Sie vermehrt das neutrale Ergebnis.

f) Sie vermehrt alle Teilergebnisse der Ergebnistabelle.

Welche dieser Aussagen ist richtig?

12./13. Der Gewinn- und Verlustrechnung eines Industriebetriebs entnehmen wir folgende Beträge (in TEUR):

	12.	**13.**
5000 Umsatzerlöse	3 800	26 000
5200 Mehrbestand an Fertigerzeugnissen	130	963
5300 Eigenleistungen (selbst erstellte Werkzeuge)	163	1 128
5400 Mieterträge	21	154
5410 Sonstige Erlöse (aus Anlageabgängen)	800	9 000
5710 Zinserträge	215	722
davon Verzugszinsen	5	16
6000 Aufwendungen für Rohstoffe		
(davon 16 für Reparaturen in vermieteten Gebäuden)	678	4 290
6160 Fremdinstandhaltung (davon 9 in Werkswohnungen)	96	636
6200 Löhne (davon 25 für Reparaturen in vermieteten Gebäuden)	1 117	6 675
6300 Gehälter	633	3 602
6520 Abschreibungen auf Sachanlagen	395	2 445
davon auf vermietete Gebäude	24	75
6900 Versicherungsbeiträge	90	636
davon für vermietete Gebäude	6	40
6930 Verluste aus Schadensfällen	11	82
6979 Anlagenabgänge	630	7 567
davon aus dem Verkauf eines Wohngebäudes	9	24
7030 Kfz-Steuer	40	310
7510 Zinsaufwendungen	73	890
davon für vermietete Gebäude	20	80
Fertigerzeugnisse wurden unentgeltlich abgegeben	100	490
Der Rohstoffverbrauch wird zu Verrechnungspreisen angesetzt	610	4 000
Für Garantieverpflichtungen werden kalkulatorische Wagniskosten angesetzt	75	470
Die kalkulatorischen Abschreibungen auf Sachanlagen betragen	388	2 448
Der kalkulatorische Unternehmerlohn beträgt	60	120
Die kalkulatorischen Zinsen betragen	93	591

a) Erstellen Sie die Ergebnistabelle.

b) Ermitteln Sie das Gesamtergebnis, die Ergebnisse aus unternehmens- und betriebsbezogenen Abgrenzungen und das Betriebsergebnis.

c) Nehmen Sie die Ergebnisabstimmung vor.

d) Fertigen Sie eine Auswertung der Ergebnistabelle an. Berücksichtigen Sie dabei folgende Zusatzangabe: durchschnittliches Eigenkapital: **12.**: 5 100; **13.**: 37 000; durchschnittliches betriebsnotwendiges Eigenkapital: **12.**: 4 600; **13**: 34 000

Weitere Arbeitsaufträge (mit Kennzahlen) siehe Seite 196.

4   Kostenrechnungssysteme der KLR

4.1   Voll- und Teilkostenrechnung

Durch die Abgrenzungsrechnung werden die Istkosten (die tatsächlich angefallenen Kosten) ermittelt. Diese wurden durch die Leistungserstellung und -verwertung verursacht. Deshalb müssen die Kosten den Leistungen zugerechnet werden. Anders ausgedrückt: Die Leistungen müssen die Kosten tragen. Folgerichtig bezeichnet man die Leistungen als Kostenträger.

Kostenträger können sein:

- **das einzelne Erzeugnis,**
- **eine Erzeugnisgruppe,**
- **ein Auftrag,**
- **eine Serie (Los, Auflage).**

Dazu gehören fertige und unfertige Erzeugnisse (absatzbestimmte Leistungen), aber auch selbst erstellte Anlagen und Werkzeuge (Eigenleistungen).

> Ein **Auftrag** kann z. B. sein:
> - ein **Kundenauftrag:** eine bestimmte Erzeugnismenge, die aufgrund einer Kundenbestellung gefertigt oder ab Lager geliefert wird;
> - ein **Lagerauftrag:** eine bestimmte Erzeugnismenge, die aufgrund eines Innenauftrags (Anweisung der Geschäftsleitung) auf Lager gefertigt wird.
>
> Eine **Serie** ist die Menge einer Produktart, die ohne Unterbrechung durch die Fertigung anderer Produktarten in einer Produktionsstufe erzeugt wird.

Die verursachungsgerechte Zurechnung der Kosten auf die Kostenträger begegnet in der Praxis Schwierigkeiten und ist bis heute vielfach nur unbefriedigend gelöst. Unter anderem deshalb haben sich zwei Kostenrechnungssysteme gebildet, die für unterschiedliche Aufgabenstellungen herangezogen werden: **Voll- und Teilkostenrechnung**.

In der Vollkostenrechnung werden *sämtliche* angefallenen Kosten den Kostenträgern zugerechnet.

Die Vollkostenrechnung findet vor allem Anwendung für
- die Kalkulation der Absatzpreise,
- die Bewertung der Bestände an fertigen und unfertigen Erzeugnissen,
- die Ermittlung des Anteils der einzelnen Kostenträger am Betriebsergebnis,
- die Überwachung der Wirtschaftlichkeit des Betriebsprozesses (Kosten- und Leistungskontrolle).

Eine Weiterentwicklung der Vollkostenrechnung ist die **Prozesskostenrechnung**. Sie gewinnt seit den Neunzigerjahren des vergangenen Jahrhunderts zunehmend an Bedeutung.

Die Teilkostenrechnung – es gibt davon mehrere Arten – rechnet den Kostenträgern nur einen Teil der Kosten zu.

Die Teilkostenrechnung wird vor allem für absatzpolitische Entscheidungen genutzt. Dazu gehören Entscheidungen über
- die gewinnmaximale Programmgestaltung,
- die Ermittlung von Preisuntergrenzen,
- die Annahme von Zusatzaufträgen,
- Fremdbezug oder Eigenfertigung,
- Produktelimination.

> Das **Direct Costing** – die bekannteste Teilkostenrechnung – rechnet den Kostenträgern die sog. variablen Kosten zu (Kosten, die mit der Produktionsmenge sinken und steigen). Die Verkaufspreise sollten unbedingt darüber liegen. Die Differenz Verkaufspreis abzgl. variable Kosten heißt Deckungsbeitrag. Dieser zeigt an,
> - ob der Preis die variablen Kosten deckt,
> - ob zusätzlich restliche Kosten (Fixkosten) gedeckt werden und wie viel davon.
>
> Übersteigt die Gesamtheit der Deckungsbeiträge die gesamten fixen Kosten, entsteht ein Gewinn.

4.2 Ist-, Normal-, Plan-, Zielkostenrechnung

Bisher wurde gesagt, dass Voll- und Teilkostenrechnung mit angefallenen Kostenwerten arbeiten. Sie können aber auch geplante Werte benutzen. Insofern unterscheidet man die Systeme Ist-, Normal-, Plan- und Zielkostenrechnung.

Istkostenrechnung

Die Istkostenrechnung erfasst die in der Rechnungsperiode tatsächlich angefallenen Kosten. Diese Werte stehen erst am Ende der Rechnungsperiode bereit. Sie gehen in die Betriebsabrechnung ein. Sie ermöglichen auch eine Nachkalkulation, d.h. eine nachträgliche Berechnung und Kontrolle der Selbstkosten (Gesamtkosten) eines Kostenträgers.

Normalkostenrechnung

Die Normalkostenrechnung ermittelt Durchschnittswerte aus den Istkosten früherer Rechnungsperioden und gibt sie den betrieblichen Stellen als Kostenbudgets vor. Sie erstellt eine Soll-Betriebsabrechnung. Ihre Zahlen werden auch für die Vorauskalkulation der Produkte genutzt.

Plankostenrechnung

Die Plankostenrechnung ermittelt voraussichtlich anfallende Kosten (Plankosten/Sollkosten) und gibt sie den betrieblichen Stellen als Kostenbudgets vor. Durch Vergleich von Plan- und Istkosten baut sie die KLR zu einem verfeinerten Controllinginstrument aus.

Zielkostenrechnung

Die Zielkostenrechnung ist ein Kostenmanagementsystem. Sie versucht über den gesamten Produktlebensprozess hinweg, bei vorgegebenem Marktpreis die Kosten zu planen, mit denen ein angestrebter Gewinn erreicht werden kann.

5 Traditionelle Vollkostenrechnung

5.1 Teilgebiete der Vollkostenrechnung

Die Vollkostenrechnung hat zwei große Teilgebiete: **Betriebsabrechnung** und **Selbstkostenrechnung (Kalkulation)**.

Betriebsabrechnung	
Aufgaben	**Teilgebiete**
• Erfassung verschiedener **Arten** angefallener betrieblicher Kosten (z. B. Materialkosten, Lohnkosten, Vertriebskosten usw.)	Kostenartenrechnung
• Erfassung der Kosten an den Stellen der Kostenverursachung bzw. Verteilung auf diese Stellen	Kostenstellenrechnung
• Zurechnung der Kosten auf die Kostenträger und Ermittlung des Anteils der einzelnen Kostenträger am Betriebserfolg	Kostenträgerzeitrechnung

*Die **Betriebsabrechnung** ist eine **Zeitrechnung**.*

Von der Anzahl der hergestellten Produkte (ein Produkt oder mehrere Produkte) und dem Fertigungstyp (Einzel-, Serien-, Sorten- oder Massenfertigung) hängt es vor allem ab, ob die in der Abgrenzungsrechnung ermittelten und ggf. nach Kostenarten erfassten Kosten unmittelbar den Kostenträgern zugerechnet werden können oder ob sie in einem Zwischenschritt zunächst auf Kostenstellen verteilt werden müssen.

Vgl. Bd. 1, „Geschäftsprozesse", Sachwort „Fertigungstypen".

Selbstkostenrechnung (Kostenträgerstückrechnung, Kalkulation)	
Aufgaben	**Teilgebiete**
Die Selbstkostenrechnung (Kalkulation) ermittelt die Kosten des einzelnen Kostenträgers (Selbstkosten). Diese sind Grundlage für die Preisermittlung. *Die **Selbstkostenrechnung (Kalkulation)** ist eine Stückrechnung.*	• **Vorauskalkulation** Sie beruht auf den Normalkosten oder Plankosten und wird vor der Erstellung der Betriebsleistung – v. a. anlässlich der Erstellung von Preislisten – durchgeführt. • **Vor- und Nachkalkulation** Die Vorkalkulation wird bei Auftragsfertigung zur Ermittlung des Angebotspreises, die Nachkalkulation zur Kostenkontrolle durchgeführt.

5.2   Kostenartenrechnung

Die durch die Abgrenzungsrechnung ermittelten Kosten sollen genutzt werden, um
- Kostenkontrollen durchzuführen,
- Kalkulationen zu erstellen und
- marktorientierte Entscheidungen zu treffen.

Hierfür werden sie in der Kostenartenrechnung erfasst und nach verschiedenen Gesichtspunkten gegliedert.

Gesichtspunkte für die Gliederung der Kostenarten
• Art der eingesetzten Güter • Verhalten bei Beschäftigungsänderungen • Umfang der Zurechnungsgröße • Zurechenbarkeit auf die Betriebsleistungen • betriebliche Funktionsbereiche • betriebliche Prozesse

Bei der Gliederung der Kosten in Kostenarten sind zu berücksichtigen:
- branchen- und betriebsspezifische Erfordernisse,
- der besondere Informationsbedarf der Unternehmensleitung.

5.2.1   Kostenarten nach den eingesetzten Gütern

Bei der Erfassung betrieblicher Kosten setzt man bei den eingesetzten Gütern an. Man unterscheidet z. B. folgende Kostenarten:

Arbeitskraft —
Betriebsmittel —
Material —

Gliederung der Kosten nach den eingesetzten Gütern	
Kostenart	**Beispiele**
• **Arbeitskosten**	Löhne, Gehälter, Sozialkosten, kalkulatorischer Unternehmerlohn
• **Materialkosten**	Kosten für Roh-, Hilfs-, Betriebsstoffe, Fremdbauteile, Verpackung
• **Kapitalkosten (Anlagen-, Betriebsmittelkosten)**	kalkulatorische Abschreibung, kalkulatorische Zinsen

• **Dienstleistungskosten:**
  – Kommunikationskosten
  – Kosten für sonstige direkte Fremdleistungen und Rechte,
  – Kosten für indirekte Fremdleistungen
	Telefon-, Fax-, Internet-, Intranet-, Werbe-, Reisekosten
	Lizenz-, Transport-, Fremdlager-, Rechts- und Beratungs-, Geldverkehrskosten, Vertriebsprovisionen, Mieten, Pachten, Leasingraten
	Steuern, Gebühren, Zölle, IHK- und Verbandsbeiträge

• **Wagniskosten**	Versicherungsprämien, kalkulatorische Wagniskosten
• **sonstige Kosten**	Bestandsminderungen

Auch andere Kostengliederungen können zweckmäßig sein, wenn die tatsächliche Kostenstruktur dies nahelegt (wenn z. B. besonders hohe Transportkosten oder Energiekosten anfallen) oder wenn das Unternehmen ein spezifisches Informationsbedürfnis hat. Üblicherweise werden die Kosten in der Ergebnistabelle bereits entsprechend gegliedert.

Die Gliederung der Kosten nach den eingesetzten Gütern ermöglicht
* **eine Überwachung der Kostenstruktur,**
* **eine Überwachung einzelner Kostenarten,**
* **eine Beurteilung der Wirtschaftlichkeit des Gütereinsatzes.**

Hierfür werden vom Controlling **Kennzahlen** der Kostenstruktur (Intensitätskennzahlen; siehe S. 185) und der Wirtschaftlichkeit gebildet.

Kennzahlen der Wirtschaftlichkeit

Bei der Auswertung der Ergebnistabelle haben wir bereits die Wirtschaftlichkeitskennzahlen Ergiebigkeitsgrad und Sparsamkeitsgrad gebildet. Dort wurden die Gesamtkosten in Beziehung zur Gesamtleistung gesetzt.

Der Sparsamkeitsgrad ist der Kehrwert des Ergiebigkeitsgrads.

Man kann auch die Kosten der einzelnen Einsatzgüterarten heranziehen, um sozusagen ihren Anteil an der Wirtschaftlichkeit zu beurteilen.

Auch die so ermittelten Zahlen erhalten besondere Aussagekraft im Zeit-, Betriebs- und Soll-Ist-Vergleich.

Beispiele: Wirtschaftlichkeit – Ergiebigkeits- und Sparsamkeitsgrad

In einem Industriebetrieb liegen die in der Tabelle aufgeführten Zahlen zu Kosten und Leistungen vor. Branchendurchschnitt im Berichtsjahr: Ergiebigkeitsgrad: 1,090; Sparsamkeitsgrad: 0,917; Sollwerte:
Ergiebigkeitsgrad: 1,1; Sparsamkeitsgrad: 0,91;
Ergiebigkeitsgrad Material: 2,8; Sparsamkeitsgrad Material 0,357

Kostenart	Berichtsjahr			Vorjahr		
	Betrag (TEUR)	Ergiebigkeits-grad	Sparsamkeits-grad	Betrag (TEUR)	Ergiebigkeits-grad	Sparsamkeits-grad
Arbeitskosten	4 382	5,464	0,183	4 084	5,105	0,296
Materialkosten	10 880	2,201	0,454	8 499	2,453	0,408
Kapitalkosten	5 568	4,300	0,233	5 407	3,856	0,259
Restliche Kosten	2 102	11,391	0,088	1 954	10,669	0,094
Gesamtkosten	22 932	1,044	0,958	19 944	1,045	0,957
Gesamtleistung	23 944			20 848		

* Der **Ergiebigkeitsgrad** gibt an, welche Leistung mit jedem EUR Kosten erzielt wurde. Je größer der Wert ist, desto besser hat das Unternehmen gewirtschaftet. Im vorliegenden Betrieb wurde im Berichtsjahr mit jedem EUR Gesamtkosten eine Leistung von 1,044 EUR erwirtschaftet. Ob dies wirtschaftlich ist, beurteilt man durch Zeit-, Betriebs- und Soll-Ist-Vergleiche.

  Zeitvergleich: Der Ergiebigkeitsgrad der Gesamtkosten hat sich geringfügig verschlechtert: Jeder EUR Gesamtkosten brachte im Vorjahr noch 1,045 EUR Leistungen hervor.

  Branchenvergleich: Das Unternehmen steht im Vergleich zur Branche schlecht da. Im Branchendurchschnitt wird je EUR Kosten 1,090 EUR Leistung erzielt, im Unternehmen 1,044 EUR.

  Soll-Ist-Vergleich: Das Unternehmen hat das Ziel, den Ergiebigkeitsgrad zu steigern, nicht erreicht.

Bezogen auf die einzelnen Kostenarten bedeutet der Ergiebigkeitsgrad: Mit einem EUR Arbeitskosten wird 5,464 EUR Leistung erzielt (natürlich unter Miteinsatz der übrigen Produktionsfaktoren). In der Regel liegen für den Ergiebigkeitsgrad einzelner Kostenarten keine Branchenkennzahlen vor, sodass nur ein **Zeitvergleich** möglich ist. Im Vorjahr wurden je EUR Arbeitskosten Leistungen von 5,105 EUR erzielt. Der Produktionsfaktor Arbeit wurde folglich im Berichtsjahr deutlich ergiebiger eingesetzt. Vielleicht wurden teure Überstundenzuschläge abgebaut oder der Personaleinsatz in wertschöpfungsfernen Betriebsbereichen reduziert.

Der Ergiebigkeitsgrad des Materials sollte auf 2,8 gesteigert werden. Dieses Ziel wurde nicht nur verpasst, sondern es kam zu einem beträchtlichen Rückschritt gegenüber dem Vorjahr. Entsprechendes gilt natürlich für den Sparsamkeitsgrad des Materials (siehe unten).

- Der **Sparsamkeitsgrad** gibt an, mit wie viel EUR Kosten ein EUR Leistungen erzielt wird. Es gilt: je kleiner der Wert, desto besser hat das Unternehmen gewirtschaftet. Die gleiche Leistung (1,00 EUR) gilt es mit möglichst geringen Kosten zu erzielen. Im vorliegenden Betrieb wurden im Berichtsjahr für einen EUR Leistung 0,958 EUR Gesamtkosten aufgewendet.

Branchenvergleich: Das Unternehmen hat insgesamt weniger sparsam gewirtschaftet als der Branchendurchschnitt (0,917).

Zeitvergleich: Im Vergleich zum Vorjahr ist eine geringfügige Verschlechterung erkennbar (0,958 gegenüber 0,957). Der Sparsamkeitsgrad der Arbeits- und Kapitalkosten ist gegenüber dem Vorjahr klar verbessert worden (0,183 statt 0,296 und 0,233 statt 0,259). Es wurden also je EUR Leistung weniger Arbeits- und Kapitalkosten eingesetzt. Der Sparsamkeitsgrad der Materialkosten hat sich hingegen verschlechtert (0,454 statt 0,408). Es mussten für einen EUR Leistung mehr Materialkosten aufgewendet werden. Die Verbesserungen bei den Kostenarten Arbeit und Kapital und die Verschlechterungen bei der Kostenart Material heben sich offenbar gegenseitig auf.

Hinweis:

Die Bewertung der Leistungen mit Marktpreisen führt bei Preisschwankungen zu einer Vermischung von Wirtschaftlichkeit und Rentabilität. Dies reduziert die Aussagekraft der Kennzahlen.

Siehe hierzu Bd. 1, „Geschäftsprozesse", Sachwort „Wirtschaftlichkeitskennzahlen".

Arbeitsaufträge

1. **Die Gesamtleistung eines Industriebetriebs betrug im Berichtsjahr 365 Mio. EUR, im Vorjahr 298 Mio. EUR. Es wurden folgende Kosten (in Mio. EUR) ermittelt:**

	Berichtsjahr	Vorjahr
Materialkosten	205,20	167,55
Arbeitskosten	68,40	61,95
Kapitalkosten	27,36	22,35
Wagniskosten	20,26	10,43
Restliche Kosten	15,00	12,24

a) Berechnen Sie für beide Jahre die Kennzahlen der Kostenstruktur.
   Gehen Sie dabei besonders auf die Entwicklung der Wagniskosten ein.

b) Nennen Sie mögliche Gründe für die Entwicklung der Wagniskosten. Berücksichtigen Sie bei Ihren Überlegungen die Zusammensetzung der Wagniskosten.

   c) Welche Maßnahmen schlagen Sie vor, um den Wagniskostenanteil in den kommenden Jahren zu reduzieren?

   d) Berechnen Sie für beide Jahre die Kennzahlen der Wirtschaftlichkeit (Ergiebigkeitsgrad und Sparsamkeitsgrad).

   e) Beschreiben Sie die Entwicklung der Gesamtergiebigkeit und der Ergiebigkeitsgrade von Material-, Arbeits-, Kapital- und Wagniskosten.

2. **Ein Industriebetrieb erstellt im Berichtsjahr Leistungen von 28 160 000,00 EUR. Die Gesamtkosten betragen 26 120 000,00 EUR. Unter anderem wurden folgende Kosten ermittelt:**

Materialkosten	9 190 000,00	Kapitalkosten	6 000 000,00
Arbeitskosten	7 800 000,00	Steuern und Abgaben	800 000,00

Branchenüblich ist ein Arbeitskostenanteil von 20 % und ein Sparsamkeitsgrad von 0,850.

   a) Berechnen Sie die Kennzahlen der Kostenstruktur. Wie hoch ist der Arbeitskostenanteil?

   b) Nennen Sie mögliche Gründe für die Abweichung des Anteils vom Branchendurchschnitt.

   c) Berechnen Sie den Sparsamkeitsgrad des Betriebs.

   d) Sammeln Sie Ideen, wie der Betrieb den Sparsamkeitsgrad verbessern kann. Bewerten Sie die Realisierbarkeit Ihrer Ideen und wählen Sie drei Erfolg versprechende Ansatzpunkte für eine Verbesserung aus.

5.2.2   Kostenarten nach dem Umfang der Zurechnungsgröße

Die Kosten für die gesamte Ausbringungsmenge einer Leistungsart in einem Abrechnungszeitraum werden als **Gesamtkosten** bezeichnet. Neben den Gesamtkosten sind die **Stückkosten** von Interesse. Sie geben an, wie viel eine Einheit der Ausbringungsmenge durchschnittlich kostet. Sie heißen deshalb auch **Durchschnittskosten**.

$$\text{Stückkosten} = \frac{\text{Gesamtkosten}}{\text{Ausbringungsmenge}}$$

Beispiel: **Gesamtkosten und Stückkosten**

Für die Erstellung von 100 000 Gummimanschetten für Pkws wurden in einem Jahr eingesetzt:

50 000 kg Kautschuk zu	6,00 EUR / kg	300 000,00 EUR
3 000 Arbeitsstunden zu	10,00 EUR / Std.	30 000,00 EUR
3 000 Maschinenstunden zu	30,00 EUR / Std.	90 000,00 EUR

Für Maschinenreparaturen und Wartungen wurden kalkulatorische Kosten angesetzt: 2 500,00 EUR

Die **Gesamtkosten** für 100 000 Manschetten betrugen: 422 500,00 EUR

Die **Stück-(Durchschnitts-)Kosten** für 1 Manschette betrugen: 4,23 EUR

Man sagt auch:
Durchschnittlich kostet eine Manschette 4,23 EUR.

5.2.3   Kostenarten nach der Abhängigkeit vom Beschäftigungsgrad

Ausbringungsmenge und Kapazität

Die Ausbringungsmenge (= Produktionsertrag) ist das Ergebnis eines Produktionsprozesses in einem bestimmten Zeitabschnitt, d. h. eine bestimmte Menge von Erzeugnissen.

Die Kapazität ist die Ausbringungsmenge, die in einem Zeitabschnitt (z. B. in einer Stunde) auf einer Anlage maximal gefertigt werden kann. Man sagt auch: Sie ist das mengenmäßige Leistungsvermögen der Anlage in dem Zeitabschnitt.

Genau genommen ist zwischen quantitativer und qualitativer Kapazität zu unterscheiden (vgl. Bd. 1, Geschäftsprozesse, Sachwort „Kapazität". Hier interessiert nur die quantitative Kapazität.

Bei einer verfeinerten Betrachtung unterscheidet man folgende Arten der **Kapazität**:

technische Kapazität *z. B. 1100 Stück*	Oberstes Leistungsvermögen einer Anlage bei Höchstbelastung (Spitzengeschwindigkeit, längstmögliche Beanspruchung, keine Pausen)
Maximalkapazität (Kannleistung) *z. B. 1000 Stück*	Leistungsvermögen unter Berücksichtigung aller begrenzenden Einflüsse (z. B. Rüstzeiten, Unterbrechungszeiten, Nichteinsatzzeiten)
Optimalkapazität (wirtschaftliche Kapazität, Betriebsoptimum) *z. B. 900 Stück*	Ausbringungsmenge mit den niedrigsten Stückkosten (z. B. wegen Einhaltung der optimalen Geschwindigkeit und der optimalen Beanspruchungszeit)
genutzte Kapazität (Beschäftigung, Kapazitätsausnutzung) *(z. B. 800 Stück)*	Tatsächliche Ausbringungsmenge (Istproduktion, Istleistung)
Mindestkapazität *z. B. 300 Stück*	Manche Anlagen haben eine Mindestkapazität (z. B. Hochofen). Dies ist z. B. der Fall, wenn aus technischen Gründen eine Mindestdrehzahl besteht.

Denken Sie nach: Die kostenminimale Kapazität ist nicht unbedingt die gewinnmaximale Kapazität.

Die Gesamtkapazität des Betriebs hängt von den Einzelkapazitäten der Anlagen ab. Erstellt er eine einzige Leistungsart (sog. Einproduktbetrieb) in Stufen auf mehreren Anlagen, bestimmt die Anlage mit der kleinsten Kapazität (Engpass) die Gesamtkapazität.

Bei Mehrproduktbetrieben ist eine Aussage über die Gesamtkapazität schwieriger. Werden die Leistungsarten in getrennten Prozessen auf gesonderten Anlagen erstellt, hat jeder Bereich seine eigene Teilkapazität. Andernfalls (z. B. bei Einzelfertigung) sind die verschiedensten Anlagenkombinationen möglich und die Gesamtkapazität lässt sich nicht eindeutig ermitteln.

Beschäftigungsgrad

Für Zwecke des Produktionscontrollings bezieht man die Ausbringungsmenge prozentual auf die Maximalkapazität. Das Ergebnis heißt Beschäftigungsgrad (oder Kapazitätsausnutzungsgrad). Der Beschäftigungsgrad gibt an, wie stark eine Anlage mengenmäßig ausgelastet ist.

$$\text{Beschäftigungsgrad} = \frac{\text{Ausbringungsmenge}}{\text{Maximalkapazität}} \cdot 100$$

Beispiel: Beschäftigungsgrad

Das Unternehmen Michael Block kann täglich 20 Anhängerkupplungen für Wohnwagen herstellen. Entsprechend der Kundennachfrage werden tatsächlich 15 Kupplungen gefertigt.

$$\text{Beschäftigungsgrad} = \frac{15}{20} \cdot 100 = 75 \, (\%)$$

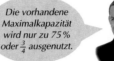 *Die vorhandene Maximalkapazität wird nur zu 75% oder $\frac{3}{4}$ ausgenutzt.*

Ändert sich die Ausbringungsmenge (bzw. der Beschäftigungsgrad), so kann sich dies in den Gesamtkosten der betreffenden Menge unterschiedlich niederschlagen.

Fixe Kosten

Ein Teil der Gesamtkosten ändert sich nicht mit der Ausbringungsmenge (bzw. dem Beschäftigungsgrad). Diese Kosten heißen fixe Kosten.

Den fixen Gesamtkosten entsprechen degressiv[1] fallende fixe Stückkosten.

Beispiel: Fixe Kosten

fixe Gesamtkosten (EUR)	Ausbringungsmenge in Stück	in %	degressiv fallende fixe Stückkosten (EUR)
1 000,00	50	25	20,00
1 000,00	100	50	10,00
1 000,00	150	75	6,67
1 000,00	200	100	5,00

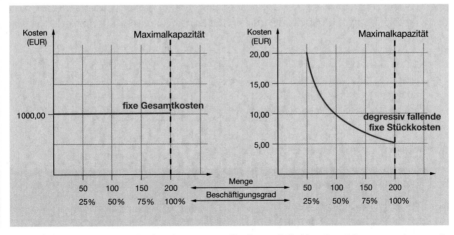

Die fixen Gesamtkosten verlaufen konstant, die fixen Stückkosten hingegen degressiv fallend. Denn mit wachsender Ausbringungsmenge verteilen sich die fixen Gesamtkosten auf immer mehr Einheiten und desto niedriger werden folglich die Kosten pro Stück.

---

[1] degressiv (lat.) = in abnehmendem Maße

Fixkostenarten

Kosten der Betriebsbereitschaft

Unausgelastete Anlagen verursachen Kosten in Form von Mieten, Versicherungen, Zinsen, Abschreibungen, Wartung. Wird die überschüssige Kapazität trotz Minderauslastung vorgehalten, so geschieht dies, um sich schnell Absatzerhöhungen anpassen zu können.

Kosten aufgrund befristeter rechtlicher Bindungen

Durch Arbeitsverträge und Kündigungsfristen liegen die Personalkosten immer für die Dauer der Kündigungsfrist fest. Auch für andere Verträge (z. B. Mietverträge) existieren solche Fristen.

Kosten aufgrund der Unteilbarkeit von Produktionsfaktoren

Benötigt beispielsweise ein Betrieb für die Produktion von 2 000 Produkteinheiten 2 Maschinen und sinkt die Nachfrage auf 1 500 Einheiten, so werden rechnerisch nur $1\frac{1}{2}$ Maschinen benötigt. Es ist jedoch nicht möglich, eine Maschine zu halbieren.

Langfristig können alle Kosten abgebaut werden, und sei es durch Auflösung des Unternehmens.

> *Merke:*
> *Fixe Kosten bestehen immer nur für einen bestimmten Zeitraum.*

Variable Kosten

Ein Teil der Gesamtkosten ändert sich mit der Ausbringungsmenge (bzw. dem Beschäftigungsgrad). Diese Kosten heißen variable Kosten.

Die variablen Kosten können sich im gleichen Verhältnis wie die Ausbringungsmenge ändern, aber auch stärker oder schwächer. Dementsprechend unterscheidet man bei den variablen Gesamtkosten und den variablen Stückkosten unterschiedliche Kostenverläufe:

- **variable Gesamtkosten**
  - proportionale variable Kosten →
  - überproportionale variable Kosten →
  - unterproportionale variable Kosten →

- **variable Stückkosten**
  - konstante variable Stückkosten
  - progressiv steigende variable Stückkosten
  - degressiv fallende variable Stückkosten

Beispiel: Variable Gesamt- und Stückkosten

Ausbringungsmenge in Stück	in %	proportionale variable Kosten (EUR)	konstante variable Stückkosten (EUR)	überproportionale variable Kosten (EUR)	progr. steig. variable Stückkosten (EUR)	unterproportionale variable Kosten (EUR)	degr. fall. variable Stückkosten (EUR)
100	25	500,00	5,00	500,00	5,00	500,00	5,00
200	50	1 000,00	5,00	1 050,00	5,25	800,00	4,00
300	75	1 500,00	5,00	1 800,00	6,00	1 000,00	3,33
400	100	2 000,00	5,00	2 800,00	7,00	1 100,00	2,75

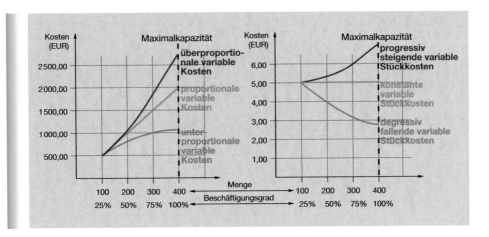

Gesetz der Massenproduktion und Optimalkapazität

In der Praxis hat jeder Betrieb und jede Anlage fixe und variable Kosten: Gesamt- und Stückkosten hängen von der Ausbringungsmenge ab.

■ Kostenverläufe bei proportionalen variablen Kosten

Beispiel: **Kostenverläufe bei proportionalen variablen Kosten**

Auf einer Anlage werden Anhängerkupplungen gefertigt. Die Anlage hat fixe Kosten von 25 300,00 EUR jährlich. Die Kupplungen haben pro Stück einen Materialwert von 50,00 EUR und verursachen Arbeitslöhne in Höhe von 40,00 EUR; also entstehen variable Kosten von 90,00 EUR pro Stück. Die Maximalkapazität liegt bei 1 000 Stück pro Jahr.

produzierte Menge pro Jahr (in Stück)	fixe Kosten (EUR)	variable Kosten (EUR)	Gesamtkosten (EUR)	Stückkosten (EUR)
1	25 300,00	90,00	25 390,00	25 390,00
10	25 300,00	900,00	26 200,00	2 620,00
100	25 300,00	9 000,00	34 300,00	343,00
230	25 300,00	20 700,00	46 000,00	200,00
1 000	25 300,00	90 000,00	115 300,00	115,30

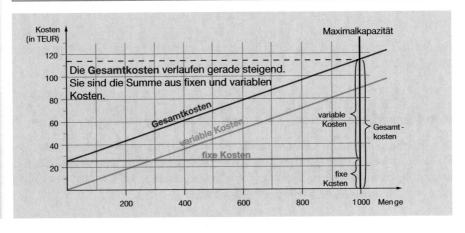

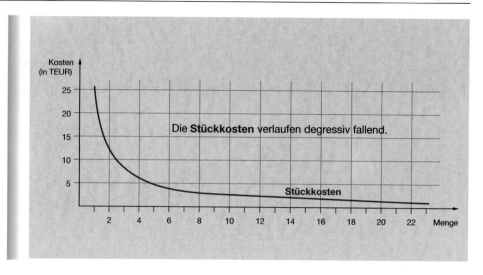

Enthalten die Gesamtkosten proportionale variable Kosten, so sinken mit wachsender Ausbringungsmenge die Stückkosten degressiv fallend (sog. *Gesetz der Massenproduktion*). Grund: Die variablen Stückkosten sind konstant; die fixen Kosten verteilen sich auf eine größere Stückzahl (Fixkostendegression).

Das Gesetz der Massenproduktion als Formel.

$$\text{Stückkosten} = \frac{\text{fixe Kosten}}{\text{Ausbringungsmenge}} + \text{variable Stückkosten}$$

Beispiel: Stückkosten bei einer Jahresproduktion von 1 000 Kupplungen

$$\text{Stückkosten} = \frac{25\,300,00\ \text{EUR}}{1\,000\ \text{Stück}} + 90,00\ \text{EUR} = 115,30\ \text{EUR}$$

Für die Optimalkapazität gilt:

Bei proportionalen variablen Kosten liegt die Optimalkapazität bei einem Beschäftigungsgrad von 100 %. Sie entspricht der Maximalkapazität.

■ Kostenverläufe bei unter- und überproportionalen variablen Kosten

Bei unterproportionalen variablen Kosten tritt zur Fixkostendegression die Degression der variablen Stückkosten. Die gesamten Stückkosten sinken deshalb bis zur Kapazitätsgrenze stärker als bei proportionalen variablen Kosten. Die Optimalkapazität entspricht ebenfalls der Maximalkapazität.

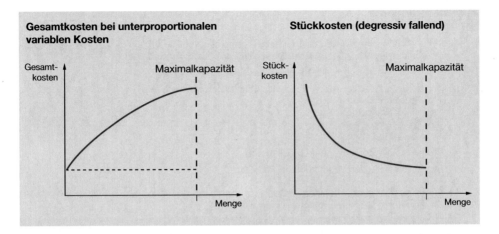

Bei **überproportionalen variablen Kosten** sind zwei Phasen zu unterscheiden:

- **Phase 1:** Die variablen Stückkosten steigen, aber die Fixkostendegression überwiegt. Folglich sinken die gesamten Stückkosten degressiv.

- **Phase 2:** Die Progression der variablen Stückkosten überwiegt die Fixkostendegression. Folglich steigen die gesamten Stückkosten progressiv.

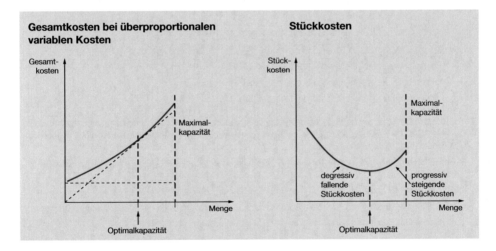

Bei überproportionalen variablen Kosten wird die Optimalkapazität im Tiefpunkt der Stückkostenkurve erreicht. Sie liegt ggf. bei einem Beschäftigungsgrad unter 100 %.

Die Aufteilung der Kosten in fixe und variable Kosten ist Voraussetzung für die Durchführung der Teilkostenrechnung (Deckungsbeitragsrechnung), die für viele betriebliche Entscheidungssituationen die notwendigen Informationen liefern soll. Auch für die Kostenplanung ist es wichtig, zwischen fixen und variablen Kostenbestandteilen zu unterscheiden, denn nur die variablen Kosten dürfen der geplanten Ausbringungsmenge angepasst werden.

ZWEITER ABSCHNITT

Arbeitsaufträge

1. **Die fixen Kosten eines Industriebetriebes betragen 160 000,00 EUR; die variablen Stückkosten belaufen sich auf 3,00 EUR und entwickeln sich proportional.**

Die Ausbringungsmenge beträgt 20 000 (40 000; 80 000) Stück.

a) Ermitteln Sie mithilfe eines Tabellenkalkulationsprogramms
  – die gesamten Kosten je Stück,
  – die fixen Kosten je Stück,
  – die variablen Gesamtkosten,
  – die Gesamtkosten.

b) Stellen Sie die Kostenverläufe grafisch dar.

c) Beschreiben Sie den Verlauf der vier Kurven.

2. **In einem Industriebetrieb fallen für eine Produktionslinie Fixkosten von 3 500 000,00 EUR an. Die variablen Kosten entwickeln sich wie folgt:**

Ausbringungsmenge in Stück	Variable Kosten in EUR
20 000	4 000 000,00
25 000	4 900 000,00
30 000	5 700 000,00
35 000	6 335 000,00
40 000	6 680 000,00

a) Ermitteln Sie mithilfe eines Tabellenkalkulationsprogramms
  – die fixen Kosten je Stück,
  – die gesamten Kosten je Stück,
  – die variablen Gesamtkosten,
  – die Gesamtkosten
  für die jeweiligen Ausbringungsmengen.

b) Stellen Sie die Kostenverläufe grafisch dar.

c) Beschreiben Sie den Verlauf der vier Kurven.

3. **Die Abfüllanlage eines Getränkeherstellers verursachte im Abrechnungszeitraum Kosten von 20 000,00 EUR. Aufgrund einer Kostenanalyse werden 65 % dieser Kosten als variabel angesehen, 35 % gelten als fix.**

Pro Einheit entstehen Kosten von 0,40 EUR. Die Maximalkapazität beträgt 500 000 Einheiten.

a) Erläutern Sie, warum die Abfüllanlage zum Teil variable und zum Teil fixe Kosten verursacht.

b) Stellen Sie den Verlauf der fixen Kosten, der variablen Kosten und der Gesamtkosten grafisch dar.

c) Bei welcher Ausbringungsmenge sind die Stückkosten minimal?

4. **Auf einer Anlage können in einer Stunde maximal 120 Stück gefertigt werden. Zurzeit werden im Durchschnitt 100 Stück produziert. Die Anlage läuft 320 Stunden im Monat.**

Die fixen Kosten der Anlage betragen im Monat 10 000,00 EUR.

Der Materialverbrauch kostet pro Stück 1,00 EUR, die Arbeitskosten pro Stück betragen 0,30 EUR.

Das Stück wird zu 1,90 EUR verkauft.

a) Wie viel Prozent beträgt der Beschäftigungsgrad?

b) Wie viel EUR betragen die variablen Kosten der Monatsproduktion?

c) Wie viel EUR betragen die Gesamtkosten der Monatsproduktion?

d) Wie viel EUR betragen die Stückkosten?

e) Wie viel EUR betragen die Stückkosten bei einem Beschäftigungsgrad von 70 % (100 %)?

f) Erläutern Sie anhand dieses Arbeitsauftrags die Fixkostendegression.

g) Wie viel EUR beträgt der Monatsgewinn bei einer Stundenproduktion von 100 Stück?

5. **Ein Betrieb will das neue Produkt X 3000 in sein Programm aufnehmen.**

   Für die Fertigung ist die Anschaffung einer Spezialmaschine erforderlich, die nur für dieses Erzeugnis eingesetzt werden wird.

   Nach den Ergebnissen der Marktforschung können von dem neuen Erzeugnis auf mittlere Sicht voraussichtlich jährlich 60 000 Stück verkauft werden.

   Folgende Spezialmaschinen kommen für die Anschaffung in Frage:

	A	B	C
Anschaffungskosten	100 000,00 EUR	140 000,00 EUR	280 000,00 EUR
Fixkosten jährlich	28 000,00 EUR	45 000,00 EUR	84 000,00 EUR
Proportionale Kosten je Stück	8,00 EUR	7,50 EUR	7,00 EUR
Höchstkapazität jährlich	60 000,00 EUR	60 000,00 EUR	120 000 Stück

   a) Mit welcher Spezialmaschine wäre die voraussichtliche Absatzmenge am günstigsten zu produzieren?

   Das Unternehmen geht von einer Asubringungsmenge von 60 000 Stück aus und hat sich für die dann günstigste Spezialmaschine entschieden. Nach einem Jahr stellt man fest, dass tatsächlich nur 30 000 Stück jährlich abgesetzt werden können.

   b) Mit welcher Maschine hätte man in diesem nicht vorausgesehenen Fall kostengünstiger produzieren können?
   Erstellen Sie eine rechnerische und zeichnerische Lösung.

6. **Ein Unternehmen produziert mit proportionalen variablen Kosten. Der Beschäftigungsgrad sinkt wegen zurückgehender Nachfrage allmählich von 90 % auf 60 %.**

   Wie wirkt sich der sinkende Beschäftigungsgrad auf die fixen Stückkosten aus?

5.2.4 Kostenarten nach der Zurechenbarkeit auf die Betriebsleistungen

Alle Kosten sollen **verursachungsgerecht** auf die Kostenträger verteilt werden. In der Praxis wird vielfach das Produkt als Kostenträger angesehen. Eine verursachungsgerechte Zurechnung aller Kosten ist leicht, wenn der Betrieb nur eine Produktart herstellt. Dann sind ja alle Kosten durch diese Produktart verursacht. Bei mehreren Produktarten (oder bei Aufträgen oder Serien als Kostenträgern) wird die Zuordnung schwieriger. Hier ist es nicht möglich, den Kostenträgern alle Kosten unmittelbar zuzurechnen.

Nach Möglichkeit soll kein Kostenträger mit Kosten belastet werden, die er nicht verursacht.

> **Beispiel: Kosten im Monat Juli**
>
> - Fertigungsmaterialkosten aufgrund von Materialentnahmescheinen: 26 875,00 EUR; davon 14 000,00 EUR für Schränke, 6 200,00 EUR für Tische, 6 675,00 EUR für Stühle
> - Fertigungslöhne aufgrund von Lohnscheinen: 23 600,00 EUR; davon 11 000,00 EUR für Schränke, 7 000,00 EUR für Tische, 5 600,00 EUR für Stühle
> - Restliche Kosten: 61 000,00 EUR; davon Angestelltengehälter aufgrund von Gehaltslisten: 17 000,00 EUR

Fertigungsmaterialkosten und Fertigungslöhne lassen sich den einzelnen Kostenträgern belegbar verursachungsgerecht zuordnen. Sie heißen deshalb **Einzelkosten**.

Kosten, die ausschließlich durch einen Kostenträger verursacht werden, bezeichnet man als Einzelkosten. Sie können dem Kostenträger im Mehrproduktunternehmen unmittelbar (direkt) zugerechnet werden.

> **Beispiele: Einzelkosten**
>
> - Fertigungslöhne
> - aufgrund von Materialentnahmescheinen oder Entnahmestücklisten erfasster Materialverbrauch

Alle Einzelkosten außer Fertigungslöhnen und Fertigungsmaterial werden als Sondereinzelkosten bezeichnet.

> **Beispiele: Sondereinzelkosten**
>
> - Modellkosten für einen bestimmten Auftrag (Sondereinzelkosten der Fertigung)
> - Spezialverpackungen für einen bestimmten Auftrag (Sondereinzelkosten des Vertriebs)

Fertigungslöhne, Materialkosten und Sondereinzelkosten lassen sich direkt einem Kostenträger (also z. B. einem Produkt, einer Serie, einem Auftrag) zurechnen.

Anders die Gehälter: Das Gehalt eines Meisters betrifft alle Kostenträger seiner Werkstatt, das eines Buchhalters ggf. sogar alle Kostenträger gemeinsam. Diese Kostenträger müssen derartige Kosten darum auch gemeinsam tragen. Sie heißen deshalb **Gemeinkosten**.

Kosten, die durch mehrere oder alle Kostenträger gemeinsam verursacht werden, bezeichnet man als Gemeinkosten. Sie können den Kostenträgern nur mittelbar (indirekt), d. h. mithilfe eines Umlageverfahrens zugerechnet werden.

> **Beispiele: Gemeinkosten für den Kostenträger** *Produkte*
>
> - kalkulatorische Abschreibungen für ein Lager, in dem Material für mehrere Produktarten gelagert wird
> - Gehälter in der Verwaltung eines Mehrproduktunternehmens

Kosten nach der Zurechenbarkeit auf die Kostenträger	
Einzelkosten	**Gemeinkosten**
• Fertigungsmaterialkosten • Fertigungslöhne • Sondereinzelkosten	alle anderen Kosten

In der traditionellen Vollkostenrechnung ist die Aufteilung der Kosten in Einzel- und Gemeinkosten bei Mehrproduktunternehmen der Ansatz für die Verteilung der Kosten auf die Kostenstellen (vgl. S. 208 ff.) und die Kostenträger (vgl. S. 216 ff.) und damit auch die Grundlage für die Kalkulation.

5.2.5 Kostenarten nach den betrieblichen Funktionsbereichen

Gliedert man die Kosten nach den Hauptfunktionsbereichen des Betriebs, so ergibt sich eine Aufteilung in

- Materialkosten,
- Fertigungskosten,
- Verwaltungskosten,
- Vertriebskosten.

Diese Gliederung wird für die Kostenstellenrechnung benutzt. Sie lässt sich – entsprechend den betrieblichen Notwendigkeiten und Informationsbedarfen – weiter differenzieren.

5.2.6 Kostenarten nach den betrieblichen Prozessen

In der Prozesskostenrechnung werden Gemeinkosten den Kosten verursachenden Tätigkeiten zugerechnet. Tätigkeiten werden zu Prozessen (Teil- und Hauptprozessen) zusammengefasst.

Lesen Sie auf S. 268 ff. nach.

Arbeitsaufträge

1. **Sie haben die Begriffe fixe Kosten, variable Kosten, Einzelkosten und Gemeinkosten kennengelernt.**

   Nehmen Sie zu folgenden Behauptungen Stellung:
   a) Einzelkosten sind immer variable Kosten.
   b) Gemeinkosten sind immer fixe Kosten.
   c) Variable Kosten sind immer Einzelkosten.
   d) Fixe Kosten sind immer Gemeinkosten.

2. **In einer Schulmöbelfabrik sind zwei Arbeiter (Fertigungslohn 12,00 EUR/Stunde je Arbeiter) damit beschäftigt, Tischplatten (80 x 140 cm) zuzuschneiden. Bei achtstündiger Arbeitszeit schaffen sie in der 5-Tage-Woche zusammen 1 000 Tischplatten. Sie verarbeiten – einschließlich 10 % Verschnitt – 1 232 m² Kunststoffplatte zum m²-Preis von 10,00 EUR.**
   Wegen einer starken Geschäftsausweitung müssen in Zukunft 1 500 Tischplatten hergestellt werden. Der Betrieb stellt deshalb eine weitere Arbeitskraft zu gleichen Bedingungen ein.
   a) Wie hoch werden nun die Kosten für Fertigungslöhne und Fertigungsmaterial sein?
   b) Entwickeln sich die Kosten für Fertigungslöhne und Fertigungsmaterial durch diese Maßnahme proportional, überproportional oder unterproportional?

   Um einem vorübergehenden Nachfrageboom gerecht werden zu können (Erhöhung der wöchentlichen Tischplattenproduktion auf 1 800 Stück), lässt der Betrieb jeden der drei Arbeiter 7 Überstunden pro Woche machen, die mit 25 % Überstundenzuschlag zu bezahlen sind. Außerdem steigt der Verschnitt durch die schnellere Arbeitsweise auf 15 %.
   c) Wie hoch werden nun die Kosten für Fertigungslöhne und Fertigungsmaterial sein?
   d) Entwickeln sich die Kosten für Fertigungslöhne und Fertigungsmaterial durch diese Maßnahme proportional, überproportional oder unterproportional?

3. **Die Creativ-Möbel GmbH, Bonn, produziert Designermöbel aus Glas in Serienfertigung. Im Monat Oktober wurden folgende Produktionskosten erfasst:**

Kostenart	Kosten im Oktober
Fertigungsmaterial	200 000,00 EUR
Fertigungslöhne	360 000,00 EUR
Gehälter für Betriebsleiter und Meister	110 000,00 EUR
Sozialabgaben	390 000,00 EUR
Energiekosten	37 000,00 EUR
Kalkulatorische Abschreibungen	92 000,00 EUR
Maschinenwartung und kalkulatorische Wagnisse	41 000,00 EUR
Kalkulatorische Zinsen	69 000,00 EUR

Im Oktober wurden 7 200 TV-Schränke hergestellt. Mit dieser Ausbringungsmenge war Creativ-Möbel zu 80 % ausgelastet.

a) Stellen Sie fest, welche Kosten Einzelkosten und welche Gemeinkosten sind.

b) Ermitteln Sie außerdem, bei welchen Kosten es sich um fixe oder variable Kosten handelt.

c) Für die nicht eindeutig zugeordneten Kosten wird angenommen, dass sie zu 70 % variabel und zu 30 % fix sind. Berechnen Sie unter dieser Annahme, wie hoch die variablen Gesamtkosten sind. Wie viel EUR betragen die Fixkosten?

d) Ermitteln Sie die Stückkosten im Oktober.

Im November soll die Produktion gesteigert werden. Die Auslastung wird voraussichtlich auf 85 % steigen.

e) Ermitteln Sie die Gesamtkosten und die Stückkosten für November.

5.3   Kostenstellenrechnung

5.3.1   Gliederung des Betriebs in Kostenstellen

Die Erfassung der Kosten nach Kostenarten ist eine wichtige Voraussetzung für eine effiziente **Kostenplanung und -kontrolle**. Für diese Zwecke ist es aber genauso wichtig zu wissen, **wo** genau im Betrieb die Kosten entstehen. Nur dann kann man z. B. prüfen, ob ein Bereich zu hohe Kosten verursacht und ob er wirtschaftlich arbeitet, und ihm ein angemessenes Kostenbudget (nicht zu überschreitende Kostensumme) vorgeben. Deshalb gliedert man den Betrieb in Kostenstellen. Dies gilt sowohl für das Einprodukt- als auch für das Mehrproduktunternehmen.

Kostenstellen sind abgegrenzte Teilbereiche, für die der Kostenanfall geplant, erfasst und kontrolliert wird.

In der traditionellen Vollkostenrechnung bildet man zumindest die Kostenstellen Material (= Einkauf und Lager), Fertigung, Verwaltung und Vertrieb.

Diese grobe Gliederung orientiert sich an den betrieblichen Grundfunktionen Beschaffung, Lagerung, Fertigung, Absatz und Verwaltung. Für die betriebliche Praxis reicht sie allerdings oft nicht aus. Hier unterteilt man feiner:

Kostenstellen nach Tätigkeiten (Abteilungen)	
Material	z. B. Materialbeschaffung, Materialprüfung, Materiallagerung und Materialausgabe
Fertigung	z. B. Konstruktionsbüro, Arbeitsvorbereitung, Werkzeugmacherei, Stanzerei, Dreherei, Fräserei, Montage, Qualitätsprüfung
Verwaltung	z. B. Geschäftsleitung, Personal- und Sozialwesen, Rechtsabteilung, Statistik, Planung, Kalkulation, Finanz- und Rechnungswesen, Betriebsorganisation
Vertrieb	z. B. Produktlager, Verkauf, Versand, Werbeabteilung, Kundendienst, Marketing, Fakturierung

Die Zahl der Kostenstellen steigt

- mit der Größe des Betriebs,
- mit der Notwendigkeit einer genauen Kostenermittlung und -überwachung.

Sie hängt auch von produktions- und abrechnungstechnischen Besonderheiten ab (z. B. vorhandene Stromzähler, Fertigungsinseln, Automaten, Fließbänder).

> **Beispiele: Kostenstellen**
>
> - Die Egon Balzer GmbH, ein kleiner Möbelhersteller mit 20 Beschäftigten, hat Kostenstellen lediglich nach den betrieblichen Funktionen gebildet (Material-, Fertigungs-, Verwaltungs-, Vertriebsstelle). Man ist der Meinung, dass diese Gliederung für den Informationsbedarf der Geschäftsführung und die Kalkulation ausreicht.
> - Fritz Scharf e. K. ist ein mittlerer Industriebetrieb mit 98 Beschäftigten. Hier wurde für jede Abteilung eine eigene Kostenstelle gebildet. Jeder Abteilungsleiter kontrolliert die in seiner Abteilung angefallenen Kosten und leitet ggf. Maßnahmen zu deren Begrenzung ein.

In industriellen Großbetrieben bildet evtl. jeder einzelne Arbeits- oder Maschinenplatz eine eigene Kostenstelle. Die Kostenstellenrechnung wird dann zu einer **Maschinenplatzrechnung**.

Kostenstellen sollen auf jeden Fall klare Kostenverursachungs-, -beeinflussungs- und -verantwortungsbereiche sein. Nur wenn die Gemeinkosten innerhalb dieser Verantwortungsbereiche beeinflussbar sind, sind eine Kontrolle der wirtschaftlichen Arbeitsweise und eine gezielte Kostensteuerung möglich.

Eine **Grenze der Kostenstellenbildung** ist erreicht, wenn

- die Kostenstellen sich nicht mehr eindeutig voneinander abgrenzen lassen oder
- die Kosten für die Erfassung und Verteilung der Gemeinkosten wirtschaftlich nicht mehr vertretbar sind.

Sie sehen:
Einerseits ist man an einer möglichst genauen Kostenerfassung und -auswertung interessiert. Andererseits entstehen auch hierfür hohe Kosten. Man muss also abwägen!

5.3.2 Kostenstellenrechnung als Voraussetzung für die Kostenträgerrechnung

Im Mehrproduktunternehmen ist es ein wesentliches Ziel der traditionellen Vollkostenrechnung, die Selbstkosten der einzelnen Kostenträger zu ermitteln. Hierfür müssen alle Kosten den Kostenträgern (Erzeugnis, Serie, Auftrag oder innerbetriebliche Leistung) verursachungsgerecht zugerechnet werden (Verursachungsprinzip).

Für die **Einzelkosten** ist dies einfach. Sie werden von einem bestimmten Kostenträger verursacht und lassen sich aufgrund genauer Aufzeichnungen eindeutig dem Kostenträger zurechnen.

> **Wichtiger Hinweis:**
>
> Wir gehen in den folgenden Kapiteln vom häufigsten Typ des Industriebetriebs aus: von einem Mehrproduktunternehmen, das verschiedenartige Produkte in mehr oder weniger großen Mengen (Einzel-, Serien-, Massenfertigung) produziert. Für solche Unternehmen ist die dargestellte Vollkostenrechnung mit Kostenstellenrechnung und Zuschlagskalkulation typisch.

> **Beispiel: Kosten bei der Egon Balzer GmbH im Monat Juli**
>
> Die Egon Balzer GmbH produziert Schränke, Tische und Stühle. In unserem Fall sollen die Selbstkosten der Produkte festgestellt werden, die im Juli produziert werden. Kostenträger sind dann folglich die im Juli produzierten Schränke, Tische und Stühle.
>
> - **Fertigungsmaterialkosten** werden direkt aufgrund von Materialentnahmescheinen und Stücklisten einem Kostenträger zugerechnet. Materialkosten insgesamt: 26 875,00 EUR; davon 14 000,00 EUR für Schränke, 6 200,00 EUR für Tische, 6 675,00 EUR für Stühle.
>
> - **Fertigungslöhne** werden direkt aufgrund von Laufkarten und Lohnscheinen dem Kostenträger zugerechnet. Fertigungslöhne insgesamt: 23 600,00 EUR; davon 11 000,00 EUR für Schränke, 7 000,00 EUR für Tische, 5 600,00 EUR für Stühle.
>
> - **Restliche Kosten:** 61 000,00 EUR; davon Angestelltengehälter aufgrund von Gehaltslisten: 17 000,00 EUR.

Die **restlichen Kosten** lassen sich **nicht direkt** einem bestimmten Kostenträger **zurechnen**. Sie werden durch mehrere Kostenträger oder die Gesamtheit der Kostenträger verursacht. Sie sind **Gemeinkosten**. Beispielsweise betrifft das Gehalt eines Meisters alle Kostenträger, die seine Werkstatt durchlaufen (z. B. Tische und Stühle), das eines Buchhalters sogar alle Kostenträger gemeinsam. In Industriebetrieben, die unterschiedliche Erzeugnisse herstellen, ist es deshalb nicht möglich, den Kostenträgern alle Kosten unmittelbar zuzurechnen. Man muss folglich einen anderen Weg suchen.

Ein erster Lösungsansatz könnte darin bestehen, die Gemeinkosten im Verhältnis der Einzelkosten auf die Kostenträger zu verteilen. Dies könnte man z. B. über einen einheitlichen prozentualen Gemeinkostenzuschlagssatz auf die Einzelkosten erreichen:

> **Beispiel: Einheitlicher Gemeinkostenzuschlagssatz** (Fortsetzung; Beträge in EUR)
>
> Einzelkosten: 50 475,00; davon Schränke 25 000,00, Tische 13 200,00, Stühle 12 275,00
> Gemeinkosten: 61 000,00
>
> $$\text{Einheitlicher Gemeinkostenzuschlagssatz} = \frac{61\,000,00}{50\,475,00} \cdot 100 = 120{,}8519\,\%$$
>
> Die gesamten Gemeinkosten betragen 120,8519 % der gesamten Einzelkosten.
> Auf die Einzelkosten jedes Kostenträgers werden ebenfalls 120,8519 % Gemeinkosten verrechnet:

	gesamt	Schränke	Tische	Stühle
Einzelkosten	50 475,00	25 000,00	13 200,00	12 275,00
Gemeinkosten	61 000,00	**30 212,98**	**15 952,45**	**14 834,57**

Bei diesem Lösungsansatz würden die Kostenträger mit diesen Gemeinkosten belastet.

Leider ist dieses Vorgehen zu ungenau: Jeder Kostenträger nimmt die Orte der Kostenentstehung, die **Kostenstellen**, unterschiedlich in Anspruch. Konkret: Wenn Schränke die Drechslerei nicht durchlaufen, dürfen sie auch nicht mit deren Gemeinkosten belastet werden.

Die Vollkostenrechnung bezieht deshalb in einem zweiten Lösungsansatz die Kostenstellen mit ein, um die Gemeinkosten den Kostenträgern zuzurechnen:

- Sie bildet Kostenstellen entsprechend den betrieblichen Bedürfnissen;

- sie ermittelt, welche Gemeinkosten in den Kostenstellen entstehen;

- sie bildet für jede Kostenstelle einen eigenen Gemeinkostenzuschlagssatz.

Eine wichtige Aufgabe der Kostenstellenrechnung ist die Erfassung der Gemeinkosten in den Kostenstellen. Sie soll so die Bildung von stellenbezogenen Gemeinkostenzuschlagssätzen für die Kostenträgerrechnung ermöglichen.

Beispiel: **Kostenstellenrechnung** (Fortsetzung; Beträge in EUR)

Bei der Egon Balzer GmbH wurden vier Kostenstellen gebildet: Materialstelle, Fertigungsstelle, Verwaltungsstelle, Vertriebsstelle.

Die Einzelkosten und die Sondereinzelkosten werden direkt in die Kostenträgerrechnung übernommen: 26 875,00 EUR Materialeinzelkosten (Fertigungsmaterial), 23 600,00 EUR Fertigungseinzelkosten (Fertigungslöhne), je 0,00 EUR Sondereinzelkosten der Fertigung und des Vertriebs.

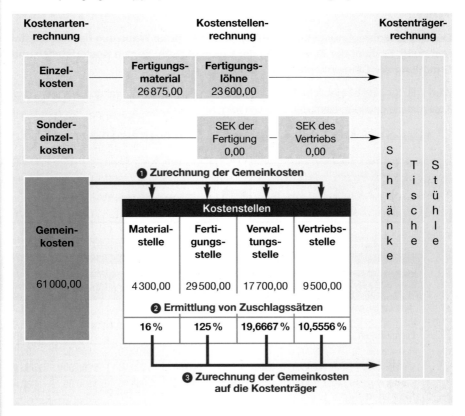

❶ Die Gemeinkosten von 61 000,00 EUR werden auf die Kostenstellen verteilt:

Materialstelle	4 300,00 EUR
Fertigungsstelle	29 500,00 EUR
Verwaltungsstelle	17 700,00 EUR
Vertriebsstelle	9 500,00 EUR

Die Verteilung erfolgt anhand von Belegen und Verteilungsschlüsseln.

Wie eine solche Verteilung im Einzelnen erfolgt,

wie die Zuschlagssätze im Einzelnen ermittelt werden,

wie die Verteilung auf die Kostenträger im Einzelnen erfolgt,

...

erfahren Sie in den folgenden Kapiteln.

❷ Für jede Kostenstelle wird ein Gemeinkostenzuschlagssatz ermittelt, z. B.

$$\text{Materialgemein-}\atop\text{kostenzuschlagssatz} = \frac{\text{Materialgemeinkosten}}{\text{Fertigungsmaterial}} \cdot 100 = 16\,\%$$

❸ Die Gemeinkosten werden mithilfe der Gemeinkostenzuschlagssätze den Kostenträgern zugerechnet.

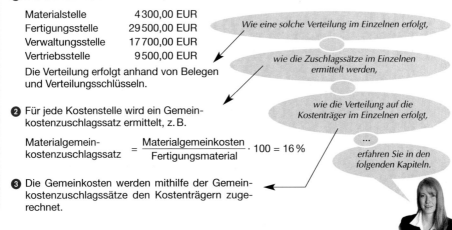

ZWEITER ABSCHNITT

5.3.3 Einstufiger Betriebsabrechnungsbogen (BAB)

Wir haben schon mehrfach betont, dass die KLR heutzutage mithilfe von Tabellen durchgeführt wird. Bei der Abgrenzungsrechnung z.B. benutzt man die Ergebnistabelle. Für die Kostenstellenrechnung wurde der Betriebsabrechnungsbogen (BAB) entwickelt. Er nimmt die Gemeinkosten aus der Ergebnistabelle auf und verteilt sie auf die Kostenstellen.

Der Betriebsabrechnungsbogen (BAB) ist das zentrale Werkzeug der Kostenstellenrechnung. Er dient der Zurechnung der Gemeinkosten zu den Kostenstellen und der Ermittlung der Gemeinkostenzuschlagssätze.

Wird z.B. für jede betriebliche Funktion (Material, Fertigung, Verwaltung, Vertrieb) nur eine Kostenstelle gebildet, sieht der BAB wie folgt aus:

Beispiel: Betriebsabrechnungsbogen der Egon Balzer GmbH (siehe Beispiel auf S. 209f.)

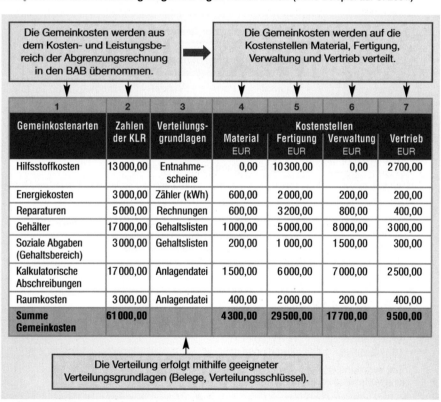

Die Gemeinkosten werden aus dem Kosten- und Leistungsbereich der Abgrenzungsrechnung in den BAB übernommen.

Die Gemeinkosten werden auf die Kostenstellen Material, Fertigung, Verwaltung und Vertrieb verteilt.

1	2	3	4	5	6	7
Gemeinkostenarten	Zahlen der KLR	Verteilungs-grundlagen	Kostenstellen			
			Material EUR	Fertigung EUR	Verwaltung EUR	Vertrieb EUR
Hilfsstoffkosten	13 000,00	Entnahme-scheine	0,00	10 300,00	0,00	2 700,00
Energiekosten	3 000,00	Zähler (kWh)	600,00	2 000,00	200,00	200,00
Reparaturen	5 000,00	Rechnungen	600,00	3 200,00	800,00	400,00
Gehälter	17 000,00	Gehaltslisten	1 000,00	5 000,00	8 000,00	3 000,00
Soziale Abgaben (Gehaltsbereich)	3 000,00	Gehaltslisten	200,00	1 000,00	1 500,00	300,00
Kalkulatorische Abschreibungen	17 000,00	Anlagendatei	1 500,00	6 000,00	7 000,00	2 500,00
Raumkosten	3 000,00	Anlagendatei	400,00	2 000,00	200,00	400,00
Summe Gemeinkosten	**61 000,00**		**4 300,00**	**29 500,00**	**17 700,00**	**9 500,00**

Die Verteilung erfolgt mithilfe geeigneter Verteilungsgrundlagen (Belege, Verteilungsschlüssel).

Das Beispiel zeigt einen sog. **einstufigen BAB**. Ein solcher enthält nur Kostenstellen, die sich auf ein und derselben Ebene befinden.

Ein **mehrstufiger BAB** hingegen enthält Kostenstellen auf mehreren Ebenen. Denken Sie z.B. an Stellen wie Energieversorgung, Sozialeinrichtungen, Betriebsarzt, Werksfeuerwehr. Diese Stellen erbringen Leistungen für alle anderen Kostenstellen (Endkostenstellen). Sie sind folglich als Vorkostenstellen den Endkostenstellen vorgeschaltet; ihre Kosten werden auf die Endkostenstellen verteilt. Auch im Fertigungsbereich gibt es sog. „Hilfskostenstellen" (z.B. die Arbeitsvorbereitung), die den produzierenden „Hauptkostenstellen" vorgeschaltet sind.

5.3.4 Verteilung der Gemeinkosten auf die Kostenstellen

Bei der Verteilung der Gemeinkosten auf die Kostenstellen ist es wichtig, zwei Arten Gemeinkosten zu unterscheiden: Kostenstelleneinzelkosten und Kostenstellengemeinkosten.

● **Kostenstelleneinzelkosten**

Sie lassen sich den Kostenstellen aufgrund von Belegen direkt zurechnen.

Beispiele: Kostenstelleneinzelkosten

Kostenart	Belege
Hilfsstoffkosten	Entnahmescheine mit Kostenstellenangabe
Energiekosten	Verbrauchswerte laut Zählerständen (z. B. Gas, Wasser, Strom) oder Wärmemessgeräten (z. B. an Heizkörpern)
Reparaturen	Rechnungen mit Kostenstellenangabe
Gehälter	Gehaltslisten mit Kostenstellenangabe
Soziale Abgaben	Gehaltslisten mit Kostenstellenangabe

● **Kostenstellengemeinkosten**

Sie fallen für mehrere Kostenstellen gemeinsam an. Deshalb lassen sie sich den Kostenstellen nur indirekt über Verteilungsschlüssel zurechnen.

Beispiele: Kostenstellengemeinkosten

Kostenart	Verteilungsgrundlage (für die Bildung von Verteilungsschlüsseln)
Gebäudeversicherung Reinigungskosten Grundsteuer	m^2 genutzte Fläche bzw. m^3 in Anspruch genommener Raum je Kostenstelle
Heizkosten	Anzahl Heizkörper/Heizrippen je Kostenstelle
Kalkulatorische Abschreibungen	Anlagendatei, angeschlossene Nutzer, angeschlossene Räume, m^2-Fläche
Gewerbesteuer Kalkulator. Unternehmerlohn Kalkulator. Wagniskosten	Betriebsindividuelle Verhältniszahlen (in der Regel auf Schätzungen beruhend)

Berechnungsbeispiele:

● Prämie für die Gebäudeversicherung: 3 000,00 EUR, zu verteilen nach der Fläche der Betriebsräume.

Das Betriebsgebäude hat drei Räume: Produktion 1 200 m^2, Großraumbüro 300 m^2, Lagerraum 800 m^2. Die Kosten für die Gebäudeversicherung sind im Verhältnis 12 : 3 : 8 zu verteilen (Verteilungsschlüssel). Es entfallen auf den Produktionsraum 1 565,22 EUR, auf das Großraumbüro 391,30 EUR, auf den Lagerraum 1 043,48 EUR.

● Kalkulatorische Abschreibungen eines Servers: 12 000,00 EUR, zu verteilen nach der Anzahl angeschlossener Client-PCs.

Folgende Client-PCs werden genutzt: Material: 6, Fertigung: 2, Verwaltung: 14, Vertrieb: 8. Die kalkulatorischen Abschreibungen sind im Verhältnis 3 : 1 : 7 : 4 zu verteilen (Verteilungsschlüssel). Es entfallen auf Material 2 400,00 EUR, Fertigung 800,00 EUR, Verwaltung 5 600,00 EUR, Vertrieb 3 200,00 EUR.

Die Verteilungsschlüssel sollen so beschaffen sein, dass sie eine verursachungsgerechte Kostenverteilung ermöglichen. Deshalb müssen sie sorgfältig ermittelt werden. Leider gelingt dies in der Praxis oft nicht wirklich zufriedenstellend. Mehr oder weniger schwere Fehler bei der Kostenverteilung sind die Folge.

ZWEITER ABSCHNITT

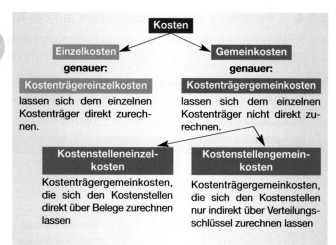

Merken Sie sich die nebenstehende Kosteneinteilung, damit Sie die Begriffe nicht verwechseln.

Kosten

Einzelkosten — **Gemeinkosten**

genauer:

Kostenträgereinzelkosten

lassen sich dem einzelnen Kostenträger direkt zurechnen.

genauer:

Kostenträgergemeinkosten

lassen sich dem einzelnen Kostenträger nicht direkt zurechnen.

Kostenstelleneinzelkosten

Kostenträgergemeinkosten, die sich den Kostenstellen direkt über Belege zurechnen lassen

Kostenstellengemeinkosten

Kostenträgergemeinkosten, die sich den Kostenstellen nur indirekt über Verteilungsschlüssel zurechnen lassen

Anmerkung: **unechte Gemeinkosten**

Bei Kostenträgern und Kostenstellen gibt es Einzelkosten, bei denen die direkte Zurechnung zu aufwendig/teuer ist. Beispiel Kostenträger: Leimverbrauch bei der Möbelproduktion. Beispiel Kostenstellen: Heizkosten. Sie werden deswegen als Gemeinkosten betrachtet und verrechnet. Solche Kosten nennt man „unechte Gemeinkosten".

5.3.5   Ermittlung der Gemeinkostensumme je Kostenstelle

Die Gemeinkosten jeder Kostenstelle werden addiert. Die Summen heißen Material-, Fertigungs-, Verwaltungs- und Vertriebsgemeinkosten.

Beispiele: **Gemeinkosten der Kostenstellen gemäß BAB der Egon Balzer GmbH**

Kostenstelle	Gemeinkosten der Kostenstelle	Bezeichnung
Material	4 300,00 EUR	Materialgemeinkosten (MGK)
Fertigung	29 500,00 EUR	Fertigungsgemeinkosten (FGK)
Verwaltung	17 700,00 EUR	Verwaltungsgemeinkosten (VwGK)
Vertrieb	9 500,00 EUR	Vertriebsgemeinkosten (VtGK)

Die Kostensummen sind für die Ermittlung der Gemeinkostenzuschlagssätze erforderlich.

Kontrollieren Sie immer die Gleichheit: Summe Gemeinkosten = Materialgemeinkosten + Fertigungsgemeinkosten + Verwaltungsgemeinkosten + Vetriebsgemeinkosten.

Arbeitsaufträge

1. **Der Kostenrechnung eines Industriebetriebes mit den Kostenstellen I. Material, II. Fertigung, III. Verwaltung und IV. Vertrieb entnehmen wir folgende Zahlen:**   **EUR**

Hilfs- und Betriebsstoffe 20 000,00
Energiekosten 15 000,00
Fremdinstandhaltung 9 000,00
Gemeinkostenlöhne 30 000,00
Gehälter 33 000,00
Sozialkosten für Gemeinkostenlöhne und Gehälter 13 000,00
Büromaterial 20 000,00
Versicherungsbeiträge 10 000,00

Betriebliche Steuern	18 000,00
Kalkulatorische Abschreibung	27 000,00
Kalkulatorische Zinsen	16 000,00
Kalkulatorische Wagnisse	5 000,00

Die Gemeinkosten sind wie folgt zu verteilen:

Gemeinkostenart	Verteilungsgrundlage
Hilfs- und Betriebsstoffkosten	Materialentnahmescheine: I. 1 000,00 EUR, II. 16 000,00 EUR, III. 1 000,00 EUR, IV. 2 000,00 EUR
Energiekosten	Zwischenzähler kWh I. 70 000, II. 200 000, III. 10 000, IV. 20 000
Fremdinstandhaltung	Rechnungen/Arbeitsbelege: I. 1 500,00 EUR, II. 4 000,00 EUR, III. 1 500,00 EUR, IV. 2 000,00 EUR
Gemeinkostenlöhne	Lohnlisten: 7 : 9 : 1 : 3
Gehälter	Gehaltslisten: 1 : 2 : 5 : 3
Sozialkosten für Gemein-kostenlöhne und Gehälter	Lohn- und Gehaltslisten: I. 4 000,00 EUR, II. 5 000,00 EUR, III. 3 000,00 EUR, IV. 1 000,00 EUR
Büromaterial	Schlüsselung: 1 : 2 : 11 : 6
Versicherungsbeiträge	Verteilung nach m²: I. 3 000,00 m², II. 10 000,00 m², III. 3 000,00 m², IV. 4 000,00 m²
Betriebliche Steuern	Schlüsselung: 1 : 3 : 3 : 2
Kalkulatorische Abschreibungen	Anlagendatei: I. 3 000,00 EUR, II. 18 000,00 EUR, III. 2 000,00 EUR, IV. 4 000,00 EUR
Kalkulatorische Zinsen	Betriebsnotwendiges Vermögen je Kostenstelle: 2 : 5 : 1 : 2
Kalkulatorische Wagnisse	Schlüsselung/Schätzung: 1 : 2 : 1 : 1

a) Stellen Sie den BAB auf und verteilen Sie die Gemeinkosten auf die Kostenstellen.
b) Ermitteln Sie die Gemeinkostensummen je Kostenstelle.

2. **Die Analyse der Gemeinkosten ergibt in einem Industriebetrieb folgendes Ergebnis:**

Gemeinkostenart	Betrag (EUR)	Verteilungsgrundlage
Gemeinkostenmaterial	28 140,00	Verbrauchsbelege: I. 1 350,00, II. 24 450,00, III. 0,00, IV. 2 340,00
Energie	11 340,00	Zwischenzähler: kWh I. 34 320, II. 138 480, III. 19 320, IV. 34 680
Fremdinstandsetzung	15 990,00	Rechnungsunterlagen: I. 840,00, II. 12 360,00, III. 1 740,00, IV. 1 050,00
Gemeinkostenlöhne	9 750,00	Lohnlisten: I. 2 850,00, II. 6 270,00, III. 168,00, IV. 462,00
Gehälter	144 309,00	Gehaltslisten: I. 11 550,00, II. 41 580,00, III. 73 350,00, IV. 17 829,00
Sozialkosten für Gemein-kostenlöhne und Gehälter	22 761,00	Lohn- und Gehaltslisten: I. 1 800,00, II. 7 191,00, III. 11 010,00, IV. 2 760,00
Abschreibungen	16 800,00	Schlüsselung: 2 : 22 : 4 : 7
Betriebliche Steuern	13 500,00	Schlüsselung: 1 : 6 : 8 : 3
Sonstige Gemeinkosten	32 350,00	Besondere Verteilungsliste: I. 3 534,00, II. 19 065,00, III. 2 046,00, IV. 7 705,00

a) Stellen Sie den BAB mit den Kostenstellen I. Material, II. Fertigung, III. Verwaltung und IV. Vertrieb auf. Ordnen Sie die Gemeinkosten den Kostenstellen zu.
b) Ermitteln Sie die Gemeinkostensummen je Kostenstelle.

3. Ein Industriebetrieb führt anhand von Belegen eine Kostenanalyse durch. Ergebnis dieser Analyse sind Verteilungsschlüssel für die Zurechnung von Gemeinkosten zu den Kostenstellen Material, Fertigung, Verwaltung und Vertrieb. Die Schlüssel werden halbjährlich aktualisiert.

Die Kostenrechnung des Betriebes weist für den Monat August folgende Gemeinkosten aus:

1	2	3	4	5	6	7
Gemeinkostenarten	Zahlen der KLR	Verteilungs-schlüssel	Kostenstellen			
			Material EUR	Fertigung EUR	Verwaltung EUR	Vertrieb EUR
Als Gemeinkosten erfasster Materialverbrauch	9 720,00	3 : 13 : 2 : 0				
Energiekosten	7 360,00	1 : 11 : 3 : 1				
Als Gemeinkosten erfasste Löhne	13 680,00	2 : 4 : 2 : 1				
Gehälter	45 120,00	1 : 5 : 5 : 1				
Sozialkosten für Gemeinkostenlöhne und Gehälter	9 800,00	1 : 8 : 3 : 2				
Fremdinstandhaltung	3 520,00	1 : 9 : 1 : 0				
Betriebliche Steuern	5 832,00	1 : 6 : 8 : 3				
Abschreibungen	16 920,00	0 : 14 : 1 : 3				
Sonstige Gemeinkosten	4 420,00	3 : 3 : 6 : 5				
Summe Gemeinkosten	**116 372,00**					

Bei Hilfsstoff-, Betriebsstoff- und Energiekosten sowie Hilfslöhnen ist die Erfassung als Einzelkosten oft zu aufwendig. Sie werden deshalb als Gemeinkosten behandelt (sog. „unechte Gemeinkosten").

a) Verteilen Sie die Gemeinkosten in dem jeweils angegebenen Verhältnis auf die Kostenstellen Material, Fertigung, Verwaltung und Vertrieb.

b) Stellen Sie den BAB auf und ermitteln Sie die Gemeinkostensumme je Kostenstelle.

4. Sicherlich gibt es auch in Ihrem Ausbildungsbetrieb eine Kostenrechnung.

a) Erkundigen Sie sich, wie tief Ihr Ausbildungsbetrieb in Kostenstellen gegliedert ist.

b) Berichten Sie in Ihrer Klasse über die Kostenstellengliederung Ihres Ausbildungsbetriebes. Machen Sie deutlich, nach welchen Kriterien Kostenstellen gebildet wurden. Stellen Sie hierfür die Kostenstellengliederung eines Betriebsbereiches detailliert vor.

c) In bestimmten Bereichen weisen viele Industriebetriebe eine ähnliche Kostenstellengliederung auf. Stellen Sie fest, für welche Bereiche Ihrer Ausbildungsbetriebe dies gilt. Wo weichen die Kostenstellengliederungen der Betriebe deutlich voneinander ab?

5.4 Kostenträgerzeitrechnung auf der Basis des einstufigen BAB

5.4.1 Ermittlung der Herstellkosten der Kostenträger

Die im BAB ermittelten Gemeinkosten je Kostenstelle sollen den Kostenträgern verursachungsgerecht zugerechnet werden. Dieses Ziel versucht die traditionelle Vollkostenrechnung zu erreichen, indem sie die Gemeinkosten mithilfe von Gemeinkostenzuschlägen auf die Einzelkosten der Kostenträger verrechnet.

Gemeinkosten	Zuschlags-grundlage	Zugrunde liegende Annahme
Material-gemeinkosten	**Fertigungs-material** (= Material-einzelkosten)	Benötigt ein Kostenträger mehr Fertigungsmaterial, verursacht er auch höhere Gemeinkosten in der Kostenstelle Material. Mit anderen Worten: Man nimmt eine stabile Proportionalität von Materialeinzelkosten und Materialgemeinkosten an.
Fertigungs-gemeinkosten	**Fertigungs-löhne** (= Fertigungs-einzelkosten)	Verursacht ein Kostenträger ein Mehr an Fertigungslöhnen, verursacht er auch höhere Gemeinkosten in der Kostenstelle Fertigung. Mit anderen Worten: Man nimmt eine stabile Proportionalität von Fertigungseinzelkosten und Fertigungsgemeinkosten an.

Vorausgesetzt, dass die genannten Annahmen stimmen, lassen sich die Material- und Fertigungsgemeinkosten den Kostenträgern verursachungsgerecht durch Anwendung folgender Zuschlagssätze zurechnen:

Beispiel: **Material- und Fertigungsgemeinkostenzuschlagssätze** (Egon Balzer GmbH)

Materialgemeinkosten-zuschlagssatz (MGKZ)	$MGKZ = \dfrac{Materialgemeinkosten}{Fertigungsmaterial} \cdot 100$	$\dfrac{4\,300}{26\,875} \cdot 100 = 16\,\%$
Fertigungsgemeinkosten-zuschlagssatz (FGKZ)	$FGKZ = \dfrac{Fertigungsgemeinkosten}{Fertigungslöhne} \cdot 100$	$\dfrac{29\,500}{23\,600} \cdot 100 = 125\,\%$

Merke: Man erhält den Material- und den Fertigungsgemeinkostenzuschlagssatz, indem man die Material- bzw. Fertigungsgemeinkosten prozentual auf die Fertigungsmaterialkosten bzw. auf die Fertigungslöhne bezieht. Man unterstellt dabei, dass diese Einzelkosten das richtige Maß für die Beanspruchung der Kostenstellen sind.

Ist das wirklich logisch? Lesen Sie den nebenstehenden Text und nehmen Sie Stellung.

Stellen Sie sich Folgendes vor:
Ein Betrieb stellt zwei fast identische Badewannenarmaturen I und II her. Nur ein „winziger" Unterschied besteht: I ist aus Edelstahl (Materialwert 20,00 EUR), II ist aus purem Gold (Materialwert 20 000,00 EUR). Der Materialgemeinkostenzuschlagssatz betrage 40 %. Konsequenz: I wird mit 8,00 EUR Materialgemeinkosten belastet, II mit 8 000,00 EUR. Dabei stellt II doch keine höheren Anforderungen als I an die Arbeitskraft der Mitarbeiter (Gehälter), die Lagereinrichtungen (Abschreibungen), die Reinigung und Heizung (Raumkosten) usw. Wieso also sollte II mit mehr Gemeinkosten belastet werden?

In aller Regel ist die verlangte Proportionalität nicht oder nur unvollkommen gegeben. Folglich kommt es – wie das Beispiel Badewannenarmaturen zeigt – zu oft erheblichen Fehlern bei der Zurechnung der Kosten.

Wir wollen jedoch trotz aller Vorbehalte einmal davon ausgehen, dass Einzel- und Gemeinkosten sich in etwa proportional verhalten. Dann lassen sich die Herstellkosten der erzeugten Produkte **(Herstellkosten der Erzeugung)** berechnen. Die Berechnung ist ein erster Schritt der Kostenträgerzeitrechnung. Diese wird üblicherweise ebenfalls in Form einer Tabelle, des **Kostenträgerzeitblatts**, erstellt.

Beispiel: Herstellkosten der Erzeugung bei der Egon Balzer GmbH

Einstufiger BAB mit Material- und Fertigungsgemeinkostenzuschlagssatz

1	2	3	4	5	6	7
Gemeinkostenarten	Zahlen der KLR	Verteilungs-grundlagen	Kostenstellen			
			Material EUR	Fertigung EUR	Verwaltung EUR	Vertrieb EUR
Hilfsstoffkosten	13000,00	Entnahme-scheine	0,00	10300,00	0,00	2700,00
Energiekosten	3000,00	Zähler (kWh)	600,00	2000,00	200,00	200,00
Reparaturen	5000,00	Rechnungen	600,00	3200,00	800,00	400,00
Gehälter	17000,00	Gehaltslisten	1000,00	5000,00	8000,00	3000,00
Soziale Abgaben (Gehaltsbereich)	3000,00	Gehaltslisten	200,00	1000,00	1500,00	300,00
Kalkulatorische Abschreibungen	17000,00	Anlagendatei	1500,00	6000,00	7000,00	2500,00
Raumkosten	3000,00	Anlagendatei	400,00	2000,00	200,00	400,00
Summe Gemeinkosten	**61000,00**		**4300,00 MGK**	**29500,00 FGK**	**17700,00 VwGK**	**9500,00 VtGK**
Zuschlagsgrundlage			Fertigungs-material 26875,00	Fertigungs-löhne 23600,00		
Zuschlagssatz			**16%**	**125%**		

Kostenträgerzeitblatt (bis Herstellkosten der Erzeugung)

Kostenbezeichnung	EUR	Zuschlags-satz	Kostenträger		
			Schränke	Tische	Stühle
Fertigungsmaterial	26875,00		14000,00	6200,00	6675,00
+ Materialgemeinkosten	4300,00	16,00% ➤	2240,00	992,00	1068,00
Materialkosten (1)	**31175,00**		16240,00	7192,00	7743,00
Fertigungslöhne	23600,00		11000,00	7000,00	5600,00
+ Fertigungsgemein-kosten	29500,00	125,00% ➤	13750,00	8750,00	7000,00
Fertigungskosten (2)	**53100,00**		24750,00	15750,00	12600,00
Herstellkosten der Erzeugung (1) + (2)	**84275,00**		40990,00	22942,00	20343,00

Die **Herstellkosten der Erzeugung umfassen Material- und Fertigungskosten für alle unfertigen und fertigen Erzeugnisse, die in einer Rechnungsperiode die Fertigung durchlaufen haben.**

Davon **sind die Herstellkosten der fertigen Erzeugnisse** und die **Herstellkosten der umgesetzten Erzeugnisse** (kurz: **Herstellkosten des Umsatzes**) zu unterscheiden:

Beispiel: Herstellkosten der fertigen Erzeugnisse und des Umsatzes bei der Egon Balzer GmbH

Kostenbezeichnung	EUR
Herstellkosten der Erzeugung	84275,00
– Bestandsmehrungen an unfertigen Erzeugnissen	500,00
+ Bestandsminderungen an unfertigen Erzeugnissen	450,00
Herstellkosten der fertigen Erzeugnisse	84225,00
– Bestandsmehrungen an fertigen Erzeugnissen	1440,00
+ Bestandsminderungen an fertigen Erzeugnissen	7215,00
Herstellkosten des Umsatzes	90000,00

Müssen abgezogen werden, weil sie den Produktionsprozess noch nicht verlassen haben

Müssen hinzugerechnet werden, weil sie in der abgelaufenen Periode neben den bereits erfassten Kosten (z.B. Material, Löhne) in die Erzeugnisse eingegangen sind

Müssen abgezogen werden, weil sie noch nicht verkauft verkauft oder unentgeltlich abgegeben wurden

Müssen hinzugerechnet werden, weil sie in dieser Periode verkauft oder unentgeltlich abgegeben wurden

Achtung!
Bei genauerer
Betrachtung ist das
Kostenträgerzeitblatt
noch unvollständig.

Neben den umgesetzten (= verkauften) Gütern hat der Betrieb ggf. noch unentgeltlich abgegebene Leistungen (Zusatzleistungen) und aktivierte Eigenleistungen erstellt. Die Kosten der Eigenleistungen müssen im Kostenträgerzeitblatt in einer zusätzlichen Kostenträgerspalte erfasst werden. In diesem Buch gehen wir jedoch vereinfachend davon aus, dass keine Eigenleistungen anfallen. Die Kosten der Zusatzleistungen sind in den Herstellkosten der fertigen Erzeugnisse enthalten. Sie müssen für die Ermittlung der Herstellkosten der umgesetzten Erzeugnisse abgezogen werden:

Herstellkosten der fertigen Erzeugnisse
– Bestandsmehrungen an fertigen Erzeugnissen
+ Bestandsminderungen an fertigen Erzeugnissen
– Herstellkosten unentgeltlich abgegebener Erzeugnisse
– Herstellkosten aktivierter Eigenleistungen
= Herstellkosten des Umsatzes

In der Fachliteratur werden die Zusatz- und Eigenleistungen in aller Regel vernachlässigt. Auch wir gehen deshalb zur Vereinfachung bei unseren folgenden Beispielrechnungen davon aus, dass in den betrachteten Betrieben solche Leistungen nicht anfallen.

Die Herstellkosten des Umsatzes umfassen die Material- und Fertigungskosten der fertigen Erzeugnisse, die in der Rechnungsperiode verkauft wurden.

> **Beispiel: Kostenträgerzeitblatt** (bis Herstellkosten des Umsatzes)

Kostenbezeichnung	EUR	Zuschlags-satz	Kostenträger		
			Schränke	Tische	Stühle
Fertigungsmaterial	26 875,00		14 000,00	6 200,00	6 675,00
+ Materialgemeinkosten	4 300,00	16,00 % →	2 240,00	992,00	1 068,00
Materialkosten (1)	31 175,00		16 240,00	7 192,00	7 743,00
Fertigungslöhne	23 600,00		11 000,00	7 000,00	5 600,00
+ Fertigungsgemeinkosten	29 500,00	125,00 % →	13 750,00	8 750,00	7 000,00
Fertigungskosten (2)	53 100,00		24 750,00	15 750,00	12 600,00
Herstellkosten der Erzeugung (1) + (2)	84 275,00		40 990,00	22 942,00	20 343,00
– Bestandsmehrung an unfertigen Erzeugnissen	500,00		500,00	0,00	0,00
+ Bestandsminderung an unfertigen Erzeugnissen	450,00		0,00	200,00	250,00
Herstellkosten der fertigen Erzeugnisse	84 225,00		40 490,00	23 142,00	20 593,00
– Bestandsmehrung an fertigen Erzeugnissen	1 440,00		0,00	1 440,00	0,00
+ Bestandsminderung an fertigen Erzeugnissen	7 215,00		5 655,00	0,00	1 560,00
Herstellkosten des Umsatzes	90 000,00		46 145,00	21 702,00	22 153,00

5.4.2 Ermittlung der Selbstkosten des Umsatzes und des Betriebsergebnisses

Die Gemeinkosten des Material- und des Fertigungsbereichs wurden den Einzelkosten der Kostenträger (Fertigungsmaterial und Fertigungslöhnen) zugeschlagen. **Die Verwaltungs- und Vertriebsgemeinkosten** sollen nun ebenfalls den Kostenträgern zugerechnet werden. Die Höhe dieser Kosten ist aber **nicht** von der Höhe der Einzelkosten abhängig. Deshalb bleibt nur die Möglichkeit, andere Größen zu suchen, die sich nach Möglichkeit proportional zu den Verwaltungs- und Vertriebsgemeinkosten verhalten.

Für die Ermittlung der Zuschläge für Verwaltungs- und Vertriebsgemeinkosten werden üblicherweise die **Herstellkosten des Umsatzes als Zuschlagsgrundlage** angesetzt. Dabei geht man von folgenden Annahmen aus:

Gemeinkosten	Zuschlags-grundlage	Zugrunde liegende Annahme
Vertriebs-gemeinkosten	**Herstell-kosten des Umsatzes**	Vertriebstätigkeiten zielen auf den Absatz fertiger Erzeugnisse. Die Höhe der Vertriebsgemeinkosten ist deshalb annähernd abhängig von den Kosten der abgesetzten Erzeugnisse. Man nimmt also eine stabile Proportionalität von Herstellkosten des Umsatzes und Vertriebsgemeinkosten an.
Verwaltungs-gemeinkosten	**Herstell-kosten des Umsatzes**	Die Menge an Verwaltungstätigkeiten richtet sich nach der Verkaufsmenge. Die Höhe der Verwaltungsgemeinkosten ist demnach von den Kosten der abgesetzten Produkte abhängig. Man nimmt also eine stabile Proportionalität von Herstellkosten des Umsatzes und Verwaltungsgemeinkosten an.

Sind diese Annahmen wirklich richtig? Lesen Sie den nebenstehenden Text und nehmen Sie dann Stellung dazu.

Machen Sie sich bewusst: Vertriebstätigkeiten fallen auch für Erzeugnisse an, die noch nicht verkauft werden konnten (Werbung, Kalkulation, Vertreterbesuche ...). Und auch in der Verwaltung sind für diese Erzeugnisse bereits Arbeiten angefallen, z.B. im Personalbüro oder in der Buchhaltung. Warum also für beide die Herstellkosten der Fertigung als Zuschlagsgrundlage wählen, zumindest aber für die Verwaltung?

Wenn die Herstellkosten des Umsatzes nicht nur den Vertriebsgemeinkosten, sondern auch den Verwaltungsgemeinkosten zugrunde gelegt werden, geschieht dies aus Vereinfachungsgründen: Die Rechnung wird mit einem zusammengefassten Zuschlag weniger kompliziert.

Diese Festlegung stammt aus einer Zeit, als die Kostenrechnung noch ohne Computer durchgeführt wurde. Um Kostenrechnungsergebnisse zügig nach Abschluss der Rechnungsperiode zur Verfügung zu haben, musste man damals einfach den Rechenaufwand gering halten. Seitdem hat sich die Festlegung dieser Zuschlagsgrundlage hartnäckig gehalten – bis heute.

Dies ändert jedoch nichts daran, dass die Zuschlagsgrundlage nicht dem Verursachungsprinzip entspricht.

Wählt man trotz aller Bedenken die Herstellkosten des Umsatzes als Zuschlagsgrundlage, errechnen sich die Zuschlagssätze für Verwaltungs- und Vertriebsgemeinkosten wie folgt:

Beispiel: Verwaltungs- und Vertriebsgemeinkostenzuschlagssatz
(Egon Balzer GmbH)[1]

Verwaltungsgemeinkosten-zuschlagssatz (VwGKZ)	$\text{VwGKZ} = \dfrac{\text{Verwaltungsgemeinkosten}}{\text{Herstellkosten des Umsatzes}} \cdot 100$	$\dfrac{17\,700}{90\,000} \cdot 100 = 19{,}6667\,\%$
Vertriebsgemeinkosten-zuschlagssatz (VtGKZ)	$\text{VtGKZ} = \dfrac{\text{Vertriebsgemeinkosten}}{\text{Herstellkosten des Umsatzes}} \cdot 100$	$\dfrac{9\,500}{90\,000} \cdot 100 = 10{,}5556\,\%$
Einheitlicher Verwaltungs- u. Vertriebsgemeinkosten-zuschlagssatz (Vw-VtGKZ)	$\text{Vw-VtGKz} = \dfrac{(\text{VerwaltungsGK} + \text{VertriebsGK})}{\text{Herstellkosten des Umsatzes}} \cdot 100$	$\dfrac{(17\,700 + 9\,500)}{90\,000} \cdot 100 = 30{,}2222\,\%$

Merke: Man erhält den Verwaltungs- und den Vertriebsgemeinkostenzuschlagssatz, indem man die Verwaltungs- bzw. Vertriebsgemeinkosten prozentual auf die Herstellkosten des Umsatzes bezieht. Man unterstellt dabei, dass die Herstellkosten des Umsatzes das richtige Maß für die Beanspruchung der Kostenstellen sind.

---

[1] Trotz Verwendung von 4 Nachkommastellen sind die Zuschlagssätze gerundet. Deshalb ergeben sich im Kostenträgerzeitblatt auf der folgenden Seite Rundungsfehler von insgesamt 0,07 EUR.

Rechnet man auf Basis der beschriebenen Zuschlagsgrundlage, ergibt sich ein weiteres grundsätzliches Problem.

Stellen Sie sich Folgendes vor:

Der schon auf Seite 217 erwähnte Armaturenhersteller bearbeitet zwei fast identische Aufträge zur Lieferung von Badewannenarmaturen: Auftrag I über 100 Armaturen, Auftrag II über eine einzige Armatur. Die Herstellkosten betragen für Auftrag I 5000,00 EUR, für Auftrag II 50,00 EUR. Der VwGKZ betrage 19,67 %.

Konsequenz: Auftrag I wird mit 983,50 EUR Verwaltungsgemeinkosten belastet, Auftrag II mit 9,84 EUR. Dabei fallen bei der Erledigung beider Aufträge die gleichen Tätigkeiten an: Eingeben, Kalkulieren, Fakturieren und Buchen der Aufträge. Wieso also sollte Auftrag I mit mehr Gemeinkosten belastet werden?

Sie sehen: Die Wahl der Zuschlagsgrundlagen kann zu erheblichen Fehlern führen.

In der Praxis wird trotz der genannten Einwände mit den beschriebenen Gemeinkostenzuschlagssätzen gearbeitet. Sie werden im Kostenträgerzeitblatt den Kostenträgern zugeschlagen. Als Ergebnis erhält man die Selbstkosten der umgesetzten Erzeugnisse **(Selbstkosten des Umsatzes)**.

Stellt man den Selbstkosten des Umsatzes die Umsatzerlöse gegenüber, erhält man das **Betriebsergebnis des Rechnungsabschnittes**.

Beispiel: Selbstkosten des Umsatzes und Betriebsergebnis bei der Egon Balzer GmbH

Kostenträgerzeitblatt

Kostenbezeichnung	EUR	Zuschlags-satz	Kostenträger		
			Schränke	Tische	Stühle
Fertigungsmaterial	26 875,00		14 000,00	6 200,00	6 675,00
+ Materialgemeinkosten	4 300,00	16,00 % ➝	2 240,00	992,00	1 068,00
Materialkosten (1)	**31 175,00**		**16 240,00**	**7 192,00**	**7 743,00**
Fertigungslöhne	23 600,00		11 000,00	7 000,00	5 600,00
+ Fertigungsgemeinkosten	29 500,00	125,00 % ➝	13 750,00	8 750,00	7 000,00
Fertigungskosten (2)	**53 100,00**		**24 750,00**	**15 750,00**	**12 600,00**
Herstellkosten der Erzeugung (1) + (2)	**84 275,00**		**40 990,00**	**22 942,00**	**20 343,00**
– Bestandsmehrung an unfertigen Erzeugnissen	500,00		500,00	0,00	0,00
+ Bestandsminderung an unfertigen Erzeugnissen	450,00		0,00	200,00	250,00
Herstellkosten der fertigen Erzeugnisse	**84 225,00**		**40 490,00**	**23 142,00**	**20 593,00**
– Bestandsmehrung an fertigen Erzeugnissen	1 440,00		0,00	1 440,00	0,00
+ Bestandsminderung an fertigen Erzeugnissen	7 215,00		5 655,00	0,00	1 560,00
Herstellkosten des Umsatzes	**90 000,00**		**46 145,00**	**21 702,00**	**22 153,00**
+ Verwaltungsgemeinkosten	17 700,00	19,6667 % ➝	9 075,20	4 268,07	4 356,76
+ Vertriebsgemeinkosten	9 500,00	10,5556 % ➝	4 870,88	2 290,78	2 338,38
Selbstkosten des Umsatzes	**117 200,00**		**60 091,08**	**28 260,85**	**28 848,14**

Betriebsergebnisrechnung

	EUR		Schränke	Tische	Stühle
Umsatzerlöse	**129 832,00**		**59 128,00**	**33 224,00**	**37 480,00**
– **Selbstkosten des Umsatzes**	**117 200,00**		**60 091,08**	**28 260,85**	**28 848,14**
Betriebsergebnis	**12 632,00**		**– 963,08**	**4 963,15**	**8 631,86**

ZWEITER ABSCHNITT

Bei der Egon Balzer GmbH haben die verschiedenen Kostenträger im Monat Juli unterschiedlich zum Betriebsergebnis beigetragen. Für den Kostenträger Schränke übersteigen die Selbstkosten des Umsatzes die Umsatzerlöse; die Produktgruppe weist einen Verlust aus. Tische und Stühle erwirtschafteten hingegen einen Gewinn.

Dennoch wird man die Produktion der Schränke nicht leichtfertig einstellen, ohne die Ursachen zu analysieren und die Situation über längere Zeit zu beobachten. Die Zahlen eines Monats reichen für eine solche Entscheidung nicht aus. Zudem kann die Zusammenstellung des Absatzprogramms gegen eine Elimination der Produktgruppe Schränke sprechen.

Vergleichen Sie hierzu die Darstellung der Produktelimination und der Programmpolitik in Bd. 1, „Geschäftsprozesse", Sachwort „Produktelimination".

Arbeitsaufträge

1.   **Einem BAB wurden folgende Zahlen entnommen:**

Gemeinkosten insgesamt	Material	Fertigung	Verwaltung	Vertrieb
324 000,00 EUR	30 000,00 EUR	174 000,00 EUR	72 000,00 EUR	48 000,00 EUR

Einzelkosten: Fertigungsmaterial 600 000,00 EUR, Fertigungslöhne 96 000,00 EUR

a) Berechnen Sie die Zuschlagssätze für die Materialgemeinkosten und die Fertigungsgemeinkosten.

b) Ermitteln Sie die Herstellkosten der Erzeugung.

c) Berechnen Sie die Zuschlagssätze für die Verwaltungs- und die Vertriebsgemeinkosten.

d) Ermitteln Sie die Selbstkosten des Umsatzes.

2.   **Die Kostenrechnung eines Industriebetriebes weist folgende Zahlen aus:**

	EUR
Fertigungsmaterial	106 000,00
Fertigungslöhne	158 000,00
Gemeinkosten insgesamt	523 000,00
Die Gemeinkosten verteilen sich wie folgt auf die Kostenstellen:	
Material	8 000,00
Fertigung	324 700,00
Verwaltung	139 600,00
Vertrieb	50 700,00
Unfertige Erzeugnisse	
Anfangsbestand	7 500,00
Endbestand	9 100,00
Fertige Erzeugnisse	
Anfangsbestand	12 400,00
Endbestand	13 800,00

a) Berechnen Sie die Zuschlagssätze für die Material- und die Fertigungsgemeinkosten.

b) Ermitteln Sie die Herstellkosten der Erzeugung.

c) Berechnen Sie die Bestandsveränderungen an unfertigen und fertigen Erzeugnissen. Handelt es sich um Mehrungen oder Minderungen?

d) Ermitteln Sie die Herstellkosten der Fertigerzeugnisse und die Herstellkosten des Umsatzes.

e) Berechnen Sie die Zuschlagssätze für die Verwaltungs- und die Vertriebsgemeinkosten.

f) Berechnen Sie die Selbstkosten des Umsatzes.

3. Betrachten Sie Auftrag 3 auf Seite 216.

Verbrauch an Fertigungsmaterial: Produkt A 80 000,00 EUR, B 140 080,00 EUR; Fertigungslöhne einschl. Sozialkosten: A 17 500,00 EUR, B 31 560,00 EUR. Bei A hat der Bestand an halbfertigen Erzeugnissen um 7 400,00 EUR abgenommen. Bei B hat der Bestand an fertigen Erzeugnissen um 14 068,00 EUR zugenommen.

a) Ermitteln Sie die Gemeinkostenzuschlagssätze.

b) Stellen Sie das Kostenträgerzeitblatt für den Monat August auf und ermitteln Sie die Selbstkosten des Umsatzes.

4. Betrachten Sie Auftrag 2 auf Seite 215.

(Beträge in EUR)	Kostenträger 1	Kostenträger 2	Kostenträger 3
Materialeinzelkosten	110 000,00	330 000,00	67 000,00
Fertigungslöhne einschl. Sozialkosten	25 000,00	69 000,00	12 320,00
Minderbestand fertige Erzeugnisse	13 330,00	25 100,00	
Umsatzerlöse	208 500,00	620 000,00	163 000,00

a) Ermitteln Sie die Zuschlagssätze für die Gemeinkosten.

b) Stellen Sie das Kostenträgerzeitblatt auf und ermitteln Sie die Selbstkosten des Umsatzes.

c) Ermitteln Sie das Betriebsergebnis.

5. Der KLR eines Industriebetriebs entnehmen Sie für den September folgende Zahlen:

	EUR
Fertigungsmaterial: .... Produkt A: 60 000,00; B: 103 000,00; C: 32 000,00	
Hilfs- und Betriebsstoffe..	36 000,00
Energie..	8 610,00
Fremdinstandsetzung	13 800,00
Fertigungslöhne (einschl. Sozialkosten) .... Produkt A: 21 800,00; B: 42 100,00; C: 9 600,00	
Gehälter	168 000,00
Sozialkosten (Gehaltsbereich)	32 700,00
Betriebliche Steuern	5 100,00
Kalkulatorische Abschreibungen	27 000,00
Sonstige kalkulatorische Kosten	50 100,00

Die Gemeinkosten werden wie folgt auf die Kostenstellen verteilt:

Gemeinkostenart	Material	Fertigung	Verwaltung	Vertrieb
Hilfs- und Betriebsstoffe	1 500,00 EUR	31 800,00 EUR	–	2 700,00 EUR
Energie	19 680 kWh	29 520 kWh	9 800 kWh	9 880 kWh
Fremdinstandsetzung	900,00 EUR	9 300,00 EUR	2 100,00 EUR	1 500,00 EUR
Gehälter	45 000,00 EUR	10 800,00 EUR	90 000,00 EUR	22 200,00 EUR
Sozialkosten (Gehaltsbereich)	13 200,00 EUR	2 700,00 EUR	12 300,00 EUR	4 500,00 EUR
Betriebliche Steuern	2 Teile	10 Teile	4 Teile	1 Teil
Kalk. Abschreibungen	1 Teil	2 Teile	1 Teil	1 Teil
Sonstige kalk. Kosten	8 Teile	34 Teile	105 Teile	20 Teile

a) Stellen Sie anhand der vorliegenden Daten den BAB auf.

b) Berechnen Sie die Zuschlagssätze für Material- und Fertigungsgemeinkosten.

c) Ermitteln Sie die Herstellkosten des Umsatzes (Mehrbestand an fertigen Erzeugnissen: Produkt A: 1 000,00 EUR; B: 2 250,00 EUR; unfertige Erzeugnisse: keine Änderungen).

d) Berechnen Sie den einheitlichen Zuschlagssatz für Verwaltungs-/Vertriebsgemeinkosten.

e) Ermitteln Sie die Selbstkosten des Umsatzes.

6. **Betrachten Sie Auftrag 1 auf Seite 214.**

Die Kosten- und Leistungsrechnung des Betriebes weist zusätzlich folgende Zahlen aus:

(Beträge in EUR)	Produkt 1	Produkt 2	Produkt 3
Materialeinzelkosten	40 000,00	89 000,00	123 500,00
Fertigungslöhne einschl. Sozialkosten	13 000,00	22 000,00	31 000,00
Mehrbestand unfertige Erzeugnisse	200,00	450,00	1 150,00
Minderbestand fertige Erzeugnisse		500,00	1 500,00
Umsatzerlöse	81 200,00	178 270,00	270 800,00

a) Stellen Sie den BAB auf.

b) Ermitteln Sie die Zuschlagssätze für die Gemeinkosten.

c) Stellen Sie das Kostenträgerzeitblatt auf und ermitteln Sie die Selbstkosten des Umsatzes.

d) Ermitteln Sie das Betriebsergebnis.

7. **Die Herstellkosten des Umsatzes betragen in einem Industrieunternehmen 960 000,00 EUR. Verwaltungs- und Vertriebsgemeinkosten verhalten sich wie 5 : 2. Die Verwaltungsgemeinkosten betragen 86 400,00 EUR.**

Wie viel Prozent beträgt der Zuschlag für die Vertriebsgemeinkosten? Geben Sie den Rechenweg an.

8. **Der Kosten- und Leistungsrechnung eines Industriebetriebs entnehmen Sie folgende Zahlen:**

	EUR
Umsatzerlöse	474 980,00
Bestandsminderungen	200,00
Fertigungsmaterial	114 000,00
Als Gemeinkosten erfasstes Material	43 400,00
Stromkosten	4 500,00
Wasserkosten	1 700,00
Fremdinstandhaltung	6 500,00
Fertigungslöhne einschl. darauf entfallender Sozialkosten	52 700,00
Als Gemeinkosten erfasste Löhne	22 000,00
Gehälter	66 900,00
Sozialkosten (Gemeinkostenlöhne und Gehälter)	26 100,00
Betriebliche Steuern	25 100,00
Kalkulatorische Abschreibungen	20 000,00
Sonstige kalkulatorische Kosten	17 800,00

Die Gemeinkosten werden wie folgt auf die Kostenstellen verteilt:

Gemeinkostenart	Material	Fertigung	Verwaltung	Vertrieb
Als Gemeinkosten erfasstes Material	1 800,00	34 800,00	2 500,00	4 300,00
Stromkosten	5 000 kWh	75 000 kWh	3 000 kWh	7 000 kWh
Wasserkosten	600 m³	2 100 m³	300 m³	400 m³
Fremdinstandhaltung	200,00	3 800,00	1 600,00	900,00
Als Gemeinkosten erfasste Löhne	1 600,00	17 000,00	1 400,00	2 000,00
Gehälter	5 800,00	25 500,00	27 700,00	7 900,00
Sozialkosten	1 000,00	21 800,00	2 500,00	800,00
Betriebliche Steuern	1 500,00	12 800,00	9 700,00	1 100,00
Kalk. Abschreibungen	3 000,00	13 000,00	1 500,00	2 500,00
Sonstige kalk. Kosten	13 Teile	15 Teile	45 Teile	16 Teile

Kostenträger A und B weisen folgende Zahlen aus:

Bezeichnung	Insgesamt	Kostenträger	
		A	B
Umsatzerlöse	474 980,00	290 880,00	184 100,00
Fertigungsmaterial	114 000,00	63 000,00	51 000,00
Fertigungslöhne	52 700,00	30 000,00	22 700,00
Unfertige Erzeugnisse			
Anfangsbestand	14 000,00	8 000,00	6 000,00
Endbestand	16 000,00	9 200,00	6 800,00
Fertige Erzeugnisse			
Anfangsbestand	22 300,00	13 200,00	9 100,00
Endbestand	20 100,00	12 200,00	7 900,00

a) Stellen Sie anhand der vorliegenden Daten den BAB auf.
b) Berechnen Sie die Zuschlagssätze für Material-, Fertigungs-, Verwaltungs- und Vertriebsgemeinkosten (Ergebnisse auf zwei Dezimalstellen runden).
c) Stellen Sie das Kostenträgerzeitblatt auf und ermitteln Sie die Selbstkosten des Umsatzes.
d) Ermitteln Sie das Betriebsergebnis.
e) Ermitteln Sie die Anteile der Kostenträger A und B am Betriebsergebnis. Werten Sie die vorliegenden Daten aus.

9. **An verschiedenen Stellen sind Sie auf Fehlerquellen und Mängel der traditionellen Vollkostenrechnung hingewiesen worden.**

a) Stellen Sie die Kritikpunkte an der traditionellen Vollkostenrechnung übersichtlich zusammen.
b) Präsentieren Sie Ihre Zusammenstellung in der Klasse.
c) Diskutieren Sie Ihre Ergebnisse in der Klasse. Ergänzen Sie ggf. die Präsentationen.
d) Fassen Sie Ihre Ergebnisse in einem Bericht zusammen.

„**Besser eine Kostenrechnung mit annähernd richtigen Aussagen über die Kosten als keine Aussagen über die Kosten.**"

e) Nehmen Sie vor dem Hintergrund der Kritikpunkte Stellung zu dieser Aussage.

5.4.3 Analyse der Betriebsergebnisrechnung durch das Controlling

Umsatzkostenverfahren

Das Betriebsergebnis wird in der Ergebnistabelle nach dem Gesamtkostenverfahren ermittelt, in der Betriebsergebnisrechnung hingegen nach dem **Umsatzkostenverfahren**: Die Selbstkosten des Umsatzes, errechnet als

Kosten	Betriebsergebnisrechnung	Leistungen
Herstellkosten des Umsatzes		Umsatzerlöse
Verwaltungsgemeinkosten		Betriebsverlust
Vertriebsgemeinkosten		
Betriebsgewinn		

Herstellkosten der umgesetzten Erzeugnisse plus Verwaltungs- und Vertriebsgemeinkosten, werden den Umsatzerlösen gegenübergestellt. Dieses Verfahren setzt folglich eine vollständige Betriebsabrechnung mit BAB und Kostenträgerzeitblatt voraus.

Anders als die Ergebnistabelle kann die Betriebsergebnisrechnung nicht
* die gesamten Kosten aller Leistungen,
* die Kosten nach der Art der eingesetzten Güter (Material, Arbeit, Betriebsmittel u. a.)
aufzeigen. Vielmehr gilt:

Die Betriebsergebnisrechnung zeigt dem Controller
- **die gesamten Selbstkosten des Umsatzes der Abrechnungsperiode,**
- **die Selbstkosten des Umsatzes der einzelnen Kostenträger nach ihren Entstehungsbereichen (Material-, Fertigungs-, Verwaltungs-, Vertriebsbereich),**
- **das Betriebsergebnis des Abrechnungszeitraums,**
- **den Anteil der einzelnen Kostenträger am Gesamtergebnis.**

Kennzahlen der Betriebsergebnisrechnung

Aus den genannten Inhalten der Betriebsergebnisrechnung kann das Controlling folgende Kennzahlen ermitteln:

- die Umsatz-, Kosten- und Ergebnisanteile der Produkte (vgl. auch S. 13)

> Umsatzanteil = (Produktumsatz/Gesamtumsatz) · 100
> Kostenanteil = (Produktkosten/Gesamtkosten) · 100
> Ergebnisanteil = (Produktergebnis/Gesamtergebnis) · 100

Es interessiert z. B. die Frage, ob ein Produkt mit hohem Kostenanteil auch einen entsprechend hohen Anteil am Umsatz bzw. am Ergebnis aufweist.
- den Produkterfolg in % und
- die Wirtschaftlichkeit der Erstellung der verkauften Produkte in Form des Ergiebigkeitsgrades.

$$\text{Produkterfolg in \%} = \frac{\text{Produktgewinn/-verlust}}{\text{Selbstkosten des Umsatzes des Produkts}}$$

$$\text{Ergiebigkeitsgrad des Produkts} = \frac{\text{Umsatzerlöse des Produkts}}{\text{Selbstkosten des Umsatzes des Produkts}}$$

Beide Kennzahlen spiegeln die Ertragskraft der betreffenden Produkte:
- Der Produkterfolg in % gibt an, wie viel Prozent Gewinn/Verlust jeder EUR Kosteneinsatz gebracht hat.
- Der Ergiebigkeitsgrad gibt an, wie viel EUR Umsatz auf jeden EUR Kosten entfallen.

Der Kehrwert des Ergiebigkeitsgrades ist bekanntlich der **Sparsamkeitsgrad**.

Der Sparsamkeitsgrad gibt an, wie viel EUR Kosten auf jeden EUR Umsatz entfallen.

Beispiel: **Kennzahlen der Betriebsergebnisrechnung**
(Egon Balzer GmbH; siehe S. 221):

Bezeichnung	Gesamt	Schränke	Tische	Stühle
Umsatzerlöse	129 832,00	59 128,00	33 224,00	37 480,00
– Selbstkosten des Umsatzes	117 200,00	60 091,08	28 260,85	28 848,14
Betriebsergebnis	12 632,00	−963,08	4 936,15	8 631,86

Kennzahlen:

Umsatzanteil	100 %	45,54 %	25,59 %	28,87 %
Kostenanteil	100 %	51,27 %	24,11 %	24,61 %
Umsatzanteil : Kostenanteil		0,89	1,06	1,17
Ergebnisanteil	100 %	−7,62 %	39,08 %	68,33 %
Produkterfolg	0,11	−0,02	0,17	0,23
Ergiebigkeitsgrad	1,11	0,98	1,18	1,30

ZWEITER ABSCHNITT

Die Schränke sind die Produktgruppe mit dem höchsten Kostenanteil (51,27 %) und Umsatzanteil (45,54 %). Ihr Umsatzanteil ist jedoch im Verhältnis zum Kostenanteil am niedrigsten: Auf 1 % Schrankkostenanteil entfallen nur 0,89 % Umsatzanteil. Am besten ist dieses Verhältnis bei den Stühlen.

Die verhältnismäßig schlechte Lage der Schränke spiegelt sich auch in den anderen Kennzahlen wider: Sie erbringen einen Produktverlust; deshalb ist ihr Ergebnisanteil negativ; auf jeden EUR Kosten entfallen nur 0,98 EUR Umsatz; auf jeden EUR Kosten entfallen folglich 0,02 EUR Verlust. Besser ist die Situation bei den Tischen, am besten bei den Stühlen.

Arbeitsaufträge

1. **Der Betriebsergebnisrechnung eines Industriebetriebs wurden folgende Zahlen entnommen:**

Erzeugnis	A	B	C
Selbstkosten des Umsatzes	429 363,20	305 410,00	177 710,40
Umsatzerlöse	529 670,00	320 404,00	155 400,00

Erstellen Sie die Betriebsergebnisrechnung, werten Sie sie aus und beurteilen Sie die Umsatz-, Kosten- und Ergebnisanteile sowie die Produktionserfolge und Ergiebigkeitsgrade der Erzeugnisse.

2. **Der Betriebsergebnisrechnung eines Industriebetriebs wurden folgende Zahlen entnommen:**

Erzeugnis	A	B	C
Selbstkosten des Umsatzes	79 293,00	77 247,00	111 601,00
Umsatzerlöse	88 700,00	100 400,00	85 500,00

Erstellen Sie die Betriebsergebnisrechnung, werten Sie sie aus und beurteilen Sie die Umsatz-, Kosten- und Ergebnisanteile sowie die Produktionserfolge und Ergiebigkeitsgrade der Erzeugnisse.

5.5 Normalkostenrechnung auf der Basis des einstufigen BAB

5.5.1 Normalkostenrechnung als Basis der Kostenkontrolle und der Vorauskalkulation

Lesen Sie noch einmal auf S. 7 f. nach.

Ein wirksames Unternehmensmanagement erfordert bekanntlich die zielgerichtete Steuerung und Kontrolle der betrieblichen Prozesse. Dazu sind Sollwerte zu planen und durchzusetzen. Die erzielten Istwerte sind mit den Sollwerten zu vergleichen, auftretende Abweichungen sind zu untersuchen. Auf der Grundlage dieser Analyse können neue Entscheidungen getroffen und Maßnahmen ergriffen werden.

Für die Kostenrechnung bedeutet dies: Für jede Kostenart sind Sollkosten zu ermitteln und den Kostenstellen vorzugeben. Später sind die entstandenen Istkosten mit den Sollkosten zu vergleichen; die Abweichungen sind zu analysieren. Dies ist von größter Bedeutung, denn die Höhe der Kosten beeinflusst wesentlich das Betriebsergebnis und damit den Unternehmenserfolg.

Eigentlich sollten die Kostenvorgaben durch eine gründliche Kostenplanung (betriebswirtschaftliche Überlegungen und technische Messungen und Berechnungen) ermittelt werden. Dies ist sehr aufwendig und verursacht wiederum hohe Kosten. Um dies zu vermeiden, kann man z. B. auf „repräsentative" Istkosten der letzten Rechnungsabschnitte zurückgreifen, um Vorgabewerte festzulegen. Als repräsentativ sieht man die durchschnittlichen Kosten dieser Rechnungsabschnitte an: Durchschnittswerte glätten zufallsbedingte und untypische Kostenschwankungen, bringen sozusagen „Ausreißer" auf ein „normales" Niveau zurück. Deshalb spricht man von „Normalkosten".

Normalkosten sind Durchschnittskosten der Vergangenheit, die aus den Istkosten mehrerer vergangener Rechnungsabschnitte ermittelt werden. Sie werden den Kostenstellen für den kommenden Rechnungsabschnitt als Sollwerte vorgegeben. Eine Kostenrechnung mit Normalkosten wird als Normalkostenrechnung bezeichnet.

Bei dieser Art der Kostenvorgabe werden auch die Gemeinkostenzuschlagssätze auf der Basis der Normalkosten errechnet. Sie heißen **Normalzuschlagssätze**. Damit werden für den Planungszeitraum (in der Regel ein Jahr) die Voraus-Kostenträgerzeitrechnungen erstellt und die Vorauskalkulation durchgeführt. In die **Listenpreise** der Erzeugnisse gehen so stets die Normalkosten ein.

> **Merke:**
> Eine Normalkostenrechnung setzt voraus, dass folgende Größen für die Planperiode festliegen:
> - das Produktionsprogramm (Arten, Mengen),
> - die Fertigungsverfahren (Fertigungstechniken),
> - die Fertigungskapazitäten.
>
> Dies trifft für Betriebe mit Lagerfertigung (Massen-, Großserien- und ggf. Sortenfertigung) zu. Bei Auftragsfertigung (Einzel- und Kleinserienfertigung) ist die Vorrechnung von Kosten praktisch kaum durchführbar. Hier wird nur der einzelne Auftrag vorkalkuliert und nach Erledigung nachkalkuliert.

5.5.2   Ermittlung von Normalkosten

Die einfachste Form der Ermittlung von Normalkosten ist die Bildung des einfachen Durchschnitts (vgl. S. 35) der letzten Istkostenwerte.

Beispiel: **Berechnung von Normalkosten bei der Egon Balzer GmbH**

In den Monaten Januar bis Juni wurden bei Balzer folgende Gemeinkosten ermittelt:

Kostenstelle	Januar	Februar	März	April	Mai	Juni	Summe
Material	4190,00	5360,00	5209,00	4193,00	4904,00	4944,00	28800,00
Fertigung	24203,00	31976,00	30058,00	24727,00	28991,00	28273,00	168228,00
Verwaltung	15958,00	19243,00	18485,00	15927,00	18094,00	17839,00	105546,00
Vertrieb	8804,00	10775,00	10427,00	8781,00	10002,00	9861,00	58650,00

Bei der Egon Balzer GmbH werden Normalkosten als einfacher Durchschnitt der Istkosten aus den letzten sechs Monaten berechnet.

Normalgemeinkosten Material	Normal-MGK	=	$\dfrac{\text{Summe der Materialgemeinkosten}}{\text{Anzahl der MGK-Werte}}$	$\dfrac{28800}{6} = 4800$
Normalgemeinkosten Fertigung	Normal-FGK	=	$\dfrac{\text{Summe der Fertigungsgemeinkosten}}{\text{Anzahl der FGK-Werte}}$	$\dfrac{168228}{6} = 28038$
Normalgemeinkosten Verwaltung	Normal-VwGK	=	$\dfrac{\text{Summe der Verwaltungsgemeinkosten}}{\text{Anzahl der VwGK-Werte}}$	$\dfrac{105546}{6} = 17591$
Normalgemeinkosten Vertrieb	Normal-VtGK	=	$\dfrac{\text{Summe der Vertriebsgemeinkosten}}{\text{Anzahl der VtGK-Werte}}$	$\dfrac{58650}{6} = 9775$

Preisschwankungen können – falls dies notwendig ist – bei der Bildung von Normalkosten berücksichtigt werden. Es werden dann gewogene Durchschnitte gebildet, die jeweils den Preisindex in den einzelnen Monaten als Gewichtungsfaktor verwenden. Auf alten Bezugspreisen beruhende Kostenwerte werden dadurch korrigiert und an die neue Preisbasis angepasst.

5.5.3 Ermittlung von Normalzuschlagssätzen

Aus den Normalkosten leitet man Normalzuschlagssätze ab, indem man jede Normalkostenart zum Durchschnitt ihrer Zuschlagsgrundlage in prozentuale Beziehung setzt.

Beispiel: Ableitung von Normalzuschlagssätzen bei der Egon Balzer GmbH (Fortsetzung)

Die Zuschlagsgrundlagen (Materialeinzelkosten, Fertigungslöhne und Herstellkosten des Umsatzes) wiesen in den angegebenen Monaten folgende Werte aus:

Einzelkosten	Januar	Februar	März	April	Mai	Juni	Summe	Durch-schnitt
Materialeinzel-kosten	25 000,00	32 800,00	30 900,00	25 500,00	30 100,00	29 200,00	173 500,00	28 917,00
Fertigungslöhne	19 215,00	25 210,00	23 750,00	19 600,00	23 135,00	22 444,00	133 354,00	22 226,00
Herstellkosten des Umsatzes	76 215,00	94 910,00	90 950,00	78 000,00	88 535,00	86 744,00	515 354,00	85 892,00

Normalzuschlagssatz Material
$$\text{Normal-MGKZ} = \frac{\text{Normalgemeinkosten Material}}{\text{Durchschn. Materialeinzelkosten}} \cdot 100 \qquad \frac{4\,800}{28\,917} \cdot 100 = 16{,}60\,\%$$

Normalzuschlagssatz Fertigung
$$\text{Normal-FGKZ} = \frac{\text{Normalgemeinkosten Fertigung}}{\text{Durchschn. Fertigungslöhne}} \cdot 100 \qquad \frac{28\,038}{22\,226} \cdot 100 = 126{,}15\,\%$$

Normalzuschlagssatz Verwaltung
$$\text{Normal-VwGKZ} = \frac{\text{Normalgemeinkosten Verwaltg.}}{\text{Durchschn. Herstellk. d. Ums.}} \cdot 100 \qquad \frac{17\,591}{85\,892} \cdot 100 = 20{,}48\,\%$$

Normalzuschlagssatz Vertrieb
$$\text{Normal-VtGKZ} = \frac{\text{Normalgemeinkosten Vertrieb}}{\text{Durchschn. Herstellk. d. Ums.}} \cdot 100 \qquad \frac{9\,775}{85\,892} \cdot 100 = 11{,}38\,\%$$

Eine Überprüfung und ggf. Anpassung der Normalzuschlagssätze ist vorgesehen:

- turnusgemäß nach Ablauf der Planperiode;
- aufgrund erkennbarer Anlässe für eine Änderung der Kalkulationsbasis, also z. B. wegen erheblicher Preisänderungen, nach denen die Verrechnungspreise angepasst werden, oder nach Änderungen im Produktionsablauf, die das Einsatzverhältnis der Produktionsfaktoren verändern.

5.5.4 Ermittlung der Selbstkosten des Umsatzes auf der Basis von Normalkosten

Mit den berechneten Normalzuschlagssätzen erstellt man in der Planperiode jeweils Voraus-Kostenträgerzeitrechnungen und die Vorauskalkulation auf der Basis von Normalkosten. Angaben über die voraussichtlichen Einzelkosten erhält man hierbei aus dem Produktionsplan. Sie werden für die Dauer der Planperiode mit festen Verrechnungspreisen angesetzt. Bestandsveränderungen an unfertigen und fertigen Erzeugnissen leitet man aus Auftragsdaten und dem Produktionsplan ab.

ZWEITER ABSCHNITT

Beispiel: Voraus-Kostenträgerzeitrechnung für August bei der Egon Balzer GmbH auf Normalkostenbasis

Für den Monat August geht man bei Balzer von folgenden Einzelkosten und Bestandsveränderungen aus:

	EUR	Kostenträger		
		Schränke	Tische	Stühle
Fertigungsmaterial	28 634,00	12 200,00	9 100,00	7 334,00
Fertigungslöhne	26 013,00	9 585,00	10 275,00	6 153,00
Bestandsmehrung an unfertigen Erzeugnissen	72,00	0,00	72,00	0,00
Bestandsminderung an unfertigen Erzeugnissen	215,00	26,00	0,00	189,00
Bestandsmehrung an fertigen Erzeugnissen	75,00	0,00	0,00	75,00
Bestandsminderung an fertigen Erzeugnissen	407,00	320,00	147,00	0,00

Voraus-Kostenträgerzeitblatt auf Normalkostenbasis

Kostenbezeichnung	Gesamt EUR	Normal-zuschlags-satz	Kostenträger		
			Schränke EUR	Tische EUR	Stühle EUR
Fertigungsmaterial	28 634,00		12 200,00	9 100,00	7 334,00
+ Normal-Materialgemeinkosten	4 753,24	16,60 % ➤	2 025,20	1 510,60	1 217,44
Materialkosten (1)	33 387,24		14 225,20	10 610,60	8 551,44
Fertigungslöhne	26 013,00		9 585,00	10 275,00	6 153,00
+ Normal-Fertigungsgemeinkosten	32 815,40	126,15 % ➤	12 091,48	12 961,91	7 762,01
Fertigungskosten (2)	58 828,40		21 676,48	23 236,91	13 915,01
Herstellkosten der Erzeugung (1) + (2)	92 215,64		35 901,68	33 847,51	22 466,45
– Bestandsmehrung an unfert. Erzeugn.	72,00		0,00	72,00	0,00
+ Bestandsminderg. an unfert. Erzeugn.	215,00		26,00	0,00	189,00
Herstellkosten der fertigen Erzeugnisse	92 358,64		35 927,68	33 775,51	22 655,45
– Bestandsmehrung an fert. Erzeugn.	75,00		0,00	0,00	75,00
+ Bestandsminderung an fert. Erzeugn.	467,00		320,00	147,00	0,00
Herstellkosten des Umsatzes	92 750,64		36 247,68	33 922,51	22 580,45
+ Normal-Verwaltungsgemeinkosten	18 995,33	20,48 % ➤	7 423,52	6 947,33	4 624,48
+ Normal-Vertriebsgemeinkosten	10 555,02	11,38 % ➤	4 124,99	3 860,38	2 569,66
Selbstkosten des Umsatzes	122 300,99		47 796,19	44 730,22	29 774,59

Summendifferenzen sind rundungsbedingt.

Die Voraus-Kostenträgerzeitrechnung gibt Auskunft über die voraussichtlichen Selbstkosten des Umsatzes in der nächsten Rechnungsperiode.

Aufgrund der vorhandenen und erwarteten Aufträge für die nächste Rechnungsperiode kann man zusätzlich das **voraussichtliche Betriebsergebnis** – das **Normal-Betriebsergebnis** – ermitteln. Dieses wird auch als **Umsatzergebnis** bezeichnet.

Beispiel: Umsatzergebnis für August bei der Egon Balzer GmbH

Für August werden bei Balzer folgende Umsatzerlöse geplant:

Leistungen	EUR	Kostenträger		
		Schränke	Tische	Stühle
Umsatzerlöse	135 800,00	47 150,00	50 850,00	37 800,00

Voraus-Betriebsergebnisrechnung im Normal-Kostenträgerzeitblatt

Bezeichnung	EUR		Kostenträger		
			Schränke	Tische	Stühle
Umsatzerlöse	135 800,00		47 150,00	50 850,00	37 800,00
− Selbstkosten des Umsatzes	122 300,99		47 796,19	44 730,22	29 774,59
Umsatzergebnis	13 499,01		− 646,19	6 119,78	8 025,41

Summendifferenzen sind rundungsbedingt.

Bei der Egon Balzer GmbH wird folglich mit einem Betriebsgewinn von 13 499,01 EUR gerechnet. Hierbei ist zu beachten, dass der Kostenträger Schränke mit einem Verlust von voraussichtlich 646,19 EUR das Ergebnis schmälern wird. Die übrigen Kostenträger (Tische, Stühle) gleichen diesen Verlust aber bei weitem aus.

5.5.5 Controlling: Ansatz einer Kostenkontrolle

Die Normalkostenrechnung liefert die voraussichtlichen Selbstkosten des Umsatzes und das voraussichtliche Betriebsergebnis (Umsatzergebnis). Die Zahlen werden am Ende der Rechnungsperiode mit den Ist-Selbstkosten und dem Ist-Betriebsergebnis verglichen. Abweichungen werden auf ihre Ursachen hin untersucht. Auf diese Weise unternimmt man den Versuch einer **Kostenkontrolle**.

Der Vergleich von Ist-Gemeinkosten und Normal-Gemeinkosten deckt **Kostenabweichungen** auf. Diese können **Kostenüberdeckungen** oder **Kostenunterdeckungen** sein.

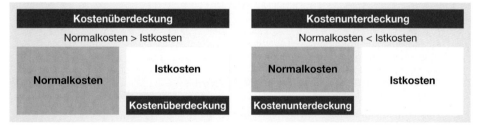

Kostenüber- und -unterdeckungen kann man im Kostenträgerzeitblatt sichtbar machen, indem man Normalkosten und Istkosten ausweist.

Beispiel: Auszug aus dem Kostenträgerzeitblatt mit Normalkosten (Spalte 2) und Istkosten (Spalte 3)

Ende August liegen folgende Angaben über die Ist-Gemeinkosten vor:

Material EUR	Fertigung EUR	Verwaltung EUR	Vetrieb EUR
6 004,00	39 176,00	18 098,00	10 374,00

Diese Werte liegen natürlich auch für die einzelnen Kostenträger vor. Die Auswertung sollen Sie in Arbeitsauftrag 7 auf S. 237 vornehmen.

1	2 Verrechnete Normalkosten		3 Normal- Ist-zuschlagssätze		3 Entstandene Istkosten		4 Kosten-über-/-unterdeckung
	EUR	EUR	%	%	EUR	EUR	EUR
Fertigungsmaterial	28 634,00				28 634,00		
+ Materialgemeinkosten	4 753,24		16,60	20,97	6 004,00		
Materialkosten		33 387,24				34 638,00	− 1 250,76
Fertigungslöhne	26 013,00				26 013,00		
+ Fertigungsgemeinkosten	32 815,40		126,15	150,60	39 176,00		
Fertigungskosten		58 828,40				65 189,00	− 6 360,60
Herstellkosten der Erzeugung		92 215,64				99 827,00	
− Best.-mehrg. an unfert. Erz.		72,00				72,00	
+ Best.-minderg. an unfert. Erz.		215,00				215,00	
Herstellkosten d. fert. Erz.		92 358,64				99 970,00	
− Best.-mehrg. an fert. Erz.		75,00				75,00	
+ Best.-minderg. an fert. Erz.		467,00				467,00	
Herstellkosten d. Umsatzes		92 750,64				100 362,00	
+ Verwaltungsgemeinkosten	18 995,33		20,48	18,03	18 098,00		897,33
+ Vertriebsgemeinkosten	10 555,02		11,38	10,34	10 374,00		181,02
Selbstkosten des Umsatzes		122 300,99				128 834,00	− 6 533,01

Betriebsergebnis der Egon Balzer GmbH:

1	2 Normalkosten/ Leistungen				3 Ist-Kosten/ Leistungen		4
	EUR	EUR	%	%	EUR	EUR	EUR
Umsatzerlöse		135 800,00				135 800,00	
− Selbstkosten des Umsatzes		122 300,99				128 834,00	
Umsatzergebnis		13 499,01					
− Kostenunterdeckung		6 533,01					
Betriebsergebnis		6 966,00				6 966,00	

Für **Materialgemeinkosten** wurden in der Voraus-Kostenträgerzeitrechnung
16,60 % des Fertigungsmaterials in Ansatz gebracht .... 4 753,24 EUR
Die Ist-Materialgemeinkosten betrugen .... 6 004,00 EUR
Die verrechneten Normal-Gemeinkosten liegen also mit .... 1 250,76 EUR
unter den Ist-Gemeinkosten　➡ **Unterdeckung**

Für **Fertigungsgemeinkosten** wurden in der Voraus-Kostenträgerzeitrechnung 126,15 % der Fertigungslöhne in Ansatz gebracht .... 32 815,40 EUR
Die Ist-Fertigungsgemeinkosten betrugen .... 39 176,00 EUR
Die verrechneten Normal-Gemeinkosten liegen also mit .... 6 360,60 EUR
unter den Ist-Gemeinkosten　➡ **Unterdeckung**

Für **Verwaltungsgemeinkosten** wurden in der Voraus-Kostenträgerzeitrechnung 20,48 % der Herstellkosten des Umsatzes in Ansatz gebracht .... 18 995,33 EUR
Die Ist-Verwaltungsgemeinkosten betrugen .... 18 098,00 EUR
Die verrechneten Normal-Gemeinkosten liegen also mit .... 897,33 EUR
über den Ist-Gemeinkosten　➡ **Überdeckung**

Für **Vertriebsgemeinkosten** wurden in der Voraus-Kostenträgerzeitrechnung 11,38 % der Herstellkosten des Umsatzes in Ansatz gebracht .... 10 555,02 EUR
Die Ist-Vertriebsgemeinkosten betrugen .... 10 374,00 EUR
Die verrechneten Normal-Gemeinkosten liegen also mit .... 181,02 EUR
über den Ist-Gemeinkosten　➡ **Überdeckung**

Der Kostenvergleich deckt zum Teil erhebliche Abweichungen von verrechneten Normalgemeinkosten und tatsächlich angefallenen Ist-Gemeinkosten auf. Besonders auffällig ist die hohe Kostenunterdeckung im Fertigungsbereich; aber auch im Materialbereich liegen die Istkosten erheblich über den verrechneten Normalkosten. Dadurch konnte das erwartete Betriebsergebnis (13 499,01 EUR) nicht annähernd erreicht werden; das Ist-Betriebsergebnis beträgt nur 6 966,00 EUR.

In der Kostenstelle Verwaltung kam es im August zu einer deutlichen Kostenüberdeckung. Die Kostenstelle Vertrieb weist eine geringfügige Überdeckung aus.

Die Kostenabweichungen – Über- und Unterdeckungen – müssen auf ihre Ursachen hin untersucht werden. Solche Ursachen können grundsätzlich sein: Preisabweichungen, Beschäftigungsabweichungen, Verbrauchsabweichungen (Mengen- und Zeitabweichungen).

Abweichungen der Sollkosten von den Istkosten entstehen	Erläuterung/Beispiele:		
• durch Änderungen der Bezugspreise: **Preisabweichungen**	Im folgenden Beispiel bestehen die Materialgemeinkosten zu einem Drittel (100 000,00 EUR) aus Energiekosten. Der Energiepreis steigt um 5 %.		

	Normalkosten	Istkosten	Unterdeckung
Fertigungsmaterial	800 000,00	800 000,00	
Materialgemeinkosten	300 000,00	305 000,00	5 000,00

Anmerkung: Preisabweichungen kommen nicht zustande, wenn Verrechnungspreise angesetzt werden.

• durch Schwankungen der Ausbringungsmenge: **Beschäftigungsabweichungen** *Lesen Sie hierzu S. 333 f.*	Der Normalkostenrechnung liegt eine Normalbeschäftigung (Normalproduktionsauslastung) zugrunde. Sie beträgt 100 %. Deutet sich aufgrund der Auftragslage z. B. ein Beschäftigungsrückgang auf 80 % an, setzt die Vorausrechnung auch nur 80 % Normalgemeinkosten an. Sie unterstellt folglich, dass die Gemeinkosten variable Kosten sind. In Wirklichkeit ist jedoch ein großer Teil der Gemeinkosten fixe Kosten. Diese bleiben bei Beschäftigungsänderungen in voller Höhe bestehen. Die Istkosten weichen aufgrund dieses „Rechenfehlers" der Normalkostenrechnung von den verrechneten Normalkosten ab (Beschäftigungsabweichung).

	Kosten bei Normalbeschäft. (100 %)	Normalkosten bei 80 % Beschäft.	Istkosten bei 80 % Beschäft.	Unterdeckung
Fertigungslöhne	60 000,00	48 000,00	48 000,00	
Fertigungsgemeinkosten	24 000,00	19 200,00	22 080,00	2 880,00

Der Fixkostenanteil der Fertigungsgemeinkosten beträgt hier 60 %.

• durch Abweichungen von Mengen und/oder Zeiten: **Verbrauchsabweichungen**	Im Oktober führt ein Fehler im Produktionsprozess zu einem erhöhten Verbrauch an Schweißdrähten und Energie (jeweils Betriebsstoffe). Die Kosten steigen um 4 000,00 EUR (Verbrauchsabweichung).

	Normalkosten	Istkosten	Unterdeckung
Fertigungslöhne	60 000,00	60 000,00	
Fertigungsgemeinkosten	24 000,00	28 000,00	4 000,00

Kostenstellen sollen bekanntlich Verantwortungsbereiche sein. Der Kostenstellenleiter trägt die Kostenverantwortung für die beeinflussbaren Kosten der Kostenstelle und damit für Kostenabweichungen. Preis- und Beschäftigungsabweichungen kann er nicht beeinflussen, wohl aber Verbrauchsabweichungen.

Die Kostenrechnung sollte es ermöglichen, vor allem Verbrauchsabweichungen eindeutig zu erkennen. Nur dann lassen sich die Ursachen dieser Abweichungen analysieren und beseitigen.

Genau hier liegt eine wesentliche Schwachstelle der Normalkostenrechnung. Das zeigt die folgende Kritik.

ZWEITER ABSCHNITT

5.5.6   Kritische Betrachtung der Normalkostenrechnung

● Kostenvorgaben sollten gründlich geplante Werte sein. Nur dies ermöglicht einen sinnvollen Vergleich von Soll- und Istkosten und eine fundierte Abweichungsanalyse. Die Normalkostenrechnung jedoch benutzt Vergangenheitswerte, also Istkosten, als Vorgaben (wenn diese auch in Form von Durchschnittswerten geglättet wurden).

● Die Normalkostenrechnung betrachtet alle Gemeinkosten als variabel. Sie trennt nicht zwischen fixen und variablen Kosten. Deshalb verrechnet sie bei einer Beschäftigung unter der Normalbeschäftigung zu wenig Gemeinkosten und bei einer Beschäftigung über der Normalbeschäftigung zu viel Gemeinkosten. In beiden Fällen entsteht ein falscher Kostenansatz (Beschäftigungsabweichung).

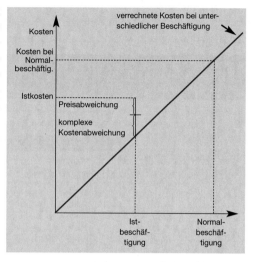

● Tritt bei einer gegebenen Istbeschäftigung eine Kostenabweichung auf, so gestattet diese wegen der fehlenden Trennung von fixen und variablen Kosten keine Unterscheidung von Beschäftigungs- und Verbrauchsabweichung. Nur Preisabweichungen lassen sich erkennen. Für den Rest handelt es sich um eine komplexe Abweichung. Wird sie fälschlicherweise in ihrer Gesamtheit als Verbrauchsabweichung interpretiert, kann dies zu falschen Entscheidungen über Kostenkorrekturmaßnahmen führen. Will man hingegen eine korrekte Abweichungsanalyse durchführen, so erfordert dies umfangreiche Spezialuntersuchungen.

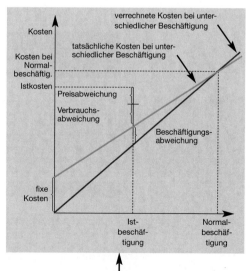

Wegen dieser Nachteile wird die Normalkostenrechnung in der Praxis kaum angewendet. Zu passablen Ergebnissen kann sie ohnehin nur führen, solange die Istbeschäftigung nicht wesentlich von der Normalbeschäftigung abweicht.

Nur unter diesen Umständen wirkt sich die Normalkostenrechnung auch für die Vorauskalkulation vorteilhaft aus: Sie rechnet längere Zeit mit konstanten Zuschlagssätzen, die als Durchschnittswerte von Zufallsschwankungen bereinigt wurden. Damit bleibt die Basis für Angebotspreise stabil.

Nur bei einer Trennung von fixen und variablen Kosten lassen sich Beschäftigungs- und Verbrauchsabweichung unterscheiden.

Arbeitsaufträge

1./2. Der Kostenrechnung eines Industriebetriebs entnehmen Sie folgende Zahlen: | EUR

Fertigungsmaterial	62 160,00
Fertigungslöhne einschl. darauf entfallender Sozialkosten	34 250,00
Gemeinkosten	66 197,00

Die Gemeinkosten werden wie folgt auf die Kostenstellen verteilt:

Material	3 108,00
Fertigung	41 100,00
Verwaltung	11 577,00
Vertrieb	10 412,00

Unfertige Erzeugnisse	
Anfangsbestand	16 400,00
Endbestand	18 418,00
Fertige Erzeugnisse	
Anfangsbestand	21 700,00
Endbestand	20 500,00

Der Betrieb hat mit folgenden Normalzuschlagssätzen gerechnet:

	1.	2.
Material	6 %	5 %
Fertigung	130 %	110 %
Verwaltung	10 %	9 %
Vertrieb	6 %	5 %

a) Ermitteln Sie die Ist-Zuschlagssätze. (Auf eine Dezimalstelle runden!)

b) Stellen Sie eine Kostenträgerzeitrechnung mit Normalkosten und Istkosten nach dem Schema von Seite 232 auf.

c) Stellen Sie die Kostenüber- und -unterdeckungen fest.

Runden Sie alle Beträge auf volle EUR auf bzw. ab.

3. Ihnen liegen die folgenden Zahlen einer Kostenträgerzeitrechnung vor:

	1	2			3	4
		Verrechnete Normal-kosten	Normal-zuschlags-sätze	Ist-zuschlags-sätze	Entstandene Istkosten	Kostenüber-bzw. -unter-deckung
		EUR	%	%	EUR	EUR
Fertigungsmaterial		25 200,00			25 200,00	
+ Materialgemeinkosten		4 200,00	16 $\frac{2}{3}$	?	3 780,00	
Materialkosten		?			?	+ 420,00
Fertigungslöhne		?			?	
+ Fertigungsgemeinkosten		117 600,00	175	?	120 960,00	
Fertigungskosten		184 800,00			188 130,00	– 3 360,00
Herstellkosten der Erzeugung		214 200,00			217 140,00	
– Bestandsmehrung an unfert. Erzeugn.		0,00			0,00	
+ Bestandsminderung an unfert. Erzeugn.		7 140,00			7 140,00	
Herstellkosten der fert. Erzeugn.		?			?	
– Bestandsmehrung an fert. Erzeugn.		11 480,00			11 480,00	
+ Bestandsminderung an fert. Erzeugn.		0,00			0,00	
Herstellkosten des Umsatzes		?			?	
+ Verwaltungsgemeinkosten		31 479,00	15	?	26 600,00	?
+ Vertriebsgemeinkosten		10 493,00	5	10	?	?
Selbstkosten des Umsatzes		?			?	?

a) Vervollständigen Sie die Kostenträgerzeitrechnung auf einem gesonderten Blatt.

b) Wie viel Prozent beträgt der Ist-Materialgemeinkostenzuschlag?

c) Wie viel EUR betragen die Fertigungslöhne?

d) Wie viel Prozent beträgt der Ist-Fertigungsgemeinkostenzuschlag?

e) Wie viel EUR betragen die Herstellkosten des Umsatzes (Normal und Ist)?

f) Wie viel Prozent beträgt der Ist-Verwaltungsgemeinkostenzuschlag?

g) Wie viel EUR beträgt die Über-/Unterdeckung insgesamt?

4. Ihnen liegen die folgenden Zahlen einer Kostenträgerzeitrechnung vor:

	1	2		3	4
	Verrechnete Normal-kosten	Normal-zuschlags-sätze	Ist-	Entstandene Istkosten	Kostenüber- bzw. -unter-deckung
	EUR	%	%	EUR	EUR
Fertigungsmaterial + Materialgemeinkosten	? 2 600,00	10	?	26 000,00 ?	– 520,00
Materialkosten	?			?	
Fertigungslöhne + Fertigungsgemeinkosten	? ?	?	202	? 210 080,00	
Fertigungskosten	?			?	?
Herstellkosten der Erzeugung	340 600,00			?	
– Bestandsmehrung an unfert. Erzeugn. + Bestandsminderung an unfert. Erzeugn.	0,00 10 400,00			0,00 10 400,00	
Herstellkosten der fert. Erzeugn.	351 000,00			?	
– Bestandsmehrung an fert. Erzeugn. + Bestandsminderung an fert. Erzeugn.	? ?			? ?	
Herstellkosten des Umsatzes	312 000,00			?	

a) Vervollständigen Sie die Kostenträgerzeitrechnung auf einem gesonderten Blatt.
b) Wie viel Prozent beträgt der Ist-Materialgemeinkostenzuschlag?
c) Wie viel EUR beträgt die Über-/Unterdeckung der Fertigungsgemeinkosten?
d) Wie viel EUR beträgt der Mehr-/Minderbestand an fertigen Erzeugnissen?

 5. Der KLR eines Industriebetriebs entnehmen Sie für den Monat Mai folgende Beträge:

	EUR
Umsatzerlöse	264 600,00
Bestandsmehrungen	1 750,00
Fertigungsmaterial	90 250,00
Hilfs- und Betriebsstoffe	7 000,00
Energie	9 010,00
Fertigungslöhne einschließlich darauf entfallender Sozialkosten	35 700,00
Gehälter	28 240,00
Sozialkosten (Gehaltsbereich)	4 770,00
Betriebliche Steuern	13 050,00
Kalkulatorische Abschreibungen	59 535,00
Sonstige kalkulatorische Kosten	22 850,00

Angaben für die Aufteilung der Gemeinkosten auf die Kostenstellen:

Gemeinkostenart	Material	Fertigung	Verwaltung	Vertrieb
Hilfs- und Betriebsstoffe	800,00 EUR	5 000,00 EUR	500,00 EUR	700,00 EUR
Energie	38 000 kWh	90 200 kWh	17 000 kWh	35 000 kWh
Gehälter	4 000,00 EUR	3 100,00 EUR	15 000,00 EUR	6 140,00 EUR
Sozialkosten (Gehaltsbereich)	870,00 EUR	2 400,00 EUR	1 000,00 EUR	500,00 EUR
Betriebliche Steuern	1 Teil	11 Teile	4 Teile	2 Teile
Kalkulatorische Abschreibungen	6 000,00 EUR	40 000,00 EUR	5 000,00 EUR	8 535,00 EUR
Sonstige kalkulatorische Kosten	40 Teile	250 Teile	120 Teile	47 Teile

a) Stellen Sie den BAB auf. Ermitteln Sie die Ist-Zuschlagssätze (auf eine Dezimalstelle runden).

Der Betrieb hat mit folgenden Normalzuschlagssätzen kalkuliert:
Material: 17 %, Fertigung: 210 %, Verwaltung: 15 %, Vertrieb: 10 %.

b) Stellen Sie das Kostenträgerzeitblatt auf. Ermitteln Sie die Kostenüber- und -unterdeckungen.

Alle Beträge sind auf volle EUR auf- bzw. abzurunden.

6. **Sie sind Mitarbeiter des in Arbeitsauftrag 5 kostenrechnerisch dargestellten Unternehmens. Bereits bei drei aufeinander folgenden Betriebsabrechnungen wurden erhebliche Kostenunterdeckungen in den Kostenstellen Material und Fertigung festgestellt, während die Abweichungen in den übrigen Kostenstellen bisher immer nur geringfügig waren.**

   Der Leiter der Materialkostenstelle begründet die Kostenunterdeckung mit den gestiegenen Rohstoffpreisen und den viel zu hoch ausgefallenen Lohnerhöhungen des letzten Jahres, die gerade die unteren Lohngruppen beträfen. Dadurch seien die Löhne der Hilfsarbeiter in der Lager- und Materialstelle überproportional gestiegen. Er schlägt vor, den Normalzuschlagssatz zu erhöhen; dann werde in Zukunft Kostendeckung erreicht.

   Der Leiter der Fertigungskostenstelle argumentiert anders: Im Fertigungsbereich sei ein ungewöhnlich hoher Betriebsstoffverbrauch entstanden, mit dem nicht zu rechnen war. Er will die Entnahme der betreffenden Betriebsstoffe in den nächsten Monaten dokumentieren, um festzustellen, ob sich Verbrauchsspitzen auf eine Produktionslinie konzentrieren. Aufbauend auf den Verbrauchsaufzeichnungen will er weitere Maßnahmen zur Kostensenkung ergreifen.

   a) Lässt sich auf der Grundlage der vorliegenden Kosteninformationen eindeutig feststellen, ob es sich bei den beschriebenen Abweichungen um Preis-, Beschäftigungs- oder Verbrauchsabweichungen handelt? Begründen Sie Ihre Antwort.

   b) Wie beurteilen Sie die Erklärungen der beiden Kostenstellenleiter? Welche Schwächen hat ihre Argumentation?

7. **Die Voraus-Kostenträgerzeitrechnung der Egon Balzer GmbH für den Monat August weist** **die Zahlen von Seite 230 aus.**

   Ende August werden für die Kostenträger folgende Istkosten und Istleistungen festgestellt:

Bezeichnung	Insgesamt	Kostenträger		
		Schränke	Tische	Stühle
Umsatzerlöse	135 800,00	47 150,00	50 850,00	37 800,00
Fertigungsmaterial	28 634,00	12 200,00	9 100,00	7 334,00
Fertigungslöhne	26 013,00	10 150,00	9 670,00	5 249,00
Mehrbestand an unfertigen Erzeugnissen	72,00	0,00	72,00	0,00
Minderbestand an unfertigen Erzeugnissen	215,00	26,00	0,00	189,00
Mehrbestand an fertigen Erzeugnissen	75,00	0,00	0,00	75,00
Minderbestand an fertigen Erzeugnissen	467,00	320,00	147,00	0,00

   Bei Balzer rechnet man für jeden einzelnen Kostenträger mit den Ist-Zuschlagssätzen von Seite 232.

   a) Stellen Sie das Kostenträgerzeitblatt mit Normalkosten und Istkosten auf.

   b) Ermitteln Sie für jeden Kostenträger die Kostenüber- bzw. -unterdeckung in den Kostenstellen Material, Fertigung, Verwaltung und Vertrieb.

   Die festgestellten Kostenunterdeckungen in der Kostenstelle Fertigung sind auch in den beiden letzten Monaten in ähnlicher Höhe aufgetreten.

   c) Können Sie dem Kostenstellenleiter des Fertigungsbereichs aufgrund der vorliegenden Zahlen geeignete Kostenmaßnahmen vorschlagen? Begründen Sie Ihre Antwort.

   d) Ermitteln Sie die Anteile der Kostenträger Schränke, Tische und Stühle am Betriebsergebnis.

   e) Vergleichen Sie für jeden Kostenträger den Anteil am Betriebsergebnis in den Monaten August und Juli (siehe Seite 209 f.). Können Sie auf der Basis der vorliegenden Daten feststellen, ob es sich bei den aufgetretenen Abweichungen um Preis-, Beschäftigungs- oder Verbrauchsabweichungen handelt? Welche weiteren Informationen müssten Ihnen für eine fundierte Aussage vorliegen?

5.6   Kostenträgerstückrechnung (Kalkulation)

Die Kostenträger**zeit**rechnung ermittelt, welche Kosten für alle Kostenträger in der Abrechnungsperiode anfallen werden (Vorausrechnung) bzw. angefallen sind (Istrechnung).

Die Kostenträgerstückrechnung (Kalkulation) hingegen ermittelt die Kosten einer definierten Leistungseinheit.

Leistungseinheiten können sein: ein einzelnes Erzeugnis, eine Erzeugnisgruppe, ein Auftrag, eine Serie (Los, Auflage).

Die typische Kalkulationsmethode für Mehrproduktunternehmen ist die **Zuschlagskalkulation**. Sie
benutzt das gleiche Grundschema wie die Kostenträgerzeitrechnung. Ihr liegen die folgenden Ausführungen zugrunde.

*Erinnern Sie sich:
Wir gehen zunächst
von einem solchen Mehr-
produktunternehmen
aus (vgl. S. 209).*

5.6.1   Normalkalkulation (Vorauskalkulation)

Unternehmen mit festem Fertigungsprogramm und eingeführter Normalkostenrechnung kalkulieren die Kosten und den Verkaufspreis für eine Leistungseinheit auf der Basis von Normalkosten. Sie legen diese Kalkulation während der gesamten Planperiode ihren Preislisten und Angeboten zugrunde.

Eine Kostenkontrolle für den einzelnen Kundenauftrag ist nicht erforderlich. Vielmehr erfolgt die Kostenkontrolle im Rahmen der Kostenträgerrechnung durch Soll-Ist-Vergleich, also durch Vergleich von Normal- und Istkosten.

> **Beispiel: Kalkulationsschema für eine Normalkalkulation**
>
> Anhand des Vorauskostenträgerzeitblatts (siehe S. 230) erstellt die Egon Balzer GmbH ihre Normalkalkulation für Schränke.
>
> Die Kalkulation bezieht sich auf ein Stück.

Einzelkosten (Verrechnungspreise)				Normalzuschlagssätze	
	Gesamt	**Stück**	**Stückkosten**	Materialbereich	16,60 %
Fertigungsmaterial	12 200,00 EUR	50	244,00 EUR	Fertigungsbereich	126,15 %
Fertigungslöhne	9 585,00 EUR	50	191,70 EUR	Verwaltungsbereich	20,48 %
				Vertriebsbereich	11,38 %

Es sind zu berücksichtigen: 30 % Gewinnzuschlag, 5 % Vertreterprovision, 3 % maximaler Kundenskonto und 20 % maximaler Kundenrabatt.

ZWEITER
ABSCHNITT

Die Kalkulation wird nach folgendem Schema vorgenommen:

(1)	Fertigungsmaterial	100,00 %	244,00	
(2)	+ Materialgemeinkosten	16,60 %	40,50	
(3)	**Materialkosten**	**116,60 %**	**284,50**	**284,50**
(4)	Fertigungslöhne	100,00 %	191,70	
(5)	+ Fertigungsgemeinkosten	126,15 %	241,83	
		226,15 %	**433,53**	
(6)	+ Sondereinzelkosten der Fertigung		0,00	
(7)	**= Fertigungskosten**		**433,53**	**433,53**
(8)	**Herstellkosten**	100,00 %		**718,03**
(9)	+ Verwaltungsgemeinkosten	20,48 %		147,05
(10)	+ Vertriebsgemeinkosten	11,38 %		81,71
		131,86 %		**946,80**
(11)	+ Sondereinzelkosten des Vertriebs			0,00
(12)	**Selbstkosten**		100,00 %	946,80
(13)	+ Gewinn		30,00 %	284,04
(14)	**Barverkaufspreis**	92,00 %	**130,00 %**	**1 230,84**
(15)	+ Kundenskonto	3,00 %		40,14
(16)	+ Vertreterprovision	5,00 %		66,89
(17)	**Zielverkaufspreis**	100,00 %	80,00 %	**1 337,87**
(18)	+ Kundenrabatt		20,00 %	334,47
(19)	**Listenverkaufspreis Schrank**		**100,00 %**	**1 672,43**

$$\frac{1\,230,84 \cdot 3}{92}$$

$$\frac{1\,230,84 \cdot 5}{92}$$

$$\frac{1\,337,87 \cdot 20}{80}$$

(1) (4) Die Zuschlagskalkulation geht von den **Einzelkosten** (Fertigungsmaterial, Fertigungslöhne) aus. Diese sind der Leistungseinheit direkt zurechenbar.

(2) (5) Die anteiligen **Gemeinkosten** werden der Leistungseinheit schrittweise über
(9) (10) **Gemeinkostenzuschlagssätze** zugerechnet.

(6) (11) Für einen konkreten Kundenauftrag sind ggf. noch **Sondereinzelkosten** zu berechnen, die nur für diesen Auftrag anfallen. (Keine Berücksichtigung bei der Normalkalkulation).
  - Sondereinzelkosten der Fertigung: z. B. Modellkosten für einen konkreten Auftrag;
  - Sondereinzelkosten des Vertriebs: z. B. einmalige Provision an Geschäftspartner für Auftragsvermittlung.

(3) (7) Man erhält die **Materialkosten**, die **Fertigungskosten**, die **Herstellkosten** und
(8) (12) die **Selbstkosten** der Leistungseinheit.

(13) Auf die Selbstkosten wird der **Gewinn** aufgeschlagen. Der Gewinnzuschlag garantiert, dass dem Unternehmen über den Verkaufspreis eine Prämie für das allgemeine Unternehmerwagnis sowie Finanzierungsmittel für Erweiterungsinvestitionen zufließen. (Die Gewinnbestandteile *kalkulatorischer Unternehmerlohn* und *kalkulatorische Zinsen* sind schon als Gemeinkosten in den Selbstkosten verrechnet worden.) Zuschlagsgrundlage sind die Selbstkosten. Das Ergebnis ist der ...

(14) ... **Barverkaufspreis** der Leistungseinheit.

(15)(16) Auf den Barverkaufspreis werden der maximale **Kundenskonto** und die **Vertreterprovision** aufgeschlagen. Dabei ist zu beachten, dass diese Posten im Hundert zu berechnen sind, denn beide werden vom ...

(17) ... **Zielverkaufspreis** der Leistungseinheit abgezogen bzw. kalkuliert.

(18) Auf den Zielverkaufspreis wird der maximale **Kundenrabatt** aufgeschlagen. Auch er ist im Hundert zu berechnen, denn die Bezugsgröße für die Berechnung des Kundenrabatts ist ...

(19) ... der **Listenverkaufspreis**.

ZWEITER ABSCHNITT

Bei **konkreten Kundenaufträgen** können Sondereinzelkosten auftreten. Skonto- und Rabattsätze werden individuell auf den Kunden abgestimmt. Bei Kleinmengen wird evtl. kein Rabatt gewährt, sondern ein Mindermengenzuschlag berechnet. Insofern kann der erzielte Gewinn über oder unter dem kalkulierten Gewinn liegen.

> **Beispiel: Angebotskalkulation für 15 Schränke**
>
> Die Herstellkosten je Schrank betragen 718,03 EUR (siehe Beispiel S. 238f.). Für die Erstellung eines Farbmusters für den speziellen Farbwunsch eines Kunden fallen Sondereinzelkosten der Fertigung von 450,00 EUR an. Rabattvereinbarung 15 %, Skontovereinbarung 2 %.

Sondereinzelkosten der Fertigung			450,00
Herstellkosten (15 · 718,03)			10 770,45
Herstellkosten einschl. Sondereinzelkosten			**11 220,45**
Verwaltungsgemeinkosten	20,48 %		2 297,95
Vertriebsgemeinkosten	11,38 %		1 276,89
+ Sondereinzelkosten des Vertriebs			0,00
Selbstkosten			**14 795,29**
+ Gewinn	30,00 %		4 438,59
Barverkaufspreis	92,00 %		**19 233,87**
+ Kundenskonto	3,00 %		627,19
+ Vertreterprovision	5,00 %		1 045,32
Zielverkaufspreis	100,00 %	80,00 %	**20 906,38**
+ Kundenrabatt		20,00 %	5 226,60
Angebotspreis		100,00 %	**26 132,98**

Bitte beachten Sie: Der Kalkulation mit Normalkosten liegt die Annahme der Normalbeschäftigung zugrunde. Der kalkulierte Gewinn wird folglich nur bei Normalbeschäftigung erzielt.

Der Kunde zahlt:

Angebotspreis	26 132,98
– 15 % Rabatt	3 919,95
erzielter Zielverkaufspreis	22 213,03
– 2 % Skonto	444,26
Barpreis netto	21 768,77
+ 19 % USt.	4 136,07
Barpreis brutto	**25 904,84**

Berechnung des erzielten Gewinns und der Gewinndifferenz:

erzielter Preis	21 768,77
– Selbstkosten	14 795,29
– Vertreterprovision (5 % vom erzielten ZVP)	1 110,65
erzielter Gewinn	**5 862,83**
– kalkulierter Gewinn	4 438,59
Zusatzgewinn	**1 424,25**

5.6.2 Vor- und Nachkalkulation

Bei Auftragsfertigung (Einzel- und Kleinserienfertigung) ist eine Normalkalkulation praktisch kaum durchführbar. Nur der einzelne Auftrag wird kalkuliert. Aufgrund der unterschiedlichen, oft komplizierten Produktstrukturen ist dies oft schwierig und risikoreich. Bevor ein Angebot abgegeben werden kann, müssen ggf. Preis- und Mengenanfragen an eigene Lieferanten gerichtet und die notwendigen Bearbeitungen in den eigenen Werkstätten durchdacht werden. Häufig lässt dies sich nur aufgrund von Erfahrungen mit früheren ähnlichen Aufträgen durchführen.

Die Auftragskalkulation erfolgt vor Angebotserstellung nach dem bekannten Kalkulationsschema. Dieser Vorkalkulation wird bei größeren Aufträgen nach Produktionsabschluss eine Nachkalkulation gegenübergestellt.

Für Kleinaufträge ist die Rechnung zu aufwendig. Die Kostenkontrolle für diese Aufträge wird in der Kostenträgerzeitrechnung zusammengefasst.

Die Nachkalkulation ist eine **Kontrollrechnung**. Sie soll die **Istkosten des Auftrags** (also die tatsächlich angefallenen Kosten) und den **Istgewinn** ermitteln. Der Vergleich von Vor- und Nachkalkulation soll **Kostenabweichungen** aufdecken. Bei den Einzelkosten beruhen sie auf Mengen- und Preisabweichungen. Diese können dem Auftrag unmittelbar zugerechnet werden. Bei den Gemeinkosten ist dies bekanntlich nicht der Fall. Hier ergeben sich nur Abweichungen, wenn sich die Gemeinkostenzuschläge aufgrund eines neuen BABs geändert haben.

Beispiel: Vor- und Nachkalkulation bei Auftragsfertigung

Die Maschinenbau GmbH soll aufgrund einer Kundennachfrage ein Angebot für zwei große Revolverdrehmaschinen abgeben. Es wird die untenstehende Vorkalkulation mit den angegebenen Einzelkosten und Zuschlagssätzen erstellt. Nach erfolgter Fertigung werden anhand einer Nachkalkulation die Istkosten und die Kostenabweichungen ermittelt.

Vorkalkulation, Nachkalkulation und Kostenabweichungen					
		Vorkalkulation		Nachkalkulation (Istkosten)	Kostenüberdeckung, Kostenunterdeckung; Gewinnplus, -minus
Fertigungsmaterial			105 000,00	105 000,00	
+ Materialgemeinkosten	21 %	22 050,00	22 %	23 100,00	− 1 050,00
Materialkosten		**127 050,00**		**128 100,00**	
Fertigungslöhne		112 000,00		114 000,00	− 2 000,00
+ Fertigungsgemein-kosten	160 %	179 200,00	164 %	186 960,00	− 7 760,00
+ Sondereinzelkosten der Fertigung		500,00		500,00	
Fertigungskosten		**291 700,00**		**301 460,00**	
Herstellkosten		**418 750,00**		**429 560,00**	
+ Verwaltungsgemein-kosten	18 %	75 375,00	17 %	73 025,20	+ 2 329,80
+ Vertriebsgemeinkosten	14 %	58 625,00	14 %	60 138,40	− 1 513,40
+ Sondereinzelkosten des Vertriebs		700,00		700,00	
Selbstkosten		**553 450,00**		**563 423,60**	− 9 973,60
+ Gewinn	20 %	110 690,00		100 716,40	9 973,60
Barverkaufspreis		**664 140,00**		**664 140,00**	0,00
+ Kundenskonto	3 %	21 656,74			
+ Vertreterprovision	5 %	36 094,57			
Zielverkaufspreis		**721 891,31**			
+ Kundenrabatt	5 %	37 994,28			
Angebotspreis		**759 885,59**			

Barverkaufspreis − Selbstkosten = Istgewinn

Auswertung:

Es ergibt sich eine rechnerische Selbstkostensteigerung (= Gewinnminderung) von 9 973,60 EUR. Sie ist verursacht durch höhere Fertigungslöhne (2 000,00 EUR), Material-, Fertigungs- und Vertriebsgemeinkosten.

Teilweise täuschen diese Zahlen. Beispiel: Die Vertriebsgemeinkosten steigen um 1 513,40 EUR, obwohl der Vertriebsgemeinkostenzuschlagssatz unverändert ist. Dies liegt nur daran, dass sich die Zuschlagsgrundlage (die Herstellkosten) rechnerisch erhöht hat. Würde man alle Gemeinkostenzuschlagssätze auf ihre alte Grundlage beziehen, so würden die Selbstkosten nur um insgesamt 3 342,50 EUR steigen. Rechnen Sie selbst nach. Hier zeigt sich wieder das bekannte Problem der Vollkostenrechnung: Ist die unterstellte Proportionalität von Einzel- und Gemeinkosten in Wirklichkeit nicht gegeben, werden die Rechenergebnisse falsch.

ZWEITER ABSCHNITT

Arbeitsaufträge

1. **Bei der Herstellung von Lkws in Serienfertigung fallen je Fahrzeug 34 000,00 EUR Material-einzelkosten und 17 000,00 EUR Fertigungslöhne an.**

   Normalzuschlagssätze: Materialbereich 46 %, Fertigungsbereich 86 %, Verwaltungsbereich 26 %, Vertriebsbereich 8 %.

   Ermitteln Sie die Selbstkosten eines Fahrzeugs.

2. **Bei der Kalkulation von Lautsprechern geht ein Hersteller von folgenden Angaben aus:**

Einzelkosten je Stück		Normalzuschlagssätze	
Fertigungsmaterial	60,00 EUR	Materialbereich	20 %
Fertigungslöhne	40,00 EUR	Fertigungsbereich	150 %
		Verwaltungsbereich	10 %
		Vertriebsbereich	6 %

   Gewinnzuschlag 15 %, Kundenskonto 3 %, Kundenrabatt 20 %.

   a) Ermitteln Sie aufgrund dieser Angaben den Listenverkaufspreis.

   Ein Großkunde bestellt 1 000 Stück. Er erhält zusätzlich 2 % Treuerabatt.

   b) Berechnen Sie den Zahlungsbetrag (ohne USt.), den erzielten Gewinn und die Gewinndifferenz.

3. **Ein Kundenauftrag über die Fertigung einer Spezialmaschine erfordert voraussichtlich 43 000,00 EUR Fertigungsmaterial und 34 000,00 EUR Fertigungslöhne, 800,00 EUR Sonder-einzelkosten der Fertigung und 2 000,00 EUR Sondereinzelkosten des Vertriebs.**

   Es werden folgende Zuschlagssätze angesetzt: Materialbereich 35 %, Fertigungsbereich 160 %, Verwaltungsbereich 18 %, Vertriebsbereich 7 %.

   Gewinnzuschlag 18 %, Kundenskonto 3 %

   a) Berechnen Sie die Selbstkosten des Auftrags.

   b) Erstellen Sie eine Angebotskalkulation für den Auftraggeber.

4. **Die Selbstkosten eines Produktes betragen 50 244,00 EUR.**

   In diesem Betrag sind 7,5 % Normalvertriebsgemeinkosten und 11 % Normalverwaltungs-gemeinkosten enthalten.

   a) Berechnen Sie die Herstellkosten.

   b) Berechnen Sie die Vertriebsgemeinkosten und die Verwaltungsgemeinkosten.

5. **Ein Hersteller von DVD-Rekordern bietet drei verschiedene Modelle an. Er kalkuliert mit folgenden Normalzuschlagssätzen: Materialgemeinkosten 48 %, Fertigungsgemeinkosten 135 %, Verwaltungsgemeinkosten 18 % und Vertriebsgemeinkosten 16 %.**

   Die drei Modelle verursachen folgende Einzelkosten:

	Modell A	Modell B	Modell C
Materialverbrauch	380,00 EUR	465,00 EUR	585,00 EUR
Fertigungslöhne	173,00 EUR	196,00 EUR	208,00 EUR

   a) Berechnen Sie die Selbstkosten der drei Modelle.

   Das Unternehmen rechnet mit 15 % Gewinnzuschlag, 2 % Kundenskonto, 6 % Vertreterpro-vision und 20 % Kundenrabatt.

   b) Berechnen Sie die Listenverkaufspreise.

   Für einen Kundenauftrag über 600 Stück von Modell A fallen 600,00 EUR Sondereinzelkos-ten der Fertigung und 700,00 EUR Sondereinzelkosten des Vertriebs an. Dem Kunden wer-den ausnahmsweise 25 % Rabatt und 2,5 % Skonto eingeräumt.

   c) Berechnen Sie den Zahlungsbetrag (ohne USt.), den erzielten Gewinn und die Gewinndifferenz. (Hinweis: Bei c) sind in die Kalkulationstabelle die normalerweise kalkulierten Zuschläge einzutra-gen. Für die Berechnung von Zahlungsbetrag, Gewinn und Gewinndifferenz sind dann die Sonder-konditionen zu berücksichtigen.)

6. Für die Kalkulation eines Produkts sind die folgenden Werte vorgegeben:

Fertigungsmaterial	1 900,00 EUR	Verwaltungsgemeinkosten	17 %
Fertigungslöhne	4 600,00 EUR	Vertriebsgemeinkosten	6 %
Sondereinzelkosten		Sondereinzelkosten	
der Fertigung	200,00 EUR	des Vertriebs	100,00 EUR
Materialgemeinkosten	14 %	Kundenskonto	3 %
Fertigungsgemeinkosten	125 %	Kundenrabatt	10 %

Der Listenverkaufspreis beträgt 20 050,00 EUR.

Ermitteln Sie den Gewinn in EUR und Prozent.

7. Ein Hersteller von Waschmaschinen kalkuliert seine Listenverkaufspreise.

Für die Maschinen Typ A, Typ B und Typ C fallen folgende Einzelkosten an:

	Typ A	Typ B	Typ C
Materialverbrauch	135,87 EUR	256,44 EUR	465,15 EUR
Fertigungslöhne	83,70 EUR	96,32 EUR	104,18 EUR

Normalzuschlagssätze:
Materialgemeinkosten 56 %, Fertigungsgemeinkosten 136 %, Verwaltungsgemeinkosten 14 %, Vertriebsgemeinkosten 17 %
Gewinnzuschlag 8 %
Kundenskonto 2 %, Vertreterprovision 4 %, Kundenrabatt 12 %

Berechnen Sie die Listenverkaufspreise der Maschinen Typ A, Typ B und Typ C.

8. Ein Industriebetrieb geht bei einer Vorkalkulation von folgenden Werten aus:
Fertigungsmaterial 87 600,00 EUR, Fertigungslöhne 265 900,00 EUR;
Gemeinkostenzuschläge: Materialbereich 22 %, Fertigungsbereich 245 %, Verwaltungsbereich 14 %, Vertriebsbereich 11 %.

Bei der Nachkalkulation ergibt sich:
Die Einzelkosten blieben unverändert. Die Istgemeinkosten betragen:

Istgemeinkosten	
Materialbereich	26 460,00 EUR
Fertigungsbereich	657 900,00 EUR
Verwaltungsbereich	156 320,00 EUR
Vertriebsbereich	142 150,00 EUR

a) Stellen Sie Kostenüber- und -unterdeckungen fest.

b) Ermitteln Sie die Istzuschlagssätze für die Gemeinkostenarten.

9. Die Maschinenbau GmbH hat einen Kundenauftrag mit folgenden Kosten kalkuliert:

Einzelkosten		Zuschlagssätze	
Fertigungsmaterial	175 000,00 EUR	Materialbereich	35 %
Fertigungslöhne	190 000,00 EUR	Fertigungsbereich	138 %
		Verwaltungsbereich	7 %
		Vertriebsbereich	12 %

Bei der Nachkalkulation ergibt sich:
Die Einzelkosten blieben unverändert. Die Istgemeinkosten betragen:

Istgemeinkosten	
Materialbereich	67 540,00 EUR
Fertigungsbereich	274 520,00 EUR
Verwaltungsbereich	61 390,00 EUR
Vertriebsbereich	84 210,00 EUR

a) Stellen Sie Kostenüber- und -unterdeckungen fest.

b) Ermitteln Sie die Istzuschlagssätze für die Gemeinkostenarten.

ZWEITER ABSCHNITT

10. Die Werftbetriebe AG kalkuliert ein Angebot:

Materialeinzelkosten für ein Stück von Erzeugnis A 407: 70 000,00 EUR
Fertigungslöhne für ein Stück von Erzeugnis A 407: 24 300,00 EUR
Gewinnzuschlag 60 %

	kalk. Zuschlagssätze	Istzuschlagssätze
Materialbereich	17 %	18,1 %
Fertigungsbereich	210 %	211,4 %
Verwaltungsbereich	15 %	14,5 %
Vertriebsbereich	10 %	9,9 %

a) Führen Sie eine Vor- und Nachkalkulation für ein Stück des Erzeugnisses A 407 durch.

b) Ermitteln Sie den kalkulierten Stückgewinn und den Ist-Stückgewinn in EUR und in Prozent.

c) Analysieren Sie die Abweichung von Soll- und Istgewinnzuschlag.

11. Einem Maschinenbauunternehmen liegt die Anfrage eines Kunden nach einer Spezialma-schine vor. Das Unternehmen kalkuliert mit folgenden Daten:

Voraussichtlicher Materialverbrauch .... 30 000,00 EUR
Voraussichtlich anfallende Fertigungslöhne .... 17 000,00 EUR

Folgende Zuschlagssätze werden angesetzt:

6 % Materialgemeinkosten, 210 % Fertigungsgemeinkosten, 8 % Verwaltungsgemeinkos-ten, 6 % Vertriebsgemeinkosten.

Außerdem sind bei der Ermittlung des Nettoverkaufspreises 5 500,00 EUR für Entwurfs-und Modellkosten sowie ein Gewinnzuschlag von 33 1/3 % zu berücksichtigen.

a) Ermitteln Sie den Angebotspreis für die Kundenanfrage.

Nach Ablauf der Rechnungsperiode und nach der Ausführung des Kundenauftrags wird die Vorkalkulation durch eine Nachkalkulation mit Istwerten überprüft. Dazu folgende Angaben:

Der Ist-Materialverbrauch und die Ist-Fertigungslöhne entsprechen den Werten der Vor-kalkulation.

Die Ist-Zuschlagssätze des BAB weichen jedoch von den Sollzuschlägen der Vorkalkulation ab: Materialgemeinkosten 5,5 %, Fertigungsgemeinkosten 220 %, Verwaltungsgemein-kosten 8,5 %, Vertriebsgemeinkosten 7 %.

Die Entwurfs- und Modellkosten betrugen tatsächlich insgesamt 5 950,00 EUR.

b) Ermitteln Sie den Ist-Gewinn in EUR und in Prozent.

12. Ein Industriebetrieb verkauft eine Maschine zu einem Zielverkaufspreis von 278 000,00 EUR. Der Kunde zahlt mit 2 % Skonto. Die Nachkalkulation ergibt folgende Istkosten: Fertigungsmaterial 24 000,00 EUR, Fertigungslöhne 69 800,00 EUR;

Istzuschlagssätze:
Materialbereich 11 %, Fertigungsbereich 142 %, Verwaltungsbereich 8 %, Vertriebsbereich 6 %.

a) Führen Sie die Nachkalkulation durch.

b) Bei der Vorkalkulation wurde ein Gewinn von 60 000,00 EUR kalkuliert. Wird dieser Gewinn tatsächlich erzielt?

5.7 Kostenträgerzeitrechnung auf der Basis des erweiterten einstufigen BAB

Bisher sind wir bei der Kostenträgerzeitrechnung von einem einstufigen BAB ausgegangen, der nur die Kostenstellen Material, Fertigung, Verwaltung und Vertrieb umfasst. In Industriebetrieben mit differenziertem Fertigungsprozess ist es zweckmäßig, **für jede Fertigungsabteilung** eine eigene Kostenstelle einzurichten. Es entstehen dann mehrere **Fertigungshauptstellen**. Der **BAB** wird entsprechend **erweitert**. Auch dieser erweiterte BAB ist einstufig.

Für jede Fertigungshauptstelle ermittelt man einen **eigenen Fertigungsgemeinkostenzuschlagssatz**. Dazu setzt man die Fertigungsgemeinkosten einer jeden Fertigungshauptstelle in Beziehung zu den Fertigungslöhnen der Fertigungshauptstelle.

Beispiel: BAB mit zwei Fertigungshauptstellen

In dem BAB der Egon Balzer GmbH auf Seite 218 soll der Bereich Fertigung in folgende Fertigungshauptstellen aufgeteilt werden:

FHS I: Teilefertigung   FHS II: Montage

Der **erweiterte BAB** für den Monat Juli sieht wie folgt aus:

1	2	3	4	5a	5b	6	7
Gemeinkostenarten	Zahlen der KLR	Vertei-lungs-grund-lagen	Material	Fertigungs-hauptstellen		Verwal-tung	Vertrieb
				FHS I: Teilefert.	FHS II: Montage		
			EUR	EUR	EUR	EUR	EUR
Istgemeinkosten	61 000,00		4 300,00 MGK	19 650,00 FGK Teilef.	9 850,00 FGK Mont.	17 700,00 VwGK	9 500,00 VtGK
Zuschlagsgrundlage			Ferti-gungs-material 26 875,00	Fert.-löhne Teilefert. 14 400,00	Fert.-löhne Montage 9 200,00	Herstellkosten des Umsatzes 90 000,00	
Istzuschlagssätze			16,00 %	136,4583 %	107,0652 %	19,6667 %	10,5556 %

Hierdurch ergeben sich Verschiebungen im **Kostenträgerzeitblatt**:

Vergleichen Sie unbedingt mit dem Kostenträgerzeitblatt auf S. 221!

Kostenbezeichnung	EUR	Zuschlags-satz	Kostenträger		
			Schränke	Tische	Stühle
Fertigungsmaterial + Materialgemeinkosten	26 875,00 4 300,00	16,00 %	14 000,00 2 240,00	6 200,00 992,00	6 675,00 1 068,00
Materialkosten (1)	31 175,00		16 240,00	7 192,00	7 743,00
Fertigungslöhne Teilefertigung + Fertigungsgemeinkosten Teilefertigung	14 400,00 19 650,00	136,4583 %	9 400,00 12 827,08	3 000,00 4 093,75	2 000,00 2 729,17
Fertigungskosten Teilefertigung (2)	34 050,00		22 227,08	7 093,75	4 729,17
Fertigungslöhne Montage + Fertigungsgemeinkosten Montage	9 200,00 9 850,00	107,0652 %	1 600,00 1 713,04	4 000,00 4 282,61	3 600,00 3 854,35
Fertigungskosten Montage (3)	19 050,00		3 313,04	8 282,61	7 454,35
Herstellkosten der Erzeugung (1) + (2) + (3)	84 275,00		41 780,12	22 568,36	19 926,52

Auswertung der Kostenträgerzeitrechnung auf der Basis des erweiterten BAB:

● Die Fertigungsgemeinkosten jedes Kostenträgers werden im Kostenträgerzeitblatt nach dem einfachen BAB (siehe S. 221) und erweiterten BAB durch Anwendung des Fertigungsgemeinkostenzuschlagsatzes auf die Fertigungslöhne der Kostenstelle berechnet.

● **Unterschiedliche Zuschlagsätze:** Im einfachen BAB ergibt sich ein **durchschnittlicher Gemeinkostenzuschlag** von 125 % (siehe Kostenträgerzeitblatt S. 221). Die Aufteilung in zwei Fertigungshauptstellen führt zu **unterschiedlichen Zuschlagsätzen:** FHS I Teilefertigung: 136,4583 %, FHS II Montage: 107,0652 %. Folge: Die **Zurechnung der Gemeinkosten ist genauer** als beim einfachen BAB.

● Anhand der Fertigungslöhne lässt sich die unterschiedliche **Inanspruchnahme der Fertigungsbereiche durch die** drei **Kostenträger** erkennen:

 – Die Teilefertigung des **Kostenträgers Schränke** ist lohnintensiv: Sie verursacht 9 400,00 EUR Fertigungslöhne von insgesamt 14 400,00 EUR. In der Montage fallen nur geringe Lohnkosten an. Dies liegt daran, dass nur ein Teil der Schränke im Werk montiert wird. Aufgrund der unterschiedlichen Zuschlagsätze für Teilefertigung und Montage ergibt sich eine höhere Belastung des Kostenträgers Schränke mit Gemeinkosten (14 540,18 EUR statt 13 750,00 EUR).

 – Die Teilefertigung der **Kostenträger Tische und Stühle** ist weniger lohnaufwendig (3 000,00 bzw. 2 000,00 EUR), die Montage hingegen mehr (4 000,00 und 3 600,00 EUR). Auf Letztere entfällt ein geringerer Anteil an Gemeinkosten (107,0652 % der Fertigungslöhne). Deshalb werden die Kostenträger Tische und Stühle im erweiterten BAB mit weniger Gemeinkosten belastet (Tische: 8 376,38 EUR statt 8 750,00 EUR, Stühle: 6 583,44 EUR statt 7 000,00 EUR).

Der erweiterte Betriebsabrechnungsbogen mit mehreren Fertigungshauptstellen ermöglicht

● **eine differenziertere Kalkulation,**
● **eine aussagefähigere Kostenkontrolle.**

Arbeitsaufträge

1. **Einem BAB mit mehreren Fertigungshauptstellen wurden folgende Zahlen entnommen:**

	Zahlen der KLR	Material	Fertigungshauptstellen FHS I	FHS II	Verwaltung	Vertrieb
Istgemeinkosten	494 000,00	34 850,00	135 830,00	152 320,00	117 000,00	54 000,00

Einzelkosten:

Fertigungsmaterial:	**290 400,00 EUR**
Fertigungslöhne der FHS I:	**150 922,00 EUR**
Fertigungslöhne der FHS II:	**138 473,00 EUR**

a) Ermitteln Sie
  ● die Herstellkosten der Erzeugung,
  ● die Herstellkosten des Umsatzes
   (Mehrbestand an unfertigen Erzeugnissen: 1 217,00 EUR,
   Mehrbestand an fertigen Erzeugnissen: 1 576,00 EUR).

b) Berechnen Sie die Istzuschlagsätze für
  ● die Materialgemeinkosten,
  ● die Fertigungsgemeinkosten der FHS I,
  ● die Fertigungsgemeinkosten der FHS II,
  ● die Verwaltungsgemeinkosten,
  ● die Vertriebsgemeinkosten.

2. Der KLR eines Industriebetriebs wurden folgende Zahlen entnommen:

	Material	Fertigungshauptstellen			Verwaltung	Vertrieb
		Bohrerei	Fräserei	Schleiferei		
Einzelkosten	127 000,00	18 000,00	26 500,00	14 200,00	–	–
Gemeinkosten	11 430,00	28 800,00	72 875,00	29 820,00	81 330,00	54 220,00

Minderbestand unfertige Erzeugnisse: **625,00 EUR**

Mehrbestand fertige Erzeugnisse: **400,00 EUR**

a) Ermitteln Sie die Zuschlagssätze für jede Kostenstelle.

b) Ermitteln Sie die Selbstkosten des Umsatzes für die Rechnungsperiode.

5.8   Kostenträgerzeitrechnung auf der Basis des mehrstufigen BAB

In den meisten Industriebetrieben gibt es Bereiche, die ausschließlich Leistungen für den eigenen Betrieb – sog. **innerbetriebliche Leistungen** – erbringen. Dazu gehören z. B. betriebliche Sozialeinrichtungen, Fuhrpark, Werkschutz, Forschung und Entwicklung,
Konstruktion, Arbeitsvorbereitung sowie Einrichtungen zur Energieversorgung. Will man diese Bereiche in die **Kostenkontrolle** mithilfe des BAB ein-
beziehen, muss man ihre Gemeinkosten in besonderen Kostenstellen (Vorkostenstellen) erfassen.

*Vergleichen Sie
S. 212.*

- **Kostenstellen, deren Kosten auf die Kostenträger verrechnet werden, heißen
  End- oder Hauptkostenstellen (z. B. Material, Fertigung, Verwaltung, Vertrieb).**

- **Kostenstellen zur innerbetrieblichen Leistungserfassung und -verrechnung heißen
  Vorkostenstellen. Sie sind den Endkostenstellen vorgelagert und ihre Kosten
  werden auf diese umgelegt (innerbetriebliche Leistungsverrechnung). Dies erfolgt in mehreren Stufen.**

Ein BAB mit Vor- und Hauptkostenstellen heißt deshalb mehrstufiger BAB.

Man unterscheidet **allgemeine** und **besondere Vorkostenstellen**.

Allgemeine Vorkostenstellen	Besondere Vorkostenstellen (Hilfskostenstellen)
• erbringen i. d. R. ihre **Leistungen für alle anderen Kostenstellen**.	• erbringen ihre **Leistungen nur für einen bestimmten Bereich**, dem sie organisatorisch zugeordnet sind. • Hilfskostenstellen, die ihre Leistungen ausschließlich an Fertigungsstellen abgeben, heißen **Fertigungshilfsstellen**.
Beispiele: Energieerzeugung, Fuhrpark, Werksschutz, Sozialeinrichtungen	**Beispiele:** Konstruktionsbüro, Arbeitsvorbereitung, Werkzeugmacherei, Reparaturwerkstatt

Die **Umlage** der Vorkostenstellengemeinkosten auf die empfangenden Kostenstellen soll **möglichst verursachungsgerecht** (aufgrund besonderer Aufzeichnungen oder durch Schlüsselung)
erfolgen.

Beispiel: Mehrstufiger BAB der Krautner GmbH, Düsseldorf

1	2	3	4	5	6	7	8	9	10	11
	Zahlen der KLR	Allgemeine Vorkostenstellen		Material	Fertigungshilfsstellen		Fertigungshauptstellen		Ver-waltung	Ver-trieb
Gemeinkostenarten		E-Werk	Fuhrpark		Konstr.-Büro	Werkzeugm.	I Stanzerei	II Montage		
	EUR	EUR	EUR	EUR	EUR	EUR	EUR	EUR	EUR	EUR
Hilfs- und Betriebsstoffe	29 000,00	4 000,00	6 000,00	800,00	100,00	5 000,00	8 000,00	5 000,00	–	100,00
Fremdenergie	4 400,00	600,00	800,00	200,00	100,00	600,00	900,00	800,00	200,00	200,00
Fremdinstandhaltung	13 000,00	1 800,00	1 600,00	800,00	300,00	2 000,00	3 000,00	2 000,00	500,00	1 000,00
Gemeinkostenlöhne	50 000,00	2 000,00	3 000,00	2 800,00	200,00	3 300,00	18 000,00	16 000,00	700,00	4 000,00
Gehälter	85 000,00	1 700,00	1 800,00	300,00	9 000,00	1 100,00	8 100,00	2 200,00	50 100,00	10 700,00
Soziale Abgaben	27 400,00	500,00	600,00	100,00	2 500,00	300,00	2 700,00	700,00	16 500,00	3 500,00
Mieten	46 000,00	4 000,00	5 000,00	4 000,00	2 000,00	2 000,00	8 000,00	10 000,00	6 000,00	5 000,00
Büromaterial	24 000,00	1 500,00	1 000,00	900,00	400,00	200,00	100,00	1 300,00	9 600,00	9 000,00
Reisekosten	13 300,00	600,00	200,00	400,00	200,00	300,00	800,00	300,00	5 000,00	5 500,00
Werbung	8 700,00	700,00	600,00	300,00	200,00	200,00	1 000,00	700,00	3 000,00	2 000,00
Versicherungsbeiträge	2 500,00	200,00	200,00	150,00	50,00	150,00	400,00	600,00	400,00	350,00
Betriebliche Steuern	3 300,00	50,00	700,00	700,00	50,00	50,00	150,00	100,00	700,00	800,00
Kalk. Abschreibungen	27 000,00	3 000,00	2 800,00	1 000,00	200,00	500,00	8 000,00	8 000,00	3 000,00	2 500,00
Sonst. kalk. Kosten	52 000,00	3 000,00	3 000,00	4 000,00	500,00	500,00	10 000,00	11 000,00	12 000,00	8 000,00
Summe Gemeinkosten	385 600,00	23 650,00	27 300,00	16 450,00	15 800,00	16 200,00	67 150,00	58 700,00	107 700,00	52 650,00
Umlage E-Werk		↱	400,00	1 000,00	100,00	1 000,00	9 650,00	10 800,00	300,00	400,00
Zwischensumme			27 700,00	17 450,00	15 900,00	17 200,00	76 800,00	69 500,00	108 000,00	53 050,00
Umlage Fuhrpark			↱	3 400,00	300,00	100,00	400,00	500,00	3 000,00	20 000,00
Zwischensumme				20 850,00	16 200,00	17 300,00	77 200,00	70 000,00	111 000,00	73 050,00
Umlage Konstruktionsbüro				–	↱	1 000,00	6 800,00	8 400,00	–	–
Zwischensumme				20 850,00		18 300,00	84 000,00	78 400,00	111 000,00	73 050,00
Umlage Werkzeugmacherei				–		↱	10 980,00	7 320,00	–	–
Summe Gemeinkosten				20 850,00			94 980,00	85 720,00	111 000,00	73 050,00
Zuschlagsgrundlagen				200 000,00			58 000,00	42 000,00	500 000,00	
Zuschlagssätze				10,4 %			163,8 %	204,1 %	22,2 %	14,6 %

Der mehrstufige BAB der Krautner GmbH ist gegenüber dem einstufigen BAB um die allgemeinen Vorkostenstellen **E-Werk** und **Fuhrpark** sowie um die Fertigungshilfsstellen **Konstruktionsbüro** und **Werkzeugmacherei** erweitert.

Einzelkosten:

Die KLR weist folgende Einzelkosten aus: Fertigungsmaterial 200 000,00 EUR, Fertigungslöhne Stanzerei 58 000,00 EUR, Fertigungslöhne Montage 42 000,00 EUR.

Der Mehrbestand an unfertigen Erzeugnissen beträgt 830,00 EUR, der Mehrbestand an fertigen Erzeugnissen 720,00 EUR.

Erläuterungen zur Kostenumlage:

Die Kosten des E-Werks wurden nach verbrauchten kWh, die Kosten des Fuhrparks nach in Anspruch genommener Kilometerleistung auf die empfangenden Kostenstellen verteilt.

Empfangende Kostenstelle	**Umlage E-Werk** Verrechn.-Satz: 0,1667 EUR/kWh Zu verrechnende Leistung in kWh	**Umlage Fuhrpark** Verrechn.-Satz: 1,00 EUR/km Zu verrechnende Leistung in km
Fuhrpark	2 400	–
Material	6 000	3 400
Konstruktionsbüro	600	300
Werkzeugmacherei	6 000	100
Stanzerei	57 900	400
Montage	64 800	500
Verwaltung	1 800	3 000
Vertrieb	2 400	20 000

Zur Vereinfachung verwenden wir einen einheitlichen Verrechnungssatz für Pkws und Lkws.

Die Kosten des Konstruktionsbüros wurden nach der Zahl der in Anspruch genommenen Arbeitsstunden auf die empfangenden Kostenstellen umgelegt.
Die Kosten der Werkzeugmacherei wurden im Verhältnis 6 : 4 auf Stanzerei und Montage umgelegt.

Empfangende Kostenstelle	**Umlage Konstruktionsbüro** Verrechn.-Satz: 200,00 EUR/Std. Zu verrechnende Leistung in Std.	**Umlage Werkzeugmacherei** Umlageverhältnis: 6 : 4 Zu verrechnende Leistung in EUR
Werkzeugmacherei	5	–
Stanzerei	34	10 980,00
Montage	42	7 320,00

Berechnung der Herstellkosten des Umsatzes

(als Zuschlagsgrundlage für die Verwaltungs- und Vertriebsgemeinkosten):

Kostenbezeichnung	EUR	EUR
Fertigungsmaterial	200 000,00	
+ Materialgemeinkosten	20 850,00	
Materialkosten		**220 850,00**
Fertigungslöhne I	58 000,00	
+ Fertigungsgemeinkosten I	94 980,00	
Fertigungskosten I		**152 980,00**
Fertigungslöhne II	42 000,00	
+ Fertigungsgemeinkosten II	85 720,00	
Fertigungskosten II		**127 720,00**
Herstellkosten der Erzeugung		**501 550,00**
– Bestandsmehrung an unfertigen Erzeugnissen		830,00
+ Bestandsminderung an unfertigen Erzeugnissen		0,00
Herstellkosten der fertigen Erzeugnisse		**500 720,00**
– Bestandsmehrung an fertigen Erzeugnissen		720,00
+ Bestandsminderung an fertigen Erzeugnissen		0,00
Herstellkosten des Umsatzes		**500 000,00**

ZWEITER ABSCHNITT

Arbeitsschritte bei der Aufstellung eines mehrstufigen BAB	
Übernahme aller Gemeinkosten	Gemeinkosten aus der Abgrenzungsrechnung in den BAB übernehmen
Verteilung der direkt zurechenbaren Gemeinkosten	Direkt zurechenbare Gemeinkosten den Kostenstellen zuweisen
Indirekte Zurechnung der übrigen Gemeinkosten	Übrige Gemeinkosten anhand von Schlüsseln auf die Kostenstellen umlegen
Umlage der Kosten der allgemeinen Vorkostenstellen	Allgemeine Vorkostenstellen anhand von Verrechnungssätzen und Schlüsseln auf die anderen Kostenstellen umlegen
Umlage der Kosten der Hilfskostenstellen	Hilfskostenstellen auf die ihnen zugeordneten Kostenstellen umlegen
Ermittlung der Gemeinkostensummen	Für jede Kostenstelle die Summe der Gemeinkosten ermitteln
Ermitteln der Zuschlagssätze	Gemeinkostenzuschlagssätze für die Kostenträgerrechnung berechnen

Der **mehrstufige BAB** bietet die Möglichkeit, auch die Kosten der innerbetrieblichen Leistungen einer Kontrolle zu unterziehen.

- **Zeitvergleiche** machen die Kostenentwicklung in diesen Bereichen erkennbar.

- **Vergleiche mit Normalkosten** zeigen dem Kostenstellenleiter, wo Kostensenkungsmaßnahmen erforderlich sind.

- **Vergleiche mit außerbetrieblichen Anbietern** (z. B. Speditionen, Ingenieurbüros) geben Antwort auf die Frage, ob und in welchen Bereichen die Erstellung von Eigenleistungen wirtschaftlich ist.

Außerdem bewirkt der mehrstufige BAB eine genauere Zuordnung der Gemeinkosten zu den Hauptkostenstellen und somit genauere Gemeinkostenzuschlagssätze.

Trotzdem bestehen wesentliche Mängel der Vollkostenrechnung fort. Stellen Sie sich Folgendes vor:

Der schon auf den Seiten 217 und 221 erwähnte Armaturenhersteller kalkuliert nun mit einem mehrstufigen BAB. Ihm liegen wiederum zwei fast identische Aufträge vor: Auftrag I über 100 Armaturen, Auftrag II über eine einzige Armatur.

Nach Erstellung des neuen BAB ergeben sich folgende Herstellkosten des Umsatzes: Auftrag I: 4 800,00 EUR, Auftrag II: 48,00 EUR. Der VwGKZ betrage 20 %.

Konsequenz: Auch bei differenzierter Betrachtung der allgemeinen Hilfskostenstellen und Fertigungshilfsstellen werden die beiden Aufträge in unterschiedlicher Höhe mit Verwaltungsgemeinkosten belastet: Auftrag I mit 960,00 EUR, Auftrag II mit 9,60 EUR.

Bezugsgröße für den Verwaltungsgemeinkostenzuschlag sind noch immer die Herstellkosten des Umsatzes. Dieses Problem wird also durch die weitere Aufgliederung in Kostenstellen nicht behoben. Ebenso wenig die Frage, ob Materialeinzelkosten und Fertigungslöhne die richtigen Zuschlagsgrundlagen für die Material- und die Fertigungsgemeinkosten sind.

Machen Sie sich bewusst: Auch im mehrstufigen BAB besteht das grundsätzliche Problem der Wahl der richtigen Zuschlagsgrundlage. Vergleichen Sie die Kritik auf den S. 217 und 221!

Der mehrstufige BAB bezieht die innerbetriebliche Leistungserstellung in die Kostenkontrolle ein und steigert die Genauigkeit der Kostenrechnung. Der mehrstufige BAB arbeitet mit den gleichen Zuschlagsgrundlagen wie der erweiterte BAB.

Arbeitsaufträge

1. Einem mehrstufigen BAB wurden folgende Zahlen entnommen:

	Allgemeine Vorkostenstellen		Material	Fertigungs-hilfsstelle Arb.-Vorb.	Fertigungs-hauptstellen	
	Kantine	Fuhrpark			I	II
Istgemeinkosten	40 205,00	46 410,00	27 960,00	27 200,00	114 155,00	99 790,00

Die Gemeinkosten der allgemeinen Vorkostenstellen werden wie folgt auf die empfangenden Kostenstellen verteilt:

	Umlage Kantine	Umlage Fuhrpark
Fuhrpark	3 000,00	–
Material	7 400,00	8 100,00
Arbeitsvorbereitung	2 900,00	900,00
Fertigungshauptstelle I	9 400,00	3 010,00
Fertigungshauptstelle II	6 505,00	2 800,00
Verwaltung	6 900,00	9 100,00
Vertrieb	4 100,00	25 500,00

Die Kosten der Fertigungshilfsstelle Arbeitsvorbereitung werden im Verhältnis 4 : 6 auf die beiden Fertigungshauptstellen umgelegt.

Die Kosten- und Leistungsrechnung weist folgende Einzelkosten aus:

Fertigungsmaterial: 362 200,00 EUR, Fertigungslöhne FHS I: 99 261,00 EUR, Fertigungslöhne FHS II: 69 024,00 EUR.

a) Ermitteln Sie die Gemeinkostensummen in der Kostenstelle Material sowie in den beiden Fertigungshauptstellen.

b) Berechnen Sie die Gemeinkostenzuschlagssätze für
   - die Materialgemeinkosten,
   - die Fertigungsgemeinkosten der FHS I,
   - die Fertigungsgemeinkosten der FHS II.

c) Berechnen Sie die Herstellkosten der Erzeugung.

2. Der Werkzeugmaschinenhersteller Kollasa GmbH weist in seinem BAB für die vergangene Abrechnungsperiode folgende Zahlen aus:

	Allgemeine Kostenstelle EUR	Material EUR	Hilfsstelle EUR	Fertigung I EUR	II EUR	Verwal-tung EUR	Vertrieb EUR
Einzelkosten		112 600,00		224 000,00	327 600,00		
Gemeinkosten							
Hilfsstoffe	0,00	0,00	400,00	4 600,00	3 000,00	0,00	200,00
Energie	1 600,00	400,00	1 200,00	10 200,00	8 400,00	5 600,00	800,00
Hilfslöhne	9 200,00	7 600,00	11 800,00	126 400,00	94 600,00	19 200,00	13 400,00
Gehälter	5 000,00	0,00	4 000,00	24 600,00	13 800,00	31 800,00	24 200,00
Sozialkosten	3 200,00	2 400,00	3 600,00	22 000,00	19 600,00	10 800,00	8 400,00
Werbung	2 000,00	1 600,00	1 000,00	10 800,00	8 200,00	5 400,00	10 000,00
Miete	400,00	200,00	200,00	2 200,00	1 400,00	1 000,00	600,00
Steuern	200,00	200,00	400,00	1 000,00	600,00	1 200,00	1 600,00
Logistik	800,00	600,00	200,00	1 200,00	2 000,00	800,00	1 200,00
Instandhaltung	4 000,00	0,00	0,00	8 600,00	3 200,00	1 600,00	3 000,00
Kalkulatorische Abschreibungen	2 600,00	3 400,00	600,00	9 600,00	13 400,00	6 000,00	5 200,00

Die Kosten der allgemeinen Vorkostenstelle werden im Verhältnis 3 : 4 : 15 : 12 : 10 : 6 auf die Kostenstellen verteilt. Die Kosten der Fertigungshilfsstelle werden im Verhältnis 11 : 9 auf die Fertigungshauptstellen umgelegt.

a) Legen Sie die Kosten der allgemeinen Vorkostenstelle und der Fertigungshilfsstelle um und ermitteln Sie die Gemeinkostensummen der Hauptkostenstellen.

b) Ermitteln Sie die Herstellkosten des Umsatzes. Mehrbestand an unfertigen Erzeugnissen 12 000,00 EUR, an fertigen Erzeugnissen 9 000,00 EUR

c) Berechnen Sie die Gemeinkostenzuschlagssätze.

 3. In einem Industriebetrieb liegen aus der Ergebnistabelle des Vormonats folgende Zahlen vor:

Gemeinkostenart	EUR	Verteilungsgrundlage
Hilfs- und Betriebsstoffe	64 500,00	Rechnungen
Hilfslöhne	331 200,00	Lohnlisten
Gehälter	828 800,00	Gehaltslisten
Sozialkosten	580 000,00	Lohn- und Gehaltslisten
Werbung	120 000,00	Rechnungen
Büromaterial	140 000,00	Rechnungen
Miete	35 500,00	Raumgröße
Steuern	71 000,00	Anzahl Beschäftigte
Logistik	70 000,00	Rechnungen
Instandhaltung	119 980,00	Rechnungen
Kalkulatorische Abschreibungen	203 500,00	Anlagenwerte
Kalkulatorische Zinsen	192 500,00	Anlagenwerte

Die Umlage der Gemeinkosten auf die Kostenstellen erfolgt nach folgenden Angaben:

	Gesamt	Allgemeine Vorkostenstelle	Material	Hilfsstelle	Fertigung I	II	Verwaltung	Vertrieb
Einzelkosten			1 119 670,00		395 004,00	320 046,00		
Gemeinkosten								
Hilfs-/Betriebsstoffe	64 500,00	2 250,00	3 000,00	9 000,00	20 250,00	24 000,00	750,00	5 250,00
Hilfslöhne	331 200,00	113 400,00	34 200,00	23 400,00	81 000,00	68 400,00	0,00	10 800,00
Gehälter	828 800,00	168 000,00	67 200,00	28 800,00	134 400,00	121 600,00	246 400,00	62 400,00
Sozialkosten	580 000,00	140 700,00	50 700,00	26 100,00	107 700,00	95 000,00	123 200,00	36 600,00
Werbung	120 000,00	0,00	20 000,00	0,00	15 000,00	15 000,00	20 000,00	50 000,00
Büromaterial	140 000,00	18 500,00	18 000,00	8 000,00	14 000,00	13 000,00	35 500,00	33 000,00
Miete	35 500,00	4 300,00	4 300,00	2 500,00	8 500,00	8 500,00	4 300,00	3 100,00
Steuern	71 000,00	9 000,00	8 000,00	5 000,00	12 000,00	10 000,00	18 000,00	9 000,00
Logistik	70 000,00	7 000,00	18 000,00	2 000,00	8 000,00	7 000,00	2 000,00	26 000,00
Instandhaltung	119 980,00	39 200,00	9 800,00	19 600,00	21 980,00	19 600,00	4 900,00	4 900,00
Kalk. Abschreibung	203 500,00	33 300,00	11 100,00	5 920,00	55 500,00	53 280,00	25 900,00	18 500,00
Kalk. Zinsen	192 500,00	31 500,00	10 500,00	5 600,00	52 500,00	50 400,00	24 500,00	17 500,00

Die Kosten der allgemeinen Vorkostenstelle werden im Verhältnis 1 : 1 : 6 : 6 : 4 : 2 auf die Kostenstellen umgelegt. Die Kosten der Fertigungshilfsstelle werden im Verhältnis 3 : 2 auf die Fertigungshauptstellen umgelegt.

a) Führen Sie die Umlage der allgemeinen Vorkostenstelle und der Fertigungshilfsstelle durch und ermitteln Sie die Gemeinkostensummen der Hauptkostenstellen.

b) Ermitteln Sie die Herstellkosten des Umsatzes und die Selbstkosten des Umsatzes. Es besteht ein Mehrbestand an unfertigen Erzeugnissen von 41 800,00 EUR und ein Minderbestand an fertigen Erzeugnissen von 12 400,00 EUR.

c) Berechnen Sie die Gemeinkostenzuschlagssätze.

5.9 Maschinenstundensatzrechnung

5.9.1 Maschinenplatz und Maschinenstundensatz

Wir haben schon darauf hingewiesen, dass die Einzelkosten und die Herstellkosten nur sehr eingeschränkt als Zuschlagsgrundlagen für die Gemeinkosten geeignet sind. Ist die unterstellte Abhängigkeit der Gemeinkosten von ihrer Zuschlags-

Sie wissen: In der Vollkostenrechnung	
sind die ...	Zuschlagsgrundlage für die ...
Fertigungs-materialkosten	Materialgemeinkosten
Fertigungslöhne	Fertigungsgemeinkosten
Herstellkosten	Verwaltungs- und Vertriebs-gemeinkosten

grundlage in Wirklichkeit nicht gegeben, entstehen Fehler: Die Kostenträger werden in falscher Höhe mit Gemeinkosten belastet, Aufträge werden falsch kalkuliert.

Auffällig wurde dies zuerst im Fertigungsbereich: Hier stellte man fest, dass mit zunehmender Mechanisierung und Automatisierung der Fertigungsanlagen der Anteil der Fertigungslöhne an den gesamten Fertigungskosten immer mehr abnahm. Dies führte zu extrem hohen Fertigungsgemeinkostenzuschlägen – mit entsprechend hohem Risiko. Denn:

Zuschläge von 3000 % waren keine Seltenheit!

Bei Einsatz mechanisierter/automatisierter Anlagen sind viele Fertigungsgemeinkosten nicht von der Höhe der Fertigungslöhne abhängig, sondern vom Maschineneinsatz.

Vielfach ist man deshalb dazu übergegangen, den **Maschinenplatz** (Standort) jeder einzelnen derartigen Anlage als eine **eigene Fertigungshauptstelle** zu definieren. Die Fertigungsgemeinkosten des Maschinenplatzes spaltet man auf in maschinenabhängige Gemeinkosten und fertigungslohnabhängige Gemeinkosten („Restgemeinkosten"). Bei der Zurechnung auf die Kostenträger geht man unterschiedlich vor:

- **Maschinenabhängige Gemeinkosten:** Man berechnet die Kosten pro Stunde Maschinenlaufzeit (sog. Maschinenstundensatz) und belastet jeden Kostenträger gemäß der Maschinenlaufzeit, die der Kostenträger beansprucht.
- **Restgemeinkosten:** Man berechnet für diese Kosten – wie bisher – einen Fertigungsgemeinkostenzuschlag auf der Basis der Fertigungslöhne.

Maschinenabhängige Fertigungsgemeinkosten	**Lohnabhängige Fertigungsgemeinkosten (Restgemeinkosten)**
• kalkulatorische Abschreibungen • kalkulatorische Zinsen • anteilige Gebäudemiete bzw. anteilige kalkulat. Gebäudeabschreibung • maschinenabhängige Hilfsstoffkosten • Betriebsstoff- und Energiekosten • Wartungs-, Reinigungs-, Reparaturkosten • Versicherungskosten	• Hilfslöhne • Gehälter • Sozialkosten • Heizungskosten • lohnabhängige Hilfsstoffkosten • sonstige Gemeinkosten

Berechnung des Maschinenstundensatzes (MSS = Maschinenkosten pro Stunde Laufzeit)

$$MSS = \frac{\text{maschinenabhängige Fertigungsgemeinkosten}}{\text{Maschinenlaufstunden}}$$

Berechnung des Restgemeinkostenzuschlagssatzes (RKZ)

$$RKZ = \frac{\text{Restgemeinkosten}}{\text{Fertigungslöhne}} \cdot 100$$

Beispiel: Maschinenstundensatz bei der Egon Balzer GmbH

Bei der Egon Balzer GmbH wurde die Kosten- und Leistungsrechnung lange ohne Maschinenstundensätze durchgeführt. Nach einer erheblichen Erweiterung der Fertigung hat man sich nun doch entschlossen, im Bereich der Teilefertigung für die CNC-Bandsäge maschinenabhängige und lohnabhängige Gemeinkosten getrennt zu erfassen. Bei Fertigung im Zwei-Schicht-Betrieb rechnet man bei Balzer mit einer monatlichen Maschinenlaufzeit von 300 Stunden.

Nach der Umstellung fallen im Monat März 20.. an der CNC-Bandsäge folgende **maschinenabhängige Fertigungsgemeinkosten** an:

Gemeinkostenarten	Maschinenabhängige Fertigungsgemeinkosten
Hilfsstoffe	30 790,00
Betriebsstoffe/Energie	4 950,00
Anteilige Gebäudemiete	1 250,00
Instandhaltung	4 200,00
Kalkulatorische Abschreibungen	17 500,00
Kalkulatorische Zinsen	18 800,00
Summe ohne Umlage	**77 490,00**
Umlagen:	
Vorkostenstelle Fuhrpark	4 200,00
Hilfskostenstelle Arbeitsvorbereitung	0,00
Summe	**81 690,00**

Diese Werte finden Sie auch im BAB auf S. 255.

Bei einer monatlichen Maschinenlaufzeit von 300 Stunden beträgt der Maschinenstundensatz:

$$\text{Maschinenstundensatz} = \frac{81\,690,00 \text{ EUR}}{300 \text{ Maschinenstunden}} = 272,30 \text{ EUR/Maschinenstunde}$$

Für die nicht maschinenabhängigen Gemeinkosten der Bandsäge wird unterstellt, dass sie lohnabhängig sind. Für sie wird ein Restgemeinkostenzuschlagssatz ermittelt.

Beispiel: Restgemeinkostenzuschlagssatz bei der Egon Balzer GmbH

Im März fielen an der Bandsäge Fertigungslöhne von 32 004,60 EUR an. Der BAB weist folgende **lohnabhängige Fertigungsgemeinkosten (Restgemeinkosten)** aus:

Gemeinkostenarten	Restgemeinkosten
Hilfsstoffe	4 355,00
Hilfslöhne	4 900,00
Gehälter	4 700,00
Sozialabgaben	3 760,00
Werbung	1 200,00
Büromaterial	400,00
Betriebliche Steuern	2 600,00
Summe ohne Umlage	**21 915,00**
Umlagen:	
Vorkostenstelle Fuhrpark	4 200,00
Hilfskostenstelle Arbeitsvorbereitung	6 450,00
Summe	**32 565,00**

Auch diese Werte sind dem BAB auf S. 255 entnommen.

Zuschlagsgrundlage für die Restgemeinkosten sind die Fertigungslöhne an der CNC-Bandsäge (32 004,65 EUR):

$$\text{Restgemeinkostenzuschlagssatz} = \frac{32\,565,00 \text{ EUR}}{32\,004,60 \text{ EUR}} = 101,75\,\%$$

5.9.2 Kostenstellengliederung im BAB bei Maschinenstundensatzrechnung

Beispiel: BAB mit Maschinenplatz bei der Egon Balzer GmbH

Bei Balzer ergibt sich nach der Umstellung der KLR für den Monat März 20.. folgender BAB:

1	2	3	4	5	6	7	8	9	10	11
Gemeinkostenarten	Gesamt	Vorkostenstelle Fuhrpark	Material	Hilfsstelle Arbeitsvorbereitung	Lackiererei	Bandsäge Maschinenabhängige Kosten	Bandsäge Lohnabhängige Kosten	Montage	Verwaltung	Vertrieb
Hilfsstoffkosten	66 361,00	700,00	0,00	0,00	11 796,00	30 790,00	4 355,00	17 440,00	0,00	1 280,00
Betriebsstoff-/Energiekosten	23 102,50	6 200,00	1 478,00	895,00	3 286,50	4 950,00	0,00	2 150,00	2 643,00	1 500,00
Hilfslöhne	13 110,00	0,00	0,00	0,00	4 460,00	0,00	4 900,00	3 750,00	0,00	0,00
Gehälter	89 500,00	7 500,00	9 100,00	3 100,00	4 700,00	0,00	4 700,00	4 700,00	46 900,00	8 800,00
Soziale Abgaben	71 600,00	6 000,00	7 280,00	2 480,00	3 760,00	0,00	3 760,00	3 760,00	37 520,00	7 040,00
Werbung	24 000,00	0,00	1 200,00	0,00	1 200,00	0,00	1 200,00	1 200,00	4 800,00	14 400,00
Büromaterial	4 000,00	200,00	800,00	200,00	400,00	0,00	400,00	400,00	800,00	800,00
Miete	8 175,00	350,00	700,00	175,00	700,00	0,00	0,00	2 200,00	2 050,00	750,00
Betriebliche Steuern	20 400,00	1 000,00	1 200,00	2 600,00	1 300,00	1 250,00	2 600,00	3 900,00	5 200,00	2 600,00
Instandhaltung	9 000,00	500,00	0,00	0,00	2 500,00	4 200,00	0,00	1 800,00	0,00	0,00
Kalk. Abschreibungen	90 100,00	8 000,00	3 600,00	1 400,00	19 000,00	17 500,00	0,00	13 000,00	20 800,00	6 800,00
Kalk. Zinsen	85 850,00	4 550,00	8 400,00	650,00	20 000,00	18 800,00	0,00	13 500,00	13 850,00	6 100,00
Summe Gemeinkosten ohne Umlage	**505 198,50**	**35 000,00**	**33 758,00**	**11 500,00**	**73 102,50**	**77 490,00**	**21 915,00**	**67 800,00**	**134 563,00**	**50 070,00**
Umlageschlüssel Fuhrpark			1	1	6	3	3	6	3	2
Umlage Fuhrpark			1 400,00	1 400,00	8 400,00	4 200,00	4 200,00	8 400,00	4 200,00	2 800,00
Summe			**35 158,00**	**12 900,00**	**81 502,50**	**81 690,00**	**26 115,00**	**76 200,00**	**138 763,00**	**52 870,00**
Umlageschlüssel Hilfsstelle					3	0	3	3		
Umlage Hilfsstelle					4 300,00	0,00	4 300,00	4 300,00		
Summe Gemeinkosten mit Umlagen			**35 158,00**		**85 802,50**	**81 690,00**	**30 415,00**	**80 500,00**	**138 763,00**	**52 870,00**
Zuschlagsgrundlage			Fertigungsmaterial 111 967,00		Fertigungslöhne 39 500,40	Maschinenlaufzeit 300 Stunden	Fertigungslöhne 32 004,60	Fertigungslöhne 25 030,00	Herstellkosten des Umsatzes 524 407,50	Herstellkosten des Umsatzes 524 407,50
Zuschlagssatz (auf 2 Stellen gerundet)			31,40 %		217,22 %	272,30 EUR	95,03 %	321,61 %	26,46 %	10,08 %

Anmerkung: Die Herstellkosten des Umsatzes, der Verwaltungs- und der Vertriebsgemeinkostenzuschlagssatz sind von Seite 256 übernommen.

Die im Betriebsabrechnungsbogen ausgewiesenen Herstellkosten des Umsatzes ergeben sich wie folgt:

Beispiel: Berechnung der Herstellkosten des Umsatzes

(Hinweis: Die Zuschlagssätze sind auf zwei Nachkommastellen gerundet. Um genaue Ergebnisse zu erzielen, wurde jedoch – auch auf Seite 241 – mit den ungerundeten Zahlen gerechnet.)

Kostenbezeichnung				
Fertigungsmaterial		111 967,00		
+ Materialgemeinkosten	31,40 %	35 158,00		
(1) Materialkosten		**147 125,00**		**147 125,00**
Fertigungslöhne Lackiererei		39 500,40		
+ Fertigungsgemeinkosten Lackiererei	217,22 %	85 802,50		
(2) Fertigungskosten Lackiererei		**125 302,90**	**125 302,90**	
300 Maschinenstunden Bandsäge	272,30 EUR	**81 690,00**		
Fertigungslöhne Bandsäge		**32 004,60**		
+ **Restgemeinkosten Bandsäge**	95,03 %	30 415,00		
(3) Fertigungskosten Bandsäge		**144 109,60**	**144 109,60**	
Fertigungslöhne Montage	321,61 %	25 030,00		
+ Fertigungsgemeinkosten Montage		80 500,00		
(4) Fertigungskosten Montage		**105 530,00**	**105 530,00**	
(5) Fertigungskosten (2) + (3) + (4)			**374 942,50**	**374 942,50**
Herstellkosten der Erzeugung (1) + (5)				**522 067,50**
− Bestandsmehrung an unfertigen Erzeugnissen				− 1 240,00
+ Bestandsminderung an unfertigen Erzeugnlssen				0,00
Herstellkosten der fertigen Erzeugnisse				**520 827,50**
− Bestandsmehrung an fertigen Erzeugnissen				0,00
+ Bestandsminderung an fertigen Erzeugnissen				3 580,00
Herstellkosten des Umsatzes*				**524 407,50**

* Aktivierte Eigenleistungen und unentgeltlich abgegebene Leistungen fallen nicht an.

Der Verwaltungs- und der Vertriebsgemeinkostenzuschlagssatz werden wie folgt berechnet:

Diese Werte werden in den BAB übernommen (vgl. S. 255).

$$\text{Verwaltungsgemein-kostenzuschlagssatz} = \frac{138\,763,00\ \text{EUR}}{524\,407,50\ \text{EUR}} \cdot 100 = 26,46\,\%$$

$$\text{Vertriebsgemein-kostenzuschlagssatz} = \frac{52\,870,00\ \text{EUR}}{524\,407,50\ \text{EUR}} \cdot 100 = 10,08\,\%$$

5.9.3 Kostenträgerzeitblatt und Betriebsergebnisrechnung

Im Kostenträgerzeitblatt wird die geänderte Kostenstellengliederung berücksichtigt. Wie beim BAB werden maschinenabhängige und lohnabhängige Kosten getrennt ausgewiesen.

Die Zuordnung von maschinenabhängigen Gemeinkosten zu den Kostenträgern erfolgt anhand von Aufzeichnungen über die Maschinenbelegung. Es ergibt sich folgende Kostenträgerzeitrechnung:

Beispiel: Selbstkosten des Umsatzes und Betriebsergebnis auf Basis von Istkosten

Im März 20.. belegen die Kostenträger der Egon Balzer GmbH die Bandsäge mit folgenden Maschinenstunden: Schränke 190 Stunden, Tische 65 Stunden, Stühle 45 Stunden.
Die Einzelkosten und Bestandsveränderungen der Kostenträger ergeben sich aus dem Kostenträgerzeitblatt, die Umsatzerlöse aus der Betriebsergebnisrechnung.

Kostenträgerzeitblatt

Kostenbezeichnung	EUR	Zuschlagssatz	Kostenträger Schränke	Tische	Stühle
Fertigungsmaterial	111 967,00		58 400,00	34 145,00	19 422,00
+ Materialgemeinkosten	35 158,00	31,40 %	18 337,79	10 721,64	6 098,57
(1) Materialkosten	**147 125,00**		**76 737,79**	**44 866,64**	**25 520,57**
Fertigungslöhne Lackiererei	39 500,40		17 200,20	12 600,20	9 700,00
+ Fertigungsgemeinkosten Lackiererei	85 802,50	217,22 %	37 362,16	27 370,07	21 070,27
(2) Fertigungskosten Lackiererei	**125 302,90**		**54 562,36**	**39 970,27**	**30 770,27**
300 Maschinenstunden Bandsäge	81 690,00	272,30 EUR			
190 Maschinenstunden			51 737,00		
65 Maschinenstunden				17 699,50	
45 Maschinenstunden					12 253,50
Fertigungslöhne Bandsäge	32 004,60		17 950,00	8 130,00	5 924,60
+ Restgemeinkosten Bandsäge	30 415,00	95,03 %	17 058,46	7 726,20	5 630,34
(3) Fertigungskosten Bandsäge	**144 109,60**		**86 745,46**	**33 555,70**	**23 808,44**
Fertigungslöhne Montage	25 030,00		17 685,00	5 103,00	2 242,00
+ Fertigungsgemeinkosten Montage	80 500,00	321,61 %	56 877,44	16 411,97	7 210,59
(4) Fertigungskosten Montage	**105 530,00**		**74 562,44**	**21 514,97**	**9 452,59**
Fertigungskosten	**374 942,50**		**215 870,26**	**95 040,94**	**64 031,30**
Herstellkosten der Erzeugung (1+2+3+4)	**522 067,50**		**292 608,05**	**139 907,58**	**89 551,87**
– Bestandsmehrung an unfertigen Erzeugnissen	– 1 503,00		– 811,00	0,00	– 692,00
+ Bestandsminderung an unfertigen Erzeugnissen	263,00		0,00	263,00	0,00
Herstellkosten der fertigen Erzeugnisse	**520 827,50**		**291 797,05**	**140 170,58**	**88 859,87**
– Bestandsmehrung an fertigen Erzeugnissen	– 420,00		– 420,00	0,00	0,00
+ Bestandsminderung an fertigen Erzeugnissen	4 000,00		0,00	2 907,00	1 093,00
Herstellkosten des Umsatzes	**524 407,50**		**291 377,05**	**143 077,58**	**89 952,87**
+ Verwaltungsgemeinkosten	138 763,00	26,46 %	77 101,02	37 859,63	23 802,35
+ Vertriebsgemeinkosten	52 870,00	10,08 %	29 376,21	14 424,87	9 068,92
Selbstkosten des Umsatzes	**716 040,50**		**397 854,28**	**195 362,08**	**122 824,14**

Betriebsergebnisrechnung

Umsatzerlöse	894 350,00		347 831,73	358 940,00	187 578,27
– Selbstkosten des Umsatzes	–716 040,50		–397 854,28	–195 362,08	–122 824,14
Betriebsergebnis	**178 309,50**		**–50 022,55**	**163 577,92**	**64 754,13**

Die Betriebsergebnisrechnung zeigt: Die Kosten für den Kostenträger Schränke übersteigen deutlich die Umsatzerlöse. Der Kostenträger weist einen Verlust von 50 022,55 EUR aus. Die Tische weisen einen Gewinn von 163 577,92 EUR aus, die Stühle einen Gewinn von 64 754,13 EUR. Insgesamt ergibt sich ein Betriebsgewinn von 178 309,50 EUR.

Bekanntlich kann die Kostenträgerzeitrechnung mit Normalkosten oder mit Istkosten aufgestellt werden. Dies gilt auch bei der Maschinenstundensatzrechnung.

Das Vorgehen ist das gleiche wie schon beim einstufigen BAB.

ZWEITER ABSCHNITT

5.9.4   Kalkulation mit Maschinenstundensatz

Die Änderungen in der Kostenträgerzeitrechnung müssen in der Zuschlagskalkulation mit Maschinenstundensätzen berücksichtigt werden.

Beispiel: Vorkalkulation mit Maschinenstundensätzen

Aufgrund folgender Angaben erstellt die Gersten GmbH im April 20.. eine Vorkalkulation für einen Auftrag. Für die Verrechnung der Gemeinkosten legt sie folgende Zuschlagssätze und folgenden Maschinenstundensatz zugrunde (siehe unten).

Einzelkosten		Zuschlagssätze	
Fertigungsmaterial	2 400,00 EUR	Materialbereich	30,50 %
Fertigungslöhne Lackiererei	1 200,00 EUR	Bereich Lackiererei	225,00 %
Fertigungslöhne		Bereich Bearbeitungszentrum	110,00 %
Bearbeitungszentrum	750,00 EUR	Bereich Montage	330,00 %
Fertigungslöhne Montage	300,00 EUR	Verwaltungsbereich	26,50 %
		Vertriebsbereich	8,50 %
Maschinenstunden		**Maschinenstundensatz**	
Bearbeitungszentrum	30 Stunden	Bearbeitungszentrum:	226,90 EUR

Weiterhin kalkuliert man 30 % Gewinnzuschlag und 5 % Vertreterprovision ein. Der Kunde erhält 2 % Kundenskonto und 20 % Kundenrabatt. Für die Erstellung eines Farbmusters fallen im Bereich der Lackiererei Sondereinzelkosten der Fertigung von 620,00 EUR an.

Angebotskalkulation

Fertigungsmaterial		100,00 %	2 400,00	
+ Materialgemeinkosten		30,50 %	732,00	
Materialkosten		**130,50 %**	**3 132,00**	3 132,00
Fertigungslöhne Lackiererei		100,00 %	1 200,00	
+ Fertigungsgemeinkosten Lackiererei		225,00 %	2 700,00	
		325,00 %	3 900,00	
+ Sondereinzelkosten der Fertigung			620,00	
Fertigungskosten Lackiererei			**4 520,00**	4 520,00
Fertigungslöhne Bearbeitungszentrum		100,00 %	750,00	
+ Restgemeinkosten		110,00 %	825,00	30 · 226,90
		210,00 %	1 575,00	
Maschinenkosten Bearbeitungszentrum			6 807,00	
Fertigungskosten Bearbeitungszentrum			**8 382,00**	8 382,00
Fertigungslöhne Montage		100,00 %	300,00	
+ Fertigungsgemeinkosten Montage		330,00 %	990,00	
Fertigungskosten Montage		**430,00 %**	**1 290,00**	1 290,00
Fertigungskosten				14 192,00	14 192,00
Herstellkosten		100,00 %		17 324,00
+ Verwaltungsgemeinkosten		26,50 %		4 590,86
+ Vertriebsgemeinkosten		8,50 %		1 472,54
		135,00 %		23 388,07
+ Sondereinzelkosten des Vertriebs				0,00
Selbstkosten		100,00 %		23 387,40
+ Gewinn		30,00 %		7 016,22
Barverkaufspreis	93,00 %	**130,00 %**		30 403,62
+ Vertreterprovision	5,00 %			1 634,60
+ Kundenskonto	2,00 %			653,84
Zielverkaufspreis	**100,00 %**	80,00 %		32 692,06
+ Kundenrabatt		20,00 %		8 173,02
Angebotspreis		**100,00 %**		40 865,08

Für den Auftrag errechnet man einen Angebotspreis von 40 865,08 EUR.

*Eine Nachkalkulation
für diesen Kundenauftrag
sollen Sie in Arbeitsauftrag 2
selbst erstellen.*

Arbeitsaufträge

1. Auszug aus einem BAB mit Maschinen als Hauptkostenstellen (Angaben in EUR):

Gemeinkosten-arten	Material	Fertigungshauptstellen				
		Maschine I		Maschine II		Montage
		masch.abh. FGK	lohnabh. FGK	masch.abh. FGK	lohnabh. FGK	
Summe Gemeinkosten	48 000,00	80 000,00	39 600,00	79 800,00	30 000,00	126 000,00
Zuschlags-grundlage	Fertigungs-material 400 000,00	Maschinen-stunden 200	Fertigungs-löhne 36 000,00	Maschinen-stunden 210	Fertigungs-löhne 30 000,00	Fertigungs-löhne 70 000,00

a) Berechnen Sie aufgrund des vorstehenden BAB-Auszugs

- den Materialgemeinkostenzuschlagssatz,
- die Maschinenstundensätze für die Maschinen I und II,
- die Restgemeinkostenzuschlagssätze für die Maschinen I und II,
- den Fertigungsgemeinkostenzuschlagssatz für die Montage,
- die Herstellkosten des Rechnungsabschnitts.

b) Kalkulieren Sie die Selbstkosten für ein Stück des Kostenträgers A. Berücksichtigen Sie folgende Zusatzangaben:

Einzelkosten je Stück		Maschinenstunden	
Fertigungsmaterial	20,00 EUR	Maschine I	0,7
Fertigungslöhne:		Maschine II	1,2
Maschine I	80,00 EUR	**Gemeinkostenzuschlagssätze**	
Maschine II	70,00 EUR	Verwaltung	20 %
Montage	140,00 EUR	Vertrieb	5 %

2. Die Gersten GmbH führt den Auftrag (siehe S. 258) zum kalkulierten Preis aus.

Nach Fertigstellung des Auftrags werden folgende Zahlen ermittelt:

Einzelkosten		Istkostenzuschlagssätze	
Fertigungsmaterial	2 400,00 EUR	Material	31,40 %
Fertigungslöhne:		Lackiererei	225,70 %
Lackiererei	1 200,00 EUR	Bearbeitungszentrum	105,50 %
Bearbeitungszentrum	750,00 EUR	Montage	335,00 %
Montage	300,00 EUR	Verwaltung	25,40 %
		Vertrieb	7,65 %
Sondereinzelkosten			
Lackiererei	650,00 EUR		
Maschinenstunden		**Maschinenstundensatz**	
Bearbeitungszentrum	30,5	Bearbeitungszentrum	226,90 EUR

a) Führen Sie die Nachkalkulation für den Kundenauftrag durch und ermitteln Sie den Istgewinn/Istverlust.

b) Erstellen Sie eine Abweichungsanalyse. Welche Über- bzw. Unterdeckungen stellen Sie fest?

3. Ein Industriebetrieb kalkuliert die maschinenabhängigen Fertigungsgemeinkosten auf der Basis von Maschinenstundensätzen. Für die lohnabhängigen Fertigungsgemeinkosten wird ein auf die Fertigungslöhne bezogener Fertigungsgemeinkostenzuschlagssatz berechnet.

Für eine Maschinenlaufzeit von 200 Stunden wurden maschinenabhängige Fertigungsgemeinkosten von 21 420,00 EUR ermittelt. Zur Kalkulation eines Auftrags liegen folgende Daten vor:

Einzelkosten		Gemeinkostenzuschlagssätze	
Fertigungsmaterial	28 000,00 EUR	Material	12 %
Fertigungslöhne	11 200,00 EUR	Fertigung	120 %
		Verwaltung	25 %
Maschinenstunden			
Fertigungsautomat	80	Gewinnzuschlag	4 %

Ermitteln Sie

a) den Maschinenstundensatz,

b) die Herstellkosten für den Auftrag,

c) den Gewinnzuschlag für den Auftrag in EUR.

4. Die Kostenstellenrechnung eines Industriebetriebes weist in der Fräserei drei Maschinenplätze aus. Für jede Maschine wurde ein eigener Maschinenstundensatz ermittelt; außerdem wurden für jeden Maschinenplatz die Restgemeinkosten und die Fertigungslöhne erfasst.

	Maschinenstundensatz EUR	Restgemeinkosten EUR	Fertigungslöhne EUR
Maschine I	170,00	20 160,00	22 400,00
Maschine II	140,00	16 500,00	15 000,00
Maschine III	210,00	24 650,00	29 000,00

a) Berechnen Sie die in der Fräserei während des Rechnungsabschnitts insgesamt angefallenen Fertigungskosten. Folgende Maschinenlaufzeiten sind maßgeblich: Maschine I: 180 Laufstunden, Maschine II: 200 Laufstunden, Maschine III: 190 Laufstunden.

b) Ermitteln Sie für jede Maschine den Restgemeinkostenzuschlagssatz.

5. In der Fertigungshauptstelle *Drehautomat* sind im vergangenen Monat folgende maschinenabhängige Fertigungsgemeinkosten angefallen:

Reparatur- und Wartungskosten	1 200,00 EUR
Energiekosten	800,00 EUR
Betriebsstoffkosten	600,00 EUR
Werkzeugkosten	300,00 EUR
sonstige Gemeinkosten	130,00 EUR

Außerdem sind für den Drehautomaten kalkulatorische Abschreibungen und kalkulatorische Zinsen zu berücksichtigen:

Die kalkulatorischen Abschreibungen werden von den Wiederbeschaffungskosten in Höhe von 300 000,00 EUR berechnet; dabei werden eine voraussichtliche Nutzungsdauer von fünf Jahren und lineare Abschreibung zugrunde gelegt.

Die kalkulatorischen Zinsen werden mit 6 % in Ansatz gebracht und von den halben Anschaffungskosten berechnet. Anschaffungskosten: 260 000,00 EUR

An lohnabhängigen Fertigungsgemeinkosten fielen in der Fertigungshauptstelle Drehautomat im vergangenen Monat folgende Kosten an:

Hilfslöhne	2 000,00 EUR
Lohnnebenkosten	1 800,00 EUR
sonstige Gemeinkosten	1 600,00 EUR

Die Fertigungslöhne betrugen im Abrechnungszeitraum 12 000,00 EUR.

a) Ermitteln Sie
  - den Maschinenstundensatz bei einer Maschinenlaufzeit von 140 Stunden,
  - den Restgemeinkostenzuschlagssatz,
  - die gesamten Fertigungskosten der Fertigungshauptstelle Drehautomat.

b) Wie hätte sich Kurzarbeit (Maschinenlaufzeit nur 80 Stunden) auf den Maschinenstundensatz ausgewirkt?

5.10 Divisionskalkulation

In Einproduktunternehmen sind sämtliche Kosten durch die eine Produktart veranlasst. Anstatt der komplizierten Zuschlagskalkulation kann man deshalb eine einfache Divisionskalkulation anwenden. Man unterscheidet

- die einstufige Divisionskalkulation,
- die mehrstufige Divisionskalkulation.

> **Wichtiger Hinweis:**
> Bisher sind wir von einem Mehrproduktunternehmen mit Einzel-, Serien- oder Massenfertigung ausgegangen. Jetzt untersuchen wir Betriebe, die nur **ein Produkt** herstellen (Kapitel 5.10) und Betriebe mit **Sortenfertigung** (Kapitel 5.11).

5.10.1 Einstufige Divisionskalkulation

Die einstufige Divisionskalkulation wendet man in Einproduktunternehmen an, in denen es wegen der Art des Produktes nicht zu Bestandsveränderungen kommt (z. B. Elektrizität).

> **Beispiel: Einproduktunternehmen ohne Zwischenlagerung**
>
> In einem Gaswerk wurden im letzten Monat 560 000 m³ Stadtgas hergestellt. Die gesamten Kosten beliefen sich auf 128 800,00 EUR.
>
> Wie viel EUR betragen die Selbstkosten je m³ Stadtgas?
>
> $$\text{Selbstkosten je Einheit} = \frac{\text{gesamte Selbstkosten}}{\text{Herstellungsmenge}} \qquad \frac{128\,800,00 \text{ EUR}}{560\,000 \text{ m}^3} = 0,23 \text{ EUR/m}^3$$

Der Angebotskalkulation werden Normalkosten zugrunde gelegt. Das sind durchschnittliche Selbstkosten je Einheit, die anhand vergangener Rechnungsabschnitte berechnet werden. Verfügt der Betrieb über eine Plankostenrechnung, so kalkuliert er mit Plangrößen.

Für die Berechnung des Listenverkaufspreises oder Angebotspreises schlägt man – wie bei der Zuschlagskalkulation – Gewinn, Skonto und Rabatt auf die Selbstkosten auf.

> **Beispiel: Ermittlung des Listenverkaufspreises bei Divisionskalkulation**
>
> Aus einer Kiesgrube wurden im letzten Monat 7 600 m³ Kies gefördert. Die gesamten Kosten betrugen 67 640,00 EUR.
>
> Wie hoch waren die Selbstkosten je m³? Wie viel EUR beträgt der Listenverkaufspreis je m³ bei 12 % Gewinnzuschlag, 3 % Kundenskonto und 15 % Kundenrabatt?
>
> **❶** Selbstkosten je m³: $\dfrac{67\,640,00 \text{ EUR}}{7\,600 \text{ m}^3} = 8,90 \text{ EUR/m}^3$
>
> **❷** Kalkulationsschema:

Selbstkosten	100,00 %		**8,90**
+ Gewinn	12 %		1,07
Barverkaufspreis	112 %	97,00 %	**9,97**
+ Kundenskonto		3,00 %	0,31
Zielverkaufspreis	85,00 %	100,00 %	**10,28**
+ Kundenrabatt	15,00 %		1,81
Listenverkaufspreis	100,00 %		**12,09**

ZWEITER ABSCHNITT

Arbeitsaufträge

1. **Ein Unternehmen stellt eine Spezialplastikfolie her. Im letzten Jahr wurden 400 000 lfd. m Folie, 1 m breit, angefertigt. Die Kosten beliefen sich auf 780 000,00 EUR.**

   Berechnen Sie die Selbstkosten je lfd. m Folie.

2. **Ein Wasserwerk lieferte im Mai 45 000 m³ Wasser bei Gesamtkosten von 79 840,00 EUR.**

   Wie viel EUR betrugen die Selbstkosten je m³ Wasser?

3. **Eine Ziegelei produzierte im letzten Monat 2,35 Millionen Ziegelsteine. Die Gesamtkosten betrugen 355 000,00 EUR.**

   a) Wie viel EUR betragen die Selbstkosten für 100 Ziegelsteine?

   b) Die Normalkosten für 100 Ziegelsteine betragen 15,40 EUR. Wie viel EUR beträgt der Listenverkaufspreis für 100 Steine bei 8 % Gewinnzuschlag, 2 % Kundenskonto und 20 % Kundenrabatt?

4. **Eine Brauerei stellt nur eine Biersorte her. Im letzten Jahr waren es 143 000 hl. Es fielen 8,86 Mio. EUR Kosten an.**

   a) Wie viel EUR betragen die Selbstkosten für 1 hl Bier?

   b) Die Normalkosten für 1 hl betragen 61,92 EUR. Für wie viel EUR wurde ein hl Bier an die Gaststätten verkauft, wenn die Brauerei mit 6,2 % Gewinnzuschlag rechnete und den Gastwirten 3 % Kundenskonto gewährte?

5. **In einem Kraftwerk wurden 654 000 kWh Strom zu folgenden Kosten hergestellt:**

Materialkosten	18 000,00 EUR	Kalk. Abschreibungen	14 500,00 EUR
Personalkosten	12 600,00 EUR	Steuern, Versicherungen	4 800,00 EUR
Instandhaltung	3 700,00 EUR	Sonstige Kosten	2 400,00 EUR

   Wie viel EUR betrugen die Selbstkosten für 1 kWh?

6. **Ein Unternehmen stellt nur ein einziges Produkt aus Kunststoff her. Im letzten Jahr fielen folgende Kosten an:**

Materialkosten	45 000,00 EUR	Kalk. Abschreibungen	12 800,00 EUR
Personalkosten	32 800,00 EUR	Steuern, Versicherungen	7 000,00 EUR
Instandhaltung	7 900,00 EUR	Sonstige Kosten	13 700,00 EUR

   a) Wie hoch waren die Selbstkosten je Stück, wenn 13 700 Stück hergestellt wurden?

   b) Die Normalkosten je Stück betragen 8,79 EUR. Wie hoch war der Listenverkaufspreis des Produktes, wenn der Gewinnzuschlag 8,7 %, der Skonto 2 % und der Rabatt 12,5 % betrugen?

7. **Für eine Kiesgrube wurden in den letzten drei Jahren folgende Zahlen ermittelt:**

	Förderung m³	Selbstkosten EUR
1. Jahr	17 600	22 600,00
2. Jahr	19 500	24 100,00
3. Jahr	16 800	21 900,00

   a) Berechnen Sie für jedes Jahr die Selbstkosten je m³.

   b) Berechnen Sie die jährlichen prozentualen Veränderungen der Produktionsmenge und der Selbstkosten. Vergleichen Sie die Werte. Interpretieren Sie das Ergebnis auch im Zusammenhang mit Teil a) des Arbeitsauftrags.

5.10.2 Mehrstufige Divisionskalkulation

Weichen in einer Rechnungsperiode Absatz- und Produktionsmenge eines Einprodukt-unternehmens voneinander ab, kommt es zu Bestandsveränderungen. Dann führt die einstufige Divisionskalkulation nicht zu einer korrekten Ermittlung der Selbstkosten. Der Grund: Die **Herstellkosten** sind abhängig von der **Produktionsmenge**, die **Vertriebskosten** aber von der **Absatzmenge**. Für die **Verwaltungskosten** lässt sich keine eindeutige Abhängigkeit von Produktions- oder Absatzmenge feststellen.

Für eine annähernd verursachungsgerechte Ermittlung der Selbstkosten wird die mehrstufige Divisionskalkulation angewendet. Dazu teilt man die Gesamtkosten in Herstellkosten und Vertriebskosten auf. Die Verwaltungskosten werden – trotz fehlender Abhängigkeit von der Absatzmenge – meist wie Vertriebskosten behandelt.

Man berechnet die Selbstkosten einer Einheit, indem man

- **die Herstellkosten durch die hergestellte Menge dividiert,**
- **die Verwaltungs- und die Vertriebskosten durch die abgesetzte Menge dividiert,**
- **die Teilergebnisse addiert.**

$$\text{Selbstkosten je Einheit} = \frac{\text{Herstellkosten}}{\text{Herstellungsmenge}} + \frac{\text{Verwaltungskosten} + \text{Vertriebskosten}}{\text{Absatzmenge}}$$

> **Beispiel: Mehrstufige Divisionskalkulation**
>
> Ein Unternehmen stellt Flaschen aus Kunststoff her. Im letzten Rechnungsabschnitt wurden 5 400 000 Stück gefertigt. 4 500 000 Stück konnten innerhalb des Rechnungsabschnitts verkauft werden. Es wurden folgende Kosten ermittelt:
>
> | | |
> |---|---|
> | Herstellkosten | 383 400,00 EUR |
> | Verwaltungs- und Vertriebskosten | 274 500,00 EUR |
> | Gesamtkosten | 657 900,00 EUR |
>
> Die Selbstkosten je 100 Flaschen errechnen sich wie folgt:
>
> $$\text{Selbstkosten je 100 Flaschen} = \frac{383\,400,00}{54\,000} + \frac{274\,500,00}{45\,000} = 13,20 \text{ EUR}$$

Die Kalkulation des Verkaufspreises erfolgt wie bei der einstufigen Divisionskalkulation.

Arbeitsaufträge

1. In einem Salzbergwerk wurden im letzten Monat 47 000 t Salz gefördert. Davon wurden 5 000 t Salz eingelagert, 42 000 t konnten im selben Monat verkauft werden. Es entstanden folgende Kosten:

Betriebsstoffkosten	124 000,00 EUR	Sonstige Herstellkosten	231 900,00 EUR
Personalkosten	343 800,00 EUR	Vertriebskosten	146 900,00 EUR
Kalk. Abschreibungen	431 000,00 EUR	Verwaltungskosten	572 400,00 EUR

   a) Wie viel EUR betrugen die Selbstkosten für 1 t Salz?

   b) Für wie viel EUR wurde die Tonne Salz an die chemische Industrie verkauft, wenn der Hersteller mit 6 % Gewinnzuschlag, 2 % Kundenskonto und 10 % Kundenrabatt kalkuliert?

ZWEITER ABSCHNITT

2. Ein Gasversorger lieferte im Dezember 266 Mio. m³ Erdgas. Davon wurden im Dezember aus unterirdischen Kavernenspeichern 42 Mio. m³ entnommen, der Rest wurde im Dezember hergestellt. Der Gasversorger weist folgende Kosten aus:

Betriebsstoffkosten	148 000 TEUR	Sonstige Herstellkosten	25 300 TEUR
Personalkosten	66 200 TEUR	Vertriebskosten	62 900 TEUR
Kalk. Abschreibungen	193 100 TEUR	Verwaltungskosten	176 500 TEUR

Wie viel EUR betrugen die Selbstkosten je m³ Erdgas?

3. Eine Ziegelei produzierte im Juni 2,1 Mio. Ziegelsteine. Außerdem wurden 420 000 Ziegelsteine vom Lager abverkauft. Die Kostenrechnung der Ziegelei weist folgende Werte aus:

Materialkosten	174 200,00 EUR
Personalkosten	27 900,00 EUR
Sonstige Fertigungsgemeinkosten	41 100,00 EUR
Vertriebsgemeinkosten	36 600,00 EUR
Verwaltungsgemeinkosten	42 400,00 EUR

a) Wie viel EUR betragen die Selbstkosten für 100 Ziegelsteine?

b) Wie viel EUR beträgt der Listenverkaufspreis für 100 Steine bei 8 % Gewinnzuschlag, 2 % Kundenskonto und 20 % Kundenrabatt?

4. Eine Brauerei stellt nur eine Biersorte her. Im April waren es 13 800 hl; davon wurden 12 900 hl verkauft. Die Überproduktion wurde eingelagert.

Insgesamt fielen 855 000,00 EUR Kosten an:
Herstellkosten: 560 000,00 EUR, Verwaltungskosten: 177 000,00 EUR, Vertriebskosten: 118 000,00 EUR

a) Wie viel EUR betragen die Selbstkosten für 1 hl Bier?

b) Für wie viel EUR wurde 1 hl Bier an die Gaststätten verkauft, wenn die Brauerei mit 6,5 % Gewinnzuschlag rechnete und den Gastwirten 2 % Kundenskonto gewährte?

5.11 Äquivalenzziffernrechnung

5.11.1 Kosten bei Sortenfertigung

In vielen Betrieben werden Produkte in **verschiedenen Sorten** hergestellt. Bei Sortenfertigung werden mit den gleichen Betriebsmitteln mehrere Varianten eines Grundprodukts gefertigt. Deshalb lässt sich auch hier eine einfachere Kalkulation als die Zuschlagskalkulation anwenden: die Äquivalenzziffernrechnung.

Zur Sortenfertigung lesen Sie Bd. 1, „Geschäftsprozesse", Sachwort „Sortenfertigung".

Die Betriebsmittel werden durch die einzelnen Sorten unterschiedlich stark beansprucht. Die Sorten verursachen dadurch unterschiedlich hohe Kosten.

> **Beispiel:** Sortenfertigung
>
> Eine Ziegelei stellt Ziegel in unterschiedlichen Größen her. Sie bestehen alle aus dem gleichen Rohstoff und durchlaufen ähnliche Fertigungsprozesse. Größere Ziegel benötigen aber mehr Material als kleine und nehmen den Brennofen länger in Anspruch. Deshalb sind ihre Erzeugungskosten höher.

Durch Beobachtung und Messung versucht man zu ermitteln, ob zwischen den Selbstkosten der Produktvarianten ein festes Verhältnis besteht. Dieses Verhältnis drückt man in Verhältniszahlen aus. Solche Verhältniszahlen nennt man **Äquivalenzziffern**.

Die Kosten werden mithilfe der Äquivalenzziffern

- auf die Einheiten der einzelnen Sorten verteilt (Kalkulation, Kostenträgerstückrechnung).
- auf die einzelnen Sorten verteilt (Kostenträgerzeitrechnung).

> **Beispiel:** Ermittlung von Äquivalenzziffern
>
> Ein Walzwerk stellt Bleche in vier verschiedenen Stärken aus Stahl her. Die dünnen Feinbleche erfordern weniger Material, aber bedeutend höhere Fertigungszeiten als die dickeren Grobbleche. Aufgrund genauer Kostenerfassung ist ermittelt worden, dass Bleche der Stärke 3 (Sorte B) 50 %, Bleche der Stärke 5 (Sorte C) 125 % und Bleche der Stärke 7 (Sorte D) 200 % mehr Selbstkosten verursachen als Bleche der Stärke 1 (Sorte A). Für die vier Erzeugnisse ergeben sich folgende Äquivalenzziffern:
>
> | Sorte | Produktionsmenge (t) | Äquivalenzziffer |
> |-------|----------------------|------------------|
> | A | 2 000 | 1,00 |
> | B | 2 400 | 1,50 |
> | C | 1 100 | 2,25 |
> | D | 4 000 | 3,00 |
>
>
> *Walzwerk*
>
> Die Gesamtkosten betrugen im vergangenen Rechnungsabschnitt 4 516 875,00 EUR.

Durch die Äquivalenzrechnung können folgende Fragen beantwortet werden:

Kostenträgerzeitrechnung: Wie hoch sind die Selbstkosten je Sorte?

Kalkulation: Wie hoch sind die Selbstkosten je t für jede Sorte?

5.11.2 Kalkulation mit Äquivalenzziffern

Die Äquivalenzziffernrechnung löst das Problem der Kalkulation in drei Schritten:

1. Schritt: Die Produktionsmengen in Recheneinheiten umrechnen
2. Schritt: Die Selbstkosten je Recheneinheit ermitteln
3. Schritt: Die Selbstkosten je Produkteinheit berechnen

Die Kalkulation erfolgt zweckmäßigerweise tabellarisch.

> **Beispiel:** Äquivalenzziffernkalkulation (Fortsetzung)
>
> | Äquivalenzziffernkalkulation | | | | |
> |---|---|---|---|---|
> | **①** | **②** | **③** | **④** | **⑤** |
> | Sorte | Produktionsmenge t | Äquivalenzziffer | Recheneinheiten | Selbstkosten je Produkteinheit EUR |
> | | | | = ② · ③ | = ③ · 225,00 |
> | A | 2 000 | 1,00 | 2 000 | 225,00 |
> | B | 2 400 | 1,50 | 3 600 | 337,50 |
> | C | 1 100 | 2,25 | 2 475 | 506,25 |
> | D | 4 000 | 3,00 | 12 000 | 675,00 |
> | | | | 20 075 | |

1. **Schritt: Die Produktionsmengen in Recheneinheiten umrechnen.**
   Die Produktionsmengen der einzelnen Erzeugnisse (Spalte ②) werden mit den jeweiligen Äquivalenzziffern (Spalte ③) multipliziert. Dadurch werden sie in Recheneinheiten (Spalte ④) umgewandelt.

2. **Schritt: Die Selbstkosten je Recheneinheit ermitteln.**
   Die Selbstkosten der Abrechnungsperiode werden durch die Summe der Recheneinheiten (Spalte ④) dividiert; man erhält die Selbstkosten je Recheneinheit.

$$\frac{\text{Selbstkosten je}}{\text{Recheneinheit}} = \frac{\text{Selbstkosten des Rechnungsabschnitts}}{\text{Summe der Recheneinheiten}} \qquad \frac{4\,516\,875,00}{20\,075} = 225,00 \text{ EUR}$$

ZWEITER ABSCHNITT

3. Schritt: Die Selbstkosten je Produkteinheit berechnen.
Die Selbstkosten je Recheneinheit werden mit der jeweiligen Äquivalenzziffer (Spalte ❸) multipliziert; es ergeben sich die Selbstkosten je Produkteinheit (Spalte ❺).

5.11.3 Kostenträgerzeitrechnung mit Äquivalenzziffern

Die Selbstkosten je Sorte lassen sich ermitteln, indem man die Selbstkosten je Produkteinheit mit den Produktionsmengen multipliziert. Ihre Summe entspricht den Selbstkosten des Rechnungsabschnitts.

Beispiel: Kostenträgerzeitrechnung mit Äquivalenzziffern (Fortsetzung)

			Äquivalenzziffernkalkulation		
❶	❷	❸	❹	❺	❻
Sorte	Produktions-menge t	Äquivalenzziffer	Rechen-einheiten	Selbstkosten je Produkteinheit EUR	Selbstkosten je Sorte EUR
			= ❷ · ❸	= ❸ · 225,00	= ❺ · ❷
A	2 000	1,00	2 000	225,00	450 000,00
B	2 400	1,50	3 600	337,50	810 000,00
C	1 100	2,25	2 475	506,25	556 875,00
D	4 000	3,00	12 000	675,00	2 700 000,00
			20 075		4 516 875,00
					= Selbstkosten des Rechnungs-abschnitts

Produktionsmenge (Spalte ❷) · Selbstkosten je Produkteinheit (Spalte ❺) = Selbstkosten je Sorte (Spalte ❻).

Die Äquivalenzziffernrechnung dient der Verrechnung von Kosten auf mehrere Produktsorten. Die Äquivalenzziffern von Produkten geben das Verhältnis der Produktionskosten der einzelnen Produkte an.

Bei der Äquivalenzziffernrechnung sind die Vertriebskosten einbezogen. Sie setzt also voraus, dass keine Bestandsveränderungen an Erzeugnissen entstehen. Andernfalls müsste eine mehrstufige Äquivalenzziffernrechnung erfolgen.

Die Kalkulation des Verkaufspreises erfolgt wie bei der Divisionskalkulation.

Arbeitsauftrag

1. **Eine Ziegelei produzierte im September 50 000 Steine der Sorte A, 30 000 Steine der Sorte B und 40 000 Steine der Sorte C. Die Kosten betrugen insgesamt 34 600,00 EUR.**

   Wie viel EUR betragen die Selbstkosten je 100 Steine von jeder Sorte, wenn die Äquivalenzziffern 1,0, 1,4 und 1,6 lauten?

2. **In einem Zementwerk werden drei Sorten Zement produziert. Im letzten Monat erhielt man:**

Sorte	Produktionsmenge	Äquivalenzziffern
A	1 800 t	1,0
B	900 t	1,8
C	700 t	0,7

   a) Berechnen Sie die Selbstkosten jeder Sorte bei 1 780 000,00 EUR Gesamtkosten im letzten Monat.

   b) Wie teuer wird ein 50-kg-Sack jeder Sorte verkauft, wenn mit 14 % Gewinnzuschlag, 3 % Skonto und 12 % Rabatt gerechnet wird?

3. In einem Unternehmen werden drei Orangensäfte mit unterschiedlichem Fruchtanteil hergestellt.

Sorte	Fruchtanteil	Produktionsmenge
1	25 %	40 000 l
2	50 %	72 000 l
3	60 %	34 000 l

Die Produktionskosten betrugen 76 800,00 EUR.

Wie hoch sind die Selbstkosten je l für jede Sorte, wenn der Fruchtanteil als Grundlage für die Äquivalenzziffern dient?

4. Eine Teppichbodenfabrik stellte im Juni drei Sorten Teppichboden her. Die Selbstkosten
betrugen 182 000,00 EUR. Als Grundlage für die Äquivalenzziffernkalkulation dienen die
Selbstkosten je m^2 des Vorjahres.

Sorte	Selbstkosten je m^2 des Vorjahres	Produktionsmenge
A	3,40 EUR	5 100 m^2
B	4,20 EUR	7 600 m^2
C	5,35 EUR	9 600 m^2

a) Berechnen Sie die gesamten Selbstkosten für den Teppichboden der Sorte A.

b) Berechnen Sie die Selbstkosten für einen m^2 der Sorte B.

5. Produktionszahlen eines Steinbruchs:

Sorte	Gewinnungszeit je m^3	Gewinnungsmenge
Randsteine	10 Stunden	800 m^3
Pflastersteine	8 Stunden	600 m^3
Splitt	3 Stunden	1 400 m^3

Die gesamten Produktionskosten betrugen 780 000,00 EUR.

Wie hoch sind die Selbstkosten je m^3 für jede Sorte? Als Grundlage für die Äquivalenzziffern soll die Gewinnungszeit je m^3 dienen.

6. Ein Hersteller von Badewannenarmaturen stellt drei verschiedene Einhand-Mischbatterien
her. Die Einzelkosten liegen für jedes Mischbatterie-Modell getrennt vor. Die Gemeinkosten
sollen den Modellen mithilfe von Äquivalenzziffern zugerechnet werden.

Modell	Fertigungs-material EUR	Fertigungs-löhne EUR	Gemein-kosten EUR	Äquivalenz-ziffer	Produktions-menge Stück
Typ A	110 220,00	88 440,00		1,0	6 600
Typ B	97 860,00	108 360,00	206 695,00	1,5	4 200
Typ C	57 575,00	105 875,00		2,2	1 750

Der Hersteller rechnet mit 10 % Gewinnzuschlag, 3 % Kundenskonto und 40 % Kundenrabatt.

Ermitteln Sie für jedes Modell den Listenverkaufspreis.

ZWEITER ABSCHNITT

6   Prozesskostenrechnung

6.1   Probleme der traditionellen Vollkostenrechnung

In der Schraubenfabrik Fritz Dreher e. K. liegen folgende Kosteninformationen und Zuschlagssätze aus der Vollkostenrechnung vor:

	Kostenstellen				
	Material EUR	**Fertigung** EUR		**Verwaltung** EUR	**Vertrieb** EUR
Summe der Gemeinkosten	100 000,00	maschinen- abhängig 220 000,00	lohn- abhängig 80 000,00	250 000,00	275 000,00
Zuschlags-grundlage	Fert.-Material 400 000,00	Maschinen- stunden 1 100 Std.	Fert.-Löhne 200 000,00	Herstellkosten des Umsatzes 1 000 000,00	
Zuschlagssätze	25 %	200,00 EUR	40 %	25 %	27,5 %

Es gehen zwei Bestellungen über Spezialschrauben ein. Die Kunden bestellen dasselbe Produkt, aber unterschiedliche Mengen. Lieferung ab Lager ist möglich (Lagerversandauftrag). Die Selbstkosten werden wie folgt kalkuliert:

Auftragsmenge		**Auftrag 1** **10 Stück**		**Auftrag 2** **20 000 Stück**
Fertigungsmaterial		4,00 EUR		8 000,00 EUR
+ Materialgemeinkosten	25 %	1,00 EUR	25 %	2 000,00 EUR
Materialkosten (I)		5,00 EUR		10 000,00 EUR
Maschinenkosten	6 Min.	20,00 EUR	12 000 Min.	40 000,00 EUR
+ Fertigungslöhne		7,00 EUR		14 000,00 EUR
+ Restgemeinkosten	40 %	2,80 EUR	40 %	5 600,00 EUR
Fertigungskosten (II)		29,80 EUR		59 600,00 EUR
Herstellkosten (I + II)		34,80 EUR		69 600,00 EUR
+ Verwaltungsgemeinkosten	25 %	8,70 EUR	25 %	17 400,00 EUR
+ Vertriebsgemeinkosten	27,5 %	9,57 EUR	27,5 %	19 140,00 EUR
Selbstkosten		53,07 EUR		106 140,00 EUR

Das Unternehmen Dreher berechnet seinen Kunden bei Kleinaufträgen bis zu einem Auftragswert von 200,00 EUR einen pauschalen Mindermengenzuschlag in Höhe von 15,00 EUR. Hierzu meint die Leiterin des Rechnungswesens:

„Jeder Auftrag, ob groß oder klein, erfordert die gleiche Bearbeitung, den gleichen Personaleinsatz. Unser Auftrag über 10 Stück z. B. muss codiert, eingegeben, kalkuliert, fakturiert und gebucht werden. Wir müssen die Sendung kommissionieren, verpacken und abschicken. Das läuft genauso wie bei 20 000 Stück und verursacht im Prinzip die gleichen Kosten. Die Gemeinkostenzuschläge decken diese Kosten nicht ab. Deshalb berechnen wir dem Kleinkunden 15,00 EUR Mindermengenzuschlag.

Unser Problem ist: Der Zuschlag wurde irgendwann in den Fünfzigerjahren des vergangenen Jahrhunderts eingeführt und seitdem kaum angepasst. Wir wissen echt nicht, ob er zur Abdeckung der Gemeinkosten ausreicht. Wir ahnen, dass es nicht so ist. Aber wir wissen ja nicht mal, welche Kosten die Abwicklung eines Kundenauftrags wirklich verursacht."

Eine genauere Untersuchung dieses Kalkulationsbeispiels lässt das Grundproblem der Vollkostenrechnung deutlich erkennen: die verursachungsgerechte Zurechnung der Gemeinkosten auf die Kostenträger. Die Zurechnung erfolgt bekanntlich mithilfe der prozentualen Gemeinkostenzuschläge.

Gemeinkosten	Zuschlagsgrundlage
Materialgemeinkosten	Fertigungsmaterial
Fertigungsgemeinkosten	Fertigungslöhne
Verwaltungs- und Vertriebsgemeinkosten	Herstellkosten des Umsatzes

Die Zurechnung durch Prozentzuschläge kann nur richtig sein, wenn Gemeinkosten und Zuschlagsgrundlagen in einem festen Verhältnis zueinander stehen (d. h.: wenn sie sich proportional verhalten).

> **Beispiel:** **Unterstellung der Proportionalität von Gemeinkosten bei Fritz Dreher e. K.**
> - Kostenträger 1 (= Auftrag 1) enthält wenig Fertigungsmaterialwert. Es wird unterstellt, dass deshalb auch nur ein kleiner Teil der Gemeinkosten der Materialstelle darauf entfällt.
> - Kostenträger 2 (= Auftrag 2) enthält viel an Fertigungslöhnen. Es wird unterstellt, dass deshalb auch ein großer Teil der Gemeinkosten der Fertigungsstelle darauf entfällt.
> - Die Herstellkosten bei Auftrag 1 sind niedrig. Es wird unterstellt, dass deshalb auch nur ein kleiner Teil der Gemeinkosten der Verwaltung und des Vertriebs darauf entfällt.

Tatsächlich besteht oft kein festes Verhältnis von Einzel- und Gemeinkosten. Ein Objekt mit niedrigem Materialwert muss z. B. genauso bestellt, geprüft, eingelagert, gepflegt, ausgelagert und transportiert werden wie ein teures Objekt. Folglich belasten beide die Materialstelle im gleichen Umfang.

> **Beispiel:** **Fehlende Proportionalität von Gemeinkosten im Materialbereich**
> **Material bestellen** verursacht Kosten für die Erfassung der Bestellpositionen und für die Prüfung, bei welchem Lieferanten bestellt werden soll. Bezogen auf das Fertigungsmaterial sind diese Kosten Gemeinkosten. Sie sind von der Anzahl der Bestellungen abhängig, nicht vom Wert des Fertigungsmaterials.
> Das Datenmaterial der Kostenrechnung reicht bei Fritz Dreher e. K. bisher nicht für die Zurechnung dieser Gemeinkosten auf die einzelne Bestellung aus. Einzelstudien belegen aber, dass die Bestellkosten nicht selten weit über 100,00 EUR je Bestellung liegen.

Ähnliches gilt für Verwaltung und Vertrieb:

> **Beispiel:** **Fehlende Proportionalität von Gemeinkosten im Verwaltungs- und Vertriebsbereich**
> Betrachten Sie die Verwaltungs- und Vertriebsgemeinkosten für die beiden Aufträge bei Fritz Dreher e. K.
> **Verwaltungskosten** (Kosten für Codieren, Eingeben, Kalkulieren, Fakturieren und Buchen) z. B. fallen für jeden Auftrag etwa in gleicher Höhe an. Die Vertriebskosten (Kosten für Kommissionieren, Verpacken und Abschicken) werden weitgehend durch die Anzahl der Auftragspositionen und die Anzahl der Packstücke bestimmt. Verwaltungs- und Vertriebskosten hängen also nicht von den Herstellkosten der bestellten Mengen ab!
> Trotzdem werden sie durch einen Prozentzuschlag auf die Herstellkosten je Erzeugniseinheit verrechnet. Da Auftrag 1 nur 10 Einheiten, Auftrag 2 hingegen 20 000 Einheiten umfasst, belastet die Kalkulation beide Aufträge extrem ungleichmäßig mit diesen Kosten: Auftrag 1 mit 18,27 EUR, Auftrag 2 mit 36 540,00 EUR. Diese Rechnung kann nicht stimmen!

Die Zuschlagsgrundlagen der traditionellen Vollkostenrechnung sind vielfach ungeeignet für die Verrechnung der Gemeinkosten. Deshalb kann die traditionelle Vollkostenrechnung die Kostenträger nicht verursachungsgerecht mit Gemeinkosten belasten.

- **Kleinaufträge werden nicht ausreichend mit Gemeinkosten belastet.**

- **Großaufträge werden zu stark mit Gemeinkosten belastet.**

Folge: Kleinaufträge sind oft unwirtschaftlich, aber man erkennt's nicht.

Folge: Kalkuliert man wegen vermeintlich hoher Kosten die Preise zu hoch, könnte der Kunde abspringen.

ZWEITER ABSCHNITT

Übrigens: Grundsätzlich existiert die Suche nach der richtigen Bezugsgröße schon so lange wie die Kostenrechnung selbst. Im Fertigungsbereich führte dies z. B. zur Entwicklung der **Maschinenstundensatzrechnung**.

Sie erinnern sich: Die Fertigungsgemeinkosten werden den Fertigungslöhnen prozentual zugeschlagen, obwohl sie nur in geringem Umfang davon abhängen. Als mit der Zeit der Anteil der Fertigungsgemeinkosten an den Fertigungskosten immer größer wurde, kamen Fertigungsgemeinkostenzuschlagssätze von weit über 1 000 % zustande.

Deshalb wählte man für die maschinenabhängigen Fertigungsgemeinkosten die Maschinenlaufzeit als Zuschlagsgrundlage. Nur die Restgemeinkosten werden weiterhin anhand der Fertigungslöhne auf die Kostenträger verteilt.

6.2 Ansatz und Ziele der Prozesskostenrechnung

In den **indirekten Betriebsbereichen** (den nicht unmittelbar fertigungsbezogenen Bereichen Material, Verwaltung und Vertrieb) hängt die Höhe der Gemeinkosten nicht von ihren Zuschlagsgrundlagen (Fertigungsmaterial, Herstellkosten) ab.

Mit der Zeit wurde in vielen Betrieben der Anteil der Gemeinkosten der indirekten Betriebsbereiche an der Wertschöpfung immer größer. Da diese Gemeinkosten den Kostenträgern nicht verursachungsgerecht zugerechnet werden, werden auch die Selbstkosten nicht richtig ermittelt. Deshalb nimmt die Zahl der Fehlentscheidungen zu. Um zu entscheidungsverwendbaren Ergebnissen zu gelangen, muss die Vollkostenrechnung das Verursachungsprinzip wieder stärker beachten.

Die Prozesskostenrechnung nimmt hierfür **eine auftragsorientierte Betrachtung der Kostenträger** und eine **prozessorientierte Betrachtung der Gemeinkosten vor:**

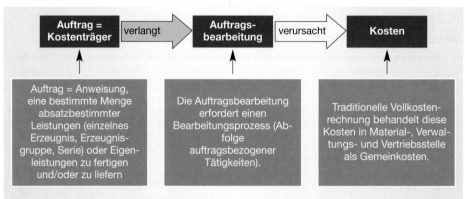

Ansatz der Prozesskostenrechnung

1. Die **Kostenträgereinzelkosten** werden (wie bisher) direkt erfasst und zugerechnet.
2. Die **Kostenträgergemeinkosten** werden indirekt erfasst:
   - Für die Fertigung gilt: Die Gemeinkosten werden (wie bisher) den Fertigungslöhnen und der Maschinenlaufzeit zugeschlagen.
   - Für Materialstelle, Verwaltung und Vertrieb hingegen gilt:
     - Es gilt Kosten verursachende Prozesse zu identifizieren!
     - Es gilt Bezugsgrößen für verursachungsgerechte Kostenzuordnung zu ermitteln!
     - Die Gemeinkosten werden den Kostenträgern über die Bezugsgrößen zugeordnet!

Die Prozesskostenrechnung erfasst

- die Kostenträgereinzelkosten direkt,
- die Kostenträgergemeinkosten indirekt über Prozesse.

Sie rechnet die Gemeinkosten über die Bezugsgrößen der Prozesse den Kostenträgern zu.

> **Prozess**
>
> Ein Prozess ist eine Folge zusammengehörender, wiederholbarer Aktivitäten (Tätigkeiten) zur Erledigung einer Aufgabe.
>
> Die Prozesskostenrechnung unterscheidet:
> - Hauptprozesse (kostenstellenübergreifend),
> - Teilprozesse (kostenstellenbezogen).

Dabei verfolgt die Prozesskostenrechnung folgende **Ziele**:

- detaillierte Abbildung der Prozesse insbesondere in den indirekten Bereichen,
- Bereitstellung von Kosteninformationen für die mittel- und langfristige Prozessplanung und -steuerung,
- Bereitstellung von detaillierten Informationen für die Wirtschaftlichkeitskontrolle, insbesondere in den indirekten Bereichen.

Die Prozesskostenrechnung dient der Steuerung und Kontrolle der Aktivitäten. Unwirtschaftliche Prozesse sollen erkannt werden. Auf der Basis einer solchen Kostenanalyse können dann Prozesse optimiert oder im Extremfall auch ausgelagert werden.

Arbeitsauftrag

Einem Betriebsabrechnungsbogen wurden folgende Zahlen entnommen:

Gemeinkosten insgesamt	Material	Fertigung	Verwaltung	Vertrieb
475 498,00 EUR	60 000,00 EUR	173 760,00 EUR	139 464,00 EUR	102 274,00 EUR

In der Rechnungsperiode fielen folgende Einzelkosten an:

- Fertigungsmaterial: 600 000,00 EUR
- Fertigungslöhne: 96 000,00 EUR

Es liegen zwei Aufträge vor:

	Auftrag 1	Auftrag 2
Auftragsmenge	30 000 Stück	3 Stück
Einzelkosten:		
Fertigungsmaterial	75 000,00 EUR	7,50 EUR
Fertigungslöhne	12 000,00 EUR	1,20 EUR

a) Ermitteln Sie die Zuschlagssätze für die Material-, Fertigungs-, Verwaltungs- und Vertriebsgemeinkosten.

b) Kalkulieren Sie die Selbstkosten der Aufträge 1 und 2.

c) Wie viel EUR Gemeinkosten werden jedem Auftrag zugerechnet?

d) Erläutern Sie detailliert, auf welche Weise die Gemeinkosten den Aufträgen zugerechnet werden.

e) Geben Sie Probleme an, die sich aus dieser Art der Zurechnung ergeben.

6.3 Einrichtung einer Prozesskostenrechnung

Für die Einrichtung einer Prozesskostenrechnung bietet sich folgendes Vorgehen an:

6.3.1 Teilprozesse definieren

Bei der Einrichtung der Prozesskostenrechnung geht man von den gegebenen Kostenstellen aus. Man untersucht zunächst, welche Tätigkeiten dort anfallen.

> **Beispiel: Tätigkeiten in den Kostenstellen des Verwaltungs- und Vertriebsbereichs**
>
> Anmerkung: Bei Fritz Dreher e. K. ist der Vertriebsbereich in die Kostenstellen Verkauf, Absatzlager und Versand gegliedert.
>
> - **Verkauf:** Plausibilität prüfen, Kreditwürdigkeit prüfen, Kundendaten erfassen, Auftrag codieren (Materialnummer, Kundennummer, Auftragsnummer usw. im Auftragsblatt erfassen), Verfügbarkeit prüfen, Liefertermin berechnen, Auftragsdaten eingeben, Bestellung annehmen, Liefertermin verfolgen, Kunden kontaktieren, Kunden aufsuchen, Kunden nachbetreuen, Kundenakte pflegen, Reklamationen erfassen, Reklamationen prüfen und Kunden benachrichtigen, Reklamationen dokumentieren, Zielvorgaben machen, Entscheidungen treffen, Mitarbeiter beurteilen, Mitarbeiter kontrollieren, Mitarbeiter einstellen, Mitarbeiter entlassen u. a. m.
> - **Absatzlager:** Kommissionierlisten erstellen, Sendung kommissionieren, Lagerabgang buchen, Inventur vorbereiten, Inventur durchführen, Fertigerzeugnisse einlagern, Lagerzugang buchen, Transportmittel warten u. a. m.
> - **Versand:** Kommission übernehmen und prüfen, Versandpapiere erstellen, Sendung verpacken, Sendung wiegen, Sendung adressieren, Lieferung versenden, Auftragsdaten fortschreiben, Paletten bestücken, Paletten zurücknehmen u. a. m.
> - **Verwaltung:** Rechnung buchen, Zahlungseingang überwachen, Zahlungseingang buchen, Kunden mahnen, Eingangsrechnungen prüfen, Zahlungen vornehmen, Zahlungsausgang buchen u. a. m.

Zusammengehörende Tätigkeiten werden zu Teilprozessen zusammengefasst. Sie dienen der Erfüllung einer gemeinsamen Arbeitsaufgabe und haben gemeinsame Bearbeitungsobjekte.

> *Hinweis: Zweckmäßigerweise gibt man dem Teilprozess den Namen seiner Arbeitsaufgabe.*

Jeder Teilprozess muss so definiert werden, dass er eindeutig von anderen Teilprozessen abgegrenzt ist. Deshalb sind für jeden Teilprozess die Tätigkeiten zu benennen, die zum Prozess gehören.

> **Beispiele: Definition von Teilprozessen bei Fritz Dreher e. K.**
> - **Verkauf:**

Arbeitsaufgabe	Bestellung bearbeiten
Teilprozess	Bestellung bearbeiten
Bearbeitungs- objekt	Bestellung
Tätigkeiten	Plausibilität prüfen, Kreditwürdigkeit prüfen, Kundendaten erfassen, Auftrag codieren, Verfügbarkeit prüfen, Liefertermin berechnen, Auftragsdaten eingeben, Bestellung annehmen, Liefertermin verfolgen

Im Verkauf werden zwei weitere Teilprozesse definiert: **„Kunden besuchen"** und **„Reklamation bearbeiten".** Wir untersuchen diese Teilprozesse nicht genauer.

Arbeitsaufgabe	Abteilung leiten
Teilprozess	Abteilung leiten
Bearbeitungs-objekt	Kein eindeutiges Bearbeitungsobjekt
Tätigkeiten	Zielvorgaben machen, Entscheidungen treffen, Mitarbeiter beurteilen, Mitarbeiter kontrollieren, Mitarbeiter einstellen, Mitarbeiter entlassen

Hinweis:
„Abteilung leiten"
- *hat kein eindeutiges Bearbeitungsobjekt,*
- *ist keine stets wiederholte Abfolge von Tätigkeiten.*
Trotzdem berücksichtigt die Prozesskostenrechnung „Abteilung leiten" als Prozess.

- **Absatzlager:**

Arbeitsaufgabe	Auftrag kommissionieren
Teilprozess	Auftrag kommissionieren
Bearbeitungs-objekt	Kommissionierlisten
Tätigkeiten	Kommissionierlisten erstellen, Sendung kommissionieren, Lagerabgang buchen

- **Versand:**

Arbeitsaufgabe	Sendung verschicken
Teilprozess	Sendung verschicken
Bearbeitungs-objekt	Versandauftrag/Lieferschein
Tätigkeiten	Kommission übernehmen und prüfen, Versandpapiere erstellen, Sendung verpacken, Sendung wiegen, Sendung adressieren, Lieferung versenden, Auftragsdaten fortschreiben

- **Verwaltung:**

Arbeitsaufgabe	Auftrag kaufmännisch nachbearbeiten
Teilprozess	Auftrag kaufmännisch nachbearbeiten
Bearbeitungs-objekt	Auftrag/Rechnung
Tätigkeiten	Rechnung buchen, Zahlungseingang überwachen, Zahlungseingang buchen

Für die Kostenstellen Absatzlager, Versand und Verwaltung werden ebenfalls weitere Teilprozesse definiert, unter anderem jeweils ein Teilprozess „Abteilung leiten". Wir untersuchen auch diese Teilprozesse nicht genauer.

ZWEITER ABSCHNITT

Arbeitsaufträge

1. **In der Kostenstelle Vertrieb werden nicht nur Gemeinkosten erfasst, die unmittelbar durch Verkaufstätigkeiten verursacht werden. Die Kostenstelle umfasst vielmehr Kosten aus Werbung, Verkaufsanbahnung, Verkauf, Fertigerzeugnislager, Versand usw.**
   a) Erkundigen Sie sich in Ihrem Ausbildungsbetrieb, welche Kosten der Kostenstelle Vertrieb zugerechnet werden. Erstellen Sie eine Liste der Tätigkeiten, die diese Kosten verursachen.
   b) Leiten Sie sinnvolle Teilprozesse ab und listen Sie auf, welche Tätigkeiten welchem Teilprozess zugeordnet werden.

2. **In der Kostenstelle Material fallen verschiedene Tätigkeiten an. Einige Tätigkeiten sind auf Seite 269 aufgeführt.**
   a) Erstellen Sie eine möglichst umfassende Liste der Tätigkeiten in der Kostenstelle Material.
   b) Leiten Sie sinnvolle Teilprozesse ab und listen Sie auf, welche Tätigkeiten welchem Teilprozess zugeordnet werden.

3. **In der Verwaltung eines Industriebetriebes wurden u. a. die Kostenstellen Buchhaltung, Personal und Organisation/EDV gebildet.**
   Analysieren Sie die Tätigkeiten, die in diesen Kostenstellen anfallen, und bilden Sie innerhalb der Kostenstellen Teilprozesse.

6.3.2   Kosten den Teilprozessen zuordnen

Ein Teilprozess ist gekennzeichnet durch

- seine Prozesstätigkeiten und Bearbeitungen (siehe oben),
- die Leistungsmenge (= Menge der Bearbeitungen in einer Periode),
- die Kosten für die Leistungsmenge.

Die Gemeinkosten der Kostenstellen liegen zunächst nur nach Kostenarten gegliedert vor. Sie sind den Teilprozessen zuzuordnen. Hierfür zieht man möglichst Belege der KLR und der Finanzbuchhaltung heran. Liefern sie keine Informationen für eine eindeutige Zuordnung, so muss aufgrund von Schätzungen zugeordnet werden.

Zuordnung von Gemeinkosten auf die Prozesse		
Kostenarten	**Belege**	**Zuordnung**
Personalkosten (Gehälter, Löhne, Sozialabgaben)	z.B. Lohnlisten, Gehaltslisten Tätigkeitsnachweise	Personalkosten können bestimmten Mitarbeitern zugeordnet werden. Durch Tätigkeitsanalysen wird ermittelt, welche Tätigkeiten sie ausführen und welche Zeiten hierfür beansprucht werden.
Kosten für Büromaterial	z.B. Entnahmescheine	Kosten für Büromaterial lassen sich auch bestimmten Mitarbeitern zuordnen. Die Weiterverrechnung erfolgt häufig wie bei den Personalkosten, weil eine tätigkeitsbezogene Erfassung zu aufwendig wäre.
Raumkosten (Miete, Energie, Reinigung, Instandhaltung)	z.B. Mietverträge, Rechnungen	Eine verursachungsgerechte Zuordnung zu den Tätigkeiten ist kaum möglich. Die Zuordnung erfolgt deshalb hilfsweise auch über die Personalkosten.
Kommunikations-kosten	z.B. Rechnungen, Verbindungsnachweise	Moderne Telefonanlagen erlauben eine Zuordnung zu Geräten und Mitarbeitern, aber auch konkret zu Gesprächsteilnehmern. Die Zuordnung zu Tätigkeiten kann z.B. aufgrund der Bearbeitungszeiten oder aufgrund von Schätzungen erfolgen.
Kalkulatorische Abschreibung	z.B. Anlagendateien, Anlagenspiegel	Für die Tätigkeiten werden Anlagen genutzt. Die Verteilung der kalkulatorischen Abschreibung richtet sich nach den Tätigkeitszeiten der Mitarbeiter.
Kalkulatorische Zinsen	z.B. Anlagendateien, Anlagenspiegel	Für die kalkulatorischen Zinsen gilt das Gleiche wie für die kalkulatorische Abschreibung.
Umlage für die Inanspruchnahme allgemeiner Kostenstellen	z.B. interne Aufträge	Den Teilprozessen wird eine Umlage für die Inanspruchnahme allgemeiner Kostenstellen zugerechnet. Sie wird oft geschätzt.

Beispiel: Zuordnung von Kosten zu Teilprozessen
- Bei Fritz Dreher e.K. werden z.B. die Personalkosten in der Kostenstelle **Absatzlager** dem Teilprozess „**Auftrag kommissionieren**" nach folgendem Schema zugeordnet:

		Mitarbeiter 1		**Mitarbeiter 2**		**Mitarbeiter 3**		**Mitarbeiter 4**	
Kostensumme ⟶		100%	4000,00	100%	4000,00	100%	3400,00	100%	3600,00
Teilprozesse	**Tätigkeiten**								
Auftrag kommissionieren	Kommissionierliste erstellen	0%	0,00	25%	1000,00	0%	0,00	0%	0,00
	Sendung kommissionieren	70%	2800,00	0%	0,00	100%	3400,00	0%	0,00
	Lagerabgang buchen	0%	0,00	45%	1800,00	0%	0,00	0%	0,00

Auf den Teilprozess „Auftrag kommissionieren" entfallen Personalkosten in Höhe von 9000,00 EUR (2800,00 EUR + 1000,00 EUR + 1800,00 EUR + 3400,00 EUR).

Weitere Kosten (Büromaterial-, Raum-, Kommunikationskosten, kalkulatorische Abschreibung, kalkulatorische Zinsen, Umlagekosten) werden entsprechend zugeordnet.

Insgesamt werden dem Teilprozess **Auftrag kommissionieren** folgende durchschnittliche monatliche Gemeinkosten zugeordnet:

Personalkosten	9 000,00 EUR
Büromaterial	500,00 EUR
Raumkosten	3 500,00 EUR
Kommunikationskosten	1 200,00 EUR
Kalkulat. Abschreibungen	7 500,00 EUR
Kalkulat. Zinsen	15 500,00 EUR
Summe	**37 200,00 EUR**

Jetzt kennen wir die Kosten. Aber erst, wenn wir auch die Leistungsmenge kennen, können wir ausrechnen, wie viel EUR es kostet, einen Auftrag für den Versand zu kommissionieren.

- Den anderen Teilprozessen werden auf die gleiche Weise Gemeinkosten zugerechnet. Insgesamt ergibt sich folgende Zurechnung:

Verkauf:	Bestellung bearbeiten	71 550,00	**Absatzlager:**	Auftrag kommissionieren	37 200,00
	Kunden besuchen	24 000,00		weitere Teilprozesse	44 190,00
	Reklamation bearbeiten	13 500,00		Abteilung leiten	6 000,00
	Abteilung leiten	8 000,00			
Versand:	Sendung verschicken	34 560,00	**Verwaltung:**	Auftrag kaufmännisch	
	weitere Teilprozesse	30 000,00		nachbearbeiten	51 000,00
	Abteilung leiten	6 000,00		weitere Teilprozesse	189 000,00
				Abteilung leiten	10 000,00

Arbeitsauftrag

Der Teilprozess „Serviceauftrag annehmen" besteht aus den Tätigkeiten Kunden- und Gerätenummer erfassen, Fehlercode/Fehlerbeschreibung erfassen, Auftrag einem Techniker zuweisen. Diese Tätigkeiten werden durch Mitarbeiter der Serviceannahme durchgeführt. Die Mitarbeiter sind außerdem zuständig für die Störungs-Hotline, die Erstellung von Rechnungen, die Auftragserteilung für Ersatzteilauslieferungen per Kurier und die Auswertung der bearbeiteten Störungen.

Eine Tätigkeitsanalyse ergibt, dass die Mitarbeiter folgende Anteile ihrer Arbeitszeit auf diese Tätigkeiten verwenden:

		Mitarbeiter 1		Mitarbeiter 2		Mitarbeiter 3		Mitarbeiter 4	
Kostensumme		100 %	5 500,00	100 %	4 400,00	100 %	4 200,00	100 %	3 600,00
Teilprozesse	**Tätigkeiten**								
Serviceauftrag annehmen	Kunden- und Geräte-Nr. erfassen	5 %		15 %		33 %		33 %	
	Fehlercode/-beschreibung erfassen	5 %		20 %		38 %		40 %	
	Auftrag einem Techniker zuweisen	5 %		20 %		13 %		12 %	
andere Teilprozesse	Störungen per Hotline bearbeiten	0 %		15 %		5 %		5 %	
	Rechnung erstellen	5 %		5 %		8 %		8 %	
	Ersatzteilauslieferung per Kurier beauftragen	5 %		5 %		3 %		2 %	
	Bearbeitete Störungen auswerten	75 %		20 %		0 %		0 %	

Ermitteln Sie, wie hoch die Kosten des Teilprozesses „Serviceauftrag annehmen" sind, indem Sie die Personalkosten auf die Tätigkeiten verteilen.

ZWEITER ABSCHNITT

6.3.3 Kostentreiber der Teilprozesse festlegen

Für jeden Teilprozess untersucht man,

- ob die Kosten eines Teilprozesses mit der Leistungsmenge in diesem Teilprozess steigen und sinken (variables oder leistungsmengeninduziertes Verhalten),   ➡ **sog. leistungsmengeninduzierte Kosten**

- ob diese Kosten nicht entsprechend steigen und sinken (fixes oder leistungsmengenneutrales Verhalten).   ➡ **sog. leistungsmengenneutrale Kosten**

> **Beispiele: Leistungsmengeninduzierte und leistungsmengenneutrale Prozesse (lmi- und lmn-Prozesse)**
>
> - **Auftrag kommissionieren** ist ein typischer lmi-Teilprozess. Die Höhe der anfallenden Kosten ist weitgehend von der Anzahl der Versandaufträge abhängig. Im Monatsdurchschnitt werden im Versand der Fritz Dreher e. K. 1 200 Aufträge bearbeitet.
>
> - **Abteilung leiten** ist hingegen ein lmn-Teilprozess, weil sich für diesen Teilprozess kein Bearbeitungsobjekt und keine Leistungsmenge bestimmen lassen. Die Kosten fallen stets in gleicher Höhe an.
>
> - Für die oben angeführten Teilprozesse gilt:

*Man spricht auch von leistungsmengeninduzierten und leistungsmengenneutralen Prozessen. Wir sagen kurz: lmi- und lmn-Prozesse. Gemeint ist aber immer der **Kostenverlauf** eines Prozesses – nie der Prozess selbst!*

Teilprozess	Kostenverlauf
Bestellung bearbeiten	**leistungsmengeninduziert**
Kunden besuchen	**leistungsmengeninduziert**
Reklamation bearbeiten	**leistungsmengeninduziert**
Auftrag kommissionieren	**leistungsmengeninduziert**
Sendung verschicken	**leistungsmengeninduziert**
Auftrag kaufmännisch nachbearbeiten	**leistungsmengeninduziert**
Abteilung leiten	**leistungsmengenneutral**

Anschließend sucht man für alle lmi-Teilprozesse geeignete Kostentreiber.

Kostentreiber sind Bezugsgrößen, die die Entstehung und Veränderung der Kosten in den Prozessen wesentlich beeinflussen.

> **Beispiel: Kostentreiber**
>
> Für den Teilprozess **Auftrag kaufmännisch nachbearbeiten** ist die Anzahl der Aufträge ein möglicher Kostentreiber:
>
> - Erst durch zu bearbeitende Aufträge **entstehen** Kosten.
> - Mit jedem zusätzlichen Auftrag **verändert** sich die Höhe der Kosten.

Eine Bezugsgröße kommt als Kostentreiber für einen Teilprozess infrage, wenn sie

- die Inanspruchnahme des Teilprozesses **mengenmäßig** ausdrückt,
- die **Verursachung** von Kosten durch den Teilprozess abbildet,
- eine **Zurechnung** dieser Kosten auf die Kostenträger ermöglicht.

Für jeden lmi-Teilprozess ist **genau ein Kostentreiber** zu definieren. Lässt sich kein Kostentreiber finden, können die Gemeinkosten nicht verursachungsgerecht verrechnet werden.

Bei mehreren möglichen Bezugsgrößen muss man sich für eine davon entscheiden.

Beispiel: Auswahl von Kostentreibern

Hier muss man sich jeweils für eine Bezugsgröße als Kostentreiber entscheiden!

Teilprozess	Mögliche Bezugsgrößen	Kostentreiber
Bestellung bearbeiten	• Anzahl Bestellungen • Anzahl Positionen in der Bestellung	**Anzahl Bestellungen**
Kunden besuchen	Anzahl Besuche	**Anzahl Besuche**
Reklamation bearbeiten	Anzahl Reklamationen	**Anzahl Reklamationen**
Auftrag kommissionieren	• Anzahl Aufträge • Anzahl Positionen im Auftrag	**Anzahl Aufträge**
Sendung verschicken	Anzahl Sendungen	**Anzahl Sendungen**
Auftrag kaufmännisch nachbearbeiten	Anzahl Aufträge	**Anzahl Aufträge**

Es lassen sich nur solche Tätigkeiten zu einem lmi-Teilprozess zusammenfassen, deren Kosten

In der Praxis weicht man aus Vereinfachungsgründen oft von dieser Regel ab und integriert auch Tätigkeiten, deren Kosten nur ungefähr proportional zum Kostentreiber verlaufen.

● **von ein und demselben Kostentreiber verursacht werden oder**

● **proportional zu diesem Kostentreiber verlaufen.**

Für lmn-Teilprozesse lässt sich kein Kostentreiber finden.

Beispiel:

Abteilung leiten hat bekanntlich keinen Kostentreiber.

Arbeitsaufträge

1. **Man unterscheidet zwischen leistungsmengeninduzierten und leistungsmengenneutralen Prozessen. Betrachten Sie die folgenden Prozesse eines Industriebetriebes.**
   - **Reklamation annehmen**
   - **Unternehmen leiten**
   - **Rohstoffe bestellen**
   - **Inventur durchführen**
   - **Mitarbeiter einstellen**
   - **Jahresabschluss erstellen**
   - **Zahlungseingang buchen**
   - **Produktionsmaschine warten**
   - **Kunden besuchen**
   - **Gehälter abrechnen und überweisen**

   a) Welche dieser Prozesse sind leistungsmengeninduziert, welche leistungsmengenneutral?
   b) Benennen Sie mögliche Kostentreiber.

2. **Betrachten Sie Arbeitsauftrag 1 auf Seite 273.**
   Welche Kostentreiber bestimmen die Höhe der Kosten in den Teilprozessen?

3. **Betrachten Sie Arbeitsauftrag 2 auf Seite 273.**
   Welche Kostentreiber bestimmen die Höhe der Kosten in den Teilprozessen?

4. **In der Verwaltung eines Industriebetriebes wurden u. a. die Kostenstellen Buchhaltung, Personal und Organisation/EDV gebildet.**
   a) Fassen Sie einige der von Ihnen gebildeten Teilprozesse zu Hauptprozessen zusammen. Erläutern Sie, welche Teilprozesse anderer Kostenstellen zweckmäßigerweise zu diesen Hauptprozessen gehören sollten.
   b) Machen Sie Vorschläge für Kostentreiber der von Ihnen gebildeten Hauptprozesse.

ZWEITER ABSCHNITT

6.3.4　Teilprozesskostensätze ermitteln

Die Kosten der Teilprozesse sollen verursachungsgerecht den Kostenträgern (bei Fritz Dreher e. K. den beiden Lagerversandaufträgen) zugerechnet werden. Zu diesem Zweck werden für jeden Imi-Teilprozess zunächst die Kosten pro Leistungseinheit berechnet. Sie enthalten auch anteilige Kosten der Imn-Prozesse. Diese werden mittels eines Umlagesatzes einbezogen.

Die Kosten pro Leistungseinheit eines leistungsmengeninduzierten Teilprozesses heißen *Teilprozesskostensatz*.

Beispiel: Teilprozesskostensätze

Folgende Zahlen liegen bei Fritz Dreher e. K. für die Kostenstelle Verkauf vor:

Teilprozesse	Teilprozesskosten	Leistungsmengen
Bestellung bearbeiten	71 550,00 EUR	1 325 Bestellungen
Kunden besuchen	24 000,00 EUR	480 Besuche
Reklamation bearbeiten	13 500,00 EUR	75 Reklamationen
Abteilung leiten	8 000,00 EUR	

Bestellung bearbeiten: $\dfrac{71\,550}{1\,325} = 54,00$

Kunden besuchen: $\dfrac{24\,000}{480} = 50,00$

Reklamation bearbeiten: $\dfrac{13\,500}{75} = 180,00$

> Kosten pro Leistungseinheit vor Umlage
>
> $= \dfrac{\text{Teilprozesskosten}}{\text{Leistungsmenge}}$

Teilprozesse	Kosten-treiber	Teil-prozess-kosten	Leistungs-menge	Kosten pro Leistungs-einheit vor Umlage	Umlage-satz	Teil-prozess-kosten-satz
leistungsmengen-induzierte Teilprozesse						
Bestellung bearbeiten	Anzahl Bestellungen	71 550,00	1 325	54,00	3,96	57,96
Kunden besuchen	Anzahl Besuche	24 000,00	480	50,00	3,67	53,67
Reklamation bearbeiten	Anzahl Reklamationen	13 500,00	75	180,00	13,20	193,20
Summe		**109 050,00**				
leistungsmengen-neutrale Teilprozesse						
Abteilung leiten	–	8 000,00				

Umlage von **Abteilung leiten:**

$\text{Umlagesatz}_{\text{(Bestellung bearbeiten)}} = \dfrac{8\,000,00}{109\,050,00} \cdot 54,00 = 3,96$

$\text{Umlagesatz}_{\text{(Kunden besuchen)}} = \dfrac{8\,000,00}{109\,050,00} \cdot 50,00 = 3,67$

$\text{Umlagesatz}_{\text{(Reklamat. bearbeiten)}} = \dfrac{8\,000,00}{109\,050,00} \cdot 180,00 = 13,20$

> **Umlagesatz**
>
> $= \dfrac{\text{Imn-Teil-prozesskosten}}{\text{Summe Imi-Teil-prozesskosten}} \cdot \dfrac{\text{Kosten pro Leistungseinheit vor Umlage}}{}$
>
> Kosten pro Leistungseinheit vor Umlage
> + Umlagesatz
> = Teilprozesskostensatz

Verstehen Sie, wie die Umlagesätze zustande kommen? Wenn nein: Wir zeigen es hier.

Ableitung der Umlagesätze am Beispiel von *Bestellung bearbeiten*:

Die lmn-Kosten sind im Verhältnis der lmi-Kosten umzulegen. x sei z. B. der Betrag, der auf **Bestellung bearbeiten** umzulegen ist (Gesamtumlage). Dann gilt die Verhältnisgleichung:

$$\frac{71\,550}{109\,050} = \frac{x}{8\,000} \qquad x = \frac{8\,000 \cdot 71\,550}{109\,050} = 5\,248{,}9684 = \text{Gesamtumlage}$$

Für die Umlage pro Einheit ist durch die Leistungsmenge zu dividieren. Das Ergebnis ist der Umlagesatz:

$$\text{Umlagesatz} = \frac{x}{1\,200} = \frac{8\,000}{109\,050} \cdot \frac{71\,550}{1\,200} = \frac{8\,000}{109\,050} \cdot 54{,}00 = 3{,}96$$

Arbeitsaufträge

1. In einem Industriebetrieb liegen folgende Angaben zu den Kosten der Kostenstelle „Verkauf" vor.

Teilprozesse	Prozesskosten	Leistungsmenge
Aufträge bearbeiten	349 500,00	31 000
Aufträge kommissionieren	235 000,00	31 000
Aufträge versenden	164 500,00	31 000
Kundendienstleistungen erbringen	263 500,00	2 150
Reklamationen bearbeiten	177 375,00	610
Andere Teilprozesse	218 910,00	keine Angaben
Abteilung „Verkauf" leiten	90 000,00	–
Gesamtkosten	**1 498 785,00**	

Ermitteln Sie die Teilprozesskostensätze.

2. In der Kostenstelle „Serviceannahme" wurden die folgenden monatlichen Kosten ermittelt:

Teilprozesse	Prozesskosten	Leistungsmenge
Serviceauftrag annehmen	348 000,00	24 000
Andere Teilprozesse	820 000,00	keine Angaben
Abteilung „Service" leiten	11 000,00	–
Gesamtkosten	**1 179 000,00**	

Ermitteln Sie den Teilprozesskostensatz für „Serviceauftrag annehmen".

3. In der Kostenstelle „Verwaltung" wurden die folgenden monatlichen Kosten ermittelt:

Teilprozesse	Prozesskosten	Leistungsmenge
Auftrag kaufmännisch nachbearbeiten	51 000,00	1 200
Andere Teilprozesse	189 000,00	keine Angaben
Abteilung „Verwaltung" leiten	10 000,00	–
Gesamtkosten	**250 000,00**	

Ermitteln Sie den Teilprozesskostensatz für „Auftrag kaufmännisch nachbearbeiten".

ZWEITER ABSCHNITT

6.3.5   Teilprozesse zu Hauptprozessen zusammenfassen

Die Teilprozesse in den Kostenstellen werden für eine prozessorientierte Kalkulation zu mehreren kostenstellenübergreifenden Hauptprozessen zusammengefasst.

Diese Zusammenfassung setzt voraus, dass die Teilprozesse

- sachlich zusammengehören (die Zusammengehörigkeit kann z. B. durch ein gleiches Bearbeitungsobjekt [Material, Kundengruppen usw.] begründet sein) und
- gleiche oder proportionale Kostentreiber besitzen.

> **Beispiel: Bildung von Hauptprozessen**
>
> Die Teilprozesse *Bestellung bearbeiten, Auftrag kommissionieren, Sendung verschicken, Auftrag kaufmännisch nachbearbeiten* werden zum Hauptprozess **Lagerversandauftrag bearbeiten** zusammengefasst (siehe Abbildung). Sie haben gleiche bzw. proportionale Kostentreiber (siehe S. 277).
>
> Alle Teilprozesse von **Lagerversandauftrag bearbeiten** beziehen sich nun auf das Bearbeitungsobjekt **Lagerversandauftrag**. Andere Bearbeitungsobjekte (z. B. Produktionsauftrag, Beschaffungsauftrag, Entwicklungs- und Versuchsauftrag) werden anderen Hauptprozessen zugeordnet.

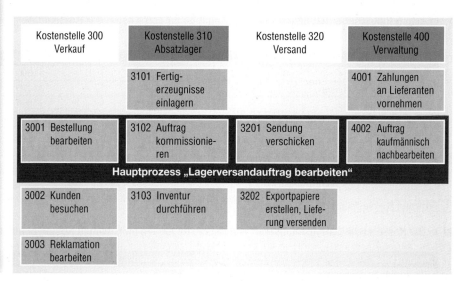

Durch die Verdichtung von einzelnen Teilprozessen zu übergeordneten Hauptprozessen sollen Fragestellungen der folgenden Art beantwortet werden:

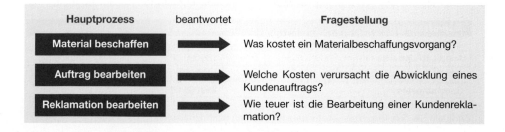

6.3.6 Kostentreiber der Hauptprozesse ermitteln

Für die gebildeten Hauptprozesse wird wiederum jeweils ein Kostentreiber festgelegt. Die Auswahl richtet sich auch hier nach den bereits beschriebenen Kriterien.

Lesen Sie auf S. 276 f. nach.

Beispiel: Kostentreiber eines Hauptprozesses

Hauptprozess	Mögliche Bezugsgrößen	Kostentreiber
Lagerversandauftrag bearbeiten	• Anzahl Lagerversandaufträge • Anzahl Auftragspositionen	Anzahl Lagerversandaufträge

Die Kosten des Hauptprozesses **Lagerversandauftrag bearbeiten** hängen weitgehend ab von

- der Anzahl der Lagerversandaufträge und
- der durchschnittlichen Anzahl der Auftragspositionen.

Nach Analyse der eingehenden Aufträge definiert man bei Dreher als **Hauptprozesskostentreiber** die **Anzahl der Lagerversandaufträge**. Und zwar, weil meistens Aufträge mit bis zu fünf Auftragspositionen eingehen. Aufträge mit mehr als 10 Auftragspositionen kommen nur äußerst selten vor. Die Aufträge sind folglich so gleichartig, dass die Anzahl der Auftragspositionen nicht ins Gewicht fällt.

Die Kostentreiber der Teilprozesse *Bestellung bearbeiten, Auftrag kommissionieren, Sendung verschicken, Auftrag kaufmännisch nachbearbeiten* sind jeweils identisch mit der Anzahl der Lagerversandaufträge oder sie sind ein Vielfaches davon. Sie verhalten sich also proportional zum Hauptkostentreiber Anzahl der Lagerversandaufträge.

6.3.7 Hauptprozesskostensätze ermitteln

Das Ziel von Fritz Dreher e. K. ist die Zurechnung der Prozesskosten von **Lagerversandauftrag** bearbeiten auf die Kostenträger (Lagerversandaufträge). Hierfür werden die Teilprozesskostensätze zu einem **Hauptprozesskostensatz** aufaddiert. Dies macht aber nur Sinn, wenn bei einmaliger Erledigung des Hauptprozesses auch jeder Teilprozess genau einmal durchgeführt wird. In diesem Fall sind Haupt- und Teilprozesskostentreiber zahlenmäßig identisch. Wird der Teilprozess öfter oder weniger oft durchgeführt, sind die Kostentreiber proportional. Damit die Kostentreiber zahlenmäßig identisch werden, muss der Teilprozesskostensatz mit einem entsprechenden Proportionalitätsfaktor multipliziert werden.

Beispiel: Berechnung des Proportionalitätsfaktors für Bestellung bearbeiten

Teilprozess **Bestellung bearbeiten:** Leistungsmenge = 1 325 Bestellungen
Hauptprozess **Lagerversandauftrag bearbeiten:** Leistungsmenge = 1 200 LV-Aufträge

$$\frac{1\,325 \text{ Bestellungen}}{1\,200 \text{ Lagerversandaufträge}} = 1{,}1 \text{ Bestellungen je Lagerversandauftrag}$$

Der Teilprozess **Bestellung bearbeiten** muss im Durchschnitt 1,1-mal je Lagerversandauftrag ausgeführt werden. Anders ausgedrückt: Von 11 Bestellungen, die bearbeitet werden, führen 10 zu einem Lagerversandauftrag. Deshalb ist auch das 1,1-Fache der Kosten zu verrechnen.

*Natürlich wird der Teilprozess nicht **tatsächlich** 1,1-mal ausgeführt, wenn ein konkreter Auftrag zu bearbeiten ist. Aber im Hauptprozess wird das 1,1-Fache des Teilprozesskostensatzes verrechnet.*

Für die anderen Teilprozesse werden entsprechende Proportionalitätsfaktoren bestimmt:

Prozess	Verhältnis von Teil- und Hauptprozesskostentreiber	Proportionalitätsfaktor
Bestellungen bearbeiten	proportional	1,1-mal je Lagerversandauftrag
Auftrag kommissionieren	identisch	1,0-mal je Lagerversandauftrag
Sendung verschicken	proportional	1,2-mal je Lagerversandauftrag
Auftrag kaufmännisch nachbearbeiten	identisch	1,0-mal je Lagerversandauftrag

Die Teilprozesskostensätze der Teilprozesse werden jeweils mit ihrem Proportionalitätsfaktor gewichtet. Das Ergebnis sind Teilprozesskostensätze, die auf den Lagerversandauftrag bezogen sind. Ihre Summe ergibt den **Hauptprozesskostensatz** für den Hauptprozess **Lagerversandauftrag bearbeiten**.

Anmerkung zum Teilprozess **Auftrag kaufmännisch nachbearbeiten:**
Jeder Lagerversandauftrag ist nachzuarbeiten. Die Leistungsmengen von Haupt- und Teilprozess sind identisch (1 200 Aufträge), die Kostentreiber ebenfalls. Der Teilprozesskostensatz sei mit dem Wert von 44,27 EUR ermittelt worden.

Teilprozess	Teilprozess-kostensatz (je Kostentreiber-Einheit)	Proportionalitäts-faktor	Teilprozess-kostensatz (je Auftrag)
Bestellungen bearbeiten	57,96 EUR	1,1	63,76 EUR
Auftrag kommissionieren	29,58 EUR	1,0	29,58 EUR
Sendung verschicken	26,20 EUR	1,2	31,44 EUR
Auftrag kaufmännisch nachbearbeiten	44,27 EUR	1,0	44,27 EUR
Hauptprozesskostensatz Lagerversandauftrag bearbeiten			169,05 EUR

Der Hauptprozesskostensatz ergibt sich durch Addition der gewichteten Teilprozesskostensätze der beteiligten Teilprozesse.

Der ermittelte Hauptprozesskostensatz wird jedem Auftrag belastet, der den Hauptprozess in Anspruch nimmt. Folglich wird der Kostenträger entsprechend der beanspruchten Prozessmenge mit Gemeinkosten belastet.

6.3.8　Bildung eines weiteren Hauptprozesses

Im Materialbereich wird ein weiterer Hauptprozess gebildet: **Material beschaffen**. Folgende Überlegungen sind bei der Ermittlung des Hauptprozesskostensatzes von Bedeutung:

- Fritz Dreher e. K. fertigt die bezeichneten Schrauben auf Lager. Die Losgröße beträgt 100 000 Stück.

- Die Kosten für die Beschaffung des Materials sind ihrerseits von der Anzahl Lose abhängig, weil je Los Material verbraucht und wieder beschafft wird. Da die Losgröße konstant ist, hängen die Materialbeschaffungskosten von der verbrauchten Menge an Material ab. **Kostentreiber** ist deshalb die **Anzahl gefertigter Schrauben**.

- Der **Hauptprozesskostensatz** wird in denselben Schritten ermittelt wie der Hauptprozesskostensatz von *Auftrag bearbeiten*. Er beträgt **240,00 EUR je 100 000 Schrauben**.

Der ermittelte Hauptprozesskostensatz bezieht sich auf ein Los. Er wird jedem Auftrag anteilig belastet, d. h., jeder Auftrag trägt den durch die Auftragsmenge verursachten Teil der Hauptprozesskosten. Damit wird der Kostenträger (Auftrag) entsprechend der beanspruchten Leistungsmenge mit Gemeinkosten belastet.

> **Beispiel: Kalkulation anteiliger Prozesskosten**
>
> Auftragsmengen: Auftrag 1: 10 Stück, Auftrag 2: 20 000 Stück
>
> Die anteiligen Prozesskosten von **Material beschaffen** betragen demnach für
>
> **Auftrag 1:**   **Auftrag 2:**
>
> $$\frac{240,00 \text{ EUR}}{100\,000 \text{ Stück}} \cdot 10 \text{ Stück} = \mathbf{0,02 \text{ EUR}} \qquad \frac{240,00 \text{ EUR}}{100\,000 \text{ Stück}} \cdot 20\,000 \text{ Stück} = \mathbf{48,00 \text{ EUR}}$$

Arbeitsauftrag

Ein Industriebetrieb kalkuliert für die Bearbeitung von Serviceaufträgen die Löhne der Servicetechniker und das Material als Einzelkosten; die Gemeinkosten der indirekten Bereiche werden mittels Prozesskosten verrechnet.

- **Für einen Serviceauftrag fallen Lohnkosten von 220,00 EUR an. Die Ersatzteile (Materialeinsatz) kosten 290,00 EUR.**

- **Der Hauptprozess „Serviceauftrag bearbeiten" umfasst folgende Teilprozesse:**

Teilprozess	Abteilung	Bearbeitungs-objekt	Gemein-kosten	Kosten-art	Kosten-treiber	Leistungs-menge
Serviceauftrag erfassen	Verkauf	Serviceauftrag	348 000,00	lmi	Anzahl Aufträge	24 000
Ersatzteil per Kurier liefern	Lager	Kurierauftrag, Ersatzteil	220 800,00	lmi	Anzahl Kurieraufträge	4 800
Serviceeinsatz berechnen	Verwaltung	Einsatzbericht, Serviceauftrag	68 000,00	lmi	Anzahl Aufträge mit Status „Einzelabrechnung"	8 000

- **Die Leitungskosten der einzelnen Abteilungen sind wie folgt auf die Teilprozesse von „Serviceauftrag bearbeiten" umzulegen:**

Teilprozess	Umlagesatz
Serviceauftrag erfassen	0,14
Ersatzteil per Kurier liefern	0,68
Serviceeinsatz berechnen	0,14

a) Berechnen Sie die Teilprozesskostensätze.

b) Ermitteln Sie die Proportionalitätsfaktoren für die Teilprozesse.

c) Berechnen Sie den Hauptprozesskostensatz für *Serviceauftrag bearbeiten*.

6.4 Kalkulation auf Prozesskostenbasis

Auf der Basis von Prozesskosten werden die beiden Aufträge der Fritz Dreher e. K. neu kalkuliert:

- Die Kosten des direkten, fertigungsbezogenen Bereichs (Materialeinzelkosten, Fertigungslöhne, lohnabhängige Gemeinkosten, Maschinenkosten) werden wie bisher kalkuliert.
- Der Hauptprozesskostensatz von *Material beschaffen* wird jedem Auftrag abhängig von der Auftragsmenge anteilig zugerechnet. Die anteiligen Prozesskosten werden in die Materialkosten einbezogen.
- Der Hauptprozesskostensatz von *Aufträge bearbeiten* wird jedem Auftrag voll zugeschlagen.

Beispiel: Auftragsbezogene Selbstkostenkalkulation mit Prozesskostensätzen
(Fortsetzung von S. 268)

		Auftrag 1 10 Stück		Auftrag 2 20 000 Stück
Fertigungsmaterial		4,00 EUR		8 000,00 EUR
Hauptprozesskostensatz				
Material beschaffen		**0,02 EUR**		**48,00 EUR**
Materialkosten ❶		4,02 EUR		8 048,00 EUR
Maschinenkosten	6 Min.	20,00 EUR	12 000 Min.	40 000,00 EUR
+ Fertigungslöhne		7,00 EUR		14 000,00 EUR
+ Restgemeinkosten	40 %	2,80 EUR	40 %	5 600,00 EUR
Fertigungskosten ❷		29,80 EUR		59 600,00 EUR
Hauptprozesskostensatz				
Auftrag bearbeiten ❸		**169,05 EUR**		**169,05 EUR**
Selbstkosten ❶ + ❷ + ❸		202,87 EUR		67 817,05 EUR

Indem durch die Prozesskostenrechnung jeder Auftrag – unabhängig vom Auftragswert – mit den Gemeinkosten belastet wird, die seine Bearbeitung tatsächlich verursacht, ergeben sich realistischere Angaben für die Selbstkosten:

- Der Kleinauftrag über 10 Einheiten des Erzeugnisses wird mit anteiligen Kosten für *Material beschaffen* von 0,02 EUR, aber mit 169,05 EUR für *Auftrag bearbeiten* belastet. Die weiteren, mengenabhängigen Kosten betragen nur 33,80 EUR.
  In der Zuschlagskalkulation war der Auftrag noch mit Gesamtkosten von 48,72 EUR ausgewiesen worden. Zusammen mit dem pauschalen Mindermengenzuschlag von 15,00 EUR ergeben sich rechnerisch Selbstkosten von knapp 64,00 EUR. Die verrechneten Gemeinkosten decken folglich die Auftragsbearbeitungskosten nicht ab.
- Der Großauftrag über 20 000 Einheiten hingegen wurde in der Zuschlagskalkulation mit Material-, Verwaltungs- und Vertriebsgemeinkosten in Höhe von 38 540,00 EUR belastet, obwohl *Auftrag bearbeiten* selbst nur 169,05 EUR und die anteilige Inanspruchnahme von *Material beschaffen* nur 48,00 EUR Prozesskosten verursachen. Bei derart großzügiger Kalkulation lässt sich vermuten, dass manch ein Kunde von einer Auftragserteilung Abstand nimmt.

Arbeitsauftrag

Betrachten Sie den Arbeitsauftrag auf Seite 283. Ein Kunde erteilt einen Serviceauftrag für 3 Geräte. Lohnkosten: insgesamt 530,00 EUR, Ersatzteilkosten: 460,00 EUR

a) Kalkulieren Sie den Serviceauftrag.
b) Ermitteln Sie die Selbstkosten je Maschinenreparatur, die sich bei dem Auftrag ergeben.

6.5 Kritik

Die Prozesskostenrechnung sieht die Gemeinkosten der indirekten Bereiche nicht unmittelbar durch Produkte, sondern durch stellenübergreifende Prozesse verursacht. Folglich verrechnet sie sie nicht über mengen- oder wertabhängige Bezugsgrößen (Fertigungsmaterial, Fertigungslöhne, Herstellkosten), sondern über die Prozesse und deren Kostentreiber. Sie bildet Prozesskostensätze und verwendet diese in der Kalkulation für den Ansatz der Gemeinkosten der indirekten Bereiche.

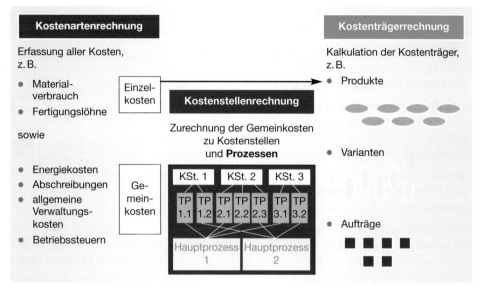

So gelingt die verursachungsgerechte Zurechnung der Gemeinkosten besser als bei traditioneller Vollkostenrechnung. Trotzdem hat die Prozesskostenrechnung Schwächen:

- **Kostenanalyse:** Die Zuordnung der Kosten zu Teilprozessen stellt erhöhte Ansprüche: Die Kostenerfassung muss eine detaillierte Kostenzuordnung gewährleisten. Dies macht sie aufwendiger. Bei Änderungen in den Prozessen muss die Kostenzuordnung überprüft und ggf. angepasst werden. Unterbleibt dies, schleichen sich Fehler ein.

- **Schlüsselung von Imn-Prozesskosten:** Die Schlüsselung täuscht eine in Wirklichkeit nicht existierende Leistungsmengenabhängigkeit vor.

- **Umlage von Imn-Prozesskosten:** Sie entspricht nicht dem Verursachungsprinzip. Es wird zu viel an Gemeinkosten verrechnet, wenn die Leistungsmenge des Hauptprozesses größer als geplant ist (oder zu wenig, wenn sie kleiner ist).

- **Nicht proportionale Kostentreiber:** In der Praxis versucht man, nicht mehr als 6 bis 8 Hauptprozesse zu bilden. Es dürfte eine Illusion sein, mit 6 bis 8 Kostentreibern alle Teilprozesse im Unternehmen proportional abzubilden. Folglich werden einige Teilprozesse auch dann in einen Hauptprozess integriert, wenn ihre Kostentreiber nicht genau proportional zum Hauptprozesskostentreiber sind. Auch hier wird bei abweichender Leistungsmenge zu viel oder zu wenig an Gemeinkosten verrechnet.

Merke:
Kostenrechnung ist stets ein Kompromiss zwischen Genauigkeit der Rechnung und Erfassungsaufwand.

Eine hundertprozentige Durchgestaltung der Prozesskostenrechnung würde einfach zu teuer. Man begnügt sich deshalb mit Kompromissen.

7 Teilkostenrechnung

7.1 Direct Costing

Die **Vollkostenrechnung**

- erfasst die vollen angefallenen Kosten nach den eingesetzten Güterarten,
- teilt sie in **Mehrproduktunternehmen** in Einzel- und Gemeinkosten auf,
- verteilt die Gemeinkosten auf die Kostenstellen,
- rechnet den Kostenträgern die vollen Kosten möglichst verursachungsgerecht zu: die Einzelkosten direkt, die Gemeinkosten durch kostenstellenbezogene Gemeinkostenzuschläge auf die Einzelkosten.

Sie wissen: Verursachungsgerecht, das klappt nicht. Eine Verbesserung bringt die Prozesskostenrechnung.

Auch die Kalkulation der Kostenträger erfolgt unter Zugrundelegung der vollen Kosten.

In **Einproduktunternehmen** können alle Kosten der einzigen Produktart zugerechnet werden. Gemeinkosten entstehen nicht. Eine Kostenstellenrechnung ist trotzdem angebracht, um eine Kosten- und Wirtschaftlichkeitskontrolle für die Abteilungen zu ermöglichen.

Direct Costing wurde in den Dreißigerjahren des 20. Jahrhunderts in den USA entwickelt.

Die **Teilkostenrechnung** rechnet den Kostenträgern nur einen Teil der Vollkosten zu. Bei **Direct Costing**, der bekanntesten und einfachsten Art der Teilkostenrechnung, sind dies die variablen Kosten.

Die Kostenartenrechnung erfasst bekanntlich die Kosten; die Kostenstellenrechnung verteilt sie auf die Kostenstellen. Direct Costing spaltet die Kosten jeder Kostenstelle in fixe und variable Kosten auf. Zu diesem Zweck sind alle Kosten genau daraufhin zu untersuchen, ob sie mit der Ausbringungsmenge (bzw. dem Beschäftigungsgrad) steigen und fallen (vgl. S. 198 ff.). Bekanntlich gilt:

Variable Kosten sinken und steigen mit der Ausbringungsmenge (bzw. dem Beschäftigungsgrad), fixe Kosten hingegen nicht.

Einzelkosten sind immer variable Kosten. Gemeinkosten sind teils fix, teils variabel.

Direct Costing unterstellt, dass alle variablen Kosten proportional variabel sind. Es bezeichnet diese Kosten als *direct costs* **oder** *marginal costs* **(Grenzkosten).**

Die **Kostenspaltung** erfordert eine eingehende Kostenplanung durch die **Plankostenrechnung**. Sie sollte im Rahmen der Kostenstellenrechnung erfolgen (siehe S. 327 f.), denn bestimmte Kosten können

Beispiele für variable Kosten:
Roh-, Hilfs- und Betriebsstoffe, Verpackungsmaterial; Fertigungslöhne, bestimmte Hilfslöhne, Wartungs- und Reparaturkosten

Beispiele für fixe Kosten:
Bestimmte Hilfslöhne, Gehälter, Raumkosten, Heizungs- und Beleuchtungskosten, kalkulatorische Kosten: Abschreibungen, Zinsen, Wagnisse

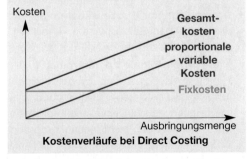

Kostenverläufe bei Direct Costing

in einer Abteilung variabel sein, in einer anderen fix. So sind Stromkosten in der Fertigung überwiegend variabel, in der Verwaltung fix. Eine falsche Aufteilung führt zwangsläufig zu falschen Ergebnissen und Entscheidungen.

Die Kostenspaltung erfolgt entweder aufgrund von Praxiserfahrungen oder aufgrund von theoretischen Erkenntnissen über die Beziehungen zwischen Kosten und Leistungen.

Gemischte Kosten (teils fix, teils variabel) werden entweder nach dem überwiegenden Anteil den variablen oder den fixen Kosten zugeschlagen oder entsprechend ihrem Anteil aufgeteilt.

Vollkosten- und Teilkostenrechnung erfüllen unterschiedliche Aufgaben:

Die Vollkostenrechnung

- erfasst alle Kosten (Istkosten oder Plankosten) der Produktionsmengen eines bestimmten Zeitabschnitts,
- rechnet die Kosten Kostenstellen und Kostenträgern zu,
- ermittelt die Selbstkosten und den Betriebsgewinn,
- ermöglicht für die Bilanz den Ansatz von fertigen und unfertigen Erzeugnissen sowie innerbetrieblichen Leistungen zu Herstellungskosten,
- ermöglicht die Kalkulation kostendeckender Preise bei Planbeschäftigung.

Das Marketing spricht hier von „kostenorientierter Preissetzung". Vgl. Bd. 1 „Geschäftsprozesse", Sachwort „Preissetzung, kostenorientierte". Für öffentliche Aufträge sind übrigens Kostenpreise vorgeschrieben.

Je besser die Vollkostenrechnung aufgebaut ist, desto besser kann sie diese Aufgaben erfüllen. Wichtige Qualitätsmerkmale sind z. B. ein mehrstufiger BAB, eine Maschinenstundensatzrechnung und eine Prozesskostenrechnung.

Die Vollkostenrechnung eignet sich jedoch auf keinen Fall als Instrument für kurzfristige marktorientierte Entscheidungen. Solche Entscheidungen beziehen sich immer auf den **Beitrag, den bestimmte Kostenträger zur Deckung der Kosten und zur Erzielung des Betriebserfolgs leisten.** Von diesem Deckungsbeitrag hängt z. B. die Annahme von Aufträgen, die Aufnahme von Produkten ins Fertigungsprogramm oder die Zusammensetzung des Fertigungsprogramms ab. Stets ist die Kenntnis der variablen und fixen Kosten erforderlich. Deshalb können derartige Entscheidungen nur auf der Grundlage der **Teilkostenrechnung** getroffen werden. Einzelheiten hierzu erfahren Sie in den folgenden Kapiteln.

> **Beispiel: Preissetzung**
>
> Die Vollkostenrechnung kalkuliert Angebotspreise auf der Basis der vollen Selbstkosten. Damit kann sie auf einem sog. Verkäufermarkt durchaus Erfolg haben. Denn: Auf Verkäufermärkten herrscht wenig Wettbewerb und der Käufer hat nicht die Wahl zwischen konkurrierenden Anbietern. Auf Käufermärkten hingegen herrscht starke Konkurrenz zwischen den Anbietern. Es bilden sich Marktpreise, die der einzelne Anbieter akzeptieren muss. Mithilfe der Teilkostenrechnung kann er prüfen, welchen Beitrag der Verkauf zum Marktpreis zur Deckung seiner variablen und fixen Kosten sowie zum Betriebserfolg leistet und wo die Grenzen für ein Angebot liegen.

Die Teilkostenrechnung ersetzt die Vollkostenrechnung nicht. Vielmehr handelt es sich um zwei Kostenrechnungssysteme, die sich gegenseitig ergänzen.

ZWEITER ABSCHNITT

Arbeitsauftrag

Der Betriebsgründer Erdal Ataer sagt zu Ihnen: „Ich habe alle Investitionen getätigt und ich habe ausreichend Personal. Meine Anlagen sind jetzt schon zu 40 % ausgelastet und in einem Jahr rechne ich mit 80 %. Leider habe ich proportionale Kosten. Also verdoppeln sich auch meine Gesamtkosten. Gott sei Dank befinde ich mich auf einem echten Käufermarkt. Da kann ich meine vollen Kosten bequem auf die Kunden abwälzen."

Erläutern Sie Ataer, warum seine Kostenprognose nicht stimmen kann.

a) Ist z. B. seine Aussage zur Verdopplung der Gesamtkosten richtig?

b) Welche Kostenarten sind für eine Kostenprognose wichtig?

c) Wie entwickeln sich diese Kosten mit der Beschäftigung?

d) Welche Verhältnisse liegen auf einem Käufermarkt tatsächlich vor?

e) Wird Ataer seine vollen Kosten wirklich abwälzen können?

f) Was muss er tun, wenn dies nicht möglich ist?

g) Welches Kostenrechnungssystem sollte er unbedingt einrichten?

h) An welche wichtige Voraussetzung ist die Einrichtung dieses Systems gebunden?

7.2   Langfristige und kurzfristige Entscheidungen

> Bei der Gersten GmbH werden zurzeit bei einer Kapazitätsauslastung von 70 % monatlich 490 Stück von Produkt A gefertigt. Die variablen Stückkosten betragen 100,00 EUR. Die fixen Kosten belaufen sich auf 10 000,00 EUR monatlich. Mittelfristig ist eine Nachfrage von 700 Stück zu erwarten. Gersten überlegt deshalb, ob die schon ältere Produktionsanlage durch eine neue ersetzt werden soll. Die variablen Stückkosten würden dann 96,00 EUR, die monatlichen Fixkosten 12 000,00 EUR betragen. Lohnt sich die Investition unter Kostenaspekten?
>
> Gersten denkt auch an den Worst Case – einen Konjunktureinbruch mit Nachfragerückgang auf 400 Stück – und möchte wissen, ab welcher Menge die neue Anlage kostengünstiger produziert.

Der geschilderte Fall zeigt ein typisches **langfristiges Problem**. Ein solches Problem ist mit einer Änderung der Kapazität und mit Investitionen verbunden. Durch die Änderung ergibt sich eine völlig neue Kostenlage:

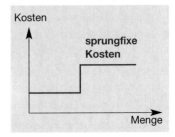

- Werden Kapazitäten abgebaut, entfallen ihre fixen Kosten; werden neue geschaffen, entstehen neue Fixkosten. Da dies sprunghaft geschieht, spricht man von **sprungfixen Kosten**. Kosten sind folglich immer nur so lange fix, wie die Kapazität unverändert bleibt.
- Mit einem Kapazitätsabbau fallen auch die variablen Kosten der betreffenden Produktion fort. Mit einem Kapazitätsaufbau entstehen neue variable Kosten in anderer Höhe.

Größere, leistungsfähigere Anlagen verursachen in der Regel höhere Fixkosten und niedrigere variable Kosten. Im Schnittpunkt der Gesamtkostenkurven zweier Anlagen liegt die sog. „kritische Menge". Von dieser Ausbringungsmenge an lohnt sich unter Kostengesichtspunkten die Investition in die größere Anlage.

Beispiel: Berechnung der Kosten und der kritischen Menge

Ein weiteres Beispiel finden Sie in Bd. 1 „Geschäftsprozesse", Sachwort „Menge, kritische".

1. Kosten der erwarteten Menge von 700 Stück:
   Anlage 1: 10 000,00 EUR + 700 · 100,00 EUR = 80 000,00 EUR
   Anlage 2: 13 000,00 EUR + 700 · 94,00 EUR = **78 800,00 EUR**
   Ergebnis: Anlage 2 produziert kostengünstiger.

2. Worst Case: Kosten von 400 Stück:
   Anlage 1: 10 000,00 EUR + 400 · 100,00 EUR = **50 000,00 EUR**
   Anlage 2: 13 000,00 EUR + 400 · 94,00 EUR = 50 600,00 EUR
   Ergebnis: Anlage 1 produziert kostengünstiger.

3. Kritische Menge: Bei der kritischen Menge x sind die Kosten beider Anlagen gleich:
   $$10\,000 + 100\,x = 13\,000 + 94\,x$$
   $$(100 - 96)\,x = 13\,000 - 10\,000$$
   $$x = \frac{13\,000 - 10\,000}{100 - 94} = 500$$

   Ergebnis: Anlage 2 produziert ab 501 Stück kostengünstiger.

   Kosten der kritischen Menge:
   $$10\,000 + 500 \cdot 100 = 60\,000$$

   Die Kosten der kritischen Menge betragen 60 000,00 EUR.

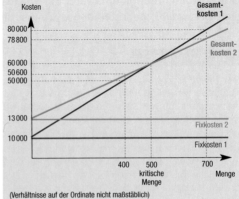

(Verhältnisse auf der Ordinate nicht maßstäblich)

$$\text{kritische Menge} = \frac{\text{fixe Kosten der Anlage 2} - \text{fixe Kosten der Anlage 1}}{\text{variable Stückkosten der Anlage 1} - \text{variable Stückkosten der Anlage 2}}$$

Auf längere Sicht bewirkt das ständige Ersetzen durch größere Anlagen

1. ein im Verhältnis zur Ausbringungsmenge unterproportionales Ansteigen der Gesamtkosten:
   K1 = Gesamtkosten bei Anlage 1 (A1)
   K2 = Gesamtkosten bei Anlage 2 (A2)
   K3 = Gesamtkosten bei Anlage 3 (A3)

2. ein verstärktes Absinken der Stückkosten:
   k1 = Stückkosten bei Anlage 1
   k2 = Stückkosten bei Anlage 2
   k3 = Stückkosten bei Anlage 3

Für das Verständnis der Teilkostenrechnung (und damit auch für Direct Costing) ist wichtig:

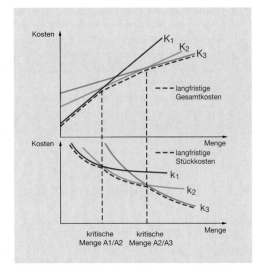

Langfristige Entscheidungen betreffen den Auf- und Abbau von Kapazitäten. Sie führen zu veränderten Fixkosten und variablen Kosten.

Kurzfristige Entscheidungen werden im Rahmen gegebener Kapazitäten getroffen. Dabei ist folglich davon auszugehen, dass die Fixkosten unverändert festliegen und dass nur die variablen Kosten sich ändern.

Gegebene Kapazitäten, gegebene Fixkosten: Dies ist der Rahmen, in dem die Teilkostenrechnung sich bewegt. Sie bietet folglich Entscheidungshilfen für kurzfristige Probleme. Sie bietet keine Hilfe für langfristige Entscheidungen zum Auf- und Abbau von Kapazitäten und für die Beurteilung von Investitionen.

Die Teilkostenrechnung bietet Hilfe für kurzfristige Kostenprobleme bei gegebenen Kapazitäten, nicht für Investitionsentscheidungen.

Arbeitsauftrag

1. **Eine vorhandene CNC-Maschine soll ggf. durch eine neue ersetzt werden. Die Tabelle zeigt die Kosten der beiden Anlagen.**

Maschine	fixe Kosten/Monat	variable Stückkosten
alt	14 000,00 EUR	150,00 EUR
neu	16 000,00 EUR	140,00 EUR

a) Erläutern Sie an diesem Beispiel den Begriff der sprungfixen Kosten.

b) Lohnt sich die Investition kostenmäßig, wenn eine Ausbringungsmenge von 1 200 (750) Stück pro Monat erwartet wird?

c) Stellen Sie die Kostenverläufe beider Maschinen mit einem Tabellenkalkulationsprogramm in einer gemeinsamen Grafik dar.

d) Ermitteln Sie rechnerisch und zeichnerisch die kritische Menge, von der an die neue Anlage kostengünstiger wird.

e) Ermitteln Sie die Stückkosten beider Maschinen bei Ausbringungsmengen von 50, 100, 150, 200, 250, 300, 350 und 400 Stück. Wie wirkt sich die Investition auf die Stückkosten aus?

f) Beantworten Sie die gleichen Fragen, wenn als Alternative auch eine Anlage mit folgenden Kosten beschafft werden kann: fixe Kosten/Monat 15 000,00 EUR, variable Stückkosten 146,00 EUR.

g) Welche Anlage sollte bei der erwarteten Menge von 1 200 Stück beschafft werden?

2. **Ein Betrieb, der Plastikgefäße herstellt, hat bei einer Investitionsentscheidung die Wahl zwischen den Produktionsanlagen I und II:**

   I: Fixe Kosten monatlich: 5 000,00 EUR; variable Kosten pro Stück: 0,50 EUR

   II: Fixe Kosten monatlich: 10 000,00 EUR; variable Kosten pro Stück: 0,30 EUR

   a) Zeichnen Sie die Kostenkurven beider Maschinen in ein gemeinsames Koordinatensystem.

   b) Stellen Sie fest, bei welcher Produktionsmenge der Einsatz der Anlage II kostengünstiger wird.

   c) Welche Anlage würden Sie unter folgenden Marktbedingungen anschaffen? Sie rechnen mit einem monatlichen Absatz von zunächst 20 000 Stück (Absatzpreis maximal 1,00 EUR). Der Absatz kann auf mittlere Sicht auf 40 000 Stück gesteigert werden, wenn man den Preis auf 0,40 EUR senkt.

7.3   Kostenplanung bei Beschäftigungsschwankungen

Die Gersten GmbH verkauft bei einer Auslastung ihrer Produktionsanlage von 70 % monatlich 490 Stück von Produkt A. Gesamtkosten (Normalkosten): 59 000,00 EUR. Stückpreis 140,00 EUR. Für die Geschäftsleitung ist es wichtig zu wissen, wie sich die Kosten und Gewinne bei Absatzänderungen entwickeln.

Best Case: Die Nachfrage könnte mittelfristig auf 700 Stück pro Monat steigen.

Worst Case (Konjunktureinbruch): Die Nachfrage könnte auf 400 Stück fallen.

Gersten verfügt nicht über eine Teilkostenrechnung. Deshalb plant man die Kosten und den Gewinn für die beiden Szenarien auf Vollkostenbasis:

	Stückkosten:	59 000,00 : 490 = 120,41	**Stückgewinn:**	140,00 – 120,41 = 19,59
490 Stück	**Selbstkosten:**	120,41 · 490 = 59 000,00	**Gesamtgewinn:**	140,00 · 490 – 59 000,00 = 9 600,00
700 Stück	**Selbstkosten:**	120,41 · 700 = 84 287,00	**Gesamtgewinn:**	140,00 · 700 – 84 287,00 = 13 713,00
400 Stück	**Selbstkosten:**	120,41 · 400 = 48 164,00	**Gesamtgewinn:**	140,00 · 400 – 48 164,00 = 7 836,00

Gibt diese Kostenplanung die Wirklichkeit richtig wieder?

Der Fall zeigt deutlich einen grundlegenden Fehler der Vollkostenrechnung. Dieser beruht auf der Annahme, dass alle in den Selbstkosten enthaltenen Kosten mit der Ausbringungsmenge (Beschäftigung) steigen und fallen. Kurz gesagt:

Je mehr (weniger) Stück gefertigt werden, desto mehr (weniger) Kosten entstehen.

Aber: Ohne Kapazitätsänderungen gilt dies nur für die variablen Kosten. Sie ändern sich mit der Beschäftigung; die fixen Kosten bleiben erhalten. Darum werden im Eingangsfall zwar die Kosten bei Normalbeschäftigung (490 Stück) mithilfe der Vollkostenrechnung richtig kalkuliert, nicht aber die Kosten bei Ausbringungsmengen von 700 bzw. 400 Stück.

Beispiel: Kosten und Gewinn bei Beschäftigungsschwankungen

Die Gersten GmbH stellt die Kostenrechnung auf Direct Costing um. Danach ergibt sich:
Variable Stückkosten von Produkt A = 100,00 EUR, monatliche Fixkosten = 10 000,00 EUR

Situation 1: Normalbeschäftigung; Ausbringungsmenge 490 Stück

Kosten und Gewinn bei Vollkostenkalkulation			**Kosten und Gewinn bei Teilkostenkalkulation**		
Umsatzerlös	140,00 · 490	68 600,00	Umsatzerlös	140,00 · 490	68 600,00
− Selbstkosten	120,41 · 490	59 000,00	− variable Kosten	100,00 · 490	49 000,00
			− fixe Kosten		10 000,00
Gesamtgewinn		9 600,00	Gesamtgewinn		9 600,00
Stückkosten = 59 000,00 : 490 = 120,41			Stückkosten = 59 000,00 : 490 = 120,41		

Voll- und Teilkostenrechnung führen zum gleichen Ergebnis.

Situation 2: Best Case; Ausbringungsmenge 700 Stück

Kosten und Gewinn bei Vollkostenkalkulation			Kosten und Gewinn bei Teilkostenkalkulation		
Umsatzerlös	140,00 · 700	98 000,00	Umsatzerlös	140,00 · 700	98 000,00
− Selbstkosten	120,41 · 700	84 287,00	− variable Kosten	100,00 · 700	70 000,00
			− fixe Kosten		10 000,00
Gesamtgewinn		13 713,00	Gesamtgewinn		18 000,00
Stückkosten = 84 287,00 : 700 = 120,41 (gleichbleibend)			Stückkosten = 80 000,00 : 700 = 114,29 (gesunken)		

Die Vollkostenrechnung verrechnet zu viel Selbstkosten. Sie weist deshalb zu wenig Gewinn aus.

Situation 3: Worst Case; Ausbringungsmenge 400 Stück

Kosten und Gewinn bei Vollkostenkalkulation			Kosten und Gewinn bei Teilkostenkalkulation		
Umsatzerlös	140,00 · 400	56 000,00	Umsatzerlös	140,00 · 400	56 000,00
− Selbstkosten	120,41 · 400	48 164,00	− variable Kosten	100,00 · 400	40 000,00
			− fixe Kosten		10 000,00
Gesamtgewinn		7 836,00	Gesamtgewinn		6 000,00
Stückkosten = 48 164,00 : 400 = 120,41 (gleichbleibend)			Stückkosten = 59 000,00 : 400 = 147,50 (gestiegen)		

Die Vollkostenrechnung verrechnet zu wenig Selbstkosten. Sie weist deshalb zu viel Gewinn aus.

Das Beispiel zeigt

- für den Fall der **Mehrbeschäftigung** (Zunahme der Ausbringungsmenge):
  - Die Vollkostenrechnung beachtet nicht, dass die Fixkosten sich auf eine größere Menge verteilen und die Stückkosten deshalb sinken (Fixkostendegression).
  - Deshalb verrechnet sie zu viel Selbstkosten (Kostenüberdeckung).
  - Folglich weist sie einen niedrigeren Gewinn aus, als tatsächlich anfällt.
  Gefahr: Preissenkungsspielräume, die zu Konkurrenzvorteilen führen können, werden nicht erkannt.

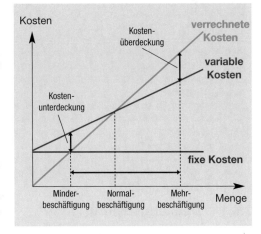

- für den Fall der **Minderbeschäftigung** (Abnahme der Ausbringungsmenge):
  - Die Vollkostenrechnung beachtet nicht, dass die Fixkosten sich auf eine kleinere Menge verteilen und die Stückkosten deshalb steigen.
  - Deshalb verrechnet sie zu wenig Selbstkosten (Kostenunterdeckung).
  - Folglich weist sie einen höheren Gewinn aus, als tatsächlich anfällt.
  Gefahr: Die Verkaufspreise decken evtl. die Kosten nicht in ausreichendem Maß.

Kostenunter- und -überdeckung sind die aus der Normalkostenrechnung bekannten **Beschäftigungsabweichungen.** *Vgl. hierzu S. 233 f.*

Die Vollkostenrechnung proportionalisiert alle Kosten. Dies führt bei Beschäftigungsschwankungen zu Beschäftigungsabweichungen (Kostenüber- und -unterdeckungen) und falschen Gewinnausweisen.

Eine Kostenplanung für unterschiedliche Beschäftigungssituationen kann deshalb nur mithilfe der Teilkostenrechnung erfolgen.

ZWEITER ABSCHNITT

Arbeitsauftrag

Eine Anlage für Gussteile weist bei einer Maximalkapazität von 500 Stück im abgelaufenen Monat einen Beschäftigungsgrad von 70 % aus. Sie hat monatliche Fixkosten von 6 000,00 EUR. Die Fertigung verursacht weitere Kosten von 40,00 EUR je Stück. Die Gesamtkosten des Monats betragen 34 000,00 EUR. Es wird ein Stückerlös von 60,00 EUR erzielt.

a) Welche Stückzahl wurde in diesem Monat produziert?

b) Wie viel EUR Gewinn wurden erzielt?

c) Welche Ausbringungsmenge würde bei voller Kapazitätsauslastung produziert?

d) Wie viel EUR Gesamtkosten und Gewinn würde die Vollkostenrechnung für einen Beschäftigungsgrad von 100 % (50 %) errechnen?

e) Erläutern Sie, warum diese Beträge falsch berechnet sind.

f) Berechnen Sie die tatsächlichen Kosten, den tatsächlichen Gewinn sowie die Kostenüberdeckung bzw. Kostenunterdeckung.

g) Warum wird diese Unter-/Überdeckung als Beschäftigungsabweichung bezeichnet?

h) Welche Nachteile können entstehen, wenn die Beschäftigungsabweichung nicht erkannt wird?

7.4   Direct Costing im Einproduktunternehmen

Die Unternehmensgründerin Nadine Passer fertigt in ihrem Betrieb Anhängerkupplungen. Die Maximalkapazität liegt bei 1 000 Stück pro Jahr. Fixe Kosten: 25 300,00 EUR jährlich; materialbedingte variable Kosten: 50,00 EUR/Stück; personalbedingte variable Kosten: 40,00 EUR/Stück; kalkulierter Barverkaufspreis einer Kupplung auf Vollkostenbasis: 200,00 EUR.
Nach einem halben Jahr sind 230 Kupplungen verkauft. Die Nachfrage steigt und Passer hofft, bis zum Ende des Geschäftsjahrs 500 bis

550 Stück absetzen zu können. Doch schon macht sich Konkurrenz bemerkbar. Ein Anbieter bringt Kupplungen für 160,00 EUR auf den Markt. Passer bemerkt sofort einen Umsatzrückgang. Wenn sie ihre Kunden nicht verlieren will, muss sie ebenfalls den Preis auf höchstens 160,00 EUR senken. Kann sie mithalten? Wo liegt ihre Preisuntergrenze?

7.4.1   Deckungsbeitrag

Die folgende Tabelle zeigt die Erfolgsentwicklung im Unternehmen Passer bei steigender Verkaufsmenge.

Ab hier macht sich die Konkurrenz mit einem Preis von 160,00 EUR bemerkbar.

Beispiel: **Erlös, Kosten und Betriebsergebnis bei steigender Verkaufsmenge**

Verkaufs-menge	Stückpreis 200,00 EUR						das letzte Stück zu 160,00 EUR
(Stück)	1	2	10	100	230	231	231
Verkaufserlöse (EUR)	200,00	400,00	2 000,00	20 000,00	46 000,00	46 200,00	46 160,00
variable Kosten (EUR)	90,00	180,00	900,00	9 000,00	20 700,00	20 790,00	20 790,00
gedeckte Fixkosten (EUR) (Deckungsbeitrag)	110,00	220,00	1 100,00	11 000,00	25 300,00	25 410,00	25 370,00
gesamte Fixkosten (EUR)	25 300,00	25 300,00	25 300,00	25 300,00	25 300,00	25 300,00	25 300,00
noch zu deckende Fixkosten: Verlust (EUR)	25 190,00	25 080,00	24 200,00	14 300,00	0,00		
Gewinn (EUR)					0,00	110,00	70,00

Um festzustellen, in welchem Maß ein Erzeugnis zur Deckung der fixen Kosten und damit zum Betriebserfolg beiträgt, zieht man vom Gesamterlös (Nettoumsatzerlös) der Erzeugnisse ihre variablen Gesamtkosten ab.

Die Differenz zwischen Verkaufserlösen und variablen Kosten trägt zur Abdeckung der fixen Kosten bei. Diese Differenz heißt daher Deckungsbeitrag (DB). Man unterscheidet den Deckungsbeitrag je Stück (Deckungsspanne) und den Gesamtdeckungsbeitrag.

> Gesamtdeckungsbeitrag = Gesamterlös – gesamte variable Kosten
> Deckungsbeitrag je Stück = Stückerlös   – variable Stückkosten

Beispiel: Stückdeckungsbeitrag und Gesamtdeckungsbeitrag

		Verkaufsmenge:	100 Stück
Stückerlös:	200,00 EUR	Gesamterlös:	20 000,00 EUR
variable Stückkosten:	90,00 EUR	gesamte variable Kosten:	9 000,00 EUR
Deckungsbeitrag je Stück:	110,00 EUR	Gesamtdeckungsbeitrag:	11 000,00 EUR

Jedes verkaufte Stück deckt nicht nur seine variablen Kosten ab, sondern auch zusätzlich 110,00 EUR fixe Kosten. 100 verkaufte Stück decken folglich 11 000,00 EUR Fixkosten (von insgesamt 25 300,00 EUR) ab.

Es gilt auch:

> Gesamtdeckungsbeitrag = Stückdeckungsbeitrag · Menge
> Stückdeckungsbeitrag   = Gesamtdeckungsbeitrag : Menge

Liegt der Verkaufspreis unter den variablen Stückkosten, entsteht ein negativer Deckungsbeitrag. Dieser kann keinen Beitrag zur Fixkostendeckung leisten. Vielmehr vergrößert jedes verkaufte Stück den Betriebsverlust.

Nur ein positiver Deckungsbeitrag trägt zur Abdeckung der Fixkosten bei.

Der Gesamtdeckungsbeitrag ist der **Bruttoerfolg**. Zieht man davon den Fixkostenblock ab, erhält man den **Nettoerfolg** (Gewinn/Verlust).

Arbeitsauftrag

1. **In einem Industrieunternehmen wird mit variablen Kosten von 70,00 EUR/Stück und Fixkosten von 600 000,00 EUR je Abrechnungsperiode gerechnet. Die Produktion von 12 000 Stück wird vollständig abgesetzt. Der Nettoverkaufspreis beträgt 150,00 EUR/Stück.**
   a) Wie viel EUR betragen der Deckungsbeitrag je Stück und der gesamte Deckungsbeitrag?
   b) Wie viel EUR beträgt der Betriebsgewinn?

2. **Aus einer Deckungsbeitragsrechnung sind folgende Angaben bekannt:**
Nettoerlös	**280 000,00 EUR**
Deckungsbeitrag	**100 000,00 EUR**
fixe Kosten	**75 000,00 EUR**
produzierte und verkaufte Menge	**5 000 Stück**

   Berechnen Sie
   a) die gesamten variablen Kosten,
   b) den Betriebsgewinn,
   c) den Deckungsbeitrag je Stück.

3. **Folgende Begriffe liegen vor:**
   fixe Kosten, Betriebsergebnis, Nettoumsatzerlöse, Deckungsbeitrag, variable Kosten.
   Ordnen Sie die Begriffe so, dass ein Rechenschema für eine Teilkostenrechnung entsteht.

4. **Ein kleiner Fahrradhersteller produziert Fahrräder des Modells „Touring".**
   Der Nettoverkaufspreis beträgt 460,00 EUR/Stück. Bei voller Kapazitäts-
   auslastung können monatlich 1000 Fahrräder produziert werden. Die
   fixen Kosten betragen monatlich 93600,00 EUR, die variablen Kosten
   je Stück belaufen sich auf 330,00 EUR.
   a) Wie viel EUR Fixkosten werden durch den Verkauf jedes Fahrrads abgedeckt?
   b) Wie viel Stück müssen verkauft werden, um alle Fixkosten abzudecken?
   c) Welches Betriebsergebnis wird bei einem Beschäftigungsgrad von 50 % (100 %) erzielt?

5. **Die Deckungsbeitragsrechnung eines Unternehmens zeigt folgende Zahlen:**
   Nettoumsatzerlöse 1 200 000,00 EUR, proportional variable Kosten 480 000,00 EUR,
   Deckungsbeitrag 720 000,00 EUR, fixe Kosten 600 000,00 EUR, Ergebnis 120 000,00 EUR.
   Welchen Mindestumsatz muss das Unternehmen machen, um ein Ergebnis von plus/minus 0,00 EUR
   zu erzielen?

7.4.2 Gewinnschwellenanalyse

Längerfristig kann ein Unternehmen nur existieren, wenn es eine Ausbringungsmenge
(Beschäftigung) erreicht, bei der seine Gesamtkosten durch den Gesamterlös (Umsatz)
gedeckt werden. Diese Menge heißt **Gewinnschwelle** (Kostendeckungspunkt, Break-
Even-Point).

Ein positiver DB je Stück trägt mit steigender Absatzmenge zunehmend zur Deckung der
fixen Kosten bei. Er garantiert oberhalb der **Gewinnschwelle** einen Stückgewinn in Höhe
des DBs je Stück. Ziel des Unternehmens ist deshalb ein hoher DB je Stück, um schnell
die Gewinnschwelle zu erreichen und anschließend einen möglichst hohen Gewinn zu erzielen.

An der Gewinnschwelle entsteht weder ein Gewinn noch ein Verlust; die Erlöse rei-
chen gerade aus, um die anfallenden Kosten zu decken.

Für die Gewinnschwelle gilt also:

> Gesamtkosten (K) = Gesamterlös (E)

Beispiel: Ermittlung der Gewinnschwelle (Anhängerkupplungen)

Die variablen Kosten (K_v) sind das Produkt aus
variablen Stückkosten (k_v) und Menge (x):

$$K_v = k_v \cdot x$$

Die Gesamtkosten sind die Summe der variablen
und fixen Kosten (K_f):

$$K = k_v \cdot x + K_f$$

Der Gesamterlös (Umsatz) ist das Produkt aus
Stückpreis (p) und Menge:

$$E = p \cdot x$$

An der Gewinnschwelle sind Gesamtkosten und
Gesamterlös gleich:

$$p \cdot x = k_v \cdot x + K_f$$

$$x (p - k_v) = K_f$$

$$x = \frac{K_f}{p - k_v} = \frac{25\,300}{200 - 90} = 230$$

Die Gewinnschwelle wird
bei einer Menge von
230 Stück erreicht.

$$\text{Gewinnschwelle} = \frac{\text{fixe Gesamtkosten}}{\text{Deckungsbeitrag je Stück}}$$

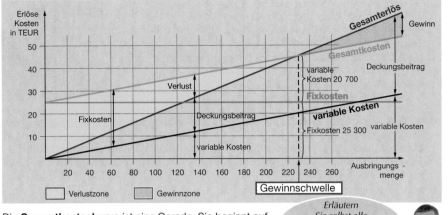

Die **Gesamtkostenkurve** ist eine Gerade. Sie beginnt auf der Höhe der Fixkosten. Ihr Steigungsmaß wird durch die variablen Kosten/Stück bestimmt.

Die **Gesamterlöskurve** ist ebenfalls eine Gerade. Sie beginnt im Koordinatenursprung. Ihr Steigungsmaß wird durch den Preis bestimmt.

Der Schnittpunkt **von Gesamterlösgerade und Gesamtkostengerade** bestimmt die **Gewinnschwelle** (im Beispiel: 230 Stück). Bei dieser Beschäftigung (Ausbringungsmenge) sind Kosten und Erlöse gleich hoch.

Sinkt die Beschäftigung (Ausbringungsmenge) unter die Gewinnschwelle, entsteht ein Betriebsverlust.

Steigt sie über die Gewinnschwelle, entsteht eine Betriebsgewinn.

Der Verlust vor der Gewinnschwelle entsteht wegen der mangelnden Fixkostendeckung.

Ab der Gewinnschwelle hat der Gewinn je Stück stets die Höhe des positiven DBs je Stück. Der Gesamtgewinn steigt mit steigender Ausbringungsmenge immer mehr an. Der maximale Gewinn entsteht an der Kapazitätsgrenze.

Die Gewinnschwelle verschiebt sich, wenn die variablen Stückkosten, der Stückerlös oder die Fixkosten – z. B. wegen einer Investition – sich ändern.

Beispiele: Verschiebung der Gewinnschwelle

1. Der Stückerlös steigt von 200,00 EUR auf 210,00 EUR.
   Gewinnschwelle = 25 300 : (210 − 90) ≈ 211 (Stück)
2. Die variablen Stückkosten steigen von 90,00 EUR auf 100,00 EUR.
   Gewinnschwelle = 25 300 : (200 − 100) = 253 (Stück)
3. Die Anlage wird ersetzt.
   Neue Fixkosten: 27 000,00 EUR. Neue variable Stückkosten: 75,00 EUR.
   Gewinnschwelle = 27 000 : (200 − 75) = 216 (Stück)

Arbeitsaufträge

1. **Ein Industriebetrieb stellt bei voller Kapazitätsauslastung monatlich 18 700 Einheiten bei 2 618 000,00 EUR proportional variablen Kosten und 68 000,00 EUR fixen Kosten her. Der Verkaufspreis je Einheit beträgt 200,00 EUR.**
   a) Ermitteln Sie Stückkosten und Stückgewinn bei voller Kapazitätsauslastung.
   b) Wie hoch sind Stückkosten und Stückgewinn/Stückverlust bei 70%iger (50%iger) Kapazitätsauslastung?
   c) Bei welchem Kapazitätsauslastungsgrad wird die Gewinnschwelle erreicht?

2. Ein Industrieunternehmen stellt hochwertige Füllfederhalter her. Die fixen Kosten betragen im Jahr 630 000,00 EUR, die variablen Kosten (proportional) je Stück 15,00 EUR. Der Verkaufspreis ist mit 30,00 EUR je Stück angesetzt.

   a) Wie viel EUR beträgt der Gewinn bei einer verkauften Jahresproduktion von 50 000 Stück?

   b) Wie viel EUR muss der Mindestumsatz im Jahr betragen, damit die Selbstkosten gedeckt sind?

3. Ein Elektrogerätehersteller stellt in einem seiner Werke Rührgeräte her. Das Werk wird als Profit Center geführt. Im letzten Jahr wurden 60 000 Stück produziert und zu 30,00 EUR je Stück zuzüglich Umsatzsteuer verkauft. Die anteiligen fixen Kosten betrugen 1 200 000,00 EUR, die variablen Kosten (proportional) 5,00 EUR je Stück. Die Kapazität des Produktionsbetriebes beläuft sich auf 80 000 Stück.

   a) Wie viel EUR beträgt der Gewinn je Stück?

   b) Wie viel EUR beträgt der Deckungsbeitrag je Stück?

   c) Bei welcher Produktionsmenge liegt die Gewinnschwelle?

   d) Mit welchem Beschäftigungsgrad arbeitete dieser Betrieb im letzten Jahr?

4. Aussagen zur Gewinnschwelle:

   (1) An der Gewinnschwelle wird kein Deckungsbeitrag erzielt.

   (2) An der Gewinnschwelle sind die fixen Gesamtkosten so groß wie die variablen Gesamtkosten.

   (3) An der Gewinnschwelle entspricht die Summe der Deckungsbeiträge den fixen Gesamtkosten.

   (4) An der Gewinnschwelle entsprechen die Erlöse den fixen Gesamtkosten.

   (5) An der Gewinnschwelle entsprechen die Erlöse den variablen Gesamtkosten.

   Welche Aussage ist richtig?

5. Ein Betrieb verkauft ein Produkt zu 30,00 EUR pro Stück. Die variablen Stückkosten betragen 21,00 EUR. Die jährlichen Fixkosten betragen 18 000,00 EUR.

   a) Berechnen Sie den Deckungsbeitrag je Stück.

   b) Welcher Gesamtdeckungsbeitrag wurde im ersten Halbjahr bei einer Absatzmenge von 1 800 Stück erzielt?

   c) Bei welcher Absatzmenge wird die Gewinnschwelle erreicht?

   d) Zeichnen Sie die Erlöskurve und die Kostenkurven – wenn möglich, mithilfe eines Tabellenkalkulationsprogramms – und kennzeichnen Sie die Verlustzone, die Gewinnschwelle und die Gewinnzone.

   e) Der Betrieb erreicht die Gewinnschwelle nach insgesamt 6 ½ Monaten. Welchen Preis muss das Produkt anschließend mindestens erzielen, damit der Betrieb nicht wieder in die Verlustzone gerät?

6. Der in Arbeitsauftrag 1 genannte Betrieb erweitert seine Kapazität durch Investitionen um 20 %. Dadurch steigen die fixen Kosten um 40 %; die proportional variablen Kosten/Stück sinken um 10 %.

   a) Ermitteln Sie Stückkosten und Stückgewinn bei voller Auslastung der neuen Kapazität.

   b) Wie hoch wären Stückkosten und Stückerfolg bei nur 50 %iger Auslastung der neuen Kapazität?

   c) Wo liegt jetzt die Gewinnschwelle?

7. Ein Unternehmen, das nur ein Produkt herstellt, hat eine monatliche Kapazität von 1 400 Stück. Die monatlichen Fixkosten belaufen sich auf 28 000,00 EUR. Der Marktpreis für das Erzeugnis beträgt 70,00 EUR je Stück, die variablen Stückkosten betragen 35,00 EUR.

   a) Wie groß ist der Nettoerfolg in einem Monat, in dem 630 Stück produziert und verkauft werden?

   b) Welche Produktions- und Absatzmenge muss erreicht werden, damit der monatliche Nettogewinn 14 000,00 EUR beträgt?

   c) Bei welcher Absatzmenge liegt die Gewinnschwelle?

   d) Bei welcher Absatzmenge liegt die Gewinnschwelle, wenn die Fixkosten um 10 % steigen und die variablen Stückkosten auf 28,00 EUR sinken?

7.4.3 Marktpreise, Preisuntergrenzen und Zusatzaufträge

Im Fall der Anhängerkupplungen stellt sich recht schnell ein Marktpreis von 160,00 EUR ein. Er liegt beträchtlich unter dem Preis von 200,00 EUR, der auf Vollkostenbasis kalkuliert wurde. Zieht unsere Anbieterin nicht nach, wird sie ihre Kunden verlieren. Es stellt sich die Frage, ob sie ihren Preis herabsetzen kann. Weiterhin: Wie weit kann sie mitziehen, wenn der Preis noch weiter absinken sollte? Und: Kann sie Zusatzaufträge zu niedrigen Preisen annehmen?

Indirekt sind diese Fragen bereits beantwortet. Denn: Ab der Gewinnschwelle bringt jedes weitere verkaufte Stück einen Gewinn in Höhe des positiven DBs je Stück.

Beispiele: Stückergebnis bei alternativen Marktpreisen

Stückerlös	160,00 EUR	90,00 EUR	80,00 EUR
− variable Stückkosten:	90,00 EUR	90,00 EUR	90,00 EUR
= Deckungsbeitrag je Stück:	70,00 EUR	0,00 EUR	− 10,00 EUR

Die Anbieterin kann zum Konkurrenzpreis produzieren. Er erzielt noch einen Stückgewinn von 70,00 EUR, also 40,00 EUR weniger als beim alten Preis von 200,00 EUR.	Der Verkaufspreis deckt gerade die variablen Kosten. Er erbringt keinen Deckungsbeitrag zur Deckung der Fixkosten.	Der Verkaufspreis deckt die variablen Kosten nicht mehr. Der Deckungsbeitrag wird negativ. Es entsteht ein Verlust

Die absolute Preisuntergrenze eines Produktes ist durch die Höhe seiner variablen Stückkosten bestimmt. Der Deckungsbeitrag ist an der absoluten Preisuntergrenze null.

Eine Frage schließt sich an: Angenommen, die oben angesprochene Preissenkung um 40,00 EUR wird schon vor dem Erreichen der Gewinnschwelle nötig, z. B. bei einer Absatzmenge von 100 Stück. Gelten dann unsere Aussagen ebenfalls?

Beispiele: Preisuntergrenze vor Erreichen der Gewinnschwelle

Verkaufsmenge	100	101
Verkaufserlöse	20 000,00	20 160,00
variable Kosten	9 000,00	20 090,00
gedeckte Fixkosten (Deckungsbeitrag)	11 000,00	11 070,00
gesamte Fixkosten	25 300,00	25 300,00
noch zu deckende Fixkosten: Verlust	14 300,00	14 230,00

Die Tabelle zeigt: Auch hier verbessert der DB je Stück von 70,00 EUR die Situation des Betriebes. Er deckt zusätzliche 70,00 EUR Fixkosten ab. Um diesen Betrag vermindert sich folglich auch der Verlust des Betriebes.

Jeder positive DB je Stück verbessert das Betriebsergebnis. Allerdings:

Je niedriger der DB ist, umso größer muss die Absatzmenge sein, um die Gewinnschwelle zu erreichen. Erreicht man sie z. B. bei einem DB je Stück von 110,00 EUR bei einer Absatzmenge von 230 Stück (vgl. S. 292), so kommt man bei einem DB je Stück von 1,00 EUR erst bei 25 300 Stück an sie heran.

Deshalb ist die absolute Preisuntergrenze zugleich eine **kurzfristige Preisuntergrenze**. Längerfristig – auf den Jahreszeitraum gesehen – muss jeder Unternehmer darauf achten, dass seine Preise nicht nur die variablen Stückkosten, sondern die gesamten Stückkosten voll abdecken. Preiserhöhungen scheiden in einer Wettbewerbssituation aus. Als unternehmerische Maßnahmen kommen deshalb infrage:

- Steigerung der Absatzmenge durch den Einsatz von intelligenten Marketinginstrumenten (z. B. Werbung, Kundendienst, Qualitätssicherung, günstige Konditionen)
- Senkung der variablen Kosten (z. B. Rationalisierung, günstiger Einkauf)
- Senkung der fixen Kosten (z. B. Rationalisierung, Abbau unnötiger Kapazität)

Die langfristige Preisuntergrenze eines Produktes ist durch seine gesamten Stückkosten bestimmt. Werden diese nicht gedeckt, entsteht ein Verlust.

Beispiel: Gesamte Stückkosten als langfristige Preisuntergrenze

Nehmen wir an, im folgenden Jahr liegen die folgenden verschlechterten Zahlen vor:

Fixkosten = 25 300,00 EUR; Stückerlös = 130,00 EUR; variable Stückkosten = 90,00 EUR; DB je Stück = 130,00 – 90,00 = 40,00 EUR; langfristig maximale Absatzmenge = 560 Stück

Gewinnschwelle = 25 300,00 EUR : 40,00 EUR = 633 (Stück)

Gesamterlös	560 · 130,00 EUR	= 72 800,00 EUR
– variable Kosten	560 · 90,00 EUR	= 50 400,00 EUR
= Gesamtdeckungsbeitrag		**22 400,00 EUR**
– Fixkosten		25 300,00 EUR
= Verlust		**2 900,00 EUR**
Gesamtkosten	560 · 90,00 + 25 300,00 EUR	= 75 700,00 EUR
Stückkosten	75 700,00 EUR : 560	**= 135,18 EUR**

Unter den gegebenen Umständen muss der Stückpreis bei mindestens 135,18 EUR liegen. Nur dann werden alle Kosten gedeckt.

Ist dieser Preis nicht durchsetzbar, hilft nur eine radikale Kostensenkung. Schließlich soll auch noch ein Gewinn rausspringen.

Die bisherigen Ausführungen beantworten auch die Frage, unter welchen Bedingungen Zusatzaufträge von Kunden ausgeführt werden sollten:

Jeder Zusatzauftrag, der einen positiven Deckungsbeitrag bewirkt, sollte angenommen werden. Vor der Gewinnschwelle deckt er bisher ungedeckte Fixkostenanteile ab und mindert den Verlust. Ab der Gewinnschwelle erhöht er den Gewinn.

Arbeitsaufträge

1. **In einer schwierigen Absatzlage kann sich ein Unternehmen gezwungen sehen, ein Produkt unter Selbstkosten anzubieten.**

   Auf die Deckung welcher der folgenden Kosten könnte es dabei unter Liquiditätsgesichtspunkten kurzfristig verzichten?

   a) Fertigungslöhne
   b) Gehälter
   c) kalkulatorischer Unternehmerlohn
   d) kalkulatorische Geschäftsmiete
   e) Rohstoffkosten
   f) Abschreibungen auf das Anlagevermögen

2. **Ein Industriebetrieb stellt monatlich 5 000 Stück eines Erzeugnisses zu variablen Stückkosten von 80,00 EUR her; die fixen Kosten je Monat belaufen sich auf 200 000,00 EUR.**

   Ermitteln Sie die kurzfristige und die langfristige Preisuntergrenze.

3. **Ein Industriebetrieb stellt bei voller Kapazitätsauslastung monatlich 18 700 Einheiten bei 2 618 000,00 EUR proportional variablen Kosten und 680 000,00 EUR fixen Kosten her: Der Verkaufspreis je Einheit beträgt 200,00 EUR.**

   Der Betrieb erweitert seine Kapazität durch Investitionen um 20 %. Dadurch steigen die fixen Kosten um 40 %, die proportional variablen Kosten/Stück sinken um 10 %.

Leider hat man sich jedoch bei der Kapazitätsausweitung „verkalkuliert": Am Inlandsmarkt sind zum Preis von 200,00 EUR nach wie vor nur 18 700 Einheiten monatlich abzusetzen. Im Ausland könnten allerdings monatlich weitere 3 000 Einheiten zum Preis von 165,00 EUR verkauft werden.

Würde sich dieses Zusatzgeschäft lohnen?

4. Aus den Zahlen der Kostenrechnung eines Industrieunternehmens ergibt sich, dass für die Produktion eines Erzeugnisses in einem eigenen Profit Center fixe Kosten von 150 000,00 EUR je Rechnungsperiode anfallen. Die variablen Kosten betragen je Stück 60,00 EUR. Die Kapazitätsgrenze liegt bei 5 000 Einheiten.

   a) Ermitteln Sie den Anteil dieses Produktes am Betriebsergebnis bei einer Ausbringung von 2 500 Stück, die zu einem Verkaufspreis von 135,00 EUR je Stück abgesetzt wurden.

   b) Ermitteln Sie den entsprechenden Anteil, wenn zusätzlich ein Auftrag von 1 500 Stück zu einem Verkaufspreis von 120,00 EUR je Stück hereingenommen wird.

5. Im Jahr 20.. verkauft der kleine Holzverarbeitungsbetrieb Eddi Spahn e. K. 950 m² Möbelbauplatten für 22,80 EUR je m². Die Materialkosten betragen 13,89 EUR je m². Alle sonstigen Kosten in Höhe von insgesamt 10 420,00 EUR sind zu 30 % variabel, der Rest ist fix.

   a) Berechnen Sie
      – die gesamten Fixkosten,
      – die Gesamtkosten,
      – die variablen Gesamtkosten,
      – die gesamten Kosten je m²,
      – die variablen Kosten je m²,
      – den Gesamterlös,
      – den Gesamtdeckungsbeitrag,
      – den Deckungsbeitrag je m².

   b) Wird bei der vorliegenden Absatzmenge die Gewinnschwelle erreicht?

   c) Wie viel EUR Fixkosten werden nicht abgedeckt? Wie viel EUR beträgt folglich der Gewinn/Verlust?

   d) Wie viel EUR muss der Absatzpreis mindestens betragen, damit kein Verlust entsteht?

   e) Ein Kunde ist bereit, 300 m² Platten zum Preis von je 21,00 EUR zu kaufen. Soll Spahn den Auftrag annehmen?

   f) Wie viel EUR Gewinn/Verlust macht Spahn insgesamt nach Durchführung dieses Auftrags?

   g) Im folgenden Jahr steigt die Nachfrage beträchtlich. Spahn rechnet damit, bei gleicher Kostensituation 1 600 m² zum Preis von 22,80 EUR absetzen zu können. Welchen Gesamtdeckungsbeitrag und welchen Gesamtgewinn/-verlust erzielt er in diesem Jahr?

   h) Nach neun Monaten des Jahres sind 1 300 m² abgesetzt. Da erhält Spahn eine Bestellung über 150 m² zum Preis von 18,50 EUR und eine Bestellung über 280 m² zum Preis von 17,00 EUR. Soll er beide Bestellungen annehmen?

   i) Welchen Preis sollte Spahn mindestens verlangen?

7.5 Direct Costing im Mehrproduktunternehmen

7.5.1 Betriebsabrechnung

Betriebsabrechnungsbogen mit variablen Gemeinkosten

Wie bereits gesagt, spaltet Direct Costing die Gesamtkosten in fixe und variable Kosten auf. Die Aufspaltung der Gemeinkosten erfolgt zweckmäßigerweise stellenbezogen in der Kostenstellenrechnung (vgl. S. 327 f.).

ZWEITER ABSCHNITT

- Einzelkosten (Fertigungsmaterial, Fertigungslöhne) sind stets variabel. Sie werden – wie in der Vollkostenrechnung – den Kostenträgern direkt zugerechnet. Die Fertigungslöhne werden allerdings meist kostenstellenbezogen geplant (vgl. S. 327).
- Gemeinkosten hingegen sind teils variabel, teils fix.

Beispiele für variable Gemeinkosten:

Hilfs- und Betriebsstoffe, Verpackungsmaterial, bestimmte Hilfslöhne, Wartungs- und Reparaturkosten

Beispiele für fixe Gemeinkosten:

Bestimmte Hilfslöhne, Gehälter, Raumkosten, Heizungs- und Beleuchtungskosten, kalkulatorische Kosten: Abschreibungen, Zinsen, Wagnisse

Direct Costing verteilt im BAB zwar alle Gemeinkosten auf die Kostenstellen. Es errechnet Gemeinkostenzuschläge jedoch nur für die variablen Gemeinkosten:

Betriebsabrechnungsbogen													
	Vorkostenstellen		Material		Hilfskostenstellen		Fertigung				Verwaltung		Vertrieb	
							maschinenabhängig		Rest: lohnabhängig					
	fix	var.	fix	var.	fix	var.	fix	var.	fix	var.	fix	var.	fix	var.
Gemeinkosten														
Umlagen	↳	↳												
Umlagen					↳	↳								
Gemeinkosten mit Umlagen														
Zuschlagsgrundlage			FM				ML		FL		vHK		vHK	
Zuschlagssatz			%				EUR/Std.		%		%		%	

FM = Fertigungsmaterial   FL = Fertigungslöhne   vHK = variable Herstellkosten   ML = Maschinenlaufzeit

Kostenträgerzeitrechnung und Ergebnisrechnung

Die Kostenträgerzeitrechnung enthält jetzt nur die variablen Selbstkosten (gesamt und je Kostenträger). Die fixen Kosten gehen als Block in die Betriebsergebnisrechnung ein.

Zieht man von den Nettoumsatzerlösen eines Kostenträgers seine variablen Selbstkosten ab, erhält man den Gesamtdeckungsbeitrag des Kostenträgers.

Die Summe der Gesamtdeckungsbeiträge der Kostenträger ist der Deckungsbeitrag des Betriebs.

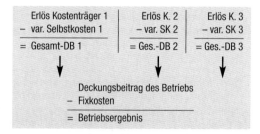

Der Deckungsbeitrag des Betriebes abzüglich Fixkosten ergibt das Betriebsergebnis.

> **Beispiel: Selbstkosten des Umsatzes und Betriebsergebnis**
>
> Ein Industriebetrieb stellt Hifi-Boxen in den Ausführungen A, B und C her. Die Teilkostenrechnung Direct Costing liefert für den laufenden Rechnungsabschnitt folgende Planwerte.

Kostenträgerzeitblatt auf Plankostenbasis mit Teilkosten

		Erzeugnis A	Erzeugnis B	Erzeugnis C	Insgesamt
Fertigungsmaterial	EUR	76 840,00	39 080,00	31 000,00	146 920,00
variable Materialgemeinkosten 10 %	EUR	7 684,00	3 908,00	3 100,00	14 692,00
variable Materialkosten	EUR	84 524,00	42 988,00	34 100,00	161 612,00
300 Maschinenstunden;					
variable Stundensatz: 100,00 EUR					30 000,00
150 Stunden		15 000,00			
100 Stunden			10 000,00		
50 Stunden				5 000,00	
Fertigungslöhne	EUR	115 260,00	58 620,00	46 500,00	220 380,00
variable Restgemeinkosten 55 %	EUR	63 393,00	32 241,00	25 575,00	121 209,00
variable Fertigungskosten	EUR	193 653,00	100 861,00	77 075,00	371 589,00
variable Herstellkost. der Erzeugung	EUR	278 177,00	143 849,00	111 175,00	533 201,00
Bestandsveränderungen zu variablen Herstellkosten	EUR	−8 177,00	1 151,00	1 325,00	−5 701,00
variable Herstellkosten des Umsatzes	EUR	270 000,00	145 000,00	112 500,00	527 500,00
variable Verwaltungs- und Vertriebsgemeinkosten 5 %	EUR	13 500,00	7 250,00	5 625,00	26 375,00
variable Selbstkosten des Umsatzes	EUR	283 500,00	152 250,00	118 125,00	553 875,00

Betriebsergebnisrechnung

		Erzeugnis A	Erzeugnis B	Erzeugnis C	Insgesamt
Nettoumsatzerlöse	EUR	383 500,00	213 250,00	128 625,00	725 375,00
− variable Selbstkosten d. Umsatzes	EUR	283 500,00	152 250,00	118 125,00	553 875,00
= **Gesamtdeckungsbeitrag**	EUR	100 000,00	61 000,00	10 500,00	171 500,00
− **Fixkosten**	EUR				150 900,00
= **Betriebsergebnis**	EUR				20 600,00

Ist die Summe der Gesamtdeckungsbeiträge größer als die gesamten Fixkosten der Abrechnungsperiode, ergibt sich ein Betriebsgewinn; ist sie kleiner, ergibt sich ein Betriebsverlust.

Arbeitsauftrag

Auf Seite 257 des Lehrbuchs finden Sie ein Kostenträgerzeitblatt und die Betriebsergebnisrechnung. Eine Kostenspaltung im Rahmen der Plankostenrechnung führte zu folgenden Ergebnissen:

Kostenart	Anteil variable Kosten	Anteil fixe Kosten
Materialgemeinkosten	50 %	50 %
Fertigungsgemeinkosten Lackiererei	50 %	50 %
Maschinenstunden Bandsäge	152,00 EUR	120,30 EUR
Restgemeinkosten Bandsäge	40 %	60 %
Fertigungsgemeinkosten Montage	30 %	70 %
Bestandsmehrungen	40 %	60 %
Bestandsminderungen	40 %	60 %
Verwaltungsgemeinkosten	10 %	90 %
Vertriebsgemeinkosten	20 %	80 %

Erstellen Sie ein Kostenträgerzeitblatt mit Teilkosten und die zugehörige Betriebsergebnisrechnung.

ZWEITER ABSCHNITT

7.5.2 Marktpreis, Preisuntergrenzen, Zusatzaufträge

> Dem Hersteller von Hi-Fi-Boxen (siehe S. 300 f.) liegt der Auftrag eines großen Handelsunternehmens über 1 000 Boxen des Typs A zum Preis von 40,00 EUR pro Stück vor.
> Durch eine Angebotskalkulation mit Zuschlagssätzen auf Teilkostenbasis soll geprüft werden, ob der Auftrag angenommen werden kann.

Für das Mehrproduktunternehmen gilt für das Verhalten bei Marktpreisen das Gleiche wie für das Einproduktunternehmen:

Jeder Standardauftrag und jeder Zusatzauftrag, der einen positiven Deckungsbeitrag bewirkt, sollte angenommen werden. Vor der Gewinnschwelle deckt er bisher ungedeckte Fixkostenanteile ab und mindert den Verlust. Ab der Gewinnschwelle erhöht er den Gewinn.

Die variablen Selbstkosten werden durch eine Angebotskalkulation auf Teilkostenbasis ermittelt. Der Kalkulation werden Plankosten zugrunde gelegt.

Beispiel: **Angebotskalkulation auf Teilkostenbasis** (Plankosten)

Für die Kalkulation der oben genannten Hi-Fi-Boxen liegen folgende Daten vor:

Einzelkosten je Stück		Zuschlagssätze	
		zu Vollkosten	zu Teilkosten
Fertigungsmaterial 8,50 EUR	Materialgemeinkosten	20 %	10 %
Fertigungslöhne 12,75 EUR	16,6 Maschinenstunden	180,00 EUR	100,00 EUR
	Restgemeinkosten	100 %	54 %
	Verwaltungs und Vertriebs-gemeinkosten	15 %	6 %

(1) Fertigungsmaterial	100 %	8 500,00	
(2) variable Materialgemeinkosten	10 %	850,00	
(3) variable Materialkosten	**110 %**	**9 350,00**	**9 350,00**
(4) 16,6 Maschinenstunden	100,00 EUR	1 660,00	
(5) Fertigungslöhne	100 %	12 750,00	
(6) variable Restgemeinkosten	54 %	6 885,00	
	154 %	19 635,00	
(7) Sondereinzelkosten der Fertigung		0,00	
(8) variable Fertigungskosten		21 295,00	**21 295,00**
(9) variable Herstellkosten	100 %		**30 645,00**
(10) variable Verwaltungs- und Vertriebsgemeinkosten	6 %		1 838,70
	106 %		32 483,70
(11) Sondereinzelkosten des Vertriebs			0,00
(12) variable Selbstkosten			**32 483,70**

Nettoumsatzerlös:	40 000,00 EUR	
− variable Selbstkosten	32 483,70 EUR	
= Deckungsbeitrag	**7 516,30 EUR**	

Entscheidung: Der Auftrag wird angenommen.

Wäre der Auftrag auch auf der Basis einer Vollkostenkalkulation angenommen worden? Rechnen Sie selbst nach!

Im behandelten Fall produziert der Hersteller drei Produkte, wahrscheinlich in Serienfertigung. Die Deckungsbeitragsrechnung lässt sich jedoch auch bei immer neuen und andersartigen Kundenaufträgen durchführen, z. B. bei Einzelfertigung, Reparatur-, Montage-aufträgen. Wichtig ist nur, dass die variablen Kosten für den Auftrag (v. a. Material, Löhne, zum Teil Energiekosten) hinreichend genau festgestellt werden können.

Beispiel: Auftragsbezogene Deckungsbeitragsrechnung

Auftrag	Auftragserlös (EUR)	variable Kosten des Auftrags (EUR)	Deckungsbeitrag je Auftrag (EUR)	Restliche Fixkosten (EUR)	Gewinn (EUR)
				18 000,00	
1	6 000,00	3 500,00	2 500,00	15 500,00	
2	4 000,00	3 000,00	1 000,00	14 500,00	
3	700,00	400,00	300,00	14 200,00	
4	12 000,00	7 000,00	5 000,00	9 200,00	
5	22 500,00	13 500,00	9 000,00	200,00	
6	1 000,00	600,00	400,00		200,00
7	2 000,00	2 300,00	– 300,00	100,00	

Jeder der Aufträge 1 bis 6 erbringt einen positiven Deckungsbeitrag. Die verbleibenden Fixkosten nehmen ab. Mit Auftrag 6 wird die Gewinnschwelle überschritten.
Auftrag 7 sollte nicht angenommen werden. Der Auftragserlös liegt unter den variablen Kosten.

Größere Unternehmen nehmen überwiegend eine **Parallelkalkulation** (vgl. S. 333) vor:
- Die Vollkostenkalkulation ergibt den Preis, der beim Absatz der Planmenge alle Selbstkosten deckt.
- Mithilfe der Teilkostenkalkulation ermittelt man **Solldeckungsbeiträge**, die die Fixkosten in gewünschter Weise abdecken sollen, sowie Preisuntergrenzen und entscheidet über Annahme oder Ablehnung von Zusatzaufträgen.

Hinsichtlich der **Preisuntergrenzen** gilt grundsätzlich das Gleiche wie für Einproduktunternehmen:

Langfristig sollte jeder Artikel **alle** ihm zuzurechnenden Kosten decken. Dann entsteht zwar noch kein Gewinn, aber der Gesamtumsatz reicht aus, um den Betrieb zu sichern.

Die gesamten Stückkosten (= Selbstkosten) sind die langfristige Preisuntergrenze.

Kurzfristig kann das Mehrproduktunternehmen auf die Deckung der fixen Kosten verzichten. Zumindest gilt dies für die Kosten, die nicht mit laufenden Ausgaben verbunden sind (Abschreibungen, Zusatzkosten). Berücksichtigt man, dass Teile der Fixkosten ausgabewirksam sind, kommt man zur Festlegung einer liquiditätsorientierten (mittelfristigen) Preisuntergrenze.

Die liquiditätsorientierte (mittelfristige) Preisuntergrenze soll die Deckung der variablen Kosten und der ausgabewirksamen Fixkosten über den Verkaufspreis sichern.

Allerdings hat das Mehrproduktunternehmen einen wesentlichen Vorteil gegenüber dem Einproduktunternehmen: Es kann Preisnachteile bei einzelnen Artikeln ggf. durch Preisaufschläge bei anderen Artikeln ausgleichen und so ggf. sogar langfristig durchhalten. Wichtig ist dann, dass die gesamten Nettoumsatzerlöse die Gesamtkosten (Selbstkosten) decken.

Man spricht in diesem Fall von einer **Mischkalkulation**.

Die absolute (kurzfristige) Preisuntergrenze sind auch im Mehrproduktunternehmen die variablen Stückkosten (Selbstkosten je Stück). Der Deckungsbeitrag ist an dieser Untergrenze null.

Die variablen Stückkosten sind mit laufenden Ausgaben verbunden (Löhne, Material). Sinkt der Marktpreis darunter, sollte man das Produkt aus dem Programm nehmen. Anderenfalls müssten die Produkte mit positivem Deckungsbeitrag neben den gesamten Fixkosten noch variable Kosten des „sich nicht tragenden" Produktes übernehmen.

Die möglichen unternehmerischen Maßnahmen bei Unterschreitungen der Preisuntergrenzen sind schon bekannt:
● Steigerung der Absatzmenge durch den Einsatz von intelligenten absatzpolitischen Maßnahmen (z.B. Werbung, Kundendienst, Qualitätssicherung, günstige Konditionen)
● Senkung der variablen Kosten (z.B. Rationalisierung, günstiger Einkauf)
● Senkung der fixen Kosten (z.B. Rationalisierung, Abbau unnötiger Kapazität)

Arbeitsaufträge

1. **Dem Schlauchboot-Hersteller Rickel GmbH liegt ein Großauftrag vor, nach dem er 100 voll ausgestattete hochseetaugliche Schlauchboote zu einem Gesamtpreis von 1 500 000,00 EUR liefern soll. Rickel liegen folgende Daten aus der Kosten- und Leistungsrechnung vor:**

Einzelkosten je Stück		Zuschlagssätze			
EUR		**zu Vollkosten**		**zu Teilkosten**	
Fertigungsmaterial	1 840,00	Materialbereich	42 %	Materialbereich	24,5 %
Fertigungslöhne	3 010,00	Fertigungsbereich	225 %	Fertigungsbereich	140 %
		Verwaltungsbereich	35 %	Verwaltungsbereich	20 %
		Vertriebsbereich	25 %	Vertriebsbereich	15 %

Für den Auftrag entstehen außerdem Sondereinzelkosten der Fertigung von 6 000,00 EUR.
a) Ermitteln Sie auf Teilkostenbasis
– die variablen Selbstkosten des Auftrags,
– den Deckungsbeitrag des Auftrags.
b) Ermitteln Sie auf Vollkostenbasis die Selbstkosten des Auftrags.
c) Entscheiden Sie, ob der Auftrag angenommen werden soll. Begründen Sie Ihre Entscheidung.

2. **Ein Industriebetrieb produziert die Produkte A, B und C. Im kommenden Geschäftsjahr sieht die Planung die folgenden Fertigungs- und Absatzzahlen vor: 45 750 Einheiten von A, 9 200 Einheiten von B und 48 100 Einheiten von C.**
Die geplanten Nettoumsatzerlöse und Kosten ergeben sich aus folgender Übersicht:

		Erzeugnis A	Erzeugnis B	Erzeugnis C	Insgesamt
Nettoumsatzerlöse	(EUR)	182 085,00	90 988,00	147 186,00	420 259,00
variable Kosten	(EUR)	113 460,00	58 788,00	86 580,00	258 828,00
fixe Kosten	(EUR)				104 000,00

a) Wie hoch ist das Plan-Betriebsergebnis?
b) Wie hoch sind die Plan-Produktdeckungsbeiträge und der Plan-Gesamtdeckungsbeitrag?
c) Berechnen Sie den Plan-Deckungsbeitrag je Einheit eines jeden Erzeugnisses.
d) Berechnen Sie die kurzfristige Preisuntergrenze je Einheit eines jeden Erzeugnisses für den Fall, dass die geplanten Preise sich am Markt nicht durchsetzen können.
e) Es stellt sich schnell heraus, dass der Preis von B um 10 % und der von A sogar um 30 % abgesenkt werden muss. Bei C hingegen ist die Nachfrage so groß, dass der Preis um 5 % erhöht werden kann und trotzdem eine Absatzsteigerung um 25 % erwartet werden darf. Kann aufgrund der Mischkalkulation das geplante Betriebsergebnis erreicht werden?

3. **Für eine Angebotskalkulation liegen einem Industriebetrieb folgende Daten vor:**

Fertigungsmaterial	3 400,00 EUR
Fertigungslöhne	6 800,00 EUR
Sondereinzelkosten des Vertriebs	1 360,00 EUR

Zuschlagssätze:

Materialgemeinkosten	10 %
Fertigungsgemeinkosten	120 %
Verwaltungsgemeinkosten	20 %
Vertriebsgemeinkosten	15 %
Gewinn	4 %

Die Materialgemeinkosten sind zu 80 %, die Fertigungsgemeinkosten zu 60 % variabel. Die Verwaltungsgemeinkosten sind zu 100 %, die Vertriebsgemeinkosten zu 50 % fix.

a) Ermitteln Sie auf Vollkostenbasis
   – die Herstellkosten,
   – die Selbstkosten,
   – den Angebotspreis.

b) Der Kunde akzeptiert den Angebotspreis nicht und verhandelt. Welchen Preis betrachtet der Betrieb aufgrund seiner Kalkulation als voll kostendeckend?

c) Man einigt sich letztlich auf einen Preis von 24 140,00 EUR. Ermitteln Sie den Deckungsbeitrag des Auftrages.

d) Welcher Preis stellt die absolute Untergrenze dar, die auf keinen Fall unterschritten werden sollte?

4. **Ein Betrieb hat in der Abrechnungsperiode Fixkosten von 12 000,00 EUR. Er erhält folgende Aufträge:**

Auftrag	Auftragserlös (EUR)	variable Kosten des Auftrags (EUR)
1	5 500,00	3 500,00
2	3 900,00	2 400,00
3	2 000,00	1 200,00
4	20 000,00	12 000,00
5	5 000,00	6 200,00
6	6 400,00	4 300,00

a) Stellen Sie in einer Tabelle die Gewinn- und Verlustsituation des Betriebes mit jedem zusätzlichen Auftrag dar.

b) Mit welchem Auftrag erreicht der Betrieb die Gewinnschwelle?

c) Welchen Auftrag sollte der Betrieb nicht annehmen?

5. **Ein Industriebetrieb stellt die Erzeugnisse A, B und C her. Im vergangenen Rechnungsabschnitt wurden von A 5 000 Einheiten, von B 3 000 Einheiten, von C 1 500 Einheiten hergestellt und verkauft. Die Nettoumsatzerlöse und Istkosten sind folgender Tabelle zu entnehmen:**

		Erzeugnis A	Erzeugnis B	Erzeugnis C	Insgesamt
Nettoumsatzerlöse	(EUR)	625 000,00	510 000,00	270 000,00	1 405 000,00
variable Kosten	(EUR)	374 000,00	244 000,00	147 000,00	765 000,00
fixe Kosten	(EUR)				300 000,00

a) Berechnen Sie die erzielten Deckungsbeiträge der einzelnen Produkte (insgesamt und pro Stück).

b) Wie hoch ist das Betriebsergebnis des Unternehmens für den vergangenen Rechnungsabschnitt?

c) Berechnen Sie die (absolute) Preisuntergrenze je Stück eines jeden Erzeugnisses, wenn für die Zukunft nicht mit wesentlichen Kostenänderungen zu rechnen ist.

d) Welche Maßnahmen würden Sie als Unternehmensleiter ergreifen, wenn der Marktpreis des Erzeugnisses A auf längere Sicht unter die absolute Preisuntergrenze fallen sollte?

e) Welche Menge muss – unveränderte Kosten und ausreichende Kapazität vorausgesetzt – zum bisherigen Nettoverkaufspreis abgesetzt werden, damit C einen Gesamtdeckungsbeitrag von 147 000,00 EUR erbringt?

f) Welchen Teil der Fixkosten (in EUR und in %) würde der Verkauf von 3 000 Einheiten des Produkts C zu 170,00 EUR je Einheit decken, wenn durch Anschaffung eines weiteren Produktionsaggregates die gesamten Fixkosten um 8 % steigen würden und die variablen Kosten pro Stück unverändert blieben?

6. **Ein kapazitätsmäßig nicht voll ausgelasteter Betrieb stellt unter anderem ein Erzeugnis her, dessen Selbstkostenpreis/Stück (auf Vollkostenbasis) 147,00 EUR beträgt. Davon sind 105,00 EUR variable Kosten. Der Betrieb kann 5 000 Einheiten seines Produktes zum Preis von 160,00 EUR auf dem Inlandsmarkt absetzen.**

a) Soll er zur Auslastung seiner vorhandenen Kapazität einen Auslandsauftrag über weitere 1 000 Stück annehmen, für den aber ein Exportrabatt von 20 % auf den Inlandspreis gewährt werden muss?

b) Um wie viel EUR verbessert/verschlechtert sich sein Betriebsergebnis aufgrund des Zusatzauftrags?

R15   R16   R17

7. **Einem Kugel-, Wälz- und Rollenlagerhersteller steht für die Fertigung des Rollenlagers R15 eine monatliche Kapazität von 8 000 Stück zur Verfügung. Für den Monat September liegen Bestellungen über 6 400 Stück vor. Materialeinzelkosten 100 000,00 EUR, Materialgemeinkosten 62,5 %, davon die Hälfte variabel; 500 Maschinenstunden zum Satz von 100,00 EUR, davon 60 % variabel; Fertigungslöhne 35 000,00 EUR, Restgemeinkosten insgesamt 200 % (90 % fix, 110 % variabel), variable Verwaltungs- und Vertriebsgemeinkosten 6 274,00 EUR.**

Es ist damit zu rechnen, dass in Zukunft monatlich nur noch 6 000 Rollenlager R15 zum Preis von 90,00 EUR je Stück abgesetzt werden können.

a) Lohnt sich die Annahme eines Zusatzauftrags über 1 200 Stück, für den ein Sonderrabatt von 33 1/3 % einzuräumen wäre?

b) Wie hoch ist die absolute Preisuntergrenze?

7.5.3   Gewinnmaximale Programmplanung

Programmplanung mit einfacher Deckungsbeitragsrechnung

Die Dröger GmbH stellt die Produkte A, B und C her. Diese belasten die Betriebsbereiche etwa gleich. Die Vollkostenrechnung ermittelt beim Monatsabschluss für A 22 871,00 EUR Gewinn, für B 19 782,00 EUR Gewinn und für C 22 953,00 EUR Verlust. In den zwölf vorausgegangenen Monatsabschlüssen waren die Erzeugnisse ähnlich am Betriebsergebnis beteiligt. Deshalb denkt man an die Aufgabe des verlustbringenden Erzeugnisses C. Vor einer Entscheidung soll jedoch eine Beurteilung mithilfe der Deckungsbeitragsrechnung erfolgen.

Die Programmplanung befasst sich mit folgenden Fragestellungen:

- Soll ein Produkt ins Produktions-/Absatzprogramm aufgenommen werden?
- Soll ein Produkt eliminiert werden?
- In welchen Mengen sollen die Produkte produziert werden? Sollen bestimmte Produkte bevorzugt gefertigt werden?

Können solche Fragen mithilfe der Vollkostenrechnung beantwortet werden?

Beispiel: Entscheidung über Produktelimination

Die Dröger GmbH zieht für ihre Entscheidung über die Elimination von Erzeugnis C die Betriebsergebnisrechnungen auf Voll- und Teilkostenbasis heran.

Betriebsergebnisrechnung mit Vollkosten

		Erzeugnis A	B	C	Insgesamt
Nettoumsatzerlöse	EUR	372 500,00	196 600,00	118 100,00	687 200,00
– Selbstkosten	EUR	349 629,00	177 818,00	141 053,00	668 500,00
= Betriebsgewinn	EUR	**22 871,00**	**18 782,00**	**–22 953,00**	**18 700,00**

Die Vollkostenrechnung behauptet: Bei Aufgabe von Produkt C werden die gesamten Selbstkosten von C abgebaut. Sie werden also voll als variabel angenommen. Folglich steigt das Betriebsergebnis um 22 953,00 EUR.

Betriebsergebnisrechnung mit Teilkosten

		Erzeugnis A	B	C	Insgesamt
Nettoumsatzerlöse	EUR	372 500,00	196 600,00	118 100,00	687 200,00
– variable Kosten	EUR	192 100,00	97 700,00	77 500,00	367 300,00
= Deckungsbeitrag	EUR	180 400,00	98 900,00	40 600,00	319 900,00
– fixe Kosten	EUR				301 200,00
= Betriebsgewinn	EUR				**18 700,00**

Die Betriebsabrechnung mit Teilkosten zeigt, dass das „verlustbringende" Erzeugnis C in Wahrheit einen Deckungsbeitrag in Höhe von 40 600,00 EUR erzielt. In diesem Umfang trägt es zur Fixkostendeckung bzw. zur Gewinnerzielung bei. Würde man es eliminieren, würde der Deckungsbeitrag wegfallen und ein Betriebsverlust von 21 900,00 EUR entstehen.

Erzeugnis C wird aus dem Produktionsprogramm gestrichen		A	B	Insgesamt
Nettoumsatzerlöse	EUR	372 500,00	196 600,00	569 100,00
– variable Kosten	EUR	192 100,00	97 700,00	289 800,00
= Deckungsbeitrag	EUR	180 400,00	98 900,00	279 300,00
– fixe Kosten	EUR			301 200,00
= Betriebsverlust	EUR			**– 21 900,00**

Es wäre also unwirtschaftlich, das Erzeugnis C aus dem Produktionsprogramm herauszunehmen. Die Gesamtkosten der Abrechnungsperiode würden zwar um die variablen Kosten von C sinken; **die fixen Kosten blieben jedoch bestehen** und wären nun von A und B allein zu tragen.

Der Verlust, der in der Betriebsergebnisrechnung mit Vollkosten ausgewiesen ist, beruht darauf, dass die Vollkostenrechnung die fixen Kosten den einzelnen Erzeugnissen zurechnet, obwohl sie unabhängig von den produzierten Mengen entstehen und außerdem die Zuordnungskriterien problematisch sind.

Die Vollkostenrechnung eignet sich nicht für programmpolitische Entscheidungen. Sie rechnet den Erzeugnissen über die Gemeinkostenumlegung Fixkosten zu, die nicht zurechenbar sind.

Nur mit den Instrumenten der Teilkostenrechnung sind Daten für programm- und absatzpolitische Entscheidungen zu gewinnen.

Im Rahmen vorhandener Kapazitäten trägt jedes Produkt mit positivem Deckungsbeitrag zur Fixkostendeckung/Gewinnerzielung bei.

Diese Erkenntnis gilt allerdings uneingeschränkt nur für die sog. **summarische Fixkostendeckung**. Eine solche liegt vor, wenn tatsächlich der gesamte Fixkostenblock in einer Summe von der Gesamtsumme der Deckungsbeiträge abzusetzen ist.

Es kommt jedoch vor, dass in Wirklichkeit Teile des Fixkostenblocks doch den einzelnen Produkten zugerechnet werden können. In diesen Fällen ist eine **stufenweise Deckungs-beitragsrechnung vorzunehmen** (siehe S. 309 ff.).

(siehe S. 309 ff.)

Arbeitsaufträge

1. **Ein Industriebetrieb stellt die Erzeugnisse A, B und C her, für die die Vollkostenrechnung – bezogen auf den letzten Rechnungsabschnitt – folgende Werte liefert:**

	Erzeugnis			Insgesamt
	A	B	C	
Selbstkosten d. Umsatzes (EUR) Nettoumsatzerlöse (EUR)	88 714,00 72 319,00	92 117,00 105 533,00	174 243,00 190 580,00	355 074,00 368 432,00
Betriebsergebnis (EUR)	– 16 395,00	+ 13 416,00	+ 16 337,00	+ 13 358,00

Auch in den vorhergehenden Rechnungsabschnitten brachte das Erzeugnis A einen negativen Anteil am Betriebsergebnis. Die Unternehmensleitung will das Erzeugnis A daher aus dem Programm herausnehmen.

Überprüfen Sie die Richtigkeit dieses Plans mit den Mitteln der Teilkostenrechnung (Deckungs-beitragsrechnung). Dazu folgende Ergänzungsangaben: Von den variablen Kosten entfallen auf das Erzeugnis A 55 357,00 EUR, auf das Erzeugnis B 69 786,00 EUR und auf das Erzeugnis C 137 214,00 EUR. Die fixen Kosten betragen 92 717,00 EUR.

2. **Der Kostenträgerzeit- und -ergebnisrechnung eines Industriebetriebs entnehmen wir folgende Angaben:**

	Erzeugnis			Insgesamt
	A	B	C	
Selbstkosten d. Umsatzes (EUR)	109 368,00	120 404,00	104 160,00	333 932,00
Nettoumsatzerlöse (EUR)	182 300,00	160 400,00	174 000,00	516 700,00
Umsatzergebnis (EUR)	72 932,00	39 996,00	69 840,00	182 768,00

Da das Produkt B auch in den vorhergehenden Rechnungsabschnitten nur mit einem verhältnismäßig geringen Betrag am Umsatzergebnis beteiligt war, erwägt die Geschäftsleitung, die Produktion von B zugunsten der anderen Erzeugnisse einzuschränken.

Überprüfen Sie mithilfe der Deckungsbeitragsrechnung, ob eine solche Maßnahme wirtschaftlich wäre. Dazu noch folgende Angaben:

	A	B	C
variable Kosten	72 920,00	63 800,00	63 300,00
Ausbringungsmenge (Stück)	3 646	1 610	2 214
fixe Kosten (EUR)	133 912,00 EUR		

3. **Dem Kosten- und Leistungsbereich der Abgrenzungsrechnung eines Industriebetriebes entnehmen wir für den Monat November folgende Beträge:**

	EUR		EUR
Nettoumsatzerlöse	816 000,00	Fertigungslöhne	132 000,00
Bestandsminderungen	13 200,00	Gemeinkostenlöhne	38 640,00
Fertigungsmaterial	234 000,00	Gehälter	96 840,00
Hilfs- und Betriebsstoffe	67 680,00	Sozialkosten	20 160,00
Energie	10 560,00	Betriebssteuern	9 240,00
Fremdinstandhaltung	22 680,00	Kalkulatorische Abschreibungen	45 000,00
		Sonstige kalkulatorische Kosten	43 200,00

Angaben für die Erstellung des Betriebsabrechnungsbogens:

Kostenart	Vert.-Grundlage	Material	Fertigung	Verwaltung	Vertrieb
Hilfs- und Betriebs-stoffe........................	Verbrauchs-belege	3 240,00 EUR	54 000,00 EUR	2 880,00 EUR	7 560,00 EUR
Energie.....................	kWh-Verbrauch	22 000	44 000	11 000	11 000
Fremdinstand-haltung.....................	Belege	1 560,00 EUR	18 000,00 EUR	2 640,00 EUR	480,00 EUR
Gemeinkosten-löhne......................	Lohnlisten	2 520,00 EUR	29 400,00 EUR	6 000,00 EUR	720,00 EUR
Gehälter..................	Gehaltslisten	8 760,00 EUR	34 680,00 EUR	42 720,00 EUR	10 680,00 EUR
Sozialkosten............	L.- u. G.-Listen	1 800,00 EUR	9 720,00 EUR	6 720,00 EUR	1 920,00 EUR
Betriebssteuern........	Umlage	2 Teile	10 Teile	43 Teile	22 Teile
Kalkulatorische Abschreibungen.......	Anlagendatei	1 680,00 EUR	31 680,00 EUR	5 040,00 EUR	6 600,00 EUR
Sonstige kalkulatori-sche Kosten.............	Umlage	1 Teil	9 Teile	7 Teile	3 Teile

Der Betrieb hat im vergangenen Abrechnungszeitraum mit folgenden Normalzuschlagssätzen kalkuliert:

Materialgemeinkosten	10 %	Verwaltungsgemeinkosten	15 %
Fertigungsgemeinkosten	140 %	Vertriebsgemeinkosten	5 %

Angaben für die Kostenträgerzeit- und -ergebnisrechnung:

	A	B	C
Fertigungsmaterial	92 400,00 EUR	58 800,00 EUR	82 800,00 EUR
Fertigungslöhne	55 200,00 EUR	28 800,00 EUR	48 000,00 EUR
Unfertige Erzeugnisse			
Anfangsbestand	8 400,00 EUR	6 000,00 EUR	4 800,00 EUR
Endbestand	3 600,00 EUR	2 400,00 EUR	2 400,00 EUR
Fertige Erzeugnisse			
Anfangsbestand	14 400,00 EUR	9 600,00 EUR	6 000,00 EUR
Endbestand	16 800,00 EUR	8 400,00 EUR	2 400,00 EUR
Nettoumsatzerlöse	312 000,00 EUR	351 600,00 EUR	152 400,00 EUR

Angaben für die Deckungsbeitragsrechnung:

	A	B	C
variable Normalkosten	185 220,00 EUR	161 996,00 EUR	145 900,00 EUR
Ausbringungsmenge (Stück)	4 226	9 480	260
fixe Normalkosten		211 764,00 EUR	

a) Stellen Sie den BAB auf und werten Sie ihn aus.
b) Stellen Sie die Kostenträgerzeit- und -ergebnisrechnung auf Normalkostenbasis auf und werten Sie sie nach herkömmlichen Gesichtspunkten aus.
c) Stellen Sie eine Deckungsbeitragsrechnung auf und werten Sie sie aus.
d) Vergleichen Sie die aufgrund der Vollkostenrechnung gewonnenen Ergebnisse mit denen der Deckungsbeitragsrechnung.

Programmplanung mit stufenweiser Deckungsbeitragsrechnung

Im Fall auf Seite 307 wurde die Programmentscheidung anhand der Deckungsbeiträge der einzelnen Erzeugnisse getroffen. Der gesamte Fixkostenblock wurde in einer Summe von der Gesamtsumme der Deckungsbeiträge abgesetzt (summarische Fixkostendeckung).

In der Praxis kommt man zu aussagefähigeren Ergebnissen, wenn man den Fixkostenblock aufspalten kann. Das Ergebnis ist **eine Deckungsbeitragsrechnung mit stufenweiser Fixkostendeckung**.

Die Stufen ergeben sich wie folgt:

Stufe 1: Man zieht – wie bisher – vom Nettoumsatzerlös jedes Produkts die variablen Kosten dieses Produkts ab.
Ergebnis: **Deckungsbeitrag I**

Nettoumsatzerlöse
– variable Kosten
= Deckungsbeitrag I

Stufe 2: Man zieht vom Deckungsbeitrag I die Erzeugnisfixkosten ab: die Fixkosten, die sich den einzelnen Erzeugnissen zuordnen lassen (Fixkosten der Produktionsanlage).
Ergebnis: **Deckungsbeitrag II**

DB II zeigt den Beitrag der einzelnen Erzeugnisse zur Deckung der restlichen – nicht erzeugnisbezogenen – Fixkosten.

– Erzeugnis- fixkosten
= Deckungsbeitrag II

Stufe 3: Von den zusammengefassten Deckungsbeiträgen II subtrahiert man die Erzeugnisgruppenfixkosten: Fixkosten, die sich der Erzeugnisgruppe zuordnen lassen. Ergebnis: **Deckungsbeitrag III.**

DB III zeigt den Beitrag der einzelnen Erzeugnisgruppen zur Deckung der restlichen Fixkosten.

– Erzeugnis- gruppen- fixkosten
= Deckungsbeitrag III

Stufe 4: Von den zusammengefassten Deckungsbeiträgen III subtrahiert man die Unternehmensfixkosten. Das sind Fixkosten, die sich nur dem Unternehmen als Ganzem zuordnen lassen.
Ergebnis: **Deckungsbeitrag IV**

– Unternehmens- fixkosten
= Deckungs- beitrag IV
= Betriebsergebnis

DB IV ist das Betriebsergebnis der Rechnungsperiode.

Die einfache Deckungsbeitragsrechnung zeigt nur, wie die einzelnen Produkte zur Deckung des Fixkostenblocks/zur Gewinnerzielung beitragen. Die stufenweise Deckungsbeitragsrechnung zeigt die Erfolgsstruktur des Unternehmens genauer:

● **Die stufenweise Deckungsbeitragsrechnung verdeutlicht auch, wie einzelne Erzeugnisgruppen über die ihnen zurechenbaren Fixkosten hinaus zur Deckung der Unternehmensfixkosten/zur Gewinnerzielung beitragen.**

● **Die stufenweise Deckungsbeitragsrechnung lässt besser erkennen, welche Produkte und Produktgruppen zu fördern bzw. aus dem Programm zu streichen sind.**

Immer, wenn sich Teile der Fixkosten bestimmten Produkten und/oder Produktgruppen zurechnen lassen, führt nur die Stufendeckungsbeitragsrechnung zu programmpolitisch richtigen Entscheidungen.

Beispiel: Deckungsbeitrag mit stufenweiser Fixkostendeckung

Der Fixkostenblock des auf Seite 307 dargestellten Beispiels lässt sich wie folgt auflösen:

Von den unmittelbar zurechenbaren Fixkosten entfallen auf Erzeugnis A 67 200,00 EUR, auf Erzeugnis B 26 400,00 EUR, auf Erzeugnis C 33 600,00 EUR.

Deckungsbeitragsrechnung mit stufenweiser Fixkostendeckung					
		Erzeugnis A	Erzeugnis B	Erzeugnis C	Insgesamt
Nettoumsatzerlöse	(EUR)	372 500,00	196 600,00	118 100,00	687 200,00
− variable Kosten	(EUR)	192 100,00	97 700,00	77 500,00	367 300,00
Deckungsbeitrag I	(EUR)	180 400,00	98 900,00	40 600,00	319 900,00
− Erzeugnisfixkosten	(EUR)	67 200,00	26 400,00	33 600,00	127 200,00
Deckungsbeitrag II	(EUR)	113 200,00	72 500,00	7 000,00	192 700,00
− Erzeugnisgruppen-fixkosten	(EUR)	73 200,00		0,00	73 200,00
Deckungsbeitrag III	(EUR)	112 500,00		7 000,00	119 500,00
− Unternehmens-fixkosten	(EUR)				100 800,00
Deckungsbeitrag IV (Betriebsgewinn)	(EUR)				18 700,00

Nach Abzug aller Kosten, die sich Erzeugnis C zuordnen lassen, verbleibt nunmehr für das Produkt ein wesentlich niedrigerer Deckungsbeitrag in Höhe von 7 000,00 EUR als bei summarischer Fixkostendeckung.

An eine Produktaufgabe ist trotzdem nicht zu denken, weil dies zu einer Gewinnabsenkung auf 11 700,00 EUR führen würde.

Würden die dem Erzeugnis C zurechenbaren Fixkosten mehr als 40 600,00 EUR betragen, würde die Produktelimination den Gewinn steigern, wenn die zurechenbaren Fixkosten abgebaut werden können.

Man beachte auch:

Eine Gewinnsteigerung wäre im oben dargestellten Beispiel bei Elimination von Erzeugnis C ggf. möglich, wenn die Ausbringungsmenge der verbleibenden Erzeugnisse A und B erhöht und damit der Verlust von B überkompensiert werden könnte.

Hier ist das Problem der **Entscheidung über eine Rangfolge der Produkte** angesprochen.

Dieses Thema behandeln wir im nachfolgenden Teilkapitel.

Eine solche Entscheidung ist anhand der Stückdeckungsbeiträge bzw. anhand von relativen Deckungsbeiträgen zu treffen.

Arbeitsaufträge

1. Ein Unternehmen der Nahrungsmittelindustrie stellt in fünf getrennten Produktionsabteilungen feste und flüssige Nahrungsmittel her. Bei der Herstellung der Produktgruppen C, D und E wird zur Haltbarmachung der Erzeugnisse ein Pasteurisierungsverfahren angewendet. Dafür wird heißes Wasser benötigt, das nach seiner Abkühlung immer wieder auf die erforderliche Temperatur gebracht werden muss.

Die Produktionsabteilungen C, D und E haben im vergangenen Rechnungsabschnitt folgende Heißwassermengen verbraucht:

	C	D	E
Verbrauch in m³ je Periode	16 000	14 000	20 000

ZWEITER ABSCHNITT

Die variablen Kosten für dieses Verfahren betragen 0,40 EUR/m³, die fixen Kosten belaufen sich pro Rechnungsabschnitt auf 80 000,00 EUR.

Für die Verrechnung der übrigen Kosten gelten folgende Angaben:

Produktgruppe	A	B	C	D	E
Verkaufspreis/Stück	16,00 EUR	19,00 EUR	16,00 EUR	15,00 EUR	14,00 EUR
Absatzmenge (Stück)	20 000	13 000	15 000	12 000	10 000
variable Kosten je Stück	11,00 EUR	13,00 EUR	12,00 EUR	14,00 EUR	12,00 EUR

Die Fixkosten (ohne Heißwasserkosten) betragen 130 000,00 EUR.

Stellen Sie anhand dieser Angaben

a) eine einstufige (summarische Fixkostendeckung),

b) eine mehrstufige (stufenweise Fixkostendeckung)

Deckungsbeitragsrechnung auf und werten Sie diese aus. Gehen Sie dabei von folgenden Annahmen aus:

● Die Produkte C, D und E bilden absatzpolitisch eine Einheit; sie lassen sich also nur gemeinsam oder überhaupt nicht verkaufen.

● Die für die Heißwasserbereitung anfallenden Fixkosten können kurzfristig abgebaut werden.

2. **Ein Industriebetrieb stellt in zwei getrennten Fertigungsstätten die Produkte A und B her. Von A konnten im vergangenen Rechnungsabschnitt 6 000 Stück, von B 4 800 Stück hergestellt und umgesetzt werden. Die Kapazität in beiden Fertigungsstätten ist zu 60 % ausgelastet. Der Nettoverkaufspreis für A beträgt 98,00 EUR/Stück, der für B 66,00 EUR/Stück. Die angefallenen Kosten sind der folgenden Übersicht zu entnehmen:**

	Erzeugnis A	Erzeugnis B
variable Kosten	348 000,00 EUR	211 200,00 EUR
Fixkosten je Fertigungsstelle	60 000,00 EUR	38 400,00 EUR
Unternehmensfixkosten	138 000,00 EUR	

a) Berechnen Sie, welchen Betriebsgewinn der Betrieb erzielen würde, wenn es ihm gelänge, seine Beschäftigung (und seinen Absatz) bei dem Produkt A auf 70 % und bei dem Produkt B auf 80 % zu erhöhen.

b) Angenommen, mit dem vorhandenen Produktionsapparat des Produktes B könnte ein drittes Produkt C hergestellt (und abgesetzt) werden: Nettoverkaufspreis 50,00 EUR/Stück, variable Kosten 20,00 EUR/Stück.

Wie hoch wäre der Betriebsgewinn des Unternehmens, wenn von C 3 000 Stück hergestellt und abgesetzt werden könnten und die Produktions- und Absatzmengen bei A (6 000 Stück) und B (4 800 Stück) unverändert blieben?

Rangfolgebestimmung mit Stückdeckungsbeiträgen

Auf einer Fertigungsanlage können vier Sortenartikel A, B, C und D hergestellt werden. Die Fertigungszeit pro Stück beträgt einheitlich 70 Dezimalminuten. Die Monatskapazität der Anlage ist auf 700 Stunden (= 70 000 Dezimalminuten ≙ 1 000 Stück) ausgelegt. Außerdem gilt:

Beiträge in EUR	A	B	C	D
Nettoumsatzerlöse je Stück	170,00	110,00	80,00	90,00
– variable Kosten je Stück	150,00	70,00	70,00	95,00
= Deckungsbeitrag je Stück	20,00	40,00	10,00	– 5,00

Die folgenden Beispiele beziehen sich auf diese Ausgangssituation.

Verlustbringende Produkte sind langfristig zu eliminieren. Im Rahmen vorhandener Kapazitäten (also kurzfristig) jedoch trägt jedes Produkt mit positivem Deckungsbeitrag zur Deckung der Fixkosten bei, selbst wenn es seine Stückkosten nicht deckt.

> **Beispiel: Begrenzte Einzelnachfrage; kein Kapazitätsengpass** (Nachfrage < Kapazität)
>
> **Situation:** Von jedem der Produkte A, B, C und D werden 300 Stück nachgefragt.
> **Entscheidung:** Der Betrieb fertigt nur je 300 Stück von A, B und C, weil D einen negativen Deckungsbeitrag ausweist. Das Produkt deckt seine variablen Stückkosten nicht.

Anhand von Stückdeckungsbeiträgen kann das Produktionsprogramm auch auf die besonders gewinnträchtigen Erzeugnisgruppen ausgerichtet werden. Entscheidend für die Rangfolge ist der höchste Stückdeckungsbeitrag.

> **Beispiel 1: Kein Kapazitätsengpass** (Nachfrage < Kapazität)
>
> **Situation:** Die Produkte A, B, C und D können in beliebiger Menge abgesetzt werden, von allen Produkten zusammen jedoch nicht mehr als 950 Stück.
>
> **Entscheidung:** In dieser Situation wird der Betrieb vorrangig die Produkte mit dem höchsten Stückdeckungsbeitrag produzieren, im vorliegenden Fall nur B. Er erzielt so den höchstmöglichen Gesamtdeckungsbeitrag:
>
> Gesamtdeckungsbeitrag = 950 · 40,00 EUR = 38 000,00 EUR
>
> **Beispiel 2: Kapazitätsengpass** (Kapazität < Nachfrage)
>
> **Situation:** Von A, B, C und D werden jeweils zwischen 1 100 und 1 300 Stück nachgefragt.
>
> **Entscheidung:** Auch jetzt wird der Betrieb vorrangig die Produkte mit dem höchsten Stückdeckungsbeitrag produzieren, also ebenfalls nur B.
>
> Gesamtdeckungsbeitrag = 1 000 · 40,00 EUR = 40 000,00 EUR
>
> **Beispiel 3: Kein Kapazitätsengpass, aber Mengenbegrenzungen**
>
> **Situation:** Von Produkt A, B und C müssen monatlich mindestens 200 Stück und können höchstens 400 Stück angeboten werden. Von A, B und C zusammen werden höchstens 950 Stück nachgefragt.
>
> **Entscheidung:** Aufgrund der Stückdeckungsbeiträge werden nunmehr alle drei Erzeugnisse gefertigt, und zwar in der Reihenfolge B, A, C:

> *Entscheidend für die **Produktrangfolge** sind die **Stückdeckungsbeiträge** der verschiedenen Erzeugnisse.*

> Von B ist zunächst die größtmögliche Nachfragemenge zu fertigen (400 Stück), dann von A 350 Stück und schließlich von C 200 Stück.
>
> Von A können unter den genannten Voraussetzungen keine 400, sondern nur 350 Stück produziert werden, weil sonst bei C die Mindestmenge von 200 Stück unterschritten würde.
>
> Gesamtdeckungsbeitrag Erzeugnis A = 350 · 20,00 EUR =   7 000,00 EUR
> Gesamtdeckungsbeitrag Erzeugnis B = 400 · 40,00 EUR = 16 000,00 EUR
> Gesamtdeckungsbeitrag Erzeugnis C = 200 · 10,00 EUR = 2 000,00 EUR
>
> **Summe der Deckungsbeiträge**   **= 25 000,00 EUR**

Rangfolgebestimmung mit relativen Deckungsbeiträgen

Bisher wurde unterstellt, dass alle konkurrierenden Produkte gleiche Fertigungszeiten haben. In der Praxis ist dies aber meistens nicht der Fall. Dies bedeutet: Produkte mit kürzerer Fertigungszeit können pro Zeiteinheit in größerer Stückzahl gefertigt werden und erzielen ggf. einen höheren Deckungsbeitrag pro Zeiteinheit.

Der auf eine Zeiteinheit (z.B. Fertigungsstunde, -minute) umgerechnete Stückdeckungsbeitrag heißt relativer Deckungsbeitrag.

$$\text{relativer Deckungsbeitrag pro Fertigungsstunde} = \frac{\text{Stückdeckungsbeitrag} \cdot 100}{\text{Fertigungszeit in Dezimalminuten}}$$

> *Beim Rechnen mit Normalminuten werden natürlich 60 Minuten zugrunde gelegt.*

**Bei unterschiedlichen Fertigungszeiten richtet sich die Produktrangfolge
grundsätzlich nach der Höhe der relativen Deckungsbeiträge.**

Beispiel: **Rangfolge bei unterschiedlichen Fertigungszeiten**

Situation: Das Eingangsbeispiel (S. 312 unten) wird wie folgt geändert:
Produkt D wird nicht gefertigt.
Die Fertigungszeiten der Produkte A, B und C betragen:
A: 50 Dezimalminuten; B: 80 Dezimalminuten; C: 12,5 Dezimalminuten

		Erzeugnis A	Erzeugnis B	Erzeugnis C
Deckungsbeitrag je Stück	EUR	20,00	40,00	10,00
Fertigungszeit je Stück	Dez.min.	50	80	12,5
relativer Deckungsbeitrag/Std.	EUR	40,00	50,00	80,00
höchstmögliche Fertigungsmenge	Stück	70 000 : 50 = 1 400	70 000 : 80 = 875	70 000 : 12,5 = 5 600
maximaler Gesamtdeckungsbeitrag (DB)	EUR	1 400 · 20 = 28 000,00	875 · 40 = 35 000,00	5 600 · 10 = 56 000,00

Entscheidung: Bei ausreichender Nachfrage wird vorrangig das Erzeugnis C gefertigt (maximal
5 600 Stück).

Beispiel:

Nachfrage nach C = 4 000 Stück →	DB = 40 000,00 EUR
Restkapazität = 20 000 Dez.min. → Produktion B: 250 Stück →	DB = 10 000,00 EUR
	Summe DB = 50 000,00 EUR

Wenn neben der begrenzten Gesamtkapazität weitere Begrenzungen (z.B. Mindest-
und Höchstmengen) vorliegen, reicht die einfache Deckungsbeitragsanalyse als Dispo-
sitionshilfe jedoch nicht mehr aus. Das Problem lässt sich dann nur mithilfe der linearen
Optimierung, einer mathematischen Methode der modernen Verfahrensplanung (Operations-
Research), lösen.

Es ist auch möglich, dass die Produkte zwei oder mehrere Produktionsstufen durchlaufen,
von denen eine voll ausgelastet ist und somit einen **Engpass** darstellt. Wenn die Produkte
im Engpassbereich unterschiedliche Fertigungszeiten aufweisen, muss ebenfalls der relative Deckungsbeitrag herangezogen werden. Auf diese Weise wird die erfolgsgünstigste
Nutzung des Engpasses angestrebt.

**Die Produktrangfolge richtet sich im Engpassbereich nach der Höhe der relativen
Deckungsbeiträge.**

Voraussetzung ist auch hier: keine weiteren Begrenzungen (z.B. weitere Engpässe, unterschiedliche Fertigungszeiten in anderen Stufen, Mindest- und Höchstmengen)!

Beispiel: **Produktrangfolge aufgrund eines Engpassbereichs**

Es werden drei Produktgruppen gefertigt. Engpass: Montageabteilung

Produkt	Stückerlös (EUR)	variable Stückkosten (EUR)	Stückdeckungs- beitrag (EUR)	Montagezeit/ Stück (Dez.min.)	montierte Einh. je Std.	relativer Deckungs- beitrag (EUR)	Rang
A	40,00	35,00	5,00	25	4	20,00	2
B	75,00	69,00	6,00	75	1,33	8,00	3
C	43,00	34,00	9,00	20	5	45,00	1

Für die Fertigung der rangletzten Produkt-gruppe B steht nur die Restkapazität der Montageabteilung zur Verfügung.

Die Fertigung von Produktgruppe C führt zur er-folgsgünstigsten Nutzung des Engpasses Montage.

Arbeitsaufträge

1. **Ein Industriebetrieb stellt bei voller Auslastung der Gesamtkapazität von 40 000 Stück auf dem gleichen Produktionsaggregat monatlich 16 000 Stück des Erzeugnisses A, 11 000 Stück des Erzeugnisses B und 13 000 Stück des Erzeugnisses C her. Alle Produkte haben die gleiche Fertigungszeit. Die monatlichen Fixkosten betragen 60 000,00 EUR.**

	Erzeugnis A	Erzeugnis B	Erzeugnis C
Nettoumsatzerlöse/Stück	6,00 EUR	8,00 EUR	9,00 EUR
variable Kosten	4,00 EUR	5,00 EUR	5,00 EUR

a) Bestimmen Sie das gewinnmaximale Fertigungsprogramm und das Betriebsergebnis.

b) Bestimmen Sie das gewinnmaximale Fertigungsprogramm und das Betriebsergebnis, wenn der Betrieb von Erzeugnis A mindestens 9 000 Stück, von Erzeugnis B mindestens 7 000 Stück und von Erzeugnis C mindestens 8 000 Stück anbieten muss und von jedem Produkt höchs-tens 23 500 Stück absetzen kann.

2. **In einem Industriebetrieb soll über die Bereinigung des Produktions- und Absatzpro-gramms zur Verbesserung der Erfolgslage entschieden werden. Folgende Angaben stehen zur Verfügung (durchschnittliche Monatsangaben):**

Prod.	Absatzmenge	Nettoumsatzerlös je Stück (EUR)	Herstellkosten je Stück (EUR)	variable Herstell-kosten je Stück (EUR)
A	670	33,00 EUR	17,00 EUR	10,00 EUR
B	1 350	40,00 EUR	27,00 EUR	13,00 EUR
C	330	20,00 EUR	33,00 EUR	23,00 EUR
D	2 700	50,00 EUR	53,00 EUR	20,00 EUR

Die Verwaltungs- und Vertriebsgemeinkosten betragen 12 000,00 EUR. Sie sind fixe Kosten.

Die Produkte werden jeweils auf einer eigenen Fertigungsanlage produziert. Alle Kapazitä-ten sind zu 80 % ausgelastet. Bei einer Produktaufgabe würde die jeweilige Anlage – und damit auch ihre Fixkosten – abgebaut.

a) Ermitteln Sie die Gewinnschwelle für jedes Produkt.

b) Die Geschäftsleitung beschließt, C und D aus dem Programm zu streichen, obwohl bei C mit einer Absatzsteigerung von 20 % zu rechnen ist. Bei D ist auch längerfristig nicht mit einer Ab-satzsteigerung zu rechnen. Ist die Entscheidung richtig?

c) Welche Entscheidungen hinsichtlich der Programmbereinigung würden Sie treffen, wenn bei allen Produkten mit einer Absatzsteigerung von 20 % zu rechnen ist?

d) Welche Entscheidung würden Sie treffen, wenn bei A mit 20 %, bei B mit 10 %, bei C mit 100 % und bei D mit 0 % Absatzsteigerung zu rechnen ist?

Stellen Sie sich vor, die Fertigung wäre – anders als bisher dargestellt – als Werkstätten-fertigung organisiert. Die Produkte A bis D belasten alle Werkstätten. Unter den Bedingungen

von Aufgabe d) kann nur ein Teil der Maschinen abgebaut und können die maschinenbezogenen Fixkosten nur um 40 % reduziert werden.

e) Welche Entscheidung treffen Sie jetzt?

3. In einem Industriebetrieb können auf einer Fertigungsanlage vier Sortenartikel hergestellt werden. Die Monatskapazität der Anlage ist auf 485 Stunden ausgelegt. Die monatlichen Fixkosten betragen 10 000,00 EUR.

	Produkt A	Produkt B	Produkt C	Produkt D
Nettoumsatzerlöse je Stück (EUR)	50,00	40,00	60,00	70,00
variable Stückkosten (EUR)	20,00	15,00	25,00	30,00
Fertigungszeit je Stück (Dezimalminuten)	5	4	8	10

a) Ermitteln Sie das gewinnmaximale Fertigungsprogramm und das sich daraus ergebende Betriebsergebnis.
b) Ermitteln Sie das gewinnmaximale Fertigungsprogramm und das Betriebsergebnis, wenn von Produkt B 11 700 Stück nachgefragt werden.

4. Ein Betrieb stellt drei Produkte A, B und C in zwei Fertigungsstufen her. Die Fertigungszeiten in Stufe 2 (Engpass mit einer Kapazität von 486 Monatsstunden) sind unterschiedlich. Von B können maximal 1 600, von A 630 und von C 200 Stück abgesetzt werden.

	Erzeugnis A	Erzeugnis B	Erzeugnis C
Nettoumsatzerlöse je Stück (EUR)	140,00	135,00	255,00
variable Stückkosten (EUR)	64,75	65,87	103,29
Fertigungszeit im Engpass (Dez.min.)	36	18	120

Ermitteln Sie das optimale Produktionsprogramm und den Gesamtdeckungsbeitrag.

5. Im Produktionsbereich Stühle der Serie „Senator" besteht eine vorübergehende Engpasssituation. Zur Planung der Produktreihenfolge stehen für die 24. Woche folgende Daten zur Verfügung:

Auftrag	Stückzahl	Erlös/Stück (EUR)	var. Kosten/Stück (EUR)	Bearb.-Zeit im Engpass/Stück (Min.)
315 – 02	200	416,00	364,00	10
320 – 02	50	455,00	377,00	20
325 – 02	200	442,00	390,00	16

a) Entscheiden Sie, welche Aufträge in der 24. Woche gefertigt werden sollen. Beachten Sie, dass die Aufträge nicht teilbar sind und die Kapazität im Engpassbereich 90 Stunden beträgt.
b) Berechnen Sie das voraussichtliche Betriebsergebnis, wenn die Fixkosten 13 000,00 EUR betragen.

6. Ein Hersteller von Damenkonfektion hat sich auf die Fertigung von Kostümen der gehobenen Preisklasse spezialisiert. Über die gefertigten Modelle liegen folgende Zahlen vor:

	Modell I	Modell II	Model III	Modell IV
Nettoumsatzerlöse je Stück (EUR)	420,00	540,00	648,00	792,00
variable Stückkosten (EUR)	150,00	204,00	288,00	360,00
Nachfrage (Stück)	700	900	600	450
Fertigungszeit (Dez.min.)	250	266,67	250	333,33
(Min.)	150	160	150	200

Die Jahreskapazität beträgt 4 800 Stunden (480 000 Dez.min. bzw. 288 000 Min.). Die Fixkosten betragen insgesamt 420 000,00 EUR.
Ermitteln Sie das gewinnmaximale Fertigungsprogramm und das sich daraus ergebende Betriebsergebnis.
(Rechnen Sie nach Ihrer Wahl mit Minuten oder Dezimalminuten.)

7.5.4 Eigenfertigung oder Fremdbezug (Make or buy)

Viele Industriebetriebe stellen benötigte Teile und Halberzeugnisse nicht selbst her („make"), sondern kaufen sie von Zulieferern ein („buy").

Ein Betrieb kann Teile nur dann in Eigenfertigung herstellen, wenn er

* die notwendige **Fertigungstechnik** beherrscht,
* über die notwendigen **Kapazitäten** (Fertigungs- und Lagerraum, Maschinen, Personal) verfügt,
* die **Finanzierung** der Eigenfertigung sicherstellen kann.

Kaufen wir die Lichtmaschine bei einem Zulieferer oder produzieren wir sie selbst?

Lesen Sie hierzu auch Bd. 1 „Geschäftsprozesse", Sachwort „Menge, kritische (Eigenfertigung)".

Langfristige Entscheidungen

> Ein Unternehmen will ein neues Produkt in das Produktionsprogramm aufnehmen. Hierfür muss die Produktionskapazität erweitert werden (Bau einer Werkshalle mit Fertigungsanlagen).
> Für jede Produkteinheit wird ein Stück eines Einbauteils benötigt. Für die Produktion dieses Teils müsste eine Spezialanlage beschafft werden. Alternativ könnte man auch auf die Eigenfertigung verzichten und das Teil von einem Zulieferer beziehen.

Langfristige Entscheidungen umfassen die Bereitstellung oder Stilllegung von Fertigungskapazitäten (z. B. bei Betriebsgründung, Betriebserweiterung, Produktionsumstellung, Rationalisierung). Für die Fertigung von Teilen/Produktgruppen kann man eigene Kapazitäten bereitstellen, oder man entscheidet sich für den Fremdbezug. Fremdbezug kommt aber nur bei gesicherter Lieferqualität infrage (Produkt- und Servicequalität, Termintreue). In diesem Fall fällt die Entscheidung auf der Basis der voraussichtlichen Kosten.

Beispiel: Langfristige Entscheidung über Eigenfertigung oder Fremdbezug

Fortsetzung des Einstiegsfalls: Für die Eigenfertigung des Einbauteils kann eine Anlage mit einer Monatskapazität von 1 000 Stück beschafft werden.

Monatliche Herstellkosten: Fixkosten = 20 000,00 EUR; variable Stückkosten = 30,00 EUR.
Fremdbezugskosten: 55,00 EUR pro Stück bei einer Mindestabnahmemenge von 400 Stück.

Herstellkosten bei Eigenfertigung von x Stück: $K = 20\,000 + 30x$
Gesamtkosten bei Fremdbezug von x Stück: $K = 55x$

Absatzmenge	600	700	800	900	1 000
Herstellkosten bei Eigenfertigung	38 000,00	41 000,00	44 000,00	47 000,00	50 000,00
Gesamtkosten bei Fremdbezug	33 000,00	38 500,00	44 000,00	49 500,00	55 000,00

Ergibt die Marktforschung, dass die Absatzmenge des Endprodukts dauerhaft unter 800 Stück liegen wird, ist Fremdbezug aufgrund der niedrigeren Kosten sinnvoll.

Bei 800 Stück sind die Herstellkosten der Eigenfertigung und die Gesamtkosten bei Fremdbezug gleich. Man nennt diese Menge die „kritische Menge". Zur Berechnung setzt man die Kostengleichungen gleich:

$$20\,000 + 30x = 55x$$
$$20\,000 = (55 - 30)x$$
$$x = \frac{20\,000}{55 - 30} = 800$$

$$\text{kritische Menge} = \frac{\text{fixe Kosten}}{\text{Bezugskosten/Stück} - \text{variable Herstellkosten/Stück}}$$

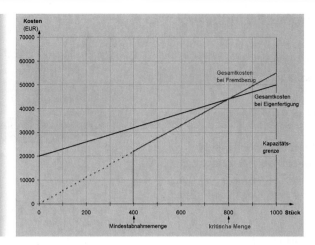

Bei einer dauerhaft über 800 Stück liegenden Absatzmenge des Endprodukts ist die Eigenfertigung des Teils vorzuziehen. Unterhalb dieser Menge ist der Fremdbezug kostengünstiger.

In der Praxis können Zulieferer oft so preisgünstig anbieten, dass die kritische Menge oberhalb der Kapazitätsgrenze liegt. Dann lohnt sich der Fremdbezug auf jeden Fall.

Langfristige Entscheidungen über Eigenfertigung und Fremdbezug umfassen die Bereitstellung oder Stillegung von Fertigungskapazitäten. Sie müssen die fixen Herstellkosten berücksichtigen. Es sind also die gesamten Herstellkosten und die gesamten Bezugskosten zu vergleichen.

Kurzfristige Entscheidungen

Kurzfristige Entscheidungen erfolgen im Rahmen vorhandener Fertigungskapazitäten. Dabei ist zu unterscheiden, ob noch Teilkapazitäten frei sind oder ob Engpässe vorliegen.

■ Entscheidung bei freien Teilkapazitäten

Beispiel: Kurzfristige Entscheidung über Eigenfertigung oder Fremdbezug

Fortsetzung des obigen Beispiels:

Der Hersteller hat wegen hoher Absatzerwartungen eine Produktionsanlage für das Einbauteil beschafft. Nach Ablauf von zwei Jahren ist die Kapazität jedoch nur zu 65 % (650 Stück/Monat) ausgelastet. Die Auslastung liegt also unterhalb der kritischen Menge. Nun wird mit einem Kunden ein Vertrag über die Lieferung von zusätzlichen 500 Produkteinheiten in 5 monatlichen Teillieferungen geschlossen. Folglich werden auch von dem Einbauteil zusätzlich 100 Stück/Monat benötigt.

Aufgrund der neuen Lage kalkuliert der Hersteller die Herstellkosten pro Stück und vergleicht sie mit den Bezugskosten pro Stück (55,70 EUR bei einem Mindestbezug von 70 Stück):

Fixe Herstellkosten 20 000,00 EUR : 750 Stück = 26,67 EUR fixe Herstellkosten pro Stück

Kalkulation (EUR/Stück)		fix		variabel	
Fertigungsmaterial	10,00 EUR				10,00 EUR
Materialgemeinkosten 30 %	3,00 EUR	20 %	2,00 EUR	10 %	1,00 EUR
Fertigungslöhne	15,00 EUR				15,00 EUR
Fertigungsgemeinkosten 191,13 %	28,67 EUR	164,46 %	24,67 EUR	26,67 %	4,00 EUR
Herstellkosten je Stück	**56,67 EUR**		**26,67 EUR**		**30,00 EUR**
Bezugskosten je Stück	**55,70 EUR**				

Die Bezugskosten/Stück sind niedriger als die Herstellkosten/Stück. Trotzdem ist eine Entscheidung für Fremdbezug falsch.

Falsch: Gesamtkosten für 100 Stück

bei Fremdbezug:	K = 100 · 55,70 EUR = 5 570,00 EUR
bei Eigenfertigung:	K = 100 · 56,67 EUR = 5 667,00 EUR

Ein Vergleich auf Vollkostenbasis führt zu einer falschen Entscheidung.

Richtig:

Gesamtkosten bei Fremdbezug von zusätzlichen 100 Stück:

K = 20 000,00 EUR + 650 · 30,00 EUR + **100 · 55,70 EUR** = 45 070,00 EUR

Gesamte Herstellkosten bei Eigenfertigung:

K = 20 000,00 EUR + 650 · 30,00 EUR + 100 · 30,00 EUR = 42 500,00 EUR

Mehrkosten bei Fremdbezug:	2 570,00 EUR

Die Entscheidung fällt auf der Basis der variablen Herstellkosten zugunsten der Eigenfertigung.

Die Fixkosten fallen mengenunabhängig an. Bei Mehrfertigung (Minderfertigung) steigen (sinken) die Herstellkosten nur um die variablen Herstellkosten der zusätzlichen (fortfallenden) Einheiten.

Deshalb gilt:

Bei kurzfristigen Entscheidungen über Eigenfertigung und Fremdbezug im Rahmen vorhandener Fertigungskapazitäten dürfen nur die variablen Herstellkosten je Stück mit den Fremdbezugskosten je Stück verglichen werden.

Man beachte, dass es sich im vorliegenden Fall wirklich nur um eine kurzfristig wirkende Entscheidung handeln kann. Eine Maschine, die dauerhaft nur gering ausgelastet ist, verursacht wahrscheinlich auch dauerhaft Verluste. Sie sollte deshalb gar nicht erst beschafft werden.

Stellt sich die Minderauslastung erst später ein, wird die Maschine stillgelegt und verkauft. In beiden Fällen werden die benötigten Teile/Produktgruppen fremdbezogen.

■ Entscheidung bei Kapazitätsengpässen

Hätte die Maschine im obigen Beispiel nur eine Kapazität von 700 Stück (Kapazitätsengpass!), könnten nur zusätzliche 50 Stück eigengefertigt werden. Die restlichen 50 Stück würden fremdbezogen.

Anders stellt sich das Problem dar, wenn sich eine Anlage mit Kapazitätsengpass zur Fertigung verschiedenartiger benötigter Teile eignet. Dann gilt:

● **Ein Teil, das nicht fremdbezogen werden kann, wird eigengefertigt.**

Kann ein Teil auch fremdbezogen werden, gilt:

● **Übersteigen die variablen Herstellkosten die Fremdbezugskosten, wird das Teil fremdbezogen.**

● **Übersteigen die Fremdbezugskosten die variablen Herstellkosten, wird das Teil eigengefertigt. Anhand des sog. *relativen Kostenvorteils* wird eine Rangfolge der eigengefertigten Teile festgelegt.**

Der relative Kostenvorteil ist der auf eine Engpassstunde umgerechnete Kostenvorteil.

ZWEITER ABSCHNITT

Beispiel: Entscheidung über Eigenfertigung oder Fremdbezug bei Kapazitätsengpass

Auf einer Anlage können die Einzelteile E1, E2, E3, E4 und E5 gefertigt werden. Monatliche Kapazität = 696 Stunden = 69 600 Dezimalminuten

Teilkostenkalkulation (EUR/Stück)	E1	E2	E3	E4	E5
Fertigungsmaterial	10,00	12,00	15,00	16,00	17,00
variable Materialgemeinkosten 30 %	3,00	3,60	4,50	4,80	5,10
Fertigungslöhne	9,00	9,00	9,00	10,00	10,00
variable Fertigungsgemeinkosten 300 %	27,00	27,00	27,00	30,00	30,00
variable Herstellkosten	49,00	51,60	55,50	60,80	62,10
Fertigungszeiten (Dezimalminuten)	30	30	35	40	40
Bedarf (Stück)	800	500	500	400	400
Fremdbezug möglich?	nein	ja	ja	ja	ja
Fremdbezugskosten (EUR/Stück)		**50,00**	**57,00**	**63,00**	**65,00**

Kostenvorteil bei Eigenfertigung			–1,60	1,50	2,20	2,90

Vorwegentscheidungen: Eigen-   Fremd-
                                          fertigung bezug

Kapazität (Dezimalminuten):
– benötigt: 73 500   24 000   17 500   16 000   16 000
– insgesamt verfügbar: 69 600
– verfügbar für E3, E4, E5: 45 600 ◄── | 45 600 = 69 600 – 24 000
– Kapazitätsdefizit: 3 900   ◄── | 3 900 = 45 600 – (17 500 + 16 000 + 16 000)

Ermittlung des relativen Kostenvorteils und des Produktranges:

Beim Rechnen mit Normalminuten werden natürlich 60 Minuten zugrunde gelegt.

$$\text{relativer Kostenvorteil pro Fertigungsstunde} = \frac{\text{Kostenvorteil} \cdot 100}{\text{Engpassbelastung in Dezimalminuten}}$$

Teil	Kostenvorteil (EUR)	Engpassbelastung (Dezimalminuten)	relativer Kostenvorteil pro Stunde (EUR)	Rang
E3	1,50	35	4,29	3
E4	2,20	40	5,50	2
E5	2,90	40	7,25	1

Ergebnis: Eigenfertigungsmengen und Fremdbezugsmengen

Teil	Fertigungsmenge (Stück)	Benötigte Kapazität (Dezimalminuten)	Restkapazität (Dezimalminuten)	Bezugsmenge (Stück)
E2				500
E1	800	24 000	45 600	
E5	400	16 000	29 600	
E4	400	16 000	13 600	
E3	388	13 600	0	112

Arbeitsaufträge

1. Ein Elektrogerätehersteller, der bisher monatlich 70000 Elektromotoren zum Preis von 14,00 EUR/ Stück bezieht, will zur Eigenfertigung übergehen. Dafür müssen neue Maschinen angeschafft und installiert werden, die zusätzliche Fixkosten in Höhe von monatlich 400 000,00 EUR verursachen würden. Die variablen Kosten je Elektromotor würden bei Eigenfertigung 9,00 EUR betragen.
   a) Ist bei dem bisherigen Monatsbedarf Eigenfertigung zu empfehlen?
   b) Von welchem Monatsbedarf an würde sich die Eigenfertigung lohnen, wenn mit den neuen Maschinen monatlich 100 000 Elektromotoren hergestellt werden könnten?

2. Ein Erzeugnis P1 besteht aus den Baugruppen G1 und G2 sowie den Einzelteilen E1, E2 und E3. Es hat den abgebildeten Strukturbaum. Der Betrieb muss sich hinsichtlich E1 zwischen folgenden Möglichkeiten entscheiden: Entweder Fremdbezug zu Gesamtkosten von 44,00 EUR je Stück oder Eigenfertigung auf einer anzuschaffenden Anlage. Die monatlichen Fixkosten der Anlage betragen 26 400,00 EUR. An variablen Herstellkosten fallen 22,75 EUR je Stück an.

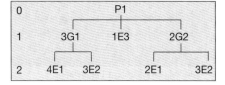

   a) Wie viel Stück von E1 werden für die Fertigung einer Einheit von P1 benötigt?
   b) Bei welcher Stückzahl von E1 sind die Fremdbezugskosten und die Herstellkosten gleich?
   c) Entscheidet sich der Betrieb für Eigenfertigung oder für Fremdbezug, wenn er für P1 dauerhaft mit einem Monatsabsatz von 70 Stück (150 Stück) rechnet?

3. Betrachten Sie noch einmal Arbeitsauftrag 2.
   Der Monatsabsatz von P1 soll 150 Stück betragen.
   Das Einzelteil E3 wird in 5 Arbeitsgängen in Werkstättenfertigung produziert. Aufgrund der relativ geringen Menge lohnt sich die Einrichtung einer Fertigungsgruppe nicht. Fertigungsengpässe bestehen nicht. Für die Kalkulation entstehen folgende Kosten:
   Fertigungsmaterial 80,00 EUR; Materialgemeinkosten insgesamt 35 %, fix 17,5 %;
   Fertigungslöhne 130,00 EUR; Fertigungsgemeinkosten insgesamt 400 %, fix 160 %
   E3 kann auch zu einem Einstandspreis von 700,00 EUR fremdbezogen werden.
   a) Berechnen Sie die gesamten und die variablen Herstellkosten je Stück.
      Sollte E3 selbst gefertigt oder fremdbezogen werden?

4. Ein Industriebetrieb stellt auf einer Maschine mit einer Monatskapazität von 6 000 Stück und monatlichen Fixkosten von 30 000,00 EUR ein Zubehörteil her, dessen variable Herstellkosten 48,00 EUR je Stück betragen. Von dem Zubehörteil werden dauerhaft monatlich 4 800 Stück benötigt. Bisher betrugen die Fremdbezugskosten 56,00 EUR je Stück.
   Nunmehr könnte ein neuer langfristiger Kontrakt mit einem zuverlässigen Lieferanten geschlossen werden. Die Fremdbezugskosten würden sich bei einer Abnahmemenge von mindestens 4 500 Stück monatlich auf 52,00 EUR je Stück belaufen.
   a) War es bisher vorteilhaft, das Teil selbst zu fertigen?
   b) Die Unternehmensleitung beschließt, auch künftig bei der Eigenfertigung zu bleiben. Ist diese Entscheidung unter Kostengesichtspunkten richtig?
   Es eröffnet sich die Möglichkeit, die Produktion demnächst dauerhaft so zu steigern, dass die Kapazität der Maschine vollständig ausgelastet ist.
   c) Wäre unter diesen Umständen die obige Entscheidung gerechtfertigt?

5. Eine Schokoladenfabrik benötigt monatlich 80 000 Faltkartons, die als Umverpackung für Tafelschokolade dienen. Die Kartons werden zurzeit zum Einstandspreis von 0,50 EUR je Stück von einer Kartonagenfabrik bezogen. Es stellt sich die Frage, ob sie nicht billiger in Eigenfertigung hergestellt werden können. Dazu wäre die Anschaffung einer Maschine erforderlich, die Fixkosten von monatlich 18 000,00 EUR verursachen würde. Die variablen Herstellkosten je Stück würden 0,25 EUR betragen.
   a) Würde sich die Eigenfertigung unter Kostengesichtspunkten lohnen?
   b) Wie hoch muss der Monatsbedarf an Faltkartons dauerhaft sein, damit die Eigenfertigung sich kostenmäßig lohnt?

Die Maschine wird beschafft. Leider geht die Nachfrage nach der Schokolade unseres Herstellers stetig zurück, sodass die Kapazität der Maschine (85 000 Stück/Monat) schließlich nur noch zu 80 % ausgelastet ist. Da erteilt ein ausländischer Kunde eine einmalige Großbestellung, die binnen Monatsfrist auszuführen ist und 20 000 zusätzliche Kartons erfordert.

c) Berechnen Sie die Herstellkosten je Karton bei einer Auslastung von 80 %.

d) Die Kartonagenfabrik bietet weiterhin einen Stückpreis von 0,50 EUR und bei einmaliger Abnahme von 20 000 Stück einen Sonderrabatt von 10 %. Wird die Schokoladenfabrik die 20 000 Kartons einkaufen oder selbst fertigen?

6. **Ein Betrieb fertigt für das Produkt P4 das Einzelteil E6 auf einer Maschine mit einer Kapazität von 800 Stück/Monat. Die Auslastung beträgt langfristig 80 %. Unter diesen Bedingungen rechnet der Betrieb mit folgenden Stückkosten:**

   Fertigungsmaterial 5,00 EUR; Gemeinkostenzuschlag: gesamt 40 %, variabel 20 %

   Fertigungslöhne 12,00 EUR; Gemeinkostenzuschlag: gesamt 208,33 %, variabel 100 %

   Das Teil kann alternativ zu 40,00 EUR/Stück und ab einer Abnahmemenge von 500 Stück mit 5 % Rabatt bezogen werden.

   a) War die langfristige Entscheidung für Eigenfertigung unter Kostengesichtspunkten richtig?

   Der Betrieb kann mit einem neuen Kunden einen Kaufvertrag über die Lieferung von P4 schließen. Dieser bewirkt 4 Monate lang einen monatlichen Zusatzbedarf an E6 von 200 Stück.

   b) Entscheiden Sie über Eigenfertigung oder Fremdbezug der Zusatzteile.

   c) Welche Entscheidung wäre andererseits zu treffen, wenn der Bedarf an E6 aufgrund gesteigerter Produktnachfrage langfristig um 200 Stück/Monat steigen sollte?

7. **Sie hören folgende Behauptung: Ein Betrieb kennt die kritische Menge einer vorhandenen Maschine. Einen Kostenvergleich von Eigenfertigung und Fremdbezug muss er für zusätzliche Aufträge nur oberhalb der kritischen Menge vornehmen. Unterhalb dieser Menge ist Fremdbezug immer kostengünstiger.**

   Nehmen Sie zu dieser Behauptung kritisch Stellung.

8. **Auf einer Anlage mit einer Monatskapazität von 46 400 Dezimalminuten können die vier Teile E1, E2, E3 und E4 gefertigt werden. Weiterhin liegen folgende Bedingungen vor:**

	E1	E2	E3	E4
variable Herstellungskosten (EUR/Stück)	100,00	80,00	90,00	110,00
Fertigungszeiten (Dezimalminuten)	40	30	35	50
Bedarf (Stück)	400	700	300	500
Fremdbezug möglich?	ja	nein	ja	ja
Fremdbezugskosten (EUR/Stück)	95,00		120,00	145,00

Ermitteln Sie die kostenoptimalen Eigenfertigungs- und Fremdbezugsmengen.

9. **Auf einer Anlage können die Teile E1, E2, E3 gefertigt werden. Monatskapazität: 416 Stunden. Die Teile können auch fremdbezogen werden.**

	E1	E2	E3	variabler Gemeinkostenzuschlag
Fertigungsmaterial (EUR/Stück)	30,00	40,00	50,00	40 %
Fertigungslöhne (EUR/Stück)	50,00	60,00	70,00	200 %
Fertigungszeiten (Dezimalminuten)	15	25	35	
Bedarf (Stück)	1 200	1 100	900	
Fremdbezugskosten (EUR/Stück)	235,00	275,00	275,00	

Ermitteln Sie die kostenoptimalen Eigenfertigungs- und Fremdbezugsmengen.

8 Plankosten- und Planleistungsrechnung

8.1 Plankosten als Controllinginstrument

Die Elektro Gabler GmbH stellt Radios, CD-Player und Kaffeeautomaten her.

Da die Preiskonkurrenz am Markt zunimmt, ist man bei Gabler an einer wirksamen Kostenplanung und -kontrolle interessiert. Bisher versuchte man, dieses Ziel mit der Normalkostenrechnung zu erreichen. Aber damit ist man nicht zufrieden. Der aufmerksame Leser dieses Buches wird die Gründe dieser Unzufriedenheit sicherlich mühelos nennen können.

Gablers Controller jedenfalls raten schon seit Längerem dazu, zur Grenzplankostenrechnung zu wechseln.

Die ist nämlich so konstruiert, dass man Verbrauchsabweichungen erkennen und flexibel planen kann.

Die Normalkostenrechnung arbeitet bekanntlich mit Durchschnittswerten der Vergangenheit. Außerdem sieht sie alle Kosten als proportional variabel an. Wie sich dies auswirkt, wissen wir inzwischen:

- Verbrauchs- und Beschäftigungsabweichungen werden vermischt;
- bei Beschäftigungsänderungen werden entweder zu viel oder zu wenig Kosten verrechnet;
- es wird ein falscher Gewinn ermittelt;
- Deckungsbeiträge werden nicht erkannt. Folglich werden falsche Marktentscheidungen getroffen.

Mit solchen Folgen ist bei der sog. Grenzplankostenrechnung nicht zu rechnen, denn sie trennt fixe und variable Kosten. Den Kostenträgern rechnet sie nur die variablen Kosten zu. Sie ist folglich eine Plan-Teilkostenrechnung. Damit schafft sie die Voraussetzungen für eine wirksame Kostenplanung und Kostenkontrolle sowie für einen Soll-Ist-Vergleich. Das Controlling kann Abweichungen analysieren, Ursachen feststellen, dem Management berichten und Vorschläge für die Korrektur von Durchführungsmaßnahmen, Vorgaben, Plänen oder sogar Zielen machen. **Deshalb gilt die Grenzplankostenrechnung als ein grundlegendes Controllinginstrument.**

Ich höre immer nur Kostenplanung. Was ist eigentlich mit den Leistungen? Müssen die nicht geplant werden?

Natürlich sind nicht nur die Kosten, sondern auch die Leistungen – gemeint sind hier die Erlöse – zu planen. Nur wenn Erlöse **und** Kosten budgetiert werden, besteht die Chance auf einen gewinnoptimalen Deckungsbeitrag. Es ist deshalb angemessen, von Plankosten- und -leistungsrechnung zu sprechen.

Allerdings hat die Erlösplanung bei Weitem nicht den Umfang der Kostenplanung. Deshalb sagt man oft nur „Plankostenrechnung" und verschweigt die Leistungen.

Voraussetzung für die Einrichtung einer Plankosten- und Planleistungsrechnung ist (wie bei der Normalkostenrechnung), dass folgende Größen für die Planperiode festliegen:

- das Produktionsprogramm (Arten, Mengen),
- die Fertigungsverfahren (Fertigungstechniken),
- die Fertigungskapazitäten.

Dies trifft für Betriebe mit Lagerfertigung (Massen-, Großserien- und ggf. Sortenfertigung) zu. Bei Auftragsfertigung (Einzel- und Kleinserienfertigung) ist die Vorrechnung von Kosten praktisch kaum durchführbar oder zumindest zu kostspielig. Hier wird nur der einzelne Auftrag vorkalkuliert und nach Erledigung nachkalkuliert.

ZWEITER ABSCHNITT

8.2   Kostenplanung für die Planbeschäftigung

8.2.1   Planbeschäftigung (Planausbringungsmenge)

Die Kostenplanung erfolgt wie die Erlösplanung für die Planperiode, also in der Regel für ein Jahr. Die Planperiode sollte in Monatspläne aufgespalten werden, da für den Soll-Ist-Vergleich mindestens monatliche Kostenvorgaben benötigt werden. In der Praxis sind auch kürzere Teilperioden üblich.

Für die Planperiode wird eine bestimmte Planbeschäftigung (= Planausbringungsmenge) festgelegt. Diese geht grundsätzlich von den erwarteten Absatzmengen aus. Sie muss aber die betrieblichen Gegebenheiten berücksichtigen (v. a. vorhandenes Personal, begrenzte Arbeitszeiten, Maschinenkapazitäten). Deshalb wird sie sich in der Regel an Engpässen orientieren, die während der Planperiode bestehen.

Logo! Wer wird schon 1 000 Autos pro Tag planen, wenn er nur 900 absetzen und nur 800 montieren kann?

Der Planbeschäftigungsgrad entspricht stets 100 %.

> **Beispiel: Planbeschäftigung**
>
> Die Elektro Gabler GmbH kann im Planjahr 20.. wahrscheinlich 15 000 Kaffeeautomaten verkaufen. Mit den vorhandenen Arbeitskräften und Maschinen kann sie aber nur 14 400 Stück herstellen. Sie legt deshalb 14 400 Stück als Planbeschäftigung fest.

8.2.2   Bezugsgrößen

Die Leistungserstellung in den Kostenstellen muss messbar festgelegt werden. Dazu dienen **Bezugsgrößen**. Diese sollen ein gerades Verhältnis (direkte Proportionalität) zur Ausbringungsmenge (Beschäftigung) aufweisen.

> **Beispiele: Bezugsgrößen**
>
> Für die Stellen des direkten Betriebsbereichs, die Fertigungsstellen, wird meist die Arbeitsstunde oder die Maschinenstunde als Bezugsgröße verwendet. Sie verhält sich direkt proportional zur Ausbringungsmenge: Je mehr Stunden aufgewendet werden, desto mehr Stücke werden erstellt.
> Jedoch findet man z. B. auch Stückzahlen, Längen oder Gewichte als Bezugsgrößen.
> Für die Stellen der indirekten Betriebsbereiche (Einkauf, Verwaltung, Vertrieb) muss man meist mit indirekten Bezugsgrößen operieren, z. B.:
> - Materialbereich: Anzahl der Entnahmen oder Verbrauchswert;
> - Verwaltung: Anzahl der bearbeiteten Vorgänge;
> - Verkauf: Anzahl der verkauften Produkte;
> - Vorkostenstelle Energieerzeugung: erstellte Energieeinheiten, z. B. kWh;
> - Vorkostenstelle Fuhrpark: zurückgelegte km.

Entsprechend der Planbeschäftigung sind **Planbezugsgrößen** für die Kostenstellen festzulegen.

> **Beispiel: Kostenstelle Montage**
>
> Planbeschäftigung (Planausbringungsmenge/Jahr) Kaffeeautomaten = 14 400 Stück
> Bezugsgröße: Arbeitsstunde
> Vorgabezeit/Stück = 50 Dezimalminuten = 0,5 Stunden
> Planbezugsgröße/Jahr = 14 400 · 0,5 Stunden = 7 200 Stunden/Jahr
> Planbezugsgröße/Monat (Durchschnitt) = 7 200 Stunden : 12 Monate = 600 Stunden/Monat

Kostenstellenplan für Kostenstelle Montage		Monat: April 20..	
Planbezugsgröße: 600 Fertigungsstunden			
Kostenarten	**Planmenge**	**Planpreis**	**Plankosten (Budgetkosten)**

8.2.3 Plankosten

Plankosten sind zukunftsorientierte Kostenvorgaben für jede Kostenart. Sie sind auf die Planbeschäftigung der Planperiode bezogen.

Bei bestimmten Kostenarten – insbesondere Materialkosten und Arbeitsleistungen – ist der Verbrauch (Einsatz) mengenmäßig erfassbar.

- **Material.** Die Verbrauchsmengen ergeben sich durch die Auflösung der Stücklisten oder durch die Umrechnung von Rezepturen. Der Materialverbrauch ist unter Berücksichtigung der vorhandenen Produktionstechnologie bei Nutzung effizienter und kostensparender Verfahren zu planen.
- **Arbeitsleistungen.** Die Einsatzmengen sind die Arbeitsstunden. Teils sind sie maschinengebunden, teils können sie beeinflusst werden (z.B. beim Akkord). Die Vorgabezeiten sind das Ergebnis gründlicher Arbeitszeitstudien.

Zu Arbeitszeitstudien und Akkordlohn siehe Bd. 1 „Geschäftsprozesse".

Die Plankosten sind das Produkt von Planmenge und Planpreis je Einheit.

> Plankosten = Planmenge · Planpreis je Einheit

Die Planpreise für Material und Energie werden als **feste Verrechnungspreise** für die Dauer der Planperiode festgesetzt. Sie sollen den Einstandspreisen entsprechen, die in der Planungsperiode im Durchschnitt zu erwarten sind.

> **Beispiel: Verrechnungspreis und Plankosten eines Materials**
>
> Material: Kabel, dreiadrig
> Preisdurchschnitt der letzten 6 Monate je m = 1,00 EUR
> Voraussichtliche Preissteigerung im kommenden Jahr = 2,5 %
> Es wird ein Verrechungspreis von 1,025 EUR festgesetzt.
>
> Nettoverbrauch je Stück gemäß Stückliste = 1,65 m
> Abfall = 3 % $\cong$ 0,05 m; Bruttoverbrauch je Stück = 1,70 m
> Planausbringungsmenge = 14 400 Stück.
> Plankosten = 14 400 · 1,025 EUR · 1,70 = 25 092,00 EUR

Bei Arbeitsentgelten entsprechen die Stundenlöhne bzw. Akkordrichtsätze den Einstandspreisen.

> **Beispiele: Plankosten für Arbeitsleistungen**
>
> **1. Stundenlohn**
> Erwarteter durchschnittlicher Stundenlohn = 11,50 EUR
> Minutenfaktor = 11,50 EUR : 100 Dez.min. = 0,115 EUR/Dez.min.
> Vorgabezeit/Stück = 50 Dez.min.
> Geplante Ausbringungsmenge = 1 200 Stück
> Plankosten = 0,115 EUR · 50 · 1 200 = 6 900,00 EUR
>
> **2. Akkordlohn**
> Stundenlohn 11,50 EUR + 20 % Akkordzuschlag = Akkordrichtsatz 13,80 EUR
> Minutenfaktor = 13,80 EUR : 100 Dez.min. = 0,138 EUR/Dez.min.
> Vorgabezeit/Stück = 50 Dez.min. usw. (wie oben)

Beachte: Beim Akkordlohn ist die Vorgabezeit eine Leistungsnorm, beim Stundenlohn nicht.

Mengenmäßig erfassbar sind auch andere Kosten, z.B. Wartungskosten, Energiekosten, Transportkosten.

Nicht mengenmäßig erfassbar sind viele Gemeinkosten: die kalkulatorischen Kostenarten, Gehälter, Kommunikations- oder Versicherungskosten, Steuern, Werbung. Sie werden den Kostenstellen aufgrund von Belegen und Verteilungsschlüsseln zugerechnet.

Arbeitsaufträge

1. **Der Büromöbelhersteller BÜMO GmbH fertigt u. a. Aktenregale. Für das Planjahr 20.. rechnet er mit einer Nachfrage von 12 000 Stück des abgebildeten Regals BX5. Die Herstellung unterliegt folgenden Begrenzungen:**

Kostenstelle	Vorgabezeit pro Stück	verfügbare Kapazität
Sägerei	0,25 Std.	300 Std./Monat
Furniermaschinen	0,30 Std.	350 Std./Monat
Montage	0,40 Std.	380 Std./Monat

   a) Welche Stückzahl sollte sinnvollerweise als Planbeschäftigung für das Jahr und für den Monat festgelegt werden?

   Als Bezugsgröße wird in den Kostenstellen Sägerei und Furniermaschinen die Maschinenstunde, in der Montage die Arbeitsstunde gewählt.

   b) Wie viel Stunden beträgt jeweils die Planbezugsgröße für das Jahr und für den Monat?

2. **Für die Fertigung der Aktenregale (siehe Arbeitsauftrag 1) werden netto 2,66 m² Spanplatten, 19 mm stark, benötigt. Bei der Verarbeitung der Spanplatten wird mit 1 % Verschnitt gerechnet. 1 m² konnte bisher zum Preis von 8,40 EUR bezogen werden. Es ist mit einem Preisanstieg von 2 % in der Planperiode zu rechnen.**

   a) Berechnen Sie den anzusetzenden Verrechnungspreis.
   b) Berechnen Sie die Plankosten des Materials Spanplatten für das Produkt BX5 für das Jahr und für den Monat.

3. **In den Fertigungsstellen (siehe Arbeitsauftrag 1) werden die Arbeitsleistungen nach Stundenlohn bezahlt. Er beträgt bisher durchschnittlich 12,00 EUR. Aufgrund anstehender Tarifverhandlungen ist jedoch ab Mai mit 3 % Lohnerhöhung zu rechnen.**

   a) Welcher Verrechnungspreis/Std. ist für die Arbeitsleistungen anzusetzen?
   b) Berechnen Sie für jede Kostenstelle die Plankosten (Arbeitsleistungen) für das Produkt BX5 für das Jahr und für den Monat.

4. **Für die Kostenstelle Sägerei (siehe Arbeitsauftrag 1) sind für das Jahr 20.. die folgenden Kosten zu planen.**
   Fertigungslöhne für Aktenregale siehe Arbeitsauftrag 3
   Fertigungslöhne für andere Produkte: 11 376 Stunden, Stundenlohn siehe Arbeitsauftrag 3
   Hilfslöhne: 4 992 Stunden à 10,00 EUR
   Gehälter: Gesamtkosten aller Fertigungsstellen 180 000,00 EUR, davon Säge 20 %
   Sozialabgaben: 20,4 % der Hilfslöhne und Gehälter
   Energie: 67 392 kWh à 0,20 EUR
   Gebäudemiete: 120 000,00 EUR für 1 000 m², davon Sägen 95 m²
   Instandhaltung: Erfahrungssatz 300,00 EUR je 1 000 Std.
   kalkulatorische Abschreibung: 10 % von 271 000,00 EUR
   kalkulatorische Zinsen: 4 % von 261 000,00 EUR
   Büromaterial: Gesamtkosten Fertigungsstellen 11 000,00 EUR, davon Säge 18 %

   Berechnen Sie das Kostenbudget (= die Plankostensumme der Kostenstelle) für das Jahr und für den Monat.

8.2.4 Kostenstellenplan

Nach der Zurechenbarkeit auf die Betriebsleistungen unterteilt man die Kosten bekanntlich in Einzelkosten und Gemeinkosten.

Für jede Kostenstelle wird ein Kostenstellenplan erstellt.

Alle Gemeinkosten werden für jede Kostenart in jeder einzelnen Kostenstelle getrennt geplant und in den Kostenstellenplan der Kostenstelle übernommen. Damit entsteht ein Kostenbudget.

Obwohl die Fertigungslöhne Einzelkosten sind, werden auch sie aus Kontrollgründen meist in den einzelnen Kostenstellenplan (und damit in das Budget) übernommen.

Die Materialeinzelkosten – und ggf. Sondereinzelkosten – hingegen werden den Kostenträgern unverteilt zugerechnet.

Die Budgetierung der Kosten je Kostenstelle ermöglicht es, eine Kostenkontrolle dort durchzuführen, wo die Kosten anfallen und beeinflusst werden können. Deshalb kann

- einerseits dem Kostenstellenleiter die Verantwortung für Abweichungen übertragen werden, die von ihm zu vertreten sind,
- andererseits vom Kostenstellenleiter steuernd eingegriffen werden, um Fehlentwicklungen zu vermeiden oder zu korrigieren.

Beispiel: Plankosten der Kostenstelle Montage

Die Elektro Gabler GmbH plant für das Jahr 20.. die Produktion von 14 400 Kaffeeautomaten (Planbeschäftigung). Dies entspricht 1 200 Einheiten monatlich (Monatsplanbeschäftigung).

Die geplanten Materialeinzelkosten betragen monatlich 7 200,00 EUR. Sie werden den Produkten direkt zugerechnet.

Für die Montageabteilung sind 6 900,00 EUR Fertigungslöhne geplant.

Außerdem sind folgende Planwerte für Gemeinkosten zu berücksichtigen:

Gemeinkostenmaterial 510,00 EUR, Gemeinkostenlöhne 1 400,00 EUR, kalkulatorische Abschreibung 1 600,00 EUR, kalkulatorische Zinsen 1 790,00 EUR, sonstige Kosten 2 200,00 EUR.

Die gesamten Plankosten (Budgetkosten) der Kostenstelle Montage ergeben sich wie folgt:

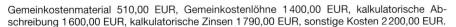

Kostenstellenplan für Kostenstelle Montage Planbezugsgröße: 600 Fertigungsstunden			Monat: April 20..			
Kostenarten	Planmenge	Planpreis	Plankosten (Budgetkosten)			
			gesamt	Variator	fix	proportional
Fertigungslöhne	600	11,50	6 900,00			
Gemeinkostenmaterial	510	1,00	510,00			
Gemeinkostenlöhne	140	10,00	1 400,00			
Kalkulator. Abschreibung			1 600,00			
Kalkulator. Zinsen			1 790,00			
Sonstige Gemeinkosten			2 200,00			
Plankostensumme			14 400,00			

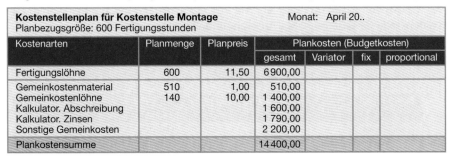

8.2.5 Kostenspaltung

Die Plankosten der Kostenstellen sind in variable und fixe Kosten aufzuspalten.
Variable Kosten sinken und steigen bekanntlich mit der Ausbringungsmenge. Als fixe Kosten gelten solche, deren Höhe für die Planperiode feststeht und sich nicht ändert.

*Die Plankostenrechnung unterstellt, dass alle variablen **Kosten proportional variabel** sind.*

ZWEITER ABSCHNITT

Die Aufspaltung erfolgt entweder aufgrund von Praxiserfahrungen oder aufgrund von theoretischen Kenntnissen über die Beziehungen zwischen Kosten und Leistungen.

- **Variabel (proportional)** sind z. B. stets Fertigungsmaterialkosten, Fertigungslöhne, Förderkosten und Sondereinzelkosten.
- **Fix** sind z. B. stets Gehälter, Raumkosten, kalkulatorische Zinsen und Wagniskosten, Versicherungskosten, Großreparaturen und Kommunikationskosten.
- **Gemischte Kosten** sind teils fix, teils variabel. Dazu gehören z. B. Strom- und Energiekosten, Wartungskosten, Hilfsstoffe, Hilfslöhne, Sozialkosten, Reparaturkosten. Gemischte Kosten werden entweder nach dem überwiegenden Anteil den variablen oder den fixen Kosten zugeschlagen oder entsprechend ihrem Anteil aufgeteilt.

Lineare kalkulatorische Abschreibungen sind fix, Leistungsabschreibungen variabel. Bei schwankender Beschäftigung können beide Arten kombiniert werden: Der Gebrauchsverschleiß wird nach der Leistung abgeschrieben, der Zeitverschleiß linear.

Häufig wird der variable Anteil einer Kostenart durch einen Variator angegeben.

Ein Variator gibt an, wie viel Zehntel der Kosten variabel sind.

Variator 6 bedeutet also: 6/10 der Kosten sind variabel, 4/10 fix.

Indem man die Plankosten je Kostenstelle durch die Planbezugsgröße dividiert, erhält man den **Plankostenverrechnungssatz**.

Dividiert man nur die variablen (proportionalen) Plankosten durch die Planbezugsgröße, erhält man den variablen Plankostenverrechnungssatz (kurz: **Grenzplankostensatz**).

$$\text{Plankostenverrechnungssatz} = \frac{\text{Plankosten der Kostenstelle}}{\text{Planbezugsgröße}}$$

$$\text{Grenzplankostensatz} = \frac{\text{proportionale Plankosten der Kostenstelle}}{\text{Planbezugsgröße}}$$

In unserem Beispiel gibt der Plankostenverrechnungssatz an, mit wie viel EUR Plankosten die Kostenstelle für jede geplante Arbeitsstunde belastet wird.

Der Grenzplankostensatz gibt an, mit wie viel EUR proportionalen Plankosten die Kostenstelle für jede geplante Arbeitsstunde belastet wird.

Beispiel: Kostenstellenplan nach Kostenspaltung

Kostenstellenplan für Kostenstelle Montage Planbezugsgröße: 600 Fertigungsstunden				Monat: April 20..		
Kostenarten	**Planmenge**	**Planpreis**	**Plankosten (Budgetkosten)**			
			gesamt	**Variator**	**fix**	**proportional**
Fertigungslöhne	600	11,50	6 900,00	10		6 900,00
Gemeinkostenmaterial	510	1,00	510,00	9	50,00	460,00
Gemeinkostenlöhne	140	10,00	1 400,00	7	420,00	980,00
Kalkulator. Abschreibung			1 600,00	2,5	1 200,00	400,00
Kalkulatorische Zinsen			1 790,00	0	1 790,00	0,00
Sonstige Gemeinkosten			2 200,00	3	1 540,00	660,00
Plankostensumme			14 400,00		5 000,00	9 400,00
Zuschlagsbasis			600 Std.			600 Std.
Plankostenverrechnungssatz			24,00/Std.			
Grenzplankostensatz						15,67/Std.

8.2.6 Betriebsabrechnungsbogen und Plankalkulation

Alle Kostenstellenpläne werden zum Plan-BAB zusammengestellt.

> **Beispiel: Plan-Betriebsabrechnungsbogen**
>
> Die drei Produkte der Elektro Gabler GmbH (Kaffeeautomaten, Radios, CD-Player) werden jeweils in einem eigenen Werk gefertigt. Die Werke werden als Profit Center geführt. Für jedes Profit Center wird ein eigener BAB erstellt.
>
> Bestandsveränderungen sollen nicht vorliegen.
> Folglich gilt: Herstellkosten der Fertigung = Herstellkosten des Umsatzes

Plan-Betriebsabrechnungsbogen Profit Center Kaffeeautomat — April 20.. — (Alle Beträge in EUR)

Die Spaltengruppe **Fertigung** umfasst *Teilefertigung* (maschinenabh. und lohnabhängig) sowie *Montage*.

Kostenart	Summe	Material fix	Material var.	Teilefertigung maschinenabh. fix	maschinenabh. var.	Teilefertigung lohnabhängig fix	lohnabhängig var.	Montage fix	Montage var.	Verwaltung fix	Verwaltung var.	Vertrieb fix	Vertrieb var.
Fertigungslöhne (FL)	18900						12000		6900				
Gemeinkostenmaterial	3930	100	300	0	3000	0	0	50	460	0	0	10	20
Gemeinkostenlöhne	5200	400	600	0	0	800	2000	420	980	0	0	0	0
Kalk. Abschreibung	9500	1000	0	3000	1000	0	0	1200	400	1500	0	1400	0
Kalk. Zinsen	9190	1200	0	2900	0	0	0	1790	0	2000	0	1300	0
Sonst. Gemeinkosten	18250	800	850	2500	2700	1700	1800	1540	660	3000	400	2000	300
Σ BAB-Plankosten	64970	3500	1750	8400	6700	2500	15800	5000	9400	6500	400	4700	320
Σ fixe + var. Kosten	64970	5250		15100		18300		14400		6900		5020	
Fertigungsmaterial	13125												
Σ aller Plankosten	78095												
Zuschlagsbasis		Fertigungsmat. 13125		1200 Maschinen.std.		1200 Fertigungs.std.		600 Fertigungs.std.		Herstellkosten des Umsatzes (HKU) 66175			
Zuschlagssatz gesamt		40,00 %		12,58/Std.		15,25/Std.		24,00/Std.		10,43 %		7,59 %	
Zuschlagssatz variabel		13,33 %		5,58/Std.		13,17/Std.		15,67/Std.		0,855 %		0,684 %	

Alternativrechnung für normale Zuschlagskalkulation mit Vollkosten

	Summe	Material	Teilefertigung maschinenabh.	Teilefertigung lohnabhängig	Montage	Verwaltung	Vertrieb
Σ Gemeinkosten	46070	5250	15100	6300	7500	6900	5020
Zuschlagsgrundlage		13125	1200 Masch.std.	FL 12000	FL 6900	66175	
Gemeinkostenzuschlag		40 %	12,58/Std.	52,5 %	108,7 %	10,43 %	7,59 %

Alternativrechnung für normale Zuschlagskalkulation mit Teilkosten

	Summe	Material	Teilefertigung maschinenabh.	Teilefertigung lohnabhängig	Montage	Verwaltung	Vertrieb
Σ var. Gemeinkosten	15470	1750	6700	3800	2500	400	320
Zuschlagsgrundlage		13125	1200 Masch.std.	12000	6900	46755 (var. Herstellkosten d. Umsatzes)	
Gemeinkostenzuschlag		13,33 %	5,58/Std.	31,67 %	36,23 %	0,855 %	0,684 %

Der Plan-Betriebsabrechnungsbogen enthält

- **den eigentlichen Plan-BAB.** Er ist wie die Kostenstellenpläne um die Angabe der Fertigungslöhne ergänzt. Alle Plankosten sind in ihre fixen und proportionalen variablen Bestandteile aufgespalten;
- **die gesamten Plankosten** einschließlich Fertigungsmaterial;
- **die Planzuschlagssätze:**
  - **die Gemeinkostenzuschlagssätze** (gesamt und variabel) für die indirekten Betriebsbereiche Material, Verwaltung und Vertrieb;
  - **den Maschinenstundensatz** und die **Zuschlagssätze** (= Plankostenverrechnungssätze und Grenzplankostensätze) für den direkten Betriebsbereich Fertigung.

Die beiden Alternativrechnungen enthalten für den Fertigungsbereich die **Gemeinkostenzuschlagssätze** anstelle der Plankostenverrechnungssätze.

Mit den Zahlen in diesen Tabellen können erstellt werden:

- ein **Plan-Kostenträgerzeitblatt** auf Voll- oder Teilkostenbasis (vgl. S. 301),
- eine **Plankalkulation** auf Voll- oder Teilkostenbasis (wahlweise mit Plankostenverrechnungssätzen oder mit Fertigungsgemeinkostenzuschlägen. Die Ergebnisse sind in beiden Fällen gleich).

Beispiel: **Plankalkulation für eine Produkteinheit (Stück)**

Fertigungsmaterialkosten/Stück	= 13 125,00 EUR : 1 200 Stück = 10,94 EUR/Stück
Fertigungslöhne Teilefertigung/Stück	= 12 000,00 EUR : 1 200 Stück = 10,00 EUR/Stück
Fertigungslöhne Montage/Stück	= 6 900,00 EUR : 1 200 Stück = 5,75 EUR/Stück

In der Teilefertigung beträgt die Fertigungszeit je Produkteinheit 100 Dez.min. = 1 Stunde:
- Maschinenkosten/Stück = (12,58 EUR : 100 Dez.min.) · 100 Dez.min. = 12,58 EUR/Stück
- var. Maschinenkosten/Stück = (5,58 EUR : 100 Dez.min.) · 100 Dez.min. = 5,58 EUR/Stück

- Fertigungskosten/Stück = (15,25 EUR : 100 Dez.min.) · 100 Dez.min. = 15,25 EUR/Stück
- var. Fertigungskosten/Stück = (13,17 EUR : 100 Dez.min.) · 100 Dez.min. = 13,17 EUR/Stück

In der Montage beträgt die Fertigungszeit je Produkteinheit 50 Dezimalminuten = 0,5 Stunden:
- Fertigungskosten/Stück = (24,00 EUR : 100 Dez.min.) · 50 Dez.min. = 12,00 EUR/Stück
- var. Fertigungskosten/Stück = (15,67 EUR : 100 Dez.min.) · 50 Dez.min. = 7,84 EUR/Stück

(1) Plan-Zuschlagskalkulation für eine Produkteinheit

	auf Vollkostenbasis			auf Teilkostenbasis (nur variable Kosten!)		
Fertigungsmaterial		10,94			10,94	
Materialgemeinkosten	40,00 %	4,38		13,33 %	1,46	
Materialkosten		**15,32**	15,32		**12,40**	12,40
Teilefertigung:						
Maschinenkosten 1 Std.	12,58	12,58			5,58	5,58
Fertigungslöhne		10,00			10,00	
Restgemeinkosten Teilefert.	52,5 %	5,25		31,67 %	3,17	
Fertigungskosten Teilefert.		**27,83**	27,83		**18,75**	18,75
Montage:						
Fertigungslöhne		5,75			5,75	
Fert.gemeinkosten Montage	108,7 %	6,25		36,23 %	2,08	
Fertigungskosten Montage		**12,00**	12,00		**7,83**	7,83
Herstellkosten		**55,15**			**38,98**	
Verwaltungsgemeinkosten	10,43 %	5,75		0,855%	0,34	
Vertriebsgemeinkosten	7,59 %	4,18		0,684%	0,27	
Selbstkosten		**65,08**			**39,59**	

(2) Plan-Kalkulation mit Plankostenverrechnungssätzen für eine Produkteinheit

	auf Vollkostenbasis			auf Teilkostenbasis (nur variable Kosten!)		
Fertigungsmaterial		10,94			10,94	
Materialgemeingemeinkosten	40,00 %	4,38		13,33 %	1,46	
Materialkosten		**15,32**	15,32		**12,40**	12,40
Teilefertigung:	Std.Satz			Std.Satz		
Maschinenkosten 1 Std.	12,58	12,58			5,58	5,58
Restkosten 1 Std.	15,25	15,25			13,17	13,17
Fertigungskosten Teilefert.		**27,83**	27,83		**18,75**	18,75
Montage:	Std.Satz			Std.Satz		
Fertigungskosten M. 0,5 Std.	24,00	**12,00**	12,00	15,67	7,83	**7,83**
Herstellkosten		**55,15**			**38,98**	
Verwaltungsgemeinkosten	10,43 %	5,75		0,855%	0,34	
Vertriebsgemeinkosten	7,59 %	4,18		0,684%	0,27	
Selbstkosten		**65,08**			**39,59**	

Der Vollständigkeit halber wollen wir noch auf Folgendes hinweisen: Da die Kosten des BAB sich im vorliegenden Fall nur auf ein Produkt beziehen, können die Selbstkosten je Stück auch durch einfache Divisionskalkulation ermittelt werden:

Selbstkosten/Stück = 78 095,00 EUR : 1 200 Stück = 65,08 EUR
variable Selbstkosten/Stück = 47 495,00 EUR : 1 200 Stück = 39,58 EUR (1 ct Rundungsfehler)
(variable Selbstkosten = Fertigungslöhne + Fertigungsmaterial + variable Gemeinkosten)

Dies ist nicht möglich, wenn die Produkte des Unternehmens nicht in Profit Centern produziert werden und folglich ein gemeinsamer BAB für mehrere Produkte erstellt wird.

Arbeitsaufträge

1. **In der Kostenstelle Stanzerei wurden bei einer Planbeschäftigung von 28 000 Stück/Monat Plankosten von insgesamt 37 800,00 EUR ermittelt. Davon sind 25 200,00 EUR variable Kosten. Die Planbezugsgröße sind 1 400 Arbeitsstunden.**

   a) Ermitteln Sie den Plankostenverrechnungssatz.

   b) Ermitteln Sie den Grenzplankostensatz.

   c) Erläutern Sie, was die beiden Kostensätze aussagen.

2. **Die Planausbringungsmenge von Produkt A beträgt 72 000 Stück in der Planperiode (1 Jahr). Es werden 18 000 m² von Fertigungsmaterial 1 zum Verrechnungspreis von 8,00 EUR/m² und 144 000 Stück von Fertigungsmaterial 2 zu 4,00 EUR/Stück gebraucht. Die Beschäftigung wird gleichmäßig auf 12 Monate verteilt.**

   Die Planbezugsgröße der Kostenstelle 6705 beträgt 2 000 Stunden/Monat. Der Fertigungslohn (einschließlich Sozialkosten) beträgt 36,00 EUR/Std.

   Außerdem wurden folgende monatliche Planwerte für Gemeinkosten in dieser Kostenstelle ermittelt:

Kostenart	Kosten insgesamt EUR	variable Kosten EUR	fixe Kosten EUR
Gemeinkostenmaterial	8 000,00	6 800,00	1 200,00
Hilfslöhne	12 000,00	10 000,00	2 000,00
Soziale Abgaben	11 000,00	2 200,00	8 800,00
Kalkulatorische Zinsen	9 000,00	0,00	9 000,00
Kalkulatorische Abschreibungen	46 000,00	2 300,00	43 700,00
Sonstige Gemeinkosten	32 000,00	28 700,00	3 300,00

   a) Berechnen Sie
      – die Summe der variablen Kosten der Kostenstelle,
      – die Summe der fixen Kosten der Kostenstelle,
      – das gesamte Kostenbudget (= monatliche Plankostensumme der Kostenstelle).

   b) Wie viel Minuten (Dezimalminuten) beträgt die Fertigungszeit pro Stück in der Kostenstelle?

   c) Ermitteln Sie den Plankostenverrechnungssatz.

   d) Ermitteln Sie den Grenzplankostensatz.

3. **Für die Kostenstelle Bohrerei werden für einen Monat der Planperiode (= 1 Jahr) die folgenden Plangrößen ermittelt:**

Kostenstellenplan für Kostenstelle Bohrerei Planbezugsgröße: 2 080 Fertigungsstunden			Monat: Juni 20..			
Kostenarten	**Planmenge**	**Planpreis**	**Plankosten (Budgetkosten)**			
			gesamt	**Variator**	**fix**	**proportional**
Fertigungslöhne	2 080	12,50		10		
Gemeinkostenmaterial Gemeinkostenlöhne Kalkulatorische Abschreibung Kalkulatorische Zinsen Sonstige Gemeinkosten	900 250	2,30 10,50	2 000,00 2 200,00 4 300,00	8,5 6 2 0 4		
Plankostensumme						
Zuschlagsbasis			Std.			Std.
Plankostenverrechnungssatz			/Std.			
Grenzplankostensatz						/Std.

Ermitteln Sie die gesamten Plankosten, die fixen und proportionalen Kosten, die Plankostensummen, den Plankostenverrechnungssatz und den Grenzplankostensatz.

4. **Für die Kostenstelle Sägerei wurden bereits die Plankosten je Monat ermittelt und in den Kostenstellenplan übernommen:**

Kostenstellenplan für Kostenstelle Sägerei Planbezugsgröße: 1 185,5 Stunden			Monat:			
Kostenarten	**Plankosten**	**Variator**	**maschinenabhängig**		**lohnabhängig**	
			fix	**proport.**	**fix**	**proport.**
Fertigungslöhne	12 178,52	10				
Hilfslöhne Gehälter Sozialabgaben Energie Gebäudemiete Instandhaltung Kalkulat. Abschreibung Kalkulatorische Zinsen Büromaterial	4 160,00 3 000,00 1 460,64 1 123,20 950,00 371,90 2 258,33 870,00 165,00	8 0 6 9 0 10 0 0 8				
Plankostensumme	26 537,59					
Zuschlagsbasis						
PK-Verrechnungssatz						
Grenzplankostensatz						

Nehmen Sie alle noch fehlenden Eintragungen vor.

5. **Einem Plan-Monats-BAB sind folgende Beträge (TEUR) zu entnehmen:**

Kostenart	Sum-me	Material		Fertigung						Verwaltung		Vertrieb	
				Teillieferung				Montage					
				maschinenabh.		lohnabhängig							
		fix	var.	fix	var.	fix	var.	fix	var.	fix	var.	fix	var.
Fertigungslöhne	200						120		80				
Σ Gemeinkosten	770	40	50	100	90	70	110	86	90	50	10	60	20
Σ BAB-Plankosten	970	40	50	100	90	70	230	86	170	50	10	60	20
Σ fixe + var. Kosten	970	90		190		300		256		60		80	
Fertigungsmaterial	150												
Σ aller Plankosten	1 120												

Die **Planbezugsgröße für die Teilefertigung** sind **5 000 Stunden**, die Planbezugsgröße für die **Montage 4 000 Stunden.**
Die Herstellkosten der Fertigung stimmen mit den Herstellkosten des Umsatzes überein.

a) Berechnen Sie (wie im Beispiel auf S. 329) die Planzuschlagssätze:
   - die Gemeinkostenzuschlagssätze (gesamt und variabel) für die indirekten Betriebsbereiche Material, Verwaltung und Vertrieb;
   - den Maschinenstundensatz und die Zuschlagssätze (= Plankostenverrechnungssätze und Grenzplankostensätze) für den direkten Betriebsbereich Fertigung.
b) Berechnen Sie die Gemeinkostenzuschlagssätze anstelle der Plankostenverrechnungssätze und Grenzplankostensätze.
c) Führen Sie die Plan-Zuschlagskalkulation auf Voll- und Teilkostenbasis durch.
d) Führen Sie alternativ die Plan-Kalkulation mit Plankostenverrechnungssätzen durch.

8.3 Berücksichtigung unterschiedlicher Beschäftigung

8.3.1 Flexible Plankostenrechnung als Vollkostenrechnung

Das Beispiel im voraufgehenden Kapitel zeigt: Bei Kostenspaltung im BAB kann die Plankostenkalkulation als Voll- oder Teilkostenkalkulation erfolgen. Viele größere Industrieunternehmen führen ihre Kostenträgerzeit- und -stückrechnung tatsächlich doppelt durch **(Parallelkalkulation)**. Dies ist sehr empfehlenswert, denn

- **die Vollplankostenrechnung (flexible Plankostenrechnung)** dient der Ermittlung der Selbstkosten bei Planbeschäftigung und der Kalkulation kostendeckender Angebote bei Planbeschäftigung,

Vgl. hierzu noch einmal S. 330.

- **die Teilplankostenrechnung (Grenzplankostenrechnung)** wird für marktorientierte Entscheidungen benötigt (z. B. über die Annahme von Bestellungen und über Preisuntergrenzen).

Die **flexible Plankostenrechnung** trennt zwar fixe und variable Kosten. Sie rechnet aber trotzdem die vollen Kosten in den Plankostenverrechnungssatz ein. Sie ist folglich eine Vollkostenrechnung. Sie proportionalisiert die fixen Kosten und ist deshalb für marktorientierte Entscheidungen im Rahmen gegebener Kapazitäten nicht geeignet. Für eine beliebige Istbeschäftigung verrechnet sie folgende Plankosten:

> **Verrechnete Plankosten = Plankostenverrechnungssatz · Istbeschäftigung**

Beispiel: Verrechnete Plankosten

Wir betrachten noch einmal die Kostenstelle Montage:

Kostenstellenplan für Kostenstelle Montage Planbezugsgröße: 600 Fertigungsstunden			Monat: April 20..			
Kostenarten	**Planmenge**	**Planpreis**	**Plankosten (Budgetkosten)**			
			gesamt	**Variator**	**fix**	**proportional**
Plankostensumme			14 400,00		5 000,00	9 400,00
Zuschlagsbasis			600 Std.			600 Std.
Plankostenverrechnungssatz			24,00/Std.			

Bei einer Beschäftigung von 480 Stunden ($\triangleq$ 80 %) werden als Plankosten verrechnet:

Verrechnete Plankosten$_{480\ Std.}$ = 24,00 EUR · 480 = 11 520,00 EUR

Diese Kostensumme ist falsch. Sie ist zu niedrig, weil sie nicht berücksichtigt, dass bei Minderbeschäftigung die fixen Kosten nicht abgebaut werden. Die Kosten bei einer Beschäftigung von 480 Std. (sog. Sollkosten) errechnen sich richtig wie folgt:

$$\text{Sollkosten}_{480 \text{ St.}} = \frac{9\,400,00 \text{ EUR}}{600 \text{ Std.}} \cdot 480 \text{ Std.} + 5\,000,00 \text{ EUR}$$

$$= \underbrace{15,66(667) \text{ EUR}}_{\text{Grenzplankostensatz}} \cdot 480 \text{ Std.} + 5\,000,00 \text{ EUR} = 12\,520,00 \text{ EUR}$$

Die Differenz 11 520,00 – 12 520,00 EUR = **– 1 000,00 EUR** heißt **Beschäftigungsabweichung**.

Sollkosten sind die unter Berücksichtigung der Fixkosten auf eine Istbeschäftigung umgerechneten Plankosten.

Die Differenz zwischen verrechneten Plankosten und Sollkosten heißt Beschäftigungsabweichung. Sie entsteht aufgrund falscher Kostenzurechnung.

$$\text{Sollkosten} = \frac{\text{variable Plankosten}}{\text{Planbeschäftigung}} \cdot \text{Istbeschäftigung} + \text{fixe Plankosten}$$

$$\text{Sollkosten} = \text{Grenzplankostensatz} \cdot \text{Istbeschäftigung} + \text{fixe Plankosten}$$

$$\text{Beschäftigungsabweichung} = \text{verrechnete Plankosten} - \text{Sollkosten}$$

Nach Ablauf der Planperiode ergeben sich die **Istbeschäftigung** und die **Istkosten**.

$$\text{Istkosten} = \text{Istmenge} \cdot \text{Planpreis je Einheit}$$

Die Istkosten der Plankostenrechnung sind Istkosten zu Planpreisen.

Die Istkosten der Plankostenrechnung entsprechen den Istkosten der Istkostenrechnung in BAB, Kostenträgerzeit- und Ergebnisrechnung, sofern mit Verrechnungspreisen gearbeitet wird und diese nach den Grundsätzen der Plankostenrechnung ermittelt wurden.

Die Istkosten können von den Sollkosten und den verrechneten Plankosten abweichen.

- **Preisabweichungen** kommen durch Bezugspreisänderungen zustande. Sie wirken sich aber nicht auf die Kostenrechnung aus, weil feste Planpreise verrechnet werden.
- **Beschäftigungsabweichungen** sind die Differenz zwischen Sollkosten und verrechneten Plankosten. Sie stellen systembedingte Zurechnungsfehler dar. Deshalb sind sie herauszurechnen. Die Kostenstellenleiter müssen sie nicht verantworten.
- **Verbrauchsabweichungen** sind Abweichungen von Mengen und/oder Zeiten. Sie sind vom Kostenstellenleiter zu verantworten. Sie zeigen den wertmäßigen Mehr- oder Minderverbrauch an Einsatzfaktoren im Vergleich zu den Sollkosten und damit den Grad der **Wirtschaftlichkeit** des Betriebsprozesses in den einzelnen Kostenstellen an.

Beispiel: Istkosten und Kostenabweichungen

Bei der Elektro Gabler GmbH lag der Beschäftigungsgrad im Profit Center Kaffeemaschinen bei 80 %.

Die Istkosten zu Planpreisen betrugen in der Kostenstelle *Montage* 13 400,00 EUR.

verrechnete Plankosten	11 520,00 EUR		
– Sollkosten	– 12 520,00 EUR	Sollkosten	12 520,00 EUR
= Beschäftigungsabweichung	– 1 000,00 EUR	– Istkosten	– 13 400,00 EUR
		= Verbrauchsabweichung	– 880,00 EUR

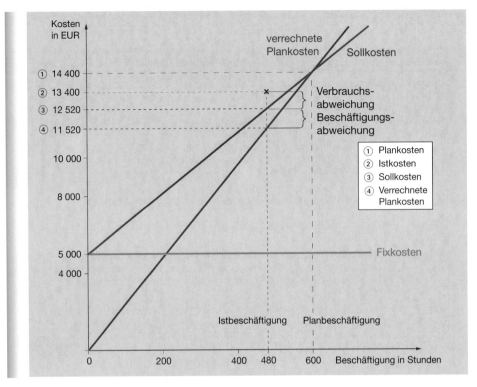

Zur Feststellung und Auswertung der Verbrauchsabweichungen erfolgen mindestens monatliche Soll-Ist-Vergleiche für jede Kostenstelle. Sie erfolgen anhand des BAB und der Kostenstellenpläne. Abweichungen müssen nur bei den variablen (proportionalen) Kosten festgestellt werden, weil die Kostenstellenleiter fixe Kosten nicht verantworten können.

Beispiel: Soll-Ist-Vergleich

Soll-Ist-Vergleich Kostenstelle Montage

Monat: April 20..

Planbezugsgröße: 600 Fertigungsstunden ≙ 100 %
Istbeschäftigung: 480 Fertigungsstunden ≙ 80 %

Kostenarten	Mengen				proportionale Kosten			
Kostenarten	Plan-menge	Soll-menge	Ist-menge	Abw.	Plan	Soll	Ist	Abw.
Fertigungslöhne	1 200	960	1 000	– 40	6 900,00	5 520,00	5 980,00	– 460,00
Gemeinkostenmaterial	510	408	528	– 120	460,00	368,00	488,00	– 120,00
Gemeinkostenlöhne	70	56	66	– 10	980,00	784,00	984,00	– 200,00
Kalkulator. Abschreibung					400,00	320,00	320,00	
Kalkulator. Zinsen					0,00	0,00	0,00	
Sonstige Gemeinkosten					660,00	528,00	628,00	– 100,00
Plankostensumme					**9 400,00**	**7 520,00**	**8 400,00**	**– 880,00**

Man erkennt, dass bei vier Kostenarten Mehrverbräuche stattgefunden haben, die zu Mehrkosten von 880,00 EUR führten. Möglich wären z. B. schlechtes Material und Fehler in der Vorfertigung, die zu längeren Arbeitszeiten in der Montage führten.

Das Controlling untersucht die Gründe bei jeder Kostenart und macht ggf. Verbesserungsvorschläge.

Je niedriger Mehrkosten und je höher Minderkosten ausfallen, desto wirtschaftlicher hat die Kostenstelle gearbeitet. Folgende Kennzahl misst die Wirtschaftlichkeit:

$$\text{Wirtschaftlichkeit} = \frac{\text{proportionale Istkosten}}{\text{proportionale Sollkosten}}$$

Beispiel: Wirtschaftlichkeit

Für die Abteilung Montage ergibt sich folgende Kennzahl:
8 400 : 7 520 = 1,117
Dies bedeutet: Für jeden Euro proportionale Sollkosten, die beim Beschäftigungsgrad von 80 % anfallen durften, fielen tatsächlich 1,117 EUR proportionale Istkosten an.

Das sind immerhin 11,7 % mehr Kosten als geplant.

8.3.2 Grenzplankostenrechnung als Teilkostenrechnung

„Kann man mit der flexiblen Plankostenrechnung eigentlich den Gewinn für jede Beschäftigung richtig planen?"

„Na, überlegen Sie doch mal! Die Elektro Gabler GmbH hat Stückselbstkosten von 65,08 EUR bei einer Planmenge von 14 400 Stück im Jahr errechnet. Bei einem Verkaufspreis von 78,10 EUR beträgt der Stückgewinn (78,10 – 65,08) EUR = 13,02 EUR.

Gesamtgewinn = 13,02 EUR · 14 400 = 187 488,00 EUR. Wenn nun die Konjunktur schlecht läuft und nur 10 000 Stück verkauft werden können, rechnet man sich einen Gewinn von immerhin noch 13,02 EUR · 10 000 = 130 200,00 EUR aus. Aber stimmt diese Rechnung auch?

Nun, von den Stückselbstkosten sind 38,58 EUR variabel und 26,50 EUR fix. Also betragen die Fixkosten insgesamt   26,50 EUR · 14 400 = 381 600,00 EUR.

Gesamtkosten bei 10 000 Stück:	38,58 EUR · 10 000 + 381 600,00 EUR	= 767 400,00 EUR
Umsatz bei 10 000 Stück:	78,10 EUR · 10 000	= 781 000,00 EUR
Tatsächlicher Gewinn:		13 600,00 EUR

Da zeigt sich schon ein beträchtlicher Unterschied beim Gewinn, nicht wahr? Nun stellen Sie sich mal vor, man hätte z. B. 50 000,00 EUR Gewinn fest für Investitionen eingeplant!"

„Au Backe, das wäre bestimmt nicht heiter. Man könnte also sagen: ‚Mit der flexiblen Plankostenrechnung plane ich meine Kosten und den Gewinn bei abweichender Beschäftigung falsch. Aber wenigstens kann ich durch Kostenkontrolle hinterher feststellen, warum ich falsch geplant habe.' – Das ist doch echt ein bisschen schräg, oder? Sollte ich da nicht lieber gleich richtig planen!"

Die flexible Plankostenrechnung erlaubt zwar eine Kostenkontrolle, aber als Vollkostenrechnung eignet sie sich nicht für die Kosten- und Gewinnplanung bei unterschiedlicher Beschäftigung. Anders die Grenzplankostenrechnung:

Die Grenzplankostenrechnung verzichtet völlig auf die anteilige Verrechnung der Fixkosten. Sie ist folglich eine flexible Plankostenrechnung auf der Basis von Teilkosten.

*Merken Sie sich: **Grenzkosten** sind nur ein anderes Wort für **proportionale variable Kosten**.*

Die Kostenstellenplanung und die Aufstellung des Plan-BABs vollziehen sich so, wie bereits dargestellt. Aber für die Planbeschäftigung der Kostenstellen wird nur der Grenzplankostenverrechnungssatz (kurz: Grenzplankostensatz) ermittelt.

Für eine beliebige Istbeschäftigung werden folgende Grenzplankosten verrechnet:

Verrechnete Grenzplankosten = Grenzplankostensatz · Istbeschäftigung

Beispiel: **Verrechnete Grenzplankosten**

Wir betrachten wieder die Kostenstelle Montage:

Kostenstellenplan für Kostenstelle Montage Planbezugsgröße: 600 Fertigungsstunden			Monat: April 20..			
Kostenarten	**Planmenge**	**Planpreis**	**Plankosten (Budgetkosten)**			
			gesamt	**Variator**	**fix**	**proportional**
Plankostensumme			14 400,00		5 000,00	9 400,00
Zuschlagsbasis			600 Std.			600 Std.
Grenzplankostensatz						15,67/Std.

Bei einer Beschäftigung von 480 Stunden ($\triangleq$ 80 %) werden als Grenzplankosten verrechnet:

Verrechnete Grenzplankosten$_{480\ Std.}$ = 15,66(667) EUR · 480 = 7 520,00 EUR

Da keine Fixkosten verrechnet werden,

- **sind die verrechneten Grenzplankosten zugleich die variablen Sollkosten,**
- **können Beschäftigungsabweichungen nicht auftreten,**
- **ergibt der Sollkosten-Istkosten-Vergleich unmittelbar die ausschließlich auf variablen Kosten beruhenden Verbrauchsabweichungen.**

Beispiel: **Istkosten und Verbrauchsabweichung**

Bei der Elektro Gabler GmbH lag der Beschäftigungsgrad im Profit Center Kaffeemaschinen bei 80 %. Die proportionalen variablen Istkosten zu Planpreisen betrugen in der Kostenstelle *Montage* 8 400,00 EUR.

verrechnete variable Plankosten (= Sollkosten)	15,66(667) EUR · 480	7 520,00 EUR
– variable Istkosten		– 8 400,00 EUR
= Verbrauchsabweichung		– 880,00 EUR

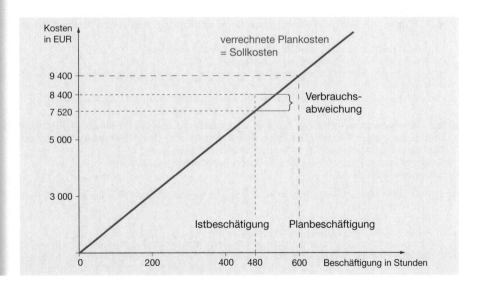

Die Feststellung und Auswertung der Verbrauchsabweichungen erfolgen in den Kostenstellen so, wie wir es bereits dargestellt haben.

Die Auswertung könnte ggf. ergeben, dass die Verbrauchsabweichung ganz oder teilweise gerechtfertigt und nicht vermeidbar war. Dann ist der Grenzplankostensatz zu erhöhen.

> **Beispiel: Erhöhung des Grenzplankostensatzes**
>
> Grenzplankostensatz 15,67 EUR; Istbeschäftigung 480 Std.
>
> Verbrauchsabweichung 880,00 EUR; davon nicht vermeidbar 360,00 EUR
>
> 360,00 EUR : 480 Std. = 0,75 EUR/Std. proportionale Istmehrkosten
>
> Neuer Grenzplankostensatz = 15,67 EUR + 0,75 EUR = 16,42 EUR

Die in der Praxis realisierten Plankostenrechnungen sind in der Regel Grenzplankostenrechnungen.

Wichtiger Hinweis

Die Grenzplankostenrechnung ist – bei Vorliegen der Voraussetzungen (vgl. S. 323) – ein geeignetes Instrument für die Kostenplanung in den Fertigungsbereichen. Für die indirekten Bereiche (insbesondere für Verwaltung und Vertrieb) eignet sie sich ggf. nicht. Der Anteil der fixen Kosten kann hier gegenüber den variablen Kosten erdrückend groß sein. Eine Kostenplanung anhand des Merkmals Beschäftigung ergibt dann wenig Sinn. Dies ist – neben der mangelnden Eignung der traditionellen Zuschlagsrundlagen – ein Grund, die Kosten der indirekten Bereiche über Prozesse zu erfassen (Prozesskostenrechnung).

Arbeitsaufträge

1. Eine zentrale Aufgabe des Controllings besteht darin, Kostenvergleiche durchzuführen.

  a) Begründen Sie, warum in einem Unternehmen laufend Kostenvergleiche durchgeführt werden sollten.
  b) Worin besteht das Hauptproblem einer jeden Kostenanalyse?
  c) Welche Arten der Plankostenrechnung kennen Sie?
  d) Wie können die Wirkungen von Preisschwankungen auf die Kostenrechnung ausgeschaltet werden?
  e) Worin liegen die Schwächen der flexiblen Plankostenrechnung auf Vollkostenbasis?

2. Ein Industrieunternehmen mit flexibler Plankostenrechnung geht für die Fertigungsstelle Dreherei von einer Planbeschäftigung (Planbezugsgröße) von 200 Stunden/Monat aus. Die Istbeschäftigung beträgt im letzten Monat 168 Stunden.
Gesamte Plankosten: 16 000,00 EUR, davon fixe Kosten: 9 000,00 EUR
Istkosten: 16 240,00 EUR

  a) Berechnen Sie den Plankostenverrechnungssatz, die verrechneten Plankosten und die gesamte Kostenabweichung.
  b) Ermitteln Sie die Sollkosten.
  c) Welche Beschäftigungsabweichung ergibt sich?
  d) In welchem Umfang muss der Kostenstellenleiter die Beschäftigungsabweichung verantworten? Begründen Sie Ihre Antwort.
  e) Berechnen Sie die Verbrauchsabweichung. Inwieweit ist der Kostenstellenleiter für diese Abweichung verantwortlich?
  f) Berechnen Sie die Wirtschaftlichkeit.
  g) Welche Unterschiede ergeben sich bei der Situationsbeschreibung und den Aufgabenstellungen a) bis e), wenn das Unternehmen eine Grenzplankostenrechnung eingerichtet hat?

3. In einer Kostenstelle wird mit einem Plankostenverrechnungssatz von 150,00 EUR/Stunde kalkuliert. Die Vorgabezeit/Stück beträgt eine Stunde.
   Die Planbeschäftigung (Planbezugsgröße) beträgt 3 000 Stunden/Monat. Von den gesamten Plankosten der Kostenstelle sind 60 % fixe Kosten.

   Berechnen Sie
   a) die gesamten Plankosten und die fixen Kosten der Kostenstelle,
   b) die Verbrauchsabweichung bei einer Istbeschäftigung von 2 400 Stunden/Monat und Istkosten von 460 000,00 EUR
      • mithilfe der flexiblen Plankostenrechnung zu Vollkosten,
      • mithilfe der Grenzplankostenrechnung.
   c) Was besagt die Verbrauchsabweichung?

4. Aufgrund genauer Untersuchungen sind für die Kostenstelle 3407 bei einer Planbeschäftigung von 2 500 Stunden/Monat folgende Plankosten ermittelt worden:

Kostenarten	Plankosten (EUR)		
	gesamt	fix	proportional
Fertigungslöhne	110 000,00	0,00	110 000,00
Gemeinkostenmaterial	100 000,00	4 000,00	96 000,00
Gemeinkostenlöhne	27 000,00	20 000,00	7 000,00
Soziale Abgaben	30 000,00	4 000,00	26 000,00
Energie	18 000,00	4 500,00	13 500,00
Fremdinstandhaltung	7 000,00	4 000,00	3 000,00
Kalkulatorische Abschreibungen	104 000,00	100 000,00	4 000,00
Sonstige Gemeinkosten	64 000,00	11 500,00	52 500,00

   a) Berechnen Sie den Plankostenverrechnungssatz und den Grenzplankostensatz.
   b) Berechnen Sie die Sollkosten und die Verbrauchsabweichung für eine Istbeschäftigung von 3 000 Stunden/Monat und Istkosten von 500 000,00 EUR
      • mithilfe der flexiblen Plankostenrechnung zu Vollkosten,
      • mithilfe der Grenzplankostenrechnung.
   c) Stellen Sie die Ergebnisse zu a) grafisch dar.

8.4 Planleistungsrechnung – Planung von Erlös und Gewinn

Ich habe ein Problem: Die Stückkalkulationen des Produkts Kaffeeautomat auf Seite 330 zeigen Plan-Selbstkosten von 65,08 EUR und variable Plan-Selbstkosten von 39,59 EUR.

Bei der Vollkostenkalkulation würde die Elektro Gabler GmbH einen angemessenen Gewinnzuschlag auf den Selbstkostenpreis aufschlagen. Bei einem Gewinnzuschlag von z. B. 20 % käme sie zu einem Barverkaufspreis von 78,10 EUR.

Aber wie soll sie einen akzeptablen Preis bilden, wenn sie den Artikel nur zu den viel niedrigeren variablen Plan-Selbstkosten kalkuliert? 20 % Gewinnzuschlag auf 39,59 EUR führen zu einem Barverkaufspreis von 47,51 EUR. Das wäre doch wohl zu niedrig kalkuliert! Schließlich muss über die Umsätze auch der große Block an fixen Kosten abgedeckt werden, die nicht einkalkuliert sind, und außerdem soll zum Schluss noch ein Gewinn übrigbleiben!

Bei einer Kostenplanung mit der Grenzplankostenrechnung zeigt sich der Vorteil einer Parallelkalkulation.

Bei einer Parallelkalkulation kalkuliert man in erster Linie mit Teilkosten, führt aber als Nebenrechnung zusätzlich eine Vollkostenkalkulation durch.

Im obenstehenden Fall macht die „Zweitkalkulation" zu Vollkosten z. B. deutlich:

Wenn erstens alle Produkte mit ihren Planmengen verkauft werden können und zweitens jedes Produkt den kalkulierten Barverkaufspreis erzielt, werden alle Selbstkosten gedeckt und man erzielt außerdem den geplanten Gewinn. Die Denkrichtung geht **von den Kosten zum Preis**. Sie ist nebenstehend wiedergegeben.

Vollkostenkalkulation	
Ich kalkuliere ——————➔	65,08 EUR,
um meine **Kosten** zu **decken**.	
Mit jedem verkauften Stück will	
ich einen Gewinn von ——➔	13,02 EUR
erzielen. Deshalb verlange ich	
einen Preis von ——————➔	78,10 EUR

Man könnte aber im Sinne der Teilkostenrechnung auch vom **Preis zu den Kosten** denken (siehe rechts).

Der Absatzpreis ist hier nicht das Ergebnis einer Kalkulation. Er ergibt sich vielmehr aus einem **Solldeckungsbeitrag**, den man vorgibt, um in gewünschter Weise die Fixkosten abzudecken.

Teilkostenkalkulation	
Ich verlange ——————➔	78,10 EUR.
Abzüglich meiner variablen	
Kosten in Höhe von ——➔	– 39,59 EUR
erziele ich einen **Deckungs-**	
beitrag von ——————➔	38,51 EUR.
Jedes verkaufte Stück deckt	
38,51 EUR meiner Fixkosten ab.	

Die Grenzplankostenrechnung ermöglicht die Vorgabe von Solldeckungsbeiträgen.

Der Deckungsbeitrag ist bekanntlich eine außerordentlich wichtige Kennzahl für betriebliche Entscheidungen:

- Der Deckungsbeitrag zeigt, in welchem Umfang die Fixkosten abgedeckt werden.
- Er gestattet die Berechnung der Gewinnschwelle.
- Er zeigt, wie viel Gewinn nach dem Erreichen der Gewinnschwelle entsteht.
- Er gestattet eine Entscheidung über die Annahme von Kundenaufträgen.
- Seine Höhe weist auf die absolute Preisuntergrenze hin.
- Er ermöglicht programmpolitische Entscheidungen.

Die Planung des Deckungsbeitrags darf sich aber nicht – wie oben dargestellt – nur an den Plankosten orientieren. Denn die Höhe des DB hängt auch entscheidend vom **Planerlös** ab.

> Planerlös
> – variable Plankosten
> = Plandeckungsbeitrag

Der Erlös (Umsatz) je Produkt errechnet sich als *Preis je Einheit x Absatzmenge*. Folglich sind Preis und Menge gründlich zu planen.

- **Fragestellungen der Mengenplanung:**
  - Welche Mengen kann der Markt aufnehmen?   → Marktforschung!
  - Welche Marketinginstrumente sollen angesetzt werden, um diese Mengen zu erreichen?   → z. B. Werbung, Absatzorganisation, Preise, Konditionen
  - Sind die nötigen Kapazitäten vorhanden?   → Maschinen, Personal

- **Fragestellungen der Preisplanung:**
  - Welcher Preis deckt die Kosten und verschafft einen angemessenen Gewinn je Stück?   → Vollkostenkalkulation
  - Wo liegt die langfristige Preisuntergrenze?   → Vollkostenkalkulation
  - Welchen Preis akzeptiert der Markt?   → Marktforschung!
  - Wo liegt die kurzfristige Preisuntergrenze?   → Teilkostenkalkulation

Preis und Menge beeinflussen sich auch gegenseitig: Je niedriger (höher) der Preis je Einheit ist, umso größer (kleiner) ist oft (aber nicht immer) die Absatzmenge.

Umgekehrt gilt auch: Wenn die nachgefragte Menge zurück-
geht, kann man oft mit einer Preissenkung gegensteuern.

*Wichtig: Die
Preisplanung muss in
enger Abstimmung mit
der Kostenplanung
erfolgen.*

Die Marktverhältnisse entscheiden immer darüber, welche
Mengen je Produkt absetzbar sind und welche Preise verlangt werden können. Entsprechend diesen Verhältnissen kann
man jedem Produkt einen Solldeckungsbeitrag vorgeben, der bei Preisverhandlungen
nicht unterschritten werden darf. Oft ist es ein Mindestdeckungsbeitrag.

Beispiel: Solldeckungsbeitrag

Produkt: Kaffeeautomat

Variable Plan-Selbstkosten je Stück 39,59 EUR

Zurechenbare Fixkosten des Profit Centers 25,50 EUR je Stück; davon seien 17,00 EUR ausgabe-
bewirksam.

Nicht zurechenbare Unternehmensfixkosten 250 000,00 EUR. Bei einer Planmenge von 14 400 Stück
entspricht dies 17,36 EUR je Stück.

Bei unterschiedlichen Marktpositionen könnte der Anbieter z. B. die folgenden Ziele formulieren
und dementsprechend die angegebenen Sollpreise und Soll-DBs setzen.

1. Marktposition des Produkts 2. Ziel	Sollpreis/Stück	Soll-DB/Stück
1. Exklusiv; Nachfrage nicht preissensibel 2. Markt abschöpfen; hohen Preis setzen!	mind. 150,00 EUR	mind. 110,41 EUR
1. Stark; N. reagiert schwach auf Preisänderungen 2. Angemessenen Gewinn erzielen!	mind. 78,10 EUR	mind. 38,51 EUR
1. Schwach; N. reagiert stark auf Preisänderungen 2. Kostendeckenden Preis erzielen!	mind. 65,08 EUR	mind. 25,50 EUR
1. Sehr schwach; N. reagiert sehr stark 2. Liquiditätsorientierte Preisuntergrenze einhalten!	mind. 56,58 EUR	mind. 17,00 EUR

Es soll angenommen werden, dass bei den angeführten Sollpreisen jeweils die Planabsatzmenge von 14 400 Stück im Jahr erreicht werden kann.

Planungsziel:

**Je Produkt soll ein Umsatz erzielt werden, der mindestens den positiven Sollde-
ckungsbeitrag erbringt!**

**Die Summe der Deckungsbeiträge soll mindestens so hoch sein, dass sie die Fix-
kosten deckt und dass ein geplanter Gewinn erzielt wird.**

Die Erlösplanung bezieht sich auf die Planperiode (meist ein Jahr). Diese sollte für kurzfristige Soll-Ist-Vergleiche in Monatspläne aufgespalten werden.

Lassen sich dem einzelnen Produkt Fixkostenteile zurechnen, sollte eine Plan-Stufende-
ckungsbeitragsrechnung ergeben, dass der Produktumsatz auch diese Fixkosten abdeckt.

Beispiel: Umsatzplanung mit Stufendeckungsbeiträgen

Kaffeeautomat; Planabsatzmenge = 14 400 Stück

Variable Planselbstkosten gemäß
Kalkulation auf Seite 330:   39,59 EUR
+ Solldeckungsbeitrag je Stück: 38,51 EUR
= Plannettoerlös (Verkaufspreis) je Stück: 78,10 EUR   · 14 400 Stück

(Der Betrag von 367 200,00 EUR ist aus dem
BAB auf S. 329 errechnet.)

(Planbeträge in EUR)	Radios	CD-Player	Kaffeeautom.	Insgesamt
Nettoumsatzerlöse	1 310 000,00	1 455 050,00	1 124 640,00	3 888 690,00
– variable Kosten	710 500,00	812 700,00	570 096,00	2 093 296,00
Deckungsbeitrag I	599 500,00	642 350,00	554 544,00	1 796 394,00
– Erzeugnisfixkosten	400 000,00	217 000,00	367 200,00	984 200,00
Deckungsbeitrag II	199 500,00	425 350,00	187 344,00	812 194,00
– Unternehmens- fixkosten				250 000,00
Deckungsbeitrag III (Betriebsergebnis)				562 194,00

Den Planungsergebnissen entsprechend werden der Absatzabteilung die Umsatzbudgets der Produkte – die erwarteten Umsatzerlöse – vorgegeben. Der budgetverantwortliche Abteilungsleiter kann in festgelegten Grenzen frei entscheiden, wie er die Budgetvorhaben erreichen – besser: übertreffen – will. Er kann z.B. zwecks Mengenförderung Rabatte einräumen.

Der Vollständigkeit halber folgende Information:

Ist für die indirekten Kostenstellen eine Prozesskostenrechnung eingerichtet, könnte die Stufendeckungsbeitragsrechnung wie folgt aussehen:

   Nettoumsatzerlöse
– variable Herstellkosten
= Deckungsbeitrag I
– Erzeugnisherstellfixkosten
= Deckungsbeitrag II
– Sondereinzelkosten Vertrieb
= Deckungsbeitrag III
– Prozesskosten Verwaltung/Vertrieb
= Deckungsbeitrag IV
– sonstige Gemeinkosten
= Deckungsbeitrag V (Betriebsergebnis)

Arbeitsaufträge

1. **Für ein seit vor sieben Jahren eingeführtes Produkt X hat der Hersteller für das Jahr 20.. Plan-Selbstkosten von 100,00 EUR/Stück und variable Plan-Selbstkosten von 60,00 EUR/Stück errechnet. Die zurechenbaren Erzeugnisfixkosten betragen bei Planbeschäftigung 25,00 EUR/Stück. Davon sind 13,00 EUR ausgabewirksam.**

   a) In was für einer Marktsituation befindet sich das Produkt nach Ihrer Ansicht jeweils, wenn der Hersteller sich folgende Marktziele setzt:
      (1) Der Absatzpreis soll auf keinen Fall einen negativen Deckungsbeitrag bewirken.
      (2) Der Absatzpreis soll bei der Plan-Absatzmenge die hohe Kaufkraft der Kunden voll abschöpfen.
      (3) Der Absatzpreis soll bei der Plan-Absatzmenge einen angemessenen Gewinn sichern.
      (4) Der Absatzpreis soll bei der Plan-Absatzmenge mindestens die ausgabewirksamen Kosten decken.
   b) Setzen Sie für jede Marktsituation einen an dem jeweiligen Marktziel orientierten Preis und geben Sie den zugehörigen Solldeckungsbeitrag an.

2. Die Schirmer GmbH plant ihre Erlöse und Deckungsbeiträge für März.

Produkt	A	B	C
geplante Menge (Stück)	500	700	1 000
Stückpreis (EUR)	40,00	60,00	30,00
variable Stückkosten (EUR)	15,00	30,00	14,00
Erzeugnisfixkosten (EUR)	2 000,00	4 000,00	5 000,00
Unternehmensfixkosten (EUR)	20 000,00		

a) Berechnen Sie die Umsatzerlöse, die Deckungsbeiträge und den Betriebsgewinn mit einer einfachen Deckungsbeitragsrechnung.
b) Nehmen Sie alternativ eine Stufendeckungsbeitragsrechnung vor.
c) Wird der geplante Betriebsgewinn erreicht, wenn der Absatzleiter von C 200 Stück mehr verkaufen kann, aber für 500 Stück einen Rabatt von 20 % gewähren muss?

9 Zielkostenrechnung (Target Costing)

9.1 Problemstellung

Die Haushaltsgeräte AG stellt Haushaltsgroßgeräte her: Kühl- und Gefrierschränke, Spül- und Waschmaschinen sowie Wäschetrockner. Sie kalkuliert die Absatzpreise auf der Basis von Plankosten. Dabei hatte sie früher ein Problem: Ihre Preise wurden von den Kunden oft nicht akzeptiert. Meist wurden Preiszugeständnisse nötig. Zwar reichten die Deckungsbeiträge im Schnitt aus, um einen passablen Gewinn zu erzielen. Aber einzelne Produktpreise näherten sich doch bedenklich der absoluten Preisuntergrenze. Deshalb erzielte die Haushaltsgeräte AG fast nie den geplanten Gesamtgewinn. Die Controller drängten daher auf die Anwendung der Zielkostenrechnung. Seit der Einführung dieses Systems haben sich die Deckungsbeiträge tatsächlich erheblich verbessert.

Unternehmen auf Käufermärkten unterliegen einem hohen Wettbewerbsdruck. In der Folge werden die auf Selbstkostenbasis kalkulierten Preise vom Markt oft nicht akzeptiert. Mit Deckungsbeitrag und Preisuntergrenze reagiert das Unternehmen dann nur passiv auf die Markt- und Konkurrenzsituation. Die Suche nach einer Methode, auch auf Käufermärkten aktiv den Gewinn zu planen, führte zur Zielkostenrechnung.

Die Zielkostenrechnung unterliegt dem übergeordneten Ziel, dass das gesamte Unternehmen sich nach den Anforderungen des Marktes richten muss.

Ausgehend vom erzielbaren Marktpreis sucht die Zielkostenrechnung die Kosten zu realisieren, die ein Produkt kosten darf, um einen angestrebten Gewinn zu erreichen.

- Vom erzielbaren Marktpreis **(Zielpreis)** wird der erwünschte Gewinn **(Zielgewinn)** abgezogen.
- Die Differenz sind die **erlaubten Kosten**. Sie werden i. d. R. auch als anzustrebende Kosten **(Zielkosten)** gesetzt.
- Die Zielkosten werden den **Standardkosten** (Plankosten je Stück) gegenübergestellt, die das Produkt aktuell verursacht.
- Eine eventuelle **Ziellücke** ist durch geeignete Kostensenkungsmaßnahmen zu schließen (z. B. alternative Materialien, Senkung der Beschaffungskosten, kostengünstigere Fertigungsverfahren, Prozessoptimierung).

ZWEITER ABSCHNITT

Die herkömmlichen Kostenrechnungen fragen: Was *wird* ein Produkt kosten?

Sie rechnen „bottom-up" (von unten nach oben = von den Kosten zum Verkaufspreis):

=	**Verkaufspreis**	**1 100,00**
+	Gewinn	180,00
=	**Selbstkosten**	**920,00**
+	Vertriebskosten	120,00
+	Verwaltungskosten	100,00
=	**Herstellkosten**	**700,00**
+	Fertigungskosten	400,00
	Materialkosten	300,00

Die Zielkostenrechnung hingegen fragt: Was *darf* ein Produkt kosten?

Sie rechnet „top-down" (von oben nach unten = vom Verkaufspreis zu den Kosten):

Zielpreis (erzielbarer Preis)	**1 000,00**
– Zielgewinn (erwünscht)	–180,00
= erlaubte Kosten	820,00
Zielkosten	**820,00**
Ziellücke	**100,00**
aktuelle Standardkosten (Plankosten)	**920,00**

Die Zielkostenplanung sollte so früh wie möglich einsetzen, also schon bei der Produktentwicklung und Konstruktion. Denn bei diesen Tätigkeiten wird nicht nur über die Funktionen und die Gestaltung der Teile entschieden, sondern ebenso über Materialien und Produktionsverfahren. Material und Verfahren bestimmen entscheidend die Höhe der Kosten.

Im Stadium der Produktentwicklung sind die Kostensenkungspotenziale am größten!

Die Zielkostenplanung wird über den gesamten Produktlebensprozess hinweg fortgesetzt. Außerdem erstreckt sie sich über alle Funktionsbereiche.

Die Zielkostenrechnung sollte möglichst auch auf die Zulieferer ausgedehnt werden. Gegebenenfalls entwickelt das Unternehmen die Lieferteile in Absprache mit dem Lieferanten, und die Kostenvorgaben werden ausgehandelt.

Die Zielkostenrechnung ist mehr als ein gewöhnliches Kostenrechnungssystem.
Sie ist ein Kostenmanagementsystem mit dem Ziel der Kostenplanung, -steuerung und -kontrolle über den gesamten Produktlebensprozess.

Historisches

In den 1960er Jahren wurde „Genka Kikaku" (Zielkostenrechnung) von Toyota in Japan als Kostenmanagementsystem entwickelt, aber das Prinzip kam schon vor 1940 bei der Entwicklung des VW-„Käfers" zur Anwendung: Der Preis des VWs durfte 990 RM nicht überschreiten. Deshalb prüfte man, ob es für teure Teile billigere Alternativen gab. Der Ersatz hydraulischer Bremsen durch Seilzugbremsen brachte z. B. 25 RM Ersparnis.

altes Käfermodell

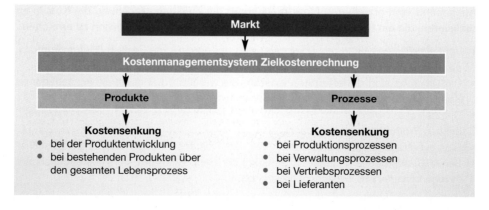

9.2 Vorgehen

Vermeidbare Kosten entstehen z. B., wenn Produkte Eigenschaften aufweisen, die dem Kunden keinen oder keinen ausreichenden Nutzen bringen. Die Kosten verteuern die Produkte. Die Kunden sind nicht bereit, den verlangten Preis zu zahlen. Deshalb muss die Zielkostenrechnung im Frühstadium des Produktlebens ansetzen, d. h. bei der Produktentwicklung. Das Vorgehen soll an einem praxisnahen Beispiel gezeigt werden.

Beispiel: Vorgehen der Zielkostenrechnung

Phase 1

Markt-forschung

Die Haushaltsgeräte AG plant die Entwicklung eines Luxuskühlschranks. Durch Marktforschung (Kundenbefragung, Expertenbefragung) ermittelt sie möglichst genau
- die Eigenschaften, die das Produkt haben muss, um für die Kunden attraktiv zu sein, sowie ihre Nutzenanteile (sog. Conjoint-Analyse = Verbundanalyse),
- die Preisvorstellungen der Kunden hinsichtlich des Einführungspreises.

Ergebnisse:

Eigenschaften	Nutzenanteil aus Kundensicht (%)
Ausstattung	40 %
Energieeffizienz	45 %
Qualität der Verarbeitung	15 %

Ein Brutto-Einführungspreis von 1 400,00 EUR wird am meisten akzeptiert. Erfahrungsgemäß muss der Preis nach Produkteinführung um 10 % gesenkt werden.

Phase 2

Zielkosten-ermittlung

Zielpreis brutto: 1 400,00 EUR – 10 %	1 260,00 EUR
Umsatzsteuer (aufgerundet)	– 202,00 EUR
Zielpreis netto	1 058,00 EUR
Händlerrabatt 30 %	– 317,40 EUR
Zielgewinn	– 190,00 EUR
erlaubte Kosten	550,60 EUR
Zielkosten	**550,00 EUR**
Verwaltungs-/Vertriebskosten 20 %	91,67 EUR
Zielherstellkosten	458,33 EUR

Phase 3

Kosten-spaltung und Vergleich mit Standard-kosten

Die Kosten werden aufgespalten und auf die Produktkomponenten verteilt:

1. Die Produktentwickler (Projektteam) nehmen im Rahmen eines Workshops eine Wertanalyse vor. Sie beurteilen, wie die Produkteigenschaften den Komponentengruppen des Kühlschranks zuzuordnen sind:

	Eigenschaften		
Komponentengruppe	**Ausstattung**	**Energieeffizienz**	**Verarbeitung**
Kühl- und Gefrierfach	65 %	40 %	30 %
Gehäuse	20 %	50 %	60 %
Bedienelemente	15 %	10 %	10 %
Zahlen der Spalte sind zu multiplizieren mit	40 %	45 %	15 %

2. Die Nutzenanteile je Komponentengruppe werden ermittelt:

	Eigenschaften			Nutzenanteil je Komp.gruppe
Komponentengruppe	**Ausstattung**	**Energieeffizienz**	**Verarbeitung**	
Kühl- und Gefrierfach	26 %	18 %	4,5 %	48,5 %
Gehäuse	8 %	22,5 %	9 %	39,5 %
Bedienelemente	6 %	4,5 %	1,5 %	12 %
Nutzenanteil Eigensch.	40 %	45 %	15 %	100 %

3. Die Zielherstellkosten je Komponentengruppe werden ermittelt.
   Der Kostenrechnung können die Standard-Herstellkosten (Plankosten) je Komponentengruppe entnommen und den Zielkosten gegenübergestellt werden.

Komponentengruppe		**Zielkosten**	**Standardkosten**	**Abweichung**
Kühl- und Gefrierfach	458,33 · 48,5 %	222,29	250,00	27,71
Gehäuse	458,33 · 39,5 %	181,04	176,00	– 5,04
Bedienelemente	458,33 · 12 %	55,00	70,00	15,00
Summe		**458,33**	**496,00**	**37,67**

Phase 4
Schließung der Ziellücke

Die Ziellücke beträgt insgesamt 37,67 EUR. Die Komponentengruppen *Kühl- und Gefrierfach* und *Bedienelemente* überschreiten ihr Kostenziel, die Gruppe *Gehäuse* liegt darunter. Die Produktentwickler versuchen nun, die Ziellücke ist durch geeignete Kostensenkungsmaßnahmen zu schließen (z. B. alternative Materialien, Preisverhandlungen mit Zulieferern, kostengünstigere Fertigungsverfahren, Prozessoptimierung).

Ergebnis der Bemühungen:

K.:	230,00 EUR
G.:	171,00 EUR
B.:	63,00 EUR
	464,00 EUR
Ziel:	458,33 EUR
Lücke:	5,67 EUR

Man beschließt, die verbliebene Lücke von 5,67 EUR vorübergehend zu akzeptieren, weil momentan keine

Der sog. **Zielkostenindex** (Nutzenanteil : Kostenanteil) kann zusätzliche Hinweise auf Sparansätze geben:

	Nutzenanteil	Kostenanteil	Zielkostenindex
Kühl- u. G.fach	48,5 %	50,40 %	0,97
Gehäuse	39,5 %	35,48 %	1,11
Bedienelem.	12,0 %	14,11 %	0,85

Je kleiner (größer) die Indexzahl ist, umso weniger (mehr) bewirkt eine Kosteneinsparung (z. B. kostengünstigeres Material, Fortlassen der Komponente) eine Nutzeneinbuße.

weitere Kostensenkung möglich ist. Dadurch sinkt der geplante Gewinn auf 184,33 EUR.

Phase 5
Periodische Kostensenkung

Die Zielkostenrechnung ist ein Kostenmanagement, das eine Kostensteuerung über die gesamte Produktlebenszeit erreichen will. Deshalb sind die Kosten in festgelegten Zeitabständen weiter auf mögliche Einsparungen hin zu überprüfen.

Arbeitsaufträge

1. **Produkt A wird mit folgenden Beträgen und Zuschlägen plankalkuliert:**
   Fertigungsmaterial 450,00 EUR, Materialgemeinkosten 30 % (Variator 6)
   5 Maschinenstunden, Maschinenstundensatz 80,00 EUR (Variator 3)
   5 Arbeitsstunden, Zuschlagssatz 50,00 EUR (Variator 10)
   Verwaltungs- und Vertriebsgemeinkosten 20 % (Variator 0)
   Gewinnzuschlag 20 %; Händlerrabatt 25 %
   Marktpreis 1 980,00 EUR
   a) Berechnen Sie den Verkaufspreis bottom-up.
   b) Kann das Produkt zum Marktpreis angeboten werden? Beurteilen Sie dies anhand des Stückdeckungsbeitrags.

   Das Unternehmen führt die Zielkostenrechnung ein. Als Zielkosten werden die erlaubten Kosten angesetzt. Als Zielgewinn wird der kalkulierte Gewinn angesetzt.
   c) Ermitteln Sie die Zielkosten und die Ziellücke.

   Durch Verhandlungen mit Lieferanten und Spediteuren können die Fertigungsmaterialkosten um 50,00 EUR, die Materialgemeinkosten auf 25 % gesenkt werden. Die Verwaltungs- und Vertriebsgemeinkosten können auf 15 % gesenkt werden.
   d) Reichen die Kostensenkungen aus, um die Ziellücke zu schließen?
   e) In welcher Produktlebensphase lassen sich am ehesten Kostensenkungen realisieren?

2. **Die Dämelack KGaA will eine Produktinnovation auf den Markt bringen. Sie hat einen Nettozielpreis von 2 020,00 EUR ermittelt. Sie verkauft über den Handel mit 25 % Händlerrabatt. Ihr Zielgewinn ist 250,00 EUR. Sie rechnet mit 15 % Verwaltungs- und Vertriebskosten. Für die sieben Produktkomponenten hat sie die folgenden Nutzenanteile und Herstellkosten (Plankosten) ermittelt:**

Komponente	Nutzenanteil	Herstellkosten
A	6 %	100,00
B	20 %	180,00
C	3 %	50,00
D	30 %	480,00
E	15 %	100,00
F	21 %	250,00
G	5 %	90,00

a) Auf welchem Weg werden Nutzenanteile und Zielpreis ermittelt?
b) Ermitteln Sie die Zielkosten und die Zielherstellkosten.
c) Berechnen Sie die Zielkosten der Komponenten, die Kostenabweichungen und ggf. die Ziellücke.
d) Ermitteln Sie den Zielkostenindex und geben Sie an, bei welchen Komponenten man zuerst nach Möglichkeiten der Kosteneinsparung suchen sollte.

e) Nennen Sie Möglichkeiten der Kosteneinsparung.

Buchen und Rechnen in den Geschäfts-prozessen des Industriebetriebs

1 Beschaffungs- und Einsatzprozesse

Rahmenlehrplan: LERNFELD 6
Beschaffungsprozesse planen, steuern
und kontrollieren

1.1 Einkaufskalkulation

Material und Handelswaren sollen möglichst preisgünstig eingekauft werden. Beurteilungsmaßstab – auch beim Angebotsvergleich – ist der Einstandspreis. Sofern keine nachträglichen Anschaffungskosten entstehen, entspricht er den Anschaffungskosten. Man ermittelt ihn durch eine Einkaufskalkulation.

Vergleichen Sie hierzu Bd. 1, „Geschäftsprozesse", Sachwörter „Preisplanung (Einkauf)" und „Angebotsvergleich".

Beispiel: Einkaufskalkulation

①		**Listeneinkaufspreis**	100 %		4 176,00 EUR
②	–	Lieferantenrabatte	25 %		– 1 044,00 EUR
③	=	**Zieleinkaufspreis**	75 %	100 %	= 3 132,00 EUR
④	–	Lieferantenskonto		3 %	– 93,96 EUR
⑤	+	Einkaufskosten		2 %	+ 62,64 EUR
⑥	=	**Bareinkaufspreis**		99 %	= 3 100,68 EUR
⑦	+	Bezugskosten			365,00 EUR
⑧	=	**Einstandspreis**			**3 465,68 EUR**

① **Listeneinkaufspreis** = Preis laut Katalog oder Preisliste des Lieferanten

② **Sofortnachlässe,** z. B. Mengen-, Sonder-, Wiederverkäuferrabatt

③ zahlbar innerhalb eines vereinbarten **Zahlungsziels** (Zahlungsfrist)

④ **Barzahlungsrabatt** für vorzeitige Zahlung (meist binnen 10 Tagen)

⑤ Vom Zieleinkaufspreis berechnete Provision für einen vom Käufer mit dem Einkauf beauftragten Einkaufskommissionär oder Makler. Es bleibt der ...

⑥ **Bareinkaufspreis.**

⑦ Mangels anders lautender Vereinbarungen mit dem Verkäufer muss der Käufer alle Kosten der Abnahme tragen (§ 448 HGB). In der Kalkulation nennt man sie Bezugskosten.

⑧ Der **Einstandspreis (Bezugspreis)** enthält alle Kosten, die das Material/die Ware bis zum Eingang im Betrieb verursacht hat.

Werden verschiedene Posten in einer Sendung bezogen, sind die gemeinsam anfallenden Einkaufs- und Bezugskosten anteilig auf die einzelnen Posten zu verteilen.

Gemeinsame Einkaufs- und Bezugskosten	
gewichtsabhängig: **Gewichtsspesen**	wertabhängig: **Wertspesen**
Kosten, deren Höhe vom Bruttogewicht der Sendung abhängt: Frachten, Porto, Verlade-, Auslade-, Umschlags-, Wiege-, Lagerkosten	Kosten, deren Höhe vom Warenwert abhängt: Verpackungs-, Versicherungs-, Bankkosten (keine Zinsen!), Provisionen, Maklergebühren, Zoll (vom Wert frei EU-Grenze abzüglich möglichen Skontos)
Verteilung: nach dem **Bruttogewicht** der einzelnen Posten	**Verteilung:** nach dem **Wertanteil am Zielverkaufspreis** der einzelnen Posten

DRITTER ABSCHNITT

Beispiel: Zusammengesetzte Bezugskalkulation

In einer Sendung werden bezogen: 3 Dieselmotoren für 27 000,00 EUR (Gewicht: 840 kg) und 3 Lkw-Getriebe für 21 000,00 EUR (Gewicht: 690 kg). Es sind zu zahlen:

- Frachtkosten von insgesamt 930,00 EUR, ⟶ **Gewichtsspesen**
- Versicherungskosten von insgesamt 360,00 EUR, ⟶ **Wertspesen**
- Verpackungskosten von insgesamt 150,00 EUR. ⟶ **Wertspesen**

Der Lieferant gewährt 10 % Rabatt für die Motoren.

Durch eine zusammengesetzte Bezugskalkulation ist der Einstandspreis zu berechnen.

	Motoren	**Getriebe**	**Insgesamt**
Listeneinkaufspreis	27 000,00	21 000,00	48 000,00
− Rabatt (10 %)	− 2 700,00	− 0,00	− 2 700,00
= Zieleinkaufspreis	= 24 300,00	= 21 000,00	= 45 300,00
+ Gewichtsspesen für 1 530 kg			930,00
für 840 kg	+ 510,59		
690 kg		+ 419,41	
+ Wertspesen für 45 300,00 EUR			+ 510,00
für 24 300,00 EUR	+ 273,58		
für 21 000,00 EUR		+ 236,42	
= Einstandspreis (für jeweils 3 Stück)	**25 084,17**	**21 655,42**	
Einstandspreis pro Stück	**8 361,39**	**7 218,47**	

Erläuterung:

Rechenansatz (Kettensatz) z. B. für 840 kg:

x EUR	840 kg
1 530 kg	830,00 EUR

Die anderen Werte sind entsprechend zu berechnen.

Formulieren Sie selbst Lösungsansätze mit Dreisatz und Verhältnisgleichung.

Arbeitsaufträge

1.

	Listen-einkaufspreis	Rabatt	Skonto	Einkaufs-provision	Zoll	Fracht	Verpackungs-kosten
1	500,00	20 %	3 %	2 %	8 %	125,00	20,00
2	835,00	15 %	2 %	–	–	80,50	12,35
3	1 845,15	25 %	–	3 %	10 %	321,60	–
4	8 667,44	15 %	3 %	3 %	–	599,00	100,00
5	3 689,30	25 %	2,5 %	–	–	412,40	60,00

Der Zoll ist vom Warenwert frei Grenze zu berechnen. Dies sei der Zieleinkaufspreis.
Ermitteln Sie jeweils den Einstandspreis.

2. Wir beziehen zwei Waren in einer Sendung: 200 kg zu 850,00 EUR und 450 kg zu 1 280,00 EUR. Bezugskosten: 55,00 EUR Frachtkosten und 30,80 EUR Versicherungsprämie.
Wie viel EUR beträgt der Einstandspreis je kg?

3. Wir importieren in einer Sendung brutto 4 300 kg Pfirsichkonserven, netto 4 000 kg, zu 2 000,00 USD (1,00 USD = 0,85 EUR) und 7 000 kg Birnenkonserven, netto 6 500 kg, zu 3 000,00 USD.

Einkaufsprovision: 3 %

Zoll auf den Wert bisher: 12 %

Versicherungskosten: 120,00 EUR

Bahnfracht: 390,00 EUR

Berechnen Sie den Einstandspreis je Kilogramm für beide Posten.

1.2   Einkauf: Bestandsorientierte Buchung

Ihnen ist bereits bekannt, dass Materialeinkäufe bestandsorientiert oder verbrauchsorientiert gebucht werden können.
Nach den gleichen Verfahren kann auch der Einkauf von Handelswaren gebucht werden.

Einzelheiten bitte unbedingt noch einmal nachlesen: S. 65 bis 67 sowie S. 138.

Weiterhin wissen Sie schon, dass Vermögensgegenstände bei
der Beschaffung mit ihren Anschaffungskosten zu erfassen sind.
Anschaffungsnebenkosten und nachträgliche Anschaffungskosten sind hinzuzurechnen, Anschaffungspreisminderungen abzuziehen.

1.2.1   Einkauf mit Sofortrabatt und Bezugskosten, Rücksendungen

Die Schneidwarenfabrik Fritz Scharf e. K. hat Rohstoffe bestellt. Folgende Rechnung geht ein:

Rechnung				
Art.-Nr.	**Bezeichnung**	**Menge**	**Einzelpreis**	**Gesamtpreis**
4321	Flachband X55CrMo 14	20 Rollen	200,00	4 000,00
	3,5 mm		20 % Rabatt	800,00
				3 200,00
			Verpackungskosten	20,00
				3 220,00
			19 % USt.	611,80
				3 831,80
Zahlung binnen 30 Tagen netto oder binnen 10 Tagen mit 2 % Skonto				

Aufgrund von Mängeln werden 5 Rollen Flachband im Wert von 1 000,00 EUR an den Lieferanten
zurückgeschickt.

Bei bestandsorientierter Buchung werden Material- und Handelswareneinkäufe mit ihren
Anschaffungskosten auf Bestandskonten der Kontenklasse 2 erfasst (Sollbuchung).

- **Sofortrabatte** (z. B. Mengen-, Sonder-, Wiederverkäuferrabatt) sind Anschaffungspreisminderungen. Sie werden sofort abgezogen. Nur der rabattierte Preis wird gebucht.

- **Bezugskosten** sind Anschaffungsnebenkosten. Dazu können gehören: Transport-, Ver-
  lade-, Wiege-, Lager-, Verpackungs-, Versicherungskosten, Bankkosten (keine Zinsen),
  Zoll und andere Eingangsabgaben bei der Einfuhr. Zu den Anschaffungsnebenkosten
  gehören auch Provisionen für Kommissionäre und Maklergebühren.
  Die Bezugskosten sind als Anschaffungsnebenkosten mit auf dem Bestandskonto des
  Materials bzw. der Ware zu erfassen. Zum Zweck einer besseren Kontrolle können die
  Bezugskosten auch zunächst auf **Unterkonten der Materialkonten und Waren-
  konten** gebucht werden. Am Ende der Rechnungsperiode werden sie im Rahmen der
  vorbereitenden Abschlussbuchungen auf die Material- und Warenkonten umgebucht.
  Diese weisen dann die vollen Anschaffungskosten aus.

- **Rücksendungen.** Werden Materialien oder Waren an den Lieferanten zurückgeschickt
  (z. B. bei Falschlieferungen oder Warenmängeln), so ist die ursprüngliche Buchung
  durch eine entgegengesetzte Berichtigungsbuchung zu korrigieren. Auch die Vorsteuer
  muss anteilig korrigiert werden.

Die Buchungen erfolgen auf folgenden Konten:

Bestandskonten	Unterkonten für Bezugskosten
2000 Rohstoffe	2001 Bezugskosten
2010 Vorprodukte/Fremdbauteile	2011 Bezugskosten
2020 Hilfsstoffe	2021 Bezugskosten
2030 Betriebsstoffe	2031 Bezugskosten
2280 Waren	2281 Bezugskosten

Beispiel: Einkaufsbuchungen, Eingangsbeispiel Fritz Scharf e.K., siehe S. 349

❶ Materialpreis
Rechnungs-
preis netto
19 % USt.

Buchung im Grundbuch

2000 Rohstoffe	3 200,00		
2600 Vorsteuer	608,00	an 4400 Verbindlichk. a. L. u. L.	3 808,00

❷ Bezugskosten
netto
19 % USt.

2001 Bezugskosten	20,00		
2600 Vorsteuer	3,80	an 4400 Verbindlichk. a. L. u. L.	23,80

❸ Rücksendung
netto
19 % USt.

4400 Verbindlichk. a. L. u. L.	1190,00	an 2000 Rohstoffe	1 000,00
		an 2600 Vorsteuer	190,00

❹ Umbuchung der Bezugskosten
(vorbereitende
Abschluss-
buchungen)

2000 Rohstoffe	20,00	an 2001 Bezugskosten	20,00

Buchung im Hauptbuch:

S	2000 Rohstoffe		H
❶ 4400	3 200,00	❸ 4400	1 000,00
❹ 4400	20,00		

S	4400 Verbindlichk. a. L. u. L.		H
❸ 2000/2600	1 190,00	❶ 2000/2600	3 808,00
		❷ 2001/2600	23,80

S	2001 Bezugskosten		H
❷ 4400	20,00	❹ 2000	20,00

S	2600 Vorsteuer		H
❶ 4400	608,00	❸ 4400	190,00
❷ 4400	3,80		

Anmerkung:

Bei Vorliegen einer Kontokorrentbuchführung wird nicht auf dem Konto Verbindlichkeiten a. L. u. L. gebucht, sondern auf den Personenkonten der Geschäftspartner.

Beispiel Einkauf:

2000 Rohstoffe	3 200,00		
2600 Vorsteuer	608,00	an 70008 Holzer KG	3 808,00

Entsprechend auch für Bezugskosten und Rücksendungen sowie alle anderen Buchungen, bei denen das Konto Verbindlichkeiten a. L. u. L. betroffen ist.

Arbeitsaufträge

1. **Folgende Geschäftsfälle fallen an:**

   (1) Zielkauf von Rohstoffen frei Werk: 42 000,00 EUR
   Umsatzsteuer: 7 980,00 EUR

   (2) Rücksendung wegen Mängeln: 2 000,00 EUR
   Korrektur der Umsatzsteuer: 380,00 EUR

   (3) Zielkauf von Fremdbauteilen frei Werk:
   Listenpreis: 14 500,00 EUR
   10 % Rabatt: 1 450,00 EUR
   Rechnungspreis netto: 13 050,00 EUR
   Umsatzsteuer: 2 479,50 EUR

   (4) Zielkauf von Hilfsstoffen ab Werk: 12 800,00 EUR
   Umsatzsteuer: 2 432,00 EUR
   Barzahlung der Fracht: 270,00 EUR
   Umsatzsteuer auf die Fracht: 51,30 EUR

   (5) Zielkauf von drei Posten in einer Sendung ab Werk:
   Listenpreise:
   Rohstoffe (700 kg): 30 000,00 EUR
   Handelsware I (700 kg): 20 000,00 EUR
   Handelsware II (1 000 kg): 10 000,00 EUR
   40 % Rabatt: 24 000,00 EUR
   Verpackungskosten: 300,00 EUR
   Umsatzsteuer: 6 897,00 EUR
   Barzahlung der Fracht: 900,00 EUR
   Umsatzsteuer auf die Fracht: 171,00 EUR

   (6) Sammelüberweisung der offenen Rechnungen ? EUR

   a) Erstellen Sie die Buchungssätze.
   b) Buchen Sie auf den Konten.
   c) Nehmen Sie erforderliche Umbuchungen vor.
   d) Ermitteln Sie die Anschaffungskosten der Rohstoffe, Hilfsstoffe, Fremdbauteile und Waren.

2. **Die Möbelfabrik Holzig & Plaste KG führt unter anderem folgende Kreditorenkonten:**

Kreditoren		
Firma	**Konto**	**Saldo o. P.**
Erler Möbelplatten GmbH	70050	5 800,00
Eiliger Int. Sped. GmbH & Co. KG	70085	0,00
Chemica Fachgroßhandel OHG	70028	400,00
Dorn OHG Möbelbeschläge	70045	0,00

Folgende Geschäftsfälle sind zu buchen:

(1) Rohstofflieferung der Erler Möbelplatten GmbH:

Rechnung Nr. 1353

Wir lieferten Ihnen ab Werk:

Art.-Nr.	Bezeichnung	Menge	Einzelpreis	Gesamtpreis
14256	Spanplatten 16 mm weiß beschichtet	100	48,00	4 800,00
			10 % Rabatt	480,00
	3,00 m x 2,00 m			4 320,00
			19 % USt.	820,80
				5 140,80

(2) Frachtrechnung der Spedition Eiliger:

Rechnung

Versand 1 Lkw-Ladung Spanplatten von Köln nach Mönchengladbach	480,00 EUR
19 % Umsatzsteuer	91,20 EUR
Zahlbar sofort ohne Abzug	571,20 EUR

(3) Lieferung der Dorn OHG Möbelbeschläge:

Rechnung Nr. 1195

Art.-Nr.	Bezeichnung	Menge	Einzelpreis	Gesamtpreis
4701	Beschlag Oda Messing	500	5,00	2 500,00
4706	Beschlag Oda Edelstahl	500	6,00	3 000,00
				5 500,00
		Versandkosten		75,00
				5 575,00
			19 % USt.	1 059,25
				6 634,25

(4) Gutschriftsanzeige der Dorn OHG Möbelbeschläge:

Gutschriftsanzeige

Sie sandten uns frachtfrei zurück:
200 Stück Beschlag Heda Messing eloxiert, Art.-Nr. 4712, Stückpreis 4,50 EUR.

Wir schreiben Ihrem Konto gut:	netto	900,00 EUR
19 % Umsatzsteuer		171,00 EUR
insgesamt		1 071,00 EUR

(5) Lieferung von Chemica Fachgroßhandel OHG:

Rechnung

Rechnungsnummer: 488–106
(Bei Zahlung bitte angeben)

Wir lieferten Ihnen durch Abholung von unserem Lager:

Art.-Nr.	Bezeichnung	Menge	Einzelpreis	Gesamtpreis
4588	Praktikus Holzkaltleim	10	60,00	600,00
	Eimer 10 Liter		19 % USt.	114,00
Zahlung ohne Abzug netto Kasse				714,00

(6) Sammelüberweisung der offenen Rechnungen:

Erler Möbelplatten GmbH:	10 940,80
Eiliger Int. Sped. GmbH & Co. KG:	571,20
Chemica Fachgroßhandel OHG:	1 114,00
Dorn OHG Möbelbeschläge:	5 563,25

a) Erstellen Sie die Buchungssätze.
b) Buchen Sie auf den Konten.

Nach der Erfassung dieser und aller weiteren im Laufe der Rechnungsperiode gebuchten Geschäftsfälle liegen die untenstehenden Kontensummen vor. Die Inventurbestände betragen: Rohstoffe 72 920,00 EUR; Vorprodukte 45 070,00 EUR; Hilfsstoffe 174 640,00 EUR.

		Soll	Haben
2000	Rohstoffe	800 400,00	754 000,00
2001	Bezugskosten	27 348,00	
2010	Vorprodukte	435 600,00	412 300,00
2011	Bezugskosten	22 270,00	
2020	Hilfsstoffe	180 730,00	15 210,00
2021	Bezugskosten	8 900,00	

c) Ermitteln Sie die Soll-Endbestände.

d) Welche Ursachen sind für die Abweichungen von Soll-Endbestand und Inventurbestand denkbar?

e) Die Konten 2000, 2010 und 2020 sollen abgeschlossen werden. Bilden Sie alle notwendigen Buchungssätze.

1.2.2 Nachträgliche Preisnachlässe

Nachträgliche Preisnachlässe von Lieferanten sind

- **Nachlässe für mangelhafte Lieferungen,**
- **Lieferantenboni** (nachträglich gewährte Umsatz- oder Treuerabatte),
- **Lieferantenskonti** (Nachlass für vorzeitige Zahlung beim Zieleinkauf).

Die Nachlässe werden üblicherweise auf Unterkonten der Material- und Warenbestandskonten erfasst (Habenbuchung). Dies erleichtert die Übersicht und die Umsatzsteuerkorrektur (siehe unten).

Ist es vorteilhafter, das Zahlungsziel aus-zunutzen oder Skonto abzuziehen? Diese Frage wird in Exkurs 6 auf S. 364 behandelt.

Zur Bemessungs-grundlage der Umsatzsteuer: Lesen Sie nach auf S. 107.

Bestandskonten	Unterkonten für nachträgliche Nachlässe
2000 Rohstoffe	2002 Nachlässe
2010 Vorprodukte/Fremdbauteile	2012 Nachlässe
2020 Hilfsstoffe	2022 Nachlässe
2030 Betriebsstoffe	2032 Nachlässe
2280 Waren	2282 Nachlässe

Nachlässe mindern das Entgelt als Bemessungsgrundlage der Umsatzsteuer. Deshalb ist die Vorsteuer anteilig zu korrigieren.

- **Nettoverfahren:** Die Vorsteuer wird sofort bei der Nachlassbuchung korrigiert. Dazu berechnet und bucht man den Nettobetrag des Nachlasses und die anteilige Vorsteuer (siehe Beispiel unten: Skonto netto = 44,40 EUR; Vorsteuer = 8,44 EUR).
- **Bruttoverfahren:** Man bucht zunächst den Bruttobetrag des Nachlasses (siehe unten: Skonto brutto = 52,84 EUR). Die Vorsteuer wird vor Ende des Umsatzsteuervoranmeldungszeitraums gesammelt für alle gewährten Nachlässe korrigiert und gebucht.

Am Ende der Rechnungsperiode werden die Nachlässe im Rahmen der vorbereitenden Abschlussbuchungen auf die Material- und Warenkonten umgebucht (wie die Bezugskosten). Diese Konten weisen dann die vollen Anschaffungskosten aus.

Beispiel: Buchungen aufgrund nachträglicher Preisnachlässe

⑤ Die bei Fritz Scharf e. K. eingegangene Rechnung (S. 349) wird unter Abzug von 2 % Skonto bezahlt. Unter Berücksichtigung der erfolgten Rücksendung ergibt sich folgende Berechnung:

Nettobetrag	3 220,00	Vorsteuer	611,80	Bruttobetrag	3 831,80
Rücksend. netto	1 000,00	Vorsteueranteil	190,00	Rücksend. brutto	1 190,00
Restbetrag netto	**2 220,00**	**Vorsteuer**	**421,80**	**Restbetrag brutto**	**2 641,80**
2 % Skonto netto	**44,40**	**Vorsteueranteil**	**8,44**	**Skonto brutto**	**52,84**
				Überweisung	**2 588,96**

⑥ Nach erfolgter Überweisung wird festgestellt, dass eine Rolle Flachband wegen nachträglich bemerkter Mängel nicht verwendbar ist. Der Lieferant sendet eine Gutschriftsanzeige:

Preisnachlass für Verfärbung Flachband X55CrMo14 netto	200,00
19 % Vorsteuer	38,00
Bruttobetrag	238,00

⑦ **Nur bei Bruttobuchung:** Korrektur der Vorsteuer am Ende des Umsatzsteuervoranmeldungszeitraums.

⑧ Umbuchung der gebuchten Nachlässe am Ende der Rechnungsperiode. (Wir nehmen zur Vereinfachung an, dass keine weiteren Nachlässe erfolgten.)

Nettobuchung

⑤ Skonto
Überweisung
Skonto netto
Vorsteueranteil

4400 Verbindl. a. L. u. L.	2 641,80	an 2800 Bank	2 588,96
		an 2002 Nachlässe	44,40
		an 2600 Vorsteuer	8,44

⑥ Preisnachlass
Nachlass netto
Vorsteueranteil

4400 Verbindl. a. L. u. L.	238,00	an 2002 Nachlässe	200,00
		an 2600 Vorsteuer	38,00

⑦ Entfällt. Die Vorsteuer wurde schon bei der Nettobuchung korrigiert.

⑧ Umbuchung
Preisnachlässe

2002 Nachlässe	244,40	an 2000 Rohstoffe	244,40

Buchung im Hauptbuch:

S	2000 Rohstoffe		H
❶ 4400	3 200,00	❸ 4400	1 000,00
❹ 2001	20,00	⑧ 2002	244,40

S	2002 Nachlässe		H
⑧ 2000	244,40	⑤ 4400	44,40
		⑥ 4400	200,00
	244,40		244,40

S	2600 Vorsteuer		H
❶ 4400	608,00	❸ 4400	190,00
❷ 4400	3,80	⑤ 4400	8,44
		⑥ 4400	38,00

S	4400 Verbindlichk. a. L. u. L.		H
❸ 2000/2600	1 190,00	❶ 2000/2600	3 808,00
⑤ 2800/2002/		❷ 2001/2600	23,80
2600	2 641,80		
⑥ 2002/2600	238,00		

S	2800 Bank		H
		⑤ 4400	2 588,96

Bruttobuchung

⑤ Skonto
Überweisung
Skonto brutto

4400 Verbindl. a. L. u. L.	2 641,80	an 2800 Bank	2 588,96
		an 2002 Nachlässe	52,84

⑥ Preisnachlass
Nachlass brutto

4400 Verbindl. a. L. u. L.	238,00	an 2002 Nachlässe	238,00

⑦ Korrektur der
Vorsteuer

2002 Nachlässe	46,44	an 2600 Vorsteuer	46,44

⑧ Umbuchung
Preisnachlässe

2002 Nachlässe	244,40	an 2000 Rohstoffe	244,40

Buchung im Hauptbuch:

S	2000 Rohstoffe		H
❶ 4400	3 200,00	❸ 4400	1 000,00
❹ 2001	20,00	⑧ 2002	244,40

S	2002 Nachlässe		H
⑦ 2600	46,44	⑤ 4400	52,84
⑧ 2000	244,40	⑥ 4400	238,00
	290,84		290,84

S	2600 Vorsteuer		H
❶ 4400	608,00	❸ 4400	190,00
❷ 4400	3,80	⑦ 2002	46,44

S	4400 Verbindlichk. a. L. u. L.		H
❸ 2000/2600	1 190,00	❶ 2000/2600	3 808,00
⑤ 2800/2002	2 641,80	❷ 2001/2600	23,80
⑥ 2002/2006	238,00		

S	2800 Bank		H
		⑤ 4400	2 588,96

> Bei EDV-Buchführung spielt die Bruttobuchung keine Rolle, weil die Konten **Nachlässe** und **Vorsteuer verprobt** sind.

Arbeitsaufträge

1. **Die Möbelfabrik Holzig & Plaste KG führt unter anderem folgendes Kreditorenkonto:**

Kreditoren		
Firma	**Konto**	**Saldo**
Erler Möbelplatten GmbH	70050	15 200,00

Geschäftsfälle:

(1) Lieferung von Rohstoffen:

Rechnung Nr. 1353
Wir lieferten Ihnen frei Haus:

Art.-Nr.	Bezeichnung	Menge	Einzelpreis	Gesamtpreis
14256	Spanplatten 16 mm	50	62,50	3 125,00
	rot beschichtet		12 % Rabatt	375,00
	3,00 m x 2,00 m			2 750,00
			19 % USt.	522,50

Zahlung binnen 30 Tagen: 3 272,50

Zahlung binnen 10 Tagen unter Abzug von 2 % Skonto: 3 207,05

(2) Gutschrift wegen Mängelrüge:

Gutschrift
Wegen Mängeln unserer Lieferung vom 03.11.20.. schreiben wir Ihrem Konto gut:

netto	550,00 EUR
19 % Umsatzsteuer	104,50 EUR
insgesamt	654,50 EUR

(3) Gutschrift eines Umsatzbonus:

Umsatzbonus
Ihr Umsatz im 2. Halbjahr 20.. beträgt netto: 15 248,28 EUR
Wir schreiben Ihrem Konto gut

2 % Umsatzbonus	304,97 EUR
19 % Umsatzsteuer	57,94 EUR
Gutschrift brutto	362,91 EUR

a) Buchen Sie die Geschäftsfälle nach dem Bruttoverfahren mit nachträglicher Sammelberichtigung.

b) Buchen Sie die Geschäftsfälle alternativ nach dem Nettoverfahren.

2./3. **Folgende Geschäftsfälle liegen vor:**

	2. EUR	3. EUR
(1) Eingangsrechnung über Rohstoffe; Listenpreis	12 100,00	8 400,00
abzüglich Rabatt	1 815,00	420,00
zuzüglich Fracht- und Verpackungskosten	320,00	170,00
USt.	2 014,95	1 548,50
(2) Bezahlung dieser Rechnung durch Banküberweisung:		
Bruttorechnungsbetrag	12 619,95	9 698,50
abzüglich 2 % Skonto	252,40	193,97
Überweisungsbetrag	12 367,55	9 504,53
(3) Eingangsrechnung über Handelswaren	6 179,00	7 275,00
USt. 19 %	1 174,01	
USt. 7 %		509,25

(4) Die gelieferten Waren sind zum Teil beschädigt. Es erfolgt
- Rücksendung; Bruttowert   630,70   481,50
- Preisnachlass; Bruttowert   476,00   428,00

(5) Für Einkäufe von Fremdbezugsteilen gewährt der Lieferant am Jahresende einen Umsatzbonus von brutto   2 891,70   249,90
(Umsatzsteueranteil 19 %)

Erstellen Sie die Buchungssätze. Buchen Sie Arbeitsauftrag 2 nach dem Bruttoverfahren, Arbeitsauftrag 3 nach dem Nettoverfahren. (Errechnen Sie nicht angegebene Beträge selbst.)

4. Sie erhalten eine Rechnung über netto 31 000,00 EUR für Rohstoffe. Sie begleichen die Rechnung unter Abzug von 1,5 % Skonto durch Banküberweisung. Außerdem liegen folgende Kontobestände vor:

		Soll	Haben
2000	Rohstoffe	46 000,00	38 000,00
2001	Bezugskosten	2 000,00	
2002	Nachlässe		
2600	Vorsteuer	6 400,00	
2800	Bank	176 300,00	118 950,00
4400	Verbindlichkeiten a. L. u. L.	189 000,00	195 400,00

a) Richten Sie die Konten ein.
b) Buchen Sie die beiden Geschäftsfälle in Grund- und Hauptbuch. Wenden Sie das Nettoverfahren an.

5. Auf dem Konto 2002 Nachlässe für Rohstoffe sind bis Ende März nach dem Bruttoverfahren gebucht:

- **Nachlässe für Mängel 12 673,50 EUR,**
- **Skonti 9 520,00 EUR,**
- **Umsatzboni 11 013,45 EUR.**

Bilden Sie den Buchungssatz für die Sammelberichtigung, die am Monatsende vorzunehmen ist.

1.2.3   Buchung von Material- und Wareneinsatz

Materialeinsatz

Bekanntlich erfasst man den Materialeinsatz (Materialverbrauch) bei bestandsorientierter Einkaufsbuchung

- entweder unmittelbar bei Materialentnahme durch Belege (Entnahmescheine)

oder

- nachträglich durch Inventur (Verbrauch = Anfangsbestand + Zugänge – Endbestand).

Die Verbrauchsbuchung lautet in beiden Fällen:

Kontengruppe 60 an Kontengruppe 20, z. B.:

6000 Aufwendungen für Rohstoffe	**an 2000 Rohstoffe**
6010 Aufwendungen für Vorprodukte	**an 2010 Vorprodukte**
6020 Aufwendungen für Hilfsstoffe	**an 2020 Hilfsstoffe**
6030 Aufwendungen für Betriebsstoffe	**an 2030 Betriebsstoffe**

Wareneinsatz

Handelswaren werden nicht bei der Produktion verbraucht, sondern unverändert oder mit leichten, handelsüblichen Veränderungen weiterverkauft.

> **Beispiel: Warenverkauf für netto 67 000,00 EUR**
>
> 2400 Forderungen
>   79 730,00 an 5100 Umsatzerlöse
>   für Waren   67 000,00
>   an 4800 Umsatzsteuer 12 730,00

> **Beispiele für handelsübliche Veränderungen an Waren**
> - **Veredelung durch Reifelagerung** (z. B. Käse, Whisky, Autoreifen)
> - **Anfertigung von Mischungen** (z. B. Kaffee, Tee)
> - **Verpackung, Abfüllung, Umpackung, Umfüllung**
> - **Zuschnitt** (z. B. Holzplatten, Metallprofile)

Der **Wareneinsatz** ist der Wert der umgesetzten Waren, bewertet mit dem Einstandspreis. Er wird am Ende der Rechnungsperiode durch Inventur ermittelt, dem Konto 2280 Waren als Saldo gutgeschrieben und dem Aufwandskonto 6080 Aufwendungen für Waren belastet.

*Es handelt sich sozusagen um den „**Ein**satz für den Umsatz".*

> **Beispiel: Ermittlung und Buchung des Wareneinsatzes**
>
> | | |
> |---|---:|
> | Anfangsbestand Waren | 10 000,00 |
> | + Zugänge (Einkäufe) | 54 000,00 |
> | | 64 000,00 |
> | − Schlussbestand laut Inventur | 8 000,00 |
> | = **Wareneinsatz** (Einstandspreis der umgesetzten Waren) | 56 000,00 |

Buchung im Grundbuch:

6080 Aufwendungen für Waren   56 000,00 an 2280 Waren   56 000,00

Buchung im Hauptbuch:

S	2280 Waren		H	S	6080 Aufwend. f. Waren		H
8000	10 000,00	8010	8 000,00	2280	56 000,00		
Zugänge	54 000,00	6080	56 000,00				

2280 wird mit dem Schlussbestand über 8010 Schlussbilanzkonto abgeschlossen.

> **Beispiel:** 8010 SBK 8 000,00 an 2280 Waren 8 000,00

6080 und 5100 werden über 8020 GuV abgeschlossen.

> **Beispiel: Abschluss von 6080 Aufwendungen für Waren und 5100 Umsatzerlöse für Waren**
>
> **Buchung im Grundbuch:**
>
> Abschluss 6080:   8020 GuV   56 000,00 an 6080 Aufw. f. Waren 56 000,00
> Abschluss 5100:   5100 Umsatzerlöse f. Waren 67 000,00 an 8020 GuV   67 000,00

Buchung im Hauptbuch:

S	6080 Aufwend. f. Waren		H	S	5100 Umsatzerlöse f. Waren		H
2280	56 000,00	8020	56 000,00	8020	67 000,00	2400	67 000,00

S	8020 GuV		H
6080	56 000,00	5100	67 000,00
Warenrohgewinn → 3000	11 000,00		

Auf dem GuV-Konto stehen sich der Warenumsatz und der Wareneinsatz (also die umgesetzten Waren zu Absatzpreisen und Einstandspreisen) gegenüber. Der Saldo heißt **Warenrohgewinn**. Er mehrt das Eigenkapital.

> **Beispiel:** 8020 GuV 11 000,00 an 3000 Eigenkapital 11 000,00

Arbeitsaufträge

1.

Anfangsbestand an Handelswaren	8 000,00 EUR
Einkäufe laut Eingangsrechnungen im Laufe der Rechnungsperiode	120 000,00 EUR
Rücksendungen mangelhafter Handelswaren an Lieferanten	6 500,00 EUR
Schlussbestand an Handelswaren laut Inventur	11 300,00 EUR

Ermitteln Sie den Wareneinsatz.

2. **Das Konto Waren weist am 31. Dezember (Bilanzstichtag) im Soll 182 000,00 EUR aus. Die Summe der Umsatzerlöse für Handelswaren beläuft sich auf 261 500,00 EUR. Der bei der Inventur ermittelte Schlussbestand an Handelswaren beträgt 11 200,00 EUR.**

a) Richten Sie die Konten 2280 Waren, 5100 Umsatzerlöse für Waren, 6080 Aufwendungen für Waren sowie 8010 Schlussbilanzkonto und 8020 GuV-Konto ein.

b) Ermitteln Sie buchhalterisch den Warenrohgewinn des Unternehmens aus dem Ein- und Verkauf von Handelswaren.

c) Erstellen Sie die erforderlichen Buchungssätze und schließen Sie die Konten am Bilanzstichtag ab.

3./4. **Am Jahresanfang sind folgende Bestände vorhanden:**

2000 Rohstoffe	189 000,00 EUR
2020 Hilfsstoffe	102 000,00 EUR
2280 Waren	138 000,00 EUR
2800 Bank	43 400,00 EUR

Kontenplan:

2000, 2020, 2280, 2400, 2600, 2800, 4400, 4800, 5000, 5100, 6000, 6020, 6080, 8010, 8020

Geschäftsfälle:

	3. EUR	4. EUR
(1) Einkauf von Rohstoffen auf Ziel	49 000,00	52 000,00
Einkauf von Hilfsstoffen auf Ziel	26 500,00	14 300,00
Einkauf von Waren auf Ziel	31 200,00	27 800,00
19 % USt.	20 273,00	17 879,00
(2) Verbrauch von Rohstoffen laut Materialentnahmescheinen	199 000,00	221 000,00
(3) Warenverkäufe auf Ziel	187 700,00	199 100,00
19 % USt.	35 663,00	37 829,00
(4) Bankgutschriften von Kundenzahlungen	217 732,00	230 956,00
(5) Verkauf von Fertigerzeugnissen auf Ziel	386 000,00	357 700,00
19 % USt.	73 340,00	67 963,00

Abschlussangaben:

Jahresendbestand an Rohstoffen	37 900,00	19 000,00
Jahresendbestand an Hilfsstoffen	18 500,00	24 700,00
Jahresendbestand an Waren	30 400,00	39 500,00

a) Eröffnen Sie die Konten.

b) Buchen Sie alle Geschäftsfälle in Grund- und Hauptbuch.

c) Schließen Sie alle Konten ab.

d) Ermitteln Sie den Warenrohgewinn.

e) Ermitteln Sie den Gesamtgewinn, wenn noch weitere Aufwendungen von insgesamt 40 000,00 EUR anfallen.

1.3 Einkauf: Verbrauchsorientierte Buchung

1.3.1 Einkaufs- und Einsatzbuchungen

Bei der verbrauchsorientierten Buchung des Einkaufs von Material und Handelswaren werden die Einkäufe mit ihren Anschaffungskosten auf Aufwandskonten der Kontenklasse 6 erfasst. Die Einkaufsbuchung ist zugleich Einsatzbuchung. Rücksendungen lösen eine umgekehrte Berichtigungsbuchung aus.

> *Entweder werden die Einkäufe tatsächlich sofort verbraucht (Just-in-Time-Lieferung) bzw. verkauft oder aber man unterstellt dies nur.*

Bezugskosten und nachträgliche Nachlässe bucht man auf Unterkonten der Aufwandskonten (Bezugskosten im Soll; Nachlässe im Haben, Brutto- oder Nettoverfahren).

Aufwandskonten	Unterkonten für Bezugskosten	Unterkonten für Nachlässe
6000 Aufwendungen für Rohstoffe	6001 Bezugskosten	6002 Nachlässe
6010 Aufwendungen für Vorprodukte/ Fremdbauteile	6011 Bezugskosten	6012 Nachlässe
6020 Aufwendungen für Hilfsstoffe	6021 Bezugskosten	6022 Nachlässe
6030 Aufwendungen für Betriebsstoffe	6031 Bezugskosten	6031 Nachlässe
6080 Aufwendungen für Waren	6081 Bezugskosten	6082 Nachlässe

Bezugskosten und Nachlässe sind am Ende der Rechnungsperiode auf die Aufwandskonten umzubuchen.

Hinsichtlich der Vorsteuerkorrektur ist wie bei der bestandsorientierten Buchung vorzugehen.

> *Also alles genauso wie bei der bestandsorientierten Buchung. Man ersetzt nur die Konten der Klasse 2 durch die entsprechenden Konten der Klasse 6.*

Beispiel: Einkaufsbuchungen, Eingangsbeispiel Fritz Scharf e. K., siehe S. 349 f.

❶ **Materialpreis** | **Buchung im Grundbuch**
Rechnungs-
preis netto | 6000 Aufw. f. Rohstoffe 3 200,00
19 % USt. | 2600 Vorsteuer 608,00 an 4400 Verbindlich.
a. L. u. L. 3 808,00

❷ **Bezugskosten**
netto | 6001 Bezugskosten 20,00
19 % USt. | 2600 Vorsteuer 3,80 an 4400 Verbindlich.
a. L. u. L. 23,80

❸ **Rücksendung**
| 4400 Verbindlichk.
netto | a. L. u. L. 1190,00 an 6000 Aufw. f. Rohstoffe 1 000,00
19 % USt. | an 2600 Vorsteuer 190,00

❹ **Umbuchung d. Bezugskosten** | 6000 Aufw. f. Rohstoffe 20,00 an 6001 Bezugskosten 20,00
(vorbereitende Abschlussbuchungen)

Buchung der Nachlässe (siehe S. 353 f.):

Nettobuchung

❺ **Skonto**
| **Buchung im Grundbuch**
Überweisung | 4400 Verbindl. a. L. u. L. 2641,80 an 2800 Bank 2 588,96
Skonto netto | an 6002 Nachlässe 44,40
Vorsteueranteil | an 2600 Vorsteuer 8,44

⑥ Preisnachlass
Nachlass netto | 4400 Verbindl. a. L. u. L.   238,00   an 6002 Nachlässe   200,00
Vorsteueranteil | an 2600 Vorsteuer   38,00

⑦ Entfällt. Die Vorsteuer wurde schon bei der Nettobuchung korrigiert.

⑧ Umbuchung
Preisnachlässe | 6002 Nachlässe   244,40   an 6000 Aufw. Rohstoffe   244,40

Buchung im Hauptbuch:

S	6000 Aufwend. f. Rohstoffe	H		S	4400 Verbindlichk. a. L. u. L.	H
❶ 4400	3 200,00	❸ 4400	1 000,00	❸ 6000/2600	1 190,00	❶ 6000/2600 3 808,00
❹ 6001	20,00	❽ 6002	244,40	❺ 2800/2002/		❷ 6001/2600 23,80
				2600	2 641,80	
				❻ 6002/2006	238,00	

S	6002 Nachlässe	H
❽ 2600	244,40	❺ 4400	44,40
		❻ 4400	200,00
	244,40		244,40

S	2800 Bank	H
		❺ 4400	2 588,96

S	2600 Vorsteuer	H
❶ 4400	608,00	❸ 4400	190,00
❷ 4400	3,80	❺ 4400	8,44
		❻ 4400	32,80

Bruttobuchung

⑤ Skonto

Buchung im Grundbuch

Überweisung | 4400 Verbindl. a. L. u. L.   2 641,80   an 2800 Bank   2 588,96
Skonto brutto | an 6002 Nachlässe   51,50

⑥ Preisnachlass
Nachlass brutto | 4400 Verbindl. a. L. u. L.   238,00   an 6002 Nachlässe   238,00

⑦ Korrektur der
Vorsteuer | 6002 Nachlässe   46,44   an 2600 Vorsteuer   46,44

⑧ Umbuchung
Preisnachlässe | 6002 Nachlässe   244,40   an 6000 Aufw. f. Rohstoffe   244,40

Buchung im Hauptbuch:

S	6000 Aufwend. f. Rohstoffe	H		S	4400 Verbindlichk. a. L. u. L.	H
❶ 4400	3 200,00	❸ 4400	1 000,00	❸ 6000/2600	1 190,00	❶ 6000/2600 3 808,00
❹ 6001	20,00	❽ 6002	244,40	❺ 2800/6002	2 641,80	❷ 6001/2600 23,80
				❻ 6002/2600	238,00	

S	6002 Nachlässe	H
❼ 2600	46,44	❺ 4400	52,84
❽ 6000	244,40	❻ 4400	238,00
	290,84		290,84

S	2800 Bank	H
		❺ 4400	2 588,96

S	2600 Vorsteuer	H
❶ 4400	608,00	❸ 4400	190,00
❷ 4400	3,80	❼ 6002	46,44

1.3.2 Buchung von Bestandsveränderungen

Bekanntlich finden bei verbrauchsorientierter Einkaufsbuchung während der Rechnungsperiode keine Buchungen auf den **Materialbestandskonten** statt. Deshalb ist der Endbestand durch Inventur zu ermitteln. Dabei gilt:

Lesen Sie die Einzelheiten noch einmal auf S. 74 nach.

Endbestand > Anfangsbestand	Endbestand < Anfangsbestand
⬇	⬇
Bestandsmehrung	**Bestandsminderung**
Beim Einkauf wurde Material als verbraucht gebucht, das noch nicht verbraucht ist. Deshalb ist der Mehraufwand zu berichtigen.	Der tatsächliche Verbrauch übersteigt die gebuchten Einkäufe. Deshalb ist der Mehraufwand zusätzlich zu buchen:
Beispiel: Mehrbestand an Rohstoffen	Beispiel: Minderbestand an Rohstoffen
2000 Rohstoffe an 6000 Aufwendungen für Rohstoffe	**6000 Aufwendungen für Rohstoffe an 2000 Rohstoffe**

Entsprechendes gilt für **Handelswaren**:

Beispiele: Bestandsveränderungen Handelswaren

Auf Konto 2280 Waren ist ein Anfangsbestand von 4 000,00 EUR gebucht. Im Laufe der Rechnungsperiode erfolgen Einkäufe von 18 000,00 EUR.

Buchung:

6080 Aufwendungen für Waren   18 000,00
2600 Vorsteuer   3 420,00   an 4400 Verbindlichkeiten 21 420,00

1. Die Inventur am Jahresende ergibt eine Bestandsmehrung (Endbestand > Anfangsbestand)

	Endbestand	6 000,00
−	Anfangsbestand	− 4 000,00
=	Bestandsmehrung	2 000,00

Die Bestandsmehrung von 2 000,00 EUR ist in den Lieferungen von 18 000,00 EUR enthalten, die schon als Aufwand gebucht wurden. Da die Waren aber tatsächlich noch nicht verkauft wurden, ist der Aufwand durch eine Korrekturbuchung zu berichtigen.

Buchung der Bestandsmehrung (Aufwandskorrektur):

2280 Waren   2 000,00 an 6080 Aufwendungen für Waren 2 000,00

Buchung im Hauptbuch:

S	6080 Aufwend. für Waren		H	S	2280 Waren		H
4400	18 000,00	2280	2 000,00	AB	4 000,00	SBK	6 000,00
		6080	2 000,00	6080	2 000,00		

2. Die Inventur am Jahresende ergibt eine Bestandsminderung (Endbestand < Anfangsbestand)

	Endbestand	3 000,00
−	Anfangsbestand	− 4 000,00
=	Bestandsminderung	− 1 000,00

Die Bestandsminderung bedeutet, dass in der Geschäftsperiode mehr als die eingekauften Warenmengen verkauft wurden. Der Mehrverkauf kann nur aus dem Anfangsbestand stammen. Da er noch nicht als Aufwand gebucht wurde, ist diese Buchung nachträglich aufgrund der festgestellten Inventurwerte vorzunehmen.

Buchung der Bestandsminderung (zusätzlicher Aufwand):

6080 Aufwendungen für Waren 1 000,00 an 2280 Waren 1 000,00

Buchung im Hauptbuch:

S	6080 Aufwend. für Waren	H		S	2280 Waren		H
4400	18 000,00			AB	4 000,00	SBK	3 000,00
2280	1 000,00					6080	1 000,00

Bestandsmehrungen an Material und Handelswaren sind im Haben der Aufwandskonten für Material und Waren zu buchen. Sie mindern zu viel gebuchten Aufwand.

Bestandsminderungen sind als zusätzlicher Aufwand im Soll der Aufwandskonten zu buchen. Sie erfassen Aufwand, der angefallen ist, aber noch nicht gebucht wurde.

Arbeitsaufträge

1. **Betrachten Sie noch einmal Arbeitsauftrag 1 auf Seite 351.**
   Buchen Sie die Geschäftsfälle in Grund- und Hauptbuch. Die Buchungen sollen verbrauchsorientiert erfolgen.

2. **Betrachten Sie noch einmal die sechs Geschäftsfälle von Arbeitsauftrag 2 auf Seite 351.**
   a) Buchen Sie die Geschäftsfälle in Grund- und Hauptbuch. Die Buchungen sollen verbrauchsorientiert erfolgen.

   Nach der Erfassung dieser und aller weiteren im Laufe der Rechnungsperiode gebuchten Geschäftsfälle liegen unten stehende Kontensummen vor. Die Inventurbestände betragen: Rohstoffe 72 920,00; Vorprodukte 45 070,00; Hilfsstoffe 174 640,00.

		Soll	Haben
2000	Rohstoffe	10 000,00	
6000	Aufwendungen für Rohstoffe	790 400,00	
6001	Bezugskosten	27 348,00	
2010	Vorprodukte	5 600,00	
6010	Aufwendungen für Vorprodukte	430 000,00	
6011	Bezugskosten	22 270,00	
2020	Hilfsstoffe	20 000,00	
6020	Aufwendungen für Hilfsstoffe	160 730,00	
6021	Bezugskosten	8 900,00	

   Die Konten 2000, 2010 und 2020 sollen abgeschlossen werden.
   b) Buchen Sie die Bestandsveränderungen.
   c) Nehmen Sie die Abschlussbuchungen für die drei genannten Konten vor.
   d) Ermitteln Sie den Verbrauch an Rohstoffen, Vorprodukten und Hilfsstoffen.
   e) Kontrollieren Sie, ob die Ergebnisse der verbrauchsorientierten Buchungen mit denen der bestandsorientierten Buchungen übereinstimmen. Erläutern Sie ggf. die Ursachen von Unterschieden.

3. **Betrachten Sie Arbeitsauftrag 1 auf Seite 355.**
   a) Buchen Sie die Geschäftsfälle verbrauchsorientiert nach dem Bruttoverfahren mit nachträglicher Sammelberichtigung.
   b) Buchen Sie die Geschäftsfälle verbrauchsorientiert nach dem Nettoverfahren.

4. **Auf dem Konto 6002 Nachlässe für Rohstoffe sind bis Ende März nach dem Bruttoverfahren gebucht:**
   - **Nachlässe für Mängel 12 673,50 EUR,**
   - **Skonti 9 520,00 EUR,**
   - **Umsatzboni 11 013,45 EUR.**
   Bilden Sie den Buchungssatz für die Sammelberichtigung am Monatsende.

5./6.

	5. EUR	6. EUR
Anfangsbestand an Handelswaren	8 000,00	14 000,00
Einkäufe laut Eingangsrechnungen im Laufe der Rechnungsperiode	120 000,00	120 000,00
Rücksendungen mangelhafter Handelswaren an Lieferanten	6 500,00	6 500,00
Schlussbestand an Handelswaren laut Inventur	11 300,00	9 000,00

Die Einkäufe wurden verbrauchsorientiert (einsatzorientiert) gebucht.

Ermitteln Sie den Wareneinsatz.

7. Das Konto 2280 Waren weist am 1. Januar einen Anfangsbestand von 22 000,00 EUR auf. Der Endbestand am 31. Dezember (Bilanzstichtag) beträgt laut Inventur 11 200,00 EUR. Im Laufe des Jahres erfolgen Wareneinkäufe für 160 000,00 EUR. Die Summe der Umsatzerlöse für Handelswaren beläuft sich auf 261 500,00 EUR.

a) Richten Sie die Konten 2280 Waren, 5100 Umsatzerlöse für Waren, 6080 Aufwendungen für Waren sowie 8010 Schlussbilanzkonto und 8020 GuV-Konto ein.

b) Ermitteln Sie buchhalterisch den Warenrohgewinn des Unternehmens aus dem Ein- und Verkauf von Handelswaren.

c) Erstellen Sie die erforderlichen verbrauchsorientierten Buchungssätze und schließen Sie die Konten am Bilanzstichtag ab.

8./9. Am Jahresanfang sind folgende Bestände vorhanden:

2000 Rohstoffe	49 000,00 EUR
2020 Hilfsstoffe	26 500,00 EUR
2280 Waren	31 200,00 EUR
2800 Bank	343 400,00 EUR

Kontenplan:
2000, 2020, 2280, 2400, 2600, 2800, 4400, 4800, 5000, 5100, 6000, 6020, 6080, 8010, 8020

Geschäftsfälle:	8. EUR	9. EUR
(1) Einkauf von Rohstoffen auf Ziel	199 000,00	202 000,00
Einkauf von Hilfsstoffen auf Ziel	102 000,00	89 800,00
Einkauf von Waren auf Ziel	138 000,00	134 600,00
19 % USt.	83 410,00	81 016,00
(2) Warenverkäufe auf Ziel	187 700,00	199 100,00
19 % USt.	35 663,00	37 829,00
(3) Bankgutschriften von Kundenzahlungen	217 732,00	230 956,00
(4) Verkauf von Fertigerzeugnissen auf Ziel	386 000,00	357 700,00
19 % USt.	73 340,00	67 963,00

Abschlussangaben:		
Jahresendbestand an Rohstoffen	37 900,00	19 000,00
Jahresendbestand an Hilfsstoffen	18 500,00	24 700,00
Jahresendbestand an Waren	30 400,00	39 500,00

a) Eröffnen Sie die Konten.

b) Buchen Sie alle Geschäftsfälle in Grund- und Hauptbuch. (Einkäufe sind verbrauchsorientiert zu buchen.)

c) Schließen Sie alle Konten ab.

d) Ermitteln Sie den Warenrohgewinn.

e) Ermitteln Sie den Gesamtgewinn, wenn noch weitere Aufwendungen von insgesamt 40 000,00 EUR anfallen.

Exkurs 7 Wirtschaftsrechnen
Thema: Effektivverzinsung bei Skontoabzug

Lieferanten gestatten ihren Kunden bei Zielverkäufen im Fall vorzeitiger Zahlung oft den Abzug von Skonto. Sie verschaffen sich so früher Liquidität, sparen Zinsen und verringern das Risiko des Zahlungsausfalls.

Der Skonto beträgt meist 1 bis 3 %. Dies klingt nach wenig und kann Unkundige veranlassen, lieber das Zahlungsziel auszunutzen. Tatsächlich jedoch entspricht sogar ein Skontosatz von 1 % einem hohen effektiven (= wirklichen) Zinssatz.

Beispiel: Effektivverzinsung bei Skontoabzug

Rechnung	
500 Taschenrechner X3	1 680,67
19 % USt.	319,33
	2 000,00

Zahlung:
30 Tage netto oder
10 Tage mit 3 % Skonto

a) Wie viel Prozent beträgt der effektive Jahreszinssatz für den Skontoabzug?

b) Lohnt sich der Skontoabzug, wenn dafür eine Kreditfinanzierung (Kontoüberziehung) erforderlich ist, für die 9 % Zins anfallen?

c) Wie viel EUR beträgt der Finanzierungsgewinn?

1. Skonto und Zahlbetrag berechnen:
Skonto: $2\,000,00 \cdot 0,03 = 60,00$
Zahlbetrag: $2\,000,00 - 60,00 = 1\,940,00$

2. Kreditzeitraum feststellen:
30 Tage − 10 Tage = 20 Tage
(Die ersten 10 Tage steht der Lieferantenkredit kostenlos zur Verfügung.)

3. Skonto in effektiven Jahreszinssatz umrechnen:

Überschlagsrechnung:

$$\frac{p\,\%}{20\text{ Tage}} \;\Big|\; \frac{360\text{ Tage}}{3\,\%}$$

$$p = \frac{360 \cdot 3}{20}$$

$$p = 54\ (\%)$$

Genauere Rechnung:

$$p = \frac{z \cdot 100 \cdot 360}{K \cdot t}$$

$$p = \frac{60 \cdot 100 \cdot 360}{1940 \cdot 20}$$

$$p = 55,67\ (\%)$$

Eine wirklich exakte Rechnung müsste zusätzlich noch den Zinsertrag berücksichtigen, den die Anlage der ersparten 60,00 EUR für die restlichen 330 Tage des Jahres erbringen würde.

4. Effektive Ersparnis bei Kreditfinanzierung:
54 % − 9 % = 45 %
Man spart trotz Kreditfinanzierung 45 %/46,67 % p. a.

55,67 % − 9 % = 46,67 %

5. Notwendiger Finanzierungsbetrag:

Rechnungsbetrag	2 000,00
− Skonto	60,00
Zu finanzieren für 20 Tage:	1 940,00

6. Zinsen nach Formel: $z = \dfrac{1940 \cdot 9 \cdot 20}{100 \cdot 360} = 9,70$ (EUR)

$$50,42 = \frac{60}{119} \cdot 100$$

7. Finanzierungsgewinn:

Skonto: brutto 60,00; netto	50,42
− Bankzinsen	− 9,70
= Finanzierungsgewinn	40,72

Arbeitsauftrag

	Rechnungsbetrag	Zahlungsbedingung	
1.	6 780,00 EUR	45 Tage netto/	14 Tage 2 % Skonto
2.	1 578,00 EUR	30 Tage netto/	10 Tage 1 % Skonto
3.	4 432,00 EUR	60 Tage netto/	20 Tage 3 % Skonto
4.	46 450,00 EUR	30 Tage netto/	7 Tage 2,5 % Skonto
5.	22 860,00 EUR	60 Tage netto/	10 Tage 2 % Skonto
6.	100 000,00 EUR	90 Tage netto/	14 Tage 3 % Skonto

Zinskosten eines Überziehungskredits: 8,5 %

Berechnen Sie jeweils

a) den effektiven Zinssatz für den Skontoabzug,

b) die effektive Ersparnis bei Kreditfinanzierung,

c) den Finanzierungsgewinn.

1.4   Geleistete Anzahlungen

Rechnung ❶
Ihre Bestellung Nr. 4211 über 1 000 Kugellager X5, Lieferwert 50 000,00 EUR

Anzahlung netto	10 000,00
19 % USt.	1 900,00
Anzahlung brutto	11 900,00

Rechnung ❷			
Gegenstand	Menge	Einzelpreis	Gesamtpreis
Kugellager X5	1 000	50,00	50 000,00
		19 % USt.	9 500,00
			59 500,00
abzüglich Anzahlung netto			10 000,00
		19 % USt.	1 900,00
		zu zahlen	47 600,00

Eine Anzahlung ist eine teilweise Vorauszahlung auf den Bestellwert. Lieferanten verlangen sie

- bei **Großaufträgen** und **Sonderanfertigungen**, die hohen Kapitaleinsatz für die Vorfinanzierung erfordern,
- bisweilen bei **neuen Kunden**.

> **Pflicht zur Rechnungsausstellung**
> Anzahlungen sind umsatzsteuerpflichtig (§ 13 Abs. 1 UStG). Der Lieferant muss eine **Rechnung** darüber ausstellen, die die Umsatzsteuer ausweist. Der Kunde kann dann die vor Erhalt der Lieferung gezahlte Umsatzsteuer als Vorsteuer abziehen (§ 15 Abs. 1 UStG).

> *Bei unsicheren Kunden verlangen wir auch vollständige Vorauszahlung.*

Geleistete Anzahlungen stellen Forderungen auf Lieferung gegenüber dem Lieferanten dar.

Geleistete Anzahlungen werden auf folgenden Bestandskonten gebucht:

Einkaufsgegenstand	Konto
Anlagegegenstände	0900 Geleistete Anzahlungen auf Sachanlagen
Materialien, Waren	2300 Geleistete Anzahlungen auf Vorräte

Beispiel: Geleistete Anzahlungen (siehe obige Belege)

❶ **Eingang der Anzahlungsrechnung**
Betrag netto:

VSt., Überweisung:

Buchung im Grundbuch

2300 Geleistete Anzahlungen auf Vorräte   10 000,00
2600 Vorsteuer   1 900,00   an 2800 Bank   11 900,00

❷ **Rechnungseingang nach Lieferung**
Rechnungspreis netto:
Vorsteuer:
abzügl. Anzahlung:

abzügl. VSt.-Anteil:
Restverbindlichkeit:

2010 Vorprodukte   50 000,00
2600 Vorsteuer   9 500,00

> *Vorsteuer nicht saldieren! Sonst bleibt die auf den Einkauf entfallende Vorsteuer nicht ersichtlich.*

     an 2300 Geleistete Anzahlungen 10 000,00
     an 2600 Vorsteuer   1 900,00
     an 4400 Verbindlichk. a. L. u. L.   47 600,00

❸ **Ausgleich der Verbindlichkeit**

4400 Verbindlichkeiten a. L. u. L.   47 600,00   an 2800 Bank   47 600,00

Am Bilanzstichtag noch nicht ausgebuchte geleistete Anzahlungen sind zu aktivieren:

8010 Schlussbilanzkonto an 2300 Geleistete Anzahlungen

Arbeitsaufträge

1. **Für eine Lieferung von Fremdbauteilen von 142 800,00 EUR einschließlich 19 % Umsatz-**
steuer werden folgende Zahlungsbedingungen vereinbart:

- **30 % Anzahlung bei Auftragserteilung,**
- **70 % Restzahlung bei Lieferung.**

Buchen Sie
a) die Anzahlung (Banküberweisung),
b) den Rechnungseingang bei Lieferung,
c) die Restzahlung (Banküberweisung).

2. **Wir bestellen am 15. Dezember Rohstoffe**
(Möbelplatten helle Kiefer) für netto 25 000,00
EUR bei der Erler Möbelplatten GmbH gegen
Anzahlung gemäß nebenstehender Rechnung.
Die Lieferung erfolgt am 15. Januar des folgen-
den Jahres gegen Schlussrechnung.
Wir überweisen am 24. Januar alle ausste-
henden Rechnungsbeträge.

Buchen Sie
a) unsere Anzahlung,
b) die Aktivierung der Anzahlung am
   31. Dezember (Bilanzstichtag),
c) den Rechnungseingang am 15. Januar,
d) die Zahlung am 24. Januar

Kreditoren		
Firma	Konto	Saldo o. P.
Erler Möbelplatten GmbH	70050	3 100,00

Rechnung

für Bestellung Nr. 1142 über 500 Platten helle
Kiefer, Lieferwert netto 25 000,00 EUR

Anzahlung netto	5 000,00
19 % USt.	950,00
Anzahlung brutto	5 950,00

Rechnung

Gegenstand	Menge	Einzel-preis	Gesamt-preis
Platte helle	500	50,00	25 000,00
Kiefer		19 % USt.	4 750,00
			29 750,00
	abzüglich Anzahlung netto		5 000,00
		19 % USt.	950,00
		Restbetrag	23 800,00

Zahlung binnen 30 Tagen ohne Abzug oder
binnen 10 Tagen mit 3 % Skonto vom Bestellwert

3. **Am 23. April haben wir eine Spezialmaschine**
für unseren Fertigungsbereich bestellt. Ver-
einbarungsgemäß leisten wir laut Anzah-
lungsrechnung eine Anzahlung in Höhe von
59 500,00 EUR einschließlich 19 % Umsatz-
steuer. Die Schlussrechnung mit einer Rest-
zahlungsverpflichtung von 119 000,00 EUR
geht bei Lieferung der Maschine am 17. Juni
ein. Der Rechnungsausgleich erfolgt am
24. Juni. Die Zahlungen erfolgen per Bank-
überweisung.

Buchen Sie
a) die Anzahlung bei Auftragserteilung,
b) den Eingang der Schlussrechnung am Tag der Lieferung,
c) den Ausgleich der Schlussrechnung.

4. **Für die Lieferung eines Lkws erteilt uns der Lieferant folgende Schlussrechnung:**

Nettopreis	100 000,00 EUR
+ 19 % USt.	19 000,00 EUR
Gesamtpreis	119 000,00 EUR
− Anzahlung netto	20 000,00 EUR
− 19 % USt.	3 800,00 EUR
Restforderung	95 200,00 EUR

a) Errechnen Sie den Nettobetrag der Anzahlung.
b) Buchen Sie die Anzahlung.
c) Buchen Sie die Schlussrechnung.
d) Buchen Sie den Ausgleich der Schlussrechnung.

1.5 Bezüge aus dem Ausland

Exporte sind in allen Ländern von Umsatzsteuer befreit. Der ausländische Verkäufer/Leistungserbringer berechnet keine Umsatzsteuer. Dafür erheben die Behörden des Importlandes die Steuer. (Besonderheiten innerhalb der EU siehe Kasten.)

Der deutsche Unternehmer als Käufer von Auslandswaren bucht:

- **bei Bezug aus Drittländern:**
  - **Einkauf:** auf 2510 Gütereinfuhr,
  - **Bezugskosten:** auf 2511 Bezugskosten (auch Zoll und Verbrauchsteuern),
  - **Nachlässe:** 2512 Nachlässe,
  - **Einfuhrumsatzsteuer:**
    2604 Einfuhrumsatzsteuer
    (Gegenbuchung: 2800 Bank).

- **bei Bezug aus EU-Ländern:**
  - **Einkauf:** auf 2500 Innergemeinschaftlicher Erwerb,
  - **Bezugskosten:** auf 2501 Bezugskosten (auch Verbrauchsteuern),
  - **Nachlässe:** 2502 Nachlässe,
  - **Erwerbsteuer:** 2602 Vorsteuer für innergemeinschaftlichen Erwerb (Gegenbuchung: 4802 Umsatzsteuer für innergemeinschaftlichen Erwerb).

Einkaufskosten (Maklergebühr, Provision für Einkaufskommissionär) und **Bankkosten** für die Zahlungsabwicklung: 6750 Kosten des Geldverkehrs.

2500 und 2510 (und Unterkonten) sind nur **Zwischenkonten** zum Nachweis von Importen und innergemeinschaftlichem Erwerb. Nach erfolgter Buchung werden die Einkäufe entweder bestandsorientiert auf die Materialkonten der Kontengruppe 20 bzw. auf das Warenkonto 2280 oder verbrauchsorientiert auf die entsprechenden Aufwandskonten der Kontenklasse 6 umgebucht.

Warenimport

Beim Import aus Drittländern (= Nicht-EU-Ländern) erhebt die Zollbehörde Einfuhrabgaben:

- **Zoll** (auf zollpflichtige Importe) vom Zollwert,
- **Verbrauchsteuern** (auf festgelegte Waren, z. B. Kaffee, Tabak, Mineralöl, Bier, Schaumwein),
- **Einfuhrumsatzsteuer** (EUSt.).

Zollwert = Wert frei EU-Grenze (abzüglich möglichen Skontos)

EUSt.-Bemessungsgrundlage = Zollwert + Zoll + Verbrauchsteuern + Beförderungskosten bis zum ersten Bestimmungsort in der EU

Innergemeinschaftlicher Erwerb

Die EU ist eine Wirtschaftsunion. Daher gibt es zwischen EU-Ländern keine Importe, sondern **innergemeinschaftlichen Erwerb.** Zölle werden nicht erhoben, aber **Verbrauchsteuern.**

Umsatzsteuer: Der Verkäufer muss grundsätzlich die Umsatzsteuer seines Landes abführen. Unternehmer erhalten jedoch eine Umsatzsteuer-Identifikationsnummer (USt-IdNr.). Wenn der Verkäufer seine eigene USt-IdNr. und die des Käufers aus einem anderen EU-Land auf seiner Rechnung angibt, muss er keine Umsatzsteuer abführen. Dafür muss der Käufer Erwerbsteuer (das ist die in seinem Land gültige Umsatzsteuer) buchen und an sein Finanzamt abführen. Somit werden Einkäufe in Höhe der Umsatzsteuer des Erwerberlandes belastet.

Einfuhrumsatzsteuer und Erwerbsteuer sind als Vorsteuer abzugsfähig. Die Steuersätze entsprechen der Umsatzsteuer.

Die Buchung auf besonderen Konten ist u. a. für die Erstellung von Statistiken notwendig. Außerdem ist insbesondere der innergemeinschaftliche Erwerb auf den Umsatzsteuerformularen getrennt auszuweisen.

Beispiel: Innergemeinschaftlicher Erwerb

Rohstoffeinkauf aus Frankreich für 5 000,00; Erwerbsteuer 950,00			
	2500 Innergem. Erwerb 5 000,00	an 4400 Verbindlichk. a. L. u. L.	5 000,00
	2602 Vorsteuer für i. E. 950,00	an 4802 Umsatzsteuer für i. E.	950,00
Umbuchung: (1) bestandsorientiert	2000 Rohstoffe 5 000,00	an 2500 Innergem. Erwerb	5 000,00
(2) verbrauchsorientiert	6000 Aufw. f. Rohstoffe 5 000,00	an 2500 Innergem. Erwerb	5 000,00

DRITTER ABSCHNITT

Arbeitsaufträge

1.

Kreditoren		
Firma	**Konto**	**Saldo o. P.**
United Copper Company, Philadelphia	70031	3 000,00 USD
Métaux du Nord SA, Lille	70093	4 000,00 EUR

Folgende Geschäftsfälle sind zu buchen:

(1) Zielkauf von Rohstoffen bei Métaux du Nord	57 000,00
– Sofortrabatt	5 700,00
+ Fracht	3 300,00
(Unsere USt-IdNr. ist angegeben.)	
(2) Überweisung des Rechnungsbetrags unter Abzug von 2 % Skonto vom Rechnungsbetrag ohne Fracht; insgesamt	53 574,00
(3) Buchung der Erwerbsteuer für Geschäftsfall (1): 10 374,00; Korrektur wegen Skontoabzugs: 194,94; Buchungsbetrag	10 179,06
(4) Kauf von Rohstoffen bei United Copper. Kaufpreis:	**USD 39 500,00**
Geldkurs 1,2893, Briefkurs 1,2993. Zahlung erfolgt Zug um Zug bei Übergabe der vereinbarten Dokumente (Konnossement[1] u. a.)	
(5) Für (4) werden durch Banküberweisung gezahlt:	
• 12 % Zoll	?
• Einfuhrumsatzsteuer vom Wert einschließlich Zoll	?
(6) Belastung des Bankkontos mit Bankprovision für die Zahlungsabwicklung	120,00

2./3. Anfangsbestände:

0700	Techn. Anlagen und Maschinen	1 300 000,00	2800	Bank	105 100,00
0800	Geschäftsausstattung	205 000,00	3000	Eigenkapital	?
2000	Rohstoffe	194 400,00	4250	Langfristige Bankverbind-lichkeiten	922 000,00
2200	Fertige Erzeugnisse	334 000,00	4400	Verbindlichkeiten a. L. u. L.	138 000,00
2400	Forderungen a. L. u. L.	251 000,00	4800	Umsatzsteuer	19 000,00

Kontenplan:
0700, 0800, 2000, 2001, 2002, 2200, 2400, 2500, 2501, 2502, 2510, 2511, 2602, 2604, 2800, 3000, 4250, 4400, 4800, 4802, 5000, 6000, 6200, 8010, 8020

Geschäftsfälle:

		2.	**3.**
		EUR	EUR
(1)	Zieleinkauf von Rohstoffen aus Kanada. Kaufpreis: Geldkurs 1,6055, Briefkurs 1,6175	**CAD 29 000,00**	27 000,00
(2)	Für (1) werden durch Banküberweisung gezahlt:		
	• 15 % Zoll	?	?
	• Einfuhrumsatzsteuer vom Wert einschließlich Zoll	?	?
(3)	Umbuchung von Rohstoffeinkauf und Zoll auf Materialbestands- und -bezugskostenkonten	?	?
(4)	Materialentnahmescheine für Rohstoffe	46 000,00	40 000,00
(5)	Lohnzahlung	30 000,00	28 000,00
(6)	Zieleinkauf von Rohstoffen aus Frankreich (Unsere USt-IdNr. ist angegeben.)	67 000,00	56 000,00
(7)	Frachtzahlung (Scheck) an französischen Spediteur	1 200,00	1 100,00
(8)	Überweisung des Rechnungsbetrags für (6) unter Abzug von 3 % Skonto (Nettobuchung)	?	?
(9)	Buchung der Erwerbsteuer für Geschäftsfall (6) unter Berück-sichtigung der Steuerkorrektur wegen Skontoabzugs	?	?
(10)	Umbuchung des Rohstoffeinkaufs auf Materialbestands- und -bezugskostenkonten	?	?
(11)	Zielverkauf von Fertigerzeugnissen	85 000,00	81 000,00
	+ USt.	16 150,00	15 390,00

Abschlussangabe:
Die Salden der Bestandskonten stimmen mit den Inventurwerten überein.

---

[1] Verschiffungsdokument; Inhaber gilt als Eigentümer der Sendung und hat Verfügungsrecht

Exkurs 8 Wirtschaftsrechnen
Thema: Währungsrechnen

Für Einkäufe im Ausland benötigt man ausländische Zahlungsmittel. Bare Zahlungsmittel heißen **Sorten**, unbare **Devisen** (das sind v. a. Guthaben bei ausländischen Banken). Banken handeln mit Devisen. **Marktmacher** heißen Banken, die ständig zu Devisenan- und -verkäufen bereit sind. Sie nennen auf Anfrage Wechselkurse.

Der Wechselkurs bezeichnet die Menge ausländischer Währungseinheiten, die man für einen EUR erhält oder hingibt.

Wechselkurs in der Form der **"Mengennotierung"** (von der Europäischen Zentralbank festgelegt). Gegensatz: **Preisnotierung**. Vgl. hierzu Bd. 2 "Wirtschafts- und Sozialprozesse", Sachwort "Wechselkurs".

Beispiel: 1 EUR = 1,2102 USD (US-Dollar)

Devisenkurse			
(1 EUR =)	Währung	**Geld**	**Brief**
USA	USD	1,2295	1,2355
Austral.	AUD	1,7224	1,7238
Großbrit.	GBP	0,6727	0,6767
Japan	JPY	135,3400	135,8200
Kanada	CAD	1,6055	1,6175
Schweiz	CHF	1,5322	1,5372

Geldkurs = Verkaufskurs der Bank

(Die Bank **nimmt** vom Kunden **Geld** **[EUR]** und gibt Devisen.)

Briefkurs = Ankaufskurs der Bank

(Die Bank **nimmt** vom Kunden **Devisen [„Brief"]** und gibt Geld [EUR].)

Der Geldkurs liegt über dem Briefkurs. Die Differenz ist die Gewinnspanne der Bank.

Die Kurshöhe hängt von Angebot und Nachfrage ab. Die Kurse steigen und fallen mit Angebot und Nachfrage.

Der Ausdruck „Brief" beruht übrigens darauf, dass die Banken früher „Devisenbriefe" übergaben und erhielten.

Beispiele: Devisenankauf und -verkauf

a) Für einen Einkauf in den USA sind 11 318,00 USD zu überweisen. (Geldkurs!)

$$\frac{x \text{ EUR}}{1{,}2295 \text{ USD}} \left| \frac{11\,318{,}00 \text{ USD}}{1{,}00 \text{ EUR}} \right. \qquad x = 11\,318 \cdot 1{,}00 : 1{,}2295 = 9\,205{,}37 \text{ (EUR)}$$

b) 3 450,00 USD Verkaufserlöse sind in EUR zu tauschen. (Briefkurs!)

$$\frac{x \text{ EUR}}{1{,}2355 \text{ USD}} \left| \frac{3\,450{,}00 \text{ USD}}{1{,}00 \text{ EUR}} \right. \qquad x = 3\,450 \cdot 1{,}00 : 1{,}2355 = 2\,792{,}39 \text{ (EUR)}$$

c) Zu b): Der amerikanische EUR-Geldkurs beträgt 0,8103. Wäre der Tausch in USA günstiger gewesen?

$$\frac{x \text{ EUR}}{1{,}00 \text{ USD}} \left| \frac{3\,450{,}00 \text{ USD}}{0{,}8103 \text{ EUR}} \right. \qquad x = 3\,450 \cdot 0{,}8103 : 1{,}00 = 2\,795{,}54 \text{ (EUR)}$$

Ja, der Umtausch in USA wäre günstiger gewesen.

d) Welcher amerikanische Geldkurs wäre wertgleich mit dem deutschen Briefkurs? (Ein wertgleicher Kurs heißt **Paritätskurs**.)

$$\frac{x \text{ EUR}}{1{,}2355 \text{ USD}} \left| \frac{1{,}00 \text{ USD}}{1{,}00 \text{ EUR}} \right. \qquad x = \boxed{1{,}00 : 1{,}2355} = 0{,}8094$$

Der ausländische Paritätskurs ist der Kehrwert des inländischen Kurses.

Arbeitsauftrag

Folgende Beträge sind zu tauschen:

(1) 7 650,00 EUR in GBP
(2) 4 211,00 EUR in JPY
(3) 22 500,00 EUR in CHF
(4) 13 136,00 CAD in EUR
(5) 17 998,00 AUD in EUR
(6) 1 273,00 USD in EUR

a) Berechnen Sie jeweils den Gegenwert.
b) Es liegen folgende ausländische EUR-Kurse vor:

	Geld	Brief
Schweiz	0,6175	0,6186
Kanada	0,6193	0,6205
Australien	0,5081	0,5806

Benutzen Sie diese Kurse sowie die Paritätskurse, um festzustellen, wo der Umtausch günstiger ist.

DRITTER ABSCHNITT

2 Personalprozesse

2.1 Personalaufwendungen

Rahmenlehrplan: **LERNFELD 7**
Personalwirtschaftliche Aufgaben wahrnehmen

Das leiste ich:

40 Arbeitsstunden pro Woche

abzüglich

Fehlzeiten (Urlaub, Feiertage, Krankheit)

Das koste ich:

Grundlohn, Zuschläge, Urlaubsgeld, Weihnachtsgeld, Arbeitgeberbeitrag zur Sozialversicherung, Beitrag zur Berufsgenossenschaft, bezahlte Abwesenheit (Urlaub, Feiertage, Krankheit), Fahrtkostenerstattung, vermögenswirksame Arbeitgeberleistung

Personalaufwendungen entstehen aufgrund der Arbeitsverhältnisse, die das Unternehmen mit seinen Arbeitnehmern eingegangen ist.

Personalaufwendungen sind alle Aufwendungen für die Bereitstellung und den Einsatz der menschlichen Arbeitskraft.

Diese Aufwendungen sind beträchtlich höher als die Beträge, die die Arbeitnehmer auf ihrer monatlichen Lohn- oder Gehaltsabrechnung finden. Folgende Aufstellung verdeutlicht die Aufwandsarten und die Vielfalt der Aufwendungen.

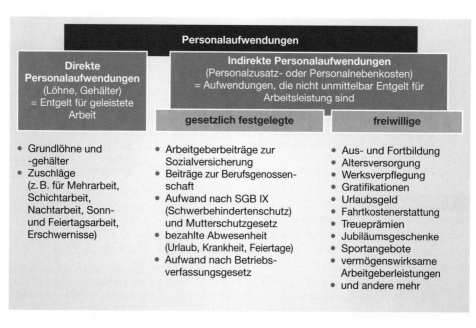

Personalaufwendungen		
Direkte Personalaufwendungen (Löhne, Gehälter) = Entgelt für geleistete Arbeit	**Indirekte Personalaufwendungen** (Personalzusatz- oder Personalnebenkosten) = Aufwendungen, die nicht unmittelbar Entgelt für Arbeitsleistung sind	
	gesetzlich festgelegte	**freiwillige**
• Grundlöhne und -gehälter • Zuschläge (z. B. für Mehrarbeit, Schichtarbeit, Nachtarbeit, Sonn- und Feiertagsarbeit, Erschwernisse)	• Arbeitgeberbeiträge zur Sozialversicherung • Beiträge zur Berufsgenossenschaft • Aufwand nach SGB IX (Schwerbehindertenschutz) und Mutterschutzgesetz • bezahlte Abwesenheit (Urlaub, Krankheit, Feiertage) • Aufwand nach Betriebsverfassungsgesetz	• Aus- und Fortbildung • Altersversorgung • Werksverpflegung • Gratifikationen • Urlaubsgeld • Fahrtkostenerstattung • Treueprämien • Jubiläumsgeschenke • Sportangebote • vermögenswirksame Arbeitgeberleistungen • und andere mehr

Die meisten Menschen schätzen, dass die Personalzusatzkosten 20 bis 30 % der direkten Personalkosten ausmachen. Tatsächlich liegen sie z. B. im produzierenden Gewerbe bei über 70 %.

Also: Im Mai 150 Std. zu je 12,50 EUR geleistet = 1 875,00 EUR. Tatsächliche Aufwendungen = 3 187,50 EUR (170 %)

Freiwillige Arbeitgeberleistungen verbessern die Arbeitsleistung, das Betriebsklima und das „soziale Ansehen" des Betriebs. Großunternehmen veröffentlichen sie jährlich in sog. Sozialberichten. Die Gewerkschaften wollen solche Leistungen in Tarifverträgen festschreiben. Diese tarifvertraglichen Sozialleistungen kann der Arbeitgeber nicht mehr einseitig zurücknehmen. Bekannte Beispiele sind die tarifvertragliche Weihnachtsgratifikation und die tarifvertraglich festgelegte Arbeitgeberbeteiligung an der Vermögensbildung nach dem 5. Vermögensbildungsgesetz oder an der betrieblichen Altersvorsorge.

70 % sind ein Durchschnittswert. In Großbetrieben liegen die Kosten oft noch beträchtlich darüber, in kleinen Betrieben (z. B. Handwerksbetrieben) sind sie niedriger.

Bestimmte Kosten sind nicht einmal eingerechnet. Dazu gehören etwa die Kosten der Personalbeschaffung (z. B. Annoncen, Fahrtkostenerstattung, Porto), der Personalverwaltung (z. B. Personalakte, Personalstatistik, Lohnbuchhaltung) und des Personalabbaus (z. B. Abfindungen und Sonderzuwendungen für ausscheidende Mitarbeiter).

2.2 Lohn- und Gehaltsbuchführung

Der Industriekontenrahmen fasst die Personalaufwendungen in folgenden Kontengruppen zusammen:

Kontengruppe	**62 Löhne**
Kontengruppe	**63 Gehälter**
Kontengruppe	**64 Soziale Abgaben und Aufwendungen für Altersversorgung und für Unterstützung**
Kontengruppe	**66 Sonstige Personalaufwendungen**

Die Abrechnung von Löhnen und Gehältern ist Aufgabe der Lohn- und Gehaltsbuchführung. Als Nebenbuchführung (vgl. S. 104) schlüsselt sie die genannten Konten im **Lohn- und Gehaltsbuch** auf. Das Lohn- und Gehaltsbuch besteht aus den **Lohn- und Gehaltskonten**. Für jeden Arbeitnehmer und jedes Jahr ist ein Lohn- bzw. Gehaltskonto zu führen. Sein Inhalt muss den Vorschriften von § 41 EStG und § 4 LStDV entsprechen.

Aufgaben der Lohn- und Gehaltsbuchführung

- Führung von Lohn-/Gehaltskonten
- Ermittlung von Brutto- und (auszuzahlenden) Nettolöhnen
- Erstellung der Lohn-/Gehaltsabrechnungen
- Erstellung der Lohn-/Gehaltslisten
- Erstellung der Buchungsbelege für die Finanzbuchführung
- Aufbereitung der Buchführungszahlen für die Zwecke der KLR
- Erstellung der Lohnsteueranmeldung und der Meldung für die Sozialversicherungsträger

Beispiel: Gehaltskonto

Name, Anschrift	Pers.-Nr.	St.-Kl.	Kinder	Konfession	St.-Tabelle	Freibetr. mtl.	Freibetr. Jahr	Eintritt
Daniel Golder	16	1	0,0	ev.	allgem.	0,00	0,00	6.8.01
Justus-Körber-Str. 14	Name Krankenkasse		KK%	Versicherungs-Nr.		Tätigkeit	SV-Tage	Austritt
41065 Mönchengladbach	BKK Euregio		8,2	13290876G027		17201	30	

	Jan.	Feb.	März	April	Mai	Juni	Juli
Gesamt-Brutto	2 933,32	2 933,32	2 933,32	2 933,32			
Lohnsteuer	424,58	424,58	424,58	424,58			
Solidaritätszuschlag	23,35	23,35	23,35	23,35			
Kirchensteuer	38,21	38,21	38,21	38,21			
Summe Steuern	486,14	486,14	486,14	486,14			
SV Arbeitnehmeranteil	586,05	586,05	586,05	586,05			
Netto-Verdienst	1 861,13	1 861,13	1 861,13	1 861,13			
L-/G-Vorschuss	0,00	0,00	0,00	0,00			
Verrechn. Vorschuss	0,00	0,00	0,00	0,00			
Verrechn. Sachbezüge	0,00	0,00	0,00	0,00			
Zuschuss KV/PV	0,00	0,00	0,00	0,00			
VW Leistung	50,00	50,00	50,00	50,00			
Sacherwerb	0,00	0,00	0,00	0,00			
Auszahlung	1 811,13	1 811,13	1 811,13	1 811,13			
SV Arbeitgeberanteil	553,06	553,06	553,06	553,06			

2.3   Lohn- und Gehaltsabrechnung

Lohn-/Gehaltszahlungen erfolgen meist monatlich. Der Arbeitnehmer erhält eine Lohn-/Gehaltsabrechnung über Bruttobezüge, Abzüge, Nettozahlung.

Beispiel: Gehaltsabrechnung für April

Herrn	Pers.-Nr.	St.-Kl.	Kinder	Konfession	St.-Tabelle	Freibetr. mtl.
Daniel Golder	16	1	0,0	ev.	allgem.	0,00
Justus-Körber-Str. 14	Name Krankenkasse		KK%		Versicherungs-Nr.	
41065 Mönchengladbach	BKK Euregio		8,2		13290876G027	

Lohnart	Bezeichnung	Menge	Faktor	St*	SV*	Betrag
2	Gehalt			L	L	2 769,92 EUR
13	Sonntagszuschlag 50% steuerfrei	8,00	8,000	F	F	64,00 EUR
21	Fahrgeld			L	L	69,40 EUR
9021	VWL 1 Zuschuss			L	L	30,00 EUR

Steuer/Sozialversicherung	Gesamt-Brutto
	2 933,32 EUR

Steuer-Brutto	Lohnsteuer	Kirchensteuer	SolZ		Steuer-Abzüge
2 869,32 EUR	424,58 EUR	38,21 EUR	23,35 EUR		486,14 EUR

KV/PV-Brutto	RV/AV-Brutto	KV-Brutto	PV-Beitrag	RV-Beitrag	AV-Beitrag	SV-Abzüge
2 869,32 EUR	2 869,32 EUR	235,28 EUR	29,41 EUR / 7,17 EUR	271,15 EUR	43,04 EUR	586,05 EUR

	Netto-Verdienst
	1 861,13 EUR

Nr.	Netto-Bezüge/Netto-Abzüge	
9024	VWL 1 Überweisung	− 50,00 EUR

	Summe Netto Be-/Abzüge
	− 50,00 EUR

	Auszahlung
	1 811,13 EUR

* A = Abfindung, B = SV-Beiträge werden vom Arbeitgeber entrichtet, E = Einmalbezug, F = Steuerfrei, L = Laufender Bezug, M = Mehrjährige Versteuerung, P = Pauschale Versteuerung, S = Sonstiger Bezug, V = Vorjahr

Bank: Stadtsparkasse Mönchengladbach
BLZ: 310 500 00
Kto.-Nr.: 6549784

2.3.1 Bruttobezüge

Die Bruttobezüge (Gesamtbrutto) ergeben sich aus der Summe aller Einkommen, die der Arbeitnehmer aus dem Arbeitsverhältnis bezieht. Dazu gehören insbesondere:

- **Grundlohn/-gehalt** (laufender Lohn, laufendes Gehalt),
- **Zuschläge und Zulagen** (z. B. für Mehr-, Schicht-, Nacht-, Sonn- und Feiertagsarbeit sowie Erschwernisse),
- **sonstige geldliche Bezüge** (z. B. Weihnachts- und Urlaubsgeld, Jubiläumszuwendungen, Heirats- und Geburtsbeihilfen, sonstige Beihilfen, Zuschüsse zu vermögenswirksamen und altersvorsorgewirksamen Leistungen des Arbeitnehmers),
- **Sachbezüge** (z. B. private Nutzung eines Betriebsfahrzeugs, freie oder verbilligte Mahlzeiten oder Wohnungen).

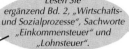
Lesen Sie ergänzend Bd. 2, „Wirtschafts- und Sozialprozesse", Sachworte „Einkommensteuer" und „Lohnsteuer".

2.3.2 Steuerabzüge

Von den Bruttobezügen sind vom Arbeitgeber entsprechend den steuerrechtlichen Vorschriften einzubehalten:

- Lohnsteuer (LSt.),
- Solidaritätszuschlag (SolZ),
- Kirchensteuer (KiSt.).

Nur **bestimmte Bezüge sind steuerfrei.** Dazu gehören z. B.:

- Zuschläge für Nachtarbeit bis 25 %, für Sonntagsarbeit bis 50 %, für Feiertagsarbeit bis 125 %, für Arbeit an den Weihnachtstagen und am 1. Mai bis 150 % eines Grundlohns von maximal 50,00 EUR je Stunde,
- Heimarbeiterzuschläge bis 10 % des Grundlohns,
- Gehaltsbestandteile bis 2 856,00 EUR im Jahr (unter bestimmten Voraussetzungen bis 4 656,00 EUR im Jahr), die der Arbeitnehmer in Form einer sog. Entgeltumwandlung für eine betriebliche Altersvorsorge verwendet und vom Arbeitgeber abbuchen lässt; ebenso Beträge, die ihm der Arbeitgeber zu diesem Zweck zahlt und abbucht,
- Sachbezüge bis monatlich 44,00 EUR,
- Geschenke und Aufmerksamkeiten (z. B. an Jubiläen) bis 40,00 EUR Warenwert,
- Personalrabatte bis 1 080,00 EUR im Jahr,
- Reisekosten, Berufskleidung, Getränke, Kindergartenbeiträge, kostenlose BahnCard.

Lohnsteuer (LSt.)

Die LSt ist eine besondere Erhebungsart der Einkommensteuer (ESt) für Einkünfte aus nicht selbstständiger Arbeit. Sie bemisst sich nach dem Jahresarbeitslohn, wird aber als Vorauszahlung bei jeder Lohnzahlung im Abzugsverfahren durch den Arbeitgeber einbehalten und abgeführt.

Solidaritätszuschlag (SolZ)

Zur Finanzierung der deutschen Einheit wird zusätzlich zur LSt ein SolZ von 5,5 % der Bemessungsgrundlage einbehalten. Er wird aber nur erhoben, wenn die Lohnsteuer in Steuerklasse III monatlich 162,00 EUR, sonst 81,00 EUR übersteigt.

Kirchensteuer (KiSt.)

Von Arbeitnehmern als Mitgliedern einer Steuer erhebenden Kirche wird KiSt einbehalten (9 % der Bemessungsgrundlage; Baden-Württemberg und Bayern 8 %). Bemessungsgrundlage für SolZ und KiSt ist die LSt, die unter Berücksichtigung von Kinder- und Betreuungsfreibeträgen festzusetzen wäre.

Steuerdaten und Lohnsteuerklassen

Jede in Deutschland gemeldete Person erhält von der Finanzbehörde eine lebenslang gültige Steueridentifikationsnummer. Arbeitnehmer müssen ihrem Arbeitgeber bei der Arbeitsaufnahme ihre Identifikationsnummer und ihr Geburtsdatum mitteilen. Sie müssen auch angeben, ob es sich um ein Haupt- oder Nebenarbeitsverhältnis handelt.

Der Arbeitgeber kann die Daten, die er für die Berechnung der Lohnsteuer des Arbeitnehmers benötigt, online aus der zentralen Datenbank **ELSTAM** (**E**lektronische **L**ohn**st**euer-**A**bzugs-

Merkmale) beim Bundeszentralamt für Steuern abrufen und in das Lohnkonto übernehmen. Hierfür gibt er die Identifikationsnummer und das Geburtsdatum des Arbeitnehmers ein.

Die genannten Daten kennzeichnen persönliche Verhältnisse des Arbeitnehmers, die die Höhe des Steuerabzugs bestimmen. Dazu gehören zunächst die Lohnsteuerklasse, die Kinderfreibeträge und die Religionszugehörigkeit.

Damit der Arbeitnehmer die ELSTAM-Eintragungen überprüfen kann, werden diese in der **Lohn-/Gehaltsbescheinigung** ausgedruckt. Der Arbeitnehmer kann bei seinem Finanzamt Auskünfte über seine gespeicherten ELSTAM-Daten erhalten. Er kann konkrete Arbeitgeber für den Abruf der ELSTAM-Daten benennen oder ausschließen (Positivliste/Teilsperrung/Vollsperrung).

Die zuständige Gemeindeverwaltung pflegt in der ELSTAM-Datenbank die persönlichen Daten des Arbeitnehmers (z. B. Heirat, Scheidung, Geburten, Sterbefälle). Steuerklassen, Steuerfreibeträge bzw. Kinderfreibeträge werden auf Antrag des Steuerpflichtigen vom Finanzamt in die Datenbank eingetragen.

In die Lohnsteuertabelle (siehe S. 376) sind bestimmte Freibeträge eingearbeitet. Auf Antrag des Arbeitnehmers nimmt die Behörde weitere Freibeträge in den Datenbestand auf. Möglich sind z. B. Freibeträge für Menschen mit Behinderung und Hinterbliebene sowie für erhöhte Werbungskosten, Sonderausgaben und außergewöhnliche Belastungen.

Jedem Arbeitnehmer ist in ELSTAM eine der folgenden **Lohnsteuerklassen** zugeordnet:

> **Freibeträge** sind Einkommensbeträge, die steuerfrei bleiben.
>
> **Werbungskosten** sind Aufwendungen zur Erwerbung, Sicherung und Erhaltung der Einnahmen (z. B. Fahrtkosten).
>
> **Sonderausgaben** sind Aufwendungen der privaten Lebensführung, die aus wirtschafts- und sozialpolitischen Gründen abziehbar sind.
>
> **Außergewöhnliche Belastungen** sind zwangsläufig entstehende größere Aufwendungen, als sie die überwiegende Mehrzahl der Steuerpflichtigen gleicher Einkommens- und Vermögensverhältnisse und gleichen Familienstands hat.

Einzelheiten siehe Bd. 2 „Wirtschafts- und Sozialprozesse", Sachworte „Sonderausgaben" und „Belastung, außergewöhnliche".

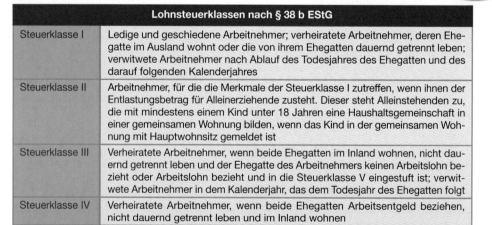

Lohnsteuerklassen nach § 38 b EStG	
Steuerklasse I	Ledige und geschiedene Arbeitnehmer; verheiratete Arbeitnehmer, deren Ehegatte im Ausland wohnt oder die von ihrem Ehegatten dauernd getrennt leben; verwitwete Arbeitnehmer nach Ablauf des Todesjahres des Ehegatten und des darauf folgenden Kalenderjahres
Steuerklasse II	Arbeitnehmer, für die die Merkmale der Steuerklasse I zutreffen, wenn ihnen der Entlastungsbetrag für Alleinerziehende zusteht. Dieser steht Alleinstehenden zu, die mit mindestens einem Kind unter 18 Jahren eine Haushaltsgemeinschaft in einer gemeinsamen Wohnung bilden, wenn das Kind in der gemeinsamen Wohnung mit Hauptwohnsitz gemeldet ist
Steuerklasse III	Verheiratete Arbeitnehmer, wenn beide Ehegatten im Inland wohnen, nicht dauernd getrennt leben und der Ehegatte des Arbeitnehmers keinen Arbeitslohn bezieht oder Arbeitslohn bezieht und in die Steuerklasse V eingestuft ist; verwitwete Arbeitnehmer in dem Kalenderjahr, das dem Todesjahr des Ehegatten folgt
Steuerklasse IV	Verheiratete Arbeitnehmer, wenn beide Ehegatten Arbeitsentgelt beziehen, nicht dauernd getrennt leben und im Inland wohnen
Steuerklasse V	Arbeitnehmer mit den Merkmalen der Steuerklasse IV, wenn der Ehegatte auf gemeinsamen Antrag in die Steuerklasse III eingestuft wurde
Steuerklasse VI	Sie wird für Entgeltabrechnungen aus einem zweiten oder weiteren Dienstverhältnis zugrunde gelegt, wenn Arbeitnehmer von mehreren Arbeitgebern Arbeitsentgelt beziehen

Kombinationsmöglichkeiten von Arbeitnehmer-Ehegatten

Bei gleicher Lohnsumme ist die Lohnsteuer in Steuerklasse III bedeutend niedriger, in Klasse V bedeutend höher als in Klasse IV. Ehegatten – beide Arbeitnehmer – können die Kombination IV–IV oder III–V wählen. Dies führt zu einem unterschiedlich hohen Gesamtabzug. Der Gesamtabzug ist bei Kombination III–V ist i. d. R. niedriger, wenn ein Ehegatte erheblich mehr verdient als der andere.

Um den hohen Abzug bei V abzumildern, besteht seit 2010 als dritte Wahlmöglichkeit die neue Steuerklassenkombination „IV-Faktor/IV-Faktor". Dabei wird die Lohnsteuer der Klasse IV mit einem bestimmten Faktor multipliziert. Dieser ist so festgelegt, dass die insgesamt zu entrichtende Lohnsteuer den Ehegatten zumindest in etwa jeweils im Verhältnis der Bruttolöhne anteilig zugeordnet wird.

Weitere Einzelheiten finden Sie in Band 2 „Wirtschafts- und Sozialprozesse", Sachwort „Steuerklassenkombination".

Die Lohnsteuer wird vom **Steuer-Brutto** berechnet. Dieses ergibt sich als Gesamt-Brutto minus steuerfreie Bezüge minus Freibeträge.

Lohnsteuertabellen

Zur Vereinfachung des Lohnsteuerabzugs gibt es Monats-, Wochen- und Tageslohnsteuertabellen. Sie setzen die Steuer mit 1/12, 7/360 und 1/360 der Jahresbeträge an. Die folgenden steuermindernden Beträge (Stand: Januar 2014) sind bereits in die Tabelle eingearbeitet:

	Steuerklasse				EUR
Grundfreibetrag	I	II	IV		8 354,00
		III			16 708,00
Arbeitnehmer-Pauschbetrag	I	II	III	IV V	1 000,00
Sonderausgaben-Pauschbetrag	I	II	IV		36,00
		III			72,00
Vorsorgepauschale	I	II	III	IV	abhängig vom Bruttolohn
Kinderfreibetrag und Betreuungsfreibetrag für den Erziehungs- und Ausbildungsbedarf je Kind (nur für Solidaritätszuschlag und Kirchensteuer)	I	II	IV		2 184,00 und 1 320,00
		III			4 368,00 und 2 640,00
Entlastungsbetrag für Alleinerziehende	II				1 308,00

Am Beispiel des folgenden Lohnsteuertabellenauszugs (gültig ab 01.01.2014) lässt sich die unterschiedliche Besteuerung aufgrund der Zuordnung zu einer Lohnsteuerklasse und aufgrund von Kinderfreibeträgen erkennen.

Jedes Kind ist in der Lohnsteuertabelle mit dem Zähler 0,5 (= 292,00 EUR monatlicher Freibetrag) berücksichtigt. Für verheiratete und nicht dauernd getrennt lebende Arbeitnehmer beträgt der Zähler 1,0 (= 584,00 EUR Freibetrag).

Der Freibetrag für Kinder wirkt sich nicht auf die Höhe der Lohnsteuer, sondern nur auf den Solidaritätszuschlag und die Kirchensteuer aus.

DRITTER ABSCHNITT

Abzüge an Lohnsteuer, Solidaritätszuschlag (SolZ) und Kirchensteuer (8 %, 9 %) in den Steuerklassen

Lohn/Gehalt bis EUR	Kl.	LSt (I–VI ohne Kinderfreibeträg)	SolZ	8 %	9 %	Kl.	LSt (I, II, III, IV mit Kinderfreibeträge)	SolZ 0,5	8 %	9 %	SolZ 1	8 %	9 %	SolZ 1,5	8 %	9 %	SolZ 2	8 %	9 %
2 477,99	I, IV	323,75	17,80	25,90	29,13	I	323,75	13,27	19,30	21,71	9,00	13,09	14,72	1,95	7,26	8,16	–	2,24	2,52
	II	292,41	16,08	23,39	26,31	II	292,41	11,65	16,94	19,06	7,47	10,87	12,23	–	5,20	5,85	–	0,78	0,87
	III	108,83	–	8,70	9,79	III	108,83	–	4,14	4,66	–	0,37	0,41	–	–	–	–	–	–
	V	591,50	32,53	47,32	53,23	IV	323,75	15,50	22,55	25,37	13,27	19,30	21,71	11,10	16,15	18,17	9,00	13,09	14,72
	VI	626,50	34,45	50,12	56,38														
2 480,99	I, IV	324,50	17,84	25,96	29,20	I	324,50	13,31	19,36	21,78	9,03	13,14	14,78	2,06	7,30	8,21	–	2,28	2,56
	II	293,16	16,12	23,45	26,38	II	293,16	11,68	17,00	19,12	7,51	10,92	12,29	–	5,25	5,90	–	0,80	0,90
	III	109,33	–	8,74	9,83	III	109,33	–	4,18	4,70	–	0,41	0,46	–	–	–	–	–	–
	V	592,50	32,58	47,40	53,32	IV	324,50	15,54	22,61	25,43	13,31	19,36	21,78	11,14	16,21	18,23	9,03	13,14	14,78
	VI	627,66	34,52	50,21	56,48														
2 483,99	I, IV	325,25	17,88	26,02	29,27	I	325,25	13,35	19,42	21,84	9,07	13,20	14,85	2,20	7,36	8,28	–	2,32	2,61
	II	293,91	16,16	23,51	26,45	II	293,91	11,72	17,06	19,19	7,54	10,97	12,34	–	5,30	5,96	–	0,84	0,94
	III	110,00	–	8,80	9,90	III	110,00	–	4,22	4,75	–	0,44	0,49	–	–	–	–	–	–
	V	593,50	32,64	47,48	53,41	IV	325,25	15,58	22,67	25,50	13,35	19,42	21,84	11,18	16,26	18,29	9,07	13,20	14,85
	VI	628,66	34,57	50,29	56,57														
2 486,99	I, IV	326,00	17,93	26,08	29,34	I	326,00	13,39	19,48	21,91	9,11	13,25	14,90	2,31	7,40	8,33	–	2,36	2,65
	II	294,66	16,20	23,57	26,51	II	294,66	11,76	17,11	19,25	7,58	11,02	12,40	–	5,34	6,01	–	0,87	0,98
	III	110,50	–	8,84	9,94	III	110,50	–	4,26	4,79	–	0,48	0,54	–	–	–	–	–	–
	V	594,66	32,70	47,57	53,51	IV	326,00	15,62	22,73	25,57	13,39	19,48	21,91	11,22	16,32	18,36	9,11	13,25	14,90
	VI	629,83	34,64	50,38	56,68														
2 489,99	I, IV	326,66	17,96	26,13	29,39	I	326,66	13,42	19,53	21,97	9,14	13,30	14,96	2,43	7,45	8,38	–	2,39	2,69
	II	295,33	16,24	23,62	26,57	II	295,33	11,80	17,16	19,31	7,61	11,08	12,46	–	5,39	6,06	–	0,90	1,01
	III	111,16	–	8,89	10,00	III	111,16	–	4,30	4,84	–	0,50	0,58	–	–	–	–	–	–
	V	595,50	32,75	47,64	53,59	IV	326,66	15,66	22,78	25,63	13,42	19,53	21,97	11,25	16,37	18,41	9,14	13,30	14,96
	VI	630,83	34,69	50,46	56,77														
2 492,99	I, IV	327,41	18,00	26,19	29,46	I	327,41	13,47	19,59	22,04	9,18	13,36	15,03	2,56	7,50	8,44	–	2,43	2,73
	II	296,08	16,28	23,68	26,64	II	296,08	11,83	17,22	19,37	7,65	11,13	12,52	–	5,44	6,12	–	0,94	1,05
	III	111,83	–	8,94	10,06	III	111,83	–	4,34	4,88	–	0,54	0,61	–	–	–	–	–	–
	V	596,66	32,81	47,73	53,69	IV	327,41	15,70	22,84	25,70	13,47	19,59	22,04	11,29	16,42	18,47	9,18	13,36	15,03
	VI	631,83	34,75	50,54	56,86														
2 495,99	I, IV	328,16	18,04	26,25	29,53	I	328,16	13,50	19,64	22,10	9,22	13,41	15,08	2,68	7,55	8,49	–	2,46	2,77
	II	296,83	16,32	23,74	26,71	II	296,83	11,88	17,28	19,44	7,69	11,18	12,58	–	5,48	6,17	–	0,97	1,09
	III	112,33	–	8,98	10,10	III	112,33	–	4,38	4,93	–	0,57	0,64	–	–	–	–	–	–
	V	597,66	32,87	47,81	53,78	IV	328,16	15,74	22,90	25,76	13,50	19,64	22,10	11,33	16,48	18,54	9,22	13,41	15,08
	VI	632,83	34,80	50,62	56,95														
2 498,99	I, IV	328,91	18,09	26,31	29,60	I	328,91	13,54	19,70	22,16	9,25	13,46	15,14	2,81	7,60	8,55	–	2,50	2,81
	II	297,58	16,36	23,80	26,78	II	297,58	11,91	17,33	19,49	7,72	11,23	12,63	–	5,53	6,22	–	1,00	1,13
	III	113,00	–	9,04	10,17	III	113,00	–	4,42	4,97	–	0,61	0,68	–	–	–	–	–	–
	V	598,83	32,93	47,90	53,89	IV	328,91	15,78	22,96	25,83	13,54	19,70	22,16	11,37	16,54	18,60	9,25	13,46	15,14
	VI	634,00	34,87	50,72	57,06														
2 501,99	I, IV	329,66	18,13	26,37	29,66	I	329,66	13,58	19,76	22,23	9,29	13,52	15,21	2,93	7,65	8,60	–	2,54	2,86
	II	298,25	16,40	23,86	26,84	II	298,25	11,95	17,38	19,55	7,75	11,28	12,69	–	5,58	6,27	–	1,04	1,17
	III	113,66	–	9,09	10,22	III	113,66	–	4,46	5,02	–	0,64	0,72	–	–	–	–	–	–
	V	599,83	32,99	47,98	53,98	IV	329,66	15,82	23,02	25,89	13,58	19,76	22,23	11,40	16,59	18,66	9,29	13,52	15,21
	VI	635,00	34,92	50,80	57,15														
2 504,99	I, IV	330,41	18,17	26,43	29,73	I	330,41	13,62	19,82	22,29	9,33	13,57	15,26	3,06	7,70	8,66	–	2,58	2,90
	II	299,00	16,44	23,92	26,91	II	299,00	11,99	17,44	19,62	7,79	11,34	12,75	–	5,62	6,32	–	1,07	1,20
	III	114,33	–	9,14	10,28	III	114,33	–	4,50	5,06	–	0,68	0,76	–	–	–	–	–	–
	V	600,66	33,03	48,05	54,05	IV	330,41	15,86	23,08	25,96	13,62	19,82	22,29	11,44	16,64	18,72	9,33	13,57	15,26
	VI	636,16	34,98	50,89	57,25														
2 507,99	I, IV	331,16	18,21	26,49	29,80	I	331,16	13,66	19,87	22,35	9,36	13,62	15,32	3,18	7,75	8,72	–	2,62	2,95
	II	299,75	16,48	23,98	26,97	II	299,75	12,03	17,50	19,68	7,83	11,39	12,81	–	5,67	6,38	–	1,10	1,24
	III	114,83	–	9,18	10,33	III	114,83	–	4,54	5,11	–	0,70	0,79	–	–	–	–	–	–
	V	601,83	33,10	48,14	54,16	IV	331,16	15,90	23,14	26,03	13,66	19,87	22,35	11,48	16,70	18,79	9,36	13,62	15,32
	VI	637,33	35,05	50,98	57,35														
2 510,99	I, IV	331,91	18,25	26,55	29,87	I	331,91	13,70	19,93	22,42	9,40	13,68	15,39	3,31	7,80	8,78	–	2,66	2,99
	II	300,50	16,52	24,04	27,04	II	300,50	12,06	17,55	19,74	7,86	11,44	12,87	–	5,72	6,43	–	1,14	1,28
	III	115,50	–	9,24	10,39	III	115,50	–	4,58	5,15	–	0,74	0,83	–	–	–	–	–	–
	V	602,83	33,15	48,22	54,25	IV	331,91	15,95	23,20	26,10	13,70	19,93	22,42	11,52	16,76	18,85	9,40	13,68	15,39
	VI	638,16	35,09	51,05	57,43														

Quelle: Stollfuß Tabellen, Gesamtabzug 2014, Monat, Allgemeine Tabelle, 98. Auflage, Stollfuß Medien, Bonn 2013, S. T 36, T 37

Beispiel: Steuerabzüge laut Gehaltsabrechnung von Seite 372

Die Gehaltsabrechnung weist folgende Einträge aus, die aus der zentralen Datenbank ELSTAM übernommen wurden und die Höhe des Steuerabzugs bestimmen:

Maßgebliche Größen für den Steuerabzug	
Lohnsteuerklasse	I
Zahl der Kinderfreibeträge	0.0
Konfession	ev.
monatliche Freibeträge	0,00 EUR
Steuer-Brutto (nach Abzug steuerfreier Sonntagszuschläge)	2 869,32 EUR

Für das Steuer-Brutto von 2 869,32 und diese Merkmale weist die Lohnsteuertabelle aus:

Lohnsteuer: 424,58 EUR
Solidaritätszuschlag: 23,35 EUR
evangelische Kirchensteuer (9 %): 38,21 EUR

Abzüge an Lohnsteuer, Solidaritätszuschlag (SolZ) und Kirchensteuer (8 %, 9 %) in den Steuerklassen																						
Lohn/ Gehalt		I–VI					I, II, III, IV															
			ohne Kinder- freibeträge						mit Zahl der Kinderfreibeträge													
								0,5			1			1,5			2					
bis EUR		LSt	SolZ	8 %	9 %		LSt	SolZ	8 %	9 %	SolZ	8 %	9 %	SolZ	8 %	9 %	SolZ	8 %	9 %			
2 867,99	I, IV	423,83	23,31	33,90	38,14	I	423,83	18,48	26,88	30,24	13,91	20,24	22,77	9,61	13,98	15,72	4,01	8,08	9,09			
	II	390,50	21,47	31,24	35,14	II	390,50	16,75	24,36	27,41	12,27	17,86	20,09	8,06	11,73	13,19	–	5,98	6,73			
	III	192,83	6,16	15,42	17,35	III	192,83	–	9,93	11,17	–	5,18	5,83	–	1,22	1,37	–	–	–			
	V	730,50	40,17	58,44	65,74	IV	423,83	20,86	30,35	34,14	18,48	26,88	30,24	16,17	23,52	26,46	13,91	20,24	22,77			
	VI	766,83	42,17	61,34	69,01																	
2 870,99	I, IV	424,58	23,35	33,96	38,21	I	424,58	18,52	26,94	30,31	13,95	20,30	22,83	9,64	14,03	15,78	4,13	8,13	9,14			
	II	391,33	21,52	31,30	35,21	II	391,33	16,78	24,42	27,47	12,32	17,92	20,16	8,10	11,78	13,25	–	6,03	6,78			
	III	193,50	6,30	15,48	17,41	III	193,50	–	9,98	11,23	–	5,22	5,87	–	1,25	1,40	–	–	–			
	V	731,58	40,23	58,52	65,84	IV	424,58	20,90	30,41	34,21	18,52	26,94	30,31	16,21	23,58	26,52	13,95	20,30	22,83			
	VI	767,83	42,23	61,42	69,10																	

Quelle: Stollfuß Tabellen, Gesamtabzug 2014, Monat, Allgemeine Tabelle, 98. Auflage, Stollfuß Medien, Bonn 2013, S. T 44

Der Arbeitgeber muss die einbehaltenen Steuern bis zum 10. des folgenden Monats an das zuständige Finanzamt abführen.

Arbeitsauftrag

Für die folgenden Arbeitnehmer sind die Lohn-/Gehaltsabrechnungen zu erstellen.

Nr.	Name	Gesamt- Brutto	steuerfreie Bezüge	Frei- beträge	Steuer- klasse	Kinder	9 % Kirchen- steuer
1	Eddi Amsel	2 867,80	0,00	0,00	I	0,0	ja
2	Hein Blöd	4 938,21	98,00	1 400,00	III	2,0	ja
3	Ahmed Beyoglu	3 306,25	0,00	800,00	II	0,5	nein
4	Elly Heusknap	2 635,10	140,00	0,00	II	0,5	ja
5	Helmut Helle	3 231,00	0,00	750,00	IV	1,0	ja
6	Sonja Lämmle	2 486,00	0,00	0,00	V	0,0	nein
7	Erwin Pickel	2 477,70	0,00	0,00	VI	0,0	ja
8	Anna Sukova	2 526,17	40,00	0,00	I	0,0	nein
9	Tom Tomate	2 672,00	165,00	0,00	III	2,0	ja

Stellen Sie die Abzüge für Lohnsteuer, Solidaritätszuschlag und Kirchensteuer fest.

2.3.3   Sozialversicherungsabzüge

Arbeitnehmer sind grundsätzlich in der Sozialversicherung (SV) pflichtversichert.

Lesen Sie ergänzend Bd. 2, „Wirtschafts- und Sozialprozesse", Sachwort „Sicherung, soziale".

Arbeitgeber und Arbeitnehmer tragen je zur Hälfte die Beiträge zur Kranken-, Pflege-, Renten- und Arbeitslosenversicherung. Ausnahmen bestehen bei Kranken- und Pflegeversicherung (siehe Tabelle unten). Der Arbeitgeber trägt allein die Beiträge zur Unfallversicherung.

Die KV-, PV-, RV- und AV-Beiträge sind centgenau als Beitragssätze (Prozentsätze) vom jeweiligen Brutto zu berechnen. Diese Bruttos entsprechen grundsätzlich dem Bruttoentgelt. Allerdings sind lohnsteuerfreie Zulagen, Zuschläge[1] und Zuschüsse sowie einige andere Entgeltbestandteile beitragsfrei. Beitragsfrei sind außerdem Einkommensteile oberhalb der sogenannten **Beitragsbemessungsgrenzen** (siehe Tabelle). Diese Grenzen werden jährlich für RV/AV einerseits und KV/PV andererseits neu festgesetzt.

Für Kranken-/Pflegeversicherung besteht Versicherungspflicht bis zur **Versicherungspflichtgrenze** (2014: 53 550,00 EUR Jahresentgelt = 4 462,50 EUR monatlicher Bruttolohn). Mehr Verdienende können sich freiwillig in der gesetzlichen KV/PV oder – nach Ablauf von 1 Jahr – privat versichern. Der Arbeitgeber zahlt dann einen **Beitragszuschuss**:

(1) bei **freiwilliger KV/PV**: Zuschuss in Höhe des Arbeitgeberanteils bei Versicherungspflicht, max. halber tatsächlich gezahlter Beitrag (ohne Zusatzbeitrag und Zuschlag für Kinderlose);

(2) bei **Privatversicherung**: a) für die KV: durchschnittl. Beitragssatz der ges. KV; b) für die PV: das Gleiche wie bei freiwilliger PV; max. aber halber tatsächlicher Beitrag.
Der Zuschuss ist nicht steuer- und SV-pflichtig.

Versicherung	Beitragssatz 2014	Beitragsanteil Arbeitnehmer	Beitragsanteil Arbeitgeber	mtl. Beitragsbemessungsgrenze 2014
Unfallversicherung	nach Gefahrenklassen		voller Beitrag	
Rentenversicherung	18,9 %	9,450 %	9,450 %	alte Bundesländer: 5 950,00 EUR
Arbeitslosenversicherung	3,0 %	1,500 %	1,500 %	neue Bundesländer: 5 000,00 EUR
Krankenversicherung	15,5 %	8,200 %	7,300 %	
Pflegeversicherung Zuschlag für Kinderlose	2,05 % 0,25 %	1,025 % 0,250 %	1,025 %	4 050,00 EUR

Der Anteil zur KV ist für kommende Jahre für Arbeitgeber und Arbeitnehmer mit 7,3 % festgeschrieben. Die Krankenkasse kann von allen bei ihr versicherten Arbeitnehmern einen einheitlichen Zusatzbeitrag erheben. Ab 2015 soll der KV-Beitrag 7,3 % für AG und AN betragen. Jede Kasse soll aber individuell einen prozentualen Zusatzbeitrag für AN erheben können. Man rechnet damit, dass die meisten Kassen bei 8,2 % für AN bleiben werden.
Der Beitrag für die Pflegeversicherung soll 2015 um 0,3 Prozentpunkte und später um weitere 0,2 Prozentpunkte erhöht werden.
Die SV-Beiträge sind auf volle Cent auf- bzw. abzurunden.

Beispiel: **Sozialversicherungsabzüge laut Gehaltsabrechnung von Seite 372**

KV/PV/RV/AV-Brutto = 2 869,32 EUR

	Arbeitnehmer Beitragssatz	Arbeitnehmer Beitrag (EUR)	Arbeitgeber Beitragssatz	Arbeitgeber Beitrag (EUR)
Krankenversicherung	8,200 %	235,28	7,300 %	209,46
Zusatzbeitrag KV		0,00		
Pflegeversicherung	1,025 %	29,41	1,025 %	29,41
Zuschlag PV	0,250 %	7,17		
Rentenversicherung	9,450 %	271,15	9,450 %	271,15
Arbeitslosenversicherung	1,500 %	43,04	1,500 %	43,04
Summe Beiträge		**586,05**		**553,06**

---

[1]   Bis 150 % eines Grundlohns von maximal 25,00 EUR. (Anders: Steuer [50,00 EUR]; vgl. S. 373.)

Der Arbeitgeber muss neben den Steuern die SV-Beiträge für die versicherungspflichtigen Arbeitnehmer einbehalten. Er muss sie spätestens zum drittletzten Bankarbeitstag des Beschäftigungsmonats in der voraussichtlichen Höhe der Beitragsschuld an die Krankenkasse des Arbeitnehmers abführen (Fälligkeitstag). Zur Vereinfachung darf die Beitragsschuld des Vormonats angesetzt werden. Kommt es zu Abweichungen, ist die Korrektur zum Fälligkeitstag des Folgemonats vorzunehmen. Entsprechendes gilt für freiwillige KV- und PV-Beiträge, wenn sie vom Arbeitgeber an die Krankenversicherung abgeführt werden. Zahlt der Arbeitnehmer die Beiträge selbst, sind diese zum 15. des Folgemonats fällig[1].

Arbeitsauftrag

Sehen Sie sich noch einmal den Arbeitsauftrag auf Seite 377 an.
Für die neun Arbeitnehmer sind die Lohn-/Gehaltsabrechnungen zu erstellen.
Die gesetzlichen Krankenversicherungen erheben Arbeitnehmerbeiträge von 8,2 %.
Die lohnsteuerfreien Bezüge sollen auch SV-versicherungsfrei sein.
Berechnen Sie
a) alle Einzelbeiträge zur Sozialversicherung,
b) die Arbeitgeberanteile,
c) die gesamten Sozialversicherungsabzüge für jeden Arbeitnehmer,
d) den Nettoverdienst.
Arbeitnehmer 2 ist freiwilliges Mitglied in der gesetzlichen Krankenversicherung. Seine KV- und PV-Beiträge werden von der Beitragsbemessungsgrenze berechnet und gemäß besonderer Vereinbarung vom Arbeitgeber abgeführt.

2.3.4 Ermittlung der Nettozahlung

Nach dem Abzug von Steuern und Sozialversicherungsbeiträgen vom Bruttoentgelt sind ggf. noch Nettobezüge und Nettoabzüge zu berücksichtigen.

- **Nettobezüge** sind z. B. Lohn-/Gehaltsvorschüsse.
  Ein Lohn- oder Gehaltsvorschuss ist ein kurzfristiges Darlehen des Betriebs an den Arbeitnehmer. Er wird als **Forderung an Mitarbeiter** gebucht und in der Regel bei den anschließenden Lohn-/Gehaltszahlungen ratenweise wieder einbehalten.

- **Nettoabzüge** sind z. B.
  - einbehaltene Rückzahlungsraten für Lohn-/Gehaltsvorschüsse;
  - Entgeltzahlungen für den Erwerb betrieblicher Erzeugnisse (einschließlich Umsatzsteuer; das Unternehmen muss die Umsatzsteuer abführen);
  - der Wert von Sachbezügen, der das Bruttoentgelt erhöht hat. Da dieser Wert nicht ausbezahlt wird, muss er bei den Nettoabzügen wieder abgezogen werden;
  - Überweisungsbeträge für vermögenswirksame Leistungen des Arbeitnehmers.

Vermögenswirksame Leistungen

Nach dem 5. Vermögensbildungsgesetz erhalten Arbeitnehmer für vermögenswirksames Sparen unter bestimmten Voraussetzungeneine eine staatliche **Arbeitnehmersparzulage**. Begünstigt sind:

- **Beteiligungen an Produktivvermögen** (z. B. Aktien, Aktienfonds, GmbH-Anteile, stille Einlagen) bis 400,00 EUR im Jahr (Zulage 20 %), Voraussetzung: zu versteuerndes Einkommen bis 20 000,00 EUR, Verheiratete bis 40 000,00 EUR,

---

[1] Neben den Arbeitgeberanteilen zur SV müssen Arbeitgeber mit bis zu 30 Beschäftigten eine Umlage U1 und alle Arbeitgeber die Umlagen U2 und U3 tragen und abführen:
U1: Versicherungsbeitrag; Versicherungsleistung: Ausgleich der Entgeltfortzahlung im Krankheitsfall,
U2: Versicherungsbeitrag; Versicherungsleistung: Ausgleich der Mutterschaftsgeldaufstockung,
U3: Insolvenzgeldumlage für die Zahlung von Insolvenzgeld durch die Bundesanstalt für Arbeit.
Auf die Berechnung und Buchung dieser Umlagen wird in diesem Buch verzichtet.

• **Bausparbeiträge** bis 470,00 EUR im Jahr (Zulage 9 %), Voraussetzung: zu versteuerndes Einkommen bis 17 800,00 EUR, Verheiratete bis 35 600,00 EUR.

Die Sparleistungen sind vom Arbeitgeber einzubehalten und zu überweisen. Sie werden oft aufgrund von Tarifverträgen teilweise oder voll vom Arbeitgeber bezuschusst. Der Zuschuss erhöht das steuerpflichtige Entgelt.

Der Arbeitnehmer beantragt die Sparzulage jährlich in seiner Steuererklärung. Das Finanzamt zahlt sie nach Ablauf der Sperrfrist auf das Anlagekonto.

Vergleichen Sie die vermögenswirksamen Leistungen (VWL) in der Gehaltsabrechnung auf S. 372.

> Bruttoentgelt
> – Lohnsteuer, Solidaritätszuschlag, Kirchensteuer
> – Beiträge zu Kranken-, Pflege-, Renten-, Arbeitslosenversicherung
>
> = Nettoentgelt
> + Nettobezüge
> – Nettoabzüge
>
> = Nettozahlung

Arbeitsauftrag

Tino Kerber (37), Steuerklasse III/1, ist als Reisender bei einem Hersteller von Hygieneartikeln angestellt. Er erhält im Juni Bezüge in folgenden Formen:

• ein monatliches Fixum von 1 755,00 EUR;

• eine Provision von 1,5 % für Umsätze bis 25 000,00 EUR und von 1,8 % für weitere Umsätze. Im Juni hat er einen Umsatz von 49 200,00 EUR erzielt.

• Sachbezüge in Form eines Dienstwagens, den er kostenlos privat nutzen darf. Der Sachbezug ist nach Steuerrecht mit monatlich 1 % des auf volle 100,00 EUR abgerundeten Listenpreises des Wagens bei Erstzulassung anzusetzen. (Dieser Preis betrug 21 260,00 EUR.) Hinzu kommen 0,03 % des Listenpreises pro Entfernungskilometer für Fahrten zwischen Wohnung und Arbeitsstätte (9 km);

• Sachbezüge in Form eines Personalrabatts auf den Einkauf betrieblicher Erzeugnisse in Höhe von 20 % auf den steuerrechtlich maßgeblichen Preis[1] von 87,00 EUR;

• einen Arbeitgeberzuschuss von 50 % des Gesamtbetrags der vermögenswirksamen Leistungen für einen Bausparvertrag (39,00 EUR) und für einen Aktienfonds (33,00 EUR).

Bei Beginn seines Arbeitsverhältnisses (01.02.) erhielt Kerber einen Gehaltsvorschuss von 1 000,00 EUR, der monatlich mit 50,00 EUR einbehalten wird.

a) Berechnen Sie das Gesamt-Brutto, das Steuer-Brutto, das KV/PV-Brutto und das RV/AV-Brutto.

b) Unter welchen Bedingungen kann es Abweichungen zwischen KV/PV-Brutto und RV/AV-Brutto geben?

c) Kerber ist in die Steuerklasse III/1 eingeordnet.
   – Wie erhält der Arbeitgeber von den Steuermerkmalen des Arbeitnehmers Kenntnis?
   – Was bedeutet Steuerklasse III/1?

d) Kerbers Ehefrau ist ebenfalls berufstätig.
   – Welche Steuerklasse hat sie?
   – Welche anderen Steuerklassen-Kombinationen könnten die Eheleute wählen?
   – Nach welchen Gesichtspunkten treffen sie die Wahl?

e) Stellen Sie die Steuerabzüge Kerbers fest.

f) Für welchen Zweig der Sozialversicherung zahlt Kerber keine Beiträge?

g) Welchen Beitragsanteil trägt Kerber bei den anderen Zweigen der Sozialversicherung?

h) Welche Beitragssätze gelten für diese Zweige der Sozialversicherung?

i) Berechnen Sie die Sozialversicherungsabzüge.

j) Kerber spart vermögenswirksam.

---

[1] Üblicher Preis (einschl. USt.) beim Verkauf an Letztverbraucher abzüglich 4 %.

- Welche Mindestlaufzeit müssen die Verträge haben, um staatlich gefördert zu werden?
- Welche staatliche Förderung erhält Kerber?
- Welche Gesamtsumme an vermögenswirksamen Leistungen zahlt Kerber während der Mindestlaufzeit?
- Ist es richtig, dass 50 % dieser Einzahlungen vom Arbeitgeber aufgebracht werden?

k) Berechnen Sie den Auszahlungsbetrag, der vom Arbeitgeber auf Kerbers Konto überwiesen wird.

l) Wie viel EUR Umsatzsteuer sind in dem Betrag der bezogenen betrieblichen Leistungen enthalten? Welche Pflicht hat der Arbeitgeber in Bezug auf diese Umsatzsteuer?

m) Auch die kostenlose Nutzung des Dienstwagens ist in einen Nettoanteil und einen Umsatzsteueranteil aufzuteilen. Für vorsteuerfreie Kostenbestandteile werden pauschal 20 % abgezogen (wie bei der privaten Nutzung eines Geschäfts-Pkws durch den Inhaber; vgl. S. 125).
Berechnen Sie die Umsatzsteuer. Welche Pflicht hat der Arbeitgeber in Bezug auf die Umsatzsteuer?

n) Berechnen Sie die Höhe der Personalzusatzkosten (der indirekten Personalaufwendungen) für Kerber, soweit sie sich aus den obigen Angaben ermitteln lassen. Wie viel Prozent der direkten Personalaufwendungen machen sie aus?

2.4 Minijobs

Ein Minijob bezeichnet entweder eine geringfügige oder eine kurzfristige Beschäftigung. Er unterliegt hinsichtlich Sozialversicherung und Lohnsteuer Sonderregelungen.

Geringfügige Beschäftigung

Geringfügig ist eine Beschäftigung mit einem regelmäßigen monatlichen Arbeitsentgelt bis 450,00 EUR. Für die Lohnsteuer darf das Entgelt pro Stunde höchstens 12,00 EUR betragen.

Der Arbeitnehmer
- muss dem Arbeitgeber seine steuerliche Identifikationsnummer nicht angeben. Er zahlt keine Lohnsteuer;
- ist nur in der RV versicherungspflichtig. Beitrag: in Höhe der Differenz „voller Beitragssatz – 15 %" (2014: 3,9 %). Er hat Anspruch auf die vollen Rentenversicherungsleistungen;
- hat keinen Anspruch auf Leistungen der Arbeitslosen-, Kranken- und Pflegeversicherung.

Der Arbeitgeber zahlt pauschal an die *Deutsche Rentenversicherung Knappschaft-Bahn-See:*
- 15,00 % Rentenversicherung
- 13,00 % Krankenversicherung
- 0,99 % Umlagen (Versicherung für Lohnfortzahlung im Krankheitsfall, Mutterschaftsgeld und Insolvenzgeld). (Zahl für 2014. Die Umlagen werden jährlich neu festgelegt.)
- 2,00 % Lohnsteuer

  30,99 %

*Der Arbeitnehmer darf auch **einen** Minijob neben seinem Hauptberuf ausüben.*

Anmerkung:
Zwischen 450,00 EUR und 850,00 EUR liegen sog. **Midijobs (Gleitzonenfälle)** vor.
Der Arbeitgeber zahlt den vollen Arbeitgeberanteil zur Sozialversicherung.
Der Arbeitnehmer zahlt die tarifliche Lohnsteuer. Seine SV-Beiträge werden von einem niedrigeren „Gleitzonenentgelt" berechnet. Dieses entspricht erst bei 850,00 EUR dem Bruttoentgelt.
Wirkung: Die Belastung mit SV-Beiträgen beginnt bei etwa 10,9 % und steigt bis 850,00 EUR linear auf die volle Beitragshöhe.

Arbeitnehmer nehmen eine geringfügige Beschäftigung aus unterschiedlichen Gründen auf. Gängige Gründe sind:
- Hinzuverdienst zu einem Hauptberuf oder zu einer Rente;
- Aufbesserung des Familieneinkommens, wenn der/die Partner(in) voll berufstätig ist;
- regelmäßige Einkommenserzielung für Schüler und Studenten;

- Aufbesserung des Einkommens von Beziehern von Arbeitslosengeld II sowie Kontakthalten zur Berufswelt;
- Ausübung mehrerer Tätigkeiten, wenn der Betroffene keine Vollzeitbeschäftigung finden kann. (Werden dabei die Einkommensgrenzen von 450,00 EUR überschritten, gelten die Bestimmungen für erweiterte Minijobs; ab 850,00 EUR ist der Arbeitnehmer voll sozialversicherungspflichtig.)

Arbeitgeber bieten geringfügige Beschäftigungsverhältnisse gern an:

- Der Verwaltungsaufwand ist gering (nur Zahlung an die Deutsche Rentenversicherung Knappschaft, Bahn, See).
- Die Arbeitszeit lässt sich vertraglich flexibel gestalten; oft wird Arbeit auf Abruf vereinbart.

> **Beachte:** Minijobber haben die gleichen Rechte wie voll Beschäftigte, z. B. hinsichtlich Lohnfortzahlung im Krankheitsfall, Urlaubsanspruch, Kündigungsfrist. Vielen Minijobbern werden diese Rechte gesetzeswidrig vorenthalten, weil sie sie entweder nicht kennen oder aus Angst um ihren Arbeitsplatz nicht in Anspruch nehmen. Der Arbeitgeber spart dann illegal erhebliche Kosten ein. Ggf. ist er geneigt, reguläre Arbeit durch geringfügige Beschäftigung zu ersetzen.

Kurzfristige Beschäftigung

Kurzfristig ist eine Beschäftigung

- für die Sozialversicherung, wenn sie pro Jahr höchstens 2 Monate oder 50 Arbeitstage dauert,
- für die Lohnsteuer, wenn sie höchstens 18 zusammenhängende Tage dauert und das durchschnittliche Entgelt pro Tag 62,00 EUR nicht übersteigt. (In nicht vorhersehbaren Fällen darf es 62,00 EUR pro Tag, nicht aber 12,00 EUR pro Stunde übersteigen.)

Der Arbeitnehmer	**Der Arbeitgeber** zahlt pauschal an das Finanzamt
- muss seine Identifikationsnummer nicht angeben, - erhält den Lohn ohne Abzüge ausgezahlt, - hat keinen Anspruch auf Versicherungsleistungen.	- 25 % Lohnsteuer, - davon 5,5 % Solidaritätszuschlag und 7 % Kirchensteuer.

Anmerkung: Die Steuer kann auch in tariflicher Höhe gezahlt werden. (Sofern das Einkommen den Grundfreibetrag nicht übersteigt, fällt keine Steuer an.)

Die Arbeitgeber bieten kurzfristige Beschäftigung vor allem an

- bei unerwartetem Arbeitsanfall,
- bei kurzfristig erhöhtem Arbeitsanfall,
- bei saisonbedingtem Arbeitsanfall.

2.5   Buchung der Löhne und Gehälter

2.5.1   Lohn- und Gehaltsliste

Alle ermittelten Entgelte, Steuer- und SV-Abzüge, Nettobezüge und Nettoabzüge müssen im Grund- und Hauptbuch gebucht werden. Dies könnte für jeden Arbeitnehmer einzeln erfolgen. In der Praxis wählt man jedoch ein rationelleres Verfahren:

- Man fasst alle Einzelabrechnungen in einer **Lohn- bzw. Gehaltsliste (Lohn- bzw. Gehaltsjournal)** zusammen.
- Man nimmt die Lohn- bzw. Gehaltsbuchung für alle Arbeitnehmer gesammelt vor. Die Lohn- bzw. Gehaltsliste dient als Buchungsbeleg.

Beispiel: Gehaltsliste April (vereinfacht)

Arbeitnehmer	D. Golder	H. Bolds	T. Kerber	A. Lausert	Summe
Steuermerkmale	1/0,0/ev.	3/2,0/rk.	3/1,0/ohne		
KV: Zusatzbeitrag	nein	nein	nein	nein	
PV: Kinderlosen-Zuschlag	ja	nein	nein	nein	
Gesamt-Brutto	2 933,32	4 212,00	2 885,00	450,00	10 480,32
Lohnsteuer	424,58	495,50	196,50	0,00	1 116,58
Solidaritätszuschlag	23,35	6,13	0,00	0,00	29,48
Kirchensteuer	38,21	17,33	0,00	0,00	55,54
Summe Steuern	486,14	518,96	196,50	0,00	1 201,60
SV Arbeitnehmeranteil	586,05	834,82	582,05	17,55	2 020,47
Netto-Verdienst	1 861,13	2 858,22	2 106,45	432,45	7 258,25
L-/G-Vorschuss	0,00	0,00	0,00	0,00	0,00
Verrechn. Vorschuss	0,00	0,00	0,00	0,00	0,00
Verrechn. Sachbezüge	0,00	0,00	0,00	0,00	0,00
Zuschuss KV/PV	0,00	0,00	0,00	0,00	0,00
VW Leistung	50,00	0,00	72,00	0,00	122,00
Sacherwerb	0,00	0,00	87,00	0,00	87,00
Auszahlung	1 811,13	2 858,22	1 947,45	432,45	7 049,25
SV Arbeitgeberanteil	553,06	798,37	556,09	139,46	2 046,98

2.5.2 Einfache Buchungen bei Lohn- und Gehaltszahlungen am Monatsende

Die Lohn- und Gehaltsbuchungen erfordern folgende Schritte:

1. **Vorauszahlung der Sozialversicherungsbeiträge:**
   Die **SV-Beiträge** sind spätestens am drittletzten Bankarbeitstag des Beschäftigungsmonats in der voraussichtlichen Höhe der Beitragsschuld fällig. Buchung der Zahlung im Soll auf Konto **2640 SV-Vorauszahlung** (durchlaufender Posten mit Forderungscharakter); Habenbuchung auf 2800 Bank

2. **Lohn- bzw. Gehaltszahlung am Monatsende:**
   - **Bruttolöhne/-gehälter:** Sollbuchung (Aufwand auf **6200 Löhne** und **6300 Gehälter**
     Gegenbuchungen (Haben):

     > *Der IKR erlaubt auch eine getrennte Buchung von Einmalzahlungen, Sachbezügen und anderen Zuwendungen auf Unterkonten der Gruppen 62 und 63.*

   - **Steuerabzüge:** Buchung als durchlaufender Posten auf **4830 Sonstige Verbindlichkeiten gegenüber Finanzbehörden** (kurz: Verbindlichkeiten FB)
   - **SV-Abzüge** (Arbeitnehmeranteil): Buchung auf **2640 SV-Vorauszahlung** (Verrechnung mit der Vorauszahlung)
   - **Auszahlung der Nettolöhne:** Buchung auf **2800 Bank**

3. **Arbeitgeberanteil:**
   Sollbuchung (Aufwand) auf **6400 Arbeitgeberanteil SV**; Gegenbuchung auf **2640 SV-Vorauszahlung** (Verrechnung mit der Vorauszahlung)

4. **Abführung der Steuerabzüge:**
   Die einbehaltenen Steuern sind spätestens zum 10. des Folgemonats abzuführen.

Beispiel: **Gehaltsbuchungen**

Beachten Sie: Die im Folgenden verwendeten Beträge sind unabhängig von der vorangegangenen Gehaltsliste.

Für den Monat März werden berechnet:	März
voraussichtl. SV-Abzüge (Arbeitnehmeranteil)	2 025,00
voraussichtlicher Arbeitgeberanteil	1 950,00
Summe	**3 975,00**

Der drittletzte Bankarbeitstag des Monats ist der 29.03.

Abführung der SV-Vorauszahlungen zum 29.03.:

2640 SV-Voraus-zahlung   3 975,00 an 2800 Bank   3 975,00

Gehaltsliste	Summe
Steuerklasse	
Gesamt-Brutto	10 000,00
Lohnsteuer	1 000,00
Solidaritätszuschlag	55,00
Kirchensteuer	90,00
Summe Steuern	1 145,00
SV Arbeitnehmeranteil	2 025,00
Netto-Verdienst	6 830,00
L-/G-Vorschuss	0,00
Verrechn. Vorschuss	0,00
Verrechn. Sachbezüge	0,00
Zuschuss KV/PV	0,00
VW Leistung	0,00
Sacherwerb	0,00
Auszahlung	6 830,00
SV Arbeitgeberanteil	1 950,00

Zum 31.03. sind die Summen der nebenstehenden Gehaltsliste gesammelt zu buchen.

6300 Gehälter   10 000,00

           an 4830 Verbindlichk. FB   1 145,00
           an 2640 SV-Vorauszahlung   2 025,00

           an 2800 Bank   6 830,00

6400 Arbeitgeber-anteil SV   1 950,00 an 2640 SV-Vorauszahl.   1 950,00

Überweisung der einbehaltenen Steuerbeträge zum 10.04.:

4830 Verbindlich-keiten FB   1 145,00 an 2800 Bank   1 145,00

Steuerverbindlichkeiten, die erst im Folgejahr ausgeglichen werden, sind zum Bilanzstichtag zunächst zu passivieren: **4830 Verbindlichkeiten FB an 8010 SBK**.

Insbesondere bei Löhnen (seltener bei Gehältern) lassen sich wegen variierender Lohnzuschläge die tatsächlichen SV-Beiträge oft nicht exakt vorausberechnen. Folglich weichen sie von der SV-Vorauszahlung ab. Zu Abweichungen kommt es auch, weil der Arbeitgeber zur Vereinfachung die **SV-Vorauszahlung in der Höhe der tatsächlichen SV-Beiträge des Vormonats ansetzen** darf (siehe Beispiel unten).

Zwei Fälle sind zu unterscheiden:

1. Die SV-Beiträge sind kleiner als der Forderungsbestand auf 2640 SV-Vorauszahlung.

Der Forderungsbestand wird dann bei der Lohnzahlung nicht vollständig ausgebucht. Auf **2640 SV-Vorauszahlung** verbleibt eine Restforderung (SV-Überzahlung). Diese mindert den Vorauszahlungsbetrag im Folgemonat.
Eine am Bilanzstichtag noch bestehende Restforderung ist zu aktivieren:

8010 Schlussbilanzkonto an 2640 SV-Vorauszahlung

2. Die SV-Beiträge sind größer als der Forderungsbestand auf 2640 SV-Vorauszahlung.

Dann entsteht in Höhe der Differenz eine SV-Verbindlichkeit. Diese ist auf Konto **4840 Verbindlichkeiten SV** zu buchen und zusammen mit der SV-Vorauszahlung des Folgemonats auszugleichen.
Eine am Bilanzstichtag noch bestehende SV-Verbindlichkeit ist zu passivieren:

4840 Verbindlichkeiten SV an 8010 Schlussbilanzkonto

Beispiel: Lohnbuchungen

Fall 1: SV-Beiträge < SV-Vorauszahlung

Für den Monat März werden berechnet:	März
voraussichtl. SV-Abzüge (Arbeitnehmeranteil)	2 000,00
voraussichtliche Arbeitgeberanteile	1 930,00
SV-Vorauszahlung März	**3 930,00**

Drittletzter Bankarbeitstag
März: 29.03.;
April: 28.04.

Abführung der SV-Vorauszahlung zum 29.03.:

2640 SV-Voraus-zahlung 3 930,00 an 2800 Bank 3 930,00

Lohnzahlung am 31.03. gemäß Lohnliste

Lohnliste	Summe
Gesamt-Brutto (März)	9 000,00
Summe Steuern	1 020,00
SV Arbeitnehmeranteil	1 890,00
Netto-Verdienste	6 090,00
...	
Auszahlung	6 090,00
SV Arbeitgeberanteil	1 825,00

6200 Löhne 9 000,00
     an 4830 Verbindlichk. FB 1 020,00
     an 2640 SV-Vorauszahlung 1 890,00

     an 2800 Bank 6 090,00

6400 Arbeitgeber-anteil SV 1 825,00 an 2640 SV-Vorauszahlung 1 825,00

Überweisung der einbehalte-nen Steuerbeträge zum 10.04.:

4830 Verbindlich-keiten FB 1 020,00 an 2800 Bank 1 020,00

SV-Überzahlung: 2 000,00 – 1 890,00 = 110,00 (Überzahlung Arbeitnehmeranteil)
1 930,00 – 1 825,00 = 105,00 (Überzahlung Arbeitgeberanteil)
215,00 (gesamte Überzahlung)

Fall 2: SV-Beiträge > SV-Vorauszahlung

Für den Monat April werden berechnet:	April
SV-Beitrag März – Überzahlung (Arbeitnehmeranteil)	1 890,00 – 110,00 = 1 780,00
Arbeitgeberanteil März – Überzahlung	1 825,00 – 105,00 = 1 720,00
SV-Vorauszahlung April	**3 715,00 – 215,00 = 3 500,00**

Abführung SV-Vorauszahlung abzügl. Überzahlung zum 28.04.:

2640 SV-Voraus-zahlung 3 500,00 an 2800 Bank 3 500,00

Lohnzahlung am 30.04. gemäß Lohnliste:

Lohnliste	Summe
Gesamt-Brutto (April)	9 900,00
Summe Steuern	1 140,00
SV Arbeitnehmeranteil	2 018,00
Netto-Verdienste	6 742,00
...	
Auszahlung	6 742,00
SV Arbeitgeberanteil	1 942,00

6200 Löhne 9 900,00
     an 4830 Verbindlichk. FB 1 140,00
     an 2640 SV-Vorauszahlung 1 780,00
     an 4840 Verbindlichk. SV 238,00

     an 2800 Bank 6 742,00

6400 Arbeitgeber-anteil SV 1 942,00 an 2640 SV-Vorauszahl. 1 720,00
     an 4840 Verbindl. SV 222,00

Überweisung der einbehalte-nen Steuerbeträge zum 10.04.:

4830 Verbindlich-keiten FB 1 140,00 an 2800 Bank 1 140,00

SV-Verbindlichkeit: 238,00 + 222,00 = 460,00

Für den Monat Mai werden berechnet:	Mai
SV-Beitrag April + SV-Verbindlichkeiten (Arbeitnehmeranteil)	2 018,00 + 238,00 = 2 256,00
Arbeitgeberanteil April + SV-Verbindlichkeiten	1 942,00 + 222,00 = 2 164,00
SV-Vorauszahlung April	**3 960,00 + 460,00 = 4 420,00**

Abführung SV-Vorauszahlung zum 28.05.:

2640 SV-Vorauszahl. 3 960,00
4840 Verbindl. SV 460,00 an 2800 Bank 4 420,00

DRITTER ABSCHNITT

Arbeitsaufträge

1. Nehmen wir einmal an, Sie hören folgende Aussagen zu Sachverhalten und Problemstellungen der Personalbuchführung:

    (1) Die Lohn- und Gehaltsbuchführung erfasst die Löhne und Gehälter der Arbeitnehmer einzeln auf den Konten 6200 Löhne und 6300 Gehälter.

    (2) Die Lohn- und Gehaltsbuchführung ist eine Nebenbuchführung, weil sie nur Buchungen auf den Konten 6200 Löhne und 6300 Gehälter vornimmt.

    (3) Die Konten 6200 Löhne und 6300 Gehälter stellen die Lohn- und Gehaltskonten der Arbeitnehmer dar.

    (4) Die in den Gehaltsabrechnungen der Arbeitnehmer aufgeführten Sozialversicherungsabzüge stellen keine Kosten, sondern Aufwendungen des Betriebs dar.

    (5) Alle Lohn- und Gehaltsabzüge für einen Monat sind bis zum 15. des Folgemonats an die Krankenkasse des Arbeitnehmers zu überweisen.

    (6) Bezüge neben dem Grundgehalt (Lohnzuschläge, sonstige geldliche Bezüge, Sachbezüge) sind lohnsteuerfrei, aber sozialversicherungpflichtig.

    (7) Die Lohnsteuer ist eine besondere Steuer für Arbeitnehmer. Sie wird neben der Einkommensteuer erhoben.

    (8) Der Solidaritätszuschlag beträgt 5,5 % der Lohnsteuer. Bei einem Lohnsteuerabzug von 150,00 EUR im Monat Mai beträgt der SolZ folglich 8,25 EUR.

    (9) Erich Kniehschuß, beschäftigt in Hannover, Lohnsteuerklasse III/2,0, evangelisch, zahlt im Juni 302,00 EUR Lohnsteuer. Folglich werden ihm 27,18 EUR Kirchensteuer abgezogen.

    (10) Anita Blond hat Bruttobezüge von 2 130,00 EUR. Sie zahlt für ihre Werkswohnung eine um 80,00 EUR vergünstigte Miete. Folglich muss sie Lohnsteuer und Sozialversicherung von 2 210,00 EUR bezahlen.

    (11) Bei Peter Stramm ist wegen erhöhter Werbungskosten ein Freibetrag von 700,00 EUR in der Lohnsteuerkarte eingetragen. Folglich mindert sich seine Lohnsteuerschuld um 700,00 EUR.

    (12) Ernst Lustig, alleinerziehender Vater einer zehnjährigen Tochter, Lohnsteuerklasse II/0,5, beantragt zum Zweck der Lohnsteuerersparnis den Eintrag eines Kinderfreibetrags mit dem Zähler 1,0. Die Mutter ist unterhaltspflichtig.

    (13) Der Arbeitgeber muss für die SV-pflichtigen Arbeitnehmer den Arbeitgeberanteil zur SV an die Krankenkasse des jeweiligen Arbeitnehmers abführen.

    (14) Die Höhe der SV-Abzüge der Arbeitnehmer ist durch Beitragsbemessungsgrenzen in Kranken-, Pflege-, Renten-, Arbeitslosen- und Unfallversicherung nach oben begrenzt.

    (15) Gehaltsvorschüsse und Zuschüsse des Arbeitgebers zu den vermögenswirksamen Leistungen des Arbeitnehmers erhöhen die lohnsteuerpflichtigen Bruttobezüge.

    (16) Bei Minijobs fallen für Arbeitnehmer und Arbeitgeber keine Sozialversicherungsbeiträge an.

    (17) Minijobs sind lohnsteuerfrei.

    (18) Die Lohn- bzw. Gehaltsliste dient als Buchungsbeleg für die Buchungen auf den Lohn- und Gehaltskonten der Arbeitnehmer.

    (19) Der Arbeitgeber überweist den Arbeitgeberanteil zur SV bis zum 10. des Folgemonats an die Rentenversicherung des Arbeitnehmers.

    (20) Die Lohnsteuer sowie Verbindlichkeiten SV für Dezember werden erst nach dem Bilanzstichtag überwiesen. Deshalb sind sie in der Bilanz zu aktivieren.

    (21) Die Bruttolöhne werden auf Konto 6200 im Soll gebucht, die Lohnabzüge und der Auszahlungsbetrag im Haben.

    (22) Der Arbeitgeberbeitrag zur Sozialversicherung stellt – ebenso wie die Umsatzsteuer und die Lohnsteuerabzüge – einen „durchlaufenden Posten" dar.

    Diese Aussagen enthalten Fehler. Nennen Sie jeden Fehler und stellen Sie den Sachverhalt richtig dar.

2. Die Fette Galvanisierbetrieb KG ermittelt für die Monate September und Oktober jeweils folgende Zahlen:

Name	Steuerklasse, Konfession	Voraussichtlicher Bruttolohn	Tatsächlicher Bruttolohn
A. Fauler	I/0,0, ev.	2 490,00	2 490,00
B. Tuhtnicks	IV/0,0, kath.	2 480,00	2 480,00
D. Mühde	III/1,0, kath.	2 504,00	2 504,00

SV-Vorauszahlungen und tatsächliche SV-Beiträge sind identisch.
Kirchensteuer: 9 %
Arbeitnehmerbeiträge Krankenversicherung: 8,2 %
Das Bankkonto weist für die anfallenden Zahlungen ein ausreichendes Guthaben auf.

Für diesen Arbeitsauftrag gilt: Bruttolohn (Gesamtbrutto) = Steuer-Brutto = SV-Brutto
a) Erstellen Sie für jeden Arbeitnehmer die Lohnabrechnung.
b) Erstellen Sie die Lohnliste.
c) Nehmen Sie alle erforderlichen Buchungen vor.

3. Die Konten 4830 Verbindlichkeiten FB und 4840 Verbindlichkeiten SV weisen am Ende des Geschäftsjahrs folgende Bestände aus:

S	4830		H	S	4840		H
	6300	14 300,00			6300	236,00	
					6400	216,00	

a) Erläutern Sie die Geschäftsfälle, die diesen Buchungen zugrunde liegen.
b) Schließen Sie die Konten ab.
c) Eröffnen Sie die Konten zu Beginn des folgenden Geschäftsjahres.
d) Für den Januar fallen voraussichtlich SV-Beiträge (Arbeitnehmeranteil) von 23 400,00 EUR und Arbeitgeberanteile von 23 000,00 EUR an.
   Buchen Sie entsprechend.

4. Kontenplan: 2640, 2800 (Guthaben 85 000,00 EUR), 4830, 4840, 6200, 6300, 6400
Voraussichtliche SV-Abzüge (Arbeitnehmeranteil): Löhne 3 420,00 EUR, Gehälter 1 680,00 EUR
Voraussichtlicher Arbeitgeberanteil: 4 865,00 EUR

Geschäftsfälle:

(1) Abführung der SV-Vorauszahlung

(2) Lohnzahlung laut Lohnliste:
Bruttolöhne	17 300,00
Abzüge:	
Lohnsteuer	2 420,00
Solidaritätszuschlag	120,00
Kirchensteuer	200,00
Sozialversicherung	3 600,00

(3) Gehaltszahlung laut Gehaltsliste:
Bruttogehälter	8 000,00
Abzüge:	
Lohnsteuer	1 498,00
Solidaritätszuschlag	82,39
Kirchensteuer	134,82
Sozialversicherung	1 680,00

(4) Buchung des Arbeitgeberanteils zur Sozialversicherung — 5 028,00

(5) Abführung der Verbindlichkeiten gegenüber Finanzbehörden — ?

(6) Erneute Abführung der SV-Vorauszahlung im Folgemonat (Arbeitnehmer- und Arbeitgeberanteil wie im Vormonat) unter Berücksichtigung von Restforderungen bzw. Verbindlichkeiten SV — ?

Buchen Sie die Geschäftsfälle in Grund- und Hauptbuch.

DRITTER ABSCHNITT

5./6.

Vorläufige Salden der Sachkonten		
Konten	Soll/EUR	Haben/EUR
0520 Gebäude	417 000,00	
0700 Technische Anlagen und Maschinen	509 000,00	
0860 Geschäftsausstattung	62 000,00	
2000 Rohstoffe	290 000,00	
2200 Fertige Erzeugnisse	65 000,00	
2400 Forderungen a. L. u. L.	319 200,00	
2640 SV-Vorauszahlung		
2600 Vorsteuer	11 800,00	
2800 Bank	135 000,00	
3000 Eigenkapital		474 480,00
4250 Langfristige Bankverbindlichkeiten....................		600 000,00
4400 Verbindlichkeiten a. L. u. L.		342 000,00
4800 Umsatzsteuer		25 300,00
4830 Verbindlichkeiten FB		
4840 Verbindlichkeiten SV		
5000 Umsatzerlöse		1 528 620,00
5200 Bestandsveränderungen		
5710 Zinserträge		2 500,00
6000 Aufwendungen für Rohstoffe	740 000,00	
6160 Fremdinstandhaltung	14 000,00	
6200 Löhne	227 300,00	
6300 Gehälter	104 000,00	
6400 Arbeitgeberanteil zur Sozialversicherung............	52 600,00	
7510 Zinsaufwendungen	26 000,00	
Richten Sie noch die Konten 8010 und 8020 ein.	**2 972 900,00**	**2 972 900,00**

	5. EUR	6. EUR
Folgende Geschäftsfälle sind noch zu buchen.		
1. Wir belasten einen Kunden für eine überfällige Forderung mit Verzugszinsen	60,00	50,00
2. Verkauf von Fertigerzeugnissen auf Ziel, Nettowert .... + USt.	41 000,00	35 000,00
3. Der Kunde überweist die berechneten Verzugszinsen auf unser Bankkonto (siehe Geschäftsfall 1)	60,00	50,00
4. Ein Kunde bezahlt unsere Rechnung A 1705 in Höhe von .... durch Banküberweisung	17 850,00	29 750,00
5. Die Hypothekenzinsen für das letzte Halbjahr werden durch die Bank überwiesen	24 000,00	21 000,00
6. Für Ausbesserungsarbeiten am Außenputz unserer Fabrikhalle erhält die Putzerfirma einen Verrechnungs-scheck über .... (einschl. USt.). Die Rechnung ist noch zu buchen.	7 140,00	8 330,00
7. Verkauf einer nicht mehr benötigten Drehmaschine gegen Bankscheck zum Buchwert von .... + USt.	4 000,00	5 000,00
8. Abführung des voraussichtlichen Arbeitnehmeranteils .... und Arbeitgeberanteils zur SV	7 900,00 7 600,00	8 500,00 8 180,00
9. Zahlung der Löhne und Gehälter durch Banküberweisung		
a) Gehälter, brutto	12 700,00	14 000,00
b) Löhne, brutto	24 800,00	27 000,00
einbehaltene Steuern	5 500,00	6 000,00
einbehaltene SV-Beiträge	7 875,00	8 610,00
Arbeitgeberanteil zur Sozialversicherung	7 520,00	8 300,00

Abschlussangaben zu 5. und 6.
1. Endbestände
   Rohstoffe 90 700,00
   Fertige Erzeugnisse 60 000,00
2. Im Übrigen stimmen die Salden der Bestandskonten mit den Inventurwerten überein.

2.5.3 Vorschüsse; vermögenswirksame Leistungen

Lohn- und Gehaltsvorschuss: Erfassung als kurzfristiges Darlehen auf **2650 Forderungen an Mitarbeiter**

> **Beispiel:** Überweisung eines Vorschusses von 500,00 EUR
>
> 2650 Forderungen an Mitarbeiter 500,00 an 2800 Bank 500,00
>
> Der Vorschuss wird monatlich in Höhe von 50,00 EUR mit dem Gehalt verrechnet (siehe unten).

Vermögenswirksame Leistungen: **Arbeitgeberzuschüsse** zu vermögenswirksamen Leistungen des Arbeitnehmers erhöhen die steuer- und sozialversicherungspflichtigen Bruttobezüge.

Miterfassung auf 6200 Löhne und 6300 Gehälter

Die Buchung kann auch auf den Konten 6220 und 6320 Sonstige tarifliche oder vertragliche Aufwendungen erfolgen.

Bei Lohn-/Gehaltszahlung:

Erfassung des Gesamtbetrags der VW-Leistungen bis zur Abführung als „durchlaufender Posten" auf **4860 Verbindlichkeiten aus vermögenswirksamen Leistungen**

Anschließend Abführung über 2800 Bank

> **Beispiel:** Gehaltsbuchungen mit Gehaltsvorschuss und vermögenswirksamen Leistungen
>
> Die folgenden Summen einer Gehaltsliste vom 30. April sind gesammelt zu buchen. Im Gesamt-Brutto sind Arbeitgeberzuschüsse zu vermögenswirksamen Leistungen von 400,00 EUR enthalten. SV-Vorauszahlungen (AN-Anteil 2 180,00 EUR, AG-Anteil 2 080,00 EUR) wurden bereits abgeführt. Sie stimmen mit den tatsächlichen SV-Beiträgen überein.

Gehaltsliste	Summe
Steuerklasse	
Gesamt-Brutto	10 400,00
Lohnsteuer	1 040,00
Solidaritätszuschlag	57,20
Kirchensteuer	93,60
Summe Steuern	1 190,80
SV Arbeitnehmeranteil	2 180,00
Netto-Verdienst	7 029,20
L-/G-Vorschuss	0,00
Verrechn. Vorschuss	50,00
Verrechn. Sachbezüge	0,00
Zuschuss KV/PV	0,00
VW Leistung	600,00
Sacherwerb	0,00
Auszahlung	6 379,20
SV Arbeitgeberanteil	2 080,00

Überweisung
- der vermögenswirksamen Leistungen:
- der einbehaltenen Steuerbeträge zum 10.05.:

Buchung im Grundbuch

6300 Gehälter 10 400,00

    an 4830 Verbindlich. FB   1 190,80
    an 2640 SV-Vorauszahl.   2 180,00

    an 2650 Ford. an Mitarbeiter   50,00

    an 4860 Verbindlichk. VWL   600,00

    an 2800 Bank   6 379,20

6400 Arbeitgeberanteil SV 2 080,00
    an 2640 SV-Vorauszahl.   2 080,00

4860 Verbindlichk. VWL   600,00 an 2800 Bank   600,00

4830 Verbindlichk. FB   1 190,80 an 2800 Bank   1 190,80

2.5.4   Erwerb von Sachgütern; Sachbezüge

Erwerb von Sachgütern: Arbeitnehmer können vielfach Erzeugnisse und Waren ihres Betriebes mit Personalrabatt erwerben. Der Rabatt erhöht die Bruttobezüge (Miterfassung auf 6200 Löhne und 6300 Gehälter). Er ist sozialversicherungspflichtig. Lohnsteuerpflichtig ist er nur, wenn er 1 080,00 EUR im Jahr übersteigt. Der Sacherwerb stellt Umsatzerlöse dar und ist umsatzsteuerpflichtig. Wird der Bruttobezugspreis mit dem Nettoverdienst des Arbeitnehmers verrechnet, ist er folglich in Nettopreis und Umsatzsteuer aufzuspalten.

Sachbezüge: Sachbezüge erhöhen ebenfalls die Bruttobezüge (Miterfassung auf 6200 Löhne und 6300 Gehälter). Sie sind lohnsteuerpflichtig, wenn sie 44,00 EUR monatlich übersteigen. Sie sind auch sozialversicherungspflichtig (Ausnahme: unentgeltliche oder verbilligte Mahlzeiten unter genau festgelegten Bedingungen).

Desweiteren sind auch Sachbezüge umsatzsteuerpflichtig. Ihr Wert wird mit dem Nettoverdienst des Arbeitnehmers verrechnet (vgl. S. 379). Buchung auf **5430 Andere sonstige betriebliche Erträge**. Der Wert ist in Nettowert und Umsatzsteuer aufzuspalten.

Beispiel: **Gehaltsbuchungen mit Sachbezügen und Erwerb von Sachgütern**

Die folgenden Summen einer Gehaltsliste vom 30.04. sind gesammelt zu buchen. Im Gesamt-Brutto sind Arbeitgeberzuschüsse zu vermögenswirksamen Leistungen von 400,00 EUR, Sachbezüge (lohnsteuerfreie Summe) von 100,00 EUR + USt. und Sacherwerb (lohnsteuerfreie Summe) von 150,00 EUR + USt. enthalten. SV-Beitragsvorauszahlungen (AN-Anteil 2 240,00 EUR, AG-Anteil 2 140,00 EUR) wurden bereits abgeführt. Sie stimmen mit den tatsächlichen SV-Beiträgen überein.

Gehaltsliste	Summe
Steuerklasse	
Gesamt-Brutto	10 700,00
Lohnsteuer	1 040,00
Solidaritätszuschlag	57,20
Kirchensteuer	93,60
Summe Steuern	1 190,80
SV Arbeitnehmeranteil	2 240,00
Netto-Verdienst	7 269,20
L-/G-Vorschuss	0,00
Verrechn. Vorschuss	50,00
Verrechn. Sachbezüge	119,00
Zuschuss KV/PV	0,00
VW Leistung	600,00
Sacherwerb	178,50
Auszahlung	6 321,70
SV Arbeitgeberanteil	2 140,00

Überweisung
- der vermögenswirksamen Leistungen:
- der einbehaltenen Steuerbeträge bis zum 10.05.:

Buchung im Grundbuch

6300 Gehälter 10 700,00

       an 4830 Verbindlich. FB   1 190,80
       an 2640 SV-Vorauszahl.   2 240,00

       an 2650 Ford. an Mitarbeiter 50,00
       an 5430 A. sonst. betr. Erträge 100,00
       an 4800 Umsatzsteuer   19,00

       an 4860 Verbindlich. VWL 600,00
       an 5000 Umsatzerlöse   150,00
       an 4800 Umsatzsteuer   28,50
       an 2800 Bank   6 321,70

6400 Arbeitgeberanteil SV 2 140,00
       an 2640 SV-Vorauszahl.   2 140,00

4860 Verbindlichk. VWL   600,00 an 2800 Bank   600,00

4830 Verbindlichk. FB   1 190,80 an 2800 Bank   1 190,80

2.5.5 Personalaufwendungen als Nicht-Entgeltbestandteile

Personalaufwendungen stellen nicht Lohn oder Gehalt dar, wenn der Arbeitgeber sie im überwiegend eigenbetrieblichen Interesse erbringt. Sie werden – je nach Art – in der Kontengruppe **66 Sonstige Personalaufwendungen** oder auf Konto **6495 Sonstige soziale Aufwendungen** gebucht.

> **Beispiele:** Personalaufwendungen im überwiegend eigenbetrieblichen Interesse
> - Aufwendungen für die Überlassung betriebseigener Sportanlagen und Sportgeräte, wenn die Nutzung allen Arbeitnehmern möglich ist
> - Aufwendungen für Betriebsveranstaltungen (Veranstaltungen mit gesellschaftlichem Charakter), z. B. Betriebsausflüge, Weihnachtsfeiern, Jubiläumsfeiern (einschließlich Mahlzeiten)
> - Fort- und Weiterbildungsleistungen
> - Aufwendungen für Personalparkplätze
> - Schadensersatzleistungen
> - Aufwendungen für Berufs- und Schutzkleidung

Arbeitsaufträge

1. **Nehmen Sie an, Sie sind in der Lohnbuchhaltung tätig. Ein Sachbearbeiter löst anstehende Probleme wie folgt:**

Problem	Lösung
(1) Buchung des Arbeitgeberanteils zur SV	Buchung bei Lohnzahlung: 6400 an 2800
(2) Einbehaltung eines Gehaltsvorschusses	Verrechnung mit dem Bruttogehalt
(3) Abführung der Lohnsteuerabzüge	Überweisung bis zum 15. des Folgemonats
(4) Erwerb von Erzeugnissen des Betriebs (Wohnwagen) durch Arbeitnehmer mit steuerrelevantem Rabatt von 2 400,00 EUR	Abzug des Nettobezugspreises vom Bruttolohn des Arbeitnehmers; Berechnung von SV-Abzügen vom Rabattbetrag
(5) Buchung der vermögenswirksamen Leistungen eines Arbeitnehmers	Miterfassung auf 6200 Löhne bzw. 6300 Gehälter
(6) Verrechnung von durch den Arbeitgeber gestellten Sicherheitsschuhen	Miterfassung auf 6200 Löhne bzw. 6300 Gehälter
(7) Verrechnung von Essenszuschüssen von monatlich 40,00 EUR	Erfassung bei den Nettoabzügen

Erläutern Sie die Fehler und lösen Sie die Probleme richtig.

2.

Gehaltsliste	Summe
Steuerklasse	
Gesamt-Brutto	32 100,00
Lohnsteuer	3 120,00
Solidaritätszuschlag	171,60
Kirchensteuer	280,80
Summe Steuern	3 572,40
SV Arbeitnehmeranteil	6 517,23
Netto-Verdienst	
L-/G-Vorschuss	1 000,00
Verrechn. Vorschuss	150,00
Verrechn. Sachbezüge	
Zuschuss KV/PV	0,00
VW Leistung	1 800,00
Sacherwerb	
Auszahlung	
SV Arbeitgeberanteil	6 203,33

Im Monat Juni fallen SV-Vorauszahlungen von 6 400,00 EUR (AN-Anteil) und 6 100,00 EUR (AG-Anteil) an. Das Konto 2640 weist seit Ende Mai eine Restforderung von 100,00 EUR aus (AN-Anteil 55,00 EUR, AG-Anteil 45,00 EUR). Ende Juni liegt die nebenstehende (noch unvollständige) Gehaltsliste vor.

Das Gesamt-Brutto enthält Arbeitgeberzuschüsse zu vermögenswirksamen Leistungen von 1 200,00 EUR, lohnsteuerfreie Sachbezüge von 300,00 EUR und lohnsteuerfreien Sacherwerb von 450,00 EUR.

a) Ergänzen Sie die fehlenden Eintragungen in der Gehaltsliste.
b) Buchen Sie bei SV-Vorauszahlung und Gehaltszahlung. Beachten Sie, dass ggf. Umsatzsteuer zu berücksichtigen ist.
c) Buchen Sie die Überweisungen der entstehenden Verbindlichkeiten.

3. Sie haben schon die Gehaltsabrechnungen für die Arbeitsaufträge auf den Seiten 377 und 379 erstellt. Die SV-Vorauszahlungen sind für den laufenden Monat abgeführt. Konto 2640 weist im Soll 10 300,00 EUR aus (Arbeitnehmeranteil 5 300,00 EUR, Arbeitgeberanteil 5 000,00 EUR)

a) Erstellen Sie die Lohn- und Gehaltsliste und buchen Sie die Löhne und Gehälter sowie die Abführung der Steuern. Die gesetzliche Krankenversicherung erhebt einen Arbeitnehmerbeitrag von 8,2 %.

Im folgenden Monat treten die nachstehenden Veränderungen ein:

(1) Die Arbeitnehmer 1, 3 und 8 schließen vermögenswirksame Bausparverträge ab. Die monatlichen Sparleistungen betragen jeweils 39,00 EUR. Gemäß Tarifvertrag leistet der Arbeitgeber hierzu einen Zuschuss von 50 %.

(2) Die Arbeitnehmer 1 und 3 kaufen Handelswaren ihres Betriebs mit 15 % Personalrabatt zum Vorzugspreis von jeweils 107,10 EUR einschließlich Umsatzsteuer. Der Preis wird bei der Lohn-/Gehaltsabrechnung einbehalten.

(3) Es werden zwei neue Mitarbeiter eingestellt:

- **Mitarbeiter 10:** Otto Helferlein, Aushilfskraft; geringfügige Beschäftigung ohne Lohnsteuerkarte zum Bruttolohn von 400,00 EUR. Der Lohn wird brutto ausbezahlt. Der Arbeitgeber zahlt pauschal 31 % Abgaben.

- **Mitarbeiterin 11:** Erna Bombich, Steuerklasse IV/2,0, konfessionslos

  Frau Bombich bezieht ein Gehalt von 2 632,00 EUR. Als Außendienstmitarbeiterin erhält sie einen Dienstwagen, den sie privat nutzen darf. Die private Nutzung wird anhand eines Fahrtenbuchs ermittelt. Sie wird für den ersten Monat mit 200,00 EUR zuzüglich Umsatzsteuer errechnet.

  Außerdem erhält Frau Bombich bei Dienstantritt einen Gehaltsvorschuss von 800,00 EUR. Dieser wird ab der ersten Gehaltszahlung monatlich in Höhe von 80,00 EUR einbehalten. Die gesetzliche Krankenversicherung erhebt keinen Zusatzbeitrag.

b) Erstellen Sie die neuen Gehaltsabrechnungen für alle Beschäftigten. Benutzen Sie dazu ergänzend auch die folgenden Auszüge aus der Monats-Lohnsteuertabelle.

Lohn/ Gehalt		I–VI ohne Kinderfreibeträge				I, II, III, IV mit Zahl der Kinderfreibeträge													
								0,5			1			1,5			2		
bis EUR		LSt	SolZ	8 %	9 %		LSt	SolZ	8 %	9 %	SolZ	8 %	9 %	SolZ	8 %	9 %	SolZ	8 %	9 %
2 522,99	I, IV	334,91	18,42	26,79	30,14	I	334,91	13,86	20,16	22,68	9,55	13,89	15,62	3,81	8,00	9,00	–	2,82	3,17
	II	303,41	16,68	24,27	27,30	II	303,41	12,21	17,77	19,99	8,01	11,65	13,10	–	5,91	6,65	–	1,27	1,43
	III	118,00	–	9,44	10,62	III	118,00	–	4,76	5,35	–	0,88	0,99						
	V	607,00	33,38	48,56	54,63	IV	334,91	16,11	23,43	26,36	13,86	20,16	22,68	11,67	16,98	19,10	9,55	13,89	15,62
	VI	642,50	35,33	51,40	57,82														
2 525,99	I, IV	335,66	18,46	26,85	30,20	I	335,66	13,89	20,21	22,73	9,58	13,94	15,68	3,95	8,06	9,06	–	2,85	3,20
	II	304,16	16,72	24,33	27,37	II	304,16	12,26	17,83	20,06	8,04	11,70	13,16	–	5,96	6,70	–	1,30	1,46
	III	118,50	–	9,48	10,66	III	118,50	–	4,80	5,40	–	0,90	1,01						
	V	608,16	33,44	48,65	54,73	IV	335,66	16,14	23,48	26,42	13,89	20,21	22,73	11,71	17,03	19,16	9,58	13,94	15,68
	VI	643,50	35,39	51,48	57,91														
2 885,99	I, IV	428,58	23,57	34,28	38,57	I	428,58	18,73	27,25	30,65	14,15	20,58	23,15	9,83	14,30	16,08	4,76	8,38	9,43
	II	395,16	21,73	31,61	35,56	II	395,16	16,99	24,72	27,81	12,51	18,20	20,47	8,28	12,04	13,55	–	6,27	7,05
	III	196,66	6,93	15,73	17,69	III	196,66	–	10,21	11,48	–	5,41	6,08	–	1,41	1,58			
	V	737,00	40,53	58,96	66,33	IV	428,58	21,12	30,72	34,56	18,73	27,25	30,65	16,41	23,87	26,85	14,15	20,58	23,15
	VI	773,25	42,52	61,86	69,59														
2 888,99	I, IV	429,41	23,61	34,35	38,64	I	429,41	18,77	27,31	30,72	14,19	20,64	23,22	9,86	14,35	16,14	4,90	8,44	9,49
	II	396,00	21,78	31,68	35,64	II	396,00	17,03	24,78	27,87	12,54	18,25	20,53	8,31	12,10	13,61	–	6,32	7,11
	III	197,33	7,06	15,78	17,75	III	197,33	–	10,25	11,53	–	5,45	6,13	–	1,45	1,63			
	V	738,08	40,59	59,04	66,42	IV	429,41	21,16	30,78	34,63	18,77	27,31	30,72	16,45	23,93	26,92	14,19	20,64	23,22
	VI	774,33	42,58	61,94	69,68														

Quelle: Stollfuß Tabellen, Gesamtabzug 2014, Monat, Allgemeine Tabelle, 98. Auflage, Stollfuß Medien, Bonn 2013, S. T 37, T 44

c) Erstellen Sie die Gehaltsliste.

d) Nehmen Sie in Grund- und Hauptbuch alle Buchungen vor, die sich aus der Sozialversicherungspflicht sowie den Lohn- und Gehaltszahlungen ergeben.

3 Absatzprozesse

3.1 Handelskalkulation

Mit der Selbstkosten- und Verkaufskalkulation wird der Angebots- oder Listenverkaufspreis von Erzeugnissen und Handelswaren berechnet. Sie schließt sich an die Einkaufskalkulation an. Hier behandeln wir die Kalkulation von Handelswaren.

*Die **Kalkulation** von Erzeugnissen wurde schon in den Kapiteln über die Vollkostenrechnung und die Prozesskostenrechnung besprochen. Lesen Sie dort bei Bedarf noch einmal nach.*

Beispiel: Handelskalkulation

	Listeneinkaufspreis	100 %		4 176,00 EUR	
−	Lieferantenrabatte	25 %		− 1 044,00 EUR	
=	**Zieleinkaufspreis**	75 %	100 %	= 3 132,00 EUR	
−	Lieferantenskonto		3 %	− 93,96 EUR	
+	Einkaufskosten		2 %	+ 62,64 EUR	
=	**Bareinkaufspreis**		99 %	= 3 100,68 EUR	Einkaufskalkulation
+	Bezugskosten			365,00 EUR	
=	**Einstandspreis**	100 %		**3 465,68 EUR**	Selbstkostenkalkulation
① +	Gemeinkostenzuschlag	25 %		866,42 EUR	
② =	**Selbstkostenpreis**	125 %	100 %	4 332,10 EUR	
③ +	Gewinnzuschlag		10 %	433,21 EUR	
④ =	**Barverkaufspreis**	92 %	110 %	4 765,31 EUR	
⑤ +	Vertreterprovision	6 %		310,78 EUR	
⑥ +	Kundenskonto	2 %		103,59 EUR	
⑦ =	**Zielverkaufspreis**	100 %	80 %	5 179,68 EUR	Verkaufskalkulation
⑧ +	Kundenrabatt		20 %	1 294,92 EUR	
⑨ =	**Listenverkaufspreis**		100 %	**6 474,60 EUR**	

① Die Einstandspreise sind Einzelkosten. Sie lassen sich dem einzelnen Warenposten direkt zurechnen. Alle anderen Kosten (z. B. Personal-, Raum-, Verwaltungskosten, Abschreibungen) sind Gemeinkosten. Sie belasten alle Waren gemeinsam. Traditionell werden sie mit einem prozentualen Zuschlag auf die Einstandspreise verrechnet (Zuschlagsgrundlage = Wareneinsatz). Beispiel: Gemeinkosten = 250 000,00 EUR; Wareneinsatz = 1 000 000,00 EUR

$$\text{Gemeinkostenzuschlag} = \frac{\text{Gemeinkosten}}{\text{Wareneinsatz}} \cdot 100 \qquad \frac{250\,000}{1\,000\,000} \cdot 100 = 25\,(\%)$$

Die aus der Vollkostenrechnung bekannte Problematik hinsichtlich der Zuschlagsgrundlage gilt auch hier. Deshalb ist in der Praxis zu überlegen, ob anstelle des Gemeinkostenzuschlags ein Prozesskostensatz ermittelt werden kann. Da er sich nicht am Wert der Güter ausrichtet, sondern an den Kosten der Bearbeitungsprozesse, führt er zu einer verursachungsgerechteren Zurechnung der Gemeinkosten.

② Der Selbstkostenpreis enthält alle Kosten des betreffenden Warenpostens.

③ bis ⑨ Die Berechnung dieser Größen entspricht der Verkaufskalkulation von Erzeugnissen (vgl. S. 239).

Die Zuschlagssätze der Selbstkosten- und Verkaufskalkulation bleiben über eine gewisse Zeit unverändert. Deshalb lassen sie sich vereinfachend zu einem einzigen **Kalkulationszuschlag** zusammenfassen:

$$\text{Kalkulationszuschlag} = \frac{\text{Listenverkaufspreis} - \text{Einstandspreis}}{\text{Einstandspreis}} \cdot 100 \qquad \frac{6\,474,60 - 3\,465,68}{3\,465,68} \cdot 100 = 86,82\,(\%)$$

Wird der Verkaufspreis durch den Markt vorgegeben, ermittelt man durch eine **Rückwärtskalkulation** (mit den gleichen Zuschlagssätzen) den zulässigen Einstandspreis.

Arbeitsauftrag

Fünf Waren (W) aus vier verschiedenen Betrieben (B) werden wie folgt kalkuliert:

B	W	Einstands-preis	Gemeinkosten-zuschlag	Gewinn-zuschlag	Vertreter-provision	Kunden-skonto	Kunden-rabatt
1	1	3 020,00	40 %	10 %		2 %	20 %
2	2	24,35	35 %	12 %		1 %	
	3	9 134,00	35 %	12 %		1,5 %	10 %
3	4	17 300,00	20 %	8 %	8 %	3 %	25 %
4	5	998,00	34,6 %	9,5 %	6,5 %	2,5 %	15 %

a) Führen Sie eine vollständige Verkaufskalkulation durch und errechnen Sie den Listenverkaufspreis für 1, 10 und 100 Stück.

b) Berechnen Sie jeweils den Kalkulationszuschlag.

c) Anstelle des Kalkulationszuschlags rechnet man häufig mit dem sog. **Kalkulationsfaktor**.
   Der Kalkulationsfaktor ist die Zahl, mit der man den Einstandspreis multiplizieren muss, um den Listenverkaufspreis zu erhalten.
   – Berechnen Sie jeweils den Kalkulationsfaktor.
   – Vergleichen Sie dann die Ziffernfolge bei Kalkulationszuschlag und Kalkulationsfaktor. Welche Erkenntnis gewinnen Sie?

d) Berechnen Sie jeweils den Listenverkaufspreis mithilfe von Kalkulationszuschlag und Kalkulations-faktor für einen Einstandspreis von 400,00 EUR (1 650,00 EUR).

e) Nach Ablauf eines Jahres hat sich die Kostenstruktur in Betrieb 1 (4) geändert:
   Die Gemeinkosten belaufen sich auf 420 000,00 EUR (275 000,00 EUR).
   Es wird mit einem Wareneinsatz von 913 000,00 EUR (850 000,00 EUR) gerechnet.
   – Passen Sie die Listenverkaufspreise an.
   – Passen Sie Kalkulationszuschlag und Kalkulationsfaktor an und berechnen Sie den Listenver-kaufspreis für eine Ware mit einem Einstandspreis von 780,00 EUR.

f) Für Ware 4 (5) kann aufgrund der Konkurrenzsituation nur ein Listenverkaufspreis von 27 700,00 EUR (1 800,00 EUR) angesetzt werden. Stellen Sie durch eine Rückwärtskalkulation fest, auf wie viel EUR der Einstandspreis gedrückt werden muss, wenn bei unveränderten Zuschlägen der ge-wünschte Gewinn erzielt werden soll.

g) Auch die Rückwärtskalkulation lässt sich durch Zusammenfassung der einzelnen Prozentsätze zu einem **Kalkulationsabschlag** (auch **Handelsspanne** genannt) verkürzen. Ermitteln Sie die Formel für den Kalkulationsabschlag.

h) Leider stellt sich heraus, dass die Einstandspreise für die Waren 4 und 5 nicht gedrückt werden können.
   – Stellen Sie fest, wie viel EUR Gemeinkosten pro verkauftem Stück noch abgedeckt werden und wie viel EUR Stückgewinn ggf. noch bleiben.
   – Beurteilen Sie mithilfe der Deckungsbeitragsrechnung, ob es sich langfristig und kurzfristig lohnt, die Waren im Sortiment zu halten.

i) Die Betriebe 2 und 3 führen die Prozesskostenrechnung ein, um eine verursachungsgerechtere Zurechnung der Gemeinkosten zu erreichen. Jetzt werden die Gemeinkosten den Einzelkosten durch zwei Hauptprozesskostensätze (HPS) zugerechnet:

	Bezugsgröße	Betrieb 2	Betrieb 3
HPS Ware beschaffen	100 Einheiten	130,00 EUR	170,00 EUR
HPS Auftrag bearbeiten	1 Auftrag	140,00 EUR	190,00 EUR

   – Berechnen Sie erneut die Listenverkaufspreise für 1, 10 und 100 Stück und begründen Sie die Verbesserung der Kalkulation im Vergleich zur traditionellen Vollkostenrechnung.
   – Lässt sich auch jetzt ein Kalkulationszuschlag (Kalkulationsfaktor) bilden, um die Kalkulation zu verkürzen?
   – Lösen Sie die Aufgabenstellung der Teilaufträge f) und h) erneut für Ware 4 unter Zugrunde-legung der veränderten Bedingungen. Legen Sie dabei alternative Kundenbestellungen von 1, 10 und 100 Stück zugrunde.

3.2 Verkäufe und Rücksendungen

① Die Schraubenfabrik Fritz Dreher e.K. verkauft fertige Erzeugnisse und erstellt folgende Rechnung:

Rechnung Nr. 4355

Art.-Nr.	Bezeichnung	Menge	Einzelpreis	Gesamtpreis
5162	Gewindeschraube vz.	1 000 Pack.	10,00	10 000,00
	M6 x 60, mit Mutter,		15 % Rabatt	1 500,00
	Packung zu 100 Stück			8 500,00
			Verpackungskosten	60,00
			Frachtkosten	195,00
				8 755,00
			19 % USt.	1 663,45
				10 418,45

Zahlung binnen 30 Tagen netto oder binnen 10 Tagen mit 2 % Skonto

② Bei Dreher geht die Rechnung der Spedition Schneller KG für den Versand ein:

Rechnung

Versand 1 Palette Gewindeschrauben von Neuss nach Leipzig	195,00 EUR
19 % Umsatzsteuer	37,05 EUR
	232,05 EUR

Zahlbar sofort ohne Abzug

③ Aufgrund von Mängeln (falscher Inhalt) werden vom Kunden 10 Packungen im Wert von 100,00 EUR zurückgeschickt.

Der Verkauf von fertigen Erzeugnissen, Handelswaren und Serviceleistungen führt zu Verkaufserlösen. Diese werden auf Ertragskonten der Kontenklasse 5 erfasst (Habenbuchung):

Erlösart	Ertragskonto	
Erlöse für fertige Erzeugnisse	**5000 Umsatzerlöse für eigene Erzeugnisse**	*Buchung abzüglich Sofortrabatt und zuzüglich in Rechnung gestellter Vertriebskosten!*
Erlöse für Handelswaren	**5100 Umsatzerlöse für Waren**	
Erlöse für Serviceleistungen	**5050 Umsatzerlöse für andere eigene Leistungen**	

Sofortrabatte (z. B. Mengen-, Sonder-, Wiederverkäuferrabatt) sind Verkaufspreisminderungen. Sie werden sofort abgezogen. Nur der rabattierte Preis wird gebucht.

Vertriebskosten, die den Kunden in Rechnung gestellt werden (z. B. Verpackungs-, Fracht-, Verladekosten, Transportversicherung) werden nicht gesondert gebucht, sondern den Umsatzerlösen zugeschlagen.

Gehen andererseits Rechnungen von beauftragten Unternehmen (z. B. Spediteuren, Lieferanten, Handelsvertretern, Kommissionären) für Vertriebskosten (z. B. Verpackungsmaterial, Frachten, Umschlags- und Lagerleistungen, Provisionsabrechnungen) ein, so werden diese auf Aufwandskonten der Klasse 6 gebucht:

Aufwandsart	Aufwandskonto
Verpackungsmaterial	6040 Verpackungsmaterial
Fracht, Umschlag, Lagerung	6140 Frachten und Fremdlager
Provisionen	6150 Vertriebsprovisionen

Rücksendungen. Werden Erzeugnisse oder Waren vom Kunden zurückgeschickt (z. B. bei Falschlieferungen oder Warenmängeln), so ist die ursprüngliche Buchung durch eine entgegengesetzte Berichtigungsbuchung zu korrigieren. Auch die Umsatzsteuer muss anteilig korrigiert werden.

Beispiel: Verkaufsbuchung, Eingangsbeispiel Fritz Dreher e. K., siehe S. 395

❶ **Verkauf von**
Erzeugnissen: **Buchung im Grundbuch**
Rechnungs-
preis netto   2400 Forderungen
             a. L. u. L.   10418,45   an 5000 Umsatzerlöse   8755,00
19 % USt.   an 4800 Umsatzsteuer   1663,45

❷ **Vertriebskosten:**
netto   6140 Frachten und
             Fremdlager   195,00
19 % USt.   2600 Vorsteuer   37,05   an 4400 Verbindlichkeiten
                            a. L. u. L.   232,05

❸ **Rücksendung**
netto   5000 Umsatzerlöse   100,00
19 % USt.   4800 Umsatzsteuer   19,00   an 2400 Forderungen
                            a. L. u. L.   119,00

Buchung im Hauptbuch:

S	2400 Forderungen	H	S	5000 Umsatzerlöse	H
❶ 5000/4800 10418,45	❸ 5000/4800 119,00		❸ 2400 100,00	❶ 2400 8755,00	

S	6140 Frachten u. Fremdlager	H	S	4800 Umsatzsteuer	H
❷ 4400 195,00			❸ 2400 19,00	❶ 2400 1663,45	

S	2600 Vorsteuer	H	S	4400 Verbindlichkeiten	H
❷ 4400 37,05				❷ 6140/ 232,05 2600	

Anmerkung

Bei Vorliegen einer Kontokorrentbuchführung wird nicht auf dem Konto Forderungen a. L. u. L. gebucht, sondern auf den Personenkonten der Geschäftspartner.

Beispiel Verkauf:

10003 Praxis Baumarkt AG   10418,45   an 5000 Umsatzerlöse   8755,00
                            an 4800 Umsatzsteuer   1663,45

Entsprechendes gilt auch für Rücksendungen sowie alle anderen Buchungen, bei denen das Konto Forderungen a. L. u. L. betroffen ist.

Arbeitsauftrag

Debitoren				Kreditoren		
Firma	Konto	Saldo o. P.		Firma	Konto	Saldo o. P.
Schmalzer GmbH	10015	0,00		Kappa Verpackungswerk GmbH	70030	800,00
Lüddl OHG	10006	270,00		Eiliger Int. Sped. GmbH & Co. KG	70119	0,00
ALTI AG	10004	2 950,00		Neuhaus e. K., Handelsvertreter	70009	0,00

Folgende Geschäftsfälle fielen im September 20.. an:

(1) Warenverkauf durch Handelsvertreter Neuhaus e. K. an Schmalzer GmbH

Rechnung Nr. 4355				
Art.-Nr.	Bezeichnung	Menge	Einzelpreis	Gesamtpreis
142	Schlemmertopf Mexico	20 000	0,45	9 000,00
	1/1 Dose		10 % Rabatt	900,00
				8 100,00
			7 % USt.	567,00
				8 667,00

(2) Einkauf von Verpackungsmaterial bei der Kappa Verpackungswerk GmbH   **700,00**
     19 % Umsatzsteuer   **133,00**

(3) Die Eingangsrechnung von Kappa wird durch Banküberweisung beglichen.

(4) Für den Versand an Schmalzer geht die Rechnung von Eiliger Int. Spedition
     GmbH & Co. KG ein   **630,00**
     19 % Umsatzsteuer   **119,70**

(5) Monatsabrechnung von Neuhaus e. K.:

Abrechnung für September 20..				
Vermittelte Umsätze:	122 000,00 EUR	8 % Provision		9 760,00 EUR
Inkasso:	25 000,00 EUR	1 % Inkassoprovision		250,00 EUR
				10 010,00 EUR
		19 % Umsatzsteuer		1 901,90 EUR
				11 911,90 EUR

(6) Zielverkauf von Gemüsekonserven an Lüddl OHG   **400,00**
     + Fracht   **80,00**
     + Verpackung   **15,00**
     + Umsatzsteuer   **?**

(7) Zielverkauf von Obstkonserven an ALTI AG   **35 000,00**
     7 % Umsatzsteuer   **2 450,00**

(8) Gutschrift für Rücksendung verdorbener Konserven durch ALTI AG   **500,00**
     7 % Umsatzsteuer   **35,00**

(9) Bankgutschrift der Restforderung an ALTI AG

(10) Banküberweisungen zum Ausgleich der Spediteurrechnung und der Abrechnung des Handelsvertreters

a) Alternative 1 (Buchungen **ohne** Kontokorrentbuch)
     Erstellen Sie die Buchungssätze für die Geschäftsfälle.

b) Alternative 2 (Buchungen **mit** Kontokorrentbuch)
     • Erstellen Sie die Buchungssätze und buchen Sie auf den Konten.
     • Wie viel EUR betragen nach Erledigung aller Buchungen die Endbestände an Forderungen und Verbindlichkeiten insgesamt?

DRITTER ABSCHNITT

3.3   Nachträgliche Preisnachlässe

Nachträgliche Preisnachlässe an Kunden schmälern die Umsatzerlöse. Sie sind

- **Nachlässe für mangelhafte Lieferungen,**
- **Kundenboni** (nachträglich gewährte Umsatz- oder Treuerabatte),
- **Kundenskonti** (Nachlass für vorzeitige Zahlung beim Zieleinkauf).

Zahlungsziel ausnutzen oder Skonto abziehen? Diese Frage wurde schon in Exkurs 6 auf S. 364 behandelt.

Die Nachlässe werden üblicherweise auf Unterkonten der Umsatzerlöskonten erfasst (Sollbuchung). Dies erleichtert die Übersicht und die Umsatzsteuerkorrektur (siehe unten).

Erlöskonten	Unterkonten für nachträgliche Nachlässe
5000 **Umsatzerlöse für eigene Erzeugnisse**	5001 **Erlösberichtigungen**
5100 **Umsatzerlöse für Waren**	5101 **Erlösberichtigungen**
5050 **Umsatzerlöse für andere eigene Leistungen**	5051 **Erlösberichtigungen**

Nachlässe mindern das Entgelt als Bemessungsgrundlage der Umsatzsteuer. Deshalb ist die Umsatzsteuer anteilig zu korrigieren.

Zur Bemessungsgrundlage der Umsatzsteuer: Lesen Sie nach auf S. 107.

Dabei geht man entsprechend den schon im Einkauf behandelten Verfahren vor:

- **Nettoverfahren:** Die Umsatzsteuer wird sofort bei der Nachlassbuchung korrigiert. Dazu berechnet und bucht man den Nettobetrag des Nachlasses und die anteilige Umsatzsteuer (siehe Beispiel unten: Skonto netto = 173,10 EUR; Umsatzsteuer = 32,89 EUR).
- **Bruttoverfahren:** Man bucht zunächst den Bruttobetrag des Nachlasses (siehe unten: Skonto brutto = 205,99 EUR). Die Umsatzsteuer wird vor Ende des Umsatzsteuervoranmeldungszeitraums gesammelt für alle gewährten Nachlässe korrigiert und gebucht.

Am Ende der Rechnungsperiode werden die Nachlässe im Rahmen der vorbereitenden Abschlussbuchungen auf die Erlöskonten umgebucht. Diese Konten weisen dann die geminderten Umsatzerlöse aus.

> **Beispiel: Buchungen aufgrund nachträglicher Preisnachlässe**
>
> ❹ Die Ausgangsrechnung von Fritz Dreher e. K. (siehe S. 395) wird unter Abzug von 2 % Skonto bezahlt. Unter Berücksichtigung der erfolgten Rücksendung ergibt sich folgende Berechnung:

Nettobetrag	8 755,00	USt.	1 663,45	Bruttobetrag	10 418,45
Rücksend. netto	100,00	USt.-Anteil	19,00	Rücksend. brutto	119,00
Restbetrag netto	**8 655,00**	**USt.**	**1 644,45**	**Restbetrag br.**	**10 299,45**
2 % Skonto netto	**173,10**	**USt.-Anteil**	**32,89**	**Skonto brutto**	**205,99**
				Überweisung	**10 093,46**

> ❺ Am Ende des Monats erhält der Kunde einen Umsatzbonus von 1 % auf den Halbjahresumsatz. Da Dreher mit dem Kunden in laufender Geschäftsbeziehung steht, erfolgt keine Überweisung, sondern eine Gutschriftsanzeige:

Umsatzbonus 1 % von 65 000,00 EUR Umsatz	650,00
19 % Umsatzsteuer	123,50
Bruttobetrag (wird dem Konto des Kunden gutgeschrieben)	773,50

⑥ **Nur bei Bruttobuchung:** Korrektur der Vorsteuer am Ende des Umsatzsteuervoranmeldungszeitraums

⑦ Umbuchung der gebuchten Nachlässe am Ende der Rechnungsperiode (Wir nehmen zur Vereinfachung an, dass keine weiteren Nachlässe erfolgten.)

Nettobuchung

④ **Skonto**

Überweisung	2800 Bank	10 093,46		
Skonto netto	5001 Erlösberichtigung	173,10		
USt.-Anteil	4800 Umsatzsteuer	32,89	an 2400 Forder. a. L. u. L.	10 299,45

⑤ **Umsatzbonus**

Nachlass netto	5001 Erlösberichtigung	650,00		
USt.-Anteil	4800 Umsatzsteuer	123,50	an 2400 Forder. a. L. u. L.	773,50

⑥ Entfällt; die Umsatzsteuer wurde schon bei der Nettobuchung korrigiert.

⑦ **Umbuchung**

Preisnachlässe	5000 Umsatzerlöse	823,10	an 5001 Erlösberichtigung	823,10

Buchung im Hauptbuch:

S	2400 Forderungen		H		S	5000 Umsatzerlöse		H
❶ 5000/4800	10 418,45	❸ 5000/4800	119,00		❸ 2400	100,00	❶ 2400	8 755,00
		④	10 299,45		⑦ 5001	823,10		
		⑤	773,50					

S	5001 Erlösberichtigung		H		S	4800 Umsatzsteuer		H
④ 2400	173,10	⑦ 5000	823,10		❸ 2400	19,00	❶ 2400	1 663,45
⑤ 2400	650,00				④ 2400	32,89		
					⑤ 2400	123,50		

S	2800 Bank		H
④ 2400	10 093,46		

Bruttobuchung

④ **Skonto**

Überweisung	2800 Bank	10 093,46		
Skonto brutto	5001 Erlösberichtigung	205,99	an 2400 Forder. a. L. u. L.	10 299,45

⑤ **Umsatzbonus**

Nachlass brutto	5001 Erlösberichtigung	773,50	an 2400 Forder. a. L. u. L.	773,50

⑥ **Korrektur der Umsatzsteuer**

	4800 Umsatzsteuer	156,39	an 5001 Erlösberichtigung	156,39

⑦ **Umbuchung**

Preisnachlässe	5000 Umsatzerlöse	823,10	an 5001 Erlösberichtigung	823,10

Buchung im Hauptbuch:

S	2400 Forderungen		H		S	5000 Umsatzerlöse		H
❶ 5000/4800	10 418,45	❸ 5000/4800	119,00		❸ 2400	100,00	❶ 2400	8 755,00
		④	10 299,45		⑦ 5001	823,10		
		⑤	773,50					

S	5001 Erlösberichtigung		H		S	4800 Umsatzsteuer		H
④ 2400	205,99	⑥ 4800	156,39		❸ 2400	19,00	❶ 2400	1 663,45
⑤ 2400	773,50	⑦ 5000	823,10		⑥ 5001	156,39		

S	2800 Bank		H
④ 2400	9 839,20		

Sie wissen schon: Bei EDV-Buchführung spielt die Bruttobuchung keine Rolle. Die Konten Erlösberichtigung und Umsatzsteuer sind verprobt.

Arbeitsaufträge

1. **Ein Kunde begleicht eine Ausgangsrechnung über 41 650,00 EUR unter Abzug von 2 % Skonto durch Banküberweisung.**

   a) Richten Sie folgende Konten ein:

   2400 Forderungen a. L. u. L. .... Soll   106 720,00 EUR

   2800 Bank .... Soll   28 000,00 EUR

   4800 Umsatzsteuer .... Haben   7 600,00 EUR

   5001 Erlösberichtigungen

   b) Buchen Sie den Geschäftsfall auf diesen Konten nach dem Bruttoverfahren mit nachträglicher Sammelberichtigung. Summe der Nachlässe = 8 472,80 EUR

2. **Der Bruttowert der an einen langjährigen Kunden im 3. Quartal gelieferten Erzeugnisse beträgt 95 200,00 EUR einschließlich 19 % Umsatzsteuer. Hierauf wird dem Kunden ein Bonus von 2 % gewährt.**

   Buchen Sie die entsprechende Gutschriftsanzeige an den Kunden nach dem Bruttoverfahren mit nachträglicher Sammelberichtigung.

3./4. **Folgende Geschäftsfälle liegen vor. Die Rohstoffeinkäufe sind wahlweise bestands- oder verbrauchsorientiert zu buchen.**

	3.	4.
	EUR	EUR
(1) Zielverkauf von Erzeugnissen lt. AR 231–238, Listenpreis	15 000,00	20 000,00
Gewährter Sonderrabatt 20 %		
+ USt.		
(2) Zieleinkauf von Rohstoffen frei Lager lt. ER 162–178		
Rechnungspreis, netto	55 000,00	43 000,00
+ USt.		
(3) Zielverkauf von Erzeugnissen		
lt. AR 239–254, netto	73 000,00	62 000,00
+ USt.		
(4) Rücksendung beschädigter Erzeugnisse vom Kunden (AR 240),		
Nettowert	2 800,00	3 400,00
+ Steuerberichtigung	532,00	646,00
(5) Für Rohstoffeinkäufe (ER 162–178) gewährt der Lieferant einen		
Umsatzbonus, Bruttobetrag...	1 309,00	1011,50
(6) Kunde erhält Bonus, Bruttobetrag	416,50	476,00
(7) Kunde erhält Preisnachlass aufgrund einer Mängelrüge (AR 248),		
Bruttobetrag..	297,50	238,00

   Erstellen Sie die Buchungssätze. Buchen Sie Preisnachlässe nach dem Nettoverfahren.

5. **Auf dem Konto 5001 Erlösberichtigungen wurden im März Nachlässe an Kunden aufgrund von Mängelrügen, Umsatzboni und Skonti in Höhe von 21 420,00 EUR einschließlich 19 % USt. gebucht.**

   Wie lautet der Buchungssatz für die am Monatsende durchzuführende Sammelberichtigung der Umsatzsteuer?

6.

Vorläufige Kontensummen eines Industriebetriebes (Auszug)		
	Soll/EUR	Haben/EUR
6002 Nachlässe	0,00	8 092,00
2600 Vorsteuer..	42 294,00	28 798,00
4800 Umsatzsteuer...	34 090,00	57 890,00
5001 Erlösberichtigungen	10 948,00	0,00

Die Nachlässe und Erlösberichtigungen wurden brutto gebucht.

a) Richten Sie die oben genannten Konten ein.

b) Führen Sie die am Monatsende notwendigen Sammelberichtigungen auf den Konten 6002 und 5001 durch.

c) Ermitteln Sie die Umsatzsteuerzahllast.

7. **Das Grundbuch enthält folgende Buchungssätze:**

(1)	4400 Verbindlichkeiten a. L. u. L.	an	6000 Aufw. f. Rohstoffe
		an	2600 Vorsteuer
(2)	5001 Erlösberichtigungen	an	2400 Forderungen a. L. u. L.
(3)	5000 Umsatzerlöse		
	4800 Umsatzsteuer	an	2400 Forderungen a. L. u. L.
(4)	6020 Aufw. f. Hilfsstoffe	an	6021 Bezugskosten
(5)	4400 Verbindlichkeiten a. L. u. L.	an	6030 Aufw. f. Betriebsstoffe
		an	2600 Vorsteuer
(6)	6002 Nachlässe	an	2600 Vorsteuer
(7)	4400 Verbindlichkeiten a. L. u. L.	an	2800 Bank
		an	6002 Nachlässe
(8)	2800 Bank		
	5001 Erlösberichtigungen	an	2400 Forderungen a. L. u. L.

Welche Geschäftsfälle liegen den Buchungssätzen zugrunde?

8./9. Anfangsbestände

		EUR			EUR
0700	Technische Anlagen und Maschinen	160 000,00	2200	Fertige Erzeugnisse	24 000,00
			2400	Forderungen a. L. u. L.	43 320,00
0800	Betriebs- und Geschäftsausstattung	42 000,00	2800	Bank	29 300,00
2000	Rohstoffe	31 000,00	2880	Kasse	16 400,00
2010	Vorprodukte/Fremdbauteile	8 200,00	3000	Eigenkapital	303 040,00
2020	Hilfsstoffe	12 500,00	4400	Verbindlichkeiten a. L. u. L.	70 680,00
2030	Betriebsstoffe	8 000,00	4800	Umsatzsteuer	22 000,00
2100	Unfertige Erzeugnisse	21 000,00			

Kontenplan

0700, 0800, 2000, 2001, 2002, 2010, 2020, 2030, 2100, 2200, 2400, 2600, 2640, 2800, 2880, 3000, 4400, 4800, 4830, 4840, 5000, 5001, 5420, 6000, 6010, 6020, 6030, 6200, 6300, 6400, 6700, 8010, 8020

Geschäftsfälle	8. EUR	9. EUR
(1) Zieleinkauf von Rohstoffen ab Werk (ER 410–416), netto	42 000,00	23 000,00
+ USt. (bestandsorientierte Buchung)		
(2) Eingangsfracht hierauf wird bar beglichen, Nettofracht	850,00	500,00
+ USt.		
(3) Materialentnahmescheine:		
Rohstoffe	24 000,00	32 000,00
Vorprodukte/Fremdbauteile	4 200,00	4 800,00
Hilfsstoffe	9 000,00	8 000,00
Betriebsstoffe	5 100,00	6 400,00
(4) Abführung voraussichtlicher Verbindlichkeiten gegenüber SV-Trägern	7 330,00	7 990,00
(5) Zahlung durch Banküberweisung:		
Löhne brutto	12 400,00	13 500,00
Gehälter brutto	6 350,00	7 000,00
Einbehaltung Lohnsteuer	2 750,00	3 000,00
Einbehaltung SV	3 760,00	4 100,00

(6) Buchung Arbeitgeberanteil zur SV 3 570,00   3 890,00

(7) Preisnachlass des Lieferanten für beschädigte Rohstoffe (ER 412)
Bruttobetrag (Nettobuchung) 357,00   476,00

(8) Zielverkauf von Erzeugnissen (AR 630–641), netto 86 000,00   72 000,00
+ USt.

(9) Rücksendung beschädigter Erzeugnisse vom Kunden (AR 638),
Bruttowert.. 430,78   534,31

(10) Lieferant gewährt Bonus für Rohstoffeinkauf, Bruttobetrag
(Nettobuchung).. 648,55   824,67

(11) Banküberweisung der Geschäftsmiete 1 700,00   1 500,00

(12) Kunde erhält Bonus, Bruttobetrag (Nettobuchung)......................... 295,12   176,12

(13) Kunde erhält Preisnachlass aufgrund einer Mängelrüge (AR 640),
Bruttobetrag (Nettobuchung) 530,74   766,36

Abschlussangabe

Die Salden der Bestandskonten stimmen mit den Inventurwerten überein.

10./11.

Vorläufige Salden der Sachkonten zum 30. Dezember		
Konten	**Soll/EUR**	**Haben/EUR**
0500 Unbebaute Grundstücke	80 000,00	
0520 Gebäude...	300 000,00	
0700 Technische Anlagen und Maschinen	180 000,00	
0800 Betriebs- und Geschäftsausstattung	50 000,00	
2000 Rohstoffe	42 000,00	
2001 Bezugskosten...	1 750,00	
2002 Nachlässe		4 165,00
2020 Hilfsstoffe	28 400,00	
2100 Unfertige Erzeugnisse	16 400,00	
2200 Fertige Erzeugnisse	23 900,00	
2400 Forderungen a. L. u. L.	205 200,00	
2600 Vorsteuer	28 280,00	
2800 Bank	84 600,00	
2880 Kasse..	30 800,00	
3000 Eigenkapital		484 340,00
4250 Langfristige Bankverbindlichkeiten.....................		220 000,00
4400 Verbindlichkeiten a. L. u. L.		225 720,00
4800 Umsatzsteuer		44 660,00
5000 Umsatzerlöse		532 400,00
5001 Erlösberichtigungen	10 115,00	
5710 Zinserträge		3 210,00
6000 Aufwendungen für Rohstoffe	170 900,00	
6020 Aufwendungen für Hilfsstoffe	80 200,00	
6160 Fremdinstandhaltung	3 350,00	
6200 Löhne	98 410,00	
6300 Gehälter	41 880,00	
6700 Mieten..	22 000,00	
6750 Kosten des Geldverkehrs	550,00	
6800 Büromaterial	7 360,00	
7510 Zinsaufwendungen	8 400,00	
	1 514 495,00	1 514 495,00

Richten Sie noch die Konten 8010 und 8020 ein.

Geschäftsfälle	10. EUR	11. EUR
(1) Kunde sendet beschädigte Erzeugnisse zurück, Nettowert........... + USt.	400,00	550,00

(2) Gutschrift der Bank für Zinsen 89,00   72,00

(3) Rohstoffeinkauf auf Ziel (ER 888), Nettopreis ab Werk 12 400,00   11 300,00
     + USt. (bestandsorientierte Buchung)

(4) Eingangsfracht hierauf wird bar beglichen, Nettofracht 150,00   200,00
     + USt.

(5) Zielverkauf von Erzeugnissen (Ar 1021–1037), netto 48 000,00   42 000,00
     + USt.

(6) Lastschrift der Bank für
     Kontokorrentzinsen 455,00   415,00
     Hypothekenzinsen 1 400,00   1 320,00
     Umsatzprovision 192,00   184,00

(7) Gutschrift an Kunden für Mängelrüge (Bruttobuchung), Bruttobetrag 416,50   297,50

(8) Rücksendung beschädigter Rohstoffe an Lieferanten (ER 888),
     Bruttowert 2 975,00   3 094,00

(9) Lieferant belastet uns mit Verzugszinsen 80,00   60,00

(10) Banküberweisung von Kunden
      Rechnungsbetrag 29 750,00   35 700,00
      – 2 % Skonto (brutto) 595,00   714,00
      Gutschrift der Bank 29 155,00   34 986,00

(11) Belastungsanzeige an einen Kunden für Verzugszinsen 50,00   80,00

(12) ER 912 für Gebäudereparatur wird bar beglichen, netto 1 500,00   1 300,00
      + USt.

(13) Banküberweisung an Rohstofflieferanten Rechnungsbetrag 11 900,00   17 850,00
      – 2 % Skonto (brutto) 238,00   357,00
      Lastschrift der Bank 11 662,00   17 493,00

(14) Barzahlung für Maschinenreparatur lt. ER 913, netto 450,00   350,00
      + USt.

Abschlussangaben

Die Steuerberichtigungen wegen Nachlässen und Erlösberichtigungen sind noch zu ermitteln. Die Salden der Bestandskonten stimmen mit den Inventurwerten überein.

Vergleichen Sie „Geleistete Anzahlungen", S. 365. Wir behandeln hier den gleichen Geschäftsfall aus der Sicht des Lieferanten.

3.4   Erhaltene Anzahlungen

Rechnung ❶

Ihre Bestellung Nr. 4211 über 1000 Kugellager X5, Lieferwert 50 000,00 EUR

Anzahlung netto	10 000,00
19 % USt.	1 900,00
Anzahlung brutto	11 900,00

Rechnung ❷

Gegenstand	Menge	Einzelpreis	Gesamtpreis
Kugellager	1 000	50,00	50 000,00
X5		19 % USt.	9 500,00
			59 500,00
abzüglich Anzahlung netto			10 000,00
		19 % USt.	1 900,00
		zu zahlen	47 600,00

Von Kunden erhaltene Anzahlungen stellen Verbindlichkeiten dar (Pflicht zur Erbringung einer Lieferung).

Erhaltene Anzahlungen werden auf dem Bestandskonto **4300 Erhaltene Anzahlungen** gebucht:

Beispiel: Erhaltene Anzahlungen, siehe obige Belege

❶ Eingang der Anzahlung

Buchung im Grundbuch

Betrag netto	2800 Bank	11 900,00	an 4300	Erhaltene Anzahlungen	10 000,00
Umsatzsteuer			an 4800	Umsatzsteuer	1 900,00

❷ Rechnungs-erteilung nach Lieferung

> *Umsatzsteuer nicht saldieren! Sonst bleibt die auf die Umsatzerlöse entfallende Umsatzsteuer nicht ersichtlich.*

abzügl. Anzahlung	4300 Erhaltene Anzahlungen	10 000,00			
abzügl. USt.-Anteil	4800 Umsatzsteuer	1 900,00			
Restforderung	2400 Forderungen a. L. u. L.	47 600,00			
Rechnungspreis netto			an 5000	Umsatzerlöse	50 000,00
Umsatzsteuer			an 4800	Umsatzsteuer	9 500,00

❸ Ausgleich der Forderung

	2800 Bank	47 600,00	an 2400	Forderungen a. L. u. L.	47 600,00

Am Bilanzstichtag noch nicht ausgebuchte erhaltene Anzahlungen sind zu passivieren:

4300 Erhaltene Anzahlungen an 8010 Schlussbilanzkonto

Arbeitsaufträge

1. Für die vereinbarte Lieferung von Erzeugnissen erhalten wir aufgrund unserer Anzahlungs-rechnung von einem Kunden am 5. Mai eine Anzahlung in Höhe von 28 560,00 EUR ein-schließlich 19 % Umsatzsteuer auf unser Bankkonto überwiesen. Die Lieferung erfolgt am 9. August gegen Schlussrechnung. Am 14. August schreibt uns die Bank 66 640,00 EUR für den Ausgleich der Schlussrechnung gut.

   Buchen Sie:

   a) den Eingang der Anzahlung auf unserem Bankkonto am 5. Mai,

   b) die Erteilung der Schlussrechnung am 9. August,

   c) den Eingang der Restzahlung am 14. August.

2. Für die Lieferung von Erzeugnissen erteilen wir unserem Kunden am 27. Januar folgende Schlussrechnung:

Nettopreis der Erzeugnisse	65 000,00 EUR
+ 19 % USt.	12 350,00 EUR
Gesamtpreis	77 350,00 EUR
– Anzahlung netto	25 000,00 EUR
– 19 % USt.	4 750,00 EUR
Restforderung	47 600,00 EUR

   Der Kunde gleicht die Rechnung am 5. Februar unter Abzug von 3 % Skonto vom Gesamt-preis durch Banküberweisung aus.

   Buchen Sie:

   a) die Erteilung der Schlussrechnung am 27. Januar,

   b) den Zahlungseingang auf unserem Bankkonto.

3.5 Lieferungen ins Ausland

Für den deutschen Unternehmer als Lieferanten ins Ausland gilt:

Vergleichen Sie zu diesem Kapitel: „Bezüge aus dem Ausland", S. 367.

- Lieferungen in EU-Länder und Exporte in Drittländer sind zollfrei. (Die EU als Zollunion kennt keine Ausfuhrzölle.)
- Exporte in Drittländer sind umsatzsteuerfrei.
- Innergemeinschaftliche Lieferungen sind umsatzsteuerfrei, wenn der Lieferant seine USt-IdNr. und die des Kunden auf seiner Rechnung angibt.

Für Exporte bzw. innergemeinschaftliche Lieferungen sind besondere Konten zu benutzen:

> **Innergemeinschaftliche Lieferungen**
>
> Die EU ist eine Wirtschaftsunion. Daher gibt es zwischen EU-Ländern keine Exporte, sondern **innergemeinschaftliche Lieferungen**.
>
> **Umsatzsteuer:** Der Verkäufer muss grundsätzlich die Umsatzsteuer seines Landes abführen. Unternehmer erhalten jedoch eine Umsatzsteuer-Identifikationsnummer (USt-IdNr.). Wenn der Verkäufer
> - seine USt-IdNr. und die des Käufers aus einem anderen EU-Land auf seiner Rechnung angibt und
> - die tatsächliche Ablieferung der Ware durch eine sog. „Gelangensbestätigung" des Abnehmers oder einen anderen Verbringungsnachweis belegt,
>
> muss er keine Umsatzsteuer abführen.
>
> Dafür muss der Käufer Erwerbsteuer (das ist die in seinem Land gültige Umsatzsteuer) buchen und an sein Finanzamt abführen.

Export	Konten
Verkauf	5070 Erlöse aus Güterausfuhr
Nachlässe	5071 Erlösberichtigungen
Innergemeinschaftliche Lieferung	**Konten**
Verkauf	5060 Erlöse aus innergemeinschaftlicher Lieferung
Nachlässe	5061 Erlösberichtigungen
Umsatzsteuer (für Lieferungen ohne Angabe der USt-IdNr. des Kunden)	4802 Umsatzsteuer für innergemeinschaftlichen Erwerb

> **Beispiel: Innergemeinschaftliche Lieferung**
>
> Verkauf von Erzeugnissen nach Frankreich für 5 000,00
>
> Umbuchung:

Die Buchung auf besonderen Konten ist u. a. für die Erstellung von Statistiken notwendig. Außerdem ist insbesondere der innergemeinschaftliche Erwerb auf den Umsatzsteuerformularen getrennt auszuweisen.

2400 Forderungen a. L. u. L.	5 000,00	an 5060	Erlöse aus i. L.		5 000,00
5060 Erlöse aus i. L.	5 000,00	an 5000	Umsatzerlöse für Erzeugnisse		5 000,00

Arbeitsaufträge

1.

Debitoren		
Firma	Konto	Saldo
Frisdranken BV, Utrecht	10025	0,00
Food Company, Detroit	10041	5 000,00

Folgende Geschäftsfälle sind zu buchen:

(1) Zielverkauf von Erzeugnissen an Frisdranken BV	7 000,00
– Sofortrabatt	700,00
+ Fracht	300,00
+ Verpackung	100,00

Die USt-IdNr. von Verkäufer und Käufer sind angegeben.

(2) Gutschrift für Rücksendung durch Frisdranken BV	1 000,00
(3) Banküberweisung durch Frisdranken BV: Restzahlung unter Abzug von 3 % Skonto	

Verkauf von Erzeugnissen an Food Company für 16 500,00 EUR:

(4) Eingang einer Anzahlung durch Food Company	2 000,00
(5) Rechnungserteilung nach Lieferung	14 500,00
(6) Bankgutschrift der Zahlung durch Food Company	14 500,00
(7) Gutschrift eines Umsatzbonus von 3 % auf die Jahreseinkäufe von Food Company (Umsatz: 38 000,00 EUR)	

a) Alternative 1 (Buchungen **ohne** Kontokorrentbuch)
Erstellen Sie die Buchungssätze für die Geschäftsfälle.

b) Alternative 2 (Buchungen **mit** Kontokorrentbuch)
   - Erstellen Sie die Buchungssätze und buchen Sie auf den Konten.
   - Wie viel EUR betragen nach Erledigung aller Buchungen die Endbestände an Forderungen insgesamt?

2./3. Anfangsbestände:

0700	Techn. Anlagen und		2800 Bank	90 100,00
	Maschinen	1 500 000,00	3000 Eigenkapital	?
0800	Geschäftsausstattung	198 000,00	4250 Langfristige Bankver-	
2000	Rohstoffe	178 400,00	bindlichkeiten	610 000,00
2020	Hilfsstoffe	131 000,00	4400 Verbindlichkeiten	
2200	Fertige Erzeugnisse	326 000,00	a. L. u. L.	122 000,00
2400	Forderungen a. L. u. L.	248 000,00	4800 Umsatzsteuer	18 000,00

Kontenplan:

0700, 0800, 2000, 2001, 2020, 2200, 2400, 2510, 2511, 2604, 2640, 2800, 3000, 4250, 4400, 4800, 4830, 5060, 5061, 5070, 6000, 6020, 6200, 6400, 8010, 8020

Geschäftsfälle:		**2.** EUR	**3.** EUR
(1)	Zieleinkauf von Rohstoffen aus Australien; Kaufpreis: Geldkurs 1,7234, Briefkurs 1,7334, netto	**AUD** 20 000,00	25 000,00 !!
(2)	Für (1) werden durch Banküberweisung gezahlt:		
	• 10 % Zoll	?	?
	• Einfuhrumsatzsteuer vom Wert einschließlich Zoll	?	?
(3)	Umbuchung von Rohstoffeinkauf und Zoll auf Materialbestands- und -bezugskostenkonten	?	?
(4)	Materialentnahmescheine: Rohstoffe Hilfsstoffe	36 000,00 14 000,00	30 000,00 9 000,00
(5)	Abführung voraussichtliche Verbindlichkeiten gegenüber SV-Trägern	10 500,00	10 300,00
(6)	Lohnzahlung brutto durch Banküberweisung Einbehaltung Lohnsteuer Einbehaltung SV	27 000,00 5 300,00 5 300,00	24 000,00 4 400,00 5 200,00
(7)	Buchung Arbeitgeberanteil zur SV	5 200,00	5 100,00
(8)	Zielverkauf Fertigerzeugnisse nach Kanada	19 000,00	22 000,00
(9)	Zielverkauf Fertigerzeugnisse nach Italien (USt.-IDNr. ist angegeben.)	57 000,00	45 600,00
(10)	Banküberweisung des italienischen Kunden unter Abzug von 2 % Skonto	?	?
(11)	Gutschrift an den kanadischen Kunden wegen Warenmängeln (Rechnung wurde noch nicht bezahlt.)	2 000,00	3 000,00
(12)	Banküberweisung des kanadischen Kunden (Restzahlung)	?	?

Abschlussangabe:
Die Salden der Bestandskonten stimmen mit den Inventurwerten überein.

Rahmenlehrplan: **LERNFELD 8**
Jahresabschluss analysieren und
bewerten

Jahresabschluss des Unternehmens

1 Jahresabschluss: Aufgaben, Gliederung

Jeder buchführungspflichtige Kaufmann muss zum Schluss des Geschäftsjahrs einen Jahresabschluss erstellen (§ 242 HGB). Ebenso die Gewerbetreibenden, die nach §§ 140, 141 AO buchführungspflichtig sind (vgl. S. 18). Der **Jahresabschluss** besteht aus **Bilanz und Gewinn- und Verlustrechnung** (kurz: GuV-Rechnung).

> **§ 242 HGB:**
> (1) Der Kaufmann hat zu Beginn seines Handelsgewerbes und für den Schluss eines jeden Geschäftsjahrs einen das Verhältnis seines Vermögens und seiner Schulden darstellenden Abschluss (Eröffnungsbilanz, Bilanz) aufzustellen ...
> (2) Er hat für den Schluss eines jeden Geschäftsjahrs eine Gegenüberstellung der Aufwendungen und Erträge des Geschäftsjahrs (Gewinn- und Verlustrechnung) aufzustellen.
> (3) Die Bilanz und die Gewinn- und Verlustrechnung bilden den Jahresabschluss.

Der Jahresabschluss
- dient der Rechenschaftslegung,
- ist die Grundlage für die Verteilung des Gewinns,
- ist die Grundlage für die Berechnung der Steuern.

Die Bilanz stellt Vermögen und Schulden am Bilanzstichtag gegenüber. Sie ist eine Zeitpunktrechnung. Sie zeigt die Vermögens- und Finanzlage des Unternehmens.

Ordnungsmäßige Bilanzierung muss dem Grundsatz der **Bilanzklarheit** entsprechen: Die Bilanz muss Anlage- und Umlaufvermögen, Eigenkapital, Schulden sowie Rechnungsabgrenzungsposten gesondert ausweisen und hinreichend aufgliedern (§ 247 HGB). Sie sollte sich dabei am Gliederungsschema für kleine Kapitalgesellschaften orientieren (vgl. S. 475).

Aktiva	Bilanz	Passiva

A. Anlagevermögen
  I. Immaterielle Vermögensgegenstände
  II. Sachanlagen
  III. Finanzanlagen
B. Umlaufvermögen
  I. Vorräte
  II. Forderungen und sonstige Vermögens-
     gegenstände
  III. Wertpapiere
  IV. Kassenbestand, Bankguthaben
C. Rechnungsabgrenzungsposten
		A. Eigenkapital
		  I. Anfangsbestand
		  II. Gewinn/Verlust
		B. Rückstellungen
		C. Verbindlichkeiten
		D. Rechnungsabgrenzungsposten
		
		Rückstellungen und Rechnungsabgrenzungsposten sind Ihnen bisher noch nicht bekannt. Wir behandeln sie eingehend in Kap. 4 „Zeitliche Abgrenzung".

Ein weiterer Grundsatz ist die **Bilanzwahrheit**: Vermögen und Schulden müssen vollständig und richtig (entsprechend den gesetzlichen Vorschriften) erfasst werden.

Die Gewinn- und Verlustrechnung stellt den Aufwand und Ertrag des Geschäftsjahrs gegenüber. Sie ist eine Zeitraumrechnung. Sie zeigt Zusammensetzung und Quellen des Erfolgs.

Die allgemeinen HGB-Vorschriften zum Jahresabschluss schreiben keine spezielle Gliederung der GuV-Rechnung vor. Möglich sind die Kontoform oder die Staffelform.

Kontoform:

Aufwendungen	GuV-Rechnung	Erträge
Materialaufwendungen		Umsatzerlöse
Personalaufwendungen		Bestandsveränderungen
Abschreibungen		Sonstige betriebliche Erträge
Sonstige betriebliche		Außerordentliche Erträge
Aufwendungen		Jahresfehlbetrag (Verlust)
Zinsaufwendungen		
Außerordentliche		
Aufwendungen		
Jahresüberschuss		
(Gewinn)		

Staffelform:

1. Umsatzerlöse
2. Bestandsveränderungen
3. Sonstige betriebliche Erträge
4. Materialaufwendungen
5. Personalaufwendungen
6. Abschreibungen
7. Sonstige betriebliche Aufwendungen
8. Zinsaufwendungen
9. Ergebnis der gewöhnlichen Geschäftstätigkeit
10. Außerordentliche Erträge
11. Außerordentliche Aufwendungen
12. Jahresüberschuss/Jahresfehlbetrag

Die GuV-Rechnung kann ggf. noch weitere Posten enthalten (vgl. S. 485 f.).

Beispiel: **Jahresabschluss der Schneidwarenfabrik Fritz Scharf e. K., Solingen, zum 31.12.20..**

Aktiva	Bilanz		Passiva
A. Anlagevermögen		**A. Eigenkapital**	
1. Grundstück und Gebäude	3 250 000,00	1. Anfangsbestand	3 017 000,00
2. Maschinen	2 490 000,00	2. Gewinn	222 000,00
3. Fahrzeuge	270 000,00	**B. Rückstellungen**	40 000,00
4. Werkzeuge	132 000,00	**C. Verbindlichkeiten**	
5. Betriebs- u. Geschäfts-		1. Hypothekendarlehen	2 200 000,00
ausstattung	300 000,00	2. Darlehen	1 720 000,00
B. Umlaufvermögen		3. Verbindlichkeiten	
1. Roh-, Hilfs-, Betriebsstoffe	400 000,00	aus Lieferungen	
2. Unfertige Erzeugnisse	95 000,00	und Leistungen	245 000,00
3. Fertige Erzeugnisse	220 000,00	**D. Rechnungs-**	
4. Forderungen	160 000,00	**abgrenzung**	15 000,00
5. Kassenbestand	12 000,00		
6. Bankguthaben	110 000,00		
C. Rechnungsabgrenzung	20 000,00		
	7 459 000,00		7 459 000,00

Aufwendungen	Gewinn- und Verlustrechnung		Erträge
1. Materialaufwendungen	385 000,00	1. Umsatzerlöse	1 325 000,00
2. Personalaufwendungen	405 000,00	2. Bestandsver-	
3. Abschreibungen	147 000,00	änderungen	9 000,00
4. Sonstige betriebliche		3. Sonst. betriebliche	
Aufwendungen	120 000,00	Erträge	25 000,00
5. Zinsaufwendungen	87 000,00	4. Außerordentliche	
6. Außerordentliche		Erträge	27 000,00
Aufwendungen	20 000,00		
7. Gewinn	222 000,00		
	1 386 000,00		1 386 000,00

Solingen, 28. Februar 20..   *Fritz Scharf*

Das HGB enthält weitergehende Form- und Gliederungsvorschriften zum Jahresabschluss für Kapitalgesellschaften und bestimmte andere Gesellschaften. Einzelheiten hierzu finden Sie auf Seite 475 ff.

Bilanzierende Unternehmen müssen übrigens dem Finanzamt den Jahresabschluss digital übermitteln.

2 Handelsbilanz und Steuerbilanz

Unter Beachtung der GoB ist eine Bilanz nach den Vorschriften des HGB aufzustellen (§§ 242 ff. HGB). Sie heißt **Handelsbilanz**.

Das Steuerrecht verlangt von Buchführungspflichtigen eine Bilanz nach steuerrechtlichen Vorschriften **(Steuerbilanz)**. Dabei gilt der Grundsatz der Maßgeblichkeit der Handelsbilanz für die Steuerbilanz:

Die Steuerbilanz muss unter Beachtung der GoB die Ansätze und Bewertungen der Handelsbilanz übernehmen.

Ausnahmen:

Das Steuerrecht schreibt bestimmte andere Ansätze/Bewertungen vor oder lässt solche zu (sog. steuerliches Wahlrecht).

Solche Abweichungen sind durch die unterschiedlichen Zielsetzungen von Handels- und Steuerrecht bedingt (siehe Kasten).

> **Zielsetzungen von Handels- und Steuerrecht**
>
> **HGB: Informations- und Vorsichtsprinzip**
>
> Das HGB enthält Vorschriften darüber, welche Posten in die Bilanz aufzunehmen und wie sie zu bewerten sind. Dabei wird es von zwei Prinzipien geleitet:
>
> * **Informationsprinzip** (vorrangiges Prinzip): Der Abschluss soll verlässlich und realistisch über die Vermögens- und Finanzlage informieren, mit anderen Abschlüssen vergleichbar sein und so Entscheidungsgrundlagen liefern.
> * **Prinzip der kaufmännischen Vorsicht** (nachrangiges Prinzip) zum Schutz der Gläubiger: Das HGB setzt Grenzen, die
>   – Zuviel-Ansatz und Überbewertung von Vermögen,
>   – Zuwenig-Ansatz und Unterbewertung von Schulden
>   verhindern sollen.
>
> **EStG: Objektive Gewinnermittlung**
>
> Das Ziel des Steuerrechts ist die Ermittlung des Gewinns zum Zweck der Steuerbemessung. Dabei können auch wirtschaftspolitische Gründe eine Rolle spielen. Deshalb setzt das EStG Grenzen, die
> – Zuwenig-Ansatz und Unterbewertung von Vermögen,
> – Zuviel-Ansatz und Überbewertung von Schulden
> verhindern sollen.

Publizitätspflichtige Unternehmen müssen Handels- und Steuerbilanz aufstellen. Andere Unternehmen ermitteln den steuerlichen Gewinn, indem sie in einer besonderen Aufstellung ihre Aufwendungen und Erträge gemäß den Vorschriften des Einkommensteuergesetzes korrigieren.

3 Vorbereitung des Jahresabschlusses

Die Aufstellung des Jahresabschlusses erfordert zahlreiche Arbeiten:

Arbeiten zur Aufstellung des Jahresabschlusses

in den Büchern der Buchführung

Vorbereitende Abschlussbuchungen:
* zeitliche Abgrenzung (= zeitraumrichtige Zuordnung) von Aufwendungen und Erträgen
* Buchung der Bestandsveränderungen
* Korrektur von Inventurdifferenzen
* Buchung von Wertänderungen des Anlagevermögens und der Schulden
* Abschluss aller Unterkonten über ihre Hauptkonten
* Abgleich der Nebenbücher mit ihren Hauptbuchkonten

Kontenabschluss:
* Abschluss der Erfolgskonten über GuV
* Abschluss von GuV über Eigenkapital
* Abschluss der Aktiv- und Passivkonten über Schlussbilanzkonto

außerhalb der Buchführung

Inventur:
* Istbestände erfassen
* Inventurdifferenzen erfassen
* Wertveränderungen erfassen

Inventar erstellen

Jahresabschluss (Bilanz, Gewinn- und Verlustrechnung) erstellen

Werte stimmen überein.

4 Zeitliche Abgrenzung

4.1 Notwendigkeit der zeitlichen Abgrenzung

„Herr Schreiber, ich habe die Lagermiete für Januar schon jetzt, also im Dezember gezahlt. Dadurch habe ich in zwölf Monaten dreizehn Mietzahlungen. Was meinen Sie als mein Steuerberater? Hat das seine Ordnung?"

„Nee, hat es natürlich nicht! Auch wenn Sie jetzt schon gezahlt haben, müssen Sie die Januarmiete als Aufwand dem Januar zuordnen, und der liegt nun mal im nächsten Jahr. Das fällt unter die sogenannte zeitliche Abgrenzung."

„Hab ich mir schon fast gedacht. Dann muss ich wohl umgekehrt die Dezemberlöhne, die ich erst Anfang Januar auszahlen kann, jetzt schon als Aufwand buchen?"

„Goldrichtig! Sie haben's voll erfasst. Auch hier müssen Sie zeitlich abgrenzen. Wenn Sie Aufwendungen oder Erträge dem falschen Jahr zuordnen, bekommen Sie Krach mit dem Finanzamt, weil Sie Ihren Gewinn nicht richtig ausweisen."

Für den richtigen Gewinnausweis müssen Aufwendungen und Erträge der Rechnungsperiode zugeordnet werden, in der sie wirtschaftlich verursacht sind. Zahlungen in einer anderen Rechnungsperiode erfordern eine zeitliche Abgrenzung.

Für die zeitliche Abgrenzung enthält die Bilanz fünf Posten	Sachverhalt	
	laufendes Jahr	späteres Jahr
1. Aktive Rechnungsabgrenzung	Zahlungsausgang	Aufwand
2. Passive Rechnungsabgrenzung	Zahlungseingang	Ertrag
3. Sonstige Forderungen	Ertrag	Zahlungseingang
4. Sonstige Verbindlichkeiten	Aufwand	Zahlungsausgang
5. Rückstellungen	Aufwand	Zahlungsausgang (Höhe und/oder Fälligkeit ungewiss)

4.2 Posten der Rechnungsabgrenzung

4.2.1 Aktive Rechnungsabgrenzung (ARA)

Versicherungsbeiträge werden oft für ein Jahr im Voraus gezahlt. So auch bei der Schneidwarenfabrik Fritz Scharf e. K.

Die Zahlung der Kfz-Versicherung für den Lieferwagen der Firma in Höhe von 600,00 EUR erfolgt am 30.03. für die Zeit vom 01.04. bis zum 31.03. des Folgejahres.

Am 30.03. wird der Versicherungsbeitrag als Aufwand gebucht:

❶ 6900 Versicherungsbeiträge 600,00 an 2800 Bank 600,00

Bei diesem Geschäftsfall erfolgt eine Vorauszahlung, die zwei Geschäftsjahre betrifft:

Vorauszahlung f. d. Mon.: Ingesamt 600,00 EUR:	**April Mai Juni Juli Aug. Sept. Okt. Nov. Dez.** 450,00 EUR ≙ 9/12 Aufwand des laufenden Jahres	**Jan. Feb. März** 150,00 EUR ≙ 3/12 kein Aufwand des laufenden Jahres

Ein Teilbetrag von 150,00 EUR ist kein Aufwand des laufenden Jahres. Er darf den Erfolg des laufenden Jahres nicht beeinflussen. Da er schon als Aufwand erfasst wurde, ist vor der Erstellung des Jahresabschlusses eine Aufwandskorrektur erforderlich. Sie erfolgt auf dem Konto **2900 Aktive Rechnungsabgrenzung**. Die Aktive Rechnungsabgrenzung (ARA) ist in der Bilanz zu aktivieren.

Zu Beginn des folgenden Jahres wird der Betrag von 150,00 EUR periodenrichtig als Aufwand erfasst. Dadurch wird die ARA aufgelöst.

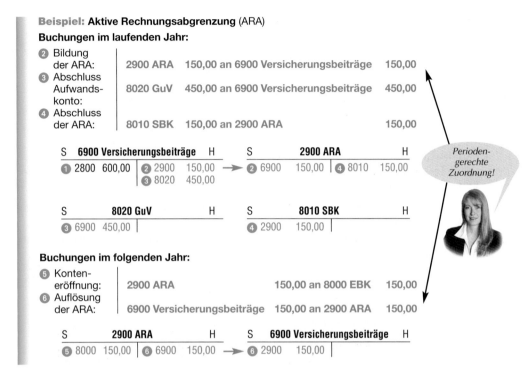

Beispiel: **Aktive Rechnungsabgrenzung** (ARA)

Buchungen im laufenden Jahr:

❷ Bildung der ARA: 2900 ARA 150,00 an 6900 Versicherungsbeiträge 150,00

❸ Abschluss Aufwandskonto: 8020 GuV 450,00 an 6900 Versicherungsbeiträge 450,00

❹ Abschluss der ARA: 8010 SBK 150,00 an 2900 ARA 150,00

S 6900 Versicherungsbeiträge H	S 2900 ARA H
❶ 2800 600,00 │ ❷ 2900 150,00 / ❸ 8020 450,00 →	❷ 6900 150,00 │ ❹ 8010 150,00

S 8020 GuV H	S 8010 SBK H
❸ 6900 450,00 │	❹ 2900 150,00 │

Periodengerechte Zuordnung!

Buchungen im folgenden Jahr:

❺ Konteneröffnung: 2900 ARA 150,00 an 8000 EBK 150,00

❻ Auflösung der ARA: 6900 Versicherungsbeiträge 150,00 an 2900 ARA 150,00

S 2900 ARA H	S 6900 Versicherungsbeiträge H
❺ 8000 150,00 │ ❻ 6900 150,00 →	❻ 2900 150,00 │

Man kann die ARA auch sofort in Verbindung mit dem Zahlungsvorgang buchen. Dann ist vor Erstellung des Jahresabschlusses keine Korrekturbuchung mehr erforderlich.

In unserem Beispiel wäre am 30.03. des laufenden Jahres zu buchen:

Beispiel: **Buchung der ARA beim Zahlungsvorgang**

6900 Versicherungsbeiträge 450,00
2900 ARA 150,00 an 2800 Bank 600,00

Typische Fälle von Vorauszahlungen, die zu einer ARA führen, sind neben Versicherungsbeiträgen z. B. Miet-, Pacht- und Zinszahlungen.

> **Wieso wird die Rechnungsabgrenzung eigentlich in der Bilanz aktiviert? Es handelt sich doch um Aufwendungen.**
>
> Der für das laufende Jahr gezahlte Teilbetrag stellt in der Tat Aufwand dar, nicht aber der Teilbetrag für das Folgejahr. Dieser ist vielmehr als eine **Leistungsforderung** gegenüber dem Zahlungsempfänger anzusehen. Als solche wird er aktiviert. Erst im Folgejahr wird aus dieser Forderung Aufwand.

Merke: Geleistete Zahlungen für Aufwendungen der nachfolgenden Rechnungsperiode sind in der laufenden Rechnungsperiode Leistungsforderungen. Sie sind als Aktive Rechnungsabgrenzung zu buchen. Zu Beginn der nachfolgenden Rechnungsperiode ist die Aktive Rechnungsabgrenzung über das entsprechende Aufwandskonto aufzulösen.

4.2.2 Passive Rechnungsabgrenzung (PRA)

Fritz Scharf e. K. erhält am 30.10. 390,00 EUR Mietzahlung für einen vermieteten Lagerraum für die Zeit vom 01.11. bis zum 31.01. des Folgejahrs. Man bucht die Zahlung sofort als Ertrag:

❶   **2800 Bank 390,00 an 5400 Mieterträge 390,00**

Auch bei diesem Geschäftsfall betrifft die Vorauszahlung zwei Geschäftsjahre:

Vorauszahlung für d. Mon.: Ingesamt 390,00 EUR:	**Nov.** 260,00 EUR ≙ 2/3 Ertrag des laufenden Jahres	**Dez.**	**Jan.** 130,00 EUR ≙ 1/3 kein Ertrag des laufenden Jahres

Ein Teilbetrag von 130,00 EUR ist kein Ertrag des laufenden Jahres. Er darf den Erfolg des laufenden Jahres nicht beeinflussen. Da er schon als Ertrag erfasst wurde, ist vor der Erstellung des Jahresabschlusses eine Ertragskorrektur erforderlich. Sie erfolgt auf dem Konto **4900 Passive Rechnungsabgrenzung**. Die Passive Rechnungsabgrenzung (PRA) ist in der Bilanz zu passivieren.

Zu Beginn des folgenden Jahres wird der Betrag von 130,00 EUR periodenrichtig als Ertrag erfasst. Dadurch wird die PRA aufgelöst.

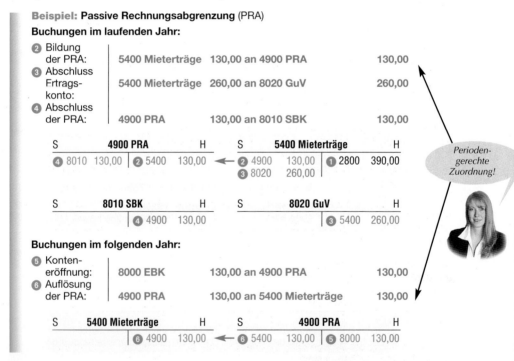

Beispiel: Passive Rechnungsabgrenzung (PRA)

Buchungen im laufenden Jahr:

❷ Bildung der PRA: 5400 Mieterträge   130,00 an 4900 PRA   130,00
❸ Abschluss Frtrags- konto: 5400 Mieterträge   260,00 an 8020 GuV   260,00
❹ Abschluss der PRA: 4900 PRA   130,00 an 8010 SBK   130,00

S	4900 PRA	H		S	5400 Mieterträge	H
❹ 8010 130,00	❷ 5400 130,00			❷ 4900 130,00 ❸ 8020 260,00	❶ 2800 390,00	

S	8010 SBK	H		S	8020 GuV	H
	❹ 4900 130,00				❸ 5400 260,00	

Buchungen im folgenden Jahr:

❺ Konten- eröffnung: 8000 EBK   130,00 an 4900 PRA   130,00
❻ Auflösung der PRA: 4900 PRA   130,00 an 5400 Mieterträge   130,00

S	5400 Mieterträge	H		S	4900 PRA	H
	❻ 4900 130,00			❻ 5400 130,00	❺ 8000 130,00	

Perioden- gerechte Zuordnung!

Man kann die PRA auch sofort in Verbindung mit dem Zahlungsvorgang buchen. Dann ist vor Erstellung des Jahresabschlusses keine Korrekturbuchung mehr erforderlich.

In unserem Beispiel wäre am 30.10. des laufenden Jahres zu buchen:

Beispiel: Buchung der PRA beim Zahlungsvorgang
2800 Bank 390,00 an 5400 Mieterträge 260,00
                    an 4900 PRA   130,00

Typische Fälle für Vorauszahlungen, die zu einer PRA führen, sind eingehende Miet-, Pacht- und Zinszahlungen.

**Wieso wird die Rechnungsabgrenzung passiviert?
Es handelt sich doch um Erträge.**

Der für das laufende Jahr erhaltene Teilbetrag stellt in der Tat einen Ertrag dar, nicht aber der Teilbetrag für das Folgejahr. Dieser ist vielmehr als eine **Leistungsverbindlichkeit (Leistungsschuld)** gegenüber dem Leistungsempfänger (Zahler) anzusehen. Als solche wird er passiviert. Erst im Folgejahr wird aus dieser Schuld ein Ertrag.

Merke: Erhaltene Zahlungen für Erträge der nachfolgenden Rechnungsperiode sind in der laufenden Rechnungsperiode Leistungsverbindlichkeiten. Sie sind als Passive Rechnungsabgrenzung zu buchen. Zu Beginn der nachfolgenden Rechnungsperiode ist die Passive Rechnungsabgrenzung über das entsprechende Ertragskonto aufzulösen.

Arbeitsaufträge

1. **Folgender Beleg liegt ihnen vor:**

IBAN	Kontoauszug			Auszug	Blatt
DE03 3602 0030 0000 1234 56	**National-Bank Essen – BIC NBAGDE3EXXX**			135	1
Buch.-Tag	Wert	PN	Erläuterung/Verwendungszweck		Umsätze
30.05.	30.05.	711	Kfz-Steuer E-CW 3322 01.06.12–31.05.13		– 445,00

Ihr Kollege behauptet, Kfz-Steuer für Betriebsfahrzeuge sei betrieblicher Aufwand. Der Betrag von 445,00 EUR sei erfolgswirksam auf Konto 7030 zu buchen.

a) Erläutern Sie detailliert, warum Ihr Kollege Unrecht hat und wie richtig vorzugehen ist.

b) Nehmen Sie alle notwendigen Buchungen vor. Zeigen Sie dabei zwei mögliche Alternativen auf.

2. **Erträge – geleistete Vorauszahlungen – Aufwendungen – Aktive Rechnungsabgrenzung – laufendes Jahr – Passive Rechnungsabgrenzung – erhaltene Vorauszahlungen – Folgejahr**

Formulieren Sie mit diesen Wörtern zwei richtige Aussagen zur Rechnungsabgrenzung.

3. **Bei der Vorbereitung des Jahresabschlusses zum Ende Dezember finden Sie auf den Konten 6900 Versicherungsbeiträge und 5400 Mieterträge folgende Summen vor:**

S	6900 Versicherungsbeiträge	H		S	5400 Mieterträge	H
2800	8 400,00				2800	2 800,00

**Die Überprüfung der Belege ergibt, dass folgende jahresübergreifende Zahlungen in den Kontensummen enthalten sind:
Gebäudeversicherung, 2 500,00 EUR, Zahlung am 29. April für den Zeitraum vom 1. Mai bis 30. April des Folgejahres;
Betriebshaftpflichtversicherung 1 200,00 EUR, Zahlung am 30. September für den Zeitraum vom 1. Oktober bis 30. September des Folgejahres;
Mietzahlungen für vermietete Geräte, 600,00 EUR am 4. Dezember für den Zeitraum vom 1. Dezember bis 15. Januar sowie 300,00 EUR am 21. Dezember für den Zeitraum vom 20. Dezember bis 10. Oktober.**

Nehmen Sie die notwendigen Buchungen in den beiden Jahren vor.

4. Geschäftsfälle: **EUR**

(1) Am 30. November wird die Kraftfahrzeughaftpflichtversicherung für die
Monate Dezember, Januar und Februar in Höhe von 900,00
im Voraus durch Banküberweisung beglichen.

(2) Ein Mieter, an den wir einen Teil des Geschäftsgebäudes vermietet haben,
überweist am 1. November die Miete für die Monate November,
Dezember und Januar in Höhe von 3 000,00
im Voraus auf unser Bankkonto.

(3) Die Feuerversicherungsprämie für das Betriebsgebäude wird von uns am
1. Juni für ein Jahr im Voraus durch Banküberweisung beglichen 1 200,00

(4) Für ein Darlehen in Höhe von 40 000,00 EUR beträgt der jährliche Zinssatz 10 %.
Laut Vereinbarung sind die Zinsen vierteljährlich im Voraus zu zahlen.
Am 1. Dezember zahlen wir durch Banküberweisung 1 000,00

(5) Am 1. September zahlen wir die Hypothekenzinsen in Höhe von 6 720,00
für ein halbes Jahr durch Banküberweisung im Voraus.

(6) Am 3. Dezember zahlen wir die Miete für eine von uns gemietete Lagerhalle
für die Monate Dezember, Januar und Februar für ein Vierteljahr in Höhe von
insgesamt 6 000,00
durch Postbanküberweisung im Voraus.

(7) Am 1. November überweist ein Mieter für ein Ladenlokal, das er in unserem
Geschäftshaus gemietet hat, die laut Mietvertrag vierteljährlich im Voraus
zu zahlende Miete in Höhe von insgesamt 4 800,00
auf unser Bankkonto.

(8) Ein Darlehensschuldner überweist die vierteljährlich zu zahlenden Zinsen
für die Monate Januar, Februar und März bereits am 23. Dezember des Jahres
auf unser Bankkonto.. 1 620,00

a) Buchen Sie die Zahlungen zum Zahlungszeitpunkt voll als Ertrag bzw. Aufwand und führen Sie zum Bilanzstichtag (31. Dezember) die erforderlichen Abgrenzungen und Abschlussbuchungen durch.

b) Nehmen Sie alternativ die Abgrenzungen bereits bei der Zahlungsbuchung vor.

c) Welche Buchungen ergeben sich im Folgejahr?

4.3 Übrige sonstige Forderungen und Übrige sonstige Verbindlichkeiten

Eine zeitliche Abgrenzung ist auch erforderlich, wenn in der laufenden Geschäftsperiode Aufwendungen oder Erträge entstehen, die zugehörigen Zahlungen aber erst im Folgejahr erfolgen. Sie darf jedoch nicht in Form einer aktiven/passiven Rechnungsabgrenzung vorgenommen werden.

4.3.1 Übrige sonstige Forderungen

Bei Fritz Scharf e.K. wurden am 04.07. 20 000,00 EUR liquide Mittel in hochverzinslichen Auslandsanleihen angelegt. Die Zinsen betragen 9 % und sind jährlich am 30.03. in Höhe von 1 800,00 EUR zahlbar.

In diesem Fall betrifft die am 31. Dezember noch ausstehende Zinszahlung zwei Geschäftsjahre:

Ausst. Zahlung f. d. Mon.: Insgesamt 1 800,00 EUR:	April Mai Juni Juli Aug. Sept. Okt. Nov. Dez.	Jan. Feb. März
	1 350,00 EUR	450,00 EUR
	≙ 9/12	≙ 3/12
	Ertrag des laufenden Jahres	kein Ertrag des laufenden Jahres

Dem laufenden Jahr sind Zinserträge von 1 350,00 EUR zuzurechnen. Da die Zahlung am Bilanzstichtag noch aussteht, stellen sie **Geldforderungen** dar. Diese sind in Kontengruppe 26 Sonstige Vermögensgegenstände auf dem Konto **2690 Übrige sonstige Forderungen** zu erfassen. Bei der Zinszahlung im Folgejahr wird die Übrige sonstige Forderung ausgebucht.

> **Beispiel:** Übrige sonstige Forderungen
>
> **Buchungen im laufenden Jahr:**
>
> ① Buchung der Übr. sonst. Forderung: 2690 Übr. sonst. Forder. 1 350,00 an 5710 Zinserträge   1 350,00
>
> ② Abschluss Ertragskonto: 5710 Zinserträge   1 350,00 an 8020 GuV   1 350,00
>
> ③ Abschluss Übr. sonst. Ford.:   8010 SBK   1 350,00 an 2690 Übr. sonst. Forder.   1 350,00
>
> | S   2690 Übrige sonst. Forderungen   H | S   5710 Zinserträge   H |
> |---|---|
> | ① 5710 1 350,00 \| ③ 8010 1 350,00 | ② 8020 1 350,00 \| ① 2690 1 350,00 |
>
> | S   8010 SBK   H | S   8020 GuV   H |
> |---|---|
> | ③ 2690 1 350,00 \| | \| ② 5710 1 350,00 |
>
> *Periodengerechte Zuordnung!*
>
> **Buchungen im folgenden Jahr:**
>
> ④ Konteneröffnung: 2690 Übr. sonst. Forder. 1 350,00 an 8000 EBK   1 350,00
>
> ⑤ Zinszahlung: Ausbuchung Sonst. Ford.:   2800 Bank   1 800,00 an 5710 Zinserträge   450,00
>   an 2690 Übr. sonst. Forder.   1 350,00
>
> | S   2690 Übr. sonst. Forderungen   H | S   5710 Zinserträge   H |
> |---|---|
> | ④ 8000 1 350,00 \| ⑤ 2800 1 350,00 | \| ⑤ 2800 450,00 |

Merke: Beträge, die der laufenden Rechnungsperiode als Ertrag zuzuordnen sind, aber erst in der folgenden Rechnungsperiode vereinnahmt werden, sind bis zur Zahlung als Übrige sonstige Forderungen zu erfassen.

4.3.2 Übrige sonstige Verbindlichkeiten

Die Fritz Scharf e. K. hat am 01.09. ein Darlehen über 96 000,00 EUR zur Finanzierung von Stanzautomaten aufgenommen. Die Zinsen von 5 % sind am 28.02. und am 30.08. jeweils in Höhe von 2 400,00 EUR für das vergangene Halbjahr zu zahlen.

Auch hier sind von der Zinszahlung zwei Geschäftsjahre betroffen:

Zu leistende Zahlung f. d. Mon.: insgesamt 2 400,00 EUR:	**Sept. Okt. Nov. Dez.** 1 600,00 EUR ≙ 2/3 Aufwand des laufenden Jahres	**Jan. Feb.** 800,00 EUR ≙ 1/3 kein Aufwand des laufenden Jahres

Dem laufenden Jahr sind Zinsaufwendungen in Höhe von 1 600,00 EUR zuzurechnen. Da die Zahlung am Bilanzstichtag noch nicht vorgenommen ist, stellen sie **Geldverbindlichkeiten** dar. Diese sind in Kontengruppe 48 Sonstige Verbindlichkeiten auf dem Konto **4890 Übrige sonstige Verbindlichkeiten** zu erfassen. Bei der Zinszahlung im Folgejahr wird die Übrige sonstige Verbindlichkeit ausgebucht.

Beispiel: Übrige sonstige Verbindlichkeiten

Buchungen im laufenden Jahr:

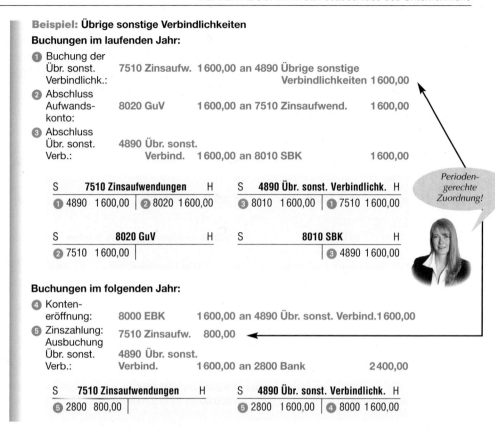

❶ Buchung der Übr. sonst. Verbindlichk.:   7510 Zinsaufw. 1 600,00 an 4890 Übrige sonstige Verbindlichkeiten 1 600,00

❷ Abschluss Aufwandskonto: 8020 GuV   1 600,00 an 7510 Zinsaufwend.   1 600,00

❸ Abschluss Übr. sonst. Verb.:   4890 Übr. sonst. Verbind. 1 600,00 an 8010 SBK   1 600,00

S	7510 Zinsaufwendungen	H
❶ 4890 1 600,00	❷ 8020 1 600,00	

S	4890 Übr. sonst. Verbindlichk.	H
❸ 8010 1 600,00	❶ 7510 1 600,00	

S	8020 GuV	H
❷ 7510 1 600,00		

S	8010 SBK	H
	❸ 4890 1 600,00	

Periodengerechte Zuordnung!

Buchungen im folgenden Jahr:

❹ Konteneröffnung: 8000 EBK   1 600,00 an 4890 Übr. sonst. Verbind.1 600,00

❺ Zinszahlung: Ausbuchung Übr. sonst. Verb.:   7510 Zinsaufw.   800,00
4890 Übr. sonst. Verbind.   1 600,00 an 2800 Bank   2 400,00

S	7510 Zinsaufwendungen	H
❺ 2800 800,00		

S	4890 Übr. sonst. Verbindlichk.	H
❺ 2800 1 600,00	❹ 8000 1 600,00	

Merke: Beträge, die der laufenden Rechnungsperiode als Aufwand zuzuordnen sind, aber erst in der folgenden Rechnungsperiode zu Auszahlungen führen, sind bis zur Zahlung als Übrige sonstige Verbindlichkeiten zu erfassen.

Arbeitsaufträge

1. **Geschäftsfälle:**   **EUR**

(1) Die Zinsen in Höhe von 8 % für eine Hypothek von 160 000,00 EUR sind jeweils nachträglich am 30. April und 30. Oktober des Jahres zu zahlen. Die letzte Zahlung erfolgte am 30. Oktober durch Banküberweisung.

(2) Für im Dezember getätigte Verkäufe schulden wir die Vertreterprovision in Höhe von 1 400,00
zuzüglich Umsatzsteuer. Die Abrechnung des Vertreters erwarten wir Mitte Januar. Der Rechnungsbetrag wird durch die Bank überwiesen.

(3) Die Darlehenszinsen für das IV. Quartal in Höhe von.. 1 200,00
werden von uns erst am 9. Januar des folgenden Jahres durch die Bank überwiesen.

(4) Die Zinsgutschrift der Bank für das letzte Halbjahr in Höhe von 120,00
erfolgt erst in der ersten Januarwoche des folgenden Jahres.

(5) Der Verbandsbeitrag für das letzte Quartal in Höhe von 600,00
wird von uns erst Anfang Januar des folgenden Jahres durch Postbanküberweisung gezahlt.

(6) Eine Rechnung über Ausgangsfrachten steht am 31. Dezember noch aus.
Nettofracht 300,00
\+ USt.
Der Rechnungsausgleich erfolgt am 10. Januar des folgenden Jahres
durch Banküberweisung.

(7) Dem Mieter einer unserer Werkswohnungen haben wir die Dezember-
miete in Höhe von 240,00
bis zum 15. Januar des folgenden Jahres gestundet. Die Miete wird
pünktlich an unserer Geschäftskasse eingezahlt.

(8) Der Stromverbrauch für den Monat Dezember beläuft sich lt. Zählerstand
auf 600,00
Die Rechnung der Stadtwerke geht erst am 13. Januar des folgenden
Jahres ein. Der Rechnungsbetrag (600,00 EUR + USt.)
wird sofort durch Postbanküberweisung beglichen.

(9) Unser Darlehensschuldner zahlt die vierteljährlich nachträglich zu entrich-
tenden Zinsen für die Monate Oktober–Dezember erst am 15. Januar auf
unser Bankkonto ein 270,00

(10) Die Rechnung für die am 30. Dezember vorgenommene Inspektion unseres
betrieblich genutzten Pkws geht erst am 10. Januar ein.
Rechnungsbetrag netto 350,00
\+ USt.
Der Rechnungsausgleich erfolgt durch Banküberweisung.

Bilden Sie die Buchungssätze

   a) beim Jahresabschluss (31. Dezember),
   b) bei Zahlungseingang bzw. Zahlungsausgang im neuen Jahr.

2. **Sachverhalte:**
   **(1) Ausgaben vor dem Bilanzstichtag, die Aufwendungen für die Zeit nach dem Bilanzstich-
   tag darstellen**

   (2) Ausgaben vor dem Bilanzstichtag für Aufwendungen für die Zeit vor dem Bilanzstichtag

   **(3) Am Bilanzstichtag noch ausstehende Einnahmen für Erträge für die Zeit vor dem Bi-
   lanzstichtag**

   (4) Einnahmen vor dem Bilanzstichtag für Erträge für die Zeit nach dem Bilanzstichtag

Handelt es sich um

   a) eine Aktive Rechnungsabgrenzung,   d) eine Übrige sonstige Verbindlichkeit,
   b) eine Passive Rechnungsabgrenzung,   e) keinen Vorgang der zeitlichen Abgrenzung?
   c) eine Übrige sonstige Forderung,

3. **Folgende Kontensummen liegen vor:**

	Soll/EUR	Haben/EUR
2600 Vorsteuer	98 400,00	86 900,00
2690 Übrige sonstige Forderungen	14 250,00	11 700,00
2900 Aktive Rechnungsabgrenzung	12 300,00	12 300,00
4800 Umsatzsteuer	191 500,00	243 600,00
4890 Übrige sonstige Verbindlichkeiten	16 360,00	23 140,00
4900 Passive Rechnungsabgrenzung	7 400,00	7 400,00
5400 Mieterträge		27 800,00
5710 Zinserträge		9 780,00
6140 Frachten und Fremdlager	4 360,00	
6160 Fremdinstandsetzung	1 470,00	
6700 Mieten	23 650,00	
7030 Kraftfahrzeugsteuer	2 320,00	
7510 Zinsaufwendungen	8 520,00	

Am Bilanzstichtag (31. Dezember) ist noch Folgendes zu berücksichtigen:

1. Im Dezember wurde am Geschäftsgebäude eine Reparatur durch den Installateur durchgeführt. Die Rechnung über 1 200,00 EUR + USt. steht noch aus und ist deshalb bisher nicht gebucht worden.

2. Am 1. September wurde die Kraftfahrzeugsteuer mit 180,00 EUR für ein halbes Jahr im Voraus bezahlt und auf dem Konto 7030 gebucht.

3. Ein Mieter hat die Miete in Höhe von 900,00 EUR für das erste Quartal des folgenden Jahres bereits am 27. Dezember auf unser Bankkonto überwiesen.

4. Ein Mieter begleicht die Dezembermiete in Höhe von 800,00 EUR für Geschäftsräume in unserem Gebäude gemäß Vereinbarung erst im Januar.

5. Am 31. Dezember stellen wir fest, dass wir die Dezembermiete für angemietete Lagerräume in Höhe von 1 400,00 EUR noch nicht überwiesen haben.

6. Am 1. Oktober wurden Hypothekenzinsen in Höhe von 3 600,00 EUR für den Zeitraum vom 1. Oktober bis 31. März von uns im Voraus überwiesen.

7. Am 1. November hat ein Kunde die im Voraus zu zahlenden Halbjahreszinsen in Höhe von 1 080,00 EUR für ein ihm gewährtes Darlehen auf unser Bankkonto überwiesen.

8. Ein Mitarbeiter, dem wir ein Darlehen gewährt haben, hat die laut Vereinbarung nachträglich zu zahlenden Jahreszinsen in Höhe von 1 320,00 EUR am 31. März des folgenden Jahres zu zahlen.

9. Für die bereits ausgeführte Lieferung an einen Kunden übernehmen wir ausnahmsweise die Frachtkosten. Die Rechnung des Frachtführers über 400,00 EUR + USt. steht noch aus und wird von uns erst im Januar beglichen.

a) Buchen Sie die Geschäftsfälle in Grund- und Hauptbuch.
b) Über welche Konten sind die aufgeführten Konten abzuschließen? Nennen Sie die Buchungssätze für den Abschluss.

4. Am Bilanzstichtag (31. Dezember) wurden folgende Buchungssätze erstellt:

1. 5400 Mieterträge	an 4900	Passive Rechnungsabgrenzung
2. 7020 Grundsteuer	an 4890	Übrige sonstige Verbindlichkeiten
3. 2690 Übrige sonstige Forderungen	an 5400	Mieterträge
4. 2900 Aktive Rechnungsabgrenzung	an 6700	Mieten
5. 2900 Aktive Rechnungsabgrenzung	an 6900	Versicherungsbeiträge
6. 6700 Mieten	an 4890	Übrige sonstige Verbindlichkeiten

Welcher der nachfolgenden Geschäftsfälle liegt dem Buchungssatz jeweils zugrunde?

a) Die Januarmiete für die gemieteten Geschäftsräume wurde bereits am 28. Dezember überwiesen.
b) Die Gebäudeversicherungsprämie wurde am 26. September für die Zeit vom 1. Oktober bis 31. März des folgenden Jahres überwiesen.
c) Die Dezembermiete für eine vermietete Werkswohnung ist am Bilanzstichtag noch nicht eingegangen.
d) Die Dezembermiete für gemietete Geschäftsräume ist von uns irrtümlich noch nicht gezahlt worden.
e) Die Januarmiete für eine vermietete Werkswohnung ist bereits am 15. Dezember eingegangen.
f) Die Grundsteuer für das letzte Quartal des Jahres ist am Jahresende noch nicht gezahlt worden.

5. Folgende Fälle liegen vor:
   a) Am Ende des Geschäftsjahres ist die Dezembermiete noch nicht eingegangen.
   b) Die Vertreterprovision für Dezember wird erst im Januar des folgenden Jahres überwiesen.
   c) Die Hypothekenzinsen sind am 1. November für ein halbes Jahr im Voraus überwiesen worden.
   d) Die Darlehenszinsen für die Zeit vom 1. Oktober bis 31. Dezember sind am 31. Dezember noch nicht eingegangen.
   e) Die Vierteljahresmiete für das erste Quartal des kommenden Jahres ist bereits am 27. Dezember unserem Bankkonto gutgeschrieben worden.
   f) Die Löhne für die Lohnwoche vom 28. Dezember bis 2. Januar werden erst im Januar abgerechnet.

Handelt es sich bei diesen Sachverhalten zum Bilanzstichtag (31. Dezember) um eine
1. Aktive Rechnungsabgrenzung,
2. Passive Rechnungsabgrenzung,
3. Übrige sonstige Forderung,
4. Übrige sonstige Verbindlichkeit?

4.4 Rückstellungen

4.4.1 Notwendigkeit und Arten

Fall 1:
Der Pharmahersteller Aranta AG hat ein Rheumapräparat auf den Markt gebracht. Wegen einiger Todesfälle nach Einnahme des Mittels wurden Klagen eingereicht. Der Prozessausgang ist ungewiss. Deshalb bildet Aranta eine **Prozessrückstellung** in Höhe der möglichen Kosten.

Fall 2:
An der Aluminiumfassade am Verwaltungsgebäude der Aranta AG sollen im laufenden Geschäftsjahr Reparaturen durchgeführt werden. Die beauftragte Firma hat unerwartete Terminschwierigkeiten. Deshalb muss die Reparatur auf den Februar des folgenden Jahres verschoben werden. Aranta bildet eine **Rückstellung für unterlassene Aufwendungen für Instandhaltung.**

In den beiden beschriebenen Fällen entstehen in späteren Geschäftsperioden wahrscheinlich Zahlungen. Ihnen liegen Verpflichtungen zugrunde, die ihren wirtschaftlichen Grund in der laufenden Geschäftsperiode haben. Deshalb müssen sie zeitlich abgegrenzt und in der laufenden Geschäftsperiode als Aufwendungen erfasst werden.

Fall 1:
Die Aufwendungen beruhen auf Verpflichtungen gegenüber Dritten. Dabei weisen sie eine Besonderheit auf: Ihr Ansatz ist begründet, aber man weiß noch nicht, wann und/oder wie hoch sie anfallen. Das HGB nennt sie deshalb „ungewisse Verbindlichkeiten". Es verlangt ihren Ausweis in der Bilanz unter der Bezeichnung **Rückstellungen**.

Ungewisse Verbindlichkeiten stehen dem Grund nach fest. Ihr Fälligkeitstermin und/oder die genaue Höhe der Verpflichtung sind aber am Bilanzstichtag noch unbekannt. Sie sind von den regulären Verbindlichkeiten zu trennen und als Rückstellungen zu passivieren (§ 249 Abs. 1 HGB) (sog. Verbindlichkeitsrückstellungen).

Verbindlichkeitsrückstellungen sind z. B. zu bilden für
● Pensionsverpflichtungen,
● Steuernachveranlagungen,
● drohende Prozesskosten,
● wahrscheinliche Umsatzrückvergütungen an Kunden,
● gesetzliche und vertragliche Garantieverpflichtungen,
● Bürgschaftsverpflichtungen.

§ 249 Abs. 1 HGB schreibt auch Rückstellungen für Verpflichtungen vor, die als Verbindlichkeiten in einem weiter gefassten Sinn verstanden werden:

- **Drohverlustrückstellungen.** Sie sind für drohende Verluste aus schwebenden (noch nicht abgewickelten) Geschäften zu bilden. Ein Drohverlust liegt vor, wenn der erwartete Erlös aus einem schwebenden Geschäft unter die erwarteten Herstellungskosten fällt.

Beispiel: Vertragsschluss am 02.12., Liefertermin 01.03. Im Dezember steigen unerwartet die Rohstoffpreise so stark an, dass der Verkaufspreis die Herstellungskosten nicht mehr deckt.

- **Kulanzrückstellungen.** Sie sind für **Gewährleistungen ohne rechtliche Verpflichtung** zu bilden. Die Kulanz gilt als wirtschaftliche Verpflichtung, die sich aus der üblichen Geschäftstätigkeit ergibt.

Fall 2:

Hier beruhen die Aufwendungen nicht auf Verpflichtungen gegenüber Dritten, sondern gegenüber dem eigenen Unternehmen. Sie stellen innerbetriebliche Vorsorgemaßnahmen dar. Auch dafür werden Rückstellungen gebildet (sog. Aufwandsrückstellungen).

§ 249 Abs. 1 HGB schreibt Aufwandsrückstellungen vor (Passivierungspflicht)
- **für unterlassene Instandhaltungsaufwendungen, die in den ersten drei Monaten des folgenden Geschäftsjahrs nachgeholt werden,**
- **für Aufwendungen zur Abraumbeseitigung, die im folgenden Geschäftsjahr nachgeholt werden.**

Die Handelsbilanz ist für die Steuerbilanz maßgeblich. Deshalb sind auch steuerrechtlich entsprechende Rückstellungen zu bilden. Ausnahme: Rückstellungen für drohende Verluste aus schwebenden Geschäften sind nicht gestattet (§ 5 Abs. 4 EStG).

Für andere als die oben genannten Zwecke dürfen Rückstellungen nicht gebildet werden (§ 249 Abs. 2 HGB).

Rückstellungen	
Verbindlichkeitsrückstellungen beruhen auf Verpflichtungen gegenüber Dritten (Verbindlichkeitscharakter).	**Aufwandsrückstellungen** beruhen auf Verpflichtungen gegenüber dem Unternehmen (Vorsorgecharakter).
im engeren Sinn: • **z. B. Pensions-, Steuer-, Prozess-, Garantie-, Bürgschafts-, Umsatzrückvergütungsrückstellungen** • im weiteren Sinn: **Drohverlust- und Kulanzrückstellungen**	• **Instandhaltungsrückstellungen** (bei Nachholung in den 3 ersten Monaten des folgenden Geschäftsjahrs) • **Abraumbeseitigungsrückstellungen** (bei Nachholung im folgenden Geschäftsjahr)

Rückstellungen sind mit dem nach vernünftiger kaufmännischer Beurteilung notwendigen Erfüllungsbetrag[1] anzusetzen (§ 253 Abs. 1 HGB).

Rückstellungen mit mehr als 1 Jahr Restlaufzeit sind mit dem durchschnittlichen Marktzinssatz der vergangenen 7 Jahre abzuzinsen. Dieser wird von der Deutschen Bundesbank ermittelt und monatlich bekanntgegeben (§ 253 Abs. 2 HGB). Für Pensionsrückstellungen gelten Sonderbestimmungen.

Überhöhte Rückstellungen sind nicht erlaubt. Sie informieren falsch über die Lage des Unternehmens und verkürzen Gewinn und Steuer. Natürlich besteht immer ein gewisser Ermessensspielraum. In dessen Rahmen werden Rückstellungen als Finanzierungsinstrument eingesetzt (vgl. Bd. 1, „Geschäftsprozesse", Sachwort „Rückstellung").

---

[1] Siehe hierzu S. 428 und S. 458.

Merke: Rückstellungen sind Ausfluss des Vorsichtsprinzips. Sie verhindern, dass Schulden zu niedrig und Gewinne zu hoch ausgewiesen werden.

Unter Finanzierungsgesichtspunkten werden Rückstellungen dem Fremdkapital, also den Schulden, zugerechnet. Für Verbindlichkeitsrückstellungen leuchtet dies ohne Weiteres ein. Bei Aufwandsrückstellungen führt die Durchführung der bezweckten Maßnahme ebenfalls zu Zahlungen an Dritte. Deshalb ist die Zurechnung zum Fremdkapital auch hier begründet.

4.4.2 Buchung

Bildung von Rückstellungen

Bei der Bildung einer Rückstellung sind der geschätzte periodenbezogene Aufwand und die Rückstellung zu buchen. Der IKR sieht folgende Konten vor:

Aufwandskonto (Sollbuchung)	Rückstellungskonto (Habenbuchung)
6440 Aufwendungen für Altersversorgung	3700 Pensionsrückstellungen
7700 Gewerbesteuer	3800 Steuerrückstellungen
6980 Zuführungen zu Rückstellungen, soweit nicht unter anderen Aufwendungen buchbar	3910 Sonstige Rückstellungen für Gewährleistung
Passendes Aufwandskonto, z. B. 6770 Rechts- und Beratungskosten (für Prozessrückstellungen) 6980 Zuführungen zu Rückstellungen, soweit nicht unter anderen Aufwendungen buchbar	3930 Sonstige Rückstellungen für andere ungewisse Verbindlichkeiten
6980 Zuführungen zu Rückstellungen, soweit nicht unter anderen Aufwendungen buchbar	3970 Sonstige Rückstellungen für drohende Verluste aus schwebenden Geschäften
Passendes Aufwandskonto, z. B. 6160 Fremdinstandhaltung (für Instandhaltungsrückstellungen) 6980 Zuführungen zu Rückstellungen, soweit nicht unter anderen Aufwendungen buchbar	3990 Sonstige Rückstellungen für Aufwendungen

Der Buchungssatz lautet: **Aufwandskonto an Rückstellungskonto**.

Auflösung von Rückstellungen

Rückstellungen dürfen nur aufgelöst werden, soweit der Grund hierfür entfallen ist (§ 249 Abs. 2 HGB).

> **Beispiele:** **Auflösung von Rückstellungen**
>
> - Der Prozess ist beendet. Die Prozesskosten wurden bezahlt.
> - Die Steuernachzahlung ist erfolgt.
> - Der Schaden aus dem Garantiefall wurde ausgeglichen.
> - Der Verlust aus dem schwebenden Geschäft ist eingetreten.

VIERTER ABSCHNITT

Der Rückstellungsbetrag beruht auf Schätzungen. Deshalb führt seine Verrechnung mit dem tatsächlichen Zahlungs-/Verlustbetrag zum Zeitpunkt der Auflösung in aller Regel zu einem Ertrag oder zu einem Aufwand. Dieser ist wie folgt zu buchen:

Fall 1: Zahlungs-/Verlustbetrag < Rückstellungsbetrag	**Ertrag erfassen auf Konto** 5480 Erträge aus der Herabsetzung von Rückstellungen
Fall 2: Zahlungs-/Verlustbetrag > Rückstellungsbetrag	**Aufwand erfassen auf Konto** 6990 Periodenfremde Aufwendungen

Beispiel: Bildung und Auflösung einer Rückstellung

Ein Wohnmobilhersteller stellt fest, dass das Dachdichtmaterial bei der neuen Fahrzeugserie brüchig ist. Im kommenden Jahr wird ein Rückruf für 500 schon ausgelieferte Fahrzeuge nötig. Für die Zahlungen an die Werkstätten wird im laufenden Jahr eine Garantierückstellung von 50 000,00 EUR gebildet.

Buchungen im laufenden Jahr:

❶ Bildung der
  Rückstellung:

  6980 Zuführung Gewähr-
         leistungsrückstellung 50 000,00 an 3910 Sonst. Rückst.
                                            f. Gewährlst. 50 000,00

❷ Abschluss
  Aufwandskonto: 8020 GuV   50 000,00 an 6980 Zuführung
                                                Gewährleist.-
                                                rückstellung 50 000,00

❸ Abschluss
  Rückstellung: 3910 Sonst. Rückstellungen
                         f. Gewährleistungen 50 000,00 an 8010 SBK   50 000,00

S 6980 Zuführ. Gew.rückstell. H	S 3910 Sonst. Rückst. f. Gewährl. H
❶ 3910 50 000,00 | ❷ 8020 50 000,00	❸ 8010 50 000,00 | ❶ 6980 50 000,00

S 8020 GuV H	S 8010 SBK H
❷ 6980 50 000,00 |	| ❸ 3910 50 000,00

Buchungen im folgenden Jahr:

❹ Kontoeröffnung: 8000 EBK   50 000,00 an 3910 Sonst. Rückst.
                                                f. Gewährl. 50 000,00

Fall 1: Zahlungsbetrag 45 000,00 (+ Vorsteuer) < Rückstellungsbetrag 50 000,00 EUR

❺ Auflösung
  Rückstellung: 3910 Sonst. Rückstellungen
                         f. Gewährleistungen 50 000,00
  Zahlung: 2600 Vorsteuer   8 550,00 an 2800 Bank   53 550,00
  Ertrag: an 5480 Erträge a. d.
                                                          Herabsetzung
                                                          v. Rückstell.   5 000,00

Fall 2: Zahlungsbetrag 54 000,00 (+ Vorsteuer) > Rückstellungsbetrag 50 000,00 EUR

❻ Auflösung
  Rückstellung: 3910 Sonst. Rückstellungen
                         f. Gewährleistungen 50 000,00
  Aufwand: 6990 Periodenfrd. Aufwend. 4 000,00
  Zahlung: 2600 Vorsteuer   10 260,00 an 2800 Bank   64 260,00

> Sollte – was reiner Zufall wäre – der Zahlungsbetrag genau dem Rückstellungsbetrag entsprechen, wäre zu buchen:
>
> 3910 Sonst. Rückstellungen
> f. Gewährleistungen 50 000,00
> 2600 Vorsteuer 9 500,00 an 2800 Bank 59 500,00

Arbeitsaufträge

1. **Aussagen zum Thema Rückstellungen**

   a) Das Steuerrecht gestattet nicht den Ansatz von Aufwandsrückstellungen. Dieses Verbot ist ein Ausfluss des Vorsichtsprinzips.

   b) Das Handelsrecht gestattet den Ansatz von Prozessrückstellungen, das Steuerrecht hingegen nicht.

   c) Aufwandsrückstellungen stellen Aufwendungen für ungewisse Verbindlichkeiten dar.

   d) Für ungewisse Verbindlichkeiten besteht nach Handels- und Steuerrecht Passivierungspflicht.

   e) Drohende Verluste aus schwebenden Geschäften zählen zu den Aufwandsrückstellungen.

   f) Überhöhte Rückstellungen bedeuten einen überhöhten Ansatz von Aufwendungen und einen zu niedrigen Gewinnausweis.

   g) Rückstellungen sind am Bilanzstichtag zu aktivieren und bei Entfall des Rückstellungsgrundes aufzulösen.

   h) Es entspricht dem Wesen von Rückstellungen, dass ihre Höhe nur geschätzt werden kann.

   i) Verbindlichkeitsrückstellungen sind durch innerbetriebliche Vorsorgemaßnahmen begründet.

   Stellen Sie fest, ob diese Aussagen richtig oder falsch sind. Korrigieren Sie falsche Aussagen.

2. Wegen Folgeschäden gemäß Produkthaftungsgesetz hat die Krankenhausgesellschaft Gambach GmbH Klage gegen den Gerätehersteller Clinitec GmbH eingereicht. Clinitec muss damit rechnen, den Prozess zu verlieren, und bildet deshalb zum Bilanzstichtag für die ungewisse Verbindlichkeit eine Prozesskostenrückstellung in Höhe von 140 000,00 EUR. Die Krankenhausgesellschaft rechnet sich ihrerseits gute Chancen aus, den Prozess zu gewinnen, und will deshalb 120 000,00 EUR „ungewisse Forderungen" aktivieren.

   Ist diese Aktivierung rechtlich zulässig? Erläutern Sie dazu den rechtlichen Hintergrund.

3. **Folgende Buchungen wurden durchgeführt:**

a)	3700	30 000,00	an 8010	30 000,00
b)	8000	60 000,00	an 3800	60 000,00
c)	7700	6 000,00	an 3800	6 000,00
d)	8020	15 000,00	an 6980	15 000,00
e)	3800	4 000,00	an 2800	4 000,00
f)	3930	15 000,00		
	2600	2 280,00	an 2800	14 280,00
			an 5480	3 000,00

   Welche Vorgänge liegen diesen Buchungen zugrunde?

4. **Wir gewähren unseren Kunden auf die gelieferten Erzeugnisse ein Jahr Garantie. In den vergangenen Jahren wurden wir mit ca. 0,5 % des Nettoumsatzes in Anspruch genommen. Unser Nettojahresumsatz beträgt 2 400 000,00 EUR.**

   Buchen Sie am Bilanztag (31. Dezember).

5. **Für das laufende Geschäftsjahr ist mit einer Gewerbesteuerabschlusszahlung von voraussichtlich 3 600,00 EUR zu rechnen.**

   a) Buchen Sie am Bilanzstichtag (31. Dezember).

   b) Buchen Sie am 14. Oktober des folgenden Jahres, wenn durch Banküberweisung die Abschlusszahlung in Höhe von

   1. 3 920,00 EUR

   2. 3 170,00 EUR

   an die Stadthauptkasse geleistet wird.

6. **Für einen schwebenden Prozess werden die Kosten auf 2 000,00 EUR geschätzt. Es ist damit zu rechnen, dass der Prozess verloren wird.**

   a) Buchen Sie am Bilanzstichtag (31. Dezember).

   b) Buchen Sie nach Abschluss des Prozesses am 16. Mai des folgenden Jahres, wenn an die Gerichtskasse und den Prozessgegner durch Banküberweisung tatsächlich zu zahlen sind:

   1. 1 600,00 EUR

   2. 2 250,00 EUR

7. **Eine dringend notwendige Reparatur muss bis Ende Januar des nächsten Jahres aufgeschoben werden, weil zurzeit eine Unterbrechung der Produktion wegen dringender Fertigungsaufträge nicht möglich ist.**

   Die Reparaturkosten werden lt. Kostenvoranschlag auf 12 000,00 EUR netto geschätzt.

   a) Buchen Sie am Bilanzstichtag (31. Dezember).

   b) Buchen Sie am 23. Februar des folgenden Jahres, wenn die für die Reparatur eingegangene Rechnung über

   1. 13 400,00 EUR + USt.

   2. 11 650,00 EUR + USt.

   durch Postüberweisung beglichen wird.

8. **Der Druckmaschinenhersteller PRINT AG hat am 2. November eine Maschine im Verkaufswert von 250 000,00 EUR nach Chile geliefert. Die Herstellungskosten betragen 225 000,00 EUR. Das Zahlungsziel beträgt 3 Monate ab Monatsende. Der Verkauf erfolgte auf US-Dollar-Basis zum Kaufpreis von 300 000,00 USD. Bis zum Bilanzstichtag (31. Dezember) steigt der Dollarkurs (Mengennotierung) um 20 %. Der Kursanstieg ist aufgrund der derzeitigen Wirtschaftslage als nachhaltig anzusehen.**

   (Man beachte: Bei der Mengennotierung kennzeichnet der Kursanstieg einen **Wertverlust** des Dollars.)

   a) Rechtfertigt der geschilderte Sachverhalt bei PRINT die Bildung einer Rückstellung?

   b) Um was für eine Art Rückstellung handelt es sich?

   c) Stellt diese Art Rückstellung eine Verbindlichkeitsrückstellung oder eine Aufwandsrückstellung dar?

   d) Besteht nach Handelsrecht (nach Steuerrecht)

   (1) Passivierungspflicht,

   (2) Passivierungswahlrecht,

   (3) Passivierungsverbot?

   e) Ermitteln Sie den Rückstellungsbetrag.

   f) Nehmen Sie die notwendigen Buchungen zum Bilanzstichtag vor.

   g) Zum Ablauf der Zahlungsfrist ergibt sich, dass der USD-Kurs wieder um 10 % sinkt (vom Hochpunkt aus gerechnet).

   ● Berechnen Sie die Kaufpreisgutschrift in EUR.

   ● Lösen Sie die Rückstellung auf und nehmen Sie die notwendigen Buchungen vor.

9. Folgende Geschäftsfälle liegen vor: EUR

(1) Am 31. Dezember haben wir noch Darlehenszinsen für das alte Geschäftsjahr
zu erhalten 1 200,00

(2) Am 1. Oktober haben wir die Kfz-Steuer für ein Jahr im Voraus bezahlt........... 3 600,00

(3) Am 1. August haben wir die Miete für einen vorübergehend benötigten
Lagerschuppen für ein halbes Jahr im Voraus bezahlt...................................... 600,00

(4) Für die Nullserie eines neu in unser Produktionsprogramm aufgenommenen
Erzeugnisses sind wir Garantieverpflichtungen eingegangen. Wir schätzen,
dass an uns daraus Ansprüche in Höhe von etwa 18 000,00 EUR gestellt
werden könnten.

(5) Für ein von uns am 30. November aufgenommenes Darlehen sind die Halbjahreszinsen am 31. Mai des folgenden Jahres zu zahlen................................. 900,00

(6) Am 1. Oktober haben wir eine Kundenforderung in Höhe von 6 000,00 EUR in
eine Darlehensforderung umgewandelt und die vereinbarten Halbjahres-
zinsen im Voraus bar vereinnahmt 300,00

(7) Im Dezember haben wir eine Werbeaktion für unser Erzeugnis (siehe Nr. 4)
durchgeführt, die sich erst im Folgejahr auswirken wird. Die entstandenen Kosten
(42 000,00 EUR + USt.) wurden in voller Höhe auf Konto 6870 Werbung gebucht.

(8) Unser Steuerberater war uns bei der Erstellung des Jahresabschlusses
behilflich. Die dafür zu erwartende Honorarforderung schätzen wir auf
800,00 EUR + USt.

(9) Ein Mieter unserer Werkswohnungen hat die zum 1. Dezember fällige
Dezembermiete noch nicht bezahlt... 250,00

(10) Unser Anstreicher hat im Dezember einige Büroräume renoviert. Die
Rechnung dafür liegt noch nicht vor. Lt. Kostenvoranschlag rechnen wir mit
Gesamtkosten von 6 000,00 EUR + USt.

(11) Für das abgelaufene Geschäftsjahr steht die Servicerechnung für unsere
Kopierer (Jahreswartungsvertrag) noch aus 4 000,00

Wie ist am Bilanzstichtag (31. Dezember) zu buchen?

5 Inventurdifferenzen

Die Erstellung des Jahresabschlusses verlangt die Erfassung der Istbestände an Vermögensgegenständen und Schulden durch Inventur. Die Istbestände sind mit den Buchbeständen der Konten abzugleichen. Etwaige Mengen- und Wertdifferenzen sind in den Büchern zu korrigieren.

Inventurdifferenzen wurden schon auf S. 83 besprochen. Lesen Sie dort nach. Wir fassen hier zusammen und ergänzen Fehlendes.

- **Differenzen aufgrund von Buchungsfehlern:**
  Fehlende Buchungen sind nachzuholen, Doppelbuchungen zu stornieren, Falschbuchungen zu stornieren und anschließend richtig zu buchen.

- **Kassenfehlbestände** sind auf **6940 Sonstige Aufwendungen**, **Kassenmehrbestände** auf **5430 Sonstige Erträge** zu buchen.

- **Fehlmengen, Mehrmengen und Wertminderungen beim Vorratsvermögen** werden nur bei Einzelerfassung des Verbrauchs erkannt. Differenzen von **üblichem Umfang** (5 bis maximal 10 %) werden auf den zugehörigen Aufwandskonten als zusätzlicher **Aufwand** (Soll) bzw. als **Aufwandsminderung** (Haben) gebucht. Wertsteigerungen dürfen nicht berücksichtigt werden.

  Fehlmengen und Wertminderungen von **unüblichem Umfang** (z. B. durch Einbruch, Diebstahl, Vernichtung) sind zu buchen auf **6570 Unüblich hohe Abschreibungen auf Umlaufvermögen**.

- Fehlmengen (Diebstahl, Vernichtung) und nicht planmäßige Wertminderungen beim **Anlagevermögen** werden auf **6550 Außerplanmäßige Abschreibungen auf Sachanlagen** erfasst.

- **Forderungen** und **Schulden** sind reine Buchbestände, die keine körperliche Inventur erfordern. Insofern entstehen hier keine Inventurdifferenzen.

6 Bewertung von Vermögen und Schulden

6.1 Auswirkungen falscher Bewertung

Bei der Inventur sind alle Vermögensgegenstände und Schulden zu bewerten. Sie sind mit den ermittelten Werten in das Inventar und in die Bilanz zu übernehmen.

Die Frage nach dem „richtigen" Wertansatz lässt sich nicht allgemeingültig beantworten.

> **Beispiel:** Mögliche Wertansätze
> Im Chefbüro der Sacher GmbH steht eine 130 Jahre alte Standuhr, eine echte Antiquität. Mit welchem Wert ist sie anzusetzen?
> Mit den Anschaffungskosten (150,00 Reichsmark)? Mit den Anschaffungskosten abzüglich planmäßiger Abschreibungen (0,00 EUR)? Mit dem Wiederbeschaffungswert eines vergleichbaren modernen Gegenstands (400,00 EUR)? Mit dem Marktwert (40 000,00 EUR)? Mit dem Materialwert (30,00 EUR)?

Eine falsche Bewertung wirkt sich auf den Gewinn- und Vermögensausweis aus, hat Auswirkungen auf den Kapitalerhalt, die Sicherheit von Krediten, die Investitionsbereitschaft von Kapitalgebern und die Entwicklungschancen des Unternehmens.

> **Beispiel:** Auswirkungen von Über- und Unterbewertung
> Folgende Zahlen eines Unternehmens liegen vor (Werte in EUR):
> Vermögen 130 000,00; Schulden 30 000,00; Umsatzerlöse 200 000,00; Aufwendungen (ohne Abschreibungen und Wechselkursverluste bei Fremdwährungs-Verbindlichkeiten) 80 000,00
> Welche Auswirkungen haben ein überhöhter und ein zu niedriger Ansatz von Abschreibungen und Wechselkursverlusten?

	Abschreibungen	Wechselkursverluste (WKV)
„objektiver" Ansatz	20 000,00	2 000,00
überhöhter Ansatz	30 000,00	3 000,00
zu niedriger Ansatz	10 000,00	1 000,00

	überhöhter Ansatz	objektiver Ansatz	erniedrigter Ansatz
Umsatzerlöse	200 000,00	200 000,00	200 000,00
– Abschreibungen	30 000,00	20 000,00	10 000,00
– Wechselkursverlust (WKV)	3 000,00	2 000,00	1 000,00
– restliche Aufwendungen	80 000,00	80 000,00	80 000,00
Gewinn	**87 000,00**	**98 000,00**	**109 000,00**

	überhöhter Ansatz	objektiver Ansatz	erniedrigter Ansatz
Vermögen vor Abschreibung	130 000,00	130 000,00	130 000,00
– Abschreibung	30 000,00	20 000,00	10 000,00
Vermögen nach Abschreib.	100 000,00	110 000,00	120 000,00
– Schulden einschl. WKV	33 000,00	32 000,00	31 000,00
Eigenkapital	**67 000,00**	**78 000,00**	**89 000,00**

Vermögen:	unterbewertet		überbewertet
Schulden:	überbewertet		unterbewertet
Gewinn:	zu niedrig ausgewiesen		zu hoch ausgewiesen
Fazit:	Unternehmen erscheint ärmer; Eigen- und Fremdkapitalgeber verweigern Finanzmittel; Wachstums- und Entwicklungschancen der Unternehmung gefährdet		Unternehmen erscheint reicher; Gläubiger werden über die wahre Kapital- und Gewinnlage getäuscht; Kapitalerhaltung evtl. durch überhöhte Gewinnausschüttung und Besteuerung gefährdet

6.2 Bewertungsmaßstäbe

Nachdem entschieden ist, dass eine Position in die Bilanz aufgenommen wird („Ansatz dem Grund nach"), ist zu prüfen, welcher Bewertungsmaßstab ihr beizulegen ist („Ansatz der Höhe nach"). Insbesondere kommen folgende Bewertungsmaßstäbe in Frage:

- **Anschaffungskosten**
- **Herstellungskosten**
- **fortgeführte Anschaffungs-/ Herstellungskosten**
- **Tageswert**
- **Erfüllungsbetrag**

6.2.1 Anschaffungskosten

Anschaffungskosten sind die Aufwendungen für den Erwerb des Gegenstands und sein Versetzen in einen betriebsbereiten Zustand (§ 255 Abs. 1 HGB).

	Anschaffungspreis (Listenpreis)
+	Anschaffungsnebenkosten
+	nachträgliche Anschaffungskosten
−	Anschaffungspreisminderungen
=	Anschaffungskosten

Den Begriff der Anschaffungskosten kennen Sie schon. Lesen Sie die Einzelheiten noch einmal auf Seite 138 nach. Dort finden Sie auch ein Berechnungsbeispiel.

6.2.2 Herstellungskosten

Für die Bewertung der erstellten Erzeugnisse und die Bewertung betrieblicher Eigenleistungen kommen die Herstellungskosten als Bewertungsmaßstab infrage (§ 255 Abs. 2 HGB). Handels- und Steuerrecht gestehen dabei eine gewisse Bewertungsfreiheit innerhalb festgelegter Wertuntergrenzen und Wertobergrenzen zu. Diese Grenzen sind aus dem nebenstehenden Schema ablesbar.

Berechnung der Herstellungskosten	
Pflicht-bestandteile	Fertigungsmaterial + Fertigungslöhne + Sondereinzelkosten der Fertigung + Materialgemeinkosten + Fertigungsgemeinkosten
	= Wertuntergrenze (Mindestwert)
Wahlbe-standteile	+ Verwaltungsgemeinkosten + angemessene Sozial- und Altersversorgungskosten
	= Wertobergrenze (Höchstwert)

Forschungskosten und Vertriebsgemeinkosten gehören auf keinen Fall zu den Herstellungskosten.

Herstellungskosten immaterieller Gegenstände sind die entsprechenden Aufwendungen, die bei der Entwicklung anfallen (§ 255 Abs. 2 a HGB). Entwicklung ist die Anwendung von Forschungsergebnissen für die Neu- oder Weiterentwicklung von Gütern oder Verfahren. Forschungsaufwendungen sind keine Herstellungskosten.

Lassen sich Forschung und Entwicklung nicht verlässlich trennen, ist eine Aktivierung ausgeschlossen.

6.2.3 Fortgeführte Anschaffungs-/Herstellungskosten

Die fortgeführten Anschaffungs- bzw. Herstellungskosten ergeben sich bei den abnutzbaren Sachanlagen nach Vornahme der planmäßigen Abschreibungen:

	Anschaffungskosten/Herstellungskosten
−	planmäßige Abschreibungen
=	fortgeführte Anschaffungskosten/Herstellungskosten

VIERTER ABSCHNITT

6.2.4 Tageswert (Zeitwert)

Der Tageswert (Zeitwert) ist der Marktwert (§ 255 Abs. 4 HGB).

Soweit kein aktiver Markt besteht, anhand dessen sich der Marktwert ermitteln lässt, ist der Tageswert mithilfe allgemein anerkannter Bewertungsmethoden zu bestimmen.

Ist auch dies nicht möglich, gelten die fortgeführten Anschaffungs-/Herstellungskosten als Tageswert.

6.2.5 Erfüllungsbetrag

Dieser Wert kommt für den Ansatz von Verpflichtungen (Verbindlichkeiten, Rückstellungen) infrage.

Der Erfüllungsbetrag ist
- **bei aufgenommenen Krediten der Rückzahlungsbetrag,**
- **bei anderen Verpflichtungen der Geldbetrag, der im Erfüllungszeitpunkt voraussichtlich aufzuwenden ist.**

Wenn der Gegenstand an einer Börse gehandelt wird, ist der Börsenpreis der Marktwert.

Ansonsten liegt ein **Marktpreis** vor, wenn der Gegenstand auf einem Markt gehandelt wird, auf dem aus einer größeren Anzahl von Verkäufen ein Durchschnittspreis ermittelt werden kann.

Hinweis: In der Steuerbilanz ist statt des Tageswertes der sog. **Teilwert** anzusetzen:

„... der Betrag, den ein Erwerber des ganzen Betriebs im Rahmen des Gesamtkaufpreises für das einzelne Wirtschaftsgut ansetzen würde; dabei ist davon auszugehen, dass der Erwerber den Betrieb fortführt" (§ 6 Abs. 1 Ziff. 1 Satz 3 EStG). Obergrenze dafür sind die Wiederbeschaffungskosten unter Berücksichtigung des tatsächlichen Zustands, Untergrenze der „gemeine Wert", der bei Verkauf im Geschäftsverkehr zu erzielen wäre.

Man kann sich vorstellen, dass sich ein solcher Wert praktisch kaum berechnen lässt. Daher leitet man den Teilwert in der Praxis doch wieder von den Anschaffungs-/Herstellungskosten und dem Tageswert ab.

Arbeitsaufträge

1. **Kauf eines Lkw am 1. April: Listenpreis 80 000,00 EUR netto. Wir erhalten 4 % Rabatt und 2 % Skonto für sofortige Zahlung. Überführungskosten 800,00 EUR netto, Zulassungskosten einschließlich Nummernschildern 140,00 EUR netto. Die Kfz-Steuer in Höhe von 1 056,00 EUR sowie die Kfz-Versicherung von 1 800,00 EUR werden bei der Anschaffung für ein Jahr im Voraus entrichtet.**
   a) Ermitteln Sie die Anschaffungskosten des Lkw.
   b) Wie sind die mit der Anschaffung zusammenhängenden Vorgänge zu buchen, wenn alle Zahlungen unmittelbar durch Bankschecks erfolgen?

2. **Kauf eines Rohstoffpostens am 15. Februar, Nettowarenwert 10 000,00 EUR, Bezugskosten (netto) 400,00 EUR. Beim Rechnungsausgleich werden 3 % Skonto vom Nettowarenwert abgezogen.**
   Berechnen Sie die Anschaffungskosten des Rohstoffpostens.

3. **Anfang Oktober erwarb ein Unternehmen ein 3 000 m² großes Grundstück, auf dem eine neue Fabrikhalle errichtet werden soll, zum m²-Preis von 200,00 EUR. Für den Erwerb dieses Grundstücks waren 21 000,00 EUR Grunderwerbsteuer, 7 500,00 EUR Notariatskosten (netto) sowie 2 500,00 EUR Grundbuchkosten zu bezahlen. Ein Gutachten über die Bodenbeschaffenheit kostete 1 500,00 EUR netto. Außerdem fielen 3 000,00 EUR Zwischenfinanzierungskosten an.**
   Berechnen Sie die Anschaffungskosten des Grundstücks.

4. **Über die Anschaffung eines neuen Stanzautomaten liegen folgende Belege vor:**

Lieferantenrechnung über die Lieferung der Maschine, netto	**80 000,00 EUR**
Spediteurrechnung, netto	**3 000,00 EUR**
Rechnung für Transportversicherung	**180,00 EUR**
Lieferantenrechnung über Montage und Inbetriebsetzung der Maschine, netto	**3 600,00 EUR**

   Für die Anschaffung der Maschine wurde ein Kredit aufgenommen; dadurch entstanden Zinsen und Bankspesen in Höhe von 1 400,00 EUR.
   Berechnen Sie die Anschaffungskosten der Maschine.

5. Für einen Bestand an Fertigerzeugnissen entstanden folgende Kosten:

Materialeinsatz	40 000,00 EUR
Fertigungslöhne	80 000,00 EUR

Für Materialgemeinkosten sind 20 % des Materialeinsatzes, für Fertigungsgemeinkosten 140 % der Fertigungslöhne anzusetzen. Die auf den Bestand entfallenden Verwaltungsgemeinkosten betragen 36 000,00 EUR, die anteiligen Vertriebsgemeinkosten 24 000,00 EUR.

Berechnen Sie

a) die Bewertungsobergrenze,

b) die Bewertungsuntergrenze.

6. Im letzten Quartal des abgelaufenen Geschäftsjahres haben wir durch unsere Betriebshandwerker eine neue Montagehalle erstellen lassen. Dafür sind folgende Einzelkosten angefallen: Baugenehmigung 2 000,00 EUR, Statik 1 200,00 EUR, Materialkosten 61 000,00 EUR, Lohnkosten 40 000,00 EUR, Bauabnahme 600,00 EUR.

Für Materialgemeinkosten sind 40 % der Materialkosten, für Fertigungsgemeinkosten 80 % der Lohnkosten anzusetzen. Die auf den Bau entfallenden Verwaltungskosten betragen 20 150,00 EUR.

Berechnen Sie die Herstellungskosten der Montagehalle:

a) die Bewertungsuntergrenze,

b) die Bewertungsobergrenze.

7. Die Coltec GmbH, Essen, erhält folgende Eingangsrechnungen:

1. Lieferantenrechnung vom 10. Oktober

150 Elektromotoren	13 530,00 EUR
Verpackung	1 155,00 EUR
	14 685,00 EUR
19 % Umsatzsteuer	2 790,15 EUR
	17 475,15 EUR

2. Speditionsrechnung vom 12. Oktober

Transport von 150 Elektromotoren von Magdeburg nach Essen	610,50 EUR
19 % Umsatzsteuer	116,00 EUR
	726,50 EUR

Die Elektromotoren werden von der Coltec GmbH in die von ihr gefertigten Kühlschränke eingebaut.

Sie wurden „just in time" geliefert und entsprechend gebucht.

a) Ermitteln Sie die Anschaffungskosten für 150 Elektromotoren, wenn die Lieferantenrechnung unter Abzug von 2 % Skonto beglichen wird.

b) Wie wurden die Eingangsrechnungen gebucht?

8. In einem Industrieunternehmen wurde im vergangenen Monat eine Fertigungsmaschine durch den eigenen Betrieb hergestellt. Dafür fielen folgende Einzelkosten an: Fertigungsmaterial 16 250,00 EUR, Fertigungslöhne 22 500,00 EUR, Sondereinzelkosten der Fertigung 2 500,00 EUR. Im Betriebsabrechnungsbogen der vergangenen Abrechnungsperiode wurden folgende Gemeinkostenzuschlagsätze ermittelt: Materialgemeinkosten 8 %, Fertigungsgemeinkosten 21 %, Verwaltungsgemeinkosten 10 %, Vertriebsgemeinkosten 7 %.

a) Berechnen Sie den Höchstbetrag der Herstellungskosten für die o. g. Maschine.

b) Bilden Sie den Buchungssatz für die Aktivierung der Maschine zum Jahresende.

9. Beim Kauf eines neuen Lkw sind folgende Kosten angefallen:

a) Überführungskosten

b) Kosten für Anbringung des Firmennamens

c) Zulassungsgebühren

d) Kraftfahrzeugsteuervorauszahlung für das erste Jahr

e) Kosten für den Einbau einer Sprechfunkanlage

Welche der genannten Kosten dürfen nicht aktiviert werden?

6.3 Allgemeine Bewertungsgrundsätze

Bei der Bewertung der im Jahresabschluss ausgewiesenen Vermögensgegenstände und Schulden verlangt § 252 HGB die Beachtung folgender Grundsätze:

Allgemeine Bewertungsgrundsätze

1 Identitätsprinzip (Bilanzgleichheit, -identität)

Die Wertansätze der Eröffnungsbilanz des Geschäftsjahrs müssen mit denen der Schlussbilanz des vorhergehenden Geschäftsjahrs übereinstimmen.

Ziel: Verhinderung nachträglicher Wertänderungen

Grundsätze der Bilanzkontinuität

2 Stetigkeitsprinzip (Bewertungsstetigkeit)

Die Bewertungs- und Abschreibungsmethoden des Vorjahresabschlusses sind beizubehalten.

Ziele: Verhinderung willkürlichen Wechsels; Sicherung der Vergleichbarkeit der Jahresabschlüsse

3 Going-Concern-Prinzip (Unternehmensfortführung)

Bei der Bewertung ist von der Fortführung des Unternehmens auszugehen.

Nur bei freiwilliger (Liquidation) oder zwangsweiser Auflösung des Unternehmens (im Insolvenzverfahren) dürfen Einzelveräußerungspreise (Liquidationswerte) angesetzt werden.

4 Prinzip der Einzelbewertung

Die Vermögensgegenstände und Schulden sind einzeln zu bewerten.

Die Gesamtbewertung (z. B. eines Lagers) ist nicht erlaubt.

Zulässige Ausnahmen bestehen z. B. bei Forderungen (Pauschalbewertung) und gleichartigen Vorratsbeständen (Durchschnitts- und Verbrauchsfolgebewertung).

5 Stichtagsprinzip

Der Bewertung sind die Verhältnisse am Abschlussstichtag zugrunde zu legen. Sachverhalte, die am Abschlussstichtag schon bestanden, aber erst danach bis zur Bilanzaufstellung bekannt werden, sind zu berücksichtigen.
Beispiel: Am 1. Februar wird bekannt, dass Kunde X schon am 20. Dezember nach abgewickeltem Insolvenzverfahren zahlungsunfähig war. Dann ist eine bestehende Forderung noch zum Bilanzstichtag abzuschreiben.

6 Periodisierungsprinzip

Es sind ordnungsgemäß alle erforderlichen zeitlichen Abgrenzungen vorzunehmen.

Ziel: periodengerechte Erfolgsermittlung

7 Vorsichtsprinzip

Es ist vorsichtig zu bewerten. Alle vorhersehbaren Risiken und Verluste bis zum Bilanzstichtag sind zu berücksichtigen (auch wenn sie erst nach dem Abschlussstichtag bekannt werden). Gewinne hingegen sind nur zu berücksichtigen, wenn sie am Abschlusstag realisiert sind.

Ziele: Kapitalerhaltung; Gläubigerschutz

Seine konkrete Ausgestaltung findet das Vorsichtsprinzip

- für das Vermögen im **Anschaffungswertprinzip** und **Niederstwertprinzip**,
- für die Schulden im **Höchstwertprinzip**,
- für Gewinne im **Imparitätsprinzip**.

Diese Grundsätze werden im folgenden Abschnitt detailliert erläutert.

6.4 Konkretisierungen des Vorsichtsprinzips

6.4.1 Anschaffungswert- und Niederstwertprinzip

Das **Anschaffungswertprinzip** (§ 253 Abs. 1 HGB) gilt für Vermögensgegenstände. Es besagt:

Bewertungsobergrenze für Vermögensgegenstände sind die Anschaffungs- oder Herstellungskosten (bei abnutzbaren Anlagegegenständen die fortgeführten Kosten).

Folglich können Wertsteigerungen erst dann als Gewinne ausgewiesen werden, wenn sie realisiert, d. h. durch Verkauf oder Zahlung wirklich erzielt worden sind.

> **Beispiel: Nicht realisierter Gewinn**
>
> Ein unbebautes Grundstück, das für 150 000,00 EUR gekauft wurde, hat einen Marktwert von 200 000,00 EUR. Da dieser Wert noch nicht durch Wiederverkauf des Grundstücks realisiert wurde, darf das Grundstück höchstens mit 150 000,00 EUR angesetzt werden. Der Ausweis eines nicht realisierten Gewinns von 50 000,00 EUR würde nicht dem Vorsichtsprinzip entsprechen.

Das **Niederstwertprinzip** (§ 253 Abs. 1 und 3 HGB) gilt ebenfalls für Vermögensgegenstände. Es besagt:

Von möglichen Wertansätzen ist grundsätzlich der niedrigste zu wählen.

> **Beispiel: Niederstwertprinzip**
>
> Die Kabelwerke AG hat 1 000 t Kupfer für 3 000 000,00 EUR gekauft. Am Bilanzstichtag liegt der Kurs an der Kupferbörse bei 250,00 EUR für 100 kg. Der Bestand ist folglich mit dem niedrigeren Wert von 2 500 000,00 EUR anzusetzen. Der nicht realisierte Wertverlust wird aus Vorsichtsgründen so behandelt, als ob er eingetreten wäre.

Für das Anlagevermögen ist das Niederstwertprinzip abgemildert:

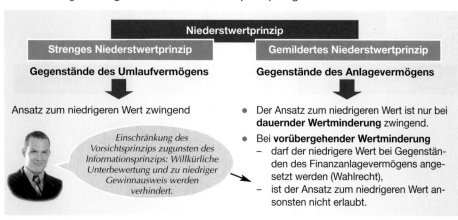

Wenn die Gründe für den niedrigeren Wertansatz fortfallen, darf dieser nicht beibehalten werden. Es besteht eine Wertaufholungspflicht (§ 253 Abs. 5 HGB).

Zum Vergleich die **steuerrechtliche Regelung**: Der Ansatz zum niedrigeren Wert ist bei Anlage- und Umlaufvermögen bei voraussichtlich dauernder Wertminderung zulässig (nicht zwingend) (§ 6 Abs. 1 Ziff. 1 EStG). Auch hier besteht Wertaufholungspflicht (§ 6 Abs. 1 Nr. 1 Satz 4, Nr. 2 Satz 3 EStG).

6.4.2 Höchstwertprinzip

Das Höchstwertprinzip gilt für Schulden. Das HGB sagt hierzu:

> **§ 253 Abs. 1 HGB:** ... Verbindlichkeiten sind zu ihrem Erfüllungsbetrag ... anzusetzen.
> **§ 252 Abs. 1 Nr. 4 HGB:** ... Gewinne sind nur zu berücksichtigen, wenn sie am Abschlusstag realisiert sind.

Der **Erfüllungsbetrag** ist bei Krediten der Rückzahlungsbetrag, ansonsten der im Erfüllungszeitpunkt voraussichtlich aufzuwendende Geldbetrag. Ein Gewinn entsteht, wenn der Erfüllungsbetrag niedriger als der **Entstehungswert** der Verbindlichkeit ist. Folglich sind Erfüllungsbetrag und Entstehungswert zu vergleichen.

Der Erfüllungsbetrag ist anzusetzen, wenn er über dem Entstehungswert liegt. Liegt er darunter, ist der Entstehungswert anzusetzen.

Einzelheiten zu diesem Kapitel siehe S. 426 ff.

Steuerrechtlich ist ein höherer Erfüllungsbetrag nur anzusetzen, wenn er von Dauer ist.

6.4.3 Realisations- und Imparitätsprinzip

Das Vorsichtsprinzip gebietet die vorsichtige Bewertung von Vermögen und Schulden (Anwendung von Anschaffungs-, Niederst- und Höchstwertprinzip). Dies führt zu einer Ungleichbehandlung von nicht realisierten Gewinnen und nicht realisierten Verlusten. Sie wird durch das Realisations- und Imparitätsprinzip (lat.: impar = ungleich) formuliert:

- **Gewinne dürfen nur ausgewiesen werden, wenn sie durch Verkäufe realisiert sind (Realisationsprinzip).**
- **Verluste hingegen müssen/können schon ausgewiesen werden, wenn sie noch nicht eingetreten, sondern nur wahrscheinlich sind (Imparitätsprinzip).**

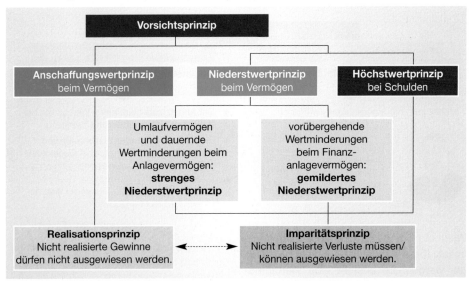

Wichtiger Hinweis: Für Vermögensgegenstände und Verbindlichkeiten, die auf fremde Währung lauten und eine Restlaufzeit von höchstens einem Jahr haben, setzt § 256 a HGB das Vorsichtsprinzip außer Kraft. Stattdessen kommt das Informationsprinzip zur Geltung. Einzelheiten siehe S. 435 und 457.

In den folgenden Kapiteln wird die Bewertung der Aktiva und Passiva im Einzelnen behandelt. Dabei sind die oben angesprochenen Prinzipien zu beachten.

Arbeitsaufträge

1. Die Firma Julius Kleinschmidt OHG hat vor 5 Jahren ein 5 000 m^2 großes unbebautes Grundstück zum m^2-Preis von 15,00 EUR erworben. Der heutige Wert des Grundstücks beträgt dauerhaft 200,00 EUR/m^2.

   Mit welchem Gesamtwert ist das Grundstück nun in der Bilanz auszuweisen (aus Vereinfachungsgründen bleiben Anschaffungsnebenkosten unberücksichtigt)?

2. Einkaufspreis netto .... 380 000,00 EUR

   Bezugskosten netto .... 12 500,00 EUR

   Marktwert am Bilanzstichtag .... 350 000,00 EUR

   Bewerten Sie den Rohstoffbestand.

3. In der Bilanz der Firma Anton Schneider KG sind unter der Position „Wertpapiere des Anlagevermögens" 10 000 Aktien der Stahlbau AG ausgewiesen, die seinerzeit zu einem Kurs von 60,00 EUR je Stück angeschafft wurden. Am Bilanzstichtag beträgt der Kurswert nur noch 40,00 EUR je Stück.

   Mit welchem Wert sind die Papiere in der Schlussbilanz auszuweisen (Ankaufsspesen bleiben unberücksichtigt)?

4. Die K. Schmitz GmbH hat bei einer amerikanischen Bank einen Kredit in Höhe von 80 000,00 EUR aufgenommen. Die Rückzahlung ist in zwei Jahren fällig. Der Devisenkurs für einen EUR betrug im Entstehungszeitpunkt der Schuld 1,1780 USD; am Bilanzstichtag beträgt er 1,0410 USD.

   Mit welchem Betrag ist die Verbindlichkeit zu bilanzieren?

5. a) Rohstoffe: **EUR**

   Netto-Einkaufspreis 15 800,00

   Fracht und Rollgeld (netto) 200,00

   Marktwert am Bilanzstichtag 17 000,00

   b) Wertpapiere des Umlaufvermögens:

   40 X-Aktien, Ankaufskurs 210,00

   50 Y-Aktien, Ankaufskurs 280,00

   Stückkurs am Bilanzstichtag für die X-Aktien 224,00

   Stückkurs am Bilanzstichtag für die Y-Aktien 252,00

   (Ankaufsspesen bleiben unberücksichtigt.)

   Mit welchen Beträgen sind die Vermögenswerte in der Bilanz am Geschäftsjahresende anzusetzen?

6. a) Unbebautes Grundstück

   Anschaffungskosten am 17. Mai 2000 .... 468 000,00 EUR

   Verkehrswert am 31. Dezember 2009 .... 540 800,00 EUR

   b) Darlehen in ausländischer Währung (Valutaverbindlichkeit)

   31 200,00 GBP; Entstehung 9. Dezember 2011, Rückzahlungstermin 9. Dezember 2013

   Kurs für einen EUR am   9. Dezember 2011:   0,7010 GBP

   Kurs für einen EUR am 31. Dezember 2011:   0,6400 GBP

   Ermitteln Sie die jeweiligen Bilanzansätze zum 31. Dezember 2011.

6.5   Bewertung des Anlagevermögens

Bei den Gegenständen des Anlagevermögens unterscheidet man abnutzbare und nicht abnutzbare Gegenstände.

Gegenstände des Anlagevermögens gemäß § 266 HGB

Abnutzbare Gegenstände des Anlagevermögens

- **Immaterielle Vermögensgegenstände**
  - Gewerbliche Schutzrechte (z. B. Patente), erworbene Konzessionen (Erlaubnis zur Ausübung bestimmter Gewerbe), Lizenzen (Übertragung geschützter Rechte)
  - Der entgeltlich erworbene Firmenwert (Kaufpreis des Unternehmens abzüglich Wert des Vermögens abzüglich Schulden)
- **Sachanlagen**
  - Unbewegliche Wirtschaftsgüter (Gebäude, Außenanlagen)
  - Bewegliche Wirtschaftsgüter (Maschinen, Werkzeuge, Fahrzeuge, Betriebs- und Geschäftsausstattung, Anlagen im Bau)

Selbst geschaffene immaterielle Werte können aktiviert werden. Nicht aktivierbar sind jedoch: selbstgeschaffene Marken, Drucktitel, Verlagsrechte, Kundenlisten oder vergleichbare Gegenstände (§ 248 HGB).

Nicht abnutzbare Gegenstände des Anlagevermögens

- Grund und Boden
- Beteiligungen (Anteile an anderen Unternehmen, sollen durch dauernde Verbindung dem eigenen Geschäft dienen; § 271 Abs. 1 HGB)
- Andere Finanzanlagen (v. a. Wertpapiere, langfristige Darlehen)
- Auf Anlagegegenstände geleistete Anzahlungen

6.5.1   Bewertung abnutzbarer Anlagegegenstände

Planmäßige Abschreibung

Abnutzbare – auch immaterielle – Anlagegegenstände sind planmäßig abzuschreiben (§ 253 Abs. 3 HGB) und am Bilanzstichtag zu den fortgeführten Anschaffungs- oder Herstellungskosten zu bilanzieren (Anschaffungswertprinzip).

Die Herstellungskosten immaterieller Vermögensgegenstände sind die Entwicklungsaufwendungen (vgl. S. 427).

> **Beispiel: Fortgeführte Anschaffungskosten**
>
> Eine Anlage wird im Mai 2010 für 300 000,00 EUR angeschafft und bei einer Nutzungsdauer von 10 Jahren degressiv mit 20 % abgeschrieben.
>
> | | Anschaffungskosten Mai 2010 | 300 000,00 |
> |---|---|---|
> | – | planmäßige Abschreibung 20 % · 8/12 | 40 000,00 |
> | = | fortgeführte Anschaffungskosten am 31.12.2010 | 260 000,00 |
> | – | planmäßige Abschreibung 20 % | 52 000,00 |
> | = | fortgeführte Anschaffungskosten am 31.12.2011 | 208 000,00 |
>
> | 6520 | Abschreibungen auf Sachanlagen | 52 000,00 an 0700 Maschinen | 52 000,00 |
> |---|---|---|---|
> | 8010 | SBK | 208 000,00 an 0700 Maschinen | 208 000,00 |

Die in Handels- und Steuerrecht zulässigen Abschreibungsmethoden sowie die Bewertung geringfügiger Wirtschaftsgüter wurden schon an früherer Stelle behandelt.

Lesen Sie noch einmal auf S. 139 ff. nach.

Außerplanmäßige Abschreibung

Außerordentliche Wertminderungen (z. B. aufgrund von Schäden oder vorzeitigen technischen Veraltens) führen ggf. zu außerplanmäßigen Abschreibungen:

- Bei **voraussichtlich dauernder Wertminderung** muss der Gegenstand zum niedrigeren Tageswert angesetzt werden (Niederstwertprinzip).
- Bei **voraussichtlich vorübergehender Wertminderung** hingegen darf keine außerplanmäßige Abschreibung erfolgen.

> **Beispiel (Fortsetzung): Außerplanmäßige Abschreibung**
>
> Nehmen wir an, dass die im vorigen Beispiel genannte Anlage aufgrund des technischen Fortschritts am 31.12.2011 schon veraltet ist und auf einen Wert von 150 000,00 EUR geschätzt wird. Dann ist zu buchen:
>
> | | | | |
> |---|---|---|---|
> | 6550 Außerplanmäß. Abschreib. | 58 000,00 | an 0700 Maschinen | 58 000,00 |
> | 8010 SBK | 150 000,00 | an 0700 Maschinen | 150 000,00 |

Steuerrechtlich ist der niedrigere Wertansatz nur bei voraussichtlich dauernder Wertminderung zulässig, nicht zwingend.

Bei Fortfall der Gründe für den niedrigeren Wertansatz besteht Wertaufholungspflicht. Dies gilt nach HGB nicht für den Firmenwert (§ 253 Abs. 5 HGB).

> **Beispiel (Fortsetzung): Wertaufholung**
>
> Die Fortführung der planmäßigen Abschreibung (planmäßiger Restwert 208 000,00 EUR · 20 % = 41 600,00 EUR) ergibt 2012 einen planmäßigen Restwert von 166 400,00 EUR. Aufgrund der außerplanmäßigen Abschreibung in 2011 ergab sich Ende 2011 jedoch schon ein niedrigerer Wert von 150 000,00 EUR. Durch konstruktive Verbesserungen in 2012 steigt der Wert der Anlage wieder auf 165 000,00 EUR. Die Wertaufholung ist zu buchen.
>
> | | | | |
> |---|---|---|---|
> | 0700 Maschinen | 15 000,00 | an 5440 Zuschreibungen | 15 000,00 |
> | 8010 SBK | 165 000,00 | an 0700 Maschinen | 165 000,00 |

Fremdwährungsposten

Fremdwährungsposten sind Bilanzposten, die auf fremde Währung lauten (z. B. im Ausland erworbene Lizenzen; Gebäude und Anlagen im Ausland). Ihr **Tageswert** ist durch **Umrechnung zum Devisenkassamittelkurs des Bilanzstichtages** zu ermitteln (§ 256 a HGB).

> Der Devisenkassamittelkurs ist der zwischen Geld- und Briefkurs liegende Einheitskurs für alle Devisentransaktionen, die am Bilanzstichtag an der Devisenbörse stattfinden.

- **Restlaufzeit > 1 Jahr:** Bilanzierung wie oben dargestellt
- **Restlaufzeit ≤ 1 Jahr:** Bilanzierung zum Devisenkassamittelkurs des Bilanzstichtages ← *Achtung! Durchbrechung des Niederstwertprinzips!*

> **Beispiel: Fremdwährungsposten**
>
> Ein Patent wurde am 05.01. für 500 000,00 USD erworben. Geldkurs = 1,50 USD für 1,00 EUR
>
> | | |
> |---|---|
> | **Anschaffungskosten** = (500 000,00 : 1,50) EUR | = 333 333,33 EUR |
> | Planmäßige Abschreibung: linear 20 % | = 66 666,67 EUR |
> | **Fortgeführte Anschaffungskosten** | = 266 666,66 EUR |
>
> Außerordentliche Wertminderungen liegen nicht vor.
>
> | | | | |
> |---|---|---|---|
> | 6510 Abschr. auf immaterielle Anlagegegenstände | 66 666,67 | an 0200 Konzess. u. Schutzrechte | 66 666,67 |
>
> 1. Devisenkassakurse am 31.12.: Brief: 1,42; Geld: 1,44; Mittelkurs: 1,43
>
> | | |
> |---|---|
> | **Tageswert** = (500 000,00 · 0,8 : 1,43) EUR | = 279 720,28 EUR |
> | **Die Aktivierung erfolgt zu** | **266 666,66 EUR** |
>
> | | | | |
> |---|---|---|---|
> | 8010 SBK | 266 666,66 | an 0200 Konzess. u. Schutzrechte | 266 666,66 |
>
> 2. Devisenkassakurse am 31.12.: Brief: 1,56; Geld: 1,54; Mittelkurs: 1,55
>
> | | |
> |---|---|
> | **Tageswert** = (500 000,00 · 0,8 : 1,55) EUR | = 258 064,52 EUR |
> | **Die Aktivierung erfolgt zu** | **258 064,52 EUR** |
>
> | | | | |
> |---|---|---|---|
> | 6510 Abschr. auf immaterielle Anlagegegenstände | 8 602,14 | an 0200 Konzess. u. Schutzrechte | 8 602,14 |
> | 8010 SBK | 258 064,52 | an 0200 Konzess. u. Schutzrechte | 258 064,52 |

3. Das Patent ist nach vier Jahren auf 66 666,67 EUR abgeschrieben. Die Restlaufzeit beträgt ein Jahr. Bei einem Devisenkassamittelkurs von 1,47 gilt für den Tageswert:

Tageswert = (500 000,00 · 0,2 : 1,47) EUR   = 68 027,21 EUR
Die Aktivierung erfolgt zu   **68 027,21 EUR**

0200 Konzess. u. Schutzre.	1 360,54 an 5440 Zuschreibungen	1 360,54
8010 SBK	68 027,21 an 0200 Konzess. u. Schutzre.	68 027,21

§ 256 a HGB setzt folglich das Niederstwertprinzip für Fremdwährungsposten mit einer Restlaufzeit von höchstens einem Jahr außer Kraft. Das Prinzip der vorsichtigen Bewertung weicht dem Prinzip der Information über die aktuelle Geschäftslage.

6.5.2 Bewertung nicht abnutzbarer Anlagegegenstände

- **Die Bilanzierung erfolgt grundsätzlich zu Anschaffungskosten (Anschaffungswertprinzip).**
- **Für außerplanmäßige Ab- und Zuschreibungen gilt das Gleiche wie bei abnutzbaren Gegenständen (§ 253 Abs. 5 HGB).**
- **Ausnahme: Gegenstände des Finanzanlagevermögens *dürfen* auch bei voraussichtlich vorübergehender Wertminderung zum niedrigeren Tageswert angesetzt werden (Wahlrecht; gemildertes Niederstwertprinzip).**

> **Beispiel: Außerplanmäßige Abschreibung nicht abnutzbarer Anlagegegenstände**
>
> Die Philipp Zappel GmbH hält langfristig ein Paket hochverzinslicher Anleihen. Anschaffungspreis = 100 000,00 EUR (Kurs 100 %); Kurs am Bilanzstichtag: 80 %
>
> 1. Bei voraussichtlich dauernder Wertminderung ist der Posten zu 80 000,00 EUR anzusetzen.
>
> | | | |
> |---|---|---|
> | 7400 Abschr. auf Finanzanlagen | 20 000,00 an 1500 Wertpap. des AV | 20 000,00 |
> | 8010 SBK | 80 000,00 an 1500 Wertpap. des AV | 80 000,00 |
>
> 2. Bei voraussichtlich vorübergehender Wertminderung kann der Ansatz zu 100 000,00 EUR oder zu 80 000,00 EUR erfolgen (Wahlrecht, da Gegenstand des Finanzanlagevermögens).

Der Tageswert von **Fremdwährungsposten** (z. B. langfristige Forderungen in ausländischer Währung) ist auch hier durch Umrechnung zum Devisenkassamittelkurs zu ermitteln.

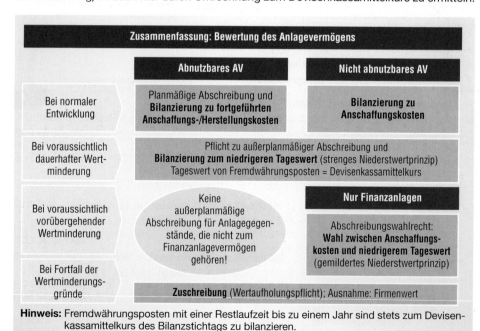

Zusammenfassung: Bewertung des Anlagevermögens		
	Abnutzbares AV	**Nicht abnutzbares AV**
Bei normaler Entwicklung	Planmäßige Abschreibung und **Bilanzierung zu fortgeführten Anschaffungs-/Herstellungskosten**	**Bilanzierung zu Anschaffungskosten**
Bei voraussichtlich dauerhafter Wertminderung	Pflicht zu außerplanmäßiger Abschreibung und **Bilanzierung zum niedrigeren Tageswert** (strenges Niederstwertprinzip) Tageswert von Fremdwährungsposten = Devisenkassamittelkurs	
Bei voraussichtlich vorübergehender Wertminderung	Keine außerplanmäßige Abschreibung für Anlagegegenstände, die nicht zum Finanzanlagevermögen gehören!	**Nur Finanzanlagen** Abschreibungswahlrecht: **Wahl zwischen Anschaffungskosten und niedrigerem Tageswert** (gemildertes Niederstwertprinzip)
Bei Fortfall der Wertminderungsgründe	**Zuschreibung** (Wertaufholungspflicht); Ausnahme: Firmenwert	

Hinweis: Fremdwährungsposten mit einer Restlaufzeit bis zu einem Jahr sind stets zum Devisenkassamittelkurs des Bilanzstichtags zu bilanzieren.

Arbeitsaufträge

1. Zu Beginn des jetzt abzuschließenden Geschäftsjahres erwarb unser Unternehmen ein 2 000 m² großes Grundstück, auf dem ein abbruchreifes Wohnhaus stand, für einen Gesamtkaufpreis von 480 000,00 EUR. Für den Erwerb dieses Grundstücks fielen 16 800,00 EUR Grunderwerbsteuer und 14 000,00 EUR Notariats- und Grundbuchkosten an. Außerdem entstanden Zwischenfinanzierungskosten in Höhe von 2 400,00 EUR. Die Abbruchkosten für das Wohnhaus betrugen 12 000,00 EUR zuzüglich Umsatzsteuer.

   Wie ist das Grundstück, auf dem im nächsten Jahr eine neue Fabrikhalle errichtet werden soll, in der Schlussbilanz des laufenden Jahres zu bewerten, wenn der Tageswert am Bilanzstichtag 600 000,00 EUR beträgt?

2. Zu Beginn des Jahres 1 kaufte unser Unternehmen eine Spezialmaschine für 86 000,00 EUR zuzüglich Umsatzsteuer, die sofort in Betrieb genommen wurde. Unser Lieferant gewährte uns 10 % Rabatt. Die Rechnung wurde innerhalb von drei Wochen unter Abzug von 2 % Skonto bezahlt. Für die Inbetriebnahme der Maschine fielen folgende Kosten an:

   Transportkosten (netto) .... 1 200,00 EUR
   Montagekosten (netto) .... 2 600,00 EUR
   Die betriebsgewöhnliche Nutzungsdauer der Maschine ist mit zehn Jahren anzunehmen.
   a) Wie ist die Spezialmaschine bei linearer Abschreibung in der Bilanz zum 31. Dezember von Jahr 1 zu bewerten?
   b) Ende des Jahres 4 erleidet die Maschine einen Totalschaden. Der Schrottwert ist mit 3 800,00 EUR anzunehmen. Wie ist die defekte Maschine am 31. Dezember von Jahr 4 zu bilanzieren?

3. Am 1. Juli des am 31. Dezember abzuschließenden Geschäftsjahres wurde eine neue Lagerhalle fertiggestellt und in Betrieb genommen. Die Endabrechnung der Baufirma belief sich auf 120 000,00 EUR zuzüglich Umsatzsteuer. Das Architektenhonorar (netto) setzte sich wie folgt zusammen: 12 000,00 EUR Grundvergütung, 4 000,00 EUR Zusatzvergütung für Fertigstellung der Halle vor dem 30. Juli. Die Nutzungsdauer der neuen Lagerhalle ist mit 20 Jahren anzunehmen.

   Wie ist die neue Lagerhalle bei linearer Abschreibung am Bilanzstichtag zu bewerten?

4. Anfang Januar wird ein neuer Pkw angeschafft:

   Listenpreis netto .... 41 800,00 EUR
   Überführungskosten netto .... 650,00 EUR
   Autoradio netto .... 580,00 EUR
   Fahrzeugbrief .... 8,00 EUR
   Zulassungskosten einschl. Nummernschilder netto .... 100,00 EUR
   Versicherung für das erste Jahr .... 680,00 EUR
   Steuern für ein Jahr .... 330,00 EUR
   Wie ist der Pkw in der Bilanz zum 31. Dezember zu bewerten, wenn eine 6-jährige Nutzungsdauer anzunehmen ist und linear abgeschrieben wird?

5. Die Anschaffungskosten einer Maschine betrugen 180 000,00 EUR; die betriebsgewöhnliche Nutzungsdauer beträgt 12 Jahre.

   Mit welchem Wert steht die Maschine nach 3 Jahren zu Buch bei Anwendung
   a) der linearen,
   b) der geometrisch degressiven Abschreibung (Abschreibungssatz 30 %)?

6. Wir haben zu Beginn des Geschäftsjahres einen Computer im Wert von 60 000,00 EUR (Listenpreis netto) gekauft und das Gerät unter Abzug von 10 % Rabatt und 2 % Skonto bezahlt. Für Transport- und Montagekosten wurden insgesamt 1 400,00 EUR netto berechnet. Wir schreiben den Computer über 3 Jahre ab.

   Wie ist das Gerät am Ende des zweiten Nutzungsjahres zu bewerten?

7. Eine Maschine mit einem Anschaffungswert von 80 000,00 EUR netto wird degressiv abgeschrieben; Abschreibungssatz 20 %.

   Ermitteln Sie für die ersten sechs Jahre den jeweiligen Abschreibungsbetrag und die fortgeführten Anschaffungskosten (auf volle EUR runden).

8. **Eine Stahlwarenfabrik kaufte am Anfang des Jahres 2010 einen Automaten zum Anschaffungswert von 60 500,00 EUR netto. Die Nutzungsdauer wird mit zehn Jahren angenommen.**

   (1) Berechnen Sie die fortgeführten Anschaffungskosten am Anfang des vierten Jahres, wenn
      a) linear,
      b) degressiv
      abgeschrieben wird (auf volle EUR runden).
      Bei der degressiven Abschreibung ist der steuerliche Höchstsatz anzuwenden.
   (2) Von welchem Nutzungsjahr an ist es zweckmäßig, von der degressiven zur linearen Abschreibung überzugehen?

9. **Ein Lkw wurde für 144 000,00 EUR netto angeschafft; geschätzte Fahrleistung insgesamt: 160 000 km. Die Abschreibung erfolgt nach der Fahrleistung.**
   Tatsächliche Fahrleistungen: 1. Jahr 30 000 km, 2. Jahr 45 000 km, 3. Jahr 27 000 km, 4. Jahr 19 000 km, 5. Jahr 20 000 km, 6. Jahr 18 500 km.
   Ermitteln Sie für jedes Nutzungsjahr den Abschreibungsbetrag und den Restwert des Lkw.

10. **(1) Das Handelsrecht kennt folgende Begriffe:**
       a) **Herstellungskosten,**
       b) **Anschaffungskosten,**
       c) **Tageswert (Zeitwert).**

    Erläutern Sie diese Begriffe.

    (2) Aus dem Grundsatz der kaufmännischen Vorsicht lassen sich einerseits das Anschaffungswertprinzip für das Vermögen, andererseits das Niederstwertprinzip für das Vermögen und das Höchstwertprinzip für die Schulden ableiten.

    Erklären Sie anhand dieser Prinzipien das Imparitätsprinzip.

11. **Zu Beginn des Geschäftsjahres haben wir einen neuen Kleintransporter angeschafft: Listenpreis 56 000,00 EUR netto. Unser Autohändler räumte uns 5 % Rabatt und bei Barzahlung 2 % Skonto ein. Die Überführungskosten betrugen 650,00 EUR netto, die Zulassungskosten 100,00 EUR und die Kosten für den Kraftfahrzeugbrief 10,00 EUR.**
    Kurz vor Ende des Geschäftsjahres wird durch den Fahrer unseres Wagens ein Unfall verursacht: Eigenschaden 32 000,00 EUR netto (keine Kaskoversicherung).

    a) Wie ist das nicht reparierte Unfallfahrzeug am Bilanzstichtag unter Zugrundelegung eines Abschreibungssatzes von 20 % (linear) zu bewerten?
    b) Wie ist zu buchen, wenn das nicht reparierte Unfallfahrzeug noch vor Ende des Geschäftsjahres für 12 800,00 EUR netto gegen Barzahlung an einen Gebrauchtwagenhändler verkauft wird?

12. **Der Anschaffungswert einer Verpackungsmaschine beträgt 200 000,00 EUR netto. Sie wurde drei Jahre lang mit jährlich 20 % degressiv abgeschrieben.**
    a) Wie viel EUR beträgt der Buchwert nach drei Jahren?
    b) Wie lautet der Buchungssatz für die jährliche Abschreibung?
    c) Dieses Anlagegut wird verkauft gegen Bankscheck für 66 000,00 EUR zuzüglich Umsatzsteuer.
       Welche Buchungen sind notwendig?

13. **Für die Errichtung eines Auslieferungslagers erwerben wir ein 2 000 m² großes Grundstück zum m²-Preis von 250,00 EUR. Die Vermessungskosten betragen 3 000,00 EUR netto, die Maklergebühr 5 000,00 EUR netto, die Notariatskosten 3 000,00 EUR netto, die Grundbuchkosten 1 000,00 EUR, die Grunderwerbsteuer 17 500,00 EUR; an Anliegerkosten sind 40,00 EUR pro m² zu bezahlen.**
    a) Wie hoch sind die Anschaffungskosten?
    b) Wie ist das Grundstück in der Schlussbilanz des vierten Jahres zu bewerten, wenn es dann bereits für 850 000,00 EUR verkauft werden könnte?

14. **Zum Anlagevermögen eines Industriebetriebes gehört ein Baugrundstück, das seinerzeit für 700 000,00 EUR in der Erwartung angeschafft wurde, dass darauf in absehbarer Zeit eine neue Fabrikhalle errichtet werden könne. Nach der inzwischen erfolgten Feststellung des Bebauungsplanes ist davon auszugehen, dass das Grundstück für gewerbliche Zwecke nicht genutzt werden darf. Der Grundstückswert am Bilanzstichtag beträgt nach sachkundiger Auskunft nur noch 500 000,00 EUR.**

    Wie ist das Grundstück am Bilanzstichtag zu bewerten?

15. **Für die Beschaffung eines neuen Fertigungsautomaten erhält die Hywema GmbH, Ratingen, folgende Rechnungen:**

    (1) **Rechnung der Maschinenfabrik Berlin vom 13. April 2011**

Fertigungsautomat X 320	498 000,00 EUR
Transport und Verpackung	3 240,00 EUR
	501 240,00 EUR

    zuzüglich Umsatzsteuer

    (2) **Rechnung des Technischen Kundendienstes Berlin vom 14. April 2011**

Montage und Probelauf des Fertigungsautomaten X 320.................	2 960,80 EUR

    zuzüglich Umsatzsteuer

    a) Wie sind die beiden Eingangsrechnungen zu buchen?

    b) Berechnen Sie die Anschaffungskosten des Fertigungsautomaten für den Fall, dass die Rechnung der Maschinenfabrik Berlin unter Abzug von 2 % Skonto beglichen wird.

    c) Berechnen Sie die fortgeführten Anschaffungskosten des unter Ausnutzung von Skonto bezahlten Fertigungsautomaten zum 31. Dezember 2011, wenn die Nutzungsdauer fünf Jahre beträgt und linear abgeschrieben wird (Abschreibung zeitanteilig ermitteln, Ergebnis auf volle EUR runden).

    d) Mit welchem Betrag ist der Fertigungsautomat am 31. Dezember 2011 zu bilanzieren, wenn sein Wert wegen erheblicher Neuerungen in der Steuerungstechnik über die planmäßige Abschreibung hinaus um weitere 80 000,00 EUR gesunken ist?

16. **Im Januar haben wir erworben:**

    (1) **einen Geschäftswagen für unsere Auslandsvertretung in New York zum Preis von 60 000,00 USD (Geldkurs 1,4802 USD für 1,00 EUR).**
    Der Wagen wird mit 12,5 % abgeschrieben. Aufgrund eines Unfalls entsteht eine dauernde Wertminderung von 5 000,00 USD.
    Devisenkassakurse am 31. Dezember: Brief: 1,5004; Geld 1,5236

    (2) **USD-Anleihen für 250 000,00 USD zum Ausgabekurs von 100 %. Die Anleihe notiert am 31. Dezember zu 98 %. Es ist wahrscheinlich, dass die Anleihenkurse im folgenden Jahr leicht schwanken. Die Devisenkurse entsprechen (1).**

    Mit welchem Betrag sind diese Posten jeweils in der Bilanz zu aktivieren?

6.6 Bewertung des Umlaufvermögens

Zum Umlaufvermögen gehören nach § 266 Abs. 2 HGB:

- Vorräte,
- Forderungen und sonstige Vermögensgegenstände,
- Wertpapiere,
- Schecks, Kassenbestand und Bankguthaben.

Gegenstände des Umlaufvermögens dürfen nach Handelsrecht höchstens mit ihren Anschaffungs- oder Herstellungskosten angesetzt werden. Es gilt das strenge Niederstwertprinzip (§ 253 Abs. 1 HGB; vgl S. 431):

Anschaffungs-/ Herstellungskosten	< Tageswert	➡	Bewertung zu Anschaffungs-/ Herstellungskosten
Anschaffungs-/ Herstellungskosten	> Tageswert	➡	Abschreibung auf den Tageswert

Wie beim Anlagevermögen besteht Wertaufholungspflicht, wenn die Gründe für den Ansatz des niedrigeren Tageswertes fortfallen (§ 253 Abs. 5 HGB).

Nach Steuerrecht ist der niedrigere Wertansatz bei voraussichtlich dauernder Wertminderung zwingend, ansonsten nicht zulässig (§ 6 Abs. 1 Ziff. 2 Satz 3 EStG).

6.6.1 Bewertung von Vorräten

Zu den Vorräten zählen Materialien, unfertige und fertige Erzeugnisse sowie Handelswaren.

Auch für Vorräte gilt der Grundsatz der Einzelbewertung. Gleichartige Gegenstände werden jedoch in aller Regel zusammen gelagert, auch wenn unterschiedliche Mengen mit unterschiedlichen Anschaffungskosten angeliefert werden. Folglich können sie bei der Inventur nicht entsprechend aufgegliedert werden. Dies macht eine Einzelbewertung unmöglich. Das HGB gestattet deshalb bei gleichartigen Gegenständen des Vorratsvermögens ausnahmsweise die Gruppenbewertung. Dabei sind zwei Verfahren zu unterscheiden:

- Durchschnittsbewertung (§§ 240 Abs. 4, 256 HGB) und
- Verbrauchsfolgebewertung (§ 256 HGB).

Durchschnittsbewertung

Gleichartige Gegenstände des Vorratsvermögens können mit dem gewogenen Durchschnittswert oder mit dem permanenten gewogenen Durchschnittswert angesetzt werden.

Beispiel: Durchschnittsbewertung

Der Tageswert eines bestimmten Lagerpostens beträgt am 31.12. je Einheit 6,70 EUR. Bis zum Bilanzstichtag liegen Lagerbewegungen gemäß der folgenden Tabelle vor.

1. Gewogener Durchschnittswert

Zu berechnen sind die durchschnittlichen Anschaffungskosten je Einheit des Anfangsbestands und der Lagerzugänge der Wirtschaftsperiode.

Datum	Zugang	Abgang	Bestand	Anschaffungskosten je Einheit (EUR)	Anschaffungskosten insgesamt (EUR)
02.01. 04.03.	500		300	5,00 5,50	1 500,00 2 750,00
04.03. 10.05.		400	800		
10.05. 14.06.	500		400	6,00	3 000,00
14.06. 29.08.		600	900		
29.08 18.11.	500		300	6,60	3 300,00
18.11./ 31.12.			800		
Summe + AB	1 500 300 1 800				10 550,00

Durchschnittliche Anschaffungskosten je Einheit = 10 550,00 EUR : 1 800 Einh. = 5,86 EUR
Der Tageswert beträgt am 31.12. je Einheit 6,70 EUR.
Folglich ist der Inventurbestand nach dem strengen Niederstwertprinzip mit 5,86 EUR je Einheit anzusetzen.

Wert des Inventurbestands am 31.12. = 800 · 5,86 EUR = 4 688,00 EUR

2. Permanenter gewogener Durchschnittswert

Der permanente gewogene Durchschnitt berücksichtigt nicht nur die Zugänge während der Wirtschaftsperiode, sondern auch die Abgänge. Nach jedem Zugang werden die durchschnittlichen Anschaffungskosten des jeweiligen Bestands errechnet. Abgänge bis zum nächsten Zugang werden mit genau diesen Anschaffungskosten berücksichtigt.

EDV-Programme der Lagerbestandsführung nehmen diese Berechnungen automatisch vor und zeigen den Wert des Bestands am Bilanzstichtag an.

Für die oben angegebenen Bewegungen und Bestände ergeben sich folgende Werte:

Datum	Zugang	Abgang	Bestand	Anschaffungskosten/ Wert je Einheit (EUR)	Anschaffungskosten/ Wert insgesamt (EUR)
02.01.			300	5,00	1 500,00
04.03.	500			5,50	2 750,00
04.03.			800	5,31	4 250,00
10.05.		400		5,31	2 124,00
10.05.			400	5,31	2 126,00
14.06.	500			6,00	3 000,00
14.06.			900	5,70	5 126,00
29.08.		600		5,70	3 420,00
29.08			300	5,70	1 706,00
18.11.	500			6,60	3 300,00
18.11./ 31.12.			800	6,26	5 006,00

Der permanente Durchschnittswert beträgt am Bilanzstichtag 6,26 EUR, der Tageswert 6,70 EUR. Folglich ist der Inventurbestand zum permanenten Durchschnittswert anzusetzen: 800 · 6,26 = 5 006,00 EUR

04.03.: 4 250 : 800 = 5,31
14.06.: 5 126 : 900 = 5,70
31.12.: 5 006 : 800 = 6,26

Berechnung des Bestandswertes je Einheit. (Ergebnisse gerundet! Dies führt in Spalte 6 zu gewissen Differenzen.)

Verbrauchsfolgebewertung

Die Methoden der Verbrauchsfolgebewertung unterstellen eine fiktive Reihenfolge des Verbrauchs, die in der Realität nicht vorliegt.

- **FIFO-Methode:** Sie unterstellt, dass die zuerst gekauften Gegenstände auch zuerst verbraucht werden. Dann gelten am Bilanzstichtag die zuletzt gekauften Gegenstände als noch vorhanden und bestimmen den Bestandswert.

- **LIFO-Methode:** Sie unterstellt, dass die zuletzt gekauften Gegenstände zuerst verbraucht werden. Dann gelten am Bilanzstichtag die zuerst gekauften Gegenstände als noch vorhanden und bestimmen den Bestandswert.

> **FIFO** = „first in – first out" (Was zuerst reinkommt, geht zuerst raus.)
>
> **LIFO** = „last in – first out" (Was zuletzt reinkommt, geht zuerst raus.)
>
> **HIFO** = „highest in – first out" (Das Teuerste geht zuerst hinaus.)

- **HIFO-Methode:** Sie unterstellt, dass die teuerst gekauften Gegenstände zuerst verbraucht werden. Dann gelten am Bilanzstichtag die weniger teuren Gegenstände als noch vorhanden und bestimmen den Bestandswert.

Beispiel: Verbrauchsfolgebewertung

Anfangsbestand 300 Einheiten, Wert 5,00 EUR je Einheit

Endbestand 800 Einheiten; Tageswert 6,70 EUR je Einheit

Datum	Zugang	Anschaffungskosten je Einheit (EUR)
04.03.	500	5,50
14.06.	500	6,00
18.11.	500	6,60

FIFO:

500 Einheiten zu 6,60	= 3 300,00
300 Einheiten zu 6,00	= 1 800,00
800 Einheiten zu 6,38	= 5 100,00

FIFO-Wertansatz < Tageswert
Bilanzansatz: 5 100,00 EUR

LIFO:

300 Einheiten zu 5,00	= 1 500,00
500 Einheiten zu 5,50	= 2 750,00
800 Einheiten zu 5,31	= 4 250,00

LIFO-Wertansatz < Tageswert
Bilanzansatz: 4 250,00 EUR

HIFO:
gleiches Ergebnis wie bei LIFO

Bei konstant steigenden Preisen (siehe Beispiel) entsprechen LIFO und HIFO dem Vorsichtsprinzip am besten: niedrigste Vermögensbewertung, niedrigster Gewinnausweis. Bei konstant sinkenden Preisen kann in der Regel keines der Verfahren angewendet werden, weil der Tageswert immer niedriger ist.

Das Handelsrecht lässt FIFO und LIFO (nicht HIFO!) zu, wenn sie den Grundsätzen ordnungsmäßiger Buchführung (GoB) entsprechen.

Dies ist nur der Fall, wenn die Verbrauchsfolge im Einzelfall mit dem Betriebsablauf vereinbar ist. LIFO ist z. B. bei verderblicher Ware nicht denkbar und darf folglich dafür nicht angewendet werden.

Das **Steuerrecht** gestattet die Durchschnittsbewertung und das LIFO-Verfahren (§ 6 Abs. 1 Nr. 2 a EStG). Dabei ist die Maßgeblichkeit der Handelsbilanz für die Steuerbilanz zu beachten.

Wertminderungen von üblichem Umfang (5 bis maximal 10 % des Gesamtwerts) werden als zusätzlicher Aufwand gebucht, solche von unüblichem Umfang als Abschreibungen.

> **Beispiele:**
> Aufwandsbuchung: **6000 Aufwendungen für Rohstoffe an 2000 Rohstoffe**
> Abschreibung: **6570 Unüblich hohe Abschreib. auf Umlaufvermögen an 2000 Rohstoffe**

Arbeitsaufträge

1. **Die Bewertung gleichartiger Vorräte (z. B. Rohstoffe) bei schwankenden Anschaffungskosten ist gemäß § 256 HGB nach der zeitlichen Reihenfolge der Zu- und Abgänge möglich.**

	Stück	Anschaffungswert je Stück
Anfangsbestand 2. Januar	1 000	7,00 EUR
Zugang 8. März	1 500	7,50 EUR
Zugang 12. August	500	8,00 EUR
Zugang 30. November	800	9,00 EUR

Endbestand laut Inventur: 1 200 Stück; Tageswert 8,80 EUR je Stück
Berechnen Sie nach der FIFO-Methode den Bilanzwert aus den Zahlenangaben.

2. **Nachstehende Vermögenswerte der Büromaschinen AG sind am 31. Dezember zu bilanzieren.**
Rohstoffe:
gekauft für netto   23 500,00 EUR
Marktwert am 31. Dezember   25 000,00 EUR
Welcher Wert ist in der Bilanz anzusetzen?

3. **Über den Warenbestand D 304 liegen uns folgende Angaben vor:**
Bestand am 1. Januar   300 kg zu je 30,00 EUR
Zugang am 3. April   100 kg zu je 40,00 EUR
Zugang am 20. September   300 kg zu je 36,00 EUR
Tageswert am Bilanzstichtag: 35,00 EUR je kg
Mit welchem Wert weisen Sie den durch Inventur ermittelten Endbestand von 200 kg aus, wenn Sie
a) nach der Durchschnittsmethode (gewogene Durchschnittswerte),
b) nach dem LIFO-Verfahren,
c) nach dem FIFO-Verfahren
bewerten?

4. **Bezüglich des Ersatzteilbestandes K 7073 liegen uns folgende Angaben vor:**
Bestand am 1. Januar   3 000 Stück zu je 1,00 EUR
Einkauf am 20. Januar   5 000 Stück zu je 1,16 EUR
Einkauf am 5. April   5 000 Stück zu je 1,28 EUR
Einkauf am 20. September   6 000 Stück zu je 1,65 EUR
Einkauf am 20. Dezember   2 000 Stück zu je 1,15 EUR
Abgang 7 000 Stück am 2. März und 10 000 Stück am 3. Dez.
Der Tageswert am Bilanzstichtag beträgt 1,20 EUR je Stück.

Wie ist der Endbestand von 4 000 Stück in der Bilanz auszuweisen, wenn
a) nach der Durchschnittsmethode (gewogener Durchschnittspreis),
b) nach der Methode des permanenten gewogenen Durchschnitts,
c) nach dem FIFO-Verfahren,
d) nach dem LIFO-Verfahren
bewertet wird?

5. **Am 31. Dezember haben wir 1 700 Einheiten unseres Fertigerzeugnisses 2071 am Lager. Dafür sind folgende Einzelkosten je Stück angefallen: Fertigungsmaterial 2,00 EUR, Fertigungslöhne 2,00 EUR. Wir kalkulieren mit folgenden Gemeinkostenzuschlägen: Materialgemeinkosten 50 %, Fertigungsgemeinkosten 180 %, Verwaltungsgemeinkosten 10 %, Vertriebsgemeinkosten 5 %. Unser Gewinnzuschlag beträgt 20 %.**

Wie ist der Endbestand zu bewerten?

6.6.2 Bewertung von Forderungen

Unterscheidung von Forderungen nach ihrer Bonität

Alle Forderungen aus Lieferungen und Leistungen sind auf ihre Bonität (Qualität) hin zu überprüfen und entsprechend zu bewerten.

Unterscheidung von Forderungen nach der Bonität	
Einwandfreie Forderungen Bei einwandfreien Forderungen kann man mit dem Eingang der Zahlung in voller Höhe rechnen.	Einwandfreie Forderungen sind mit ihrem Nennbetrag (dem vertraglich festgelegten Betrag) anzusetzen.
Zweifelhafte Forderungen Bei zweifelhaften Forderungen ist der Zahlungseingang ungewiss. Man muss mit einem teilweisen oder vollständigen Ausfall rechnen. Dies ist z. B. bei erfolglosem Mahnverfahren, bei Zahlungseinstellung, spätestens aber bei Beantragung des Insolvenzverfahrens über das Vermögen des Schuldners der Fall.	Zweifelhafte Forderungen sind mit dem voraussichtlich eingehenden Betrag anzusetzen.
Uneinbringliche Forderungen Bei uneinbringlichen Forderungen steht der Ausfall fest; z. B. nach Forderungserlass, bei Ablehnung des Insolvenzverfahrens „mangels Masse", nach Abschluss des Insolvenzverfahrens.	Uneinbringliche Forderungen sind abzuschreiben.

Zahlungsunfähigkeit in Stichworten

Zahlungsunfähigkeit: Schuldner kann fällige Schulden nicht bezahlen. Gläubiger stimmen ggf. Stundung zu und/oder verzichten auf Teile ihrer Forderung **(Vergleich)**. Gläubiger oder Schuldner können auch beim Amtsgericht **Insolvenzverfahren** beantragen. Abweisung des Antrags **„mangels Masse"**, wenn das Schuldnervermögen („Insolvenzmasse") die Verfahrenskosten voraussichtlich nicht deckt. Schuldner müssen wieder auf Einzelvollstreckungen zurückgreifen. Ansonsten: Eröffnung des Verfahrens. Zweck des Insolvenzverfahrens: Maßnahmen zur Erhaltung des Unternehmens (einschließlich Teilerlass der Forderungen) oder zu Auflösung und prozentual gleichmäßiger Erlösverteilung an die Gläubiger. Durchführung durch Insolvenzverwalter.

Rangfolge der Gläubigerbefriedigung: (1) Gläubiger mit Pfandrechten: **abgesonderte** Pfandverwertung; (2) **Aufrechnung** von Forderungen und Gegenforderungen; (3) vorrangige Befriedigung der **Massegläubiger** (Gericht, Insolvenzverwalter, Forderungen seit Verfahrenseröffnung [einschl. Löhne]); (4) gleichmäßige Befriedigung anderer Gläubiger **(Insolvenzgläubiger)** aus der Restmasse durch **Insolvenzquote**. Bsp.: Restmasse 9 000,00 EUR; Forderungen 100 000,00 EUR → Insolvenzquote = 9 %. (Jeder Gläubiger erhält 9 % seiner Forderung.)

Direkte Abschreibung uneinbringlicher Forderungen

Wird eine Forderung während des Geschäftsjahrs zweifelhaft, trennt man sie der Klarheit halber von den einwandfreien Forderungen und bucht sie auf das Konto **2470 Zweifelhafte Forderungen** um.

Bei **Eröffnung des Insolvenzverfahrens** gilt die Forderung aus umsatzsteuerrechtlicher Sicht als uneinbringlich. Die Umsatzsteuer ist zu diesem Zeitpunkt vollständig zu korrigieren (Nr. 17.1 UStAE).

> *Bei EDV-Buchführung gibt man den Bruttowert ein, weil die Konten 6951 und 2470 verprobt sind. Das Programm korrigiert die USt. automatisch.*

Die Forderung selbst (Nettowert!) hingegen ist im laufenden Geschäftsjahr erst abzuschreiben, wenn sie tatsächlich ganz oder teilweise uneinbringlich wird. Dies ist z. B. bei einem (vollständigen oder teilweisen) Forderungserlass, bei der Einstellung des Insolvenzverfahrens mangels Masse oder beim Abschluss des Insolvenzverfahrens der Fall. Die Abschreibung erfolgt entsprechend der Wertminderung über das Aufwandskonto **6951 Abschreibung von Forderungen wegen Uneinbringlichkeit**.

Wurde vorher noch kein Insolvenzverfahren eröffnet, ist die Umsatzsteuer mit der Feststellung der Uneinbringlichkeit zu korrigieren.

Geht im folgenden Jahr eine Zahlung auf eine als uneinbringlich abgeschriebene Forderung ein, wird der Nettoertrag auf **5490 Periodenfremde Erträge** gebucht. Die Umsatzsteuer lebt wieder auf.

> **Beispiel: Totalausfall und Teilausfall**
>
> ❶ Über das Vermögen des Kunden Albert Leichzin e. K. (Bruttoforderung 1 190,00 EUR) wird am 05.02. das Insolvenzverfahren eröffnet und am 07.04. mangels Masse eingestellt.
> Im folgenden Jahr gehen unerwartet noch 595,00 EUR ein.
>
> ❷ Über das Vermögen der Kundin Erna Pleitegeir OHG (Bruttoforderung 17 850,00 EUR) wird am 07.03. das Insolvenzverfahren eröffnet und am 10.10. abgeschlossen. Auf dem Bankkonto gehen brutto 2 380,00 EUR Insolvenzquote ein.

Buchung:

❶ 05.02.: Eröffnung Insolvenzverfahren	2470 Zweifelh. Ford.	1 190,00	an 2400 Forderungen a. L. u. L.	1 190,00
	4800 Umsatzsteuer	190,00	an 2470 Zweifelh. Forderungen	190,00
07.04.: Abschreibung	6951 Abschreib. a. Ford.	1 000,00	an 2470 Zweifelh. Forderungen	1 000,00
Folgejahr: Zahlungseingang	2800 Bank	595,00	an 5490 Periodenfremde Erträge	500,00
			an 4800 Umsatzsteuer	95,00
❷ 07.03.: Eröffnung Insolvenzverfahren	2470 Zweifelh. Ford.	17 850,00	an 2400 Forder. a. L. u. L.	17 850,00
	4800 Umsatzsteuer	2 850,00	an 2470 Zweifelh. Forderungen	2 850,00
10.10.: Verfahrensabschluss; Abschreibung	2800 Bank	2 380,00	an 2470 Zweifelh. Forder.	15 000,00
	6951 Abschr. a. Ford.	13 000,00	an 4800 Umsatzsteuer	380,00

> *Die Abschreibung erfolgt vom Nettowert der Forderung.*
>
> *Die Umsatzsteuer ist im Zahlungseingang enthalten.*

Einzelwertberichtigung zweifelhafter Forderungen

Wie schon gesagt, sind alle Forderungen zum Bilanzstichtag zu prüfen. Ergibt sich, dass bei einzelnen Forderungen ein Ausfall zu erwarten ist, bucht man diese wiederum auf **2470 Zweifelhafte Forderungen** um. Der wahrscheinliche Nettoausfall ist zu schätzen und abzuschreiben. Das Gleiche gilt, wenn ein laufendes Insolvenzverfahren noch nicht abgeschlossen ist. Die Abschreibung erfolgt der Klarheit halber indirekt. Dies bedeutet:

Sie wird nicht unmittelbar im Haben von 2470 gegengebucht, sondern im Haben eines Korrekturkontos zu 2470, nämlich des **Passivkontos 3670 Einzelwertberichtigungen zu Forderungen**. Man sagt: Zu den zweifelhaften Forderungen wird eine Wertberichtigung gebildet.

Sollbuchung:

Aufwandskonto   **6952 Einstellung in Einzelwertberichtigungen**

Habenbuchung:

Passivkonto   **3670 Einzelwertberichtigungen zu Forderungen (EWB)**

Die Umsatzsteuer ist vollständig zu korrigieren, wenn das Insolvenzverfahren eröffnet wird. Ansonsten ist sie zu korrigieren, wenn der Forderungsausfall endgültig feststeht.

Beispiel: Einzelwertberichtigung

Am 18.12.11 wird über das Vermögen des Kunden Egon Säumich KG (Bruttoforderung 4 760,00 EUR) das Insolvenzverfahren eröffnet. Es ist mit 90 % Forderungsausfall zu rechnen.

119 % = 4 760,00
100 % = 4 000,00;
davon 90 %
= 3 600,00

Buchung im Grundbuch:

❶ 12.08.: Eröffnung des Insolvenzverfahrens: 2470 Zweifelh. Ford.   4 760,00   an 2400 Forderungen a. L. u. L.   4 760,00

❷ USt-Korrektur: 4800 Umsatzsteuer   760,00   an 2470 Zweifelh. Ford.   760,00

❸ 31.12.: Indirekte Abschreibung: 6952 Einstell. in EWB   3 600,00   an 3670 EWB zu Forderungen   3 600,00

Buchung auf den Konten:

S	4800 Umsatzsteuer	H
❷ 2470	760,00	

S	6952 Einstellung in EWB	H
❸ 3670	3 600,00	

S	2470 Zweifelhafte Forderungen	H
❶ 2400	4 760,00	❷ 2470 760,00
		8010 4 000,00

S	3670 EWB zu Forderungen	H
8010	3 600,00	❸ 6952 3 600,00

S	8010 SBK	H
2470	4 000,00	3670 3 600,00

Die Konten 2470 und 3670 werden über 8010 SBK abgeschlossen. Dort stehen sich gegenüber:

- der Nettobestand an zweifelhaften Forderungen in seiner vollen Höhe,

- die erwarteten Nettoforderungsverluste in Höhe der Einzelwertberichtigungen.

Die indirekte Abschreibung bewirkt damit ein höheres Maß an Klarheit in der Buchführung.

> In der Bilanz dürfen zweifelhafte Forderungen und Wertberichtigungen nicht ausgewiesen werden. Nur der um die Wertberichtigungen verminderte Forderungsbetrag ist zusammen mit den einwandfreien Forderungen auszuweisen. Dies ergibt sich für Kapitalgesellschaften aus § 266 HGB, für die anderen Rechtsformen aus § 247 Abs. 1 HGB. Beide Rechtsnormen sehen hinsichtlich der Bilanzgliederung keine Wertberichtigungsposten vor.

Denken Sie daran: Forderungen, die bis zum Bilanzstichtag endgültig uneinbringlich geworden sind, werden direkt abgeschrieben!

Ergibt sich im folgenden Jahr (in obigem Beispiel Jahr 2012) ein tatsächlicher und endgültiger Forderungsausfall, ist die Forderung trotz bestehender Wertberichtigung über **Konto 6951 Abschreibungen auf Forderungen wegen Uneinbringlichkeit** direkt abzuschreiben. Die Umsatzsteuer wird ggf. erneut korrigiert. Anschließend wird die im Vorjahr gebildete Wertberichtigung über das Konto 3670 Einzelwertberichtungen zu Forderungen ausgebucht.

> **Beispiel: Abschreibung uneinbringlicher Forderungen im Folgejahr**
>
> Nach Abschluss des Insolvenzverfahrens der Egon Säumich KG ergibt sich eine Insolvenzquote von 20 %. 80 % der Forderung fallen endgültig aus.
>
> 2800 Bank   952,00
> 6951 Abschr. a. Ford. 3 200,00 an 2470 Zweifelh.
>   Ford. 4 000,00
>   4800 USt.   152,00
>
> | | 100 % | 80 % | 20 % |
> |--------|----------|----------|--------|
> | netto | 4 000,00 | 3 200,00 | 800,00 |
> | USt. | 760,00 | 608,00 | 152,00 |
> | brutto | 4 760,00 | 3 808,00 | 952,00 |
>
> Ausbuchung der Wertberichtigung:
>
> 3670 EWB zu Forderungen 3 600,00 an 5450 Erträge a. d. Auflös. v. Wertberichtigungen 3 600,00

Werden erneut Forderungen zweifelhaft, so sind neue Wertberichtigungen zu bilden.

Anmerkung: Alternativ kann die Wertberichtigung aus dem Vorjahr in den Büchern bestehen bleiben. Sie ist dann zum Bilanzstichtag dem aktuellen Bestand an zweifelhaften Forderungen anzupassen (herauf- bzw. herabzusetzen). Dieses Vorgehen wird hier nicht behandelt.

Merke: Zweifelhafte Forderungen werden am Bilanzstichtag indirekt durch Bildung von Einzelwertberichtigungen in Höhe des erwarteten Ausfalls abgeschrieben.

Forderungsausfälle im Folgejahr werden direkt abgeschrieben. Die Einzelwertberichtigungen hierauf werden über Konto *5450 Erträge aus der Auflösung von Wertberichtigungen* ausgebucht.

Arbeitsaufträge

1. Kontenplan: 2400 (Bestand 69 600,00), 2470, 4800, 6951
   Am 5. August erfahren wir, dass über das Vermögen unseres Kunden Pech e. K. das Insolvenzverfahren eröffnet wurde. Unsere Forderung an Pech beträgt 8 330,00 EUR. Am 3. Oktober wird das Insolvenzverfahren mangels Masse eingestellt.

   a) Welche Buchungen sind zum 5. August und zum 3. Oktober durchzuführen? Buchen Sie auf Konten und bilden Sie die Buchungssätze.

   b) Warum ist die Umsatzsteuer zu berichtigen?

2. Kontenplan: 2400 (Bestand: 95 200,00), 2470, 2800, 4800, 6951
   Über das Vermögen unseres Kunden Friedrich Flott KG wird im Mai das Insolvenzverfahren eröffnet. Unsere Forderung beträgt 9 520,00 EUR. Im November des gleichen Jahres überweist der Insolvenzverwalter als Insolvenzquote 2 380,00 EUR (einschl. 19 % USt.) auf unser Bankkonto.

   a) Wie lauten die Buchungen im Mai und im November? Buchen Sie auf Konten.

   b) Warum wird die Abschreibung nur vom Nettobetrag der Forderung durchgeführt?

3. **Auf Bitten unseres Kunden Klamm GmbH erlassen wir ihm 25 % unserer Forderung von 7 140,00 EUR (einschl. 19 % USt.).**

   a) Berechnen Sie den Überweisungsbetrag.

   b) Wie hoch ist die Steuerberichtigung?

   c) Führen Sie die erforderlichen Buchungen nach Überweisung der Restzahlung auf unser Bankkonto durch. Eine Umbuchung auf das Konto Zweifelhafte Forderungen ist nicht erforderlich.

4. **Wegen der Zahlungseinstellung unserer Kundin Hanna Kneifel e. K. haben wir im vergangenen Geschäftsjahr unsere Forderung in Höhe von 15 470,00 EUR als uneinbringlich betrachtet und voll abgeschrieben. Im neuen Geschäftsjahr überweist Frau Kneifel jedoch noch 7 378,00 EUR (einschl. 19 % USt.) auf unser Bankkonto.**

   Wie ist dieser unerwartete Zahlungseingang zu buchen?

5. **Das Insolvenzverfahren über das Vermögen unseres Kunden Blank OHG wurde im Vorjahr mangels Masse eingestellt. Unsere Forderung in Höhe von 7 735,00 EUR (einschl. 19 % USt.) wurde abgeschrieben. Im laufenden Geschäftsjahr überweist Blank noch 10 % unserer Forderung auf unser Bankkonto.**

   Buchen Sie die Überweisung.

6. **Kontenplan: 2400 (Bestand 23 800,00), 2470, 2800, 3670, 4800, 6951, 6952**

   Wir erfahren am 5. November durch Handelsregisterveröffentlichung, dass über das Vermögen unseres Kunden Kühn KG das Insolvenzverfahren eröffnet wurde. Unsere Forderung an Kühn beträgt 7 735,00 EUR. Voraussichtlich werden 90 % der Forderung ausfallen.

   a) Buchen Sie die zweifelhaft gewordene Forderung um.

   b) Berechnen Sie den Brutto- und Nettobetrag des voraussichtlichen Forderungsausfalls.

   c) In welcher Höhe ist eine Wertberichtigung zu bilden?

   d) Buchen Sie die erforderliche Wertberichtigung.

   e) Wie ist bei Überweisung der Insolvenzquote von 10 % im folgenden Geschäftsjahr zu buchen?

   f) Wie wäre ein Totalausfall der Forderung zu buchen?

   g) Zählen Sie Beispiele für individuelle Ausfallrisiken auf.

7. **Kontenplan: 2400 (Bestand 142 800,00), 2470, 2800, 3670, 4800, 5450, 6951, 6952**

   Zum Abschluss des Jahres 2011 wird festgestellt, dass der Kunde Borg e. K. zahlungsunfähig ist. Unsere Forderung an Borg beträgt 35 700,00 EUR. Borg bietet eine Zahlung von 60 % an. Die übrigen Forderungen werden als einwandfrei eingeschätzt.

   a) Buchen Sie die zweifelhaft gewordene Forderung um.

   b) Buchen Sie die Wertberichtigung zum 31. Dezember 2011.

   c) Buchen Sie die Überweisung des Vergleichsbetrags von 60 % im Jahre 2012 auf unser Bankkonto. Berücksichtigen Sie die Umsatzsteuerkorrektur.

   d) Buchen Sie die Wertberichtigung aus.

8. **Eine Forderung wurde aufgrund eines Insolvenzverfahrens zweifelhaft. Nach indirekter Abschreibung des geschätzten Ausfalls ergibt sich folgendes Kontenbild:**

S	2470 Zweifelhafte Forderungen	H	S	6952 Einstellung in EWB	H
2400	7 000,00		3670	5 950,00	

   a) Mit wie viel Prozent Ausfall rechnet der Gläubiger?

   b) Wie ist nach Überweisung einer Insolvenzquote von 20 % zu buchen?

9. **Kontenplan: 2400 (Bestand 180 880,00), 2470, 3670, 6952**

Bei der Vorbereitung des Jahresabschlusses 2011 werden folgende zweifelhafte Forderungen festgestellt:

Kunde	Nennwert der Forderung	voraussichtliche Ausfallquote
Scholl	17 850,00 EUR	90 %
Lasch	23 800,00 EUR	60 %

a) Buchen Sie die zweifelhaften Forderungen um.

b) Berechnen Sie den voraussichtlichen Forderungsverlust brutto und netto.

c) Berechnen und buchen Sie die Wertberichtigung.

10.

Vorläufige Kontensummen zum 31. Dezember		
Konten	**Soll/EUR**	**Haben/EUR**
2400 Forderungen a. L. u. L.	238 000,00	107 100,00
2470 Zweifelhafte Forderungen	38 080,00	16 660,00
3670 Einzelwertberichtigung zu Ford.		
5450 Erträge aus der Auflösung/Herabsetzung von Wertberichtigungen auf Forderungen		

Richten Sie noch die Konten 2800, 4800, 6951, 6952 sowie 8010 SBK und 8020 GuV ein.

Zum Ende des Jahres wird festgestellt, dass der Kunde Köhl e. K. ein Insolvenzverfahren beantragt hat. Unsere Forderung beträgt 23 800,00 EUR, voraussichtliche Insolvenzquote 10 %.

a) Welche Buchungen sind zum 31. Dezember erforderlich?

b) Welche Positionen weisen nach Abschluss die Konten 8010 SBK und 8020 GuV auf?

c) Wie ist bei Überweisung einer Insolvenzquote von 20 % im April des neuen Geschäftsjahres zu buchen?

d) Wie wäre im neuen Jahr nach Einstellung des Insolvenzverfahrens mangels Masse zu buchen?

11. **Kontenplan: 2400 (Bestand 476 000,00), 2470, 3670, 5450, 6952**

Zum Jahresabschluss sind folgende Forderungen zweifelhaft:

Kunde	Forderungshöhe	geschätzter Ausfall
Bieler	26 180,00 EUR	50 %
Schlatt	21 420,00 EUR	80 %

a) Buchen Sie die zweifelhaften Forderungen um.

b) Berechnen und buchen Sie die Einzelwertberichtigung.

Zusätzliche Bildung einer Pauschalwertberichtigung (PWB)

Die Tabularasa GmbH hat am Jahresende Forderungen in Höhe von 1 975 400,00 EUR an 1 286 Kunden. Bei einem dieser Kunden wurde am 1. Dezember das Insolvenzverfahren eröffnet. Die Forderung beträgt 11 900,00 EUR. Es wird mit einer Insolvenzquote von 10 % gerechnet. Dementsprechend wurde die Umsatzsteuer korrigiert und eine Einzelwertberichtigung gebildet.

Die Erfahrung zeigt, dass auch ein bestimmter Prozentsatz der (vermeintlich) einwandfreien Forderungen immer ausfällt. Selbst Kunden mit bester Bonität können in Schwierigkeit geraten, z. B. durch Konjunktureinflüsse oder durch den Ausfall von Großkunden. Es ist bei einem großen Kundenstamm nicht möglich, sämtliche Forderungen auf ihre Sicherheit hin zu überprüfen. Deshalb nimmt die Tabularasa GmbH auch für die einwandfreien Forderungen eine Wertberichtigung vor.

Auf die einwandfreien Nettoforderungen kann eine sogenannte **Pauschalwertberichtigung** gebildet werden. Sie soll

- dem allgemeinen Ausfallrisiko,
- Skonti und Erlösschmälerungen, Rechnung tragen.
- Mahn- und Inkassokosten und
- Zinsverlusten wegen verspäteter Zahlung

Einzelwertberichtigungen und Pauschalwertberichtigung werden in der Praxis nebeneinander gebildet:

- **Für zweifelhafte Forderungen bildet man Einzelwertberichtigungen.**
- **Für die einwandfreien Forderungen bildet man eine Pauschalwertberichtigung.**

> Abdeckung des speziellen Ausfallrisikos

> Abdeckung des allgemeinen Ausfallrisikos

Für die Bildung der Pauschalwertberichtigung ermittelt man den durchschnittlichen prozentualen Ausfallsatz der letzten drei bis fünf Jahre. Diesen sieht man als wahrscheinlichen Ausfallsatz für das laufende Jahr an. Man schreibt den wahrscheinlichen Ausfall wie bei den zweifelhaften Forderungen indirekt ab.

> Ohne Berechnung des durchschnittlichen Ausfallsatzes lässt die Finanzverwaltung seit 1995 einen Satz von 1 % zu. Sie verhält sich jedoch zunehmend restriktiver. So verfügte die Oberfinanzdirektion Rheinland am 6. November 2008, dass nur Forderungen zu berücksichtigen sind, die zum Zeitpunkt der Bilanzaufstellung im folgenden Jahr noch nicht getilgt sind.

- **Sollbuchung:**
  Aufwandskonto   6953 Einstellung in Pauschalwertberichtigung
- **Habenbuchung:**
  Passivkonto: 3680 Pauschalwertberichtigung zu Forderungen (PWB)

Die Konten 2400 Forderungen a. L. u. L. und 3680 PWB werden über 8010 SBK abgeschlossen. Dort stehen sich dann der gesamte Forderungsbestand und der erwartete Forderungsausfall gegenüber.

- Im Folgejahr werden die EWBs und die PWB aufgelöst.
- Endgültig uneinbringliche Forderungen werden direkt abgeschrieben.
- Am Jahresende werden wieder EWBs für neue zweifelhafte Forderungen und eine PWB entsprechend dem Bestand an einwandfreien Forderungen gebildet.

Beispiel: Ermittlung, Bildung und Auflösung der Pauschalwertberichtigung

Jahr	Forderungen	Ausfall	durchschnittl. Ausfallsatz
2007	1 530 450,00	22 957,00	
2008	1 494 645,00	34 377,00	
2009	1 631 019,00	35 882,00	
	4 656 114,00	93 216,00	2,0 %

Bilanzstichtag: 31.12.2010			
	brutto (EUR)	**USt.-Anteil (EUR)**	**netto (EUR)**
Forderungsbestand	1 975 400,00	315 400,00	1 660 000,00
davon zweifelhaft (USt. ist korrigiert; vermuteter Ausfall 90 %)	11 900,00	1 900,00	10 000,00
uneinbringlich	0,00	0,00	0,00
einwandfrei	1 963 500,00	313 500,00	1 650 000,00

Bei Eröffnung des Insolvenzverfahrens wurde gebucht:

Buchung im Grundbuch:

2470 Zweifelh. Ford.	11 900,00	an	2400 Forderungen a. L. u. L.	11 900,00
4800 Umsatzsteuer	1 900,00	an	2470 Zweifelh. Ford.	1 900,00

- Am 31.12. wird eine Einzelwertberichtigung in Höhe des vermuteten Nettoforderungsausfalls von 9 000,00 EUR gebildet.
- Der durchschnittliche Forderungsausfall der letzten 5 Jahre betrug 2 %. Deshalb wird eine Pauschalwertberichtigung in Höhe von 33 000,00 EUR (2 % der Nettoforderungen von 1 650 000,00 EUR) gebildet.

Buchung im Grundbuch:

Bildung der EWB:
Bildung der PWB:

6952 Einstell. in EWB	9 000,00	an	3670 EWB zu Ford.	9 000,00
6953 Einstell. in PWB	33 000,00	an	3680 PWB zu Ford.	33 000,00

- Abschluss von 6952 und 6953 über 8020 GuV, von 3670 und 3680 über 8010 SBK.
- Im Folgejahr 2011 wird die Pauschalwertberichtigung aufgelöst.
- Das Insolvenzverfahren ergibt eine Insolvenzquote von 5 %. Nach Abschluss des Verfahrens gehen am 06.05.2011 595,00 EUR auf dem Konto ein.
  - 95 % der Nettoforderung werden abgeschrieben.
  - Die Umsatzsteuer wird korrigiert.
  - Die Einzelwertberichtigung wird aufgelöst.

Auflösung der PWB:

3680 PWB zu Ford.	33 000,00	an	5450 Erträge aus der Auflös. von WB	33 000,00

06.05.2011:
Forderungsabschreibung:

2800 Bank	595,00			
6951 Abschr. a. Ford.	9 500,00	an	2470 Zweifelh. Ford.	10 000,00
		an	4800 Umsatzsteuer	95,00

Auflösung der EWB:

3670 EWB zu Ford.	9 000,00	an	5450 Erträge aus der Auflös. von WB	9 000,00

Anmerkung: Wie die EWBs, so kann auch die PWB aus dem Vorjahr alternativ in den Büchern bestehen bleiben. Auch sie ist dann zum Bilanzstichtag dem aktuellen Forderungsbestand anzupassen (herauf- bzw. herabzusetzen). Wir behandeln dieses Vorgehen hier nicht.

Wie Einzelwertberichtungen dürfen auch Pauschalwertberichtigungen in der Bilanz nicht ausgewiesen werden. Vielmehr ist der um die Pauschalwertberichtigung verminderte Forderungsbestand auszuweisen.

Arbeitsaufträge

1. **Kontenplan: 2400 (Bestand 190 400,00), 3680, 6953**
   Zum Ende des Jahres 1 wird erstmals eine Pauschalwertberichtigung auf Forderungen von 5 % gebildet.
   a) Wie viel EUR beträgt die Pauschalwertberichtigung?
   b) Wie lautet die Buchung?

2. **Kontenplan: 2400 (Bestand 214 200,00), 3680 (Bestand 8 000,00), 6953**
   Zum Ende des Jahres 2 ist eine Pauschalwertberichtigung von 5 % zu bilden.
   a) Wie viel EUR beträgt die Pauschalwertberichtigung?
   b) Welcher Betrag ist noch zu berücksichtigen?
   c) Wie ist zu buchen?

3. Kontenplan: 2400 (Bestand 892 500,00), 2470, 3670, 3680, 6952, 6953
   Aufgrund der Inventur sind folgende Forderungsausfälle zu berücksichtigen:

Kunde	Höhe unserer Forderung	Geschätzter Ausfall
Martin Schön e. K.	17 850,00	90 %
Peter Dünn OHG	8 925,00	60 %
Alfred Lang KG	3 570,00	40 %

Auf die einwandfreien Forderungen ist eine Pauschalwertberichtigung in Höhe von 4 % vorzunehmen.

   a) Buchen Sie die zweifelhaften Forderungen um.
   b) Ermitteln und buchen Sie die Einzelwertberichtigungen.
   c) Ermitteln und buchen Sie die Pauschalwertberichtigung.
   d) Stellen Sie die Bestände im Schlussbilanzkonto dar.

4.

Kontenplan und Anfangsbestände (Auszug)	Soll/EUR	Haben/EUR
2400 Forderungen a. L. u. L.	416 500,00	
2470 Zweifelhafte Forderungen	71 400,00	

Richten Sie noch die Konten 3670, 3680, 6952, 6953, 8010 und 8020 ein.

Es wird festgestellt, dass die Forderungen an folgende Kunden zweifelhaft wurden:

Kunde	Höhe unserer Forderung	Geschätzter Ausfall
Bach e. K.	26 180,00 EUR	80 %
Moll GmbH	17 850,00 EUR	40 %

Die Pauschalwertberichtigung wird auf 5 % festgesetzt.

Führen Sie die Berechnungen und Buchungen zum Abschluss durch.

5. Kontenplan: 2400 (Bestand 416 500,00), 2470, 3670, 3680, 5450, 6952
   Vor dem Abschluss erfahren wir, dass über zwei unserer Kunden (Forderungen: 83 300,00 EUR) das Insolvenzverfahren eröffnet wurde. Es ist mit einem Ausfall von 80 % zu rechnen. Die Pauschalwertberichtigung ist mit 4 % anzusetzen.

   a) Führen Sie die für den Abschluss erforderlichen Berechnungen und Buchungen durch.
   b) Welche Bestände weist das Schlussbilanzkonto nach dem Abschluss auf?

6.

Kontenplan und Kontensummen (Auszug)	Soll/EUR	Haben/EUR
0700 Technische Anlagen und Maschinen	420 000,00	30 000,00
0800 Betriebs- und Geschäftsausstattung	60 000,00	
0840 Fuhrpark	80 000,00	10 000,00
2400 Forderungen a. L. u. L.	499 800,00	238 000,00
2470 Zweifelhafte Forderungen	5 950,00	3 570,00
2600 Vorsteuer	4 200,00	
2800 Bank	183 000,00	93 000,00
3670 Einzelwertberichtigungen zu Forderungen		
3680 Pauschalwertberichtigung zu Forderungen		
4400 Verbindlichkeiten a. L. u. L.	83 300,00	214 200,00
4800 Umsatzsteuer		7 000,00
5410 Sonstige Erlöse		10 000,00
5450 Erträge aus der Auflösung von Wertberichtigungen auf Forderungen		6 500,00
5490 Periodenfremde Erträge		3 000,00
6520 Abschreibungen auf Sachanlagen		
6951 Abschreibungen auf Forderungen wegen Uneinbringlichkeit		
6952 Einstellung in Einzelwertberichtigungen		
6953 Einstellung in Pauschalwertberichtigung		
6979 Anlagenabgänge	8 500,00	

Richten Sie noch die Konten 8010 und 8020 ein.

Geschäftsfälle	EUR
(1) Zielkauf eines Druckers, netto	3 000,00
+ USt.	570,00
Wir geben einen gebrauchten Drucker in Zahlung für netto	400,00
+ USt.	76,00
Buchwert des Druckers: 400,00 EUR	
(2) Die Verbindlichkeit aus Geschäftsfall Nr. 1 wird durch Banküberweisung beglichen.	?
(3) Aus einer im Vorjahr voll abgeschriebenen Forderung gehen auf unser Bankkonto unerwartet ein	2 737,00
(4) Verkauf eines gebrauchten Pkw gegen Bankscheck zu Jahresbeginn, netto	5 000,00
+ USt.	950,00
Buchwert 4 000,00 EUR	
(5) Aus der Handelsregisterveröffentlichung entnehmen wir folgende Mitteilung über unsere Kunden:	
Über das Vermögen von Josef Pech e. K. wurde das Insolvenzverfahren eröffnet. Unsere Forderung beträgt	8 330,00
Über das Vermögen der Hugo Wolf OHG wurde das Insolvenzverfahren eröffnet. Unsere Forderung beträgt	17 850,00
Über das Vermögen der Paul Schelm KG wurde das Insolvenzverfahren eröffnet. Unsere Forderung beträgt	10 115,00
(6) Banküberweisung eines Insolvenzverwalters	1 785,00
Ursprüngliche Höhe der Forderung: 5 950,00 EUR	
(7) Eine Forderung wird uneinbringlich (Konto 2400)	2 618,00
(8) Das Insolvenzverfahren gegen J. Pech (siehe Geschäftsfall 5) wird abgeschlossen. Die Insolvenzquote von 7 % wird unserem Bankkonto gutgeschrieben.	

Abschlussangaben

	EUR
(1) Abschreibung auf Maschinen	78 000,00
(2) Abschreibung auf Fahrzeuge	12 500,00
(3) Abschreibung auf Betriebs- und Geschäftsausstattung	9 000,00
(4) Einzelwertberichtigungen (siehe Geschäftsfall 5)	

Kunde	Bruttoforderung EUR	Mutmaßlicher Ausfall
Hugo Wolf OHG	17 850,00	90 %
Paul Schelm KG	10 115,00	80 %

(5) Zu den einwandfreien Forderungen ist eine Pauschalwertberichtigung von 5 % zu bilden.

Schließen Sie die Konten ab. (Ein vollständiger Buchführungsabschluss ist nicht möglich und erforderlich.)

7./8.

Kontensalden	Soll/EUR	Haben/EUR
0520 Gebäude	200 000,00	
0700 Technische Anlagen und Maschinen	300 000,00	
0800 Betriebs- und Geschäftsausstattung	80 000,00	
2000 Rohstoffe	70 000,00	
2400 Forderungen a. L. u. L.	166 600,00	
2470 Zweifelhafte Forderungen		
2600 Vorsteuer	5 000,00	
2690 Übrige sonstige Forderungen		
2800 Bank	63 000,00	
3000 Eigenkapital		641 700,00
3670 Einzelwertberichtigungen zu Forderungen		
3680 Pauschalwertberichtigung zu Forderungen		
3800 Steuerrückstellungen		3 000,00
4400 Verbindlichkeiten a. L. u. L.		95 200,00

4800 Umsatzsteuer		11 000,00
4900 Passive Rechnungsabgrenzung		
5000 Umsatzerlöse		260 000,00
5400 Mieterträge		6 000,00
5410 Sonstige Erlöse		9 400,00
5450 Erträge aus der Auflösung von		
Wertberichtigungen auf Forderungen		5 000,00
5480 Erträge aus der Herabsetzung von Rückstellungen		4 000,00
6000 Aufwendungen für Rohstoffe	130 000,00	
6520 Abschreibungen auf Sachanlagen...........................		
6750 Kosten des Geldverkehrs	1 000,00	
6951 Abschreibungen auf Forderungen wegen		
Uneinbringlichkeit		
6979 Anlagenabgänge...	4 000,00	
6990 Periodenfremde Aufwendungen	8 700,00	
7700 Gewerbesteuer	7 000,00	
Richten Sie noch die Konten 8010 und 8020 ein.	1 035 300,00	1 035 300,00

Geschäftsfälle	5. EUR	6. EUR
(1) Nachzahlung der Gewerbesteuer durch Banküberweisung ...... Für diese Nachzahlung war eine Rückstellung von 3 000,00 EUR gebildet worden.	2 500,00	4 000,00
(2) Eine Forderung wird zweifelhaft	3 570,00	2 975,00
(3) Ein Kunde sendet nach Vereinbarung Erzeugnisse zurück.		
Warenwert netto	2 000,00	2 800,00
+ USt.	380,00	532,00
(4) Die Forderung in Geschäftsfall (2) wird uneinbringlich.		
(5) Ein Insolvenzverwalter überweist auf unser Bankkonto .... Die Forderung stammt aus dem Vorjahr und ist voll abgeschrieben.	714,00	1 666,00
(6) Zielverkauf einer gebrauchten Werkzeugmaschine am		
30. September, netto..	15 000,00	1 000,00
+ USt.	2 850,00	190,00
Anschaffungskosten: 50 000,00 EUR		
Summe der bisherigen Abschreibungen: 38 000,00 EUR		
Jahresabschreibung: 10 000,00 EUR		
(7) Zielkauf einer Bohrmaschine	22 000,00	24 000,00
+ USt.	4 180,00	4 560,00
Der Spediteur berechnet für den Transport netto	460,00	420,00
+ USt.	87,40	79,80
Wir überweisen vom Bankkonto	547,40	499,80
Für die Montage der Maschine erhalten wir eine Rechnung		
über netto	800,00	700,00
+ USt.	152,00	133,00
(8) Über das Vermögen von Julius Barth e. K. wird das Insolvenzverfahren eröffnet. Wahrscheinlicher Forderungsausfall: 100 %. Unsere Forderung beträgt	8 925,00	16 660,00
(9) Über das Vermögen von Dieter Schulz e. K. wird das Insolvenzverfahren eröffnet. Wahrscheinlicher Forderungsausfall: 95 % Unsere Forderung beträgt	10 115,00	14 280,00

Abschlussangaben

	5. EUR	6. EUR
(1) Am 7. Dezember erhielten wir die Januarmiete für einen vermieteten Lagerraum im Voraus .... (Bilanzstichtag: 31. Dezember)	400,00	600,00
(2) Die Dezembermiete für einen vermieteten Büroraum steht am Bilanzstichtag noch aus	300,00	500,00

(3) Bei der Überprüfung der Forderungen wird Folgendes festgestellt: Das Insolvenzverfahren gegen Julius Barth (siehe Fall 8) ist mangels Masse eingestellt worden 8 925,00   16 660,00

(4) Abschreibungen

Abschreibung auf Gebäude 8 000,00   8 000,00

Abschreibung auf Maschinen 50 000,00   50 000,00

Abschreibung auf Betriebs- und Geschäftsausstattung 18 000,00   18 000,00

(5) Die Pauschalwertberichtigung ist mit 1 % anzusetzen.

Im folgenden Jahr ist u. a. zu buchen:

(1) Auflösung der Pauschalwertberichtigung

(2) Eingang einer Insolvenzquote von 10 % der Forderung an Dieter Schulz e. K.

Bilden Sie die Buchungssätze.

Wechselforderungen

Wechselforderungen sind mit ihrem Barwert am Bilanzstichtag zu aktivieren.

In der Buchführung nennt man Wechselforderungen auch Besitz-wechsel; Wechselverbindlichkeiten heißen Schuldwechsel.

```
  Wechselbetrag
– Diskont (Zinsen; anzusetzen von Bilanzstichtag bis Fälligkeitstag)  ◄─
= Barwert am Bilanzstichtag
```

Hintergrund: Banken kaufen Wechsel vor Fälligkeit an; sie ziehen aber bis zum Fälligkeitstag Zinsen (Diskont) vom Wechselbetrag ab.

Beispiel: Wechselbarwert zum Bilanzstichtag (31.12.)

Vorhandene Wechselforderungen am Bilanzstichtag:
8 500,00 EUR, fällig am 02.02.; 6 700,00 EUR, fällig am 06.03.
Anzusetzender Diskont: 6 %

Wechselbetrag	Fälligkeitstag	Restlaufzeit (Tage)	Zinszahl
8 500,00	02.02.	33	2805
6 700,00	06.03.	65	4355
15 200,00			7160
– 119,33	**Diskont** ◄── 7160 · 6/360 = 119,33		
15 080,67	**Barwert 31.12.**		

Der Diskont wird nach der Euro-Zinsmethode berechnet (vgl. S. 119).

Buchung: 7530 Diskontaufwendungen 119,33 an 2450 Wechselforderungen 119,33

Kapitalgesellschaften dürfen Wechselforderungen in der zu veröffentlichenden Bilanz nicht gesondert ausweisen. Sie sind mit den Forderungen aus Lieferungen und Leistungen zusammenzufassen.

Arbeitsauftrag

Vorhandene Wechselforderungen am Bilanzstichtag (31.12.):

(1) 4 300,00 EUR, fällig am 17.01.   (3) 5 000,00 EUR, fällig am 25.02.   **Diskontsatz am**
(2) 10 000,00 EUR, fällig am 29.01.   (4) 9 235,00 EUR, fällig am 20.03.   **Bilanzstichtag: 5 %**

Mit welchem Wert sind die Wechselforderungen in der Bilanz anzusetzen?

Fremdwährungsposten

Für Fremdwährungsposten (Valutaforderungen) gelten die Ausführungen, die schon bei der Bewertung des Anlagevermögens gemacht wurden:

Fremdwährungsposten mit einer Restlaufzeit bis zu einem Jahr sind zum Tageswert anzusetzen, auch wenn dieser die Anschaffungs- oder Herstellungskosten übersteigt. Die Umrechnung erfolgt zum Devisenkassamittelkurs des Bilanzstichtages (§ 256 a HGB).

Bei Forderungen spricht man nicht von Anschaffungs-/Herstellungskosten, sondern vom **Entstehungswert** der Forderung.

Beispiel: Fremdwährungsposten

Aus einem Produktverkauf am 02.12. haben wir eine Forderung von 40 000,00 USD (Devisenbriefkurs: 1,46 USD für 1,00 EUR). Zahlungsfrist: 60 Tage
Entstehungswert = (40 000,00 : 1,46) EUR = 27 397,26 EUR

2400 Forderungen   27 397,26 an 5070 Erlöse aus Güterausfuhr   27 397,26

Devisenkassakurse am 31.12.:
1. Geld: 1,50; Brief 1,52
2. Geld: 1,40; Brief 1,42

1. Tageswert 31.12. = (40 000,00 : 1,51) EUR = 26 490,07 EUR
   Die Forderung ist zu 26 490,07 EUR zu bilanzieren.
   Differenz zum Entstehungswert = –907,19 EUR

   5070 Erlöse aus Güterausfuhr   907,19 an 2400 Forderungen   907,19
   8010 SBK   26 490,07 an 2400 Forderungen 26 490,07

2. Tageswert 31.12. = (40 000,00 : 1,41) EUR = 28 368,79 EUR
   Die Forderung ist zu 28 368,79 EUR zu bilanzieren, obwohl dieser Betrag über den Anschaffungskosten liegt. Differenz zum Entstehungswert = 971,53 EUR

   2400 Forderungen   971,53 an 5070 Erlöse aus Güterausfuhr   971,53
   8010 SBK   28 368,79 an 2400 Forderungen 28 368,79

Das Vorsichtsprinzip wird bei diesen Fremdwährungsposten durch das Informationsprinzip ersetzt: Die Bilanz soll über die tatsächlichen Werte am Bilanzstichtag informieren.

Arbeitsauftrag

1. **Nachstehender Vermögenswert der Büromaschinen AG ist am 31. Dezember zu bilanzieren. Dollarguthaben:**
   24 000,00 USD bei Handelsbank New York, gekauft am 15. Dezember zum Kurs von 1,42 USD für einen EUR
   Devisenkassamittelkurs: 1,480 USD für einen EUR
   Das Guthaben wird kurzfristig für den Einkauf von Rohstoffen gehalten.

   Welcher Wert ist in der Bilanz anzusetzen? Nehmen Sie alle notwendigen Buchungen vor.

2. **Aus einem Produktverkauf am 28. November haben wir eine Forderung von 20 000,00 CHF (Schweizer Franken; Devisenbriefkurs 1,50 CHF für 1,00 EUR). Zahlungsfrist: 90 Tage. Devisenkassakurse am 31. Dezember:**
   (1) Geld: 1,5416; Brief 1,521   **(2) Geld: 1,4902; Brief 1,4702**

   Mit welchem Betrag ist die Forderung jeweils zu aktivieren? Nehmen Sie alle notwendigen Buchungen vor.

6.6.3 Bewertung von Wertpapieren

Bei der Bewertung von Wertpapieren ist handelsrechtlich das strenge Niederstwertprinzip zu beachten: Der Tageswert ist anzusetzen, wenn er unter den Anschaffungskosten liegt.

Beachte: Anteilige Anschaffungsnebenkosten (Bankprovision, Maklergebühr) sind mit zu aktivieren.

Beispiel: Bewertung von Wertpapieren

Bestand am Bilanzstichtag	Ankaufskurs	Kurs am Bilanzstichtag	Nebenkosten
40 000,00 EUR Bundesanleihe	106,30 %	97 %	90,00 EUR
1 000 Aktien Grevenwasser AG	67,00 EUR/Stück	75,70 EUR/Stück	149,00 EUR

Anschaffungskosten: 42 610,00	Bewertung Anleihe: 40 000,00 · 0,97 + 90,00 = 38 890,00
Anschaffungskosten: 67 149,00	Bewertung Aktien: 1 000 · 67,00 + 149,00 = 67 149,00
109 759,00	Insgesamt sind anzusetzen: **106 039,00**

Wertminderung: 109 759,00 – 106 039,00 = 3 720,00
Buchung: 7420 Abschr. auf Wertp. des Umlaufverm. 3 720,00 an 2700 Wertpapiere 3 720,00

Steuerrechtlich darf der niedrigere Wert nur bei dauernder Wertminderung angesetzt werden (vgl. S. 431).

Arbeitsaufträge

1. **Wertpapierbestand des Umlaufvermögens am Bilanzstichtag (31.12.):**
   (1) 2 000 Aktien Bayer AG; Ankaufskurs 19,48; Kurs 31.12.: 21,98; Anschaffungsnebenkosten 107,14 EUR
   (2) 50 000,00 EUR VW-Anleihe, Ankaufskurs 102,3 %; Kurs 31.12.: 104,6 %; Anschaffungsnebenkosten 140,66 EUR

   Ermitteln Sie den Bilanzansatz.

2. **Wertpapierbestand des Umlaufvermögens am Bilanzstichtag (31.12.):**
   (1) 860 Aktien Allianz AG; Ankaufskurs 44,37; Kurs 31.12.: 85,12; Anschaffungsnebenkosten 104,93 EUR
   (2) 3 000 Aktien Infineon AG; Ankaufskurs 14,12; Kurs 31.12.: 8,18; Anschaffungsnebenkosten 116,49 EUR
   (3) 25 000,00 EUR Türkei-Anleihe, Ankaufskurs 107,3 %; Kurs 31.12.: 101,5 %; Anschaffungsnebenkosten 73,77 EUR

   Ermitteln Sie den Bilanzansatz.

6.6.4   Zusammenfassung: Bewertung des Umlaufvermögens

Für die Gegenstände des Umlaufvermögens gilt das strenge Niederstwertprinzip.

Gegenstand	Bilanzansatz
Vorräte	1. Anschaffungs-/Herstellungskosten 2. Tageswert am Bilanzstichtag Der niedrigere der beiden Werte ist anzusetzen.
Forderungen: • einwandfreie • zweifelhafte • uneinbringliche • Wechselforderungen	 Nennbetrag Voraussichtlich eingehender Betrag Nullwert (Vollabschreibung) Barwert am Bilanzstichtag
Fremdwährungsposten: • mit Restlaufzeit ≥ 1 Jahr: • mit Restlaufzeit < 1 Jahr:	 1. Anschaffungskosten/Entstehungswert 2. Tageswert (Devisenkassamittelkurs) am Bilanzstichtag Der niedrigere der beiden Werte ist anzusetzen. Tageswert (Devisenkassamittelkurs) am Bilanzstichtag (Durchbrechung des Niederstwertprinzips!)
Wertpapiere	1. Anschaffungskosten 2. Tageswert am Bilanzstichtag Der niedrigere der beiden Werte ist anzusetzen.
Hinweis: **Wertaufholungspflicht**, wenn die Gründe für den Ansatz des niedrigeren Tageswertes fortfallen!	

6.7   Bewertung der Schulden

6.7.1   Verbindlichkeiten

Verbindlichkeiten sind Verpflichtungen gegenüber Dritten, deren Höhe und Fälligkeit am Bilanzstichtag feststeht. Für die Bilanzierung gilt das **Höchstwertprinzip** (vgl. S. 432):

Der Erfüllungsbetrag ist anzusetzen, wenn er über dem Entstehungswert liegt. Liegt er darunter, ist der Entstehungswert anzusetzen.
Andernfalls würden unrealisierte Gewinne ausgewiesen (vgl. S. 432).

Abweichungen im Steuerrecht:

- Der höhere Erfüllungsbetrag ist nur anzusetzen, wenn er von Dauer ist.
- Die Verbindlichkeiten sind mit 5,5 % abzuzinsen (Ausnahmen: Laufzeit < 12 Monate; verzinsliche Verbindlichkeiten, Anzahlungen, Vorausleistungen [§ 6 Abs. 1 Nr. 3 EStG]).

Ansatz einzelner Verbindlichkeiten:

Art der Verbindlichkeit	Bilanzansatz
Verbindlichkeiten a. L. u. L.	Rechnungsbetrag einschl. Umsatzsteuer
Wechselverbindlichkeiten	Wechselsumme
Hypotheken- und Grundschulden	Rückzahlungsbetrag
Rentenverpflichtungen	Abgezinster Erfüllungsbetrag (Abzinsung mit dem durchschnittlichen Marktzinssatz der vergangenen 7 Jahre. Dieser wird von der Deutschen Bundesbank ermittelt.) Folge: Durchbrechung des Höchstwertprinzips
Fremdwährungsverbindlichkeiten • Restlaufzeit > 1 Jahr: • Restlaufzeit ≤ 1 Jahr:	Entstehungswert/Tageswert. Anzusetzen: der höhere Wert Tageswert Einzelheiten werden nachfolgend dargestellt

Fremdwährungsverbindlichkeiten (Valutaverbindlichkeiten) lauten auf fremde Währung. Ihr **Entstehungswert** in EUR ergibt sich durch Umrechnung zu dem Devisenkurs, der von der Bank am Entstehungstag der Verbindlichkeit abgerechnet wurde.

Der **Tageswert am Bilanzstichtag** ist (wie bei aktiven Fremdwährungsposten) durch Umrechnung zum Devisenkassamittelkurs zu ermitteln (§ 256a HGB).

Für die Bilanzierung von Fremdwährungsverbindlichkeiten schreibt § 256a HGB vor:

- **Restlaufzeit > 1 Jahr:** **Entstehungswert und Tageswert stehen zur Wahl. Der höhere Wert ist anzusetzen.**

- **Restlaufzeit ≤ 1 Jahr:** **Der Tageswert ist anzusetzen (auch wenn er niedriger als der Entstehungswert ist).**

Somit wird für kurzfristige Fremdwährungsverbindlichkeiten das Höchstwertprinzip durchbrochen. Das Prinzip der vorsichtigen Bewertung weicht dem Prinzip der Information über die aktuelle Geschäftslage.

Beachten Sie: § 256a HGB gilt auch für Rückstellungen und passive Rechnungsabgrenzungsposten, die auf fremde Währung lauten.

Beispiel: Bewertung von Fremdwährungsverbindlichkeiten

1. Wir haben am 01.09. ein Darlehen in Höhe von 200 000,00 USD aufgenommen. Laufzeit 3 Jahre. Briefkurs unserer deutschen Hausbank bei Gutschrift: 1,47 USD für 1,00 EUR. Devisenkassamittelkurs am Bilanzstichtag (31.12.) = 1,50 USD

   - Entstehungswert am 01.09.: 200 000,00 USD : 1,47 = 136 054,42 EUR
   - Kurswert am 31.12.: 200 000,00 USD : 1,50 = 133 333,33 EUR

   Die Verbindlichkeit ist zum höheren Entstehungswert zu bilanzieren.

2800 Bank	136 054,42 an 4230 Mittelfrist.	
	Bankverbindlichkeiten	136 054,42
4230 Mittelfrist. BV	136 054,42 an 8010 SBK	136 054,42

2. Wir haben am 02.12. einen Pkw aus Dänemark bezogen. Der Rechnungspreis betrug 270 000,00 DKK. Zahlungsziel: 2 Monate. Devisengeldkurs unserer deutschen Hausbank am 02.12. = 7,4427 DKK für 1,00 EUR. Devisenkassamittelkurs am 31.12. = 7,5610 DKK

- Entstehungswert am 02.12.: 270 000,00 DKK : 7,4427 = 36 277,16 EUR

- Kurswert am 31.12.: 270 000,00 DKK : 7,5610 = 35 709,56 EUR

Die Verbindlichkeit ist zum Kurswert am 31.12. zu bilanzieren, obwohl dieser unter dem Entstehungswert liegt und somit ein nicht realisierter Gewinn von 567,60 EUR ausgewiesen wird.

0840 Fuhrpark	36 277,16 an 4400 Verbindlichkeiten a. L. u. L	36 277,16
2602 Vorsteuer für i. E.	6 892,66 an 4802 Umsatzsteuer für i. E.	6 892,66
4400 Verbindlichkeiten a. L. u. L.	567,60 an 5430 And. sonst. betriebl. Erträge	567,60
4400 Verbindlichk. a. L. u. L.	35 709,56 an 8010 SBK	35 709,56

6.7.2   Rückstellungen

Handels- und Steuerrecht nennen folgende Pflichten und Verbote für die Bildung von Rückstellungen:

Art der Rückstellungen	Handelsrecht	Steuerrecht
Verbindlichkeitsrückstellungen		
• für ungewisse Verbindlichkeiten	Pflicht	Pflicht
• für Gewährleistungen ohne rechtliche Verpflichtung	Pflicht	Pflicht
• für drohende Verluste aus schwebenden Geschäften	Pflicht	Verbot
Aufwandsrückstellungen		
• für unterlassene Instandhaltungsaufwendungen, die in den ersten drei Monaten des folgenden Geschäftsjahrs nachgeholt werden	Pflicht	Pflicht
• für Aufwendungen zur Abraumbeseitigung, die im folgenden Geschäftsjahr nachgeholt werden	Pflicht	Pflicht

Bilanzansatz:

Restlaufzeit ≤ 1 Jahr: Erfüllungsbetrag

Restlaufzeit > 1 Jahr: abgezinster

                       Erfüllungsbetrag

(Durchbrechung des Höchstwertprinzips!)

Einzelheiten und Buchung siehe S. 419 ff.

1. **Das Konto 4400 Verbindlichkeiten a. L. u. L. enthält eine Verbindlichkeit von 240 000,00 CHF, entstanden am 17. November 2011 und fällig am 17. Januar 2012. Der Kurs für einen EUR zum Entstehungszeitpunkt betrug 1,7200 CHF.**

   Wie ist die Verbindlichkeit am Bilanzstichtag zu bewerten und zu buchen, wenn der Kassamittelkurs am 31. Dezember 2011

   a) 1,8020 CHF

   b) 1,6170 CHF

   betrug?

2. **Für den Neubau eines Verwaltungsgebäudes haben wir Anfang des Jahres 2009 ein Grundschulddarlehen in Höhe von 1 400 000,00 EUR (Rückzahlungsbetrag) aufgenommen. Laufzeit 20 Jahre, Auszahlung zu 97 %**

   Mit welchem Betrag ist das Darlehen am 31. Dezember 2011 zu bilanzieren, wenn noch keine Tilgung erfolgt ist?

3. **Ein Unternehmen hat eine Valutaverbindlichkeit (Laufzeit 4 Monate) in Höhe von 80 000,00 USD.**
   Kurs für einen EUR bei Aufnahme der Schuld: 1,1750
   Kassamittelkurs für einen EUR am Bilanzstichtag:
   a) 1,0500
   b) 1,2380

   Wie ist die Verbindlichkeit zu bilanzieren?

   Nehmen Sie die Abschlussbuchungen vor.

4. **Folgende Passiva liegen vor:**
   a) Wechselschulden
   b) Verbindlichkeiten aus L. u. L.
   c) Hypothekenschulden

   Mit welchem Wert sind sie zu bilanzieren?

5. **Die Firma Inventa GmbH hat der Kops Haushaltsgeräte KG neuartige Dichtungsringe geliefert. Diese werden von der Firma Kops in eine Serie Kaffeeautomaten eingebaut, die neu in das Fertigungsprogramm aufgenommen wurden. Schon wenige Monate nach der Auslieferung der ersten Automaten stellt sich heraus, dass die gelieferten Dichtungsringe spröde werden. Die Kops KG muss mit Gewährleistungsansprüchen in Höhe von 1,4 Mio. EUR rechnen. Sie macht dafür die Inventa GmbH regresspflichtig, die ihrerseits aber jede Haftung ablehnt, da die Dichtungsringe nicht ordnungsgemäß verarbeitet worden seien. Die Kops KG verklagt die Inventa GmbH auf 1,4 Mio. EUR Schadensersatz.**

   (1) Wie bucht die Inventa GmbH nach Eingang der Klageschrift? Welchen Betrag passiviert sie?

   (2) Wie bucht die Inventa GmbH, wenn sie im folgenden Geschäftsjahr zu einer Schadensersatzleistung von

   a) 1,6 Mio. EUR,

   b) 1,4 Mio. EUR,

   c) 0,5 Mio. EUR verurteilt wird?

Zur Wiederholung

1. Wir haben in unserem Umlaufvermögen 1 200 Stück (= 60 000,00 EUR Nominalwert) Aktien der Hyma-AG, angeschafft zu 71,00 EUR/Stück. Am Bilanzstichtag werden die Papiere

   a) mit 80,00 EUR/Stück,
   b) mit 65,00 EUR/Stück notiert.

   (Zur Vereinfachung des Falles sollen die Kaufkosten bei der Bewertung unberücksichtigt bleiben.)

   Bewerten Sie die Aktien und buchen Sie gegebenenfalls.

2. Ein Kupferbestand (Einzelbewertung), den wir zu Beginn des Geschäftsjahres für 28 000,00 EUR angeschafft haben, hat am Bilanzstichtag einen Börsenwert von

   a) 34 000,00 EUR,
   b) 21 000,00 EUR.

   Wie wird der Bestand bilanziert? Buchen Sie gegebenenfalls.

3. Eine Fabrik für Spezialverpackungsmaschinen hat am Ende des Geschäftsjahres noch 4 Maschinen der Type S 303 (Einzelbewertung) auf Lager.

   Dafür sind an Entwurf-Sonderkosten 17 000,00 EUR, an Fertigungslöhnen 100 000,00 EUR, an Materialkosten 80 000,00 EUR angefallen. Der Betrieb kalkuliert mit folgenden Gemeinkostenzuschlägen: Fertigungsgemeinkosten 140 %, Materialgemeinkosten 20 %, Verwaltungsgemeinkosten 30 %, Vertriebsgemeinkosten 15 %.

   Berechnen Sie die handelsrechtliche Bewertungsobergrenze.

4. Über den Hilfsstoffbestand A 308 liegen uns folgende Angaben vor:

01. Jan.	AB	400 kg zu 4,00 EUR
15. März	Abg.	80 kg
		320 kg
10. Mai	Zug.	160 kg zu 5,00 EUR
		480 kg
30. Juli	Abg.	400 kg
		80 kg
10. Sept.	Zug.	240 kg zu 4,00 EUR
		320 kg
11. Nov.	Abg.	40 kg
31. Dez.	EB	280 kg

   Tageswert des Endbestandes am Bilanzstichtag: 4,10 EUR/kg

   Wie ist der Endbestand

   a) bei permanenter Durchschnittswertermittlung,
   b) nach dem FIFO-Verfahren,
   c) nach dem LIFO-Verfahren zu bewerten?

5. In einem Industrieunternehmen wurde im vergangenen Monat die Lagerhalle für Fertigungserzeugnisse durch eigene Betriebshandwerker erweitert. Dabei fielen folgende Einzelkosten an: Fertigungsmaterial 18 200,00 EUR, Fertigungslöhne 25 200,00 EUR.

   Dem BAB des vergangenen Monats sind folgende Zuschlagssätze zu entnehmen: Materialgemeinkosten 10 %, Fertigungsgemeinkosten 25 %, Verwaltungsgemeinkosten 8 %, Vertriebsgemeinkosten 7 %.

   a) Ermitteln Sie die aktivierungsfähigen Herstellungskosten für die Lagerhallenerweiterung.
   b) Bilden Sie den Buchungssatz für die Aktivierung der innerbetrieblichen Leistung zum Jahresende.

6. Ein Industrieunternehmen hat am 18. Dezember Rohstoffe aus den USA bezogen. Rechnungsbetrag 7 957,00 USD, zahlbar binnen 30 Tagen. Am 18. Dezember betrug der Dollarkurs 1,40 für 1,00 EUR.

   Wie ist die Verbindlichkeit zu bewerten, wenn der Kassamittelkurs am Bilanzstichtag

   a) 1,23,
   b) 1,50 beträgt?

6.8 Bildung stiller Rücklagen

Die Ausführungen über die Bewertung des Vermögens und der Schulden haben gezeigt, dass die handels- und steuerrechtlichen Bewertungsvorschriften (siehe z.B. § 253 HGB und § 6 EStG) eine

Unterbewertung von Vermögensteilen sowie eine Überbewertung von Schulden

nicht ganz ausschließen.

Zu **Unterbewertungen von Vermögensteilen** kommt es z.B.,

- wenn in die Herstellungskosten einer selbst erstellten Anlage nicht alle Gemeinkosten, die durch die Herstellung verursacht wurden, eingerechnet werden,
- wenn bei der Ermittlung der fortgeführten Anschaffungskosten eines Anlagegutes planmäßige Abschreibungen in Ansatz gebracht werden, die die tatsächliche Wertminderung übersteigen,
- wenn von der Möglichkeit Gebrauch gemacht wird, geringwertige Wirtschaftsgüter bei der Anschaffung als Aufwand zu verrechnen,
- weil Wertsteigerungen des Anlagevermögens wegen des Grundsatzes der kaufmännischen Vorsicht bei der Bilanzierung nicht berücksichtigt werden dürfen (Bewertungsobergrenze sind die Anschaffungs- bzw. Herstellungskosten),
- weil die Anwendung bestimmter Sammelbewertungsverfahren (LIFO, FIFO) in Verbindung mit dem Niederstwertprinzip dazu führen kann, dass Teile des Vorratsvermögens zu Preisen bilanziert werden, die unter den Wiederbeschaffungskosten liegen.

Zu **Überbewertungen von Schulden** kommt es z.B., weil

- langfristige Valutaverbindlichkeiten wegen der Anwendung des Höchstwertprinzips oft zu Werten bilanziert werden müssen, die über dem Kurswert liegen,
- Verbindlichkeiten grundsätzlich zu ihrem Rückzahlungsbetrag zu bilanzieren sind, also nicht auf den Barwert am Bilanzstichtag abgezinst werden dürfen,
- durch die Anwendung des Vorsichtsprinzips Rückstellungen oft zu Werten angesetzt werden, die die tatsächliche Höhe der später zu begleichenden Verbindlichkeit übersteigen.

Die Unterbewertung von Vermögensteilen und die Überbewertung von Schulden bewirkt, dass das Eigenkapital in der Bilanz zu niedrig ausgewiesen wird.

Die Eigenkapitalteile, die aus der Bilanz nicht zu ersehen sind, werden als stille Rücklagen oder stille Reserven bezeichnet.

Kapitalgesellschaften sind verpflichtet, ihre Bewertungsmethoden im Anhang zur Bilanz zu erläutern (§ 284 HGB). Stille Rücklagen lassen sich dadurch besser erkennen.

Von den stillen Rücklagen zu unterscheiden sind die **offenen Rücklagen**, die in der Bilanz von Kapitalgesellschaften und ihnen hinsichtlich des Jahresabschlusses gleichgestellten Gesellschaften offen ausgewiesen werden (siehe S. 481 ff.).

VIERTER ABSCHNITT

Arbeitsauftrag

Welcher der folgenden Sachverhalte führt zur Bildung einer „stillen Reserve"?

a) Unterbewertung von Aktivposten in der Bilanz
b) Überbewertung von Aktivposten in der Bilanz
c) Unterbewertung von Passivposten in der Bilanz
d) Verwendung von Teilen des Bilanzgewinns für die gesetzliche Rücklage

Beleggeschäftsgang 2

● *Für diesen Arbeitsauftrag wurde der **Kontenplan** von Fritz Dreher e. K. (siehe S. 154) angepasst und erweitert.*
● *Der Arbeitsauftrag ist auch für die **Buchung in Lexware Financial Office** vorgesehen.*

Die Schraubenfabrik Fritz Dreher e. K. haben Sie bereits in Beleggeschäftsgang 1 (siehe S. 154) kennengelernt. Einige Geschäftsjahre später weist die Finanzbuchhaltung von Dreher zum 29. Dezember 20.. folgende Summen auf den Konten aus:

Vorläufige Kontensummen		Soll/EUR	Haben/EUR
0520	Gebäude	270 500,00	0,00
0700	Technische Anlagen und Maschinen	500 000,00	10 000,00
0840	Fuhrpark	74 000,00	8 000,00
0860	Betriebs- und Geschäftsausstattung	90 000,00	550,00
0890	Geringwertige Vermögensgegenstände der Betriebs- und Geschäftsausstattung	7 000,00	0,00
2000	Rohstoffe	266 803,00	117 000,00
2001	Bezugskosten	3 200,00	0,00
2002	Nachlässe	0,00	1 725,00
2030	Betriebsstoffe	35 000,00	18 300,00
2100	Unfertige Erzeugnisse	36 000,00	0,00
2200	Fertige Erzeugnisse	17 000,00	0,00
2400	Forderungen a. L. u. L.	1 154 300,00	1 101 107,00
2600	Vorsteuer	33 571,10	14 858,00
2640	Sozialversicherungsvorauszahlungen	177 749,98	161 950,00
2650	Forderungen an Mitarbeiter	4 600,00	0,00
2700	Wertpapiere des Umlaufvermögens	42 240,00	0,00
2800	Bank	1 157 376,50	1 132 506,83
2880	Kasse	9 500,00	4 300,00
3000	Eigenkapital	0,00	471 844,10
3001	Privatkonto	17 562,12	0,00
3700	Rückstellungen für Pensionen	0,00	108 680,00
3910	Sonstige Rückstellungen für Gewährleistung	0,00	42 000,00
4250	Langfristige Bankverbindlichkeiten	6 000,00	310 000,00
4400	Verbindlichkeiten a. L. u. L.	93 058,00	210 261,10
4800	Umsatzsteuer	178 752,00	184 300,00
4830	Sonstige Verbindlichkeiten gegenüber Finanzbehörden	114 800,00	114 800,00
5000	Umsatzerlöse	4 000,00	970 000,00
5001	Erlösberichtigungen	11 900,00	0,00
5400	Mieterträge	0,00	480,00
5710	Zinserträge	0,00	3 700,00
6000	Aufwendungen für Rohstoffe	117 000,00	0,00
6030	Aufwendungen für Betriebsstoffe	18 300,00	0,00
6160	Fremdinstandhaltungen	13 100,00	0,00
6200	Löhne	262 000,00	0,00
6300	Gehälter	148 000,00	0,00
6400	Arbeitgeberanteil zur Sozialversicherung	79 027,50	0,00
6750	Kosten des Geldverkehrs	1 250,00	0,00
6800	Büromaterial	2 400,00	0,00
6820	Porto, Telefon, Fax	16 501,83	0,00
7030	Kraftfahrzeugsteuer	2 070,00	0,00
7510	Zinsaufwendungen	21 800,00	0,00
		4 986 362,03	**4 986 362,03**

Der Kontenplan umfasst außerdem die Konten 2470, 2690, 2900, 3670, 3680, 4840, 4890, 4900, 5200, 5420, 5440, 5450, 5480, 5490, 6440, 6520, 6540, 6550, 6570, 6940, 6951, 6952, 6953, 6979, 7420, 8010, 8020. Hinweis: Der Kontenplan enthält auch Konten, die der Betrieb benutzt, die aber in diesem Beleggeschäftsgang nicht verwendet werden.

Im Kontokorrentbuch werden die folgenden Personenkonten geführt. Sie weisen zum 29. Dezember 20.. folgende offene Posten aus:

Debitoren (Kundenkonten)					
Konto-Nr.	Kunde	Offene Posten			Saldo
		Datum	OP-Nummer	Betrag	
10000	Peter Wagner OHG Niederrheinstraße 87 47829 Krefeld	28.11.20.. 11.12.20.. 11.12.20..	11690 11941 11942	4046,00 3332,00 3332,00	10710,00
10001	Josef Schlosser e.K. Suitbertusstraße 278 40223 Düsseldorf	04.12.20.. 21.12.20..	11702 12142	10115,00 7259,00	17374,00
10002	Produkta GmbH Herthastraße 51 50696 Köln	13.12.20.. 17.12.20.. 22.12.20..	11988 12060 12156	3213,00 4284,00 3213,00	10710,00
10003	Pflaume OHG Großenbaumer Allee 100 47269 Duisburg	13.10.20.. 20.10.20..	10086 10217	8211,00 6188,00	14399,00
Saldo von 2400 Forderungen					53193,00

Kreditoren (Lieferantenkonten)					
Konto-Nr.	Lieferant	Offene Posten			Saldo
		Datum	OP-Nummer	Betrag	
70000	Stahlhandel GmbH Hafenstraße 10–14 47119 Duisburg	08.12.20.. 15.12.20.. 22.12.20.. 29.12.20..	4936 4972 4988 5022	29036,00 32011,00 14637,00 16541,00	92225,00
70001	Spedition Rollmann GmbH Hafenstraße 210 47198 Duisburg	22.12.20.. 29.12.20..	4989 5023	202,30 249,90	452,20
70002	Klaus Volkmann e.K. Postweg 59 41472 Neuss	28.12.20..	5014	4522,00	4522,00
70003	Konrad Feldmann OHG Weingartstraße 59 41464 Neuss	27.12.20..	5006	1249,50	1249,50
70004	Mineralölhandel GmbH Hafenstraße 56 40213 Düsseldorf	15.12.20.. 29.12.20..	4973 5024	4403,00 12852,00	17255,00
70005	Ventelo GmbH Am Seestern 3 40547 Düsseldorf	28.12.20..	5015	1499,40	1499,40
Saldo von 4400 Verbindlichkeiten					117203,10

Buchungsangaben zur EDV-Buchführung:

1. Richten Sie die Sachkonten, die Debitorenkonten und die Kreditorenkonten ein.
   (Hinweis: Führen Sie in Lexware Financial Office eine Rücksicherung des Mandanten „Fritz Dreher e.K." von der Begleit-DVD zu diesem Buch durch.)

2. Vor dem Abschluss zum 31. Dezember sind noch die nachfolgenden Belege zu buchen (siehe S. 464 bis 473). Orientieren Sie sich bei der Belegbearbeitung an den auf Seite 98 beschriebenen Arbeitsschritten. Vorratseinkäufe werden bestandsorientiert gebucht.

3. Führen Sie in Ihrem Finanzbuchführungsprogramm einen Periodenabschluss durch.

VIERTER ABSCHNITT

Buchungsangaben zur herkömmlichen Buchführung:

1. Richten Sie die Sachkonten mit den Salden sowie die Debitorenkonten und die Kreditorenkonten mit den offenen Posten ein.

2. Vor dem Abschluss zum 31. Dezember sind noch die nachfolgenden Belege zu buchen (siehe S. 464 bis 473). Orientieren Sie sich bei der Belegbearbeitung an den auf Seite 98 beschriebenen Arbeitsschritten. Vorratseinkäufe werden bestandsorientiert gebucht.

3. Ermitteln Sie die Salden der Debitoren- und Kreditorenkonten und gleichen Sie diese mit den Salden von 2400 Forderungen und 4400 Verbindlichkeiten ab.

4. Schließen Sie die Sachkonten ab.

Abschlussangaben:

1. Abschreibungen:
   Betriebsgebäude .... 9 000,00 EUR
   Technische Anlagen und Maschinen .... 76 000,00 EUR
   Betriebs- und Geschäftsausstattung .... 20 000,00 EUR
   Fuhrpark .... 22 000,00 EUR
   Geringwertige Vermögensgegenstände der Betriebs- und
   Geschäftsausstattung .... 7 000,00 EUR

2. Inventurbestände:
   Rohstoffe .... 178 000,00 EUR
   Betriebsstoffe .... 16 500,00 EUR
   Unfertige Erzeugnisse .... 32 000,00 EUR
   Fertige Erzeugnisse .... 20 000,00 EUR
   Kasse .... 4 810,00 EUR
   Die Salden der übrigen Bestandskonten stimmen mit den Inventurbeständen überein.

3. Die Umsatzsteuer-Zahllast ist zu passivieren.

Belege:

1

Netto	EUR	**250**	ct	**00**	
	EUR				**Quittung**
+ **19** % MwSt		**47**	ct	**50**	Nr. **498**
Gesamt	EUR	**297**	ct	**50**	

Gesamt EUR in Worten

— zweihundertsiebenundneunzig —   Cents wie oben

(Im Gesamtbetrag sind _____ % MwSt enthalten.)

von   **Firma Fritz Dreher, Neuss**

für   **Maschinenreparatur**

richtig erhalten zu haben, bestätigt

Ort   **Neuss**   Datum   **29.12.20..**

Buchungsvermerke   Stempel/Unterschrift des Empfängers
Klaus Volkmann
Postweg 59
41472 Neuss   *K. Volkmann*

2

Konrad Feldmann OHG
Büromöbel – Büroorganisation

Konrad Feldmann OHG – Weingartstraße 59 – 41464 Neuss

Fritz Dreher e. K.
Schraubenfabrik
Industriestraße 200
41460 Neuss

Rechnung	Datum
3983	28. 12. 20..

Bei Zahlung bitte angeben

Anzahl	Bezeichnung	Einzelpreis	Gesamtpreis
3	Computertische, Stahl lackiert, 2 Ausziehplatten, Buche massiv	630,00	1 890,00
20	Pakete à 500 Blatt Kopierpapier, Lux Spezial, weiß, 80 g	7,50	150,00
			2 040,00
	19 % Umsatzsteuer		387,60
			2 427,60
	Zahlbar sofort ohne Abzug		

3

Peter Wagner OHG
Schraubengroßhandel

Peter Wagner OHG – Niederrheinstraße 87 – 47829 Krefeld

Fritz Dreher e. K.
Schraubenfabrik
Industriestraße 200
41460 Neuss

28. Dezember 20..

Doppelte Rechnungsstellung

Sehr geehrte Damen und Herren,

am 14. 12. 20.. erhielten wir von Ihnen zwei Rechnungen, Nr. 11941 und 11942, über je 3 332,00 EUR.

Wir gehen davon aus, dass Sie unseren Auftrag Nr. D 513882 versehentlich doppelt gebucht haben. Bitte stornieren Sie Ihre Rechnung 11942 und übermitteln Sie uns eine Gutschriftsanzeige zu dem Vorgang.

Mit freundlichen Grüßen

Die zweite Rechnung wird storniert. Erstellen Sie selbst eine Gutschriftsanzeige als Buchungsbeleg.

4

Stahlhandel GmbH
Duisburg

Stahlhandel GmbH – Hafenstraße 10–14 – 47119 Duisburg

Fritz Dreher e. K.
Schraubenfabrik
Industriestraße 200
41460 Neuss

Rechnung Nr. 19/508

Datum
28. 12. 20..

Ihre Bestellung vom 22. 12. 20..

Wir lieferten Ihnen durch die Spedition Rollmann, Duisburg

2,7 t	Rundstahl, ST 37	8 mm ø	3 200,00
2,5 t	Rundstahl, ST 37	10 mm ø	3 000,00
1,0 t	Rundstahl, ST 45	15 mm ø	1 300,00
			7 500,00
		+ 19 % Umsatzsteuer	1 425,00
			8 925,00

Zahlbar unverzüglich nach Erhalt der Rechnung ohne Abzug

5

Spedition Rollmann
Transporte – Lagerung – Umschlag

Spedition Rollmann – Hafenstraße 210 – 47119 Duisburg

Fritz Dreher e. K.
Schraubenfabrik
Industriestraße 200
41460 Neuss

Rechnung Nr. 910 GN

Datum
28. 12. 20..

Auftraggeber: Stahlhandel GmbH, Duisburg

Wir transportierten für Sie:

6,2 t	Rundstahl, gebündelt	200,00
	+ 19 % Umsatzsteuer	38,00
		238,00

6 **Materialentnahmeschein Nr. 6/2093**

☒ Rohstoffe				Auftrag/Serie: 443.200.67	
☐ Hilfsstoffe				Kostenstelle: Fertigung	
☐ Betriebsstoffe					

Bezeichnung	Nr.	Abmessung	Menge	EUR/Einheit	Gesamtwert
Rundstahl ST 37	39486	8 mm ø	230 kg		
Rundstahl ST 37	39522	10 mm ø	1 100 kg		
Rundstahl ST 45	39702	15 mm ø	620 kg		

Datum: 30. Dezember 20..

Name:

In diesen Beleg müssen Sie noch die fehlenden Beträge eintragen. Verwenden Sie zur Bewertung der Bestände folgende Buchungsanweisung.

Buchungsanweisung Nr. 471 Datum: 30. Dezember 20..

Die Rundstahl-Bestände sind nach dem Durchschnittsverfahren zu bewerten. Für die Bewertung sind folgende Regelungen maßgeblich:

- Nach jedem Zugang wird für jedes Material der Wert als permanenter Durchschnitt errechnet.
- Anschaffungsnebenkosten werden nach dem Liefergewicht auf die Materialpositionen verteilt, wenn sich die Höhe der Nebenkosten nach dem Gewicht bemisst (Gewichtsspesen).
- Anschaffungsnebenkosten werden nach dem Materialwert auf die Materialpositionen verteilt, wenn sich die Höhe der Nebenkosten nach dem Wert des Materials bemisst (Wertspesen).
- Bei der Bewertung sind die Belege 19/508 (Stahlhandel GmbH) und 910 GN (Spedition Rollmann, Gewichtsspesen) zu beachten!
- Entnahmen werden mit dem aktuellen Durchschnittswert gebucht.

		Bestand 28.12.20..	Gesamtwert 28.12.20..
Rundstahl ST 37,	8 mm ø	400 kg	500,00
Rundstahl ST 37,	10 mm ø	250 kg	325,00
Rundstahl ST 45,	15 mm ø	260 kg	384,80
Buchungstext		Soll	Haben

Datum: 30. Dezember 20..
Name:

7 **Materialentnahmeschein Nr. 6/2094**

☐ Rohstoffe				Auftrag/Serie:	
☐ Hilfsstoffe				Kostenstelle: Fertigung	
☒ Betriebsstoffe					

Bezeichnung	Nr.	Abmessung	Menge	EUR/Einheit	Gesamtwert
Getriebeöl	46597		40 l	6,30	252,00
Bohröl	36572		70 l	8,20	574,00
					826,00

Datum: 30. Dezember 20..

Name:

8

Konrad Feldmann OHG
Büromöbel – Büroorganisation

Konrad Feldmann OHG – Weingartstraße 59 – 41464 Neuss

Fritz Dreher e. K.
Schraubenfabrik
Industriestraße 200
41460 Neuss

Rechnung 3998	Datum 28.12.20..

Bei Zahlung bitte angeben

Anzahl	Bezeichnung	Einzelpreis	Gesamtpreis
	Lieferschein Nr. 1862/v. 28.12.20..	EUR	EUR
1	Drehsessel, Gestell poliert, Stoff Marin, Typ 28/30	1 230,00	1 230,00
1	Registraturschrank nach Aufmaß 6 Züge, einschl. Innenausstattung. Ahorn Massivkern	1 720,00	1 720,00
			2 950,00
	19 % Umsatzsteuer		560,50
			3 510,50
	Zahlbar sofort ohne Abzug		

9

Josef Schlosser
Metallbau
Suitbertusstraße 278
40223 Düsseldorf

Kunden-Nr.: 10001   Rechnungs-Nr.: 12240   Datum: 30.12.20..

Wir lieferten Ihnen sortiert gemäß
beiliegender Packliste:

Sechskantschrauben, roh DIN 418	650,00
Sechskantschrauben, roh DIN 558	470,00
Vierkantschrauben, roh DIN 556	780,00
	1 900,00
19 % Umsatzsteuer	361,00
	2 261,00

10

Peter Wagner OHG
Schraubengroßhandel
Niederrheinstraße 87
47829 Krefeld

Kunden-Nr.: 10000   Rechnungs-Nr.: 11941   Datum: 30.12.20..

Ihr Schreiben vom 25.12.20..

Aufgrund Ihrer Mängelrüge schreiben wir
Ihnen gut:

Warenwert	300,00
19 % Umsatzsteuer	57,00
Gesamtgutschrift	357,00

Für das Versehen bitten wir um Ihre
Nachsicht.

Mit freundlichen Grüßen

Fritz Dreher e. K.
i. V.

11

Mineralölhandel GmbH

Mineralölhandel GmbH – Hafenstraße 56 – 40213 Düsseldorf

Fritz Dreher e. K.
Schraubenfabrik
Industriestraße 200
41460 Neuss

| Rechnung | | Kunden-Nr.
40072 | Rechnungs-Nr.
96872 | Datum
28.12.20.. |
|---|---|---|---|---|

Menge	Bezeichnung	EUR/l	Gesamtpreis
200 l	Getriebeöl HLP 46	6,90	1 380,00
	+ 19 % Umsatzsteuer		262,20
			1 642,20
	Zahlbar binnen 14 Tagen unter Abzug
von 3 % Skonto		

12

IBAN			KONTOAUSZUG		Auszug	Blatt
DE89 305500006250348000			SPARKASSE NEUSS – BIC: WELA DE DN –		82	1
Buch.-Tag	Wert	PN	Erläuterung/Verwendungszweck			Umsätze
12-31	12–31	789	70001, Spedition Rollmann, Re-Nr. 870 GN und 891 GN		452,20	S
12-31	12–31	742	Ventelo GmbH – Ihr Telefonpartner Abrechnung Dezember 20..		1 499,40	S
12-31	12–31	704	Lohn/-Gehaltszahlung lt. Datenträgeraustausch		22 557,50	S
12-31	12–31	742	Wagner OHG, Re-Nr. 11690 Kd.-Nr. 10000		4 046,00	H
12-31	12–31	789	Spedition Rollmann, 70001, Re-Nr. 910 GN		238,00	S
12-31	12–31	804	Dauerauftrag Darlehensrückzahlung		3 000,00	S
12-31	12–31	805	Darlehenszinsen		900,00	S
12-31	12–31	742	Josef Schlosser, Kd.-Nr. 10001 Re-Nr. 11702		10 115,00	H

BS	20..-12-27 Letzter Auszug	20..-12-31 Auszugdatum	Alter Kontostand	Neuer Kontostand

IBAN			KONTOAUSZUG		Auszug	Blatt
DE89 305500006250348000			SPARKASSE NEUSS – BIC: WELA DE DN –		82	2
Buch.-Tag	Wert	PN	Erläuterung/Verwendungszweck			Umsätze
12-31	12–31	789	70000, Stahlhandel GmbH, Re-Nr. 102938 vom 08.12.20..		29 036,00	S
12-31	12–31	742	Produkta GmbH, Re-Nr 11988 und 12060 ohne Abzug, 12156 abzügl. 3 % Skonto		10 613,61	H
12-31	12–31	765	Habenzinsen		6,00	H
12-31	12–31	766	Kontogebühren		35,00	S
12-31	12–31	767	Porto		16,00	S

Fritz Dreher e. K.
Industriestraße 200
41460 Neuss

BS	20..-12-27 Letzter Auszug	20..-12-31 Auszugdatum	EUR 24 869,67 H Alter Kontostand	EUR 8 083,82 S Neuer Kontostand

13

Fritz Dreher e. K.
Schraubenfabrik

Beachten Sie für die Buchung der Kontobewegungen auch die Belege auf der nächsten Seite.

Privatentnahme 1
Telefonnutzung

Die Buchung der letzten Telefonrechnung erfolgte ohne Berücksichtigung des privaten Nutzungsanteils auf die gemietete Telefonanlage.

	netto	19 %	brutto
Beträge der Telefonrechnung	1 260,00	239,40	1 499,40
– private Nutzung 5 %	63,00	11,97	74,97
= unternehmerische Nutzung	1 197,00	227,43	1 421,43

Die Buchung der Telefonrechnung ist um den privaten Nutzungsanteil zu korrigieren

Neuss

14 | **Buchungsanweisung Nr. 472** | Datum: 31. Dezember 20..

Gehaltsabrechnung*

Grundlage: Gehaltsliste Dezember

Bruttogehälter		15 300,00
Abzüge		
Lohnsteuer, Solidaritätszuschlag,		
Kirchensteuer	2 960,00	
Sozialversicherungsbeiträge	3 094,42	
Vorschüsse	2 100,00	8 283,50
Auszahlung		7 016,50
Arbeitgeberanteil		2 949,07
Überweisung durch Datenträgeraustausch		

Buchungstext	Soll	Haben
Datum:		
Name:		

15 | **Buchungsanweisung Nr. 473** | Datum: 31. Dezember 20..

Lohnabrechnung*

Grundlage: Lohnliste Dezember

Bruttolöhne		24 700,00
Abzüge		
Lohnsteuer, Solidaritätszuschlag,		
Kirchensteuer	3 952,00	
Sozialversicherungsbeiträge	4 995,57	
Vorschüsse		9 139,00
Auszahlung		15 561,00
Arbeitgeberanteil		4 760,92
Überweisung durch Datenträgeraustausch		

Buchungstext	Soll	Haben
Datum:		
Name:		

In diese beiden Belege müssen Sie noch die Buchungssätze eintragen.

* Hinweis: Die Sozialversicherungsbeiträge wurden bereits am drittletzten Bankarbeitstag abgeführt. Die abgeführten SV-Beiträge entsprechen den Werten in dieser Gehalts-/Lohnabrechnung.

16

Fritz Dreher e. K.
Schraubenfabrik

Privatentnahme 2

Kfz NE-FD 555
Listenpreis brutto 32 364,00 EUR

Berechnung des privaten Nutzungsanteils:
(32 300,00 EUR · 1 % · 12 Monate =	3 876,00 EUR	3 876,00 EUR
− 20 % von 3 876,00 EUR =	775,20 EUR	
	3 100,80 EUR	
19 % Umsatzsteuer von 3 100,80		589,15 EUR
Bruttoentnahme		4 465,15 EUR

Neuss

17

Buchungsanweisung Nr. 474   Datum: 31. Dezember 20..

- Für Pensionsverpflichtungen aus dem laufenden Geschäftsjahr sind zusätzlich Rückstellungen in Höhe von 5 000,00 EUR einzustellen.
- Die Garantieverpflichtungen werden derzeit geringer eingeschätzt. Die Rückstellungen hierfür sind um 10 000,00 EUR herabzusetzen.

Buchungstext	Soll	Haben
Datum: Name:		*In diesen Beleg müssen Sie noch die fehlenden Buchungssätze eintragen.*

18

Buchungsanweisung Nr. 475   Datum: 31. Dezember 20..

- Am 1. April wurde Kfz-Steuer in Höhe von 1 656,00 EUR für ein Jahr im Voraus überwiesen.
- Am 4. November ist die Miete von 180,00 EUR für einen Pkw-Stellplatz auf dem Betriebsgelände (Zeitraum November bis April) eingegangen.
- Am 1. Mai des nächsten Jahres werden Zinsen in Höhe von 1 110,00 EUR nachträglich für den Zeitraum Mai bis April gutgeschrieben.

Alle Vorgänge sind zeitlich abzugrenzen.

Buchungstext	Soll	Haben
Datum: Name:		*In diesen Beleg müssen Sie noch die fehlenden Buchungssätze eintragen.*

19 | **Buchungsanweisung Nr. 476** | Datum: 31. Dezember 20..

Pflaume OHG hat zum 20.12.20.. Insolvenz angemeldet. Es wird damit gerechnet, dass die Eröffnung des Insolvenzverfahrens mangels Masse abgelehnt wird.
Buchen Sie die Forderung gegen Pflaume um und nehmen Sie eine Einzelwertberichtigung vor.

Buchungstext	Soll	Haben
Datum: Name:		

In diesem Beleg müssen Sie noch den fehlenden Buchungssatz eintragen.

---

20 | **Buchungsanweisung Nr. 477** | Datum: 31. Dezember 20..

Für die übrigen, einwandfreien Forderungen wird ein Ausfall von 2 % der Forderungssumme begründet angesetzt. Maßgeblich ist der Forderungsbestand am 31.12.20..

Die bestehende Pauschalwertberichtigung ist aufzulösen. Die neue Pauschalwertberichtigung ist zu bilden.

Buchungstext	Soll	Haben
Datum: Name:		

In diesem Beleg müssen Sie noch den fehlenden Buchungssatz eintragen.

---

21 | **Buchungsanweisung Nr. 478** | Datum: 31. Dezember 20..

Das Konto 2700 Wertpapiere des Umlaufvermögens weist einen Bestand von 42 240,00 EUR aus. Hierbei handelt es sich um 400 Aktien der Speer AG und 800 Aktien der Atlantis AG. Die Speer-Aktien wurden zu einem Kurs von 26,00 EUR gekauft; der Ankaufkurs der Atlantis-Aktien betrug 39,50 EUR. Die Anschaffungsnebenkosten betrugen insgesamt 240,00 EUR.
Zum 31.12.20.. ist der Kurs der Speer-Aktien auf 24,40 EUR gesunken. Es ist von einer vorübergehenden Kursschwankung auszugehen. Atlantis-Aktien stehen am 31.12. bei 52,00 EUR; der Kursgewinn ist wahrscheinlich nachhaltig.
Die Wertpapiere sind zu bewerten. Es ist entsprechend zu buchen.

Buchungstext	Soll	Haben
Datum: Name:		

In diesem Beleg müssen Sie noch den fehlenden Buchungssatz eintragen.

VIERTER ABSCHNITT

7 Jahresabschluss der Kapitalgesellschaft

7.1 Ergänzende Vorschriften

Kapitalgesellschaften sind – je nach Rechtsform, Eigenschaften und Größe mehr oder weniger – durch folgende Merkmale gekennzeichnet:

- Sie haften ihren Gläubigern nur mit dem Gesellschaftsvermögen (Ausnahme: KGaA).

 Folge: Erhöhtes Schutzbedürfnis der Gläubiger

- Die Anteilseigner führen nicht automatisch die Geschäfte (Ausnahme: Komplementäre der KGaA). Aktionäre haben während des Geschäftsjahrs nicht einmal Kontrollrechte.

 Folge: Erhöhtes Informationsbedürfnis der Anteilseigner

- Insbesondere große Kapitalgesellschaften verfügen über riesige Kapitalmengen, üben große Marktmacht aus und können den Wettbewerb beeinflussen.

 Folge: Erhöhtes Informationsbedürfnis von Staat und Öffentlichkeit

Deshalb enthält das HGB ergänzende Vorschriften für den Jahresabschluss der Kapitalgesellschaften (§§ 264 bis 289 a HGB). Sie tragen dem Schutzbedürfnis der Gläubiger und dem Informationsbedürfnis von Anteilseignern, Staat und Öffentlichkeit Rechnung. Sie finden auch auf bestimmte andere Unternehmen mit ähnlichen Verhältnissen Anwendung.

Kapitalgesellschaften müssen gemäß § 264 HBG einen Jahresabschluss aufstellen, bestehend aus

- **Bilanz,**
- **Gewinn- und Verlustrechnung,**
- **Anhang,**

und zusätzlich einen Lagebericht.

Kleine Kapitalgesellschaften (siehe S. 475) müssen keinen Lagebericht erstellen.

Kapitalmarktorientierte Kapitalgesellschaften[1] müssen den Jahresabschluss um eine **Kapitalflussrechnung** und einen **Eigenkapitalspiegel** erweitern.

Erstellungsfristen:

- drei Monate nach Ablauf des Geschäftsjahrs
- kleine Kapitalgesellschaften: sechs Monate

Anschließend folgen:

> **Anwendung auf andere Unternehmen**
>
> Die Vorschriften für den Jahresabschluss der Kapitalgesellschaften gelten auch für
>
> - OHGs und KGs, deren persönlich haftende Gesellschafter nur juristische Personen sind, z. B. GmbH & Co. KG (§ 264 a HGB),
> - Kreditinstitute und Versicherungen mit beliebiger Rechtsform; sie gelten stets als große Kapitalgesellschaften (§§ 340 a, 341 a HGB),
> - eingetragene Genossenschaften (§ 336 HGB),
> - Großunternehmen (Einzelunternehmen, OHG, KG), die nach §§ 1 ff. PublG publizitätspflichtig sind. Zwei der folgenden Merkmale müssen zutreffen: Bilanzsumme > 65 Mio. EUR, Umsatz > 130 Mio. EUR, Arbeitnehmerzahl > 5 000.

- **Prüfung** des Jahresabschlusses (Ausnahme: kleine Kapitalgesellschaften) durch einen Wirtschaftsprüfer (für mittelgroße GmbH und Personenhandelsgesellschaft auch vereidigter Buchprüfer erlaubt) (§ 316 HGB)
- **Feststellung** = Billigung durch Gesellschafter (GmbH) bzw. Aufsichtsrat (AG). Vorstand und Aufsichtsrat können beschließen, der HV die Feststellung zu überlassen (§ 172 AktG)
- **Beschlussfassung über die Verwendung des Bilanzgewinns** durch die Hauptversammlung (AG) bzw. die Gesellschafter (GmbH)
- **Offenlegung (Publizierung)** (§§ 325 ff. HGB)

---

[1] Kapitalmarktorientierte Kapitalgesellschaften haben Wertpapiere (z. B. Aktien, Anleihen, Wandelanleihen, Genussscheine) ausgegeben, die an Börsen gehandelt werden.

7.2 Größenklassen

§ 267 HGB teilt die Kapitalgesellschaften und gleichgestellten Gesellschaften in Größenklassen ein: kleine, mittelgroße und große Gesellschaften. Die Zuordnung zu einer Größenklasse ist maßgeblich für den Umfang und die Gliederungstiefe des Jahresabschlusses, die Pflicht zur Abschlussprüfung und das Ausmaß der Publizitätspflicht.

Börsennotierte AGs gelten stets als große Gesellschaften (§ 267 Abs. 3 HGB). Ansonsten gilt folgende Zuordnung, wenn an zwei aufeinanderfolgenden Bilanzstichtagen zwei der Merkmale *Bilanzsumme, Umsatzerlöse, Arbeitnehmerzahl* vorliegen (§ 267 HGB).

Größenklassen von Kapitalgesellschaften und gleichgestellten Gesellschaften (§ 267 HGB)			
Merkmale	**Kleine Gesellschaft**	**Mittelgroße Ges.**	**Große Gesellschaft**
Bilanzsumme	bis 4,84 Mio. EUR	bis 19,25 Mio. EUR	über 19,25 Mio. EUR
Umsatzerlöse	bis 9,68 Mio. EUR	bis 38,5 Mio. EUR	über 38,5 Mio. EUR
Arbeitnehmerzahl	bis 50	bis 250	über 250
Erstellung (§ 264 HGB)			
Umfang	Bilanz, GuV-Rechnung (beide verkürzt), Anhang	Bilanz, GuV-Rechnung, Anhang, Lagebericht	
Prüfung (§ 316 HGB)			
Umfang	Keine Prüfung	Bilanz, GuV-Rechnung, Anhang, Lagebericht	
Offenlegung (Publizitätspflicht) (§§ 325 ff. HGB)			
Umfang	Bilanz, Anhang (verkürzt)	Bilanz, GuV-Rechnung (beide verkürzt), Anhang, Lagebericht	Bilanz, GuV-Rechnung, Anhang, Lagebericht
Form	Einreichung zum elektronischen Bundesanzeiger		
Frist	Unverzüglich nach Vorlage an die Gesellschafter, spätestens 12 Monate nach dem Abschlusstag (kapitalmarktorientierte Gesellschaften: vier Monate)		

Die eingereichten Daten können unter www.unternehmensregister.de eingesehen werden.

7.3 Bilanz

7.3.1 Gliederungsvorschriften

§ 266 BGB schreibt die Gliederung der Bilanz verbindlich vor.

Kleine Kapitalgesellschaften müssen nur eine verkürzte Bilanz erstellen (nur Buchstaben und römische Ziffern des ungekürzten Gliederungsschemas [siehe S. 476]).

Aktiva   Passiva

Bilanzschema kleiner Gesellschaften	
Aktiva	**Passiva**

A. Anlagevermögen
  I. Immaterielle Vermögensgegenstände
  II. Sachanlagen
  III. Finanzanlagen
B. Umlaufvermögen
  I. Vorräte
  II. Forderungen und sonstige Vermögensgegenstände
  III. Wertpapiere
  IV. Flüssige Mittel
C. Rechnungsabgrenzungsposten
D. Aktive latente Steuern
E. Aktiver Unterschiedsbetrag aus der Vermögensverrechnung
	A. Eigenkapital
	  I. Gezeichnetes Kapital
	  II. Kapitalrücklage
	  III. Gewinnrücklagen
	  IV. Gewinnvortrag/Verlustvortrag
	  V. Jahresüberschuss/Jahresfehlbetrag
	B. Rückstellungen
	C. Verbindlichkeiten
	D. Rechnungsabgrenzungsposten
	E. Passive latente Steuern

Für aktive latente Steuern besteht ein Ansatzwahlrecht (§ 274 a HGB).

Große und mittelgroße Kapitalgesellschaften müssen die Bilanz nach dem ungekürzten Gliederungsschema erstellen:

Aktiva	Passiva

A. Anlagevermögen
  I. Immaterielle Vermögensgegenstände:
    1. Selbst geschaffene gewerbliche Schutzrechte und ähnliche Rechte und Werte
    2. Entgeltlich erworbene Konzessionen, gewerbliche Schutzrechte und ähnliche Rechte sowie Lizenzen an solchen Rechten und Werten
    3. Geschäfts- oder Firmenwert
    4. Geleistete Anzahlungen
  II. Sachanlagen:
    1. Grundstücke, grundstücksgleiche Rechte und Bauten einschließlich der Bauten auf fremden Grundstücken
    2. Technische Anlagen und Maschinen
    3. Andere Anlagen, Betriebs- und Geschäftsausstattung
    4. Geleistete Anzahlungen und Anlagen im Bau
  III. Finanzanlagen:
    1. Anteile an verbundenen Unternehmen
    2. Ausleihungen an verbundene Unternehmen
    3. Beteiligungen
    4. Ausleihungen an Unternehmen, mit denen ein Beteiligungsverhältnis besteht
    5. Wertpapiere des Anlagevermögens
    6. Sonstige Ausleihungen
B. Umlaufvermögen
  I. Vorräte:
    1. Roh-, Hilfs- und Betriebsstoffe
    2. Unfertige Erzeugnisse, unfertige Leistungen
    3. Fertige Erzeugnisse und Waren
    4. Geleistete Anzahlungen
  II. Forderungen und sonstige Vermögensgegenstände:
    1. Forderungen aus Lieferungen und Leistungen
    2. Forderungen gegen verbundene Unternehmen
    3. Forderungen gegen Unternehmen, mit denen ein Beteiligungsverhältnis besteht
    4. Sonstige Vermögensgegenstände
  III. Wertpapiere
    1. Anteile an verbundenen Unternehmen
    2. Sonstige Wertpapiere
  IV. Kassenbestand, Bundesbankguthaben, Guthaben bei Kreditinstituten und Schecks
C. Rechnungsabgrenzungsposten
D. Aktive latente Steuern
E. Aktiver Unterschiedsbetrag aus der Vermögensverrechnung
	A. Eigenkapital
	  I. Gezeichnetes Kapital
	  II. Kapitalrücklage
	  III. Gewinnrücklagen:
	    1. Gesetzliche Rücklage
	    2. Rücklage für Anteile an einem herrschenden oder mehrheitlich beteiligten Unternehmen
	    3. Satzungsmäßige Rücklagen
	    4. Andere Gewinnrücklagen
	  IV. Gewinnvortrag/Verlustvortrag
	  V. Jahresüberschuss/ Jahresfehlbetrag
	B. Rückstellungen
	    1. Rückstellungen für Pensionen und ähnliche Verpflichtungen
	    2. Steuerrückstellungen
	    3. Sonstige Rückstellungen
	C. Verbindlichkeiten
	    1. Anleihen, davon konvertibel
	    2. Verbindlichkeiten gegenüber Kreditinstituten
	    3. Erhaltene Anzahlungen auf Bestellungen
	    4. Verbindlichkeiten aus Lieferungen und Leistungen
	    5. Verbindlichkeiten aus der Annahme gezogener Wechsel und der Ausstellung eigener Wechsel
	    6. Verbindlichkeiten gegenüber verbundenen Unternehmen
	    7. Verbindlichkeiten gegenüber Unternehmen, mit denen ein Beteiligungsverhältnis besteht
	    8. Sonstige Verbindlichkeiten, davon aus Steuern davon im Rahmen der sozialen Sicherheiten
	D. Rechnungsabgrenzungsposten
	E. Passive latente Steuern

Zu jedem Bilanzposten ist auch der Vorjahresbetrag anzugeben (§ 265 Abs. 2 HGB). Weist ein Posten in 2 aufeinanderfolgenden Jahren keinen Betrag aus, muss er nicht aufgeführt werden. Für aktive latente Steuern besteht ein Ansatzwahlrecht.

Begriffsklärungen

- **Verbundene Unternehmen.** Mutter- und Tochterunternehmen, die in den Konzernabschluss eines Mutterunternehmens einzubeziehen sind (§ 271 Abs. 2 HGB).

- **Latente Steuer.** Steuerdifferenz gegenüber der Steuerbilanz aufgrund ungleich hoher Gewinnausweise (§ 274 HGB). Entweder Aktivposten (= Zu-viel-Ausweis von Steuern, führt zu Entlastung) oder Passivposten (= Zu-wenig-Ausweis, führt zu Belastung), nicht beides zugleich! Passive latente Steuern müssen ausgewiesen werden, aktive können ausgewiesen werden

- **Aktiver Unterschiedsbetrag aus der Vermögensverrechnung.**
Der Zeitwert von Vermögensgegenständen, mit denen Altersvorsorgeverpflichtungen gegenüber Arbeitnehmern bedient werden sollen, ist mit den zugehörigen Schulden zu verrechnen. Entsteht ein Plus, so ist dieses zu aktivieren (§ 246 Abs. 2 HGB).

Wichtige Ausnahme! Ansonsten besteht ein striktes Verbot, Aktiva und Passiva zu verrechnen (§ 246 Abs. 2 HGB).

Mittelgroße Kapitalgesellschaften dürfen ihre Bilanz nach dem Kurzschema zum elektronischen Bundesanzeiger einreichen. Sie müssen dann jedoch in der Bilanz oder im Anhang einige Posten zusätzlich angeben (§ 327 HGB).

7.3.2 Ausweisvorschriften zur Erhöhung der Bilanzklarheit

Folgende Ausweisvorschriften sollen die Klarheit der Bilanz steigern:

- Der Betrag der **Forderungen mit einer Restlaufzeit von mehr als einem Jahr** ist bei jedem gesondert ausgewiesenen Posten zu vermerken (§ 268 Abs. 4 HGB).

- Der Betrag der **Verbindlichkeiten mit einer Restlaufzeit bis zu einem Jahr** ist bei jedem gesondert ausgewiesenen Posten zu vermerken (§ 268 Abs. 5 HGB).

Beides gilt nicht für kleine Kapitalgesellschaften (§ 274 a HGB).

- Unter der Bilanz oder im Anhang sind **Eventualverbindlichkeiten** anzugeben: Haftungsverhältnisse aus der Begebung und Übertragung von Wechseln, aus Bürgschaften, Wechsel- und Scheckbürgschaften und aus Gewährleistungsverträgen aus der Bestellung von Sicherheiten für fremde Verbindlichkeiten (§ 251 HGB).

Merken Sie es? Dies alles entspricht wieder dem Vorsichtsprinzip.

Eventualverbindlichkeiten sind Haftungen, mit deren Eintritt man im Normalfall nicht rechnet:

Wer für die Schulden eines anderen bürgt (z.B. auch für Wechselschulden oder Scheckschulden) oder dafür Vermögensgegenstände als Pfand hergibt, muss damit rechnen, „eventuell" auch für diese Schulden eintreten zu müssen. Rückstellungen dafür sind erst zu bilden, wenn mit der Inanspruchnahme zu rechnen ist. Damit der Bilanzleser sie vorher überhaupt bemerkt, sind sie unter der Bilanz anzugeben.

- Die Entwicklung der Posten des Anlagevermögens ist in der Bilanz oder im Anhang darzustellen (§ 268 Abs. 2 HGB). Nur kleine Gesellschaften sind davon befreit (§ 274a Ziff. 1 HGB). Folgende Zahlen sind auszuweisen:

Nr.	Ansatz	Erläuterung	Beispiel
1	Anschaffungs-/ Herstellungskosten	Ursprüngliche Anschaffungs-/Herstellungskosten aller Gegenstände des Bilanzpostens	520 000,00
2	+ Zugänge im Berichtsjahr	Anschaffungs-/Herstellungskosten der Zugänge des laufenden Jahres. Sie erhöhen 1 im Folgejahr	+ 40 000,00
3	– Abgänge im Berichtsjahr	Anschaffungs-/Herstellungskosten der Abgänge (Verkäufe, Verschrottung, Entnahmen) des laufenden Jahres. Sie vermindern 1 im Folgejahr.	– 12 000,00
4	± Umbuchungen im Berichtsjahr	Anschaffungs-/Herstellungskosten von im Bau befindlichen Gegenständen, die nach Fertigstellung auf das endgültige Anlagekonto umgebucht werden	
5	+ Zuschreibungen im Berichtsjahr	Wertaufholung nach vorheriger vorübergehender Wertminderung	
6	– kumulierte Abschreibungen	Summe aller bisher erfolgten Abschreibungen (einschließlich Berichtsjahr) auf die vorhandenen Gegenstände	– 236 000,00
7	= Buchwert am Bilanzstichtag		312 000,00

Die Darstellung der Anlagenentwicklung erfolgt in der Regel in Form eines **Anlagenspiegels (Anlagengitters)**.

Beispiel: Anlagenspiegel

	Bestand zu AK/HK am 01.01.	Zugänge	Abgänge	Umbuchungen	Zuschreibungen	Abschreibungen (kumuliert)	Buchwert 31.12. Berichtsjahr	Buchwert 31.12. Vorjahr	Abschreibungen Berichtsjahr
	1	2	3	4	5	6	7	8	9
Grundstücke	900 000,00					180 000,00	720 000,00	738 000,00	18 000,00
Technische Anlagen	520 000,00	40 000,00	12 000,00			236 000,00	312 000,00	326 000,00	42 000,00
Andere Anlagen	370 000,00	30 000,00		1 000,00	4 000,00	140 000,00	265 000,00	268 000,00	38 000,00
Im Bau befindl. Anlagen	1 600,00			–1 000,00			600,00	1 600,00	

Anfangswert — Bruttoanlageinvestition abzüglich Desinvestition — gesamte Wertminderung des Anlagevermögens (Hinweis auf Alter, technischen Stand) — Abschreibungsverhalten

Der Anlagenspiegel gibt Hinweise auf die Investitionstätigkeit des Unternehmens, sein Abschreibungsverhalten und den Stand der Betriebsmittel (Alter, Wert, technischer Stand). Unter anderem lässt er erkennen, in welchem Umfang die Investitionen durch Rückfluss über Abschreibungen finanziert werden konnten. Aus dem abgebildeten Anlagenspiegel ergibt sich z. B. für die Anlagen:

$$\text{Rückflussfinanzierung (Anlagen)} = \frac{\text{Jahresabschreibung}}{\text{Anlageinvestitionen}} \cdot 100 \qquad \frac{80\,000}{70\,000} \cdot 100 = 114\,\%$$

Die Anlageinvestitionen konnten voll durch Abschreibungen finanziert werden.

Arbeitsaufträge

1. Auszug aus einem Anlagespiegel (Beträge in TEUR):

	Bestand zu AK/HK am 01.01.	Zugänge	Abgänge	Umbu-chungen	Zuschrei-bungen	Abschrei-bungen (kumu-liert)	Buch-wert 31.12. Berichts-jahr	Buch-wert 31.12. Vor-jahr	Abschrei-bungen Berichts-jahr
	1	2	3	4	5	6	7	8	9
Technische Anlagen	25 350	1 080	680			21 850			1 430

a) Ermitteln Sie die Bruttoinvestitionen bei technischen Anlagen im Berichtsjahr zu Anschaffungskosten.

b) Ermitteln Sie die Anschaffungskosten der technischen Anlagen zum 31. Dezember des Berichtsjahrs.

c) Ermitteln Sie den Buchwert der technischen Anlagen zum 31. Dezember des Berichtsjahrs und des Vorjahrs.

2.

	Konto-Nr.				
	0500	0510	0700	0820	0870
Ursprüngliche Anschaffungs-/Herstellungskosten	100	5 500	1 306	190	706
Zugänge im Berichtsjahr	2	55	123	53	195
Abgänge im Berichtsjahr	−	1	2	2	1
Umbuchungen im Berichtsjahr	−	+ 9	+ 37	−	+ 6
Kumulierte Abschreibungen	−	5 000	1 080	160	575
Zuschreibungen im Berichtsjahr	−	−	−	−	−
Abschreibungen im Berichtsjahr	−	85	150	48	160

a) Erstellen Sie aufgrund der obigen Angaben (Beträge in TEUR) einen Auszug aus dem Anlagenspiegel.

b) Ist die Behauptung zutreffend, dass der Anlagenspiegel einen Einblick in die Abschreibungs- und Investitionspolitik des Unternehmens gewährt? Begründen Sie Ihre Antwort.

3. Für die Anschaffung einer neuen Maschine wendete ein Industrieunternehmen 504 000,00 EUR auf; die Fundamentierung kostete weitere 126 000,00 EUR. Die Maschine wird in sechs Jahren linear abgeschrieben.

Wie viele Jahre wurde die Maschine bisher genutzt, wenn die kumulierten Abschreibungen 420 000,00 EUR betragen?

7.3.3 Ausweis des Eigenkapitals vor Ergebnisverwendung

Das Eigenkapital des Einzelunternehmens und der OHG ist **variables Kapital**, das sich jährlich durch Gewinne und Verluste in seiner Höhe verändert. Die Eigentümer haften Gläubigern mit diesem Kapital und mit ihrem Privatvermögen. Schon bei der Kommanditgesellschaft ist dies anders: Kommanditisten leisten eine feste Kommanditeinlage und haften Gläubigern auch nur in Höhe dieser Einlage. Deshalb ist sie in der Bilanz getrennt auszuweisen. Sie ist **konstantes Kapital**.

Auch das **Grundkapital** der AG und das **Stammkapital** der GmbH sind **konstantes Kapital**. Es ist in seiner Höhe festgelegt und ist zugleich der Teil des Eigenkapitals, auf den die Haftung der Aktionäre/Gesellschafter beschränkt ist. Deshalb ist es als „gezeichnetes Kapital" getrennt auszuweisen. Die restlichen Eigenkapitalbestandteile der Kapitalgesellschaften sind **variables Kapital**. Die interessierte Öffentlichkeit soll erfahren, ob dieses Kapital langfristig (Rücklagen) oder kurzfristig (Gewinnvortrag, Jahresüberschuss) zur Verfügung steht und ob es aus Einlagen der Gesellschafter (Kapitalrücklage) oder aus Gewinnen stammt (Gewinnrücklage, Gewinnvortrag, Jahresüberschuss). Darum ist es entsprechend aufzugliedern.

Beispiele: Eigenkapitalausweis

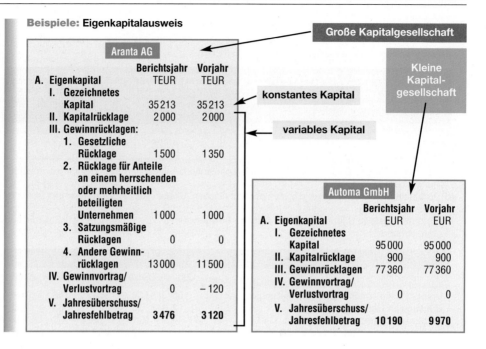

Gezeichnetes Kapital

Das gezeichnete Kapital ist der Teil des Eigenkapitals, auf den die Haftung der Eigentümer (Aktionäre, Gesellschafter) beschränkt ist (§ 272 Abs. 1 HGB). Es ist im Handelsregister eingetragen. In der Bilanz ist es in voller Höhe **zum Nennwert auszuweisen**, auch wenn es noch nicht vollständig eingezahlt ist.

Mindestbetrag des gezeichneten Kapitals	
● Stammkapital (GmbH):	25 000,00 EUR
● Grundkapital (AG):	50 000,00 EUR

Ausstehende Einlagen (§ 272 Abs. 1 HGB) sind wie folgt auszuweisen:

- Eingeforderte ausstehende Einlagen sind als Forderungen zu aktivieren und entsprechend zu bezeichnen.

- Nicht eingeforderte Einlagen sind in einer Vorspalte offen vom Posten „Gezeichnetes Kapital" abzusetzen. Der verbleibende Betrag ist in der Hauptspalte als „Eingefordertes Kapital" auszuweisen.

Beispiel: Ausstehende Einlagen (ingesamt 200 TEUR, davon 150 TEUR eingefordert)

Aktiva	Bilanz		Passiva
A. Anlagevermögen ...	A. Eigenkapital 　I. Gezeichnetes Kapital	3 000	
B. Umlaufvermögen 　I. Vorräte 　II. Forderungen ...	Nicht eingeforderte Einlagen 　　Eingefordertes Kapital	50	2 950
... 　　5. Eingefordertes, aber noch 　　　nicht eingezahltes Kapital	150		

Durch diese Art des Ausweises wird angezeigt, in welcher Höhe das gezeichnete Kapital dem Unternehmen am Bilanzstichtag tatsächlich zur Verfügung steht.

Ausweis eigener Anteile (§ 272 Abs. 1 a HGB):

Kapitalgesellschaften, deren gezeichnetes Kapital eingezahlt ist, dürfen mit Mitteln aus dem Jahresüberschuss, den Rücklagen oder dem Gewinnvortrag eigene Anteile erwerben (AGs maximal 10 % der eigenen Aktien). Alle Rechte aus diesen Anteilen ruhen und leben erst bei Veräußerung wieder auf.

Der Nennbetrag (wenn nicht vorhanden: der Bruchteilsbetrag) der eigenen Anteile ist in der Vorspalte offen vom gezeichneten Kapital abzusetzen. Die Differenz zu den Anschaffungskosten ist mit den frei verfügbaren Rücklagen zu verrechnen. Damit wird zugleich eine Ausschüttungssperre errichtet.

Kapitalrücklage

Die Kapitalrücklage (§ 272 Abs. 2 HGB) umfasst alle Einlagen, die nicht gezeichnetes Kapital sind. Dazu zählen

- das **Aufgeld (Agio)**, das bei der Ausgabe von Anteilen (Aktien, Stammanteilen) über Nennwert und bei der Ausübung von Wandlungs- und Optionsrechten erzielt wird,
- alle **Zuzahlungen**, die Gesellschafter für die Gewährung eines Vorzugs für ihre Anteile (z. B. Vorzugsdividende) leisten,
- **Beiträge der Gesellschafter** zur Erhöhung des Eigenkapitals,
- **Nachschüsse**, die bei der GmbH erhoben werden.

> **Beispiel: Aufgeld**
>
> Bei der Kapitalerhöhung einer AG werden 1 Mio. Aktien (Nennwert 1,00 EUR) zum Kurs von 21,00 EUR ausgegeben. Das Agio beträgt folglich 20 Mio. EUR. Es ist zu buchen:
>
> 2800 Bank 21 000 000,00   an 3000 Gezeichnetes Kapital   1 000 000,00
>   an 3100 Kapitalrücklage   20 000 000,00

Gewinnrücklagen

Kapitalrücklagen werden durch Einlagen (Mittel von außen) genährt, Gewinnrücklagen aus dem versteuerten Gewinn des Berichtsjahres oder von Vorjahren (Mittel von innen) (§ 272 Abs. 3 HGB).

> *Rücklagen sind enorm wichtig:*
> - *Sie erhöhen das Eigenkapital,*
> - *stärken die Finanzierungskraft,*
> - *ermöglichen Investitionen,*
> - *verbessern die Haftungsbasis,*
> - *machen Verluste tragbar.*

■ Gesetzliche Rücklage

Die AG (nicht die GmbH) ist zur Bildung gesetzlicher Rücklagen verpflichtet (§ 150 Abs. 2 AktG).

In die gesetzliche Rücklage sind einzustellen: 5 % des Jahresüberschusses (gemindert um einen eventuellen Verlustvortrag des Vorjahrs), bis die gesetzliche Rücklage und die Kapitalrücklage zusammen 10 % oder einen höheren Teil des Grundkapitals, der in der Satzung festgelegt ist, erreichen.

Gesetzliche Rücklage und Kapitalrücklage dürfen nur verwendet werden

- zum Ausgleich eines Jahresfehlbetrags,
- zum Ausgleich eines Verlustvortrags aus dem Vorjahr (wenn der Jahresüberschuss und andere Gewinnrücklagen dafür nicht ausreichen),
- bei Überschreiten des festgesetzten Betrags auch zur Kapitalerhöhung aus Gesellschaftsmitteln (Umwandlung der Rücklage in Grundkapital und Ausgabe von Gratisaktien an die Aktionäre).

■ Rücklage für Anteile an einem herrschenden oder mehrheitlich beteiligten Unternehmen

Anteile an übergeordneten Unternehmen werden auf der Aktivseite der Bilanz ausgewiesen. In Höhe dieses Betrags ist eine Rücklage zu bilden. Sie darf aus vorhandenen frei verfügbaren Rücklagen gebildet werden.

■ Satzungsmäßige Rücklagen

Die Satzung der AG oder der GmbH kann vorsehen, dass Teile des Jahresüberschusses in Rücklagen einzustellen sind. Bei der AG ist dies nur bis zur Höhe von 50 % des Jahresüberschusses möglich und nur, wenn die Hauptversammlung den Jahresabschluss feststellt.

■ Andere Gewinnrücklagen

Stellen Vorstand und Aufsichtsrat der AG den Jahresabschluss fest, können sie bis zu 50 % des Jahresüberschusses in andere Gewinnrücklagen einstellen (§ 58 Abs. 2 AktG). Die Hauptversammlung kann über die Einstellung weiterer Teile des Jahresüberschusses beschließen.

> *Aber nur, wenn die anderen Gewinnrücklagen 50 % des Grundkapitals nicht übersteigen.*

Für die Verwendung anderer Gewinnrücklagen gibt es keine gesetzlichen Einschränkungen.

> **Beispiel:** Bildung von Rücklagen
>
> Eine AG führt aus dem Jahresüberschuss der gesetzlichen Rücklage 50 000,00 EUR und den anderen Gewinnrücklagen 200 000,00 EUR zu.
> Buchung (vereinfacht):
>
> | 8026 GuV 250 000,00 | an 3210 Gesetzliche Rücklage | 50 000,00 |
> | | an 3240 Andere Gewinnrücklagen | 200 000,00 |

Bei der GmbH entscheiden die Gesellschafter über die Einstellung in Rücklagen.

Gewinn-/Verlustvortrag

Der Jahresgewinn kann für verschiedene Zwecke verwendet werden (siehe unten). Ein verbleibender Gewinnrest erscheint als **Gewinnvortrag** in der Bilanz des Folgejahres. Er steht dann zusammen mit dem Jahresüberschuss des Folgejahres für die Gewinnverwendung zur Verfügung.

Ein Verlustrest, der nicht durch Entnahmen aus Rücklagen ausgeglichen wird, erscheint als **Verlustvortrag** in der Bilanz des Folgejahres. Er kann dann ggf. mit einem Jahresüberschuss verrechnet werden.

Jahresergebnis (Jahresüberschuss/-fehlbetrag)

Aus Aufwand und Ertrag des Geschäftsjahres auf dem GuV-Konto ergibt sich der Gewinn/Verlust. Er wird durch die Gewinn- und Verlustrechnung nachgewiesen und dort sowie in der Bilanz als Jahresüberschuss/Jahresfehlbetrag ausgewiesen.

7.3.4 Ausweis des Eigenkapitals nach teilweiser Ergebnisverwendung

Das Eigenkapital kann in der Bilanz auch so ausgewiesen werden, wie es sich nach der Verwendung des Jahresergebnisses ergibt (§ 268 Abs. 1 HGB).

- Die **teilweise Ergebnisverwendung** bezieht den Gewinn-/Verlustvortrag des Vorjahres mit ein und berücksichtigt die Einstellungen in und die Entnahmen aus den Rücklagen durch die Feststellungsorgane. Das Ergebnis ist der ausschüttbare Gewinn, der sog. **Bilanzgewinn**.

● Die **vollständige Ergebnisverwendung** berücksichtigt zusätzlich die Beschlüsse der HV (AG) bzw. der Gesellschafter (GmbH) über die Verwendung (Ausschüttung) des Bilanzgewinns.

Die Bilanzsumme bleibt in allen Fällen selbstverständlich unverändert.

> **Beispiel: Ergebnisverwendung der Aranta AG (siehe S. 480)**
>
> Die Bilanz des Berichtsjahres lässt erkennen, dass der Jahresüberschuss des Vorjahres wie folgt verwendet wurde:

	Jahresüberschuss/-fehlbetrag	3 120 TEUR	
±	Gewinn-/Verlustvortrag aus dem Vorjahr	– 120 TEUR	teilweise Verwendung
+	Entnahmen aus der Kapitalrücklage	0 TEUR	
+	Entnahmen aus Gewinnrücklagen	0 TEUR	
–	Einstellungen in Gewinnrücklagen	– 1 650 TEUR	
=	**Bilanzgewinn/Bilanzverlust**	**= 1 350 TEUR**	vollständige Verwendung
–	Gewinnausschüttung	– 1 350 TEUR	
=	**Gewinnvortrag/Verlustvortrag**	**= 0 TEUR**	

In der Bilanz nach teilweiser Verwendung des Jahresergebnisses tritt an die Stelle der Posten *Jahresüberschuss/Jahresfehlbetrag* und *Gewinnvortrag/Verlustvortrag* der Posten *Bilanzgewinn/Bilanzverlust*.

> **Beispiel: Eigenkapitalausweis der Aranta AG nach teilweiser Ergebnisverwendung**
>
> | I. | Gezeichnetes Kapital | 35 213 TEUR |
> |---|---|---|
> | II. | Kapitalrücklage | 2 000 TEUR |
> | III. | Gewinnrücklagen: | |
> | | 1. Gesetzliche Rücklage | 1 500 TEUR |
> | | 2. Rücklage für Anteile ... | 1 000 TEUR |
> | | 3. Satzungsmäßige Rücklagen | 0 TEUR |
> | | 4. Andere Gewinnrücklagen | 13 000 TEUR |
> | IV. | Bilanzgewinn | 1 350 TEUR |

Bei der AG ist die Aufstellung der zu veröffentlichenden Bilanz nach teilweiser Gewinnverwendung die Regel, weil sie den Aktionären den als Dividende ausschüttbaren Bilanzgewinn präsentiert. **Als Kennzahl für den Unternehmenserfolg ist der Bilanzgewinn jedoch völlig ungeeignet.** Denn durch die Einbeziehung der Gewinn- und Verlustvorträge sowie Veränderungen der Rücklagen lässt er sich beliebig manipulieren. Es ist sogar möglich, trotz vorliegendem Jahresfehlbetrag einen Bilanzgewinn auszuweisen.

> **Beispiel: Bilanzgewinn trotz Jahresfehlbetrag (TEUR)**
>
> | Eigenkapital vor Ergebnisverwendung | | Ergebnisverwendung | | Eigenkapital nach Ergebnisverwendung | |
> |---|---|---|---|---|---|
> | Gezeichnetes Kapital | 9 500 | Jahresfehlbetrag | – 200 | Gezeichnetes Kapital | 9 500 |
> | Kapitalrücklage | 90 | Gewinnvortrag aus | | Kapitalrücklage | 90 |
> | Gewinnrücklagen | 8 105 | Vorjahr | 100 | Gewinnrücklagen | 7 705 |
> | Gewinnvortrag | 100 | Entnahme aus Gewinn- | | Bilanzgewinn | 300 |
> | Jahresfehlbetrag | – 200 | rücklagen | 400 | | |
> | | | = Bilanzgewinn | 300 | | |
>
> *Bilanzgewinn trotz z. B. Jahresfehlbetrag!*
>
> Das Beispiel zeigt, dass solche Gewinnmanipulationen zulasten von Gewinnvorträgen und Rücklagen gehen. Sie werden z. B. von AGs vorgenommen, um den Aktionären auch in Verlustjahren eine Dividendenzahlung zu bieten.

Arbeitsaufträge

1. **Aussagen zum Eigenkapitalausweis der Kapitalgesellschaften:**

   (1) **Das Eigenkapital der AG wird in der Bilanz als „gezeichnetes Kapital" ausgewiesen.**
   (2) **Die Gesellschafter der GmbH haften in Höhe des Eigenkapitals für die Schulden der Gesellschaft.**
   (3) **Ausstehende Einlagen auf das gezeichnete Kapital lassen sich aus der Bilanz nicht ersehen.**
   (4) **Eine AG gibt bei einer Kapitalerhöhung junge Aktien zum Kurs von 34,00 EUR (Nennwert 5,00 EUR) aus. Das Agio von 29,00 EUR wird in die gesetzliche Rücklage eingestellt.**
   (5) **Kapitalgesellschaften müssen 5 % des Jahresüberschusses in die gesetzliche Rücklage einstellen, bis sie die gesetzlich vorgeschriebene Höhe erreicht hat.**
   (6) **Hat die gesetzliche Rücklage die vorgeschriebene Höhe erreicht, kann die Hauptversammlung der AG beschließen, dass der Jahresüberschuss als Dividende ausgeschüttet wird.**
   (7) **Ein Jahresfehlbetrag wird bei der GmbH mit dem Stammkapital verrechnet; er vermindert das Stammkapital.**
   (8) **Ein Verlustvortrag kommt zustande, wenn nach Verwendung des Bilanzverlustes ein Verlustrest auf die Bilanz des Folgejahres vorgetragen wird.**
   (9) **Weist die Bilanz vor Ergebnisverwendung einen Jahresüberschuss aus, weist sie nach Ergebnisverwendung auch einen Bilanzgewinn aus.**

   Stellen Sie fest, ob diese Aussagen richtig oder falsch sind.
   Korrigieren Sie die festgestellten Fehler.

2. **Die Conflucta GmbH, eine kleine Kapitalgesellschaft, hat folgende Bilanz vor Ergebnisverwendung aufgestellt:**

Aktiva	Bilanz zum 31.12.20..		Passiva
A. Anlagevermögen		**A. Eigenkapital**	
I. Immaterielle Vermögens-gegenstände:		I. Gezeichnetes Kapital	200 000,00
Lizenzen	210 000,00	II. Kapitalrücklage	300 000,00
II. Sachanlagen:		III. Gewinnrücklagen	
Bebaute Grundstücke	1 390 000,00	1. Gesetzliche Rücklage	400 000,00
Maschinen	2 410 000,00	2. Andere Gewinnrücklagen	3 560 000,00
Geschäftsausstattung	324 000,00	3. Verlustvortrag	− 140 000,00
B. Umlaufvermögen		4. Jahresüberschuss	1 435 000,00
I. Vorräte	995 000,00	**B. Rückstellungen**	237 000,00
II. Forderungen	344 000,00	**C. Verbindlichkeiten**	
davon mit Restlaufzeit		I. Verb. Laufzeit über 1 Jahr	
unter 1 Jahr 300 000,00		II. Verb. Laufzeit bis 1 Jahr	
III. Flüssige Mittel	267 000,00	**D. Passive Rechnungsabgrenzung**	97 000,00
C. Aktive Rechnungsabgrenzung	149 000,00		
	6 079 000,00		6 079 000,00
		Eventualverbindlichkeiten	74 000,00

   a) Die Bilanz enthält mehrere formale und sachliche Fehler. Nennen Sie diese Fehler und korrigieren Sie sie, soweit dies möglich ist.

   b) Die Gesellschafterversammlung beschließt:
   - Verrechnung mit Verlustvortrag   140 000,00 EUR
   - Einstellung in Gewinnrücklagen   600 000,00 EUR

   Erstellen Sie die Bilanz nach der teilweisen Ergebnisverwendung. Die Gesellschafterversammlung beschließt weiterhin eine Gewinnausschüttung von 400 000,00 EUR. Wie viel EUR werden dann als Gewinnvortrag eingestellt?

   c) Im Folgejahr entsteht ein Jahresfehlbetrag von 20 000,00 EUR. Der GmbH gelingt es trotzdem, 75 000,00 EUR in die Gewinnrücklagen einzustellen und noch einen Gewinn auszuweisen.

   Stellen Sie aufgrund dieser Angaben die Bilanzposition Eigenkapital vor und nach teilweiser Ergebnisverwendung dar.

7.4 Gewinn- und Verlustrechnung

Kapitalgesellschaften und die anderen auf Seite 474 genannten Gesellschaften müssen die Gewinn- und Verlustrechnung in Staffelform aufstellen (§ 275 Abs. 1 HGB). Auch hier ist bei jedem Posten der Vorjahresbetrag mit anzugeben.

§ 275 HGB stellt zwei Gliederungsmöglichkeiten zur Wahl: die Gliederung nach dem **Gesamtkostenverfahren** und die Gliederung nach dem **Umsatzkostenverfahren**.

Beide Verfahren ermitteln aus Erträgen und Aufwendungen das Jahresergebnis (Jahresüberschuss/-fehlbetrag) in mehreren Hauptschritten:

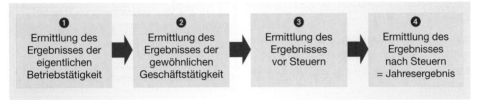

| ❶ Ermittlung des Ergebnisses der eigentlichen Betriebstätigkeit | ❷ Ermittlung des Ergebnisses der gewöhnlichen Geschäftstätigkeit | ❸ Ermittlung des Ergebnisses vor Steuern | ❹ Ermittlung des Ergebnisses nach Steuern = Jahresergebnis |

Unterschiede bestehen nur bei Hauptschritt ❶ **Ermittlung des Ergebnisses der eigentlichen Betriebstätigkeit** (nicht identisch mit dem Betriebsergebnis der KLR!):

Umsatzkostenverfahren[1]	**Gesamtkostenverfahren[1]**
Hier stellt man den gesamten Umsatzerlösen der Periode zunächst ihre Herstellungskosten gegenüber (→ „Bruttoergebnis vom Umsatz"). Dann werden die Vertriebs- und Verwaltungskosten abgezogen.	Hier stellt man den gesamten betrieblichen Erträgen (Umsatzerlöse + andere Erträge = „Gesamtleistung") die gesamten betrieblichen Aufwendungen, gegliedert nach der Art der eingesetzten Güter, gegenüber. Von daher die Bezeichnung „Gesamtkostenverfahren".
Das Verfahren zeigt also die Aufwendungen nach ihren Entstehungsbereichen (Material + Fertigung, Vertrieb, Verwaltung).	*Es handelt sich nicht um Kosten im Sinne der KLR, sondern um Aufwendungen.*
Das Verfahren zeigt nicht: • den Aufwand insgesamt, • den Aufwand nach der Art der eingesetzten Güter.	Anmerkung: Mittelgroße Gesellschaften können die Posten 1. bis 5. als „Rohergebnis" zusammenfassen.

Umsatzkostenverfahren (§ 275 Abs. 3 HGB)

1. Umsatzerlöse
2. – Herstellungskosten der Umsatzleistungen
3. = Bruttoergebnis vom Umsatz
4. – Vertriebskosten
5. – allgemeine Verwaltungskosten
6. + sonstige betriebliche Erträge
7. – sonstige betriebliche Aufwendungen

= Ergebnis der eigentlichen Betriebstätigkeit

Das Umsatzkostenverfahren wird im Zuge der Internationalisierung des Rechnungswesens v. a. von multinationalen Konzernen angewandt.

Gesamtkostenverfahren (§ 275 Abs. 2 HGB)

1. Umsatzerlöse
2. ± Bestandsveränderungen
3. + andere aktivierte Eigenleistungen
4. + sonstige betriebliche Erträge

= Gesamtleistung

5. – Materialaufwand
   a) Roh-, Hilfs-, Betriebsstoffe, bezogene Waren
   b) Aufwendungen für bezogene Leistungen

= Rohergebnis

6. – Personalaufwand
   a) Löhne und Gehälter
   b) soz. Abgaben u. Aufwend. f. Unterstützung, davon für Altersversorgung
7. – Abschreibungen
   a) auf Anlagevermögen
   b) unüblich hohe Abschr. auf Umlaufvermögen
8. – sonstige betriebliche Aufwendungen

= Ergebnis der eigentlichen Betriebstätigkeit

---

[1] Vgl. auch KLR, S. 184 und 225

Die weiteren Schritte sind bei beiden Verfahren identisch. Wir fahren hier mit der Nummerierung des Gesamtkostenverfahrens fort:

> Die Erträge und Aufwendungen des Finanzbereichs ergeben das Finanzergebnis.
> Die Summe der Posten 1. bis 13. ist das „Ergebnis der gewöhnlichen Geschäftstätigkeit".
> Nach Addition des außerordentlichen Ergebnisses erhält man das „Ergebnis vor Steuern".
> Nach Abzug der Steuern liegt das Jahresergebnis als Jahresüberschuss oder Jahresfehlbetrag vor.

Aktiengesellschaften müssen nach § 158 AktG die Gewinn- und Verlustrechnung wie folgt bis zum Bilanzgewinn/Bilanzverlust fortführen.

Große und mittelgroße Kapitalgesellschaften müssen die Gewinn- und Verlustrechnung in Staffelform veröffentlichen.

Kleine und mittelgroße Kapitalgesellschaften müssen ihre Umsatzerlöse nicht gesondert ausweisen; sie können die Posten 1. bis 5. als „Rohergebnis" zusammenfassen.

Die Beträge der Gewinn- und Verlustrechnung werden dem GuV-Konto entnommen. Dabei sind oft mehrere Konten zu einer Position zusammenzufassen. Die folgende Aufstellung zeigt

9.+	Erträge aus Beteiligungen
10.+	Erträge aus anderen Wertpapieren und Ausleihungen des Finanzanlagevermögens
11.+	sonstige Zinsen und ähnliche Erträge
12.–	Abschreib. auf Finanzanlagen u. Wertpapiere des Umlaufvermögens
13.–	Zinsen und ähnliche Aufwendungen
	(9. bis 13. = Finanzergebnis)
14.	**= Ergebnis der gewöhnlichen Geschäftstätigkeit**
15.+	außerordentliche Erträge
16.–	außerordentliche Aufwendungen
	17.(15. und 16. = außerordentliches Ergebnis)
	= Ergebnis vor Steuern
18.–	Steuern vom Einkommen und vom Ertrag[1]
19.–	sonstige Steuern
20.	**= Ergebnis nach Steuern** **= Jahresüberschuss/Jahresfehlbetrag**

21.±	Gewinnvortrag/Verlustvortrag aus dem Vorjahr
22.+	Entnahmen aus der Kapitalrücklage
23.+	Entnahmen aus Gewinnrücklagen a) aus der gesetzlichen Rücklage b) aus der Rücklage für eigene Aktien c) aus satzungsmäßigen Rücklagen d) aus anderen Gewinnrücklagen
24.–	Einstellungen in Gewinnrücklagen a) in die gesetzliche Rücklage b) in die Rücklage für eigene Aktien c) in satzungsmäßige Rücklagen d) in andere Gewinnrücklagen
25.	**= Bilanzgewinn/Bilanzverlust**

- die Ergebnisstruktur der Gewinn- und Verlustrechnung nach dem Gesamtkostenverfahren,
- Aufwands- und Ertragsarten, an denen sich die Ergebnisstruktur orientiert.

Struktur der GuV-Rechnung nach dem Gesamtkostenverfahren

Nr.	Konten/ Konten- gruppen	Inhalt		Ergebnisstruktur
1.–4.	50–54	Betriebliche Erträge	→	Gesamtleistung
5.	60–61	– Materialaufwand	→	Rohergebnis
6.–8.	62–69	– andere betriebliche Aufwendungen	→	Ergebnis der eigentlichen Betriebstätigkeit
9.–11.	55–57	+ Erträge aus Finanzanlagen		
12.–13.	74–75	– Aufwendungen aus Finanzanlagen	→	± Finanzergebnis
14.				= Ergebnis der gewöhnlichen Geschäftstätikeit
15.	58	+ außerordentliche Erträge[2]		
16.	76	– außerordentliche Aufwendungen[2]	→	± außerordentliches Ergebnis
				= Ergebnis vor Steuern
18.–19.	70–78	– Steuern	→	Ergebnis nach Steuern

---

[1] Gewerbe-, Körperschaft- und Kapitalertragsteuer einschließlich latenter Steuern. Sie werden bei Kapitalgesellschaften wegen des fehlenden Privatkontos als Aufwand gebucht. Sie sind jedoch dem steuerlichen Gewinn wieder hinzuzurechnen.

[2] Vgl. hierzu S. 166 ff.

7.5 Anhang

Der Anhang ist neben Bilanz und GuV-Rechnung Bestandteil des Jahresabschlusses (§§ 284–288 HGB). Er soll bestimmte Posten von Bilanz und GuV-Rechnung näher erläutern. Außerdem enthält er z. B. Angaben über

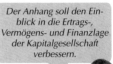

Der Anhang soll den Einblick in die Ertrags-, Vermögens- und Finanzlage der Kapitalgesellschaft verbessern.

- die angewandten Bilanzierungs- und Bewertungsmethoden, Abweichungen davon und Begründung der Abweichungen,
- den Beteiligungsbesitz,
- Verbindlichkeiten mit einer Restlaufzeit von mehr als fünf Jahren und ihre Sicherheiten (siehe Verbindlichkeitenspiegel unten),
- Eventualverbindlichkeiten, die nicht unter der Bilanz angegeben sind,
- die außerordentlichen Erträge und Aufwendungen,
- die durchschnittliche Zahl der Arbeitnehmer während des Geschäftsjahrs,
- die Gesamtbezüge der Mitglieder von Vorstand und Aufsichtsrat,
- alle Mitglieder der Geschäftsführung/des Vorstands und des Aufsichtsrats,
- Unternehmen, an denen die Gesellschaft Anteile von mindestens 20 % besitzt,
- Unternehmen, deren unbeschränkt haftender Gesellschafter die Gesellschaft ist,
- die Begründung einer mehr als fünfjährigen Abschreibung des Firmenwerts,
- das Konzernmutterunternehmen,
- das Abschlussprüfer-Honorar,
- die Forschungs- und Entwicklungskosten,
- Art, Zweck, Risiken, Vorteile von Geschäften, die nicht in der Bilanz ersichtlich sind, soweit diese für die Beurteilung der Finanzlage notwendig sind (z. B. Leasing, Factoring). Kleine Gesellschaften sind hiervon befreit.
- nicht marktübliche Geschäfte mit nahestehenden Unternehmen/Personen.

Beispiel: Verbindlichkeitenspiegel

Kapitalgesellschaften erstellen im Anhang häufig eine Übersicht (Verbindlichkeitenspiegel) über die gesamten Verbindlichkeiten nach Art, Höhe und Restlaufzeiten sowie Art und Umfang der Sicherheiten. Damit erfüllen sie ihre Ausweispflichten gemäß § 268 Abs. 5 HGB (Vermerk der Restlaufzeiten bis zu einem Jahr in der Bilanz) und § 285 Ziff. 1 HGB (Angabe der Restlaufzeit über 5 Jahre und der Sicherheiten).

Art der Verbindlichkeiten	Gesamtbetrag EUR	davon mit einer Restlaufzeit			gesicherte Beträge EUR	Art der Sicherheit
		bis 1 Jahr EUR	von 1 bis 5 Jahre EUR	über 5 Jahre EUR		
1. Verbindlichkeiten gegenüber Kreditinstituten	4 937 204,03	4 122 567,85	720 000,00	94 636,18	2 130 000,00	Grundpfandrechte
2. Verbindlichkeiten aus Lieferungen und Leistungen	438 278,12	438 278,12			20 600,00	Pfandrechte
3. Verbindlichkeiten gegenüber verbundenen Unternehmen	65 348,67	65 348,67				
4. Sonstige Verbindlichkeiten	1 111 998,34	902 148,42	209 849,92			
	6 552 829,16	5 528 343,06	929 849,92	94 636,18	2 150 600,00	

VIERTER ABSCHNITT

7.6   Lagebericht

Der Lagebericht (§ 289 HGB) ist **nicht Bestandteil des Jahresabschlusses**. Er soll lediglich **zusätzliche Informationen** geben über

- den Geschäftsverlauf im Berichtsjahr,
- die wirtschaftliche und finanzielle Lage der Gesellschaft am Bilanzstichtag,
- die erwarteten Risiken und deren Absicherung,
- Vorgänge von besonderer Bedeutung nach Schluss des Geschäftsjahrs,
- die voraussichtliche Entwicklung der Gesellschaft,
- den Bereich Forschung und Entwicklung,
- bestehende Zweigniederlassungen,
- das interne Kontroll- und Risikomanagementsystem.

Kapitalmarktorientierte Unternehmen müssen in einem gesonderten Abschnitt eine Erklärung zur Unternehmensführung (Corporate-Governance-Erklärung) abgeben. Sie betrifft

- die übergeordneten Unternehmensziele,
- die Strukturen, Prozesse und Führungspersonen zur Erreichung dieser Ziele,
- die regelmäßige Beurteilung der Führungsaktivitäten,
- die Unternehmenskommunikation, die der Vertrauensbildung und der Stakeholderunterstützung dient.

7.7   Eigenkapitalspiegel und Kapitalflussrechnung

Kapitalmarktorientierte Kapitalgesellschaften müssen seit 2010 den Jahresabschluss um einen **Eigenkapitalspiegel** und eine **Kapitalflussrechnung** erweitern. Damit übernimmt das HGB Vorschriften, die für Konzernabschlüsse auf der Basis der International Financial Reporting Standards (IFRS) gelten. Einzelheiten hierzu siehe S. 490.

Arbeitsaufträge

1. Die GuV-Rechnung der Hambach GmbH weist folgende Beträge (EUR) aus:

Rohergebnis	1 990 000,00
Personalaufwand	530 000,00
Abschreibungen	310 000,00
Erträge aus Wertpapieren	20 000,00
Zinserträge	22 000,00
Abschreibungen auf Wertpapiere	5 000,00
Zinsaufwendungen	97 000,00
Außerordentliche Erträge	24 000,00
Außerordentliche Aufwendungen	42 000,00
Steuern vom Einkommen und Ertrag	428 000,00
Sonstige Steuern	60 000,00

a) Über welche Aufwands- und Ertragsposten lassen sich aus dieser GuV-Rechnung keine Informationen entnehmen?

b) Welche Unternehmen dürfen die GuV-Rechnung in dieser verkürzten Form veröffentlichen?

c) Errechnen Sie alle wichtigen Teilergebnisse und den Jahresüberschuss/Jahresfehlbetrag.

d) Welche Teilergebnisse sind negativ?

e) Welches Teilergebnis ist am wichtigsten?

f) Das Finanzergebnis ist heutzutage bei großen Unternehmen oft negativ. Worauf könnte dies zurückzuführen sein?

g) Aus welchen Teilergebnissen setzt sich das neutrale Ergebnis zusammen?

2. Abschlusskonten der Schreier GmbH (in TEUR). Die GmbH hat 65 Beschäftigte.

Soll	Gewinn- und Verlustkonto		Haben
6000 Aufwendungen für Rohstoffe	4030	5000 Umsatzerlöse für eigene Erzeugnisse	12614
6010 Aufwendungen für Vorprodukte	1600	5201 Bestandsveränderungen an unfertigen	
6020 Aufwendungen für Hilfsstoffe	800	Erzeugnissen	370
6150 Vertriebsprovisionen	200	5202 Bestandsveränderungen an fertigen	
6160 Fremdinstandhaltung	130	Erzeugnissen	230
6200 Löhne	2600	5400 Mieterträge	125
6300 Gehälter	850	5710 Zinserträge	80
6400 Arbeitgeberanteil zur Sozialversicherung	690	5800 Außerordentliche Erträge	87
6520 Abschreibungen auf Sachanlagen	310		
6700 Mieten	40		
6800 Büromaterial	36		
6820 Porto, Telefon, Telefax	30		
6870 Werbung	175		
6900 Versicherungsbeiträge	67		
6952 Einstellungen in EWB	10		
7000 Betriebliche Steuern	30		
7420 Abschreib. auf Wertpapiere des Umlaufvermögens	10		
7510 Zinsaufwendungen	64		
7600 Außerordentliche Aufwendungen	41		
7700 Gewerbesteuer	360		
7710 Körperschaftsteuer	358		
3400 Jahresüberschuss	1075		
	13506		**13506**

Soll	Schlussbilanzkonto		Haben
0200 Lizenzen	900	3000 Gezeichnetes Kapital	100
0500 Unbebaute Grundstücke	400	3100 Kapitalrücklage	400
0530 Betriebsgebäude	2100	3240 Gewinnrücklagen	3000
0540 Verwaltungsgebäude	900	3390 Gewinnvortrag	150
0700 Maschinen der Energieversorgung	210	3400 Jahresüberschuss	1075
0720 Maschinen d. mechan.		3670 Einzelwertbericht. zu Forderungen	10
Materialbearbeitung	1900	3700 Pensionsrückstellungen	46
0750 Transportanlagen	230	3800 Steuerrückstellungen	20
0840 Fuhrpark	177	4210 Kurzfristige Bankverbindlichkeiten[1]	400
0860 Büromaschinen	85	4230 Mittelfristige Bankverbindlichkeiten[2]	350
0870 Geschäftsausstattung	75	4250 Langfristige Bankverbindlichkeiten[3]	2980
1300 Beteiligungen	430	4300 Erhaltene Anzahlungen	20
2000 Rohstoffe	112	4400 Verbindlichkeiten aus	
2010 Vorprodukte/Fremdbauteile	80	Lieferungen u. Leistungen	290
2020 Hilfsstoffe	40	4800 Umsatzsteuer	154
2030 Betriebsstoffe	20	4830 Sonst. Verbindlichk. g. Finanzbehörden	80
2100 Unfertige Erzeugnisse	230	4840 Verbindlichk. gegenüber	
2200 Fertige Erzeugnisse	345	Sozialversicherungsträgern	115
2280 Waren	110	4900 Passive Rechnungsabgrenzung	80
2400 Forderungen aus Lieferungen und Leistungen[4]	330		
2470 Zweifelhafte Forderungen	10	[1] unter 1 Jahr	
2700 Wertpapiere des Umlaufvermögens	67	[2] unter 5 Jahre	
2800 Bankguthaben	389	[3] über 5 Jahre	
2880 Kasse	25	[4] davon 30 mit Rest-	
2900 Aktive Rechnungsabgrenzung	105	laufzeit > 1 Jahr	
	9270		**9270**

a) Handelt es sich um eine kleine, mittelgroße oder große Kapitalgesellschaft?

b) Erstellen Sie die entsprechende Bilanz und GuV-Rechnung. (Auf die Angabe der Vorjahresbeträge wird verzichtet.)

c) Wie viel EUR beträgt das Eigenkapital? Wie viel davon ist nur kurzfristig Eigenkapital?

d) Die Gesellschafter beschließen: Zuführung zu Gewinnrücklagen 700, Ausschüttung 400. Notieren Sie die Posten des Eigenkapitals nach teilweiser Gewinnverwendung und errechnen Sie den Gewinnvortrag.

e) Ermitteln Sie anhand der GuV-Rechnung die Teilergebnisse.

7.8   Internationale Rechnungslegung

Die Abschlüsse nach HGB waren bis 2009 weitestgehend vom Vorsichtsprinzip geprägt. Dieses Prinzip bewirkt eine Unterbewertung des Vermögens und eine Überbewertung der Schulden. Die Abschlüsse galten deshalb international als wenig informativ und wurden insbesondere von den Börsen abgelehnt. Die HGB-Vorschriften wurden deshalb 2009 stärker an die **International Financial Reporting Standards (IFRS)** angepasst. Das Vorsichtsprinzip existiert jetzt noch immer, aber es spielt eine nachgeordnete Rolle. Im Vordergrund steht – wie bei den IFRS – das Informationsprinzip.

Seit 2005 müssen alle börsennotierten Aktiengesellschaften in der EU ihre Konzernabschlüsse auf der Basis der *IFRS* erstellen. Die EU-Staaten *dürfen* die Anwendung auf alle anderen Abschlüsse ausweiten.

Die IFRS ersetzen das Vorsichtsprinzip durch die „fair presentation", die anlegerorientierte Information.

Dies bedeutet: Der Abschluss soll verlässlich, transparent und vergleichbar mit anderen Abschlüssen sein. Er soll den potenziellen Kapitalanleger (Aktienkäufer) verlässlich und realistisch über die Vermögens-, Finanz- und Ertragslage des Unternehmens informieren und ihm so Entscheidungsgrundlagen liefern.

IFRS

Die IFRS werden vom IASB (International Accounting Standards Board), London, aufgestellt. Diesem gehören zahlreiche nationale Berufsorganisationen der Rechnungslegenden und Abschlussprüfer an.

Die IFRS orientieren sich an den angloamerikanischen Grundsätzen der Bilanzierung. Sie gelten unabhängig von Größe und Rechtsform des Unternehmens und sind auf Einzel- und Konzernabschluss anwendbar. Ziel ist eine internationale Harmonisierung der Rechnungslegung.

Teile des Jahresabschlusses nach IFRS	
• **Bilanz (Balance Sheet)**	Nur Mindestgliederung (ähnlich wie HGB-Gliederung für kleine Kapitalgesellschaften). Detaillierte Untergliederung im Anhang Nur Ansatz von Verbindlichkeitsrückstellungen erlaubt
• **GuV- Rechnung (Income Statement)**	Kann nach Gesamtkosten- oder Umsatzkostenverfahren erstellt werden
• **Eigenkapitalspiegel (Statement of Changes in Equity)**	Erläutert die Posten des Eigenkapitals: Nominalkapital, Kapitalrücklage, Neubewertungsrücklage, Gewinnrücklage, Gewinn-/Verlustvortrag, Jahresüberschuss/-fehlbetrag (In die Neubewertungsrücklage ist erfolgsneutral die Differenz zwischen Anschaffungskosten und höheren Wiederbeschaffungskosten bestimmter Aktiva einzustellen.)
• **Kapitalflussrechnung (Cashflow Statement)**	Rechnung für die Beurteilung der Selbstfinanzierungskraft der Unternehmung aufgrund von Zahlungsmittelzuflüssen (vgl. S. 523). Bestandteile nach IFRS: – Cashflow aus laufender Geschäftstätigkeit (Jahresüberschuss, Ab-/ Zuschreibung auf Anlagen, Veränderung von Rückstellungen u. a. m), – Cashflow aus Investitionstätigkeit (Anlagenkäufe, -verkäufe u. a. m), – Cashflow aus Finanzierungstätigkeit (Kreditaufnahme, -tilgung u. a. m).
• **Anhang (Notes)**	Enthält alle investorrelevanten Informationen: Aufgliederung von Bilanz und GuV-Rechnung, Methoden der Bilanzierung und Bewertung, sonstige Angaben

Vom HGB abweichende Regelungen der IFRS		
HGB		**IFRS**
	Bilanzansatz	
Aktivierungswahlrecht (mit Ausnahmen)	selbst erstellte immaterielle Wirtschaftsgüter	Aktivierungspflicht, wenn wirtschaftlicher Nutzen wahrscheinlich und zuverlässig bestimmbar
teils Passivierungsverbot, teils Passivierungspflicht	Aufwandsrückstellungen	Passivierungsverbot
Aktivierungswahlrecht	aktive latente Steuern	Aktivierungspflicht
Aktivierungsverbot	latente Steuern auf Verlustvorträge	Aktivierungspflicht, soweit Wahrscheinlichkeit der Verwertung durch zukünftige Gewinne
	Bewertung	
niedrigerer Tageswert; höchstens Anschaffungskosten	Wertpapiere des Umlaufvermögens	Tageswert, ggf. auch über Anschaffungswert (Differenz erfolgsneutral in Neubewertungsrücklage!)
Wertuntergrenze bei Herstellungskosten: Vollkosten ohne Vertriebsgemeinkosten	Vorräte	Ansatz zu Vollkosten
Restlaufzeit > 1 Jahr: höherer Tageswert; mindestens Entstehungswert; Restlaufzeit ≤ 1 Jahr : Tageswert	Valutaverbindlichkeiten	höherer oder niedrigerer Tageswert
Restlaufzeit ≥ 1 Jahr : niedriger Tageswert; höchstens Entstehungswert; Restlaufzeit < 1 Jahr : Tageswert	Valutaforderungen	höherer oder niedrigerer Tageswert
aufgrund Niederstwertprinzip möglich	stille Reserven (Rücklagen)	nicht möglich wegen realistischer Bewertung

Auf HGB-Basis können deutsche Unternehmen einen Jahresabschluss erstellen, der weitgehend, aber nicht vollständig IFRS-konform ist. Grenzen sind vor allem dort gesetzt, wo zwingend das Niederstwertprinzip bzw. das Höchstwertprinzip anzuwenden ist.

Arbeitsaufträge

1. **Im Internet können Sie weitere Informationen zum Thema IFRS erhalten.**
   Recherchieren Sie unter www.iasb.org.uk.
   Erstellen Sie einen schriftlichen Bericht über gefundene Informationen, die die oben gegebene Kurzdarstellung ergänzen.

2. **Sie werden mit folgenden Behauptungen konfrontiert:**
   a) **Die IFRS wenden streng das Imparitätsprinzip an.**
   b) **Das HGB wendet das strenge Niederstwertprinzip an, die IFRS das strenge Höchstwertprinzip.**
   c) **Der ausgewiesene Jahresüberschuss ist bei Rechnungslegung nach HGB tendenziell niedriger als bei Rechnungslegung nach den IFRS.**
   d) **Die Rechnungslegung nach den IFRS gibt eher Hinweise auf Wachstumschancen des Unternehmens als die Rechnungslegung nach HGB.**
   e) **Die Anwendung der HGB-Vorschriften führt tendenziell zu einem höheren Eigenkapitalausweis als die Anwendung der IFRS.**

   Stellen Sie fest, welche Behauptungen richtig bzw. falsch sind. Erläutern und korrigieren Sie jeweils den entsprechenden Sachverhalt.

8   Auswertung des Jahresabschlusses – Analyse- und Controllinginstrument

Ergänzend zu den Ausführungen dieses Kapitels sollten Sie verwandte Texte im 6. Abschnitt (Finanzmanagement) von Bd. 1 „Geschäftsprozesse" lesen.

Die Auto AG, ein Hersteller von Minielektroautos, beantragt für die Teilfinanzierung einer Produktionsanlage bei ihrer Hausbank einen Kredit über 8 Mio. EUR. Sie bietet als Sicherheit die Eintragung einer Grundschuld auf ihr unbelastetes Firmengrundstück, doch dies allein reicht der Bank nicht. Diese ist nämlich in erster Linie daran interessiert zu wissen, ob die Auto AG wirtschaftlich in der Lage ist, den Kredit zu bedienen, also während der gesamten Laufzeit alle Zins- und Tilgungszahlungen zu leisten. Für die Prüfung der Kreditwürdigkeit zieht sie unter anderem die letzten Jahresabschlüsse der Auto AG heran und berechnet daraus möglichst aussagekräftige Kennzahlen über die Struktur des Vermögens und Kapitals, die Finanzierung des Anlagevermögens, die Liquidität, die Ertragskraft, die Wirtschaftlichkeit und das Wachstum des Unternehmens.

Auch der Vorstand der Auto AG ist an solchen Kennzahlen interessiert. Für ihn sind sie Instrumente des Finanzcontrollings. Sie geben ihm Aufschluss darüber, ob und in welchem Ausmaß wichtige Unternehmensziele (Finanzierungs-, Liquiditäts-, Rentabilitäts- und Wachstumsziele) erreicht wurden.

8.1   Interne und externe Abschlussanalyse

Eine Auswertung des Jahresabschlusses kann erfolgen durch
- Personen, die Zugang zum gesamten Datenmaterial des Unternehmens haben (z. B. Controller),
- durch Außenstehende, denen nur der veröffentlichte Jahresabschluss als Informationsquelle zur Verfügung steht.

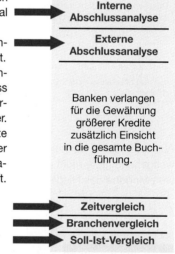

Im Rahmen der Budgetplanung (vgl. S. 11 f.) wird ein Soll-Jahresabschluss erstellt. Der Controller wertet den Ist-Abschluss aus und nimmt einen **Soll-Ist-Vergleich** vor. Er kann detailliertere Erkenntnisse gewinnen als der externe Bilanzanalytiker. Aber auch eine externe Analyse führt durch fachgerechte Auswertung des Jahresabschlusses zu Erkenntnissen über die Vermögens-, Finanz- und Erfolgslage, deren Informationswert den veröffentlichten Jahresabschluss übertrifft. Besonders aufschlussreich sind:
- **Vergleiche mit Vorjahreszahlen,**
- **Vergleiche mit branchengleichen Unternehmen,**
- **Soll-Ist-Vergleiche.**

Zeitvergleiche geben Aufschluss über die Unternehmensentwicklung; **Branchenvergleiche** zeigen, wie die Lage des Unternehmens innerhalb seiner Branche zu beurteilen ist. **Soll-Ist-Vergleiche** zeigen, in welchem Maß das Unternehmen veröffentlichte Ziele erreicht hat.

8.2   Auswertung der Bilanz

8.2.1   Aufbereitung der Bilanz

Das Zahlenmaterial der Bilanz ist für eine unmittelbare Auswertung nicht geeignet. Deshalb ist eine Aufbereitung erforderlich. Dazu werden die Bilanzpositionen so zu Gruppen zusammengefasst, dass die Bilanzstruktur erkennbar wird. Man bildet folgende Gruppen:

Bilanzstruktur				
Anlagevermögen	Sachanlagen Finanzanlagen	**Eigenkapital**	Gezeichnetes Kapital Rücklagen Gewinnvortrag	
Umlaufvermögen	Vorräte Forderungen Flüssige Mittel	**Langfristiges Fremdkapital**	Langfrist. Rückstellungen Langfrist. Verbindlichkeiten	
		Kurzfristiges Fremdkapital	Kurzfrist. Rückstellungen Kurzfrist. Verbindlichkeiten	

(linke Randbeschriftung: Gesamtvermögen; rechte Randbeschriftung: Gesamtkapital)

Den Finanzanlagen werden auch zugerechnet:
- Aktiver Unterschiedsbetrag aus der Vermögensverrechnung

Den Forderungen werden auch zugerechnet:
- Sonstige Vermögensgegenstände
- Wertpapiere des Umlaufvermögens
- Aktive Rechnungsabgrenzungsposten
- Aktive latente Steuern

Den kurzfristigen Rückstellungen werden auch zugerechnet:
- Passive latente Steuern

Den kurzfristigen Verbindlichkeiten werden auch zugerechnet:
- Passive Rechnungsabgrenzungsposten
- der auszuschüttende Bilanzgewinn

Aktive latente Steuern und ein aktiver Unterschiedsbetrag aus der Vermögensverrechnung kommen in den folgenden Beispielen und Arbeitsaufträgen nicht vor.

Beispiel: Bilanz der Auto AG zum 31. Dezember 02 (vereinfacht)

Aktiva	02 TEUR	01 TEUR	Passiva	02 TEUR	01 TEUR
A. Anlagevermögen			**A. Eigenkapital**		
I. Sachanlagen	15 217	14 844	I. Gezeichnetes Kapital	3 500	3 500
II. Finanzanlagen	854	852	II. Kapitalrücklage	6 900	6 900
			III. Gewinnrücklagen	7 158	6 398
B. Umlaufvermögen			IV. Bilanzgewinn	2 874	1 790
I. Vorräte					
1. Roh-, Hilfs-, Betriebsstoffe	3 030	2 444	**B. Rückstellungen**		
2. Unfertige Erzeugnisse	1 956	1 582	1. Rückstellungen für Pensionen		
3. Fertige Erzeugnisse	4 007	2 006	und ähnliche Verpflichtungen	2 972	2 537
4. Geleistete Anzahlungen	12	16	2. Steuerrückstellungen	900	715
II. Forderungen und sonstige			3. Sonstige Rückstellungen	1 740	2 904
Vermögensgegenstände					
1. Forderungen a. L. u. L.	458	521	**C. Verbindlichkeiten**		
2. Forderungen gegen ver-			1. Verbindlichkeiten gegenüber		
bundene Unternehmen	5 064	4 080	Kreditinstituten	3 517	4 306
3. Sonstige Vermögens-			2. Verbindlichkeiten a. L. u. L.	312	415
gegenstände	380	287	3. Verbindlichkeiten gegenüber		
III. Wertpapiere	53	71	verbundenen Unternehmen	3 224	3 487
IV. Kassenbestand,			4. Sonstige Verbindlichkeiten	1 490	1 510
Bankguthaben	3 610	7 794			
			D. Rechnungsabgrenzungsposten	30	40
C. Rechnungsabgrenzungs-			**E. Passive latente Steuern**	67	45
posten	43	50			
	34 684	**34 547**		**34 684**	**34 547**

Dem Anhang sind folgende **Zusatzinformationen** zu entnehmen:
- Der Bilanzgewinn war in beiden Jahren zur Ausschüttung bestimmt.
- Von den Rückstellungen sind 2 972 TEUR (Vorjahr 2 537 TEUR) als langfristig anzusehen.
- Von den Verbindlichkeiten sind 796 TEUR (Vorjahr 1 028 TEUR) als langfristig zu behandeln.

Die Bilanzstruktur wird nicht nur in absoluten Zahlen, sondern auch in Prozentzahlen dargestellt. Dabei bildet die Bilanzsumme den Grundwert (100 %). So lässt sich erkennen, welchen Anteil die einzelnen Vermögens- und Kapitalgruppen am Gesamtvermögen (Summe der Aktiva) bzw. Gesamtkapital (Summe der Passiva) haben.

Aufbereitete Bilanz der Auto AG

Aktiva	Berichtsjahr		Vorjahr		Zu- oder Abnahme	
	TEUR	%	TEUR	%	TEUR	%-Punkte
Sachanlagen	15 217	43,8	14 844	43,0	+ 373	+ 0,8
Finanzanlagen	854	2,5	852	2,5	+ 2	0,0
Anlagevermögen	16 071	46,3	15 696	45,5	+ 375	+ 0,8
Vorräte	9 005	26,0	6 048	17,5	+ 2 957	+ 8,5
Forderungen	5 998	17,3	5 009	14,5	+ 989	+ 2,8
Flüssige Mittel	3 610	10,4	7 794	22,5	− 4 184	− 12,1
Umlaufvermögen	18 613	53,7	18 851	54,5	− 238	− 0,8
Summe der Aktiva (Gesamtvermögen)	34 684	100,0	34 547	100,0	+ 137	0,0

Passiva	Berichtsjahr		Vorjahr		Zu- oder Abnahme	
	TEUR	%	TEUR	%	TEUR	%-Punkte
Gezeichnetes Kapital	3 500	10,1	3 500	10,1	0	0,0
Rücklagen	14 058	40,5	13 298	38,5	760	2,0
Eigenkapital	17 558	50,6	16 798	48,6	760	2,0
Langfr. Rückstell.	2 972	8,6	2 537	7,3	435	1,3
Langfr. Verbindlichk.	796	2,3	1 028	3,0	− 232	− 0,7
Langfristiges Fremdkapital	3 768	10,9	3 565	10,3	203	0,6
Kurzfr. Rückstell.	2 707	7,8	3 664	10,6	− 957	− 2,8
Kurzfr. Verbindlichk.	10 651	30,7	10 520	30,5	131	0,2
Kurzfristiges Fremdkapital	13 358	38,5	14 184	41,1	− 826	− 2,6
Summe der Passiva (Gesamtkapital)	34 684	100,0	34 547	100,0	+ 137	0,0

Arbeitsauftrag

Die folgende (vereinfachte) Bilanz der XY-AG (Branche: Straßenfahrzeugbau) ist aufzubereiten.

Hinweise: Die Rückstellungen für Pensionen sind als langfristig, die sonstigen Rückstellungen als kurzfristig zu betrachten. Der Bilanzgewinn war in beiden Jahren zur Ausschüttung bestimmt. Von den Verbindlichkeiten sind in 02 7,9 Mio. EUR und in 03 11,8 Mio. EUR als langfristig zu betrachten.

Bilanz der XY-AG zum 31. Dezember 03 (in Mio. EUR)

Aktiva	Ansch.-/ Herst.- Kosten	Zug.	Abg.	Abschr. (kumul.)	Ab- schr. in 03	31. Dez. 03	31. Dez. 02	Passiva	31. Dez. 03	31. Dez. 02
A. Anlagever- mögen								**A. Eigenkapital**		
Grundstücke								Gezeichnetes		
u. Bauten	121,8	7,2	1,0	51,8	3,1	76,2	73,1	Kapital	20,0	20,0
Techn. Anlagen								Kapitalrücklage	80,8	80,8
u. Maschinen	76,1	6,1	0,1	47,8	10,6	34,3	38,9	Gewinnrücklagen	77,1	73,3
And. Anlagen,								Bilanzgewinn	20,0	10,0
B.- u. G.-Aus-										
stattung	80,4	26,0	–	64,7	20,4	41,7	36,1	**B. Rückstellungen**		
								Rückstellungen		
								für Pensionen	30,1	25,4
	278,3	39,3	1,1	164,3	34,1	152,2	148,1	Sonstige		
								Rückstellungen	20,8	27,0
B. Umlaufvermögen								**C. Verbindlichkeiten**		
Vorräte								Verb. gegenüber		
Roh-, Hilfs- und Betriebsstoffe						30,4	24,5	Kreditinstituten	46,6	44,5
Unfertige Erzeugnisse						20,1	16,0	Verbindlichkeiten ..		
Fertige Erzeugnisse						47,1	23,5	aus L. u. L.	30,4	36,0
Forderungen und sonstige Vermögensgegenstände								Sonstige Verbind-		
Forderungen aus L. u. L.						55,5	46,2	lichkeiten	13,1	14,8
Sonstige Vermögensgegenstände						3,9	2,9			
Schecks, Kassenbestand, Bundesbank- u. Post- giroguthaben, Guthaben bei Kreditinstituten						36,2	78,0	**D. Rechnungsab- grenzungsposten**	0,5	0,4
								E. Passive latente Steuern	6,0	7,0
						345,4	**339,2**		**345,4**	**339,2**

8.2.2 Bilanzkennzahlen

Anhand der aufbereiteten Bilanz lassen sich Kennzahlen ermitteln, die über die

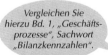

Vergleichen Sie hierzu Bd. 1, „Geschäfts- prozesse", Sachwort „Bilanzkennzahlen".

- Vermögensstruktur (Konstitution),
- Kapitalstruktur (Finanzierung),
- Anlagendeckung (Investierung),
- Zahlungsbereitschaft (Liquidität)

und weitere Aspekte der Unternehmensbeurteilung Aufschluss geben können.

Bilanzkennzahlen entstehen, wenn man „waagerecht" und „senkrecht" Beziehungen zwischen den folgenden vier Gruppen herstellt:

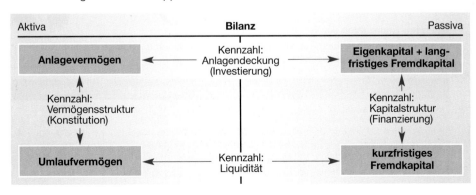

VIERTER ABSCHNITT

Vermögensstruktur (Konstitution)

Die Kennzahlen der Vermögensstruktur geben über die Zusammensetzung des Unternehmensvermögens Auskunft.

Sie sind abhängig von der Branche, der Betriebsstruktur (Mechanisierungs- und Automatisierungsgrad) und der Unternehmenspolitik.

❶ $\text{Anlagenquote} = \dfrac{\text{Anlagevermögen}}{\text{Gesamtvermögen}} \cdot 100$

❷ $\text{Quote des Umlaufvermögens} = \dfrac{\text{Umlaufvermögen}}{\text{Gesamtvermögen}} \cdot 100$

❸ $\text{Vorratsquote} = \dfrac{\text{Vorräte}}{\text{Gesamtvermögen}} \cdot 100$

❹ $\text{Forderungsquote} = \dfrac{\text{Forderungen}}{\text{Gesamtvermögen}} \cdot 100$

❺ $\text{Quote der flüssigen Mittel} = \dfrac{\text{Flüssige Mittel}}{\text{Gesamtvermögen}} \cdot 100$

Anlagenintensiv (= hohe Anlagequote) sind z.B. Unternehmen der chemischen Industrie, der Eisen schaffenden Industrie und des Straßenfahrzeugbaus mit Anlagequoten zwischen 46 und 60 %. Niedrigere Werte haben die elektrotechnische Industrie (30–35 %) und der Maschinenbau (20–25 %).

Je größer die Anlagenquote ist, desto kleiner ist die Quote des Umlaufvermögens,

- desto stärker ist der Betrieb mit fixen Kosten belastet,
- desto niedriger ist der Grad der Flexibilität des Unternehmens (d.h.: desto weniger anpassungsfähig ist das Unternehmen in Rezessionsphasen),
- desto schwieriger und langwieriger ist eine ggf. notwendige Freisetzung von Kapital.

Anlage- und Umlaufvermögen können auch direkt ins Verhältnis gesetzt werden. Ein Wert der Kennzahl von 100 % bedeutet ein Verhältnis

$\text{Vermögensstruktur} = \dfrac{\text{Anlagevermögen}}{\text{Umlaufvermögen}} \cdot 100$

Anlagevermögen zu Umlaufvermögen von 1:1. Dies entspricht einer Anlagenquote und einer Quote des Umlaufvermögens von jeweils 50 %.

Aussagen über die Absatzlage des zu beurteilenden Unternehmens lassen sich mithilfe der Vorrats- und Forderungsquote machen, wenn man deren Veränderung mit der Entwicklung der Umsatzerlöse vergleicht. So deuten z.B. eine gesunkene Vorratsquote und eine gestiegene Forderungsquote/Quote der flüssigen Mittel dann auf eine Verbesserung der Absatzlage hin, wenn die Umsatzerlöse entsprechend gestiegen sind.

Ganz anders ist es natürlich, wenn die Umsatzerlöse rückläufig sind (siehe Beispiel).

Beispiel: Kennzahlen der Vermögensstruktur

Aus dem Bilanzaufbereitungsschema auf S. 494 sind für die Auto AG folgende Kennzahlen der Vermögensstruktur zu entnehmen:

	Berichtsjahr	Vorjahr
Anlagenquote	46,3 %	45,5 %
Quote des Umlaufvermögens	53,7 %	54,5 %
Vorratsquote	26,0 %	17,5 %
Forderungsquote	17,3 %	14,5 %
Anteil der flüssigen Mittel	10,4 %	22,5 %
Umsatzerlöse lt. GuV-Rechnung (vgl. S. 510)	64 220 TEUR	64 900 TEUR

> Die **Anlagenquote** zeigt, dass sich die Anlagenintensität nur geringfügig geändert hat. Im Vergleich zum Branchendurchschnitt (durchschnittliche Anlagenquote 50 %) ist das Anpassungsvermögen des Unternehmens als überdurchschnittlich zu bezeichnen.
> Die **Vorratsquote** ist erheblich gestiegen. Auch die **Forderungsquote** hat zugenommen, während der **Anteil der flüssigen Mittel** stark gefallen ist. Dass die Erhöhung der Forderungsquote nicht auf eine Verbesserung der Absatzlage hindeutet, zeigen die rückläufigen Umsatzerlöse.
> Das Unternehmen hatte sich offenbar auf eine Umsatzausweitung eingestellt, ist dann aber in eine Absatzflaute geraten.

Merke:

- **Die Kennzahlen der Vermögensstruktur geben über die Zusammensetzung des Unternehmensvermögens Aufschluss (anlagenintensiver oder arbeitsintensiver Betrieb).**

- **Sie ermöglichen in erster Linie die Beurteilung der Flexibilität (Anpassungsfähigkeit an Beschäftigungsschwankungen).**

- **Darüber hinaus lassen sich anhand der Entwicklung der Vorrats- und Forderungsquote Aussagen über die Absatzlage des Unternehmens machen.**

Arbeitsaufträge

1. **Die Bilanz der XY-AG wurde von Ihnen aufbereitet (vgl. Arbeitsauftrag S. 494).**
   a) Ermitteln Sie die Kennzahlen der Vermögensstruktur zum 31. Dezember 03 und zum 31. Dezember 02.
   b) Stellen Sie die Veränderungen fest und versuchen Sie, daraus Schlüsse zu ziehen.
      Dazu folgende Zusatzangaben: Umsatzerlöse im Berichtsjahr 642,2 Mio. EUR, im Vorjahr 648,9 Mio. EUR.

2. **Die Aktivseite der Bilanz eines Industrieunternehmens weist folgende Werte aus:**

	TEUR		TEUR
Fuhrpark	257,6	Roh- u. Hilfsstoffe	504,0
Fertigerzeugnisse	382,2	Betriebs- u. Geschäftsausstattung	672,0
Grundstücke u. Gebäude	3010,0	Bankguthaben	54,6
Forderungen a. L. u. L.	581,0	Beteiligungen	70,0
Maschinen	1 365,0		

Ermitteln Sie die Kennzahlen der Vermögensstruktur für dieses Unternehmen.

Kapitalstruktur (Finanzierung)

- Die Kennzahlen der Kapitalstruktur verdeutlichen, in welchem Maß das Unternehmen mit Eigenkapital und Fremdkapital arbeitet.

- Sie geben Aufschluss über den **Grad der Abhängigkeit** des Unternehmens von fremden Kapitalgebern.

- Damit sind sie auch ein Maßstab für die Krisenfestigkeit und Kreditwürdigkeit des Unternehmens.

VIERTER ABSCHNITT

- Die Kennzahl **Eigenkapital-anteil (Eigenkapitalquote)** gibt an, wie viel Prozent des Gesamtkapitals auf das Eigenkapital entfallen. Je höher der Eigenkapitalanteil ist,

  ❶ Eigenkapitalanteil = $\dfrac{\text{Eigenkapital}}{\text{Gesamtkapital}} \cdot 100$

  ❷ Fremdkapitalanteil = $\dfrac{\text{Fremdkapital}}{\text{Gesamtkapital}} \cdot 100$

  ❸ Anteil d. langfristigen Fremdkapitals = $\dfrac{\text{langfrist. Fremdkapital}}{\text{Gesamtkapital}} \cdot 100$

  ❹ Anteil d. kurzfristigen Fremdkapitals = $\dfrac{\text{kurzfrist. Fremdkapital}}{\text{Gesamtkapital}} \cdot 100$

  - desto weniger ist das Unternehmen mit **Zinsen und Tilgungszahlungen** belastet,
  - desto weniger ist es von Kreditgebern abhängig **(Grad der finanziellen Unabhängigkeit)**,
  - desto leichter kann es negative Markteinflüsse, Konjunkturschwankungen oder Fremdkapital-entzug überstehen **(Grad der Krisenfestigkeit)**,
  - desto weniger laufen die Gläubiger Gefahr, ihr Kapital im Fall einer Krise zu verlieren **(Haftungs-/Garantiefunktion des Eigenkapitals)**,
  - desto **kreditwürdiger** ist es.

Als Untergrenze einer soliden Finanzierung gilt ein Eigenkapitalanteil von 30 %, ggf. korrigiert um spezielle Gegebenheiten.

- Die Kennzahl **Fremdkapitalanteil** gibt an, wie viel Prozent des Gesamtkapitals auf das Fremdkapital entfallen (Grad der finanziellen Abhängigkeit). Mit steigendem Fremdkapital wächst die Abhängigkeit des Unternehmens von den Auflagen seiner Gläubiger.

  Je höher der Anteil des kurzfristigen Fremdkapitals ist, desto stärker ist die Liquidität des Unternehmens belastet, weil flüssige Mittel für die anstehende Tilgung bereitgehalten werden müssen.

Eigen- und Fremdkapital können auch direkt ins Verhältnis gesetzt werden. Ein Wert der Kennziffer von 100 % bedeutet ein Verhältnis Eigenkapital zu Fremdkapital von 1:1. Dies entspricht einem Eigenkapitalanteil und einem Fremdkapitalanteil von jeweils 50 %.

Kapitalstruktur = $\dfrac{\text{Eigenkapital}}{\text{Fremdkapital}} \cdot 100$

Verschuldungs-grad = $\dfrac{\text{Fremdkapital}}{\text{Eigenkapital}} \cdot 100$

Beispiel: Kennzahlen der Kapitalstruktur

Aus dem Bilanzaufbereitungsschema (vgl. S. 494) sind für die Auto AG bezüglich der Kapitalstruktur folgende Kennzahlen zu entnehmen:

	Berichtsjahr	Vorjahr
Eigenkapitalanteil	50,6 %	48,6 %
Fremdkapitalanteil	49,4 %	51,4 %
Anteil des langfristigen Fremdkapitals	10,9 %	10,3 %
Anteil des kurzfristigen Fremdkapitals	38,5 %	41,1 %

Der **Eigenkapitalanteil** des Unternehmens ist gegenüber dem Vorjahr um 2,0 Prozentpunkte auf 50,6 % gestiegen. Diese Stärkung der Eigenkapitalbasis ist durch eine Gewinnzuführung in die Rücklagen erreicht worden.

Der **Fremdkapitalanteil**, und damit der Verschuldungsgrad des Unternehmens, ist entsprechend zurückgegangen. Das ist in erster Linie auf die **Verringerung der kurzfristigen Fremd-mittel** zurückzuführen.

Auch im Hinblick auf den Branchendurchschnitt, der einen Eigenkapitalanteil von 35–40 % aufweist, kann die Finanzierung der Auto AG als besonders solide und krisenfest bezeichnet werden.

Merke:

- Die Kennzahlen der Kapitalstruktur (Finanzierung) geben den Prozentanteil des Eigenkapitals bzw. Fremdkapitals am Gesamtkapital an.
- Sie zeigen den Grad der finanziellen Abhängigkeit an: das Ausmaß der Verschuldung und der Abhängigkeit von fremden Kapitalgebern.
- Sie geben Hinweise auf das Haftungspotenzial, die Krisenfestigkeit und Kreditwürdigkeit des Unternehmens.

Arbeitsaufträge

1. **Die Bilanz der XY-AG wurde von Ihnen aufbereitet (vgl. Arbeitsauftrag S. 494).**
   a) Ermitteln Sie die Kennzahlen der Finanzierung zum 31. Dezember 03 und zum 31. Dezember 02.
   b) Kommentieren Sie Ihre Feststellungen. Durchschnittlicher Eigenkapitalanteil der Branche: 30 %

2. **In einem Industrieunternehmen verhält sich das Eigenkapital zum Fremdkapital wie 30 : 20.**
   Berechnen Sie den prozentualen Anteil des Fremdkapitals an der Bilanzsumme.

3. **Die Passivseite der Bilanz eines Industrieunternehmens weist folgende Werte aus:**

	TEUR		TEUR
Gezeichnetes Kapital	4 200,0	Sonstige Rückstellungen	500,0
Gesetzliche Rücklage	406,0	Verbindlichkeiten a. L. u. L.	621,6
Bilanzgewinn	210,0	Sonstige Verbindlichkeiten	184,8
Pensionsrückstellungen	1 000,0	Hypothekendarlehen	1 484,0

Der Bilanzgewinn ist in voller Höhe zur Ausschüttung bestimmt. Die Pensionsrückstellungen sind als langfristig, die sonstigen Rückstellungen als kurzfristig anzusehen.
Ermitteln Sie die Kennzahlen der Kapitalstruktur für dieses Unternehmen.

Anlagendeckung (Investierung)

Investition und Finanzierung müssen zeitlich aufeinander abgestimmt werden. Diese recht banale Einsicht findet ihren Ausdruck in zwei wichtigen Finanzierungsregeln:

- **Goldene Finanzierungsregel: Die Bindungsdauer von Kapital muss der Dauer der Kapitalüberlassung entsprechen.**
- **Goldene Bilanzregel: Anlagevermögen und eiserne Bestände sollen durch Eigenkapital und langfristiges Fremdkapital abgedeckt sein.**

Logisch! Was nützen mir 100 Mio. Maschinenvermögen, wenn ich morgen 20 Mio. Kredit zurückzahlen muss? Da hilft nur Bares!

Eigenkapital steht zeitlich unbegrenzt zur Verfügung. Deshalb kann es unbedenklich langfristig in Grundstücken, Betriebsmitteln und eisernen Beständen festgelegt werden. Auch langfristiges Fremdkapital eignet sich für diesen Zweck. Vorräte darf man hingegen nur mit kurzfristigem Fremdkapital finanzieren: Die gebundenen Mittel fließen über den Verkauf rasch zurück. Dagegen werden bei Betriebsmitteln die gebundenen Mittel erst nach und nach über die Erlöse wieder freigesetzt. Ein kurzfristiger Kredit könnte folglich nicht fristgerecht zurückgezahlt werden.

In welchem Maß das Anlagevermögen durch Eigenkapital bzw. langfristiges Kapital finanziert ist, zeigen folgende Kennzahlen:

VIERTER ABSCHNITT

❶ Anlagendeckung durch Eigenkapital $= \dfrac{\text{Eigenkapital}}{\text{Anlagevermögen}} \cdot 100$

❷ Anlagendeckung durch langfristiges Kapital $= \dfrac{\text{Eigenkapital + langfristiges Fremdkapital}}{\text{Anlagevermögen}} \cdot 100$

Je näher Kennzahl ❶ an 100 % heranreicht, desto größer ist die Unabhängigkeit des Unternehmens vom Kapitalmarkt.

Kennzahl ❷ sollte mindestens 100 % betragen. Dann ist das Anlagevermögen voll durch langfristiges Kapital gedeckt. Dies ist ein möglicher Anhaltspunkt für finanzielle **Stabilität:** Es ist keine Bedrohung der Liquidität dadurch zu befürchten, dass

- in Anlagevermögen gebundenes Fremdkapital kurzfristig zur Rückzahlung fällig wird,
- ggf. zu höheren Zinsen neu beschafft werden muss.

Zur Sicherung der Betriebsbereitschaft ist es erforderlich, dass auch der eiserne Bestand des Vorratsvermögens langfristig finanziert ist. Die Kennzahl für die Anlagendeckung durch langfristiges Kapital sollte deshalb deutlich über 100 % liegen.

> **Beispiel: Anlagendeckung**
>
> Aus dem Bilanzaufbereitungsschema (vgl. S. 494) sind für die Auto AG folgende Kennzahlen der Anlagendeckung zu ermitteln:
>
> | | Berichtsjahr | Vorjahr |
> |---|---|---|
> | Anlagendeckung durch langfristiges Kapital .... | 133 % | 130 % |
> | Anlagendeckung durch Eigenkapital .... | 109 % | 107 % |
>
> Die Kennzahlen zeigen, dass das Anlagevermögen voll durch Eigenkapital finanziert und darüber hinaus ein erheblicher Teil des Umlaufvermögens durch Eigenkapital und langfristiges Fremdkapital gedeckt ist. Die **Anlagendeckung** kann daher als sehr solide bezeichnet werden.
>
> Trotz der Zunahme der Vorräte ist die **Betriebsbereitschaft** des Unternehmens nach wie vor gesichert, da das Vorratsvermögen noch zu 58 % durch langfristige Mittel gedeckt ist. Das zeigt die folgende Deckungsrechnung.
>
> | Deckungsrechnung | Berichtsjahr
TEUR | Vorjahr
TEUR |
> |---|---|---|
> | Eigenkapital .... | 17 558 | 16 798 |
> | − Anlagevermögen .... | 16 071 | 15 696 |
> | = Eigenkapital-Überdeckung .... | 1 487 | 1 102 |
> | + langfristiges Fremdkapital .... | 3 768 | 3 565 |
> | = langfristige Mittel zur Deckung des
   Umlaufvermögens .... | 5 255 | 4 667 |
> | Vorratsvermögen .... | 9 005 | 6 048 |
> | **Deckungsgrad des Vorratsvermögens** .... | **58 %** | **77 %** |
>
> Auch im Vergleich zum Branchendurchschnitt (Anlagendeckung durch Eigenkapital 75 %, durch langfristiges Kapital 110 %) kann die finanzielle Stabilität der Auto AG als ausgezeichnet bewertet werden.

Anlagevermögen und eiserne Bestände sollen durch Eigenkapital, zumindest aber durch langfristiges Fremdkapital gedeckt sein (goldene Bilanzregel). Die Kennzahlen der Anlagendeckung zeigen, wie weit dieser Regel Rechnung getragen wird.

1. **Die Bilanz der XY-AG wurde von Ihnen aufbereitet (vgl. Arbeitsauftrag S. 494).**
   a) Berechnen Sie die Kennzahlen der Investierung zum 31. Dezember 02 und 31. Dezember 03.
   b) Stellen Sie eine Deckungsrechnung zum 31. Dezember 02 und 31. Dezember 03 auf.
   c) Beurteilen Sie die Anlagendeckung der XY-AG aufgrund der ermittelten Kennzahlen und der Deckungsrechnung.
   Branchendurchschnittszahlen: Anlagendeckung durch Eigenkapital 60 %, durch Eigenkapital und langfristiges Fremdkapital 80 %.

2. **Ein Unternehmer hat die Absicht, die Anschaffung einer neuen Fertigungsmaschine zur Hälfte mit einem kurzfristigen Bankkredit zu finanzieren.**
   Wie beurteilen Sie das?

Liquidität (Zahlungsbereitschaft)

Das Unternehmen muss alle seine Verbindlichkeiten jederzeit fristgerecht begleichen können. Dann ist es im „finanziellen Gleichgewicht".

Das Finanzmanagement muss für ein stets ausgewogenes Verhältnis von liquiden (flüssigen) Mitteln und fälligen kurz-fristigen Verbindlichkeiten sorgen. In der Finanzplanung sucht es Zahlungseingänge und -verpflichtungen so zu koordinieren, dass Mittelzu- und -abflüsse hinsichtlich Höhe und Termin übereinstimmen. **Finanzpläne** werden oft für ein Jahr im Voraus aufgestellt und monatlich kontinuierlich fortgeführt.

Vgl. Bd. 1, „Geschäftsprozesse", Sachwort „Finanzplan".

Die genannte Übereinstimmung ist in der Praxis nie ganz zu erreichen. Zur Sicherung der Zahlungsbereitschaft sollte das Unternehmen deshalb eine Liquiditätsreserve halten. Damit vermeidet es auch die Inanspruchnahme teurer Kontokorrentkredite. Die Höhe der Reserve lässt sich nur betriebsindividuell bestimmen.

Um die Zahlungsbereitschaft messbar zu machen, teilt man die Vermögenswerte nach ihrer Flüssigkeit ein. Man unterscheidet da-bei **liquide Mittel erster bis vierter Ordnung**. Liquiditätskennzahlen sollen dann darüber Aufschluss geben, in welchem Maß diese Mittel zur Bezahlung der fälligen Verbindlichkeiten ausreichen.

Liquide Mittel	Aktiva	Bilanz	Passiva
4. Ordnung →	**Anlagevermögen**		**Eigenkapital**
	Umlaufvermögen:		**Fremdkapital**
3. Ordnung →	**Material, Produkte**		
2. Ordnung →	**Forderungen**		
1. Ordnung →	**Zahlungsmittel**		

■ Barliquidität

Die Barliquidität (Liquidität 1. Grades) gibt den Deckungsgrad der kurzfristigen Verbindlichkeiten durch bare Mittel (Kassenbestand, Bankguthaben) an. Da nur ein Teil der Verbindlichkeiten sofort fällig ist, darf sie unter 100 % liegen. Als Faustregel für die Untergrenze gelten 20 %.

$$\text{Barliquidität} = \frac{\text{Liquide Mittel 1. Ordnung}}{\text{Kurzfristiges Fremdkapital}} \cdot 100$$

Barliquidität?

■ Einzugsliquidität

Die Einzugsliquidität (Liquidität 2. Grades) gibt den Deckungsgrad der kurzfristigen Verbindlichkeiten durch das Finanzumlaufvermögen wieder. Das sind Mittel, die binnen etwa drei Monaten verfügbar werden (Kundenforderungen, Besitzwechsel, Wertpapiere, sonstige Vermögensgegenstände, aktive Rechnungsabgrenzungsposten), also alle im Aufbereitungsschema in der Gruppe Forderungen zusammengefassten Bilanzpositionen. Zweifelhafte Forderungen sollten nicht berücksichtigt werden.

$$\text{Einzugsliquidität} = \frac{\text{Liquide Mittel 1. und 2. Ordnung}}{\text{Kurzfristiges Fremdkapital}} \cdot 100$$

Die Einzugsliquidität gilt als wichtigste der drei Liquiditätskennzahlen.

Die Einzugsliquidität sollte mindestens 100 % betragen. Dann garantieren die liquiden Mittel 1. und 2. Ordnung die volle Deckung der kurzfristigen Verbindlichkeiten.

■ Umsatzliquidität

Die Umsatzliquidität (Liquidität 3. Grades) gibt den Deckungsgrad der kurzfristigen Verbindlichkeiten durch das gesamte Umlaufvermögen an. Es werden also Werte einbezogen, die

- noch durch den künftigen Umsatzprozess flüssig gemacht werden müssen (Fertigerzeugnisse, Handelswaren) oder
- sogar erst noch verarbeitet werden müssen (Materialien, unfertige Erzeugnisse), also schwerer liquidierbar sind.

$$\text{Umsatzliquidität} = \frac{\text{Liquide Mittel 1., 2. und 3. Ordnung}}{\text{Kurzfristiges Fremdkapital}} \cdot 100$$

Nach einer Faustregel sollte die Umsatzliquidität etwa 200 % betragen.

Beispiel: **Liquiditätskennzahlen**

Für die Auto AG (vgl. S. 494) lassen sich folgende Liquiditätskennzahlen ermitteln:

	Berichtsjahr	Vorjahr
Barliquidität	$\frac{3610 \cdot 100}{13358} = 27\,\%$	54,9 %
Einzugsliquidität	$\frac{(3610 + 5998) \cdot 100}{13358} = 71,9\,\%$	90,3 %
Umsatzliquidität	$\frac{18613 \cdot 100}{13358} = 139,3\,\%$	132,9 %

Die Bar- und Einzugsliquidität haben sich gegenüber dem Vorjahr erheblich verschlechtert: Die kurzfristigen Fremdmittel sind nur noch zu 27 % durch flüssige Mittel und zu 71,9 % durch das gesamte Finanzumlaufvermögen gedeckt. Um allen kurzfristigen Ansprüchen gerecht werden zu können, wäre man also auf die Liquidierung von Teilen der Vorräte angewiesen. Diese negative Entwicklung ist zum geringeren Teil auf die bereits festgestellte Absatzstockung zurückzuführen, die dazu geführt hat, dass ein großer Teil der finanziellen Mittel durch die Bestände an Fertigerzeugnissen gebunden ist. Zum größeren Teil ist sie durch eine überhöhte Gewinnausschüttung, also durch Vorstands- und Hauptversammlungsbeschlüsse, bedingt. Mit 2784 TEUR ist die Gewinnausschüttung um 60,6 % höher als im Vorjahr! Bei einem Verzicht auf Gewinnausschüttung läge die Einzugsliquidität z. B. bei 93 %. Die Umsatzliquidität hat sich zwar um 6,4 Prozentpunkte verbessert, ist aber immer noch zu niedrig.

Merke: Die Liquiditätskennzahlen zeigen den Deckungsgrad der kurzfristigen Verbindlichkeiten (des kurzfristigen Fremdkapitals) durch flüssige Mittel 1. bis 3. Ordnung. Sie kennzeichnen die Zahlungsbereitschaft am Bilanzstichtag.

Von besonderer Bedeutung ist die Einzugsliquidität. Sie sollte mindestens 100 % betragen.

Arbeitsaufträge

1. **Die Bilanz der XY-AG wurde von Ihnen aufbereitet (vgl. Arbeitsauftrag S. 494).**
   a) Berechnen Sie die Liquiditätskennzahlen zum 31. Dezember 03 und zum entsprechenden Zeitpunkt des Vorjahres.
   b) Beurteilen Sie die Liquiditätsentwicklung.
   c) Welche Maßnahmen müsste die XY-AG ergreifen, um ihre Liquiditätslage zu verbessern?
   d) Welche Maßnahmen wären in einem Unternehmen zu ergreifen, dessen Barliquidität zu hoch ist?

2. **Die folgende aufbereitete Bilanz liegt vor:**

Bilanz

Aktiva			Passiva		
Anlagevermögen		1 920 000,00	Eigenkapital		2 760 000,00
			Fremdkapital		480 000,00
Umlaufvermögen		1 320 000,00	a) Langfristige		
a) Flüssige			Verbindlich-		
Mittel	132 400,00		keiten	264 000,00	
b) Forderungen	105 200,00		b) Kurzfristige		
c) Sonstiges Um-			Verbindlich-		
laufvermögen	1 082 400,00		keiten	216 000,00	
		3 240 000,00			3 240 000,00

Berechnen Sie

a) die Anlagenquote,
b) den Fremdkapitalanteil,
c) die Liquiditätskennzahlen.

3. **Geschäftsfälle bei der Haushaltsgeräte AG:**

   (1) Die USt.-Zahllast wird an das Finanzamt überwiesen.
   (2) Wegen Umstellung der Produktion wird eine neuwertige Maschine unter Buchwert bar verkauft.
   (3) Ein von der Haushaltsgeräte AG bei ihrer Hausbank zum Diskont eingereichter Kundenwechsel wird fällig.

   Welche Auswirkungen haben diese Vorgänge auf die Barliquidität der Haushaltsgeräte AG (Erhöhung oder Verminderung der Liquidität, keine Auswirkung auf die Liquidität)?

4. **Die folgende Bilanz der Haushaltsgeräte AG, Köln, liegt vor. Außerdem sind zwei Branchenvergleichszahlen bekannt:**

   Anlagendeckung d. Eigenkapitals: 90 %
   Liquidität 2. Grades: 98 %

   Hinweise:
   Die Hauptversammlung hat die Ausschüttung des gesamten Bilanzgewinns beschlossen. Die „Sonstigen Rückstellungen" sind als kurzfristig zu behandeln. Von den Verbindlichkeiten sind 50,3 Mio. EUR als langfristig anzusehen.

Bilanz der Haushaltsgeräte AG, Köln, zum 31. Dezember 20..

Aktiva	Mio. EUR	Passiva	Mio. EUR
A. Anlagevermögen		**A. Eigenkapital**	
I. Sachanlagen		I. Gezeichnetes Kapital	21,0
1. Grundstücke, grundstücks-		II. Gewinnrücklagen	
gleiche Rechte und Bauten	43,2	1. Gesetzliche Rücklage	2,1
2. Technische Anlagen und		2. Andere Gewinnrücklagen ..	8,8
Maschinen	57,7	III. Bilanzgewinn	1,8
3. Andere Anlagen, B.- u. G.-			
Ausstattung	46,0	**B. Rückstellungen**	
II. Finanzanlagen		1. Rückstellungen für Pensionen	9,6
1. Beteiligungen	5,6	2. Sonstige Rückstellungen	10,0
2. Ausleihungen an Unterneh-			
men, mit denen ein Beteili-		**C. Verbindlichkeiten**	
gungsverhältnis besteht	1,1	1. Verbindlichkeiten gegenüber	
		Kreditinstituten	40,4
B. Umlaufvermögen		2. Verbindlichkeiten a. L. u. L	75,6
I. Vorräte	0,8	3. Sonstige Verbindlichkeiten	30,4
II. Forderungen und sonstige Ver-			
mögensgegenstände		**D. Passive latente Steuern**	1,8
1. Forderungen a. L. u. L.	41,2		
2. Sonstige Vermögensgegen-			
stände	1,5		
III. Schecks, Kassenbestand, Bun-			
desbank- und Postbankguthaben,			
Guthaben bei Kreditinstituten	4,4		
	201,5		**201,5**

Die Bilanz ist aufzubereiten und – soweit möglich – unter den Gesichtspunkten

– Finanzierung,
– Investierung,
– Liquidität

kritisch zu beurteilen.

 5. **Bei der folgenden Aufstellung handelt es sich um die teilweise bereits aufbereitete Bilanz der Chemischen Werke Adorf AG.**

Aufbereitete Bilanz in Mio. EUR

Aktiva	Berichtsjahr Mio. EUR	%	Vorjahr Mio. EUR	%	Zu- oder Abnahme Mio. EUR	%-Punkte
Sachanlagen	12,0	39,9	11,9		+ 0,1	
Finanzanlagen	0,0	0,0	0,0	0,0	0,0	0,0
Anlagevermögen	12,0	39,9	11,9		+ 0,1	
Vorräte	10,4		10,8	35,5		
Forderungen	7,3	24,3	7,1	23,4	+ 0,9	
flüssige Mittel	0,4	1,3	0,6	2,0		– 0,7
Umlaufvermögen	18,1		18,5	60,9	– 0,4	
Summe der Aktiva (Gesamtvermögen)	30,1	100,0	30,4	100,0	– 0,3	0,0

Passiva	Berichtsjahr		Vorjahr		Zu- oder Abnahme	
	Mio. EUR	%	Mio. EUR	%	Mio. EUR	%-Punkte
Gezeichnetes Kapital	6,4		6,4		0,0	
Rücklagen	7,3	6,4				
Eigenkapital	**13,7**		12,8	42,1	+ 0,9	
langfristige Rückstellungen	1,3	4,3	1,4		– 0,1	
langfristige Verbindlichkeiten	6,3	20,9	6,4		– 1,0	
langfristiges Fremdkapital	**7,6**		7,8	25,7		
kurzfristige Rückstellungen	1,1	3,7	1,1	3,6		+ 0,1
kurzfristige Verbindlichkeiten	7,7	25,6	8,7		– 1,0	
kurzfristiges Fremdkapital	**8,8**		9,8	32,2	– 1,0	
Summe der Passiva (Gesamtkapital)	**30,1**	**100,0**	30,4	100,0		0,0

a) Ergänzen Sie die fehlenden Zahlen im Aufbereitungsschema.
b) Nehmen Sie eine Bilanzauswertung vor hinsichtlich
   - Vermögensstruktur,
   - Kapitalstruktur,
   - Anlagendeckung,
   - Liquidität.

8.2.3 Bewegungsbilanz (Finanzierungsrechnung)

Die Aussagekraft der **Liquiditätskennzahlen** ist begrenzt:

- Die Bilanz weist Forderungen und Verbindlichkeiten nicht aus, für die noch keine Rechnungen vorliegen oder für die keine Rechnungen anfallen (zu erwartende Ausgaben für Einkäufe, Lohnzahlungen, Mieten, Gebühren, Stromkosten, Steuern usw.; zu erwartende Einnahmen aus Vermietungen, Verkäufen usw.). Man spricht deshalb von einer **Stichtagsliquidität**.
- Die Bilanz weist keine Fälligkeitstermine für Forderungen und Verbindlichkeiten aus.
- Die Bilanz zeigt keine Möglichkeiten der Kapitalbeschaffung auf, die gegebenenfalls bestehen (z. B. zusätzliche Kredite oder Einlagen).
- Die Bilanz wird in der Regel erst Monate nach dem Bilanzstichtag erstellt. Die Verhältnisse können sich bis dahin stark verändert haben.

Anhand der Liquiditätskennzahlen lässt sich deshalb nicht beurteilen, ob ein Unternehmen zu einem gegebenen Zeitpunkt tatsächlich zahlungsfähig ist. Dazu wäre ein Einblick in den **Finanzplan** des Unternehmens erforderlich, der die laufenden Ausgaben und Ein-nahmen, die Fälligkeiten von Verbindlichkeiten und Forderungen, die Kreditzusagen von Banken sowie die daraus entstehende Über-/Unterdeckung an flüssigen Mitteln im Einzelnen ausweist. Über diesen Einblick verfügt der externe Bilanzanalytiker in der Regel nicht. Ihm geben die Liquiditätskennzahlen aber im Zeitvergleich Aufschluss über die Liquiditätsentwicklung, über Anspannung und Entspannung der Liquiditätslage. Sie gestatten damit auch einen gewissen Einblick in die Liquiditätspolitik. Werden weitergehende Einsichten verlangt, hilft die Bewegungsbilanz (Finanzierungsrechnung) weiter.

Die Bewegungsbilanz zeigt die Ursachen von Liquiditätsveränderungen auf.

Die Bilanz zeigt nur die Bestände an Finanzierungsmitteln und Investitionen zum Bilanzstichtag. Um die Finanzierungs- und Investitionsvorgänge zu erfassen, die im Jahresablauf zu diesen Beständen führten, muss man die Posten zweier Bilanzen vergleichen. In einer Bewegungsbilanz hält man Mittelherkunft und -verwendung in vier typischen Veränderungen fest.

Mittelverwendung	Bewegungsbilanz	Mittelherkunft
Mittel können verwendet werden für	**Mittel können zufließen durch**	

• **Zunahme von Aktivposten:**
 – Sach-Anlage-Investitionen
   (z. B. Maschinenkauf)
 – Sach-Vorrats-Investitionen
   (z. B. Materialeinkauf)
 – Finanz-Investitionen
   (Beteiligungen, Forderungen)
 – Desinvestitionen (Barmittel)
 	
 • **Abnahme von Passivposten:**
 Entfinanzierung (z. B. Schuldentilgung,
   Gewinnentnahme,
   Kapitalentnahme)
	• **Zunahme von Passivposten:**
	 – Eigen-Außen-Finanzierung (Einlagen)
	 – Eigen-Innen-Finanzierung (Gewinne)
	 – Fremd-Außen-Finanzierung (Kredite)
	 – Fremd-Innen-Finanzierung
	   (Rückstellungen)
	
	 • **Abnahme von Aktivposten:**
	 – Kapitalfreisetzung (Rückfluss von
	   Abschreibungen,
	   Abbau von
	   Anlagen, Vorräten,
	   Forderungen)
	 – Einsatz flüssiger Mittel	

Die Bewegungsbilanz kann die Ursachen von Liquiditätsveränderungen aufzeigen, weil sie die Investitions- und Finanzierungstätigkeit während des Geschäftsjahrs erfasst. Zur Vertiefung der Erkenntnisse zieht man den Anlagenspiegel und die GuV-Rechnung hinzu.

Beispiel: Bewegungsbilanz (Auto AG, vgl. S. 493; alle Beträge in TEUR)

Aktiva	Bilanz			Passiva	
	01	**02**		**01**	**02**
Sachanlagen	14 844	15 217	Eigenkapital	16 798	17 558
Finanzanlagen	852	854	Langfrist. Rückstellungen	2 537	2 972
Vorräte	6 048	9 005	Langfrist. Verbindlichk.	1 028	796
Forderungen	5 009	5 998	Kurzfrist. Rückstellungen	3 664	2 707
Flüssige Mittel	7 794	3 610	Kurzfrist. Verbindlichk.	10 520	10 651
	34 547	34 684		34 547	34 684

Die kurzfristigen Verbindlichkeiten enthalten auch den Bilanzgewinn: 1 790 (Vorjahr), 2 874 (Berichtsjahr).

Anlagenspiegel (Auszug):

	Zugänge	Abgänge	Bestand 31.12. Berichtsjahr	Bestand 31.12. Vorjahr	Abschreibung Berichtsjahr
Sachanlagen	4 315	532	15 217	14 844	3 410
Finanzanlagen	41	30	854	852	9

Umsatzerlöse laut GuV-Rechnung: 64 900 (Vorjahr), 64 220 (Berichtsjahr)
Bestandsveränderungen laut GuV-Rechnung: –1 488 (Vorjahr), 2 100 (Berichtsjahr)
Abschreibungen auf Umlaufvermögen laut GuV-Rechnung: 105 (Vorjahr), 98 (Berichtsjahr)

Mittelverwendung	Bewegungsbilanz		Mittelherkunft
Zunahme von Aktivposten:		**Zunahme von Passivposten:**	
– Sach-Anlage-Investitionen:		– Eigen-Außen-Finanzierung (Einlagen)	0
Ersatzinvestitionen	3 942	– Eigen-Innen-Finanzierung (Gewinn)	760
Erweiterungsinvestitionen	373	– Fremd-Außen-Finanzierung (Kredit)	131
– Sach-Vorrats-Investitionen	2 957	– Fremd-Innen-Finanzierung	
– Finanz-Investitionen		(langfr. Rückstellungen)	435
Finanzanlagen	41		
Forderungen	989		
Abnahme von Passivposten:		**Abnahme von Aktivposten:**	
Entfinanzierung		– Kapitalfreisetzung:	
Tilgung langfristiger Schulden	232	Rückfluss Abschreibungen	
Ausgleich kurzfristiger		auf Sachanlagen	3 410
Rückstellungen	957	Rückfluss Abschreibungen	
		auf Finanzanlagen	9
		Abgänge Sachanlagen	532
		Abgänge Finanzanlagen	30
		– Einsatz flüssiger Mittel:	
		Abbau von Zahlungsmittelm	4 184
	9 491		**9 491**

Das Unternehmen hat 4 315 TEUR in Anlagen investiert, davon waren

- Ersatzinvestitionen: 3 942 TEUR, fast voll finanziert durch Abschreibungen und Gewinne (Defizit 145),
- Erweiterungsinvestitionen: 373 TEUR, voll finanziert durch Gewinne.

Dies entspricht weitgehend dem Geist der goldenen Bilanzregel.

Die Anlagenerweiterung hat sich bisher nicht rentiert. Sie wurde wohl in Erwartung einer Umsatzsteigerung vorgenommen. Die GuV-Rechnung zeigt jedoch im Jahresvergleich einen Umsatzrückgang.

Dementsprechend ist das Vorratsvermögen stark gestiegen (+ 2 957 TEUR). Darin sind 2 100 TEUR Bestandserhöhungen an fertigen und unfertigen Erzeugnissen enthalten (siehe GuV-Rechnung), also Erzeugnisse, die nicht abgesetzt wurden. (Der Betrag wäre noch höher, wenn nicht Abschreibungen auf das Umlaufvermögen von 98 TEUR vorgenommen worden wären.)

Die Zunahme der Vorräte konnte nicht durch Eigenkapital finanziert werden. Es wurden dafür kurzfristige Kredite von 131 TEUR aufgenommen und liquide Zahlungsmittel von 2 826 TEUR in Anspruch genommen.

Trotz Umsatzrückgang hat sich der Forderungsbestand um 989 TEUR erhöht. Viele Verkäufe konnten folglich nur unter Einräumung längerer Zahlungsziele durchgeführt werden. In diesem Umfang (plus 2 TEUR für Finanzanlagen) wurden weitere liquide Mittel entzogen, insgesamt 991 TEUR.

Außerdem ist eine Entfinanzierung von 1 189 TEUR festzustellen. Sie kommt durch die Tilgung langfristiger Verbindlichkeiten von 232 TEUR und durch die Auflösung kurzfristiger Rückstellungen von 957 TEUR zustande. Dem Gesamtbetrag von 1 189 TEUR stehen ein weiterer Zahlungsmittelabfluss von 754 TEUR und die Bildung langfristiger Rückstellungen von 435 TEUR gegenüber.

Bekanntlich zeigen die Vermögens- und Kapitalstruktur sowie die Anlagendeckung des Unternehmens ein solides Bild. Nur die Liquidität hat stark gelitten (vgl. Beispiel im Abschnitt „Liquidität"). Wie schon auf Seite 502 festgestellt, liegt die Verantwortung hierfür weitgehend bei Vorstand und Hauptversammlung: Sie haben eine Gewinnausschüttung in Höhe von 2 874 TEUR beschlossen (siehe Bilanz auf S. 493). Ohne diese Ausschüttung läge z. B. die Einzugsliquidität bei gut 93 %.

Arbeitsaufträge

1. Sie finden auf Seite 495 die Bilanz, auf Seite 514 die GuV-Rechnung der XY-AG.
   Erstellen Sie die Bewegungsbilanz und werten Sie sie aus.

2. Zu Beginn des Geschäftsjahres 10 weist die Eröffnungsbilanz der Schraubenfabrik Franz Bresser folgende Bestände auf:

Aktiva		Bilanz (in EUR)	Passiva	
I. Anlagevermögen		**I. Eigenkapital**		400 000,00
Maschinen	300 000,00			
Geschäftsausstattung	150 000,00	**II. Fremdkapital**		
		Darlehen		140 000,00
II. Umlaufvermögen		Verbindlichkeiten		150 000,00
Vorräte	90 000,00			
Forderungen	70 000,00			
Bankguthaben	80 000,00			
	690 000,00			690 000,00

Es vollziehen sich im Laufe des Jahres folgende Vorgänge:

- (1) Kauf von Maschinen für 80 000,00 EUR gegen Rechnung,
- (2) Kauf von Geschäftsausstattung für 30 000,00 EUR gegen Rechnung,
- (3) Einkauf von Vorräten für 220 000,00 EUR gegen Rechnung,
- (4) Verbrauch von Vorräten für die Produktion für 215 000,00 EUR,
- (5) Verkauf von erstellten Produkten für 350 000,00 EUR gegen Rechnung,
- (6) Eingang von Kundenzahlungen für 330 000,00 EUR,
- (7) Bezahlung von Verbindlichkeiten 210 000,00 EUR,
- (8) Darlehenstilgung 10 000,00 EUR,
- (9) Abschreibung von Maschinen 30 000,00 EUR,
- (10) Abschreibung von Geschäftsausstattung 15 000,00 EUR,
- (11) Entnahme von 50 000,00 EUR durch den Inhaber.

a) Welche Finanzierungs- und Investitionsarten lassen sich anhand der Eröffnungsbilanz unterscheiden?

b) Erstellen Sie das Gewinn- und Verlustkonto, das Privatkonto, die Schlussbilanz und die Bewegungsbilanz. Erläutern Sie anhand dieser Unterlagen ausführlich die Finanzierungs- und Investitionsvorgänge.

c) Bestimmte Investitionsarten lassen sich den Unterlagen nicht unmittelbar entnehmen. Nennen Sie sie und geben Sie an, an welchen Stellen sie ggf. versteckt sind.

3. Im Folgenden ist die Bilanz der Röhrenwerke AG wiedergegeben; außerdem finden Sie einige zusätzliche Angaben.

Angaben aus der GuV-Rechnung

Umsatzerlöse: 90 100 im Berichtsjahr, 74 850 im Vorjahr
Fremdkapitalzinsen: 540 im Berichtsjahr, 604 im Vorjahr
Jahresüberschuss: 1 560 im Berichtsjahr, 1 264 im Vorjahr

Vergleichszahlen (%) von Unternehmen der gleichen Branche:

Anlagevermögen		40	Eigenkapital		40
Vorräte	34		**Rückstellungen**	13	
Forderungen	25		langfristige Verbindlichkeiten	20	
flüssige Mittel	1		kurzfristige Verbindlichkeiten	27	
Umlaufvermögen		60	**Fremdkapital**		60
		100			100

Weitere Angaben:

1. Eigenkapital am 1. Januar 09: 12 100; Gesamtkapital am 1. Januar 09: 30 310
2. Landesüblicher Zinssatz für langfristige Kapitalanlagen im Berichtsjahr: 10 %
3. Pensionsrückstellungen sind als langfristig, sonstige Rückstellungen als kurzfristig zu behandeln.
4. Der Bilanzgewinn wurde in beiden Jahren in voller Höhe ausgeschüttet.
5. Von den Verbindlichkeiten gegenüber Kreditinstituten sind 4 550/5 300 als kurzfristig anzusehen.

Bilanz der Röhrenwerke AG in TEUR zum 31. Dezember 10

Aktiva	Ansch.-/ Herst.- Kosten	Zug.	Abg.	Abschr. (kumul.)	Ab- schr. in 10	31. Dez. 10	31. Dez. 09	Passiva	31. Dez. 10	31. Dez. 09
A. Anlagever- mögen								**A. Eigenkapital**		
1. Grundstücke u. Bauten	10 100	420	15	5 770	240	4 735	4 570	I. Gezeichnetes Kapital	6 400	6 400
2. Techn. An- lagen u. Maschinen	7 400	1 990	26	3 540	2 050	5 824	5 910	II. Kapitalrücklage .... III. Gewinnrücklagen:	100	100
3. And. Anlagen, B.- u. G.-Aus- stattung	1 900	950	36	1 370	870	1 444	1 400	1. Gesetzl. Rück- lage .... 2. And. Gewinn- rücklagen Stand 01.01.10: 5810	540	540
	19 400	3 360	77	10 680	3 160	12 003	11 880	Einstellung a. d. Jah- resüberschuss: 800	6 610	5 810
								IV. Bilanzgewinn	760	770
B. Umlaufvermögen								**B. Rückstellungen**		
I. Vorräte								Rückstellungen für		
1. Roh-, Hilfs- und Betriebsstoffe						2 196	2 080	Pensionen	3 900	3 690
2. Unfertige Erzeugnisse						2 260	2 090	Sonstige Rückstellungen .	400	240
3. Fertige Erzeugnisse						5 990	6 690	**C. Verbindlichkeiten**		
II. Forderungen und sonstige Vermögensgegenstände								Verb. gegenüber		
1. Forderungen a. L. u. L.						7 050	6 840	Kreditinstituten	8 550	9 700
2. Sonstige Vermögensgegenstände						100	150	Verbindlichkeiten a. L. u. L...	2 700	2 900
III. Schecks, Kassenbestand, Guthaben bei Kreditinstituten						430	610	Sonstige Verbindlichkeiten	109	250
C. Rechnungsabgrenzungsposten						110	100	**D. Passive latente Steuern**	70	40
						30 139	30 440		30 139	30 440

Werten Sie diese Unterlagen aus und versuchen Sie, Lage und Entwicklung der Röhrenwerke AG – soweit es Ihnen aufgrund der vorliegenden Unterlagen möglich ist – zu beurteilen.

8.3 Einbeziehung der Gewinn- und Verlustrechnung

8.3.1 Aufbereitung der GuV-Rechnung

Durch die Auswertung der GuV-Rechnung soll festgestellt werden, ob das Unternehmen im Berichtsjahr rentabel und wirtschaftlich gearbeitet hat.

Die Bilanz lässt dazu keine detaillierten Aussagen zu. Sie weist zwar den Erfolg aus; die Erfolgsquellen aber lassen sich nur der GuV-Rechnung entnehmen.

Beispiel: GuV-Rechnung der Auto AG zum 31.12.02
(Auszug)

	02 (TEUR)	01 (TEUR)
1. Umsatzerlöse	64 220	64 900
2. Erhöhung oder Verminderung des Bestands an fertigen und unfertigen Erzeugnissen	2 100	– 1 488
3. Andere aktivierte Eigenleistungen	954	1 004
4. Sonstige betriebliche Erträge	205	160
5. Materialaufwand:		
a) Aufwendungen für Roh-, Hilfs- und Betriebsstoffe und für bezogene Waren	27 001	20 970
b) Aufwendungen für bezogene Leistungen	10 339	14 001
6. Personalaufwand:		
a) Löhne und Gehälter	14 612	12 628
b) Soziale Abgaben und Aufwendungen für Altersversorgung und für Unterstützung	2 422	1 889
7. Abschreibungen:		
a) auf immaterielle Vermögensgegenstände des Anlagevermögens und Sachanlagen	3 410	3 944
b) auf Vermögensgegenstände des Umlaufvermögens, soweit diese die in der Kapitalgesellschaft üblichen Abschreibungen überschreiten	98	105
8. Sonstige betriebliche Aufwendungen	3 710	3 558
9. Erträge aus Beteiligungen	28	21
10. Erträge aus anderen Wertpapieren und Ausleihungen des Finanzanlagevermögens	6	5
11. Sonstige Zinsen und ähnliche Erträge	1 024	662
12. Abschreibungen auf Finanzanlagen und auf Wertpapiere des Umlaufvermögens	10	11
13. Zinsen und ähnliche Aufwendungen	384	313
14. Ergebnis der gewöhnlichen Geschäftstätigkeit	**6 551**	**7 845**
15. Außerordentliche Erträge	135	52
16. Außerordentliche Aufwendungen	95	51
17. Außerordentliches Ergebnis	**40**	**1**
18. Steuern vom Einkommen und vom Ertrag	2 636	3 138
19. Sonstige Steuern	321	323
20. Jahresüberschuss/Jahresfehlbetrag	**3 634**	**4 385**

Für Auswertungszwecke ist es sinnvoll, die GuV-Rechnung so aufzubereiten, dass die Aufwands- und Ertragsarten sowie die Ergebnisse deutlich hervortreten:
- betriebliche Aufwendungen und Erträge in ihrer Zusammensetzung,
- Zinsaufwendungen und Zinserträge (und Artverwandte),
- außerordentliche Aufwendungen und Erträge,
- Betriebsergebnis, Finanzergebnis, außerordentliches Ergebnis, neutrales Ergebnis, Ergebnis vor Steuern, Ergebnis nach Steuern (Jahresergebnis).

Beispiel: Aufbereitete GuV-Rechnung der Auto AG

	Berichtsjahr (02) (TEUR)		Vorjahr (01) (TEUR)	
Umsatzerlöse	64 220		64 900	
Bestandsveränderungen	+ 2 100		− 1 488	
andere aktivierte Eigenleistungen	+ 954		+ 1 004	
sonstige betriebliche Erträge	+ 205		+ 160	
Gesamtleistung = betriebliche Erträge		67 479		64 576
Materialaufwand	− 37 340		− 34 971	
Personalaufwand	− 17 034		− 14 517	
Abschreibungen	− 3 508		− 4 049	
sonstige betriebliche Aufwendungen	− 3 710		− 3 558	
Betriebliche Aufwendungen		− 61 592		− 57 095
Ergebnis der eigentlichen Betriebstätigkeit		= 5 887		= 7 481
Zinsen und ähnliche Erträge	+ 1 058		+ 688	
Zinsen und ähnliche Aufwendungen	− 394		− 324	
Finanzergebnis		+ 664		+ 364
Ergebnis der gewöhnlichen Geschäftstätigkeit	= 6 551	= 6 551	= 7 845	= 7 845
außerordentliche Erträge	+ 135		+ 52	
außerordentliche Aufwendungen	− 95		− 51	
außerordentliches Ergebnis		+ 40		+ 1
Ergebnis vor Steuern		= 6 591		= 7 846
Steuern vom Einkommen und vom Ertrag	− 2 636		− 3 138	
sonstige Steuern	− 321		− 323	
Ergebnis nach Steuern = Jahresüberschuss/Jahresfehlbetrag		= 3 634		= 4 385

8.3.2 Ertrags-, Aufwands- und Ergebnisanalyse

Der externe Bilanzanalytiker kann anhand einer GuV-Rechnungsanalyse nur begrenzte Erkenntnisse über den Betriebserfolg und seine Zusammensetzung erzielen, weil ihm nur die veröffentlichten Zahlen zur Verfügung stehen, nicht aber die Zahlen der KLR.

Beispiel: Erfolgsanalyse bei der Auto AG

Erträge

Die bereits an früherer Stelle erwähnte Absatzstockung hat zu einem Rückgang der Umsatzerlöse von 680 TEUR geführt.

Die Produktion von Erzeugnissen ist jedoch gestiegen. Dies führte zu einer entsprechenden Erhöhung der Lagerbestände (+ 3 588 TEUR). Die restlichen betrieblichen Erträge sind in etwa gleichgeblieben. Die Gesamtleistung steigt deshalb um 2 903 TEUR. Leider schlägt sich diese Zunahme nicht in der Kasse nieder. Wie wir wissen, hat sich die Liquiditätslage beträchtlich verschlechtert.

Umsatzintensität

Die Umsatzintensität gibt den Prozentanteil der Umsatzerlöse an den gesamten betrieblichen Erträgen an:

Berichtsjahr: Vorjahr:

$$\text{Umsatzintensität} = \frac{\text{Umsatzerlöse}}{\text{betriebliche Erträge}} \cdot 100 \qquad \frac{64\,220}{67\,479} \cdot 100 = 95{,}2\,\% \qquad \frac{64\,900}{64\,576} \cdot 100 = 100{,}5\,\%$$

Die Umsatzintensität ist im Berichtsjahr gegenüber dem Vorjahr gesunken. Auch dies zeigt, dass das Unternehmen in seinem eigentlichen Tätigkeitsbereich weniger Erträge erzielt, die Geld in die Kasse spülen.

Aufwandsstruktur

Die Struktur der Aufwendungen wird durch die Kennzahlen der Aufwandsartenintensität erkennbar. Diese geben den Prozentanteil der Aufwandsarten am Gesamtaufwand an.

Dem Controller stehen die Daten von Buchführung und Kostenrechnung zur Verfügung. Er kann deshalb genauere Kennzahlen als der externe Analytiker gewinnen.
Vgl. S. 185 f.

$$\text{Aufwandsartenintensität} = \frac{\text{Betrag der Aufwandsart}}{\text{Gesamtaufwand}} \cdot 100$$

Aufwandsart	Aufwendungen im Berichtsjahr		Aufwendungen im Vorjahr	
	Betrag (TEUR)	Aufwandsarten-intensität (%)	Betrag (TEUR)	Aufwandsarten-intensität (%)
Personalaufwand	17034	27,66	14517	25,43
Materialaufwand	37340	60,62	34971	61,25
Abschreibungen	3508	5,70	4049	7,09
sonstige betriebl. Aufwendungen	3710	6,02	3558	6,23
gesamte betriebliche Aufwendungen	**61592**	**100,00**	**57095**	**100,00**

Mehr als 60 % der betrieblichen Aufwendungen sind Materialaufwendungen. Es handelt sich also um einen stark materialintensiven Betrieb. An zweiter Stelle folgt mit großem Abstand der Personalaufwand.

Wirtschaftlichkeit der Produktion

Die Wirtschaftlichkeit der Produktion lässt sich bekanntlich durch den Ergiebigkeitsgrad und den Sparsamkeitsgrad messen:

$$\text{Ergiebigkeitsgrad} = \frac{\text{Erträge}}{\text{Aufwendungen}}$$

$$\text{Sparsamkeitsgrad} = \frac{\text{Aufwendungen}}{\text{Erträge}}$$

	Erträge	Aufwendungen	Ergiebigkeitsgrad	Sparsamkeitsgrad
Vorjahr	64576	57095	1,13	0,884
Berichtsjahr	67479	61592	1,10	0,913

Vorjahr: Pro EUR Aufwand wurden Erträge von 1,13 EUR erzielt.
Berichtsjahr: Pro EUR Aufwand wurden Erträge von 1,10 EUR erzielt.
Vorjahr: Pro EUR Erträge entstanden Aufwendungen von 0,884 EUR.
Berichtsjahr: Pro EUR Erträge entstanden Aufwendungen von 0,913 EUR.

Die Wirtschaftlichkeit hat sich also etwas verschlechtert.

Man kann auch die einzelnen Aufwandsarten heranziehen, um ihren Anteil an der Wirtschaftlichkeit zu beurteilen (vgl. hierzu S. 195).

Ergebnisse

Wichtige Teilergebnisse sind:

- **Ergebnis der eigentlichen Betriebstätigkeit**: Dies ist das Ergebnis des betrieblichen Leistungsprozesses und damit das wichtigste Teilergebnis. Es zeigt den Erfolg des Unternehmens auf seinem eigentlichen Tätigkeitsfeld.
- **Finanzergebnis**: Es zeigt vor allem die Zinsbelastung aufgrund hoher Schulden, die die Unternehmen heutzutage z. B. für Forschung und Entwicklung oder für den Erwerb anderer Unternehmen eingehen müssen.
- **Außerordentliches Ergebnis**: Es zeigt Vorgänge außerhalb der gewöhnlichen Geschäftstätigkeit, die unternehmensfremd und unregelmäßig (selten) anfallen.
- **Ergebnis vor Steuern**: Es ermöglicht den Vergleich der Ertragskraft von Unternehmen, bereinigt von Verzerrungen, die durch unterschiedliche Steuersysteme entstehen.
- **Jahresüberschuss/-fehlbetrag**: Gesamtergebnis

Für das Ergebnis der Auto AG gilt:

- Das **Ergebnis der eigentlichen Betriebstätigkeit** sank im Berichtsjahr um 1 594 TEUR (21,3 %) gegenüber dem Vorjahr. Hauptursache: eine starke Erhöhung der Material- und Personalaufwendungen. Offenbar hat man in Erwartung einer Absatzsteigerung die Produktion ausgeweitet. Es kam aber zu einer Absatzflaute, die zu Erlösrückgang und Bestandserhöhungen führte.
- Das **Finanzergebnis** ist wegen höherer Zinserträge um 300 TEUR gestiegen, das **außerordentliche Ergebnis** um 39 TEUR. Der Gesamtanstieg von 339 TEUR (92,9 %) kann jedoch das schlechtere Betriebsergebnis bei Weitem nicht wettmachen.
- Das **Ergebnis vor Steuern** des Berichtsjahrs liegt deshalb um 1 255 EUR (16 %) unter dem des Vorjahrs.
- Bei der Besteuerung ergeben sich keine wesentlichen Änderungen gegenüber dem Vorjahr. Die Steuerquote liegt im Berichtsjahr bei 44,9 %, im Vorjahr bei 44,1 %. Der **Jahresüberschuss** entwickelt sich deshalb wie das Ergebnis vor Steuern: Er liegt im Berichtsjahr 688 TEUR (17,13 %) unter dem Vorjahr.

Anmerkung:

Insbesondere bei börsennotierten Unternehmen spielen neben den genannten Kennzahlen die sog. „Earnings before"-Kennzahlen eine zunehmende Rolle. Am bekanntesten ist das **EBIT** (**E**arnings **B**efore **I**nterest and **T**ax = Ergebnis vor Zinsen und Steuern). Grundsätzlich gilt: EBIT = Ergebnis der eigentlichen Betriebstätigkeit – Sonstige Steuern. Das EBIT soll wie das Ergebnis der eigentlichen Betriebstätigkeit den Erfolg des Unternehmens auf seinem eigenen Tätigkeitsfeld zeigen. Auch das **EBITDA** ist von Interesse (**E**arnings **B**efore **I**nterest, **T**ax, **D**epreciation and **A**mortization = Ergebnis vor Zinsen, Steuern, Abschreibungen auf Sachanlagen und immaterielle Vermögensgegenstände). Es rechnet die genannten Abschreibungen zum EBIT hinzu und soll Aufschluss über das von verfälschenden Abschreibungspraktiken bereinigte Ergebnis der eigentlichen Betriebstätigkeit geben. Die genannten Kennzahlen werden jedoch in Europa sehr uneinheitlich verwendet. Sie sind noch nicht standardisiert. Jedes Unternehmen berechnet sie anders. Deshalb sind sie für einen Unternehmensvergleich zurzeit kaum verwendbar.

Arbeitsaufträge

	Berichts-jahr TEUR	Vor-jahr TEUR
1. Gewinn- und Verlustrechnung der Glasbau AG zum 31. Dezember 02 (Auszug):		
1. Umsatzerlöse	642,2	610,8
2. Erhöhung/Verminderung des Bestands an fertigen und unfertigen Erzeugnissen	18,1	– 2,0
3. Andere aktivierte Eigenleistungen	10,5	17,1
4. Sonstige betriebliche Erträge	43,8	45,6
5. Materialaufwand		
a) Aufwendungen für Roh-, Hilfs- und Betriebsstoffe und für bezogene Waren	217,2	216,6
b) Aufwendungen für bezogene Leistungen	25,6	24,3
6. Personalaufwand:		
a) Löhne und Gehälter	194,7	193,9
b) Soziale Abgaben u. Aufwendungen für Altersversorgung und für Unterstützung	42,9	42,6
7. Abschreibungen		
a) auf immaterielle Vermögensgegenstände des Anlagevermögens u. Sachanlagen	34,1	35,2
b) auf Vermögensgegenstände des Umlaufvermögens (unüblich hoch)	3,5	3,6
8. Sonstige betriebliche Aufwendungen	72,9	80,4
9. Erträge aus Beteiligungen	12,0	12,2
10. Erträge aus anderen Wertpapieren und Ausleihungen des Finanzanlagevermögens	5,0	5,4
11. Sonstige Zinsen und ähnliche Erträge	44,2	48,1
12. Abschreibungen auf Finanzanlagen und auf Wertpapiere des Umlaufvermögens	7,3	7,7
13. Zinsen und ähnliche Aufwendungen	57,8	45,5
14. Ergebnis der gewöhnlichen Geschäftstätigkeit	**119,8**	**87,4**
15. Außerordentliche Erträge	37,8	54,9
16. Außerordentliche Aufwendungen	78,1	52,9
17. Außerordentliches Ergebnis	**−40,3**	**2,0**
18. Steuern vom Einkommen und vom Ertrag	32,0	35,3
19. Sonstige Steuern	4,1	4,5
20. Jahresüberschuss/Jahresfehlbetrag	**43,4**	**49,6**

VIERTER ABSCHNITT

a) Bereiten Sie die GuV-Rechnung für die Auswertung auf.

b) Untersuchen Sie

– die Ertragsentwicklung,
– die Entwicklung der Umsatzintensität,
– die Entwicklung der Aufwandsartenintensitäten,
– die Entwicklung der Wirtschaftlichkeit der Produktion,
– die Entwicklung der Ergebnisse.

2. **Auszug aus der GuV-Rechnung der XY-AG (vgl. S. 494f.) in Mio. EUR:**

		03	02
1.	Umsatzerlöse	642,2	648,9
2.	Erhöhung oder Verminderung des Bestands an fertigen und unfertigen Erzeugnissen	27,7	– 4,7
3.	Sonstige betriebliche Erträge	2,4	1,7
4.	Materialaufwand:		
	a) Aufwendungen für Roh-, Hilfs- und Betriebsstoffe und für bezogene Waren	303,3	299,0
	b) Aufwendungen für bezogene Leistungen	70,1	50,7
5.	Personalaufwand:		
	a) Löhne und Gehälter	146,1	126,3
	b) Soziale Abgaben und Aufwendungen für Altersversorgung und für Unterstützung	23,2	19,3
6.	Abschreibungen:		
	a) auf immaterielle Vermögensgegenstände des Anlagevermögens und Sachanlagen	34,1	39,4
	b) auf Vermögensgegenstände des Umlaufvermögens, soweit diese die in der Kapitalgesellschaft üblichen Abschreibungen überschreiten	0,3	0,1
7.	Sonstige betriebliche Aufwendungen	22,9	27,0
8.	Sonstige Zinsen und ähnliche Erträge	8,8	4,4
9.	Zinsen und ähnliche Aufwendungen	30,0	29,3
10.	**Ergebnis der gewöhnlichen Geschäftstätigkeit**	**51,1**	**59,2**
11.	Außerordentliche Erträge	2,8	2,8
12.	Außerordentliche Aufwendungen	1,0	1,5
13.	**Außerordentliches Ergebnis**	**1,8**	**1,3**
14.	Steuern vom Einkommen und vom Ertrag	21,0	30,0
15.	Sonstige Steuern	8,1	11,5
16.	**Jahresüberschuss/Jahresfehlbetrag**	**23,8**	**19,0**

a) Bereiten Sie die GuV-Rechnung für die Auswertung auf.

b) Untersuchen Sie

– die Ertragsentwicklung,
– die Entwicklung der Umsatzintensität,
– die Entwicklung der Aufwandsartenintensitäten,
– die Entwicklung der Wirtschaftlichkeit der Produktion,
– die Entwicklung der Ergebnisse.

8.3.3   Beurteilung der Ertragskraft des Kapitals (Rentabilität)

Die Kennzahl Rentabilität gibt an, wie viel Prozent Gewinn ein Kapitaleinsatz abwirft.

$$\text{Rentabilität} = \frac{\text{Gewinn}}{\text{Kapitaleinsatz}} \cdot 100$$

Mit der Rentabilitätskennzahl prüft man die Vorteilhaftigkeit von Investitionen.

> *Vgl. Bd. 1, „Geschäftsprozesse", Sachworte „Rentabilität", Eigenkapitalrentabilität" und „Gesamtkapitalrentabilität".*

Mit der Rentabilitätskennzahl beurteilt man auch die Ertragskraft des Kapitaleinsatzes im Unternehmen:

- Der Unternehmer setzt seine Arbeitskraft und sein Eigenkapital ein. Beide sollen rentabel (gewinnbringend) wirtschaften. Deshalb soll die Rentabilität über dem Marktzinssatz für risikoarm angelegtes langfristiges Kapital liegen.
- Das Fremdkapital muss zumindest seine Zinsen erwirtschaften. Darüber hinaus sollte es ebenfalls zur Gewinnerzielung beitragen und so die Ertragskraft des Eigenkapitals verstärken.

Gewinn – Ausgangsgröße für Rentabilitätskennzahlen

Der Gewinn ist das Einkommen des Unternehmers. Er gilt als Maßstab für den Erfolg des unternehmerischen Handelns. Insofern kann er folgende Bestandteile umfassen:

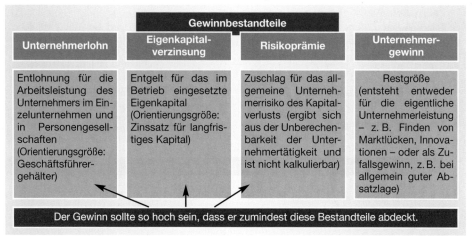

Gewinnbestandteile			
Unternehmerlohn	**Eigenkapital-verzinsung**	**Risikoprämie**	**Unternehmer-gewinn**
Entlohnung für die Arbeitsleistung des Unternehmers im Einzelunternehmen und in Personengesellschaften (Orientierungsgröße: Geschäftsführergehälter)	Entgelt für das im Betrieb eingesetzte Eigenkapital (Orientierungsgröße: Zinssatz für langfristiges Kapital)	Zuschlag für das allgemeine Unternehmerrisiko des Kapitalverlusts (ergibt sich aus der Unberechenbarkeit der Unternehmertätigkeit und ist nicht kalkulierbar)	Restgröße (entsteht entweder für die eigentliche Unternehmerleistung – z. B. Finden von Marktlücken, Innovationen – oder als Zufallsgewinn, z. B. bei allgemein guter Absatzlage)

Der Gewinn sollte so hoch sein, dass er zumindest diese Bestandteile abdeckt.

Für die Berechnung von Rentabilitätskennzahlen zieht man den sog. **bereinigten Jahresgewinn** heran:

> Der Marktzinssatz für langfristiges Kapital (z. B. 5 %) ist eine Bruttogröße vor Steuerabzug. Für einen Vergleich dieses Zinssatzes mit der Rentabilität ist deshalb **immer** auch der **Jahresüberschuss vor Steuern** zugrunde zu legen.

Jahresüberschuss vor Steuern
\+ außerordentliche Aufwendungen
– außerordentliche Erträge
– Unternehmerlohn
= **bereinigter Jahresgewinn**
(= Ergebnis der gewöhnlichen Geschäftstätigkeit bei Kapitalgesellschaften)

> Beträge mit einmaligem Charakter sollen herausgerechnet werden. Sie stören die Vergleichbarkeit

> In Kapitalgesellschaften erhalten die Geschäftsführer/der Vorstand ein gewinnminderndes Gehalt. In Einzelunternehmen und Personengesellschaften ist die Entlohnung des Unternehmers hingegen im Gewinn enthalten. Um Vergleichbarkeit herzustellen, muss man hier vom Gewinn einen Betrag in Höhe eines entsprechenden Geschäftsführergehalts abziehen.

Eigenkapitalrentabilität (Unternehmerrentabilität)

Die Eigenkapitalrentabilität ist das Verhältnis aus bereinigtem Gewinn und durchschnittlich eingesetztem Eigenkapital.

> (Jahresanfangskapital + Jahresendkapital) : 2
> = durchschnittliches Eigenkapital

$$\text{Eigenkapitalrentabilität} = \frac{\text{bereinigter Gewinn}}{\text{durchschnittliches Eigenkapital}} \cdot 100$$

> *Der Ansatz des Durchschnitts mindert den Einfluss von Eigenkapitalschwankungen.*

Die Eigenkapitalrentabilität zeigt,

- wie hoch das Eigenkapital sich verzinst hat,
- ob sich der Eigenkapitaleinsatz im Unternehmen im Vergleich zu anderen Formen der Kapitalanlage gelohnt hat.

Der Kapitaleinsatz im Unternehmen hat sich gelohnt, wenn die Eigenkapitalrentabilität über dem landesüblichen Zins für langfristige Kapitalanlagen liegt. Die Differenz ist dann eine Risikoprämie für den unternehmerischen Kapitaleinsatz und ggf. noch ein Unternehmergewinn als Restgröße.

Beispiel: **Eigenkapitalrentabilität und Risikoprämie der Auto AG**
(Zahlen aus der Bilanz S. 493 und der GuV-Rechnung S. 510)

	02	01
Gezeichnetes Kapital	3 500	3 500
Kapitalrücklage	6 900	6 900
Gewinnrücklagen	7 158	6 398
Bilanzgewinn	2 874	1 790
Eigenkapital am Jahresende	**20 432**	**18 588**
abzüglich Jahresüberschuss	– 3 634	– 4 385
Eigenkapital am Jahresanfang	**16 798**	**14 203**

Durchschn. Eigenkapital 02
= (20 432 + 16 798) : 2 = 18 615

Durchschn. Eigenkapital 01
= (18 588 + 14 203) : 2 = 16 396

Hinweis zur Berechnung des durchschnittlichen Eigenkapitals:

Der zur Ausschüttung vorgesehene Bilanzgewinn wird bei der Ermittlung des Jahresendkapitals einbezogen: Er wurde im Laufe des Jahres sukzessive erwirtschaftet und mehrte das arbeitende Eigenkapital.

Bei der Ermittlung des Jahresanfangskapitals hingegen wird der auszuschüttende Bilanzgewinn des Vorjahrs als Fremdkapital betrachtet.

	Berichtsjahr TEUR	Vorjahr TEUR
Bereinigter Gewinn	3 594	4 384
durchschnittliches Eigenkapital	18 615	16 396
Eigenkapitalrentabilität	$\frac{3594 \cdot 100}{18615} = 19,3\,\%$	$\frac{4384 \cdot 100}{16396} = 26,7\,\%$
landesüblicher Zinssatz	9,0 %	9,0 %
Risikoprämie + Unternehmergewinn	10,3 %	17,7 %

Die Eigenkapitalrentabilität der Auto AG ist um 7,4 Prozentpunkte zurückgegangen. Sie liegt trotzdem weit über dem Zins für langfristige Kapitalanlagen. Auch im Berichtsjahr wurden noch 10,3 % Risikoprämie und Unternehmergewinn erwirtschaftet.

Gesamtkapitalrentabilität (Unternehmensrentabilität)

Die Gesamtkapitalrentabilität soll die Ertragskraft des gesamten Kapitaleinsatzes messen. Dazu benutzt man folgende Formel:

> *Fremdkapitalzinsen? Wieso denn das?*

$$\text{Gesamtkapitalrentabilität} = \frac{\text{bereinigter Gewinn} + \text{Fremdkapitalzinsen}}{\text{durchschnittliches Gesamtkapital}} \cdot 100$$

In der Formel werden auch Fremdkapitalzinsen berücksichtigt. Begründung: Das Gesamtkapital besteht aus Eigen- und Fremdkapital. Es erwirtschaftet den Gewinn und die Zinsen. Die Zinsen sind sozusagen der Gewinnanteil der Fremdkapitalgeber. Folgendes Beispiel verdeutlicht den Zusammenhang:

Beispiel: Berücksichtigung von Fremdkapitalzinsen bei der Gesamtkapitalrentabilität

Nehmen wir zwei Extremfälle an: Kapitalgesellschaft A verfügt nur über Eigenkapital, B nur über Fremdkapital (Fremdkapitalzins = 8 %). Ansonsten haben beide die gleichen Aufwendungen und erzielen die gleichen Erträge. Außerordentliche Aufwendungen und Erträge liegen nicht vor.

(Beträge in EUR)	Unternehmen A	Unternehmen B
Eigenkapital	100 000,00	
Fremdkapital		100 000,00
Gesamtkapital	100 000,00	100 000,00
Erträge	20 000,00	20 000,00
Aufwendungen (ohne Zins)	12 000,00	12 000,00
Fremdkapitalzinsen		8 000,00
bereinigter Gewinn	8 000,00	0,00
Gesamtkapitalrentabilität $\dfrac{\text{(ber. Gewinn + FK-Zins)} \cdot 100}{\text{durchschn. Gesamtkapital}}$	$\dfrac{(8\,000 + 0) \cdot 100}{100\,000} = 8\ (\%)$	$\dfrac{(0 + 8\,000) \cdot 100}{100\,000} = 8\ (\%)$

Nur A erzielt einen Gewinn. Trotzdem erwirtschaftet das Gesamtkapital bei beiden Unternehmen offensichtlich den gleichen Betrag von 8 000,00 EUR. Die Gesamtkapitalrentabilität ist also gleich. Dies lässt sich nur durch Berücksichtigung der Fremdkapitalzinsen feststellen.

Die Gesamtkapitalrentabilität der Auto AG errechnet sich wie folgt:

Beispiel: Gesamtkapitalrentabilität der Auto AG   [Zusatzinformation]
(Zahlen aus der Bilanz, siehe S. 493)

Gesamtkapital am Anfang des Vorjahrs	31 590 TEUR,	
Gesamtkapital am Ende des Vorjahrs	34 547 TEUR;	Durchschnitt = 33 069
= Gesamtkapital am Anfang des Berichtsjahrs	34 547 TEUR,	
Gesamtkapital am Ende des Berichtsjahrs	34 684 TEUR;	Durchschnitt = 34 616

	Berichtsjahr TEUR	Vorjahr TEUR
Bereinigter Gewinn	3 594	4 384
Fremdkapitalzinsen	384	313
durchschnittliches Gesamtkapital	34 616	33 069
Gesamtkapitalrentabilität	$\dfrac{3\,978 \cdot 100}{34\,616} = 11,5\,\%$	$\dfrac{4\,697 \cdot 100}{33\,069} = 14,2\,\%$

Die Gesamtkapitalrentabilität der Auto AG ist um gut 1/6 gesunken.

Man benutzt die Gesamtkapitalrentabilität, um festzustellen, ob die Aufnahme von Fremdkapital für Investitionen lohnend ist. Dies ist der Fall, wenn der Einsatz des Fremdkapitals zu einer Erhöhung der Eigenkapitalrentabilität führt.

Die Eigenkapitalrentabilität wächst durch die Aufnahme von Fremdkapital, solange der Zinssatz für das Fremdkapital kleiner als die Gesamtkapitalrentabilität ist (Hebelwirkung des Fremdkapitals).

Das Fremdkapital wirkt wie ein Hebel, um die EK-Rentabilität zu steigern.

Beispiel: Hebelwirkung des Fremdkapitals

Ein Unternehmen arbeitet mit 200 000,00 EUR Eigenkapital. Jeder EUR verursacht 0,20 EUR Aufwand und 0,30 EUR Ertrag. Es soll eine Investition von 50 000,00 EUR getätigt werden, die gleiche Aufwendungen und Erträge verursacht. Lohnt sich hierfür die Aufnahme von 50 000,00 EUR Fremdkapital zu a) 8 %, b) 10 %, c) 12 % Zinsen?

		a) 8 % Zins	b) 10 % Zins	c) 12 % Zins
Eigenkapital	200 000,00		200 000,00	
Fremdkapital	0,00		50 000,00	
Gesamtkapital	200 000,00		250 000,00	
Ertrag	60 000,00	75 000,00	75 000,00	75 000,00
Aufwendungen	40 000,00	50 000,00	50 000,00	50 000,00
Zinsen	0,00	4 000,00	5 000,00	6 000,00
Gewinn	20 000,00	21 000,00	20 000,00	19 000,00
GK-Rentabilität	$\dfrac{20\,000,00 \cdot 100}{200\,000,00} = 10\ (\%)$	$\dfrac{25\,000,00 \cdot 100}{250\,000,00} = 10\ (\%)$	$\dfrac{25\,000,00 \cdot 100}{250\,000,00} = 10\ (\%)$	$\dfrac{25\,000,00 \cdot 100}{250\,000,00} = 10\ (\%)$
EK-Rentabilität	$\dfrac{20\,000,00 \cdot 100}{200\,000,00} = 10\ (\%)$	$\dfrac{21\,000,00 \cdot 100}{200\,000,00} = 10,5\ (\%)$	$\dfrac{20\,000,00 \cdot 100}{200\,000,00} = 10\ (\%)$	$\dfrac{19\,000,00 \cdot 100}{200\,000,00} = 9,5\ (\%)$
Die EK-Rentabilität	➡	wächst	bleibt gleich	sinkt

Nur bei a) liegt der Fremdkapitalzins (8 %) unter der Gesamtkapitalrentabilität (10 %). Die Eigenkapitalrentabilität steigt auf 10,5 %. Die Aufnahme von Fremdkapital ist hier lohnend.

Umsatzrentabilität (Umsatzverdienstrate)

Die Umsatzrentabilität ist eine wichtige Kennzahl für die Selbstfinanzierungskraft des Unternehmens. Sie ist das prozentuale Verhältnis von bereinigtem Gewinn und Umsatz.

$$\text{Umsatzrentabilität} = \frac{\text{bereinigter Gewinn}}{\text{Umsatzerlöse}} \cdot 100$$

Die Umsatzrentabilität heißt auch Umsatzverdienstrate: Sie gibt an, wie viel EUR Verdienst (Gewinn) auf jeweils 100,00 EUR Umsatz entfallen. Dem Unternehmen stehen diese Mittel für Investitionen, Schuldentilgungen und Gewinnausschüttungen zur Verfügung.

Beispiel: **Umsatzrentabilität der Auto AG**

	Berichtsjahr TEUR	Vorjahr TEUR
Bereinigter Gewinn	3 594	4 384
Umsatzerlöse	64 220	64 900
Umsatzrentabilität	$\dfrac{3\,594 \cdot 100}{64\,220} = 5,6\ \%$	$\dfrac{4\,384 \cdot 100}{64\,900} = 6,8\ \%$

Die Umsatzrentabilität hat sich um 1,2 Prozentpunkte verschlechtert. Mit 100,00 EUR Umsatz werden nur noch 5,60 EUR Gewinn erzielt. Die Ertragskraft des Unternehmens ist jedoch ungebrochen.

Neben dem bereinigten Gewinn verwendet man auch das Ergebnis der eigentlichen Betriebstätigkeit für die Berechnung der Umsatzrentabilität. Denn der Umsatz wird ja durch die eigentliche betriebliche Tätigkeit und nicht durch Finanzgeschäfte und außerordentliche Vorgänge erzielt.

Beispiel: **Umsatzrentabilität der Auto AG auf der Basis des Ergebnisses der eigentlichen Betriebstätigkeit**

	Berichtsjahr TEUR	Vorjahr TEUR
Ergebnis der eigentlichen Betriebstätigkeit	5 887	7 481
Umsatzerlöse	64 220	64 900
Umsatzrentabilität (Ergebnis der eigentlichen Betriebstätigkeit)	$\dfrac{5\,887 \cdot 100}{64\,220} = 9,2\ \%$	$\dfrac{7\,481 \cdot 100}{64\,900} = 11,5\ \%$

Auch hier zeigt sich ein Rückgang der Umsatzrentabilität, aber eine weiterhin gute Ertragskraft.

Eine zu niedrige Umsatzrentabilität signalisiert eine zu niedrige Gewinnspanne. Dies ist z. B. der Fall, wenn Umsatzmaximierung um jeden Preis betrieben wird.

Viele deutsche Großunternehmen haben in den letzten Jahrzehnten diesen Fehler gemacht.

Arbeitsaufträge

1. **Die Kennzahl**
   a) **zeigt, in welchem Maße das Anlagevermögen durch Eigenkapital gedeckt ist.**
   b) **zeigt den Gewinn in Prozent des Umsatzes.**
   c) **stellt die Forderungen den kurzfristigen Verbindlichkeiten gegenüber.**
   d) **gibt Auskunft über die Verzinsung des Eigenkapitals.**
   e) **drückt das Verhältnis zwischen Kosten und Leistungen aus.**
   f) **gibt an, wie hoch der Anteil des Eigenkapitals am Gesamtkapital ist.**
   g) **zeigt, in welchem Maße die kurzfristigen Verbindlichkeiten durch flüssige Mittel gedeckt sind.**

   Welche dieser Aussagen treffen auf die folgenden Jahresabschluss-Kennzahlen zu?
   1. Anlagendeckung durch Eigenkapital
   2. Liquidität 1. Grades
   3. Umsatzrentabilität

2. **Folgende Grafik zeigt die Entwicklung der Eigen- und Fremdkapitalrentabilität im Ablauf von 17 Jahren.**

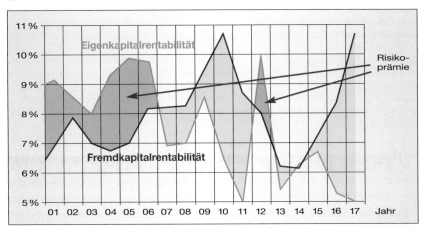

   Erläutern Sie die Grafik und zeigen Sie die möglichen Auswirkungen der veranschaulichten Entwicklung auf die Investitionsbereitschaft der Unternehmer auf.

3. **Auf Seite 495 finden Sie die Bilanz der XY-AG zum 31. Dezember 03, auf Seite 514 die GuV-Rechnung.**
   Zusätzliche Angaben aus der Gewinn- und Verlustrechnung des Berichtsjahres:

   | Umsatzerlöse | 642,2 Mio. EUR | bereinigter | |
   | Fremdkapitalzinsen | 30,0 Mio. EUR | Jahresüberschuss | 22,0 Mio. EUR |

   Ermitteln Sie für das Berichtsjahr folgende Kennzahlen der XY-AG:
   a) Eigenkapitalrentabilität,
   b) Gesamtkapitalrentabilität,
   c) Umsatzrentabilität.

   Vergleichen Sie die ermittelten Werte mit den entsprechenden Branchendurchschnittszahlen (im Berichtsjahr Eigenkapitalrentabilität 8–9 %, Gesamtkapitalrentabilität 7–10 %, Umsatzrentabilität 1–2 %).

   Stellen Sie auch fest, ob und ggf. in welcher Höhe im Berichtsjahr ein zusätzlicher Gewinn (Risikoprämie und Unternehmergewinn) erzielt wurde (landesüblicher Zinssatz für langfristige Kapitalanlagen 9 %).

4. Der Jahresabschluss der Glasbau AG zum 31. Dezember 02 liegt vor. Die aufbereitete Bilanz weist die folgenden Zahlen aus (zusätzlich: Angaben für das Jahr 00; alle Angaben in TEUR).

Aktiva			Bilanz zum 31.12.02			Passiva
	02	**01**	**00**	**02**	**01**	**00**
Anlagevermögen	780,0	510,7	519,8	Eigenkapital	559,8	540,2	520,1
Umlaufvermögen	781,2	679,5	650,3	Fremdkapital	1001,4	650,0	650,0
	1561,2	1190,2	1170,1		1561,2	1190,2	1170,1

Die GuV-Rechnung der Glasbau AG finden Sie auf Seite 513.
Der landesübliche Zins für langfristiges Kapital liegt bei 7 %.
Für den Branchendurchschnitt liegen folgende Werte vor:

	02	**01**
Eigenkapitalrentabilität	10,5 %	9,5 %
Gesamtkapitalrentabilität	12,5 %	12,3 %
Umsatzrentabilität	8,9 %	8,5 %

a) Ermitteln Sie für das Vorjahr (01) und das Berichtsjahr (02)
   • die Eigenkapitalrentabilität,
   • die Gesamtkapitalrentabilität,
   • die Umsatzrentabilität (auch unter Zugrundelegung des Ergebnisses der eigentlichen Betriebstätigkeit).
b) Führen Sie anhand dieser Kennziffern einen Zeitvergleich und einen Branchenvergleich durch und beurteilen Sie Lage und Entwicklung des Unternehmens.
c) Lohnt sich im Jahr 03 die Aufnahme von 100 TEUR Fremdkapital, wenn für Erträge und Aufwendungen die gleichen Verhältnisse weitergelten und der Zinssatz auf 9,5 % steigt?
d) Von welchem Zinssatz an steigt bei einer zusätzlichen Fremdkapitalaufnahme die Eigenkapitalrentabilität nicht mehr?

8.3.4 Beurteilung der Selbstfinanzierungskraft (Cashflow-Analyse)

Das Unternehmen benötigt finanzielle Mittel für seine operative Tätigkeit (Beschaffung, Produktion, Vertrieb), aber auch für Investitionen, Schuldentilgung und Ausschüttungen. Je mehr **Cashflow – Liquiditätszufluss** – es aus dem Umsatzprozess heraus erwirtschaften kann, desto größer ist seine Innenfinanzierungskraft für diese Zwecke.

Der Cashflow (Liquiditätszufluss) einer Rechnungsperiode ist die Differenz aus den Ertragseinzahlungen und Aufwandsauszahlungen der Rechnungsperiode.

Ertragseinzahlungen – Aufwandsauszahlungen ――――――――――――― = Cashflow	**Ertragseinzahlungen** = Erträge, die in der Periode zu Zahlungseingängen führen **Aufwandsauszahlungen** = Aufwendungen, die in der Periode zu Zahlungsausgängen führen

Um den Cashflow direkt zu ermitteln, muss man auf die Zahlen der Finanzbuchführung zugreifen. Dieser Weg ist dem externen Bilanzanalytiker jedoch versperrt. Er kann deshalb nur versuchen, anhand der Zahlen der GuV-Rechnung indirekt einen Näherungswert für den Cashflow zu errechnen. Dazu geht er vom Jahresüberschuss aus. Diesen korrigiert er um die Größen, die ihn beeinflusst haben, die in der Rechnungsperiode aber nicht mit Ein- und Auszahlungen verbunden waren:

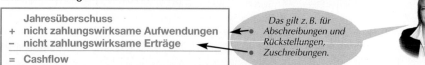

Jahresüberschuss
+ nicht zahlungswirksame Aufwendungen
– nicht zahlungswirksame Erträge
―――――――――――――――――――――
= Cashflow

Das gilt z. B. für Abschreibungen und Rückstellungen, Zuschreibungen.

In der Frage, welche Werte der GuV-Rechnung einzubeziehen sind, gehen die Expertenmeinungen auseinander. Weitgehende Akzeptanz findet folgende Berechnung:

Jahresüberschuss
+ Abschreibungen auf Anlagegegenstände
– Zuschreibungen zu Anlagegegenständen
+ Erhöhung von Pensions- und anderen langfristigen Rückstellungen
– Verminderung von Pensions- und anderen langfristigen Rückstellungen
+ andere nicht zahlungswirksame Aufwendungen von wesentlicher Bedeutung
– andere nicht zahlungswirksame Erträge von wesentlicher Bedeutung
= **Cashflow**

Wir benutzen hier ein häufig verwendetes stark vereinfachtes Schema:

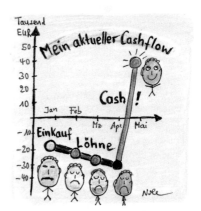

Jahresüberschuss
+ Abschreibungen auf Anlagegegenstände
+ Veränderung der langfristigen Rückstellungen
= **Cashflow**

Der Cashflow zeigt den Liquiditätszufluss an, der zur Verfügung steht
- **für die Finanzierung von Investitionen,**
- **für die Tilgung von Schulden,**
- **für die Ausschüttung von Gewinnen.**

Beispiel: Cashflow der Auto AG

Die Zahlen sind der GuV-Rechnung auf Seite 510 und der Bilanz auf Seite 493 entnommen. Zusatzinfo: Am 01.01. des Vorjahrs beliefen sich die langfristigen Rückstellungen auf 2 125 TEUR.

	Berichtsjahr TEUR	Vorjahr TEUR
Jahresüberschuss	3 634	4 385
+ Abschreibungen auf Sachanlagen	3 410	3 944
+ Erhöhung langfristige Rückstellungen	435	412
= **Cashflow**	**7 479**	**8 741**

(8741 – 7479) : 8741 · 100 ≈ 14,4 %

Im Berichtsjahr ist der Liquiditätszufluss um 14,4 % gegenüber dem Vorjahr gesunken. Es stehen also weniger Mittel für Investitionen, Tilgungen und Ausschüttungen zur Verfügung. Ursachen sind der Rückgang des Jahresüberschusses und die niedrigeren Abschreibungen.

Der Cashflow kann – wie der Gewinn – zu den Umsatzerlösen sowie zum durchschnittlichen Eigen- und Gesamtkapital in Beziehung gesetzt werden, um **Rentabilitätskennzahlen** zu erhalten:

Die Kennzahl gibt an, wie viel EUR an flüssigen Mitteln zurückfließen ...

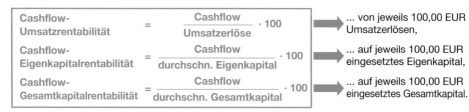

$$\text{Cashflow-Umsatzrentabilität} = \frac{\text{Cashflow}}{\text{Umsatzerlöse}} \cdot 100$$

... von jeweils 100,00 EUR Umsatzerlösen,

$$\text{Cashflow-Eigenkapitalrentabilität} = \frac{\text{Cashflow}}{\text{durchschn. Eigenkapital}} \cdot 100$$

... auf jeweils 100,00 EUR eingesetztes Eigenkapital,

$$\text{Cashflow-Gesamtkapitalrentabilität} = \frac{\text{Cashflow}}{\text{durchschn. Gesamtkapital}} \cdot 100$$

... auf jeweils 100,00 EUR eingesetztes Gesamtkapital.

VIERTER ABSCHNITT

Beispiel: Cashflow-Rentabilitäten der Auto AG

	Berichtsjahr		Vorjahr	
	TEUR	%	TEUR	%
Cashflow	7 479		8 741	
Umsatzerlöse	64 220		64 900	
Cashflow-Umsatzrentabilität		11,65		13,47
durchschnittliches Eigenkapital	18 615		16 396	
Cashflow-Eigenkapitalrentabilität		40,18		53,31
durchschnittliches Gesamtkapital	34 616		33 069	
Cashflow-Gesamtkapitalrentabilität		21,61		26,43

Es fließen an flüssigen Mitteln zurück:

von jeweils 100,00 EUR Umsatzerlösen:	11,65 EUR	13,47 EUR
auf jeweils 100,00 EUR eingesetztes Eigenkapital:	40,18 EUR	53,31 EUR
auf jeweils 100,00 EUR eingesetztes Gesamtkapital:	21,61 EUR	26,43 EUR

Die Situation hat sich vom Vorjahr zum Berichtsjahr verschlechtert. Ob sie trotzdem als befriedigend zu bewerten ist, müsste ein Vergleich mit den Branchendurchschnittswerten zeigen.

Wie gesagt, zeigt der Cashflow den Liquiditätszufluss an, der für Investitionsfinanzierung, Schuldentilgung und Gewinnausschüttung zur Verfügung steht. Die jeweilige Innenfinanzierungskraft lässt sich durch folgende Kennzahlen ausdrücken:

$$\text{Entschuldungsgrad} = \frac{\text{effektive Verschuldung}}{\text{Cashflow}}$$

Der Entschuldungsgrad zeigt, in welcher Zeit das Unternehmen bei unveränderter Finanzierungskraft seine Schulden abtragen kann.

	langfristige Schulden (langfr. FK)
+	**kurzfristige Schulden (kurzfr. FK) (ohne auszuschüttenden Bilanzgewinn)**
–	**monetäres Umlaufvermögen (Forderungen, flüssige Mittel)**
=	**effektive Verschuldung**

$$\text{Schuldentilgungskraft} = \frac{\text{Cashflow}}{\text{effekt. Verschuldung}}$$

Die Schuldentilgungskraft zeigt, in welchem Ausmaß Liquiditätszufluss für die Schuldentilgung zur Verfügung stand.

$$\text{Anlageinvestitionsfinanzierungskraft} = \frac{\text{Cashflow}}{\text{Anlageinvestitionen}}$$

Die Anlageinvestitionsfinanzierungskraft zeigt, in welchem Ausmaß Liquiditätszufluss für die Finanzierung der Anlageinvestitionen zur Verfügung stand.

$$\text{Ausschüttungskraft} = \frac{\text{Cashflow}}{\text{Bilanzgewinn}}$$

Die Ausschüttungskraft zeigt, in welchem Ausmaß Liquiditätszufluss für die Gewinnausschüttung zur Verfügung stand.

$$\text{Innenfinanzierungskraft} = \frac{\text{Cashflow}}{\text{effekt. Verschuldung} + \text{Anlageinvestitionen} + \text{Bilanzgewinn}}$$

Die Innenfinanzierungskraft zeigt, in welchem Ausmaß insgesamt Liquiditätszufluss für Schuldentilgung, Investitionsfinanzierung und Gewinnausschüttung zur Verfügung stand.

Beispiel: Kennzahlen der Selbstfinanzierungskaft bei der Auto AG (Cashflow und Bilanzzahlen in TEUR)

	Berichtsjahr	Vorjahr
Cashflow	7 479	8 741
langfristige Schulden	3 768	3 565
+ kurzfristige Schulden	+ 10 484	+ 12 394
– monetäres Umlaufvermögen	– 9 608	– 12 803
= effektive Verschuldung	= 4 644	= 3 156
Entschuldungsgrad	0,62 Jahre	0,36 Jahre
Schuldentilgungskraft	1,61	2,77
Anlageinvestitionen (siehe Bewegungsbilanz S. 507)	2 315	(Für die Berechnung fehlen die Zahlen des Vorvorjahres.)
Anlageinvestitions-finanzierungskraft	3,23	
Bilanzgewinn	2 874	1 790
Ausschüttungskraft	2,6	4,9
Innenfinanzierungskraft	0,76	

Mit dem Liquiditätszufluss können die Schulden in 0,62 (0,36) Jahren getilgt werden.

Mit dem Liquiditätszufluss können

• die bestehenden Schulden 1,61-(2,77-)mal getilgt werden,

• die getätigten Investitionen 3,23-mal vorgenommen werden,

• die getätigten Ausschüttungen 2,6-(4,9-)mal vorgenommen werden,

• gut 3/4 der Investitionen, Schuldentilgung und Gewinnausschüttung finanziert werden.

Auch hier zeigt sich (soweit Zahlen vorliegen) eine Verschlechterung gegenüber dem Vorjahr. Trotzdem lässt sich jetzt – selbst ohne Branchenvergleich – für das Berichtsjahr eine hohe Finanzierungskraft feststellen: Der Cashflow (7 479 TEUR) reicht aus, um alle Anlageinvestitionen und die Gewinnausschüttung (insges. 5 189 TEUR) zu finanzieren und außerdem noch Schulden von 2 290 TEUR (49,31 % der effektiven Verschuldung) zu tilgen.

Anmerkung:
Alle börsennotierten AGs in der EU müssen seit 2005 ihren Konzernabschluss nach den IFRS erstellen. Dazu gehört eine Kapitalflussrechnung (Cashflow Statement). Diese ist eine erweiterte Cashflow-Aufstellung. Neben dem „Cashflow aus laufender Geschäftstätigkeit" (entspricht dem oben behandelten Cashflow) ermittelt sie Liquiditätszu- und -abflüsse aus Anlage- und Beteiligungskäufen und -verkäufen (Cashflow aus Investitionstätigkeit) sowie aus Kreditaufnahmen und -tilgung (Cashflow aus Finanzierungstätigkeit).

Vgl. „Internationale Rechnungslegung", (siehe S. 490).

Arbeitsaufträge

1. **Aus den aufbereiteten Jahresabschlüssen eines Industriebetriebs wurden folgende Zahlen entnommen oder abgeleitet:**

(Zahlen in TEUR)	Jahr 03	Jahr 02	Jahr 01
Gesamtkapital	31 650	23 470	25 370
Eigenkapital (ohne Bilanzgewinn)	18 250	11 970	12 200
Anlageinvestitionen	700	10	900
Schulden (einschließlich Bilanzgewinn)	12 400	11 500	10 100
Forderungen, flüssige Mittel	10 200	7 600	3 900
Umsatzerlöse	109 200	77 800	103 100
Anlageabschreibungen	1 950	2 020	2 030
Zuführung zu langfristigen Rückstellungen	150	110	100
Verminderung langfristiger Rückstellungen	20	10	0
Jahresüberschuss	7 280	– 230	6 270
Außerordentliches Ergebnis	40	– 10	50
Bilanzgewinn	1 000	0	2 700

   a) Ermitteln Sie den Cashflow.
   b) Berechnen Sie alle Ihnen bekannten Cashflow-Kennzahlen.
   c) Beurteilen Sie die Kennzahlen nach ihren Beträgen und ihrer Entwicklung.
   d) Berechnen Sie die Rentabilitätskennzahlen und vergleichen Sie sie mit den Cashflow-Kennzahlen.
   e) Warum sind Cashflow-Kennzahlen aussagefähiger als die gewinnbezogenen Rentabilitätskennzahlen?

2. **Auf Seite 495 finden Sie die Bilanz der XY-AG, auf Seite 514 die GuV-Rechnung.**
   a) Ermitteln Sie den Cashflow.
   b) Berechnen Sie die Cashflow-Kennzahlen für das Berichtsjahr.
   c) Interpretieren Sie die Kennzahlen.

3. **Ein Industriebetrieb nimmt in Jahr 01 keine Investitionen vor. In Jahr 02 nimmt er mehrere Großinvestitionen vor.**
   Wie wirken sich
   a) die Investitionspause,
   b) die Großinvestitionen
   auf Cashflow und Gewinn aus?

8.3.5 Beurteilung der Kapitalbindung (Umschlagsanalyse)

Kapitalbindung und Kapitalfreisetzung

Der betriebliche Leistungserstellungs- und Wertschöpfungsprozess ist zugleich ein ständiger Umwandlungsprozess, ein Prozess der Kapitalbindung (Investition) und Kapitalfreisetzung (Desinvestition).

Vergleichen Sie:
- *S. 27 (Aufbau des Inventars);*
- *Bd. 1, „Geschäftsprozesse", Sachwort „Finanzierung".*

Kapitalbindung im Umlaufvermögen

Material

Geld — Erzeugnisse

Forderungen

Kapitalfreisetzung im Umlaufvermögen

Das Unternehmen beschafft Eigen- und Fremdkapital und investiert es in Anlage- und Umlaufvermögen. Die Investition bindet die vorher liquiden Mittel. Ziel ist es, die gebundenen Mittel mit Gewinn wieder freizusetzen, liquide zu machen.

Das **Anlagevermögen** soll dauernd dem Geschäftsbetrieb dienen. Es bleibt langfristig gebunden und wird erst nach und nach über die Abschreibungen freigesetzt.

Das **Umlaufvermögen** hingegen wird ständig umgewandelt: Material wird zu Erzeugnissen; Erzeugnisse werden verkauft; Forderungen entstehen; sie werden durch Zahlung zu Geld; für Geld wird Material gekauft; Verbindlichkeiten entstehen ...

Anzustreben ist eine hohe **Umschlagshäufigkeit des Kapitals**, ein schneller **Kapitalumschlag**. Er kennzeichnet eine rasche Freisetzung des gebundenen Kapitals. Je schneller sie erfolgt,

- desto weniger Kapital muss eingesetzt werden,
- desto niedriger ist das **Risiko** des Kapitalverlusts,
- desto niedriger sind die **Kosten** für Lagerbestände,
- desto niedriger sind die **Zinskosten**,
- desto größer ist die **Liquidität**,
- desto größer ist die **Wirtschaftlichkeit** des Kapitaleinsatzes,
- desto höher sind **Gewinn** und **Rentabilität**.

Wirtschaftlichkeit drückt sich bekanntlich im bestmöglichen Verhältnis von Mitteleinsatz und Erfolg aus. Höherer Umschlag bedeutet mehr Erfolg bei gleichem Einsatz. Er steigert folglich die Wirtschaftlichkeit. Und darüber hinaus die Rentabilität.

Beispiel: Wirkung des Kapitalumschlags

Kapitaleinsatz 10,00 EUR; dafür Einkauf (= Kapitalbindung); Verkauf für 15,00 EUR (Kapitalfreisetzung) → Gewinn 5,00 EUR. Erneuter Einsatz der 10,00 EUR. Gelingt dieser Kreislauf in einer Wirtschaftsperiode ein-, zwei-, drei-, x-mal, so steigt auch der Gewinn entsprechend. Der **höhere Umschlag** bedeutet **wirtschaftlicheren Kapitaleinsatz** und führt zugleich zu einer **höheren Rentabilität**.

Geeignete Maßnahmen zur Erhöhung des Kapitalumschlags	
beim Anlagevermögen	Ansatz möglichst hoher steuerlicher Abschreibungen; Mieten, Leasing von Anlagegegenständen (statt Kauf)
beim Vorratsvermögen	Einrichtung von Lägern, bei denen der Lieferant bis zur Abnahme Eigentümer der Lagergegenstände bleibt und folglich auch die Lagerkosten trägt; Absenkung der Lagervorräte (häufigere Bestellungen; Just-in-Time-Belieferung; Normung; Verkauf/Verschrottung von Lagerhütern)
bei den Forderungen	Erhöhung der Kundenanzahlungen; Fakturierung bei Teillieferungen (statt bei Schlusslieferung); Verkürzung des Zahlungsziels der Debitoren; Skontogewährung; konsequentes Mahnwesen; Factoring (Bevorschussung von Forderungen durch Factoring-Bank)

Durch Umschlagskennzahlen misst man die Umschlagshäufigkeit und die Umschlagsdauer

- des gesamten Kapitaleinsatzes,
- des in Lagervorräten gebundenen Kapitals,
- des in Forderungen gebundenen Kapitals.

Umschlagskennzahlen sind folglich eine geeignete Grundlage zur Beurteilung der Wirtschaftlichkeit des Mitteleinsatzes, des Risikos und der Rentabilität.

Kapitalumschlag

$$\text{Umschlagshäufigkeit des Eigenkapitals} = \frac{\text{Umsatzerlöse}}{\text{durchschnittliches Eigenkapital}}$$

$$\text{Umschlagshäufigkeit des Gesamtkapitals} = \frac{\text{Umsatzerlöse}}{\text{durchschnittliches Gesamtkapital}}$$

$$\text{Durchschnittliche Kapitalumschlagsdauer} = \frac{360}{\text{Kapitalumschlagshäufigkeit}}$$

- Die Kapitalumschlagshäufigkeit zeigt, wie oft das durchschnittlich eingesetzte Kapital in der Abrechnungsperiode über die Umsatzerlöse zurückgeflossen ist.
- Die durchschnittliche Kapitalumschlagsdauer zeigt, wie viele Tage dieses Kapital gebunden war.

Je höher die Umschlagshäufigkeit ist, desto weniger Tage ist das Kapital gebunden und desto stärker wirken sich die auf S. 524 genannten Vorteile aus.

Lagerumschlag

$$\text{Umschlagshäufigkeit des Stoffebestands} = \frac{\text{Materialaufwand}}{\text{durchschnittlicher Stoffebestand}}$$

$$\text{Umschlagshäufigkeit d. Erzeugnisbestands} = \frac{\text{Umsatzerlöse}}{\text{durchschnittlicher Erzeugnisbestand}}$$

$$\text{Durchschnittliche Lagerdauer} = \frac{360}{\text{Umschlagshäufigkeit des Bestands}}$$

- Die Umschlagshäufigkeit des Stoffebestands zeigt, wie oft der durchschnittliche Bestand an Stoffen/Materialien in der Abrechnungsperiode umgeschlagen (verbraucht und ersetzt) wurde.
- Die Umschlagshäufigkeit des Erzeugnisbestands zeigt, wie oft das in Erzeugnissen gebundene Kapital in der Abrechnungsperiode über die Umsatzerlöse zurückgeflossen ist.

VIERTER ABSCHNITT

- Die durchschnittliche Lagerdauer gibt an, wie viele Tage die Stoffe bzw. Erzeugnisse auf Lager lagen.

Man beachte: Ein Abbau von Beständen zur Erhöhung der Umschlagshäufigkeit erfordert unbedingt wirksame Maßnahmen zur Produktions- und Absatzsicherung (feste vertragliche Verbindung mit Lieferanten und Logistikdienstleistern, räumliche Nähe des Lieferanten u. a. m.)

Forderungsumschlag

> Der Forderungsbestand ist um die enthaltene Umsatzsteuer zu kürzen!

$$\text{Umschlagshäufigkeit der Forderungen} = \frac{\text{Umsatzerlöse}}{\text{durchschnittlicher Forderungsbestand}}$$

$$\text{Durchschnittliches Debitorenziel} = \frac{360}{\text{Umschlagshäufigkeit des Forderungsbestands}}$$

- Die Umschlagshäufigkeit der Forderungen zeigt, wie oft der durchschnittliche Bestand an Kundenforderungen in der Rechnungsperiode über die Umsatzerlöse zurückgeflossen ist.
- Das durchschnittliche Debitorenziel zeigt, wie viele Tage die Kunden im Durchschnitt als Zahlungsziel in Anspruch genommen haben.

Je höher die Umschlagshäufigkeit ist, desto schneller fließt Liquidität aus den Verkäufen, desto geringer sind Zinsbelastung und Ausfallwagnis.

Ein langes Debitorenziel lässt auf eine schlechte Zahlungsmoral der Kunden schließen. Der externe Bilanzanalytiker kann seine Beurteilung nur am Branchen- und Zeitvergleich ausrichten.

Die Geschäftsleitung kann die Kennzahlen aus der Buchführung viel genauer ermitteln als der externe Bilanzanalytiker. Durch Vergleich mit den Zahlungsbedingungen erhält sie z. B. Aufschluss über die durchschnittliche Zahlungsmoral der Kunden. Bei der Beurteilung der Kennzahlen sollte das Unternehmen sich nicht am Branchendurchschnitt, sondern am Branchenbesten orientieren (Benchmarking).

Beispiel: **Umschlagskennzahlen der Auto AG**
(Durchschn. Eigenkapital siehe S. 516; durchschn. Gesamtkapital siehe S. 517;
Zusatzinfo: Bestände am 01.01.01: Forderungen 509; Stoffe 3212; Erzeugnisse 2812)

(Kennzahlen gerundet)	Berichtsjahr		Vorjahr	
Umsatzerlöse		64 220		64 900
Materialaufwand		37 340		34 971
durchschnittliches Eigenkapital		18 615		16 396
Umschlagshäufigkeit des Eigenkapitals	64 220 : 18 615 =	3,45	64 900 : 16 396 =	3,96
durchschn. Eigenkapital-Umschlagsdauer	360 : 3,45 =	104	360 : 3,96 =	91
durchschnittliches Gesamtkapital		34 616		33 069
Umschlagshäufigkeit des Gesamtkapitals	64 220 : 34 616 =	1,86	64 900 : 33 069 =	1,96
durchschn. Gesamtkapital-Umschlagsdauer	360 : 1,86 =	194	360 : 1,96 =	184
durchschnittlicher Stoffebestand	(2 444 + 3 030) : 2 =	2 737	(3 212 + 2 444) : 2 =	2 378
Umschlagshäufigkeit des Stoffebestands	37 340 : 2 737 =	13,64	34 971 : 2 378 =	14,71
durchschnittliche Stoffe-Lagerdauer	360 : 13,64 =	26	360 : 14,71 =	24
durchschnittlicher Erzeugnisbestand	(2 006 + 4 007) : 2 =	3 007	(2 812 + 2 006) : 2 =	2 409
Umschlagshäufigkeit des Erzeugnisbestands	64 220 : 3 007 =	21,36	64 900 : 2 409 =	26,94
durchschnittliche Erzeugnis-Lagerdauer	360 : 21,36 =	17	360 : 26,94 =	13
durchschnittlicher Forderungsbestand	(449 + 395) : 2 =	422	(439 + 449) : 2 =	444
Umschlagshäufigkeit der Forderungen	64 220 : 422 =	152,18	64 900 : 444 =	146,17
durchschnittliches Debitorenziel	360 : 152,18 =	2	360 : 146,17 =	2

Die Absatzstockung führte zu einer etwas niedrigeren Umschlagshäufigkeit des Stoffebestands und zu einem Anstieg der durchschnittlichen Stoffe-Lagerdauer von 24 auf 26 Tage. Bei den Fertigerzeugnissen macht sich diese Entwicklung noch beträchtlich stärker bemerkbar: Die Erzeugnis-Lagerdauer steigt von 13 auf 17 Tage. Dies bedeutet höhere Lagerkosten, eine längere Kapitalbindung und damit eine Beeinträchtigung von Wirtschaftlichkeit und Rentabilität des Unternehmens (vgl. auch S. 516f.).

Der Forderungsumschlag hat sich leicht erhöht. Das durchschnittliche Debitorenziel, also die Dauer der Kundenkredite, ist jedoch praktisch unverändert geblieben. Die auf den ersten Blick ungewöhnlich kurz erscheinende Kreditdauer von ungefähr 2 Tagen erklärt sich durch die in der Automobilbranche üblichen Zahlungsbedingungen. Die Kunden bezahlen quasi sofort. Insofern ergibt sich keine Liquiditätsbelastung, keine Zinsbelastung und kein Ausfallrisiko.

Die schlechte Entwicklung der Lagerkennzahlen schlägt sich auch im Kapitalumschlag nieder. Die Umschlagshäufigkeit des Eigenkapitals sinkt leicht. Dies führt jedoch schon zu einer beträchtlich längeren Eigenkapital-Umschlagsdauer (Anstieg um etwa 1/7) mit den oben genannten Auswirkungen. Die Gesamtkapital-Umschlagsdauer erhöhte sich um 10 Tage.

8.3.6   Return on Investment (ROI)

Die Kapitalmehrung durch Gewinn ist oberstes Unternehmensziel; der Gewinn belohnt Unternehmerleistung und Kapitaleinsatz. Die Kapitalrentabilität zeigt, wie der Kapitaleinsatz sich rentiert (lohnt, verzinst). Der amerikanische Ingenieur Donaldson Brown (Foto) legte seiner Firma DuPont de Nemours 1919 eine Rentabilitätsformel vor. Diese geht von der vereinfachten Formel **Rentabilität = (Gewinn/Gesamtkapital) · 100** aus, erweitert sie mit den Umsatzerlösen und kommt so zu einer neuen Formel, in der die Rentabilität sich als Produkt aus Umsatzrentabilität und Umschlagshäufigkeit des Kapitals darstellt. Sie wird in dieser Form als **Return on Investment** (ROI; Kapitalrendite) bezeichnet.

Donaldson Brown

$$\text{Kapitalrentabilität} = \frac{\text{Gewinn}}{\text{durchschn. Kapital}} \cdot 100 \cdot \frac{\text{Umsatzerlöse}}{\text{Umsatzerlöse}}$$

$$\text{Kapitalrentabilität} = \text{ROI} = \frac{\text{Gewinn}}{\text{Umsatzerlöse}} \cdot 100 \cdot \frac{\text{Umsatzerlöse}}{\text{durchschnittliches Kapital}}$$

$$\text{ROI} = \text{Umsatzrentabilität} \cdot \text{Umschlagshäufigkeit des Kapitals}$$

Umsatzrentabilität und Kapitalumschlag bestimmen die Kapitalrentabilität.

Vorteile dieser Darstellung:

- Die Bestimmungsgrößen lassen sich weiter analysieren (z.B. Gewinn = Deckungsbeitrag – Fixkosten; Deckungsbeitrag = Nettoumsatz – variable Kosten; der Kapitalumschlag wird u.a. von Lagerbeständen, Forderungen, Anlagevermögen beeinflusst). Das Ergebnis ist ein umfassendes Kennzahlensystem (sog. **DuPont-System**).

- Man kann untersuchen, wie Veränderungen dieser Teilgrößen (z.B. Materialkosten, Bestandverkleinerung, Leasing von Anlagegegenständen) ggf. auf den ROI wirken.

Beispiel: ROI der Auto AG

(Ungenauigkeiten durch Rundungsdifferenzen)	Berichtsjahr		Vorjahr	
Gewinn (vor Steuern)	6 591,00		7 846,00	
Umsatzerlöse	64 220,00		64 900,00	
Umsatzrentabilität		10,26 %		12,09 %
durchschnittliches Kapital	34 616,00		33 069,00	
Umschlagshäufigkeit des Kapitals		1,86		1,96
Return on Investment (vor Steuern)	10,26 % · 1,86 = 19,08 %		12,09 % · 1,96 = 23,7 %	

Der ROI ist um 4,62 Prozentpunkte gesunken. Daran ist ein Rückgang der Umsatzrentabilität ebenso wie ein Rückgang des Kapitalumschlags beteiligt. Für Verbesserungsmaßnahmen sind die Ursachen des Gewinn-, Erlös- und Umschlagsrückgangs genauer zu analysieren.

DuPont-Kennzahlen
(mit Cashflow und Wirtschaftlichkeit der Betriebstätigkeit)

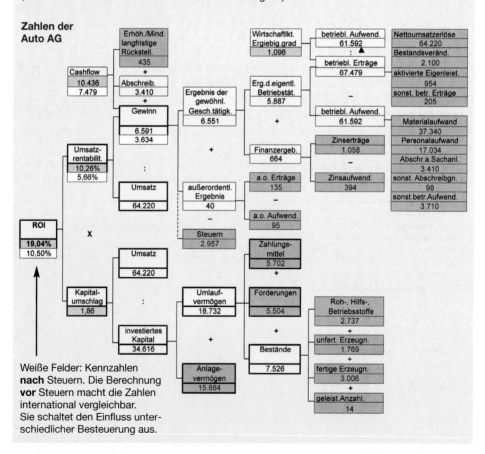

Zahlen der Auto AG

Weiße Felder: Kennzahlen **nach** Steuern. Die Berechnung **vor** Steuern macht die Zahlen international vergleichbar. Sie schaltet den Einfluss unterschiedlicher Besteuerung aus.

Anders als der externe Bilanzanalytiker hat der Controller Zugang zu den Zahlen der KLR. Er kann folglich den Deckungsbeitrag – die wichtigste Kennzahl überhaupt – und das Ergebnis der eigentlichen Betriebstätigkeit mithilfe der Teilkostenrechnung ermitteln.

Es gilt: Gesamtergebnis = Betriebsergebnis + neutrales Ergebnis.

Zur Ermittlung des neutralen Ergebnisses ist folglich vom oben ermittelten Gesamtergebnis das Ergebnis der eigentlichen Betriebstätigkeit abzuziehen.

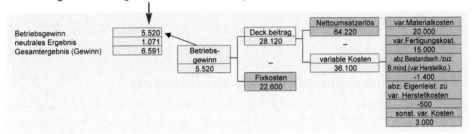

Anmerkung:
Der behandelte ROI enthält keine Fremdkapitalzinsen. Er stellt eine Netto-Gesamtkapitalrentabilität dar. Das ist die Rendite, die über die vom Fremdkapital erwirtschafteten Zinsen hinaus entsteht. Sie zeigt, wie viel Euro Gewinn jeder Euro Kapitaleinsatz erzielt.

Addiert man die gezahlten Fremdkapitalzinsen zum Eigenkapital, erhält man einen Brutto-ROI (eine Brutto-Gesamtkapitalrentabilität), der der bekannten Gesamtrentabilitätskennzahl entspricht). Er zeigt, wie viel Euro jeder Euro Kapitaleinsatz insgesamt erwirtschaftet.

Arbeitsaufträge

1. **Aus Bilanz und GuV-Rechnung ergeben sich folgende Zahlen eines Unternehmens (in Mio. EUR):**

	Berichtsjahr	Vorjahr
Umsatzerlöse	69,4	56,3
Gewinn	5,5	3,9
bereinigter Gewinn	4,9	3,4
Materialaufwand	27,8	22,1
durchschnittliches Eigenkapital	13,9	13,2
durchschnittliches Gesamtkapital	27,9	27,4
durchschnittlicher Stoffebestand	10,8	10,1
durchschnittlicher Erzeugnisbestand	5,2	5,0
durchschnittlicher Forderungsbestand	6,7	6,6
Branchendurchschnitte:		
Eigenkapitalrentabilität	30,0 %	30,0 %
Gesamtkapitalrentabilität	15,3 %	15,1 %
Umsatzrentabilität	6,8 %	6,5 %
Eigenkapitalumschlagsdauer	75 Tage	80 Tage
Gesamtkapitalumschlagsdauer	155 Tage	159 Tage
Lagerdauer Stoffe	150 Tage	153 Tage
Lagerdauer Erzeugnisse	30 Tage	30 Tage
Debitorenziel	32 Tage	33 Tage

Berechnen Sie
a) die Rentabilitätskennzahlen,
b) die Umschlagskennzahlen und Umschlagsdauern,
c) den Return on Investment
und kommentieren Sie die Kennzahlen anhand des vorliegenden Zahlenmaterials.

2. **Auf Seite 495 finden Sie die Bilanz der XY-AG, auf Seite 514 die GuV-Rechnung.**
   Zusätzliche Angaben zum 1. Januar 02:
   Gesamtkapital 334,1 Mio. EUR; Kundenforderungen 45,9 Mio. EUR; Stoffebestand 25,1 Mio. EUR;
   Erzeugnisbestand 25,4 Mio. EUR

   Berechnen Sie die Umschlagskennzahlen und den Return on Investment.
   Kommentieren Sie die festgestellten Veränderungen.

8.3.7   Beurteilung des Unternehmenswachstums

Im Zeitalter des globalen Wettbewerbs wird immer wieder betont, dass das Unternehmen wachsen muss. Stillstand bedeutet Rückschritt und Zurückbleiben hinter der Konkurrenz. Die Börsen bestrafen es sofort mit Kursverfall der Aktien.

Wachstumskennzahlen zeigen, um wie viel Prozent eine Position der Bilanz oder GuV-Rechnung gegenüber dem Vorjahr gewachsen/geschrumpft ist.

Wichtige Kennzahlen sind z. B.: Gewinn-, Umsatz-, Rentabilitäts-, Cashflow-Wachstum, Eigen- und Fremdkapitalwachstum, Umlauf- und Anlagevermögenswachstum.

Beispiel: Gewinnwachstum (Zahlen der Tabelle in TEUR)

	Berichtsjahr	Vorjahr	Veränderung
Jahresüberschuss Unternehmen 1	9 215	8 889	+ 326
Jahresüberschuss Unternehmen 2	4 318	6 136	− 1 818

$$\text{Gewinn-wachstum} = \frac{\text{Veränderung}}{\text{Vorjahresgewinn}} \cdot 100 \qquad U1 = \frac{326 \cdot 100}{8\,889} = 3{,}7\,\% \qquad U2 = \frac{(-1\,818) \cdot 100}{6\,136} = -29{,}6\,\%$$

positives Wachstum   negatives Wachstum

Eine Unternehmensbeurteilung anhand von Wachstumskennzahlen ist umso verlässlicher,

- je weiter die Kennzahlenreihe in die Vergangenheit reicht,
- je mehr Kennzahlen eine Änderung in die gleiche Richtung anzeigen.

Kennzahlen der Wachstumselastizität stellen den Vergleich zum Branchenwachstum her. Sie setzen das Wachstum des Unternehmens zu dem der Branche ins Verhältnis.

Die Gewinnwachstumselastizität z. B. ergibt sich wie folgt:

$$\text{Gewinnwachstumselastizität} = \frac{\text{Gewinnwachstum des Unternehmens}}{\text{Gewinnwachstum der Branche}}$$

Elastizität > 1 (< 1) bedeutet: Das Unternehmen wächst mehr (weniger) als die Branche. (Das gilt nur bei positiven Bezugsgrößen.)

Beispiel: Gewinnwachstumselastizität

Das Branchenwachstum beträgt 2,5 %.
Dann gilt für Unternehmen 1:

Gewinnwachstumselastizität = 3,7 % : 2,5 % = 1,48

Das Wachstum des Unternehmens beträgt das 1,48-fache des Branchenwachstums.
Oder: Das Wachstum des Unternehmens liegt 48 % über dem Branchenwachstum.

Arbeitsaufträge

1. **Aus Jahresabschlüssen der Ernst Abel GmbH (in Mio. EUR):**

	Jahr 04	Jahr 03	Jahr 02	Jahr 01
Jahresüberschuss	6,45	1,03	– 0,21	4,23
Umsatzerlöse	61,72	50,67	46,34	57,26
Cashflow	9,17	3,45	2,12	6,63
Anlagevermögen	26,91	24,87	24,93	25,84
Eigenkapital	27,75	23,00	22,03	22,24
Branchenwachstum:				
Umsatz	6,1 %	7,0 %	2,1 %	
Gewinn	19,3 %	22,1 %	1,3 %	
Eigenkapital	10,2 %	2,2 %	0,4 %	

Berechnen und kommentieren Sie folgende Wachstumskennzahlen:

a) Gewinnwachstum und Gewinnwachstumselastizität,

b) Umsatzwachstum und Umsatzwachstumselastizität,

c) Cashflow-Wachstum,

d) Anlagenwachstum,

e) Eigenkapitalwachstum und Eigenkapitalwachstumselastizität.

Wo gibt's bei der Berechnung Schwierigkeiten?

2. **Auf Seite 493 finden Sie die Bilanz der Auto AG, auf Seite 510 die GuV-Rechnung, auf Seite 521 den Cashflow.**

Das Umsatzwachstum der Branche beträgt 6 %.
Berechnen Sie folgende Kennzahlen:

a) Anlagenwachstum,

b) Umlaufvermögenswachstum,

c) Eigenkapitalwachstum,

d) Wachstum der Eigenkapitalrentabilität,

e) Cashflow-Wachstum,

f) Umsatzwachstum und Umsatzwachstumselastizität.

8.4　Grenzen der externen Abschlussanalyse

Wer aus Jahresabschlüssen Kennzahlen erarbeitet und auswertet, muss um die Grenzen der externen Abschlussanalyse wissen. Diese lassen sich wie folgt begründen:

- Jahresabschlüsse sind stichtagsbezogen. Sie lassen sich (in Grenzen) manipulieren, um am Stichtag günstige Werte zu präsentieren. Kurze Zeit später kann die Lage sich wieder anders darstellen (vgl. z. B. Abschnitt 8.2.3).

- Auf wichtige Fragen gibt der veröffentlichte Jahresabschluss keine Antwort.

Beispiele: Jahresabschluss – Fragen ohne Antwort

- Wie groß ist der potenzielle Kreditspielraum des Unternehmens?
- Stehen gewährte, aber noch nicht in Anspruch genommene Kredite zur Verfügung?
- Können kurzfristige Kredite in langfristige umgewandelt werden?
- Sind Teile des Umlaufvermögens verpfändet, übereignet oder auf andere Weise der freien Verfügung entzogen?
- Wann und in welcher Höhe ist mit Mittelzu- und -abflüssen zu rechnen?
- Stehen Zahlungseingänge oder -ausgänge bevor?
- Wann und in welcher Höhe sind langfristige Forderungen/Verbindlichkeiten fällig?
- Welche Vermögensgegenstände sind zum betriebsnotwendigen Vermögen zu rechnen?
- Welcher Teil des Vorratsvermögens dient zur Aufrechterhaltung der Betriebsbereitschaft?
- Wie hoch ist der momentane Beschäftigungsgrad des Unternehmens?

- Die Kennzahlen lassen sich oft unterschiedlich interpretieren.

Beispiele: Unterschiedliche Interpretation von Kennzahlen

- Anstieg der Vorratsquote:
  - kann auf die Anpassung an bevorstehende Produktions- und Umsatzausweitung hindeuten,
  - kann auch durch Umsatzstagnation zustande gekommen sein.

- Niedrigere Forderungsquote:
  - kann auf einen höheren Forderungsumschlag hindeuten,
  - kann auch durch Forderungsausfälle und/oder Umsatzschrumpfung bedingt sein.

- Anstieg der langfristigen Verbindlichkeiten:
  - kann auf die Aufnahme weiterer Kredite hindeuten (z. B. Anlagenfinanzierung),
  - kann auch Umwandlung kurzfristiger Kredite in langfristige bedeuten (Liquiditätsplus).

- Anstieg der Lieferantenverbindlichkeiten:
  - kann auf Mehreinkäufen wegen Umsatz- und Produktionsausweitung beruhen,
  - kann auch durch längere Zahlungsziele von Lieferanten bedingt sein,
  - kann auch die Überschreitung der Kreditfristen bedeuten.

Die Abschlussanalyse ist nur aussagekräftig, wenn sie sich nicht auf Einzelfeststellungen, sondern auf ein Kennzahlensystem stützt.

Die Kennzahlen sind miteinander in Beziehung zu setzen, Zeit- und Branchenvergleiche sind durchzuführen.

Aufgrund der ermittelten Werte ist eine Gesamtbeurteilung vorzunehmen. Ihr Informationswert muss über die Aussagen in Anhang und Lagebericht hinausgehen. Sie muss ein möglichst umfassendes Bild von der Vermögens- und Finanzlage des Unternehmens, von Ertragskraft, Marktstellung und Managementleistungen vermitteln.

Die Gesamtbeurteilung der Lage und Entwicklung des Unternehmens auf der Basis der Abschlussauswertung ist der Analysebericht.

Gesetzestexte (Auszüge)

Handelsgesetzbuch

Drittes Buch. Handelsbücher
Erster Abschnitt. Vorschriften für alle Kaufleute

Erster Unterabschnitt: Buchführung. Inventar

§ 238 Buchführungspflicht

(1) Jeder Kaufmann ist verpflichtet, Bücher zu führen und in diesen seine Handelsgeschäfte und die Lage seines Vermögens nach den Grundsätzen ordnungsmäßiger Buchführung ersichtlich zu machen. Die Buchführung muss so beschaffen sein, dass sie einem sachverständigen Dritten innerhalb angemessener Zeit einen Überblick über die Geschäftsvorfälle und über die Lage des Unternehmens vermitteln kann. Die Geschäftsvorfälle müssen sich in ihrer Entstehung und Abwicklung verfolgen lassen.

(2) Der Kaufmann ist verpflichtet, eine mit der Urschrift übereinstimmende Wiedergabe der abgesandten Handelsbriefe (Kopie, Abdruck, Abschrift oder sonstige Wiedergabe des Wortlauts auf einem Schrift-, Bild- oder anderen Datenträger) zurückzubehalten.

§ 239 Führung der Handelsbücher

(1) Bei der Führung der Handelsbücher und bei den sonst erforderlichen Aufzeichnungen hat sich der Kaufmann einer lebenden Sprache zu bedienen. Werden Abkürzungen, Ziffern, Buchstaben oder Symbole verwendet, muss im Einzelfall deren Bedeutung eindeutig festliegen.

(2) Die Eintragungen in Büchern und die sonst erforderlichen Aufzeichnungen müssen vollständig, richtig, zeitgerecht und geordnet vorgenommen werden.

(3) Eine Eintragung oder eine Aufzeichnung darf nicht in einer Weise verändert werden, dass der ursprüngliche Inhalt nicht mehr feststellbar ist. Auch solche Veränderungen dürfen nicht vorgenommen werden, deren Beschaffenheit es ungewiss lässt, ob sie ursprünglich oder erst später gemacht worden sind.

(4) Die Handelsbücher und die sonst erforderlichen Aufzeichnungen können auch in der geordneten Ablage von Belegen bestehen oder auf Datenträgern geführt werden, soweit diese Formen der Buchführung einschließlich des dabei angewandten Verfahrens den Grundsätzen ordnungsmäßiger Buchführung entsprechen. Bei der Führung der Handelsbücher und der sonst erforderlichen Aufzeichnungen auf Datenträgern muss insbesondere sichergestellt sein, dass die Daten während der Dauer der Aufbewahrungsfrist verfügbar sind und jederzeit innerhalb angemessener Frist lesbar gemacht werden können. Absätze 1 bis 3 gelten sinngemäß.

§ 240 Inventar

(1) Jeder Kaufmann hat zu Beginn seines Handelsgewerbes seine Grundstücke, seine Forderungen und Schulden, den Betrag seines baren Geldes sowie seine sonstigen Vermögensgegenstände genau zu verzeichnen und dabei den Wert der einzelnen Vermögensgegenstände und Schulden anzugeben.

(2) Er hat demnächst für den Schluss eines jeden Geschäftsjahrs ein solches Inventar aufzustellen. Die Dauer des Geschäftsjahrs darf zwölf Monate nicht überschreiten. Die Aufstellung des Inventars ist innerhalb der einem ordnungsmäßigen Geschäftsgang entsprechenden Zeit zu bewirken.

(3) Vermögensgegenstände des Sachanlagevermögens sowie Roh-, Hilfs- und Betriebsstoffe können, wenn sie regelmäßig ersetzt werden und ihr Gesamtwert für das Unternehmen von nachrangiger Bedeutung ist, mit einer gleichbleibenden Menge und einem gleichbleibenden Wert angesetzt werden, sofern ihr Bestand in seiner Größe, seinem Wert und seiner Zusammensetzung nur geringen Veränderungen unterliegt. Jedoch ist in der Regel alle drei Jahre eine körperliche Bestandsaufnahme durchzuführen.

(4) Gleichartige Vermögensgegenstände des Vorratsvermögens sowie andere gleichartige oder annähernd gleichwertige bewegliche Vermögensgegenstände und Schulden können jeweils zu einer Gruppe zusammengefasst und mit dem gewogenen Durchschnittswert angesetzt werden.

§ 241 Inventurvereinfachungsverfahren

(1) Bei der Aufstellung des Inventars darf der Bestand der Vermögensgegenstände nach Art, Menge und Wert auch mit Hilfe anerkannter mathematisch-statistischer Methoden auf Grund von Stichproben ermittelt werden. Das Verfahren muss den Grundsätzen ordnungsmäßiger Buchführung entsprechen. Der Aussagewert des auf diese Weise aufgestellten Inventars muss dem Aussagewert eines auf Grund einer körperlichen Bestandsaufnahme aufgestellten Inventars gleichkommen.

(2) Bei der Aufstellung des Inventars für den Schluss eines Geschäftsjahrs bedarf es einer körperlichen Bestandsaufnahme der Vermögensgegenstände für diesen Zeitpunkt nicht, soweit durch Anwendung eines den Grundsätzen ordnungsmäßiger Buchführung entsprechenden anderen Verfahrens gesichert ist, dass der Bestand der Vermögensgegenstände nach Art, Menge und Wert auch ohne die körperliche Bestandsaufnahme für diesen Zeitpunkt festgestellt werden kann.

(3) In dem Inventar für den Schluss eines Geschäftsjahrs brauchen Vermögensgegenstände nicht verzeichnet zu werden, wenn

1. der Kaufmann ihren Bestand auf Grund einer körperlichen Bestandsaufnahme oder auf Grund eines nach Absatz 2 zulässigen anderen Verfahrens nach Art, Menge und Wert in einem besonderen Inventar verzeichnet hat, das für einen Tag innerhalb der letzten drei Monate vor oder der ersten beiden Monate nach dem Schluss des Geschäftsjahrs aufgestellt ist, und

2. auf Grund des besonderen Inventars durch Anwendung eines den Grundsätzen ordnungsmäßiger Buchführung entsprechenden Fortschreibungs- oder Rückrechnungsverfahrens gesichert ist, dass der am Schluss des Geschäftsjahrs vorhandene Bestand der Vermögensgegenstände für diesen Zeitpunkt ordnungsgemäß bewertet werden kann.

§ 241a Befreiung von der Pflicht zur Buchführung und Erstellung eines Inventars

Einzelkaufleute, die an den Abschlussstichtagen von zwei aufeinander folgenden Geschäftsjahren nicht mehr als 500 000 Euro Umsatzerlöse und 50 000 Euro Jahresüberschuss aufweisen, brauchen die §§ 238 bis 241 nicht anzuwenden. Im Fall der Neugründung treten die Rechtsfolgen schon ein, wenn die Werte des Satzes 1 am ersten Abschlussstichtag nach der Neugründung nicht überschritten werden.

Zweiter Unterabschnitt: Eröffnungsbilanz. Jahresabschluss

§ 242 Pflicht zur Aufstellung

(1) Der Kaufmann hat zu Beginn seines Handelsgewerbes und für den Schluss eines jeden Geschäftsjahrs einen das Verhältnis seines Vermögens und seiner Schulden darstellenden Abschluss (Eröffnungsbilanz, Bilanz) aufzustellen. Auf die Eröffnungsbilanz sind die für den Jahresabschluss geltenden Vorschriften entsprechend anzuwenden, soweit sie sich auf die Bilanz beziehen.

(2) Er hat für den Schluss eines jeden Geschäftsjahrs eine Gegenüberstellung der Aufwendungen und Erträge des Geschäftsjahrs (Gewinn- und Verlustrechnung) aufzustellen.

(3) Die Bilanz und die Gewinn- und Verlustrechnung bilden den Jahresabschluss.

§ 243 Aufstellungsgrundsatz

(1) Der Jahresabschluss ist nach den Grundsätzen ordnungsmäßiger Buchführung aufzustellen.

(2) Er muss klar und übersichtlich sein.

(3) Der Jahresabschluss ist innerhalb der einem ordnungsmäßigen Geschäftsgang entsprechenden Zeit aufzustellen.

§ 244 Sprache. Währungseinheit

Der Jahresabschluss ist in deutscher Sprache und in EUR aufzustellen.

§ 245 Unterzeichnung

Der Jahresabschluss ist vom Kaufmann unter Angabe des Datums zu unterzeichnen. Sind mehrere persönlich haftende Gesellschafter vorhanden, so haben sie alle zu unterzeichnen.

§ 246 Vollständigkeit. Verrechnungsverbot

(1) Der Jahresabschluss hat sämtliche Vermögensgegenstände, Schulden, Rechnungsabgrenzungsposten, Aufwendungen und Erträge zu enthalten, soweit gesetzlich nichts anderes bestimmt ist ...

(2) Posten der Aktivseite dürfen nicht mit Posten der Passivseite, Aufwendungen dürfen nicht mit Erträgen, Grundstücksrechte nicht mit Grundstückslasten verrechnet werden.

§ 247 Inhalt der Bilanz

(1) In der Bilanz sind das Anlage- und das Umlaufvermögen, das Eigenkapital, die Schulden sowie die Rechnungsabgrenzungsposten gesondert auszuweisen und hinreichend aufzugliedern.

(2) Beim Anlagevermögen sind nur die Gegenstände auszuweisen, die bestimmt sind, dauernd dem Geschäftsbetrieb zu dienen.

§ 249 Rückstellungen

(1) Rückstellungen sind für ungewisse Verbindlichkeiten und für drohende Verluste aus schwebenden Geschäften zu bilden. Ferner sind Rückstellungen zu bilden für

1. im Geschäftsjahr unterlassene Aufwendungen für Instandhaltung, die im folgenden Geschäftsjahr innerhalb von drei Monaten, oder für Abraumbeseitigung, die im folgenden Geschäftsjahr nachgeholt werden,

2. Gewährleistungen, die ohne rechtliche Verpflichtung erbracht werden.

(2) Für andere als die in Absatz 1 bezeichneten Zwecke dürfen Rückstellungen nicht gebildet werden. Rückstellungen dürfen nur aufgelöst werden, soweit der Grund hierfür entfallen ist.

§ 250 Rechnungsabgrenzungsposten

(1) Als Rechnungsabgrenzungsposten sind auf der Aktivseite Ausgaben vor dem Abschlussstichtag auszuweisen, soweit sie Aufwand für eine bestimmte Zeit nach diesem Tag darstellen.

(2) Auf der Passivseite sind als Rechnungsabgrenzungsposten Einnahmen vor dem Abschlussstichtag auszuweisen, soweit sie Ertrag für eine bestimmte Zeit nach diesem Tag darstellen.

(3) Ist der Erfüllungsbetrag einer Verbindlichkeit höher als der Ausgabebetrag, so darf der Unterschiedsbetrag in den Rechnungsabgrenzungsposten auf der Aktivseite aufgenommen werden. Der Unterschiedsbetrag ist durch planmäßige jährliche Abschreibungen zu tilgen, die auf die gesamte Laufzeit der Verbindlichkeit verteilt werden können.

§ 251 Haftungsverhältnisse

Unter der Bilanz sind, sofern sie nicht auf der Passivseite auszuweisen sind, Verbindlichkeiten aus der Begebung und Übertragung von Wechseln, aus Bürgschaften, Wechsel- und Scheckbürgschaften und aus Gewährleistungsverträgen sowie Haftungsverhältnisse aus der Bestellung von Sicherheiten für fremde Verbindlichkeiten zu vermerken; sie dürfen in einem Betrag angegeben werden. Haftungsverhältnisse sind auch anzugeben, wenn ihnen gleichwertige Rückgriffsforderungen gegenüberstehen.

§ 252 Allgemeine Bewertungsgrundsätze

(1) Bei der Bewertung der im Jahresabschluss ausgewiesenen Vermögensgegenstände und Schulden gilt insbesondere Folgendes:

1. Die Wertansätze in der Eröffnungsbilanz des Geschäftsjahrs müssen mit denen der Schlussbilanz des vorhergehenden Geschäftsjahrs übereinstimmen.

2. Bei der Bewertung ist von der Fortführung der Unternehmenstätigkeit auszugehen, sofern dem nicht tatsächliche oder rechtliche Gegebenheiten entgegenstehen.

3. Die Vermögensgegenstände und Schulden sind zum Abschlussstichtag einzeln zu bewerten.

4. Es ist vorsichtig zu bewerten, namentlich sind alle vorhersehbaren Risiken und Verluste, die bis zum Abschlussstichtag entstanden sind, zu berücksichtigen, selbst wenn diese erst zwischen dem Abschlussstichtag und dem Tag der Aufstellung des Jahresabschlusses bekannt geworden sind; Gewinne sind nur zu berücksichtigen, wenn sie am Abschlussstichtag realisiert sind.

5. Aufwendungen und Erträge des Geschäftsjahrs sind unabhängig von den Zeitpunkten der entsprechenden Zahlungen im Jahresabschluss zu berücksichtigen.

6. Die auf den vorhergehenden Jahresabschluss angewandten Bewertungsmethoden sind beizubehalten.

(2) Von den Grundsätzen des Absatzes 1 darf nur in begründeten Ausnahmefällen abgewichen werden.

§ 253 Zugangs- und Folgebewertung

(1) Vermögensgegenstände sind höchstens mit den Anschaffungs- oder Herstellungskosten, vermindert um die Abschreibungen nach den Absätzen 3 bis 5, anzusetzen. Verbindlichkeiten sind zu ihrem Erfüllungsbetrag und Rückstellungen in Höhe des nach vernünftiger kaufmännischer Beurteilung notwendigen Erfüllungsbetrages anzusetzen. ...

(3) Bei Vermögensgegenständen des Anlagevermögens, deren Nutzung zeitlich begrenzt ist, sind die Anschaffungs- oder die Herstellungskosten um planmäßige Abschreibungen zu vermindern. Der Plan muss die Anschaffungs- oder Herstellungskosten auf die Geschäftsjahre verteilen, in denen der Vermögensgegenstand voraussichtlich genutzt werden kann. Ohne Rücksicht darauf, ob ihre Nutzung zeitlich begrenzt

ist, sind bei Vermögensgegenständen des Anlagevermögens bei voraussichtlich dauernder Wertminderung außerplanmäßige Abschreibungen vorzunehmen, um diese mit dem niedrigeren Wert anzusetzen, der ihnen am Abschlussstichtag beizulegen ist. Bei Finanzanlagen können außerplanmäßige Abschreibungen auch bei voraussichtlich nicht dauernder Wertminderung vorgenommen werden.

(4) Bei Vermögensgegenständen des Umlaufvermögens sind Abschreibungen vorzunehmen, um diese mit einem niedrigeren Wert anzusetzen, der sich aus einem Börsen- oder Marktpreis am Abschlussstichtag ergibt. Ist ein Börsen- oder Marktpreis nicht festzustellen und übersteigen die Anschaffungs- oder Herstellungskosten den Wert, der den Vermögensgegenständen am Abschlussstichtag beizulegen ist, so ist auf diesen Wert abzuschreiben.

(5) Ein niedrigerer Wertansatz nach Absatz 3 Satz 3 oder 4 und Absatz 4 darf nicht beibehalten werden, wenn die Gründe dafür nicht mehr bestehen. Ein niedrigerer Wertansatz eines entgeltlich erworbenen Geschäfts- oder Firmenwertes ist beizubehalten.

§ 254 Bildung von Bewertungseinheiten

Werden Vermögensgegenstände, Schulden, schwebende Geschäfte oder mit hoher Wahrscheinlichkeit erwartete Transaktionen zum Ausgleich gegenläufiger Wertänderungen oder Zahlungsströme aus dem Eintritt vergleichbarer Risiken mit Finanzinstrumenten zusammengefasst (Bewertungseinheit), sind § 249 Abs. 1, § 252 Abs. 1 Nr. 3 und 4, § 253 Abs. 1 Satz 1 und § 256a in dem Umfang und für den Zeitraum nicht anzuwenden, in dem die gegenläufigen Wertänderungen oder Zahlungsströme sich ausgleichen. Als Finanzinstrumente im Sinn des Satzes 1 gelten auch Termingeschäfte über den Erwerb oder die Veräußerung von Waren.

§ 255 Bewertungsmaßstäbe

(1) Anschaffungskosten sind die Aufwendungen, die geleistet werden, um einen Vermögensgegenstand zu erwerben und ihn in einen betriebsbereiten Zustand zu versetzen, soweit sie dem Vermögensgegenstand einzeln zugeordnet werden können. Zu den Anschaffungskosten gehören auch die Nebenkosten sowie die nachträglichen Anschaffungskosten. Anschaffungspreisminderungen sind abzusetzen.

(2) Herstellungskosten sind die Aufwendungen, die durch den Verbrauch von Gütern und die Inanspruchnahme von Diensten für die Herstellung eines Vermögensgegenstands, seine Erweiterung oder für eine über seinen ursprünglichen Zustand hinausgehende wesentliche Verbesserung entstehen. Dazu gehören die Materialkosten, die Fertigungskosten und die Son-

derkosten der Fertigung sowie angemessene Teile der Materialgemeinkosten, der Fertigungsgemeinkosten und des Werteverzehrs des Anlagevermögens, soweit dieser durch die Fertigung veranlasst ist. Bei der Berechnung der Herstellungskosten dürfen angemessene Teile der Kosten der allgemeinen Verwaltung sowie angemessene Aufwendungen für soziale Einrichtungen des Betriebs, für freiwillige soziale Leistungen und für die betriebliche Altersversorgung einbezogen werden, soweit diese auf den Zeitraum der Herstellung entfallen. Forschungs- und Vertriebskosten dürfen nicht einbezogen werden. ...

(3) Zinsen für Fremdkapital gehören nicht zu den Herstellungskosten. Zinsen für Fremdkapital, das zur Finanzierung der Herstellung eines Vermögensgegenstands verwendet wird, dürfen angesetzt werden, soweit sie auf den Zeitraum der Herstellung entfallen; ...

(4) Der beizulegende Zeitwert entspricht dem Marktpreis. Soweit kein aktiver Markt besteht, anhand dessen sich der Marktpreis ermitteln lässt, ist der beizulegende Zeitwert mit Hilfe allgemein anerkannter Bewertungsmethoden zu bestimmen. Lässt sich der beizulegende Zeitwert weder nach Satz 1 noch nach Satz 2 ermitteln, sind die Anschaffungs- oder Herstellungskosten gemäß § 253 Abs. 4 fortzuführen. Der zuletzt nach Satz 1 oder 2 ermittelte beizulegende Zeitwert gilt als Anschaffungs- oder Herstellungskosten im Sinn des Satzes 3.

§ 256 Bewertungsvereinfachungsverfahren

Soweit es den Grundsätzen ordnungsmäßiger Buchführung entspricht, kann für den Wertansatz gleichartiger Vermögensgegenstände des Vorratsvermögens unterstellt werden, dass die zuerst oder dass die zuletzt angeschafften oder hergestellten Vermögensgegenstände zuerst verbraucht oder veräußert worden sind. § 240 Abs. 3 und 4 ist auch auf den Jahresabschluss anwendbar.

§ 256a Währungsumrechnung

Auf fremde Währung lautende Vermögensgegenstände und Verbindlichkeiten sind zum Devisenkassamittelkurs am Abschlussstichtag umzurechnen. Bei einer Restlaufzeit von einem Jahr oder weniger sind § 253 Abs. 1 Satz 1 und § 252 Abs. 1 Nr. 4 Halbsatz 2 nicht anzuwenden.

Dritter Unterabschnitt:
Aufbewahrung und Vorlage

§ 257 Aufbewahrung von Unterlagen. Aufbewahrungsfristen

(1) Jeder Kaufmann ist verpflichtet, die folgenden Unterlagen geordnet aufzubewahren:

1. Handelsbücher, Inventare, Eröffnungsbilanzen, Jahresabschlüsse, Einzelabschlüsse nach § 325 Abs. 2 a, Lageberichte, Konzernabschlüsse, Konzernlageberichte sowie die zu ihrem Verständnis erforderlichen Arbeitsanweisungen und sonstigen Organisationsunterlagen,

2. die empfangenen Handelsbriefe,

3. Wiedergaben der abgesandten Handelsbriefe,

4. Belege für Buchungen in den von ihm nach § 238 Abs. 1 zu führenden Büchern (Buchungsbelege).

(2) Handelsbriefe sind nur Schriftstücke, die ein Handelsgeschäft betreffen.

(3) Mit Ausnahme der Eröffnungsbilanzen und Abschlüsse können die in Absatz 1 aufgeführten Unterlagen auch als Wiedergabe auf einem Bildträger oder auf anderen Datenträgern aufbewahrt werden, wenn dies den Grundsätzen ordnungsmäßiger Buchführung entspricht und sichergestellt ist, dass die Wiedergabe oder die Daten

1. mit den empfangenen Handelsbriefen und den Buchungsbelegen bildlich und mit den anderen Unterlagen inhaltlich übereinstimmen, wenn sie lesbar gemacht werden,

2. während der Dauer der Aufbewahrungsfrist verfügbar sind und jederzeit innerhalb angemessener Frist lesbar gemacht werden können.

Sind Unterlagen auf Grund des § 239 Abs. 4 Satz 1 auf Datenträgern hergestellt worden, können statt des Datenträgers die Daten auch ausgedruckt aufbewahrt werden; die ausgedruckten Unterlagen können auch nach Satz 1 aufbewahrt werden.

(4) Die in Absatz 1 Nr. 1 und 4 aufgeführten Unterlagen sind zehn Jahre, die sonstigen in Absatz 1 aufgeführten Unterlagen sechs Jahre aufzubewahren.

(5) Die Aufbewahrungsfrist beginnt mit dem Schluss des Kalenderjahrs, in dem die letzte Eintragung in das Handelsbuch gemacht, das Inventar aufgestellt, die Eröffnungsbilanz oder der Jahresabschluss festgestellt, der Einzelabschluss nach § 325 Abs. 2a oder der Konzernabschluss aufgestellt, der Handelsbrief empfangen oder abgesandt worden oder der Buchungsbeleg entstanden ist.

§ 258 Vorlegung im Rechtsstreit

(1) Im Laufe eines Rechtsstreits kann das Gericht auf Antrag oder von Amts wegen die Vorlegung der Handelsbücher einer Partei anordnen.

Zweiter Abschnitt.
Ergänzende Vorschriften für Kapitalgesellschaften ...

Erster Unterabschnitt: Jahresabschluss der Kapitalgesellschaft und Lagebericht

§ 264 Pflicht zur Aufstellung

(1) Die gesetzlichen Vertreter einer Kapitalgesellschaft haben den Jahresabschluss (§ 242) um einen Anhang zu erweitern, der mit der Bilanz und der Gewinn- und Verlustrechnung eine Einheit bildet, sowie einen Lagebericht aufzustellen. Die gesetzlichen Vertreter einer kapitalmarktorientierten Kapitalgesellschaft, die nicht zur Aufstellung eines Konzernabschlusses verpflichtet ist, haben den Jahresabschluss um eine Kapitalflussrechnung und einen Eigenkapitalspiegel zu erweitern, die mit der Bilanz, Gewinn- und Verlustrechnung und dem Anhang eine Einheit bilden; sie können den Jahresabschluss um eine Segmentberichterstattung erweitern. Der Jahresabschluss und der Lagebericht sind von den gesetzlichen Vertretern in den ersten drei Monaten des Geschäftsjahrs für das vergangene Geschäftsjahr aufzustellen. Kleine Kapitalgesellschaften (§ 267 Abs. 1) brauchen den Lagebericht nicht aufzustellen; sie dürfen den Jahresabschluss auch später aufstellen, wenn dies einem ordnungsmäßigen Geschäftsgang entspricht, jedoch innerhalb der ersten sechs Monate des Geschäftsjahres. ...

(2) Der Jahresabschluss der Kapitalgesellschaft hat unter Beachtung der Grundsätze ordnungsmäßiger Buchführung ein den tatsächlichen Verhältnissen entsprechendes Bild der Vermögens-, Finanz- und Ertragslage der Kapitalgesellschaft zu vermitteln. Führen besondere Umstände dazu, dass der Jahresabschluss ein den tatsächlichen Verhältnissen entsprechendes Bild im Sinne des Satzes 1 nicht vermittelt, so sind im Anhang zusätzliche Angaben zu machen.

§ 264a Anwendung auf bestimmte offene Handelsgesellschaften und Kommanditgesellschaften

(1) Die Vorschriften des Ersten bis Fünften Unterabschnitts des Zweiten Abschnitts sind auch anzuwenden auf offene Handelsgesellschaften und Kommanditgesellschaften, bei denen nicht wenigstens ein persönlich haftender Gesellschafter

1. eine natürliche Person oder

2. eine offenen Handelsgesellschaft, Kommanditgesellschaft oder andere Personengesellschaft mit einer natürlichen Person als per-

sönlich haftendem Gesellschafter ist oder sich die Verbindung von Gesellschaften in dieser Art fortsetzt.

(2) In den Vorschriften dieses Abschnitts gelten als gesetzliche Vertreter einer offenen Handelsgesellschaft und Kommanditgesellschaft nach Absatz 1 die Mitglieder des vertretungsberechtigten Organs der vertretungsberechtigten Gesellschaften.

§ 265 Allgemeine Grundsätze für die Gliederung

(1) Die Form der Darstellung, insbesondere die Gliederung der aufeinanderfolgenden Bilanzen und Gewinn- und Verlustrechnungen, ist beizubehalten, soweit nicht in Ausnahmefällen wegen besonderer Umstände Abweichungen erforderlich sind.

(2) In der Bilanz sowie in der Gewinn- und Verlustrechnung ist zu jedem Posten der entsprechende Betrag des vorhergehenden Geschäftsjahrs anzugeben.

(5) Eine weitere Untergliederung der Posten ist zulässig ... Neue Posten dürfen hinzugefügt werden, wenn ihr Inhalt nicht von einem vorgeschriebenen Posten gedeckt wird.

§ 266 Gliederung der Bilanz

(1) Die Bilanz ist in Kontoform aufzustellen. Dabei haben große und mittelgroße Kapitalgesellschaften (§ 267 Abs. 3, 2) auf der Aktivseite die in Absatz 2 und auf der Passivseite die in Absatz 3 bezeichneten Posten gesondert und in der vorgeschriebenen Reihenfolge auszuweisen. Kleine Kapitalgesellschaften (§ 267 Abs. 1) brauchen nur eine verkürzte Bilanz aufzustellen, in die nur die in den Absätzen 2 und 3 mit Buchstaben und römischen Zahlen bezeichneten Posten gesondert und in der vorgeschriebenen Reihenfolge aufgenommen werden.

(2) **Aktivseite** (Anmerkung: siehe S. 476)

(3) **Passivseite** (Anmerkung: siehe S. 476)

§ 267 Umschreibung der Größenklassen

(1) Kleine Kapitalgesellschaften sind solche, die mindestens zwei der drei nachstehenden Merkmale nicht überschreiten:

(Anmerkung: Einzelheiten siehe S. 475)

(2) Mittelgroße Kapitalgesellschaften sind solche, die mindestens zwei der drei in Absatz 1 bezeichneten Merkmale überschreiten und jeweils mindestens zwei der drei nachstehenden Merkmale nicht überschreiten:

(Anmerkung: Einzelheiten siehe S. 475)

(3) Große Kapitalgesellschaften sind solche, die mindestens zwei der drei in Absatz 2 bezeichne-

ten Merkmale überschreiten. Eine Kapitalgesellschaft im Sinn des § 264d gilt stets als große.

(4) Die Rechtsfolgen der Merkmale nach den Absätzen 1 bis 3 Satz 1 treten nur ein, wenn sie an den Abschlussstichtagen von zwei aufeinander folgenden Geschäftsjahren über- oder unterschritten werden.

§ 268 Vorschriften zu einzelnen Posten der Bilanz. Bilanzvermerke

(1) Die Bilanz darf auch unter Berücksichtigung der vollständigen oder teilweisen Verwendung des Jahresergebnisses aufgestellt werden. Wird die Bilanz unter Berücksichtigung der teilweisen Verwendung des Jahresergebnisses aufgestellt, so tritt an die Stelle der Posten „Jahresüberschuss/Jahresfehlbetrag" und „Gewinnvortrag/Verlustvortrag" der Posten „Bilanzgewinn/Bilanzverlust"; ein vorhandener Gewinn- oder Verlustvortrag ist in den Posten „Bilanzgewinn/Bilanzverlust" einzubeziehen und in der Bilanz oder im Anhang gesondert anzugeben.

(2) In der Bilanz oder im Anhang ist die Entwicklung der einzelnen Posten des Anlagevermögens darzustellen. Dabei sind, ausgehend von den gesamten Anschaffungs- und Herstellungskosten, die Zugänge, Abgänge, Umbuchungen und Zuschreibungen des Geschäftsjahrs sowie die Abschreibungen in ihrer gesamten Höhe gesondert aufzuführen. Die Abschreibungen des Geschäftsjahrs sind entweder in der Bilanz bei dem betreffenden Posten zu vermerken oder im Anhang in einer der Gliederung des Anlagevermögens entsprechenden Aufgliederung anzugeben.

(3) Ist das Eigenkapital durch Verluste aufgebraucht und ergibt sich ein Überschuss der Passivposten über die Aktivposten, so ist dieser Betrag am Schluss der Bilanz auf der Aktivseite gesondert unter der Bezeichnung „Nicht durch Eigenkapital gedeckter Fehlbetrag" auszuweisen.

(4) Der Betrag der Forderungen mit einer Restlaufzeit von mehr als einem Jahr ist bei jedem gesondert ausgewiesenen Posten zu vermerken. Werden unter dem Posten „sonstige Vermögensgegenstände" Beträge für Vermögensgegenstände ausgewiesen, die erst nach dem Abschlussstichtag rechtlich entstehen, so müssen Beträge, die einen größeren Umfang haben, im Anhang erläutert werden.

(5) Der Betrag der Verbindlichkeiten mit einer Restlaufzeit bis zu einem Jahr ist bei jedem gesondert ausgewiesenen Posten zu vermerken. Erhaltene Anzahlungen auf Bestellungen sind, soweit Anzahlungen auf Vorräte nicht von dem Posten „Vorräte" offen abgesetzt werden, unter den Verbindlichkeiten gesondert auszuweisen. Sind unter dem Posten „Verbindlichkeiten" Be-

träge für Verbindlichkeiten ausgewiesen, die erst nach dem Abschlussstichtag rechtlich entstehen, so müssen Beträge, die einen größeren Umfang haben, im Anhang erläutert werden.

(6) Ein nach § 250 Abs. 3 in den Rechnungsabgrenzungsposten auf der Aktivseite aufgenommener Unterschiedsbetrag ist in der Bilanz gesondert auszuweisen oder im Anhang anzugeben.

(7) Die in § 251 bezeichneten Haftungsverhältnisse sind jeweils gesondert unter der Bilanz oder im Anhang unter Angabe der gewährten Pfandrechte und sonstigen Sicherheiten anzugeben; bestehen solche Verpflichtungen gegenüber verbundenen Unternehmen, so sind sie gesondert anzugeben. ...

§ 270 Bildung bestimmter Posten

...

(2) Wird die Bilanz unter Berücksichtigung der vollständigen oder teilweisen Verwendung des Jahresergebnisses aufgestellt, so sind Entnahmen aus Gewinnrücklagen sowie Einstellungen in Gewinnrücklagen, die nach Gesetz, Gesellschaftsvertrag oder Satzung vorzunehmen sind oder auf Grund solcher Vorschriften beschlossen worden sind, bereits bei der Aufstellung der Bilanz zu berücksichtigen.

§ 271 Beteiligungen. Verbundene Unternehmen

(1) Beteiligungen sind Anteile an anderen Unternehmen, die bestimmt sind, dem eigenen Geschäftsbetrieb durch Herstellung einer dauernden Verbindung zu jenen Unternehmen zu dienen. Dabei ist es unerheblich, ob die Anteile in Wertpapieren verbrieft sind oder nicht. Als Beteiligung gelten im Zweifel Anteile an einer Kapitalgesellschaft, die insgesamt den fünften Teil des Nennkapitals dieser Gesellschaft überschreiten. ...

(2) Verbundene Unternehmen im Sinne dieses Buches sind solche Unternehmen, die als Mutter- oder Tochterunternehmen (§ 290) in den Konzernabschluss eines Mutterunternehmens nach den Vorschriften über die Vollkonsolidierung einzubeziehen sind, das als oberstes Mutterunternehmen den am weitestgehenden Konzernabschluss nach dem Zweiten Unterabschnitt aufzustellen hat, auch wenn die Aufstellung unterbleibt, oder das einen befreienden Konzernabschluss nach § 291 oder nach einer nach § 292 erlassenen Rechtsverordnung aufstellt oder aufstellen könnte; Tochterunternehmen, die nach § 296 nicht einbezogen werden, sind ebenfalls verbundene Unternehmen.

§ 272 Eigenkapital

(1) Gezeichnetes Kapital ist das Kapital, auf das die Haftung der Gesellschafter für die Verbindlichkeiten der Kapitalgesellschaft gegenüber den Gläubigern beschränkt ist. Es ist mit dem Nennbetrag anzusetzen. Die nicht eingeforderten ausstehenden Einlagen auf das gezeichnete Kapital sind von dem Posten „Gezeichnetes Kapital" offen abzusetzen; der verbleibende Betrag ist als Posten „Eingefordertes Kapital" in der Hauptspalte der Passivseite auszuweisen; der eingeforderte, aber noch nicht eingezahlte Betrag ist unter den Forderungen gesondert auszuweisen und entsprechend zu bezeichnen. ...

(2) Als Kapitalrücklage sind auszuweisen

1. der Betrag, der bei der Ausgabe von Anteilen einschließlich von Bezugsanteilen über den Nennbetrag oder, falls ein Nennbetrag nicht vorhanden ist, über den rechnerischen Wert hinaus erzielt wird;

2. der Betrag, der bei der Ausgabe von Schuldverschreibungen für Wandlungsrechte und Optionsrechte zum Erwerb von Anteilen erzielt wird;

3. der Betrag von Zuzahlungen, die Gesellschafter gegen Gewährung eines Vorzugs für ihre Anteile leisten;

4. der Betrag von anderen Zuzahlungen, die Gesellschafter in das Eigenkapital leisten.

(3) Als Gewinnrücklagen dürfen nur Beträge ausgewiesen werden, die im Geschäftsjahr oder in einem früheren Geschäftsjahr aus dem Ergebnis gebildet worden sind. Dazu gehören aus dem Ergebnis zu bildende gesetzliche oder auf Gesellschaftsvertrag oder Satzung beruhende Rücklagen und andere Gewinnrücklagen.

(4) Für Anteile an einem herrschenden oder mit Mehrheit beteiligten Unternehmen ist eine Rücklage zu bilden. In die Rücklage ist ein Betrag einzustellen, der dem auf der Aktivseite der Bilanz für die Anteile an dem herrschenden oder mit Mehrheit beteiligten Unternehmen angesetzten Betrag entspricht. Die Rücklage, die bereits bei der Aufstellung der Bilanz zu bilden ist, darf aus vorhandenen frei verfügbaren Rücklagen gebildet werden. ...

§ 274a Größenabhängige Erleichterungen

Kleine Kapitalgesellschaften sind von der Anwendung der folgenden Vorschriften befreit:

1. § 268 Abs. 2 über die Aufstellung eines Anlagengitters,

2. § 268 Abs. 4 Satz 2 über die Pflicht zur Erläuterung bestimmter Forderungen im Anhang,

3. § 268 Abs. 5 Satz 3 über die Erläuterung bestimmter Verbindlichkeiten im Anhang,

4. § 268 Abs. 6 über den Rechnungsabgrenzungsposten nach § 250 Abs. 3,

5. § 274 über die Abgrenzung latenter Steuern

§ 275 Gliederung der Gewinn- und Verlustrechnung

(1) Die Gewinn- und Verlustrechnung ist in Staffelform nach dem Gesamtkostenverfahren oder dem Umsatzkostenverfahren aufzustellen. Dabei sind die in Absatz 2 oder 3 bezeichneten Posten in der angegebenen Reihenfolge gesondert auszuweisen.

(2) Bei Anwendung des Gesamtkostenverfahrens sind auszuweisen:

(Anmerkung: siehe S. 485)

(3) Bei Anwendung des Umsatzkostenverfahrens sind auszuweisen:

(Anmerkung: siehe S. 485)

(4) Veränderungen der Kapital- und Gewinnrücklagen dürfen in der Gewinn- und Verlustrechnung erst nach dem Posten „Jahresüberschuss/Jahresfehlbetrag" ausgewiesen werden.

§ 276 Größenabhängige Erleichterungen

Kleine und mittelgroße Kapitalgesellschaften (§ 267 Abs. 1, 2) dürfen die Posten § 275 Abs. 2 Nr. 1 bis 5 oder Abs. 3 Nr. 1 bis 3 und 6 zu einem Posten unter der Bezeichnung „Rohergebnis" zusammenfassen. ...

§ 284 Anhang: Erläuterung der Bilanz und der Gewinn- und Verlustrechnung

(1) In den Anhang sind diejenigen Angaben aufzunehmen, die zu den einzelnen Posten der Bilanz oder der Gewinn- und Verlustrechnung vorgeschrieben oder die im Anhang zu machen sind, weil sie in Ausübung eines Wahlrechts nicht in die Bilanz oder in die Gewinn- und Verlustrechnung aufgenommen wurden.

(2) Im Anhang müssen

1. die auf die Posten der Bilanz und der Gewinn- und Verlustrechnung angewandten Bilanzierungs- und Bewertungsmethoden angegeben werden; ...

3. Abweichungen von Bilanzierungs- und Bewertungsmethoden angegeben und begründet werden; deren Einfluss auf die Vermögens-, Finanz- und Ertragslage ist gesondert darzustellen; ...

5. Angaben über die Einbeziehung von Zinsen für Fremdkapital in die Herstellungskosten gemacht werden.

§ 285 Sonstige Pflichtangaben im Anhang

Ferner sind im Anhang anzugeben:

1. zu den in der Bilanz ausgewiesenen Verbindlichkeiten
   a) der Gesamtbetrag der Verbindlichkeiten mit einer Restlaufzeit von mehr als fünf Jahren,
   b) der Gesamtbetrag der Verbindlichkeiten, die durch Pfandrechte oder ähnliche Rechte gesichert sind, unter Angabe von Art und Form der Sicherheiten; ...

8. bei Anwendung des Umsatzkostenverfahrens (§ 275 Abs. 3)
   a) der Materialaufwand des Geschäftsjahrs, gegliedert nach § 275 Abs. 2 Nr. 5,
   b) der Personalaufwand des Geschäftsjahrs, gegliedert nach § 275 Abs. 2 Nr. 6;

9. für die Mitglieder des Geschäftsführungsorgans, eines Aufsichtsrats, eines Beirats oder einer ähnlichen Einrichtung jeweils für jede Personengruppe
   a) die für die Tätigkeit im Geschäftsjahr gewährten Gesamtbezüge (Gehälter, Gewinnbeteiligungen, ... Aufwandsentschädigungen, ... Versicherungsentgelte, Provisionen und Nebenleistungen jeder Art); ...

10. alle Mitglieder des Geschäftsführungsorgans und eines Aufsichtsrats, ... mit dem Familiennamen und mindestens einem ausgeschriebenen Vornamen ... Der Vorsitzende eines Aufsichtsrats, seine Stellvertreter und ein etwaiger Vorsitzender des Geschäftsführungsorgans sind als solche zu bezeichnen;

11. Name und Sitz anderer Unternehmen, von denen die Kapitalgesellschaft oder eine für Rechnung der Kapitalgesellschaft handelnde Person mindestens den fünften Teil der Anteile besitzt; ...

12. Rückstellungen, die in der Bilanz unter dem Posten „sonstige Rückstellungen" nicht gesondert ausgewiesen werden, sind zu erläutern, wenn sie einen nicht unerheblichen Umfang haben; ...

§ 289 Lagebericht

(1) Im Lagebericht sind der Geschäftsverlauf ... und die Lage der Kapitalgesellschaft so darzustellen, dass ein den tatsächlichen Verhältnissen entsprechendes Bild vermittelt wird. ... Ferner ist im Lagebericht die voraussichtliche Entwick-

lung mit ihren wesentlichen Chancen und Risiken zu beurteilen und zu erläutern; zugrunde liegende Annahmen sind anzugeben. ...

(2) Der Lagebericht soll auch eingehen auf:

1. Vorgänge von besonderer Bedeutung, die nach Schluss des Geschäftsjahrs eingetreten sind;

2. a) die Risikomanagementziele und -methoden der Gesellschaft einschließlich ihrer Methoden zur Absicherung aller wichtigen Arten von Transaktionen, die im Rahmen der Bilanzierung von Sicherungsgeschäften erfasst werden, sowie

   b) die Preisänderungs-, Ausfall- und Liquiditätsrisiken sowie die Risiken aus Zahlungsstromschwankungen, denen die Gesellschaft ausgesetzt ist, jeweils in Bezug auf die Verwendung von Finanzinstrumenten durch die Gesellschaft und sofern dies für die Beurteilung der Lage oder der voraussichtlichen Entwicklung von Belang ist;

3. den Bereich Forschung und Entwicklung;

4. bestehende Zweigniederlassungen der Gesellschaft; ...

Dritter Unterabschnitt:
Prüfung

§ 316 Pflicht zur Prüfung

(1) Der Jahresabschluss und der Lagebericht von Kapitalgesellschaften, die nicht kleine im Sinne des § 267 Abs. 1 sind, sind durch einen Abschlussprüfer zu prüfen. Hat keine Prüfung stattgefunden, so kann der Jahresabschluss nicht festgestellt werden.

(2) Der Konzernabschluss und der Konzernlagebericht von Kapitalgesellschaften sind durch einen Abschlussprüfer zu prüfen ...

§ 318 Bestellung und Abberufung des Abschlussprüfers

(1) Der Abschlussprüfer des Jahresabschlusses wird von den Gesellschaftern gewählt; den Abschlussprüfer des Konzernabschlusses wählen die Gesellschafter des Mutterunternehmens ...

§ 320 Vorlagepflicht. Auskunftsrecht

(1) Die gesetzlichen Vertreter der Kapitalgesellschaft haben dem Abschlussprüfer den Jahresabschluss und den Lagebericht unverzüglich nach Aufstellung vorzulegen. Sie haben ihm zu gestatten, Bücher und Schriften der Kapitalgesellschaft sowie die Vermögensgegenstände und Schulden, namentlich die Kasse und die Bestände an Wertpapieren und Waren, zu prüfen ...

§ 322 Bestätigungsvermerk

(1) Der Abschlussprüfer hat das Ergebnis der Prüfung in einem Bestätigungsvermerk zum Jahresabschluss oder zum Konzernabschluss zusammenzufassen. Der Bestätigungsvermerk hat Gegenstand, Art und Umfang der Prüfung zu beschreiben und dabei die angewandten Rechnungslegungs- und Prüfungsgrundsätze anzugeben; er hat ferner eine Beurteilung des Prüfungsergebnisses zu enthalten ...

(4) Sind Einwendungen zu erheben, so hat der Abschlussprüfer seine Erklärung nach Absatz 3 Satz 1 einzuschränken ... oder zu versagen ...

Vierter Unterabschnitt:
Offenlegung

§ 325 Offenlegung

(1) Die gesetzlichen Vertreter von Kapitalgesellschaften haben für diese den Jahresabschluss beim Betreiber des elektronischen Bundesanzeigers elektronisch einzureichen. Er ist unverzüglich nach seiner Vorlage an die Gesellschafter, jedoch spätestens vor Ablauf des zwölften Monats des dem Abschlussstichtag nachfolgenden Geschäftsjahrs, mit dem Bestätigungsvermerk oder dem Vermerk über dessen Versagung einzureichen. Gleichzeitig sind der Lagebericht, der Bericht des Aufsichtsrats, die nach § 161 des Aktiengesetzes vorgeschriebene Erklärung, soweit sich dies aus dem eingereichten Jahresabschluss nicht ergibt, der Vorschlag für die Verwendung des Ergebnisses und der Beschluss über seine Verwendung unter Angabe des Jahresüberschusses oder Jahresfehlbetrags elektronisch einzureichen. Angaben über die Ergebnisverwendung brauchen von Gesellschaften mit beschränkter Haftung nicht gemacht zu werden, wenn sich anhand dieser Angaben die Gewinnanteile von natürlichen Personen feststellen lassen, die Gesellschafter sind. Werden zur Wahrung der Frist nach Satz 2 oder Absatz 4 Satz 1 der Jahresabschluss und der Lagebericht ohne die anderen Unterlagen eingereicht, sind der Bericht und der Vorschlag nach ihrem Vorliegen, die Beschlüsse nach der Beschlussfassung und der Vermerk nach der Erteilung unverzüglich einzureichen. Wird der Jahresabschluss bei nachträglicher Prüfung oder Feststellung geändert, ist auch die Änderung nach Satz 1 einzureichen. Die Rechnungslegungsunterlagen sind in einer Form einzureichen, die ihre Bekanntmachung nach Absatz 2 ermöglicht.

(2) Die gesetzlichen Vertreter der Kapitalgesellschaft haben für diese die in Absatz 1 bezeichneten Unterlagen jeweils unverzüglich nach der Einreichung im elektronischen Bundesanzeiger bekannt machen zu lassen. ...

§ 326 Größenabhängige Erleichterungen für kleine Kapitalgesellschaften bei der Offenlegung

(1) Auf kleine Kapitalgesellschaften (§ 267 Abs. 1) ist § 325 Abs. 1 mit der Maßgabe anzuwenden, dass die gesetzlichen Vertreter nur die Bilanz und den Anhang einzureichen haben. Der Anhang braucht die die Gewinn- und Verlustrechnung betreffenden Angaben nicht zu enthalten. ...

§ 327 Größenabhängige Erleichterungen für mittelgroße Kapitalgesellschaften bei der Offenlegung

Auf mittelgroße Kapitalgesellschaften (§ 267 Abs. 2) ist § 325 Abs. 1 mit der Maßgabe anzuwenden, dass die gesetzlichen Vertreter

1. die Bilanz nur in der für kleine Kapitalgesellschaften nach § 266 Abs. 1 Satz 3 vorgeschriebenen Form beim Betreiber des elektronischen Bundesanzeigers einreichen müssen. In der Bilanz oder im Anhang sind jedoch die folgenden Posten des § 266 Abs. 2 und 3 zusätzlich gesondert anzugeben:

Auf der Aktivseite

A I	1	Selbst geschaffene gewerbliche Schutzrechte und ähnliche Rechte und Werte;
A I	2	Geschäfts- oder Firmenwert;
A II	1	Grundstücke, grundstücksgleiche Rechte und Bauten einschließlich der Bauten auf fremden Grundstücken;
A II	2	technische Anlagen und Maschinen;
A II	3	andere Anlagen, Betriebs- und Geschäftsausstattung;
A II	4	geleistete Anzahlungen und Anlagen im Bau;
A III	1	Anteile an verbundenen Unternehmen;
A III	2	Ausleihungen an verbundene Unternehmen;
A III	3	Beteiligungen;
A III	4	Ausleihungen an Unternehmen, mit denen ein Beteiligungsverhältnis besteht;
B II	2	Forderungen gegen verbundene Unternehmen;
B II	3	Forderungen gegen Unternehmen, mit denen ein Beteiligungsverhältnis besteht;
B III	1	Anteile an verbundenen Unternehmen;

Auf der Passivseite

C 1		Anleihen, davon konvertibel;
C 2		Verbindlichkeiten gegenüber Kreditinstituten;
C 6		Verbindlichkeiten gegenüber verbundenen Unternehmen;
C 7		Verbindlichkeiten gegenüber Unternehmen, mit denen ein Beteiligungsverhältnis besteht; ...

§ 329 Prüfungs- und Unterrichtungspflicht des Betreibers des elektronischen Bundesanzeigers

(1) Der Betreiber des elektronischen Bundesanzeigers prüft, ob die einzureichenden Unterlagen fristgemäß und vollzählig eingereicht worden sind. Der Betreiber des Unternehmensregisters stellt dem Betreiber des elektronischen Bundesanzeigers die nach § 8b Abs. 3 Satz 2 von den Landesjustizverwaltungen übermittelten Daten zur Verfügung, soweit dies für die Erfüllung der Aufgaben nach Satz 1 erforderlich ist. Die Daten dürfen vom Betreiber des elektronischen Bundesanzeigers nur für die in Satz 1 genannten Zwecke verwendet werden ...

Aktiengesetz

§ 150 Gesetzliche Rücklage. Kapitalrücklage

(1) In der Bilanz des nach den §§ 242, 264 des Handelsgesetzbuchs aufzustellenden Jahresabschlusses ist eine gesetzliche Rücklage zu bilden.

(2) In diese ist der zwanzigste Teil des um einen Verlustvortrag aus dem Vorjahr geminderten Jahresüberschuss einzustellen, bis die gesetzliche Rücklage und die Kapitalrücklagen nach § 272 Abs. 2 Nr. 1 bis 3 des Handelsgesetzbuchs zusammen den zehnten oder den in der Satzung bestimmten höheren Teil des Grundkapitals erreichen.

(3) Übersteigen die gesetzliche Rücklage und die Kapitalrücklagen nach § 272 Abs. 2 Nr. 1 bis 3 des Handelsgesetzbuchs zusammen nicht den zehnten oder den in der Satzung bestimmten höheren Teil des Grundkapitals, so dürfen sie nur verwandt werden

1. zum Ausgleich eines Jahresfehlbetrags, soweit er nicht durch einen Gewinnvortrag aus dem Vorjahr gedeckt ist und nicht durch Auflösung anderer Gewinnrücklagen ausgeglichen werden kann;

2. zum Ausgleich eines Verlustvortrags aus dem Vorjahr, soweit er nicht durch einen Jahresüberschuss gedeckt ist und nicht durch Auflösung anderer Gewinnrücklagen ausgeglichen werden kann.

(4) Übersteigen die gesetzliche Rücklage und die Kapitalrücklagen nach § 272 Abs. 2 Nr. 1 bis 3 des Handelsgesetzbuchs zusammen den zehnten oder den in der Satzung bestimmten höhe-

ren Teil des Grundkapitals, so darf der übersteigende Betrag verwandt werden

1. zum Ausgleich eines Jahresfehlbetrags, soweit er nicht durch einen Gewinnvortrag aus dem Vorjahr gedeckt ist;

2. zum Ausgleich eines Verlustvortrags aus dem Vorjahr, soweit er nicht durch einen Jahresüberschuss gedeckt ist;

3. zur Kapitalerhöhung aus Gesellschaftsmitteln nach den §§ 207 bis 220.

Die Verwendung nach den Nummern 1 und 2 ist nicht zulässig, wenn gleichzeitig Gewinnrücklagen zur Gewinnausschüttung aufgelöst werden.

§ 158 Vorschriften zur Gewinn- und Verlustrechnung

(1) Die Gewinn- und Verlustrechnung ist nach dem Posten „Jahresüberschuss/Jahresfehlbetrag" in Fortführung der Nummerierung um die folgenden Posten zu ergänzen:

1. Gewinnvortrag/Verlustvortrag aus dem Vorjahr

2. Entnahmen aus der Kapitalrücklage

3. Entnahmen aus Gewinnrücklagen
   a) aus der gesetzlichen Rücklage
   b) aus der Rücklage für eigene Aktien
   c) aus satzungsmäßigen Rücklagen
   d) aus anderen Gewinnrücklagen

4. Einstellungen in Gewinnrücklagen
   a) in die gesetzliche Rücklage
   b) in die Rücklage für Anteile an einem herrschenden oder mehrheitlich beteiligten Unternehmen
   c) in satzungsmäßige Rücklagen
   d) in andere Gewinnrücklagen

5. Bilanzgewinn/Bilanzverlust.

Die Angaben nach Satz 1 können auch im Anhang gemacht werden …

GmbH-Gesetz

§ 29 Ergebnisverwendung

(1) Die Gesellschafter haben Anspruch auf den Jahresüberschuss zuzüglich eines Gewinnvortrags und abzüglich eines Verlustvortrags, soweit der sich ergebende Betrag nicht nach Gesetz oder Gesellschaftsvertrag, durch Beschluss nach Absatz 2 oder als zusätzlicher Aufwand aufgrund des Beschlusses über die Verwendung des Ergebnisses von der Verteilung unter die Gesellschafter ausgeschlossen ist. Wird die Bilanz unter Berücksichtigung der teilweisen Er-

gebnisverwendung aufgestellt oder werden Rücklagen aufgelöst, so haben die Gesellschafter abweichend von Satz 1 Anspruch auf den Bilanzgewinn.

(2) Im Beschluss über die Verwendung des Ergebnisses können die Gesellschafter, wenn der Gesellschaftsvertrag nichts anderes bestimmt, Beträge in Gewinnrücklagen einstellen oder als Gewinn vortragen.

(3) Die Verteilung erfolgt nach Verhältnis der Geschäftsanteile. Im Gesellschaftsvertrag kann ein anderer Maßstab der Verteilung festgesetzt werden.

(4) Unbeschadet der Absätze 1 und 2 und abweichender Gewinnverteilungsabreden nach Absatz 3 Satz 2 können die Geschäftsführer mit Zustimmung des Aufsichtsrats oder der Gesellschafter den Eigenkapitalanteil von Wertaufholungen bei Vermögensgegenständen des Anlage- und Umlaufvermögens und von bei der steuerrechtlichen Gewinnermittlung gebildeten Passivposten, die nicht im Sonderposten mit Rücklageanteil ausgewiesen werden dürfen, in andere Gewinnrücklagen einstellen. Der Betrag dieser Rücklagen ist entweder in der Bilanz gesondert auszuweisen oder im Anhang anzugeben.

§ 58 d Gewinnausschüttung

(1) Gewinn darf vor Ablauf des fünften nach der Beschlussfassung über die Kapitalherabsetzung beginnenden Geschäftsjahrs nur ausgeschüttet werden, wenn die Kapital- und Gewinnrücklagen zusammen zehn vom Hundert des Stammkapitals erreichen. Als Stammkapital gilt dabei der Nennbetrag, der sich durch die Herabsetzung ergibt, mindestens aber der nach § 5 Abs. 1 zulässige Mindestnennbetrag …

Einkommensteuergesetz

§ 4 Gewinnbegriff im Allgemeinen

(1) Gewinn ist der Unterschiedsbetrag zwischen dem Betriebsvermögen am Schluss des Wirtschaftsjahres und dem Betriebsvermögen am Schluss des vorangegangenen Wirtschaftsjahres, vermehrt um den Wert der Entnahmen und vermindert um den Wert der Einlagen …

§ 5 Gewinn bei Kaufleuten und bei bestimmten anderen Gewerbetreibenden

(1) Bei Gewerbetreibenden, die auf Grund gesetzlicher Vorschriften verpflichtet sind, Bücher zu führen und regelmäßig Abschlüsse zu machen, oder die ohne eine solche Verpflichtung Bücher führen und regelmäßig Abschlüsse ma-

chen, ist für den Schluss des Wirtschaftsjahrs das Betriebsvermögen anzusetzen (§ 4 Abs. 1 Satz 1), das nach den handelsrechtlichen Grundsätzen ordnungsmäßiger Buchführung auszuweisen ist, es sei denn, im Rahmen der Ausübung eines steuerlichen Wahlrechts wird oder wurde ein anderer Ansatz gewählt. Voraussetzung für die Ausübung steuerlicher Wahlrechte ist, dass die Wirtschaftsgüter, die nicht mit dem handelsrechtlich maßgeblichen Wert in der steuerlichen Gewinnermittlung ausgewiesen werden, in besondere, laufend zu führende Verzeichnisse aufgenommen werden. ...

(2) Für immaterielle Wirtschaftsgüter des Anlagevermögens ist ein Aktivposten nur anzusetzen, wenn sie entgeltlich erworben wurden.

(2a) Für Verpflichtungen, die nur zu erfüllen sind, soweit künftig Einnahmen oder Gewinne anfallen, sind Verbindlichkeiten oder Rückstellungen erst anzusetzen, wenn die Einnahmen oder Gewinne angefallen sind ...

(4a) Rückstellungen für drohende Verluste aus schwebenden Geschäften dürfen nicht gebildet werden. ...

(4b) Rückstellungen für Aufwendungen, die in künftigen Wirtschaftsjahren als Anschaffungs- oder Herstellungskosten eines Wirtschaftsguts zu aktivieren sind, dürfen nicht gebildet werden ...

(5) Als Rechnungsabgrenzungsposten sind nur anzusetzen

1. auf der Aktivseite Ausgaben vor dem Abschlussstichtag, soweit sie Aufwand für eine bestimmte Zeit nach diesem Tag darstellen;

2. auf der Passivseite Einnahmen vor dem Abschlussstichtag, soweit sie Ertrag für eine bestimmte Zeit nach diesem Tag darstellen ...

§ 6 Bewertung

(1) Für die Bewertung der einzelnen Wirtschaftsgüter, die nach § 4 Abs. 1 oder nach § 5 als Betriebsvermögen anzusetzen sind, gilt das Folgende:

1. Wirtschaftsgüter des Anlagevermögens, die der Abnutzung unterliegen, sind mit den Anschaffungs- oder Herstellungskosten oder dem an deren Stelle tretenden Wert, vermindert um die Absetzungen für Abnutzung, erhöhte Absetzungen, Sonderabschreibungen, Abzüge nach § 6b und ähnliche Abzüge, anzusetzen. Ist der Teilwert auf Grund einer voraussichtlich dauernden Wertminderung niedriger, so kann dieser angesetzt werden. Teilwert ist der Betrag, den ein Erwerber des ganzen Betriebs im Rahmen des Gesamtkaufpreises für das einzelne Wirtschaftsgut

ansetzen würde; dabei ist davon auszugehen, dass der Erwerber den Betrieb fortführt. Wirtschaftsgüter, die bereits am Schluss des vorangegangenen Wirtschaftsjahrs zum Anlagevermögen des Steuerpflichtigen gehört haben, sind in den folgenden Wirtschaftsjahren gemäß Satz 1 anzusetzen, es sei denn, der Steuerpflichtige weist nach, dass ein niedrigerer Teilwert nach Satz 2 angesetzt werden kann ...

2. Andere als die in Nummer 1 bezeichneten Wirtschaftsgüter des Betriebs (Grund und Boden, Beteiligungen, Umlaufvermögen) sind mit den Anschaffungs- oder Herstellungskosten oder dem an deren Stelle tretenden Wert, vermindert um Abzüge nach § 6b und ähnliche Abzüge, anzusetzen. Ist der Teilwert (Nummer 1 Satz 3) auf Grund einer voraussichtlich dauernden Wertminderung niedriger, so kann dieser angesetzt werden. Nummer 1 Satz 4 gilt entsprechend.

2a. Steuerpflichtige, die den Gewinn nach § 5 ermitteln, können für den Wertansatz gleichartiger Wirtschaftsgüter des Vorratsvermögens unterstellen, dass die zuletzt angeschafften oder hergestellten Wirtschaftsgüter zuerst verbraucht oder veräußert worden sind, soweit dies den handelsrechtlichen Grundsätzen ordnungsmäßiger Buchführung entspricht ...

3. Verbindlichkeiten sind unter sinngemäßer Anwendung der Vorschriften der Nummer 2 anzusetzen und mit einem Zinssatz von 5,5 Prozent abzuzinsen. Ausgenommen von der Abzinsung sind Verbindlichkeiten, deren Laufzeit am Bilanzstichtag weniger als 12 Monate beträgt, und Verbindlichkeiten, die verzinslich sind oder auf einer Anzahlung oder Vorausleistung beruhen ...

4. Entnahmen des Steuerpflichtigen für sich, für seinen Haushalt oder für andere betriebsfremde Zwecke sind mit dem Teilwert anzusetzen; ... Die private Nutzung eines Kraftfahrzeugs, das zu mehr als 50 Prozent betrieblich genutzt wird, ist für jeden Kalendermonat mit 1 Prozent des inländischen Listenpreises im Zeitpunkt der Erstzulassung zuzüglich der Kosten für Sonderausstattungen einschließlich Umsatzsteuer anzusetzen. Die private Nutzung kann abweichend von Satz 2 mit den auf die Privatfahrten entfallenden Aufwendungen angesetzt werden, wenn die für das Kraftfahrzeug insgesamt entstehenden Aufwendungen durch Belege und das Verhältnis der privaten zu den übrigen Fahrten durch ein ordnungsgemäßes Fahrtenbuch nachgewiesen werden ...

(2) Die Anschaffungs- oder Herstellungskosten oder der nach Absatz 1 Nummer 5 bis 6 an de-

ren Stelle tretende Wert von abnutzbaren beweglichen Wirtschaftsgütern des Anlagevermögens, die einer selbständigen Nutzung fähig sind, können im Wirtschaftsjahr der Anschaffung, Herstellung oder Einlage des Wirtschaftsguts oder der Eröffnung des Betriebs in voller Höhe als Betriebsausgaben abgezogen werden, wenn die Anschaffungs- oder Herstellungskosten, vermindert um einen darin enthaltenen Vorsteuerbetrag (§ 9b Absatz 1), oder der nach Absatz 1 Nummer 5 bis 6 an deren Stelle tretende Wert für das einzelne Wirtschaftsgut 410 Euro nicht übersteigen. ... Wirtschaftsgüter im Sinne des Satzes 1, deren Wert 150 Euro übersteigt, sind unter Angabe des Tages der Anschaffung, Herstellung oder Einlage des Wirtschaftsguts oder der Eröffnung des Betriebs und der Anschaffungs- oder Herstellungskosten oder des nach Absatz 1 Nummer 5 bis 6 an deren Stelle tretenden Werts in ein besonderes, laufend zu führendes Verzeichnis aufzunehmen. Das Verzeichnis braucht nicht geführt zu werden, wenn diese Angaben aus der Buchführung ersichtlich sind.

(2a) Abweichend von Absatz 2 Satz 1 kann für die abnutzbaren beweglichen Wirtschaftsgüter des Anlagevermögens, die einer selbständigen Nutzung fähig sind, im Wirtschaftsjahr der Anschaffung, Herstellung oder Einlage des Wirtschaftsguts oder der Eröffnung des Betriebs ein Sammelposten gebildet werden, wenn die Anschaffungs- oder Herstellungskosten, vermindert um einen darin enthaltenen Vorsteuerbetrag (§ 9b Absatz 1), oder der nach Absatz 1 Nummer 5 bis 6 an deren Stelle tretende Wert für das einzelne Wirtschaftsgut 150 Euro, aber nicht 1 000 Euro übersteigen. Der Sammelposten ist im Wirtschaftsjahr der Bildung und den folgenden vier Wirtschaftsjahren mit jeweils einem Fünftel gewinnmindernd aufzulösen. Scheidet ein Wirtschaftsgut im Sinne des Satzes 1 aus dem Betriebsvermögen aus, wird der Sammelposten nicht vermindert. Die Anschaffungs- oder Herstellungskosten oder der nach Absatz 1 Nummer 5 bis 6 an deren Stelle tretende Wert von abnutzbaren beweglichen Wirtschaftsgütern des Anlagevermögens, die einer selbständigen Nutzung fähig sind, können im Wirtschaftsjahr der Anschaffung, Herstellung oder Einlage des Wirtschaftsguts oder der Eröffnung des Betriebs in voller Höhe als Betriebsausgaben abgezogen werden, wenn die Anschaffungs- oder Herstellungskosten, vermindert um einen darin enthaltenen Vorsteuerbetrag (§ 9b Absatz 1), oder der nach Absatz 1 Nummer 5 bis 6 an deren Stelle tretende Wert für das einzelne Wirtschaftsgut 150 Euro nicht übersteigen. Die Sätze 1 bis 3 sind für alle in einem Wirtschaftsjahr angeschafften, hergestellten oder eingelegten Wirtschaftsgüter einheitlich anzuwenden.

§ 7 Absetzung für Abnutzung oder Substanzverringerung

(1) Bei Wirtschaftsgütern, deren Verwendung oder Nutzung durch den Steuerpflichtigen zur Erzielung von Einkünften sich erfahrungsgemäß auf einen Zeitraum von mehr als einem Jahr erstreckt, ist jeweils für ein Jahr der Teil der Anschaffungs- oder Herstellungskosten abzusetzen, der bei gleichmäßiger Verteilung dieser Kosten auf die Gesamtdauer der Verwendung oder Nutzung auf ein Jahr entfällt (Absetzung für Abnutzung in gleichen Jahresbeträgen). Die Absetzung bemisst sich hierbei nach der betriebsgewöhnlichen Nutzungsdauer des Wirtschaftsguts ...

Im Jahr der Anschaffung oder Herstellung des Wirtschaftsguts vermindert sich für dieses Jahr der Absetzungsbetrag nach Satz 1 um jeweils ein Zwölftel für jeden vollen Monat, der dem Monat der Anschaffung oder Herstellung vorangeht.

Bei beweglichen Wirtschaftsgütern des Anlagevermögens, bei denen es wirtschaftlich begründet ist, die Absetzung für Abnutzung nach Maßgabe der Leistung des Wirtschaftsguts vorzunehmen, kann der Steuerpflichtige dieses Verfahren statt der Absetzung für Abnutzung in gleichen Jahresbeträgen anwenden, wenn er den auf das einzelne Jahr entfallenden Umfang der Leistung nachweist. Absetzungen für außergewöhnliche technische oder wirtschaftliche Abnutzung sind zulässig; soweit der Grund hierfür in späteren Wirtschaftsjahren entfällt, ist in den Fällen der Gewinnermittlung nach § 4 Abs. 1 oder nach § 5 eine entsprechende Zuschreibung vorzunehmen.

(2) Bei beweglichen Wirtschaftsgütern des Anlagevermögens, die nach dem 31. Dezember 2008 und vor dem 1. Januar 2011 angeschafft oder hergestellt worden sind, kann der Steuerpflichtige statt der Absetzung für Abnutzung in gleichen Jahresbeträgen die Absetzung für Abnutzung in fallenden Jahresbeträgen bemessen. Die Absetzung für Abnutzung in fallenden Jahresbeträgen kann nach einem unveränderlichen Prozentsatz vom jeweiligen Buchwert (Restwert) vorgenommen werden; der dabei anzuwendende Prozentsatz darf höchstens das Zweieinhalbfache des bei der Absetzung für Abnutzung in gleichen Jahresbeträgen in Betracht kommenden Prozentsatzes betragen und 25 Prozent nicht übersteigen.

§ 40a Pauschalierung der Lohnsteuer für Teilzeitbeschäftigte und geringfügig Beschäftigte

(1) Der Arbeitgeber kann unter Verzicht auf den Abruf von elektronischen Lohnsteuerabzugsmerkmalen ... oder die Vorlage einer Bescheini-

gung für den Lohnsteuerabzug ... bei Arbeitnehmern, die nur kurzfristig beschäftigt werden, die Lohnsteuer mit einem Pauschsteuersatz von 25 Prozent des Arbeitslohns erheben. Eine kurzfristige Beschäftigung liegt vor, wenn der Arbeitnehmer bei dem Arbeitgeber gelegentlich, nicht regelmäßig wiederkehrend beschäftigt wird, die Dauer der Beschäftigung 18 zusammenhängende Arbeitstage nicht übersteigt und

1. der Arbeitslohn während der Beschäftigungsdauer 62,00 EUR durchschnittlich je Arbeitstag nicht übersteigt oder

2. die Beschäftigung zu einem unvorhersehbaren Zeitpunkt sofort erforderlich wird.

(2) Der Arbeitgeber kann unter Verzicht auf den Abruf von elektronischen Lohnsteuerabzugsmerkmalen ... oder die Vorlage einer Bescheinigung für den Lohnsteuerabzug die Lohnsteuer einschließlich Solidaritätszuschlag und Kirchensteuern (einheitliche Pauschsteuer) für das Arbeitsentgelt aus geringfügigen Beschäftigungen im Sinne des § 8 Abs. 1 Nr. 1 oder des § 8a des Vierten Buches Sozialgesetzbuch ... mit einem einheitlichen Pauschsteuersatz in Höhe von insgesamt 2 Prozent des Arbeitsentgelts erheben.

§ 41 Aufzeichnungspflichten beim Lohnsteuerabzug

(1) Der Arbeitgeber hat am Ort der Betriebsstätte (Absatz 2) für jeden Arbeitnehmer und jedes Kalenderjahr ein Lohnkonto zu führen.

(2) In das Lohnkonto sind die ... abgerufenen elektronischen Lohnsteuerabzugsmerkmale sowie die für den Lohnsteuerabzug erforderlichen Merkmale aus der vom Finanzamt ausgestellten Bescheinigung für den Lohnsteuerabzug ... zu übernehmen.

(3) Bei jeder Lohnzahlung für das Kalenderjahr, für das das Lohnkonto gilt, sind im Lohnkonto die Art und Höhe des gezahlten Arbeitslohns einschließlich der steuerfreien Bezüge sowie die einbehaltene oder übernommene Lohnsteuer einzutragen; an die Stelle der Lohnzahlung tritt in den Fällen des § 39b Absatz 5 Satz 1 die Lohnabrechnung.

Die Bundesregierung wird ermächtigt, durch Rechtsverordnung mit Zustimmung des Bundesrates vorzuschreiben, welche Einzelangaben im Lohnkonto aufzuzeichnen sind. ...

Abkürzungsverzeichnis

#	Zinszahl
%	Prozent
&	et (= und) (bei Firmen-bezeichnungen)
§	Paragraf
§§	Paragrafen
A	Anfangswert (bei Abschreibungen)
AB	Anfangsbestand
Abs.	Absatz
Abschn.	Abschnitt
AfA	Absetzung für Abnutzung
AG	Aktiengesellschaft
AktG	Aktiengesetz
a. L. u. L.	aus Lieferungen und Leistungen
a. o.	außerordentlich
AO	Abgabenordnung
AR	Ausgangsrechnung
ARA	aktive Rechnungsabgrenzung
Art.	Artikel
AUD	Australische Dollar
Aug.	August
AV	Arbeitslosenversicherung
BA	Bankauszug
BAB	Betriebsabrechnungsbogen
BBK	Betriebskrankenkasse
Bd.	Band
BG	Bilanzgewinn
BIC	Bank Identifier Code (internationale Bankleitzahl)
BLZ	Bankleitzahl
BMehr	Bestandsmehrung
BMind	Bestandsminderung
BV	Bilanzverlust
bzw.	beziehungsweise
CAD	Kanadische Dollar
CHF	Schweizer Franken
cm	Zentimeter
Co.	Kompanie
D	Debitor
DB	Deckungsbeitrag
Dez.	Dezember
Dez.min.	Dezimalminute(n)
d. h.	das heißt
DV	Datenverarbeitung
E	Gesamterlös
e. K.	eingetragener Kaufmann, eingetragene Kauffrau
e. V.	eingetragener Verein
EB	Endbestand
EBIT	Earnings Before Interest and Tax
EBITDA	Earnings Before Interest, Tax, Depreciation and Amortisation
EBK	Eröffnungsbilanzkonto
EDV	elektronische Datenverarbeitung
ELSTAM	Elektronische Lohnsteuer-Abzugs-Merkmale
engl.	englisch
ER	Eingangsrechnung

ERP	Enterprise Resource Planning (integrierte kaufmänische Unternehmenssoftware)
ESt.	Einkommensteuer
EStG	Einkommensteuergesetz
EStR	Einkommensteuerrichtlinien
EU	Europäische Union
EUR	Euro
EUSt.	Einfuhrumsatzsteuer
evtl.	eventuell
EWB	Einzelwertberichtigung
EWR	Europäischer Wirtschaftsraum
EZB	Europäische Zentralbank
f.	und die folgende Seite/der folgende Paragraf
Feb.	Februar
ff.	und die folgenden Seiten/Paragrafen
FGK	Fertigungsgemeinkosten
FGKZ	Fertigungsgemeinkosten-zuschlagssatz
FHS	Fertigungshauptstelle
FIFO	first in, first out
frz.	französisch
G	Grundwert
GBP	Britische Pfund
ggf.	gegebenenfalls
GmbH	Gesellschaft mit beschränkter Haftung
GmbHG	GmbH-Gesetz
GoB	Grundsätze ordnungsmäßiger Buchführung
GoBS	Grundsätze ordnungsmäßiger DV-gestützter Buchführungs-systeme
GS	Gewinnschwelle
GuV	Gewinn- und Verlustkonto
GuV-Rechnung	Gewinn- und Verlust-rechnung
GV	Gewinnvortrag
GWG	geringwertige Wirtschaftsgüter
H	Haben
HGB	Handelsgesetzbuch
HIFO	highest in, first out
HI	Hektoliter
i. d. R.	in der Regel
IBAN	International Bank Account Number (internationale Kontonummer)
IFRS	International Financial Reporting Standards
IHK	Industrie- und Handelskammer
IKR	Industrie-Kontenrahmen
ital.	italienisch
Jan.	Januar
JF	Jahresfehlbetrag
JPY	Japanische Yen
JÜ	Jahresüberschuss

K	1. Kreditor,
	2. Kapital
	3. Gesamtkosten
k	Stückkosten
Kap.	Kapitel
kath.	katholisch
Kd.-Nr.	Kundennummer
K_f	fixe Kosten
k_f	fixe Stückkosten
kg	Kilogramm
KG	Kommanditgesellschaft
KiSt	Kirchensteuer
KLR	Kosten- und Leistungsrech-
	nung
K_v	variable Kosten
k_v	variable Stückkosten
KV	Krankenversicherung
kWh	Kilowattstunde
KWZ	Kleinwasserzuschlag
l	Liter
lat.	lateinisch
lfd.	laufend
LIFO	last in, first out
Lkw	Lastkraftwagen
lmi	leistungsmengeninduziert
lmn	leistungsmengenneutral
LSt.	Lohnsteuer
LStDV	Lohnsteuerdurchführungs-
	verordnung
lt.	laut
m	Meter
m^2	Quadratmeter
m^3	Kubikmeter
MDE	mobile Datenerfassung
MGK	Materialgemeinkosten
MGKZ	Materialgemeinkosten-
	zuschlagssatz
Min.	Minute(n)
Mio.	Million(en)
mm	Millimeter
Mrd.	Milliarde(n)
MSS	Maschinenstundensatz
mtl.	monatlich
MwSt.	Mehrwertsteuer
n	1. Zeit in Jahren
	2. Nummer der letzten Zahl
	einer Zahlenfolge
Nov.	November
Nr.	Nummer
o. g.	oben genannt
OHG	Offene Handelsgesellschaft
Okt.	Oktober
OP	offener Posten
p	1. Prozentsatz,
	2. Zinssatz
	3. Preis

PC	Personal Computer
	(persönlicher Rechner)
Pkw	Personenkraftwagen
PRA	passive Rechnungsabgrenzung
PublG	Publizitätsgesetz
PV	Pflegeversicherung
PWB	Pauschalwertberichtigung
Re.-Nr.	Rechnungsnummer
Rg.	Rechnung
RKZ	Restgemeinkostenzuschlags-
	satz
RM	Reichsmark
R_n	Restwert nach n Jahren
ROI	Return on Investment
RV	Rentenversicherung
S	Soll
S.	Seite
s.	siehe
SBK	Schlussbilanzkonto
Sept.	September
sog.	sogenannt
SolZ	Solidaritätszuschlag
Stck.	Stück
Std.	Stunde
SV	Sozialversicherung
t	1. Tonne (Gewichtseinheit),
	2. Zeit in Tagen
TEUR	tausend Euro
TV-	Fernseh-
u. a.	unter anderem
u. a. m.	und andere mehr
USA	Vereinigte Staaten von Amerika
USD	US-Dollar
USt.	Umsatzsteuer
UStG	Umsatzsteuergesetz
USt-IdNr.	Umsatzsteuer-Identifikations-
	nummer
UStR	Umsatzsteuerrichtlinien
v. a.	vor allem
vgl.	vergleiche
VtGK	Vertriebsgemeinkosten
VtGKZ	Vertriebsgemeinkosten-
	zuschlagssatz
VV	Verlustvortrag
VwGK	Verwaltungsgemeinkosten
VwGKZ	Verwaltungsgemeinkosten-
	zuschlagssatz
VWL	vermögenswirksame
	Leistungen
w	Prozentwert
WLAN	Wireless Local Area Network
	(drahtloses lokales Netzwerk)
x	Menge
z	Zinsen
z. B.	zum Beispiel
Ziff.	Ziffer

Sachwortverzeichnis

Hinweise
1. Adjektive sind nachgestellt (z. B. Abschreibung, digitale).
2. Bei mehreren Fundstellen ist die eventuelle Hauptfundstelle durch Fettdruck hervorgehoben.

Bildquellenverzeichnis

Fotos

Bayer AG, Leverkusen: S. 474.2

Corbis GmbH, Düsseldorf: S. 527 (Bettmann)

dpa Picture-Alliance GmbH, Frankfurt a. M.: S. 344 (Günter Höhne)

Fotolia Deutschland GmbH, Berlin: alle Köpfe mit Sprechblase, S. 7 (andreas reimann), 21.1 (iphoto), 21.2 (Tanja Bagusat), 24 (Benjamin Haas), 33 (Otto Durst), 59 (Horst Schmidt), 66 (George Timakov), 67 (Onkelchen), 83 (Gina Sanders), 119 (awfoto), 138.1 (spotlight-studios), 147.1 (Franz Pfluegl), 150 (Taut Images), 153 (Christian Larue), 165.1 (bilderbox), 167.1 (DerL), 174.1 (michaeljung), 239 (Christian Piskorz), 265 (Remi Cossini), 290.1 (ArTo), 292.1 (Otto Normal), 296 (Goos-Lahr), 302.1 (Sebastian Kaulitzki), 310.2 (shock), 310.3 (auremar), 317.1 (ehrenbergbilder), 327.1 (toolklickit), 367.1 (Angelika Bentin), 419.1 (Gina Sanders), 419.2 (Lucian Muset), 426 (masterrobert), 459 (Pixelot), 494 (Michael Shake), 510 (Michael Shake), 531 (2x/Michael Shake)

Grohe AG, Hemer: S. 217.2

Haufe Lexware GmbH, Freiburg: S. 101.2

MEV Verlag GmbH, Augsburg: S. 108.2, 194.2, 290.2, 294, 306, 310.1, 326, 370, 395.1, 475.2, 508

Siemens AG, München: S. 474.1

Stiftung Preußischer Kulturbesitz, Berlin: S. 101.1

Zeichnungen und Karikaturen

Gabriele Timm, Kaarst/Bildungsverlag EINS GmbH, Köln: S. 501.2

Rolf-Günther Nolden, Grevenbroich: S. 22, 208, 377, 446, 521

die gekürzte Fassung für Aus- und Fortbildung
undesverband der Deutschen Industrie)

ens
ens

s
det.

KONTENKLASSEN

Passiva

Umlaufvermögen

2 Umlaufvermögen und aktive Rechnungsabgrenzung

Vorräte

20 Roh-, Hilfs- und Betriebsstoffe
2000 Rohstoffe/Fertigungsmaterial
2001 Bezugskosten
2002 Nachlässe
2010 Vorprodukte/Fremdbauteile
2011 Bezugskosten
2012 Nachlässe
2020 Hilfsstoffe
2021 Bezugskosten
2022 Nachlässe
2030 Betriebsstoffe
2031 Bezugskosten
2032 Nachlässe
2070 Sonstiges Material
2071 Bezugskosten
2072 Nachlässe

21 Unfertige Erzeugnisse, unfertige Leistungen
2100 Unfertige Erzeugnisse
2190 Unfertige Leistungen

22 Fertige Erzeugnisse und Waren
2200 Fertige Erzeugnisse
2280 Waren (Handelswaren)
2281 Bezugskosten
2282 Nachlässe

23 Geleistete Anzahlungen auf Vorräte
2300 Geleistete Anzahlungen auf Vorräte

Forderungen und sonstige Vermögensgegenstände (24–26)

24 Ford. aus Lieferungen und Leistungen
2400 Ford. aus Lieferungen und Leistungen
2450 Wechselford. aus Lieferungen und Leistungen (Besitzwechsel)
2470 Zweifelhafte Forderungen
2480 Protestwechsel

25 Innergemeinschaftlicher Erwerb/Einfuhr
2500 Innergemeinschaftl. Erwerb
2501 Bezugskosten
2502 Nachlässe
2510 Gütereinfuhr
2511 Bezugskosten
2512 Nachlässe

26 Sonstige Vermögensgegenstände
2600 Vorsteuer
2602 Vorsteuer (19 %) für i. E.
2604 Einfuhrumsatzsteuer
2630 Sonst. Ford. an Finanzbehörden
2640 Sozialversicherungs-Vorauszahlung
2650 Forderungen an Mitarbeiter
2690 Übrige sonstige Forderungen

27 Wertpapiere des Umlaufvermögens
2700 Wertpapiere des Umlaufvermögens

28 Flüssige Mittel
2800–2842 Guthaben bei Kreditinstituten (Bank)
2850 Postbank
2860 Schecks
2870 Bundesbank
2880 Kasse
2890 Nebenkassen

29 Aktive Rechnungsabgrenzung (und Bilanzfehlbetrag)
2900 Aktive Jahresabgrenzung
2920 Umsatzsteuer auf erhaltene Anzahlungen
2930 Disagio
2990 Nicht durch Eigenkapital gedeckter Fehlbetrag

3 Eigenkapital und Rückstellungen

Eigenkapital

30 Eigenkapital/Gezeichnetes Kapital

Bei Einzelkaufleuten:
3000 Eigenkapital
3001 Privatkonto

Bei Personengesellschaften:
3000 Kapital Gesellschafter A
3001 Privatkonto A
3010 Kapital Gesellschafter B
3011 Privatkonto B
3070 Kommanditkapital Gesellschafter C
3080 Kommanditkapital Gesellschafter D

Bei Kapitalgesellschaften:
3000 Gezeichnetes Kapital (Grundkapital, Stammkapital)

31 Kapitalrücklage
3100 Kapitalrücklage

32 Gewinnrücklagen
3210 Gesetzliche Rücklagen
3230 Satzungsmäßige Rücklagen
3240 Andere Gewinnrücklagen

33 Ergebnisverwendung
3310 Jahresergebnis des Vorjahres
3320 Ergebnisvortrag aus früheren Perioden
3340 Veränderungen der Rücklagen
3350 Bilanzgewinn/Bilanzverlust
3360 Ergebnisausschüttung
3390 Ergebnisvortrag auf neue Rechnung

34 Jahresüberschuss/Jahresfehlbetrag
3400 Jahresüberschuss/Jahresfehlbetrag

35 Sonderposten mit Rücklageanteil
3500 Sonderposten mit Rücklageanteil

36 Wertberichtigungen
(als Passivposten der Bilanz nicht zulässig)
3610 – zu Sachanlagen
3650 – zu Finanzanlagen
3670 Einzelwertberichtigung zu Forderungen
3680 Pauschalwertberichtigung zu Forderungen

Rückstellungen

37 Rückstellungen für Pensionen und ähnliche Verpflichtungen
3700 Rückstellungen für Pensionen und ähnliche Verpflichtungen

38 Steuerrückstellungen
3800 Steuerrückstellungen

39 Sonstige Rückstellungen
3910 – für Gewährleistung
3930 – für andere ungewisse Verbindlichkeiten
3970 – für drohende Verluste aus schwebenden Geschäften
3990 – für Aufwendungen

4 Verbindlichkeiten und passive Rechnungsabgrenzung

40 Frei

41 Anleihen
4100 Anleihen

42 Verbindlichkeiten gegenüber Kreditinstituten
4210 Kurzfristige Bankverbindlichkeiten
4230 Mittelfristige Bankverbindlichkeiten
4250 Langfristige Bankverbindlichkeiten

43 Erhaltene Anzahlungen auf Bestellungen
4300 Erhaltene Anzahlungen

44 Verbindlichkeiten aus Lieferungen und Leistungen
4400 Verbindlichkeiten aus Lieferungen und Leistungen

45 Wechselverbindlichkeiten
4500 Schuldwechsel

46 und 47 Frei

48 Sonstige Verbindlichkeiten
4800 Umsatzsteuer
4802 Umsatzsteuer (19 %) für i. E.
4830 Sonstige Verbindlichkeiten gegenüber Finanzbehörden
4840 Verbindlichkeiten gegenüber Sozialversicherungsträgern
4850 Verbindlichkeiten gegenüber Mitarbeitern
4860 Verbindlichkeiten aus vermögenswirksamen Leistungen
4870 Verbindlichkeiten gegenüber Gesellschaftern (Dividende)
4890 Übrige sonstige Verbindlichkeiten

49 Passive Rechnungsabgrenzung
4900 Passive Jahresabgrenzung
4920 Vorsteuer auf geleistete Anzahlungen

Anmerkung:

5400 wird in diesem Buch häufig als Sammelkonto (**Mieterträge**) verwendet.

Erträge

5 Erträge (einschließlich Berichtigungen)

50 Umsatzerlöse für eigene Erzeugnisse u. andere eigene Leistungen
5000 Umsatzerlöse f. eigene Erzeugn.
5001 Erlösberichtigungen
5050 Umsatzerlöse für andere eigene Leistungen
5051 Erlösberichtigungen
5060 Erlöse aus innergemeinschaftlicher Lieferung (i. L.)
5061 Erlösberichtigungen
5070 Erlöse aus Güterausfuhr
5071 Erlösberichtigungen

51 Umsatzerlöse für Waren und sonstige Umsatzerlöse
5100 Umsatzerlöse für Waren
5101 Erlösberichtigungen
5190 Sonstige Umsatzerlöse
5191 Erlösberichtigungen

52 Erhöhung oder Verminderung des Bestandes an unfertigen und fertigen Erzeugnissen
5200 Bestandsveränderungen
5201 Bestandsveränderungen an unfertigen Erzeugnissen und nicht abgerechneten Leistungen
5202 Bestandsveränderungen an fertigen Erzeugnissen

53 Andere aktivierte Eigenleistungen
5300 Aktivierte Eigenleistungen

54 Sonstige betriebliche Erträge
5400 Nebenerlöse
5401 Miet- und Leasingerträge
5403 Nebenerlöse aus Werksküche und Kantine
5410 Sonstige Erlöse (z. B. aus Provisionen, Lizenzen oder Anlagenabgängen)
5420 Entnahme von Gegenständen und sonstigen Leistungen
5430 Andere sonstige betriebl. Erträge (z. B. Schadenersatzleistungen)
5440 Erträge aus Werterhöhungen von Gegenständen des Anlagevermögens (Zuschreibungen)
5450 Erträge aus der Auflösung oder Herabsetzung von Wertberichtigungen auf Forderungen
5480 Erträge aus der Herabsetzung von Rückstellungen
5490 Periodenfremde Erträge (soweit nicht bei den betroffenen Ertragsarten zu erfassen)

55 Erträge aus Beteiligungen
5500 Erträge aus Beteiligungen

56 Erträge aus anderen Wertpapieren und Ausleihungen des Finanzanlagevermögens
5600 Erträge aus anderen Finanzanlagen

57 Sonstige Zinsen und ähnliche Erträge
5710 Zinserträge
5730 Diskonterträge
5780 Erträge aus Wertpapieren des Umlaufvermögens
5790 Sonstige zinsähnliche Erträge

58 Außerordentliche Erträge
5800 Außerordentliche Erträge

59 Frei

Anmerkung:

x steht für die Endziffer des Anschaffungsjahres

Aufwendungen

6 Betriebliche Aufwendungen (einschließlich Berichtigungen)

Materialaufwand

60 Aufwendungen für Roh-, Hilfs- und Betriebsstoffe und für bezogene Waren
6000 Aufwendungen für Rohstoffe/Fertigungsmaterial
6001 Bezugskosten
6002 Nachlässe
6010 Aufwendungen für Vorprodukte/Fremdbauteile
6020 Aufwendungen für Hilfsstoffe
6030 Aufwendungen für Betriebsstoffe/Verbrauchswerkzeuge
6040 Aufw. für Verpackungsmaterial
6050 Aufw. für Energie u. Treibstoffe
6060 Aufw. für Reparaturmaterial
6070 Aufwendungen für sonstiges Material
6080 Aufwendungen für Waren

61 Aufwendungen für bezogene Leistungen
6100 Fremdleistungen für Erzeugnisse und andere Umsatzleistungen
6140 Frachten und Fremdlager (inkl. Versicherung und anderer Nebenkosten)
6150 Vertriebsprovisionen
6160 Fremdinstandhaltung
6170 Sonstige Aufwendungen für bezogene Leistungen

Personalaufwand

62 Löhne
6200 Löhne einschl. tariflicher, vertraglicher oder arbeitsbedingter Zulagen
6210 Löhne für andere Zeiten (Urlaub, Feiertag, Krankheit)
6220 Sonstige tarifliche oder vertragliche Aufwendungen für Lohnempfänger
6230 Freiwillige Zuwendungen
6250 Sachbezüge
6260 Vergütungen an gewerbliche Auszubildende

63 Gehälter
6300 Gehälter und Zulagen
6310 Urlaubs- und Weihnachtsgeld
6320 Sonstige tarifliche oder vertragliche Aufwendungen
6330 Freiwillige Zuwendungen
6350 Sachbezüge
6360 Vergütungen an techn./kaufm. Auszubildende

64 Soziale Abgaben und Aufwendungen für Altersversorgung und für Unterstützung
6400 Arbeitgeberanteil zur Sozialversicherung (Lohnbereich)
6410 Arbeitgeberanteil zur Sozialversicherung (Gehaltsbereich)
6420 Beiträge zur Berufsgenossenschaft
6440 Aufwendungen für Altersversorgung
6490 Aufwendungen für Unterstützung
6495 Sonstige soziale Aufwendungen

65 Abschreibungen
Abschreibungen auf Anlagevermögen
6510 Abschreibungen auf immaterialle Vermögensgegenstände des Anlagevermögens
6520 Abschreibungen auf Sachanlagen
6540 Abschreibungen auf geringwertige Wirtschaftsgüter
6541x Abschreibungen auf geringwertige Wirtschaftsgüter (GWG Sammelposten)
6550 Außerplanmäßige Abschreibungen auf Sachanlagen
6570 Unübliche hohe Abschreibungen auf Umlaufvermögen

Sonstige betriebliche Aufwendungen (66–70)

66 Sonstige Personalaufwendungen
6600 Aufwendungen für Personaleinstellung
6610 Aufwendungen für übernommene Fahrtkosten
6620 Aufwendungen für Werksarzt und Arbeitssicherheit
6630 Personenbezogene Versicherungen
6640 Aufwendungen für Fort- und Weiterbildung
6650 Aufwendungen für Dienstjubiläen
6660 Aufwendungen für Belegschaftsveranstaltungen
6670 Aufwendungen für Werksküche und Sozialeinrichtungen
6680 Ausgleichsabgabe nach dem Schwerbehindertengesetz
6690 Übrige sonstige Personalaufwendungen

67 Aufwendungen für die Inanspruchnahme von Rechten und Diensten
6700 Mieten, Pachten
6710 Leasingaufwendungen
6720 Lizenzen und Konzessionen
6730 Gebühren
6750 Kosten des Geldverkehrs
6760 Provisionsaufwendungen (außer Vertriebsprovisionen)
6770 Rechts- und Beratungskosten

68 Aufwendungen für Kommunikation (Dokumentation, Information, Reisen, Werbung)
6800 Büromaterial
6810 Zeitungen und Fachliteratur
6820 Porto, Telefon, Fax
6850 Reisekosten
6860 Bewirtung und Präsentation
6870 Werbung
6880 Spenden

69 Aufwendungen für Beiträge und Sonstiges sowie Wertkorrekturen und periodenfremde Aufwendungen
6900 Versicherungsbeiträge
6920 Beiträge zu Wirtschaftsverbänden und Berufsvertretungen
6930 Verluste aus Schadensfällen
6940 Sonstige Aufwendungen
6950 Abschreibungen auf Forderungen
6951 Abschreibungen auf Forderungen wegen Uneinbringlichkeit
6952 Einstellung in Einzelwertberichtigung
6953 Einstellung in Pauschalwertberichtigung
6979 Anlagenabgänge
6980 Zuführungen zu Rückstellungen, soweit nicht unter anderen Aufwendungen buchbar[1]
6990 Periodenfremde Aufwendungen (soweit nicht bei den betreffenden Aufwandsarten zu erfassen)

[1] z. B. Rückstellungen für Gewährleistungen sowie für drohende Verluste aus schwebenden Geschäften

7 Weitere Aufwendungen

70 Betriebliche Steuern
7010 Vermögensteuer
7020 Grundsteuer
7030 Kraftfahrzeugsteuer
7070 Ausfuhrzölle
7080 Verbrauchsteuern
7090 Sonstige betriebliche Steuern

71 bis 73 Frei

74 Abschreibungen auf Finanzanlagen und auf Wertpapiere des Umlaufvermögens und Verluste aus entsprechenden Abgängen
7400 Abschreibungen auf Finanzanlagen
7420 Abschreibungen auf Wertpapiere des Umlaufvermögens
7450 Verluste aus dem Abgang von Finanzanlagen
7460 Verluste aus dem Abgang von Wertpapieren des Umlaufvermögens

75 Zinsen und ähnliche Aufwendungen
7510 Zinsaufwendungen
7530 Diskontaufwendungen
7590 Sonstige zinsähnliche Aufwendungen

76 Außerordentliche Aufwendungen
7600 Außerordentliche Aufwendungen

77 Steuern vom Einkommen und Ertrag
7700 Gewerbesteuer
7710 Körperschaftsteuer
7720 Kapitalertragsteuer

78 Diverse Aufwendungen

79 Frei

Ergebnisrechnungen

8 Ergebnisrechnungen

80 Eröffnung/Abschluss
8000 Eröffnungsbilanzkonto
8010 Schlussbilanzkonto
8020 GuV-Konto Gesamtkostenverfahren
8030 GuV-Konto Umsatzkostenverfahren
8050 Saldenvorträge (Sammelkonto)

Konten der Kostenbereiche für die GuV im Umsatzkostenverfahren

81 Herstellungskosten

82 Vertriebskosten

83 Allgemeine Verwaltungskosten

84 Sonstige betriebliche Aufwendungen

Konten der kurzfristigen Erfolgsrechnung (KER) für innerjährige Rechnungsperioden (Monat, Quartal oder Halbjahr)

85 Korrekturkonten zu den Erträgen der Kontenklasse 5

86 Korrekturkonten zu den Aufwendungen der Kontenklasse 6

87 Korrekturkonten zu den Aufwendungen der Kontenklasse 7

88 Kurzfristige Erfolgsrechnung (KER)
8800 Gesamtkostenverfahren
8810 Umsatzkostenverfahren

89 Innerjährige Rechnungsabgrenzung
8900 Aktive Rechnungsabgrenzung
8950 Passive Rechnungsabgrenzung

Kosten- und Leistungsrechnung

9 Kosten- und Leistungsrechnung (KLR)

90 Unternehmensbezogene Abgrenzungen
(betriebsfremde Aufwendungen u. Erträge)

91 Kostenrechnerische Korrekturen

92 Kostenarten und Leistungsarten

93 Kostenstellen

94 Kostenträger

95 Fertige Erzeugnisse

96 Interne Lieferungen und Leistungen sowie deren Kosten

97 Umsatzkosten

98 Umsatzleistungen

99 Ergebnisausweise

Bilanzschema kleiner Kapitalgesellschaften

(§ 266 Abs. 1 HGB)

Aktiva	Passiva

A. Anlagevermögen
 I. Immaterielle Vermögensgegenstände
 II. Sachanlagen
 III. Finanzanlagen
B. Umlaufvermögen
 I. Vorräte
 II. Forderungen und sonstige Vermögens-
    gegenstände
 III. Wertpapiere
 IV. Flüssige Mittel
C. Rechnungsabgrenzungsposten
D. Aktive latente Steuern
**E. Aktiver Unterschiedsbetrag aus der
    Vermögensverrechnung**
	A. Eigenkapital
	 I. Gezeichnetes Kapital
	 II. Kapitalrücklage
	 III. Gewinnrücklagen
	 IV. Gewinnvortrag/Verlustvortrag
	 V. Jahresüberschuss/Jahresfehlbetrag
	B. Rückstellungen
	C. Verbindlichkeiten
	D. Rechnungsabgrenzungsposten
	E. Passive latente Steuern

Bilanzschema

(§ 266 HGB)

Aktiva	Passiva

A. Anlagevermögen
 I. Immaterielle Vermögensgegenstände:
  1. Selbst geschaffene gewerbliche Schutzrechte und ähnliche Rechte und Werte
  2. Entgeltlich erworbene Konzessionen, gewerbliche Schutzrechte und ähnliche Rechte sowie Lizenzen an solchen Rechten und Werten
  3. Geschäfts- oder Firmenwert
  4. Geleistete Anzahlungen
 II. Sachanlagen:
  1. Grundstücke, grundstücksgleiche Rechte und Bauten einschließlich der Bauten auf fremden Grundstücken
  2. Technische Anlagen und Maschinen
  3. Andere Anlagen, Betriebs- und Geschäftsausstattung
  4. Geleistete Anzahlungen und Anlagen im Bau
 III. Finanzanlagen:
  1. Anteile an verbundenen Unternehmen
  2. Ausleihungen an verbundene Unternehmen
  3. Beteiligungen
  4. Ausleihungen an Unternehmen, mit denen ein Beteiligungsverhältnis besteht
  5. Wertpapiere des Anlagevermögens
  6. Sonstige Ausleihungen
B. Umlaufvermögen
 I. Vorräte:
  1. Roh-, Hilfs- und Betriebsstoffe
  2. Unfertige Erzeugnisse, unfertige Leistungen
  3. Fertige Erzeugnisse und Waren
  4. Geleistete Anzahlungen
 **II. Forderungen und sonstige Vermögens-
     gegenstände:**
  1. Forderungen aus Lieferungen und Leistungen
  2. Forderungen gegen verbundene Unternehmen
  3. Forderungen gegen Unternehmen, mit denen ein Beteiligungsverhältnis besteht
  4. Sonstige Vermögensgegenstände
 III. Wertpapiere
  1. Anteile an verbundenen Unternehmen
  2. Sonstige Wertpapiere
 **IV. Kassenbestand, Bundesbankguthaben,
     Guthaben bei Kreditinstituten und Schecks**
C. Rechnungsabgrenzungsposten
D. Aktive latente Steuern
**E. Aktiver Unterschiedsbetrag aus der
    Vermögensverrechnung**
	A. Eigenkapital
	 I. Gezeichnetes Kapital
	 II. Kapitalrücklage
	 III. Gewinnrücklagen:
	  1. Gesetzliche Rücklage
	  2. Rücklage für Anteile an einem herrschenden oder mehrheitlich beteiligten Unternehmen
	  3. Satzungsmäßige Rücklagen
	  4. Andere Gewinnrücklagen
	 IV. Gewinnvortrag/Verlustvortrag
	 V. Jahresüberschuss/
	    Jahresfehlbetrag
	B. Rückstellungen
	  1. Rückstellungen für Pensionen und ähnliche Verpflichtungen
	  2. Steuerrückstellungen
	  3. Sonstige Rückstellungen
	C. Verbindlichkeiten
	  1. Anleihen, davon konvertibel
	  2. Verbindlichkeiten gegenüber Kreditinstituten
	  3. Erhaltene Anzahlungen auf Bestellungen
	  4. Verbindlichkeiten aus Lieferungen und Leistungen
	  5. Verbindlichkeiten aus der Annahme gezogener Wechsel und der Ausstellung eigener Wechsel
	  6. Verbindlichkeiten gegenüber verbundenen Unternehmen
	  7. Verbindlichkeiten gegenüber Unternehmen, mit denen ein Beteiligungsverhältnis besteht
	  8. Sonstige Verbindlichkeiten, davon aus Steuern davon im Rahmen der sozialen Sicherheiten
	D. Rechnungsabgrenzungsposten
	E. Passive latente Steuern

Schema der Gewinn- und Verlust

(§ 275 HGB)

Umsatzkostenverfahren (§ 275 Abs. 3 HGB)

1.	Umsatzerlöse
2. −	Herstellungskosten der Umsatzleistungen
3. =	**Bruttoergebnis vom Umsatz**
4. −	Vertriebskosten
5. −	allgemeine Verwaltungskosten
6. +	sonstige betriebliche Erträge
7. −	sonstige betriebliche Aufwendungen
=	**Ergebnis der eigentlichen Betriebstätigkeit**

Kleine und mittelgroße Gesellschaften können die Posten 1. bis 5. als „Rohergebnis" zusammenfassen.

Nur für Aktiengesellschaften vorgeschrieben. ⟶